# 100가지 주제로 본 중국의 역사

100가지 주제로 본

# 중국의 역사


樊樹志 지음

김지환 · 이병인
이영옥 · 이호현 옮김

KOREA
UNIVERSITY
PRESS
고려대학교
출판문화원

# 한국어판 서문

"아득히 먼 하늘 아래도 내 이웃이요, 온 세상이 내 벗들로 가득하네."

중국 대학생들을 위해 저술한 교재인 《국사개요(國史概要)》가 이번에 한국어로 번역되어 출판된다는 소식을 전해 듣고서, 이웃 나라 학자들의 뜨거운 우의를 새삼 확인할 수 있었을 뿐만 아니라, 본인에게는 더없는 영광이 아닐 수 없다. 문득 1997년 고려대학교에 객원교수로 머물면서 강의하던 정경을 생각하면 지금도 마치 어제 일인 양 눈앞에 선하다. 당시 동양사학과의 신승하 교수님께서 친히 공항까지 영접 나와 몸소 차를 운전하여 고려대학교 외국인 기숙사까지 바래다주는 등 극진히 환대해 주셨다. 더욱이 신승하 교수님께서는 본인이 60세 생일을 맞이하던 날, 고급스럽고 우아한 한국 전통식당으로 초대하여 식사를 대접해 주셨는데, 몇몇 교수님들을 초대하여 함께 하도록 자리를 마련해 주셔서 한국 우인들의 따뜻함과 친절함을 몸소 체험할 수 있는 기회가 되었다. 박원호 교수님께서는 특히 본인을 위해 '명청강남시진사(明淸江南市鎭史)'라는 토론 수업을 개설해 주셨으며, 몸소 처음부터 끝까지 수업에 참여하시면서 모든 수업 과정과 토론 진행을 일일이 챙겨 주셨다. 한 학기 동안 수업을 진행하면서 고려대학교가 가지고 있는 독특한 토론 방식의 수업을 체험할 수 있었을 뿐만 아니라, 동시에 수업에 대한 교수님들의 뜨거운 열정도 가슴 깊이 느낄 수 있었다. 지금도 그 시절의 기억들을 소중한 추억으로 간직하고 있다.

당시에는 본인이 저술한 《국사개요》의 초고가 이미 출판된 상태였고, 때마침 고려대학교 학부생들을 대상으로 '동양사특강'이라는 강의를 개설하였기 때문에, 강의 교재로서 출판 초고를 배부하게 되었다. 그래서 1988년 《국사개요》 제1판이 복단대학교출판사에서 출판되었을 당시 본인은 후기에 특별히 다음과 같이 명기하였다 : "복단대학교에서 사용하기 위해 저술한 교재를 가장 먼저 고려대학교에서 사용하였다. 고려대학교에 머물면서 나는 이 대학 도서관을 마음껏 이용하면서 이전에 볼 수 없었던 수많은 해외의 연구 성과들을 흡수할 수 있었으며, 이를 통해 책의 내용을 대폭 수정하여 독창성과 정밀성을 심화시킬 수 있었다." 이러한 이유에서 본인은 후기 말미에 "1997년 성탄 전야 한국 고려대학교 외국인 기숙사에서"라고 명기하게 된 것이다. 이처럼 이 책은 고려대학교와 깊은 인연을 가지고 있는 셈이다.

약 두 해 전에, 신승하 교수님께서 연구차 복단대학교를 방문하셨을 때에, 복단대학교 역사계의 동료 교수가 신승하 교수님과 사모님을 환영하는 뜻에서 대학 부근에 위치한 반도호텔에서 연회를 베푼 적이 있었다. 이 자리에서 본인은 신판 《국사개요》를 신승하 교수님께 드리면서 한 번 읽어봐 주시기를 청하였다. 신승하 교수님께서는 즉석에서 이후 이 책을 한국어로 번역하여 두 학교 공히 맞이하는 100주년 경축을 위한 기념물로 하자는 뜻을 전하셨다. 본인은 그때 우리 두 사람 사이에 인연이 깊다는 사실을 깨닫고 큰 감동을 받았던 적이 있다. 과연 마침내 복단대학교에서 수학한 연구자들을 중심으로 신승하 교수님의 지도하에 이 책이 한국판으로 출판되게 되었다. 본인은 한국판 서문의 작성을 요청받고 흔연히 이를 수락하면서 다시 한번 감격의 사념을 억누를 수 없었다.

이 책은 일주일에 네 시간, 학부 1학년 학생들을 대상으로 하는 강의 교재인데, 선사시대부터 청나라까지의 역사를 한 학기 동안 모두 강의하는 것이 결코 간단한 일은 아니다. 이러한 이유에서 책의 내용도 번잡한 부분을 가능한 한 간략히 하지 않을 수 없었으며, 그러면서도 중요한 부분은 두드러지게 해야 했고, 더욱이 학생들로 하여금 무미건조한 내용으로 비추어져서도 안 된다고 생각하였다. 따라서 본인은 차례의 구성과 내용, 그리고 문장의 표현 방식 등에서 가능한 한 특색 있게 이 책을 서술하려고 노력하였다. 그래서인지 최근 몇 년간 이 교재를 사용하여 강의해 보니 과연 학생들의 반응이 상당히 좋았다. 특히 간결한 차례 구성과 참신한 논리 전개, 그리고 생동감 있는 문장이 학생들에게 좋은 인상을 준 것 같다. 더욱이 이 책은 학생들뿐만 아니라 베스트셀러 서적의 순위에 오를 정도로 사회 각계각층에서 수많은 독자들의 호평을 얻고 있다. 이러한 현상은 역사학이 날로 위기로 치닫는 오늘날에도 내용과 형식을 겸비한 역사 서적은 여전히 나름대로의 시장을 가지고 있다는 반증이 될 것이다. 바라건대 한국의 역사학자들도 생동감 있고 독자들이 다투어 찾을 수 있는 서적을 집필해 주었으면 한다.

문화 배경의 차이로 말미암아 한국의 독자들이 이 책을 읽으면서 다소 생소한 느낌을 받을 수 있을지도 모르겠다. 그러나 중국과 한국의 관계가 날로 가까워지고 있는 오늘날, 양국 국민들 사이에 서로에 대한 이해의 필요성이 대두되는 이때에, 이 책이 최소한 중국과 중국 문화를 이해하는 데 보탬이 되기를 바라며, 중국 역사가들은 중국 역사를 어떻게 해석하고 있는가 하는 점도 이해할 수 있게 되었으면 하는 바람이다. 이 책의 한국어판이 많은 한국 독자들의 호응을 얻을 수 있게 되기를 기원한다. 이 책의 출판을 맞이하여, 신승하 교수님과 김지환 박사, 이병인 박사, 이영옥 박사, 이호현 박사에게 깊이 감사드리는 바이다.

2006년 12월 복단대학교에서

樊樹志

# 들어가는 글

역사란 무엇일까?

이 질문은 단순한 듯하면서도 복잡하다. 역사에 대한 정의를 내리는 데는 문화에 대해 정의를 내리는 것만큼이나 수많은 견해가 있을 수 있다.

그러므로 대(大)학자들은 어떻게 말하였는지 살펴보는 것도 좋은 방법일 것이다.

영국의 역사학자 토인비(Arnold Joseph Toynbee)는 "역사는 승리자의 선전이다. 내 자신은 늘 반드시 승리자의 선전을 감소시키는 것이 중요하다는 것을 느낀다"고 말하였다. 확실히 지나간 역사문헌, 특히 관에서 편찬한 사서는 '승리자의 선전'이라는 색채를 벗어나는 것이 거의 불가능하고, 그러한 색채를 털어 내는 것은 결코 쉬운 일이 아니다. 토인비의 깨우침은 깊은 연구와 성찰 속에서 나온 것이지만, 지나치게 감성적이어서 편파적인 감이 없지 않다.

영국의 역사학자 카(Edward Hallett Carr)는 "역사는 현재와 과거의 끊임없는 대화이다"라고 말하였다. 카의 정의는 네덜란드의 역사학자 헤일(Pieter Geyl)이 "역사는 끝없는 변론이다"라고 말한 것과 일맥상통하고, 대단히 지혜롭고 예리한 생각을 담고 있다. 카는 이렇게 자신의 관점을 설명하였다. "현재의 도움을 받아야만 우리는 비로소 과거를 이해할 수 있고, 과거의 도움을 받아야만 우리는 비로소 현재를 충분히 이해할 수 있다." 그의 말은 타당하지만 역사에 대한 정의로는 만족스럽지 못한 면이 없지 않다.

보아하니, 아무래도 좀 딱딱한 서적의 도움을 받아야 할 것 같다. 《브리태니커 백과사전》(1980년)에서는 '역사'를 다음과 같이 정의하고 있다. "'역사'라는 말은 전혀 다른 두 개의 용법으로 사용된다. 첫째, 인류의 과거 사건과 행동을 의미하는 것으로 쓰인다. 둘째, 과거의 사건과 행동에 대한 기록이나 그 연구방식을 의미하는 것으로 쓰인다. 전자는 실제 발생한 상황을 가리키고, 후자는 발생한 사건에 대한 연구와 묘사를 가리킨다." 이 정의는 역사와 역사학 사이가 어떠한 관계이고 그 구분점은 어디에 있는지를 설명해 준다.

고대 그리스문헌에서 '역사'는 원래 '조사와 연구'라는 의미를 담고 있었고, 나중에 '탐구의 결과로 얻은 지식'이라는 의미로 확대되었다. 이것은 상술한 정의 중에서 두 번째의 것에 해당하는 것으로 보인다. 벨기에의 역사학자 피렌(Henri Pirenne)은 "역사 연구의 대상은 인류사회의 시간적 · 공간적 전개이다"라고 말하였다. 그의 말은 역사의 이중적 함의를 모두 담고 있다. '인류사회의 시간적 · 공간적 전개'는 역사 자체를 가리키고, '인류사회의 시간적 · 공간적 전개'에 대한 묘사와 연구는 역사학을 가리킨다.

이러한 단순명쾌한 이치는 '포스트모던주의'의 역사학이 등장하면서 복잡하게 변하였다. 왜냐하면 그 역사학자들은 표면적인 이해에 만족하지 못하기 때문이다.

현대 미국의 학자 켈리(Donald R. Kelly)는 《다면적 역사(*Faces of History*)》에서 다음과 같이 말하였다. "유럽인들은 역사를 하나의 술어와 개념으로서 그리스인들이 남긴 산물이라고 본다. 물론 그렇다고 해서 문자로 기록되기 이전에 이미 역사가 존재하였고, 우리들은 다양한 관념적인 해석과 이익이 서로 충돌하는 위험한 지대로 들어섰다는 것을 부정하는 것은 결코 아니다." 켈리는 '역사란 무엇일까'라는 질문은 대답하기 곤란한 문제라며, 계속해서 말을 이었다. 역사의 시간과 공간은 무한한 것이다. 그렇다면 역사적 탐구의 본질은 무엇인가? 수많은 풍부한 인류의 경험은 역사학자들이 직업에 종사하는 데 재료를 제공한다. 테런스(Terence)의 말에 따르면, 인류역사학자에게 "낯선 것은 아무것도 없다". 그 밖에도, 인류가 지각하는 시야 구조에서 비롯된 전통적인 이원론이 존재하는 것 같다. 즉, 사적인 공간과 공적인 공간의 명확한 구별이 존재하는 것 같다. 한쪽은 생활의 중심이 되는 가족, 인간관계, 가족 경제이고, 다른 한쪽은 시장과 광장의 세계, 법률의 세계, 정치의 세계, 전쟁의 세계 등이다. 따라서 역사는 권력의 실용주의적인 관심을 포함할 뿐만 아니라, 재미있는 일화들에 대한 흥미도 포함한다. 즉, 중요한 사건에서 사소한 이야기까지, 고귀한(혹은 저열한) 정치에서 저급한(혹은 수준 높은) 문화까지 포함한다. 이처럼 역사는 요람에서 무덤까지 하나의 완전한 주기를 흥미롭게 생각하고, 가족생활에서 탐험과 식민지에 이르기까지 가능한 한 많은 것을 포함한다. 다만 자료해석의 어려움과 역사학자의 상상력 부족이라는 제약만이 존재할 뿐이다.

독일의 학자 예거(Friedrich Jaeger)는 《독일역사 속의 기억 문화(*The Memory Culture History of the Germany*)》에서 역사의식이 결코 과거만을 대상으로 삼는 것이 아니며, 역사는 오히려 미래를 위하여 과거를 회상하는 것이라고 주장하였다. '역사'라는 의미구조는 인간의 시간의식이라는 이중적 의도가 확장된 것이다. 그중 하나는 경험과 기대가 확장된 것이고, 다른 하나는 보류와 요구가 확장된 것이다. 역사적 의미가 형성되는 심리적 실천이 바로 역사의 서술이고, 그것을 통해 과거는 미래를 향해 나아가는 현재의 역사라는 특징을 갖게 된다. 과거에 형성된 체험을 서술해 내고, 중요한 의의를 지닌 현실과의 관련 속에서 현재를 결합하였을 때, 그 체험은 비로소 역사적인 것이 된다. 또한 과거에 대한 체험의 해설을 통해 시간의 방향이라는 특별한 기능을 실현할 수 있다. 이러한 역사를 통해 전통은 전수되거나, 계속해서 효력을 발생하거나, 비판을 받는다.

현대 서양학자들은 역사와 역사학에 대한 새로운 생각을 일부러 드러내지 않으려 애쓰지 않았고, 오히려 느끼는 대로 이야기하였다. 그것들은 최근 역사학이론에서 이루어진 가장 새로운 모색들을 반영하고 있고, 우리들에게 헤아릴 수 없이 많은 것을 시사해 준다.

중국에서 역사학은 아주 오래된 학문이고, 문자로 기록된 역사가 존재할 때부터 역사학이 있었다고 말할 수 있다. 은나라 유적에서 발견된 갑골문의 '사(史)'자는 사람이 손으로 붓을 쥐고 사건을 기록하는 형상이다. '사'는 바로 은나라 때 전문적으로 사건을 기록하였던 관리, 즉 사관(史官)이었다. 그 뒤의 내사(內史)와 외사(外史), 좌사(左史)와 우사(右史) 등은 모두 사건을 기록하던 사관이었다. 《예기(禮記)》〈옥조(玉藻)〉에 나오는 말처럼 "움직임은 좌사가 적었고, 말은 우사가 적었다". 사관들은 후세들에게 역사기록과 역사저작을 남겨 놓았다. 공자는 "전술(傳述)할 따름이지 새로운 것을 창작하지 않으며, 옛것을 믿고 좋아한다"고 하였는데, 그 본뜻은 공자가 일생 동안 역사를 정리하였을 뿐 창작하지 않았다는 것이다. 《시(詩)》, 《서(書)》, 《예(禮)》, 《악(樂)》, 《역(易)》, 《춘추(春秋)》 등이 바로 공자가 역사를 정리한 산물이고, 제자들을 가르쳤던 교재이다. 그중 역사적 의미가 가장 큰 것은 《춘추》로, 공자가 당시 노나라 사관이 쓴 편년사에 근거하여 정리하고 수정한 춘추 시대의 역사서이다. 그 후에 《춘추》는 편년사의 시초가 되었다. 《춘추》가 '역사서'에서 '경전'으로 승격된 뒤에, 《춘추》를 해석한 《좌전(左傳)》, 《공양전(公羊傳)》, 《곡량전(穀梁傳)》 등 '삼전(三傳)'이 등장하여, 춘추 시대 편년사의 내용이 더욱더 풍부해졌다.

전한 시대에 사마천(司馬遷)이 편찬한 기전체 통사인 《사기》가 등장한 이후, 중국의 역사학은 새로운 단계에 들어섰고, 차츰 주요한 학문으로서 크게 발전하게 되었다. 그 뒤, '한우충동(汗牛充棟)'이라고 할 만큼 많은 역사서들이 끊이지 않았다. 그 거대한 규모, 풍부한 종류, 엄청난 수량, 긴밀한 연계 등은 세계문명사에서 찾아볼 수 없을 정도이다. 모든 중국인들은 이에 대해 기뻐하고 자부심을 느껴야 한다.

현재 중국에서는 과거와 전혀 다른 상황이 벌어지고 있다. 역사학은 냉대를 당하고 있고, 사회적으로 역사를 경시하고 얕보는 풍조가 나타났다. '입시 위주의 풍토' 때문에 역사는 오래전부터 중고등학교에서 중요하지 않은 과목이 되었다. 대학교의 상황도 낙관적이지는 않다. 역사과목을 이수과목으로 개설한 과들을 찾아보기 힘들다. 반세기 전에 중국통사가 대학교 1학년의 필수과목이었던 것과 비교하면 격세지감을 느낄 정도이다. 설마 현대화가 진행될수록 사람들은 역사를 배울 필요가 없다는 것일까?

그렇지 않다.

정부 관리와 각종 매체들 중에서 역사적 소양이 부족하여 말도 안 되는 이야기를 늘어놓는 일들이 아주 많다. 이처럼 갈수록 많아지는 사례들은 뜻있는 사람들이 받아들이기 힘들 정도의 '공해'가 되었다. 다음의 네 가지 사례를 살펴보자.

사례 하나. 한 유명한 신문사가 당황스런 문장을 게재하여 독자들에게 잘못된 사실을 전달하였다. 즉, 북송(北宋)의 휘종(徽宗)과 흠종(欽宗)이 '막북(漠北)'에서 죽었다는 것이다. 정말로 기가 막힌 일이다! 휘종과 흠종이 죽은 곳은 오국성(五國城)으로, 현재 흑룡강성(黑龍江省) 의란현(依蘭縣)이다. '막북(몽골)'과는 전혀 관계가 없다.

사례 둘. 최근 모 텔레비전 방송국은 청나라 황제의 연속극을 방영하면서 이 연속극이 역사극이고 전혀 허구가 아니라고 떠들었다. 그러나 역사적 상식이 부족하다는 것이 연속극의 곳곳에서 드러났다. 그중 가장 두드러진 예를 하나 들어보면, 효장(孝莊) 황태후가 늘 자신을 '나 효장'이 어쩌고저쩌고 하였는데, 실소를 금할 수 없었다. 모두들 알다시피, '효장문황후(孝莊文皇后)'는 그녀가 죽은 후에 내려진 시호였고, 정확하게는 '효장인선성헌공의지덕순휘상천계성문황후(孝莊仁宣誠憲恭懿至德純徽翊天啓聖文皇后)'였다. 그녀가 살아 있을 때 자신이 죽은 뒤에 내려질 시호를 알고서 자신의 이름으로 삼는 것은 불가능하다. 그런데 말끝마다 '나 효장' 어쩌고저쩌고 하는 것은 황당할 뿐이었다.

사례 셋. 여러 해 동안, 상해의 관리와 뉴스의 기자가 늘 그럴듯한 말을 하였다. 즉, 상해는 개항 이래 황량한 어촌에서 국제화된 도시로 발전하였다는 것이었다. 현재까지도 상해의 개항 160주년(1843-2003년)을 기념하기 위하여 상해의 큰 신문사들은 160년 전의 '어촌'이 어떻게 국제화된 대도시로 발전하였는지를 선전하고 있다. 이러한 행동을 보고서 상해 역사에 대한 지식이 전혀 없다고 그들을 비난할 필요는 없다. 하지만 그들이 잘못된 사실을 전달하고 있다는 것은 전혀 틀린 말이 아니다. 160년 전의 상해는 결코 무슨 '어촌'이 아니었다! 상해는 이미 700여 년 전인 원나라 때, 즉 1291년에 상해현(上海縣)이 되었고, 명나라 때의 번영하던 시기를 거쳐서, 청나라 중기에 개항되기 전에

벌써 경제가 발달한 상업중심도시가 되었다. 1843년 이전에 상해가 어떻게 '어촌'이었겠는가? 더구나 현재 상해 안의 송강(松江)에는 이미 당나라 때 현성(縣城)이 설치되었고, 가정(嘉定)에는 송나라 때 이미 현성이 설치되었으며, 청포(淸浦)에는 명나라 때 이미 현성이 설치되었다. 그런데 어떻게 수백 년 동안 '어촌'이었다고 말할 수 있겠는가?

사례 넷. 일부 지방정부와 기업의 책임자들이 역사에 대한 무시와 무지 때문에 잇따라 '건설적 파괴'를 자행하였고, 현재도 진행 중이다. 그들은 전혀 거리낌 없이 문물고적과 근대의 우수한 건축들을 파괴하였다. 작가 풍기재(馮驥才)가 정확히 지적하였다. "우리 960만 제곱미터의 국토 위에 있는 문화유적들은 현재 한 차례 대규모의 파괴를 경험하고 있다. 이러한 파괴는 '문혁' 때의 그것과는 다르다. '문혁' 때는 '나쁘다'고 여겨진 것들이 비장한 마음으로 파괴되었지만, 현재는 '낡은' 것들이 새롭고 아름다운 것들로 대체되고 있다. 즉 즐거운 마음으로 파괴되고 있다."

이상은 바로 역사를 경시하는 데서 비롯된 결과, 혹은 징벌이다. 역사에 대한 경시는 오래전부터 있었지만, 최근에 더욱 심해지고 있다. 유구한 역사를 지닌 나라에서 이런 일이 생기다니 참으로 이해할 수가 없을 뿐이다!

서양 기자 템플(Robert, K. Temple)의 《중국—발견과 발명의 나라》에는 깜짝 놀랄 만한 이야기가 나온다. 그 대체적인 내용은 다음과 같다. 영국의 저명한 중국과학기술사 전문가 니덤(Joseph Needham)의 연구는 서양인과 중국인이 모두 알지 못했던 인류 역사상 최대의 미스터리를 풀어 주었다. 그는 현재 세계문명은 중국과 유럽의 문명이 서로 합해져서 만들어진 것이라고 주장하였다. 17세기 서양의 선교사들이 중국 황제에게 시계를 선물하였을 때, 중국인들은 신기하게 여겼고, 최초로 기계로 움직이는 시계를 발명한 것이 중국인이라는 것을 알지 못하였다. 유럽의 농업, 조선업, 원유채취, 다연발 활, 대포, 낙하산, 양조, 제지, 인쇄, 바둑, 증기기계의 원리, 천문학, 십진법, 주판 등은 모두 문예부흥 이래 중국으로부터 들어온 것이었다. 중국의 조선 기술과 나침반을 비롯한 발명들이 없었다면, 유럽에서 17세기 이래 등장한 발명과 산업혁명은 전혀 불가능하였을 것이고, 영국의 기사 시대와 식민지 시대도 없었을 것이다.

위와 같은 서양인의 중국역사와 발명에 대한 높은 평가를 읽으면, 중국인의 한 사람으로서 자부심을 느끼게 된다. 그런데 어떻게 자신의 역사 지식이 부족한 것에 대해 더 없이 부끄럽지 않을 수 있겠는가?

역사에 대한 경시는 조상을 망각하는 것을 의미할 뿐만 아니라, 자신의 존재 가치를 부정하는 것을 의미한다. 왜냐하면 현재 일어나고 있는 모든 것은 앞으로 역사가 되어 기록될 것이기 때문이다. 우리들 개개인은 모두 역사를 만들고 있다. 만약 우리의 후세들도 역사를 경시하는 태도로 우리가 살고 있는 시대를 대한다면, 우리 세대가 힘들게 이룩한 공헌은 전혀 의미 없는 것으로 바뀔 것이다.

켈리는 《다면적 역사》에서 역사학자들이 결국에 부딪치는 문제는 역사의 목적성에 관한 것이라고 말하였다. 즉, 지난 일을 연구함으로써 얻는 이익은 무엇인가? 이런 문제와 관련된 여러 가지 대답들이 과거의 아주 긴 역사 속에서 끊임없이 등장하였다. 역사는 중요한 사건과 인물들을 남기고 기록하며, 민족의 전통 중에서 중요한 사건과 인물의 경우는 더욱 그러하다. 따라서 이 경우 역사는 계보학에 비유할 만한 형식을 구체적으로 체현한 것으로 볼 수 있다. 이러한 좁은 범위의 주제에 관심을 가지는 것과 달리 역사는 특별한 도덕이나 정치적 교훈의 자원으로 삼을 만한, 일종의 설교 기능을 필요로 하기도 한다. 그러나 더욱 중요한 것은 역사가 일종의 스스로 자명해지는 형식, 혹은 그 자명한 것을 찾아내는 형식이라는 점이다. 역사는 사소한 '만족'을 추구하지 않고 문제에 대한 구체적인 답안을 기대하지도 않는다. 역사는 지혜의 형식, 즉 시간상으로 인류의 시야를 넓히고, 국부적인 경험과 주의력을 뛰어넘는 형식이다. 이러한 의미에서 역사는 줄곧 인류의 생존환경에서 일부가 되었다. 이 얼마나 멋진 말인가!

확실히, 역사는 인류의 생존환경에서 일부였고, 언제나 인류의 현재와 미래에 영향을 주고 있다. 역사는 사람들에게 지혜를 주고, 사람들에게 역사를 관통하는 깊은 안목으로 과거, 현재, 미래를 바라보라고 가르친다. 또한 역사는 눈앞의 조그마한 것에 파묻혀서 우물 안 개구리 같은 졸렬한 사람이 되지 말라고 한다. 과거를 아주 깊이 인식해야만, 현재의 모든 것을 이해할 수 있고, 나아갈 길을 정확히 선택하는 데 도움을 받을 것이고, 아름다운 미래를 전망할 수 있을 것이다. 역사는 결코 몇몇 사람들의 눈을 만족시키는 '골동품'이 아니다. 역사는 늘 배우고 늘 새로운 것이다. 이러한 의미에서 볼 때, 이탈리아의 역사철학자 크로체(Benedetto Croce)가 "모든 역사는 당대사이다"라고 한 것은 의미심장한 명언이다.

# 차례

## 4장 전국 시대에서 진(秦)나라까지—대통일 중화제국의 성립



## 5장 전한과 후한—제국규범의 완비



## 6장 삼국(三國)과 양진(兩晉)—통일 왕조 소멸의 시대

## 7장 북조와 남조—재통일을 향하여



## 8장 수(隋)에서 성당(盛唐)까지—통일 왕조의 재건



## 9장 당의 쇠락부터 오대십국(五代十國)의 할거까지

## 10장 북송—시대구분의 새로운 단계



## 11장 남송과 금의 대치 시기



## 12장 원—몽골이 건립한 왕조

## 13장 명—중화문명의 남은 광채



## 14장 청—마지막 왕조의 흥기와 쇠락

100가지 주제로 본

# 중국의 역사

# 1장 선사와 전설의 시대

## 1. 원시 인류의 기원

인류역사에서 문자로 기록된 시대는 수천 년에 지나지 않는다. 하지만 문자로 기록되기 이전의 시대인 선사 시대는 아주 길었다.

인류의 기원은 선사 시대에서 가장 중요하게 다루는 문제이다. 인류는 아주 오래전에 원숭이의 한 계통으로부터 진화하였다. 인류가 원숭이의 계통으로부터 분화되는 데 대략 1천만 년의 시간이 걸렸다. 1천만 년 전 지구상에는 아주 많은 종류의 원숭이들이 존재하였고, 5백만 년 전에 현재 인류에 속하는 고(古)인류가 나타났다. 고고학적으로 고인류는 1천만 년과 5백만 년 사이에 원숭이로부터 분리되어 진화하기 시작하였다. 그러나 이것은 고인류학자와 고고학자들의 추측일 뿐이고, 그 진화과정에 대한 실제적인 증거는 극히 드물다.

20세기에 아프리카에서 발견된 남방계 원인(猿人)의 화석은 지금으로부터 1-4백만 년 전의 것이었다. 그 화석에는 여전히 원숭이와 유사한 원시적인 특징이 남아 있었지만, 인류로 진화하고 있었음을 명확하게 보여 주었고 이미 직립보행도 가능한 상태였다.

지금까지 발견된 인류 중 가장 오래된 것은 '오스트랄로피테쿠스'로, 케냐의 고고학자이면서 고인류학자인 루이스 리키(Louis Leaky, 1903-1972년)가 동아프리카 탄자니아 오르트와이 협곡에서 발견하였다. '오스트랄로피테쿠스'의 체형은 남방계 원인보다 더 진화되었지만, 훗날의 호모에렉투스에 비하면 여전히 원시적이었다. 호모에렉투스는 직립보행뿐만 아니라 석기를 만들 수도 있었다. 그러므로 최초의 인류라고 여겨진다.

루이스 리키는 영국의 선교사 집안에서 태어났다. 그는 어렸을 때 아프리카의 케냐로 갔고 나이로비 부근의 아프리카인 부락에서 성장하였다. 그는 인류가 아프리카에 기원을 두고 있다는 가설을 증명하겠다는 뜻을 세웠다. 1931년 탄자니아 북부의 오르트와이 협곡에서 고인류의 유골을 발견하였고, 당시 아프리카 최초의 인류로 단정하였다. 1959년 루이스 리키의 부인 메리는 오르트와이 협곡에서 다시 175만 년 전의 것으로 추정되는 '진잔트로푸스'라는 유명한 두개골을 발견하였다. 이 발견으로 리키 부부는 유명인이 되었고, 고인류학과 인류 기원에 대한 연구를 추진하였다. 1978년 메리는 탄자니아의 빅토리아에서 지금으로부터 359만-380만 년 전의 원시인 발자국을 발견하였다. 리키 부부의 차남인 리처드 리키는 1972년에 지금으로부터 180만 년 전의 호모에렉투스 유골을 발견하였고, 그 뒤에 160만 년 전의 직립보행인 두개골과 유골을 발견하였다. 1994년 리처드의 아내 미푸는 410만 년 전의 유적지로부터 최초의 원시인 유적을 발견하였다. 이처럼 리키 가족은 두 세대에 걸쳐 인류가 아프리카에 기원을 두고 있다는 가설을 밝히기 위하여 노력하였다.

2002년, 여러 나라의 과학자들로 구성된 고고학 팀이 중부아프리카의 차드에서 7백만 년 전의 최초의 인류 두개골 화석을 발견하였고, '투마이'이라고 명명하였다. 전문가의 연구에 따르면, '투마이'는 원시 인류와 현대 인류의 이중적인 특징을 잘 보여 준다고 한다. 그 두개골은 여전히 원숭이류와 유사하지만 얼굴이 작다. 또한 치아 중에서 어금니가 비교적 작아서 현대인의 것과 비슷하다. 따라서 전문가들은 투마이를 인류의 직접적인 조상일 수도 있다고 추정한다.

주지하듯이 중국에서 발견된 호모에렉투스에는 원모인(元謀人), 남전인(藍田人), 북경인(北京人) 등이 있다. 중국에서 발견된 원시 인류들은 시간상으로 아프리카보다 늦지만, 그것들이 아프리카에 기원을 두느냐의 여부는 여전히 논쟁 중이다.

중국의 고인류학자 오여강(吳汝康)과 오신지(吳新智) 두 원사(院士)는 1990년대 《인류학학보》에 일련의 논문을 발표하여 상술한 문제를 분석 토론하였다. 그들은 현재 국제학계에서 비교적 널리 받아들여지는 견해를 다음과 같이 정리하였다. 대략 7백만 년 전 아프리카에서 사람과 원숭이 계통의 분화가 시작되었고, 250만 년 전 아프리카에서 최초의 인류인 '오스트랄로피테쿠스'가 등장하였다. 그 뒤 2백만 년 전 직립원인이 나타났는데, 그 화석은 아프리카와 아시아에서 모두 발견되었다.

중국에서는 아직까지 '오스트랄로피테쿠스'의 화석이 발견되지 않았고, 지금까지 중국에서 발견된 최초의 인류는 직립원인에 속한다. 즉, 우리에게 잘 알려진 원모인, 남전인, 북경인, 화현인(和縣人) 등이다. 물론 여전히 적지 않은 의문점이 남아 있다. 예를 들어, 일반적으로 원모인은 대략 170만 년 전에 존재했던 것으로 추정되지만, 그 연대가 73만 년을 넘지 않을 것이라고 보는 사람도 있다. 최근에 일부학자들은 '동방인(東方人)', '호접인(胡蝶人)', '죽붕능인(竹棚能人)', '중국고원(中國古猿)' 등의 새로운 명칭을 내세우기도 하고, "운남성(雲南省)이 인류의 발상지다"라고 주장하기도 한다. 하지만 과학적인 근거가 부족하여 받아들이기 힘든 추론이다.

지금부터 대략 20만 년 전에 중국에 '호모사피엔스'가 나타났다는 것은 분명하다. 중국에서 발견된 유럽의 네안데르탈인과 같은 계통으로는 대려인(大荔人), 금우산인(金牛山人), 정촌인(丁村人), 허가요인(許家窯人), 마패인(馬壩人) 등이 있다. 그리고 크로마뇽인과 같은 호모사피엔스사피엔스 계통으로는 류강인(柳江人), 자양인(資陽人), 산정동인(山頂洞人) 등이 있다. 크로마뇽인은 일반적으로 '현생 인류'로 여겨진다. 그 이전의 직립원인과 호모사피엔스는 모두 멸종되었고, 크로마뇽인 계통만이 지구상에서 번성하여 유럽인종, 흑인종, 몽골인종 등 현대의 3대 인종을 형성하였다.

'현생 인류'의 등장에 대해 국제학계에는 두 학파의 두 가지 이론이 존재한다. 즉,

'여러 지역 기원설'과 '한 지역 기원설'이 있다.

여러 지역 기원설에 따르면, 현생 인류는 지구상의 각 지역에서 호모사피엔스로부터 진화된 것이다. 또한 각각의 진화과정에서 다른 지역의 인류들과 유전적인 교류도 있었음을 부정하지 않는다.

한 지역 기원설은 최근에 목소리를 높이고 있는 이론이다. 이 설의 지지자들은 주로 분자생물학의 연구를 근거로 하여 현생 인류가 아프리카에 기원을 두고 있다고 주장하고, 현생 인류의 기원을 '이브 이론'으로 부른다. 다시 말해서, 현재 지구상의 각 인종들은 모두 20만 년 전에 한 아프리카 여성을 모체로 하는 후손들이고, 그 아프리카 여성의 조상은 바로 '이브'라는 것이다. 이 이론에 따르면, '이브'의 후손은 아프리카를 떠나서 유럽과 아시아 등지로 퍼져 나갔고, 그 지역들에 있던 호모사피엔스의 자리를 대신하였다. 따라서 유럽과 아시아에서 발견되는 호모사피엔스는 결코 현생 인류의 조상이 아니고, 현생 인류와 어떠한 관련도 없다는 것이다.

2001년, 복단대학(復旦大學)의 생명과학원 연구원들은 세계 각국의 연구자들과 함께 미국의 《사이언스(*Science*)》라는 잡지에 1만 2천 개의 염색체에 관한 연구 성과를 발표하였고, 동아시아인들의 몸에서 7만 9천 년 전 아프리카인의 특징을 보여 주는 유전적 지표를 제시하였다. 연구책임자인 김력(金力)은 이러한 사실이 현재 '동아시아인의 아프리카 기원설'을 뒷받침하는 가장 유력한 증거라고 여긴다. 더 나아가서 아프리카로부터 온 원시인들이 원래 아시아에서 거주하던 고인류를 완전히 대신하였다고 본다. 김력을 비롯한 연구자들은 동아시아인의 조상은 대략 6만 년 전에 아프리카로부터 동남아 일대로 이동하였고, 다시 북상하여 중국에 도착하였다고 추정한다.

상술한 이론에 대해서 사람들의 견해는 서로 다르고 의견이 분분하다. 1988년, 미국의 《뉴스위크(*Newsweek*)》는 '이브 이론'을 표지 기사로 실어서 큰 반향을 불러 일으켰고, 해당 호가 그 해에 가장 많이 팔렸다. 1993년, 일본에서는 '이브 이론'을 최신 성과로 소개하는 국제학술회의가 열렸다. 그러나 서양의 일부 학자들은 '이브 이론'을 반박하였다. 그들은 현대 중국인, 오세아니아인, 유럽인 등은 모두 해당 지역의 고인류와 유사하며, 결코 아프리카의 고인류와 유사하지 않다고 지적하였다. 더욱 중요한 것은 지구상의 각 지역은 모두 이미 각 지역의 현생 인류와 고인류 사이의 연관성을 찾아내었다.

'이브 이론'은 중국에서도 고인류학자와 고고학자에 의해 의심받고 있다. 그중 가장 대표적인 인물은 오신지 원사이며, 다음과 같이 지적하였다. 중국대륙에서 직립원인으로부터 호모사피엔스를 거쳐 현생 인류에 이르렀고, 출토된 많은 화석들은 그들 사이의 연속성을 명확하게 보여 준다. 동아시아의 몽골인종은 몽골 지역의 고인류로부터 발전되어 왔으며, 결코 아프리카로부터 이주해 온 것이 아니다. 예를 들어, 몽골인종은 두개골의 형태로 볼 때, 직립원인으로부터 현생 인류에 이르기까지 모두 위가 납작하고 코 주위가 평평하며 광대뼈가 튀어나온 형태를 띠고 있다. 또한 치아의 형태도 외삽 모양의 앞니, 쌍삽 모양의 앞니, 위와 아래턱 어금니의 줄무늬, 셋째 어금니의 선천적인 결손 등을 특징으로 한다. 그 밖에도 중국의 구석기문화(직립원인과 호모사피엔스 시대)의 발전 과정에서 볼 때도 앞뒤의 연관성이 명확하고, 문화적인 중단이 전혀 나타나지 않았으며 외래문화에 의한 현지문화의 대대적인 변화가 나타났던 흔적도 없다. 따라서 아프리카인이 중국대륙의 호모사피엔스를 대신하여 중국인의 조상이 되었다는 추론은 성립하기 어렵다.

물론 오신지를 비롯한 학자들도 인종 사이에 서로 교류가 있었다는 것을 부인하지는 않는다. 직립원인으로부터 시작된 중국 선사 시대의 인류와 그 문화는 외부와 상대적으로 격리된 상태에서 독자적으로 발전해 왔다. 하지만 중국과 기타 지역의 인류 사이에 유전적인 교류와 문화적 왕래가 있었다는 점을 완전히 배제할 수는 없다. 왜냐하면 중국의 호모사피엔스사피엔스의 체질적 특징이나 석기문화에서 외부로부터 영향을 받은 증거를 볼 수 있기 때문이다. 예를 들어, 중국 남부의 류강(柳江)과 자양(資陽) 등 지역에서 인류의 화석이 발견되었는데, 그 두개골의 뒤쪽 뼈에 보이는 상투 모양은 유럽의 네안데르탈인에 기원을 두고 있을 가능성이 있다. 산정동(山頂洞) 102호 두개골의 튀어나온 광대뼈와 이마가 비교적 바깥쪽을 향하고 있는 것도 유럽의 네안데르탈인과 비슷하다. 중국 고인류의 특징인 평평한 얼굴형도 유럽의 스타드함인과 아라고인에게서 보인다.

2002년, 중국의 과학자들은 류강인이 살았던 연대를 다시 측정하였다. 그 결과 류강인들은 이전에 알려졌듯이 3만 년 전이 아니라 지금으로부터 7만-13만 년 전에 생활하였던 것으로 밝혀졌다. 이것은 해부학적으로 현대인의 특징을 지닌 류강인, 즉 현대 중국인의 조상이 인류학자들이 알고 있었던 것보다 훨씬 전에 중국 남부에서 생활하였다는 것을 의미한다. 또한 중국의 현생 인류가 아프리카와 서아시아보다 늦지 않게 출현하였고, 그 기원이 아프리카에 있지 않다는 것을 명확히 보여 준다. 2001년 5월, 미국의 《사이언스》에는 중국과 외국의 과학자들이 공동으로 작성한 논문이 발표되었다. 그 논문에 따르면, 유전자연구를 통해서 동아시아인의 조상은 40만-50만 년 전의 북경인이 아니라 아프리카에서 기원한 현대인이고, 그들은 3만 5천 년에서 8만 9천 년 전에 아프리카로부터 동아시아로 이주하였음이 밝혀졌다. 중국과학원의 고척추동물 및 고인류연구소 연구원 황위문(黃慰文)은 유전자연구의 결과를 이용하여 인류의 진화과정을 추정하는 데 어떠한 간접적인 것보다 화석으로부터 나온 증거가 직접적이라고 여겼다. 류강인 화석에 대한 연대측정에 따르면, 류강인들은 분명히 7만-13만 년 전이나 그보다 더 일찍 이미 중국 남부 지역에서 생활하였고, 그 이후에 아프리카로부터 이주해 왔을 리가 없다.

중국대륙 내의 수십 곳에서 직립원인, 호모사피엔스, 호모사피엔스사피엔스 등의 화석이 발견되었다. 이것은 완전하게 중국 고인류의 진화과정을 구성하고, 그 신체적인 특징의 발전에 연속성이 있음을 증명해 준다. 따라서 중국인의 주체는 동아시아대륙의 토착적인 거주민이라고 말할 수 있다.

'인류의 아프리카 기원설'은 갈수록 '여러 지역 기원설'의 도전을 받고 있다. 우리들은 여전히 과학이 밝혀 줄 진상이 어떤 모습일까를 손꼽아 기다리고 있다.

## 2. 석기 시대

고고학자들은 인류가 사용한 도구의 재질에 따라 인류의 초기 역사를 석기 시대, 청동기 시대, 철기 시대로 나눈다.

1836년, 덴마크의 학자 톰슨이 맨 처음 석기 시대, 청동기 시대, 철기 시대의 시대구분법을 제기하였고, 선사 고고학의 기초를 다졌다.

1865년, 영국의 학자 루백은 석기 시대를 다시 구석기 시대와 신석기 시대로 나누었다.

1892년, 영국의 학자 브라운은 구석기 시대와 신석기 시대 사이에 중석기 시대라는 과도기를 설정하였다.

1877년, 이탈리아의 학자 지아리크는 신석기 시대와 청동기 시대 사이에 동석기 시대라는 과도기를 두었다.

이러한 시대구분법에 대해 고대 중국의 학자들도 이미 소박한 생각을 갖고 있었다. 동한(東漢)의 원강(袁康)이 편찬한 《월절서(越絶書)》에는 전국 시대 풍호자(風胡子)의 말이 다음과 같이 인용되어 있다. "헌원(軒轅), 신농(神農), 혁서(赫胥) 등의 시대에는 돌로 무기를 만들고 나무를 꺾어 집을 지었다", "황제(黃帝)의 시대에는 옥으로 무기를 만들고 나무를 베어 집을 지었으며 땅을 일궜다", "우혈(禹穴)의 시대에는 청동으로 무기를 만들고 궁궐을 짓고 용문(龍門)을 통하게 하여 강과 하천을 소통시켰다", "지금(풍호자가 살던 춘추전국 시대)은 철제무기를 만들고 삼군(三軍)을 통솔한다". 이상의 말들은 전설상의 삼황(三皇) 시대를 석기 시대로, 황제에서 시작되는 오제(五帝)의 시대를 옥기 시대로, 우임금 이후의 하(夏), 상(商), 주(周) 삼대를 청동기 시대로, 춘추전국을 철기 시대로 삼고 있다. 대량의 고고학적 자료들에 따르면, 풍호자가 석기, 옥기, 청동기, 철기 등이 사용된 시대를 구분한 방식이 중국의 역사적 상황에 부합한다. 장광직(張光直)은 《중국의 청동기 시대(中國青銅時代)》에서 다음과 같이 말하였다. 《월절서》의 분기법은 중국고대문명이 걸어 온 본질적인 변화의 요점을 간추렸고, 역사적 현실에서 매우 신뢰할 만한 기초를 제공하였다.

구석기 시대의 석기(정촌인 문화)

석기 시대는 일반적으로 구석기 시대와 신석기 시대로 구분한다.

구석기 시대에 인류가 처음으로 출현하였고, 생산도구였던 타제석기는 2-3백만 년 전부터 1만 년 전까지 사용되었다. 구석기 시대에는 줄곧 도구를 만드는 데 큰 돌이나 부싯돌을 깨뜨려서 조각을 낸 다음, 조각난 돌 중 단단한 것으로 돌도끼를 만들었다. 그러다가 구석기 시대 말기가 되면 돌조각으로 돌칼이나 화살촉을 만들었다. 구석기 시대의 문화는 전 세계에 널리 분포되어 있었고, 지역이나 시대에 따라 그 특징이 상당한 차이를 보이고 있었다.

산서성(山西省) 예성현(芮城縣) 서후도촌(西侯度村) 근처에서 발견된 서후도 문화는 지금으로부터 180만 년 전에 존재하였고 중국에서 지금까지 알려진 초기 구석기 시대의 유적 중 가장 오래되었다. 서후도 유적은 황하 중류의 동쪽 기슭에 강바닥으로부터 170미터 되는 높고 오래된 테라스 지대에 위치하고 있다. 출토된 석기로는 석핵(石核)과 석편(石片)을 비롯한 가공된 석기들이 있었다. 석기는 때리거나 으깨거나 부수는 방식으로 만들어졌고, 그 종류에는 자르개, 도끼, 찍개 등이 있었다. 서후도 문화의 발견은 중국의 구석기 시대와 인류가 불을 사용한 역사를 끌어 올렸다.

귀주성(貴州省) 검서현(黔西縣) 사정관음동(沙井觀音洞)에서 발견된 관음동 문화는 북경인 문화와 명확한 차이를 보이지만, 부분적으로 유사한 측면들이 존재한다. 중국 남부에서 발견된 구석기 시대 말기의 유적들 중 귀주성 동재암회동(桐梓巖灰洞), 흥의 묘묘동(興義猫猫洞)의 석기들은 모두 관음동 문화와 일정한 관계가 있을 수도 있다. 관음동 문화와 북경인 문화는 각각 중국의 남부와 북부의 초기 구석기 시대를 대표하는 중요한 문화이다. 둘 사이의 차이는 이미 초기 구석기 시대에 서로 다른 지역의 문화가 복잡 다양해지고 있었음을 명확하게 보여 준다.

중기구석기 시대에는 정촌인 문화를 대표로 꼽을 수 있다. 분하(汾河) 유역에서 생활하던 정촌인은 여전히 생산도구로 목기와 석기를 사용하였다. 그들은 하천과 산골짜기에서 조약돌을 모아서 돌들을 서로 부딪히는 방식으로 물건을 자르고 쪼개는 석기들을 만들었다. 그들은 석회암으로 된 두껍고 평평한 조약돌로 크고 작은 원형 투척기를 만들어서 사냥에 사용하였다. 정촌인이 사용한 것은 대부분이 돌조각으로 만든 석기였다. 그중에는 한쪽이나 여러 쪽으로 날이 선 도끼류도 있었고, 송곳이나 끌도 있었다. 정촌인의 석기와 서후도 유적의 석기에 보이는 몇몇 공통점은 두 문화가 발전하는데 서로 관련이 있었음을 보여 준다. 그러나 석기의 종류에서 볼 때, 정촌인의 석기는 눈에 띄게 증가하였고 그 제작 기술도 크게 향상되었다. 정촌인은 신체적으로도 북경인보다 크게 발달하였고, 석기의 제작도 북경인에 비해 상당히 향상되었다.

후기 구석기 시대에는 산정동 문화를 대표로 꼽을 수 있다. 산정동인이 만든 장식품은 그들이 이미 상당히 발전된 석기를 사용하고 있었다는 것을 추측하게 한다. 왜냐하면 그 장식품의 제작은 반드시 재료의 선택, 절단, 구멍 뚫기, 연마, 착색 등의 공정을 거쳐야 했기 때문이다. 더욱 우리의 주의를 끄는 것은 산정동인이 이미 동물 뼈로 만든 바늘을 사용하였다는 점이다. 그 바늘은 몸체가 둥글고 매끄러우며, 끝은 뾰족하고, 귀는 작고 좁다. 바늘의 출현은 당시 사람들이 이미 동물가죽으로 옷을 만들 수 있었다는 것을 보여 준다. 산정동인의 주요한 경제 활동은 어로와 수렵이었고 채집은 보조적인 수단이었다. 그들은 먹을 것을 마련한 다음에 동굴로 가지고 왔고, 모닥불을 피워서 추위를 피하며 음식물을 익혔다. 산정동인의 장식품인 작은 돌구슬은 여러 색깔을 가지고 있는데, 이것은 원시예술의 수준을 반영한다. 산정동인은 또한 사유재산의 관념이 없었다. 그들의 공유재산은 바로 주위의 수렵, 어로, 채집 등을 가능케 하는 자연이었고, 그들도 자연의 일부였다. 산정동인이 거주하던 동굴은 '윗집'과 '아랫집'으로 나뉘어져 있었는데, 윗집은 공동주거지였고 아랫집은 공동묘지였다. 묘지의 죽은 사람 몸에는 붉은 철광석 가루와 수장품이 놓였고, 이것은 당시 사람들의 원시적인 종교신앙을 반영한다. 그들은 생명과 영혼에 대해 일종의 환상적인 생각을 지니고

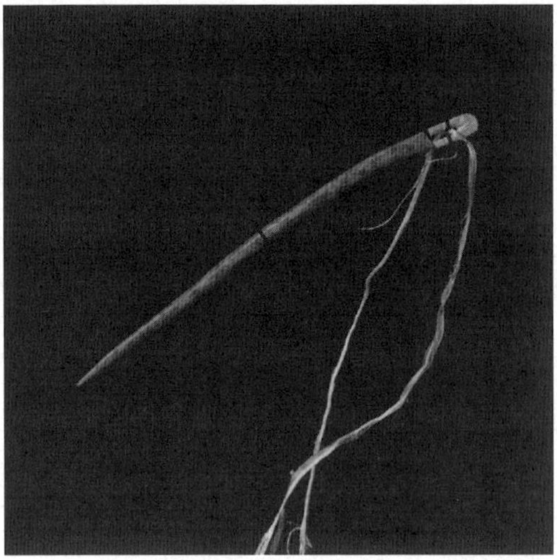
후기 구석기 시대의 뼈바늘(산정동인 문화)

있었다.

초기 인류의 역사에서 마지막 10만 년은 매우 중요하다. 이 시기에 기술의 진보는 근본적인 변화를 겪었다. 기술의 진보는 돌칼의 섬세한 가공에 집중적으로 드러났고, 무늬 없는 칼자루에서 조각이 된 칼자루까지 일련의 복잡한 형태의 도구가 등장하였다. 자루가 달린 도끼, 창, 화살 등은 사람의 팔이 지닌 기능을 확대한 것으로 인류를 새로운 시대에 들어서게 하였다. 뼈바늘을 대표로 하는 봉제 기술의 발명은 가죽옷을 만드는 문제를 해결하게 하였을 뿐만 아니라, 추위를 막을 수 있게 하였다. 그리하여 사람들은 비로소 동굴을 벗어나서 평원으로 주거지를 옮길 수 있었으며, 추운 북쪽 지역을 거치고 베링 해를 지나서 다른 대륙과 세계 각지로 이동할 수 있었다. 토인비는 《인류와 어머니 대지》에서 후기 구석기 시대의 기술혁명은 대략 4만-7만 년 전에 시작되었다고 하였다. 그것은 기술의 역사에서 획기적인 혁명이었다.

구석기 시대로부터 신석기 시대로 향하는 과도기가 되면 인류문명에 서광이 비추기 시작한다. 농업의 시작, 농목축업의 분화, 농목축업의 어로와 수렵 대체 등 사회 경제의 주요한 변화를 겪었으며, 인류 최초의 취락이 등장하였고 정착 생활이 시작되었다. 더 나아가 도기(陶器)의 제작, 가축의 사육, 반(半)지혈식 건축과 지면 건축 등이 출현하였다.

## 3. 선사문화의 여러 유형 — 중화문명 기원의 다원화

대략 1만 년 전에 인류는 신석기 시대로 들어섰다. 농업과 목축업의 등장, 마제석기, 도기, 방직 등의 출현은 인류가 생산경제 단계로 들어섰음을 의미한다. 그 이전에 인류는 단지 채집을 통해 먹을 것을 얻었지만, 신석기 시대의 인류는 먹을 것을 생산하게 되었다. 토지의 경작과 가축의 사육은 사람들에게 믿을 수 있는 음식물의 공급원이었고, 이로 인해 잉여가 생기기도 하였다. 이러한 생태환경은 인구를 빠른 속도로 증가시켰고, 생활을 비교적 안정되게 하였으며, 각종 사회 제도를 형성시켰다. 그것은 거대한 사회 경제적 혁명이었고, 그 중요성과 파급력은 어떠한 수사를 동원해도 아깝지 않다. '음식물의 채집'에서 '음식물의 생산'으로 발전한 것은 '음식물 생산의 혁명'으로 일컬어진다. 이후의 공업혁명과 비교하여 농업혁명으로 부르기도 한다. 농업혁명의 가장 뚜렷한 영향은 '정착'이라는 새로운 생활방식, 자기의 제조, 방직, 집짓기 등 새로운 생산방식이 출현한 것이다. 고고학자 우드(R. Braid Wood)는 방사성동위원소 측정법에 의해 농업이 나타난 시기를 1만–1만 2천 년 전으로 추정하였고, 중동의 티그리스와 유프라테스 강 유역에서 발생한 것으로 보았다.

최근의 연구 성과에 의해 중국 농업의 기원은 독특한 지역성과 독자성을 지니고 있고, 중동으로부터 전래된 것이 아니라고 밝혀졌다. 대량의 고고학적 성과를 통해 중국의 선사 시대 농업은 독자적으로 출현하여 형성되었음이 드러났다. 황하 유역은 조를 위주로 하는 밭농사의 기원지이고, 장강 유역은 쌀을 위주로 하는 논농사의 기원지이다.

7–8천 년 전 인류의 취락은 각각의 대(大)구역에서 모두 발견되었고 그 대구역 사이에는 공통점과 차이점이 존재하는데, 이것은 중화문명이 다양한 기원을 지니고 있음을 보여 준다.

1977년, 하남성(河南省) 신정현(新鄭縣) 배리강(裵李崗)에서 맨 처음 발견된 배리강 문화는 대략 기원전 5500–4900년의 농업취락 유적으로, 집터, 아궁이, 도요지, 석기, 도기, 골기(骨器) 등의 생활용품이 발견되었다. 석기는 농업도구를 위주로 하였고, 돌도끼, 돌삽, 돌낫 등의 경작과 수확용 도구가 있었다. 또한 돌절구, 돌절구막대 등 양식을 가공하는 도구도 있었다. 도요지의 발견은 도기의 제조가 이미 일정한 규모로 발전하였음을 의미한다. 도기는 진흙을 재료로 하는 홍색 도기가 가장 많았고, 모래가 섞인 홍색 도기가 그 다음을 이었다. 도기에는 잔, 사발, 쟁반, 쌍족쟁반, 삼족단지, 항아리, 손잡이 두 개 달린 단지 등이 있었다. 이상의 유물들을 통해 7-8천 년 전 중원 지역에 이미 비교적 안정적인 농업 정착 생활이 진행되고 있었고, 이미 조를 위주로 하는 밭농사 단계에 들어섰음을 알 수 있다.

1973년, 하남성 무안현(武安縣) 자산(磁山)에서 맨 처음 발견된 자산 문화의 유적은 기원전 5400-5100년의 것으로 반지혈식 집터와 식량저장용 구덩이를 비롯하여 돌도끼, 돌칼, 돌삽, 돌낫, 돌절구 등 농업도구가 출토되었다. 이 유물들은 농업이 이미 경제에서 주요한 부문이 되었음을 잘 보여 준다. 당시 사람들은 돼지나 개를 기르면서 어로와 채집도 병행하였다.

돌절구와 돌절구막대(배리강 문화)

1986년, 하북성(河北省) 서수현(徐水縣)의 남장두(南庄頭) 유적에서는 그을린 자기와 초목이 타고 남은 재가 쌓여 만들어진 엷은 단층이 발견되었고, 들짐승 뼈, 날짐승 뼈, 녹각, 조개껍질, 목탄, 석재, 석기, 골각기, 목판, 나무막대, 모래가 섞인 홍색도기 등이 발굴되었다. 사람들로부터 가장 큰 주목을 끌었던 것은 곡물 가공용 도구인 돌절구와 돌절구막대였다. 이것은 당시에 이미 농작물이 재배되고 있었음을 말해준다. 방사성동위원소 측정법에 의하면 돌절구는 지금으로부터 약 10,510±110년에서 9,690±95년 전 것이었고, 중국 농업의 기원을 1만 년 정도 끌어올리게 하였다.

황하 유역은 중화문명의 요람이다. 따라서 그곳에 존재하였던 앙소(仰韶) 문화와 용산(龍山) 문화는 사람들로부터 주목을 받았다.

앙소 문화는 1921년에 하남성 민지현(澠池縣) 앙소촌(仰韶村)에서 발견되었기 때문에 붙여진 이름이다. 현재 이미 앙소 문화에 속하는 대량의 유적이 발굴된 곳은 섬서성(陝西省) 위하(渭河) 일대, 하남성 서부, 산시성(山西省) 남부 등지를 중심으로 하여 그 주변까지 포함하고 있다. 서안(西安) 교외의 반파(半坡) 유적은 기원전 4800-4200년 사이에 존재하였던 앙소 문화의 전형을 보여 준다. 유적의 총 면적은 약 5만 제곱미터이고, 거주지, 도요지, 공공장소 등을 갖추고 있었다. 거주지 주변에는 깊이 5-6미터의 해자를 파서 방어에 이용하였다. 해자의 북쪽은 촌락의 공동묘지이고 동쪽은 도요지였다. 거주지와 해자 밖의 공터에는 여러 형태의 구덩이가 있었는데 촌락의 공동창고였다. 거주지에서 발견된 많은 집터 중에 규모가 아주 큰 사각형의 집터는 공동 활동의 장소였고, 명절 행사나 종교적 활동이 이루어졌다. 촌락의 구성원들은 공동으로 생산과 소비 활동을 진행하였고 서로 협력하였으며 함께 여가 활동을 하면서 평등하고 화목한 생활을 영위하였다.

도기는 원시농업이 출현한 뒤에 발명된 것으로 농경과 상호의존적인 관계를 갖고 있다. 여기에서 주목할 만한 점은 서안 반파촌 유적에서 출토된 그릇의 가장자리에 새겨진 20-30종의 부호이다. 이 부호들은 중국문자(한자)의 기원이나 중국 원시문자의 흔적일 수도 있다. 또한 도기 위의 그림이나 문양으로 볼 때 당시에 이미 상형문자가 있었던 것으로 보인다.

섬서성 임동현(臨潼縣)의 강채(姜寨) 유적은 앙소 문화의 또 다른 전형적인 모습을 보여 준다. 강채의 촌락 유적은 타원형으로 가로 210미터, 세로 160미터, 면적 33,600제곱미터이다. 중심부에는 500제곱미터의 광장이 있었고, 서쪽 측면에는 남북으로 뻗은 두 개의 축사가 있었다. 광장 주위의 집들은 모두 광장을 향해 나 있는 출입문을 갖고 있었다. 촌락의 바깥에는 배수와 방어를 위한 해자를 파 놓았는데, 해자의 동쪽에는 묘지터 세 곳이 있었고 서쪽에는 하천의 동쪽과 맞닿은 도요지가 있었다. 이처럼 질서정연하게 촌락이 배치된 것으로 볼 때, 분명히 먼저 계획을 세우고 그 계획에 따라 엄격하게 촌락이 만들어졌을 것으로 보인다. 따라서 그 촌락에 거주하던 사람들은 일정한 규범에 의해 관계를 맺고 있던 통일적인 집단이었을 것이다. 사회조직이 엄밀해짐에 따라 사회생산도 새로운 단계로 접어들게 되었다. 강채 유적에서 출토된 작은 구리 조각은 황동으로 판명되었고, 이것은 앙소 문화의 단계에 이미 금속구리의 제련이 시작되었고, 석기 시대로부터 동석기 시대로 넘어가는 과도기였음을 말해 준다. 사람들이 앙소 문화를 염제와 황제가 살던 시대에 상응하는 오래된 문화로 여기고 있는데, 결코 전혀 이치에 닿지 않는 것은 아니다.

용산 문화는 1928년에 산동성(山東省) 장구현(章丘縣) 용산진(龍山鎮)의 성자애(城子崖)라는 곳에서 발견되었기 때문에 붙여진 명칭이고 대략 기원전 1800년에 존재하였다. 용산 문화의 분포 지역은 매우 넓어서 그 문화 내에서도 지역적 차이가 아주 뚜렷하다. 특히 용산 문화의 후기에 이르면 지역적 차이는 더욱 분명하다. 산동성을 중심으로 하는 용산 문화는 대문구(大汶口) 문화의 바탕 위에서 발전하였고, 중원의 용산 문화는 앙소 문화의 계통을 이어받아서 형성되었다.

용산 문화는 아주 많은 요소로 구성된 복합체이다. 그 속에는 각기 다른 특징과 문화 영역을 지닌 수많은 고고학문화가 포함되어 있고, 중요한 것으로는 다음 몇 가지가 있다. 기원전 2500-2000년의 산동성 용산 문화, 앙소 문화로부터 발전하여 기원전 2900-2800년 주로 하남성 서부에 분포하였던 묘저구(廟底溝) 제2기 문화, 묘저구 제2기 문화를 계승하여 기원전 2600-2000년 주로 하남성 서부·북부·동부 등에 분포하였던 하남성 용산 문화, 기원전 2500-1900년 주로 산서성 서남부에 분포하였던 도사형(陶寺型) 용산 문화 등. 이러한 상황 때문에 어떤 학자는 용산 문화라기보다는 용산 시대라고 하는 것이 더 타당하다고 지적하였다.

용산 시대에 인류가 이룬 발명과 성과는 이전 시대를 뛰어 넘었고, 아래의 몇 가지가 특히 눈길을 끈다. 먼저, 동기(銅器)의 제조를 들 수 있다. 중국에서 동기가 발명된 시대는 아마도 용산 시대 이전일 것이다. 하지만 비교적 보편화된 것은 용산 시대였다. 하북성 당산(唐山)의 대성(大城)에서 발굴된 구멍이 두 개인 작은 낫 두 자루, 감숙성(甘肅省) 무위(武威)의 낭낭대(娘娘台)에서 발굴된 구리칼과 구리송곳, 영정(永靖) 대하장(大何庄)의 구리조각 등은 모두 표준적인 붉은 동기이다. 용산 시대는 여전히 동석기 시대였다. 다음으로, 우물의 굴착을 들 수 있다. 하남성 낙양(洛陽)의 좌리(矬李), 하북성 한단(邯鄲), 강소성(江蘇省) 오현(吳縣)의 징호(澄湖) 등의 용산 문화 유적에서 모두 얕은 우물이 발견되었고, 하남성 탕양(湯陽)의 백영(白營)에서는 깊이가 11미터나 되는 목조의 깊은 우물이 발견되었다. 이것은 인류가 물을 마시고 관개를 하는 데 새로운 노력을 기울이고 있었음을 보여 준다. 끝으로, 성의 방어시설을 들 수 있다. 오래전에 발견된 역성(歷城) 성자애(城子崖)와 안양 후강(後崗)의 토성과, 최근에 잇따라 발견된 하남성 등봉왕(登封王) 성강(城崗)과 회양(淮陽) 평양대(平糧台)의 토성들은 인류가 촌락에서 도시국가로 나아가는 과도기의 모습이 이미 나타나기 시작하였음을 보여 준다.

인류 고대문명의 요람은 세계 각지에 분포하고 있다. 중국의 황하와 장강 두 유역은 천혜의 자연환경을 갖춘 곳으로, 문명의 기원에 대한 흔적들이 숱하게 발견되었다. 그래서 중화문명의 기원은 하나의 중심으로부터 외부로 확산 전파되었던 것이 아니라, 여러 개의 중심으로부터 싹이 텄다. 이러한 의미에서 중화문명은 다원적이다. 저명한 학자 앤더슨(J. G. Anderson)은 신석기 시대의 중국인을 '황토지의 자손(Children of the Yellow Earth)'이라고 명명하였고, 이를 저서의 제목으로 삼았다. 과거의 학자들이 중국문명의 발원에 대해 논의할 때, 대다수는 섬감고원(陝甘高原)의 '제1기 황토'와 황회평원(黃淮平原)의 '제2기 황토'를 중요한 요소로 여긴다. 분명히 황토지대의 토양은 많은 우수한 조건을 갖추고 있어서 농작물의 성장에 유리하다. 따라서 황토가 황하문명을 키워 내었다고 말할 수 있다. 그러나 다른 지역의 문명들은 그 기원에서 황토와 관련이 없기 때문에, 신석기 시대의 중국인을 '황토지의 자손'이라고 하는 것은 단편적인 인식이라고 할 수 있다.

1973년, 절강성(浙江省) 여요현(余姚縣) 하모도(河姆渡)의 마을사람들이 논의 배수로 공사를 하다가 뜻밖에도 7천 년 전의 조상들이 살았던 유적을 발견하였다. 유적지에서는 풍부한 논농사의 흔적이 드러났다. 낱알, 벼 줄기, 벼 잎 등을 비롯하여 곡식 껍질의 퇴적층이 0.2~0.5미터나 되었고 가장 두꺼운 곳은 1미터가 넘었다. 출토된 벼는 윤기 있는 황금색이고 이삭은 곧은 형태여서 한눈에 식별이 가능하였다. 감정한 결과, 발견된 벼는 인공으로 재배된 늦벼였다. 방사성동위원소 측정법에 따르면, 하모도유적의 제4층은 지금으로부터 7천 년 전에 형성되었다. 함께 출토된 물소와 사슴의 갈비뼈로 만들어진 농기구인 쟁기는 7천 년 전 하모도의 원시농업이 이미 쟁기경작의 단계에 들어섰음을 보여 준다.

현재 하모도박물관은 이미 유적이 발견된 곳에 건설되어 7천 년 전 조상들이 움집을 짓고 일하면서 생활하던 마을의 모습을 재현하고 있다. 원시 시대의 모습을 재현하고 있는 하모도박물관은 이미 1999년 6월 25일에 대외적으로 개방되었다.

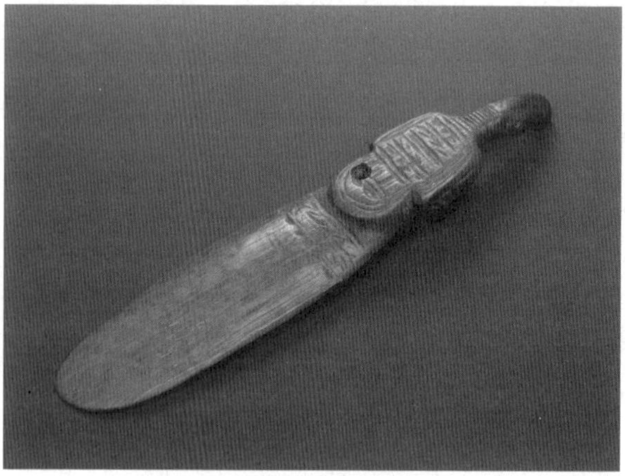

새 모양의 원형상아 조각(하모도 문화)

태호평원(太湖平原)과 그 부근 지역은 신석기 시대 이래 줄곧 논농사를 위주로 하였던 곳이다. 절강성 가흥시(嘉興市) 마가빈(馬家浜)에서 맨 처음 발견된 마가빈 문화는 대략 기원전 4300-2200년에 존재하였다. 마가빈 문화에 속하는 유적은 오현(吳縣) 초혜산(草鞋山)과 청포현(青浦縣) 숭택(崧澤)이 있는데, 두 곳에서 모두 메벼와 찰벼의 탄화된 볍씨가 발견되었다. 초혜산에서는 야생섬유로 만든 직물조각도 발견되었는데, 이것은 중국에서 발견된 가장 오래 된 방직품이었다. 마가빈 문화보다 좀 늦게 나타난 양저(良渚) 문화(기원전 3300-2200년)의 조상들은 누에를 길러 비단을 생산하는 새로운 방법을 개발하였다. 오강현(吳江縣, 현재는 吳江市)의 매언(梅堰) 유적에서 출토된 검은 도기 위에 흐릿하게 조각된 누에무늬는 당시 사람들이 이미 양잠을 하였다는 것을 보여 준다. 호주시(湖州市) 전산양(錢山漾)에서 출토된 비단 조각, 비단띠, 비단실 등의 물품들은 집에서 기른 누에의 실을 가지고 만들어진 것으로 밝혀졌다.

전문가의 연구에 의하면 마가빈 문화 시기에 상해(上海) 지역의 사산(佘山), 천마산

(天馬山), 금산(金山), 봉현(奉縣) 등 구릉지대는 삼림이 우거진 곳이었고, 평원지대에는 호수나 늪이 널리 분포되어 있었다. 당시 조상들은 호수나 늪 사이의 언덕 위에 생활하면서 어로와 농사를 병행하였다. 그리고 양잠이 성행함에 따라 경제수준이 크게 향상되었다.

1988년 호남성(湖南省) 풍현(澧縣) 팽산두(彭山頭) 유적에서도 벼의 낟알과 겨가 발견되었다. 방사성동위원소 측정법에 의하면 약 7,800-8,200년 전의 것으로 추정되었다. 이로써 중국 벼농사의 시작이 다시 1천 년 정도 올라가게 되었다. 중국은 아시아에서 벼농사가 가장 먼저 시작된 곳 중의 하나이고, 다른 한 곳인 인도대륙과 함께 서로 독자적인 기원을 지니고 발전해 왔다.

## 4. 염제, 황제, 그리고 전설 시대

서양의 역사학자들은 현재 연구자들이 당면한 문제는 바로 어떻게 신화와 전설을 역사 속에서 복원하느냐, 즉 어떻게 그 먼 과거의 전설에서 역사의 진실을 찾아내느냐 하는 것이라고 말한다.

동서양의 문화적 차이 때문에 사람들의 과거 신화와 전설에 대한 태도도 전혀 다르다. 서양학자들은 중국의 역사 교과서에서 선사 시대를 다룰 때 고고학적 자료를 중시하면서 신화와 전설의 발굴을 소홀히 한다고 비판하는데, 그 말은 핵심을 찌르는 것이다.

중국에서 신화와 전설을 소홀히 하게 된 근본적인 원인은 근대에 들어서면서 의고(擬古)적 풍조가 범람하여 역사에서 전설 시대를 허무주의적으로 회의하였기 때문이었다. 전설 시대의 역사적 참모습을 회복시키려면 반드시 의고적 풍조가 끼친 영향으로부터 벗어나야만 한다. 문자가 발명되기 전에 구전되어 온 신화와 전설은 조상들이 상고 시대의 먼 과거를 과장되게 기술한 것이다. 우리들이 과학적으로 분석한다면 그 속에 담긴 신빙성 있는 역사적 자료들을 어렵지 않게 발견할 수 있다. 고고학적 발견은 이미 점점 더 분명하게 먼 과거의 전설에 등장하는 '삼황'과 '오제'의 활동배경을 보여 주고 있으며, 전설 시대의 역사를 복원하는 데 조건을 제공하였다.

전국 시대 제자백가의 저작에는 유소씨(有巢氏), 수인씨(燧人氏), 복희씨(伏羲氏), 신농씨(神農氏) 등의 전설이 나타났다. 유소씨는 "나무로 집을 만들어서 많은 피해를 벗어났고", 수인씨는 "부싯돌로 불을 일으켜서 생선을 구웠고" "사람들에게 음식을 익혀먹는 방법을 가르쳤으며", 복희씨는 "줄을 엮어서 그물을 만들어서 물고기를 잡는 데 사용하였으며", 신농씨는 "절기에 따라 토지의 이로움을 나누고 쟁기를 만들어서 사람들에게 농사를 가르쳤다". 이러한 기록들은 먼 옛날 인류가 집을 짓고 음식을 익혀 먹는 것에서 어로, 사냥, 농경에 이르는 발전과정을 보여 준다.

전설에서 복희씨와 여와(女媧)는 오누이였고 결혼하여 인류를 낳았는데 그들 이후에는 오누이 사이의 결혼을 금지하였다고 한다. 이것은 그들이 살던 때가 원시 혈연혼에서 족외혼으로 나아가는 과도적인 시기였음을 의미한다. 복희씨는 일종의 원시적인 기록방법인 팔괘(八卦)도 발명하였다고 전해진다. 복희, 여와, 신농 등을 전설상의 '삼황'으로 보는 것이 가장 일반적인 견해 중 하나이다. 전설상의 '오제'에 대해서도 여러 설이 있는데, 그중에서 황제(黃帝), 전욱(顓頊), 제곡(帝嚳), 당요(唐堯), 우순(虞舜) 등으로 보는 견해가 있다.

현재 유행하는 '염황의 자손'이라는 말은 사실 중국인들이 중화문명의 시조인 염제와 황제를 받들고 존경하는 뜻을 담고 있다. 세계 각국은 원시 시대에 보편적으로 태양신을 숭배하였고, 먼 옛날 중국의 화하족도 태양신을 숭배하고 자신들을 태양족으로 여겼다. 대문구문화권에서 태양족의 문양이 대량으로 발견되었는데, 이것은 사방으로 빛을 내는 태양을 예술적으로 추상화한 것이었다. 당시 각 부족의 수령이었던 호(昊), 황(皇), 태호제(太昊帝), 소호제(少昊帝), 염제(炎帝), 황제(皇帝) 등에서 태양이나 태양대제의 칭호가 아닌 것이 없다.

전설상의 염제는 신농씨로 불리는데, 강수〔姜水, 현재 섬서성(陝西省) 기산(岐山) 동쪽, 위하(渭河)의 지류〕에서 태어났고 나중에 동쪽으로 이주하였다. 염제가 이끌던 씨족부락은 농업, 의약, 도기 등을 발명하였다. 《역경(易經)》〈계사(繫辭)〉에 따르면, "신농씨는 나무를 베어 보습을 만들고 목재를 깎아서 쟁기를 만들었다. 보습과 쟁기의 이로움으로 천하를 교육하였다". 《백호통(白虎通)》에 따르면, "고대인들은 모두 짐승의 고기를 먹었다. 신농씨 때가 되면 사람들이 많아져서 짐승이 부족하였다. 그래서 신농씨는 절기에 따라 토지의 이로움을 나누고 쟁기를 만들어서 사람들에게 농사를 가르쳤다". 한대(漢代) 이래 일반 학자들은 모두 신농씨를 염제라고 여겼고, 염제 신농이라는 명칭도 등장하였다. 그는 맨 처음 나무로 보습과 쟁기를 만들었다고 하여 농업의 발명자로 여겨졌다. 전설에서 염제는 의약을 발명하였다. 《사기(史記)》〈보삼황본기(補三皇本紀)〉에는 "신농이 처음으로 온갖 약초의 맛을 보았고 의약이 시작되었다"라고 되어 있다. 《세본(世本)》에서는 "신농이 약을 지어 사람들을 구제하였다"고 하였다. 《회남자(淮南子)》에도 신농이 질병 치료용 약초를 구하기 위하여 "온갖 약초의 맛을 보았고 여러 지역의 물을 시음하였으며", 그 결과 "하루에 70회나 중독이 되기도 하였다"고 기록되었다. 염제는 또한 도기를 발명하였다. 《태평어람(太平御覽)》은 《주서(周書)》를 인용하여 "신농이 농사를 짓고 도기를 만들었다"고 하였다. 도기는 농경과 동시에 출현하였고 불의 사용에 뒤이은 또 하나의 뛰어난 발명으로 여겨진다.

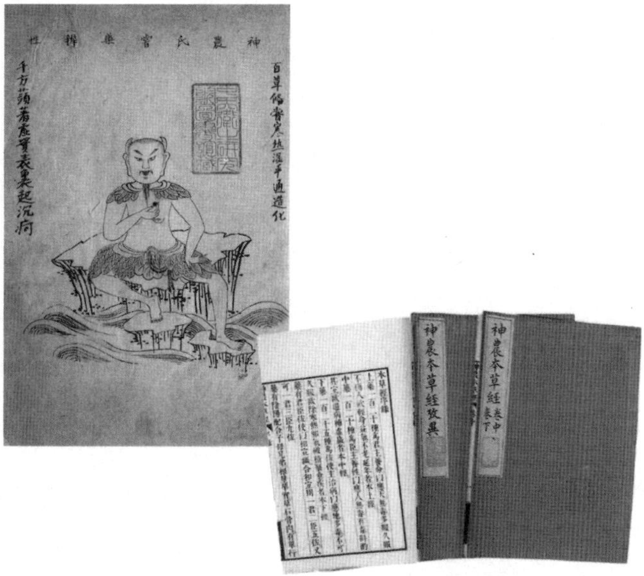

약초 맛을 보는 신농씨

생산도구가 제한적이었기 때문에 당시에는 여전히 대규모 "벌목으로 땅을 넓히고" 개간을 통해 경작함으로써 농경지를 확대할 방법이 없었다. 대체로 숲에 불을 지르고 간단한 목제 농기구인 보습과 쟁기로 흙을 고른 다음에 씨앗을 뿌리고 자연에 생장을 맡기는 식이었다. 고문헌에 보이는 이른바 "산림을 불태우고" "습지에 불을 낸다"는 기록은 바로 당시의 상황을 묘사한 것이다. 신농씨가 불과 관련 있는 염제로 불리고 그 부족들이 '열산씨(烈山氏)'로 일컬어지는 것도 모두 원시농업이 불과 밀접한 관련이 있었기 때문이다. 이러한 이유로 전설상의 신농씨 시대에 이루어진 농업은 일종의 유동성을 띤 농업이었다. 그리고 지력이 빠르게 떨어졌기 때문에 끊임없이 다른 경작지를 찾아서 자주 이동해야만 하였다. 신농씨의 유동성은 전설 속에도 반영되어 있다. 그는 여산〔厲山, 현재의 호북성 수현(隨縣) 북부의 여향(厲鄕)〕에서 세력을 형성하였으나 나중에 현재의 하남성으로 이주하였고, 다시 현재의 산동성으로 옮겨 갔다.

염제의 후손 중 하나는 열산씨인데 그 아들은 이름이 주(柱)이다. 그는 곡물을 심고 채소를 가꿀 줄 알아서 뒤에 곡물신〔稷神〕으로 받들어졌다. 염제의 또 다른 후손은 공공씨(共工氏)로 그 아들은 후토(后土)였다. 그는 홍수를 다스리는 데 성공하여 사람들에 의해 토지신〔社神〕으로 받들어졌다. 수리는 농업의 생명선이고, 원시농업의 시대에는 더욱 그러하였다. 이러한 전설은 농업문명과 밀접한 관련을 갖고 있다. 서주(西周) 이후 사람들은 토지신과 곡물신에게 제사를 지냈고, 그것은 뒤에 사직(社稷)을 천하나 국가의 상징으로 보게 된 기원이 되었다.

전설에서 염제 다음으로 등장한 것이 황제이다. 황제는 유웅씨(有熊氏)로 불리고 전쟁을 치를 때 곰, 불곰, 비(貔), 휴(貅), 추(貙), 호랑이 등 여섯 종류의 야수들을 훈련시켜 전투를 벌였다고 한다. 문화인류학의 관점에서 볼 때, 사실은 여섯 종류의 야수를 토템으로 삼은 부족들이 전투에 참가한 것이다. 토템은 인디언의 언어로 친족이라는 의미를 갖고 있다. 원시인들은 각각의 씨족들이 동식물 혹은 자연계의 특정 사물과 친족이나 모종의 관계를 갖는다고 믿었고, 그것들을 자신들의 보호자나 상징으로 삼았다. 이러한 초기 종교적 신앙을 토템숭배라고 한다.

황제의 부락이 북방으로부터 남하하여 황하 유역에 이르렀을 때 이미 6개의 부락으로 구성된 커다란 부락연맹을 형성하였다.

전설에서 황제 시대에 동기(銅器)가 발명되었다고 한다. 《사기》〈봉선서(封禪

書)〉에는 "황제가 양산(陽山)의 구리를 채취하였고 형산(荊山) 남쪽에서 주조하였다" 라고 되어 있다. 황제는 동기를 발명하였을 뿐만 아니라 구리로 종을 만들어서 악기로 삼아 연주하였다. 《여씨춘추(呂氏春秋)》에 따르면, "황제는 영윤(伶倫)과 영장(榮將)에게 종 12개를 주조하여 오음(五音)을 맞추게 하였다". 황제 시대에는 배와 수레도 발명되었다. 《역경》〈계사〉에 따르면, "황제, 요, 순이 의관을 갖추고 자세를 바르게 하자 천하가 다스려졌다 〔…〕 나무를 깎아 배를 만들고 나무를 베어 노를 만들었으며, 배의 이로움으로 교통의 불편함을 구제하였다 〔…〕 소를 부리고 말을 타게 되어 무거운 것을 멀리 이르게 함으로써 천하를 이롭게 하였다". 《고사고(古史考)》에는 "황제가 수레를 만들어 무거운 것을 먼 곳으로 이르게 하였다"라고 되어 있다.

왕중부(王仲孚)의 〈황제의 도구제작에 대한 전설 해석〉은 전설에서 황제가 의식주와 교통과 관련된 발명을 했다는 것에 대해 분석한 글이다. 절구, 솥, 찜통 등을 만들었다는 전설은 곡물을 가공하고 익히는 그릇들이 발전하였음을 보여 준다. 옷, 갓, 신발 등을 만들고 "의상으로 신분을 구별하였다"는 전설은 원시적인 방직과 봉제방법이 등장하고 사회가 조직되었음을 반영하는 것이다. 배와 수레를 만들었다는 전설은 원시적인 교통수단의 사용으로 사람들의 활동범위가 넓어졌음을 의미한다.

황제 시대에는 신농 시대보다 농업이 발전하였다. 가장 두드러진 성과는 황제 시대에 이미 역법이 발명되어 농업생산을 절기와 기후의 변화에 맞출 수 있었다는 것이다. 《사기》〈오제본기(五帝本紀)〉에는 황제가 "시기에 따라 오곡과 초목을 파종하였다"고 되어 있으며, 《사기정의(史記正義)》는 그 의미를 "사계절의 변화에 맞춰 백곡과 초목을 심었다는 말이다"라고 해석하였다. 이 점에 대해서는 《상서(尙書)》〈요전(堯典)〉에서 다음과 같은 증거를 찾을 수 있다. 요가 재위할 때 사람들을 시켜 사방으로 가서 별의 모양을 관측하게 함으로써 봄, 여름, 가을, 겨울 등을 정하였고, 사계절의 변화에 따라 농업생산을 계획하여 파종과 수확에 모두 정해진 때가 생기게 되었다. 전설상의 황제와 치우(蚩尤) 사이의 대전투는 탁록(涿鹿)의 들판에서 벌어졌는데, 이것은 농업부락이 처음으로 연합하여 초원의 유목부락이 남침하는 것을 막았다는 역사적 사실을 반영한다.

염제와 황제의 시대에 관한 전설들은 결코 견강부회하는 상상이나 허구가 아니고, 이미 배리강 문화, 앙소 문화의 고고학적 발굴을 통해 증명되었다. 사람들은 앙소 문화를 염제와 황제의 시대에 해당하는 고고학 문화라고 여기고 있는데, 전혀 근거 없는 것이 아니다.

황제의 부락에는 희(姬), 유(酉), 기(祁), 기(己), 등(騰), 울(蔚), 임(任), 순(荀), 희(僖), 고(姞), 현(儇), 의(依) 등 12개 성이 있었고, 그중 희(姬), 기(祁), 임(任), 고(姞) 등 4개 성이 다수를 이루고 있었다. 희(姬) 성은 황제의 적계라고 전해지고 뒤에 상당히 큰 세력을 형성하였다. 기(祁) 성은 전설상의 도당씨(陶唐氏)로 당요(唐堯)가 속했던 씨족부락이었다. 전설에서 황제의 후예인 하후씨(夏后氏)는 하왕조를 세운 사람의 조상이고, 황제의 후예인 희(姬) 성의 일파가 주왕조를 세웠다고 한다. 여기에서 주목할 만한 점은 황제 부락의 12개 성 중에 북방의 씨족부락인 융인(戎人)과 적인(狄人)이 존재하였고, 뒤에 화하족으로 합해졌다는 것이다. 이러한 까닭에 황제는 화하족의 시조로 받들어진다.

황제 시대에서 요, 순, 우 시대까지는 수백 년이나 지속되었다. 황제의 후예는 황하 유역으로 이주한 뒤에 이인(夷人)과 강인(羌人) 부락을 흡수하여 새로운 부족연맹을 결성하였다. 이 부족연맹은 이미 혈연관계를 뛰어 넘어 지연관계의 공동체를 구성하였고 국가의 원형을 갖추고 있었다.

부락연맹은 연맹에 참가하는 각 씨족부락의 수령으로 구성된 연맹의사회(聯盟議事會)를 조직하여 중요한 일들을 토론하였고 연맹의 수령을 선출하였다. 요, 순, 우는 바로 연맹의사회에서 민주적으로 선출된 사람들이었다.

요는 나이가 들자, 연맹의사회에서 후임의 인선문제를 제기하여 사람들에게 토론하게 하였고 다수에 의해 순이 선출되었다. 순은 요의 뒤를 이은 뒤에 연맹의사회의 동의를 얻어 팔원(八元)에게 토지를, 팔개(八愷)에게 교화를, 설(契)에게 산림과 하천을, 백이(伯夷)에게 제사를, 고요(皐陶)에게 형법을 관할하게 하였다. 이로써 국가의 원형이 더욱 분명해졌다. 우는 홍수를 다스리는 데 공을 세웠다. 이 때문에 순이 나이가 들어 자리를 물려주게 되었을 때 연맹의사회는 만장일치로 우를 후계자로 선출하였다.

전설에서 요와 순 사이에 이루어진 '선양'의 전통은 후인들에 의해 미담으로 인용되었다. 어떤 학자는 오제 시대 천하에 '만국(萬國)', '만방(萬邦)'이 있었고, 각각이 방국(邦國)을 세움과 동시에 함께 지연적인 연맹을 만들었으며, 맹주는 강력한 방국의 우두머리가 맡았지만 세력에 변화가 생기면 권력의 평화적인 교체가 이루어졌다고 주장한다. 이것이 바로 요, 순, 우 사이에 이루어진 선양의 실상이다. 후대의 유가경전에서 선양을 미화하여 당시를 "천하를 공적인 것으로 여기고 어진 자와 능력 있는 자를 선발하는" 대동사회로 묘사하였고, 그것은 유가들이 흥미를 느끼는 이상사회였다. 공자는 "위대하도다! 요는 군주 노릇을 하는 데 하늘의 뜻만이 크다고 여겨 그것을 따랐으니, 그 마음이 헤아릴 수 없이 커서 사람들은 뭐라 표현할 수 없었다"고 하였다. 맹자는 "말을 하는 데 반드시 요순을 거론하였다"고 하였다. 사람들의 마음속에서 요순은 도덕적으로 완벽한 선현이고 선왕이었다. 청나라 말에서 중화민국 초에 활동하였던 의고파들이 요순은 "허구이며 가공의 인물이다"라고 주장하였는데, 이것은 분명 지나친 감이 있다. 물론 현대인들이 《대대예기(大戴禮記)》〈제계편(帝系篇)〉이나 《사기》〈오제본기〉의 자구에 얽매여서 요를 황제의 4대손이니 순을 황제의 8세손이니 할 필요는 없을 것이다. 하지만 황제, 전욱, 제곡, 요, 순, 우 등은 모두 먼 옛날 부락의 맹주였다는 사실에는 의심할 여지가 없다. 고고학적 발굴 자료와 비교하면, 요순 시대는 대략 후기 신석기 시대에 해당하고, 당시 황하 유역은 이미 씨족사회의 활동이 빈번하게 이뤄지

황제

는 곳이었고, 문명의 싹도 상당한 평가를 받을 정도였다.

왕중부(王仲孚)의 〈요순전설에 대한 해석〉에 따르면, 요순은 수재를 해결하는 데 힘써서 자연재해를 감소시켰고, 다른 부락과의 대립 항쟁을 통해 여러 차례 우위를 점하거나 승리하여 중원부족의 안정을 보장하고 농업을 발전시키고 산림을 개발하였다. 그리하여 각 부락은 안정적인 생활을 보내게 되었다. 요순의 위대한 업적은 그들이 당시 사람들과 후대인들에게 추앙을 받게 된 가장 중요한 요인이었다. 순은 맹주로 선출되기 전에 이미 농사를 잘 지어서 사람들을 이끌고 버려진 황무지를 개간하여 농토로 만들고 취락을 세웠다. 따라서 순에 관한 전설에 보이는 '농업신의 성격'은 조기 농업지도자의 특성이다. 이러한 점에서 요가 순에게 선양한 전설은 새로운 해석이 가능하다.

만약 시야를 좀 확대하면, 전설 시대가 지니는 의미는 더욱 풍부하고 다채로워질 것이다. 예를 들어, 팔괘를 발명한 복희씨의 후예 태고(太皐) 집단은 산둥반도에서 요동에 이르는 지역에 살았고, 새를 토템으로 숭배하던 사람들이었다. 그들의 조상인 복희씨는 "줄을 엮어 그물을 만들어서 물고기를 잡는 데 사용하였기" 때문에 그들은 어업을 생계로 삼았다. 봉(鳳) 성의 태고씨 후예는 봉조(鳳鳥)를 토템으로 숭배하였고, 뒤에 이주해 온 소고(少皐)는 그 전통을 계승하였다. 소고 집단에는 봉조씨(鳳鳥氏), 현조씨(玄鳥氏), 백조씨(伯鳥氏), 청조씨(青鳥氏), 단조씨(丹鳥氏), 오구(五鳩), 오치(五雉), 구호(九扈) 등이 있었고 모두 새를 토템으로 숭배하였다. 이 부락은 활을 발명하였다고 전해지는데, 그들이 영웅으로 받들었던 인물인 백익(伯益)과 고요는 역사에서 아주 유명하다. 또 다른 예를 들면, 태항산(太行山) 동쪽에 축융(祝融) 8성이 거주하고 있었는데, 북쪽은 위(衛)성을 중심으로 하였고 남쪽은 정(鄭)성을 중심으로 하였다고 한다. 우 이전의 도당씨(陶唐氏)는 바로 축융 8성 중의 하나라고 한다. 하왕조와 상왕조 때 축융은 하족과 이족의 협공을 받아서 절반 이상이 죽었고, 다만 남쪽의 외진 곳에 살던 무리들만이 춘추 시대 초나라 문화를 형성하였다. 앞 세대 역사학자인 장음린(張蔭麟)이 쓴 다음의 전설은 우리에게 감동을 준다.

“초나라 사람들의 생활은 유유자적한 모습으로 가득 차 있어서, 북쪽 사람들의 엄숙하고 딱딱한 모습과는 대조가 되었다. 이러한 차이는 그들의 신화 속에서 찾을 수 있다. 초나라의 모든 부족이 받드는 시조는 손과 발에 굳은살이 박인 농신(農神)이 아니라, 자유롭게 날아다니는 화신(火神)이었다. 초나라 사람들의 상상 속에서 하신(河神)은 물을 다스리고 땅을 고르게 하는 기술자가 아니라, 맑은 눈에 미소를 머금은 미녀였다. 초나라 사람들의 신화 속에는 사람 얼굴에 호랑이 발톱, 온몸에 하얀 털, 도끼를 든 손 등을 특징으로 하는 상제의 재판관이 존재하지 않는다. 대신에 연꽃무늬의 옷에 율무 허리띠를 차고 공작의 깃털과 비취로 만든 도끼를 지닌 운명의 신이 존재한다. 초나라의 신에 적합한 것은 소, 양, 개, 돼지 등 냄새나는 짐승이 아니라 보기 좋은 음식과 향기로운 술이 떠오르는 미녀였고, 긴 수염에 백발을 늘어뜨린 제사장이 아니라 예쁜 옷을 차려입은 무녀였다. 중국문학사에서 전국 시대의 초나라 사람이 지은 《초사(楚辭)》도 부드러운 음절, 우아한 정서, 화려한 문채 등을 특징으로 하고 있다. 이런 점에서 소박하고 강건하고 단조로운 《시경(詩經)》 300편과는 다르다.”

모순(茅盾)은 1928년에 《중국신화연구 ABC》에서 《초사》의 ‘구가(九歌)’ 중 하나인 ‘동군(東君)’을 태양신에게 제사를 지내는 노래라고 하였다. “아침 해가 동쪽에서 떠올라, 마구간과 나뭇가지를 비추네. 나의 말을 다독여 힘껏 달리는데, 밤의 흰 달빛이 이제 사라지려 하네.” 이 노래는 태양신이 푸른 상의에 흰 치마를 입고서 번개처럼 빠른 수레를 타고 와서 긴 화살로 하늘의 이리를 쏘는 것을 읊은 것이다. 긴 화살은 태양의 빛을 상징하고, 하늘의 이리는 어두운 구름을 상징하는 것으로 보인다. 태양신을 밝고 멋진 모습을 지녔다고 상상한 것이 온대지방 사람들에게만 나타나지는 않았다. 그러나 《초사》는 중국 중부에 살았던 초나라 사람들의 민속이 남긴 것이다. 따라서 우리들은 ‘동군’의 태양신화를 남부 화하족의 특징으로 볼 수도 있다.

신화와 전설은 우리가 헤아릴 수 없을 정도로 깊은 역사적 의미를 함축하고 있다.

# 2장 하(夏)와 상(商)—역사 시대의 시작

## 5. 세계문명사와 중화문명

고고학, 역사학에서 학자들은 통상 '○○ 문화(하모도 문화, 앙소 문화처럼)'로 시기를 표시한다. 여기에서 '문화'라는 말은 넓은 의미의 문화와는 구별되는 특정한 함의를 가지는 것으로, 아직 문자가 없고 사회발전의 수준이 비교적 낮은 시기를 가리킨다. 미국의 학자 스타브리아노스(L. S. Stavrianos)는 《세계통사》에서 인류만이 환경을 창조할 수 있다고 하였는데, 여기에서 환경이란 바로 오늘날의 문화이다. 문화에는 도구, 의복, 장식품, 제도, 언어, 예술, 종교, 습관 등이 포함된다. 문자가 발명되어 광범위하게 사용되었을 때, 과학 기술은 이미 어느 정도 발전을 이루었고 사회 경제는 새로운 단계로 진입하였다. 학자들은 그 새로운 단계의 문화를 '문명(civilization)'이라고 한다. 《주역》, 《상서》, 《예기》 등의 고문헌에 이미 '문명'이라는 말이 나온다. 예를 들어, '천하문명(天下文明)', '준철문명(浚哲文明)', '정심이문명(情深而文明)' 등. 여기에서 문명의 본래 아름다운 광채, 광명, 문덕(文德), 문교(文敎) 등을 의미하였고, 오늘날의 '문명'이 지닌 함의와는 상당한 거리가 있었다. 오늘날 문명이란 인류가 자연을 정복하는 과정에서 창조한 물질적, 정신적 성취로, 인류를 원시사회로부터 벗어나서 새로운 단계로 도약할 수 있게 만든 것을 의미한다. 문명의 지표는 아주 많지만, 문자보다 중요한 것은 없다. 미국의 저명한 학자 모건(Lewis Henry Morgan)은 《고대사회》에서 "문자의 사용은 문명이 시작되는 가장 정확한 지표이다", "문자의 기록이 없으면 역사도 없고 문명도 없다"고 하였다.

이집트문명, 메소포타미아문명, 인도문명, 중국문명 등은 세계문명사에서 가장 일찍 출현한 4대 문명이다. 대략적으로 전설상의 염제와 황제 시대 이전에 이집트문명과 메소포타미아문명이 출현하였고, 요 · 순 · 우 시대 이전에 인도문명이 출현하였다.

어느 문명이 가장 오래되었는가 하는 문제에 대해 학자들의 의견이 분분하고 정해진 것이 없다. 어떤 학자는 이집트문명이 가장 오래되었다고 하고, 어떤 학자는 메소포타미아문명이 더 오래되었다고 하며, 각자 근거를 제시한다. 우리들은 두 문명이 모두 아주 오래되었다고 말하는 편이 좋을 것이다. 두 문명은 결코 계승관계를 지니거나 동시에 발전하지 않았고, 각자의 발전과정을 거쳤다. 둘 다 대략 기원전 4000~3000년에 존재하였던 것으로 추정할 수 있고, 그 예술과 과학적 성취는 이미 놀랄 만한 수준이었다.

이집트와 메소포타미아가 세계에서 가장 오래된 문명의 발상지가 된 것은 그곳의 독특한 자연환경과 밀접한 관련이 있다. 두 지역은 모두 이른바 '비옥한 초승달 지역'으로 페르시아 만에서 서북쪽으로 사막을 지나서 지중해의 해안을 따라 이집트의 넓고 풍요로운 곳이었다. 이러한 환경에 위치한 티그리스-유프라테스 강 유역과 나일 강 유역은 모두 대단히 비옥하고 농경이 가능한 드넓은 토지였다. 나일 강은 대협곡의 깊은 골짜기를 깎아내었고, 협곡의 아래쪽은 비옥한 충적토로 덮여 있어서 1년 3작이 가능하였다. 티그리스-유프라테스 강의 평야도 비옥한 농경지였다. 주목할 만한 사실은 평야의 바깥쪽에는 드넓은 사막이 펼쳐져 있었다는 것이다. 건조하고 강우량이 적은 기후는 사람들에게 제방을 쌓고 관개시설을 만드는 데 온 힘을 기울이도록 만들었다. 좁고 긴 생존환경은 사람들에게 너무 넓은 지역으로 분산되지 못하게 만들었고, 이것은 주민들이 사상, 발견, 발명 등을 교환하는 데 유리하였다. 그리하여 잘 짜인 사회가 형성되었고 문자의 발명, 금속의 제련, 숫자의 이용, 천문학과 물리학의 등장 등을 가능하게 하였다.

아(亞)대륙 인도는 또 다른 문명의 발상지이다. 인도문명은 기원전 3000년으로 거슬러 올라가고, 기원전 2500-2000년 무렵 전성기에 도달하였다. 당시 인도문명은 그보다 조금 이른 이집트문명이나 메소포타미아문명과 비교해도 전혀 손색이 없었다. 인더스평야는 인더스 강과 갠지스 강이 만나는 곳으로 수량이 풍부하고 토양이 비옥하다. 따라서 인도문명에 가장 큰 영향을 끼친 도시들이 인더스 평야에서 출현한 것은 결코 우연이 아니었다. 인더스 강 하류의 모헨조다로와 중류의 하라파 유적은 인도문명의 양대 유적이다. 하라파의 청동기문명은 기원전 약 2500-1750년에 존재하였다. 현재까지 발견된 유물 중에 글자가 새겨진 것이 2천 건 이상이다. 인장(印章)이 새겨진 동판 이외에도 글자가 새겨진 자기와 금속그릇 등이 발견되었다.

문자의 발명과 그 사용은 문명의 표지이고, 선사 시대와 역사 시대를 구별 지어 준다. 따라서 학자들은 문자를 대단히 중요시한다.

고대 이집트의 상형문자는 기원전 3500년에 차츰 형성되어 기원전 2세기까지 사용되었다. 이러한 문자는 통상 사원의 담장이나 종교적 기념물 위에 새겨져 있었다. 그래서 고대 그리스문헌에서는 '신성한 조각'이나 '성서(聖書)'로 불렸다. 상형문자는 원시적인 그림이나 부호가 발전한 것으로 표의문자와 표음문자를 형성하였다. 당시 일상적으로 사용되던 문자부호는 약 700개 정도였다. 중왕국 시대(기원전 2052-786년)부터 갈대로 만든 붓으로 글자를 쓰기 시작하여, 상형문자로부터 발전한 일종의 간략한 신관문자〔神官文字=히에라틱(hieratic)문자〕가 등장하였다. 기원전 7세기에 다시 민중문자〔데모틱(demotic)문자〕로 발전하였다.

메소포타미아문명에서 티그리스-유프라테스 강 유역의 수메르 인이 비교적 선진적이었다. 그들은 기원전 3500-2600년에 상형문자를 발명하여 사용하였고, 그 뒤에 수메르 어를 기록하는 쐐기문자로 발전하였다. 쐐기문자는 음절부와 음소부가 결합된 것이었다. 수메르 인은 진흙판에 윗부분이 평평한 갈대를 눌러서 글자를 썼는데, 글자 모양이 쐐기처럼 생겨서 '쐐기문자'라고 불렸다. 수메르문자는 나중에 서아시아의 여러 고대민족들에 의해 사용되었다. 셈어족 계통을 사용한 아카드 인, 가나안 인, 바빌론인, 아술 인 등과, 인도유럽어족 계통을 사용한 히타이트 인, 페르시아 인 등은 모두 수메르 문자로 자신들의 언어를 기록하여 서로 다른 형태의 쐐기문자를 형성하였다.

인도는 일찍이 하라파 문명 시기에 상형문자를 만들었는데, 그것은 일종의 표음문자로 오른쪽에서 왼쪽이나 왼쪽에서 오른쪽으로 쓸 수 있었다. 이 문자는 인장, 동판, 도기, 금속그릇 등에 명문(銘文)으로 남아 있고, 대략 500개의 문자부호가 있었다. 그중의 많은 글자는 두 개 이상의 부호로 이루어져 있었다. 연구자들은 현재 남아 있는 명문을 통해 원시 드라비다 어로 추정할 수 있다고 여긴다. 유감스럽게도 이 문자는 하라파 문명의 붕괴와 함께 사라져 버렸다. 그 후, 아리안 족이 인도로 이주한 뒤인 1천 년이 지난 다음에야 비로소 문자가 나타났다. 그 문자로 기록된 언어는 주로 아리안어의 범어와 속어였다.

중국에서 문자로 기록된 역사는 기원전 16세기에 시작되었고, 당시에 이미 많은 수의 발달된 문자인 갑골문이 있었다. 그러나 문자가 만들어지고 발전하는 것은 오랜 과정을 겪었다. 따라서 학자들은 고고학적 유물들 속에서 꾸준히 중국문자(한자)의 기원을 찾아왔다. 서안의 반파 유적에서 출토된 사발의 주둥이에 20–30개의 부호가 새겨져 있었는데, 이것은 지금까지 확인된 것 중에서 가장 오래되고 무언가를 표시한 문자부호이다. 어떤 학자는 "중국 원시문자의 흔적"일 수 있다며 한자는 이미 6천 년의 역사를 지닌 것으로 추론하기도 한다. 앙소 문화와 용산 문화의 사이에 존재하였던 대문구 문화(6천 년 전)에서도 문자부호들이 발견되었다. 지금부터 4천 년 전의 용산 문화에서는 이미 3개의 부분으로 구성된 회의글자가 등장하였다. 따라서 당시에 이미 간단하고 독립된 글자에서 발전한 복합글자가 나타났다고 볼 수도 있다. 구석규(裘錫圭)는 신중한 태도를 보였다. 그는 한편으로 "대문구 문화의 상형부호는 고대 한자와 대단히 유사하고 둘 사이에 서로 계승관계가 있는 듯하다"고 하였다. 그러면서도 "한자가 만들어진 역사에서 대문구 문화의 원시문자와 은나라 때의 문자 사이에는 중요한 결함이 존재한다. 또한 이미 발견된 대문구 문화의 원시문자는 단지 족명(族名)을 표시하는 글자들이었다. 따라서 우리들은 당시 원시문자의 전체적인 모습에 대해 아직도 분명히 알고 있지 못하다"고 하였다. 근년에 발견된 이리두(二里頭) 문화는, 고고학계와 역사학계에서 비교적 보편적으로 받아들여지는 견해에 따르면, 하나라의 문화이다. 출토된 도기에서는 20여 종의 부호가 발견되었고, 어떤 학자는 하나라의 문자가 곧 세상에 드러날 것이라고 단정하기도 하였다.

그러한 단정은 중국에서 문자로 기록된 문명의 시대를 4-5천 년 전으로 끌어 올릴 수 있다는 바람에서 나온 것으로, 이해가 되는 측면이 있다. 그러나 현재까지는 어쨌든 결정적인 증거가 부족하다. 더구나 문자 몇 개가 발견되는 것과 그것들이 역사적 기록을 구성하느냐 하는 것은 또 다른 문제이다.

최근 어떤 학자는 황제의 시대가 중화문명의 원류이고, 앙소 문화의 시기에 이미 문명의 단계에 접어들었다고 주장하였다. 또한 용산 문화의 시기에 중국이 이미 문명의 단계에 접어들었다고 주장하는 학자도 있다. 이러한 견해의 본래 의도에 대해 뭐라고 할 수는 없지만, 분명 근거가 없는 듯하고 아직은 여전히 받아들여지기 힘들다.

중화문명이 비록 이집트·메소포타미아·인도문명 등보다 시기적으로 늦을지라도, 앞뒤가 서로 조화를 이루고 사람들의 눈길을 사로잡는 면이 있다. 미국의 역사학자가 쓴 《세계문명사》에 중화문명에 대한 적절한 표현이 나온다. 즉, 인도의 인더스 강 유역에서 문명이 번성하고 1천 년 정도 지난 뒤에야 중국에 높은 수준의 문명이 나타났다. 그러나 그 문명은 나타난 뒤에 현재까지도 존속하고 있다. 중국문명은 이집트, 메소포타미아, 인도문명보다 늦게 나타났지만, 현존하는 가장 오래된 문명 중의 하나이다.

중국의 청동 시대는 대략 기원전 2000-500년이고, 이 시기의 청동기(주로 의례용과 무기)는 고고학 유물 중에서 가장 중요한 지위를 차지하고 있다. 또한 쉽게 추론할 수 있듯이, 청동기는 상층 계급의 생활 속에서 중심적인 부분을 구성하고 있었다. 청동 시대는 좁은 지역을 차지하던 왕조가 권력을 다투던 시기, 즉 하·상·주 삼대(三代) 시기로 서양학자들은 중국문명의 형성기라고 부른다.

중화문명에는 이집트, 메소포타미아, 인도 등의 문명과 두드러진 차이점이 존재하는데, 그 요람이 반건조지대인 황토고원이고 강 하류의 충적평원이 아니라는 점이다. 하 · 상 · 주 삼대에 활동의 중심이 되었던 지역은 분명히 황하 중류 일대였다. 하병체(何炳棣)는 《황토지와 중국농업의 기원》에서 다음과 같이 지적하였다. 황하 중류의 고원 위로 가보면 미세한 알갱이로 구성된 비옥한 황토가 뒤덮고 있다. 그 토양은 부드러워서 나무로 만든 원시적인 쟁기를 이용하여 힘들이지 않고 경작할 수 있었다. 또한 홍수의 피해도 벗어날 수 있었다. 따라서 중국농업은 건조농법에서 시작되었다. 물론 양쯔 강 이남의 하모도 문화는 일찍이 수도작 농업이 크게 발전하였지만, 그 문화의 계승관계는 현재까지 분명하지 않다. 하모도 문화와 양쯔 강 유역의 문명 사이에 어떠한 관계가 있는지는 여전히 풀어야 할 과제이다.

## 6. 연구가 진행 중인 하나라 문화

전설에서 황제의 후예는 하후씨로 부락연맹인 하의 창시자였다. 부락연맹이었던 하는 중국역사상 최초의 왕조로 발전하였고, 그 시기는 대략 기원전 2070년이었다. 전설의 우임금으로부터 걸(桀)에 이르러 망할 때까지 모두 14세대 동안 17명의 왕이 400여 년 동안 하나라를 다스렸다. 문자의 기록이 부족하기 때문에, 그 전개과정을 명확하게 정리할 수 없고 여전히 계속해서 연구가 진행 중이다.

하나라 문화에 대한 연구는 한나라 역사가 사마천(司馬遷)까지 거슬러 올라갈 수 있다. 그는 《사기》 〈하본기(夏本紀)〉를 쓰기 위하여 현지조사를 진행하였다. 《사기》 〈태사공자서(太史公自序)〉에서 사마천은 "스무 살 때 남쪽의 양쯔 강과 회하를 유람하였고, 회계산에 오르고 우임금의 동굴을 탐사하였다"고 회상하였다. 《사기》 〈은본기(殷本紀)〉의 상나라 세계(世系)에 관한 기록은 이미 안양(安陽)의 은허(殷墟)에서 갑골문이 출토되면서 역사적인 사실로 증명되었다. 이러한 상황에 비춰볼 때, 《사기》 〈하본기〉의 하나라 역사에 대한 기록도 분명 근거가 있었을 것이다. 그러나 이 점은 반드시 고고학적 발굴을 통해서 밝혀져야 할 것이다.

1920년대, 야외발굴을 기초로 하는 근대 중국고고학이 성립되었는데, 이것은 하나라 문화의 연구에 과학적 토대를 마련해 주었다. 1930년대 초, 서중서(徐中舒)는 가장 먼저 앙소 문화의 분포 지역과 전설상 하나라 시대의 활동 지역이 서로 중첩된다는 것을 근거로 하여, 고고학적으로 앙소 문화가 바로 하나라 문화라고 추정하였다. 그는 《안양발굴보고》 제3기(1931년)에 〈소둔(小屯)과 앙소를 다시 논함〉이라는 글을 발표하여 앙소 문화의 하나라 문화설을 제기하였다. 1940년대 말, 범문란(范文瀾)은 용산 문화의 하나라 문화설을 제기하였다. 1950년대 말, 서욱생(徐旭生)은 《좌전(左傳)》, 《국어(國語)》, 고본(古本) 《죽서기년(竹書紀年)》 등의 하후씨 도읍에 관한 자료를 근거로 하여 하남성 서부와 산서성 남부의 '하나라 유적'을 직접 조사하였다. 그는 야외조사를 중심으로 하는 하나라 문화에 대한 연구의 서막을 열었다. 서욱생은 〈1959년 하남성 서부의 '하나라 유적' 조사에 대한 초보적인 보고〉를 통해 하나라 문화의 고고학적 연구방향을 제시하였다.

하나라 사람들이 활동했던 지역은 서쪽으로 현재의 하남성 서부와 산서성 남부, 황하를 따라 동쪽으로 현재의 하남성, 하북성, 산동성 등 3성이 만나는 곳에 이르고, 남북으로 각각 호북성과 하북성에 접해 있다. 현재 하남성 서부의 하(河) · 낙(洛) 유역은 하나라 사람들의 중심 거주지이고, 하나라의 중요 도성인 짐심(斟尋)은 바로 숭산(嵩山) 서북쪽의 낙양평원 동쪽에 자리 잡고 있었다. 하나라 사람들이 모여 살았던 또 다른 장소는 현재 산서성 남부, 특히 분수(汾水) 동쪽이다. 이곳은 현재 익성(翼城) 근처이고 '하나라 유적지'로 불리고 있다.

고고학자들은 현재 하남성 서부에서 '이리두(二里頭) 문화'를 발견하였다. 이리두 문화는 하남성 서부의 황하 남쪽연안에 있는 섬현(陝縣), 형양(滎陽), 정주(鄭州), 낙하 유역의 낙영(洛寧), 의양(宜陽), 낙양(洛陽), 언사(偃師), 공현(鞏縣) 등지에 분포하였다. 이리두 문화는 시기적으로 용산 문화와 상나라 전기 문화 사이에 존재하였다. 학자들은 그 문화의 분포 지역과 시간 순서를 근거로 전설에서 하나라가 존재하였다고 하는 중심지와 대체로 일치한다고 여기는 경향이 있다. 방사성동위원소측정법에 따르면, 언사 이리두 문화의 제1기는 기원전 2080-1690년 전으로 시간상으로도 하나라 시대와 대체로 부합한다.

어떤 학자는 언사 이리두 문화의 제1, 2기는 하나라 문화, 제3, 4기는 하나라 말기의 도읍문화를 대표한다고 여긴다. 현재의 자료로 볼 때, 이리두 문화 유형은 하나라 문화일 가능성이 있다. 공간적으로도 완전히 부합하고 시간상으로도 타당성이 아주 높다. 하나라 문화의 기원은 하남성의 용산 문화이다. 이미 발굴된 고고학적 유물은 용산 문화가 하나라의 부권국가로 발전해 나갔다는 강한 흔적을 보여 주고 있다. 수많은 유적에서 출토된 도조(陶祖)는 남성조상의 숭배를 보여 주는 아주 좋은 증거이다. 뼈로 점을 치는 것이 유행했던 것도 당시의 종교적 신앙과 정치적 성격을 밝히는 데 큰 도움을 준다. 하남성 용산 문화 시기의 사회는 이미 내부적인 분화가 진행되고 병사를 동원하는 단계에 접어들었고, 이것은 그보다 더 선진적인 이리두 문화 유형의 하나라 문명을 위해 토대를 마련해 주었다. 하남성 용산 문화가 이리두 문화 유형으로 발전하였다는 것은 논리적인 가설이다. 이리두 문화 유형에서 약간의 중요하고 새로운 문화적 특징은 여전히 연구가 필요하다. 그중에서 가장 중요한 것은 당연히 청동기이다. 이리두 유적의 제3기 문화에서 이미 3개의 의례용 청동기가 발굴되었다. 그것들은 비록 제작 방식에서 상당히 원시적이고 질박한 형태이지만, 가장 초기 단계의 청동기는 아니다. 이 문제를 더 자세히 이해하기 위해서는 이리두 문화 유형의 초기 형태와 하남성 용산 문화유적에서 발굴된 청동기에 의존해야만 한다. 이리두 유적의 제3기 문화에서 문자가 새겨진 도기가 대량으로 나타나기 시작하였는데, 그것이 중국문자의 발전사에서 차지하는 지위도 더 세밀한 연구가 필요한 문제이다. 만약 이리두 유적의 궁전터와 하나라 말기 걸왕의 도성(桀都=斟尋)이 서로 관련이 있다면, 하나라의 여러 왕들이 살았던 다른 도성들도 이리두 문화 유형이 분포하는 지역에서 발견될 가능성이 있다. 하나라의 고고학적 연구는 현재 여전히 시작하는 단계일 뿐이다.

언사 이리두 문화는 제3기가 가장 화려하다. 현재까지 두 곳의 궁전터가 발견되었는데, 하나라 걸왕의 도성인 짐심일 가능성이 있다. 고본《죽서기년》에는 "걸이 짐심에 거주하였다"고 되어 있다. 학자들 중에는 짐심이 현재 언사현의 동북쪽, 공현의 서남쪽이라고 추정하는 사람도 있고, 이리두가 바로 하나라 도성인 짐심이라고 직접적으로 말하는 사람도 있다. 역사지리학에서 독단적으로 짐심의 위치를 논증하였다고 해서 이리두의 하나라 도성 여부를 결론지을 수는 없다. 다만 상나라 탕왕의 도성인 시향(尸鄉)과 함께 논증하면 설득력을 높일 수 있을 것이다. 왜냐하면 시향은 이리두와 아주 가깝고, 상나라 탕왕과 하나라 걸왕도 동시대의 사람들이기 때문이다. 만약 시향의 고성이 상나라 탕왕의 도성이라면, 이리두의 궁전 유적도 그가 건설하였을 가능성이 없다. 1998년 8월의 보도에 따르면, 언사에서 중국고대 최초의 도성이 발견되었고, 그것은 하나라와 상나라를 구분하는 데 명확한 근거가 된다고 하였다. 그 보도에서 말한 것은 바로 언사현의 상나라 도성이었고, 하남성 서북쪽으로 정주에서 서쪽으로 90킬로미터 떨어진 언사현의 교외에 자리 잡고 있었다. 그 도성의 발견은 하나라와 상나라 양대를 어떻게 시대구분 하느냐는 중요한 역사적 의문을 풀어주었다. 가장 중요한 의의를 지닌 것은 도성의 서남부에서 발굴된 남북 1,100미터, 동서 740미터의 작은 성이었다. 작은 성은  상나라가 하나라를 멸망시킨 지 얼마 지나지 않은 때에 도성보다 먼저 축조된 것이었다. 더 자세한 연구가 진행되면 상나라가 하나라를 멸망시킨 정확한 연도를 밝힐 수 있을 것이다.

이상과 같은 발견은 아주 많다. 1976년, 하남성 등봉현(登封縣) 고성진(告成鎭) 왕성강(王城崗) 유적이 발굴된 이후, 어떤 학자는 등봉현 고성진이 바로 "우왕은 양성에 살았다"고 하는 역사문헌의 양성이라고 추정하였다. 1978년부터 산서성 양분현(襄汾縣) 도사(陶寺)유적이 발굴되었고, "요왕이 평양(平陽)에 도읍하였다"는 기록을 이해하는 데 실제적인 자료를 제공하였다.

요컨대, 현재까지 고고학적 발굴을 통해서 하나라 문화가 연구된 것에 의하면, 하나라의 상한선은 하남성 용산 문화와 산서성 용산 문화의 말기로 추정할 수 있고, 언사 이리두 유적은 하나라 문화의 말기에 속한다고 할 수 있다. 하나라의 존재는 이미 고고학적 발굴을 통해 입증되었다. 하나라는 단순한 허구에 불과하다는 일부 의고파 학자들의 주장은 사실이 아니다. 현재까지 출토된 적지 않은 구리조각, 구리를 제련한 찌꺼기, 청동기 파편 등은 하나라 때 이미 청동 시대에 들어섰음을 보여 준다.

그러나 모든 문제가 완전히 해결된 것은 아니다. 학자들은 여전히 계속해서 다음 두 가지 의문을 제기하고 있다.

첫째, 우왕이 홍수를 다스렸다는 곳은 도대체 어디인가? 강소, 절강, 안휘 등의 성일 리는 없고, 하남성 서부나 산서성 동남부는 모두 산지이니 홍수가 발생했을 리 없다. 당시의 상황에 비추어보면, 홍수는 하남성과 산동성 사이의 하남 동부 평원에서 일어났을 것이다. 우왕이 홍수를 다스린 뒤에, 하남성과 산동성 사이나 하남 동부 평원은 하 · 상 · 주 삼대 동안 인구가 가장 조밀하고 경제적으로 가장 발달한 지역이 되었다. 이는 하나라를 위한 토대가 마련된 것이었다. 따라서 하후씨의 기원은 하남성 서부, 산서성 남부가 아니라 하남성 동부 지역이었다.

둘째, 이리두 문화가 존재했던 시기는 방사성동위원소 측정법에 따르면 대략 기원전 1900–1500년 사이였던 것으로 추정된다. 학계에서 통용되는 주장은 하나라가 기원전 21–17세기 사이에 존재했다는 것이다. 따라서 이리두 문화는 단지 하나라의 후기에 해당하고 하나라 문화의 시기를 모두 포괄하기는 어렵다.

고고학자들은 이미 복양(濮陽)을 중심으로 하는 지역(산동성과 인접한 하남성의 동북부)을 하나라 문화를 연구하는 데 새로운 중심지로 여기고 있다.

우왕이 홍수를 다스린 것은 하나라 문화를 연구하는 데 사람들의 관심을 끄는 문제이다. 고힐강(顧頡剛)은 1923년 5월 《독서잡지(讀書雜誌)》(《노력(努力)》의 증보판)에 〈전현동(錢玄同) 선생과 고대역사서를 논함〉이라는 글에서 우왕이 '도마뱀류'의 파충류라고 하였다. 고힐강은 "시대가 흐를수록 전설상의 고대역사는 더욱 길어진다. 시대가 흐를수록 전설상의 중심인물은 더욱 더 과장된다", "우는 하늘에서 내려온 신이지 인간이 아니다. 파충류로 발을 가지고 땅을 밟았으니 아마도 도마뱀류일 것이다. 나는 우가 어쩌면 천자의 상징인 구정(九鼎)에 새겨진 일종의 동물이라고 생각한다"고 말하였다.

고힐강의 주장은 분명히 '우(禹)'라는 글자 형태를 고증한 것이다. '우'는 갑골문에 보이지 않고 서주(西周) 중기의 청동기인 '우정(禹鼎)'에 최초로 등장하였다. 그 글자 형태는 기어 다니는 동물처럼 생겼다. 다리 세 개로 땅을 밟고, 꼬리를 위로 치켜 올리고, 입을 벌려 물체를 씹는 악어의 모습이었다. 그러나 이것은 우왕을 사람이 아닌 동물이라고 증명하기에 부족하다. 그래서 고힐강의 주장은 곧바로 노신(魯迅)의 반박에 직면하였고, 한때 문단을 떠들썩하게 만들었다. 문화인류학의 관점에 따르면, 하나의 민족이나 부족의 우두머리를 그 민족이나 부족이 숭배하는 토템과 혼동하여 논의하는 것은 분명 터무니없는 일이다. 우왕은 하 부족의 우두머리로서 13년간 어렵고 힘들게 분투하였고, 백성들을 이끌고 미친 듯이 날뛰던 홍수를 다스렸다. 그리하여 백성들은 그를 숭배하여 신령스런 화신, 즉 물속의 왕인 용의 화신이라고 여겼다. 하지만 이것은 결코 우왕이 바로 '도마뱀류'의 파충류였음을 의미하지는 않는다.

하나라 우왕

우왕이 홍수를 다스렸다는 전설은 학자들의 고증을 거쳐서 이미 신빙성 있는 역사로 받아들여지고 있다. 하나라 혹은 그 이전에 중원의 대지에는 한 차례 이상의 홍수가 범람하였다. 갑골문의 '석(昔)'자는 회의글자로서 홍수가 일어난 날이라는 의미이고, '재(災)'자도 회의글자로서 강물이 막혀서 피해를 준다는 의미이다. 서욱생의 《고대중국의 전설 시대》에 따르면, 중국 최초의 지리서인 《우공(禹貢)》의 〈연주(兗州)〉 편에 홍수를 기록한 두 문장이 존재한다. 하나는 "뽕나무밭에 이미 누에가 자라니 언덕을 내려와서 집터를 잡았다"는 것이다. 이것은 홍수가 다스려진 뒤에 원래 뽕나무를 심었던 토지가 다시 양잠이 가능해져서 사람들이 고지대로부터 내려와서 평지에 살게 되었음을 보여 주는 것으로, 우왕이 홍수를 다스린 이후의 상황을 증명할 수 있다. 또 다른 하나는 "십삼 년 동안 일하였다"는 것이다. 이것은 전설상의 "우가 십삼 년 동안 홍수를 다스렸다"는 것과 서로 호응하는 것이다. 이러한 상황을 근거로 하여, 서욱생은 "홍수의 발생과 우왕이 공사를 하였던 지역은 주로 연주였다"고 결론지었다.

여러 세대의 연구를 통해 하나라 문화는 이미 갈수록 분명하게 드러나고 있다. 그러나 문제는 여전히 존재한다. 서방학자들은 일부 중국학자들이 이리두 유적을 '하나라'에 귀속시키는 방식을 받아들일 수 없다고 하고, 심지어 잘못이라고 지적하기도 한다. 이러한 회의는 시간이 더 걸려야만 분명하게 시비가 가려질 것이다.

## 7. '대동(大同)'에서 '소강(小康)'으로

유가경전에서는 하나라가 건국되기 이전을 '대동 시대'라고 하고, 하나라 건국 이후를 '소강 시대'라고 한다. 둘 사이에는 근본적인 차이가 있다. 전자는 '천하를 만인의 것으로 여기는' 사회이고, 후자는 '천하를 특정 집안의 것으로 여기는' 사회이다.

《예기》〈예운(禮運)〉 편에 다음과 같은 말이 나온다. "공자가 말하기를, '큰 도가 행하여지자 천하를 만인의 것으로 생각하여 어질고 유능한 인물을 선택하여 서로 전하였다. 당시의 사람들은 성신함을 강습하고 화목함을 수행하였다. 그러므로 사람들은 홀로 자기의 어버이만을 친애하지 않았으며 홀로 자기의 아들만을 사랑하지는 않았다. 늙은이로 하여금 그 생을 편안히 마칠 수 있게 하고, 장년으로 하여금 쓰일 곳이 있게 하며, 어린이로 하여금 의지하여 성장할 곳이 있게 하고, 환과고독(鰥寡孤獨, 늙어서 아내 없는 사람 · 젊어서 남편 없는 사람 · 어려서 어버이 없는 사람 · 늙어서 자식 없는 사람)과 폐질에 걸린 자로 하여금 다 부양을 받을 수 있게 하며, 남자는 사 · 농 · 공 · 상의 직분이 있고 여자는 돌아갈 남편의 집이 있었다. 재화라는 것은 헛되게 땅에 버려지는 것을 미워하지만 반드시 자기에게만 사사로이 감추어 두지 않았으며 힘이란 것은 사람의 몸에서 나오지 않아서는 안 되는 것이지만 그 노력을 반드시 자기 자신의 사리를 위해서만 힘쓰지는 않았다. 그런 까닭에 간사한 꾀는 폐색되어 일어나지 않았으며, 절도나 난적이 일어나지 않았다. 그러므로 바깥 지게문을 닫는 일이 없었다. 이러한 세상을 대동(大同)이라고 말하는 것이다"". 이 문장은 너와 나를 구분하지 않고 다툼이 없이 화목하여 정이 넘치는 사회의 모습을 묘사한 것이다.

우왕이 하나라를 건국한 이후 근본적인 상황의 변화가 발생하였고, 대동 시대는 소강 시대로 들어서게 되었다. 《예기》〈예운〉 편에 따르면, "지금 대도는 이미 사라지고 천하를 특정 집안의 것으로 여겨, 각각 자기의 어버이만을 친애하며 각기 자기의 아들만을 자애한다. 재화와 인력은 자기만을 위하여 쓴다. 천자와 제후는 세습하는 것을 예로 하며 성곽과 해자를 견고하게 하고, 예의를 기강으로 내세운다. 그것으로 임금과 신하의 분수를 바로 잡으며 부자 사이를 돈독하게 하고, 형제를 화목하게 하며, 부부 사이를 화합하게 한다. 제도를 만들고 마을을 세우며 용맹함과 지혜 있음을 어질다고 하고, 공은 자기를 위한 일에 사용한다. 그런 까닭에 간사한 꾀가 일어나고 전쟁이 벌어진다. 우왕, 탕왕, 문왕, 무왕, 성왕, 주공은 이 예의를 써서 잘 다스린 자들이다. 이 여섯 사람의 군자들 중에 예를 삼가지 않은 이가 없다. 그리하여 의를 밝히고 믿음을 이루며, 허물 있는 것을 드러내 밝히고 인을 법칙으로 하며 겸양의 도를 강설하여 백성들에게 떳떳한 법이 있음을 보여 주었다. 이 떳떳한 법칙을 따르지 않는 자가 있으면 권세의 지위에 있는 자일지라도 배척해 내쫓았고, 백성들은 그를 백성에게 재해를 미치는 임금이라고 여겼다. 이러한 세상을 소강 시대라고 한다".

위의 변화가 생기게 된 핵심적인 이유는 바로 하나라를 세운 우왕이 왕위를 어진 사람이 아니라 자신의 아들에게 넘겨주었기 때문이었다. 그때부터 "천하를 만인의 것으로 여기는" 사회가 "천하를 특정 집안의 것으로 여기는" 사회로 변하게 되었다. 전설에서 요와 순의 시대에는 '선양'의 전통이 있었다고 한다. 요는 나이가 들자 자신의 자리를 순에게 물려주었고, 순은 나이가 들자 다시 우에게 자리를 넘겨주었다. 이것은 모두 자식이 아니라 어진 사람에게 자리를 넘겨주었던 것이며, "어진 사람과 능력 있는 사람을 뽑는" 것이었다. 우는 나이가 들자, 부락연맹의사회에서 후임자의 선출에 대해 논의하였는데, 모두들 고요를 추천하였고, 고요가 죽은 뒤에는 다시 백익을 추천하였다. 그러나 우는 암암리에 자신의 아들인 계(啓)의 세력을 키워 주었고 자신의 뒤를 잇게 하려 하였다. 결국 우가 죽은 뒤에 계는 백익을 죽이고 우의 자리를 차지하였다. 그때부터 "천하를 특정 집안의 것으로 여기는" 하나라가 등장하게 되었다. 이것은 사유제, 계급 분화, 국가 기구 등이 출현한 이후에 나타나는 필연적인 현상이었다.

《사기》 〈오제본기〉는 요를 성군으로 묘사하고 있는데, 요는 순이 농사에 능숙하고 도기의 제작에도 뛰어났으며 사람들을 조직하고 이끄는 재능을 지녔음을 발견하였다. 그래서 순에게 중책을 맡길 수 있다고 여겨서 자신을 보좌하도록 하였다. 요는 자신이 늙어서 죽게 되었을 때 왕위를 순에게 넘겨주었고 자신의 무능한 아들에게 넘기지 않았다. 순은 사양하며 나서지 않았고 다른 곳으로 달아나 버렸다. 그러자 각지의 제후들이 순을 추대하였고, 순은 마침내 돌아와서 왕위를 계승하였다. 순은 만년이 되자, 우가 홍수를 다스리는 데 공이 있는 것을 보았고, 요의 행동을 모방하여 우에게 정치를 맡기고 자신은 사직하였다. 순은 죽기 전에 자신의 무능한 아들이 아니라 우에게 왕위를 계승하도록 명령하였다. 우도 사양하며 나서지 않았고 다른 곳으로 달아나 버렸다. 그러자 제후들이 우를 추대하였고, 우는 마침내 왕위에 올랐다. 이 이야기는 분명 후대 학자들이 '오제' 시대의 태평성대를 미화한 것이고, 춘추전국 시대에 이르러 서로 싸우고 속이는 정치투쟁이 지속되자, 사람들 사이에서 오제 시대의 대동사회를 갈망하는 정서가 있었음을 반영하는 것이다. 그러나 '대동' 시대의 왕위계승제는 선양이었고 세습이 아니었다. 그것은 역사적 근거가 있는 사실이고, 결코 허구가 아니다. 양희목(楊希牧)은 〈요순의 선양에 관한 전설을 다시 논함〉에서 "전설, 심지어 신화도 그 내용이 얼마나 기괴한가에 상관없이 어느 정도 특정 사회의 배경을 반영한다. 다시 말해서, 그 내용으로부터 특정 사회 제도, 사상, 신앙 등을 이해할 수 있다. 요순의 전설도 예외는 아니다"라고 하였다. 양희목은 요순의 선양에 관한 전설이 춘추 시대에 이미 전해지고 있던 과거의 전설이었고, 그것은 《논어》를 비롯한 전국 시대 유가, 묵가, 도가, 법가 등의 저술에서도 보편적으로 확인된다고 여겼다. 즉, 결코 특정 학파의 위작은 아니었다는 것이다. 프랑스의 중국학자 마르셀 그라네(Marcel Granet)는 《중국문명》에서 서로 번갈아 세력을 얻는다는 중국고대의 음양이론이나 모계와 부계의 가족제변천론을 근거로 요순의 선양에 관한 전설이 변형된 이두추장제(二頭酋長制)라는 해석을 내놓았다. 양희목은 그라네의 주장이 근거가 부족하고 터무니없는 추론이라고 하였다.

도가의 문헌에도 위의 사회적 변화에 대한 묘사가 보인다. 《포박자(抱朴子)》〈힐포(詰鮑)〉 편에는 다음과 같이 씌어 있다. "먼 옛날에는 임금도 신하도 없었고 우물을 파서 물을 마시고 논을 일궈 밥을 먹었다. 해가 뜨면 나가서 일하고 해가 지면 들어와서 쉬었다. 전혀 얽매이는 것도 없이 아주 만족스러웠고, 서로 경쟁하거나 다투지도 영예를 구하거나 굴욕을 주지도 않았다. 산에는 길이 없고 물위에는 배가 다니지 않았다. 강과 골짜기가 서로 통하지 않으니 서로 빼앗을 일이 없었고, 사람들이 모이지 않으니 서로 공격할 일이 없었다", "개인에게는 공역(公役)이 없었고 가(家)에는 세금이 없어서, 땅을 편안하게 여기며 즐겁게 일하였고 하늘의 뜻에 따라 땅을 나누었다. 안으로는 먹고 입는 데 충분하였고, 밖으로는 세력을 다투는 일이 없었다".

그런데 사유제, 계급 분화, 국가 기구 등이 등장한 뒤에는 모든 사회관계가 뒤집어졌다. "머리를 쓰고 사람을 부리는 것이 교묘해지고 도덕은 쇠퇴해졌으며 신분의 차이가 생겨났다", "강한 자는 약한 자를 능멸하고", "지혜가 있는 자는 어리석은 자를 속이고", "욕심을 부릴 만한 것을 보면 바른 마음이 어지러워지고, 권세가 보이면 빼앗으려는 길이 열렸다", "관직이 만들어지자 백성들은 어려워졌고, 윗사람들을 후하게 섬기자 아랫사람들은 빈궁해졌으며", "예절로 차이를 두고 형벌로 질서를 잡았다."

하나라는 바로 위와 같은 무거운 대가를 치르고서 사회의 진보를 이룩하였고, '소강시대'가 시작되었다. 고고학적 발굴을 통해서 대체로 전설에 보이는 변화들이 어느 정도 입증되었다.

언사 이리두 유적에서는 적지 않은 구리 찌꺼기, 도가니 조각, 도기 파편 등이 출토되었다. 그리고 끌, 송곳, 칼, 낚시 바늘, 구리 화살촉 등의 작은 동기(銅器)들도 나왔다. 화학적 분석을 통해서 작은 동기들은 청동기였고, 원시적일지라도 농업과 수공업의 발전을 반영하고 있었다. 도기 중에는 술을 담는 그릇이 발견되었는데, 이것은 이미 일정한 양의 잉여생산물이 있어서 술을 빚을 수 있었음을 보여 준다. 집터와 무덤의 형태는 사유제에 따라 빈부의 격차와 계급의 분화가 나타났음을 반영하고 있다. 어떤 집터는 길이 9-10미터, 폭 5미터 정도에 잘 다져져 있었고 얇고 단단한 돌이 깔려 있었다. 어떤 주거지에서는 사방이 잘 다듬어진 돌기둥과 동굴이 발견되었는데, 이것은 지혈식이나 반지혈식 집과는 다른 것이었다. 더 주목할 만한 사실은 국가기구를 나타내는 궁전터가 등장했다는 것이다. 궁전터는 유적의 중간에 위치하고 있었다. 궁전의 북쪽에는 낙하(洛河)가 지나고 있었고, 면적은 약 1만 제곱미터였으며, 두께가 1-2미터 정도 되는 흙으로 만들어진 기단이 있었다. 기단 중 높은 것은 지면보다 80센티미터 정도 높았고, 위에는 기둥이 세워졌던 구덩이와 벽을 쌓았던 토대가 질서정연하게 놓여 있었다. 기단의 중앙은 북쪽이 네모 모양으로 불쑥 솟아 있었는데, 그곳은 바깥쪽이 8칸이고 안쪽이 3칸이며 사방으로 트인 전당(殿堂)이었다. 전당의 앞쪽은 평탄한 정원이었고, 그 주위는 사방으로 연결된 회랑이 있었다. 전당의 맞은편에서는 동서로 늘어선 기둥 구덩이가 발견되었는데, 그것은 궁전의 대문이었다. 만약 복원이 된다면 규모가 크고 웅장하며 높이 솟은 궁전건축일 것이고, 하나라의 위엄을 느낄 수 있을 것이다.

하나라는 이미 청동 시대에 들어섰고, 고고학적 발굴을 통해 우왕 시대에 "동으로 무기를 만들었다"는 전설이 증명되었다. 또한 우왕이 구정을 주조했다는 것도 믿을 만하다. 그러나 동기가 농업생산에 이용되었을 가능성은 아주 낮다. 당시의 주요 농기구는 여전히 나무나 돌로 만들어졌고, 일부는 동물뼈나 조개로 만들어졌다. 농기구에는 쟁기, 보습 등이 있었다. 쟁기는 앞 끝이 구부러진 두 개의 날카로운 나무막대로 구성되었고, 보습은 넓은 날로 흙을 고르는 도구였는데, 나무, 돌, 뼈 등 세 가지 재료로 만들어졌다. 우왕이 홍수를 다스렸다는 전설에서 당시에 이미 원시적인 관개가 가능했음을 알 수 있다. 《논어》〈태백(泰伯)〉에는 우가 "물가에서 힘을 기울였다"고 하였고, 《맹자》〈등문공상(滕文公上)〉에는 "우가 아홉 개의 강을 소통시켰고" "그 이후에 중국에서 농사를 지어 먹을 수 있었다"고 되어 있다. 이러한 내용은 당시에 이미 물길을 소통시키고 물이 빠지게 하는 것이 농업생산에 가장 중요하다는 사실을 알고 있었음을 보여 준다.

하나라 사람들은 농업생산의 경험을 계속해서 축적하였고, 그와 동시에 천문과 역법에 관한 지식도 차츰 풍부해졌다. 당시에 이미 일, 월, 년 등에 대해 명확한 개념을 가지고 있었다. 그들은 1년을 열 두 달로 나누었고 동지로부터 두 달 뒤의 음력정월을 한 해의 시작으로 삼았다. 그와 동시에 60갑자(甲子=干支)로 날짜를 기록하는 방법도 나타났다. 예를 들어, 하나라 후기의 윤갑(胤甲), 공갑(孔甲), 리계(履癸=桀) 등 왕들은 모두 이름에 날짜를 나타내는 갑이나 계가 포함되어 있었다. 《좌전》〈소공십칠년(昭公十七年)〉에서는 《하서(夏書)》의 기록을 인용하여 "해가 보이지 않게 되자 악사는 북을 치고 색부(嗇夫, 재물을 관장하는 사람)는 뛰며 색부의 부하인 서인(庶人)은 달린다"고 하였다. 이것은 하나라 사람들이 하늘에서 개기일식이 일어나자 북을 치고 뛰고 달리는 모습을 묘사한 것으로, 세계에서 일식에 대한 최초의 문자로 된 기록이다. 《죽서기년》에는 "하제(夏帝) 15년, 밤중에 운석이 비 오듯이 쏟아졌다"는 기록이 있는데, 이것은 하나라 사람들이 유성우(流星雨)를 관측하였다는 최초의 기록이다.

공자는 "은나라는 하례(夏禮)를 따랐으니 그 더하고 던 내용을 알 수 있으며 주나라는 은례(殷禮)를 따랐으니 더하고 던 것을 알 수 있다"고 하였고, 맹자는 "하후씨는 50무를 경작케 하고서 이에 공법(貢法)에 의한 세금을 거두었고, 은나라 사람들은 70무를 주어 경작케 하고서 조법(助法)에 의한 세금을 거두었다. 또, 주나라 사람은 100무를 주어 경작케 하고서, 철법(徹法)에 의한 세금을 거두었는데, 사실상 모두 1/10의 세금을 내게 한 것이다"고 하였다. 이 두 문장은 모두 하 · 상 · 주 삼대의 제도가 비록 더하고 던 것이 있지만 서로 계승되었다는 점을 말하고 있다. 주나라의 세금 제도는 하나라의 그것을 계승하였다. 고염무(顧炎武)는 《일지록(日知錄)》에서 "고대의 세금 제도는 사실상 우왕 때 시작되었고", "주나라의 강리(疆里)는 우왕으로부터 물려받은 것이다"고 하였다. 주나라의 '강리'는 맹자가 말한 '경계'로 정전제의 토지분할방법이다. 그래서 마단림(馬端臨)은 《문헌통고(文獻通考)》에서 "정전제는 우왕 때 만들어졌다"고 추론하였다. 우왕은 농지에 수로를 내었는데, 그것을 《고공기(考工記)》〈장인(匠人)〉에 묘사된 정전제의 수로 제도와 비교해 보면, 정전제 형태의 서주 시대 수로는 사실 하나라 때 비롯되었다고 추론할 수 있다.

하나라와 상나라, 주나라 사이에 이처럼 긴밀한 계승관계를 고려할 때, 하나라는 이미 야만 시대로부터 문명 시대로 들어섰음을 알 수 있고, 중화문명의 발전사에서 소홀히 할 수 없는 위치를 차지하고 있다는 것도 알 수 있다.

## 8. 상나라의 기원과 반경(盤庚)의 천도

중국에서 문자로 기록된 역사는 상나라로부터 시작되었다. 상나라의 건국은 대략 기원전 1600년으로 지금부터 이미 3,600년 전에 문자로 기록된 역사가 존재하였다. 만약 상나라가 건국되기 전의 준비 시기까지 포함한다면 문자로 기록된 역사는 400-500년 정도 위로 올라갈 것이다.

상은 유구한 역사를 지닌 자성(子姓) 부락이었고 오랫동안 황하 하류에 거주하였다. 상의 시조는 설(契)로, 그 어머니 간적(簡狄)이 제비의 알을 삼킨 다음에 태어났다는 전설이 전해진다. 《사기》〈은본기〉에는 "은설(殷契)의 어머니는 간적으로 유융씨(有娀氏)의 딸이고, 〔…〕 세 사람이 목욕을 하는데 제비가 알을 떨어뜨리자 간적이 그것을 삼켰고, 임신하여 설을 낳았다"고 기록되었다. 이러한 신화는 상족(商族)이 제비를 자신의 숭배대상으로 삼았음을 보여 준다. 갑골문에 고조 왕해(王亥)에게 제사를 지내는 복사(卜辭)가 있는데, '해(亥)'자 위에 새의 토템을 더하여 '해(𩁹)'자를 쓴 것은 그 증거가 될 수 있다.

상나라는 하나라와 같은 시기에 등장하였다. 신화에 따르면, 하나라의 시조인 우는 황제의 자손인 전욱의 후손이고, 상나라의 시조인 설은 황제의 자손인 제곡의 후손이다. 《사기》의 서술에 의하면, 하 · 상 · 주 삼대의 시조인 우와 설 · 후직(后稷)은 모두 요와 순의 조정에서 일을 하였다. 따라서 하 · 상 · 주는 모두 황제를 뿌리로 하여 줄곧 동시에 존재하였던 두 개의 집단이었다. 비교적 믿을 만한 역사적 자료에서 상은 하나라를 멸망시키기 전에 이미 자신의 찬란한 역사를 가지고 있었고, 그것은 이른바 선공(先公) 선왕(先王)의 시대이다. 《시경》〈상송(商頌)·장발(長髮)〉에는 "땅을 보는 것이 세차서 바다 밖도 다스렸다"고 되어 있는데, 이것은 상나라 사람들이 바다 밖에서도 전투를 벌여 승리한 적이 있었음을 보여 준다. 설은 우를 따라 치수에 종사하였고, 뒤에 명(冥)이라는 상나라 사람은 하나라에서 수관(水官)을 지낸 적이 있었다고 한다. 이러한 전설들은 하나라가 황하의 중하류를 통치하고 있을 때, 상나라는 줄곧 하나라에 신하로서 복종하고 있었음을 말해 준다.

설에서 탕(湯)까지 14대 동안은 하나라 시대에 해당한다. 탕이 하나라를 멸망시키는 위업을 달성하고 상나라를 건국한 뒤에 모두 17대 31명의 왕들이 600년 동안 통치하였다.

상나라 사람들은 농업생산에 종사하는 동시에 힘차게 이주 생활을 하였다. 설에서 탕까지 400-500년 동안 8차례에 걸쳐 근거지를 옮겼는데, 대체로 현재의 산동성으로부터 하북성, 하남성으로 이주하였다.

상나라는 박〔亳, 현재 하남성 상구(商丘)〕에 도읍하였고 하나라의 보호로부터 벗어났으며, 승상 이윤(伊尹)의 책략에 따라 하나라에 대한 공납을 중지하였다. 하나라의 통치자 걸은 크게 노하여 군대를 일으켜 토벌하였다. 하나라와 상나라의 두 차례 대전투는 명조〔鳴條, 현재 하남성 봉구(封丘)〕에 있는 들판에서 벌어졌다. 걸은 크게 패하였고 탕은 승세를 몰아 추격하여 하나라를 멸망시켰다.

상나라의 건국 후, 한 차례 쇠퇴기를 거쳤다. 왕실 내부에서 계속하여 왕위쟁탈전이 벌어졌고 "형이 죽으면 아우가 제위를 잇는" 제도는 파괴되었다. 도읍도 여러 차례 옮겼고, 통치는 매우 불안하였다. 기원전 1300년, 상나라 왕 반경(盤庚)은 국면을 전환하기 위하여 도읍을 은〔殷, 현재 하남성 안양(安陽)의 서북쪽〕으로 옮겼고, 개혁을 진행하여 "탕이 했던 정치를 시행하고" 중흥정치를 시행하였다. 상나라의 역사는 이때가 전환점이었다. 《죽서기년》에는 "반경이 은으로 천도한 이후 주(紂)가 나라를 망하게 할 때까지 273년 동안 더 이상 천도는 없었다"고 되어 있다. 이것은 적어도 두 가지 의미를 지닌다. 첫째, 통치가 날로 안정되었다. 둘째, 정착 농업이 이미 경제의 중심으로 자리 잡았다.

반경이 천도한 은 지역은 경제, 군사, 사회생활 등 모든 부분에서 뛰어난 지리적 조건을 갖춘 곳이었다. 은도(殷都)는 원수(洹水)를 따라 건설되어 관개와 방어에 편리하였다. 원수의 남쪽은 궁전과 종묘 구역이었다. 현재까지 발굴된 50여 곳의 궁전과 종묘 유적은 소둔(小屯)의 동북쪽에 비교적 집중되어 있다. 소둔의 동쪽과 북쪽에는 원수가 흐르고 지대가 높아서 지리적 이점이 있을 뿐만 아니라 하천의 범람에도 대비할 수 있었다. 궁전 구역의 서쪽과 남쪽에서는 궁전을 둘러싼 해자가 발굴되었는데, 원수의 흐름을 나누고 방어에 이용하였던 것으로 보인다.

3천여 년이 지난 뒤에 은나라의 고도(古都)인 은허가 발견된 것은 20세기 고고학 발굴에서 일대 쾌거였다. 청나라 광서(光緒) 25년(1899년), 하남성 안양의 소둔촌에서 최초로 갑골문이 발견된 뒤에 은허는 학자들이 주목하는 지역이 되었다. 나진옥(羅振玉)은 현재의 안양하(安陽河)가 바로 역도원(酈道元)이 《수경주(水經注)》에서 말한 원수이고, 안양하 남쪽의 소둔은 바로 《사기》 〈항우본기〉에 기록된 "원수 남쪽의 은허"라고 고증하였다. 그의 고증은 은허의 발굴에 토대를 마련해 주었다.

1928－1937년, 이제(李濟), 동작빈(董作賓), 양사영(梁思永), 곽보균(郭寶鈞), 석장여(石璋如) 등 학자들을 중심으로 모두 15차례에 걸쳐 은허 유적에 대한 발굴이 진행되었다. 그 과정에서 대량의 갑골, 궁실터, 능묘, 종묘 등이 발견되어 은나라 사람들이 종묘를 만들고 제사나 순장을 하였던 상황을 이해할 수 있었다. 1950－1977년, 다시 10차례에 걸쳐 은허 유적에 대한 발굴이 진행되었다. 반세기에 걸친 은허 유적 발굴을 통해 3천여 년 동안 묻혀 있던 궁전터, 상나라 왕릉, 귀족이나 평민의 무덤, 각종 작업장, 창고, 도구, 무기, 의례용 그릇 등이 차례로 빛을 보게 되었다. 은허의 규모는 대단히 커서, 전체 면적이 24만 제곱미터가 넘는다. 원하(洹河)의 남쪽에는 대체로 상나라의 왕궁(현재의 소둔촌 근처)을 중심으로 하여 주위에 수공업 작업장, 일반 주거지, 무덤

등이 있었다. 그 북쪽에는 왕릉〔현재의 무관촌(武官村), 후가장(侯家庄) 일대〕을 중심으로 하여 상나라 왕이나 귀족들의 능묘, 순장된 수천 명의 유골 구덩이, 일반인의 거주지와 무덤 등이 있었다. 이러한 배치는 계급에 따라 다른 대우를 받았던 상황을 보여주고, 상나라 도성과 그 사회의 여러 측면을 연구하는 데 실증적인 자료를 제공한다.

1999년 6월의 언론보도에 따르면, 중국사회과학원 고고학연구소의 안양고고학팀은 반경이 은으로 천도하였다는 설에서 '은'에 대한 새로운 학설을 내놓았다. 최근 안양고고학팀은 은허 주변에 대한 발굴을 진행하였는데, 특히 원하의 북쪽 화원장(花園葬) 일대에서 중요한 성과를 얻었다. 화원장의 상나라 유적은 면적이 150제곱미터인데, 제2의 은허라고 할 만하다. 이 유적의 연대는 정주에서 발견된 상나라 초기의 이리강과 소둔에서 발견된 상나라 후기의 은허 사이인 것으로 추정된다. 건축물의 터, 청동기 솥 등 왕실에서 쓰던 의례용 그릇으로 볼 때, 원하 북쪽의 화원장 유적은 반경이 천도하였다는 '은'으로 보인다. 따라서 소둔의 은허 유적은 상나라 후기의 도읍이었던 곳으로, 무정(武丁)이나 그 이후 왕들이 살았던 곳으로 보아야 한다.

반경이 은으로 천도한 이후, 상나라의 정치와 경제 등은 모두 발전하였다. 특히 무정이 통치하던 시기는 전성기였다. 《시경》의 〈현조(玄鳥)〉와 〈은무(殷武)〉 편은 바로 무정을 칭송하는 노래이다. 무정은 끊임없이 대외전쟁을 일으켜서 상나라의 영토가 갈수록 확대되었다.

상나라 때의 순장 구덩이

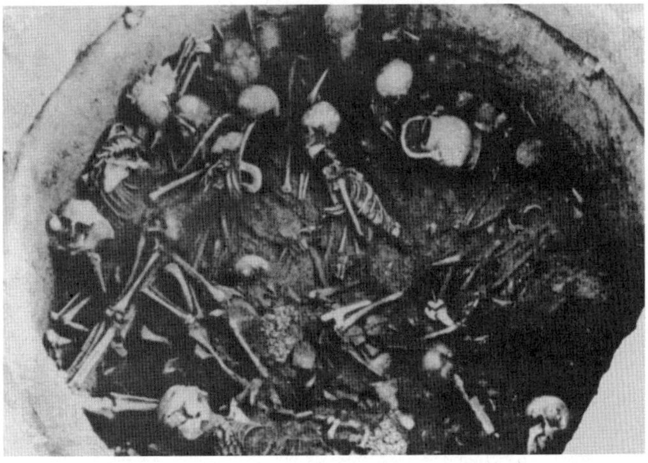

상나라의 행정 제도 및 귀족관리에는 '내복(內服)'과 '외복(外服)'의 구별이 있었다. '내복'은 왕조를 의미하였고 '외복'은 제후를 의미하였는데, 이것은 당시의 정치 · 지리적 구조에 상나라 왕이 직접 관할하는 지역과 귀족관리를 통해 간접적으로 관할하는 지

역이 존재하였음을 보여 준다. 갑골문의 복사는 직접관할 지역을 '천읍상(天邑商)', '대읍상(大邑商)', '대읍(大邑)' 등으로 기록하였고, 간접관할 지역을 '사방(四方)', '사토(四土)' 등으로 기록하였다. '대읍상'은 대체로 현재 하남성 대부분, 선서성 남부, 하북성 북부, 산동성 서남부 등을 포함한다. '사토'는 대체로 유연(幽燕) 이남, 한수(漢水)와 회수(淮水) 이북, 감숙(甘肅) 이동, 소환(蘇皖) 이서에 위치하고 있었다. 그리고 '사방'은 변강 지역의 방국(方國), 부락(部落)으로, 서북쪽의 공방(舌方), 토방(土方), 마방(馬方), 서쪽의 강(羌), 저(氐), 남쪽의 초(楚), 백월(百越), 동쪽의 인방(人方=東夷=淮夷) 등을 가리켰다.

상나라의 역사에서 부정적인 역할을 하였던 일이 두 가지가 있는데, 사람을 제물로 바쳤던 풍습과 술에 대한 탐닉이다.

상나라의 왕은 자신의 조상과 신령에게 '제물'을 바쳐야만 하였다. 그리고 각지의 귀족들은 왕에게 '제물'을 바쳐야만 하였는데, 이것은 왕이 조상이나 신령들에게 바치는 것과 같았다. '제물'로 바친 것은 바로 사람이었는데, 통상 한 번에 수십 명에서 수백 명을 죽였다. 제사를 지내는 방법은 창으로 목을 따거나 배를 갈라서 죽인 시신, 혹은 머리를 신에게 바치는 식이었다. 안양 소둔의 종묘와 궁전 유적 남쪽에는 제단이 있는데, 사람이나 가축을 희생으로 쓴 흔적들이 남아 있다. 종묘를 지을 때, 살아 있는 아이를 매장하여 기초를 다졌다. 종묘의 대문들에는 모두 앞에 사람을 순장한 흔적이 남아 있다. 종묘의 정면에는 가지런히 줄을 선 시체들이 마차나 말과 함께 묻혀 있었다. 큰 무덤의 경우에는 왕왕 순장을 당한 수십에서 수백 명의 유골들이 나오기도 하였다. 무관촌의 큰 무덤은 지금으로부터 3,050±100년 전의 것으로 보이는데, 산채로 순장된 사람, 살해된 뒤 묻힌 사람, 제물로 바쳐진 사람 등 300–400명의 남녀 하인 유골이 발견되었다.

상나라 귀족은 음주를 즐겼고, 갈수록 심해져서 대량의 양식을 소비하였을 뿐만 아니라 정치적 부패를 야기하기도 하였다. 주왕은 형대(邢台) 이남, 조가(朝歌) 이북에 수많은 별궁을 지었는데, 그곳에는 '주지육림(酒池肉林)'이 갖춰져서 날이 새도록 술

마시고 노래하였다. 서주 시대의 청동기 명문에는 대소의 관료들이 "술에 빠졌다"는 기록이 있는데, 이것은 알코올에 중독된 사람들까지 있었음을 의미한다. 심지어 일반인들도 예외는 아니었고, "서민들이 떼거지로 몰려다니며 술을 마셔서 냄새가 길에 진동하는" 현상도 나타났다. 상나라 말기에 이르면, 술에 대한 탐닉이 어떻게 해볼 수 없는 상황으로 치달았다. 그래서 주나라는 상나라를 멸망시킨 뒤에 특별히 금주령을 반포할 정도였으니, 얼마나 심했는지 알 만하다.

위의 두 가지 일을 통해, 사람들은 상나라가 멸망한 원인을 어렵지 않게 이해할 수 있다.

1990년대 중반, 미국 오클라호마 주립대의 외국어학부에 재직하고 있던 중국계 교수 허휘(許輝)는 《아메리카문명의 기원》이라는 책에서 깜짝 놀랄 만한 주장을 제기하여 고고학계에 논쟁을 불러 일으켰다. 허휘는 중아메리카 최초의 찬란한 고대문명이 상나라 말기에 전란을 피해 달아난 중국인들의 협력으로 건설되었을 가능성이 있다고 주장하였다. 시간상으로 아메리카문명은 기원전 1200년에 일어났고, 그때는 바로 무왕(武王)이 주왕을 토벌하자 주왕이 자살하여 상나라가 멸망할 무렵이었다. 허휘가 내세운 증거는 고문자였다. 그는 아메리카의 도기, 옥기(玉器), 석조 등에서 150개가량의 문자부호를 찾아내었고, 그것들을 미국에 와있던 중국고문자 전문가에게 감정을 요청하였다. 그 결과 대부분이 중국의 갑골문이나 금문(金文)과 아주 유사하다는 감정을 받았다. 수천 년의 수수께끼를 담은 유물에 대한 대담한 가설은 대단히 참신하게 느껴지지만, 그 진위는 사람들마다 받아들이는 정도가 다르다.

## 9. 청동 시대

청동 시대는 이전의 석기 시대나 이후의 철기 시대와 구별되는 역사단계이다. 중국에서는 대체로 기원전 2000-500년이 청동 시대에 해당한다.

청동 시대라는 개념을 최초로 사용한 사람은 덴마크 국가박물관의 학예사인 톰슨

(Christian Jurgensen Thomsen, 1788–1865년)이었다. 그 뒤, 영국의 고고학자 차일드(Gordon Childe, 1892–1957년)가 《청동 시대》라는 책에서 개념을 과학적으로 규정하였다.

청동 시대 이전에 중국의 조상들은 이미 금속을 사용하였던 것으로 보인다. 서안 반파촌의 앙소 문화 유적에서 작은 금속조각이 발견되었다. 강채의 앙소 문화 유적에서도 작고 둥근 금속조각이 발견되었는데, 그 성분은 황동 65퍼센트, 아연 25퍼센트였다. 산동성의 용산 문화 유적에서도 구리와 아연의 합금이 발견되었다. 이러한 구리나 다른 금속들은 선사 시대에 도기를 굽는 가마에서 온도가 금속의 용해점에 이르렀을 때 얻어진 것일 가능성이 높다.

최초의 청동기(의례용이나 무기)는 하남성 서부의 이리두 문화 유적에서 발견되었다. 4건의 의례용 청동기는 모두 술을 마시던 술잔〔작(爵)〕인데, 작고 얇으며 무늬가 없이 평평한 형태이다. 그중의 하나는 성분을 분석한 결과 황동 92퍼센트, 주석 7퍼센트로 구성되어 있었다. 술잔과 함께 청동으로 만든 창날이 발견되었다. 그 창날은 이미 규격화된 주조, 합금 비율, 독특한 형태라는 중국고대 청동기의 특징을 갖추고 있었다.

상나라 왕 무정의 합장묘에서는 의례용 청동기 200여 개, 대형 청동 방울 5개, 소형 청동 방울 16개, 청동 도구(27개의 청동 칼 포함) 44개, 청동 거울 4개, 청동 국자 1개, 청동 병기 130여 개, 청동 호랑이나 호랑이 머리 4개, 기타 청동기 20여 개 등이 발견되었고, 사람들을 놀라게 하였다.

상나라의 청동제련과 주조 공예는 이미 상당히 성숙한 단계에 이르렀고, 규모가 큰 청동기 작업장이 있었으며, 장인들은 공동으로 거주하면서 청동기를 주조하였다. 청동을 만들었던 주요 원료는 공작석(孔雀石)이었고 적당한 비율의 주석과 소량의 납이 첨가되었다. 사모무(司母戊) 대방정(大方鼎)에 대한 화학적 분석 결과, 구리 84.77퍼센트, 주석 11.64퍼센트, 납 2.79퍼센트 등으로 구성되어 있었다. 주석과 납은 용해점이 낮기 때문에, 구리와 섞인 다음에 용해점이 낮아졌을 뿐만 아니라, 주조된 물건들은 순동보다 더 강해졌다.

청동기의 종류는 아주 많은데, 그중 수량이 가장 많은 것은 의례용으로 술잔, 정(鼎), 이(彝), 대야〔盤〕, 사발〔盂〕 등 20여 종은 소유자의 신분과 등급을 상징하였다. 그 다음으로 많은 것이 무기인데, 과(戈), 모(矛), 척(戚), 월(鉞), 도(刀), 화살촉 등이 있다. 그 밖에도 수레나 말에 필요한 도구나 장식품들이 있다. 청동기에는 늘 명문이 새겨져 있는데, 그것은 소유자의 족씨(族氏)나 제사 대상을 표시하였고, 상나라 왕과 귀족의 소유자에 대한 은사를 기재하거나 용도를 설명하는 경우도 있었다. 사회학, 정치학의 관점에서 청동기는 정치권력을 의미하는 것으로 물질적 부를 분배하는 방식을 보장하였다. 상나라 왕은 조개껍질이나 구리, 주석을 하사하여 의례용 도구를 만들게 하였고, 그러한 기념적 성격의 주조는 청동기 위에 명문으로 남게 되었다. 4천여 건이 넘는 상나라와 주나라의 청동기의 사진이 실린 책에서 상나라 왕의 하사를 기념하는 명문이 새겨진 것이 50여 건이나 된다. 이것은 국가의 재부가 사회의 상층에서 재분배되었다는 것을 분명하게 보여 주는 것이다. 청동 문화의 의의는 아마도 국가의 기능이 강화되었다는 데 있는 것으로 보인다.

은나라 때의 유정문(乳釘紋) 동방정(銅方鼎)

청동기, 특히 의례용은 주로 왕실과 귀족들이 사용하였고, 그 제작에 공을 들였으며, 표면에 옮게 새겨진 문양은 대부분 동물을 형상화한 것이었다. 청동기에 새겨진 동물문양은 두 종류이다. 하나는 자연에서 살고 있는 동물로 봉황새, 코끼리, 호랑이, 거북이, 곰, 물소, 물수리, 소, 말 등이다. 다른 하나는 상상 속의 동물로 도철(饕餮), 비유(肥遺), 기(夔), 용, 규룡(虯龍) 등이다. 상상 속의 동물 문양은 자연히 사람들의 관심을 끌었고, 고금의 학자들이 연구를 진행하였다. 도철은 "머리만 있고 몸통이 없으며 사람을 잡아먹다가 넘기지 못해서 해를 당했다"는 괴이

한 야수이다. 비유는 "머리 하나에 몸이 둘인" 뱀이다. 기는 발이 하나뿐인 용으로, 머리에서 꼬리 사이에 발이 있는 용 모양의 짐승이다. 용은 고대 사람들이 가장 숭배하던 신화 상의 동물로 그 모양은 기록마다 다르다. 규룡은 뿔이 달린 용이다. 그러나 청동기에 새겨진 도철, 비유, 기, 용, 규룡 등의 문양은 단지 사람들 사이에서 오랜 세월에 걸쳐 만들어지고 일반화된 것이다.

중요한 문제는 청동기 위에 새겨진 문양들이 무슨 의미를 담고 있느냐는 것이다. 장광직(張光直)은 연구를 통해 다음과 같은 결론을 내렸다. 신화 속에서 동물의 기능은 인간세계와 조상이나 신령세계를 서로 소통시키는 것이었다. 당시에 유행하던 조상과 신령을 소통시키는 무속인의 점술은 바로 동물의 뼈를 매개로 삼았다. 의례용 청동기는 당시에 조상과 신령을 숭배하고 제사지내는 의식에 이용되었고, 죽은 사람과 함께 묻혔다. 따라서 청동기에 새겨진 신화상의 동물 문양은 그 소유자가 지녔던 생각을 체현한 것이었다. 그들은 동물 문양이 인간세계와 조상이나 신령세계를 소통시키고, 자신들이 현세에서 지닌 권력과 재산을 지켜줄 것이라고 여겼다.

의례용 청동기는 무속인이 신과 인간, 하늘과 땅을 소통시키는 데 도움을 주는 것이고, 동물 문양은 천지와의 소통에 관련되는 것이다. 《좌전》에는 다음과 같은 내용이 나온다. 초(楚)나라 장왕(莊王)이 왕손만(王孫滿)에게 정(鼎)의 대소와 경중을 물었더니, 왕손만은 아주 지혜롭게 대답하였다. "덕(德)에 있고, 정에 있지 않습니다. 옛날 하나라에 덕이 있을 때는 멀리서 동물을 그리고, 구주에서 금속을 바쳤습니다. (하나라 사람들은) 정을 주조하고 그 위에 동물을 새겼고, 수많은 물건들이 갖추어졌으며, 사람들은 신과 악인을 알 수 있었습니다. 사람들은 산림과 못으로 들어가서 불운이나 고통을 당하지 않았고, 못된 용이나 도깨비를 만나지 않게 되었습니다. 그리하여 상하가 서로 도와서 하늘이 내린 휴식을 누렸습니다." 왕손만이 한 말은 다음과 같은 의미를 담고 있었다. 중요한 것은 덕이지 정에 있는 것이 아니다. 과거 하나라에 덕이 있던 시대에는 사방에서 동물을 그려서 그림을 만들었고 구주에서 청동을 바쳤다. 그 청동을 가지고 정을 주조하였고, 위에는 수많은 형상들이 새겨져서 없는 것이 없었다. 그리하여 사람들은 어떤 것이 사람을 돕는 신이고 어떤 것이 사람을 해치는 악인인가를 알게 되었다. 또한 사람들은 산림과 못으로 들어가서 부적절한 신이나 도깨비를 만나지 않게 되었다. 그래서 상하가 서로 도왔고, 하늘이 내린 복을 누리게 되었다. 위의 내용에서 핵심을 요약하면, 정을 주조한 목적은 바로 조각된 동물 문양을 통해 사람들에게 어떤 것이 사람을 돕는 신으로서 사람과 천지의 소통을 돕는가를 알게 하려는 것이었다. 이상에서 상나라 청동기에 새겨진 동물 문양이 지닌 함의를 다소나마 알 수 있다. 그 문양은 왕실이나 귀족의 조상들이 숭배하였던 것과 관련이 있었고, 그들의 권력이나 재산과도 관련이 있었다.

삼성퇴의 청동인물상

1980년대 말, 고고학적으로 중대한 발굴이 이루어졌다. 상나라 말기까지 존속하였던 촉(蜀)나라의 초기의 삼성퇴(三星堆) 유적에서 대형 청동 인물상과 수십 개의 청동 두상이 발굴되었다. 이것은 청동문명의 보기 드문 모습을 알려 주었다. 청동 인물상은 전체가 2.6미터이고 인물의 키는 1.7미터였다. 이 인물은 짙은 눈썹, 큰 눈, 뾰족한 코, 큰 귀 등을 특징으로 하는 사람이 깃털이 달린 모자를 쓰고 있는 형상이었다. 그가 입고 있는 옷은 세 부분으로 나뉘어져 있는 전통의상이었는데, 윗부분에는 거룡(巨龍), 주먹과 손톱, 사람 얼굴, 구름, 번개 등의 문양이 새겨져 있었다. 학자들은 왕의 모습을 상징하면서도 종교적 색채를 담고 있다고 여겼다.

이상에서 사람들이, 왜 그 많은 의례용이나 무기용 청동기가 발굴되었는데, 유독 농기구는 없는지 이해할 수 있게 되었다고 말한다면, 분명히 과장된 측면이 있다. 우리는 청동기의 가장 중요한 용도를 알았을 뿐이다. 1989년, 강서성 신간(新干) 대양주(大洋洲)에서 상나라 때 방국(方國) 제후의 무덤이 발굴되었고, 그 속에서 삽, 쟁기, 보습, 낫 등 청동 농기구가 나왔다. 이학근(李學勤)

은 《비교고고학 수필》을 통해 "과거 학계에서는 대부분 고대에 청동 농기구가 광범위하게 사용되지 않았다고 여겼는데, 이제 의구심을 가질 만하다"고 말하였다.

비록 이미 청동 시대에 들어섰을지라도, 상나라의 농업생산은 여전히 원시적인 조방경작의 형태를 벗어나지 못하였다. 그리고 농업생산의 도구도 주로 나무, 돌, 조개껍질 등으로 만들어졌다. 원시적인 농기구는 경작방법도 원시적으로 만들었다. 화전농법은 자주 사용되는 방식이었다. 복사(卜辭)에 등장하는 '정분(貞焚)', '복분(卜焚)'은 바로 화전농법에 대한 기록이다. 《설문해자(說文解字)》에 따르면, '분(焚)'은 "불태워서 만든 경작지로, 산림에 불을 놓는다는 뜻이다"라고 풀이되어 있다. 매년 봄, 경작할 때가 되면 농민들은 불을 놓아 황무지를 태운 다음에 쟁기와 보습으로 땅을 갈고 씨를 뿌렸다. 쟁기는 나무로 만든 날이 두 개인 농기구이고, 보습은 넓은 날에 나무 손잡이가 달린 농기구이다. 갑골문에서 '적(耤)'자는 한 사람이 손에 쟁기의 자루를 잡고 발로 쟁기의 날을 밟으면서 땅을 고르는 모양이다. 그리고 '협전(劦田)'은 많은 사람들이 논에서 함께 경작한다는 뜻으로, 농기구가 발달하지 못한 상황에서 대규모의 간단한 협력은 유일한 선택이었다.

그러나 농업생산 기술에도 분명히 발전이 있었다. 갑골의 복사가 반영하고 있는 상황으로 볼 때, 당시에 이미 김매기와 비료 주기가 있었다. 무정 시기의 복사에는 '귀전(貴田)'이라는 말이 등장한다. 《한서(漢書)》〈식화지(食貨志)〉에는 "벼에 싹이 나오면 곧바로 논두렁의 풀을 베고 땅을 고르고〔隤〕 뿌리를 내리게 한다"고 되어 있다. 귀전은 바로 땅을 고른다는 것으로 김매기를 한다는 뜻이다.

농업이 경제의 중심이었고 부의 원천이었기 때문에, 상나라의 왕들은 농업생산을 아주 중시하였다. 갑골문의 복사에는 벼, 수수, 기장, 보리 등의 풍성한 수확을 기원하는 기록들이 자주 등장하고, 하늘, 조상, 신령 등에게 비를 내리고 풍년이 되게 해달라고 기원하는 기록도 있다. 또한 '소적신(小耤臣)', '다윤(多尹)' 등의 관리에게 농작물의 생산을 독려하도록 독촉하고, 상나라 왕 자신도 경작 활동에 참가하였다는 기록도 보인다.

상품을 교환하는 상업도 이미 맹아가 나타났다. 상나라 왕과 귀족들은 늘 바다조개를 신하들에게 선물로 내렸는데, 그러한 조개는 원시적인 화폐로서 '붕(朋)'을 단위로 하였다. 즉, 조개 10개를 한 꾸러미로 만든 것이 '붕'이었다. 상나라 후기에 출현한 동패(銅貝)는 중국 최초의 금속화폐였다. 상나라 사람들은 다른 지역의 사람들에 비해 상업에 정통하였다. 《상서(尙書)》에 따르면, 주나라가 상나라를 멸망시킨 뒤에 조가(朝歌) 일대에 살던 유민들은 "처음으로 우마차를 끌고 멀리 장사를 다녔다". 이것은 상나라 유민들이 장거리 장사에 종사했음을 보여 준다. 뒤에 상품을 파는 사람들을 '상인(商人, 상나라 사람이나 장사를 하는 사람)'이라고 하게 된 유래도 여기에 있을 것이다. 1930년대, 서중서(徐中舒)는 〈은주(殷周) 문화에 대한 소견〉에서 상나라 사람들이 나라가 망한 뒤에 장사를 하게 된 것은 틀림없이 이민족의 압박 때문이었고, 오늘날의 유대인과 유사한 상황이었다고 하였다.

## 10. 상나라 문명—갑골문, 종교관념, 과학

문자는 인류문명의 지표이다. 중국의 한자는 상나라 후기에 이미 기본적인 틀을 갖추었고, 갑골문과 청동기에서 1천여 개의 문자가 발견되었다. 충분한 수량의 문자를 통해 문자로 기록되는 역사의 시대에 접어들었다.

갑골문은 우리 조상들의 천재적인 발명으로, 불후의 품격과 가치를 지니고 있으며 어떠한 찬사도 아깝지 않다. 또한 현재까지도 동아시아 한자문화권의 공통적인 재산이다.

광서 25년(1899년), 갑골문은 하남성 안양현 소둔촌의 은허 유적에서 최초로 발견되었다. 1904년, 손이양(孫詒讓)은 《설문거례(契文擧例)》를 지어 갑골문에 대한 해석을 시도하였다. 1928년 이후, 여러 차례의 발굴을 통해 10만여 건의 갑골이 출토되었는데, 그것들은 반경이 은으로 천도한 때부터 은이 멸망할 때까지 273년 동안의 기록이었다. 10만여 건의 갑골에는 4,500자가 새겨져 있었고, 현재까지 1,700자가 해독되었다. 갑

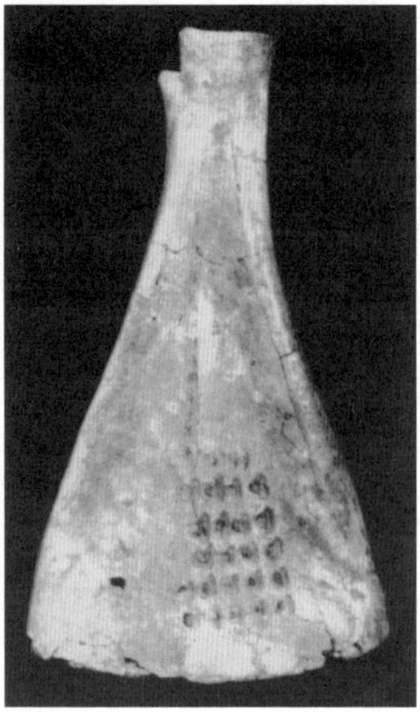

은허의 갑골

골학의 역사에서 앞 세대의 학자 네 분이 중요한 역할을 하였고, 전현동에 의해 '갑골사당(甲骨四堂)'으로 추존되었다. 그 네 분은 나진옥〔호는 설당(雪堂)〕, 왕국유〔王國維, 호는 관당(觀堂)〕, 동작빈〔董作賓, 호는 언당(彥堂)〕, 곽말약〔郭沫若, 호는 정당(鼎堂)〕 등이다.

지금까지 1세기를 거치는 동안, 우리나라는 모두 97,611점의 갑골을 소장하게 되었고, 대만과 홍콩은 30,293점을 소장하고 있으며, 그 외의 12개 국가에 26,700점이 소장되어 있다. 국내외에 소장된 갑골은 모두 154,604점에 달한다. 현재 갑골과 은나라의 역사에 대한 연구서는 이미 5천여 종이나 된다.

갑골문의 구조를 분석한 결과, 갑골문은 이미 상형(象形), 지사(指事), 가차(假借), 형성(形聲), 회의(會意), 전주(轉注) 등 6가지 한자의 형성원리를 갖추고 있었다.

**상형**—⊙(日), D(月), Δ(土), 田(田), 木(木), 禾(禾), 人(人), 虫(虫), 羊(羊) 등등. 상형문자는 인류가 발명한 문자 중에서 최초의 단계에 나타났다. '日'과 '月'은 하늘에서, '土'와 '田'은 땅에서 그 모양을 따왔다. '木'과 '禾'는 식물의 줄기를 상징하고, '人'은 사람의 몸을 상징하고, '虫'은 평평한 머리와 굽은 몸통을 상징하고, '羊'은 그 뿔을 상징한다. 허신(許愼)은 《설문해자》에서 "상형문자는 사물의 윤곽을 따라 간략하게 그린 것으로 '日'이나 '月'이 그 예이다"고 하였다.

**지사**—외부의 형상만이 아니라 뜻을 담고 있는 문자의 형성원리. 《설문해자》에서 "지사는 보아서 알 수 있고 살피면 보이는 것으로 '上'이나 '下'가 그 예이다"고 하였다. 갑골문에서 '上'은 二, ⌣으로, '下'는 ═, ⌢으로 새겨졌고, 짧은 획이 위나 아래의 방향을 나타내었다. '末'은 末으로 새겨졌고, 나뭇가지의 끝을 의미하였다. '本'은 本으로 새겨졌고, 나무의 뿌리가 있는 곳을 의미하였다.

**가차**—상형이나 지사로 만든 문자로는 부족할 경우 "뜻은 다르지만 음이 같은 글자를 빌려 쓴 것이다". 즉, 상형문자의 음을 빌려 같은 음의 다른 사물이나 동작을 표시하였다. 예를 들어, 갑골문의 '來(朩)'는 원래 소맥(小麥)의 명칭이었는데 나중에 왕래하다는 뜻으로 쓰이게 되었다.

**형성**—가차를 통해 만들어진 글자가 많아지면서 같은 음의 글자들을 쉽게 혼동하는 일이 생겼다. 그래서 편방(偏旁)이 첨가되었는데, 반쪽은 모양이나 뜻을 나타내는 부분이었고 반쪽은 소리를 나타내는 부분이었다. 예를 들어, '盂'자는 盂으로 새겨졌는데, 아랫부분은 모양을, 윗부분은 소리를 나타내었다. '祀'는 祀로 새겨졌는데, 왼쪽은 뜻을, 오른쪽은 소리를 나타내었다.

**회의**—두 글자의 뜻이 합해져서 한 글자가 된 것이다. 예를 들어 '明'은 明으로 새겨졌고, 해와 달이 서로 밝게 비춘다는 뜻이다. 또한 明으로 새겨지기도 하였고, 달빛이 창을 밝게 비춘다는 뜻이다.

이상에서 서술한 방식들이 확대되거나 부분적인 사용과 변형을 거치면서 나중에 약 2만 개의 한자가 만들어졌고, 세계에서 가장 널리 사용되는 문자가 되었다. 갑골문은 상나라 문명에서 낮게 평가되어서는 안 될 부분이었다.

주목할 만한 사실은 당시에 이미 붓으로 글씨를 쓰는 습관이 있었다는 것이다. 일부 갑골과 도기 위에서 붓으로 글자를 쓴 먹물의 흔적을 발견할 수 있다. 주나라 사람들이 "은나라 조상들은 책(冊)과 전(典)을 가지고 있었다"고 술회하였는데, 여기에서 당시에 이미 끈으로 묶어서 만들어진 죽간(竹簡)에 글을 써서 만든 책이 있었음을 알 수 있다. '책'의 모양도 원래 그런 뜻을 담고 있다.

종교는 비록 늦게 나타났지만, 종교관념의 유래는 오래되었다. 상나라 사람들은 만물에 영혼이 있다는 종교관념을 가지고 있었다. 기도와 제사의식을 기록한 갑골의 복사는 상나라 사람들의 관념을 반영하고 있다. 그들은 세상에 초자연적인 신령이 존재하며, 그 신령들이 자연현상과 인간 생활에 직간접적인 영향을 주거나 통제한다고 믿었다. 여러 신들 중에는 제(帝)나 상제(上帝)가 있었다. 그 밖에도 태양, 달, 구름, 바람, 비, 눈, 땅, 방위(方位), 산, 강 등에도 모두 각각의 신이 있다고 믿었다. 이러한 신들은 인격을 갖추고 있지 않았다. 제나 상제도 상나라 사람들의 관념 속에서는 하늘 위에 있는 신일 뿐이었다. 땅이나 방위의 신들은 자연신이었고, 산이나 강의 신들은 자연신의 성격을 띤 조상신이었다. 상나라 사람들은 신들이 모두 영혼을 가지고 있다고 여겼다. 제나 상제는 주로 자연과 전쟁에 관련된 힘을 가지고 있었으며, 인사권은 상나라 왕에게 행사될 뿐이었고 왕 이외의 사람들에게는 행사되지 않았다. 자연신은 기본적으로 자연에 관한 힘을 가지고 있었고, 자연신의 성격을 띤 조상신은 자연과 전쟁에 관한 두 가지 힘을 가지고 있었다.

상나라 사람들은 귀신을 숭상하였다. 《예기》에 따르면, "은나라 사람들은 신을 받들고 백성들은 신을 섬겼으며 귀신이 먼저이고 의례는 나중이었다". "귀신이 먼저이고 의례는 나중이었다"는 말은 사람과 귀신의 관계를 우선적으로 처리하고 사람 사이의 관계는 나중에 처리하였다는 뜻이다. 의례는 바로 인간관계의 규범이었다. 상나라 사람들에게 죽은 조상들은 아주 중요한 존재였다. 그래서 일의 대소에 관계없이 모든 것을 조상에게 알렸다. 그들이 거북이 등껍질과 짐승의 뼈를 이용하여 점을 친 것도 사람과 신(혹은 조상) 사이의 의사소통을 위한 것이었다. 점괘는 신과 조상의 뜻을 담고 있다고 여겨졌다. 갑골문을 복사라고 하는 이유는 바로 거북이 등껍질과 짐승의 뼈에 글자를 새겨서 길흉에 대해 점을 쳤던 것이고, 종교관념과 직접적인 관련이 있기 때문이다.

만물에 영혼이 있다고 보는 것은 일종의 원시적인 종교관념으로, 문명이 시작되기 전에 인류가 가졌던 다신론의 흔적이면서 동시에 한 단계 발전한 것이다. 주나라는 상나라로부터 적지 않은 제도를 이어받았지만, 상나라와는 많은 차이점이 있었다. 그중의 하나는 바로 만물에 영혼이 있다고 믿는 대신에 조상을 숭배한 것이었다. 이로써 어떠한 외래종교에도 대항할 수 있었던 중국전통이 형성되었다.

상나라 사람들은 자연현상의 뒤에 초자연적인 신령이 존재한다고 믿었다. 그래서 그들은 자연현상의 변화에 특별한 주의를 기울였다. 갑골의 복사에는 "낮에 일식이 있었다", "저녁에 일식이 있었다", "밤에 월식이 있었다"는 기록들이 보인다. 이것은 당시에 이미 비교적 완비된 천문역법에 관한 지식이 있었음을 의미한다. 동작빈(董作賓)은 갑골의 복사를 바탕으로 〈은력보(殷曆譜)〉를 저술하여 상나라 때 태음태양력이 사용되었음을 밝혔다. 상나라 때는 1년을 열두 달로 나누었는데, 작은 달은 29일, 큰 달은 30일까지 있었으며, 윤달은 13월이라고 하였다. 그리고 1년은 평균 365일과 1/4일이었다. 동작빈은 공자도 제대로 알 수 없었던 은력을 오늘날에 다시 볼 수 있게 하였고, 상나라 때 주왕의 정벌과 같은 일들을 시대 순으로 배열하고 다시 복원하였다. 그리하여 그는 학계에서 존경을 한 몸에 받게 되었다.

1973년, 하북성(河北省) 고성현(藁城縣) 대서촌(台西村)의 상나라 유적에서 20–30개의 복숭아씨, 은행씨, 배씨 등과 돌침이 발굴되었다. 전문가들이 씨들은 약재였고 돌침은 의료도구였다고 고증하였다. 갑골문의 '질(疾)'이라는 글자는 사람이 침대에 누워있는 모양이나 사람이 침대 위에 누워서 땀을 흘리는 모양으로 새겨졌는데, 당시 사람들이 이미 질병에 대해 알고 있었음을 엿볼 수 있다. 이것을 상술한 발견들과 서로 관련지어 보면, 당시 의약지식의 수준을 어느 정도 알 수 있다.

# 3장 서주(西周)와 춘추(春秋)—봉건(Feudalism) 시대

## 11. 주(周)의 기원과 주나라의 건국

주는 오랜 역사를 지닌 부락으로 대략 하나라 말에 현재의 섬서성과 감숙성 일대에서 활동하였다. 전설에서 주의 시조인 기(棄)는 하나라의 농관(農官)을 한 적이 있다고 한 것으로 보건대, 농업에 뛰어났던 부락이었을 것이다. 주는 희성(姬姓) 부락이었고, 강성(姜姓)과 대대로 통혼하였다. 주의 시조인 기는 바로 유태씨(有邰氏)의 여자 강원(姜嫄)이 낳았다. 희성의 주 부락과 양(羊)을 토템으로 삼았던 강성은 아마도 한 부족으로부터 갈라져 나온 것으로 보인다. 그들은 위수(渭水) 유역에서 살았는데, 그곳은 '하나라의 유적'으로부터 멀지 않았다. 전설에 따르면, 강원은 들판을 거닐다가 거인의 발자국을 밟은 뒤에 임신하였고 기를 낳았다고 한다. 고대인들의 전설에서 수기(修己)는 억이(薏苡, 율무)를 삼킨 뒤에 우(禹)를 낳았다고 한다. 이(苡)와 사(姒)는 고대에 같은 음이었기 때문에 우는 사성(姒姓)을 갖게 되었다. 간적은 제비알을 삼킨 뒤에 설을 낳았는데, 란(卵)은 속어로 자(子)였기 때문에 설은 자성(子姓)을 갖게 되었다. 이상은 하와 상의 사례인데, 주도 예외는 아니었다. 대체로 상고 시대의 사람들은 인류의 기원에 대해 공통적인 견해를 갖고 있었다.

복희와 신농 이후에는 모두 "하늘의 감화를 받아서 태어났다"는 고사가 존재한다. 《설문해자》는 '성(姓)'에 대해 "성은 사람이 타고난 것이다. 고대에 신성한 어머니가 하늘의 감화를 받아서 아들을 낳았기 때문에 천자(天子)라고 한다. 태어난 곳을 성으로 삼았고 여자의 것을 따랐다"고 풀이하였다. 양계초(梁啓超)는 "아버지 없이 하늘의 감화를 받아서 태어났다"는 설의 유래를 설명하였다. 그는 "혼인 제도가 생기기 전에 어머니의 성만을 알았고 아버지의 성을 알지 못하였으며, 이것은 모계 시대의 자연스런 모습이었다"고 하였다. 이러한 설명은 옳은 듯하지만 그렇지 않다. 상술한 신화와 전설은 사실 씨족의 세계(世系)와는 관련이 없다. 인류학의 연구를 통해서 수많은 부계씨족사회의 부족들이 임신과 성교는 무관하다고 믿는다는 사실이 밝혀졌다. 그들은 '토템'이 영아의 영혼을 어머니의 배속으로 들어가게 하여 임신이 된다고 믿었다. 이에 대해 레비 브륄(Levy-Bruhl)은 《원시사유》에서 세밀하게 분석하였다. 시간적으로 설, 기는 요, 순, 우 등과 같은 시대의 사람들이었고, 당시 화하(華夏) 각 부족들은 이미 부계사회로 들어섰다. 기는 희성을 갖고 있었는데, 그 성은 모계가 아니라 부계의 조상으로부터 나온 것이었다. 이는 기가 살던 시대가 이미 부계사회였음을 증명해 주는 것이다.

기는 농업에 뛰어난 능력이 있어서 나중에 농업의 신인 후직(后稷)으로 추존되었다. 열산씨(烈山氏)의 아들 주(柱)는 이름이 농(農)이었고 오곡을 잘 재배하여 직(稷)으로 추존되었다. 기는 바로 이러한 전통을 계승하여 "백성들에게 농사를 가르쳤고" 후대인들에 의해 후직으로 받들어졌던 것이다. 기와 주는 기장이 자라는 데 적합한 황토고원에서 농업을 경영하여 전대미문의 성과를 얻었다.

그런데 주족은 유목부락인 융적(戎狄)의 핍박을 받았고 한때 농사를 그만둔 적이 있었다. 후직의 3대손인 공유(公劉) 때에 이르러 "다시 후직의 일을 계승하여 경작에 힘을 썼고" 빈〔豳, 현재 섬서성 순읍(旬邑)〕에 정착하였다. 《시경》〈대아(大雅)·공유〉 편에서 공유가 부족들을 이끌고 농업으로 쌓은 부를 바탕으로 끊임없이 영토를 넓혔으며, 성공적으로 부족들을 이주시켰다는 것을 알 수 있다. 공유 때부터 9대를 내려오면 고공단보(古公亶父)의 시대인데, 주족은 다시 융적의 핍박을 받아서 빈으로부터 기산(岐山) 남쪽의 주원(周原)으로 이주하였다. 이를 통해 주족이 오랫동안 농업과 유목 경제권의 변두리에서 배회하였다는 사실을 알 수 있다. 주족의 이주배경에 대해서는 축가정(竺可楨)의 연구가 있다. 기원전 1000년 무렵 중국에 추위가 몰아닥쳤고, 그 추위는 대서양에서 시작되어 서쪽의 유라시아대륙으로 옮겨 왔으며, 동시에 북쪽으로부터 남쪽 방향으로도 영향을 미쳤다. 축가정이 도출한 추위의 이동선을 통해 고비사막 북쪽과 서북 지역의 유목 민족들이 추위를 피해 남쪽으로 이주하였을 가능성을 추측할 수 있다. 황토고원의 북쪽에 살던 유목 민족인 융적은 상나라 말기와 주나라 초기에 크게 세력을 떨쳤고, 주족들은 그들에게 쫓겨 남하했다. 이것은 기후조건의 변화가 유목과 농업의 경계선을 남쪽으로 끌어내렸음을 보여 준다.

주원의 토지는 비옥하고 농경에 적합하였다. 주족은 주원에 정착한 뒤에 자신들을 주인(周人)이라고 부르기 시작하였다. 고공단보는 주원에 도읍을 건설하고 관직을 설치하였다. 그래서 뒷날 주나라 사람들은 그를 '태왕(太王)'이라고 부르며 주나라의 건국자로 추앙하였다.

기산은 고공단보 때부터 주족의 도성이었다. 최근에 그곳의 봉추촌(鳳雛村)에서 주나라 초기의 유적이 발굴되었는데, 당시 대형건축의 모습을 반영하고 있다. 궁전터에서 전당(前堂)으로 가는 길과 회랑이 중심축을 이루고 있었고, 동서로 방들이 질서정연하게 배치되어 좌우가 대칭을 이루고 있었다. 전당의 앞에는 큰 광장이 있었고, 세 갈래로 된 계단을 통해 전당으로 올라갈 수 있었으며, 양쪽에는 동서의 회랑으로 통하는 계단이 있었다. 전당은 중심건축물이었고 가장 넓은 기단은 여섯 칸으로 되어 있었다. 궁전터에는 전체적으로 배수시설이 잘 갖추어져 있어서 사합원(四合院)의 기본적인 구조를 이루었으며, 훗날 중국건축의 전형적인 배치를 위한 밑거름이 되었다.

고공단보의 어린 아들인 계력(季歷)이 즉위할 때, 주족은 농업 경제를 주요한 기반으로 하는 단계에 이르렀고 궁실과 종묘 그리고 비교적 제도화된 정치조직을 갖추고 있었다. 주족은 경수(涇水)와 위수(渭水) 유역에 나라를 세웠을 뿐만 아니라, 옛 영역이었던 현재의 산서성 분수(汾水) 유역도 세력 범위로 확보하였다. 주변의 이민족들은 명령을 따르게 되었고, 주족은 현재의 산서성, 섬서성 일대에서 권위를 갖게 되었다. 그리하여 황하의 북쪽 연안을 따라 동쪽으로 상나라가 있던 평원 지역까지 이르는 데 어떤 장애물도 없었다. 당시는 상나라의 무을왕(武乙王) 때였다. 상나라는 주나라와 사촌관계였다. 문왕의 어머니와 처는 모두 상나라 왕실과 혈연관계에 있었다. 따라서 주나라가 상나라로부터 정치 문화적인 영향을 받았다는 것을 짐작할 수 있다. 주나라는 한편으로 상나라의 정치 문화로부터 영향을 받았고, 다른 한편으로는 독자적인 사회조직을 만들어서 자신들의 특색을 유지하였다. 그리하여 조그만 나라가 서쪽 변방에서 흥기할 수 있었다.

상나라의 문정왕(文丁王)은 주나라의 세력을 억제하기 위하여 계력을 살해하였다. 계력의 아들 창(昌, 훗날의 주나라 문왕)은 아버지의 뒤를 이었다. 창은 통치 50년 동안 형식적으로 상나라의 속국으로 있으면서 적극적으로 세력을 키워서 상나라를 무너뜨릴 준비를 하였다. 일련의 전쟁이 끝나자, 주나라의 세력은 상나라의 중심 지역으로 깊숙이 들어가게 되었다. 주나라는 계속하여 동쪽으로 세력을 확장하였고 풍수(灃水)의 서쪽에 새로운 도성인 풍경〔豊京, 현재 섬서성 장안(長安)의 서북쪽〕을 건설하였다. 문왕은 풍경으로 천도한 뒤에 상나라에 대해 공격적인 태세를 갖추었다. 그의 천도는 대단히 전략적인 의의를 지니는 행동이었다. 주나라 사람들은 한편으로 풍수를 끼고 높은 성을 쌓았고, 다른 한편으로 그곳이 원래 하나라 우왕의 옛 땅이라고 선전하였다. 그들은 우왕의 깃발을 세웠고 하나라의 계승자로서 상나라에 복수할 것이라면서, 상나라에 대한 토벌을 정당화하였다. 문왕은 죽기 전에 태자 발(發, 훗날의 주나라 무왕)에게 상나라에 대한 토벌을 준비하도록 하였다.

주나라 무왕은 즉위 후에 맹진(盟津)으로 제후들을 불러 모으고 군대를 정비하였고, 상나라를 토벌하기에 앞서 대규모 군사연습을 진행하였다. 상나라 귀족 미자(微子)와 기자(箕子), 왕자 비간(比干) 등은 주왕에게 거듭해서 간언하였지만 받아들여지지 않았다. 결국 비간은 살해되었고 기자는 감옥에 갇혔고 미자는 도망갔으며, 상나라는 혼란에 빠졌다. 무왕은 때가 되었다고 판단하여 군대를 이끌고 맹진을 거쳐 목야〔牧野, 현재의 하남성 기현(淇縣) 남쪽〕까지 압박하였다. 목야는 상나라 말기의 도성인 조가로부터 겨우 70리 밖에 있었다. 음주가무에 빠져 있던 주왕은 급히 전투에 응하였지만 목야에서 참패하여 달아났고, 녹대(鹿台)에 올라 불을 지르고 목숨을 끊었다. 주나라 무왕은 승세를 타서 조가를 점령하였고 상나라의 멸망과 주나라의 건국을 선포하였다. 그때가 기원전 1046년이었다.

허탁운(許倬雲)은 《서주사(西周史)》에서 다음과 같이 말하였다. 주나라는 조그만 방국(邦國)으로 그 국력이 상나라에 크게 뒤졌는데, 뜻밖에도 목야의 전투에서 상나라를 꺾었다. 이것은 한편으로 상나라가 이미 크게 부패하여 외침에 버틸 수 없을 정도였음을 보여 주고, 다른 한편으로 주나라는 상나라를 토벌하는 과정에서 적절한 전략을 사용하여 민심을 얻었다는 것을 의미한다. 주나라 사람들은 그처럼 신속하게 승리를 얻게 된 것이 믿기지 않는 듯하였고, 그 때문에 자신들의 승리를 '상제'나 '천명'으로 이해하려 하였다. 그들은 상나라 사람들만이 가지고 있던 '상제'가 상나라에 대한 보호를 포기하였으며, 혈연이나 부족 사이의 관계가 아니라 다른 이유 때문에 주나라가 '천명'을 얻게 되었다고 설명하였다. 다시 말해서, 상나라의 왕이 덕을 잃었고 상제는 주나라에게 천명을 하사하였다는 것이다. 《시경》에는 상나라 왕의 죄악을 폭로하는 부분들이 있다. 상나라 왕은 가혹한 세금, 폭정, 폭음 등을 일삼았고, 착한 사람이나 경험 많은 사람들을 등용하지 않아서 안팎으로 원망을 샀다. 천명은 수시로 변하는 것으로 나라를 흥하게 할 수 있지만, 흥한 나라를 끝까지 지키지는 않는다. 하나라는 천명을 잃어서 멸망하였고, 상나라는 하나라를 본보기로 삼지 않아서 망하게 되었다. 《시경》의 〈대아·황의(皇矣)〉 편에는 다음과 같은 내용이 나온다. "위대하신 상제께서 위엄 있게 땅 위에 임하시어 세상을 살피시고 백성들의 아픔을 알아보시네. 이 두 나라는 다스림에 민심을 얻지 못하는데, 주나라만은 정성을 다하고 있었다. 상제가 그것을 갸륵하게 여겨서 그 영역을 넓혀 주셨다. 서쪽을 돌보시고 그곳에 자리를 잡으셨다." 주나라 사람들은 스스로 '상제'로부터 특별한 보살핌을 받았고, 천명은 상제가 상나라를 버리고 서쪽의 새로운 나라에게 준 것이라고 하였다. 먼 옛날의 '상제'는 원래 부락의 신이었고 상나라 사람들이 존숭하던 우상이었다. 그런데 주나라 사람들이 그 상제를 빌려와서 정치적 선전의 도구로 만들었다. 이때부터 상제는 부락신에서 중국의 도덕적 신으로 변하게 되었다.

주나라는 무왕부터 유왕(幽王)까지 모두 12명의 왕이 있었는데, 기원전 1027-770년까지를 서주(西周)라고 한다.

## 12. "의례를 제정하고 음악을 만든" 주공(周公)

주공은 문왕의 아들이고 무왕의 동생으로 이름은 단(旦)이다. 채읍(采邑)이 주〔周, 현재 섬서성 보계현(寶鷄縣) 동북쪽〕에 있었기 때문에 주공이라고 불렸다.

무왕은 상나라를 토벌한 뒤에 얼마 되지 않아 중병에 걸렸다. 그는 죽기 전에 주공에게 왕위를 계승하라고 명하였다. 주공은 하늘에 자신을 대신 죽게 해달라고 기원하였고 하늘에 올리는 책문을 금등(金縢) 상자에 보관하였다. 무왕이 죽은 뒤에 각지에서 잇따라 반란이 일어났다. 주공은 위기국면을 타개하기 위하여 무왕의 어린 아들인 송(誦)을 주나라 성왕(成王)으로 추대하였고, 자신이 섭정을 하였는데, 내란이 일어났다. 주공은 군대를 동원하여 동정(東征)을 진행하여 무경(武庚), 관(管), 채(蔡) 등의 반란을 진압하였다. 장음린(張蔭麟)은 주공의 동정 뒤에 주나라의 세력이 비로소 '원동(遠東)' 지역까지 이르게 되었다고 하였다. 주나라가 외부로 발전하는 과정에서 주공의 동정은 무왕이 상나라를 토벌한 것보다 훨씬 더 중요하였다. 따라서 주공은 동정에서 돌아온 뒤에 기념시를 지었는데, 그것이 바로 《시경》〈동산(東山)〉 편이다. 그 뒤, 주공은 상나라 사람들을 나누어 다스리는 동시에 제후들을 분봉하였다. 대체로 희성과 강성 두 성은 비옥하고 중요한 지역을 차지하였고, 상나라 유민들과 그 연맹부족들은 후미진 곳으로 쫓겨났다. 이로써 주나라 초기에 대규모 민족이동이 일어났다.

주공은 무경, 관, 채 등의 반란을 거울삼아 상나라 유민들을 그들이 원래 살던 곳에 살도록 하는 것은 위험하다고 여겼다. 그래서 낙읍(洛邑)을 건설하여 "은의 완고한 백성들"을 이주시켰고 군대를 파견하여 감시하였다. 그 후, 주나라는 두 개의 도성을 갖게 되었다. 서쪽의 호경(鎬京)을 종주(宗周)라고 하였고 동쪽의 낙읍을 성주(成周)라고 하였다. 주공은 성왕에게 새로운 도성에서 첫 번째 의례를 거행하고 친정을 시작할 것을 요청하였다. 주공은 정치를 성왕에게 넘겨주고 성주에 머물렀다. 그러나 주공이 정치에서 물러난 것은 하나의 비극이었다. 성왕 11년, 주공은 실의 속에서 병사하였다. 병세가 악화되자, 주공은 자신을 주나라 땅에 묻어달라고 하여, 충성심을 표시하였다. 하지만 성왕은 주공을 주나라 밖에 묻었고, 감히 주공을 신하로 여길 수 없다는 그럴듯한 이유를 내세웠다. 사실 성왕은 주공을 충성스런 신하로 보지 않았다. 주공은 군주를 보좌하여 섭정하였는데, 성왕에게는 "권력을 가지고 군주를 뒤흔든다"는 혐오감을 주었던 것이다. 이것이 주공의 비극이었다.

주공

주공은 7년 동안 섭정하면서 뛰어난 업적을 쌓았는데, 그중 가장 중요한 것이 의례를 제정하고 음악을 만든 것이다.

"주공이 의례를 제정하였다"는 설은 《좌전(左傳)》에 "앞서 주공께서 주례를 제정하셨다"는 내용이 맨 처음 기록되었다. 그 뒤, 한(漢)나라의 복승(伏勝)은 《상서대전(尙書大傳)》에서 "주공은 섭정하였는데, 첫 해에는 반란을 진압하였고, 둘째 해에는 상나라를 토벌하였고, 셋째 해에는 엄(奄)나라를 정벌하였고, 넷째 해에는 후위(侯衛)를 건설하였고, 다섯째 해에는 성주를 건설하였고, 여섯째 해에는 의례를 제정하고 음악을 만들었으며, 일곱째 해에는 성왕에게 정치를 넘겼다"고 하였다. 《예기(禮記)》에도 "무왕이 붕어하고 성왕이 유약하여, 주공이 천자의 지위를 가지고 천하를 다스렸다. 여섯째 해에는 명당(明堂)에서 제후들을 접견하였고 의례를 제정하고 음악을 만들었으며, 도량형을 반포하니 천하가 크게 복종하였다"고 기록되었다. "주나라는 상나라의 의례를 계승하였다"는 문헌의 기록을 통해 볼 때, 주공이 상나라의 의례를 바탕으로 하여 발전, 창조하였다고 보아도 무방할 것이다.

의례는 원시 시대 조상들의 의식 활동에 그 기원을 두고 있지만, 최초의 의식 활동이 결코 의례는 아니었다. 의식 활동이 의례로 발전하는 과정에서 중요한 단계가 등장하는데, 그것은 바로 전문적으로 의식 활동을 주관하는 사람들의 등장이다. 의식 활동이 소수에 의해 독점되면서, 의식은 소수의 의지를 구현하는 활동이 되었다. 《국어(國語)》에 보면, 전욱 이전에는 "모든 사람들이 신에게 제사를 드리고 집집마다 무사(巫史)가 있었다"는 기록이 있다. 전욱 때부터 소호씨(少昊氏)의 대무(大巫)를 '남정(南正)'에 임명하였고 전문적으로 "하늘을 살펴 신과 교류하는" 일을 하게 한 것이다. 이것은 남정과 전욱만이 하늘에 관한 일을 관장할 수 있게 되었음을 의미한다. 그리하여 원시의 종교적 의식 활동은 의례로 변하게 되었다. 분명히 의례의 기원은 빈부나 계급의 분화를 전제로 하고, 의례는 다시 그러한 분화와 문명의 형성을 촉진한다. 특정한 친족제도와 조상숭배의 발달 때문에, 의례는 곧바로 중요한 현실적 윤리적 특징을 갖게 되었다. 그리고 그 때문에 다른 민족들의 종교의식과는 다른 문화적 함의를 형성하게 되었다.

공자는 "은나라는 하례(夏禮)를 따랐으니 그 더하고 던 내용을 알 수 있으며 주나라는 은례(殷禮)를 따랐으니 더하고 던 것을 알 수 있다"고 하여, 하 · 상 · 주 삼대에 걸친 의례의 계승과 변화를 설명하였다. 공자는 또한 "주나라는 앞선 두 나라를 본받았으니, 찬란하구나, 그 문화여! 나는 주나라를 따르겠다"고 하여, 춘추 시대에 "예악이 무너진" 상황을 크게 불만스러워 하였다. 여기에서 주공이 제정한 예악 제도는 등급사회의 인간관계를 처리하는 새로운 윤리규범체계였다는 것을 알 수 있다. 소위 "예악이 무너진" 상황은 제후들이 천자만이 할 수 있는 의례를 멋대로 행하고, 각국의 경대부들이 제후나 천자의 의례를 행하는 것을 말하였다. 제사의 경우, 의례에서 천자만이 하늘에 제사를 지낼 수 있고 제후는 자신의 봉지 안에 있는 명산이나 강에만 제사를 지낼 수 있도록 규정되었다. 하지만 노(魯)나라는 희공(僖公) 때부터 하늘에 제사를 지냈고 계씨(季氏)는 태산에 제사를 지냈다. 제사에 쓰이는 가무의 경우, 본래 천자만이 '팔일(八佾)'을 사용할 수 있었고, 제후는 '육일(六佾)', 대부는 '사일(四佾)'을 사용해야 하였다. 그러나 뒤에 노공(魯公)이 "팔일로 대무(大武)를 추었고", 계씨조차도 "뜰에서 팔일의 춤을 추었다". 공자가 "감히 팔일의 춤을 춘다면 무슨 짓인들 못하겠는가!"라고 탄식한 것도 당연하다.

요컨대, 의례의 본질 혹은 정확한 함의는 바로 '차별'로, 귀천(貴賤), 존비(尊卑), 장유(長幼), 친소(親疎) 등에 의해 만들어진 사회의 등급에 각각의 행위규범을 정하는 것이다. 이것은 의례를 통해 귀천, 존비, 장유, 친소 등의 차별을 드러낸 것이다. 귀한 자는 귀한 자의 의례가 있고 천한 자는 천한 자의 의례가 있으며, 높은 자는 높은 자의 의례가 있고 비천한 자는 비천한 자의 의례가 있으며, 연장자는 연장자의 의례가 있고 어린 자는 어린 자의 의례가 있으며, 가까운 사람 사이에는 그에 맞는 의례가 있고 먼 사람 사이에는 그에 맞는 의례가 있다. 이처럼 의례는 군신, 부자, 형제, 부부, 친구 사이에 상하와 존비의 관계를 규정하였고, 그것을 넘어서지 못하게 하였다. 주나라의 의례〔주례(周禮)〕는 대단히 번잡하였는데, 현재 우리는 《예기》에서 그 모습을 엿볼 수 있다. 주례에는 길례(吉禮, 제사), 흉례(凶禮, 상례), 빈례(賓禮, 교제), 군례(軍禮, 정벌), 가례(嘉禮, 경축) 등 다섯 종류가 있었다고 한다. 모든 귀족들은 태어나서 죽을 때까지 인간관계, 제사, 일상생활, 정치 활동 등 모든 부분에서 그 신분에 맞는 의례를 지켜야만 했다.

사대부 계층도 태어나서 결혼을 하고 죽을 때까지 그에 맞는 의례를 지켰다. 남자는 청년이 되면 성인을 상징하는 관례(冠禮)를 올렸다. 관례에서는 세 차례에 걸쳐 관(冠)을 쓰는데, 작변(爵弁), 피변(皮弁), 현단(玄端) 등을 갖출 때 썼다. 각각은 남자가 제사, 시삭(視朔), 조회(朝會)를 할 때 머리에 쓰는 것이었다. 혼례는 생명과 관련된 의례였다. 그 첫 번째 단계는 정혼으로 남자가 기러기를 이용하여 납채(納采, 청혼)하였고, 문명(問名, 사주를 물음), 납길(納吉, 점을 치고 결과를 알려 줌), 납정(納征, 예물을 보냄), 청기(請期, 날을 잡아 알림) 등이 이어졌다. 상례는 친소관계에 따라 엄격한 구별이 있었다.

따라서 상례도 사회관계를 확인하는 방식이었다. 상례가 반영하고 있던 사회관계는 개인적인 정감보다 훨씬 더 중요하였다. 그것은 종적인 사회등급인 동시에 횡적인 종족관계를 나타내 주었다.

주나라 사람들의 생명과 관련된 의례에는 모든 구성원들이 참가하였다. 그것은 일종의 집단적인 행위규범이었고 사회등급의 제약을 받는 인간관계였다. 의례는 바로 인간관계의 기준이었다.

주공은 "예를 존중하는 것"을 통치자가 "덕정(德政)"을 베푸는 데 중요하다고 여겼다. '덕'은 "소방(小邦) 주나라"가 "대읍(大邑) 상나라"를 대신하게 되는 합법적인 근거였다. '덕정'을 베풀어야만 "천명을 바라는 것"이 가능했다. 이제 지고무상의 '천(天)'은 도덕의 지배를 받고 인간의 행위에 감응하는 '천'으로 바뀌었고, 일종의 도덕성을 감시하는 힘이 되었다. 그리하여 '천'에 대한 신앙도 '덕'에 대한 추구로 바뀌게 되었다. 주공이 성왕에게 새로운 도성인 낙읍으로 가서 제사를 지내고 성대한 즉위식을 거행한 뒤에 정치를 시작하라고 요청하였다. 성왕에게 정사를 넘겨줄 때가 되자, 주공은 의미심장한 표정으로 다음과 같이 말하였다. "왕이시여! 왕께서는 처음으로 예절로서 제후들을 접견하고 새로운 도읍에서 문왕에게 제사를 지내십시오. 그 예절은 아주 질서가 있으며 문란하지 않을 것입니다. 저는 백관들을 질서정연하게 이끌 것이고, 옛 도읍에서 의례를 숙련시킨 뒤에 왕을 따라 새로운 도읍으로 갈 것입니다. [...] 왕께서는 제후들의 공물을 자세히 살피시고, 아울러 공물을 바치지 않은 제후들을 기록하셔야 합니다. 공물을 바칠 때 의례를 중시하시고, [...] 백성들 중에 의례를 중시하지 않는 자가 있으면 왕의 명령에 태만한 것이고 난을 일으킬 수도 있을 것입니다."

주공은 의례에서 신보다는 사람을 더 중시하였다. 상나라 사람들은 신령과 귀신을 존숭하였는데, 주나라 사람들은 귀신을 존중하되 멀리하는 태도를 취하였다. 그들은 현세 사람들의 일에 모든 주의를 기울였고 의례를 통해 사람들의 일을 처리하였다. 예를 들어, 주나라의 왕은 스스로 '천자', 즉 하늘의 아들이라고 하면서 하늘에 대한 제사를 독점하였다. 하늘에 대한 제사의례는 자기 존재의 합법성을 의미하였고, 아울러 자신의 권위를 드러내 주었다. 주나라 왕의 하늘에 대한 제사의례는 왕권을 강화하였고, 천제(天帝)를 비롯하여 과거에 제사를 받았던 귀신들의 현실적 의미는 차츰 사라져 갔다. 예를 들어, 주나라 사람들이 받들던 사신(社神), 직신(稷神)은 이미 토지신이나 곡물신의 범위를 크게 뛰어넘었고 모든 국가대사와 관련되었다. 정벌, 포로의 처리, 결맹(結盟) 등에서 기우제에 이르기까지 모든 일마다 사신과 직신에게 제사를 올렸다. 왜냐하면 주나라 사람들에게 사신과 직신은 이미 토지신이나 곡물신이 아니라 민족의 수호신이었기 때문이었다. 그들에 대한 제사의례는 사람들과 관련된 일이 지닌 중요성을 크게 증가시켰다.

의례와 상보적인 관계에 있었던 것이 음악이었다. 의례는 차별을 중시하지만, 음악은 조화를 중시한다. 음악은 리듬을 통해 사람들의 공통적인 정서인 희로애락을 자극하고 동질감을 형성시킨다. 《악기(樂記)》에 따르면, "음악이 종묘에 울리면 임금과 신하가 함께 듣고 서로를 공경하지 않음이 없다. 족장의 향리에서 나이든 사람과 어린 사람들이 함께 들으면 서로 화합하지 않음이 없다. 집안에서 부자와 형제가 함께 들으면 화목하지 않음이 없다. 〔…〕 (음악은) 부자와 군신을 화합시키고 만민에게 다가서는 도구이다". 음악의 기능은 사회의 단합을 유지하는 것이었다. 의례와 음악은 둘 중 하나가 없으면 사회가 균형을 잃게 되는 관계에 있었다. 그러므로 《악기》에서 "같으면 서로 친해지고 다르면 서로 공경하고 〔…〕 예의가 바로 서면 귀함과 천함은 질서가 생기고 음악을 함께 하면 상하가 화합하게 된다. 〔…〕 음악이 널리 퍼지면 원망이 사라지고 의례가 널리 퍼지면 다툼이 사라진다"고 하였다.

주나라의 음악은 《시경》과 떼어놓을 수 없다. 《여씨춘추(呂氏春秋)》에는 무왕이 즉위하여 주공에게 〈대무(大武)〉를 짓게 하였다고 되어 있다. 〈대무〉라는 악무(樂舞)는 바로 《시경》 〈주송(周頌)〉 편의 일부이다. 전문가의 고증에 의하면, 〈대무〉는 춤과 노래로 구성되었는데 춤은 여섯 마당, 노래는 여섯 절이었다. 춤의 내용을 보면, 첫째 마당은 무왕이 군대를 이끌고 출병하는 것을 상징하였다. 둘째 마당은 상나라를 정벌한 것을 상징하였다. 셋째 마당은 남국(南國)에 대한 정벌을 상징하였다. 넷째 마당은 남국을 복종하게 만든 것을 상징하였다. 다섯째 마당은 주공이 동쪽을 통치하고 소공(召公)이 서족을 통치한 것을 상징하였다. 여섯째 마당은 군대를 이끌고 돌아온 것을 상징하였다. 이상은 각각 《시경》 〈주송〉 편에서 〈아장(我將)〉, 〈무(武)〉, 〈뢰(賚)〉, 〈반(般)〉, 〈작(酌)〉 등의 부분을 구성하고 있다. 《시경》 〈주송〉 편은 제사에 쓰이는 악무(樂舞)이면서 역사시로 주공이 지은 것이다. 이것은 또한 "의례를 제정하고 음악을 만든" 주공의 뛰어난 업적이었다.

정치와 종교의 전례(典禮)에서 편종(編鐘)과 편경(編磬)으로 연주되는 음악이나 공연되는 악무를 아악(雅樂)이라고 한다. 역대 군왕들이 남겨 놓은 악무 이외에도, 우무(羽舞), 간무(干舞), 황무(皇舞), 인무(人舞) 등의 소무(小舞)가 있다. 또한 《시경》 〈대아〉, 〈소아〉, 〈주송〉 안의 시악(詩樂)이나 종교적인 악무도 있다. 이러한 아악은 주례와 마찬가지로 등급에 따른 엄격한 규정을 갖추고 있었고 엄밀한 정치질서를 유지하였다.

양향규(楊向奎)는 《종주(宗周)사회와 예악문명》에서 대단히 의미 있는 지적을 하였다. 주공이 없었으면 무왕이 상나라를 멸망시킨 뒤에 천하는 통일되지 못하였을 것이고, 주공이 없었으면 후대에 전해 내려온 예악문명도 없었을 것이며, 주공이 없었으면 유가의 역사적 원천도 없었을 것이다. 그리고 유가가 없었으면 중국의 전통문명은 또 다른 의식세계를 갖게 되었을 것이다. 이 때문에 공자는 꿈에서라도 주공을 보려 하였고, "찬란하구나, 그 문화여! 나는 주나라를 따르겠다"고 찬미하였던 것이다.

## 13. '분봉'과 종법 제도

주나라가 상나라를 토벌할 때, 각 부락의 방국(方國) 중에서 무왕에게 신하로서 복종한 것이 652국이었다고 한다. 주나라는 정복한 지역의 안정을 위하여 대규모로 분봉제를 실시하였다. 당시에는 '봉건(封建)', 즉 '봉방건국(封邦建國)'이나 '봉건친척(封建親戚)'이라고 하였다. 분봉제는 무왕 때부터 시작되었다. 무왕의 아들인 성왕 때에 이르러,

성왕을 보좌하였던 숙부인 주공에 의해 확대 시행되었다. 당시 모두 71국을 분봉하였는데, 그중의 다수는 주왕실의 동성 제후였고, 소수만이 이성 제후였다. 그렇게 한 이유는 "친척에게 분봉하여 주나라의 울타리로 삼으려 한 것이었다". 이것이 바로 주나라 때 시행된 '봉건'이었다.

100년 전, 일본학자가 'feudal system' 혹은 'feudalism'을 번역할 때, 주나라 때의 '봉건'이라는 말을 사용하여 각각 봉건 제도, 봉건주의로 번역하였다. 서양학자들은 주나라가 건국된 지 400-500년이 지난 뒤가 유럽의 'feudalism' 시대와 대단히 유사하다고 여겼다. 이러한 이유 때문에 필자는 이 장의 제목에서 서주와 춘추전국을 'feudalism' 시대라고 하였다.

주공은 낙읍을 건설하여 상나라와 방국의 유민들을 이주시켰지만 후환을 완전히 없애지는 못하였다. 그는 근본적인 문제의 해결을 위하여 상나라와 방국의 귀족, 즉 '사(士)'를 주요 봉군(封君)들에게 보낸 다음에 멀리 떨어진 봉국으로 데려가서 봉국의 '국인(國人)'으로 삼게 하였다. 이러한 선진적인 조치는 주나라의 통치영역을 확대시켰고, 특히 변경의 낙후한 지역에 봉군을 파견하여 새로운 봉국을 세우게 한 것은 역사발전의 추세에도 부합하였다.

주나라 왕은 제후들을 분봉하는 데 성대한 책명(策命) 의례를 베풀었다. 책명은 '석명(錫命=賜命)'이나 '책명(冊命)'이라고도 하였고 왕과 모든 방국 사이의 관계를 나타내는 것이었다. 책명의례는 태묘에서 거행되었고, 주나라 왕이 제후에게 왕명이 담긴 문서(策이나 冊)를 내렸다. 문서에는 명을 받는 자의 임명에 대한 상황이 기록되었다. 뒤에는 사공(司空)이 "토지를 받고" 사도(司徒)가 "백성을 받는" 의식이 있었다. 책명의례가 등장하면서, 왕과 제후 사이에는 서로 권리와 의무를 규정하는 제도가 형성되었다. 주나라 왕은 제후국에 대해 순수(巡狩, 일종의 시찰)나 상벌을 진행할 권리가 있었고, 제후국은 주나라 왕에게 술직(述職, 업무보고)을 하고 세금과 공물을 바쳐야 할 의무가 있었다. 제후국이 외침을 받거나 내분이 있을 때, 주나라 왕은 보호나 조정을 시도해야만 하였다.

주공이 시행한 분봉제는 상나라 유민의 세력을 약화시켰고 다시금 반란이 발생하는 잠재적 위험을 제거하였으며, 중앙정부의 통제를 받는 행정기구를 효과적으로 건립하게 하였다. 분봉제는 주나라 사람들이 천하를 통치할 수 있게 하였을 뿐만 아니라, 중국정치 제도사에서 대단히 깊은 영향을 끼치게 되었다. 분봉제는 새로운 국가 체제가 역사의 무대에 등장하였음을 의미하였다.

'봉방건국'은 주나라의 통치수단을 확대, 강화시켰을 뿐만 아니라, 귀족 내부의 재산과 권력을 재분배하는 수단이 되었다. 《순자(荀子)》는 주공이 "천하를 통제하고 71국을 세웠는데, 동성 제후가 53국을 차지하였다"고 말하였다. 비록 동성 귀족을 위주로 하였지만, 전반적인 상황을 안정시키기 위하여 이성 귀족에게도 분봉하였다. 다만 이성 귀족들에 대한 통제는 계속되었다. 예를 들어, 주공은 상나라의 초기 도읍이었던 상구(商丘) 주위에 상나라 귀족 미자계(微子啓)를 분봉하고 '송(宋)'이라 하였는데, 당시 비교적 큰 이성 제후의 봉국이었다. 그와 동시에 수많은 제후들을 송국 주위에 분봉함으로써 서쪽, 북쪽, 남쪽 세 방향에서 포위망을 형성하여 감시하였다. 포위망의 안쪽에는 이성 제후들을 분봉한 사성(姒姓)의 기(杞), 영성(嬴姓)의 갈(葛), 운성(妘姓)의 언(鄢), 강성(姜姓)의 허(許), 사성(姒姓)의 진(陳) 등이 있었고, 바깥쪽에는 주로 동성 제후인 조(曹), 고(郜), 모(茅), 채(蔡) 등을 분봉하였다. 이등도치(伊藤道治)의 연구에 따르면, 서주의 봉건제후국은 주로 7개 지역에 분포하였다. 첫 번째는 주나라의 수도가 있던 위수 유역이었고, 두 번째는 황하의 지류인 분수(汾水) 지역, 세 번째는 낙양, 개봉, 안양 등 삼각지대, 네 번째는 성주의 근기(近畿) 지역, 다섯 번째는 현재의 산동성 남부, 강소성 북부, 하남성, 안휘성 등이 만나는 지역, 여섯 번째는 하남성 남부와 호북성 북부 일대, 일곱 번째는 호북성 남부, 호남성, 강서성 등에서 절강성에 이르는 지역이었다. 주목할 만한 사실은 희성인 동성 제후의 봉국은 상나라와 주나라의 교통로 위에 분포되어 있었고, 대체로 황하 유역의 주요 농업생산 지역과 일치하는 곳에 자리 잡고 있었다는 것이다. 이것은 주나라의 동진(東進) 목표가 농업생산 지역을 통제하는 것이었음을 보여 준다. 그 밖에도, 주나라의 정책은 분명히 전략적 의의가 있었다. 성주의 건설을 통한 동부 지역의 통제는 종주를 방어하는 기능을 하였고, 분봉제후국은 그러한 방어기능을 외부로 확대한 것이었다. 제후국들은 성을 축조하여 요충지를 지킴으로써 주나라와 서로 도움을 주고받았다.

주나라가 이성 제후를 분봉한 목적은 한편으로 공이 있거나 친척관계이거나 전통이 있는 이성 귀족들을 회유하기 위한 것이었고, 다른 한편으로는 이성 제후를 동성 제후의 방패막이로 이용하여 동쪽, 북쪽, 남쪽 등 세 방향의 오랑캐 부락들을 방어하고 통치 지역을 확대, 강화하기 위한 것이었다. 주나라는 자신들의 방계인 동성 귀족들을 먼 지역에 분봉하기도 하였다. 예를 들어, 한양(漢陽)의 수(隨), 당(唐), 증(曾) 등 봉국을 비롯하여 계(薊)의 연국(燕國)이나 단도(丹徒)의 의후(宜侯)는 모두 원래 소수민족들이 살던 지역으로 깊숙이 들어갔고, 중원문화의 영향을 확대시켰다.

따라서 우리들은 나중에 진시황이 역사발전에 순응하여 분봉제를 폐지하였다는 이유로 당시 분봉제가 갖고 있던 진보적 의의를 부정할 수 없다.

분봉이나 봉건의 본질은 토지와 백성을 나누는 것이었다. 주나라 왕은 토지와 백성을 제후들에게 분배하였는데, 이것을 '건국(建國)'이라고 하였다. 제후들은 다시 토지와 백성을 경이나 대부에게 분배하였는데, 이것을 '입가(立家)'라고 하였다. 이렇게 하여 피라미드식의 봉건 제도가 형성되었다. 봉건 제도는 등급을 엄격하게 구분하였다. 일반적으로 천자, 제후, 경, 대부, 사, 서인(庶人) 등 6등급이 있었다고 본다. 봉건 제도와 종법은 밀접한 관계를 갖고 있었다.

종법 제도는 씨족조직이 변형되어 만들어진 혈연 종족관계의 기초 위에서 등장하였고, 귀족을 '대종(大宗)'과 '소종(小宗)'으로 구분하였다. 주나라 왕은 스스로를 '천자(天子)'라고 하였다. 천자는 정치적으로는 모두의 군주〔共主=王〕였고, 모든 동성의 대종이었다. 왕위는 적장자가 계승하였고, 대대로 대종의 지위를 유지하였다(이것은 상나라 때 "형이 죽으면 동생이 뒤를 이었던 것"과는 다르다). 적장자의 형제들은 제후로 분봉되었고, 소종의 지위를 갖고 있었다. 제후는 봉국 안에서는 자신이 대종이었고, 그의 자리도 적장자가 계승하였다. 그리고 적장자의 형제들은 경, 대부로 분봉되었고, 봉국

안에서 소종의 지위를 갖고 있었다. 경, 대부는 가장 낮은 단계의 대종이었다. 정치상의 공주와 혈연상의 대종은 긴밀하게 결합되었고 봉건 제도를 구성하였다. 봉건 제도의 핵심은 줄곧 중국의 전통 속에서 계승되어 왔다. 형식은 비록 변하였지만, 본질은 지금껏 그대로이다.

주나라의 종법 제도는 《예기》에도 남아 있고, 선진(先秦) 시대의 여러 문헌에서도 그 흔적을 발견할 수 있다.

정산(丁山)은 《종법고원(宗法考源)》에서 "종법이란 선조와 종묘를 밝히고 친소관계를 드러내는 법이다"라고 하였다. 종족의 구성원은 대종을 받들고 그에게 복종해야만 하였다. 그뿐만 아니라, 가까운 친속 사이에도 받들고 복종하는 관계가 형성되었다. 대종이나 소종이 지닌 권력을 상징하는 것은 그들이 주관하는 종묘였다. 보통 족인들의 조상에 대한 제사는 일반적으로 대종이나 소종이 주관하는 각급 종묘 안에서 진행되어야만 하였고, 대종이나 소종이 제사의식을 주관하였다. 제사 이외에도 많은 일상적인 의례, 사회 활동도 종묘에서 진행되었다. 예를 들면, 관례, 혼례, 종족구성원의 서약 등이다.

주나라 왕(대종)과 비교하여 상대적으로 소종의 지위에 있던 종자(宗子)들은 족인(族人)들이 의지하고 복종하는 권위를 지녔으며, 동시에 국가는 그들을 매개로 하여 종족들을 관리하였다. 종자들은 종족 내부에서 폭넓은 권력을 지니고 있었는데, 그들의 권력 속에는 이미 국가의 근본이 되는 행정과 사법의 성격을 포함하고 있었다. 종자들은 대체로 자신의 가신을 데리고 있었고, 가신들은 종족 내부의 사무나 관할 지역의 통치를 맡았다. 상술하였듯이, 주나라 왕이 제후에게 토지와 백성을 수여하는 것을 '건국'이라고 하였고, 제후가 경, 대부에게 토지나 백성을 수여하는 것을 '입가'라고 하였다. 당시 사람들은 이미 종족을 '가(家)'라고 불렀는데, '가'는 '국(國)'과 서로 대립되는 단체였다. 그래서 종족 구성원들은 늘 '가'에 충성하는 것만을 알았고, '국'에 충성하는 것을 알지 못하였다. '가'와 '국'의 대립은 분명히 원심력이라는 부정적인 요소를 안고 있었고, 이것은 뒷날의 역사에 의해 증명되었다.

주나라 천자는 천하의 공주(共主)로서 왕기(王畿)를 다스려야 하였고 강력한 중앙정부가 필요하였다. 중앙정부는 삼공(三公) 육경(六卿)으로 구성되었다. 삼공은 태사(太師), 태부(太傅), 태보(太保), 육경은 태사(太史), 태축(太祝), 태복(太卜), 태재(太宰), 태종(太宗), 태토(太土) 등이었다. 삼공은 후세의 재상과 유사하였고, 육경은 대부분 종교적인 일들과 관련이 있었다. 예를 들어, 태축은 제사, 태복은 점복, 태토는 신직(神職), 태사는 기록, 태재는 재무, 태종은 종족을 관리하였다. 육경 이외에도 사도(司徒), 사공(司空), 사마(司馬), 사토(司土), 사구(司寇) 등의 오관(五官)이 있었는데, 각각 농업, 공업, 군사, 작위, 법률 등을 관장하였다. 후세의 관직 제도는 비록 변화가 있었지만 종종 주나라 때의 관직명을 별칭으로 사용하기도 하였다. 이상의 관직들은 대체로 고대문헌 속에서 이상화된 묘사이다. 양관(楊寬)은 《서주사연구(西周史研究)》에서 다음과 같이 주장하였다. 서주의 중앙정부는 경사료(卿事僚)와 태사료(太史僚)의 양대 부서가 있었다. 전자의 수뇌는 태사태보(太史太保)였고 후자의 수뇌는 태사(太史)였는데, 둘 다 공작(公爵)이었다. 육경은 사도, 사마, 사공(司工), 사구, 태재, 공족(公族) 등으로 모두 백작(伯爵)이었다.

## 14. 농촌공사(農村公社)와 정전제(井田制)

농촌공사는 역사가 특정 단계에 이르렀을 때 등장하였다. 농촌공사의 단계에서 농경지는 공사를 단위로 하여 공동으로 경작되기도 하였고, 공사가 작게 나누어서 일정한 기간 동안 각 가구에 분배하기도 하였다. 농촌공사의 토지는 공유되었고, 매년 정월에 다시 분배하여 각 가구에 경작하도록 하였다. 토지의 일부는 농촌공사의 공유지로 그 구성원들이 함께 경작하였다.

주나라 때의 읍(邑)과 리(里)가 바로 농촌공사이다. 읍과 리에서 받들던 사신(社神)은 원래 조상숭배와 관련이 있었다. 하지만 후에 사신은 토지신이 되었고, 혈연이 아니라 지연에 따라 형성된 농촌공사에서 보호신의 역할을 하였다. 읍과 리에서 사신을 모셔둔 곳을 '사(社)'라고 하였고, 농촌공사도 '사' 단위로 조직되었다. 사신은 읍과 리에서 가장 중요한 신이었고, 매년 봄, 가을과 연말에 성대한 제사를 지내 보살핌에 감사하였다. 그 밖에도 큰일이 생기거나 풍년을 기원하거나 재해를 구제하려 할 때 사에서 제사를 지냈다. 사는 사람들이 함께 종교 활동을 하는 장소였고, 그곳에서 사(토지신)와 직(稷, 곡물신)에게 제사를 지냈다. 사의 제단 근처에는 커다란 소나무나 잣나무가 있었다. 사람들은 정기적인 제사, 기우제, 푸닥거리, 일식제 등 농사와 관련된 의식을 올렸을 뿐만 아니라, 공사 내부의 공동집회를 열기도 하였다.

읍과 사는 선진 시대의 문헌에서 동의어였다. 읍은 정전(井田)과도 관련이 있었다. "4정(井)을 읍으로 삼는" 것은 당시에 대단히 보편적인 현상이었는데, 이것은 공사의 토지분배 방식이 바로 정전제였음을 의미한다. 《주례》에는 "9부(夫)를 정으로 삼고, 4정을 읍으로 삼는다"라고 되어 있다.

정전에 대해 최초로 가장 신빙성 있는 서술을 한 사람은 맹자였다. 어떤 사람이 맹자에게 이미 소멸된 정전에 대해 물었을 때, 맹자는 "어진 정치는 반드시 경계를 정하는 것에서 시작된다. 경계가 바르지 않으면 정전이 고르지 않고 곡식과 봉록이 평등하지 않게 된다. 그래서 폭군과 탐관오리는 결코 경계를 바르게 하는 데 주의하지 않는다"라고 하였다. 맹자의 설명을 근거로 하면 정전제는 대략 다음과 같았을 것이다. "사방 1리를 정으로 삼았는데 정은 900무였다. 그 중앙을 공전(公田)으로 삼았고, 8가구는 모두 100무를 소유하였는데, 공전은 함께 돌보았다. 공사(公事)가 끝난 뒤라야 자신의 일을 돌볼 수 있었다."

맹자가 서술한 정전제는 한나라 유가들의 주장처럼 그렇게 틀에 박힌 형태는 아니었다. 우리는 맹자의 서술을 통해 대체로 다음과 같은 사실을 알 수 있다. 정전은 영주가 자신의 주민들에게 토지를 분배하고 그 대가로 공전을 경작하게 하는 방식이었다. 이러한 토지분배를 위해서는 반드시 농촌공사의 형태로 조직된 영지가 필요하였고, 일정한 수의 호구들을 하나의 단위로 나누어서 농촌공사의 기층조직으로 삼아야만 하였다. 맹자가 살던 시대에 영주토지관계는 이미 붕괴하여 경계가 바르지 않았고 정전도 존재할 수 없었다. 그래서 맹자의 정전에 대한 서술은 이상주의적인 복고의 색채가 묻어 있었다. 그럼에도 불구하고, 맹자의 서술은 여전히 정전제를 이해하는 데 가장 중요한 근거이다. 맹자 이후 학자들의 정전제에 대한 묘사는 모두 맹자의 틀을 넘지 않았다. 진(秦)나라 효공(孝公) 때 곡량적(穀梁赤)은 《춘추(春秋)》에 나오는 '초세무(初稅畝)' 세 글자를 해석할 때 "옛날에는 300보를 1리(里)로 삼고 정전이라고 하였다. 정전은 900무이고, 공전은 그 속에 포함되었다. 사전의 농사가 잘 되지 않는 것은 관리의 책임이 아니었고, 공전의 농사가 잘 되지 않는 것은 개개인의 책임이 아니었다"라고 하였다. 곡량적의 해석은 맹자의 서술과 함께 참고할 만하다.

주나라의 정전제는 후세 사람들의 서술을 근거로 살펴보았을 때 농촌공사의 색채가 대단히 농후하였고 역사적으로 계승되었다. 영주의 토지에서 농노들은 조별로 공유지를 경작하였는데, 이러한 편제는 농촌공사의 전통을 담고 있었다. 농촌공사에서 정기적으로 토지를 분배하였던 관습도 계속하여 유지되었고 "토지와 거처를 바꾼다"고 하였다. 그러므로 정전에는 일정한 경계의 구분이 있었고 사방은 울타리로 둘러 싸여 있었으며, 경작지는 동서와 남북의 경계선인 두렁〔천맥(阡陌)〕이 놓여 있었다. 울타리와 두렁은 바로 토지의 정기적인 분배와 공전 · 사전의 구분을 위해 필요하였다. 이처럼 농후한 농촌공사의 색채는 생산과 생활에서도 나타났다. 하휴(何休)의 《춘추공양전하씨해고(春秋公羊傳何氏解詁)》에 따르면, "경작할 때인 봄이 되면 부로(父老)와 이정(里正)이 아침에 성문을 열고 문 옆의 방에 앉았다. 시간에 맞추지 못한 자들은 나갈 수 없었다". "오곡의 수확이 끝나면 주민들은 모두 자기 집에 거주하였다. 이정은 길쌈을 독려하였고, 남녀가 한곳에 모여 밤늦게까지 일을 하였다." 농촌공사는 생산을 조직하는 것 이외에도 "공동으로 재산을 지키고 병이 들었을 때 서로 돕는" 상호부조의 풍습을 갖고 있었다. 한영(韓嬰)은 《한씨외전(韓氏外傳)》에서 정전 안의 여덟 가구가 어떠한 관계였는지를 서술하였다. "여덟 가구는 서로를 도왔고, 순번을 정하여 재산을 지켰고, 병이 들었을 때 서로 걱정해 주었고, 재난을 당했을 때 서로 구제하였고, 물건을 서로 빌려 주었고, 음식을 나눠 먹었고, 혼사를 서로 논의하였고, 함께 사냥하였고,

서로 아끼고 감싸 주었다. 그리하여 주민들은 서로 화목하고 돈독한 관계를 유지하였다." 이러한 묘사는 유가의 정전제에 대한 미화를 보여 주는 것이었지만, 정전제에 농촌공사의 전통이 남아 있었음을 반영하는 것이기도 하였다.

주나라 때 정전제는 이미 변화되었고, 농촌공사의 토지관계와 영주의 토지관계를 모두 갖춘 이중적 성격을 띠고 있었다. 이른바 공전은 영주가 소유한 토지였고, 사전은 영주가 농노에게 분배한 토지였다. "공사(公事)가 끝난 뒤라야 자신의 일을 돌볼 수 있었다"는 것은 농노가 반드시 먼저 영주에게 무상으로 공전을 경작해 준 다음에 비로소 자신의 사전을 경작할 수 있었다는 의미였다. 어떤 민족학자는 현재 서쌍판납(西雙版納)에 살고 있는 태족(傣族)에 대한 연구를 하나의 사례로 제시한다. 태족의 농촌공사는 채공전(寨公田)의 점유와 분할 사용이라는 토지관계를 갖고 있다. 채공전은 마을〔寨〕 안의 대가(大家)가 지닌 토지로, 공사에서 생활하는 모든 사람들에게 조금씩 분배되었다. 토지를 분배하는 시기는 일반적으로 경작을 준비하기 전이었다. 마을의 관리자인 채공(寨公), 채모(寨母)에게 영주는 '팔(叭)', '자(鮓)', '선(先)' 등의 직함을 내렸다. 그들은 구성원들의 이주, 토지의 관리, 새로운 구성원의 접수를 책임졌으며, 영주를 대신하여 노역의 분배, 세금의 징수 등을 처리하였다. 그들은 하휴의 서술에서 나온 부로나 이정에 해당하였다. 태족들은 아직도 촌사의사회(村社議事會)나 촌사민중회(村社民衆會)의 흔적을 유지하였고 각종 공공 활동을 진행하였다. 그러나 농촌공사에서 원래 '집단소유, 사적점유'의 특징을 지녔던 토지는 영주의 소유로 변하였고 그 구성원들은 농노가 되었다. 영주가 토지를 분배하면 농노는 토지를 받는 대신에 노역과 세금을 바쳐야만 하였다. 주나라의 정전제는 영주의 토지관계를 보여 주는 것으로 서쌍판납 태족의 그것과 비교적 유사하였다.

주나라 천자가 분봉한 제후들은 사실상 대영주들이었다. 제후들은 자신의 영지에서 일부 토지를 부하들에게 나누어 주었고, 그 부하들은 채읍(采邑)의 우두머리로서 경대부 계층이었고 소영주 집단을 형성하였다. 그리하여 토지의 영주소유제가 형성되었고 각 제후들의 방국(邦國)에서 토지소유권은 제후와 경대부가 분점하였다. 채읍의

'채'는 원래 과실을 거둬들이는 모양으로, 나중에 채읍의 주민들로부터 공물을 거둔다는 의미를 갖게 되었다. 물론 공물을 거둘 수 있는 권리는 천자가 내려 준 것이었고, 채읍에 대한 소유권을 의미하는 것은 결코 아니었다.

어떤 학자들은 늘 "하늘 아래의 땅에서 왕토(王土)가 아닌 곳이 없다"는 것을 근거로 주나라 때 토지의 국유제가 실시되었다고 주장한다. 하지만 이것은 억측일 뿐이다. 이른바 "하늘 아래의 땅에서 왕토가 아닌 곳이 없다"는 말은 주나라 천자가 중앙의 공주(共主)로서 숭고한 정치적 지위를 가지고 제후들로부터 공물을 받을 권리가 있었음을 묘사한 것일 뿐이다. 사실상 각 방국의 토지소유권은 주나라 천자가 아니라, 제후들에게 귀속되어 있었다. 《좌전》의 "봉토 안의 것이 어찌 군토(君土, 제후의 토지)가 아니겠는가"라는 말은 위의 인용문보다 훨씬 더 사실적으로 당시의 토지관계를 반영하고 있다. 그러나 주나라 천자는 숭고한 정치적 지위에 의지하여 모든 토지와 백성들을 하늘이 자신에게 내려준 재산으로 여겼다. 그는 제후들의 토지소유권을 크게 제약하였고 토지관계에 등급구조의 색채를 가미하였다.

영주토지관계에서 농노는 무상으로 영주를 위해 공전을 경작한 다음 비로소 자신의 땅에서 수확한 것을 자신이 소유할 수 있었다. 이러한 특징을 지닌 방식을 당시에는 '자(藉)'나 '조(助)'라고 하였다. 《춘추》의 노공(魯公) 15년 '초세무'에 대해, 좌씨(左氏), 곡량(穀梁), 공양(公羊) 등 세 학파는 모두 노공 15년 이전에 '토지세'의 착취가 존재하지 않아서 "(힘을) 빌리지만 세금은 징수하지 않았다"고 해석하였다. '빌린다〔藉〕'는 것은 "백성들의 힘을 빌려 공전을 경작한다"는 뜻이었다. 여기에서 '초세무' 이전에는 노동력을 바치는 '조법(助法)'이 시행되었음을 분명히 알 수 있다. 농업생산의 발전에 따라, 농노가 공전을 경작하고 무상으로 노역을 제공하는 데 갈수록 소극적이 되었다. 또한 공전의 농작물은 제대로 자리지 않았지만, 사전의 농작물은 아주 잘 자랐다. 조법이 더 이상 생산력의 발전 정도에 적합하지 않게 되었던 것이다. "선왕(宣王)이 즉위하여 1천 무에 (힘을) 빌리지 않고" "처음으로 무에 따라 세금을 징수하였다"는 것은 현물지대가 노동력지대를 대신하였음을 의미한다. 정전제가 그 생명을 다하였던 것이다.

## 15. 춘추 시대 열국 사이의 패권 다툼

주나라는 성왕(成王), 강왕(康王), 소왕(騷王), 목왕(穆王) 등을 거쳐 공왕(共王) 때까지 태평성대를 구가하였지만, 이후 차츰 쇠퇴하였다. 기원전 841년, 폭동이 일어나자 여왕(厲王)은 달아났고, 제후들이 공동으로 정치를 하였는데, 역사상 '공화행정(共和行政)'이라고 부른다. 그해가 바로 공화(共和) 원년이고, 중국역사에서 정확한 연도가 등장하기 시작하였다. 그런데 최근 하 · 상 · 주 단대공정(斷代工程)이 진행되면서 정확한 연도의 등장 시기가 더 올라가고 있다. 그중 하나는 바로 주나라 의왕(懿王) 원년이다. 고문헌에는 "의왕 원년 병인(丙寅) 춘정월(春正月), 왕이 즉위하였다. 하늘이 교외에서 두 번 밝았다"고 되어 있다. 현재까지의 연구 결과, "하늘이 두 번 밝았다"는 것은 일식이 일어나서 여명이 두 번 나타났던 것으로 보인다. 천문학의 계산에 따르면, 그 현상이 나타났던 때는 바로 기원전 899년 4월 21일이었다. 이로써 주나라 시대의 연대에 정확한 표준이 마련되었다. 여왕(厲王)이 죽고, 제11대 선왕(宣王)이 즉위하여 짧은 중흥을 이루었지만, 제12대 유왕(幽王)의 손에서 주나라는 급속히 쇠락하게 되었다.

기원전 770년, 주나라 평왕(平王)은 일부 귀족과 제후들의 호위 아래 호경(鎬京, 현재 섬서성 서안)으로부터 낙읍(洛邑, 현재의 낙양)으로 천도하였다. 주나라 초기, 동도〔東都, 즉 성주(成周)〕를 건설하였는데, 그곳은 원래 동쪽을 방어하기 위한 목적을 가지고 있었고, 주나라의 진정한 근거지는 여전히 호경〔종주(宗周)〕에 있었다. 주나라 말기, 종주에서 자연재해와 인재가 끊이지 않았고 민심은 흉흉하였다. 그래서 낙읍을 중심으로 하는 동쪽 지역이 발전할 수 있는 여지가 생겼다. 동쪽으로 이주한 초기에는 종주가 완전히 쇠퇴하지는 않았다. 하지만 뒤에 주나라 왕실의 세력이 약화되고 권위가 약해지면서 주나라 왕은 명목상의 공주(共主)로 전락하였다. 주나라 왕은 이제 더 이상 봉건 제도 아래에서 지녔던 천하공주(天下共主)의 지위를 유지할 수 없었다. 역사학자들은 기원전 770년 이후의 주나라를 동주(東周)라고 하고, 그 이전을 서주(西周)라고 부른다. 그 후, 주나라는 서쪽 제후들에 대한 통제력을 잃었고, 동란의 시대인 춘추(기원전 770–476년) 시대로 접어들었다. 춘추 시대에는 모두 140여 국(國)이 있었는데, 그중에서 열두서너 국의 세력이 강하였다.

춘추 시대의 열국들은 엄격하게 말해서 결코 국가가 아니었다. 주나라가 와해된 이후의 잔여 세력들이었다. 따라서 춘추 시대 열국들은 국가의 기능과 구조라는 측면에서 주나라만 같지 못하였다. 서주 시기, 국가의 주권은 왕실이 가지고 있었고, 열국은 모두 완전한 주권을 갖지 못하였다. 그러므로 춘추 시대에서 전국 시대로 발전하는 과정에서 열국들은 차츰 자신의 주권을 확립해야만 하였고, 왕이나 패자를 자칭하면서 주왕실의 종주권을 완전히 부정하였다.

서주 시기, 열국의 군주들은 이미 오랫동안 봉지에 거주하였고 그 국인(國人)들은 토착인들과 결합하여 이미 새로운 집단을 형성하였다. 그들은 봉지에 원래 존재하던 문화적 전통의 영향을 받으면서 상대적으로 독립한 지방 세력으로 발전하였다. 평왕이 동쪽으로 천도한 이후, 왕의 열국에 대한 통제력은 사라졌다. 그리하여 열국은 자기 지역의 문화와 이익을 위하여 다투어 중앙으로부터 벗어나려 하였다. 그와 동시에 열국은 내부에 국가적 요소를 갖추기 위하여 반드시 주권을 강화해야만 하였다. 이점도 열국이 중앙으로부터 벗어나려는 경향을 강화시켰다. 이 두 가지 요소는 함께 작용하면서 춘추 시대의 열국 체제가 형성되는 데 중요한 역할을 하였다.

춘추 시대 열국들의 패권다툼은 본질적으로 제후들이 주나라 왕을 대체하는 중심이나 중앙이 되려는 것이었다. 이 과도적인 시기에 패주 제도(霸主制度)는 상당 부분 중국의 질서를 유지하고 중심(중앙)이 없는 대혼란을 피할 수 있게 하였다. 따라서 패권다툼이 결코 나쁜 일만은 아니었고 좋은 일이었다. 이른바 "춘추 시대에는 의로운 전쟁이 없었다"는 말은 단편적인 견해이다. 왜냐하면 열국들은 주나라 천자의 정통성을 부정하지 않았기 때문이다. 패권다툼의 결과, 한편으로 주나라가 와해된 뒤 완전하지 못한 기능과 구조를 지녔던 국가형태를 완전한 주권국가로 변화시켰고, 다른 한편으로 혈연조직의 흔적을 벗어난 영토국가의 형태로 변화시켰다. 이것이 열국의 패권다툼을 이해하는 열쇠 혹은 논리이다.

패권다툼은 대체로 "천자를 끼고 제후를 호령하는 방식", 즉 주나라 천자의 깃발을 내걸고 자신의 세력을 적극적으로 확장시키는 방식으로 이루어졌다. 사실 주나라 천자의 천하공주로서의 지위가 이미 유명무실한 상태에서 과거의 "예악과 정벌은 천자로부터 나온다"는 말은 이미 "예악과 정벌은 제후로부터 나온다"는 말로 바뀐 지 오래였다. 주나라 천자는 패권다툼의 허울에 불과하였다.

맨 먼저 패업(霸業)을 이룬 사람은 제(齊)나라 환공(桓公)이었다. 그는 관중(管仲)을 등용하여 내정을 개혁하였고, 국력이 나날이 강성해지자 소국들을 병합하였다. 또한 '존왕양이(尊王攘夷)'를 내세워 이적(夷狄)들을 공격하였다. 기원전 651년, 제나라 환공은 규구〔葵丘, 현재 하남성 난고(蘭考)〕로 제후들을 불러 모았다. 노(魯), 송(宋), 정(鄭), 위(衛) 등이 회맹(會盟)에 참가하였고, 주나라 천자도 관리를 파견하였다. 이 회맹에서 모든 동맹국들은 서로 침략하지 않고 공동으로 외부의 적에 대항한다고 결의하였다. 제나라 환공은 그때부터 중원의 패자가 되었다.

제나라가 중원에서 패권을 다툴 때, 진(晋)나라가 흥기하였다. 기원전 636년, 외국에서 19년 동안 떠돌던 진나라 공자(公子) 중이(重耳)가 귀국하여 제위를 계승하였는데, 그가 바로 진나라 문공(文公)이었다. 그는 내정을 바로잡고 경제를 발전시키고 군대를 증강하여 패업을 이루려 하였다. 그때 주왕실에서 왕자 대(帶)의 난이 발생하여 주나라 양왕(襄王)은 나라 밖을 떠돌고 있었다. 진나라 문공은 그 상황을 "권위를 세우고 패업을 이룰 수 있는" 좋은 기회라고 여겨서, 다른 제후들과 함께 군대를 출동시켜 왕자 대를 격파하였고, 양왕을 주나라로 돌아오게 하였다. 그리하여 진나라는 '양왕'이라는 훌륭한 패를 갖게 되었다. 기원전 632년, 진나라와 초(楚)나라는 성복〔城濮, 현재의 산동성 견성(鄄城)〕에서 큰 전투를 벌였는데, 이것이 춘추 시대 최대의 전쟁이었다. 《좌전》에는 성복의 전투에 대한 생생한 묘사가 등장한다. 진나라 군대는 초나라 군대가 맹렬하게 다가오는 것을 보고서 고의로 90리를 후퇴하였다. 초나라 군대의 많은 병사들이 그 광경을 보고서 진격을 멈추었다. 초나라 장수 자옥(子玉)은 오만불손하여 무턱대고 진격하게 하였고 병사들의 사기는 크게 떨어졌다. 진나라는 초나라의 장수가 오만하고 병사들이 지쳐 있는 약점을 간파하였고, 먼저 병력을 집중하여 초나라 군대의 오른쪽 날개를 공격한 다음 다시 왼쪽 날개를 공격하여 큰 승리를 얻었다. 전투가 끝난 뒤, 진나라 문공은 천토〔踐土, 현재 하남성 원양(原陽)의 서남쪽〕에서 제후들과 회맹하였고, 제, 노, 송, 위 등 7국이 참가하였다. 주나라 천자도 불려 와서, 진나라 문공을 '후백(侯伯)'에 책봉하였다. 이때부터 진나라는 중원의 패자가 되었다.

진나라가 중원에서 패권을 잡고 있을 때, 초나라는 동쪽으로 영역을 확장하여 소국들을 멸망시켰다. 그리고 다시 북쪽으로 방향을 돌려 중원에서 패권을 다투었고 황하 유역의 소국들을 장악하였다. 초나라 장왕(莊王)은 뛰어난 재능과 지략을 지닌 군주로서 내정을 개혁하고 국력을 키웠다. 기원전 606년, 초나라 장왕은 육혼(陸渾)의 융(戎)을 정벌하고 주나라 교외에서 열병식을 가졌다. 그리고 주나라 왕에게 사람을 보내서 구정(九鼎)의 경중을 물었는데, 그 의도는 주왕실을 병합하려는 것이었다. 그 뒤, 몇 년 동안 초나라 장왕은 잇따라 군사를 일으켜서 진(陳), 정(鄭), 송(宋) 등을 격파하였다. 진나라는 군대를 파병하여 정나라를 구하려다 참패하였고, 송나라가 도움을 요청하자 감히 출병하지 못하였다. 이렇게 하여 초나라 장왕은 중원의 패자가 되었다.

진(秦)나라는 서쪽의 소국들을 병합한 뒤에 국력이 신장되었고, 목공(穆公) 때 동쪽으로 방향을 돌려 패자가 되려 하였다. 그런데 진(晋)나라에 막혀 다시 서쪽으로 확장하여 서쪽의 패자가 되었다.

그리하여 서쪽의 진(秦), 동쪽의 제, 그리고 진(晋)과 초가 장기간 중원에서 패권다툼을 하는 형세가 나타났다. 각각의 세력은 서로 엇비슷하여 결국에는 패권다툼을 그만두고 '전투의 중지〔미병(弭兵)〕'를 약속하게 되었다. '전투의 중지'는 서로 타협하여 세력 범위를 정하고 패권을 나눠 갖는 것을 의미하였다.

'전투의 중지' 이후, 패권다툼이 끝나가고 있을 때 장강하류에서 오(吳)와 월(越)이라는 경쟁관계의 두 나라가 홍기하였다. 오나라 왕 부차(夫差)는 월나라 왕 구천(勾踐)을 패배시켰지만, 구천은 비천한 신분으로 오나라를 섬기면서 재기를 다짐하였다. 그는 "오랫동안 고생을 하며 참고 준비하여" 오나라를 일격에 무너뜨리고 한때 중원의 패자가 되기도 하였다. 그러나 월나라는 이미 힘을 다한 상태였다.

열국 사이의 패권다툼은 여러 정치 세력들을 분화 혹은 개조시켰는데, 결국에는 연(燕), 조(趙), 한(韓), 위(魏), 제, 초, 진(秦) 등 7개의 대국과 십여 개의 소국만을 남긴 채 전국 시대로 접어들었다.

전반적인 흐름을 보면, 열국 사이의 패권다툼은 발전의 과정이었다. 한편으로 신구 세력의 투쟁 속에서 구세력은 끊임없이 약화되었고 새로운 세력은 끊임없이 강성해졌다. 다른 한편으로 각 민족들이 서로 융합하면서 만이(蠻夷)나 융적(戎狄)과 화하족(華夏族) 사이의 경계가 차츰 사라졌다.

각 지역의 경제 문화적 발전이 일정하지 않았기 때문에 경제 문화적으로 선진적이었던 여러 제후국들은 스스로를 화하(華夏)라고 부르면서, 낙후한 소국이나 부족들을 만이나 융적이라고 하였다. 융적은 주로 황하 유역 이북과 서북 지역에 분포하였고, 이(夷)는 현재의 산동성, 안휘성, 강소성 북부 등에 거주하였고, 만(蠻)과 백복(百濮)은 초나라 남쪽에 자리 잡고 있었다.

고문헌에 따르면, 융적은 "옷깃을 왼쪽으로 여몄고(중원의 사람들은 오른쪽으로 여몄음)" "음식과 의복이 중원의 사람들과 달랐다"고 되어 있다. 이러한 생활습관, 예속, 언어 등의 차이는 융적과 화하족을 구별 지었다. 그러나 융적 중에 강성(姜姓)이나 희성(姬姓)을 가진 경우도 있었던 것을 보면, 그들과 주나라 사람들은 본래 같은 민족이었고 역사적 원인 때문에 각자의 길을 가게 되었던 것이 분명하다. 융적과 화하족은 문명의 발전 정도에서 차이가 있었지만, 양쪽은 서로 왕래하였다. 예를 들어, 주나라 왕은 적(狄)의 여자를 왕후로 삼았고, 진(晋)나라 헌공(獻公)과 문공도 융(戎)의 여자를 처로 삼았다.

춘추 시대 중기, 중원 각국이 강성해지고 패권다툼을 진행하면서 만이와 융적이 차례로 정복되거나 병합되었다. 예를 들어, 서융(西戎)은 진(秦)나라에 의해 쫓겨났고, 적적(赤狄)과 백적(白狄)은 진(晋)나라에게 멸망되었고, 채이(菜夷)는 제나라에, 복이(濮夷)는 초나라와 노나라에 의해 멸망되었으며, 만(蠻)은 초나라에 의해 멸망되었다.

춘추 시대 말기가 되면, 융적과 만이는 차츰 화하족에게 동화되었고 둘 사이의 차이는 서서히 사라졌다.

또 하나 크게 주목해야 할 점이 있다. 동주 시대 550년 동안, 전쟁의 성격이 크게 바뀌었다. 춘추 시대의 군대는 규모가 작았고 전투는 하루를 단위로 하였다. 전투를 치르는 당사자들은 예의(군례는 다섯 가지 예의 중 하나였음)를 대단히 중시하여, 전쟁은 예술화된 조련이 되었고 강렬한 기사도 정신을 보여 주었다. 이러한 풍모는 전국 시대에 들어서면서 그림자도 없이 사라졌다. 전쟁은 현대인이 생각하듯이 잔인해졌고 수십만 군대가 대치하면서 여러 달 동안 들판에서 포위공격을 하기도 하였다. 일부 제후국은 총동원 체제에 들어서서 15세 이상의 모든 남자를 징발하여 전선으로 보내기도 하였다. 전사자와 포로들의 숫자는 전례 없이 많아졌고, 생매장하는 포로가 늘 수만이나 수십만 명이었다. 참으로 모골이 송연할 정도이다. 그것에 비하면, 춘추 시대 열국 사이의 패권다툼은 주로 정치적 대결이었다.

## 16. 철기 시대의 시작

인류가 청동 시대에서 철기 시대로 들어선 것은 커다란 도약이었다. 중국은 서주와 춘추 사이에 철기 시대로 접어들었고 세계 각국보다 크게 앞서기 시작하였다.

상나라와 주나라 때 청동제련 기술이 크게 발전한 것은 야철 기술의 발명을 위한 기본적인 기술과 수공예의 토대를 제공하였다.

상나라 청동기의 주조 기술은 이미 상당한 수준에 도달하였고, 아주 거대하고 섬세한 청동기가 등장하였다. 복잡하고 화려한 문양에서 그 제조 기술과 수공예 수준이 대단히 높았음을 알 수 있다. 서주의 청동기 주조 공장은 상나라 때보다 훨씬 넓은 지역에 분포하고 있었다. 왕과 제후를 비롯하여 일반 귀족들은 모두 크고 작은 청동기 공장들을 소유하고 있었다. 따라서 청동기의 생산량은 상나라 때보다 훨씬 많았다. 서주의 청동기 위에 새겨진 명문의 글자 수는 아주 많았고, 선왕 때 만들어진 모공정(毛

公鼎)의 명문은 497자나 되었다. 많은 글자를 새기기 위해서는 대단히 정밀한 수공예 기술이 전제되어야만 하였다. 춘추 시대 청동기의 문양과 조각은 갈수록 세밀해지는 경향을 보였고, 아름답고 새로운 무늬가 이전의 딱딱한 무늬를 대신하였다. 또한 제작 기술도 점점 새로워져서 청동병기는 더욱 사용에 편리해졌다.

성숙한 청동문명은 새로운 철기문명의 도래를 불러 왔다.

《좌전》의 기록에 따르면, 기원전 513년 진(晋)나라의 조앙(趙鞅), 순인(荀寅)은 군대를 이끌고 여수(汝水) 근처에 성을 쌓았고 그 기회를 빌려 국내에서 군부(軍賦)로 '일고철(一鼓鐵)'을 징수하여 형정(刑鼎)을 주조하였다. 형정에는 범선자(范宣子)가 편찬한 《형서(刑書)》가 새겨졌다. 이러한 역사적 사실을 통해 두 가지를 알 수 있다. 첫째, 그처럼 큰 철정(鐵鼎)을 주조하기 위해서는 반드시 비교적 큰 용광로를 갖추고 송풍장치를 이용하여 끊임없이 공기를 불어 넣어야만 하였다. 용광로와 송풍장치가 있어야만 철기를 주조할 수 있었던 것이다. 둘째, 당시 철을 군부로 징수한 사실을 통해, 철이 진나라 때 이미 널리 존재하고 있었고, 철을 청동기와 마찬가지로 정을 만드는 원료로 사용하였음을 알 수 있다. 이와 같은 기술 수준을 통해 우리는 중국 야철 기술의 발명이 틀림없이 훨씬 이전에 이루어졌다는 사실을 추측해 볼 수 있다.

전설에 따르면, 춘추 말기 오나라의 '간장(干將)'과 '막야(莫邪)'라는 명검은 '좋은 철'에 '금영석'을 응고제로 삼고, 돌 성분이 든 머리카락과 손톱을 촉매제로 첨가하여 만들어져서 강철검이 되었다고 한다. 지금까지 발견된 고고학적 자료에서 다시 남방의 오, 월, 초 등은 야련 기술이 발달하여 강철검을 만들 수 있었던 것으로 드러났다. 1964년, 강소성 육합현(六合縣) 정교진(程橋鎭)의 동주(東周) 1호 묘에서 쇠구슬이 출토되었다. 1972년, 정교진 동주 2호 묘에서는 끝이 떨어져 나간 쇠꼬챙이가 출토되었다. 조사 결과, 쇠꼬챙이는 '괴련법(塊煉法)'으로 만들어진 연철덩어리를 두들겨 만든 것이었고, 쇠구슬은 무쇠로 주조된 것이었다. 1975년, 호남성(湖南省) 장사(長沙) 양가산(楊家山) 65호 묘에서 강철검이 출토되었는데, 춘추 말기의 것으로 탄소를 0.5퍼센트 포함하고 있었고 현미경으로 검의 측면을 관찰한 결과 두들김을 반복하여 만들어진 것으로 밝혀졌다. 당시 초나라는 이미 무쇠덩어리에 탄소를 첨가하여 강철을 만들고 두들김을 반복하여 강철검을 제작할 수 있었다. 따라서 이웃 오나라가 연철덩어리나 무쇠로 도구를 만들고 '간장', '막야'와 같은 강철검을 제작할 수 있었던 것도 이상할 것이 없다. 이상의 상황을 통해서, 춘추 말기의 오나 초나라의 야철 기술이 이미 상당한 수준에 이르렀음을 알 수 있다. 또한 이것은 중국 야철 기술의 발전이 그 이전에 이루어졌을 것이라고 추측할 만한 근거가 된다.

상나라 중기와 주나라 초기의 청동병기의 칼끝은 운철(隕鐵)을 두들겨 만들어졌는데, 이를 통해 당시에는 아직 인공으로 연철을 만드는 방법이 발명되지 않았다는 것을 알 수 있다. 현재 고고학적 발굴을 통해서 출토된 철기 중 가장 오래 된 것은 춘추 말기와 전국 초기의 것이다. 아직까지 춘추 말기 혹은 춘추와 전국 시기의 과도기에 사용된 것으로 보이는 철기는 많이 발견되지 않았고, 당시에 철제도구들은 청동기 심지어 석기와 함께 사용되었다. 하지만 철기의 제작은 이미 비교적 높은 수준에 이르렀고, 다음의 세 가지 특징을 갖고 있었다. 첫째, 철이 이미 여러 분야에서 광범위하게 응용되었다. 예를 들어, 낫, 자귀, 곡괭이 등의 농기구, 대패, 끌, 도끼, 송곳 등의 공구, 검을 비롯한 무기 등. 둘째, 이미 용도에 따라 다른 야련 기술과 수공예가 적용되었다. 예를 들어 '괴련법'으로 연철덩어리를 두들겨서 철기를 만들거나 무쇠로 철기를 주조하였다. 셋째, 당시 야철업은 남방과 중원 지역에서 발전하였다.

주목할 만한 사실은 상과 주나라 시대에 이루어진 청동의 야련과 주조 기술이 무쇠를 다루는 기술을 낳게 하였다는 것이다. 양관은 《중국 고대의 야철 기술 발전사》에서 다음과 같이 말하였다. 서주 시대 초기에 운철로 청동무기의 칼끝을 만들었다는 사실은 그때까지는 아직 괴련법이 발명되지 않았음을 의미한다. 따라서 괴련법의 발명은 서주 시대 중기 이후 춘추 시대 중기 이전에 이루어졌다고 보아야 한다. 서주에서 동주로 넘어가는 과도기는 '괴련법'의 발전 시기가 아니라 발명 시기였을 가능성이 아주 높다. 요컨대, 춘추 말기에 이미 비교적 높은 수준의 무쇠를 야철하고 주조하는 기술이 존재하였고, 춘추와 전국의 과도기에 무쇠를 유화시키는 처리 기술이 발명되었

전국 시대 철제 낫의 거푸집

다. 따라서 무쇠의 야철과 주조 기술은 적어도 춘추 중기에 발명되었고, 이것은 유럽보다 1,900년이나 앞선 것이었다.

철기는 차츰 각 부문으로 확대되었고, 특히 농업생산에서 대량으로 철제 농기구가 사용되면서 농업생산 기술에 일대 혁명이 일어났다. 《관자(管子)》에서는 "농사에는 반드시 보습, 쟁개비, 괭이, 도리깨, 낫 등이 하나씩 있어야만 일을 할 수 있다"고 하였다. 여기에서 당시 농가에서는 반드시 다섯 종류의 철제 농기구를 갖추어야만 하였음을 알 수 있다. 고고학적 발굴을 통해 당시에는 낫, 자귀, 삽, 곡괭이 등 철제 농기구가 아주 보편적이었음을 알 수 있다. 철제 농기구를 사용하면서 깊게 흙을 고를 수 있게 되었고 우경의 확대를 위한 조건이 마련되었다. 공자의 제자 염백우(冉伯牛)는 이름이 경(耕)이었고 사마경(司馬耕)은 자가 자우(子牛)였으며 진(晋)나라에는 우자경(牛子耕)이라는 장사가 있었다. 소와 경작이 서로 관계를 맺고 사람의 이름에 사용된 것은 당시에 소를 이용한 경작이 이미 일반화되었음을 의미한다. 철제 농기구와 우경은 농업생산 기술의 비약적 발전을 보여 주는 지표로서 집단적인 공동경작을 개별적인 소농경작으로 나아가게 만들었고, 점차적으로 일가일호(一家一戶)의 소농 경제를 형성시켰다. 이것은 중국농업사에서 획기적인 대변혁이었다. 그 직접적인 결과는 바로 토지의 사유화와 정전제의 와해였다.

수공업과 상업에도 변화가 나타났다. 과거 '관영수공업'의 형태는 무너지고 사영수공업이 등장하였다. 송나라의 개인 수공업자는 고정적인 주거와 단골고객을 확보하였고, 대대로 같은 직업에 종사하였다. 춘추전국의 과도기에 개인 수공업자였던 공수반〔公輸般, 노반(魯班)으로도 불림〕은 뛰어난 기예로 이름을 떨쳤고 목공의 시조로 받들어졌다.

수공업의 사유화에 따라, 상업도 사유화되기 시작하여 관상(官商)은 더 이상 무역을 독점할 수 없었고, 사상(私商)이 출현하였다. 정나라의 상인들과 정부는 "상인은 나라를 배반하지 않고, 나라는 상인의 활동에 간섭하지 않는다"고 협약하였다. 정나라 상인들의 발길은 황하와 장강까지 이르렀다. 이러한 상인들은 사회적 지위가 꽤 높았던 것으로 보인다. 공자의 제자 자공(子貢)은 여러 나라를 돌아다니며 장사를 하였고, 각 나라의 정치 활동에 참가하였으며, 제후들과 "평등한 관계에서 서로 맞서는 것"이 가능할 정도였다. 공자가 어려움 없이 여러 나라들을 주유할 수 있었던 것도 자공의 경제력이 큰 역할을 하였다. 월나라의 대부 범려(范蠡)는 관직을 버리고 상인이 되었다. 그는 곳곳을 돌아다니다가 나중에 도(陶)에 정착하였고, "많은 돈을 가진" 부유한 상인이 되었다. 그의 호는 도주공(陶朱公)이었고, 후대에 상인들은 그를 모범으로 삼았다. '도주공'은 부유한 상인의 대명사가 되었다.

상술한 일련의 변화는 철기 시대에 들어선 이후에 새로운 문명이 이미 중국의 대지 위에서 찬란한 빛을 발하고 있었음을 보여 준다.

## 17. 노자와 공자

미국학자 번스(Edward McNall Burns)와 랠프(Philip Lee Ralph)는 함께 지은 《세계문명사(*World Civilization*)》에서 다음과 같이 지적하였다. "알 수 없는 원인이나 우연의 일치라고 할 수 있는데, 고대에 멀리 떨어진 세 지역에서 대략 같은 시기에 수준 높은 철학 활동이 이루어지고 있었다. 그리스인이 물질세계의 성격을 탐구하고 인도의 사상가는 영혼과 신의 관계를 사고하고 있을 때, 중국의 성인은 인류사회와 현명한 정치의 근본적인 원칙을 발견하려 하고 있었다." 그들은 또한 다음의 말을 덧붙였다. "중국의 사상가는 자연과학과 현학에 조금도 관심이 없었다. 그들이 토론하였던 것은 사회, 정치, 윤리 등과 관련된 철학적 문제였다. 그들의 말에 담긴 훈계나 개선의 어조는 의심할 바 없이 잦은 충돌과 정치적 혼란의 시대를 반영하는 것이었다. 〔…〕 철학자들은 주나라 말기의 대혼란 아래에서 사회를 안정시키고 민심을 달래는 원리를 제시하는

데 힘을 기울였다." 이처럼 철학적 사고로 충만한 평가는 노자와 도가, 공자와 유가를 이해하는 데 시사하는 바가 있다.

춘추 시대 사회의 격렬한 변화 속에서 여러 정치 세력들은 크게 나눠지고 개조되었다. 사회에는 사람들이 예기치 못했던 폐해들이 셀 수 없이 나타났다. 사상가들은 사회를 안정시키고 민심을 달래는 원리를 제시하는 데 힘을 기울였다. 그들은 현실에 대한 불만으로 미래보다는 과거에 관심을 가졌고, 복고와 과거에 대한 동경은 주요한 사조가 되었다. 노자와 공자는 바로 그러한 사조의 대표적 인물들이다.

노자의 이름은 노담(老聃)으로 생존연대를 알 수 없고, 대략 공자보다 몇 십 년 전의 사람이었다. 노자는 주나라에서 사관(史官)을 지냈고 대단히 박학하였으며 여러 제도들도 잘 알고 있었다. 그는 세상일에 염증을 느끼고 서쪽의 국경을 지나 산속으로 조용한 삶을 찾아 갔다. 그는 국경을 지키던 사람의 요청으로 《도덕경(道德經)》(《노자》)을 저술하였다. 《도덕경》은 간략하고 어려워서 알 듯 모를 듯한 책으로, '도(道)'를 칭송하고 '인위'를 폄하는 내용을 담고 있으며, 낭만, 신비, 반(反)이성 등의 정신으로 가득 차있다. 노자는 '도'를 완전무결한 것으로 설명하였을 뿐만 아니라 먼 옛날 조상들의 원시생활을 이상화하였다. 그는 먼 옛날에는 문명이 없어서 글자 대신에 새끼줄로 일들을 기록하였지만 자신이 살던 때보다 더할 나위 없이 아름다운 때였다고 여겼다. 그가 '무위(無爲)'를 고취한 것도 당시 사회적 변화 속에서 나타난 '유위(有爲, 인위)'를 겨냥한 것이었다. 노자는 어떠한 진보도 혼란을 초래할 것이고 생산의 발전은 인간을 더 탐욕스럽게 할 것이며, 문화의 향상은 사람들에게 싸움을 위한 도구로서 지혜를 증대시킬 것이라고 여겼다. 그래서 그는 모든 물질문명과 정신문명을 소멸시키고 참된 '소국과민(小國寡民)'의 세계, "늙어서 죽을 때까지 서로 왕래할 필요가 없는" 상태, 즉 다툼도 지식도 없었던 인류의 동년 시대로 돌아가자고 주장하였다. 이것은 바로 현실에 대한 극도의 절망감에서 비롯된 복고주의였다.

그러나 노자는 '무위'사상을 이야기할 때, 아무도 이야기한 적이 없던 철학적 사유의 힘을 발휘하였다. 그는 세상의 모든 일과 만물은 대립하면서도 통일되어 있다고 하였다. 예를 들어, 바름과 기이함, 복과 화, 곧음과 부드러움, 강함과 약함, 많음과 적음, 위와 아래, 선과 후, 충만함과 허전함, 영예와 굴욕, 지혜와 우둔, 영리함과 어리석음 등. 대립하는 것들은 서로 적대적이면서도 서로 전화될 수 있다. 노자는 "있음과 없음은 서로로 말미암아 있고 없으며, 어려움과 쉬움은 서로로 인해 어렵고 쉬우며, 길고 짧음은 서로 겨루기 때문에 길고 짧으며, 높고 낮음은 서로가 있어 높고 낮으며", "재난에 복이 감춰져 있고, 복에 재난이 감춰져 있다"고 하였다. 노자가 이러한 방식으로 설명한 '도'는 중국전통문화에 커다란 영향을 주었다. 나중에 사람들은 그가 세운 학파를 도가라고 불렀다. 서양철학에서 논쟁이 되는 문제는 "세계가 어디로부터 왔는가"라는 것이다. 이에 대해 《노자》에는 다음과 같이 서술되어 있다. "무는 천지의 시작을 이름이요, 유는 만물의 어미를 이름함이다." "천하 만물은 유에서 생기고, 유는 무에서 생긴다." "도는 일을 낳고 일은 이를 낳고 삼은 만물을 낳는다." 노자는 '무'는 '유'보다 훨씬 근본적인 의미를 갖고 있으며, '무'는 천하 만물의 근원이라고 여겼다. 즉, '무'는 바로 그가 되풀이해서 말한 '도'였다.

노자

1993년, 호북성(湖北省) 형문시(荊門市) 서쪽의 곽점촌(郭店村) 1호 전국초묘(戰國楚墓)에서 800여 매의 죽간이 발견되었는데, 최근 고고학의 커다란 발굴성과라고 할 수 있다. 800여 매의 죽간 위에는 1만여 자의 글자가 씌어져 있었고, 그 속에는 도가의 저작 두 종류, 즉 《노자》(甲, 乙, 丙 3묶음)와 저자미상의 《태일생수(太一生水)》가 포함되어 있었다. 학자들의 관심은 죽간에 씌어진 《노자》와 현존하는 《노자》 사이의 관계, 두 판본에 다르게 기록된 글자의 함의, 그리고 그것이 '노자연구'에서 차지하는 의미 등에 집중되었다.

노자가 '무위'를 주장한 것과 달리, 공자는 '유위(有爲)'를 주장하였다. 공자의 이름은 구(丘)이고 자는 중니(仲尼)로 기원전 551-479년의 인물이다. 공자의 조상은 원래 송나라 귀족이었는데, 나라의 내분 때문에 노나라로 달아났다. 공자가 태어났을 때, 그의 집안은 크게 몰락하였다. 그래서 그는 "나도 어렸을 때는 비천하였다"고 말하였다. 사마천은 《사기》에서 공자의 아버지 숙량흘(叔梁紇)이 64세 때 안가(顔家)의 소녀와 "야합하여 공자를 낳았다"고 하여, 공자를 사생아로 보았다. 과거에 학자들은 공자를 존중한다는 생각에서 그러한 사실을 부정하였지만, 사실 그럴 필요는 없었다. 공자는 20세에 노나라 귀족 계씨(季氏)의 가신이 되어 창고와 가축을 돌보는 일을 맡았다. 그는 양질의 전통적인 무사교육을 받았고, 예(禮), 악(樂), 사(射), 어(御, 말 타기), 서(書), 수(數) 등 육예(六藝)에 능하였다. 따라서 공자는 어렸을 때 제사지내는 것을 좋아하였고, 성인이 되어서는 활쏘기나 말 타기를 잘하였고 용맹스러우며 힘이 넘쳤다. 예의를 잘 알고 있던 공자는 30세에 학생들을 불러 모아 가르치기 시작하였다. 50세 이후에는 노나라에서 사구(司寇, 법무부장관), 사공(司空, 산업부장관) 등을 역임하였다. 하지만 그 기간은 3년 정도였고, 줄곧 교육에 종사하였다.

공자는 비록 정치를 했던 기간이 길지 않았지만 줄곧 정치에 열중하였고 관리가 되고자 하였다. 다만 때를 만나지 못해서 뜻을 이루지 못하였을 뿐이었다. 따라서 공자는 마음속에 쌓인 정치적 견해를 학생들에게 이야기하였고, 끊임없이 시사를 평론하였으며, 자신의 견해를 밝혔다. 공자의 모습을 통해, 중국역사에서 지식인의 보편적인 심리를 읽을 수 있다.

공자가 살았던 노나라는 주나라의 제도를 보존하고 있었다. 주나라 때 주공의 장남 백금(伯禽)은 엄(奄, 현재 산동성 곡부)에 분봉되었는데, 그는 엄에 도읍을 건설하고 국호를 노라고 하였다. 따라서 주공이 제정한 예악은 노나라에 많이 남아 있었다. 공자는 열심히 연구하였고 주나라의 예악에 심취하여 "의례를 제정하고 음악을 만든" 주공을 대단히 공경하였으며, 자신을 당대의 주공이라고 하였다. 공자는 당시 "예악이 무너진" 상황에 대해 큰 불만을 가졌고, 주례에 위반되거나 옛 제도를 개혁하는 조치에 대해 반대하였다. 그는 "예가 아니면 보지도 듣지도 말하지도 행동하지도 말라"고 힘주어 말하였다. 제나라 경공(景公)이 공자에게 정치에 대해 묻자, 공자는 "군주는 군주답고, 신하는 신하답고, 아버지는 아버지답고, 자식은 자식다운 것이다"고 대답하였다. 그는 정권을 탈취한 전씨(田氏)를 존비와 귀천에 따른 의례로 공격하였던 것이다. 진(晉)나라가 형정(刑鼎)을 주조하자, 공자는 "진나라의 망령됨이여! 도(度)를 잃었구나"라고 반대하였다. 여기에서 '도'는 바로 주례의 귀천에 따른 차등을 의미한다. 진나라가 형정을 주조하여 법으로 나라를 다스리려 한 것은 바로 "귀천에 차등이 없는 것"이었다. 노나라 귀족 계씨가 주나라 천자의 악무(樂舞)를 사용하자, 공자는 "분수를 모르는 짓"이라고 하였다. 그리고 계씨가 '전부(田賦, 토지세)'를 시행하자, 공자는 '주공의 법전'에 어긋난다고 여겼다. 공자는 여러 차례 "찬란하구나, 그 문화여! 나는 주나라를 따르겠다"고 하였다. 이처럼 예악문명을 지키고 과거를 지향하는 정치관과 사상은 옛날을 동경하는 보수주의적 성향의 사람들에게 깊숙이 파고들었고 훗날의 유가에 큰 영향을 끼쳤다. 보수주의와 관련하여 공자는 천명을 두려워하였다. 그는 "군자는 세 가지를 두려워하는데, 천명을 두려워하고, 대인(大人)을 두려워하며, 성인의 말을 두려워한다"고 말하였다. 이러한 생각을 지니고 있었기 때문에, 공자는 사회의 변혁에 대해 수구적인 태도를 취하였다. 그는 천명을 어길 수 없는 것으로 보았고, 그 때문에 "오십 살이 되어 천명을 알았다"고 말하였다. 그래서 그는 "하늘을 원망하지 않고 다른 사람을 탓하지 않으며, 낮고 쉬운 것을 배워 깊고 어려운 것을 깨달았으니, 나를 알아주는 것은 하늘이다"라고 주장하였다.

공자는 유가의 창시자이지만, 유(儒)나 유자(儒者)는 공자 이전에 이미 존재하였다. 허신의 《설문해자》에 따르면, 유(儒)는 본래 유(柔)로 "술사(術士)를 가리켰다". 묵자(墨子)는 유자들이 예의와 성악(聲樂)을 아주 중시하는데 특히 상례를 중시하며, 번잡한 예절과 학문을 가지고 자신들을 고상하게 여겨 속세를 따르지 않는다고 말하였다. 공자는 노나라 애공(哀公)의 물음에 대답하면서 단숨에 16가지의 '유행(儒行)'을 말하였다. 그는 "유자는 귀한 음식으로 손님을 대접하고, 밤늦도록 열심히 공부하여 질문에 대답하고, 믿음을 품고 천거에 응하고, 힘써 실행하여 받아들여 준 것에 보답하고, 〔…〕"라

공자

고 하였고, 다음과 같이 끝을 맺었다. "유자는 가난하거나 천한 자들에게 도움을 얻지 않고, 부유하고 귀한 자들에게 굽히지 않고, 군왕을 미혹하지 않고, 윗사람에게 누를 끼치지 않고, 관리를 가볍게 여기지 않는다. 그래서 유(儒)라고 한다." 이상에서 유와 유가는 같은 개념이 아니었음을 볼 수 있다. 풍우란(馮友蘭)의 《원유묵(原儒墨)》에 따르면, "유가와 유는 두 가지 명칭이고 같은 뜻이 아니었다. 유는 학생들을 가르치고 의례를 관장하는 등의 일을 직업으로 하는 사람이었고, 유가는 선진 시대 제자백가 중의 한 학파였다. 유는 유가에 의해 쓰이기도 하였고 유가들도 유의 직업에 종사하기도 하였지만, 둘은 결코 같지 않았다". "공자는 유의 창시자는 아니지만, 유가의 창시자였다."

공자는 유가를 위해 하나의 거대하고 체계적인 정치윤리사상의 틀과, 보편적이고 영원한 가치를 만들어서 커다란 영향을 주었다. 중국의 어떠한 사상가나 학파도 그의 비교대상이 아니다.

공자는 '인(仁)'을 주장하였고, '인이란 다른 사람을 사랑하는 것이다'는 공자 사상의 핵심이었다. "자신을 이기고 예로 돌아가는 것이 인이다"는 공자의 정치사상이었고, "자신이 원하지 않는 것을 다른 사람에게 하지 말라"는 인간관계를 처리하는 기준이었으며, "절제 있게 쓰고 다른 사람을 사랑하며 백성들에게 때에 맞춰 일을 시키라"는 집권자에 대한 요구사항이었다. 공자에게 '인'과 '예'는 서로 보완적인 것이었다. '인'은 '예'의 바탕이고, '인'을 '예'에 결합시켜야만, '예'가 영원히 활력을 가질 수 있었다.

공자는 오랫동안 교육에 종사하여 그의 제자가 3천 명이나 되었고, 그중 육예에 정통한 사람이 72명이었다. 그의 교육사상은 이미 교육의 범주를 넘어서 도덕의 범주가 되었다. 예를 들어, "배우는 데 싫증을 내지 않고, 사람들을 깨우쳐 주는 데 태만하지 않는다", "세 사람이 길을 가면 반드시 내가 배울 만한 사람이 있으니, 그 장점을 골라 본받고 그 단점을 골라 나의 단점을 고치라", "가르치는 데 사람을 가려서는 안 된다" 등등.

공자는 학생들이 사회와 역사를 배워야 한다고 주장하였다. 그래서 자신은 "전술(傳述)할 따름이지 새로운 것을 창작하지 않으며, 옛것을 믿고 좋아한다"고 말하였다. 그는 가까이는 하 · 상 · 주 삼대, 멀리는 대동의 시대까지 공부하지 않는 것이 없었다. 그는 주나라 무사(巫史)가 관장하던 문헌들을 정리하였는데, 그것이 《시(詩)》, 《서(書)》, 《예(禮)》, 《악(樂)》, 《역(易)》, 《춘추(春秋)》 등이었다. 그것들은 공자가 공부를 하는 데 참고가 되었을 뿐만 아니라, 그 제자들을 가르치는 교재였고, 훗날 유가의 경전인 '육경'이 되었다. 따라서 그의 공로는 영원한 것이었다.

《시》는 《시경》으로 풍(風), 아(雅), 송(頌) 세 부분으로 구성되었다. 그것이 만들어진 초기에는 종묘제사나 악무와 밀접한 관련이 있었다. 현재 《시》 300편 중에서 〈주송(周頌)〉이 가장 오래되었는데, 원래 종묘제사를 지낼 때 부르던 춤곡이었으며, 무사(巫史)가 지었을 것이다. 그리고 〈현조(玄鳥)〉, 〈장발(長髮)〉, 〈생민(生民)〉, 〈공유(公劉)〉 등의 편은 상나라와 주나라의 서사시이고, 사관이 지었을 것이다. 원래는 3천여 편이었는데, 공자가 편집하였다고 한다.

《서》는 《상서》 혹은 《서경》으로, 고대 역사문헌을 모은 것이다. 그 내용은 사관이 기록하고 보존한 공문서이다. 공자는 통치자의 강연, 조서, 서약 등을 수집하여 정리한 다음, 유가의 민본주의정신을 담은 경전으로 만들었다.

《예》는 《주례》, 《예기》, 《의례》 등을 포함한다. 《주례》는 공자의 제자가 편찬한 것이고, 《예기》(《대대예기(大戴禮記)》를 포함)는 공자의 후학들이 의례 제도를 토론한 논문집이다. 공자는 "예악이 붕괴된" 시대에 예를 개조하여, 외재적인 규범이었던 의례를 인간의 내면적인 덕목으로 바꾸었다. 즉, 공자는 강제적 규범을 자발적 관념으로 승화시켰고, 윤리적 규범과 내면적 덕목을 일체화시켰다.

《악》은 《악경》인데, 현재 전하지 않는다.

《역》은 《주역》 혹은 《역경》으로 무사(巫史)가 점을 치던 책이었고, 길흉화복을 예측하는 데 이용되었다. 이 책은 주나라 사관들의 길흉에 대한 점괘들이 차츰 쌓여서 만들어진 것이고, 무사들이 점을 친 기록들이라고 할 수도 있다. 공자는 점술에 관한 책이었던 《주역》을 도덕, 정치, 철학의 책으로 바꾸고 사상적 색채를 불어넣는 데 공헌하였다.

《춘추》는 노나라의 편년체 역사서로 공자가 편찬한 책이다. 공자는 《춘추》를 지을 때, 주나라와 춘추 시대 열국들의 역사서를 모으고 연도에 따라 사건을 기록하였다. 이로써 그 이전의 《춘추》와는 전혀 다른 모습을 갖게 되었다. 공자는 사람과 신을 소통시키고 정치를 드러내려 하였다. 그의 말처럼 "실제적이지 않은 말로 기록하려고 했으나, 그보다는 차라리 제위에 있는 자들이 행한 일의 시시비비를 거론함으로써, 그 결과 그 일을 더욱 더 절실하고도 명백하게 할 수 있었다". 훗날 《춘추》를 해석한 《좌전》, 《곡량전(穀梁傳)》, 《공양전(公羊傳)》 등이 나왔다.

공자는 죽은 뒤 곡부의 북쪽에 있는 사수(泗水) 근처에 묻혔다. 제자들은 그를 위해 장례를 치른 다음 각지로 흩어졌다. 그들은 스승에 대한 도덕적 학문적 존경의 마음에서 여러 방식으로 공자의 사상을 확대 발전시켰다. 증자(曾子), 자사(子思), 맹자(孟子) 등은 자신들의 저작인 《대학(大學)》, 《중용(中庸)》, 《맹자(孟子)》 등에서 수신, 제가, 치국, 평천하의 원리를 서술하였다.

공자와 유가는 오래된 주제이면서 동시에 새로운 주제이다. 어쩌면 끊임없이 연구해야 할 주제일 것이다.

# 4장 전국 시대에서 진(秦)나라까지 —대통일 중화제국의 성립

## 18. 각국의 변법

"높은 언덕은 골짜기가 되었고 깊은 골짜기는 구릉이 되었다"는《시경》〈시월(十月)〉의 말은 사람들이 춘추 시대의 급격한 사회변화를 묘사하는 데 사용되었다. 춘추 말기가 되면, '군자(君子)'들은 사라지고 정권은 쉽게 바뀌었으며, 과거의 봉건질서는 더 이상 존재하지 않았다. 《좌전》에 따르면, 소공(昭公) 32년(기원전 510년)에 사묵(史墨)이 조간자(趙簡子)에게 다음과 같이 말하였다. "사직은 변함없이 받들어지지 않고 군신도 변함없이 자리를 지키지 않는데, 이것은 예전부터 그러하였다. 그래서 《시(詩)》에 '높은 언덕은 골짜기가 되었고 깊은 골짜기는 구릉이 되었다'는 말이 있는 것이다. 삼후(三后)의 성씨가 이미 서민이 되었음을 모두가 알고 있다." 여기에 대해 두예(杜預)는 "삼후란 하·상·주"라고 주석을 달았다. 하지만 사실 '삼후의 성'은 포괄적인 의미에서 이해되어야 한다. 즉, 춘추 이래의 귀족들이 몰락하여 서민이 된 것은 보편적인 사회현상이었다. 사회구조의 변화는 정치 제도, 경제 체제, 관념 등에서 그에 상응하는 변화를 낳지 않을 수 없었다. 춘추 시대가 끝나고, 중국 역사는 전국 시대(기원전 476-221년)로 접어들었다. 전국 시대는 사회적인 대변동의 시대였다. 춘추 시대의 명문가들은 이미 거의 모두 연기처럼 흩어졌고, 그들은 하나의 사회계층으로서 자리를 잃었으며, 새로운 계층이 그 자리를 대신하였다. 전국 시대, 각국의 신흥 통치자들은 무엇보다도 어떻게 하면 자신의 권위를 유지할 수 있는가에 관심을 기울였다. 전국 시대는 온갖 분열과 술수가 난무하였고 병합전쟁이 끊이지 않았으며, 각국은 생존을 위한 싸움에 모든 힘을 기울였다. 그리하여 각 제후국들은 사회의 대변동에 적응하기 위하여 다투어 변법을 시행하였다.

### 위(魏)나라

기원전 445년, 위나라 문후(文侯)가 즉위하였다. 그는 이회(李悝)를 재상으로 등용하여 변법을 시행하였다. 이회는 법가의 창시자로 법에 의한 통치를 주장하였다. 그는 각국이 시행하고 있던 법률을 수집하여《법경(法經)》을 편찬하였다.《법경》은 중국 최초의 체계적인 법전으로 도법(盜法), 적법(賊法), 수법(囚法), 포법(捕法), 잡법(雜法) 구법(具法) 등 여섯 편으로 되어 있었다. 도법은 사유재산의 침해, 적법은 살상을 포함한 신체손상, 수법은 감금, 포법은 체포 등과 관련되었다. 잡법은 사기, 월성(越城), 도박, 공갈, 뇌물, 음란, 기한의 위반 등 여섯 종류의 위법행위와 관련되었다. 그리고 구법은 구체적인 정황에 따라 가중처벌하거나 형을 경감하는 규정이었다.《법경》의 본래 의도는 법치를 통해 사회의 질서 있는 변화를 보장하는 것이었지만, 그 영향력은 위나라에만 그치지 않았다. 상앙(商鞅)은 위나라에서 진(秦)나라로 들어갔고, 진나라 효공을 도와 변법을 시행하였는데, 그때《법경》을 기준으로 삼았다. 그 뒤에 나온《진율(秦律)》과《한율(漢律)》도《법경》을 바탕으로 내용을 확대한 것이었다.

이회는 법가이면서 농가(農家)이기도 하였다. 그는 변법을 시행할 때, 황무지의 개간, 수리시설의 건설, 농업생산의 발전 등에 큰 주의를 기울였고, 그를 위해 낡은 영주토지관계를 없애야만 하였다. 맹자는 "전쟁을 잘하는 자는 가장 중한 벌을 받아야 하고", "토지를 개간하여 농사를 짓는 자는 그 다음 벌을 받아야 한다"고 하였는데, 그의 말은 바로 이회를 비판한 것이었다. 이회는 "땅의 힘을 모두 사용하도록 가르쳐야 한다"고 주장하였다. 그는 관리를 파견하여 농민들이 생산에 힘쓰도록 독려하여, 생산을 늘린 자에게는 상을 주고 줄어든 자에게는 벌을 주었다. 땅의 힘을 충분히 사용하기 위해서 기장, 수수, 보리, 콩, 마 등을 심었고, 여분의 땅에는 야채나 과일을 심었으며, 뽕나무를 심어 부업을 확대하였다. 또한 이회는 곡식 가격이 심하게 변동하는 것을 막기 위하여 평적법(平糴法)을 시행하였다. 그는 "곡식이 너무 비싸게 되면 백성들이 피해를 보고 너무 싸면 농민들이 피해를 본다"고 여겼다. 그래서 그는 "남는 부분으로 부족한 부분을 보충하는" 방식을 통해 "백성들을 풍족히 하도록 가격을 일정하게 만들었다".

이회는 다섯 가구가 100무의 토지를 경작하고 1/10을 세금으로 내게 해야 한다고 주장하였는데, 이것은 농민이 더 이상 영주의 농노가 아니었음을 의미한다. 그리고 "너무 싸면 농민들이 피해를 본다"고 말한 것에서 이미 소농 경제가 갖추어졌음을 엿볼 수 있다.

### 조(趙)나라

산동성 임기(臨淇) 은작산(銀雀山)에서 출토된 죽간은 춘추 말기에 이미 조나라에서 1무를 100보(步)에서 500보로 바꾸었음을 보여 준다. 이러한 새로운 방식은 생산력의 발전과 소농 경제의 형성에 유리하였다.

기원전 403년, 조나라의 열후(熱侯)는 공중연(公仲連)을 재상으로 임명하여 개혁을 시행하였다. 그는 "숙련되고 현명한 사람을 선별하여 관직에 임명하거나 일을 시켰고", "재화를 절약하고 공덕(功德)을 살폈다". 그와 동시에, "인과 의로써 왕도정치를 시행하였다". 다시 말해서, 열후는 법가의 이론으로 인재선발, 재정운영, 인사고과 등을 시행하였고, 유가의 이론으로 민중들을 교화하였다.

그 뒤, 조나라 무령왕(武靈王)은 군사력을 강화하기 위하여 "유목 민족의 옷을 입고 말을 타고 활을 쏘는〔胡服騎射〕" 방식을 도입하여 군제를 개혁하였고, 기병을 양성하였다. 그는 유목 민족의 말 타기, 활쏘기, 옷 등을 도입하였고, 그것을 반대하는 사람들에게 "옷이란 편하게 사용하기 위한 것이고, 예란 일을 하는 데 편리하게 하고자 하는 것이며", "법과 제도는 각각 그 적합함을 따르고 옷과 무기는 쓰는 데 편리해야 한다"고 반박하였다. 이처럼 시의적절한 개혁으로 조나라는 나날이 강성해졌다.

### 초나라

기원전 402년, 초나라 도왕(悼王)은 즉위한 뒤에 법가였던 오기(吳起)를 등용하여 변법을 시행하였다. 오기 변법의 핵심적인 사상은 "남는 것에서 덜어내어 부족한 것을 잇는다"는 것, 즉 구귀족의 권력과 재산을 박탈하여 신흥 세력을 돕는 것이었다. 그는 3대 이상 내려온 작위와 봉록을 회수하였고, 무능하고 쓸모없는 관리들을 도태시켜 재정을 절약하였으며, "숙련된 인사"들을 후원하였다. 또한 구귀족을 황무지로 이주시켰고 그 지역을 개발하였다.

오기는 초나라 관리들 사이의 잘못된 풍토를 크게 바로잡았고, 다음과 같이 명확하게 규정하였다. "개인적인 일로 공적인 일에 해를 끼쳐서는 안 되고, 거짓으로 참됨을 헐뜯으려 해서는 안 된다. 말을 하는 데 구차하게 영합해서는 안 되고, 행동을 하는 데 구차한 모습을 해서는 안 되며, 의를 행하는 데 자신의 영예를 해칠까 걱정해서는 안 된다", "개인적인 요청들을 금지하고 초나라의 풍속을 통일해야 한다", "제멋대로 구는 자들을 제거하여 말 많은 자들이 입을 놀리지 못하게 한다". 오기의 목적은 공적인 일을 앞세우고 사욕을 잊게 하고 사적인 청탁을 금지하여 종횡가(縱橫家)들이 유세를 통해 혼란을 조장하는 것을 막는 데 있었다.

오기 변법은 초나라를 빠르게 강국으로 만들었고 큰 성과를 얻었다. 하지만 구귀족을 중심으로 하는 기득권 세력의 이익에 해를 끼쳤기 때문에, 거센 반발이 일어났다. 그들은 오기를 "재난을 부르는 놈", 도왕을 "천도를 어긴 왕"이라고 비난하였다. 반대파의 세력은 순식간에 여론을 들끓게 하였다. 결국, 도왕이 죽자마자 수구파들이 반란을 일으켰고, 오기는 능지처참을 당하였다.

오기의 죽음은 사회 제도 각 부문에 파급되는 개혁이 얼마나 큰 저항에 부딪히는가를 보여 준다. 개혁가들은 왕왕 불공평한 대우를 받고 심지어 정상적인 죽음을 맞지도 못한다. 결국 수구파의 반격은 변법의 성과를 점차 사라지게 만들었다. 한비(韓非)는 "초나라가 오기의 변법을 그만두면서 혼란에 빠졌고, 진나라가 상앙을 등용하여 부강해졌다"고 말하였다. 하지만 그는 훗날 상앙도 변법을 시행하다가 생명을 내놓게 되었다는 것을 전혀 알지 못하였다.

### 진(秦)나라

기원전 361년, 진나라 효공이 즉위하였다. 그는 인재를 구한다는 조서를 반포하여 "출중하고 뛰어난 재능"으로 진나라를 부강하게 만들 사람들을 모집하였다.

상앙의 본명은 위앙(衛鞅) 혹은 공손앙(公孫鞅)이다. 그는 진나라의 변법에 공을 세워서 상〔商, 섬서성 상현(商縣) 동남쪽의 상낙진(商洛鎭)〕에 분봉되었고 상군(商君)으로 불렸기 때문에 후대인들이 상앙이라고 하였다.

상앙은 이회의 《법경》을 가지고 진나라에서 두 차례에 걸쳐 변법을 시행하여 진나라를 강국으로 도약하게 만들었다.

그는 우선 수구파의 "옛것을 본받고" "예를 따른다"는 주장을 반박하였고, "세상을 다스리는 것은 하나의 원리가 아니고 나라를 변하게 하는 데 옛것을 본받아서는 안 된다"며, " 상황에 따라 법을 세우고 일에 따라 예를 제정해야 한다"고 제창하였다. 3년의 준비를 거쳐, 기원전 356년에 제1차 변법이 시행되었다. 첫째, 상앙은 이회의 《법경》을 진나라에 공포, 실시하였는데, 상호고발과 연대책임을 포함한 연좌법을 추가하였다. 그는 또한 가벼운 죄에 무거운 형벌을 사용해야 한다고 주장하였다. 이것을 "형벌로 형벌을 사라지게 하는 것"이라고 불렀고, 그 목적은 법률에 대한 두려움을 알게 하는 데 있었다. 둘째, 상앙은 과거부터 세습되던 관직과 봉록을 폐지하고 군공에 따라 토지와 집을 주는 새로운 법을 시행하였다. 군공은 20등급으로 나누었고, 논공행상을 통해 관직과 토지, 집을 내렸다. 셋째, 상앙은 진나라가 땅은 넓고 인구는 적다는 것을 감안하여 개간과 방직의 장려, 중농억상 등을 시행하였다. 경작과 방직에서 뛰어난 성과를 거둔 사람에게는 요역의 면제라는 혜택을 주었고, 상업이나 수공업에 힘을 기울이지 않아서 파산한 자는 그 처와 아이들까지 노예로 만들어 버렸다. 넷째, 유가경전을 불사르고 사적으로 청탁을 하거나 유세를 통해 관직을 구하는 행위를 금지하였다.

기원전 350년, 상앙은 제2차 변법을 시행하였는데, 그 범위는 더욱 넓어졌다. 첫째, 진나라 안에서 정전제를 폐지하였고, 원래 "100보를 1무로 하고" 100무를 1경으로 하던 방식을 모두 없앴다. 대신에 240보를 1무로 하여 새로이 논두렁과 경계를 정비하였다. 아울러 정식으로 토지의 사유와 매매를 합법화하였다. 둘째, 진나라의 향(鄕), 읍(邑), 취(聚, 촌락)를 현(縣)으로 통합하여 지방행정기구의 단위로 삼았다. 셋째, 중원 지역을 차지하기 위하여 동쪽을 발전시켰고, 도성을 옹(雍)에서 함양(咸陽)으로 옮겼다. 넷째, 도량형을 통일하고 그 표준을 반포하였다. 다섯 째, 호구(戶口)에 따라 군역과 토지세를 징수하였다. 한 집안에 성인 남자가 둘이면 분가하여 따로 호구를 구성하게 하였고, 어길 경우 세금을 두 배로 물렸다. 이것은 부부를 생산 단위로 하는 소농 경제의 형성을 촉진하였다.

상앙의 변법은 각국의 변법 중에서 가장 전면적이고 철저하게 시행되었으며 가장 효과적이었다. 변법의 시행 이후, 진나라는 부강해졌고 전국을 통일하는 데 기초를 마련하였다. 한나라 때 왕충(王充)이 《논형(論衡)》에서 다음과 같이 적절하게 지적하였다. "상앙은 효공을 도왔고, 진나라가 제업(帝業)을 시작하게 하였다."

상앙의 변법은 구귀족들로부터 특권을 박탈하고 이익을 빼앗았다. 구귀족은 원한을 품게 되었고, 상앙과 생사를 건 싸움을 피할 수 없게 되었다. 상앙은 태자(太子)가 법을 어기자, 태자의 스승인 공자건(公子虔)을 처벌함으로써 귀족들과 타협하지 않겠다는 것을 분명히 하였다. 그 결과 상앙과 귀족들 사이의 갈등이 더욱 깊어졌다. 기원전 338년, 효공이 죽고 태자가 즉위하여 혜왕(惠王)이 되었다. 공자건 등은 때가 되었다고 판단하여 상앙이 모반을 꾸민다고 무고하였다. 상앙은 어쩔 수 없이 봉지인 상읍으로 돌아가서 저항하였다. 상앙은 진나라 군대에 의해 살해되었고, 그의 시체는 갈기갈기 찢겨졌다. 상앙의 비극적인 결말은 그의 변법을 통해 흥기한 진나라의 상황과 강한 대조를 이루었고, 우리들에게 많은 생각을 하게 한다.

상앙이 변법을 시행한 것과 거의 같은 시기에 한(韓)나라는 신불해(申不害), 제나라는 추기(鄒忌)를 등용하여 차례로 변법을 시행하여 성과를 얻었다. 더욱 주목할 만한 사실은 제나라에서 추기의 변법이 시행되는 동안 직하학궁(稷下學宮)은 정책을 자문하고 여론을 주도하는 역할을 하였다는 점이다. 제나라 위왕(威王)은 군사가인 손빈(孫臏)을 등용하여 병사들을 훈련시키고 무기를 정비하여 눈에 띄는 효과를 얻었다. 그리하여 제나라와 진나라는 한때 서로 동제(東帝)와 서제(西帝)로 부르면서 각각 동쪽과 서쪽의 강국이 되었다.

## 19. 백가쟁명—수많은 인물들이 활동한 시대

정치와 경제의 급격한 변혁에 따라 사상과 문화적 분야에서도 여러 사조나 학파들이 서로 경쟁하고 혼재하였다. 당시 수많은 인물들이 활발하게 활동하였는데, 중국역사에 이처럼 역동적이었던 상황을 백가쟁명의 시대라고 한다.

이른바 백가쟁명이란 두 가지 사회현상을 가리켰다. 첫째, 여러 학파가 독립적으로 자신의 학술적 사상을 이야기하였고, 학파 사이에는 어려운 문제를 질의하면서 변론을 진행하였다. 둘째, 제후들에게 유세를 펼쳤다. 전국 시대의 제자백가들은 학문이 현실에 도움을 주어야 한다는 생각에서, 세상을 구하기 위하여 반드시 자신이 배운 것을 제후들에게 유세하고 자신의 정책이나 통치론을 펼쳐야 한다고 여겼다. 그래서 제후나 관리들과 논쟁을 피할 수 없었다. 각 학파의 우두머리들은 거의 모두가 영리하고 언변이 뛰어난 웅변가들이었다. 한비처럼 어눌한 사람은 아주 특이한 사례였다. 맹자는 곳곳에서 유세하였고 언변이 대단히 뛰어났다. 공도자(公都子)란 사람이 맹자에게 "모두들 당신이 변론을 좋아한다고 하는데, 왜들 그러는 것입니까?"라고 물었다. 맹자는 "나는 어쩔 수 없이 변론을 하는 것이라오! 세상의 도가 쇠퇴하여 엉터리 학설과 잔악한 행위들이 끊이지 않고 있소. 신하가 군주를 시해하고 자식이 아버지를 죽이고 있으니, 나는 인심을 바로잡고 못된 학설들을 제거하려고 어쩔 수 없이 변론을 하는 것이오"라고 대답하였다.

당시 문인학자들 사이에는 유세를 하는 것이 아주 성행하였다. 어떤 평범한 선비는 유세를 통해 군주와 알게 되어 높은 자리에 오르기도 하였다. 예를 들어, 상앙은 본래 위나라 재상 공숙좌(公叔痤)의 가신이었는데, 진나라 효공에게 유세하여 진나라의 최고관직이었던 대양조(大良造)가 되었다. 장의(張儀)는 본래 위나라 사람이었는데 진나라로 가서 유세하여 혜왕이 재상에 임명하였다. 상앙은 진나라에 들어간 뒤에 감용(甘龍)과 두지(杜摯)가 "옛것을 본받으면 잘못이 없고 예를 따르면 나쁠 것이 없다"고 주장하자 다음과 같이 반박하였다. "이전 세대에는 가르치는 것이 달랐는데, 무슨 옛것을 본받는다는 것인가? 제왕은 예가 서로 중복되지 않는데, 무슨 예를 따른다는 것인가?", "천하를 다스리고자 한다면 길을 하나로 하지 않으며, 국가를 편리하게 하고자 한다면 옛것을 본받을 필요는 없다", "옛것에 반대한다고 해서 반드시 비난할 수는 없으며, 예를 따른다고 해서 많은 칭송을 받을 가치가 있는 것만은 아니다". 이상의 변론을 통해 상앙은 "상황에 따라 법을 세우고 일에 따라 예를 제정해야 한다"라고 결론을 내렸다. 이것은 분명히 복고주의나 현실에 안주하는 것을 반대하는 법가사상이다. 법가는 유가나 도가의 "옛것을 본받고" "예를 따르는" 관점을 비판하였다. 맹자는 제, 위, 송, 등(滕), 설(薛), 추(鄒), 양(梁)나라 등에서 유세하면서 목소리를 높여 유가의 이론과 정치관을 설파하였다. 그가 위나라에 왔을 때, 혜왕(惠王)이 융숭하게 대접하며 나라를 다스리는 방법에 대해 물었다. 혜왕이 "어떻게 하면 우리나라를 이롭게 할 수 있겠습니까?"라고 물었다. 맹자는 "왕께서는 하필이면 이로움에 대해 말씀하십니까? 인과 의가 있을 뿐입니다"라고 대답하였다. 그는 유가의 의와 이로움에 대한 관점으로 법가의 그것을 비판하였던 것이다. 맹자가 제나라에 있을 때, 선왕(宣王)이 그를 상경(上卿)으로 임명하였다. 당시 맹자는 수십 대의 수레와 수백 명의 하인이 있었다고 한다. 이 모든 것이 유세의 결과였다. 집권자가 유세하는 사람의 학설과 주장을 받아들이면 화려한 시절을 보낼 수 있었던 것이다.

백가쟁명이 가능했던 것은 각국의 관대한 학술 정책과 큰 관련이 있었는데, 제나라

직하학궁

의 직하학궁이 가장 대표적인 사례였다.

제나라의 수도 임치(臨淄)는 춘추전국 시대에 손꼽히는 대도시로 둘레가 50리에 성문이 13개나 되었다. 《사기》〈소진열전(蘇秦列傳)〉에 따르면, 임치에는 7만 호가 살고 있었는데 "그곳에 사는 사람들 중에 피리를 불고 거문고를 뜯고 닭싸움이나 개 경주를 즐기며 도박을 즐기지 않는 자가 없었다. 임치에는 수레가 길을 막을 정도였고 사람들은 어깨를 부딪히며 걸을 정도였다. 사람들이 옷깃을 펼치면 휘장을 이루고 소매를 들면 천막이 되었으며, 땀을 흘리면 비가 오는 것 같을 정도였다. 집안은 풍족하고 사람들은 만족하였으며 활기로 넘쳤다". 위왕(威王)의 아버지인 전환공(田桓公) 때부터 제나라는 수도 임치의 서쪽 직문(稷門) 밖에 있는 직하에 학궁을 설립하여, 여러 학파의 학자들이 책을 저술하고 학설을 이야기하고 정치를 토론하게 하였다. 그들을 '직하선생' 혹은 박사라고 불렀다. 위왕과 선왕 때가 되면, 직하학궁에는 수많은 학자들이 모여들어 대단히 활기를 띠었다. 학자들 중에는 순우곤(淳于髡), 신도(愼到), 추연(鄒衍), 송견(宋鈃), 윤문(尹文), 접자(接子), 전병(田駢), 환연(環淵), 순경(荀卿) 등이 있었던 것으로 밝혀졌다. 제나라는 도가의 학설을 숭상하였지만, 한 학파만이 아니라 여러 학파들을 포용하여 "자유롭게 논의하게 한다"는 방침을 채택하였다. 그리하여 직하학궁은 제자백가가 서로 온갖 학설을 이야기하고 사상을 교류하는 중심지가 되었다. 맹자는 제나라 위왕이나 선왕과 정치관이 달랐지만 예우를 받았다. 선왕은 맹자에게 정치를 자문하였고, 심지어 연나라를 공격하는 것과 같은 중대한 정치 사안까지도 의견을 구하였다. 맹자가 떠날 때, 선왕은 그를 만류할 생각으로 화려한 집과 많은 봉록을 약속하기도 하였다. 추연은 본래 제나라 사람이었는데, 제나라의 왕에게 불만을 품고서 연나라로 갔다. 그 뒤, 제나라 양왕(襄王)이 즉위하자, 추연은 다시 직하학궁으로 돌아왔다. 이러한 포용 정책이 백가쟁명이라는 장관을 만들어낼 수 있게 하였다.

더 깊이 살펴보면, 백가쟁명의 풍토는 사(士)의 변화와 큰 관계를 가지고 있었다.

사는 원래 귀족 중에서 하위계층으로 일정한 양의 '식전(食田)'을 소유하였고 '육예'의 교육을 받았으며 문무(文武)에 뛰어나서, 전시에는 하급군관으로 충당될 수 있었고 평상시에는 경대부의 가신이 될 수 있었다. 춘추에서 전국으로 넘어가는 시기에 사 계층은 분화되었다. 일부는 식전도 없고 원래의 일을 잃어서 지식을 전수하는 교사가 되거나 의식을 주관하는 일을 하였다. 그리하여 사는 지식인을 통칭하는 말이 되었다. 당시의 크고 작은 사회적 상황은 학파들이 힘차게 발전하고 서로 경쟁하는 데 좋은 조건을 제공하였다. 관학의 독점적 지위는 깨졌고, 사학이 흥기하여 학생들을 모으고 가르치는 것이 성행하게 되었다. 저명한 학자들 중에는 학생들을 모으고 가르치지 않는 경우가 없었고, 지식인들도 그러한 스승을 따르는 것을 벼슬길에 나아가는 지름길로 여겼다. 다른 한편으로, 각국의 권세가들도 개인적으로 사를 양성하고 학파를 키웠다. 제나라의 맹상군(孟嘗君) 전문(田文), 조나라의 평원군(平原君) 조승(趙勝), 위나라의 신릉군(信陵君) 위무기(魏無忌), 초나라의 춘신군(春申君) 황헐(黃歇), 진나라의 문신후(文信侯) 여불위(呂不韋) 등은 식객을 수천 명이나 거느리기도 하였다. 그

식객들 중에는 각 학파의 사들이 포함되어 있었고, 그들은 주인을 위해 좋은 계책을 내고 곳곳에서 유세하면서 자신들의 주장을 펼쳤다. 그래서 각 학파들 사이에 서로 치열한 공방이 벌여졌고, 백가쟁명의 상황을 낳게 되었다.

전한 초기 사마담(司馬談)은 제자백가를 음양가, 유가, 묵가, 명가, 법가, 도덕가 등 여섯으로 분류하였는데, 전한 말기의 유흠(劉歆)은 다시 유가, 묵가, 도가, 명가, 법가, 음양가, 농가, 종횡가, 잡가, 소설가 등 열 개의 학파로 나누었다. 열 개의 학파 중에서 문학에 속하는 소설가, 합종연횡을 주장했던 종횡가, 임금과 백성의 공동경작이나 농사 기술을 설파하였던 농가, 여러 학파를 종합한 잡가 등을 제외하면, 주요 학파에는 유가, 묵가, 도가, 법가, 명가, 음양가 등 여섯 개가 있었고, 유가, 묵가, 도가, 법가 등은 후대에 큰 영향을 끼쳤다.

### 유가

공자 사후에 맹자는 유가의 계승자로서 사람들의 가장 큰 주목을 받았다. 그러나 공자와 맹자 사이에는 170년이라는 시간의 격차가 있었고 자료도 부족하여 둘 사이의 관계는 여전히 모호하다. 최근 호북성 형문의 전국 시대 무덤에서 발굴된 죽간이 정리 출판됨으로써 명확한 참고자료를 제공하고 있다. 전문가들은 그 죽간들이 사맹(思孟) 학파의 저작이고 조기 유가의 심성이론을 연구하는 데 중요한 자료라고 여긴다. 그 죽간들의 출토는 지금까지 공백으로 남아 있던 공자와 맹자 사이의 사상적 전승관계를 밝혀 주었다.

맹자의 이름은 가(軻)이고 추(鄒)나라 사람으로 기원전 390년에 태어나서 기원전 305년에 세상을 떠났다. 맹자는 공자의 손자인 자사(子思)의 제자였기 때문에 사맹학파라고도 불린다. 그는 중국역사에서 가장 불안정한 시대에 살았기 때문에, 그의 정치윤리학(치국방략)은 웅변력, 설득력, 영향력 등을 갖추고 있었고, 이 점은 공자도 따라오지 못하는 것이었다. 당시 각국은 모두 부국강병의 길을 추구하고 있었고 전쟁의 승패에만 관심을 기울이고 있었다. 맹자는 여전히 말끝마다 하 · 상 · 주 삼대의 덕치를 이야기하였기 때문에 시세에 맞지 않았고 뜻을 펼치지 못하였다. 맹자의 유세는 거의 어떠한 사람의 호응도 얻지 못하였다. 양나라 혜왕은 그의 말에 주의를 기울이지 않았고 "너무 옛날이야기이고 세상일과 동떨어져 있다고 여겼고" 더 이상 들으려 하지 않았다. 맹자는 제나라 선왕에게 '인술(仁術)'과 '항산(恒產)'을 통해 천하를 통일하는 '왕도'를 설파하였지만, 선왕은 웃기만 하고 아무 말도 하지 않았으며, 심지어 얼굴색이 붉어졌고 주위를 둘러보며 딴청을 부렸다. 맹자가 본 혜왕과 선왕은 모두 당시에 세력이 강했던 왕들이었기 때문에, 그가 아첨하여 마음을 얻었다면 곧바로 재상이 될 수도 있었을 것이다. 한 이름 없는 학자로서 자신의 의견을 발표하여 한 나라에 영향을 끼치는 것은 후대 지식인들도 바라는 것이었지만 실현할 수는 없었다. 그러니 맹자가 전국 시대의 지식인으로서 후대 문인들에 의해 가장 큰 흠모의 대상과 즐거운 이야깃거리가 된 것도 이상할 것이 없다. 이 점을 이해한다면, 중국의 지식인들이 왜 끝내 서양의 자연과학을 좇지 않고 천문, 역법, 의약 등을 무시하면서 하찮게 여기고 힘써 연구하지 않았는지를 알 수 있을 것이다. 그들은 '치국평천하'라는 더 큰 목표를 추구하였기 때문이었다.

유가는 인간 생활의 집단성을 대단히 중시하였고 윤리관계를 인간의 집단생활이 지닌 특징이라고 보았으며, 사람들은 서로 존경하고 아끼며 화목하게 공존해야 한다고 강조하였다. 맹자는 선왕들을 본받아서 왕도, 즉 인정(仁政)을 펼쳐야 한다고 주장하였다. 그는 어진 사람만이 참된 사람이고 어짊은 사람의 본성인데 사람의 본성은 바로 가까운 사람을 잘 대우하는 것이라고 하였다. 맹자의 인정은 하 · 상 · 주 삼대를 모델로 삼았다. 그는 등나라 문공(文公)에게 유세할 때, "인정은 반드시 경계를 바르게 하는 것에서 시작됩니다"라고 하였다. 즉, 인정은 반드시 서주 시대의 정전제를 복구하는 것에서 시작되어야 한다고 하였다. 왜냐하면 정전제 아래에서 모든 사람들은 토지를 갖고 있어서 빈부의 격차가 그다지 크지 않았는데, 그것이 바로 인정의 바탕이었기 때문이었다. 맹자는 덕치와 인정을 시행할 수 있는 사람이 천하의 왕이 될 것이라고 여겼다. 그는 각국이 부국강병을 목적으로 변법을 시행하는 것을 강하게 반대하여,

그들은 "폭군과 탐욕스런 관리"라고 비판하였으며, "전투를 잘 하는 자는 가장 큰 벌을 받아야 하고, 제후들끼리 연합하게 하는 자는 그 다음 벌을 받아야 한다"고 주장하였다.

이러한 맹자의 인정론은 비록 당시 상황에 맞지 않았고 보수적이었지만, 인권이라는 고귀한 가치를 존중하는 경향을 보여 주었다. 그가 갈망했던 것은, 농민들이 모두 100무의 토지와 5무의 집을 가지고, 50세가 되면 "비단옷"을 입을 수 있고, 70세가 되면 "고기"를 먹을 수 있으며, 서너 명의 한 가족이 "굶주리지 않는" 것이었다. 이처럼 따뜻하고 굶주리지 않으며 살 권리는 가장 기본적인 인권이다. 맹자는 인정을 설파하면서 다음을 특별히 강조하였다. "백성이 귀하고 사직이 그 다음이며 군주는 가벼운 존재이다." "군주가 어질면 어질지 않은 사람이 없고, 군주가 의로우면 의롭지 않은 사람이 없으며, 군주가 바르면 바르지 않은 사람이 없다." 맹자는 백성이 귀하고 군주는 가벼우며, 사회의 모든 어질지 못함, 의롭지 못함, 바르지 못함 등은 모두 군주에게서 비롯된다고 보았다. 이러한 인본주의적인 색채를 띤 견해는 대단히 뛰어난 것이었고 후세의 유가들이 따르지 못한 점이었다.

북송(北宋) 때부터 《맹자》는 '경(經)'으로 승격되어 유가경전의 지위를 갖게 되었다. 남송(南宋) 때 주희(朱熹)는 《맹자》와 《논어》, 《대학》, 《중용》 등을 사서라고 하였다.

### 묵가

묵가와 유가는 당시에 모두 저명한 학파였고, 둘 사이의 논쟁은 백가쟁명의 발단이 되었다.

묵자는 이름이 적(翟)이었고 송나라 사람으로 오랫동안 노나라에 살았다. 대략 기원전 467년에 태어나서 기원전 376년에 세상을 떠났다. 묵자는 낮은 신분이었고 검약한 생활을 하여, "배 고프지 않을 정도만 먹고 몸 가릴 정도만 입는다"고 말하였다. 이것은 공자가 "밥은 정미한 것을 싫어하지 않고, 회는 가늘게 썬 것을 싫어하지 않았다"는 것과 아주 대조적이었다. 노나라는 유가의 근거지였고, 묵자는 처음에 공자의 제자로부터 유가의 학설을 배웠는데, 나중에 유가를 비판하고 묵가를 창시하였다. 그는 일생 동안 저술을 통해 학설을 세우고 제자들을 가르쳤고, 제후들에게 유세하여 송나라의 대부가 되기도 하였고, 위, 제, 초, 월 등의 나라에 가기도 하였다.

묵자는 겸애(兼愛), 비공(非攻), 상현(尙賢), 상동(尙同), 존천(尊天), 사귀(事鬼), 비악(非樂), 비명(非命), 절용(節用), 절장(節葬) 등 열 가지를 주장하였다. 동등하게 사랑을 베풀어야 한다며 유가가 차별적인 사랑에 반대하였고, 이로움을 교환해야 한다며 유가의 이로움에 대한 거부감을 반대하였고, 비명론으로 유가의 천명론을 반대하였고, 귀신을 섬겨야 한다며 유가의 귀신을 섬기지 않는 것을 반대하였고, 검소한 장례를 주장하며 유가의 성대한 장례를 반대하였고, 비악으로 유가의 예악을 반대하였다. 묵자의 비명과 비악은 사람의 힘이 지닌 역할을 강조한 것이다. 그는 어지러운 사회에서 "힘에 의지하는 자는 살아남고, 힘에 의지하지 않는 자는 살아남지 못하며" "강한 자는 반드시 배가 부르고 약한 자는 반드시 굶주리게 된다"고 보았다. 묵자는 유가의 차별적인 사랑을 반대하여 현명한 사람을 선발하여 나라를 다스리는 상현을 제창하였고, "빈부, 귀천, 원근, 친소 등을 구별해서는 안 되며", "농사를 짓거나 수공업을 하는 사람이라도 재능이 있으면 천거해야 한다"고 주장하였다. 그는 "관리라고 늘 귀한 것은 아니며 일반 백성이라고 늘 천한 것은 아니"라는 것을 보여 주어야 한다고 여겼다. 묵자는 사회적 혼란의 원인이 사림들이 서로 사랑하지 않고 이로움을 줄 수 없기 때문이라고 여겼다. 그래서 "서로 동등하게 사랑하고 서로 이로움을 교환하여" 충돌을 완화해야 한다고 주장하였다. 이러한 '겸애'는 '비공'으로 발전하였다. 묵자는 남의 나라를 공격하는 것이 가장 의롭지 못한 것이라고 여겼다. 이 점에서는 묵가와 유가가 생각을 공유하였다. 몽문통(蒙文通)은 〈묵가의 원류와 유묵(儒墨)의 결합〉에서 다음과 같이 지적하였다. 유가와 묵가는 둘 다 노나라 사람들의 학설로, 그들은 《시경》과 《서경》을 읽고 인의를 말하였으며, '육경(六經)'은 본래 두 학설에서 공유하였다. 극단적인 평등사상으로 주나라와 진나라의 귀족 정치를 무너뜨리려 했던 것이 묵가의 핵심내용이었는데, 그것이 일변(一變)하여 유가의 큰 법칙이 되었다. 묵가를 취하여 유가가 된 이후 유가의 성대함은 어느 학파도 따를 수 없게 되었다. 한나라 이후 묵자의 학설은 전해지지 않았지만 그 핵심은 거의 모두 유가에 포함되었고, 유가는 마침내 오랫동안 홀로 존중을 받게 되었다.

묵자는 사상가일 뿐만 아니라 과학자였다. 그의 제자들은 수학, 물리학, 의학, 논리학 등 분야를 개척하였다. 후기 묵가는 독자적인 학파를 형성하여 정치와 결별한 채 과학에 매진하여 주목할 만한 성과를 내었다. 이상한 점은 그 뒤로 묵가는 더 이상 주도적인 학파가 되지 못하고 날로 쇠퇴하였다는 것이다. 하지만 지식인들의 눈에 묵가는 이미 자신들이 관심을 지닌 주제인 치국평천하에서 멀어진 것으로 보였기 때문에, 잊히고 흥미를 끌지 못한 것은 당연하였다. 그럼에도 불구하고 후기 묵가의 대표저작인 《묵경(墨經)》은 서양의 중국학자들에게 흥미를 끌었다. 영국의 중국학자 그레이엄(Angus C. Graham)은 《묵경》이 중국 고대 논리학과 자연과학의 가장 흥미 있는 자료를 담고 있다고 여겼다.

### 도가

노자가 창립한 도가는 제나라의 직하에서 여러 학파들이 교류하는 동안 분화되고 개조되어 유가나 묵가와 어깨를 겨루는 학파가 되었다. 제나라의 직하에서는 도가의 창시자인 노자가 자국이 받들던 시조 황제(黃帝)와 결합되었고, 황로지학(黃老之學)이 등장하였다. 황로지학은 황제의 명의를 빌려 노자의 "무위자연", "만물은 성하면 쇠퇴하게 마련이다" 등을 흡수하였고, 하나의 학파를 형성하였다. 그러나 황로학파의 저작은 남아 있지 않아서, 사람들은 그에 대해 제대로 알지 못하게 되었다. 1973년, 장사의 마왕퇴(馬王堆) 한묘(漢墓)에서 《노자》 을권(乙卷)의 앞부분에 《경법(經法)》, 《십대경(十大經)》 등 네 종류의 서적이 씌어 있는 비단이 발견되었다. 아마도 그것들이 황로학파의 대표작일 것이다.

직하에서 활동하였던 도가의 대표적 인물들은 송견(宋鈃), 윤문(尹文), 전병(田騈), 신도(愼到) 등이다. 송견, 윤문은 주로 관용을 주장하고 전쟁을 반대하였으며, 군주는 반드시 "무위로써 천하를 포용해야 한다"고 하였다. 신도는 군주가 '무위지치(無爲之治)'를 시행함과 동시에 법치에도 힘써야 하고, 특히 '형세'를 잘 살펴서 권세로 신하와 백성들을 복종시켜야 한다고 주장하였다. 그는 당시 이미 도가가 아니라, 도가로부터 갈라져 나온 법가였다.

노자사상을 진정으로 드러낸 사람은 장자(莊子)였다. 장자는 이름이 주(周)였고, 대략 기원전 369년에 태어나서 기원전 280년에 세상을 떠났다. 장자는 송나라의 시골에서 옻나무 밭을 관리하는 일을 하였는데, 초나라 장왕의 초빙을 거절한 채 은거 생활을 하였다. 《장자》라는 책은 《노자》의 간략한 말들을 구체적이고 생동감 있게 묘사한 우화집으로, 본성을 따르고 자신에 맞게 행동하라고 주장하였다. 그는 뛰어난 문체의 자유로운 글을 통해 사상의 심원함을 드러내었다. 장자는 도가 우주만물의 근원이지만 알 수 없는 것이라고 여겼다. 세상에는 본래 어떤 물체도 없었는데, 도에서 천지, 제왕, 모든 사물, 진위, 시비 등이 나왔다. 사람들마다 옳고 그름의 기준이 다르기 때문에, 옳고 그름을 구분하기 힘들다. "저것도 하나의 시비(是非, 기준)이고, 이것도 하나의 기준이다"는 장자의 명언이다. 장자는 유가나 묵가가 말하는 것과 같은 세속적인 견해가 모두 상대적인 기준에 따른 것이고, 그 상대적인 기준은 절대적인 판단의 근거일 수 없다고 여겼다. 도는 일정한 형체가 없는데, 어떻게 이것과 저것을 나누고 옳고 그름을 나눈단 말인가? 물이 흐르듯이 모든 것을 자연에 맡기는 것만 같지 않다. 이것은 세상과 다투지 않겠다는 일종의 소극적인 사상으로, 현실을 도피하여 개인의 정신적 자유를 추구하는 방식이었다. 정신적 자유를 위해서는 반드시 자기와 공명에 집착하지 않고 자신을 잊는 단계가 되어야만 하였다. 천지만물과 혼연일체가 되는 경지에 도달해야만 절대적인 정신적 자유를 얻을 수 있는 것이다. 장자는 천인합일(天人合一)을 주장하였고, "천지는 나와 함께 존재하고, 만물은 나와 하나이다"라는 것을 최고의 정신적 경지로 여겼다. 이러한 "차별이 없는 경지"는 바랄 수는 있지만, 도달할 수는 없는 것이다.

### 법가

법가는 적극적인 현실참여의 정신을 바탕에 두었기 때문에 엄격한 법과 처벌로 난세를 구하려 하였고, 통치술에 대한 깊은 연구로 각국 제후들의 호평을 받았다. 법가 중에서 상앙은 법을 중시한 학파의 대표적 인물로 법률과 상벌의 집행을 연구하였고, 신불해는 술(術)을 중시한 학파의 대표적 인물로 관리의 선발, 감독, 상벌, 통제 등의 방법을 연구하였으며, 신도는 세(勢)를 중시한 학파의 대표적 인물로 군주의 권세를 이용하고 그 지위를 유지하는 방법을 연구하였다. 한비는 그들이 모두 결점을 지니고 있다고 여겼다. 진나라는 상앙의 '법'을 이용하여 부국강병을 이루었지만 "간신을 알아보는 술이 없어서" 강국이 된 지 수십 년이 지나도록 제업(帝業)을 이루지 못하였다. 한나라 소후(昭侯)는 신불해의 '술'을 이용하였지만 법령이 통일되지 않아서 간신들이 그 틈을 타고 일어났고 그 나라는 "패왕이 되지 못하였다". 따라서 한비는 장점을 통해 단점을 보완하기 위해 '법', '술', '세' 등 세 가지를 하나로 결합하여 치국방략을 만들어야 한다고 주장하였다. 이를 위해, 먼저 중앙집권을 강화해야 한다. "일은 사방에 있지만 핵심은 중앙에 있다. 성인이 핵심을 장악하면 사방이 와서 따르는 것이다." 또한 반드시 '술'을 통해 사적인 세력들을 제거하고 법술(法術)을 아는 사람을 선발하여 "관직을 맡기고 조문에 따라 사실을 조사하게 하며, 생사여탈권을 가지고 여러 신하들의 능력을 평가하게 한다". 다음으로, 법을 가르치고 관리를 본보기로 삼으며 사학(私學)을 금지한다. 끝으로, 상벌을 엄격히 시행하고 농사와 전투를 독려하여 국가의 부강을 추구한다.

한비는 한나라의 귀족이었고, 그와 이사(李斯)는 둘 다 순자의 제자로 법가의 학문을 배웠다. 한비는 여러 차례 한나라 왕에게 간언하였지만 받아들여지지 않았다. 진나라 왕 정(政, 뒷날의 진시황)은 그의 저작인 《고분(孤憤)》, 《오두(五蠹)》 등을 읽고서 크게 감탄하였다. 기원전 234년, 한비는 한나라를 위해 진나라에 출사하였고, 왕에게 《존한서(存韓書)》를 바쳤다. 그 내용은 6국을 평정하고 천하를 통일하려는 큰 야망을 품은 진나라 왕의 정치전략과 맞지 않았다. 그래서 왕은 한비의 《존한서》를 이사에게 주어 처리하도록 하였다. 이사는 한비가 진나라로 올 경우 자신의 벼슬길에 방해가 될 것이라고 여겼고, 한비를 시기하여 살해하였다. 이것은 실로 역사적인 오해라고 할 만하다. 한비는 비록 죽었지만, 그의 이론은 진나라의 관학이 되었다.

제자백가 중에서 묵가, 명가, 음양가는 사회를 연구함과 동시에 자연을 연구하여 뛰어난 성과를 내었다. 후기 묵가와 후기 명가는 물질구조와 운동에 대해 토론하였는데, 당시 묵가는 이미 시간과 물질운동 사이의 뗄 수 없는 관계를 인식하였고, 우주만물이 수많은 입자로 구성되었다는 것을 알고 있었다. 《묵경》의 '단(端)'은 극도로 작게 쪼개진 작은 입자였다. 이와 마찬가지로, 《묵경》에서는 '단'의 개념을 응용하여 시간을 작게 나누었고 그 최소 단위를 '시(始)'라고 하였고, 시간의 '점(點)'으로 삼았다. 후기 명가는 한걸음 더 나아가서 물질이 끝없이 나누어질 수 있다고 보았다. "1척(尺)의 회초리를 매일 절반으로 나누면 만세가 지나도 끝나지 않을 것이다." 음양가가 제창한 음양오행설은 물질을 금, 목, 수, 화, 토 등 다섯 가지가 결합된 것으로 보는 것이다. 아울러 음양의 모순을 통해 사물의 변화를 설명하였다. 음양가는 당시 천문, 역법, 기상, 생물, 의약 등 자연과학의 발전과 밀접한 관련을 갖고 있었고, 크게 유행하였다.

백가쟁명은 수많은 인물들이 활동한 시대를 있게 하였고, 그것은 역사에서 보기 드문 시대였다.

## 20. 진나라의 대통일과 그 지리적 배경

춘추 시대 열국 사이의 패권다툼이 전국 시대에 이르러 일곱 개의 나라인 칠웅(七雄)으로 정리된 것은 통일의 커다란 추세를 반영하고 있었다. 통일 자체에는 누구도 이의가 없었다. 맹자는 당시에 전체적인 국면이 반드시 "하나로 통일될 것이고" 다만 "살인을 좋아하지 않는 자가 그 일을 할 수 있을 것"이라고 여겼다. 그의 말은 7국 사이의 병합전쟁에서 "땅을 차지하려는 전쟁이 일어나서 죽은 사람들이 들판에 가득하고, 성을 차지하려는 전쟁이 일어나서 죽은 사람들이 성안에 가득한" 상황을 지적한 것이었다. 분명히 '아성(亞聖)' 맹자는 폭력에 의한 통일이 아니라 인정을 통한 통일을 주장하였다.

그러나 그의 선량한 바람은 끝내 물거품이 되고 말았다. 진나라의 통일은 폭력이 난무한 일련의 전쟁을 통해 실현되었다. 당시 상황에서 전쟁은 통일을 실현하는 유일한 방법이었다.

전국 시대 초기 수백 년 동안, 진나라는 서쪽변방에 위치하였고 중원 각국 사이의 일에 참여하지 못하였다. 상앙의 변법 후, 진나라는 일약 7국 중에서 가장 부강한 나라가 되었다. 진나라의 흥기는 그 동쪽에 있던 나라들의 주목을 끌었고 힘을 합쳐 저지하려 하였다. 이러한 국면을 전환시키는 방법은 전쟁 이외에는 다른 길이 없었다. 진나라의 혜왕과 무왕 때 처음으로 소규모 전투가 벌어졌고, 소왕 때가 되면 본격적인 통일전쟁이 시작되었다. 소왕은 위염(魏冉)을 재상, 백기(白起)를 장군으로 하여 여러 차례 큰 승리를 얻었다. 위, 조, 한, 초, 연 등 다섯 나라가 연합하여 진나라를 공격하였는데, 연나라 장수 악의(樂毅)가 제나라를 공략하였다. 결국 진나라와 제나라의 대치국면은 사라졌고, 진나라가 유일한 강국이 되었으며, 그 세력이 형성되자 누구도 막아낼 수 없었다.

소왕 때의 통일전쟁은 더할 나위 없이 잔인하였다. 기원전 293년, 이궐(伊闕)의 전투에서 백기는 한나라와 위나라의 연합군을 크게 물리쳤고, 24만 명을 참수하였다. 기원전 279년, 언(鄢)의 전투에서 백기는 성으로 물을 끌어들여 초나라의 군민 수십만 명을 익사시켰다. 기원전 273년, 화양(華陽)의 전투에서 백기는 조나라와 위나라의 연합군을 크게 물리쳤고 15만 명을 참수하였다. 기원전 260년, 장평(長平)의 전투에서 백기는 조나라 군대의 주력군 45만 명을 파묻었다. 이상은 맹자의 "죽은 사람들이 들판에 가득하고" "죽은 사람들이 성안에 가득하다"는 말이 사실이었음 보여 준다. 그러나 전투의 직접적인 결과는 여러 나라들의 전투력을 눈에 띄게 약화시켜서 진나라가 통일전쟁에서 승리하는 바탕이 되었다는 것이다.

기원전 237년, 진나라 왕 정은 재상 여불위를 내치고 위료(尉繚)와 이사를 등용하여, 6국을 멸망시키는 전쟁의 발걸음을 재촉하였다. 기원전 230년부터 기원전 221년까지, 한, 조, 연, 위, 초, 제 등 6국을 차례로 멸망시켰다. 그 뒤, "전국을 군현(郡縣)으로 만들고 법령을 통일하여" 중국역사상 최초로 대통일 중화제국을 수립하였다.

대통일 과정에서 진나라 왕 정은 뛰어난 재능을 보여 주었다. 정의 아버지 장양왕(莊襄王)은 효문왕(孝文王)의 둘째 아들이었는데, 대상인 여불위의 활약으로 태자가 될 수 있었다. 장양왕의 즉위 후에 여불위는 일약 재상이 되었고, 문신후에 봉해졌으며, 한때 크게 위세를 떨쳤다. 기원전 247년, 정이 겨우 13세로 즉위하자, 모든 정치는 그의 어머니인 태후가 관장하였고, 여불위도 계속하여 권력을 독점하면서 '중부(仲父)'로 불렸다. 전하는 바에 따르면, 정은 생모 한단희(邯鄲姬)와 여불위의 사생아였다고 한다. 정이 즉위한 뒤에도 둘은 계속해서 은밀한 관계를 가졌고, "음탕한" 노애(嫪毒)를 궁중으로 들어오게 하였다. 여불위는 장신후(長信侯)로 봉해졌고, 천여 명의 식객과 수천 명의 하인들을 거느렸으며, 사적인 세력을 형성하여 권력과 이익을 다투었다. 기원전 238년, 22세가 된 정은 함양으로부터 옛 수도인 옹의 종묘(宗廟)로 가서 관례를 올렸는데 노애가 반란을 일으켰다. 정은 반란을 진압한 뒤, 노애를 처형하였고 태후를 유폐시켰으며 여불위를 해임하였다. 그리고 위료와 이사를 등용하여 상앙 변법 이래의 정책을 시행함으로써 통일의 대업을 이룰 수 있게 하였다. 그 주요한 정책은 다음 몇 가지였다.

첫째, 상앙은 정전제를 폐지하고 토지의 소유와 매매를 합법화하였는데, 그것을 토대로 하여 기원전 216년에 "백성들에게 자신의 토지를 보고하게 하는" 정책을 실시하였다. 토지를 소유하고 있던 사람들에게 스스로 자신의 토지면적을 보고하도록 하여 세금징수를 편리하게 하였고, 더 나아가 토지의 사유를 법률로 규정하였으며, 상앙이 제창한 중농억상 정책을 계속해서 추진하였다.

둘째, 상앙은 22등작제(等爵制), 군공의 장려, 군현제 등을 통해 중앙집권을 강화하였는데, 그것을 토대로 하여 통일전쟁 과정에서 새롭게 차지한 지역 전체에 군현제와 22등작제를 시행하였다. 정은 이사의 주장을 받아들여, 왕관(王綰)과 순우월(淳于越)이 제왕들에게 분봉하자는 건의를 물리치고 군현제로 봉건제를 대신하였다.

셋째, 상앙이 시행한 변법을 토대로 하여, 법률, 도량형, 화폐, 수레의 폭, 문자, 역법 등을 통일하였다. 기본적으로 진나라의 법과 제도를 통일된 표준으로 하였다. 문자는 소전(小篆)과 민간에서 유행하던 예서를 표준으로 삼았다. 교통을 통일하기 위하여, 전국 시대 각국이 요지에 쌓은 요새, 보루, 성곽 등을 철거하였다.

진율죽간(秦律竹簡)

진나라의 대통일은 춘추전국 시대의 역사적인 큰 흐름을 반영하였고, 튼튼한 기초를 갖고 있었다. 상업과 교통의 발달로 중원 지역과 주변 지역 사이의 관계는 이전보다 더 밀접해졌고 교류도 활발하였다. 《순자(荀子)》에 따르면, 당시에 이미 "사해(四海)가 한 집안 같은" 상황이 출현하였다. 각국의 변법은 비록 정도의 차이가 있었지만, 전반적인 목표는 일치하였다. 이러한 공통점이 중앙집권국가를 수립하는 데 기초가 되었다. 더구나 분열할거의 국면은 경제·문화의 교류에 불리하였기 때문에, 각 나라와 각 계층들은 모두 통일을 갈망하고 있었다.

그 밖에도 통일의 지리적 배경을 간과할 수 없다. 레이 황(Ray Huang)은 《거시중국사》에서 하나의 장을 할애하여 지리적 환경과 진나라의 통일을 분석하였다. 그 장의 제목은 "토양, 계절풍, 강우량"인데, 우리에게 참신한 견해라는 느낌을 준다.

레이 황은 중앙집권적인 대통일을 떠받쳐 준 주요한 요인 중의 하나가 토양과 지리적 환경—황토와 황하—이었다고 주장하였다. 밀가루처럼 가는 황토는 경작에 편리하였지만, 황하에 퇴적된 모래는 재난을 야기하였다. 일반적으로 하류의 강물에는 모래가 5퍼센트만 섞여 있어도 대단히 많은 것으로 여겨진다. 여름철 아마존 강의 강물에는 모래가 12퍼센트 정도 섞여 있다고 하는데, 황하의 경우는 많을 때 46퍼센트나 되었고, 그 지류는 여름철에 모래가 63퍼센트나 되기도 하였다. 정말 놀랄 만한 수치가 아닐 수 없다. 그 결과, 황하의 강바닥은 지속적으로 높아졌고, 제방의 붕괴 위험은 강변을 끊임없이 위협하였다. 더구나 강우량이 우기와 건기에 큰 차이를 보였기 때문에 위험을 막기도 힘들었다. 이러한 상황은 수리 공사를 통일적으로 수행할 수 있는 강력한 중앙집권국가를 필요로 하게 만들었다. 《맹자》에서 수리와 관련된 언급이 11차례나 나오는데, 모두 홍수로 인한 범람이 이웃 나라에게 재앙을 주었다는 내용이었다. 이것은 통일이 안정과 안전을 가져올 것이라는 점을 암시한 것이었다. 왜냐하면 황하 유역에 있던 나라들의 개별적인 정책으로는 치수가 불가능하였고, 전반적인 정책의 수립이 필요하였기 때문이다.

이상의 분석은 역사적인 근거를 가지고 있다. 전국 시대, 각국은 할거하면서 서로 패자를 칭하면서 "하천을 막아서 자국의 이익을 도모하였다". 예를 들어, 제나라는 조나라, 위나라와 황하를 경계로 하였는데, 조나라와 위나라의 지대가 높았고 제나라는 낮았다. 강물이 자주 범람하자, 제나라는 황하 연안에서 25리 되는 곳에 제방을 쌓았다. 그 뒤, 강물이 범람하면, "서쪽의 조나라와 위나라에 피해를 주었다". 그래서 두 나라도 황하 연안에서 25리 되는 곳에 제방을 쌓았다. 이렇게 하여 황하 연안의 50리 사이에서 강물이 이쪽으로 왔다 저쪽으로 갔다하면서 백성들의 생명과 재산에 위협을 주었다. 각국은 정치를 하는 데 자국의 이익만을 고려하였고, 가뭄이 들면 서로 물을 빼앗으려 하였으며, 고의로 물의 흐름을 막기도 하였다. 그리고 홍수가 나면 제방을 열어 물을 흘려보냈는데, 이것이 바로 맹자가 말한 "이웃 나라를 골짜기로 만드는" 방법이었다. 전쟁상태에 있던 각국들은 제방을 열어 물을 흘려보냄으로써 공격과 방어의 수단으로 삼았고, 그것은 심각한 문제를 야기하였다. 기원전 332년부터 기원전 272년까지 60년 동안 황하에서 3번의 재난이 일어난 것은 바로 그 실례였다.

레이 황은 중앙집권적 대통일을 가능하게 한 또 다른 요소로 계절풍과 강우량을 들었다. 계절풍(동남풍, 서북풍)과 강우량에 대한 연구에 따르면, 중국 동북 지역의 중부에서 중원 지역까지 이어지는 400밀리미터 등우량선의 일부는 대체로 만리장성과

거의 일치한다. 이 선은 서부에서 다시 남쪽으로 뻗어가서 청해성(青海省)과 서장(西藏)을 중원 지역과 갈라놓고 있다. 이 선은 대체로 유목과 농경의 경계를 구성한다. 북방의 여러 제후국들은 유목 민족의 침입을 막기 위하여 흙으로 긴 성을 쌓았고, 진나라는 통일 후에 장성을 쌓았는데, 그 성들은 모두 국방상의 필요에 의해 축조되었다. 400밀리미터 등우량선과 거의 일치하는 국경선은 중국의 농업사회가 반드시 강력한 중앙집권 체제 아래 놓여야 하는 이유를 보여 주고 있었다.

역사적으로 전국 시대의 진, 조, 연 세 나라는 임호(林胡), 루번(樓煩), 동호(東胡), 흉노(匈奴) 등 북쪽의 강력한 유목 민족이 끊임없이 남침하여 농업 지역을 위협하는 상황에 직면하였다. 흉노의 침입을 막기 위하여, 진, 조, 연 세 나라는 50만 대군을 북쪽 변경에 주둔시켰다. 각국이 병합전쟁을 치르는 동안 변방의 방어가 약해지자, 흉노는 그 기회를 이용하여 남쪽으로 이동하였고 오르도스 일대의 초원을 점령하였다. 이러한 상황은 통일된 중앙집권적 권력으로 북방의 방어를 강화해야 할 필요성을 느끼게 하였다.

갈검웅(葛劍雄)은 〈진(秦) · 한(漢) 통일의 지리적 배경〉에서 황하 중하류 지역이 훨씬 일찍 통일되고 주위의 다른 지역까지 통합할 수 있었던 핵심적인 이유를 분석하였다. 갈검웅은 레이 황의 서술과 약속이나 한 듯이 유사한 결론을 내렸고 상대방의 부족한 부분을 보충하였다. 갈검웅은 다음과 같이 지적하였다. 황하 유역에는 일찍이 중국에서 가장 큰 농업 지역이 형성되었지만, 춘추 시기까지도 황하 유역에는 유목을 위주로 하거나 반농반목(半農半牧)을 하는 민족들이 적지 않았다. 그런데 전국 시기의 병합과 동화를 거치면서 그 민족들은 중원으로 이동하거나 현지에서 농경민족에게 동화되었다. 전국 후기, 각국이 농업을 통해 나라를 부강하게 하고 경쟁적으로 농업을 발전시켰는데, 이것은 통일을 위한 경제적 기초를 마련해 주었다. 갈검웅은 기후와 지리적 원인도 지적하였다. 축가정 등의 연구에 따르면, 3-4천 년 전에 중국의 기온은 지금보다 훨씬 높았고, 진한 시기에 황하 유역의 평균기온은 지금보다 1-2도 정도 높았다. 당시 황하 중하류 지역은 기후가 따뜻하고 강수량도 많았다. 반면 장강 유역은 너무 습하고 비도 많이 왔고 지대도 낮았으며, 울창한 원시림들이 펼쳐져 있어서 질병이 유행하여 중원 지역의 사람들은 가기를 꺼렸다. 그 밖에도, 황하 중하류는 황토고원이나 황토충적평원으로 토양의 입자가 가늘었다. 그래서 간단한 생산도구로도 쉽게 원시식물들을 제거하고 개간하여 경작할 수 있었다. 그곳은 장강 하류와 근해 지역에 비해 고대인들이 생존하고 자손을 번식하는 데 최적의 환경을 갖추고 있었다.

역사에서 지리적 환경의 중요성을 간과할 수는 없다. 세계문명사는 문명의 기원과 발전이 지리나 기후와 밀접한 관련이 있었음을 보여 준다. 나일 강, 티그리스와 유프라테스 강, 인더스 강, 황하 등의 유역이 문명의 요람이었던 것이 분명한 사례이다. 아메리카의 마야문명이 쇠락한 것은 지리환경의 변화가 문명에 나쁜 영향을 준 사례이다.

## 21. 진시황(秦始皇)—황제와 중앙집권 체제

기원전 221년, 진나라 왕 정은 장기간의 분열할거 상황을 끝맺고 역사상 최초의 중앙집권적 통일 왕조인 진을 건국하였다. 진나라는 함양을 수도로 하여, 동쪽으로는 대해(大海), 서쪽으로는 청장고원(青藏高原), 남쪽으로는 영남(嶺南), 북쪽으로는 오르도스, 음산(陰山), 요동(遼東) 등까지 이르렀던 대통일 왕조였다. 정은 전설 시대 삼황(三皇)과 오제(五帝)의 존호에서 '황'과 '제'를 결합하여 스스로 '황제'라고 함으로써 자신의 지고무상한 지위를 나타내었다. 그는 당시에 정치적 색채가 농후하고 먼 옛날 신과 성현을 강하게 연상시키는 호칭을 이용하였는데, 그것은 적절하게 한 개인의 정치적 성취를 상징하였다. 그 성취는 바로 초인간적인 것이었다. 그는 자신을 '시황제'라고 하여 후세의 자손들이 2세 황제, 3세 황제 등으로 끊임없이 이어지기를 바랐다. 진나라는 결국 2대에 멸망하였지만, 그 뒤 역대 왕조의 통치자들은 진시황이 창시한 황제 제도를 버리지 않았다.

진시황은 황제의 '명(命)'을 '제(制)', '령(令)'을 '조(詔)', 인장을 '새(璽)'라고 하였고, '짐(朕)'이라고 자칭하였다. 짐은 과거에는 일종의 소유격으로 일반인들도 모두 사용할 수 있었다. 진시황은 주격으로 황제만이 사용할 수 있게 하였다. 그는 또한 군주를 높이고 신하를 낮추는 일련의 조정의례와 문서 제도를 제정하였다.

진시황

황제 제도를 위한 이론적 근거를 찾기 위하여, 진시황은 음양가와 법가를 결합하였다. 그는 추연의 오덕종시설(五德終始說)을 채용하여 자신의 진나라가 수덕(水德)에 속하기 때문에 화덕(火德)에 속하는 주나라를 대체하는 것은 필연이라고 여겼고, 10월을 1년의 첫 달로 삼았다. 그래서 진나라는 검은색을 상징색으로 하여 예복과 깃발에 모두 검은색을 이용하였다. 수덕과 상응하는 숫자는 6이었기 때문에 모든 사물은 6을 이용하여 기록하였다. 진시황은 또한 황제의 지위에 상응하는 제전과 봉선대전(封禪大典)을 확정하였고 신하들이 감히 넘볼 수 없게 하였다. 원래 제나라와 노나라의 유생(儒生)들에게는 '봉선' 학설이 있었는데, 진시황은 산꼭대기에서 하늘에게 제사를 지내는 것을 '봉', 태산 아래의 작은 산인 양보(梁父)에서 제사를 지내는 것을 '선'이라고 하였다. 태산에 대한 신앙의 기원은 먼 옛날 조상들의 산악숭배로 거슬러 올라갈 수 있다. 그들은 하늘 높이 솟아오른 산을 하늘로 올라가는 길이라고 여겼으며, 산 위의 풍부한 자원은 그들이 살아가는 데 도움이 되었다. 그래서 산은 바로 "만민이 우러러보는" 성스러운 장소가 되었다. 태산의 제사는 일찍이 출현하였고, 그 종류에는 여제(旅祭), 시제(柴祭), 망제(望祭), 지주지제(地主之祭) 등이 있었다. 태산에 대한 봉선은 진시황이 시작하였고, 태산에서 '봉'하는 것과 양보에 '선'하는 두 부분으로 구성되었으며, 둘을 합해서 태산에 봉선한다고 하였다. 진시황은 태산을 천지에 제사를 지내는 장소와 제사를 지내는 대상 자체로 삼음으로써 천신과 지신을 존중하였다.

기원전 219년, 진시황은 태산으로 길을 나서는데, 유생과 박사들을 불러들여 '봉선'에 관한 일을 의논하게 하였다. 그는 비록 유생들이 계획하였던 제례를 올리지는 않았지만, 어쨌거나 봉선의식을 거행하고 자신이 '천명'을 받았다는 것을 표시하여 유가의 봉선학설을 실천한 최초의 황제가 되었다. 진시황은 함양에 호화로운 궁전을 지었다. 그 궁전은 천하통일의 상징이었을 뿐만 아니라 상상 속의 하늘궁궐을 모방한 것으로, 엄연히 인간세상에서 상제가 사는 곳이었다. 진시황은 여산(驪山)에 황릉을 건설하였는데, 그곳은 수은으로 하천, 강, 바다 등을 만들었고 하늘과 땅을 형상화하였다. 여산릉은 진시황이 채용한 황제라는 명칭과 마찬가지로 인간세상에서 누렸던 무소불위의 권력이 하늘에서 상제의 그것과 같음을 표시하였다.

황제의 아래에는 삼공구경(三公九卿)으로 구성된 중앙정부가 있었다. 삼공은 승상(丞相), 어사대부(御史大夫), 태위(太尉)였다. 승상은 황제를 도와서 전국의 사무를 처리하였고, 어사대부는 부승상으로 황제를 도와서 상주문을 정리하고 관리들을 감찰하였고, 태위는 황제를 도와서 전국의 군사업무를 처리하였다. 삼공의 아래에는 구경이 있었다. 정위(廷尉)는 사법, 치속내사(治粟內史)는 조세수입과 재정지출, 봉상(奉常)은 종묘제사와 의례, 전객(典客)은 민족사무와 대외관계, 낭중령(郎中令)은 황제의 시종, 소부(少府)는 황실재정과 관영수공업, 위위(衛尉)는 궁정경비, 태복(太僕)은 궁정의 거마(車馬), 종정(宗正)은 황실의 사무 등을 각각 관장하였다. 삼공구경이 맡은 일들은 모두 황제의 재가를 받아야만 하였다.

지방에서는 군현제를 실시하여 전국을 26군으로 나누었는데, 나중에 40여 군을 증설하였다. 군에는 군수(郡守), 군위(郡尉, 군사), 군감(郡監, 감찰) 등을 두었다. 군위는 군수의 부관이었고, 군감은 중앙에 있는 어사대부의 명령을 받았다. 군 아래에는 몇 개의 현을 설치하였고, 그 크기에 따라 현령(縣令) 혹은 현장(縣長)을 두었다. 현 아래에는 향(鄕)을 설치하였고, 삼로(三老), 색부(嗇夫), 유격(遊徼)을 두어 각각 교화, 세금·소송, 치안 등을 맡게 하였다. 향 아래에는 정(亭)과 리(里)가 있었고, 각각 정장(亭長), 이정(里正)을 두었다. 이렇게 하여 황제의 명령은 삼공구경을 거쳐서 군, 현, 향, 정, 리 등으로 직접 전달되었다.

이상이 그 전까지 없었던 중앙집권적 행정 체제였다. 진시황은 중앙집권 체제를 강화하기 위하여 많은 조치를 시행하였다.

**치도(馳道)와 직도(直道)의 건설**—기원전 220년부터 수도 함양을 중심으로 하는 제국의 공공도로인 치도가 건설되었는데, 동쪽으로는 과거 연과 제나라 지역까지, 남쪽으로는 오, 초나라 지역까지 직접 연결되었다. 기원전 212년, 다시 장군 몽염(蒙恬)에게 명하여 북쪽 변방의 공공도로인 직도를 확충하도록 하였다. 직도는 함양 북쪽에서 멀지 않은 곳에 있던 진시황의 여름궁전 운양(雲陽)으로부터 북쪽으로 오르도스 지역까지 이어졌고, 다시 황하 북쪽의 험한 골짜기를 지나서 구원〔九原, 현재 내몽골 포두(包頭) 서북쪽〕에 이르렀다.

**만리장성의 축조**—흉노의 침략을 막기 위하여, 진시황은 몽염에게 30만 대군을 이끌고 흉노를 공격하게 하였고, 동시에 대대적으로 장성을 축조하였다. 장성은 원래 전국시대 조, 연, 진 등 3국이 쌓은 성들을 서로 이은 것이었다. 북방의 성들을 한없이 길게 이은 방대한 규모의 공사는 당시 혹은 후대, 물질적 혹은 정신적으로 비교할 대상이 없을 정도의 가치를 지니고 있다.

**변방개발과 이민**—북쪽의 흉노를 정벌한 뒤, 황하 이남에서 음산(陰山)에 이르는 광대한 지역을 새로 차지하게 되었는데, 그곳에 34개 현을 설치하여 3-4개 군이 관할하게 하였고 죄를 지은 관리와 내지의 백성들을 계속하여 이주시켰다. 백월(百越)에 대한 경략을 목표로 하였던 남쪽 지역의 정벌에서 승리한 뒤에는 현지에 민중(閩中), 남해(南海), 계림(桂林), 상(象) 등 4군을 설치하였다. 그리고 50만 명의 죄인을 이주시켜 방어와 개간에 힘쓰게 하였다.

**분서갱유(焚書坑儒)**—분서갱유의 직접적인 원인은 기원전 213년 박사 순우월이 제후들에게 분봉할 것을 건의한 일에서 찾을 수 있다. 진시황은 대신들에게 토론을 하도록 하였고, 이사와 순우월은 군현제와 봉건제 중 어느 것이 좋은가를 놓고 대토론을 벌이게 되었다. 이사는 "사학(私學)"을 하는 사람들이 "오늘날을 모범으로 삼지 않고 과거를 배우며" "옛것을 말하면서 오늘날에 해를 끼친다"고 주장하였고, 개인들이 가지고 있는 《시경》, 《서경》 등을 불태우고 "옛것으로 오늘날에 해를 끼치는 자들"을 멸족시켜야 한다고 건의하였다. 진시황은 이사의 건의를 받아들였는데, 그 목적은 여론을 통일하고 중앙집권 체제를 유지하는 데 있었다. 분서는 결코 모든 서적을 불태우려는 의도가 있었던 것은 아니었고, 실제적인 손실도 일반적인 상상만큼 심각하지 않았다. 갱유는 몰래 진시황을 비방하던 술사와 유생들 460여 명을 처형한 것으로 황제 제도의 권위를 유지하기 위한 것이었다. 그러나 수단이 너무 잔인하여 후대인들에게 끊임없는 비난의 대상이 되었다.

그 밖에도, 전국을 통일하는 과정에서 이미 계속하여 문자와 도량형을 통일하는 등의 조치를 실시하였다. 이 모든 노력들을 통해 마침내 중앙집권 체제를 차츰 완성시켰다. 진나라는 비록 단명하였지만, 중앙집권 체제는 줄곧 역대 왕조에 의해 계승 발전되었다. 진시황은 황제 제도와 중앙집권 체제를 창립하였고, 그 역사적 공로는 부인할 수 없다.

진나라의 명성은 그 이름과 함께 멀리 전해졌다. 《케임브리지 중국진한사》에 따르면, "제국의 명성이 멀리 중화세계 밖까지 전해졌다는 것을 보여 주는 사례는 진(秦, Chin)이라는 명칭이 영어를 비롯한 여러 언어에서 '중국(China)'을 가리키는 단어의 어원이 되었다는 것이다. 예를 들어, 'Thinai'와 'Sinai'라는 국가의 명칭이 기원전 1세기부터 2세기까지 그리스와 로마 문헌에 등장하였다". 이 점에 대해서는 다음과 같이 주석이 달려 있다. 1655년, 예수회선교사 마르티니(P. Martinus Martini)가 처음으로 《중국신지여도(中國新地輿圖)》 머리말에서 '중국(China)'이라는 말의 어원은 '진(Chin)'이라고 지적하였다. 1912년, 로페르(M. B. Laufer)는 〈차이나 명칭고〉에서 마르티니가 처음으로 Sina를 '진(秦)'의 음역이라고 하였지만, 의문의 여지가 있다고 주장하였다.

## 22. 진시황릉과 '병마용'

진시황은 자신이 전대미문의 통일대제국을 건설하였고 그것은 평범하지 않은 역할이라는 사실을 분명히 강하게 인식하고 있었고, 조금의 태만함도 없이 모든 힘을 기울여서 통치를 하였다. 《사기》〈시황제본기(始皇帝本紀)〉에 따르면, "천하의 크고 작은 모든 일은 그가 결정하였고, 형석(衡石)이라고 하는 중량 단위로 문서를 결재하였다. 밤낮으로 보는 양이 있었는데 그 양을 채우지 아니하면 휴식하지 않았다". 이 문장은 진시황이 역사상 최초의 황제로서 크고 작은 일에 상관없이 모두 직접 처리하였고, 매일 수백 건의 공문서를 검토한 뒤에야 잠이 들었다는 것을 보여 준다. 공문서를 무게로 따진 것은 당시에는 죽간이나 목간에 글을 썼기 때문이었다. 도대체 하루에 몇 자를 보았는지 알 수는 없다. 하지만 위의 문장에서 풍기는 어감을 통해 진시황이 초인적인 업무량을 소화하였고, 정사에 얼마나 열중하였는지를 추측할 수 있다.

제국의 영토에 대한 통제력을 강화하고 황제의 지고무상한 권위를 드높이기 위하여, 진시황은 여러 차례 동쪽과 남쪽의 곳곳을 순행하였고 흙먼지를 날리면서 바쁘게 사방을 돌아보았다. 전백찬(翦伯贊)은 진시황이 중국을 통일한 뒤에 12년(기원전 221-210년) 동안 다섯 번 순행하였고 거의 전국을 돌아보았다고 하였다. 보아하니, 그는 대부분의 시간을 이동하는 데 들인 것 같다. 진시황은 마지막 순행을 마치고 해변으로부터 수도 함양으로 오는 길에 갑자기 사구〔沙丘, 현재 하북성 평향현(平鄕縣) 근처〕에서 병이 들어 세상을 떠났다. 그때가 기원전 210년이었다. 진시황이 왕위에 오른 지 37년째 되고, 황제가 된 지는 12년째 되던 때로, 향년 50세였다. 진시황의 시신은 비밀리에 함양으로 옮겨졌고, 그와 동시에 정치적 음모가 몰래 진행되었다. 진시황의 순행을 보좌하였던 환관 조고(趙高), 승상 이사, 황제의 둘째 아들 호해(胡亥) 등은 황제가 죽기 전에 남긴 유조를 위조하였다. 원래 진시황은 북방에서 변경을 지키고 있던 부소(扶蘇)에게 즉시 돌아와서 제위를 계승하도록 하였다. 그런데 조고 등은 호해에게 제위를 계승하고 부소의 불충함을 질책하면서 자결하도록 하는 내용으로 유조를 바꾸었다. 결국, 호해가 함양에서 즉위하였고, 2세 황제가 되었다.

진시황의 영구는 함양에서 멀지 않은 여산의 웅대한 능묘에 매장되었는데, 그곳이 바로 유명한 진시황릉이다.

《사기》〈진시황본기〉에는 다음과 같이 기록되어 있다. 진시황은 즉위 초에 여산에 자신의 능을 건설하도록 명령하였고, 전국을 통일한 다음에는 공사의 규모를 더욱 확대하였다. 모두 70만 명을 동원하여 39년 동안 공사를 진행하였으며, 진나라가 망할 때까지도 능이 완성되지 못하였다. 황릉은 높이 150미터, 둘레 2킬로미터였다. 그 내부에는 궁전, 백관(百官)들, 각종 "진귀한 기물" 등이 있었고, "수은으로 하천, 강, 바다 등을 만들어 흐를 수 있게 하였고 하늘과 땅을 형상화하였다". "하늘과 땅을 형상화하였다"는 것은 지하 궁전의 가장 큰 궁실 천정에 비교적 정밀하게 천문도를 그려 넣고 중국의 지형을 만들어 36개 군의 위치를 표시하였음을 의미한다. 도굴을 방지하기 위하여 특별히 장인들에게 자동발사 장치가 장착된 강한 활을 만들게 하였다. 그 활은 사람이 접근하면 곧바로 발사되게 설치되었다. '고래 기름'으로 초를 만들어서 오랫동안 지하 궁전을 대낮처럼 밝게 비추도록 하였다. 최근에 고고학자들은 유적에 손상을 끼치지 않는 선진적인 기술을 이용하여 황릉을 탐사하였다. 그 결과, 황릉 지하 궁전의 묘실과 담장은 모두 석조 구조물이었음이 밝혀졌다. 묘실은 동서 170미터, 남북 145미터였다. 지하 궁전은 1만 2천여 제곱미터였고, 내부에서는 강한 수은의 반응이 나타났다. 이러한 조사 결과는 《사기》에 기록된 내용의 정확성을 뒷받침해 주었다.

1970년대 중반, 진시황릉 근처에서 군대의 진영을 모형으로 만든 병마용들이 발굴되면서, 병마용과 진시황릉은 전 세계의 이목을 집중시켰고, 70여 개국의 원수나 정부 수뇌들이 그곳을 방문하였다. 그들은 '세계 8대 불가사의' 중의 하나인 병마용에 대해 감탄하였고, 웅대한 진시황릉 위에 올라서서는 "보아하니, 세계의 아홉 번째 기적이 바로 진시황릉의 지하궁전 안에 있는 것 같다"고 말하기도 하였다. 국제적으로 저명한 학자들이 진시황릉의 지하궁전에 대한 조사 결과를 흥미롭게 받아들였다. 스위스 제네바의 유럽핵물질연구소에서는 정조중(丁肇中) 교수 등 3명의 과학자들이 〈고고학에 응용된 비파괴성 탐사와 X선 촬영학〉이라는 논문을 썼고, 진시황릉의 지하궁전에 직경 25미터의 청동유물이 있다고 하였다.

병마용의 발견은 세계를 놀라게 하였고 국내외 인사들의 관심을 끌었다. 사람들은 스핑크스를 대하듯이 비밀을 풀어 보려 하였다. 병마용의 규모는 웅장하여 지금까지 발견된 것만도 면적이 2만여 제곱미터나 된다. 자신의 공적을 자랑하였던 진시황은 황제의 존엄을 보여 줄 수 있다면 어떠한 기회도 놓치지 않았고, 지하 궁전도 가장 높고 가장 크게 지으려 하였다. 현재 고고학적 발굴에 따르면, 진시황릉의 지하 궁전은 위쪽이 사각형으로 동서 485미터, 남북 515미터이고, 전체 면적은 249,775제곱미터이다. 이것은 진나라 경공(景公)의 무덤보다 47배나 큰 것이었고, 고대 제왕릉 중에서 단연 최대 규모였다. 병마용의 사실적 모습으로 보건대, 지하 궁전도 틀림없이 모든 것이 진시황의 생전 상황을 그대로 본떠 만들었을 것이다. 지하 궁전은 진시황 생전의 함양궁을 상징하기 때문에, 분명히 그가 좋아하던 진귀한 보물들도 적지 않을 것이다. 여러 작업들이 본격화되면서 진시황릉의 지하 궁전을 둘러싼 신비스런 베일이 서서히 벗겨질 것이다.

진시황릉의 병마용

진시황릉에 딸린 병마용의 지하 갱도는 섬서성 임동현(臨潼縣) 서양촌(西楊村) 서남쪽에 위치하고 있다. 병마용은 진시황릉의 능원(陵園) 동쪽 담장으로부터 동쪽으로 1킬로미터 정도 떨어져 있고, 능원의 동문대도(東門大道) 바로 북쪽에 있다. 1974년 봄, 현지의 농민이 우연하게 땅속 깊이 묻힌 병마용을 발견하였고, 곧바로 본격적인 발굴이 시작되었다. 1977년, 현지에 진시황 병마용박물관이 건축되었다. 현재까지 발견된 1호 갱은 전차와 보병이 섞여 배열되어 있었고, 2호 갱은 전차, 기병, 보병, 궁수 등으로 구성되어 있다. 고대의 군대 진영에 따르면, 1호 갱은 우군, 2호 갱은 좌군, 완성되지 못한 4호 갱은 중군(中軍), 3호 갱은 군악대와 의장대를 포함하고 제사 활동 등을 주관하는 지휘부, 즉 군막(軍幕)이 있었다. 이러한 구성은 군대의 완전한 진영을 보여 주는 것이다. 병마용이 진시황릉의 동쪽에 위치한 것은 진시황 생전의 숙위군(宿衛軍)을 상징한다.

3개의 갱에 모두 8천 개의 병마용이 있었는데, 현재까지 1천 개가 출토되었다. 그중에는 무사 800명, 말 100필, 목재 전차, 청동병기, 수레, 마구 등이 포함되었다. 출토된 유물들은 진나라 군대의 병종(兵種), 편제, 무기 등을 상징적으로 보여 준다. 당시 주력은 전차병과 그것을 따르던 보병이었고, 기병은 종속적인 위치를 차지하였다. 목재 전차는 상주 시대 이래 하나의 끌채를 달았으며 4필의 말이 끌던 것과 명확한 차이가 없었다. 전차에는 보통 3명의 무사가 탔고 각각 멀리 나가는 화살, 격투용 단검, 호신용 방배 등을 갖추고 있었다. 전차에는 보병이 뒤따랐는데, 그들은 긴 손잡이가 달린 외날 창이나 도끼, 양날 창 등을 사용하였다. 기병은 검이나 화살을 지녔다. 병마용은 실제 병사나 말과 같은 크기로 만들어졌다. 그 전체적인 규모가 방대하고 웅장하며, 병사들의 의상과 표정이 모두 달랐다. 이것은 진나라의 국력을 보여 주는 것이며, 동시에 당시의 생산, 과학, 예술 등의 수준이 현대인들도 감탄할 정도였음을 보여 준다. 또한 진나라가 전국을 통일한 것은 우연이 아니었다는 것을 느끼게 해준다.

1999년 8월의 보도에 따르면, 세밀하게 진행되고 있는 제2호 갱의 제2단계 고고학적 작업은 주로 갱의 동북쪽에 있는 궁수 구역을 대상으로 하고 있다. 무릎을 꿇고 있는 병사의 채색(갈색, 분홍색, 주홍색, 녹색, 남색, 백색) 상태가 잘 보존되어 있어서 처음 병마용이 만들어졌을 때의 모습을 잘 보여 주고 있을 뿐만 아니라, 당시 군인들이 입던 군복의 색깔과 채색 예술의 수준을 가늠하는 자료를 제공해준다. 한 가지 더 중요한 것은 채색안료의 성분에서 순수한 보라색 안료〔규산동(硅酸銅)〕가 발견되었다는 것이다. 그 안료는 자연에서는 발견된 적이 없고, 1980년대 과학자들이 초전도체를 합성하는 과정에서 우연히 얻게 된 안료와 같은 것이었다. 병마용의 보라색 안료가 어떻게 만들어졌는지는 아직 밝혀지지 않았다.

## 23. 서복동도(徐福東渡)의 비밀

진시황은 법가를 신봉하였지만, 도가, 음양가의 영향도 크게 받았다. 그는 대통일 왕조를 창건한 무거운 책임과 짧은 생명의 모순을 절실하게 느꼈고 불로장생을 염원하였다. 기원전 219년, 진시황은 처음 산동 해안으로 순행을 갔고 낭야(琅邪)에 비석을 세웠는데, 그때 바다의 신선산에서 불로장생의 선약을 찾을 수 있다고 하는 방사(方士) 서복을 만났다. 진시황은 서복을 바다로 파견하여 신선이 사는 3개의 경도(琼島)를 찾게 해달라고 요청하였다. 그래서 역사적으로 대단한 장관이 연출되었다. 서복은 농사, 직조, 야철 등의 각종 장인들과 수천 명의 남녀 아이들을 이끌고 바다를 건너 동쪽으로 떠났지만, 다시는 돌아오지 않았다. 전설에는 그가 일본에 정착하였다고 한다. 이것은 풀리지 않은 역사의 비밀이다.

사마천은 《사기》에서 서복이 실존하였고, 그가 동쪽으로 간 것도 사실이라고 하였다. 《사기》의 두 곳에 나온 기록을 주목할 만하다.

첫째는 《사기》 〈진시황본기〉의 기록이다. "제나라 사람 서시(徐市=서복) 등이 바다 위에 삼신산이 있는데 봉래(蓬萊), 방장(方丈), 영주(瀛洲) 등이고 신선이 산다고 글을 올렸다. 그들은 몸을 깨끗이 하고 남녀 어린아이들과 함께 그곳을 찾게 해달라고 요청하였다. 그리하여 서시와 남녀 어린아이 수천 명을 보내 바다에서 신선을 찾게 하였다."

둘째는 《사기》 〈회남형산열전(淮南衡山列傳)〉의 기록이다. "(진시황은) 다시 서복을 보내 바다로 가서 신기한 물건을 찾게 하였는데, 서복은 돌아와서 다음과 같은 거짓말을 하였다. 신이 바다에서 대신을 만났는데, '너는 서황의 사신이냐?'고 물었습니다. 신은 '그렇습니다'라고 대답하였습니다. '너는 무엇을 찾고 있느냐?'고 묻자, '불로장생의 약을 원합니다'라고 하였습니다. 대신은 '네 진나라 왕의 예물이 보잘 것이 없어서, 그 약을 볼 수는 있어도 취할 수는 없다'고 하였습니다. [...] 그래서 신은 두 번 절하고 '무엇을 바쳐야 합니까?'라고 물었더니, '남녀 아이들과 여러 장인들을 보내야만 얻을 수 있다'고 대답하였습니다. 진시황은 크게 기뻐하며 남녀 3천 명을 보내는데 오곡과 여러 장인들을 함께 가도록 하였다. 서복은 평탄한 들과 넓은 진펄이 있는 곳에 이르러 머무르고 돌아오지 않았다."

사마천과 동시대의 사람인 환관(桓寬)은 《염철론(鹽鐵論)》에서 위와 유사한 기록을 남겼다. "진시황은 괴이한 것을 즐기고 길상을 믿어서 노생(盧生)에게 선문고(羨門高)를 찾고 서시 등에게 불사약을 구하도록 하였다. 당시 연나라와 제나라의 선비들은 농사일을 그만두고 앞을 다투어 신선을 말하였고, 수천 명의 방사들이 함양으로 와서 신선들은 금과 진주를 먹어서 하늘과 땅처럼 오래 살 수 있다고 하였다. 그리하여 여러 차례 바닷가의 사찰을 돌아다니며 신선이나 봉래(蓬萊) 같은 것을 찾았다. (진시황이) 군현에 이르면 부자들은 여비를 준비하고 가난한 자들은 길을 닦았으며, 〔…〕." 사마천과 환관이 들은 이야기가 대략 같은 것으로 보건대, 서복의 일은 결코 허구가 아니었음을 알 수 있다.

《사기》에서 서복이 "머무르고 돌아오지 않은" "평탄한 들과 넓은 진펄이 있는 곳"은, 근대학자들의 고증에 따르면, 일본이고 역사서에 기술된 "단주(澶洲=亶洲)"였던 것으로 보인다. 《삼국지》에 따르면, 황룡(黃龍) 2년(230년) 손권(孫權)은 장군 위온(衛溫), 제갈직(諸葛直)에게 병사 1만 명을 통솔하여 배를 타고 이주(夷洲), 단주(亶洲)로 가도록 하였다. 위온과 제갈직은 돌아와서 다음과 같이 보고하였다. "단주는 바다 위의 섬인데, 그곳의 나이 든 사람들이 전해오는 이야기를 해주었습니다. 진시황이 방사 서복을 남녀 어린아이들과 함께 바다를 건너 봉래의 신산과 선약을 구하도록 했는데, 이곳에서 머무르고 돌아가지 않았으며 여러 세대를 거치면서 수만 호를 이루었다는 것입니다." 《이칭일본전(異稱日本傳)》 하권에는 《일본국기(日本國紀)》와 신정백석(新井白石)의 《동문통고(同文通考)》가 일부 수록되어 있다. 그에 따르면, 단주는 일본의 혼슈 섬 중부이다. 그 이유는 그곳이 전설 속에서 서복의 사당과 무덤이 있는 곳이기 때문이다. 《일본서기》에는 "진시황이 서복을 보내 바다를 건너 선약을 구하게 하였다. 서복은 기이주(紀伊州)에 이르러 정착하였고", "기이국의 쿠마노산〔熊野山〕 아래의 비조(飛鳥)에 서복의 무덤이 있다"고 기록되어 있다. 《동문통고》에는 다음과 같은 기록이 있다. "현재 웅야 근처에 진주(秦住)라는 곳이 있는데, 현지 사람들의 전설에 따르면, 서복의 집이었다고 한다. 그곳에서 7-9리 정도 떨어진 곳에 서복의 사당과 고분이 있는데, 고분은 가신의 것이라고 한다. 고적은 아직도 존재한다. 그곳에 진나라 사람들이 살았다면 그들 사이에는 분명히 왕래가 있었을 것이다."

오대 시기의 후주(後周) 때, 일본 승려 홍순(弘順)이 중국에 와서 승려 의초(義楚)에게 말하였다. "서복 일행은 일본의 후지 산에 살았고 현재 그들의 자손은 성이 진(秦)이다." 의초는 그 이야기를 유명한 《의초육첩(義楚六帖)》에 다음과 같이 기록하였다. "일본은 왜라고도 하고 동해에 자리 잡고 있다. 진나라 때, 서복이 500명의 남자아이와 500명의 여자아이를 데리고 그곳에 정착하였다. 지금 사람과 물건들은 장안(長安)과 같다. 또한 동북쪽으로 1천 리 정도 되는 곳에 산이 있는데 후지 산 혹은 봉래라고 한다. 그 산은 험하고 삼면이 바다이다. 높이 솟은 산의 꼭대기에는 불이 타오르고, 〔…〕 서복은 이곳에 머물렀고 봉래라고 불렀다. 지금 그의 자손들은 모두 진민(秦民)이라고 한다."

청(淸)나라 말기, 주일참찬대신(駐日參贊大臣)을 지냈던 황준헌(黃遵憲)은 《일본국지(日本國志)》에서 일본의 서복 유적에 관해 서술하였다. "지금 기이국(紀伊國)에는 서복의 사당이 있고 웅야 산에는 그의 무덤이 있는데. 이것은 분명한 증거이다. 일본은 나라를 물려줄 때 검(劍), 경(鏡), 새(璽) 등 세 가지를 중시하였는데, 모두 진나라 때 만들어진 것이었다. 군주를 존(尊)이라 하고, 신하를 명(命), 대부(大夫), 장군(將軍) 등으로 불렀는데, 이 또한 주나라와 진나라 때의 용어였다."

이상의 모든 기록들은 1930년대 이래 학자들의 흥미를 유발시켰고, 서복에 관한 연구서들이 쏟아져 나왔다. 홍콩의 위정생(衛挺生)은 최초로 서복을 연구하였다. 연구자들 중에서 비교적 영향력이 큰 사람은 양가빈(梁嘉彬)으로 〈오지(吳志)의 손권전(孫權傳)의 이주와 단주 고증〉에서 다음과 같이 지적하였다. "진시황이 서복을 바다로 보내서 봉래 신선산의 선약을 구하게 하였다고 하는 기사는 《사기》〈진시황본기〉, 〈회남왕안전(淮南王安傳)〉, 〈봉선서(封禪書)〉 등에 보이고, 다른 한인(漢人)들의 저작에도 등장한다. 평범한 사람에 관한 일이 본기에 실린 것은 사실이며 전설이 아니라는 것을 의미한다. 그런데 서복은 진시황 말년(기원전 210년)에 바다로 갔다는 내용만 있을 뿐이고, 더 이상 등장하지 않기 때문에, 훗날 사람들은 '전설'이라고 여겼던 것이다. 사실 서복과 진시황의 사적(事迹)은 밀접한 관련이 있었고, 그 뒤 한나라, 남북조, 당나라, 송나라 등에 이르기까지 계속해서 기록이 나타났다. 일본에서는 서복에 관련된 일들이 신비해질수록 기록은 더욱 많아졌다. 안으로는 궁정으로부터 밖으로는 변방 지역까지 서복의 흔적이 남아 있다. 분명 서복과 그에 관한 일들이 존재하였다는 것은 거짓이 아니다." 양가빈의 고증에 의하면, 봉래는 바로 단주, 즉 지금의 일본이고, 서복은 일본의 개국과 밀접한 관련이 있었다. 일본의 《신찬성씨록(新撰姓氏錄)》에는 진(秦)씨가 가장 많았고, 신무천황(神武天皇)의 증조부 손(孫)씨의 큰형도 진씨였다. 양가빈의 글로는 〈서복에 관한 사료의 관찰〉, 〈선사 시대 중일관계의 몇 가지 문제〉, 〈서복의 비석을 통한 봉래와 단주고사의 고증〉 등이 있다. 서복에 관한 연구는 1980년대에 들어서면서 새로운 고조기에 접어들었다. 1982년, 전국 지명 조사 때, 강소성 공유현(贛楡縣) 금산향(金山鄉)에서 서부촌(徐阜村)이 발견되었다. 1984년 4월 18일, 《광명일보(光明日報)》에는 〈진나라 때 일본으로 건너간 서복 유적의 발견과 고증〉이 발표되었고, 국내외에서 강한 반향을 불러 일으켰다. 1984년 4월 19일, 《아사히신문》에는 요코보리 기자가 북경(北京)에서 〈일본으로 불로장생의 약을 구하러 왔다는 도사 서복의 전설은 사실이다〉라는 기사를 본국으로 전송하였고, 일본을 떠들썩하게 만들었다. 일본 신구우시(新宮市)의 시장은 "서복의 두 번째 고향"으로서 공유현의 현 정부에 서신을 보내서 자매결연을 맺었고, 서복을 통해 문화 경제적 교류를 진행하였다.

일본 쿠마노 지역에서는 서복에 대한 신앙이 천년 이상의 역사를 지니고 있고 중단된 적이 없었다. 오늘날에도 신구시는 매년 2월과 8월에 성대한 제전을 지내는데, 모두 서복과 관련이 있다.

일본의 아스카문화는 죠몬 시대로부터 문명의 시대로 들어서는 이정표였는데, 그 주요한 특징은 수렵과 채집 위주의 생산방식에서 수도작을 위주로 하는 생산방식으로 발전하였다는 것이었다. 일본 고고학자들은, 대량의 출토 문물과 유적을 근거로 하여, 그러한 전환을 가능하게 했던 원인이 "진한 시대에 일본으로 귀화한 사람들"이 전파한 문명 때문이라고 단정하였다. 아스카문화의 유적이 발견된 사가현(佐賀縣)의 킨류신사(金立神社)는 바로 서복에게 제사를 지내던 사당이었다. 제사의 역사는 이미 2천 년이나 되었고, 50년마다 서복대제를 성대하게 올린다고 한다. 중일 양국의 가까운 관계는 아주 오랜 역사를 갖고 있다고 할 수 있다.

# 5장 전한과 후한—제국규범의 완비

## 24. 대통일제국의 재성립

진시황의 뒤를 이어 즉위한 2세 황제는 어리석고 포악하여 "처형의 명령이 갈수록 심해졌고" "세금은 갈수록 무거워졌으며 요역이 끊이지 않아서" 백성들의 원성이 거리를 뒤덮었다. 당시 사람들은 "반란을 생각하는 자들이 열에 여덟"이라고 하였다. 진나라는 붕괴 직전이었다.

기원전 209년, 둔장(屯長)을 맡고 있던 진승(陳勝)과 오광(吳廣)이 일행 900명과 함께 어양〔漁陽, 현재 북경의 밀운(密雲) 서북쪽〕에서 병역을 지게 되었다. 그들은 어양으로 가던 중 기현(蘄縣) 대택향〔大澤鄕, 현재 안휘성 숙현(宿縣) 서남쪽〕에 이르렀을 때, 며칠 동안이나 큰비가 와서 기한 내에 어양에 도착할 수 없었고, 법률에 따라 사형을 당할 처지였다. 그래서 진승과 오광은 위험을 무릅쓰고 봉기를 일으켰다. 얼마 지나지 않아서 그들은 600-700량의 전차, 천 명 이상의 기병, 수만 명의 보병 등을 거느린 대군으로 발전하였다. 진나라에 반대하는 물결이 한 순간에 모두 일어나서 온갖 사람들이 뒤섞이게 되었다. 진나라에 정복당한 6국의 구귀족들은 그 기회를 이용하여 "아버지와 형의 원수를 갚고 땅을 되찾을 계획"을 세웠다. 전담(田儋)과 같은 자는 독자적으로 봉기를 일으켰고, 장이(張耳)나 진여(陳余) 같은 자들은 진승의 무리에 가담하였다. 장이와 진여는 진승이 왕을 칭하는 것을 반대하였고 6국의 후예를 추대하라고 요구하였다. 당시 진승의 무리에 가담한 공자의 8세손 공부(孔鮒)도 진나라 통일 이전의 6국 체제를 회복해야 한다고 주장하였다. 진승은 그들의 의견을 받아들이지 않았고, 왕이 되어 국호를 장초(張楚)라고 하였다. 그러나 귀족할거의 분봉제가 다시금 잿더미 속의 불씨처럼 살아났고, 진시황이 창건한 대통일 중앙집권 체제는 큰 시련을 겪게 되었다. 과연, 얼마 뒤에 무신(武臣)이 장이와 진여의 도움으로 월왕(越王)이 되었고, 전담은 제왕(齊王)이 되었다. 진승이 몰락한 뒤, 진가(秦嘉)는 초나라 귀족 경구(景駒)를 초왕(楚王)으로 삼았다. 진승의 봉기에 가담하였던 항량(項梁)은 범증(范增)의 건의를 받아들여 초회왕(楚懷王) 손웅심(孫熊心)을 왕으로 삼았다. 이러한 상황들이 나타나게 된 것은 진나라가 통일한 뒤에 군현제로 봉건제를 대체하고 황제 제도를 핵심으로 하는 중앙집권 체제를 확립하였다고 하지만, 기초가 전혀 튼튼하지 않았고 법률질서와 정치 제도가 사람들의 마음속으로 깊이 파고들지 못했기 때문이었다. 진나라에 패배한 6국은 각자의 전통적인 세력을 지니고 원래 활동하던 곳에서 여전히 상당한 생명력과 호소력을 갖고 있었던 것이다.

항량의 조카 항우(項羽)는 반진(反秦) 전쟁에서 상술한 정치적 역할을 하였던 대표적인 인물이었다. 그는 6국 귀족들의 복수를 위하여 진시황릉의 능원과 함양 궁성을 불태웠는데, 3개월 동안이나 탔다고 한다. 기원전 206년, 항우는 스스로 서초패왕(西楚霸王)이 되었고, 양초(梁楚) 지역의 9군을 자신의 직할 영지로 삼았다. 그와 동시에 18명의 제후왕을 분봉하였는데, 대다수는 6국의 구귀족과 항우의 부장들이었다. 원래 각 방향의 군대는 먼저 함양에 도달하는 자를 관중(關中)의 왕에 봉하기로 약속하였는데, 항우가 그 약속을 파기하고 유방(劉邦)을 한중왕(漢中王)에 봉하여 한중과 파촉(巴蜀) 일대만을 점유하게 하였다. 또한 항복한 진나라 장군 장함(章邯), 동예(董翳), 사마흔(司馬欣) 등을 각각 옹왕(雍王), 적왕(翟王), 새왕(塞王)에 봉하였다. 이들이 이른바 '삼진(三秦)'으로 유방을 견제하였다.

유방은 패현(沛縣, 현재 강소성 패현) 사람으로 진나라 때 정장(亭長)을 지내기도 하였다. 진나라는 10리를 1정으로 하고 정장을 두어 치안과 민생을 돌보게 하였는데, 대부분은 병역의 기한이 지난 사람을 임명하였다. 진승, 오광의 봉기 뒤, 유방은 패현 사람들의 추대 속에 민중봉기를 일으켰다가 항량에게 투항하였다.

반진 전쟁이 전국적으로 벌어지고 나라의 위기는 눈앞에 닥쳐오고 있을 때, 이사는 2세 황제에게 조고가 "반란을 일으키려 한다"는 것을 폭로하는 상서를 올렸다. 황제는 조고의 반박을 더 신뢰하여 이사의 허리를 잘라 죽였고 삼족을 멸하였다. 하지만 조고는 이사의 말대로 반란을 일으켰고 궁중을 장악하여 황제를 자살하게 하였다. 그리고 2세 황제의 사촌형인 자영(子嬰)을 진왕(秦王)으로 삼았다. 자영은 조고의 전횡을 볼 수 없어서 그를 살해하였다.

바로 이러한 상황에서 유방은 군대를 이끌고 무관(武關)을 지나 함양으로 출발하였고, 기원전 206년에 함양 근처의 파수(灞水)에 도착하였다. 진왕이 된 지 40여 일이 지난 자영은 유방의 군대가 성 앞에 이르자 황제의 옥새를 내놓고 항복하였다. 진나라는 이렇게 멸망하였다. 항우는 유방이 자기보다 먼저 함양을 공격한 것에 대해 마음이 편치 않았다. 그는 군사적 우세를 믿고서 함곡관(函谷關)을 함락하였고 홍문(鴻門, 현재 섬서성 임동현 동북쪽)에 군대를 주둔한 채 유방과 대치하였다. 유방은 장량(張良)의 건의를 받아들여 홍문에서 항우에게 화친을 제의하였다. 유방은 항우와 결전을 치를 힘이 없었기 때문에, 소하(蕭何)의 말대로 잠시 인내하기로 하였다. 그는 먼저 한중으로 가서 왕이 된 다음에 때를 기다려서 '삼진'을 공격하면 천하를 통일할 수 있을 것이라고 여겼다.

항우의 분봉책은 결국 할거전쟁을 야기하였다. 한신(韓信)은 유방에게 병사들의 "밤낮으로 귀향하기를 바라는" 마음을 이용하여 군대를 동쪽으로 이동한 다음, 진퇴양난에 빠진 항우와 결전을 벌이자고 건의하였다. 전쟁의 형세는 유방에게 유리하였다. 항우는 사람을 보내서 유방에게 화친을 요청하였고, 양측은 홍구(鴻溝)를 경계로 하여 서쪽은 한(漢), 동쪽은 초(楚)가 차지하기로 약속하였다.

기원전 202년, 유방은 대군을 일으켰고 한신, 팽월(彭越)의 군대와 연합하기로 약속하였다. 항우의 군대는 패배하여 해하〔垓下, 현재 안휘성 영벽(靈壁)의 남타하(南沱河) 북쪽〕까지 퇴각하였고 유방의 군대에 포위되었다. 밤은 깊고 인적은 뜸한데, 유방의 군영에서 초나라 노랫소리가 들리자, 항우는 유방이 이미 초나라를 완전히 정복했다고 여겼다. 한밤중에도 항우는 잠을 들지 못하였고, 일어나서 술을 마셨다. 그의 옆에는 총애하는 우미인(虞美人)과 '추(騅)'라는 명마가 있었다. 사방에서 들리는 초나라 노랫소리를 들으면서 그는 애절한 마음으로 다음과 같이 읊조렸다.

힘은 산을 뽑고 의기는 세상을 덮지만,
때는 불리하고 추는 가지 않네,
추가 가지 않으니 어찌하면 좋을고!
우야, 우야! 어찌하면 좋을고!

항우는 자신이 즉흥적으로 지은 시를 반복해서 읊조렸고, 우미인은 그의 옆에서 장단을 맞추었다. 그 처량한 상황은 한때의 영웅에게 눈물을 삼키게 만들었다. 더 이상 달아날 곳이 없었던 항우는 800여 명의 기병을 거느리고 포위를 뚫었고, 오강〔烏江, 현재 안휘성 화현(和縣) 동남쪽〕에 이르러 칼을 물고 죽었다.

항우의 분봉책이 6국 귀족의 과거회귀적 바람에 영합하여 순리를 거역하다가 비극적인 결과를 낳게 된 것이라면, 유방이 이성의 제후왕들을 분봉한 것은 어쩔 수 없는 선택이었다. 그는 항우를 격퇴하기 위하여 초왕(楚王) 한신, 회남왕(淮南王) 영포(英布), 양왕(梁王) 팽월(彭越), 월왕(越王) 장오(張敖), 한왕(韓王) 신(信), 연왕(燕王) 장도(臧荼), 형산왕(衡山王) 오예(吳芮) 등을 분봉하였다. 그러나 그것은 분열의 잠재적 위험을 안고 있었다. 기원전 202년, 유방이 한나라를 건국하여 대통일 제국을 다시 건설하였다. 그는 처음에 낙양을 수도로 삼았지만 얼마 뒤에 장안(長安, 현재 섬서성 서안 서북쪽)으로 천도하였다. 새로운 왕조가 등장한 뒤에 제후왕들과의 대립이 첨예화되었다. 7명의 이성 제후왕들이 차지하고 있던 봉지는 전국 시대 6국의 전체 영역과 거의 일치하였다. 그들은 개국공신을 자처하면서 강력한 군사력을 지니고 조정에 대항하였다.

연왕 장도가 가장 먼저 반란을 일으켰다. 그는 원래 연나라의 대장군이었는데, 상황에 몰려서 유방을 돕고 항우를 공격하였다. 그러나 평민 출신이었던 유방이 황제가 되는 것을 달갑게 여기지 않았고, 유방이 즉위하자마자 반란을 일으켰다. 그 다음으로 한왕 신이 반란을 일으켰다. 초왕 한신은 봉지 내에서 군사훈련을 하였는데, 그 사실을 고발한 사람이 있었다. 유방은 한신을 회음후(淮陰侯)로 강등하였다. 뒤에 한신은 반란을 모의하다가 사형을 당하였고, 멸문의 화를 입었다. 팽월은 모반을 권고하는 한신을 검거하지 않았다는 이유로, 유방에 의해 "모반을 한 것이나 다름없다"며 사형을 당하였고, 멸문의 화를 입었다. 그 뒤, 유방은 나머지 왕들을 하나씩 제거하였고, 가장 세력이 약했던 장사왕(長沙王)만이 살아남았다.

반고는 《한서》에서 각 제후왕의 반란이 유방의 핍박 때문이었다고 하였다. 그들은 "(유방에 의해) 강해질까 의심을 당하여 편안함을 느끼지 못하였고, 어쩔 수 없는 상황에서 결국 모반을 하게 되었다". 한신은 "교활한 토끼가 죽으면 사냥개는 삶아지고, 높이 날던 새들이 사라지면 좋은 활은 감춰지고, 적국이 망하면 책략을 내던 신하들도 죽는다"고 말하였다. 그는 한나라 고조 유방에게 함부로 의심하는 각박한 표정의 얼굴을 그려 주었다. 사실 당시의 상황은 건국한 지 얼마 되지 않은 한나라에게 대단히 어려웠고, 그러한 이성 제후왕들을 제거하지 않으면 뒤탈을 감당할 수 없었다. 유방이 말했듯이 "천하가 흉흉하여 어렵게 몇 년을 버텨도 성패(成敗)를 알기 어려웠다". 유방의 수법이 너무 가혹한 듯하지만, 그렇게 하지 않으면 전국을 안정시킬 수 없었고 대통일 국가를 유지하기도 어려웠다. 유방은 영포의 반란을 진압한 뒤, 고향인 패현에 들러서 옛 친구, 노인, 자제들과 함께 잔치를 베풀었다. 유방은 그 잔치자리에서 술을 마시고 흥이 나자 춤을 추고 악기를 두들기며 소리 높여 노래를 불렀다.

큰바람이 부니 구름이 날아오르는 구나,

위엄을 온 세상에 떨친 후 고향에 돌아왔네,

어떻게 용맹한 선비를 얻어 이 나라를 지켜야 하나!

이 노래는 대통일 제국을 재성립한 만족감이 반영되어 있고, 총애하던 신하들을 하나씩 제거할 수밖에 없었던 마음속의 불안감도 은근히 드러내고 있다.

유방의 역사에 대한 최대의 공헌은 한나라가 진나라의 제도를 계승하고 진시황이 창립한 대통일 중앙집권 체제를 유지하였다는 것이다. 한나라는 중국 역사에서 최초로 평민 출신이 건국한 나라였다. 한나라 고조 유방은 진나라 때 미관말직인 정장을 지냈고, 두 명의 재상 소하와 조참(曹參)은 지방의 현에서 하급서리였으며, 대장군 진평(陳平)은 푸줏간을 했었다. 대장군 한신도 어렸을 때 거지였었고, 경포, 팽월은 좀도둑이었다. 이처럼 평민출신이 황제, 재상, 장군 등을 구성하였던 상황은 귀족 중심의 6국과는 전혀 다른 모습이었고 한나라가 진나라의 제도를 계승할 수 있는 가능성을 제공하였다.

유방은 황제로 추대된 다음 자신의 아래에 삼공구경을 두었는데, 이것은 진나라의 제도와 완전히 일치하였다. 지방의 행정체계도 여전히 군, 현, 향, 정, 리 등으로 구성되었다. 군에는 군수〔뒤에 태수(太守)로 바뀜〕, 군위 등이 정치, 군사, 감찰의 권한을 지녔다. 현은 대소에 따라, 1만 호 이상의 현에는 현령, 1만 호 이하의 현에는 현장을 두었고, 그 아래에는 현승, 현위 등을 임명하여 문서, 치안을 맡게 하였다. 기층조직은 리였는데, 10리를 1정으로 하여 정장을 두었고, 10정을 1향으로 하여 삼로(교화), 색부(소송, 세금), 유격(치

한 고조

안) 등을 맡게 하였다. 그러나 유방은 진나라의 군현제를 계승할 때, 쉽사리 결정을 내리지 못하고 머뭇거렸으며, 결국 군현제와 분봉제를 절충하였다. 그것은 아마도 진나라가 짧은 시간 동안 과도하게 집권화를 추진하여 "고립무원의 상태에서 멸망하였다"는 교훈 때문이었던 것 같다. 또한 전국 시대 지역분쟁의 온상을 근절시키기 위하여 어쩔 수 없이 군현제와 봉건제를 결합한 군국제를 시행하였다. 이성 제후왕들이 제거된 다음에 9명의 동성 제후왕을 연, 제, 조, 초, 양, 오, 회남, 회양, 대(代) 등에 분봉하였다. 그들은 봉지가 넓고 권력이 강하여 엄연한 독립왕국이었다. 이들 왕국과 군현이 병존하던 상황은 독특한 군국제를 형성하였다. 이 한 나라 '두 체제'는 역사적인 후퇴였고, 얼마 지나지 않아서 오초칠국(吳楚七國)의 난이라는 화를 불러 왔다.

## 25. 황로사상과 문경지치(文景之治)

한나라 초기 평민 출신의 황제, 재상, 장군 등이 존재했던 상황은 정치혁신을 위한 가능성을 제공하였다.

한나라 고조 유방은 진나라가 법가 이론과 정책으로 나라를 다스리고 형법에 의존하여 정치가 가혹해졌고, 2세 황제 때 멸망하게 되었다는 것을 목격하였다. 그가 법가 사상을 채용할 수 없었던 것은 너무도 당연하였다. 그러나 미천한 출신으로 무력에 의지하여 천하를 통일한 그는 줄곧 유가에 대해 경멸하는 태도를 취하였고, 늘 유생들을 "비루하다", "썩었다"며 매도하였다. 진나라 말기, 고양(高陽)의 유생 역이기(酈食其)는 재능이 뛰어났지만 때를 만나지 못하였다. 그는 패공(沛公, 유방)의 휘하에 있던 기사에게 천거를 부탁하였는데, 그 기사는 "패공은 유생을 좋아하지 않는다. 그를 찾아오는 유생이 있으면, 패공은 유생이 쓴 관을 벗기고 거기에 오줌을 눈다"고 말하였다. 유방이 유생의 모자를 빼앗아서 요강으로 쓸 정도로 유생을 무시한다는 소리를 들었지만, 역이기는 그를 찾아 갔다. 유방은 고양의 전사(傳舍)에서 역이기를 접견할 때, 두 명의 하녀가 양쪽에서 그의 발을 씻고 있었고, 그는 대단히 오만한 태도를 보였다.

항우를 물리친 뒤, 유방은 "천하를 위한다면 어찌 부패한 유생들을 쓰겠는가!"라고 자신이 늘 유생들을 무시하는 이유가 부패 때문이라고 토로하였다. 그러나 그의 주위에는 유가의 가르침에 목을 매지 않고 변통을 아는 유생들이 있었다. 그중에서 육가(陸賈), 숙손통(叔孫通)이 두드러졌다.

유방이 황제가 된 뒤, 육가는 늘 그의 곁에서 《시》, 《서》를 찬미하였다. 유방은 육가가 세상물정을 모른다며, "내가 말 위에서 천하를 얻었는데, 어찌 《시》, 《서》를 받들겠는가!"라고 하였다. 육가는 그에 반박하며 "말 위에서 천하를 얻었다고, 어찌 말 위에서 천하를 다스릴 수 있겠습니까?"라고 하였다. 유방은 그의 말에 일리가 있다고 여겼고, 곧 육가에게 진나라가 천하를 잃게 된 이유를 조사하게 하였다. 육가는 《신어(新語)》 12편을 저술하였는데, 진나라가 형법만을 사용하여 그렇게 빨리 망하였다고 보았다. 그래서 "인의를 행하고 선왕들을 본받아야 한다"고 주장하였다. 그 핵심적인 내용은 다음과 같다. "교화"로 선행을 장려하고 "법령"으로 사악함을 징계하고 "무위(無爲)"의 정치를 시행해야 한다. 그렇게 되면, 사회가 안정되어 아무 일도 없는 듯할 것이고, 평온하여 아무런 소란도 없는 듯할 것이며, 관청이 있어도 백성들을 괴롭히지 않아서 마치 없는 듯할 것이고, 각 마을과 집들은 평온한 생활을 하여 마치 다른 사람들은 아무도 없는 듯할 것이다. 유방은 육가의 주장을 호평하였다.

숙손통은 변통을 잘 아는 유생이었다. 그는 유방의 눈에 거슬리지 않기 위하여 넓은 소매로 된 유생의 옷을 짧게 바꿔 입었다. 한나라의 건국 초기, 평민출신의 황제, 재상, 장군들은 군주와 신하 사이의 예절을 알지 못하였다. 여러 장군들은 유방과 함께 민간에서 자란 "그렇고 그런" 부류들이었고, 늘 궁중에서 술을 마시고 떠들면서 칼을 빼들고 기둥을 내리쳤다. 유방은 "권위가 먹히지 않는다"고 느꼈고, 숙손통은 유방에게 "유생들은 더불어 큰일을 할 수는 없지만, 더불어 안정을 꾀할 수는 있습니다"라고 하였다. 숙손통은 황제의 권위를 위하여 고대와 진나라의 의례를 결합하여 조정의 의례를 제정하였다. 조정의 의례가 시행된 뒤, 효과가 아주 좋았고, 유방은 황제로서 당당한 위풍을 가지고 기쁨을 감추지 못한 채 말하였다. "나는 오늘에야 황제의 귀함을 알겠도다."

위와 같은 상황에서 한나라 초기의 통치자들은 도가, 법가, 유가 등의 장점을 결합하는 치국이론을 필요로 하였고, 황로지학은 당시의 필요에 딱 들어맞았다.

황로지학은 본래 전국 시대 직하학궁의 한 학파였고, 도가를 위주로 하여 법가, 유가 등을 결합한 사상이었다. 이 학파는 도가 법을 낳고, 도를 지키는 것은 바로 법을 따르는 것이며, 법과 예는 병용해야 '청정무위(淸淨無爲)'의 경지에 이를 수 있다고 주장하였다. 이러한 '무위의 정치'는 백성들의 폭정에 대한 염증과 평온한 안정을 바라는 정서를 반영하였다. 유방이 육가의 '무위'정치를 받아들인 이유도 바로 그 때문이었다.

황로사상을 추진한 저명한 인물은 바로 조참이었다. 조참은 제나라의 재상이었을 때, 책사들 사이에서 의론이 분분하여 하나로 통일되지 않았는데, 개공(盖公)이 황로지학을 연구한다는 소리를 들었다. 조참은 곧 개공을 불러들였다. 개공은 "정치를 하는 데 청정(淸淨)을 중시하면 백성들이 자연스럽게 안정될 것입니다"라고 하였다. 조참은 그의 말에 따라 정치를 하였고, 제나라는 과연 크게 안정되었다. 소하가 죽은 뒤, 조참은 중앙으로 와서 재상을 맡았고, 청정무위의 사상을 추진하였다. 이것이 이른바 "소하가 규정하고 조참이 그를 따랐으며" "일을 하는 데 변경을 가하지 않았고" "하나같이 소하의 규정을 지켜서" 무위지치를 베풀었다는 것이다. 무위지치는 아무것도 하지 않는 것은 아니다. 유방과 소하가 규정한 제도나 정책을 따르고 바꾸지 않는 것이었다. 당시 다음과 같은 민요가 있었다. "소하가 법을 만들고, 하나같이 익혔네. 조참이 그를 이어서, 지키고 잃지 않았네. 청정을 시행하니 백성들이 편안하네." 유방이 죽은 뒤, 혜제(惠帝)와 여후(呂后)의 시기에도 정책이 기본적으로 변하지 않았다.

문제(文帝)와 경제(景帝)의 시대에도 한나라의 정책은 마찬가지였다. 문제는 자신이 "형명(刑名)에 관한 일을 좋아하였는데", 오랫동안 재상으로 있던 진평은 황로지술을 숭상하였고 문제의 황후인 두씨(竇氏)도 황로지학을 선호하였다. 황후 두씨는 아들인 경제와 다른 자녀들에게 황로학파의 저작을 읽게 하였다.

《사기》〈악의열전(樂毅列傳)〉에 따르면, "하상노인(河上老人)이 안기생(安期生)을 가르쳤고, 안기생이 모흡공(毛翕公)을 가르쳤고, 모흡공이 악하공(樂瑕公)을 가르쳤고, 악하공이 악신공(樂臣公)을 가르쳤고, 악신공이 개공(蓋公)을 가르쳤다". 하상노인으로부터 개공에 이르기까지 5대를 거쳤던 것이다. 악신공은 조나라가 멸망할 무렵 제나라의 고밀(高密)로 가서 "황제와 노자의 말씀"을 전수하였다. 황로학파의 저작은 이미 전해지지 않는다. 1973년, 장사의 마왕퇴 한묘에서 《노자》 을권의 앞부분에 《경법》, 《십대경》 등 네 종류의 서적이 씌어 있는 비단이 발견되었다. 아마도 그것들이 전국 시대 황로학파의 대표작일 것이다. 문제와 황후 두씨, 그 아들 경제가 읽었던 황로학파의 저작은 《경법》, 《십대경》 등일 것이다.

문경지치의 출현은 황로사상과 밀접한 관련을 지니고 있는데, 그 정치 방법은 "금지의 법망을 느슨하게 하고" "관대함에 힘쓰고" "형벌을 크게 줄이는" 것이었다. 문경지치의 또 다른 특징은 부역을 가볍게 하고 백성과 함께 누리는 것이었다. 가의(賈誼)와 조착(鼂錯)은 모두 농업생산이 회복 발전하지 못하는 원인은 두 가지라고 하였다. 첫째, 부세와 요역이 지나치게 무겁다. 둘째, "농업을 등한시하고 상업의 이익을 좇는다". 가장 중요한 문제점은 농사를 짓는 사람들에 대한 혜택이 부족하다는 것이었다. 조착의 말대로 "지금 법률은 상인을 천시하지만 상인들은 부유하고 귀하다. 농부를 존중하지만 농부들은 가난하고 천하다". 문제는 그들의 건의를 받아들여 농업을 장려하고 상인을 억제하였고, 동시에 구체적인 조치를 시행하였다. 한나라 고조가 규정한 1/15의 토지세를 1/30로 감면하였고, 십수 년 동안 경작지의 세금을 면제하는 경우도 있었다. 인두세는 1인당 120전(錢)에서 40전으로 감면하였고, 요역도 1년에 한 차례에서 3년에 한 차례로 줄였다. 이렇게 하여, 농민들은 여유로워졌고 인구는 증가하였으며 집집마다 풍요로워서, 전대미문의 안정이 찾아왔다. 경제도 부세와 요역을 경감하고 백성들과 함께 누리는 정책을 지속하였다. 경제의 만년에는 전에 없이 풍요로운 상황이 등장하였다. "경사(京師)에 돈이 수없이 쌓여서, 돈을 묶는 끈이 문드러졌지만 어떻게 할 수 없었다. 태창(太倉)에 곡식이 쌓이고 쌓여서 밖으로 흘러넘쳤고, 썩어서 먹을 수 없을 정도였다." 한나라 통치가 그렇게 오래 유지될 수 있었던 중요한 이유 중의 하나는 바로 가벼운 세금 때문이었다.

레이 황은 《거시중국사》에서 중국은 기원전부터 20세기까지 중앙정부가 농민 개개인에게 직접 세금을 징수할 수 있었던 유일한 국가였다고 지적하였다. 그의 말은 전통중국사회와 세계 각국의 차이점이 바로 중앙집권 체제에 있었음을 보여 준다. 그러나 직접적인 징수는 일정한 한도가 있어야 하였고, 그 한도를 넘어서면 중앙집권적 왕조는 유지되기 어려웠다. 본질적인 측면에서 요역과 부세를 가볍게 하는 것은 왕조 시대 중앙정부가 할 수 있는 최선의 선택일 수밖에 없었다. 왜냐하면 그러한 정책은 집집마다 풍요롭게 하고 사회를 안정시켰기 때문이었다.

전한 시대 전반기의 황제들이 지닌 재능과 치적은 모두 사회발전에 부합하는 것이었다. 창업황제 고조 유방은 떠돌이 무뢰배 출신의 대영웅으로서 아주 대범하면서도 진한교체기 사회의 하층민 특유의 건달기를 가지고 있었다. 그는 초야의 사나이들, 평민출신의 재상과 장군들을 이끌고 전국을 누볐다. 무위지치를 시행하였던 문제와 경제는 검소하게 나라를 다스려서, 비빈들도 사치스런 옷을 입지 못하였고 궁중의 휘장에도 비단을 사용하지 않았으며, 궁실의 건축에도 금은이나 동으로 된 장식을 하지 않았다. 흉노가 침입하자, 군대가 변방을 굳게 지키게 하고, 병사를 출동시켜 백성들을 괴롭히지 못하도록 하였다. 이 모든 것이 당시 재정이 풍부하지 않고 백성들이 부유하지 못한 점을 고려한 조치였다. 경제는 형법을 관대하게 하고 관리를 줄이고 요역을 감면하고 농업을 장려하였는데, 이것은 연이은 흉작으로 백성들이 먹고 사는 데 힘들어 하는 것을 고려한 조치였다. 한나라 초기 70여 년 동안 백성들의 부담을 줄이고 생활을 안정시켜 원기를 회복시킴으로써 부를 축적하고 국력을 키우지 않았다면, 한나라 무제(武帝)가 원대한 계획을 추진할 수 없었을 것이다. 고조 때부터 무제 때까지, 한나라는 줄곧 창업–수성–발전이라는 상승곡선을 그리며 전진하였다.

# 26. 한나라 무제—중앙집권 체제의 강화

한나라 고조는 이성 제후왕들을 제거한 뒤에 9명의 동성 제후왕을 분봉하였고, "유씨를 왕들로 세우지 않으면 천하가 공격한다"고 선포하였다. 고조는 분명히 유씨 종실의 혈연관계에 의지하여 황권의 바람막이를 구축하려 했던 것이다. 제후왕국의 권력을 제한하기 위하여, 고조는 왕국의 재상, 태부, 내사, 중위 등의 관리를 황제가 파견하도록 규정하였다. 고조가 죽은 뒤, 제후왕국과 중앙 사이의 대립이 갈수록 심해져서 문제와 경제를 골치 아프게 하였다. 왕국들의 봉지가 너무 넓었고, 가장 넓었던 제국(齊國)은 73개 현이나 소유하고 있었다. 당시 중앙에 직속된 지역은 15개 군에 불과하였다. 왕국은 염철의 전매, 부세의 징수, 화폐의 주조, 관리의 임면 등을 독자적으로 관리하였고, 나날이 세력이 팽창하는 추세였다. 문제는 가의의 건의를 받아들여서 왕국을 작게 분할하고 그 세력을 약화시키려 하였으며, 자신의 아들을 양국(梁國)에 분봉하여 바람막이로 삼았다. 그러나 당연히 그 정도로는 문제를 해결할 수 없었다.

어사대부 조착은 멀리 내다볼 줄 아는 정치가였다. 그는 경제에게 '삭번책(削藩策)'을 주장하였다. 그는 제후왕들은 봉지를 삭감하여도 반란을 일으킬 것이고, 삭감하지 않아도 반란을 일으킬 것이라며, 삭감하면 조기에 손을 써서 화가 적겠지만, 삭감하지 않으면 이미 때가 늦어서 화가 크게 될 것이라고 말하였다. 경제는 조착의 삭번책을 받아들여 과감하게 시행하였다. 그러자 이전부터 때만 기다리고 있었던 제후들이 그것을 빌미로 반란을 일으켰다.

기원전 154년, 한나라 고조의 조카 오왕(吳王) 유비(劉濞)가 오, 초, 조, 교동(膠東), 교서(膠西), 제남(齊南), 임천(淄川) 등 7국과 무장반란을 일으켰다. 유비는 오래전부터 반란을 모의하고 한나라를 차지하려 하였다. 당시 그는 조착을 주살하고 군주의 곁을 깨끗이 한다는 구호를 내걸고 중앙과 대결하였다.

오초 7국의 난이 평정된 후, 경제는 왕국의 행정권, 관리임면권 등을 중앙에 귀속시켰고, 그 독립적 지위를 박탈하였다. 제후왕은 단지 작위만 가지고 실권이 없는 귀족이 되었고, 왕국은 실질적으로 중앙의 직접적인 관할을 받는 군현이 되었다.

한나라 무제는 경제의 삭번책을 지속적으로 추진하여 '추은령(推恩令)'을 반포하였고, 왕국의 조세만을 거둘 뿐 정치에 관여할 수 없게 하였다. 그때부터 왕국의 봉지는 갈수록 줄어들었고, 중앙이 통할하는 영역은 갈수록 확대되었다. 한나라 초기 군국제가 가져온 폐해는 마침내 사라지게 되었다.

무제 유철(劉徹)은 진시황 이래 또 한 명의 웅대한 포부를 지닌 황제였다. 그의 주요한 공적은 진시황이 창건하고 한 고조가 재건한 중앙집권 체제를 더욱 강화 완비시키고, 전례 없이 강력한 중앙집권 대제국을 건립하였다는 것이다.

첫째, 무제는 황제의 권위를 강화하기 위하여 의도적으로 승상의 직권을 축소하고 태위의 직권을 강화하였다. 그리고 태위를 대사마로 바꾸고 대장군이라는 칭호를 덧붙임으로써, 대사마 대장군이 승상의 군사권을 분담하게 하였다. 다른 한편으로, 시중(侍中)과 급사중(給事中) 등 고위 시종을 임명하여 황제와 직접 국가대사를 논의할 수 있게 하였고, 환관을 중서(中書)로 임명하여 상서(尙書)가 맡던 상주문을 처리하게 하여 기밀을 다루게 하였다. 그리하여 '중조(中朝)' 혹은 '내조(內朝)'라고 불리는 궁중 내의 정책결정기구가 형성되었고, 승상을 우두머리로 하는 정부기관은 '외조(外朝)'라고 하여 일반정무만을 집행하게 되었다.

둘째, 무제는 지방에 대한 통제를 강화하기 위하여 자사(刺史) 제도를 창설하여 전국을 13부로 나누고 각 부에 자사 1명을 파견하였다. 그들은 군과 국을 돌며 중앙을 대표하여 감찰하는 책임을 맡고 있었다. 그러한 감찰권에는 '행정시찰, 능력평가, 사법감시' 등이 포함되어, 군과 국의 책임자들과 지역 세력들에 대한 감독을 중시하였다. 진나라 때는 군 단위 행정구역이 49개〔내사(內史)와 48군(郡)〕뿐이었는데, 전한 때는 108개 군국으로 증가하여 중앙에서 직접 관할하는 것이 대단히 어려워졌다. 자사부의 설치는 바로 그러한 난제를 해결하는 가장 현명한 방법이었다. 자사부는 감찰구역으로, 한 개의 자사부가 몇 곳의 군국을 관할하였다. 그러나 자사는 하급관리로서 봉록이 600석밖에 되지 않았고, 군국의 책임자들은 고위관리로서 봉록이 2천 석이나 되었다.

한 무제

하급관리가 고위관리를 감찰한 것은 감찰구가 하나의 행정구역이 되는 상황을 방지하고, 중앙에서 효과적으로 관리하기 위한 목적이 있었다. 일거양득의 효과를 노린 것이었다.

셋째, 한나라 초기에 군대가 전국에 분산되어 수도 부근에는 강력한 부대가 없었던 상황을 변화시키기 위하여, 무제는 중앙상비군을 창설하였다. 먼저 기문군(期門軍), 우림군(羽林軍)을 설립하였고, 롱서(隴西), 천수(天水) 등 여섯 군(郡)을 소위 '양가자(良家子)'로 편성하였다. 뒤에 다시 전사한 자제들을 훈련하였는데, 우림고아(羽林孤兒)라고 불렀다. 중앙상비군의 건립은 중앙집권 체제에 중요한 의의를 갖는다. 그것은 이후 중국 역대 왕조가 실시한 '내중외경(內重外輕, 중앙을 중시하고 지방을 경시함)'의 군사 제도가 처음으로 등장하였음을 의미한다.

넷째, 무제는 상홍양(桑弘羊)을 치속도위(治粟都尉)로 임명하여 염철의 전매를 시행함으로써 소수 지방호족들이 농단하던 염철의 매매를 정리하였고, 염철의 생산과 판매권을 국가가 독점하여 중앙집권의 기초를 강화하였다. 무제는 상홍양의 건의를 받아들여 평준균수법(平準均輸法)을 시행하였다. 평준법은 중앙정부가 수도 장안에 평준관(平準官)을 두어 화물을 관리하게 한 것으로, 장안의 시장가격의 변동에 따라 매매가를 높이고 낮춰서 수요를 조절하고 시장을 통제한 정책이다. 균수법은 중앙정부가 각지에 균수관(均輸官)을 두어 각지로부터 수도로 올라가야 하는 물자가 있으면, 산지에서 직접 구입하고 운반 도중에 일부를 팔아서 다른 지역의 특산물을 구입하는 식으로 매매를 반복하였다. 이렇게 하여 관중에서 필요한 물자들을 장안으로 운반하였다. 균수법을 통해, 군수물자를 보충하고 도시의 소비를 지원하고 창고에 물자를 비축하였으며 재난 지역의 빈민들을 구제할 수도 있었다. 이것이 이른바 "남는 물건을 흐르게 하고 조절하여 부족함이 없게 한다"는 것이었다. 평준균수의 정책은 상인들이 물자를 독점하고 값을 농단하는 것을 통제하여 국가가 통일적으로 운송을 조절하고 값을 조절하였다. 상홍양은 당시에 재정을 연구한 사람이었는데, 그는 이회의 이론을 계승하고 발전시켜서 농산품의 시장판매를 원활하게 하였고 농민의 이익을 보호하였다. 또한 국가의 재정적 수입을 증대시켜, "백성들은 세금을 더 내지 않았고 천하가 풍족하였다"고 한다.

무제는 웅대한 포부를 지닌 황제로서 반세기 동안 제위에 있으면서 한나라를 정상에 올려놓았다. 제국은 변방 지역과 아시아의 주요 지역에 대해 끊임없이 군대를 일으켜 원정하였다. 기원전 135–119년, 한나라의 주요한 병력은 흉노의 위협에 대처하는 데 이용되었다. 기원전 112년부터는 다시 남방, 서남방, 동북방 등으로 군대를 진군시켰다. 기원전 133년부터 명장 이광(李廣), 위청(衛青), 곽거병(霍去病) 등의 지휘 아래 흉노를 공격하였고, 얼마 뒤 서북 변경에 삭방군(朔方郡)과 오원군(五原郡)을 설치하였다. 그 사이 장건(張騫)은 두 차례 서역으로 출사하여 중앙아시아를 돌아보는 서사시와 같은 업적을 이루었다. 진나라 때 형성된 원래의 방어선은 서쪽으로 돈황(敦煌) 근처의 옥문관(玉門關)까지 연장되었다. 서북 변경의 보호와 갑작스런 습격의 방지, 그리고 무역로의 안정적인 확보 등을 위하여 새로운 장성이 축조되었는데, 주천(酒泉)과 장액(張掖) 두 군이 있는 최전방까지 이르렀다. 무제 말년에 이를 때쯤, 지나치게 군사력을 사용한 징후들이 뚜렷하게 나타나기 시작하였다. 황제의 손위 처남 이광리(李廣利)는 대원(大宛, 페르가나)과의 전쟁에서 패배하여 돈황으로 철군하였고, 그 뒤에 참담한 대가를 치르고서야 겨우 체면을 유지할 정도의 승리를 얻었다. 그 이후, 이릉(李陵)은 적진 깊숙이 진격하였다가 여러 차례 패배하였고, 이광리도 흉노와의 전쟁에서 패배하여 이릉처럼 투항하지 않을 수 없었다.

다른 지역에서 이루어진 원정은 대단히 순조롭게 진행되었다. 기원전 111년, 운남성(雲南省)과 사천성(四川省)에 상가군(牂柯郡), 월수군(越嶲郡)을 설치하였고, 기원전

108년에는 익주군(益州郡)을 설치하였다. 남월(南越)을 원정하여 9개의 새로운 군을 설치하였다. 그중에 두 곳은 해남도(海南島)에 있었는데 얼마 뒤 폐지되었다. 동쪽에 대한 원정을 통해 한반도에 4개의 군을 설치하였다.

일련의 위대한 성과는 무제를 의기양양하여 분별을 잃게 만들었고, 끊임없이 수십 차례에 걸친 전쟁을 일으키게 하였다. 흉노정벌처럼 어떤 것은 필요하였지만, 대완정벌처럼 어떤 것은 필요하지 않았다. 대규모의 전쟁에 모두 2백만 명의 병력이 동원되었고 백성들은 견딜 수 없는 고통을 당하였다. 한나라 때의 악부(樂府) 〈전월남(戰越南)〉은 백성들의 전쟁에 대한 염증을 분명하게 반영하였다. 전쟁은 국고를 비게 하였고 국력을 고갈시켰다. 무제는 공적을 세우는 것을 좋아하였을 뿐만 아니라, 대단히 사치스러웠다. 그는 황실의 화원인 임원(林苑)을 확장하였고 곤명지(昆明池)를 만들었으며 궁전 수십 곳을 건축하였다. 또한 만 리를 멀다하지 않고 대규모 수행원들과 함께 태산에 제사를 지냈다. 그 제사를 올리러 가기 위해 도로, 다리, 별궁 등을 건설하였다. 무제 원봉(元封) 원년, 태산에서 봉선할 때, 먼저 양보에서 땅에 제사를 올렸고, 이어서 태산 아래에서 동쪽을 향해 하늘에 제사를 올렸다. 그 다음, 태산에 올라가서 제사를 올렸고, 음도로 내려 와서 태산 아래의 숙연산(肅然山)에 선(禪)을 드렸다. 즉 하늘과 땅에 봉선하였다. 태산을 신선 세계의 통로와 사후 세계의 도성으로 여긴 것은 한나라 사람들의 천상과 지상 세계에 대한 상상을 반영하였다. 무제는 모두 여덟 차례나 태산에서 봉선하였고, 그가 태산에 올랐을 때 한나라도 세계의 정상에 있었다.

## 27. "백가를 배척하고 오직 유학만을 존중한다"

한나라 초기에는 황로사상과 무위지치를 시행하여 국력을 키우는 효과를 가져왔지만, 대제국을 통일하는 정치원리로는 적합하지 않았다. 이데올로기를 통해 중앙집권 체제를 옹호하기 위하여, 한나라 무제는 유가 출신 관료들의 건의를 받아들여 "백가를 배척하고 오직 유학만을 존중한다〔罷黜百家, 獨尊儒術〕"는 정책을 시행하였다.

문제와 경제 시대에 '무위'로부터 '유위'로, 도가로부터 유가로 변화되는 흐름이 점차 진행되고 있었다. 건원(建元) 원년(기원전 140년), 즉위한 무제는 당시 16살의 어린 황제였지만 큰일을 하려는 생각을 품고 있었다. 그는 잇따라 세 차례에 걸쳐 조서를 내려 지식을 가진 선비들에게 정치를 하는 원리와 천인(天人) 관계 등을 자문하였다.

경제 때 박사를 역임한 유명한 유학자 동중서(董仲舒)는 《춘추》의 '대일통(大一統)' 이론을 인용하여 세 차례 글을 올려 이른바 '천인삼책(天人三策)'을 건의하였는데, 사상의 대통일을 통해 정치의 대통일을 유지해야 한다는 내용이었다. 《춘추공양전》〈은공(隱公) 원년조〉에는 "어찌하여 왕정월(王正月)이라고 하는가? 대일통(大一統, 大는 존숭한다는 동사로 통일을 존숭한다는 뜻)이기 때문이다"고 되어 있다. 동중서는 《춘추》를 근거로 다음과 같이 주장하였다. "《춘추》의 대통일은 천지의 변하지 않는 이치이고, 옛날이나 지금이나 통용되는 것이다. 지금 학파마다 서로 도가 다르고 사람마다 서로 논의하는 것이 달라서, 수많은 학파가 방향이 각각이고 지향점도 같지 않다. 이 때문에 위로는 통일을 유지할 수 없어서 법제가 수시로 바뀌고, 아래로는 (법을) 준수할 줄 모른다." 그러므로 "육예(六藝)의 과목, 공자의 학술에 속하지 않는 모든 학설을 금지하고 함께 논의해서는 안 된다." '육예의 과목'은 유가의 《시》, 《서》, 《예》, 《악》, 《역》, 《춘추》 등으로 바로 '공자의 학술'이다. 동중서는 정치권력을 이용하여 다른 학파의 학설과 유가의 학설이 "함께 논의되는 것"을 금지하려 하였다. 후세의 학자들은 이 시기의 역사에 대해 오해를 하게 되었다. 그 첫 번째는 "백가를 배척하고 오직 유학만을 존중한다"는 것이 동중서 한 사람에 의해 촉진되었다는 오해이다. 그 두 번째는 그 이후 유가 이외의 제자백가가 금지되었다는 오해이다.

사실, 동중서가 건의를 올리기 전인 건원 원년에 이미 무제는 승상 위관(衛綰)의 건의를 받아들여 신불해, 상앙, 한비, 소진(蘇秦), 장의(張儀) 등의 학문을 전문적으로 연구하던 현량(賢良)들을 해임하였다. 건원 6년, 무제는 '뛰어난 유학자' 전분(田蚡)을 승상으로 삼았고, 유가의 경전을 연구하지 않는 태상박사(太常博士)들을 일률적으로 해임하였으며, 황로사상이나 법가를 비롯한 백가의 학설들을 모두 관학(官學)으로부터 배제하였다. 유생 수백 명을 아주 후한 대우를 하며 중앙으로 불러 들였다. 이러한 일련의 조치들이 바로 "백가를 배척하고 오직 유학만을 존중한다"는 것이었다. 무제는 유학을 장려하기 위하여 전문적으로 《시》, 《서》, 《예》, 《역》, 《춘추》 등을 연구하는 오경박사를 두었고, 유학은 이때부터 관학이 되었다. 무제는 동중서, 공손홍(公孫弘)의 건의를 받아들여, 수도 장안에 태학(太學, 국립대학)을 설립하였고 오경을 가르쳤으며, 학생들 중에서 관리를 선발하였다. 모든 군국에서 18세 이상의 재능 있는 인재들을 추천하면, 그들은 태학으로 보내져 박사의 제자가 될 수 있었다. 그들은 1년 이상 공부한 뒤에 시험에 참가하였고, 갑과(甲科)에 합격한 자는 낭중(郎中)이 되었고, 을과(乙科)에 합격한 자는 원래 군국으로 돌아가서 서리가 되었다. 무제는 승상에게 사과(四科)를 설치하여 "덕이 뛰어난 명사"를 천거하고, 업무능력이 인정되면 관직을 수여하게 하였다. 그 밖에도, 부정기적으로 "현량을 천거하였고", 무제 자신이 직접 문제를 출제하였다. 응시자가 질문에 대한 대답을 잘 하면 관직을 수여하였다. 성적을 가늠하는 기준은 물론 유가의 경전이었다. 이로써 경학은 "배워서 우수하면 관직을 갖는" 도구가 되었다. 경학의 특수한 지위가 확립된 것은 유학의 관학화가 차츰 형성되고 있었음을 보여 준다.

최근에 학자들은 오랫동안 오해되어 왔던 상술한 문제를 분석하였다. 유계생(劉桂生)은 〈근대 학인들의 "백가를 배척하고 오직 유학만을 존중한다"에 대한 오해와 그 원인〉에서 다음과 같은 훌륭한 의견을 제시하였다. 무제가 "백가를 배척하고 오직 유학만을 존중한" 데는 적어도 결코 동중서의 건의만을 채용하지 않았다. 동중서가 '배척'하려 한 것은 새로운 주장을 하던 잡학가(雜學家)들이었을 뿐이었고, 결코 유가 이외의 학파들을 금지한 것은 아니었다. 무제의 의도는 단지 관학과 조정 내의 정치에서 유가의 지위를 확립하고 다른 학파가 넘보지 못하게 하려는 것이었을 뿐이고, 제자백가의 사회적 전파까지 금지한 것은 아니었다. 지식인들은 자신이 하고 싶은 대로 여러 학파들의 주장을 연구할 수 있었고, 다만 그것을 통해 공명과 부귀를 추구할 수 없을 뿐이었다. 이상이 "백가를 배척하고 오직 유학만을 존중한다"는 것의 전부였다. 일본의 학자

후쿠이 시게마사〔福井重雅〕는 〈동중서의 대책에 대한 기본연구〉 등의 논문에서 전통적인 관점에 다음과 같은 이의를 제기하였다. 동중서가 세 번째 올린 대책 중에 포함된 문장("육예의 과목 〔…〕 함께 논의해서는 안 된다")은 건원 5년(기원전 136년) 봄 '오경박사의 설치' 이전에 제기되었을 리 없다. 따라서 동중서가 올린 유가를 존중해야 한다는 대책과 오경박사의 설치는 전혀 관련이 없다. 중국사상사에서 가장 유명한 유교의 국교화 문제는 다른 각도에서 새로운 해석이 이루어져야 한다. 유계생과 후쿠이 시게마사의 연구는 주목할 만한 새로운 동향이다.

유가경전에 주석을 달고 해석하는 경학은 정치적 색채가 농후한 정통학문으로서 지식인에게 관심의 대상이 되었다. 주유쟁(朱維錚)은 〈공자와 중세기 유학교육〉에서 무제 때부터 역대 제왕들이 필요로 하였던 유술(儒術) 혹은 경술(經術)은 주로 유가경전의 언어로 포장된 통치술이었다고 주장하였다. 제왕들은 자신이 건국한 왕조나 새로 만든 제도가 천도(天道)에 부합한다고 보았고, 경학가들의 임무는 그것이 공자가 동경하던 불변하는 천도에도 부합한다는 것을 논증하기만 하면 되었다. 동중서는 《천인삼책》에서 천과 도는 모두 불변하는 것이고 존숭해야 할 것은 공자의 유술이라고 주장하였다. 공자는 현존하는 통치질서의 변경을 가장 반대하였기 때문이었다. 나중에 조정의 수석 교사가 되었던 경학가 하후생(夏侯生)은 경술에 통달하게 되면 높은 관직과 많은 봉록은 발 아래에 있는 배추 잎을 줍는 것처럼 쉽다고 말하였다. 그 이유는 당시 태학에서 오경박사들은 모두 제자들에게 "경전의 암송"을 교육시켰기 때문이었다. 학생들은 관에서 정한 표준적인 경전과 그 해석을 암송하는 것을 "실제에 응용하는" 주요한 방법이라고 여겼다. 다시 말해서, 경전에 기록된 성현의 말씀에 잘 부합하게 현재의 정권을 잘 변호하고 찬양하는 것이 '경술'에 대한 이해의 정도를 측정하는 표준이었다.

이상의 특수한 정치적 배경 때문에, 무제 이래 경학은 나날이 성행하였고, 태학에서 오경 중 하나를 전문적으로 연구하던 박사들은 유가경전에 대한 주석을 평생의 직업으로 삼았다. 그들은 머리가 세도록 경전을 연구하고 문장과 글자에 일일이 주석하였다.

결국, 오경은 각 경의 분량이 그리 많지 않았지만, 그에 대한 주석은 1백여 만 자나 되었다. 관직과 봉록을 얻을 수 있는 방법이었기 때문에, 사람들은 그처럼 번잡한 일에 피로를 느끼지 않았다. 박사의 제자는 무제 때 50명이었는데, 성제(成帝) 때는 3천 명으로 늘어났고, 후한의 순제(順帝) 때는 3만 명이나 되었다. 경학 내부에도 파벌이 나타나서 금문학파와 고문학파가 대립하였다. 원래 박사들이 가르치던 유가경전의 문장들은 '금문〔今文, 당시 통용되던 문자인 예서(隸書)〕'으로 씌어진 것이었다. 무제 때 임명된 오경박사 14명은 모두 금문경학파였고, 당시에는 전국적으로 통용되었기 때문에 '금문'이라는 명칭은 필요가 없었다. 고문이란 전국 시대 동쪽 지역의 문자로 한나라 때는 이미 사용되지 않았다. 그러한 고문으로 씌어진 유가경전의 일부가 무제 말년에 발견되었다. 노공왕(魯共王) 유여(劉余)가 궁전을 확장하기 위하여 공자의 옛집을 허물었는데, 그 집의 벽에서 고문으로 씌어진 《상서》, 《예기》, 《논어》, 《효경》 등이 발견되었다. 공자의 후손인 공안국(孔安國)은 무제에게 그 책들을 바쳤고 학관(學官)의 설치를 희망하였다. 애제(哀帝) 때 여러 책들을 교감하는 일을 맡고 있던 유흠(劉歆)은 황제에게 마땅히 고문경을 위한 학관을 설치하고 태학에서 교재로 써야 한다고 건의하였다. 그의 건의는 한 차례 논쟁을 불러 일으켰고, 금문경학과 고문경학의 두 학파가 형성되었다. 금문경은 관에서 설립한 학교에서 정식으로 전수되었고, 고문경은 민간에서 개인적으로 전수되었다.

동중서는 춘추공양학의 대학자였고 전문적으로 공양고(公羊高)의 《춘추공양학》을 연구하여 자신의 학설은 모두 그로부터 나왔다고 공언하였다. 사실 그가 저술한 《춘추번로(春秋繁露)》는 당시 크게 유행하던 음양가의 음양오행설을 받아들여 《춘추》의 미언대의(微言大義)를 새롭게 해석하고 '천인감응' 사상을 서술한 것이었다. 동중서는 하늘이나 땅에 나타나는 기이한 현상은 하늘이 자신의 아들—천자, 즉 황제—에게 정치가 어떻게, 얼마나 잘못되고 있는가를 보여 주는 것이라고 보았다. 따라서 땅은 반드시 하늘에 복종해야 하고, 비천한 사람은 존귀한 사람에게 복종해야 하고, 아랫사람은 윗사람을 받들어야 하고, 신하는 반드시 군주에게 충성해야 하는데, 그것이 바로

'예'였다. 예의 원칙은 주로 "백성들은 군주를 따르고 군주는 하늘을 따르며" "백성들을 굽히게 하여 군주를 높이고, 군주를 굽히게 하여 하늘을 높인다"는 것이었다. 동중서가 군주에 대한 존중과 대통일을 주장한 것은 직접적으로 무제 시대 중앙집권제국의 정치적 필요를 반영하고 있었다. 그리고 윤리도덕으로 구체화된 것이 군위신강(君爲臣綱), 부위자강(父爲子綱), 부위부강(夫爲婦綱) 등 '삼강(三綱)'과, 인(仁), 의(義), 예(禮), 지(智), 신(信) 등 '오상(五常)'이었다. 삼강오상은 사회에서 서로 계층 사이의 가치관을 통합하고 농업사회의 사람들을 걱정 없이 살게 하는 데 도움을 주는 행위규범과 심리적 안식처를 제공하였다. 동중서는 유가경전은 모두 왕도이고 《춘추》는 "왕도 중에서도 가장 큰 것"이라고 여겼다. 즉, 《춘추》에는 만물이 흥하고 쇠하는 원리가 담겨 있고, 정치질서와 인륜도덕을 규정한다고 보았던 것이다. 그는 《춘추》의 미언대의를 체계화하여 《춘추공양전》의 지위를 높였고, 공자와 《춘추》를 신격화하였다. 동중서는 유학을 종교화함으로써 '유교'가 되는 길을 열었다. 서양의 중국학자들이 동중서를 "유가 최초의 신학자"라고 하는 것도 무리는 아니다.

무제가 오직 유학만을 존중하였다고 하지만, 사실은 유보적인 태도를 취하였고, 제자백가를 모두 배척한 것도 아니었다. 《사기》〈귀책열전(龜策列傳)〉에 따르면, "지금 황제(무제)께서 즉위하여 널리 예능(藝能)의 길을 열고 모든 학문을 받아들이셨다. 특정한 분야에 능통한 선비는 모두 능력을 발휘할 수 있었고 뛰어난 자들을 존중하여 고립되지 않게 하시었다". 이 문장은 무제가 모든 학문에 관용적이었음을 반영하고 있다. 무제는 결코 유생들에게만 의존하지 않았고, 종교적으로 도가의 방사들에게 상당히 의존하였으며, 정치적으로는 법가에 상당히 의존하였다. 유가의 지나치게 진부한 작풍과 무제의 호방한 성격은 전혀 어울리지 않았다. 무제가 일생 동안 한 일들은 대부분 유가사상과 큰 차이가 있었다. 그가 임용한 대신들은 대부분 유술에도 정통하고 형법에도 밝은 사람들이었다. 황로사상을 받들었던 급암(汲黯)은 대놓고 무제가 유술을 장려하는 것이 "마음속으로 많은 욕심을 갖고 있으면서 밖으로 인의를 베푸는 행위"이고 실제로는 유가로 포장된 법가라고 폭로하였다. 명 말 청 초의 사상가 왕부지

(王夫之)는 《독통감론(讀通鑑論)》에서 급암이 "무제의 유가에 대한 존중이 껍데기만 있고 내용은 없다"고 비난하였다고 평가하였다. 유가로 포장된 법가는 후대 통치자들의 통치비책이었다. 한나라 원제(元帝)는 태자 시절에 아버지인 선제(宣帝)가 "형식을 따지는 법가 관리를 많이 등용하고 법으로 백성들을 옭아매자", "폐하께서는 형법을 지나치게 두둔하십니다. 마땅히 유생들을 등용하셔야 합니다"라고 간언하였다. 선제는 얼굴을 붉히면서 질책하였다. "한나라 조정은 그 나름의 제도가 있었고, 본래 패왕의 원리가 섞여 있다. 어찌 덕과 교화만을 따르고 주나라의 정치를 사용하겠는가?" 선제의 말에서 이른바 오직 유학만을 존중한다는 정책의 배후에는 '왕도'와 '패도', 즉 유가와 법가의 병용이라는 비밀이 놓여 있었음을 알 수 있다. 그 오묘한 이치를 새겨볼 만하다. 정치권력을 이용하여 이데올로기를 통제하는 방법은 사실 법가가 만들어낸 것이었다. 상앙, 한비, 이사 등은 모두 그 방법에 정통하였고, 진시황은 그 방법을 통해 이데올로기를 통제하려 했지만 실패하였다. 무제는 또 다른 방법으로 사상을 통일하였다. 그는 관리가 되는 길을 장악하였고, "육예의 과목, 공자의 학술"에 속하지 않는 것을 통해 관리가 되는 것을 불가능하게 만들었다. 그는 오경박사를 두었고 학생들을 모집하였고 여러 과목들을 개설하였으며 "관직과 봉록을 주었다". 그 뒤 100여 년이 지나자 "(경학의) 전문가들이 아주 많아지고 지나칠 정도로 세밀하게 연구하여 경전 하나에 1백여 만 자의 주석이 붙기도 하였다. 대학자들이 천여 명이나 되었는데, 그 이유는 봉록을 받을 수 있는 길이었기 때문이다". 봉록을 받을 수 있는 길을 열어주었기 때문에, 유가의 교화는 차츰 보급되었고 대단히 성공적이었다. 그 뒤에 유학자들은 너무도 당연히 유학을 관리가 되는 디딤돌로 여기게 되었다.

이상에서 유학은 정치적으로도 더할 나위 없는 역할을 하였음을 알 수 있다. 토인비는 《역사연구(*A Study of History*)》에서 다음과 같이 말하였다. "유가의 학설이 결국에는 따분하고 진부한 형식을 취하였을지라도 여전히 한제국(漢帝國)의 관료들에게 일종의 '집단책임의식'을 불러일으켰다. 그런데 로마제국의 문관들은 그러한 공동의 전통윤리적 구속력이 결여되어 있었다."

## 28. 왕망(王莽)의 탁고개제(托古改制)

원대한 포부를 지녔던 무제의 눈부신 삶은 비극적인 결말을 맞았다. 흉노정벌에 참패하고 국내에서는 기근과 동란이 발생하면서, 무제는 말년을 참회와 고통 속에서 보냈다. 기원전 87년, 무제는 순행에 나섰는데 주(周)에 이르러 병이 들었다. 그는 70세 이후를 별 볼일 없이 보낸 채 재위 54년을 마감하였고 장안 서북쪽의 웅장한 무릉(茂陵)에 조용히 묻혔다. 무제의 뒤를 이은 소제(昭帝) 유불능(劉弗能)은 즉위할 때 겨우 여덟 살이었고, 대사마 대장군 곽광(霍光) 등 대신들이 무제의 유지에 따라 황제를 보위하였다. 그런데 함께 황제를 보좌하던 김일제(金日磾)가 죽고 상관걸은 사형을 받으면서, 곽광이 혼자서 황제를 대신하여 섭정하는 국면이 조성되었다. 소제는 여덟 살에 즉위하여 13년 동안 제위에 있었는데, 죽을 때도 겨우 21세였고 모든 정무는 곽광이 처리하였다. 곽광의 딸이 소제의 황후가 된 뒤, 곽광은 권력을 독점한 섭정대신이었을 뿐만 아니라 내정에도 중요한 영향을 미치는 외척이 되었다. 그것은 외척이 정치에 간여하는 선례가 되었다. 그러나 곽광은 훗날에 조정을 좌지우지하던 외척들과는 달리 정치가로서의 전망과 식견을 갖추고 있었다. 그가 섭정하던 시기는 호전적이었던 무제 시기와 선명한 대조를 이루었다. 재정지출을 검소하게 하였고 20년간 계속해서 감세 정책을 폈으며, 흉노에 대한 정책도 정벌에서 평화교섭으로 전환하였다.

원평(元平) 원년(기원전 74년), 소제가 죽자, 곽광은 무제의 증손자〔무제의 태자 유거(劉據)의 손자〕인 유병이(劉病已)를 황제로 옹립하였는데, 그가 선제였다. 곽광이 죽은 뒤, 선제는 친정을 시작하였다. 선제는 왕도와 패도를 결합한 통치술을 받들어서, 한편으로 농업세, 인두세, 빈곤한 호의 요역 등을 감면하였다. 다른 한편으로는 "상벌을 엄격하게 하고 명분과 현실을 종합하여" 법관과 형률로 각급 관리를 감독하였다. 선제는 무제 이후 유일하게 수성을 하면서도 어느 정도 발전을 이루었던 황제였고, 이른바 중흥의 기운을 다소 형성하기도 하였다. 그러나 그도 한나라의 천하가 유학만을 존중하는 우유부단한 아들의 손에서 망치게 될 것이라고 예감하였다. 그의 예감은 적중하였다. 소제와 선제 때는 여전히 무제 때의 성세를 유지할 수 있었지만, 그 뒤 원제(元帝), 성제(成帝), 애제(哀帝), 평제(平帝) 등으로 갈수록 상황이 나빠졌다. 결국 외척은 궁중에서 날로 세력을 키웠고 왕망이 정권을 찬탈할 수 있게 만들었다. 곽광이 섭정할 때 이미 외척이 등장하기 시작하였고, 선제는 곽씨 일가를 등 뒤에 꽂힌 가시로 여겼다. 그래서 곽광이 죽고 2년 뒤에 음모를 꾸민다는 고발이 들어오자, 곽광의 아내를 비롯하여 그 일가의 상당수를 처형하였다. 당시에 "군주를 두렵게 하려는 생각은 만들어지지 않았는데, 곽씨 집안의 불행은 참승(驂乘)에서 비롯되었다"는 말이 있었다. 그러나 궁중정치에서 외척의 지배력은 변함없이 계속되었고, 다만 곽씨가 왕씨로 바뀌었을 뿐이었다. 왕씨가 외척이 된 것은 원제의 황후 왕정군(王政君), 즉 왕망의 고모 때부터였다. 원제가 죽은 뒤에 즉위한 성제, 애제, 평제 등은 모두 원제의 아들이었다. 성제는 왕황후의 친아들로, 그가 즉위하자 왕씨의 형제 5명이 동시에 제후로 분봉받았다. 그들은 한 세대를 풍미하였고, 대사마 대장군을 번갈아 맡으면서 권력을 잡았다. 왕망은 왕씨의 위세를 빌려 귀족이나 학자들과 광범위하게 교류하였으며, "공손, 검소, 성실, 박학" 등 뛰어난 인품을 보이면서 많은 사람들로부터 호감을 얻었다. 그가 대사마에 임명된 지 얼마 되지 않았을 때 애제가 즉위하였는데, 외척 정(丁), 부(傅) 두 성씨가 득세하였다. 왕망은 파면 당하였고 집 안에서 두문불출하였다. 애제가 죽은 뒤, 어린 평제가 즉위하고 왕태후가 수렴청정하게 되었다. 왕망은 대사마 대장군의 신분으로 권력을 장악하였고 대신들의 건의를 받아들여 자신의 딸을 황후로 삼았다. 그는 대사마 대장군이면서 국장(國丈)이라는 특수한 지위를 가지고 조정을 완전히 장악하였다. 평제가 죽은 뒤, 왕망은 독자적으로 두 살짜리 어린아이를 황제로 삼았고, 자신은 '섭정황제'가 되었다. 서기 8년, 왕망은 제위를 찬탈하고 스스로 황제가 되어 국호를 '신(新)'이라고 하였다.

왕망이 정계에 입문하여 황제가 되기까지 31년이 걸렸다. 이 기간의 역사는 후한 때 관에 의해 편찬된 《한서(漢書)》에서 완전히 왜곡되었다. 왕망은 난신적자로 서술되었고, 그가 한나라를 찬탈하기 전에 하였던 좋은 일들은 완전히 위선적인 행동으로 묘사되었다. 사실 왕망은 섭정을 하는 동안에 적지 않은 업적을 이루었는데, 그를 공격하는 사람들은 그의 행위를 이해할 수 없을지도 모른다. 예를 들어, 당시 관료들 사이에는 부정부패가 만연해 있었지만, 왕망은 부패하지도 않았고 자신의 재산을 하인과 빈민들에게 나눠주기도 하였다. 그 자신은 청빈한 생활을 하였고, 그의 아내는 하녀 같은 옷을 입었다. 또한 그의 아들이 노비를 살해하자, 법이 고위층에게 너그럽지 않다는 것을 보여 주기 위하여 아들에게 자살하도록 하였다. 이러한 행위들이 백성들을 감동시켰으리라는 점은 쉽게 이해가 된다. 이에 대해 갈검웅(葛劍雄)은 〈기백이 넘치는 한나라 풍습〉에서 다음과 같이 말하였다. 만약 정치가들이 모두 왕망처럼 큰 대가를 치르는 위선적인 행위를 한다면, 정치는 분명히 훨씬 더 깨끗해질 것이다. 당시 왕망을 성인이나 주공으로 여기고 구세주라고 생각했던 것이 비록 과장된 측면을 갖고 있을지라도, 그가 신나라를 건국하기 전에 많은 사람들이 진심으로 그를 받들었다. 그렇지 않고 단지 유흠 등 여론을 만드는 고수들에게만 의지하였다면 그렇게 큰 세력을 형성할 수는 없었을 것이다.

하지만 한나라가 남겨 놓은 사회문제는 대단히 심각한 상태였고, 왕망은 그 문제들이 야기하는 곤경으로부터 벗어나기 위하여 일련의 개혁을 실시하였다. 그의 개혁은 미래가 아니라 과거에 눈을 돌린 것이었고, 역사가들에 의해 탁고개제로 불렸으며, 모든 이론적 근거는 유가의 경전인 《주례》에서 찾았다. 왕망은 말끝마다 하 · 상 · 주 삼대(三代)를 들먹였고, 모든 일들은 《주례》를 근거로 삼았다. 왕망에게 경학의 이론적 근거를 제공한 사람은 바로 전한 말의 뛰어난 경학가였던 유향(劉向)의 아들 유흠이었다. 유흠은 신나라의 '국사공(國師公)'이 되었다. 왕망은 이미 평제 때 유흠을 지지하여 학관에 고문경을 개설하고 박사관(博士官)을 두었으며, 유흠에게 《주례》를 근거로 명당(明堂)을 세우게 하였다. 명당은 "사시(四時)를 바로잡고 교화를 밝힌다"는 목적에서 세워진 건축물로 위가 둥글고 아래가 네모진 형태였다. 또한 벽옹(辟雍)이라는 제사 장소도 세워졌다. 왕망이 한나라를 찬탈한 뒤, 유흠은 네 명의 주요한 신하 중 한 명이 되었고 국사공으로서 상공(上公)의 지위에 올랐다. 유흠은 고문경학을 이용하여 신나라의 건국을 위해 금문경학과는 다른 이론을 만들었고 이른바 탁고개제를 시도하였다. 《한서》 〈왕망전〉에 따르면, "왕망은 제도가 갖춰지면 천하가 평안해질 것이라고 여겼고", 그 때문에 온 힘을 기울여서 "의례를 제정하고 음악을 만들었으며 《육경》의 주장을 통합하였다".

탁고개제를 시도하는 데 당면한 첫 번째 문제는 바로 오랫동안 사회를 어렵게 만들었던 토지와 농민의 문제였다. 당시 사회는 토지겸병과 그에 따른 빈부의 양극화가 심각하였다. 이미 한나라 무제 때 동중서는 당시에 나타난 빈부의 양극화를 "부자는 그 토지가 끝이 보이지 않을 정도였고, 가난한 자는 송곳을 꽂을 땅도 없다"고 묘사하였고, 정전제가 폐지된 뒤에 토지의 매매가 가능해졌기 때문에 비롯되었다고 결론을 내렸다. 동중서의 이상은 정전제를 회복하는 것이었다. 그런데 짧은 시간 안에 회복하기는 어렵다는 점을 감안하여 "백성들의 명전(名田)을 제한한다"는 절충안을 제시하였다. 여기서 '명전'은 '점전(占田)'으로 백성들의 토지점유를 제한하여 토지겸병을 억제하는 데 목적이 있었다. 토지의 사유와 매매를 허용하면서도 백성들의 토지점유를 제한하려 한 것은 경학가들이 머릿속에서 만들어낸 평균주의사상이었고, 그 실패는 필연적이었다. 애제 때, 보정대신(輔政大臣)이었던 사단(師丹)은 동중서의 이론을 받아들여 다시 토지소유의 제한을 건의하였다. 애제는 그의 건의를 받아들였고, 승상 공광(孔光)과 대사마 하무(何武)는 토지와 노비의 소유를 제한하는 구체적인 조례를 제정하였다. 그러나 사회적 혼란만을 야기한 채 없던 일이 되었다.

왕망의 개혁은 동중서, 사단, 공광 등보다 훨씬 더 규모가 커서, 토지소유를 제한하였을 뿐만 아니라 정전 제도 부활하였다. 왕망은 시건국(始建國) 원년(서기 9년), 조서를 내려 "천하의 토지를 왕전(王田)으로 바꿔 부르라"고 하였다. 토지사유제는 폐지되었고 모두 국가소유로 바꾸었다. 《주례》에 묘사된 정전제에 따라 다시 토지를 균등하게 분배하였고, 가구당 100무를 넘지 못하게 하였으며 매매를 금지하였다. 또한 엄격한 규정을 만들어서 "감히 정전제를 어기고 불법으로 사람들을 현혹시킬 경우, 멀리 추방하여 혼란을 막았다". 이러한 퇴행적인 주장에는 본래 탈출구가 없는 것이 당연하였다.

정전제에 따라 다시 토지를 분배하려 하여도 전국의 토지가 턱없이 부족하였다. 토지의 사유와 매매는 당시 활발하게 발전하고 있던 소농 경제의 바탕이었고 역사적 흐름에도 부합하였다. 역사를 거꾸로 되돌리는 조치는 어느 사회계층의 지지도 얻지 못하였고, 왕망은 어쩔 수 없이 왕전령을 반포한 지 3년 만에 다시 조서를 내렸다. 그 조서는 '왕전'의 매매를 허가하고 더 이상 왕전령을 시행하지 않는다는 내용이었다. 이로써 사실상 토지를 국유화하려는 개혁은 실패로 끝났다.

토지국유화를 시행한 지 3년째 되던 해에 왕망은 유흠의 건의를 근거로 중앙이 상공업을 통제하는 일련의 개혁을 추진하였는데, 그 이론적 근거도 여전히 《주례》였다. 개혁의 구체적인 조치로 오균육관(五均六管)을 실시하였다. 오균은 장안, 낙양, 한단, 임치, 원(宛), 성도(成都) 등 대도시에 오균관(五均官)을 설치하고 국가를 대신하여 상공업과 물가를 통제하는 것이었다. 오균관은 물가를 안정시키고 적체된 농산물을 원가를 계산하여 구매하였으며, 대출사업을 관리하였다. 육관은 소금, 철, 술, 오균과 대출, 명산대택(名山大澤)의 관리, 철전과 구리의 주조 등 여섯 가지 경제사업을 국가가 관리하고 전매 제도를 실시하는 것이었다. 오균육관은 결코 새롭게 등장한 것이 아니었고, 그것은 무제 때의 평준균수, 염철전매를 확대하여 농업을 장려하고 상업을 억제하려 한 정책이었다. 하지만 관상(官商)의 활동은 시장질서에 어긋나는 것이었으며, 국가가 상인과 이익을 다투는 수단이 되었다. 더욱이 오균육관을 주도한 대상인 출신의 관리들은 이익만을 추구하는 본성 때문에 온갖 폐해를 불러와서 정책을 엉망으로 만들어 버렸다. 결국 왕망은 권좌에서 물러나기 1년 전에 오균육관의 폐지를 선포하였다.

그 밖에도, 왕망은 《주례》에 따라 화폐 제도를 개혁하여 이미 화폐의 기능이 사라진 원시화폐를 다시 시장에 유통시켰다. 그는 화폐의 재료를 금, 은, 동, 거북, 조개 등 다섯 가지로 분류하였고, 황금, 은화, 귀폐(龜幣), 패폐(貝幣), 포(布), 천(泉) 등 여섯 가지 명칭으로 불렀으며, 화폐의 교환가치를 28가지로 분류하였다. 이 제도는 시행자체가 불가능하였고 교환비율도 불합리하여 화폐유통에 큰 혼란만을 야기하였다. 왕망은 《주례》를 근거로 관제와 관직명을 크게 고쳤고, 심지어 공, 후, 백, 자, 남을 2천

명이나 분봉하였다. 당시에 관리들도 복잡한 관직명을 명확하게 이해하지 못할 정도였고, 행정기구는 제대로 돌아가기 어려웠으며, 부정부패가 성행하였다.

왕망은 유가경전을 근거로 '대동(大同)'의 세계를 재건하여, 토지겸병, 빈부격차, 상인의 농민착취 등 사회문제를 한 번에 영원히 해결하려 하였다. 그러나 사회문제를 해결하기 위하여 과거로 회귀하면서 출로가 막혀 버렸고, 그 결과 사회문제의 해결에 도움을 주지 못했을 뿐만 아니라 오히려 문제를 더욱 악화시켰고, 사회위기가 심화되어 녹림(綠林), 적미(赤眉)의 봉기를 야기하였다. 왕망이 세운 '신'왕조는 겨우 십수 년 밖에 유지되지 못하였고, 유성처럼 순식간에 사라져 버렸다. 광무제(光武帝)의 중흥 이후, 후한 시대 사관(史官)의 붓끝에서 왕망은 결국 부패한 전한 정치의 희생양이 되었다. 따라서 왕망에 대한 묘사는 제위의 찬탈자, 최악의 위선자, 여론의 조작자, 이상주의자, 개혁가, 혁명가 등 사람마다 각기 다르다. 존 페어뱅크(John K. Fairbank)와 에드윈 라이샤워(Edwin O. Reischauer)는 《동양문화사(中國:傳統與變革, *East Asia : Tradition & Transformation*)》에서 다음과 같이 지적하였다. 왕망은 토지를 국유화하고 노비를 해방시키는 데 노력하였는데, 이것은 그를 '중국 최초의 사회주의자'라는 시대에 맞지 않는 호칭을 갖게 만들었다. 그들의 지적은 특정인의 주장을 평가한 것이었다. 1928년, 저명한 학자였던 호적(胡適)은 왕망이 "1,900년 전에 사회주의 황제"였지만 너무 빨리 중국에 등장하였기 때문에 실패하였다고 여겼다. 미국 역사학자 한스 빌렌스타인(Hans Bielenstein)은 호적의 견해를 "낭만주의적인 비역사적 해석"이라고 하면서 다음과 같이 반박하였다. "왕망은 반고가 《한서》에서 쓴 것처럼 그렇게 무능하고 교활하며 위선적인 사람도 아니었고, 분수를 모르는 탐욕적인 사람도 아니었다. 긍정적인 측면에서 왕망은 똑똑하고 재능 있는 사람이었다. 부정적인 측면에서 보더라도 왕망은 단지 고문경학에 지나치게 의존하고 세상물정을 모르던 유생이었을 뿐이다."

## 29. 광무중흥(光武中興)

왕망에 반대하는 녹림군의 봉기가 일어났을 때, 남양(南陽)의 황족 유연(劉縯)과 유수(劉秀)는 "고조의 업적을 부흥한다"는 기치를 내걸고 용릉군(春陵軍)을 조직하여 봉기에 동참하였다. 그 뒤, 다시 적미군의 봉기가 일어났다. 25년, 적미군이 장안에 다가섰을 때, 유수는 호현(鄗縣) 남쪽의 천추정(千秋亭)에서 즉위하였고 한나라의 회복을 선언하였다. 이 해가 바로 건무(建武) 원년이다. 얼마 뒤, 유수는 낙양을 점령하고 그것을 수도로 삼았다. 역사가들은 장안을 수도로 한 시기를 전한(혹은 서한), 낙양을 수도로 하는 시기를 후한(혹은 동한)이라고 부른다.

유수는 자가 문숙(文叔)이고 남양군 채양현〔蔡陽縣, 현재 호북성 조양(棗陽) 서남쪽〕 사람이었다. 그는 한나라 고조의 8대손이었고, 그의 6대조 장사왕(長沙王) 유발(劉發)은 경제의 아들이었다. 유발의 아들 유매(劉買)는 용릉후(春陵侯)에 분봉되었다. 유수의 아버지 유흠(劉欽) 때에 이르러, 집안이 몰락하였다. 유수는 단신으로 사회를 떠돌다가, 태학에 들어가서 《상서》를 열심히 공부하였다. 그는 고향으로 돌아와서 많은 어려움을 겪었는데, 그 어려움들은 나중에 세력을 형성하는 데 좋은 토대가 되었다. 유수는 원래 원대한 포부를 지니고 있지 않았던 사람이었다. 그는 비록 태학에서 경전을 조금 공부하기도 하였지만, 결코 큰 꿈도 없었고 공공연히 "관리는 집금오(執金吾) 정도면 되고, 아내를 음려화(陰麗華)로 여긴다"고 말하였다. 집금오는 경사의 치안을 책임진 장관(長官)으로 품계가 높지 않았다. 음려화는 남양 부잣집 출신의 빼어난 미녀였는데, 유수가 거병한 다음 해에 그의 처가 되었다. 유수는 후한의 개국황제가 되었지만, 그것은 그 자신도 상상하지 못했던 일이었다. 유수가 한나라를 재건한 뒤, 천하는 혼란에서 안정으로, 분열에서 할거로 나아갔고, 강산은 그대로였지만 상황은 크게 변하였다. 왕망의 제도개혁은 수습하기 힘든 상황을 야기하였다. 또한 해마다 내전이 일어나면서 원제, 성제, 애제, 평제 이래 지속되던 불경기가 손을 쓸 수 없는 지경에 이르렀다. 따라서 한나라를 재건했다고는 하지만 예전의 한나라와는 전혀 다른 상황이었다. 유수는 자신의 비범한 담력과 재능으로 "유도(柔道)로 다스린다"는 방책을 따랐고, 광무 중흥의 업적을 이루었다. 유수명(劉修明)은 〈붕괴에서 중흥까지〉를 통해 유수의 통치술을 다음과 같이 설명하였다. 정책을 간소화하여 백성들을 편안하게 하였고, 현명한 사람들을 등용하여 통치에 힘썼으며, 권력을 집중시켜 하나로 통일하였다. 간단히 말해서, 당시의 상황에 지극히 정확하고 적절하였다.

정책을 간소화하였다는 것은 "왕망의 번잡함을 없애고 한나라의 간결한 법을 회복하였다"는 뜻이다. 왕망의 번잡하고 가혹한 법을 폐지하고 한나라 초기의 간결한 법과 가벼운 형벌을 회복하여, "안정에 힘쓰는" 국면에 이르려 하였다. 이를 위해 여러 차례 대사면령을 내리고 억울한 재판을 바로잡아 범인을 석방하였다. 광무제 때는 형법이 관대하여 사회가 안정되었다. 또 다른 한편으로 행정기구와 관리를 축소하였다. 군국의 1/10, 현 단위 행정구역의 1/4, 관리의 9/10를 줄여서 재정지출을 절약하고 사회의 부담을 경감시켰다.

현명한 사람들을 등용하였다는 것은 인재선발 제도를 건전하게 만들었다는 뜻이다. 먼저 한나라 초기의 현량방정제(賢良方正制)를 회복하여 관리를 선발하였다. 다음으로 징벽제(徵辟制)를 더욱 발전시켰다. '징'은 황제가 조서를 내려 특정인을 관리로 특별히 임명하는 것이었고, '벽'은 지방관이 특정인을 관리로 추천하는 것이었다. 폐단이 발생하지 못하게 조서를 내려 '사과(四科)'를 통해 인재를 뽑게 하였다. 그 첫째는 품덕이 뛰어난 자, 둘째는 경사(經史)를 통달한 자, 셋째는 법령을 잘 아는 자, 넷째는 능력 있고 뛰어난 자 등이었다. 광무제는 "나라를 다스리는 데 현명한 인재를 얻는 것이 기본이다"라는 원칙 아래 왕조를 위해 많은 인재를 모두 끌어 모았다. 그는 인재를 얻는 데 온 힘을 기울였고, 산야에 은거하고 있던 옛 친구인 엄광(嚴光)에게 수도 낙양으로 와서 간의대부(諫議大夫)를 맡아달라고 간절히 요청하기도 하였다. 엄광은 받아들이지 않았고 고향으로 돌아가서, 부춘강(富春江)에서 낚시를 하며 여생을 보냈다고 한다. 그의 일화는 당시 사람들에게 미담으로 이야기되었다.

권력을 집중시켰다는 것은 한나라 무제의 중앙집권 체제 강화 정책을 계승 발전시켰다는 뜻이다. 첫째, 전한 말기에 자사를 주목(州牧)으로 바꾸고 봉록을 600석에서 2천 석으로 올렸지만, 직권은 변하지 않아서 치소(治所)가 일정치 않았다. 광무제는 주목을 다시 자사로 바꾸고 일정한 치소를 두어 12개 주에 12명의 자사를 파견하였다. 그리고 '육조문사(六條問事)'라고 하여, 매년 연말에 수도로 와서 업무를 보고하게 하였다. 조정은 그 보고를 근거로 하여 지방관의 승진, 좌천, 임명, 면직 등을 결정하였다. 그러나 자사의 권한이 지나치게 강화되고 고정적인 치소가 설치되면서 주는 하나의 행정기구로 변하였다. 이것은 훗날 지방할거의 화근이 되었는데, 설치 당시에는 예상하지 못하였다. 둘째, 전한 말기에 승상, 태위, 어사대부 등 삼공을 대사도, 대사마, 대사공 등으로 바꾸었는데, 외척의 전횡이 심해져서 대사마 대장군을 맡았고 대사도는 유명무실해졌다. 광무제는 대사마를 태위로, 대사도와 대사공을 각각 사도와 사공으로 바꾸었다. 하지만 과거의 잘못된 행태를 바로잡아서 "권한을 밑으로 내리지 않았고, 삼공이라는 관직만을 두었을 뿐이었다". 삼공의 직책은 본래 황제를 위해 문서를 관장하던 상서대(尙書台)로 옮겨졌다. 그런데 상서령은 봉록이 1천 석이었고 삼공은 봉록이 1만 석이었다. 상서대는 권한은 있지만 직위가 낮았고, 삼공은 직위는 높았지만 권한이 없었다. 이것은 관리가 직위를 가지고 부를 쌓는 일을 방지하려는 목적을 가지고 있었다. 상서대가 중앙기구를 통제하게 함으로써, 삼공의 권한을 약화시켜 직위만을 갖게 할 뿐 실권을 주지 않았다. 상서대는 일상적인 사무를 처리하였고 황제와 직접 정책을 논의하였다. 황권의 강화와 재상권의 약화는 후한 초기에 대단히 긍정적인 기능을 하였지만, 후기에 무능한 황제들이 등장하면서 부정적인 기능이 뚜렷해졌다. 결국 외척과 환관들이 번갈아가면서 황제를 끼고 권력을 전횡하였다. 이점도 후한 초기에는 예상치 못하였다.

광무제는 전한 말년에 심각했던 사회문제도 해결해야만 하였다. 왕망이 토지의 겸병을 제한하고 농민이 노비로 전락하는 것을 막기 위하여 실시하였던 시험은 성공하지 못하였다. 그래서 광무제는 다른 방식으로 문제를 해결하려 하였다. 후한 초 십수 년 동안 광무제는 여섯 차례 조서를 내려 노비를 해방시켰고, 세 차례 조서를 내려 노비의 학대를 금지함으로써 뚜렷한 성과를 얻었다. 그러나 토지문제를 해결하는 과정에서 강력한 저항에 직면하였다. 건무 15년(39년), 광무제는 '도전령(度田令)'을 내려 주와 군의 지방관들에게 개간한 토지의 면적, 농민의 호구, 연령 등을 조사하게 하였다. 만약 지방관이 호구와 토지개간의 실적을 과장하면 허위보고죄로 처벌하였다. 도전령은 당시 "천하의 토지가 대부분 문서와 다르고 호구와 연령도 변하여" 국가가 부세를 징수하는 데 손실을 입는 상황을 고려하여 지주와 호족들을 억제하기 위해 시행한 조치였다. 토지개간의 상황을 조사하는 것은 분명히 지주와 호족들에게 불리하였기 때문에 그들은 온갖 수단을 동원하여 방해하였다. 지방장관은 호족들의 위협을 받거나 자신의 이해를 생각하여 결코 진지하게 조사하지 않았고, 고의로 소란을 일으켰다. 지방장관들이 불공평하게도 "호족들에게 관대하고 힘없는 사람들에게 각박하였고" 조사의 결과를 허위로 보고하였던 것이다. 도전령에 저항하는 세력들은 수도 낙양과 황실의 발상지였던 남양에 가장 많았고 지방관들은 속수무책이었다. 광무제는 조사에 대한 보고를 검토할 때, 길게 펼쳐진 문서 위에 "영천(潁川)과 홍농(弘農)은 문제가 있고, 하남(河南)과 남양(南陽)은 문제가 없다"고 하면서 그 이유를 물었다. 그러자 해당 관리가 "하남(=낙양)은 황제께서 사는 곳이라서 황제와 가까운 신하들이 많고, 남양은 황제의 고향이라서 황제와 가까운 친척이 많습니다. 그래서 토지와 집이 규정을 어겨도 제대로 조사할 수 없습니다"라고 대답하였다. 당시 지방관리는 황제와 가까운 신하와 친척이라는 최대의 호족지주들이 규정을 어기고 토지와 집을 소유하여도 규정대로 조사할 수 없는 심각한 상황에 직면해 있었다. 광무제는 옳지 않다고 여겼고 관리를 파견하여 실상을 조사하게 한 다음, "허위보고죄를 적용하여" 관련 군수 10여 명을 사형에 처하였다. 그러나 광무제의 처벌은 용두사미로 그쳤고 다시 흐지부지 되었으며, 토지개간은 결코 정확히 조사되지 못하였다. 도전령은 비록 토지문제를 근본적으로 해결하지는 못하였지만, 황무지의 개간에 긍정적인 효과를 나타내었다. 그중 가장 좋은 사례는 바로 건무 18년(42년)의 일이다. 당시 여남(汝南) 태수가 홍극피(鴻郤陂) 수천 경(頃)을 개간하여, 자신의 군뿐만 아니라 다른 군까지도 이익을 얻을 수 있게 하였다.

'광무중흥'은 문치에서도 나타났다. 문치의 핵심은 교육을 중시하는 것이었고, 그는 중국역사에서 문치를 중시하였던 소수의 황제들 중에서도 가장 뛰어났다는 평가를 받게 되었다. 건국 초, 광무제는 무제 때의 오경박사를 회복하게 하여, 《역》에 4명, 《상서》에 3명, 《시》에 3명, 《예》와 《춘추》에 각 2명씩 모두 14명의 박사를 두었다. 그들은 학생들을 가르쳤고, 낙양에는 벽옹(辟雍), 동관(東觀), 난대(蘭台), 석실(石室) 등 많은 도서관이 설립되어 문화적인 분위기가 형성되었다. 이러한 상황을 기초로 하여 국립대학인 태학이 새로 건립되었다. 국가가 학문을 장려한 것은 전한 때 시작되었고, 태학은 무제 때 건립되었다. 광무제가 새로이 건립한 태학은 그 규모면에서 더욱 커졌다. 지금 낙양의 태학 유적지는 두 곳이 있다. 한 곳은 동서 200미터, 남북 100미터의 규모이다. 다른 한 곳은 바로 근처에 있는데, 동서 200미터, 남북 150미터의 규모이다. 태학에는 내당과 외당이 있는데, 길이 35미터, 폭 28미터의 건물이다. 그 옆에는 태학생들의 숙소가 있었다. 태학생들은 박사제자 혹은 제자로 불렸고, 해마다 사책(射策)과 대책(對策)이라는 시험을 치러야만 하였다. 수도의 태학과 함께 각 지역에도 지방학교인 군국학(郡國學)이 세워져서, 전국적으로 교육을 중시하는 풍토가 마련되었다.

광무제는 경학에 정통하였고 참위(讖緯)도 좋아하였다. 한나라 사상의 주요한 특징은 유가학설과 음양학설이 서로 결합되었고, 일종의 신비주의적 방식으로 오경을 해석하여 참위설을 형성하였다는 것이었다. 참은 신령의 예언을 꾸며내는 것으로 늘 도화(圖畵)가 따라다녀서 도참이라고도 하였다. 위는 경서에 상대되는 의미로 쓰였고 신의 뜻을 빌려 경서를 해석한 책이었다. 참위설은 전한 말에 등장하였고, 당시에 참위도서 35종이 유행하였으며, 후한 초에는 더욱 더 성행하여 참위도서가 81종이나 되었다. 광무제는 황제가 되면서 참위도서인 《적복부(赤伏符)》를 이용하여 자신의 즉위가 천명에 부합하는 것이라고 주장하였고, 정책을 시행하고 사람을 임명할 때도 참위를 이용하였다. 당시 참위는 오경과 동등한 지위를 지녔고 국가가 지정한 경전이었다. 광무제는 명령을 내려 낙양에 참위설을 선양하는 예교적 건축물인 명당(明堂)과 영대

(靈臺)를 짓게 하였다. 명당은 정교를 선포하는 장소였다. 조회, 제사, 경상(慶賞), 선사(選士), 양로(養老) 등 중대한 전례는 모두 명당에서 거행되었다. 명당은 낙양의 평성문(平城門) 밖에 자리 잡고 있었는데, 위는 둥글고 아래는 네모진 형상이었으며 9개의 방, 36개의 문, 72개의 창으로 구성되었다. 명당에서는 자연종교와 국가의례가 서로 융화되어 표리(表裏)를 이루었다. 영대는 천문관측소로 평성문 밖의 명당으로 가는 길 서쪽에 세워져서 동쪽으로 명당을 바라보았다. 그곳은 단지 해, 달, 별 등을 관측하는 것에 그치지 않았고 국가의 운명과 관련되었다.

중원(中元) 2년(57년), 광무제는 명당과 영대가 완공되기도 전에 세상과 긴 이별을 하였다. 그의 중흥대업은 명제(明帝), 장제(章帝)에 의해 계승되었다. 수리전문가인 왕경(王景)은 황하를 치수하여 80여 년 동안이나 재해가 일어나지 않았고, 흉노의 침입 문제를 해결하여 남흉노가 후한에 복종하였으며, 반초(班超)는 서역으로 출사하여 변경을 안정시켰다. 광무제가 세운 후한 왕조는 그 뒤 196년이나 지속되었다.

## 30. 청의(淸議)와 태학생 운동

명제와 장제 시대에도 중흥의 기운은 유지되었지만, 화제(和帝) 이후에는 차츰 사라져서 쇠퇴하기 시작하였고 외척과 환관의 전횡이 심해졌다. 광무제는 황권을 강화하고 재상권을 약화시키기 위하여 상서대를 통해 중앙의 핵심기구를 통제하였고, 궁중의 환관들을 중상시(中常侍), 황문시랑(黃門侍郞), 소황문(小黃門), 중황문(中黃門) 등 관직에 임명하였다. 환관들은 황제의 유지를 전달하고 상서가 올린 공문을 열람하면서 그 권력이 급격히 팽창하였다. 화제 이후, 후한의 황제들은 모두 나이가 어려서 황태후가 수렴청정하였는데, 이때가 되면 황권의 강화와 재상권의 약화는 오히려 외척과 환관들로 하여금 황제의 명의를 빌려 전권을 휘두를 수 있게 하였다.

화제가 10세에 즉위하자, 두태후(竇太后)가 섭정하였다. 두태후의 오빠 두헌(竇憲)은 대장군으로서 시중(侍中)이 되어 내정과 외조를 장악하였고, 세 명의 남동생은 동시에 제후로 분봉되었다. 그들은 권력의 핵심을 차지하였고, 두씨 일파는 모두 중앙의 관리나 지방의 수령이 되었다. 그리하여 유씨의 천하가 거의 두씨의 천하로 변하였다. 궁 안 깊숙이 있으면서 신료들과 단절되어 있던 화제는 환관 정중(鄭衆)을 이용하여 금군(禁軍)의 일부를 장악하였고, 두씨 세력을 제거하였다. 화제는 정중에게 보답하기 위하여 그를 제후에 봉하고 정치에 참여하도록 하였는데, 이것이 환관을 제후에 봉하고 권력을 휘두르게 만든 선례가 되었다. 화제가 죽은 뒤, 국정을 맡아보던 등태후(鄧太后)는 화제의 큰아들 유승(劉勝)이 아니라, 한 살배기 유륭(劉隆)을 제위에 오르게 하였다. 유륭은 상제(殤帝)였는데, 1년도 되지 않아서 세상을 떠났다. 등태후는 다시 13세의 번왕(藩王) 유우(劉祐)를 제위에 오르게 하였다. 유우는 안제(安帝)가 되었지만, 모든 실권은 등태후와 그의 형제 등즐(鄧騭)이 장악하였다. 등태후가 죽은 뒤, 안제는 환관 이윤(李閏)과 강경(江京) 등을 이용하여 등씨 세력을 제거하였고, 황후 염씨(閻氏)의 형제 염현(閻顯) 등도 요직을 차지하여, 환관과 외척이 함께 전횡하는 기이한 현상이 벌어졌다. 안제가 죽은 뒤, 환관 손정(孫程) 등이 11세의 제음왕(濟陰王, 폐위된 태자) 유보(劉保)를 옹립하여 순제(順帝)로 삼았고, 염현을 살해하여 정권을 장악하였다. 순제는 환관을 억제하기 위하여 황후 양씨(梁氏)의 아버지 양상(梁商)과 그 아들 양기(梁冀)를 차례로 대장군에 임명하였다. 순제가 죽은 뒤, 양태후와 양기는 충제(沖帝), 질제(質帝), 환제(桓帝) 등을 차례로 즉위시키고 20년 동안이나 정권을 좌지우지하였다. 환제는 환관 선초(單超) 등을 이용하여 양씨 세력을 제거하였지만, 환관들이 조정을 장악하여 "관직의 임면권을 휘두르고 못하는 일이 없었다".

이상과 같이 외척과 환관들이 반복하여 주마등처럼 차례로 정권을 장악하고 파벌을 형성하였고, 자기 집단의 사리를 도모하면서 정치는 나날이 부패해졌다. 외척과 환관 사이의 권력다툼에서 양쪽은 모두 관료들을 끌어들였고 붕당을 형성하였다. 당시 문인들은 찰거(察擧)나 징벽(徵辟)을 통해 관직에 진출하였는데, 관료들은 찰거나 징벽의 권한을 이용하여 자신들을 천거한 문생(門生), 고리(故吏)들과 파벌을 형성하였다. 여러 대에 걸쳐 하나의 경전을 전문적으로 연구하여 대대로 관료를 배출한 집안은 그 문생과 고리가 천하를 뒤덮을 정도였다. 그리하여 외척, 환관, 그리고 명문가들이 한데 뭉쳐 정국을 좌우하였다.

관료사대부 중에도 독자적으로 자유롭게 행동하며 시류에 휩쓸리지 않는 사람들이 있었다. 그들이 사람들을 평가하고 사회적 폐해를 비판한 것을 '청의(淸議)'라고 부른다. 청의는 부패가 성행하던 때에 더러움을 물리치고 맑음을 선양하는 역할을 하였다. 순제 양가(陽嘉) 2년(133년), 낙양에 심각한 지진이 발생하자, 황제는 조서를 내려 대책을 구하였다. 이고(李固)는 대책(對策)에서 외척과 환관들의 전횡이 가져온 폐해를 직간하였고 양씨 일가의 지나친 득세를 비판하였으며, 외척의 권력을 박탈하여 황제가 전권을 가지라고 건의하였다. 그는 또한 환관의 권력이 너무 크다며 그들이 권력을 이용하여 사리를 도모하는 것을 방지해야 한다고 주장하였다. 태사령(太史令) 장형(張衡)도 권력이 천자에게 돌아가야 한다고 동조하였다. 순제 한안(漢安) 원년(142년), 어사 장강(張綱)을 비롯한 7명의 관리들이 명을 받들어 주군(州郡)을 순찰하면서 지방의 업무를 조사하였다. 7명의 관리들은 모두 지방으로 떠났는데, 장강은 혼자서 낙양에 머물면서 "늑대와 이리가 길을 막고 있는데, 어찌 여우와 살쾡이에게 따지려 하는가?"라고 탄식하였다. 그는 즉시 상소를 올려 대장군 양기와 그 동생 하남윤(河南尹) 양불의(梁不疑)를 탄핵하여 낙양을 떠들썩하게 만들었다.

순제 때, 태학생은 3만여 명이나 되었는데, 그들은 경서에 익숙하였고 정치에도 관심이 많았다. 당시 여론은 청의파를 지지하였기 때문에 태학은 자연히 청의의 중심이 되었다. 환제(桓帝) 영흥(永興) 원년(153년), 기주(冀州) 자사 주목(朱穆)은 부패한 지방관과 환관 무리들을 탄핵하였다가 좌천되었다. 태학생 유도(劉陶) 등 수천 명이 황궁으로 몰려가서 상서를 올려 청원하였고 환제를 압박하여 주목을 사면하게 하였다. 2년 뒤, 유도는 다시 상서를 올려 당시 정치부패의 원인이 부분적으로 황제 자신에게 있고, 황제는 사방이 막혀 있는 상황이라서 전혀 국정을 이해하지 못한다고 주장하였다. 유도는 황제에게 진나라가 황제권력을 잃었기 때문에 멸망하였다는 사실에 주목하라고 요청하였다. 그는 국면을 전환하려면 정직한 관리들이 중앙권력을 장악해야 한다고 건의하였다. 그는 자신의 직언이 결코 받아들여지지 않을 것이라는 점을 알았고 전혀 거리낌 없이 말하였다. "신이 감히 받아들여지지도 않을 조정에서 때에 맞지 않는 의로움을 토로하는 것은 마치 해가 뜨면 얼음과 서리가 사라지는 것과 같습니다." 영제 때, 유도는 간의대부(諫議大夫)가 되었고, 여전히 태학생 시절의 날카로운 태도를 유지하였다. 그는 "현재 시급히 처리해야 할 8가지 일"을 간언하였고, "천하가 혼란스러운 것은 모두 환관 때문입니다"라고 하였다. 그는 환관들의 비방을 받았고, 결국 옥사하였다.

명교(名教)를 표방한 태학생들은 국가의 운명이 환관들의 손에 놓여 있는 것을 치욕스러운 일이라고 여겼다. 환관들이 전횡을 일삼고 뇌물이 횡행하면서, 원래의 찰거와 징벽 제도는 파괴되었다. 현량과 대책에 의한 관리 선발은 부정기적으로 실시되었고, 효렴(孝廉)이 정기적으로 실시되었다. 당시 경쟁에 뛰어든 사람들이 많았고 수많은 폐해들이 나타났다. 그 결과, '효렴'은 정치에 참여할 수 있는 자격을 얻는 명목으로 변하였고, 효자나 청렴한 관리라는 본래의 뜻과는 전혀 관계가 없어졌다. 태학과 군국학의 학생들은 벼슬길에 장애가 발생하자, 불공평한 처사에 분노하였고 그것을 풍자하였다.

> 수재라고 천거하였는데 글을 모르고,
> 효렴이라고 추천하였는데 아버지와 따로 산다네.
> 겨울에도 얇은 옷을 입을 정도로 청렴하다더니
> 더럽기가 진흙과 같고,
> 아주 뛰어난 재능을 지닌 훌륭한 장수라더니
> 비겁하기가 닭과 같네.

태학생들이 가장 존경했던 관료는 이응(李膺), 진번(陳蕃), 왕창(王暢) 등으로 그들은 환관에게 직접 대항하였다. 태학생들은 이응 등을 평가하는 글에서 통쾌한 감정을 드러내었다. "천하의 모범 이원례(李元禮=李膺)", "못된 자들을 두려워하지 않는 진중거(陳仲擧=陳蕃)", "천하의 인재 왕숙무(王叔茂=王暢)". 이응은 '청의'파의 우두머리로서 반감에 전혀 개의치 않고 정치의 폐단을 비난하여 "공경 이하에서 그의 비난을 두려워하지 않는 자가 없었다". 그는 태학생들의 우두머리 곽태(郭泰) 등과 교류하며 환관들의 전횡에 반대하다가, "태학생들을 유사(游士)로 만들고 군학의 학생들과 결탁하여, 서로 부추기면서 함께 파당을 만들고 조정을 비난하며 풍속을 어지럽힌다"고 무고를 당하였다. 연희(延熹) 9년(166년), 환제는 환관들의 요구에 따라 명령을 내려 이응과 그 '당인(黨人)' 200명을 체포하였다. 당시 외척 두무(竇武)가 직접 나서서 구명 활동을 벌였기 때문에, 다음 해에 겨우 사면되어 고향으로 돌아갈 수 있었다. 그러나 평생 동안 관직에 진출하는 것이 금지되었다. 이것이 제1차 '당고(黨錮)'이다.

당시 사회의 여론은 모두 '당인'들을 동정하였고, 청의파는 박해를 당하는 어질고 뜻있는 사람들을 삼군(三君), 팔준(八俊), 팔고(八顧), 팔급(八及), 팔주(八廚) 등으로 불렀고, 사회의 모범으로 삼았다. 역사서에는 "전국에서 새로운 바람을 기대하는 사람들이 서로 칭찬하였다"고 기록되어 있다. '당인' 범방(范滂)이 출옥하여 고향으로 돌아가자, 남양의 사대부들이 모두 나와서 그를 맞이하여 수레가 수천 량이나 되었고, 그를 금의환향하는 영웅으로 받들었다. 도료장군(度遼將軍) 황보규(皇甫規)는 자신이 '당인'에 속하지 못한 것을 부끄럽게 여겨서 스스로 '당인'이라며 처벌을 자청하였다. 이상은 암울한 시대에도 사회의 양심들이 완전히 사라지지 않았음을 보여 준다.

환제가 죽은 뒤, 나이어린 영제가 즉위하자 두태후가 섭정하였다. 외척 두무는 대장군으로서 권력을 장악하고 태부 진번(陳蕃) 등과 합작하여 관직 진출이 금지된 '당인'들을 등용함으로써 환관 세력을 일거에 소멸시키려 하였다. 환관들은 궁정반란을 일으켜서 두태후를 위협하고 영제를 협박하였다. 두무는 자신의 군대가 패하자 자살하였다. 진번은 휘하의 관리들과 태학생 80여 명을 이끌고 궁문으로 갔다가 체포되었고 옥사하였다. 환관들은 그 기회를 이용하여 '당인'들을 모반죄로 무고하였다. 그들은 닥치는 대로 체포하였고 심지어 그 처자식, 형제, 친구들까지 연루시켰다. '당인'의 문생, 고리, 부자형제, 친척들은 모두 관직을 박탈당하였고 관리가 될 수 없게 되었다.

이것이 제2차 당고이다.

당고는 의심할 바 없이 자신과 다른 정견을 지닌 사람들을 진압한 억울한 사건이었다. '당인'으로 무고를 당한 자들은 사실 결코 무슨 '당'을 결성한 것이 아니었다. 이른바 "함께 파당을 만들었다"고 하는 것도 모두 없는 일을 꾸며낸 것이었다. 확실히 '당인'들이 비난받을 근거가 없었던 것은 아니었지만, 당시의 전반적인 상황을 고려한다면 그들은 사회의 여론과 전통도덕을 반영하고 있었고, 부패한 정치권력에 과감하게 대항하였다고 볼 수 있다. 부패한 정치권력이 '당인'들의 관직, 자유, 그리고 생명까지 빼앗을 수 있었을지라도, 여론을 좌우하거나, 그들을 추종하는 지식인들의 존경심까지 바꿀 수는 없었다.

상술한 중국역사에서 최초로 일어난 당파적 정치투쟁은 최초의 학생운동이기도 하였다. 이응, 진번, 유도 등이 강한 폭력을 두려워하지 않고 정의를 드높인 기개는 후대의 존경을 받았다. 《후한서》의 다음과 같은 표현이 적절하다. "모두 명성을 쌓고 잘못된 관습에 반대할 수 있었고, 위험 속으로 달려들어 못된 무리들과 같은 조정 안에서 투쟁하였다."

## 31. The Silk Road—비단길

'비단길'이라는 말은 독일의 지리학자 리히트호펜(Ferdinand von Richthofen)이 1877년에 출간한 《중국》에서 처음 등장하였고 영어로는 'The Silk Road'라고 번역되었다. 1910년, 독일의 역사학자 헤르만은 《중국과 시리아 사이의 옛 비단길》이라는 책에서 비단길을 지중해 서쪽 해안까지 연장하였다. 19세기 말에서 20세기 초까지, 외국 탐험가들은 중국의 서북 지역에서 비단길과 관련된 대량의 유물, 유적들을 발견하였고 실크로드에 대한 연구는 하나의 학문영역이 되었다.

한나라는 농업에서 큰 발전을 이룩하였을 뿐만 아니라, 수공업에서도 놀랄 만한 성과를 만들어내었다. 특히 방직업의 발전이 그러하였다. 남자는 밭을 갈고 여자는 길쌈을 하는 농가에서는 가내수공업으로 대부분 마포, 베, 견면 등을 생산하여 자급하였고 남는 것을 내다 팔았다. 일부 도시에서는 수공업 작방(作坊)이 발달하여 대규모 생산을 통해 섬세한 비단제품을 만들기도 하였다.

장사 마왕퇴에서 발굴된 대후(軑侯)의 아내 무덤에는 견(絹), 나(羅), 사(紗), 면(綿), 수(綉), 기(綺) 등 비단 제품이 대량으로 묻혀있었고, 그것들은 방직, 자수, 회화 등의 기법으로 만들어진 동물, 구름, 변형된 구름, 기하학적 문양 등을 포함하고 있었으며, 사람들의 시선을 사로잡을 정도로 뛰어났다. 그중에서도 사(紗)는 재질이 가볍고 얇았다. 흰색의 사로 짠 홑옷은 몸통이 128센티미터, 팔이 190센티미터였는데, 무게는 겨우 49그램밖에 되지 않아서 감탄이 절로 나왔다.

중국은 비단의 나라로 많은 비단제품이 생산되었다. 국내에서 소비되었을 뿐만 아니라 흉노, 서역, 중앙아시아, 서아시아, 유럽 등으로 수출되었다. 한나라 때부터 중국에서 중앙아시아, 유럽으로 가는 상업로는 비단으로 세계적인 명성을 날리기 시작하였다.

전한 이래, 사람들은 감숙성 옥문관(玉門關), 양관(陽關) 서쪽의 신강, 중앙아시아, 그리고 더 멀리에 있는 지역을 서역이라고 불렀다. 좁은 의미에서 서역은 천산남로(天山南路), 총령(葱嶺)의 동쪽, 옥문관과 양관의 동쪽 등을 가리켰다. 한나라 때 서역을 개척한 사람은 장건이었다.

한나라가 서역을 개척한 것은 흉노와의 대립 때문이었다. 한나라 무제 때, 장건은 두 차례 서역으로 출사하였다. 첫 번째는 한나라와 대월지(大月氏, 현재 아무르 강 유역, 아프가니스탄 북쪽)와 연합하여 흉노에 대항하기 위한 것이었고, 두 번째는 오손〔烏孫, 현재 신강 이리하(伊犁河)와 이색극호(伊塞克湖) 일대〕과 연맹하여 흉노를 공격하기 위한 것이었다. 이처럼 출사의 목적이 모두 "흉노의 오른쪽 팔을 자르려는" 것이었다.

건원 2년(기원전 139년), 장건은 100여 명의 사절단을 거느리고 서역으로 떠났다가 흉노족에게 체포되었다. 그는 10여 년 동안 억류되었다가 마침내 대월지에 도착하였고, 대원(大宛, 현재 우즈베키스탄 페르가나), 대하(大夏, 현재 아무다리야 강) 강거(康居, 현재 우즈베키스탄 사마르칸트) 등을 경유하였다. 장건이 수도 장안으로 돌아왔을 때,

돈황 벽화에 보이는 장건의 〈서역출사도〉

사절단은 겨우 2명만 남아 있었다. 장건은 무제에게 서역의 각국과 공식관계의 수립을 건의하였고, 무제는 흔쾌히 동의하였다. 그리하여 원수(元狩) 4년(기원전 119년)에 장건은 무제의 명을 받들어 오손으로 출사하였다. 그의 일행 300여 명은 서역 각국에 줄 예물로 소, 양, 황금, 비단 등을 가지고 갔다. 장건은 오손, 대원, 강거, 대하 등과 외교관계를 성공적으로 체결하였고, 서역을 개척하는 대역사를 완성하였다. 장건이 귀국한 뒤에 무제에게 올린 보고에는 상술한 각국의 상황을 묘사하고 있어서 당시 중앙아시아를 이해하는 데 진귀한 자료이다. 현재 우리는 《사기》 〈대원열전〉을 통해서 당시의 성대한 모습을 엿볼 수 있다. 한나라의 사신은 나중에 엄채(奄蔡, 현재 카스피해 동안), 안식(安息, 페르시아=이란), 조지(條支, 현재 키르기스스탄과 카자흐스탄 일대), 여간(黎軒, 현재 지중해 동안) 등에도 이르렀다. 중앙아시아, 서아시아의 각국은 자주 장안으로 사람을 보내고 무역하였으며, 한나라는 그 나라들과 교류와 무역을 발전시키기 위하여 도로를 건설하고 역관을 설치하였다. 한나라의 비단 수출은 대외 무역의 중요한 부분이 되었고, 중앙아시아와 서아시아를 거쳐 로마제국으로 운반되었다. 당시 로마 원로원의 의원과 귀족의 부인들은 비단을 이용하여 옷을 만들어 입었다. 로마의 철제품, 유리, 금은 등은 서쪽에서 동쪽의 한나라로 들어왔다. 한나라는 비단으로 중앙아시아의 말, 옥기(玉器)를 구입하였다. 거여목, 석류, 포도 등 새로운 작물과 과일이 전래되었다. 비단길이 있기는 했지만, 로마제국과 중국의 한나라는 직접적인 상거래를 하지는 않았다. 두 나라 사이의 교류는 모두 여러 중개인, 특히 페르시아 상인들을 통해 이루어졌다.

한나라가 비단길을 개척하기 위하여 지불한 대가는 막대하였다. 장춘수(張春樹)는 〈한대 비단길의 개척과 발전〉에서 다음과 같은 계산 결과를 내놓았다. 한 무제 때만 서역에 투입된 병사의 수를 모두 합치면, 기병 120만 명, 보병 90만 명, 후방 보급 담당 1천만 명 등이었다. 정말로 믿기지 않을 정도로 많았고 전국을 총동원했다고 할 만하다. 재정지출은 더욱 놀라울 정도였다. 하서(河西) 지역을 개척하고 경영하는 데만 적어도 1천억 전(錢) 정도가 소비되었는데, 당시 국가의 1년 수입은 40억 전이었다. 이처럼 전국의 인력과 재력을 군사력 확장에 쏟아 붓고 새로운 지역을 개척하고 더구나 그렇게 오래 지속한 경우는 중국역사에서 찾아보기 힘들다. 무제 때부터 하서 지역을 체계적으로 경영하기 시작하였는데, 먼저 군사적으로 정벌하고 그 다음에 둔전을 개발하여, 둔전의 개발과 방어를 결합하였다. 대원에 대한 정벌이 성공한 뒤에 한나라의 영역은 이미 돈황의 서쪽, 총령의 동쪽까지 확대되었다. 도위둔전(都尉屯田) 지역은 일정 기간이 경과한 뒤에 후방 개발 지역으로 바뀌었고 도위는 현으로 편제되었으며, 몇 개의 현을 군으로 만들기도 하였다. 유명한 하서 4군 중에 주천(酒泉), 장액(張掖), 돈황(敦煌) 등 3군은 바로 그러한 과정을 거쳐 만들어졌다.

당시 수도 장안은 서쪽의 하서 주랑으로 가는 데 북, 중, 남 세 가지 길이 있었고, 하서 주랑에서 서쪽으로 가는 길은 하나밖에 없었다. 즉, 무위(武威), 장액, 주천 등을 거쳐 돈황으로 가는 것이었다.

돈황에서 서쪽으로 옥문관, 양관을 거쳐서 다시 서쪽으로 가는 무역로는 두 개가 있었다. 하나는 선선(鄯善)으로부터 남산(南山, 현재의 곤륜산) 북쪽 기슭을 따라 섭거(涉車)로 간 다음, 서쪽의 총령(현재 파미르고원)을 넘어 대월지, 안식 등에 이르는 것으로, 남도(南道)라고 불렸다. 남도에서 다시 서쪽으로 가면 로마에 이르렀다. 다른 하나는 북산(北山, 현재의 천산)의 남쪽 기슭을 따라 서쪽으로 가면 대원, 강거, 엄채 등에 이르는 것으로, 북도(北道)라고 불렸다. 북도에서 다시 서쪽으로 가면 로마에 이르렀다.

이 남쪽과 북쪽에 있던 두 무역로는 당시 중국과 중앙아시아, 서남아시아 사이의 경제 교류에서 대동맥이었고, 서쪽으로 운반된 화물이 주로 비단이었기 때문에 나중에 '비단길'이라고 불리었다. 로마제국의 사람들은 한나라의 비단을 진귀한 물품으로 여겼고, 동방의 '비단 나라'에 대해 동경과 꿈을 품었다.

신작(神爵) 2년(기원전 60년), 한나라는 서역에 도호(都護)를 설치하였고, 정길(鄭吉)은 초대 서역도호에 임명되었다. 도호의 아문은 서역에 주둔한 한나라 군대의 총지휘부로서 서역 각국을 통제하고 조절하는 큰 정치권력을 지녔다. 초원(初元) 원년(기원전 48년), 한나라는 거사(車師, 현재의 투르판)에 무기교위(戊己校尉)를 설치하여 둔전과 방어를 맡게 하였고 서역도호에 예속시켰다. 이처럼 믿을 만한 통제가 확립되자, 한나라와 서역의 경제, 문화 교류는 갈수록 빈번해졌다. 서역의 포도, 석류, 거여목, 호두, 마, 수박, 마늘, 복숭아 등이 차례로 전래되었고, 이어서 서역의 말, 낙타도 중국에 들어왔다. 한나라의 비단과 철기, 철의 주조와 우물의 굴착 기술이 서역으로 전해졌다.

후한이 건국된 뒤, 한편으로 내부적인 문제에 겨를이 없었고 다른 한편으로 재정 지출을 줄이기 위하여, 광무제는 서역 각국이 서역도호를 재건해 달라고 하는 요청을 거절하였다. 한나라와 서역의 교통로는 흉노에 의해 막혔다. 명제(明帝) 때, 흉노에 대한 정벌전쟁을 시작하였다. 영평(永平) 16년(73년), 반초는 통수(統帥) 두고(竇固)를 따라 흉노를 공격하였고, 얼마 뒤에 명을 받들어 관리 36명과 함께 서역으로 떠났다. 그는 흉노가 선선에 주둔시켜 둔 사람들을 살해하고 흉노에 항복한 소륵왕(疏勒王)을 폐위하여 한나라의 서역에 대한 통치를 강화하였다. 장제 초, 북흉노가 서역에서 반격

비단길 위에 있는 한나라 때 봉수 유적

하였을 때, 반초는 소륵 등지를 굳건하게 지켰다. 장화(章和) 원년(87년)에서 영원(永元) 6년(94년)까지, 반초는 사거(莎車), 귀자, 언기(焉耆) 등을 차례로 평정하였고, 대월지의 침입을 격퇴하여 비단길의 소통을 원활하게 하였다. 영원 3년(91년) 이후, 반초는 10년 동안 서역도호를 역임하였고, 그 무렵 후한의 서역에 대한 통제가 가장 강력하였다. 50여 국이 공물과 함께 인질을 낙양으로 보냈다. 영원 9년(97년), 반초는 감영(甘英)을 로마로 파견하였다. 감영은 서쪽으로 계속 이동하여 지중해까지 이르렀다. 당시 중국의 비단은 이미 로마에 수입되고 있었는데, 주로 페르시아 상인들이 들여온 것이었다. 페르시아인들은 한나라와 로마의 교역로가 개척되면 자신들의 전통적인 무역 이익에 영향을 줄 것을 걱정하여, 고의로 감영을 바다의 험한 지역으로 인도하였고, 감영은 더 이상 전진하지 못하였다. 감영은 역사상 최초로 유라시아 교통로를 탐험한 사람으로서 그 공적을 소홀히 할 수 없다. 반초는 서역에서 30년 동안 분투하였고, 영원 14년(102년)에 낙양으로 돌아왔는데 한 달 뒤에 세상과 긴 이별을 하였다.

서양학자 허드슨은 《유럽과 중국》의 제3장 〈비단 무역〉에서 서기 몇 세기 동안 로마의 타스쿠스 거리에는 중국 비단 시장이 있었다고 하였다. 비단 교역은 고대에 가장 큰 영향을 끼쳤던 대규모 상업이었고, 로마 상류사회에서 비단을 찾는 유행은 스페인, 브리튼 등에도 퍼졌다. 따라서 비단 무역은 비단의 아름다운 실로 태평양에서 대서양까지 구대륙 전체를 뛰어넘어 하나의 공동 경제연합을 형성했다고 할 수 있다. 중앙아시아 각국의 통치자들에게 비단을 소유하는 것은 높은 지위를 상징하였고, 로마 제국에서 비단은 사치품의 재료로서 비단의 수입은 로마 경제에 커다란 부담이 되었다. 19세기에서 20세기에 걸쳐 이루어진 비단길의 고고학적 발굴을 통해서 당시에 존재했던 고대 국가들이 밝혀졌을 뿐만 아니라, 섬세하고 아름다운 비단 제품, 자수옷 등이 발견됨으로써 당시 비단길이 얼마나 번성했는가를 알 수 있었다. 선선, 거사, 귀자, 오손, 우전(于闐) 및 니아하(尼雅河) 유역 등에서 발굴된 무덤에서는 많은 한금(漢錦), 비단, 철기, 장식품 등이 나왔고, 당시 중국과 서역의 경제가 얼마나 밀접한 관계에 있었는지를 보여 주었다.

비단길이라는 명칭은 중국의 비단이 처음으로 그 길을 따라 지중해의 서양 세계로 운반되었기 때문에 붙여진 것이었다. 그 명칭은 비록 무역과 관계가 있었지만, 더 중요한 공헌은 바로 동서 문화의 교류를 가능하게 했다는 것이었다. 동서문화교류의 가장 뚜렷한 사례는 중국에서 발명된 제지술이 비단길을 따라 근동 지역을 거쳐 유럽으로 전래된 것이었다. 그 뒤에 인쇄술과 화약도 비단길을 따라 전파되었고, 불교, 이슬람교, 기독교 등은 중국으로 들어왔다. 따라서 비단길은 지리상의 대발견 이전에 세계 역사와 문명을 바꾼 중요한 교통로였다. 그 길은 동서양 문명의 교류뿐만 아니라 상호 침투도 촉진하였다. 서양학자 스벤 헤딘, 스타인 등은 차례로 누란(樓蘭), 야강(婼羌), 니아(尼雅), 화전(和闐) 등에서 비단길의 유물과 유적들을 발견하였다. 예를 들어, 붓, 죽간, 목독(木牘), 종이, 비단조각, 고전(古錢), 한경(漢鏡), 도기, 《전국책(戰國策)》의 일부분 등이 발견되었고, 범어가 씌어 있는 다라수 잎을 비롯하여 거로문(佉盧文), 바라문(婆羅文), 솔리문(窣利文) 등의 문서도 나왔다. 국내외 전문가들의 오랜 연구를 통해서 거로문의 비밀이 밝혀졌다. 그것은 아라메어의 자모를 이용하여 자신들의 문자를 기록한 것으로, 인도-유럽어족에 속하는 중고 시대 인도 아리안족 언어의 방언이었고, 현재의 파키스탄 바이사와 일대에서 처음으로 유행하였다. 기원전 2세기, 거로문은 대하로 전파되었고, 뒤에 다시 타림 분지 일대에도 전파되어 통용되었다. 1940년, 영국의 학자 버로(T. Burrow)는 《중국 투르키스탄에서 출토된 거로 문서 번역집》을 출판하였다. 1988년 중국의 학자 임매춘(林梅春)은 《모래바다의 고문서—중국에서 출토된 거로 문서》를 출판하였다. 이 모든 것은 비단길에 대한 연구가 갈수록 심도 있게 진행되고 있음을 보여 준다.

## 32. 소농 경제의 발전

한나라 때, 소농 경제는 크게 발전하였다. 자신의 토지를 소유하고 경작하는 소농이 전국적인 편호제민(編戶齊民)의 기초를 구성하였다. 당시 편호제민에는 '대가(大家)', '중가(中家)', '소가(小家)' 등의 구분이 있었다. '대가'는 '상가(上家)'나 '대성(大姓)'이라고도 하였다. 최식(崔寔)은 《정론(政論)》에서 "상가는 수많은 자산을 축적하고 분봉된 토지를 나누는 데 힘쓴다"고 하였으니, 상가는 대체로 호족지주였다. '중가'는 중소지주들로 당시에 "백금(百金)은 중인십가(中人十家)의 재산이다"라는 말이 유행하였다. 《거연한간(居延漢簡)》에 따르면, 예충(禮忠)은 토지 5경, 소노(小奴) 2인, 대비(大婢) 1인, 말, 소, 달구지, 수레 등을 소유하여, 재산이 대략 15만 전 정도였는데, 전형적인 중가로 볼 수 있었다. '소가'는 '하호(下戶)'라고도 하는데, 자작농으로 수십 무의 토지를 경작하여 자급자족하였다.

1973년 9월, 호북성 강릉(江陵) 봉황산(鳳凰山) 13호 한묘(漢墓)에서 경제 2년 남군(南郡) 강릉현 정리(鄭里)의 품부(稟簿)가 출토되었는데, 자경농의 구조와 경지 상황을 보여 주었다. 정리의 25호는 모두 105인이었고, 매호 평균 4인이었다. 경작이 가능한 성인 남녀 69명이 모두 617무의 토지를 경작하였다. 1호가 많게는 54무, 적게는 8무의 토지를 소유하였다. 평균 24.7무를 소유하였고, 경작이 가능한 성인 남녀는 평균 9무를 소유하였다. 이것은 선진 시대에 "5인 가구가 100무의 토지를 소유"하였지만 한나라에 이르러서는 이미 자경농의 모습이 달라졌음을 잘 보여 준다. 상술한 정리의 품부를 통해서, 일반 자경농의 토지가 50무를 넘지 않았음을 알 수 있다. 《거연한간》에 기록된 농부 서종(徐宗)은 토지 50무, 소 2마리를 소유하고 있었고, 비교적 전형적인 자경농이었다고 볼 수 있었다. 이러한 일가일호(一家一戶)를 생산 단위로 하는 소농은 사회의 기초를 구성하였다. 소농은 국가의 조세와 부역〔토지세—전조(田租)와 추고(芻稾), 인두세—산부(算賦)와 구부(口賦), 재산세—산자(算訾), 대역세(代役稅)—갱부(更賦) 등을 포함〕을 담당하는 핵심이었을 뿐만 아니라, 농업생산을 책임지고 있었다.

농업생산 기술은 한나라 때 눈에 띄게 발전하였다. 우리(耦犁)와 누리(耧犁), 대전법(代田法)과 구전법(區田法) 등의 경작법은 발전의 지표로 볼 수 있다.

《한서》〈식화지(食貨志)〉에 따르면 무제가 말년이 되자 정벌전쟁을 후회하여 승상을 부민후(富民侯)로 봉하였다. 그는 조서를 내려, 이제 농사에 힘쓸 것이라며 농학자 조과(趙過)를 수속도위(搜粟都尉, 군량을 담당한 관직)에 임명하였다. 조과는 '우리' 경작법을 발명하였다. 우리는 "소 두 마리, 사람 세 명", 즉 쟁기 두 개로 동시에 논을 가는 방법으로, 앞의 두 사람은 소 두 마리를 끌고 뒤의 한 사람은 쟁기를 잡는 방식이었으며, 35센티미터 정도의 폭으로 논을 갈 수 있었다. 우리 경작법의 출현은 인력과 축력을 전례가 없는 방법으로 결합하여 노동력의 효율을 크게 향상시켰다. 조과의 또 다른 발명은 논 갈기와 파종을 결합한 누리 경작법이었다. 소 한 마리가 날이 세 개인 쟁기를 끌게 하여 논을 갈면서 파종하는 방법이었고, 중국 농업사에서 최초로 파종기가 등장한 것이었다. 이러한 새로운 기술은 비교적 넓은 면적의 경작지, 축력, 인력 등을 소유한 농가에 대단히 유리하였다.

우리 경작법과 같은 의의를 지닌 것이 대전법이었다. 《한서》〈식화지〉에 따르면, "1무의 논에 3개의 이랑이 있는데, 해마다 이랑과 두둑을 바꾸었기 때문에 대전법이라고 하였다". 다시 말해서, 1무의 논을 폭과 깊이가 각각 35센티미터인 3개의 이랑으로 나누었고, 흙이 올라간 쪽을 두둑이라고 하였다. 이랑과 이랑 사이에 씨앗을 뿌리고 싹이 자라면 두둑의 풀을 뽑아주었다. 그렇게 하면 싹이 잘 자라서 바람과 가뭄에도 잘 견뎠다. 대전법은 건조 경작에 적절하였다. 그 특징은 1무의 토지에 이랑과 두둑을 바꾸어서 경작하였기 때문에, 올해에 이랑이었던 곳은 내년에는 두둑이 되었고, 반대로 두둑이었던 곳은 이랑이 되었다. 이렇게 하면 1무의 논 전체는 아니더라도 부분적으로는 휴경을 할 수 있었다. 대전법은 이랑과 두둑을 구분하지 않았던 경작법에 비해 1무당 1곡(斛)의 생산량을 늘릴 수 있었고, 상황이 아주 좋다면 100퍼센트의 증산을 가져올 수도 있었다.

대전법과 다른 특징을 갖고 있었던 것이 구전법이었다. 구전법의 장점은 작은 면적

누거 모형

의 토지를 세심하게 경작하는 방법으로 생산량을 높였다는 데 있었다. 대전법은 반드시 소 두 마리와 사람 두 명이 우리 경작법을 사용해야만 폭과 깊이가 35센티미터인 이랑과 두둑을 만들 수 있었고, 사람의 힘만으로는 불가능하였다. 구전법은 대전법과는 달리 소가 없거나 우역(牛疫)이 발생했을 때 효과적인 경작법이었다. 《제민요술(齊民要術)》은 《범승지서(氾勝之書)》를 인용하여 한나라 때의 구전법을 상세하게 소개하였다. 범승지는 전한 시대 성제 때 의랑(議郎)을 역임하였고 삼보(三輔) 지역에서 경작을 가르쳤다. 그의 책은 3천여 자만 남아 있는데, 구전법에 관한 서술이 가장 특징적이다. 구전법은 구덩이 파종을 표준으로 삼았다. 1무의 토지를 50센티미터의 사각형 단위로 나누고, 각 사각형 안에 다시 가로, 세로, 깊이가 각각 20센티미터인 사각 구덩이를 만들면, 각 구덩이 사이는 30센티미터씩 간격이 생기게 된다. 이것을 '구(區)'라고 하였다. 1무에는 3,700-3,840, 혹은 1,072개의 구가 만들어져서 토지마다 달랐다. 1구마다 조 20알을 파종하고 분뇨 1승(升)을 부었다. 추수 때가 되면 1구에 조 3승, 1무에 100곡을 수확할 수 있었다. 이것은 아주 이상적인 상황에서 계산한 것이지만, 높은 수확을 얻는 것은 문제가 되지 않았다.

중요한 것은 구전법이 고도로 집약화된 경작 방법으로 작은 토지에 집중적인 노동력을 투입해야 하였고 소가 없는 소농의 토지 경작에 적합한 기술이었다는 점이다. 구전법은 소를 필요로 하지 않았고, 인력을 사용하여 땅을 깊이 파고 조밀하게 파종하고 많은 비료를 주고 물을 공급하였다. 좁은 토지에서도 많은 수확을 거두었고, 우역이나 한해를 피하는 데 뛰어난 효과를 보였기 때문에, 구전법은 후대에도 계속 사용되었다. 《후한서》 〈유반전(劉般傳)〉에 "명제 영평연간 〔…〕 군국에 우역이 돌아서 전체적으로 구전법의 경작을 늘리도록 하였다"는 기록이 있고, 《진서(晋書)》〈단작전(段灼傳)〉에는 "등애(鄧艾)가 곡식을 축적하고 군대를 강하게 만들어서 뒷날에 대비하려 하였는데, 그 해에 비가 적게 와서 구전법을 사용하였다"고 하였다. 이들 기록에서 구전법이 실제로 사용되는 과정에서 더욱 더 그 효율성이 입증되었음을 알 수 있다.

소농 경제는 토지사유제의 바탕 위에 형성되었고, 그 발전과정마다 어김없이 토지겸병이나 그에 따른 빈부의 양극화를 수반하였다. "부자는 그 토지가 끝이 보이지 않을 정도였고, 가난한 자는 송곳을 꽂을 땅도 없다"는 말은 피할 수 없는 정상적인 현상이었고, 사회는 바로 그러한 모순 속에서 끊임없이 발전하였다.

한나라 때의 호족지주는 6국 귀족의 후예들과 각지의 힘 있는 대성(大姓)들이었다. 전자는 비록 정치적 변동 속에서 귀족의 신분을 잃었지만, 여전히 지방에서 큰 세력을 형성하고 있었고 넓은 토지를 점유한 부자들이었다. 후자는 경제적 세력에 의지하여 차츰 형성된 지역 세력이었다. 진나라에서 한나라 전기까지, 조정은 자경농 경제를 육성하여 사회질서를 안정시키기 위하여 호족지주들을 억제하는 정책을 실시하였다. 진나라는 6국을 통일한 뒤, "천하의 부호 20만 호를 함양으로 이주시켰고", 한나라 초기에는 "제, 초 등 6국 귀족과 소씨(昭氏), 굴씨(屈氏), 경씨(景氏), 회씨(懷氏), 전씨(田氏) 등 5성을 관중으로 이주시켜 전택(田宅)의 이로움을 함께 하였고", "이주한 자가 10만여 명이었으며", "마을에는 더 이상 영리를 추구하는 집안이 없었고, 들과 소택을 겸병하는 사람들도 없었다". 전한 후기부터 후한까지 상황은 달라졌다. 조정은 호족지주들에 대해 타협 내지는 용인하는 정책을 실시하였다. 더욱이 후한 초기에 호족들은 도전법에 저항할 정도였고, 호족 세력의 발전은 전혀 거리낄 것이 없어졌다.

사실 정책의 전환은 경제발전의 산물이다. 한 무제 때 우리와 누리 경작법을 주요한 형식으로 하는 철제 농기구와 우경 기술이 발전하였고, 소 두 마리와 세 사람이 함께 경작하는 기술을 통해 대전법이 확대되었다. 이러한 기술들은 호족지주들의 대규모 경작과 생산력의 증대를 보증해 주었다. 그들은 토지, 가축, 노동력 등의 우세를 바탕으로 자경농보다 유리한 상황에 있었으며, 우리나 누리 같은 선진적인 장비를 갖추고 소 두 마리와 세 사람이 함께 경작함으로써 넓은 토지를 개간할 수 있었다. 이것은 호족지주들이 전한 중기 이래 신속하게 발전할 수 있었던 중요한 경제적 요인이었다.

후한이 들어서고 제후국을 분봉하자, 왕후(王侯) 귀족들은 지방에서 날뛰고 백성들의 재산을 강탈하였고, 봉지 내에 사전을 개발하여 새로운 귀족 출신의 호족지주가 되었다. 제남안왕(濟南安王) 유강(劉康)은 "많은 재화를 모으고 궁실을 크게 건축하였는데, 그의 노비는 1,400명이나 되었고 마구간에는 말이 1,200필이나 있었으며 사전이 800경에 달하였다. 그는 사치스럽고 방자하였으며, 무절제한 생활을 하였다". 유강은 건무 15년(39년)에 분봉을 받았고, 28년 국(國)을 형성하였으며, 30년 6개 현을 더 분봉받았다. 그의 사전 800경은 바로 국을 형성한 이후에 30년 동안 점차적으로 개발하여 겸병한 것이었다. 호족 출신의 외척 번굉(樊宏, 그 딸이 유수의 어머니) 일가는 대대로 농업과 상업을 경영하였고, 동시에 고리대업을 하여 "토지를 300여 경으로 늘렸고" 전장(田莊)을 경영하기 위하여 저수지와 보를 건설하였는데, 동서로 10리, 남북으로 5리나 되었다. 그것은 번피(樊陂)라고 불렸다. 번씨 일가는 농업 이외에도 어업, 목축업, 임업 등도 경영하였고, 여러 세대가 함께 살면서 강력한 종족 세력을 형성하였다.

최식은 《사민월령(四民月令)》 제1권에서 《예기》〈월령〉의 체제를 모방하여 당시 호족의 전장 내에서 매월 이뤄지던 농사일을 사실적으로 기록하였고, 호족들이 어떻게 전장을 경영하였는지 보여 주었다. 최식은 자가 자진(子眞)인데, 이름이 최대(崔台)이고 자가 원시(元始)라고도 한다. 그는 탁군(涿郡) 안평(安平, 현재 호북성 안평) 사람으로 환제, 영제 때 오원태수(五原太守), 의랑(議郞), 요동태수(遼東太守) 등을 역임하였으며, 나중에 상서(尙書)가 되었다. 은퇴한 뒤에 《사민월령》을 저술하였다.

《사민월령》은 호족지주의 생활을 기록하고 일 년 열두 달의 농사, 제사, 의례 활동 등을 월별로 기록하였다. 논밭 갈이, 파종, 육묘, 저장, 직포, 주조, 제약, 판매, 수매 등을 포함하고 있어서 전한 호족들의 전장을 연구하는 데 중요한 자료가 된다.

전장 안에 심은 양식으로는 보리, 벼, 콩, 기장 등이 있었고, 채소로는 오이, 박, 해바라기, 부추, 마늘, 파, 순무, 갓 등이 있었으며, 경제 작물로는 마, 뽕, 쪽 등이 있었다.

가내수공업은 주로 '비단 짜기', '마포 짜기', 그리고 그와 관련된 염색, 재봉 등이 있었고, 양조, 농기구 제조, 약재 채취 등이 있었다. 이상은 기본적인 자급자족과 반(半)폐쇄적 경제 단위를 형성하였다. 전장에서 양식 생산이 주요한 경제 부문이었고, 다음이 뽕나무와 마의 재배, 그 다음이 목축, 과일 채소 재배, 나무와 대나무의 재배 등이었다. 가내수공업 중에서 방직, 양조의 생산품은 주로 자급을 위한 것이었고, 팔기 위한 것이 아니었다. 그러나 농가 부업의 잉여 생산품은 상품으로 유통되었다. 《사민월령》의 월별 매매 기록을 보면, 판매한 것으로는 속, 보리, 기장, 콩, 마, 비단, 솜, 포 등이 있었고, 구매한 것으로는 벼, 조, 소두(小豆), 마자(麻子) 등이 있었다.

'농인(農人)'은 전장에서 주요한 생산자였는데 도부(徒附)로 불려졌다. 그들은 농촌의 빈약한 하호(下戶)였고, 노비와는 달리 고용된 사람들로 자신의 가정을 갖고 경제적으로 독립되어 있었다. 전장 안에는 소수의 노비가 있었는데, 봉인(縫人), 여공(女工), 잠첩(蠶妾) 등으로 불렸고 가내수공업의 생산에 종사하였다.

호족은 전장 안에서 종족 단위로 거주하였다. 종족은 공동 활동을 하였는데, 조상에 대한 제사를 중심으로 이루어졌다. 대제(大祭)는 설날의 제사로 족장은 3일 전에 준비를 마치고 당일에는 구성원들을 이끌고 조상에게 제사를 지내고 술을 따라 강신(降神)하였다. 제사가 끝나면, 모든 구성원들은 서열에 따라 조상 앞에 앉아서 족장의 만수무강을 기원하였다. 조상에 대한 제사는 정월의 상등(上燈), 2월의 대사(大社), 5월의 하지(夏至), 8월의 사태사(祀泰社), 11월의 동지(冬至) 등에도 거행되었고, 12월의 납제(臘祭)로 끝을 맺었다. 그 밖에도, 묘제(墓祭), 문제(門祭), 선색제(先穡祭=農神祭) 등이 있었다. 조상에 대한 제사와 그에 관련된 종족의 공동 활동은 종족이 함께 사는 유대감이 가족 종법 관념임을 보여 준다. 또한 2월의 대사와 8월의 사태사에 거행된 토지신에 대한 제사 활동, 그리고 선색제라는 농업신에 대한 제사를 통해 당시 여전히 선진 시대의 습속을 보존하고 있었음을 엿볼 수 있다. 종족 사이의 상부상조는 그 내부에서 일어나는 계급 분화에 정이라는 모호한 의미의 베일을 씌웠다. 《사민월령》에는 다음과 같이 기록되어 있다. 조상에 대한 제사를 지낼 때, "종족 내의 모든 구성원은 나이에

후한 시대 양조하는 모습이 그려진 벽돌

상관없이 차례로 조상 앞에 앉았다. 아들, 아내, 증손자 등은 초백주(椒柏酒)를 가장에게 올리며 장수를 기원하였고, 그 분위기가 훈훈하였다". 종주(宗主)는 계절마다 친소 관계에 따라 "구족(九族)의 안부를 묻고 궁핍한 자들을 진휼하였다".

《사민월령》에 반영된 호족의 전장은 규모면에서 일종의 대토지 경영이었고 농업, 임업, 목축업, 부업, 어업 등을 포괄하였지만, 경제학적 측면에서는 여전히 자급자족적 소농 경제였고 같은 시대의 자경농과 양적인 차이만 있었을 뿐이었으며 본질적인 구분은 없었다.

고고학적 발굴도 당시 농촌의 실태를 이해하는 데 도움을 준다. 1970년대 중반, 내몽골 화림격이(和林格爾)에서 발굴된 후한 벽화묘(壁畵墓)의 묘주는 현의 관리였다. 그의 전장은 구릉과 산림지대에 자리 잡고 있었고, 가옥, 우물, 곳간, 탈곡장, 외양간, 양우리, 돼지우리, 마구간 등이 있었다. 사람들은 뽕 재배, 경작, 김매기 등 각종 일을 하였다. 전장의 목장에는 말, 소, 양들이 방목되었다. 하남성 영보(靈寶) 장만(張灣)의 후한 무덤의 벽화에는 우물 11개, 전망대 1개, 창고 4칸, 방앗간 3곳, 돼지우리 5칸, 양 우리 1칸, 주방 2칸 등이 그려져 있었다. 그림에는 무덤의 주인이 생전에 살던 전원생활이 그려져 있었다.

바로 이상과 같이 활기차게 발전하고 있던 소농 경제가 전한과 후한 시대에 번영할 수 있었던 바탕이 되었다.

## 33. 과학 기술의 새로운 성과

일본의 과학사연구 권위자 수내청(藪內淸)은 다음과 같이 정확하게 지적하였다. "고대 문명에서 천문학은 줄곧 높은 수준의 과학이었고, 세계의 각종 문명 시대가 지닌 특징을 아주 잘 보여 주었다. 중국의 천문학 역사에서 주류를 구성하였던 것은 역법에 대한 연구와 점성술을 목적으로 한 천문관측이었다."

먼 옛날부터 중국인들은 우주의 형태, 지구의 위치, 지구와 다른 천체 사이의 관계 등에 관심을 기울였다. 춘추전국 시대 500년 동안 권력이 빈번하게 바뀌자, 점성가들은 각자 군주를 섬기면서 자신들의 주장을 크게 펼쳤고, 통치자들은 하늘을 관측하는 데 주의를 기울이게 되었다. 《춘추》에 따르면, 노문공(魯文公) 14년(기원전 613년) 추(秋) 7월, "북두칠성과 어긋난 별이 있었다". 이것은 세계 최초의 핼리 혜성에 관한 기록이다. 핼리혜성은 76년을 주기로 지구에 근접하였고, 진시황 7년(기원전 240년)부터 청나라 말기까지 매번 상세한 기록이 남아 있다. 근대 서양의 천문학자들은 중국의 관측 기록을 근거로 핼리혜성의 궤도를 추정하였다. 고대인들은 천체 현상과 정치가 서로 관련이 있어서, 하늘이 인간 세상에 간여할 수도 있고, 반대로 인간이 하늘을 감동시킬 수도 있다고 믿었다. 그래서 천문학의 연구는 줄곧 중단된 적이 없었다.

한나라 때, 천체 현상에 대한 해석을 추구하는 여러 학설들이 등장하였다. 그중 하나는 기원전 2세기에 나타난 개천설(蓋天說)이라는 학설이었다. 개천설에 따르면, 하늘은 둥글고 땅은 네모지며, 하늘은 마치 뒤집어진 대야 같이 생긴 땅을 모자처럼 덮고 있다. 하늘은 하루에 한 번씩 돌면서 지구상의 창궁(蒼穹)이 형성되었고, 하늘에는 별자리가 있는데 많은 별들은 북극성을 중심축으로 삼아 회전하고 있다. 다른 하나는 약 1세기 이후에 등장한 혼천설이다. 혼천설에 따르면, 하늘은 지구를 둘러싼 사방의 공간이 확대된 것이고, 그 원주는 365.25도로 나눌 수 있으며, 대지는 둥근형이다. 장형(張衡)은 "혼천은 달걀과 같다"고 하여, 하늘과 땅의 관계는 달걀 껍데기가 달걀을 감싸고 있는 것처럼 하늘은 밖에 있고 땅은 안에 있다고 여겼다. 마지막으로 한나라 말에 출현한 선야설(宣夜說)이 있다. 선야설에 따르면, 땅 이외의 모든 것은 기체이고, 하늘이 푸른빛을 띠는 것은 우리에게 너무 멀리 떨어져 있기 때문이다. 하늘은 한도 끝도 없고, 각 별자리는 하늘의 주위에서 자유롭게 움직인다. 천체는 무한한 공간에 떠있는 기구(氣球)이고, 해와 달과 별이 없는 부분은 비어 있는 것이 아니라 기체가 채워져 있다. 다만 빛을 내지 못할 뿐이다.

이상의 천체에 관한 학설들은 민간에서 유행하던, 둥근 하늘이 네모진 땅을 덮고 있다는 생각보다 훨씬 발전한 것이었다. 하지만 그러한 생각은 여전히 뿌리 깊었다. 후한 초, 정교를 선양하기 위한 명당이 위가 둥글고 아래가 네모진 형태로 축조되었는데, 그것도 둥근 하늘이 네모진 땅을 덮고 있는 관념을 구현한 것이었다.

천인감응 사상의 영향으로 하늘에 대한 관측은 왕조의 정치와 밀접하게 관련되어 있었고, 관측기구들은 나날이 정교해졌다. 한나라 무제 때, 낙하굉(落下閎)이 혼천의(渾天儀)에 적도를 표시하여 고대 혼천의의 기본적인 형식을 갖추게 되었다. 그 뒤, 경수창(耿壽昌)이 '적도의(赤道儀)'로 발전시켰고, 화제 영원14년(102년)에 가규(賈逵)는 '황도의(黃道儀)'를 제작하여 28개의 황도대 별자리 위치, 해와 달의 운행 각도 등을 측정하였다. 순제 양가(陽嘉) 원년(132년), 장형은 중심이 빈 원구 형태의 혼천의를 동으로 제작하였는데, 위에는 해, 달, 별 등의 위치를 새겼고 천구(天球)라 불렀으며, 물의 힘으로 회전하였다.

하늘을 정확하게 관측하게 되면서 역법이 수정되었다. 늦어도 기원전 265년부터 진나라는 이미 전욱력(顓頊曆)을 채용하였고, 전국을 통일한 뒤에는 전국적으로 통용되었다. 한나라는 진나라의 역법을 계승하여 전욱력을 사용했다. 마왕퇴 한묘에서 출토된 《오성점(五星占)》의 일부는 전욱력으로 추산한 오성회합주기를 보여 주고 있다. 산동성 임기(臨沂) 은작산(銀雀山) 한묘에서 출토된 한나라 원광(元光) 원년(기원전 134년)의 역보(曆譜)도 전욱력을 이용하여 추산된 것이었다. 무제 원봉(元封) 7년(기원전 104년), 천문학자 낙하굉은 태초력(太初曆)이라는 새로운 역법을 제정하여, 전욱력에서 11월에 시작되는 한 해의 처음을 정월에 시작되는 것으로 바꾸었다. 후한 장제 원화(元和) 2년(85년), 사분력(四分曆)을 사용했고, 이전보다 역법이 더욱 정확해졌다.

천문학의 발전은 수학과 밀접한 관련을 갖고 있어서, 고대에는 천문역산학(天文曆算學)이라고 불렀다. 산경(算經) 10서의 첫 번째 책은 《주비산경(周髀算經)》으로 전한 때의 천문역산, 즉 천문수학에 대한 저술이다. 주로 당시 개천설과 역법을 설명하였고, 상당히 복잡한 분수 셈법과 제곱 셈법을 사용하였으며, 최초로 구고현(勾股弦) 정리(피타고라스정리, 삼각형에서 빗변의 제곱은 나머지 두변을 각각 제곱한 합과 같다)가 사용되었다. 산경 10서 중에서 가장 중요한 것은 《구장산술(九章算術)》로, 선진 시대부터 후한 초기까지의 수학적 성과를 체계적으로 정리하였다. 고대에는 수학을 산학이나 산술이라고 하였다. 산의 본래 뜻은 계산을 하는 데 사용된 산가지였다. 한묘에서 출토된 산가지는 한눈에 그 용도를 짐작할 수 있게 하였다. 한나라 때에 이미 완전한 산술 체계가 형성되었고, 그 대표작이 바로 《구장산술》이고, 늦어도 기원전 1세기에 이미 현존하는 내용을 갖추고 있었다. 《구장산술》은 모두 아홉 개의 장으로 구성되어 있다. (1) 방전(方田) : 농지의 면적을 계산하는 것으로 분수 계산, 최대공약수 등이 있다. (2) 속미(粟米) : 곡물을 교환할 때의 환산법에 관한 것이 있다. (3) 쇠분(衰分) : 수열의 합에 의한 계산법이 있다. (4) 소광(少廣) : 제곱근과 세제곱근의 계산이 있다. (5) 상공(商功) : 제방이나 토목 공사 등 작업량을 계산하는 것이 있다. (6) 균수(均輸) : 곡물의 운반을 관리할 때 균등하게 부담하는 법에 관한 것이다. (7) 영부족(盈不足) : 과부족셈의 해결법이 있다. (8) 방정(方程) : 연립 1차 방정식의 해법이 있다. (9) 구고 :

구고현 정리의 응용과 간단한 측량 문제의 해법이 있다. 그중에서 음수와 분수의 계산, 연립 1차 방정식의 해법 등은 모두 세계적인 의의를 지닌 업적이었다.

천문학사에서 위대한 공헌을 한 장형은 지리학에서도 중요한 성과를 내었다. 장형은 자가 자평(子平)으로 남양(南陽) 서악〔西鄂, 현재 하남성 남소(南召)〕 사람이다. 그는 오경과 육예에 능통하였고 태사령을 역임하였다. 장형이 발명한 혼천의는 단지에 떨어져 흐르는 물의 힘을 동력으로 하여, 톱니바퀴에 연결된 하늘을 상징하는 모형을 하루에 한 번 돌게 하였다. 장형은 최초로 월식의 원인을 밝혀냈다. 그는 달빛은 햇빛이 반사된 것이고, 월식은 달이 지구의 그림자 속으로 들어가기 때문에 생긴다고 설명하였다. 후한 순제 양가 원년, 장형은 지동의(地動儀)를 발명하였는데, 세계 최초의 지진 방향 측정기였다. 지동의는 동으로 주조하였고 직경이 2미터 정도 되었으며 술통처럼 생겼다. 중간에는 진자가 있었고 그 주위에는 8개 방향으로 기계가 연결되었으며, 바깥쪽에는 8마리의 용이 8개 방향으로 조각되어 있었다. 8마리의 용들은 모두 주둥이에 동구슬을 물고 있었고, 용들의 머리 쪽에는 입을 벌린 두꺼비들이 앉아 있었다. 지진이 일어나는 방향에 따라 용이 구슬을 토해내면, 그 구슬은 아래쪽의 두꺼비 입으로 떨어졌고 맑은 소리를 냈다. 사람들은 그것을 보고 지진이 일어나는 방향을 알 수 있었다. 장형은 참위설이 성행하던 후한 시대에 살았지만, 참위설을 날카롭게 공격하였고, 금지를 주장하였다. 그의 과학적 업적은 신학과 미신을 반대했던 정신과 밀접한 관련이 있었다.

지동의

전통의학은 한나라 때 새로운 수준에 도달하였다. 일본학자 야마다 게이지〔山田慶

兒〕는 〈전통의학의 역사와 이론〉에서 다음과 같이 지적하였다. 한나라 이전에 편찬된 의학서나 의학에 관련된 문헌이 현재 하나도 남아 있지 않고, 이 때문에 중국의학의 기원을 어떻게 보느냐는 문제를 풀기 어렵게 만들었다. 그러나 1973년, 장사 마왕퇴의 한묘에서 의학서가 발견되었고, 비로소 중국의학의 기원을 연구할 수 있게 되었다. 야마다 게이지는 마왕퇴의 의학서와 《황제내경(黃帝內經)》 〈소문(素問)〉을 비교하여 중국의학사의 형성 과정에 대한 견해를 제시하였다. 그는 전국 시대 말기에 정식으로 침을 놓는 방법이 등장하였고, 전한 시대가 되면 침요법을 중심으로 하는 의생들과 학파가 형성되었으며, 후한으로 넘어가는 시기에 중국의 의학 체계가 기초를 형성하였다고 주장하였다. 그 대표적인 인물이 장중경(張仲景)과 화타(華佗)였다.

장중경은 이름이 기(機)이고 남양(南陽) 사람이었다. 같은 군 출신인 장백조(張伯祖)에게 의술을 배웠고 장사태수(長沙太守)를 하기도 했다는 이야기가 있었다. 당시에 장티푸스가 유행하여 죽는 자가 수도 없이 많았다. 장중경은 문제를 해결하기 위하여 《내경(內經)》, 《난경(難經)》(=《황제팔십일난경(黃帝八十一難經)》), 《태려약록(胎臚藥錄)》 등의 의학서를 깊이 연구하였고, 널리 효과적인 처방을 수집하여 《상한잡병론(傷寒雜病論)》을 저술하였다. 후세들이 그의 저서를 《상한론》과 《금궤요략(金櫃要略)》 두 책으로 나누었다. 《상한론》은 겉으로 나타나는 열병의 치료법을 기술하였고 397가지 법과 113가지 처방을 담고 있었다. 《금궤요략》은 내과적인 잡병들의 치료법을 기술하였는데, 간혹 여성이나 외과에 관련된 것들도 있었다. 장중경은 《내경》 이래의 병인학설(病因學說)과 장부경락학설(臟腑經絡學說)을 더욱 발전시켰고, 사진(四診, 보고, 듣고, 묻고, 맥을 짚는 것), 팔강〔八綱, 치료의 기준이 되는 음(陰), 양(陽), 표(表), 리(裏), 한(寒), 열(熱), 허(虛), 실(實) 등을 말함〕 등과 결합하여 치료법을 만들어 내었다. 한(汗), 토(吐), 하(下), 화(和), 온(溫), 청(淸), 보(補), 소(消) 등 8법은 의학자들에 의해 표준으로 여겨졌다.

화타는 자가 원화이고 패국(沛國) 초〔譙, 현재 안휘성 박현(亳縣)〕 사람이었다. 화타는 내과, 외과, 여성, 소아, 침구 등에 정통하였는데, 외과에 특히 뛰어났다. "위장의 담석"을 치료하는 데, 마비산(麻沸散)을 이용하여 환자를 마취시킨 뒤에 수술을 한 것으로 유명하였다. 화타는 또한 전한 시대 유행하던 몸을 강하게 하고 병을 물리치는 양생법인 도인〔導引, 도인(道引)이라고도 함. "기를 잘 흐르게 하여 신체를 부드럽게 한다"는 뜻〕을 발전시켜 '오금희(五禽戲)'를 만들었다. '오금희'는 양생을 통해 병을 물리치는 신체단련의 방법이었다. 화타는 인체의 운동으로 혈맥을 유통시키고 병에 걸리지 않을 수 있다고 여겼고, "문지도리가 영원히 썩지 않는 것과 같다"고 하였다.

중국 고대의 4대 발명 중 하나인 제지술은 한나라 때 출현하였다. 종이가 등장하기 전에 글을 기록하였던 재료로는 죽간, 목독, 비단 등이 있었는데, 값이 비싸고 휴대하기도 불편하여 문화 교육 사업의 발전을 가로막았다. 최근 수십 년 동안의 고고학적 발굴을 통해, 무제 때부터 선제 때까지 이미 식물 섬유로 된 종이가 있었음이 밝혀졌다. 1950년대, 서안의 파교(灞橋) 한묘에서 발견된 식물 섬유의 종이는 무제 때의 유물이었다. 1970년대 이래, 거연, 부풍(扶風), 돈황, 천수(天水) 등지에서도 식물 섬유의 종이가 발견되었다. 돈황의 봉수 유적지에서는 조잡한 황지(黃紙)와 섬세한 백지(白紙)가 발굴되었는데, 이것은 늦어도 선제 때에 이미 마지(麻紙)를 제작하는 기술을 갖고 있었음을 의미한다. 후한 화제 때, 상방령(尙方令)을 맡았던 환관 채륜(蔡倫)은 장인들을 지도하여 나무껍질, 마포 등을 원료로 하여, 글을 쓰는 데 더욱 적합한 식물 섬유의 종이를 만들었는데, 그 종이는 "채후지〔蔡侯紙, 채륜은 용정후(龍亭侯)로 봉해졌음〕"라고 불린다. 그 이후, 글을 적는 재료에 혁명이 일어났고, 종이가 죽간과 비단을 대신하였다. 중국의 제지술은 동쪽으로는 조선, 일본, 서쪽으로는 아라비아, 유럽 등으로 전파되었고, 세계문명에 커다란 공헌을 하였다. 프랑스의 학자 브로델(Fernand Braudel)은 종이가 멀리 중국으로부터 전래되었고, 이슬람 국가는 종이가 서쪽으로 전파되는 중간역이었다고 말하였다. 종이를 만드는 최초의 작업장은 12세기 초 스페인에서 출현하였지만, 유럽의 제지 공업은 14세기 초가 되어서야 이탈리아에서 등장하였다.

# 6장 삼국(三國)과 양진(兩晉)
# —통일 왕조 소멸의 시대

## 34. 동한(東漢) 말 할거부터 삼국 정립까지

동한 왕조 후기, 전체 사회질서는 붕괴로 치달았고, 상황은 로마제국이 한 순간에 붕괴한 것과 비슷하였다. 영제(靈帝) 중평(中平) 원년(184년), 장각(張角)이 황건 기의(黃巾起義)를 일으켰다. 장각은 기주(冀州) 거록(鉅鹿) 사람으로, 태평도(太平道)의 수령으로서 스스로 대현양사(大賢良師)라 칭하였다. 태평도는 황제(黃帝)와 노자(老子)를 교조로 받드는 도교의 한 파였다.

도교는 고대 무술(巫術)에 기원을 두고 있으며, 무술과 도가의 황로학설이 서로 결합해서 만들어졌다. 진나라(秦朝) 때, 신선방사(神仙方士)들에 의해 전파된 무술이 민간에서 보편적 신앙으로 받아들여지면서, 도교는 연단(煉丹)·장생(長生)을 중시하고 개인적 환골탈태(換骨奪胎)를 추구하였다. 늦어도 동한 초에는 무술과 도가가 하나로 합쳐졌다. 무(巫)는 본래 선진시대 매우 중요한 위치에 있었으나 한대(漢代)에 이르러서는 '양가(良家)'의 배척을 받았다. 그렇지만 민간에서는 여전히 무를 신봉하였다. 무와 도교는 구분되기 어렵기 때문에, 도무(道巫)라고 불리기도 하였다. 동한 시대 동안, 참위설(讖緯說)이 성행하면서 정식으로 도교의 각 파별도 성립하였다. 태평도

교주 장각(張角)은 일반 도사와 마찬가지로, 무의(巫醫)였다. 당시 '무'와 '의'는 이위일체(二位一體)로서, 《후한서(後漢書)》 속에서 "무의"라는 이 말이 자주 보인다. 장각은 도교 경전 《태평경(太平經)》을 배운 적도 있고 의학 지식에도 해박했다. 그의 의술 방법은 무술(巫術)—구절장(九節杖)을 손에 들고 부적을 그리면, 병자가 고개를 조아리고 자신을 반성하는 동안 장각이 그를 위해 기도하는 것이었다. 소위 구절장이라는 것은 9개의 마디가 있는 죽장(竹杖)이다. 도교에서는 영물로 보는 물건으로, 무술을 할 때 쓰는 법기(法器)였다. 장각은 본래 의술에 정통하여 그의 두 동생〔장양(張梁), 장보(張寶)〕 모두 '의사(醫師)'였다—이었다. 민간의 명의는 종종 환자들의 병을 고쳤으며, 병을 고쳐주는 것을 이용해서 포교를 했다. 그는 부적을 태워 그 재를 물에 섞으며 주문을 외우는, 그런 행위의 효과를 빌려 그를 "신 내린" 사람으로 믿게 하였다.

이전 학자들은 《태평경》과 황건 기의를 단순하게 서로 연관시켜, 그것을 "중국 역사상 농민 계급이 전수해 온 첫 번째 이론 작품"이라고 생각하였다. 실제로는 근거 없는 말이다. 황건 기의의 구호인 "창천은 이미 죽고, 황천이 설 때이다. 갑자(甲子)가 되는 해, 세상이 크게 길할 것이다"를 《태평경》에서 인용한 것이라는 것은 아무런 근거가 없었다. 그것은 사실 당시 사회에 광범위하게 유행한 도참사상(圖讖思想)의 산물이었다. 왕망이 한을 대신할 때, "붉은 덕의 기운은 이미 다하였다", "황색 덕이 마땅히 흥할 것이다"라는 말을 널리 퍼뜨린 것이나 환제와 영제 때 "한나라의 기운이 다하였다. 황가(黃家)가 마땅히 흥할 것이다"라는 참어가 출현한 점, 청주(青州) 황건이 "한나라의 운명은 이미 다하였고, 황가(黃家)가 마땅히 설 때이다"라는 말을 내놓은 점, 모두 판에 박은 듯 똑같은 구호였다. "창천(蒼天)은 이미 죽고, 황천이 설 때이다." 이 말은 왕조교체를 부추기는 일종의 참어일 뿐이다. 더 자세히 살펴본다면, '창천'은 한 왕조를 빗댄 것이며, '황천'은 곧 도교에서 받드는 '천제(天帝)'의 사자인 "천제신사황신월장(天帝神師黃神越章)"으로서, 소위 '황건', '황의(黃衣)', '황포갈(黃布褐)'은 바로 "황신월장(黃神越章)"이라는 도교에서 받드는 신에 대한 숭배로부터 나온 것이었다. 사자인 황신월장은 천제를 대리해서 인간을 주재하며, '천하를 태평성대'로 이끎으로써, 인간들이

보다 나은 생활을 할 수 있게 해주는 역할을 하였다. 이것이 민간에서 유행한 도교사상이었으며, '혁명'과는 아무런 관계도 없었다.

당시 한중(漢中)을 중심으로 한 삼보(三輔), 파촉(巴蜀) 지역에는 '오두미도(五斗米道)'가 유행했는데, 이는 도교의 또 다른 파로서 신자들이 쌀 5두를 내었다는 데서 얻은 이름이었다. 장각이 중평(中平) 원년(184년) 기의를 일으켰을 때, 장수(張脩)도 파군(巴郡)에서 기의를 일으켰다. 오두미도의 다른 지파인 촉군(蜀郡)의 장노(張魯) 또한 병을 치료하는 방식으로 포교를 하였다. 오두미도는 신도 상호 간의 부조를 강조했기 때문에 때문에 신도 중 농민이 아주 많았다. 장노는 장수 기의의 영향을 이용하여 한중에서 오두미도를 전파하고 스스로 '사군(師君)'이라 칭하며 그 아래 '제주(祭酒)'를 두었다. 각 부(部)의 제주는 큰길가에 공동 가옥을 짓고 이를 '의사(義舍)'라 불렀다. 그 안에는 쌀과 고기를 두고 '의미(義米)', '의육(義肉)'이라 부르며 길 지나는 사람들에게 돈을 받지 않고 숙식을 제공하였다. 이것은 일종의 정치와 종교가 결합한, 노동력과 무력이 결합한 소농 경제를 기초로 한 사회조직과 같은 것으로서, 당시 영향력이 아주 컸다. 동한 말 경제가 힘들고 재해가 빈번하여 민의 생활이 보장되지 않은 상황에서 오두미도가 곤궁한 민의 생계 문제에 도움을 주었기 때문에 환영을 받았다. 이런 현상은 도가의 평균주의 사조—"넘치는 곳에서 덜어다가 부족한 곳을 보충하다"—에 근원을 두고 있으며, 당시 그리고 후세에도 큰 영향을 끼쳤다. 1950년대 후반, 이러한 소농 경제에 기반을 둔 평균주의적 '대동(大同)' 이상이 다시 잠시 왕성해졌던 사실이 이를 증명하고 있다.

황건 기의는 20여 년간 지속되었고, 부패한 동한 왕조를 유명무실한 상태로 빠뜨렸다. 그러나 그들은 정부군과 지방 세력의 양면 협공에 직면하여, 결국 연이은 실패로 말미암아 '황천당립(黃天當立)'은 물거품이 되어 버리고 말았다. 기의의 주력인 청주 황건의 환상은 조조의 합작을 얻었고 조조는 이런 심리를 이용, 청주 황건을 자신의 군대로 끌어들였다.

황건 기의를 진압하는 과정 중에, 각지의 세력가들은 무장 병력을 조직하고 마을에 보루를 쌓고 자신들의 세력 근거지를 확보함으로써 크고 작은 할거 세력을 형성하였다.

원소(袁紹)는 기(冀), 유(幽), 병(幷) 세 주(州)를 차지하였다(지금의 하북 중남부, 산동 동북부, 산서 일대).

조조(曹操)는 연(兗), 예(豫), 청(靑) 세 주를 차지하였다(지금의 산동 서남부, 하남 일대).

도겸(陶謙)은 서주(徐州)를 차지하였다(지금의 산동 남부, 강소 북부).

원술(袁術)은 양주(揚州) 북부를 차지하였다(지금의 장강 하류, 회수 하류).

유표(劉表)는 형주(荊州)를 차지하였다(지금의 호남, 호북).

손책(孫策)은 강동(江東)을 차지하였다(지금의 장강 이남의 동부).

한수(韓遂)와 마등(馬騰)은 양주(凉州)를 차지하였다(지금의 감숙).

공손탁(公孫度)은 유주(幽州) 요동군(遼東郡)을 차지하였다.

동한 왕조는 사분오열하였고 환관과 외척 두 집단이 서로 치고받고 싸운 결과, 결국 나락의 길로 같이 떨어졌다. 그리고 이런 허점을 타고 지방 군벌 동탁(董卓)이 입성하였다. 동탁은 병주목(幷州牧)으로 중평 6년(189년) 병사를 이끌고 낙양으로 들어와, 소제(少帝)를 폐하고 헌제(獻帝)를 옹립해서 조정을 마음대로 휘둘렀다. 조조·원소가 군사를 일으켜 반대하자, 동탁은 헌제를 데리고 장안으로 천도, 스스로 태사〔太師, 상국(相國)〕를 자처하였다.

조조는 30만 청주 황건군과 함께 자신의 군대를 재편한 후, 군사 실력이 월등히 강해져 이후 도겸(陶謙)을 격퇴시키고 해변 지역까지 자신의 기반을 확대하였다. 그는 장안에서 도망 나온 헌제를 허창(許昌)에서 맞아 들여 '봉천자이령불신(奉天子以令不臣)'의 지위를 얻음으로써, 흡사 유명무실한 동한 왕조의 수호신이 된 듯 보였다. 이후 원술(袁術)과 여포(呂布)가 서로 공격하는 기회를 타고, 그들을 격파시켰다. 이로써 조조는 북방에서, 가장 병사가 많고 세력 기반이 넓어 문벌귀족이며 많은 문생(門生), 고리(故吏)를 겨눌 수 있는 유일한 세력이 되었다.

조조는 본래 원소에게 의존하여 자신의 발전을 도모한 자였다. 조·원 간의 대립은 조조가 헌제를 허창으로 모셔 와 '봉천자이령불신'이 된 후 차츰 격화되었다. 조조는 아주 일찍부터 "봉천자이령불신"을 염두에 두고, 헌제를 손아귀에 넣고 그의 명의로 명령을 내리고 다른 할거자들을 평정하였다. 조조가 원소의 통제로부터 벗어나기에는 이것이 가장 좋은 방법이었다. 왜냐하면 조조는 황제의 이름으로 원소에 대해 명령을 내릴 수 있었기 때문이었다. 원소는 이에 대해 매우 분노하여 조조가 "천자를 끼고 나에게 명령한다"며 질책하였다. 쌍방의 대결은 피할 수 없게 되었다. 건안(建安) 5년(200년), 조조는 관도〔官渡, 지금의 하남 중모현(中牟縣) 남부〕 전쟁에서 원소를 대패시켰다. 적은 인원으로 많은 인원을 이긴 이 유명한 전투는 조조의 북방 통일에 결정적 작용을 하였다. 패배 후 얼마 지나지 않아 원소는 죽었지만, 그의 세력을 철저하게 소멸시키기 위해 승리의 여세를 몰아 원씨 세력이 의탁하고 있는 오환(烏桓)에게 조조가 직접 돌격하였다. 이로써 원씨 세력을 제거했을 뿐만 아니라, 오환의 기병을 자신의 군대로 편입시켜 훗날 이들이 조조의 정예부대가 되었다. 조조는 회군하여 돌아오다 발해 해변에서 그의 포부를 밝히는 시를 지어, 오랫동안 전해지는 명구를 남겨 놓았다.

늙은 천리마는 마구간에 엎드려 있지만,
뜻은 천리 밖에 있네.
열사는 이미 늙어버렸지만,
웅대한 마음은 끝이 없구나.

의기양양해진 조조는 한 번에 남방을 통일할 수 있으리라 생각하고 군사를 이끌고 남하하였다. 강동의 손권(孫權)과 형주(荊州)의 유표(劉表)에게 의탁하고 있던 유비(劉備)가 결맹을 결정하고 함께 조조 군대를 방어하기로 하였다. 유비는 제갈량(諸葛亮)을 시상〔柴桑, 지금의 강서 구강(九江)〕으로 파견하여 조조 군에 대항할 일을 상의하도록 했다. 제갈량은 당시 형세를 다음과 같이 분석하였다. 조군은 먼 길을 오기 때문에 처음에는 힘이 강할지 모르지만 점차 힘이 약해질 것이다. 또한 수전(水戰)에도 익숙지 않아 손권과 유비가 합작하면 반드시 이길 수 있을 것이며, 조조가 패배한 후 반드시 북쪽으로 철수할 것이므로 천하가 셋으로 나누어지는 형세가 자연적으로 만들어질 것이라고 지적하였다.

건안(建安) 13년(208년) 겨울, 조군의 전함이 꼬리에 꼬리를 물고 적벽〔赤壁, 지금의 호북 포기(蒲圻), 그 외 가어(嘉魚), 황주(黃州), 무창(武昌) 적벽설(赤壁說) 등도 있다〕으로 들어왔다. 손과 유의 연합군은 불과 5만 명으로, 80만 명으로 알려졌지만 실제로는 약 20만 명 정도인 조군에 비해 열세에 처해 있었다. 그러나 조군은 산을 넘고 물을 건너 먼 길을 왔으며, 또한 기후 풍토가 맞지 않아 군대 내에 전염병이 생겨 사기가 저하되었기 때문에, 처음 교전할 때에는 패하여 장강의 북쪽 연안 쪽으로 물러났다. 조조는 사병들이 수전에 익숙지 않다는 약점에 대한 대책으로써, 전함을 사슬로 함께 묶어, 흔들림을 감소시켰다. 연합군은 화공(火攻)을 결정하고, 황개(黃蓋)가 기묘한 책략을 써서 투항하는 척하며, 열 척의 전함에 기름을 먹인 나무를 가득 싣고 겨울철 흔치 않은 동남풍을 이용하여 강북으로 질주, 조조 군의 군영에 접근했을 때, 기름 먹인 나무에 불을 당겼다. 조조의 군대가 손 쓸 틈도 없이 일시에 불꽃이 타올랐으며 안개가 자욱한 상태에서 함께 묶여 있던 전함과 연안의 조조 병사는 서둘러 몸을 바다 속으로 던졌다. 연합군이 수륙으로 진군하여, 조조는 크게 패하였다. 이것이 바로 역사상 적은 수로 많은 수를 이긴, 약한 편이 강한 편을 이긴 그 유명한 전쟁, 적벽대전이었다. 당시 제갈량은 28세에 불과했으며, 주유(周瑜)가 제갈량보다 여섯 살 많았는데, 두 사람의 전략과 적절한 지휘가 바로 승리의 열쇠였다.

적벽전 이후, 과연 제갈량이 예언한 대로, 세 나라가 세력 균형을 이루며 경쟁하는 상황이 나타났다. 먼저, 세력이 가장 약한 유비가 기회를 틈타 호남 일대를 공격하였으며, 또한 제갈량과 관우(關羽)를 파견하여 형주를 지키게 하였고, 자신은 사천(四川)으로 진군하였다. 오래지 않아, 제갈량이 장비(張飛)와 조운(趙雲)을 거느리고 장강을 따라 올라가 유비와 함께 성도(成都)를 포위하여 익주(益州)의 근거지를 확보하였다.

그보다 앞서, 조조는 잔도(棧道—*절벽에 놓인 길)를 수리하여, 섬서에서 한중(漢中)으로 진입하였다. 유비가 사천으로 들어간 후, 조조와 한중에서 대치하였다. 조조가 사마의(司馬懿)의 건의를 받아들여, 손권으로 하여금 관우의 후방을 치게 하였다. 과연 손권은 여몽(呂蒙)을 파견하여 공안(公安)을 공격하고, 관우는 패하여 맥성(麥城)으로 도망치다가 오군(吳軍)에게 살해되어 형주를 지킬 수가 없었다. 제갈량의 본래 계획은, 한편으론 형주로부터 남양(南陽), 낙양으로 북진하고, 한편으론 한중에서 관중으로 나가 양면으로 공격하는 것이었다. 이 계획은 관우가 맥성으로 패주하여 유비가 전력을 다해 오군을 공격함으로써 무산되었다.

손권은 유비에게 보복을 당할까 두려워 조조에게 상서를 올려서 스스로 신하라 칭하고, 조조에게 한을 대신하여 황제가 될 것을 권하였다. 조조는 그의 마음을 간파하고 주위 사람들에게, "이자가 나를 화로 위에 놓고 구울 생각이구나!"라고 말하였다. 조조는 모순의 중심, 비난의 대상이 될 생각이 없었기 때문에 손권이 보내 온 관우의 머리를 잘 안장시켜 주었다.

건안 25년(220년) 조조가 죽고, 그 아들 조비(曹丕)가 헌제를 폐하고, 스스로 황제가 되어 국호를 위(魏)라 하고 낙양을 수도로 삼았다.

다음 해, 유비는 성도에서 황제 제위에 올라, 국호를 한(漢)으로 하였다.

8년 후, 손권이 황제가 되어 건업(建業, 지금의 남경)을 수도로 정하고, 국호를 오(吳)라 하였다. 이때 삼국이 세력 균형을 유지하며 대항하는 형세가 정식으로 형성되었다.

조조는 원소에게 승리하였지만, 한의 황실을 부흥시키지도 않았고, 또한 자신이 황제가 되지도 않았으며, 통일의 열망도 실현시키지 못했고 그 계승자 또한 성공하지 못하였다. 이때부터 중원에는 이민족의 침입이 나타나 많은 단명 왕조가 출현하였다. 220년부터 581년까지는 통일 왕조가 없는 시대로서 절망과 동란의 시대였다.

삼국 중, 위는 중원에 자리 잡은, 세력이 가장 강한 나라였다. 한이 점거한 사천은 오랜 전쟁에 필요한 인력과 충분한 자원이 있는 곳이었으며, 오가 점령한 장강 중하류는 경제가 발달한 지역으로서, 특히 성도의 방어를 강화함으로써 오늘날의 남경성은 손오 시대(孫吳時代)에 건축된 석두성(石頭城)을 기반으로 발달한 것이었다. 또한 오(吳, 소주)와 회계(會稽, 소흥)의 뱃길을 열어 강남 운하의 전신이 되었다. 이 때문에 삼국 정립(三國鼎立)이 일정 기간 동안 지속될 수 있었다.

## 35. 조조와 제갈량

삼국의 정치가 중 먼저 조조를 논해 보자. 과거의 전통사가는 분열과 찬탈의 죄명을 그에게 씌웠고, 그런 평가에 관한 근거가 하나도 없다고는 할 수 없지만, 이는 지나치게 한쪽 면만 본 것이다. 사실 조조는 통일을 주장하였고 그가 살아 있는 동안 황제를 자처하지도 않았으며, 사후 그의 아들이 황제를 칭하자, 유비와 손권도 계속해서 황제를 칭하여, 결국 한왕실의 부흥이 물거품이 되었다.

경극·소설 무대 위의 조조와 역사상의 조조는 큰 차이가 있으며 심지어 완전히 상반되는 면도 있다. 이것은 사회학적으로 연구할 때의 소전통(小傳統)과 대전통(大傳統)의 차이이다. 민간 전설이나 소설, 희곡은 소전통을 반영하고 있으며 협의의 정통론을 포함하고 있다. 대전통은, 즉 주류 이데올로기로서 공과시비(功過是非)의 객관적인 평가를 말한다. 노신(魯迅)은 사실 조조는 아주 수완이 좋은 사람이다, 적어도 나는 그에게 탄복했다라고 말한 적이 있다. 이것은 대전통으로부터 관찰한 결과이다.

조조(155-220년), 자는 맹덕(孟德)으로 패국(沛國) 초군〔譙郡, 오늘날의 안휘성 박주(亳州)〕 사람이다. 그의 부친 조숭(曹嵩)은 환관 조등(曹騰)의 아들로 영제(靈帝) 때 태위(太尉, 국방장관)를 역임하였다. 조조의 이런 출신 배경은 이중성을 갖고 있었다. 한편으론 부친의 높은 지위로 어릴 때부터 사회 상층부와 접촉하여 시야가 넓어졌다. 다른 한편으론 조부가 환관이었기 때문에 부친의 "그 출생의 본말을 따질 수가 없는", 내력이 불분명한 사람으로서, '건안칠자(建安七子)'의 한 사람인 진림(陳琳)은 조숭이 "거지를 데려다 키운"것이라며, 조조를 "쓸모없는 환관이 남긴 못난이"라고 조롱하였다. 때문에 조조는 사회 주류층의 조롱을 받았으며 명사들은 그를 깔보았다.

조조는 매우 비범한 사람으로 태어날 때부터 기민하고 교활, 간사하였다. 권모술수에 능하였고 또한 의협심도 있으며 호탕하였다. 어려서부터 나이 들 때까지 배우기를 좋아하여 널리 많은 책을 읽었다. 그의 아들 조비(曹丕)는 그가 "시문 읽기를 아주 좋아하여, 비록 전쟁 중에도 손에서 책을 놓질 않았다"라고 말하였다. 그는 특히 병법을 좋아해서 《손자병법(孫子兵法)》의 주석을 달기도 했으며, 그의 《손자병법주(孫子兵法注)》가 현존하는 첫 번째 주석본이다. 이 외에도 10여만 자(字)로 된 병서(兵書)를 저술하였고, "일을 기묘하게 계획해, 적을 속여 승리하니 변화가 불가사이하다"라고 하였다. 그는 정치가와 군사가의 소질을 겸비하였고, 어려서는 이름이 세상에 알려지지 않았으나 영향력 있는 태위 교현(橋玄)의 추천을 통해 명사 허소(許劭)에게 "태평성세에는 간신이며, 난세에는 영웅" 〔또한 "치세(治世)에는 능력 있는 신하, 난세에는 간사한 영웅"이라고도 한다〕 이라는 칭찬을 받았다. 태학생 수령(首領) 곽태제(郭太齊)와 더불어 유명했던 허소는 전문적으로 인물을 평하는 '월단평(月旦平)'의 주관인으로서 당시 아주 영향력이 컸다. 허소의 조조에 대한 평가인 "난세의 영웅"에 대해 이응(李膺)의 아들 이찬(李瓚) 또한 "천하의 영웅 중에 조조만 한 이가 없다"라고 말하였다. 당시 사람들은, 소위 영웅이란 "보통 사람보다 총명한 것을 영(英), 보통 사람보다 담력이 큰 사람을 웅(雄)"이라 하였다. 즉 "문무가 훌륭하고 뛰어난" 사람이었다. 조조는 사람을 알아보고 적재적소에 잘 기용하였다. 그는 동한(東漢) 시절의 징벽(徵辟—*초야에 있는 사람을 예를 갖추어 불러서 벼슬을 시킨 것)과 찰거(察擧—*추천) 제도를 통해, 소위 명예, 절조, 덕행, 가문의 명망을 중시하는 낡은 악습에 반대하고, 단지 재능만 있다면 어떠한 사람이든 기용하였다. 그의 몇몇 주요 장수 중에는 일반병 가운데 선발되거나 포로 중에서 발탁된 사람들도 있었다. 조조의 장수는 기본적으로 양주(揚州)의 단양(丹陽), 연주(兗州)의 태산(泰山) 및 하북의 병(幷), 기(冀), 두 주(州)의 출신으로 전투력이 뛰어난 것으로 유명했으며, 수하의 다섯 명장〔우금(于禁), 장료(張遼), 악진(樂進), 장합(張郃), 서황(徐晃)〕 또한 이 지방 출신들이었다. 그는 여러 차례 현자를 구한다는 조령을 반포하였는데, 오직 재능만을 본다고 강조하며, 나라를 다스리고 병사를 부릴 줄 아는, 능력 있는 사람을 선발하고자 하였다. 즉 이런 사람들이 불명예스럽거나, 웃음거리가 되는 행동을 하였던 것은 고려치 않았다.

그러나 조조는 조조였다. 재능을 좋아하면서 또한 재능을 시기하였다. 몇몇 명사들이 그를 깔보며 재능만 믿고 교만해져서 그를 위해 충성을 다하지 않으면, 결코 용납하지 않았다. 명사 공융(孔融)은 조조에 대해 "깔보는 말을 많이 하여", 무고죄가 더해져 사형을 당하였다. 최염(崔琰)은 당시 사대부들에게 명망이 있었는데, 이로 인해 조조의 불만을 사서, "마음속으로 비방하였다"라는 무고를 당해 감옥에 갇혔다. 그는 곧 머리카락이 잘리고 자살하도록 강요당하였다. 명사 예형(禰衡) 또한 군중 앞에서 조조를 비난하였다. 조조는 그를 죽이고자 하였으나 다른 사람들이 자신이 남을 포용할 줄 모른다고 할까 봐 두려워, 그를 유표(劉表)에게 보내 황조(黃祖)에게 죽임을 당하게 하였다. 이런 독재자적 행동은 전형적인 것으로 후세 "난세의 영웅"에서 볼 수 있는 것이었다.

조조 최대의 정치적 공적은 북방 지역을 잘 다스려, 경제를 확실하게 회복 발전시켰다는 점이다. 그중 가장 주목할 만한 것은 조지(棗祗), 한호(韓浩)의 건의를 받아들여 둔전(屯田)을 실시한 것인데, 이는 농민을 불러 모아 황무지를 개간시키거나 군대가 경작을 맡아서, 즉 전투와 경작이 결합된 형태였다. 이것은 당시 빈번한 중원의 전란, 재해의 유행, 그리고 토지는 넓으나 경작자가 부족한 상황이 날로 심해지는 현상에 적용할 만한 적절한 방안으로서 토지 문제, 식량 문제를 해결할 수 있었다. 인구밀도가 낮아져 생산력은 쇠퇴하고 황무지가 증가하는 상황하에서 둔전으로 농업 생산을 촉진할 수 있었다. 둔전〔민둔(民屯)이든 군둔(軍屯)이든〕은 집단적 성격을 갖고 있기 때문에 집약적 농경과 수리 시설에 유리하였으며 한대(漢代)의 구종법(區種法)이 둔전 실시로 확대되어 단위면적당 생산량이 눈에 띄게 높아졌다.

건안 25년(220년) 조조가 병사하자 아들 조비가 조조의 유지를 이어받아 기존의 방침에 따라 구품관인법(九品官人法)을 실시하였다. 구품관인법은 중앙정부가 어질고 학식이 있으며, 능력 있는 자를 선별할 줄 아는 관원을 파견하여 지방에서 중정(中正)의 임무를 맡기는 것이었다. 중정의 임무는 지방 사인(士人)을 조사하고 여론을 수집하여 가세(家世)와 행장(行狀)을 근거로 품제를 구품으로 나누어 그에 따라 관직을 수여하는 것이었다. 구품관인법은 운영의 측면에서 보면 두 가지 단계를 포함한다. 첫째, 관인을 9품으로 구분하였는데, 이것이 소위 관품이다. 둘째, 인재의 평가를 9등급으로 나누었는데, 이것이 소위 자품(資品)이었다. 구품관인법은 매 관직마다 관원의 인재 품급(品級) 자격을 규정해 놓음으로써 만약 자품이 없다면 어떠한 사람도 관직에 들어올 자격이 없었다. 사실 구품중정제(九品中正制)는 단지 구품관인법의 일부분일 뿐이었다. 이런 방법은 한(漢)나라의 찰거 제도(察擧制度)와 수(隋)나라의 과거 제도(科擧制度) 사이에 존재한 일종의 과도기적 인재 선발 제도로서, 찰거 제도와 비교하여 진일보된 형태였다. 물론 이 제도가 사람을 기용하는 방법에 있어서는 점차 궤도에 오른 것이었지만, 과거(科擧)와 비교하면 여전히 한계가 있었다. 이는 당시 사회 상황과 관련이 있었다. 당시 지방은 동란으로 교통도 원활하지 못하였으며 중앙정부가 권력을 행사하는 데는 한계가 있어 전국적인 선거(選擧—*관료 선발)는 추진하기가 어려웠기 때문에, 그 차선책을 구한 것이었다. 중앙이 각 지역을 지정하고 중앙정부에서 일하는 관원이 그 지방으로 내려가 지역의 여론을 수집, 그 후 각 지역의 인재를 열거해서 표책(表册)을 작성하여 정부로 보냄으로써 임용의 근거로 삼았는데, 그 의도는 한나라의 지방 찰거와 비슷하였다.

조조와 비교할 수 있는 인물은 제갈량이다. 소설 속에서나 희곡 무대 위에서 제갈량은 깃털로 만든 부채에 청색실로 만든 두건을 두른, 신선과 같은 분위기였다. 그는 지략이 뛰어났을 뿐만 아니라 바람과 비를 부를 수 있는, 신선과 비슷하였다. 사실, 사람들의 마음에는 이 인재에 대한 일종의 과장이 섞여 있다. 제갈량(181—234년), 자는 공명(孔明), 낭야(琅邪) 양도〔陽都, 지금의 산동 기남현(沂南縣)〕 사람으로, 어려서부터 인물이 출중하고 영웅적 기질이 있었다. 동한 말 전란을 피하여 숙부를 따라 남양(南陽) 융중〔隆中, 지금의 낭양(襄陽) 융중(隆中)〕에 은거하며 농사를 짓고 전란 중에는 관료가 되길 원치 않아, 소위 "제후에게 명성이 알려져 등용되는 것을 구하지 않았다". 유비가 신야(新野)에서 주둔할 때 서서(徐庶)가 제갈량을 추천하며 말하길, "이 사람은 가서 만나는 것이 옳지, 그를 굴복시켜 불러들이는 것은 옳지 않다"라고 하였다. 때문에 유비가 삼고초려(三顧草廬)로서 제갈량에게 그의 천하제패를 도와줄 것을 청하였다. 제갈량 자신은 비록 초야에 있었지만, 사실 국가 정치에 매우 관심이 많았으며, 그 시대 형세에 대해 제 손금 보듯 훤하였다. 그가 유비에게 형세를 분석, 그 계책을 내놓은 유명한 '융중대〔隆中對, 《제갈량문집》에는 '초려대(草廬對)'라 부른다〕'를 보자. 제갈량은 (1) 조조가 "대결할 수 없는" 세력이라고 했다. 그는 이미 1백만의 군대를 보유하고 있으며 또한 "천자를 끼고 제후들에게 명령하는" 형세를 갖고 있기 때문이다. (2) 손권은 "협조할 수 있으나 침공할 수는 없는" 세력이라고 했다. 그는 3세대 동안 강동(江東)에 있으면서, 나라가 천연요새에 둘러싸여 있고 민이 따르고 있기 때문이다. 그러면서 (3) 유비에게, 형주와 익주를 점령하여 밖으로는 손권과 결탁하고 안으로는 내정을 개혁하여 기회를 기다리면 패업을 이룰 수 있다라고 말하였다.

이것이 유비와 그 정권의 기본적인 정치 전략을 규정하였다. 유비가 사방으로 떠돌아다니며 남에게 의탁해 살아가다가 조조, 손권과 맞먹는 세력으로 발전할 수 있었던 것은 완전히 제갈량의 계책에 따라 일을 행한 결과였다. 유비는 "신발을 팔고 (돗)자리를 짜는" 보잘것없는 인물이었는데, 단번에 서주목(徐州牧)이 되어 일생의 전환점을 맞이하였다. 이는 그가 은혜를 배반해 버릇하는 '야심가'임을 반영하고 있었다. 그러나 그는 정치・군사적 면에 재능이 없었기 때문에 '맹주(盟主)'가 될 수 없었고, 결국 서주를 잃고 말았다. 야심가였던 유비가 후에 형주와 익주, 두 주를 얻은 것은 완전히 제갈량의 책략에 따른 것으로, 삼국 정립 시기 한나라는 바로 제갈량이 쓴 역사이지, 유비와 조금도 상관이 없는 것이었다.

건흥(建興) 원년(223년) 유비가 죽자, 아들 유선(劉禪)이 뒤를 이었고 제갈량이 그를 보좌하였다. 비록 유선은 무능하였지만, 오히려 제갈량을 더욱 신임, 모든 정사를 전적으로 그에게 의탁하였다.

제갈량은 법가(法家)를 신봉하였기 때문에 촉을 다스리는 데 법제를 중시하였다. 한편으론, "전권을 마음대로 행사하는" 호족에 대해 "법으로 위협하고", "작위에 한계를 주었으며", 다른 한편으론 부하 장군 관리에게 "벌과 상을 엄격하고 분명히 하였으며", "오직 어진 이만을 관직에 임용하고", 어떠한 사람이건 법을 어긴 경우는 엄벌에 처하였다. 오랜 전쟁을 위해, 그는 경제도 중시하였다. "농사에 힘써 생산량을 늘리고", 둔전을 개간하여, 한편으론 농사를 지으며 한편으론 전쟁을 하였다. 사천 지역에는 "논밭이 개간되고 창고가 꽉 차며 기계가 편리함을 가져다주고 쌓아 놓은 곡식이 충분한" 상황이 나타났다. 승리를 위해, 그는 병기개혁도 중시하였다. 연노(連弩, 활 쏘는 기계)를 고쳐, 한 번에 열 개의 화살이 연속해서 발사될 수 있게 하였다. 1964년 사천 비현(郫縣)에서는 유선(劉禪) 경요(景耀) 4년(261년)에 제작된, '십석기(十石機)'라 명명된 동노기(銅弩機)가 발견되었는데, 600킬로그램의 발사력을 갖고 있었다.

위와 오, 양국과 대치하는 관계 속에서 제갈량은 시종 오와 연합을 유지하면서 위를 공격하였다. 유비가 관우의 보복을 위해 강동을 공격하고자 할 때 제갈량은 적극적으로 저지하였으며, 유비가 죽자 바로 사절을 오나라로 보내 다시 결맹을 맺었다. 후에 손권이 황제가 되자, 많은 대신들이 오와 단교할 것을 주장하였지만, 제갈량은 위와 대결하는 데 힘을 집중하기 위해서 오히려 사람을 파견하여 축하하였다. 이는 촉한 정권이 위급한 형세 속에서도 그 세력을 유지할 수 있었던 중요한 핵심이었다.

군사를 일으켜 위를 공격할 때 그가 쓴 유명한 〈출사표(出師表)〉 속에서 "싸움에 패하여 나라가 기울어질 즈음 나라를 구하는 임무를 맡은" 자신의 상황을 회고하였다. 또한 유비가 임종 시 아들을 맡긴 것에 대해 항상 근심하며, 그의 부탁에 부응하지 못할까 봐 걱정하였다. 그는 나라와 백성을 위해 죽을 때까지 모든 것을 다 바치겠다는 심정으로 북벌을 단행하였다. 한중에 병사를 주둔시키고 군대를 이끌고 기산〔祁山, 지금의 감숙 서화(西和)〕을 공격하여 승리하였다. 당시는 위와 오가 대치, 서쪽이 비어 있었기 때문에 승리의 여지가 남아 있었다. 그러나 전봉참군(前鋒參軍) 마속(馬謖)이 명령을 위반하고, 가정〔街亭, 지금의 감숙 태안(泰安)〕 싸움에서 패배하여 아주 좋은 기회를 놓치고, 제갈량은 한중으로 후퇴할 수밖에 없었다.

이후 3년 동안, 여러 차례 출병함으로써 병력과 군량이 부족해지자 군대를 유지할 수 없어 퇴각하였다. 그는 '목우유마(木牛流馬)'라는 군량 운반차를 만들어 산에서도 운반이 가능하게 하였으며, 아울러 둔전(屯田)을 열어 지구전 계획을 세웠다.

'목우유마'에 대해서는 학자들 간에 두 가지 해석이 있다. 목우유마는 바퀴가 하나인 수레인데, 《삼국연의(三國演義)》에서는 이것이 아주 불가사의하다며 말하길, "목우유마는 모든 것을 갖추고 있다. 마치 살아 있는 것 같아, 산에 올라가고 고개를 내려올 때 편리하다"라고 하였는데, 이는 단지 견강부회(牽强附會)하는 소설가의 말일 뿐이다. 평생 중국과학사를 연구한 이약슬(李約瑟)조차도 《천공개물(天工開物)》 속에서 목우유마는 독륜차(獨輪車)라고 여겼다. 또 다른 견해로는 목우유마는 일종의 비탈진 산길을 갈 수 있는 기계장치로서, 목우는 그 형태이며, 유마가 그 힘을 나타낸다는 것이다. 그렇지 않다면 제갈량이 쓴 '목우유마법'에서 그것을 "정사각형의 배와 굽은 머리, 한 개의 다리와 네 개의 발"이라고 쓸 필요가 없는 것이었다. 남북조의 조충지(祖冲之)가 가장 먼저 목우유마를 복원하는 데 성공, 《남제서(南齊書)》 〈조충지전(祖冲之傳)〉에서 "제갈량은 목우유마라는 기계를 만들었다. 그 기계는 바람과 물이 없어도 스스로 움직일 수 있기 때문에 인력을 쓸 필요가 없었다"라고 말하고 있다. 이것이 제갈량의 본의에 부합하는 것이다. 1980-90년대까지 중국 대륙과 대만의 학자는 계속해서 연접봉 기계의 원리를 이용, 목우유마의 모형을 제작하였다. 이는 사람이 추진력을 준, 즉 일종의 스스로 움직이는 운반기계로서 한중(漢中) 옛길을 따라 식량을 운반하는 데 적합하였으며, 세계에서 첫 번째로 성공한 로봇이라 볼 수 있다.

제갈량은 장안에서 100여 리 떨어진 오장원〔五丈原, 지금의 섬서 서미현(西眉縣)〕에서 위장(魏將) 사마의(司馬懿)와 100여 일 동안 대치하였다. 안타까운 것은 제갈량이 누적된 피로로 234년 8월 군영에서 겨우 54세의 한창 나이에 병사하였다는 것이었다. 제갈량의 유지를 받들어, 그를 한중 정군산〔定軍山, 지금의 섬서 면현(勉縣) 서남쪽〕에 묻었다. 촉한이 퇴각한 후, 사마의는 군사를 이끌고 제갈량의 군영을 둘러보며 "천하의 기재(奇才)로구나!"라고 감탄하였다.

전목(錢穆)은 《국사신론(國史新論)》에서 "삼국은 흡사 소춘추(小春秋)와 같다. 조조, 제갈량, 노숙(魯肅), 주유(周瑜)는 모두 서생으로서 정치 무대에 올라와, 비록 그들 자신은 고위직에 있었으나, 여전히 유아풍류(儒雅風流)하여 서생의 면모를 탈피하지 못하였다"라고 말하였다. 제갈량, 사마의는 오장원에서, 육항(陸抗)과 양호(羊祜)는 형양(荊襄)에서 대치하며 역사에 미담을 만들었는데, 이전에는 단지 춘추 시대에나 이런 고상한 이야기가 있었을 뿐이었다. 삼국의 사대부는 군신관계보다 친구를 더욱 중시하여, 제갈량은 기꺼이 유비를 위해 온 힘을 다하였고, 때문에 한나라의 적과는 양립할 수 없다는 정치적 관점을 갖고 있었다. 그러나 더욱 중요한 것은 삼고초려라는, 이런 친구 간에 진심이 주는 감동이었다. 그렇지 않았다면, "비록 목숨이 난세에 있을지라도, 제후에게 가서 자리를 구하진 않았을 것"이다. 이는 도가적 태도였지 유가적 정신은 아니었다.

## 36. 서진(西晉)—'선양(禪讓)'의 고사에서 '팔왕(八王)의 난(亂)'까지

역사에는 종종 사람을 놀라게 하는 것이 있다. 220년, 조조의 아들 조비가 한(漢) 헌제로 하여금 황제의 자리를 선양케 하여 스스로 황제가 되었다. 예상치 않게 45년이 지난 후, 사마염(司馬炎)은 조비가 한을 대신한 '선양'의 고사를 재연하여, 위 원제(元帝) 조환(曹奐)을 폐하고 스스로 황제〔진(晉) 무제(武帝)〕가 되었다. 이 야심만만한 권신(權臣)은 왕위 찬탈을 생각하면서도, 한편으론 찬위의 악명을 피할 구상으로, 곧 '선양'이라는 익살극을 상연하여 황제로 하여금 주동적으로 제위를 물려주게 하였다. 자신은 한 번 거절하는 척하며 찬위가 결국 선양으로 미화되었고, 쌍방 모두 요순과 같은 성군이 되었다. 조비가 한을 대신한 것도 곧 이와 같아, '한위고사(漢魏故事)'는 선양의 대명사가 되었다. 사마염이 위를 대신한 것은 '한위고사'의 첫 번째 재연이었다.

그러나 '선양'의 기초를 닦은 인물은 사마의였다. 사마의, 자는 중달(仲達), 하내(河內) 온현(溫縣, 지금의 하남 온현 서쪽) 사람으로, 지모와 계략에 뛰어나고 임기응변에 능하여 조비의 신임을 받았다. 조비가 죽고 아들 조예(曹睿)가 제위를 계승, 명제(明帝)가 되었다. 그는 방탕한 생활을 하였으며, 조부나 아버지의 재간을 조금도 갖추지 못하였기 때문에 유지를 받들어 보좌한 사마의가 이 기회를 틈타 전권을 행사하였다.

사마씨는 유명한 명문세가로서 대대로 동한의 장군, 태수(太守)를 역임하였다. 사마의는 모략에 능하여 촉과 오의 전쟁에서 명망을 쌓았다. 명제는 죽기 직전 아들을 그에게 맡겨 종실 조상(曹爽)과 사마의는 함께 8세의 조방(曹芳)을 보필하였다. 조상은 사마의의 권력이 커져 통제할 수 없음을 두려워한 나머지 그의 병권을 박탈하고 그를 태위에서 실권이 없는 태부(太傅)로 승진시켰다. 사마의는 병든 척하며 두문불출하면서 암암리에 기회를 엿보다가, 조방과 조상이 도성 밖으로 성묘하러 간 틈을 타, 정변을 일으켜 조씨 형제와 요직의 관리들을 일망타진하였다. 이때부터 위나라의 권력은 완전히 사마씨의 수중으로 들어갔으며, 위나라 황제는 사마의, 사마사(司馬師) 부자의 꼭두각시에 불과하였다. 사마의 사후, 사마사가 정권을 잡자 조방은 사마사의 권력을 박탈하려고 따로 조모(曹髦)를 황제로 추대하였다. 사마사가 죽고 그 동생 사마소(司馬昭)가 정권을 행사하였다. 조모는 통제받기를 원치 않아 "사마소의 심중은 길거리 사람들도 알고 있는 바이다!"라고 말하며, 병사를 일으켜 사마소를 공격, 그러나 결국 피살당하고 말았다. 사마소는 조환(曹奐)을 꼭두각시 황제로 내세웠다. 위나라의 조씨 정권은 실질적으로 이미 사마씨 정권이 되었다.

263년, 사마소가 등애(鄧艾), 종회(鍾會), 제갈서(諸葛緖)를 앞세워 세 방향에서 촉한을 공격하였다. 촉한은 조금도 방어할 준비가 되어 있지 않았기 때문에, 문신무장들은 속수무책이었고 유선은 광록대부(光祿大夫) 초주(譙周)의 건의를 받아들여, 위에 투항, 촉한 정권은 이때 멸망하였다.

사마소는 촉한을 멸망시킨 후, 폐위(廢魏) 절차에 박차를 가하였다. 당시 정통성을 지키고자 한 많은 사인들은 사마씨의 정치적 야심에 대해 매우 반감을 갖고 있었지만, 죽임을 당할까 두려워해 어쩔 수 없이 냉소적 태도(모든 것을 하찮게 여기는)를 취하며 현실을 도피하고 명철보신(明哲保身—*자신에게 위험을 가져올 수 있는 일에 참여하지 않음)하였다. 소위 '죽림칠현(竹林七賢)'이라고 불리는 혜강(嵇康), 완적(阮籍), 산도(山濤), 완함(阮咸), 향수(向秀), 왕융(王戎), 유령(劉伶)이 그 대표적 인물이었다. 그들 중

어떤 사람은 도가사상을 숭상하고 예법을 경시하였으며, 어떤 사람은 술독에 빠져 예법에 구속됨이 없이 마음대로 행동하였다. 표면적으론 청렴하고 소탈해 보였지만, 오히려 안으론 매우 고통스러워했다. 사마씨는 그들 사이를 이간질하거나 분열시키고, 강온 양면책을 다 사용하여 그들이 공개적으로 정치적 협력 태도를 보이도록 하였다. 산도, 완적, 향수 등은 부득이 사마씨에게 복종하였다. 조상이 피살된 후, 산도는 은둔 생활을 하였으나, 사마씨의 강압으로 세상에 나와 관료가 되었다. 완적은 천성이 제멋대로라 호탕하며 거침이 없었고, 자신을 보전하기 위해 고의로 "세상일에 간여하지 않는" 척하면서, 매일 술독에 빠져 지냈다. 그러나 강온양책에 의해 본의 아니게 사마소를 위한 "권진표(勸進表)"를 써 그의 공과 덕을 찬송하였다. 이후 완적은 결국 "입으론 다른 사람의 선악 포폄을 말하지 않는 태도를 유지하였으나", 혜강은 끝까지 자신의 태도를 바꾸지 않았다. 결과적으로 완적은 그 천수를 다하였으나 혜강은 사마씨의 손에 죽임을 당하였다 (혜강은 조씨 종실과의 관계 때문에 더욱 사마씨에게 협조할 수 없었다). 산도는 혜강을 관료로 추천하였지만, 혜강은 화가 나 절교의 서신을 써서 산도를 질책하고 그의 뜻을 거절하였다. 그는 "다만 누추한 거리를 지키고 자손을 가르치고, 때때로 친구와 더불어 떨어져 지내는 격조함을 이야기하고, 평생을 펼쳐 이야기하고, 탁주 한 잔과 거문고 연주 한 곡이면 그 뜻이 다한다"라고 하였다. 사마소는 죄명을 날조하여 그를 죽였다. 혜강이 죽었을 때가 겨우 40세였고, 사형에 임박하여 그는 〈광릉산(廣陵散)〉을 연주하였다. 원래 먼저 혜강과 다투었던(화를 피하기 위한 구실로) 향수는 혜강이 피살되는 것을 보고 어쩔 수 없이 낙양으로 가 사마소에게 복종하였다.

《혜강무금도(죽림칠현전각국부)》

사마소가 어렵게 계획한, 위를 대체할 만한 조건들이 성숙해져 갔다. 265년 사마소가 죽자, 그 아들 사마염이 조비가 한을 대체한 '선양'의 고사를 재연, 위제 조환을 폐하고 스스로 황제가 되어, 국호를 진(晉)으로 바꾸었다. 사서에서는 이를 서진(西晉)이라 부른다. 진 무제 사마염은 위국을 대체하는 것에 만족하지 못하고, 전국을 통일하고자 하였다. 279년, 그가 군사를 여섯 방향으로 나누어 대대적으로 오를 공격하였고, 익주자사 왕준(王濬)이 수군을 이끌고 내려갔다. 이때 오나라는 손권의 손자 손호(孫皓)의 통치하에 이미 쇠퇴일로에 있었기 때문에, 서진의 공격을 감당할 수 없었다. 다음 해, 진군이 건업을 공격하자 손호가 투항을 하였고, 결국 오나라는 멸망하였다. 이를 두고서 유우석(劉禹錫)은 "왕준이 누선(樓船)을 타고 익주에서 내려가니 금릉의 왕기(王氣)가 사라지네"라는 시를 읊었다. 이때 이르러 삼국정립(三國鼎立)의 국면은 결국 서진 왕조에 의해 대체되었다.

한 헌제 초 평원년(190년) 동탁(董卓)의 난 이후 분열과 할거가 이어진 지 90년(190-280년)만에 다시 하나의 나라로 통일되었다. 그러나 이런 통일은 일시적이었으며, 진 무제의 아들 혜제(惠帝) 통치 말기, '팔왕(八王)의 난'이 일어나 통일 국면은 다시 붕괴되었고, 북방은 또다시 분열 할거 속으로 들어갔다.

통일이 오래 지속될 수 없었던 이유는 복잡하고도 다양하였다. 객관적으로 볼 때, 분열의 위기가 사라지지 않은 상황 속에서 통일적 사회 기초가 성숙되지 않았기 때문에, 통일의 조건이 갖추어지지 않았다. 조씨가 한을 대체하고 사마씨가 위를 대체한 것으로 전면적인 붕괴의 위기는 피할 수 있었지만, 그러나 사회 위기의 근본 원인이 결코 나아진 것이 없었으며, 사회는 여전히 불안정하였다.

경원(景元) 4년(263년), 촉을 평정한 후 위촉(魏蜀) 호수(戶數)의 합계는 겨우 90여 만에 지나지 않았으며, 당시 부세가 면제된 특권계층의 수도 적지 않아, 실질적으로 정부가 통제할 수 있는 것은 불과 50만 호(戶) 정도로서 한나라 대도시 호수에도 미치지 못하였다. 태강(太康) 원년(280년) 오가 멸망한 후, 서진의 전국 편호는 250만 호에도 미치지 못하였다. 이는 삼국 시대보다는 증가한 것이었지만, 한나라와 비교해서는 매우 적은 수치였다. 국가가 통제할 수 있는 호구와 경지를 효과적으로 증가시키기 위해, 서진 왕조는 효율적인 농상(農桑) 정책을 실시하였으며, 최대한도로 민을 동원하여 황무지를 개간하였다. 결국 생산을 증가시키고 이런 기초 위에 호구가 점차 증가함으로써 소위 '과전(課田)' 제도가 형성되었다.

그 이전 이미 경험함 조위(曹魏) 둔전 속에서 과전의 원칙은, 회남(淮南)과 회북(淮北)의 둔전은 노동력당 50무를 과전으로 규정하였다. 당시 이것은 한 사람의 노동력이 경작할 수 있는 표준 면적임을 의미하였다. 서진 정부는 점전의 제한액을 공포하는 동시에, 정남(丁男)의 과전을 50무, 차정남(次丁男)은 25무, 정녀(丁女)는 20무로 규정하였다. 분명 이는 일종의 역사적 계승이었다. 과전과 관련 있는 전조〔田租, 사곡(四斛)〕, 호조〔戶調, 견삼필(絹三匹), 면삼근(綿三斤)〕도 당연히 이런 전통의 산물이었다. 정남의 호는 반드시 50무의 토지를 경작해야만 하며, 아울러 과세도 50무에 해당하는 전조, 호조를 내야 했는데, 만약 게을러서 50무를 다 경작하지 못한 경우에라도 과세는 50무에 해당하는 전조, 호조를 내야만 했다.

과전령과 동시에 반포한 점전령(占田令)은 권농과경(勸農課耕)의 본의를 상쇄시키는, 심지어는 과전을 아무런 의미도 없게 하는 조치였다. 점전령은 국왕(國王)과 공후(公侯)의 토지소유를 인정하였다. 대국(大國)은 50경(頃), 차국(次國)은 10경, 소국(小國)은 7경까지, 그리고 품관에 따라서 일품은 50경, 이품은 45경, 나머지는 점차 낮아져, 구품은 10경을 소유할 수 있게 하였다. 품관에 따른 점전은 규정보다 더 많은 토지를 소유하지 못하도록 제한하는 것인데, 실제로는 제도 그 자체가 한 장의 쪽지에 지나지 않는 공문(空文)임을 보여 주는 것이었다. 즉, 점전의 한도 제한은 단지 점전령 반포 이후에만 적용되었고 그 이전은 적용되지 않았기 때문에, 대족(大族)이 이미 소유한 토지는 그대로 묵인되었다. 또한 한도액에 미치지 않는 품관의 집안에서는 오히려 이를 근거로 점전을 보충할 수 있었다. 점전령은 그들의 경제력을 제한할 수 없었을 뿐만 아니라, 오히려 그들의 세력을 계속 확장하는 데 도움을 주었다. 점전령은 명의상 남자 1인은 70무를 소유하고, 여자 1인은 30무를 소유한다고 규정하였으나 명문세가가 보편적으로 초과 점유한 상황하에서, 이는 근본적으로 실현될 수 없는 규정이었다. 그것은 단지 문서상의 규정이었으며 실질적으로는 얼마나 많은 토지를 소유하고 있는

지, 정부도 상관하지 않았다. 이 때문에 과전 50무에 대한 전조(田租)와 호조(戶調)는 일반 농민에게는 지나치게 무거운 부담이었다. 감당할 능력이 없는 농민들은 자연히 도망을 치게 되어, 당시 사람들은 "지금 토지는 남음이 있지만, 농사 짓지 않는 자가 많다", "돌아다니며 걸식하는 이가 많고, 농사를 그만두어 빈 땅이 있으니 농지에 세금을 부과하는 데 실질이 없다"라고 말하였다. 서진의 토지 문제는 왕망 시대, 동한 시대와 비교해 볼 때 더욱 심각하였으며, 화북 지대가 겉으로는 안정적이었지만 잠재적 분열 위기가 내재되어 있는 상황이었다.

주관적으로 볼 때, 사마씨가 수장인 서진 통치 집단은 탐욕, 방탕, 사치, 야심으로 윗사람까지 부패해 있었기 때문에, 다시 재건된 통일 국면은 조만간 그들 자신의 수중에서 무너질 것 같았다. 진 무제는 이미 궁녀 수천 명을 부리고 있었으며, 오가 멸망당한 후 다시 강남 미녀 5천 명을 후궁으로 들여왔다. 그의 대신은 모두 탐욕스럽고 억지를 부리며 군자인 체하는 두 얼굴을 가진 인물들이었다. 그들은 스스로 청렴하고 고상하다 여기며, 한편으로는 청렴한 신하를 거만하게 대하고 상인들을 경시하는가 하면, 다른 한편으론 이익을 추구하여 몰염치할 정도로 탐욕스러웠다. 사도(司徒) 왕융(王戎)은 삼공이라는 고위직에 있었지만, 암암리에 장사를 하여 자두를 심어 팔았는데, 사는 사람이 좋은 종자를 얻을 것을 두려워해 구멍을 뚫어 씨를 제거해서 시장에 내다 팔았다. 형주자사 석숭(石崇)은 객상을 약탈하여 벼락부자가 되었는데, 진 무제의 외숙 왕개(王愷)가 이를 질투하여 석숭과 부를 다투었다. 왕개는 맥아당으로 솥을 닦았고, 석숭은 밀랍을 이용하여 땔나무에 불을 지폈으며, 왕개는 자주색 천을 이용하여 40리의 보장(步障, 세속과 시선을 피할 용도의 병풍)을 만들었는데, 석숭이 비단으로 만든 보장은 50리에 달하였다. 또한 왕개가 진 무제가 하사한 2척 높이의 산호를 꺼내 자랑하자, 석숭은 주저 없이 그것을 부수고 3, 4척 크기의 산호 예닐곱 개를 꺼내 왕개에게 그중 하나를 고르게 하였다. 진 무제가 죽은 후, 아들 혜제(惠帝)가 계승하였다. 혜제 사마충(司馬衷)은 멍청이라 노는 것 이외는 아는 것이 없었다. 천하가 굶주리고 있어, 어떤 이가 그에게 백성이 기아로 죽는 이가 많다고 하자, 그는 오히려 "왜 고기를 먹지 않느냐?"고 반문했다고 한다. 소질이 이렇게 비천한 통치자가 어찌 천하를 통일할 수 있겠는가?

과연 진 혜제 때 모순이 극에 달하였다. 그러나 화근은 진 무제가 심어 놓은 것이었다. 그는 사마씨의 통일천하를 유지하기 위해, 고대의 분봉제(分封制)를 회복시켜 사마씨의 종실 27명을 왕으로 봉하였다. 이런 왕공 귀족들은 모두 야심가로서, 집단의 이익만 생각하고 국가와 사회는 안중에도 없었으며, 패거리를 모아 군대를 확충하고, 서로 독립하여 할거 세력이 되었다. 바보 황제 사마충이 무대에 오르자마자 사마씨 가족의 내분이 폭발하였다. 여남왕(汝南王), 초왕(楚王), 조왕(趙王), 제왕(齊王), 장사왕(長沙王), 성도왕(成都王), 하간왕(河間王), 동해왕(東海王)이 중앙 정권을 찬탈하기 위해 서로 군대를 동원하였으며, 16년간 지속된 '팔왕의 난(291-306년)'이 연출되었다. 또한 중원 지역을 분열 할거 속으로 몰아넣었고, 여러 왕들은 이 혼란 속으로 북방 민족을 내전에 끌어들였다. 흉노, 갈(羯) 등이 무장하여 중원으로 거침없이 쳐들어 와, 이때부터 혼란은 가속화되었고 북방 지역에는 전에 없던 대동란이 나타났다.

북방의 대동란으로 백성들이 대거 장강을 건너 남하하였다. 당시 조정 대권을 장악한 동해왕 사마월(司馬越)은 낭야왕 사마예(司馬睿)를 파견하여 건업(남경)에서 남방의 혼란을 진압하였다. 이때 흉노가 건립한 한(漢)이 병사를 파견하여 낙양을 공격하면서, 서진의 세 번째 황제—회제(懷帝) 사마치(司馬熾)—를 포로로 잡았다. 얼마 지나지 않아 장안을 공격, 서진의 네 번째 황제 민제(愍帝) 사마업(司馬鄴)도 포로로 잡혔다. 이즈음 사마의의 증손 사마예가 곧 317년 건업에서 황제—진(晉) 원제(元帝)—가 되었다. 그는 강남에 정권을 세워 진의 정통을 이었는데, 사서에서는 이를 동진(東晉)이라 부르고 있다.

비록 서진은 역사상 반세기 동안 존속하였지만, 진정한 통일의 모양새는 불과 10년에 지나지 않아 우담화(優曇華)처럼 잠깐 나타났다가 사라져 버린 꼴이었다.

## 37. 동진(東晉)—북벌(北伐)과 안주

북방 사족의 대표적 인물인 왕도(王導)는 아주 일찍부터 중원의 정치적 위기를 알아차리고 낭야왕(琅邪王) 사마예(司馬睿)에게 강남 이전을 권하였다. 이것이 이후 진나라가 동진(東晉)의 형태로 중흥을 하게 된 중요한 건의였다. 왕도는 정권을 나누는 대가로 강남 오인(吳人)으로 하여금 남하한 중원 사인(士人)을 받아들이도록 했다. 또한 남하한 중원 사인들로 하여금 불안한 심정을 버리고 강남에 정착하도록 했다. 동진은 '교주군(僑州郡)'을 설치하여 중원에서 남하한 '교인(僑人)'을 정착시켰다. 이들은 토착인과는 다른, 부역을 담당할 필요가 없는 특권계층을 형성하였다. 동진이 나라를 세울 수 있었던 것은 전부 남하한 중원의 문벌에 의존하였기 때문인데, 즉 낭야임기왕씨(琅邪臨沂王氏), 영천언릉유씨(潁川鄢陵庾氏), 초국용항환씨(譙國龍亢桓氏), 진군양하사씨(陳郡陽夏謝氏) 등 4대 가문이 그들이었다. 그러나 남하한 북방 사족 문벌의 가문은 여러 특권을 얻은 후, 점차 자신의 책임과 의무를 잊고 편안함에 만족하며 유유자적한 생활을 영유하였다.

동진과 이전 오(吳)는 모두 강남에 안주하였지만 국가정책은 완전히 달랐다. 오나라는 위에 귀부하길 원치 않았으며 또한 촉한을 겸병할 욕심도 없었다. 그저 강남에 할거하고자 하였으며, 이런 국책은 망할 때까지 변하지 않았다. 동진은 스스로 자신이 중국의 정통 계승자임을 자처하며 절대 다른 왕조와 어깨를 나란히 하기를 용인하지 않았다. 그러나 실질적으로 다른 왕조도 존재하고 있었으며 단지 동진 황제는 그들을 '참(僭)', '위(僞)'라 하며 비정통으로 간주하였다. 이 때문에 동진의 국책은 달리 선택할 여지가 없었고, 오로지 광복을 목적으로 북벌을 해 그 정통 지위를 보여 주는 것뿐이었다. 그러나 이것은 바보가 꿈속의 일을 말하는 것처럼, 동진 사회는 광복을 위한 안정적 기초와 힘을 갖고 있지 않았다.

한편, 강남의 사족(士族)은 오가 멸망한 후, 여전히 충분한 정치·경제적 실력을 갖고 있었기 때문에 그들은 남천한 서진(西晉) 종실에 대해 냉담하였다. 그러나 북방에서 남하한 사족 왕도(王導) 등의 세밀한 계획하에 강남 사족들의 지지를 끌어들일 수 있었다. 이런 남방 사족들은 동진의 안정된 정권 속에서 권력의 일부와 영광을 향유하였고 사실상의 독립적 지위를 갖고 있었기 때문에, 북벌과 광복에 대해 그다지 흥미를 느끼고 있지 않았다.

다른 한편, 서진 종실을 따라 남하한 북방 민들은 재빨리 북벌하여 자신들의 옛 땅을 되찾고자 하였다. 그러나 정권을 장악한 북방 사족들은 부유한 강남에 도착한 후, 방탕한 생활에 빠져 들어 어떠한 행동을 취할 생각도 하지 않았다. 상류 사회 사람들은 생각 없이 어영부영 생활하거나 퇴폐적인 음악에 빠져 남자들은 화장하길 좋아하고, 문인은 변려문(騈儷文—*내용보다는 형식미를 강조하는 대구 형식의 문장)을 구사하며 아무런 의미가 없는 공허한 문장만을 즐겨 썼다. 이때부터 '육조금분(六朝金粉)'의 사회 분위기가 시작되었다. 이런 절망적일 정도로 퇴폐적인 분위기는 이후 남조로 계승, 발전되었다. 이런 배경 속에서 정통 동진이 전국을 통일한다는 것은 거의 환상에 불과하였다.

동진 시대 몇 차례 북벌이 있었으나 모두 실패로 끝이 났는데, 그 근본원인은 다음과 같다.

먼저 북벌을 한 이는 조적(祖逖)이었다. 그는 본래 범양군(范陽郡) 주현〔遒縣, 현재의 하북 이현(易縣) 동쪽〕 사람으로 낙양에서 관직을 지낸 적이 있었으며 낙양이 몰락한 후, 종족과 사병(私兵)을 이끌고 남하, 경구〔京口, 지금의 강소(江蘇) 진강(鎭江)〕에 기거하였다. 건흥(建興) 원년(331년) 그는 무리를 이끌고 장강을 건너가다 강 중간에서 노를 저으며 맹세하였다. "조적이 중원을 깨끗이 하지 못하고 다시 이 강을 건너간다면 장강(長江)에 빠져 죽어 버리겠다." 진 원제(元帝) 사마예(司馬睿)는 그에게 약간의 식량과 군자금만을 주고 무기와 장비는 주지 않았다. 그는 조적 스스로 병사를 모집하고 말을 사도록 하는 등 어떠한 성의도 보이지 않고 기대도 하지 않았다. 조적은 회양(淮陽)에서 병기를 제조하고, 사병을 불러 모아 북방 한족의 자위 무장집단의 지지로 몇 차례 승리하여 황하 이남의 대토지를 획득하였다. 당시 처음으로 '광복'의 희망이 보였을 때,

진 원제는 오히려 개인의 이해득실만 따져, 그의 세력이 너무 커져 통제하기 어려워질 것을 두려워 한 나머지 총령북방육주군사(總領北方六州軍事) 대연(戴淵)을 파견하여 그의 북벌을 저지하였다. 조적이 대흥(大興) 4년(321년) 분개하여 죽었기 때문에 북벌은 중단되었고, 수복한 영토 또한 상실하고 말았다.

두 번째 북벌을 계획한 이는 유량(庾亮)이었다. 그는 동진 황실의 외척으로서 진 성제(成帝) 즉위 후 외척의 지위를 이용하여 정권을 거머쥐고, 남하한 북방 사족 왕도(王導), 왕돈(王敦)을 대표로 하는 왕씨 세력과 정권 쟁탈전을 벌였다. 당시 사회에서는 "왕씨와 사마씨가 천하를 공유한다"는 말이 유행할 정도였는데, 때문에 동진 황실은 왕씨에 대해 상당히 불만을 갖고 있었다. 유량은 왕씨 세력을 배척하고자 했으며, 북벌을 빌미로 자신의 위신을 세워서 세력을 확대할 생각이었다. 함강(咸康) 5년(339년) 형주(荊州)를 지키고 있던 유량이 북벌을 청하였으나, 내부 모순이 가중되어 있었기 때문에 실현될 수는 없었다. 유량 사후, 그 동생 유익(庾翼)이 군대를 이동, 장수를 파견하여 북벌을 하고자 하였으나 내부의 견제를 받아 그만두었다.

세 번째 북벌을 진행한 이는 환온(桓溫)이었다. 환온은 동진에서는 보기 드문 명장이었다. 형주 자사로 임명되었을 때, 군대를 이끌고 성도를 공격하여 성한(成漢) 정권을 무너뜨림으로써, 순식간에 명성을 떨쳤다. 동진 조정은 그를 견제하기 위해 척저부(戚褚裒)를 파견하여 방해하였다. 환온은 여러 차례 북벌을 제기하였으나 모두 윤허를 받지 못하고 오히려 청담가(淸談家) 은호(殷浩)를 무모하게 출병시켜 바로 패배, 전군이 몰살당하였다. 이후 비로소 환온의 북벌이 있었다. 영화(永和) 10년(354년) 환온이 군대를 이끌고 강릉을 출발, 관중을 공격하여 재빨리 장안 부근까지 도달할 수 있었지만, 식량이 부족하여 퇴각할 수밖에 없었다. 영화 12년(356년) 환온의 제2차 북벌로 낙양을 수복한 후 진 애제(哀帝)에게 상서를 올려 낙양 천도를 권하며, 더욱 진군하고자 하였다. 그러나 동진의 지배층은 이미 오래전에 강남의 부유한 생활에 안주하였으므로 북방으로 천도할 생각이 없었다. 이런 상황하에서 세 번째 북벌의 실패는 이미 정해진 것이었다. 환온의 북벌 상소로부터 3차 북벌 실패까지 20년이 흘렀으나 결국 아무런 결실도 없었다. 사실 상대방이 더욱 강해진 것이 아니라 동진 당국이 여러 가지 방법으로 곳곳에서 방해를 한 것이었다. 그들은 환온의 조직이 커져 마음대로 통제할 수 없게 되어, 그들이 있는 강남의 기득권까지 위험해질까 봐 두려워하였다. 때문에 환온이 "눈물을 뚝뚝 흘렸다(—*《진서(晉書)》 권 98 〈환온전〉, "환온이 강릉에서 북벌을 시작해 금성을 지나다가 낭야에서 어릴 적에 심은 버드나무가 모두 열 아름이 넘게 큰 것을 보고 '나무가 이와 같은데 사람이 어찌 견디겠는가?'라고 말하며 가지를 잡고 눈물을 흘렸다")"는 말이 이상할 바 없었다.

역사는 이보다 훨씬 복잡하였다. 환온이 북벌을 할 수 있었던 것은 그의 군권이 강력해졌기 때문이었다. 환온 병력의 내원은 첫째, 서주(徐州) 방면의 치씨(郗氏) 부대인데 치초(郗超)는 환온을 황제로 옹립하고자, 치초 부대를 양보하였다. 둘째, 형주 방면의 유량(庾亮), 유익(庾翼)의 부대였다. 환온 북벌의 업적은 비록 빛나는 것이었지만, 그 마음 씀씀이에는 의심스러운 점이 있었다. 명분은 북벌이었으나 실제는 군사력을 빌려 자신의 권위를 세움으로써 찬위(簒位)의 기초를 닦기 위한 것으로, 왕맹(王猛)은 관중에서 환온과 허심탄회하게 말할 때 그 심중을 간파하였다. 환현(桓玄)이 마침내 아버지의 뜻을 이어받아 찬위의 길을 걸었으나 목숨도 명예도 잃어버린 채 끝을 맺었다. 유유(柳裕)는 환현을 공격한 것 외에도 북벌 업적 또한 환온보다 나아, 사천으로 들어가 섬서에서 적을 물리치고 남연(南燕)을 멸하여 동진 북벌의 신기록을 세웠다. 그러나 이런 모든 것들은 찬위 작업을 위한 준비였다. 유유가 환온과 달랐던 점은 그가 그의 뜻대로 성공하였다는 점이었다.

동진(東晉)의 몇 차례에 걸친 북벌 실패는, 이미 북방을 통일한 전진(前秦)의 부견(苻堅) 정권 남하를 유도하였다. 전진은 단시간에 동진을 멸하고자 하였다. 383년, 부견은 90만 명(전선에 도착한 것은 단지 25만 명이었지만)의 병사를 동원하여 진격한 반면, 동진 측의 사석(謝石), 사현(謝玄)은 8만 명의 군대로 적군을 맞이하였다. 그러나 기적이 일어났다. 동진 군대가 회수와 낙수가 교차하는 낙구에서 전진 군대의 전초부대를 격파시킨 것이었다. 동진군이 기세를 몰아 앞으로 나아갈 때, 부견이 수양성에 올라 바라보니, 동진의 군대가 아주 정연할 뿐만 아니라 앞 팔공산의 초목이 모두 병사처럼 보였다. 이때 부견군의 사기가 순식간에 떨어졌다. 동진이 비수(淝水)에 도착해서, 강을 건너가 싸우기 위해 전진에게 후퇴할 것을 요구하였다. 부견은 동진군이 강을 건너 방비가 허술한 틈을 타서 공격하려고 기도하였으나, 한번 물러나면 그 기세를 막을 수 없다는 점을 헤아리지 못해, 전진군은 순식간에 우르르 무너졌다. 비수전에서 진군은 적은 수로 많은 수에 승리함으로써 전진의 남하 세력을 저지하였을 뿐만 아니라 한 번에 전진을 무너뜨려, 당시 정세는 동진에게 매우 유리하게 되었다. 때문에 만약 여세를 몰아 북벌을 하였다면 중원 수복도 희망이 없는 것이 아니었다. 그러나 동진 통치자들은 내부 분쟁에 바빠 '광복'에는 관심도 없었고, 사석과 사현 또한 동진 보존에 뜻이 있었지, 북벌의 웅대한 뜻을 갖고 있지 않았다.

동진의 건국에서 멸망까지 100여 년간, 북벌을 외치는 목소리는 시종 중원 밖 생활에 안주함으로써 감춰졌다. 이후에는 아예 북벌의 고조(高調)조차 다시 부르려 하지 않았다. 역사는 맥 빠지고 사기가 떨어진 남방이 전국을 통일하는 것은 불가능하며, 강력한 힘이 있는 북방이 전국을 통일할 것을 예견하고 있었다.

## 38. 위진의 사회 기풍과 현학

위진은 동란과 혼란의 시대였다. 명사들은 사회적 안정과 질서를 원했지만, 단지 난세에 생명을 보존하기에 급급해서 마음이 정상적인 상태가 아니었다. 이것은 문화, 사상, 사회 방면에 지대한 영향을 미쳤다. 전통적 속박은 소실되고, 법률적 명문의 여러 제도 아무 소용이 없었다. 천하에 대해, 자신에 대해 절망에 빠졌고 인생과 미래에 대해 자신감을 상실하고는 명교(名敎)를 벗어던지고, 스스로 통달했다라는 태도가 당시의 유행 풍조를 이루었다. 위진 시대 기풍에 대해서는 어떠한 합리적 해석도 없기 때문에 이 시대의 문화와 사상을 이해할 수가 없으며, 또한 기괴한 외피에 가려져 그 번쩍임을 발견할 수도 없다.

《역경(易經)》에서는 옷을 길게 드리우고 천하를 다스린다고 얘기하고, 《주례(周禮)》는 복식의 위엄과 등급을 이야기하였다. 이 때문에, 유가는 줄곧 용모단정을 강조하였고, 유학자들이 쓰는 관과 의복은 철저히 규율에 따라 도덕군자의 풍모를 띠었다. 그러나 위진의 명사는 일반적인 것과는 완전히 정반대인, 혹자는 지나치게 화장을 중시하여 남자들이 여성화되었고, 혹자는 외관에 신경을 쓰지 않고, 행위가 방종하여 세속 예법의 구속을 받지 않는, 양 극단으로 치달았다. 당시의 명사는 음양(陰陽)이 전도된 병적인 아름다움을 추구하여, “사대부(士大夫)가 손에 분첩을 들고 입으로는 청담(淸談)의 말을 하니 얌전하고 아름다운” 여자다운 모습이었다. 현학가 하안(何晏)은 “분첩을 손에서 놓지 않았고, 걸을 때는 그림자를 돌아보았고, 여인의 옷 입기를” 좋아하였다고 한다. 시인 조식(曹植) 또한 목욕 후 연지를 바르고 분칠을 하고 단장을 하였다. 또한 서예가 왕희지(王羲之)는 여성화되어 가는 두홍치(杜弘治)를 두고 “공(公)의 얼굴은 희고 매끄러우며 눈은 옻칠한 듯 검으니 진실로 신선 같은 사람이다!”라고 감탄하였다. 그도 의도적으로 모방해, 자기 스스로 “표홀하기가 뜬구름 같고 늠름하기가 용을 놀라게 할 만하다”라고 여겼다. 이런 분위기는 남조까지 이어졌다. 양(梁)나라 전성 시기, 귀족 자제는 모두 “향기 밴 옷을 입고 면도를 하였으며, 얼굴에 분을 바르고 입술을 그렸다”. 이런 상황과 정반대되는 경우도 있었다. 몇몇 명사들은 고의로 아름다움과 추함의 기준을 반대로 삼거나, 방탕을 일삼아 그들 심중의 답답함을 표출하였다. 그들은 손님을 맞이할 때, 일부러 낡고 해어진 옷을 입고, “손님을 맞이하여 개 부르듯 하였다”. 연회에 참여할 때는 고의로 예절에 구속되지 않고 “여우처럼 앉아 소처럼 마시며, 다투어 베어 먹었다”. 심지어는 손님을 맞이할 때, 실오라기 하나 걸치지 않고, 이를 미화해 그럴싸하게 말하길 ‘통달(通達)’이라 하였다. ‘죽림칠현(竹林七賢)’ 중의 한 사람인 완적은 술에 만취한 후, 옷을 홀라당 벗고 침대에 앉아, 다리를 쫙 벌리고서는 ‘기거(箕踞, 앉아 있을 때의 양다리를 벌린 것이 키와 같다)’라 불렀다. 다른 ‘죽림칠현’ 중 유령은 실내에서는 옷을 입지 않고 방문한 벗과 마주하고서는 “나는 천지를 집으로 삼고, 방을 바지로 삼는데, 여러분은 어찌 나의 바지 안으로 들어와 있는가?”

라고 말하였다. 이런 분위기는 이후까지 발전하여 정찬(鄭粲)의 《진기(晉紀)》에서도, "사곤(謝鯤)과 왕징(王澄)의 무리는 죽림 사람들을 흠모하여 머리카락을 흩트리고 옷을 벗은 채 다리를 쭉 펴고 앉아 있으니 사람들이 팔달(八達)이라 불렀다"라고 하였다. 어떤 사람은 "고의로 두건을 쓰지 않고 의복을 벗어 추악한 모습을 드러내어 금수와 같았다"라고도 하였다. 이런 여러 가지는 모두 유가 예덕의 배반으로서, 그 원인을 깊숙이 파고들어 가면 어두운 사회 현실에 만족하지 못하나, 그것을 바꿀 수는 없으니 곧 미친 척하며 세상을 피한 것이었다. 당시 사람들은 그들을 미친 사람으로 간주하였지만, 사실 그들 속마음은 매우 맑았으며 혼탁한 흐름에 섞이기 싫은 심정을 기괴한 언행으로 털어놓은 것이었다.

이런 심정의 다른 표현은 음주와 약 복용이었다. 위진 시대의 음주는 일종의 사회 분위기로서 조조는 〈단가행(短歌行)〉에서 "술에 대해 노래하니 인생은 얼마나 긴가? 어떻게 시름을 풀까 하니 오직 술뿐이로다"라고 노래하였고, 《세설신어(世說新語)》는 "명사란 기이한 재주를 가지고 있는 자가 아니니, 술을 통음(痛飮)하고 《이소(離騷)》를 숙독한 자를 명사라 할 만하다"라고 하였다. 그러나 위진 명사의 음주는 결코 풍류에 부속된 것이 아니라, 죄를 피하기 위한 것이었다. 예를 들어 완적이 60일 동안 만취한 것은 사마소의 아들과 그의 딸이 결혼하는 것을 거절하기 위해서였다. 또한 "종회(鍾會)가 자주 시사(時事)에 대해 물어 그 대답의 옳고 그름에 따라 죄를 주고자 하였으나 모두 취한 상태여서 이를 면할 수 있었다".

《진서(晉書)》〈완적전(阮籍傳)〉은 "완적은 본래 세상을 구제할 뜻이 있었으나 위진(魏晉) 시기 천하에 변고가 많아 명사(名士)로서 생명을 보전하는 자가 적자, 완적은 이 때문에 세상일에 관여하지 않고 술 마심으로 일상을 삼았다"라고 전한다. 그는 한편으론 하는 수 없이 사마소에게 권진표를 올렸지만, 아첨해서 영합한 것은 아니었다. 때문에 다른 한편으론 예법을 철저히 따르는 사인들을 통렬히 비판하는 글을 썼다. 그는 군주가 없는 정치를 지향하였지만, 이런 모순 속에 처해 있었기 때문에 고통스러워하며 단지 술에 만취하여 놀 수밖에 없었다. 또한 예를 들어 유령(劉伶)도 술을 즐기는 것을 목숨과 같이 여겨 그 자신 스스로 독백하길, "하늘이 유령을 낳은 것은 술로써 이름을 날리게 하기 위해서이다. 한번 마시면 열 말의 술을 마시고 다섯 말의 술로 숙취를 푼다"라고 하였다. 그는 일생 동안 단 한 편의 〈주덕송(酒德頌)〉만을 썼는데, 여기에서 음주의 이유가 "예법을 논설하면 시비가 벌떼처럼 일어나므로", 술에 만취해야만 무념무상할 수 있기 때문이라는 것을 그대로 토로하였다. 약을 복용하는 것과 음주는, 방법은 다르나 효과는 동일해 모두 일종의 마취이자 자극이었다. 당시 명사들 사이에는 한석산〔寒石散, 오석산(五石散)〕 복용이 유행하였다. 그 약의 효과는, 가깝게는 마음대로 인간사의 번뇌를 잊어버릴 수 있었고, 멀리는 불로장생을 위해 신선의 생활을 지향하며 초탈을 꿈꿀 수 있는 것이었다. 하안은 "가무와 여색을 좋아하였는데, 이 약을 먹기 시작하니 정신이 밝게 트이고 체력이 점차 강해졌다"고 하였다. 그러나 독성이 있어 장기간 복용하면 약물이 강하게 반응하여 체내의 열을 참지 못해 겨울철에도 냉수로 몸을 적셔야 완화시킬 수 있었다. 따라서 위진 명사들 대부분이 헐렁하고 큰 옷을 입고 나무신을 신은 것은, 약 복용 후 열을 발산하기 쉽게, 그리고 피부에 손상을 입지 않게 하기 위함이었다. 명사들은 이처럼 스스로 고통스럽게 약을 먹었는데, 목적은 일시적이나마 사회의 번뇌와 정신적 고통을 잊기 위함이었다. 노신의 유명한 글 〈위진의 기풍과 문장, 그리고 약과 술의 관계〉는 이에 대한 정밀하고도 익살스런 논술이었다.

명사들이 현실을 도피하는 동시에 자신을 보신할 수 있는 가장 소탈하면서도 가장 안전한 방식은 산에 은둔하는 것이었다. 그것은 세속에 물들지 않고 자신의 순결을 지키는 은사(隱士)의 풍모로서, 정직한 인격과 기개를 보전할 수 있었으며, 완곡하게 위정자와 다른 견해, 그리고 협력하지 않는 태도를 드러낼 수 있는 방법이었다. 그들은 노자의 "닭과 개의 소리가 서로 들리고 백성은 늙어 죽을 때까지 왕래가 없는" 소국과민사회(小國寡民社會)를 지향하였다. 장자의 "길쌈하여 옷을 입고 밭을 갈아 먹으며", "사적인 것에 기울지 않는" 가운데, "자연방임"적 "지덕의 세계"를, 그리고 임금도 신하도 없고 근심걱정이 없는, 의식(衣食)이 충족된 이상사회를 지향하였다. 도연명

(陶淵明)의 〈도화원기(桃花源記)〉는 시나 그림처럼 아름다운 이상향을 그리고 있지만, 한편으론 이런 경향을 반영하고 있는 것이었다. 당연히 그것은 완전히 허구만은 아니었다. 그곳은 당시 산은 험하고 평지가 확 트인 중원지역 보오공동체(堡塢共同體)의 이상적 공간이었다. 진인각(陳寅恪)이 〈도화원기방증(桃花源記旁證)〉에서 설명하듯이 "도연명의 〈도화원기(桃花源記)〉의 은유적 문장은 사실적 문장이다". 사인들의 은둔 목적은 은거를 함으로써 그 뜻을 구하고, 혹은 완곡하게 피함으로써 그 덕을 완전하게 하거나, 혹은 자신을 평정함으로써 조급함을 진정시키고, 혹은 위기를 넘겨 그 안전을 도모하거나, 혹은 세속의 더러움으로써 그 기개를 떨치고, 혹은 사물의 추함으로써 그 감정을 일으키기 위한 것이었다. 동란으로 사회가 불안정하고, 왕조가 빈번히 바뀌면서 사람들이 따라야 할 바가 없게 됨으로써, 세상과 싸우지 않고 은둔하는 생활이 곧 사인들의 보편적 추구가 되었다. 왕안석(王安石)이 "세상이 어떻게 옛적에 진(秦)나라가 있었음을 알 것이며, 산중에서 어찌 지금이 진(晉)나라 시절임을 헤아릴까"라고 시를 읊었던, 바로 그러한 상황이었다.

위에서 상술한 세 가지 소극적 형식으로 표현되어 나온 위진의 기풍은 현실적 불만이 구체적으로 표현된 것이었으며, 반전통적 의미로 본다면 그것은 일종의 새로운 자각을 이끈 사상운동이었다. 이것은 기형적 시대의 산물이었으며 사상의 해방으로서, 춘추전국 시대와 비견될 만한 찬란한 문화를 조성할 수 있었다. 그중 현학의 출현이 가장 주목할 만한 동향이었다.

한나라의 경학은, 첫째 미신적 참위에 빠져 있었고, 둘째 장황하게 계속 내려온 주석에 빠져 있었으며, 셋째로는 경학자와 학생이 가법(家法)만을 고수하고, 단지 스승의 설만 옳은 것으로 삼는 특징이 있었다. 삼자의 공통점은 구속, 정체, 교조였다. 경학화된 유교는 사회규범으로서, 특히 동란시대에 적용하기에는 적절치 못해 치국책이 될 수 없었고, 공명(功名)과 이록(利祿)의 첩경도 될 수 없었다. 또한 화를 없애는 장막도 될 수 없었기 때문에, 사람들은 하나 둘 그 대체물을 찾게 되었다. 그 과정 속에서 나타난 현상이 도교와 불교의 흥성이었고, 다른 한편으로는 현학의 출현이었다. 당시 문인들은 도가적 노장사상을 빌려, 대자연으로 돌아가서 현실 사회와 분쟁을 탈피하고자 하였으나, 완전히 유가적 경학을 버릴 수는 없었다. 때문에 도가 사상을 가지고 유교경전을 해석하는 괴현상이 출현하였다. 즉 유가에 도가를 끌어들이고 유가와 불교가 합류하는 위진 시기는 일종의 특수한 의식 형태—현학—가 형성되었다. 하안(何晏), 왕필(王弼)이 노장학설을 가지고 《역(易)》, 《논어(論語)》를 해석한 것이 현학의 첫 번째 단계였으며, 완적, 혜강이 노장을 스승으로 삼아 명교를 반대하고 자연을 숭배한 것이 현학의 두 번째 단계였다. 그리고 향수, 곽상(郭象)이 유도(儒道)를 하나로 합하여, 명교가 곧 자연이라고 주장한 것이 현학의 세 번째 단계였다. 현학은 정체된 유학에게 새로운 생명력을 불어넣어 주었다.

위진 명사는 노장을 좋아하여, 하안은 《무위론(無爲論)》을, 왕필은 《노장주(老莊注)》를, 완적은 《달장론(達莊論)》을, 곽상은 《장자주(莊子注)》를 썼으며, 혜강은 "노자, 장주가 나의 스승이다"라고 공공연하게 말하였다. 그들은 도가 사상으로써 유가 경전에 새로운 함의를 부여해 주었는데, 하안의 《논어집해(論語集解)》, 《논어정의(論語正義)》, 《논어의소(論語義疏)》, 왕필의 《논어석의(論語釋疑)》, 《주역주(周易注)》, 《주역정의(周易正義)》, 《역략례(易略例)》, 완적의 《통역론(通易論)》, 곽상의 《논어체략(論語體略)》 등이 그러하였다. 연구 방법, 교학 방법 또한 양한 시대와 큰 차이가 있었다. 한대 유가는 가교(家敎)와 사법(師法)을 중시하였으나 위진의 명사는 여기에서 탈피하여, 독립적으로 사고하는 것을 좋아하였다. 왕필은 정시(正始) 연간(504-507년)에 성장하였는데, 바로 위진 신사조가 발흥하던 시기였다. 사인들은 물론 자유롭게 생각할 수 있었지만 오히려 방향감을 잃고 방황하였다. 때문에 그들은 현학을 이야기하고 도를 말함으로써 심중의 고뇌를 풀어 버리고자 하였다. 이런 배경 속에서 재기가 있는 왕필이 위진 현학의 기풍을 열었으며, 독립적으로 일대 문학을 이끌어 나갔다. 그래서 유가의 외피를 걸친 도가 사상이 한때 천하를 풍미하였으며 명사들은 현학을 얘기함으로써 이름을 날렸다. 당연히 철리(哲理)의 주장이 그 기준이 되었으며, 스승과 벗을 중시하고, 부모와 형제의 권계 등 노장사상의 지침이 아닌 것이 없었다. 위진 현학은 양한 경학에 결핍된 철학적 사유의 결함을 바꾸어 놓았으며, 일련의 철학적 명제도 제출하였다. 예를 들면, 유(有)와 무(無), 동(動)과 정(靜), 일(一)과 다(多), 체(體)와 용(用), 말과 뜻, 자연과 명교 등 양한 경학의 질곡을 벗어나 심오한 철학적 이치를 구하였고, 의리(義理)의 분석과 추상적 사유를 중시하였다. 현학이 경학을 대신하였으며, 노자가 공자를 대신한, 중현(衆賢)이 일성(一聖)을 대신하여 하나의 사상 해방 운동을 형성하였다.

위진 현학가는 내재적 정신의 자아완성을 중시하였고 순간적인 공명과 부귀를 경시하였으며, 보편적으로 마음이 활달하고, 행동거지가 자유분방한 풍모를 띠고 있었다. 이것이 바로 이 시대 사변철학의 구체적 표현이었다. 《진서》〈혜강전〉에는 "혜강은 경학(經學)을 섭렵하지 않고 또 《노자》와 《장자》를 읽었더니 그 분방함이 가중되었다"라고 말하고 있는데 이는 곧 현학적 철학이 사회 기풍을 이끌고, 사회 기풍이 다시 현학의 발전을 밀어붙이는 예를 보여 주는 것이었다. 이 때문에 그는 감히 "탕무(湯武)가 아니면 주공(周公)과 공자(孔子)도 희박해진다", "육경은 아직 태양이 아니다"라고 질책하였다. 그는 "명교를 뛰어넘어 자연에 임할 것"을 제창하고, 유가 정치 윤리에 대해 공개적이고도 대담한 도전을 하였다. 거만한 완적은 청안과 백안(靑白—*기쁜 눈빛과 성난 눈빛)으로 사람을 보았는데, 자신의 뜻에 맞는 사람은 청안으로 바라보았고, 자신의 뜻과 맞지 않는 사람은 눈을 뒤집어 보이며 바라보지 않았다고 한다. 《진서》〈완적전〉에는 완적이 "예의풍속(禮儀風俗)을 지키는 선비를 보면 흰 눈자위로 상대하였다", "이 때문에 예법을 지키는 선비들이 그를 원수처럼 미워하였다"라고 말하고 있다. 그들은 좋지 않은 상황일 때 더욱 태연하였는데, 이것은 인생의 진리를 통달한 데서 나온 것이었으며, 또한 전통적 예속의 내성에 대한 도전에서 나온 것이었다. 그는 "오직 법(法)은 수련하는 것이며, 예(禮)는 극복하는 것이다"라며 그것들을 매우 멸시하였다. 완적은 예법으로 자신을 구속하는 거짓 명사(名士)를 〈대인선생전(大人先生傳)〉에서 "바지 속의 이〔虱〕"라고 칭하였다.

위진 명사의 비판 무기는 도가적 '무(無)', 즉 자연주의였다. 문학 속에 반영된 건안문

왕희지, 〈난정서〉

풍(建安文風)은 청준(淸峻)과 통탈(通脫)을 숭상하였다. 청준이라는 것은 문장이 간결하고 뜻이 분명한 것을 말하며, 통탈은 자기 마음 가는 대로 자연스럽게 문장을 짓는 것을 뜻하였다. 이것이 곧 "혜강은 사심(師心—*마음을 스승으로 삼음)으로써 논(論)을 운영하고, 완적은 기(氣)로써 시(詩)를 명(命)하는" 문풍(文風)을 이루었다. 자연히 자연을 중시하고 명교를 가벼이 여기는 표현이었다. 동진 화사(畵師) 고개지(顧愷之)는 단청(丹靑—*붉고 푸른 안료)으로 글씨 쓰기를 좋아하였고 화론(畵論)에도 능통하였다. 특히 인물 초상에 능하여 그 신비스런 붓끝의 화룡점정은 회화 속의 철학적 사유, 즉 말(末)과 본(本), 형(形)과 신(神)의 변증법적 사유를 반영하였다. 그의 〈낙신부도(洛神賦圖)〉는 조식(曹植)의 유명한 《낙신부(洛神賦)》의 소재가 되었으며, 예술적으로 낙신의 뛰어난 완곡미를 재현시켜 구속되지 않은 낭만적 정서로 충만되어 있었다. 서경(書經) 왕희지(王羲之)의 행서, 초서체는 서예를 최고봉으로 끌어올려 한나라 예서의 신중함과 딱딱한 필법—이런 필법은 유가적 요구에 적응한 것이었다—을 제거하였다. 왕희지는 노자의 자연주의와 장자의 달관, 통탈을 숭상하여, 그의 서체는 예법의 속박을 벗어나 현학 속에서 개발되었다. 때문에 그의 붓글씨는 아름다운 품격을 지닌, 강하면서도 부드럽고 자연스럽게 모였다 흩어지는, 소위 자연의 영혼을 가진 오묘함을 지니고 있었다. 후세인들에게 "천하제일의 행서"라고 추앙받는 것은 결코 우연이 아니었다.

동진 이후, 현학은 불교 교의로 침투해 들어갔다. 그리고 남조 이후에는 현학과 불교가 더욱 긴밀하게 결합되어 유교·도교·불교가 삼위일체 되었다.

# 7장 북조와 남조—재통일을 향하여

## 39. 오호십육국(五胡十六國) 시기의 한호호화(漢胡互化)

서진 팔왕의 난 이후, 북방 유목 민족이 남하하여, 다투어 할거 정권을 세움으로써 중원은 분열 상태로 빠져들었다. 역사적으로 북위 통일 전까지 130여 년간을 오호십육국 시기(304-439년)라 부른다.

'오호(五胡)'는 다섯 '기마 민족'을 말한다. 즉 흉노(匈奴), 선비(鮮卑), 갈(羯), 저(氐), 강(羌)으로, '십육국'은 이들 기마 민족과 한족이 건립한 정권이었다. 즉 한〔漢, 이후 전조(前趙)〕, 후조(后趙), 전연(前燕), 성한(成漢), 전량(前凉), 전진(前秦), 후진(後秦), 후연(後燕), 서진(西秦), 후량(後凉), 남량(南凉), 서량(西凉), 북량(北凉), 남연(南燕), 북연(北燕), 하(夏)였다.

흉노족이 건립한 나라가 한〔전조(前趙)〕, 북량, 하,

선비족이 건립한 나라가 전연, 후연, 남연, 남량, 서진,

갈족이 건립한 나라가 후조,

저족이 건립한 나라가 성한, 전진, 후량,

강족이 건립한 나라가 후진,

한족이 건립한 나라가 전량, 서량, 북연이었다.

오호십육국 시기는 표면적으로 볼 때, 대분열과 대동란의 시기였지만, 조금만 깊이 파고들면 사실 분열에서 재통일로 향하는 시기였다라고 말할 수 있다. 이 시기 첫 번째 통일은 후조의 석륵(石勒)이 이룩하였다. 그는 요서(遼西)의 전연과 양주(凉州)의 전량을 제외한 북방 전 지역을 통일하였는데, 이는 단기간 지속된 소통일이었다. 석륵은 하북 지역에서 농업을 장려하고, 경제를 회복하여 학교를 건립하고, 문화를 발전시켜 매우 큰 효과를 보았다. 두 번째는 전진의 부견(苻堅)이 전 북방을 통일하였는데 이는 단기간 지속된 대통일이었다. 《진서(晉書)》〈부견재기(苻堅載記)〉에는 "관롱(關隴) 지역이 안정되어 백성이 부유해졌고, 장안에서 여러 주(州)까지 모두 길가에 느티나무 · 버드나무를 심고 20리마다 1정(亭)을 두고 40리마다 1역(驛)을 설치하니 여행자가 길에서 양식을 공급받을 수 있고 상인과 수공업자가 길에서 물건을 팔 수 있었다"라고 전하고 있다. 태평성세의 모습이 출현한 것이었다. 비수전 이후, 전진은 와해되었고 북방에는 더욱 큰 분열 국면이 나타났다. 그러나 장기간의 민족융합 때문에 호인(胡人)의 한화(漢化)와 한인(漢人)의 호화(胡化)가 동시에 진행되었고, 결국 역사의 흐름은 북위의 세 번째 북방 통일로 나가고 있었다.

돈황벽화에서 보이는 한화된 호인 그림

이런 관점으로 역사를 볼 때, 이 시기 가장 가치 있다고 말할 만한 것은 호인한화(胡人漢化)와 한인호화(韓人胡化)였다.

북방 유목 민족이 남하하여 한족 농업 지역에 거주하는 과정이 일종의 점진적인 한화의 과정이었다. 이는 동한(東漢) 광무제(光武帝) 건무(建武) 26년(50년) 남흉노가 산서에 거주하기 시작한 이래 서진(西晉) 무제(武帝) 태시(泰始) 원년(265년) 흉노 무리의 남천까지 200여 년간 지속되었으며, 흉노는 점차 한화되었다. 가장 두드러진 사례로 한(漢)을 건립한 흉노족 정권의 유연(劉淵)을 들 수 있다. 대략 조조 만년, 흉노 귀족은 윗세대가 한족 황족의 외손이라는 이유로 그들의 성을 유씨로 바꾸었다. 유연은 한족의 전통문화를 아주 열심히 학습하여, 상당(上黨) 사람 최유(崔游)를 스승으로 삼아, 《모시(毛詩)》, 《경씨역(京氏易)》, 《마씨상서(馬氏尙書)》 등을 배웠으며 특히 《춘추좌씨전(春秋左氏傳)》을 좋아하였다. 태강(太康) 말기, 그가 흉노의 북부도위(北部都尉)를 맡은 후, "(그는) 유주(幽州)와 기주(冀州)의 유명한 유학자, 후문(後門)의 뛰어난 선비와 천리 길을 멀다하지 않고 같이 어울렸다"고 한다. 전하는 바에 따르면 그는 《손오병법(孫吳兵法)》을 암송할 수 있었으며, 《사기(史記)》, 《한서(漢書)》, 그리고 제자백가를 열람하지 않은 것이 없고, 스스로 한초(漢初)의 변사(辯士) 수하(隨何), 육가(陸賈)와 명장 주발(周勃), 관영(灌嬰) 이 네 사람의 재략과 포부를 한 몸에 갖고 있다고 자처하였다 한다. 304년, 그가 병사를 일으켜 진나라에 반대하고 나서면서, 한족의 지지를 얻기 위해 자신이 "한 왕조의 조카로서 형제와 같다"라고 공언하였다. 이 때문에 그는 나라를 세워 국호를 한이라 하고 스스로 한왕을 자처하며 촉한의 후주(後主) 유선(劉禪)을 효회황제(孝懷皇帝)로 추대하였다. 유연이 한왕으로 즉위한 후, 최유를 어사대부로 임용하고 동한의 대유학자 노식(盧植)의 증손자 노지(盧志)를 아들 유총(劉聰)의 태사(太師)로 임명하였다. 여기에서 십육국의 첫 번째 정권 건립자 유연의 한화 정도가 상당하였음을 어렵지 않게 볼 수가 있으며, 이후 한은 조(趙)나라로 이어져 사서에서는 유연의 한나라를 전조(前趙)라고 부르고 있다. 전조의 유요(劉曜)는 유연의 아들 유총의 호한분치(胡漢分治) 제도를 연용하였다. 그는 황제의 신분으로서 직접 한인을 통치하였으며 그 아들 유윤(劉胤)이 대선우(大單于, 흉노족 수령의 칭호)의 신분으로서 본족을 다스리게 하였다. 또한 그는 몇몇 관중 지역의 사족을 고관으로 임명하였으며, 장안에 태학(太學)과 소학(小學)을 설립하여 흉노와 한인 자제 중 13-25세의 소질이 있는 자 1,500명을 선발하여 현인과 유학자들을 선생으로 모셔 와 학생들을 교육시켰다.

갈인(羯人) 석륵은 전조를 떠나 후조를 건립하였다. 석륵의 한화 정도 또한 상당하였다. 그는 갈인의 역량은 한계가 있다고 여겼기 때문에, 후조의 기반을 다지기 위해서는 반드시 한인과의 합작을 이뤄내야 한다고 생각하였고, 최대한 한인의 통치 방법을 이용하였다. 그는 "널리 경서와 사서를 섭렵한" 한인 장빈(張賓)을 중용해서 모주(謀主)로 삼아 그의 말을 믿고 따랐기 때문에 매우 높은 한 문화의 수준을 보여 주었다. 그는 명을 내려 호인이 한인 의관을 입은 사람을 업신여기지 못하도록 하였고 각지에 사람을 파견하여 농사를 장려하였다. 또한 그는 비록 글자는 몰랐지만 다른 사람들의 강독을 열심히 들었다. 특히 사서 강독을 좋아하여 다른 사람들의 귀감이 되었으며, 비록 군무가 다망하였지만 조금도 태만하지 않았다. 또한 그는 태학과 군국학(郡國學)을 세워 갈족의 장수 자제를 포함하여 자신들의 인재를 양성하였으며, 경학으로 인재를 선발하는 수재, 효렴(孝廉) 제도를 만들어 유학을 제창하였다.

중원으로 들어온 저족 또한 한족 문명의 영향을 받았다. 전진의 부견은 즉위 후, 한족의 한문(寒門) 사인인 왕맹(王猛)을 중용하여 정치를 개혁하고 경제, 문화를 발전시켰다. 그는 왕맹의 "안정된 나라는 예로써 다스리고 어지러운 나라는 법으로 다스린다"는 주장에 대해 매우 흡족해 하였다. 또한 학궁(學宮)을 확장 수리하고, 친히 태학에 나아가 학생들의 경의(經義—*과거시험 과목)의 우열을 가렸으며 유생을 장려하여 한족 사대부들의 지지를 얻었다. 그는 박사 왕식(王寔)에게 "짐은 한 달에 세 번 태학에 임하여 어리석은 자와 현명한 자를 출척(黜陟—*관직의 강등과 승진)하고 친히 그들을 장려하였으니 〔…〕 주공(周公)과 공자가 남긴 뜻 깊은 말이 짐 때문에 땅에 떨어졌다고 할 수 없을 것이다. 양한(兩漢)의 무제와 광무제가 이를 좇아올 수 있겠는가?"라고 물으니, 왕식이 답하길 "폐하는 신령스러운 무공으로 적을 평정하셨으니 그 도가 순임금 · 우임금보다 높고, 학교를 열고 유교를 전파하니 교화의 성세는 주(周)나라 때보다 더욱 융성하여 그 공덕의 향기가 천년에 드리워지니 한의 두 황제는 논할 거리가 되지 않습니다"라 하였다고 한다.

후진을 건립한 강족은 관중에서 한족과 장기간 잡거를 하였기 때문에, 요장(姚萇)이 병사를 일으켰을 때 한족의 지지를 얻을 수 있었고 후진 정권이 건립되자마자 한나라의 제도를 채용하였다. 요흥(姚興)이 계승한 후, 다방면에서 한족 사인들을 구슬려 명유(名儒)를 장안까지 초빙, 강학하게 하였는데 생도가 많게는 만여 명에 이르렀다고 한다. 또한 종종 명유들과 "도와 예(藝)를 강론하고 명리(名理)를 착종(錯綜)하였다". 요흥은 구자(龜玆)의 고승 구마라습(鳩摩羅什)을 초청하여 불교를 전파하였고 불경을 번역하였으며, 아울러 구마라습과 서로 불경을 참조, 조사함으로써 불교가 크게 유행하였다. 요흥의 치세하에 후진이 순식간에 강성해져 서쪽의 하서주랑(河西走廊)부터 동으로 연주, 서주 등지까지 통제하게 되었다.

하자전(何玆全)의 말을 들어보자. "서진 말년, 사족 상층의 도강(渡江)에 따라, 그들의 머릿속에 있었던 현학도 장강을 건너갔다. 본래 아주 미약한 영향만을 주었던 경학 사족들이 북방에 남아서, 예의를 중시하는 한나라의 경학적 전통을 유지하고 있었다. 그러나 호족(胡族) 정권이 무력으로 북방을 차지하게 되었고, 그들은 중원에 나라를 세우기 위해서 반드시 유학적 전통에 익숙해져 중원 문화를 존중하고, 한족의 법으로써 한인을 다스릴 필요가 있었다. 이런 배경하에서 호족 군주와 한인 사족은 탁월한 합작을 진행하였으며, 이때 유학은 강력한 생명력과 동화(同化)의 역할을 보여 주었다."

이전 사가들은 십육국의 건립을 두고 "오호(五胡)가 중화를 혼란시켰다"라고 탓하였지만, 이는 분명히 피상적인 견해일 뿐이다. 십육국의 출현은 북방 민족이 대거 내지에 거주, 한족과 장기간 융합한 결과였다. 호족의 한화와 한인의 호화는 동시에 진행된 것이었다.

십육국 시기, 기마 민족이 남하함에 따라, 목축 및 기타 생산 기술을 중원 지역으로 가져왔다. 가사협(賈思勰)의 《제민요술(齊民要術)》에 따르면 소, 말, 노새, 양 등의 목축과 사역 방법 및 수의술, 말 구별법, 축산가공법, 예를 들어 모피 카펫 만드는 법이나, 치즈, 유소(油酥—*밀가루를 반죽하여 구운 후 발효시킨 패스트리 비슷한 빵) 제조법이 점차 한인들에게 받아들여졌다. 선비족 질간아리(叱干阿利)는 '백련강도(百煉鋼刀)'를 제조하였는데, 용과 공작이 조각된 큰 고리가 있어 '대하용작(大夏龍雀)'이라 불리었으며 매우 날카로웠다. 흉노족 기모회문(綦毋懷文)이 제조한 '숙철도(宿鐵刀)'는 "(숙철도를 만드는 법은) 무쇠를 가열하여 부드러운 쇳덩어리로 만들고, 그 부드러운 쇠로 칼등을 만들고, 오생(五牲—*제물로 쓰는 다섯 가지 짐승. 사슴·고라니·본노루·이리·토끼)을 죽인 물에 칼을 씻고 오생의 기름으로 담금질하면 갑옷 30개를 베어 낸다" 하여, 그 예리함이 비할 바가 없다고 했다. 후대에 제작된 강도(鋼刀)는 그 방법을 이어받은 것이라 전한다.

호인이 잡기를 하는 형상을 본떠 만든 인형

호한 잡거에 따라, 대량의 호족 물품과 풍속이 중원에 광범위하게 퍼졌다. 예를 들어 호족의 의자가 북에서 남으로 퍼져 유행하였으며 받침이 높은 가구의 출현을 촉진함으로써 과거 바닥에 앉던 습관이 바뀌었다. 이것은 대서특필할 만한 변화였다. 한대 이전 중원인들은 바닥에 앉았다. 다시 말해 꿇어앉았다. 만약 두 다리를 앞으로 쭉 내밀면, 이를 '기거(箕踞)'라 불러 매우 예의가 없는 행동으로 보았다. '호상(胡床)'이라 불리는 의자가 들어오면서 비로소 바닥에 앉는 습관이 점차 변하였다. 《후한서(後漢書)》〈오행지(五行志)〉에는 "영제(靈帝)가 호복(胡服), 호장(胡帳—*장막), 호상(胡床), 호좌(胡坐), 호반(胡飯—*음식), 호공후(胡箜篌), 호적(胡笛), 호무(胡舞—*무용)를 좋아하여 경도 귀족들도 모두 다투어 좋아하게 되었다"라고 적고 있다. 민간의 풍습도 변하였으며, 그중에는 '호상'과 '호좌'도 포함되어 있었다. 근대 이래 나포박(羅布泊—*타림분지 동쪽 로프노르)과 니아(尼雅) 등지의 유적지에는 한진(漢晉) 시기 간다라 문양이 조각된 의자가 발견되었는데, 이것이 소위 '호상'이었다. 이후 '호상'은 계속 변화하여 여러 명칭으로 불리었는데, 예를 들어 승상(繩床), 교의(交椅), 교상(交床), 소요좌(逍遙座—*흔들의자), 절배양(折背樣), 기상(倚床) 등이었다.

《제민요술》 속에 기재된 호족 물품에는 호병(胡餠)과 호초주〔胡椒酒, 필발주(蓽撥酒)—*술의 일종〕, 호반, 호갱(胡羹—*죽), 강자(羌煮)가 있었다. 한인은 점차 고기를 굽고, 펠트로 만든 장막을 이용하고 우유로 음료를 삼는 호족들의 풍속에 익숙해져 갔다.

호가(胡歌—*노래), 호락(胡樂), 호무, 호희(胡戲—*곡예)의 유행은 기존 문화에 새로운 활력과 색채를 첨가하였다. 북방 한족 자제 사이에서도 호족 언어를 배우는 것이 당대 유행의 첨단이었으며, 이것이 오래 지속되면서 북방 한어 속에는 '호로(胡虜—*북방 이민족을 비하하여 말하는 말)'의 음이 섞이게 되었다. 유명한 〈칙륵가(敕勒歌)〉는 다음과 같이 노래하고 있다.

칙륵천(敕勒川) 산 그늘 아래에서 보니,
하늘 모습이 둥근 천막과 같이
푸르른 들판을 휘두르고 있네.
하늘은 푸르고 초원은 아득히 펼쳐져 있는데,
바람이 불어와 풀이 누운 소와 양의 무리를 드러내는구나.

《악부광제(樂府廣題)》의 기재에 따르면, 이 민가는 동위 시기 칙륵인 곡율금(斛律金)이 고환(高歡)의 명령을 받아 노래한 것인데, "그 가사는 본래 선비어인데, 제어〔齊語, 한어(漢語)〕로 바꾼 것이었다. 때문에 그 장단이 가지런하지 않다"라고 적고 있다. 곡율금은 칙륵 곡율부(斛律部) 사람으로 그 부족은 일찍부터 칙륵어를 사용하였으며, 이 민가는 일찍부터 널리 유행한 것으로 점차 갈고 다듬어져 〈칙륵가〉로 완성되었다. 여기에는 곡율금이 한어로 번역하여 부른, 민족융합의 격변하는 역사에 대한 느낌이 가득 차 있다.

호족 음악의 중원에 대한 영향은 매우 커서 호가(胡笳), 강적(羌笛), 비파가 널리 유행하였다. 이는 민족의 대이동과 밀접한 관련을 갖는다. 민족의 대이동에 따라 막북(漠北), 서역 및 기타 변경 지역의 음악이 대량으로 수입되었고, 선비, 토욕혼, 보락계(步落稽), 고려, 구자, 소륵(疏勒), 서량(西涼), 고창(高昌), 강국(康國), 천축(天竺) 등지의 음악이 중원 한족 음악과 서로 융합되어 전통음악의 색채를 더욱 풍부하게 하였다. 서진 후기, 천축국은 양주 자사 장궤(張軌)에게 음악인 22명과 악기 일부를 보내왔다. 그중에는 적자(笛子—*피리), 비파, 공후, 오현(五弦), 동고(銅鼓), 피고(皮鼓) 등이 있었으며, 천축조(天竺調)도 따라 들어왔다. 전진 말년, 여광원(呂光遠)이 서역을 정벌하여 필률(篳篥), 답석고(答腊鼓) 그리고 구자악곡을 들여왔다. 따라서 당시 사람들은 어렵지 않게 중원에서 호가, 호락이 유행하는 풍경을 볼 수 있었다.

한인호화(漢人胡化)는 정치, 경제, 문화 각 방면에 침투하여, 민족적 차이를 줄임으로써 선비족이 건립한 북위가 북방을 통일하는 데 그 기초가 되었다.

## 40. 북위 문명태후(文明太后), 효문제(孝文帝)의 개혁과 한화

북위를 건국한 탁발씨는 중국 북방 재통일의 사명을 담당한 선비족의 탁월한 한 부족이었다〔즉 선비 탁발부(拓拔部)〕. 중국 역사상 기마 민족의 영향은 아주 컸으며, 선비족 역시 그중 하나였다.

탁발부가 중국 북방에 출현했을 때, 가옥도 문자도 법률도 없었고 한족 상인과 접촉하기 전까지는 사유재산의 관념도 없었다. 위진 시기, 그들은 음산(陰山) 이남 초원에서 방목을 하며 36개 선비 부족의 부족장이 됨으로써 지도권을 확립하였다. 4세기 초, 자체적으로 "활을 쏘고 말을 탈 수 있는 병사 40여 만 명"을 동원할 수 있었는데, 당시 전 부족의 인구가 1백만 명이 채 되지 않았을 때였다. 서진 왕조가 탁발부의 힘을 이용, 북방 유목 민족을 제어하기 위해, 그들이 현재의 산서 장성 이남의 오현〔五縣, 마읍(馬邑) 음관(陰館) 누번(樓煩) 번치(繁峙) 곽현(崞縣)〕으로 들어오는 것을 용인함으로써, 이때부터 탁발부의 농업 정주 시기가 시작되었다. 그 수령 탁발의로(拓拔猗盧)는 진나라로부터 대공(代公)과 대왕(代王)에 봉해졌다. 탁발십익건(拓拔什翼犍)이 왕위에 오른 후, 한족 사인을 모사(謀士)로 삼아, 백관을 나누어 설치하고 성락〔盛樂, 현재 내몽골 임격이(林格爾)〕을 도성으로 삼아, 초기 국가의 규모를 갖추었다. 376년, 전진의 부견이 탁발부의 대국을 공격, 멸망시켰다. 비수전 이후, 전진이 와해되고 탁발규(拓拔

珪)가 386년 예전 부락을 규합하여, 우천〔牛川, 현재는 화호특동(和浩特東)이라 불린다〕에서 왕위에 올라 국호를 위(魏)로 바꾸고, 위 도무제(道武帝)가 되었다. 위, 이 국호는 이미 역사상으로 나타난 바 있는데, 주(周)나라 시기, 제후의 국명으로서, 삼국 시기에도 위나라〔조위(曹魏)〕가 있었다. 왕조사가들은 전자와 구별하기 위해 탁발씨가 건립한 위를 북위 혹은 탁발위라 부르고 있다. 도무제가 평성(平城, 지금의 산서 대동)에 도읍을 정한 후 북위는 나날이 강성해져, 태무제 탁발수 시기에 십육국의 혼란을 끝내고 439년, 북방(황하 유역)을 통일하였다. 동진을 대체한 송(宋)—남조의 첫 번째 정권—과 대치하며, 역사는 남북조 시기로 진입하였다.

북위 통치자는 다음과 같은 심각한 문제에 직면하였다. 즉 이미 북방을 통일했던 전진이 비수전 패배 후 급속히 와해되었기 때문에 북위는 도무제부터 태무제까지 전진의 전철을 밟지 않고 통치를 공고히 하는 데 주력하였고, 특히 선비의 구습 개혁과 급속한 한화에 초점이 맞춰졌다. 여기에서 중요한 공헌을 한 사람이 문명태후(文明太后) 풍씨(馮氏)와 효문제(孝文帝) 탁발굉(拓拔宏)이었다.

문명태후는 북위 제4대 문성제의 황후로서, 5대 헌문제 재위 시 조정을 좌우하기 시작하였고, 그의 통제하에 정치에 뜻이 없던 헌문제가 다섯 살배기 아들 탁발굉에게 왕위를 양위하였다. 승명(承明) 원년(476년) 문명태후는 헌문제를 독살시키고 태황태후의 신분으로서 천자를 대신하여 섭정을 하였으며, 5세기 80년대 개혁의 가장 중요한 결정권자가 되었다. 이는 그의 한족 출신 신분과 밀접한 관련을 갖고 있었다.

문명태후 풍씨는 북연 왕실의 후예로서, 장락(長樂) 신도〔信都, 지금의 하북 기현(冀縣)〕 사람이었다. 증조부 풍안(馮安)이 4세기 말 창려(昌黎, 지금의 요녕 조양 동남쪽)로 이주하였다. 407년, 풍안의 아들 풍발(馮跋)이 북연왕에게서 자립하여 요동 일대에 거주하였고, 429년 풍홍(馮弘)이 그 뒤를 이었다. 얼마 후, 풍홍의 아들 풍숭(馮崇), 풍막(馮邈) 사이에 다툼이 일어나, 서로 군대를 이끌고 북위에 투항, 436년 북연은 북위에 병탄되었다. 풍씨의 부친 풍랑(馮朗)이 피살당해 풍씨는 궁중으로 들어가게 되었지만, 그 고모가 이미 위 태무제의 귀비〔貴妃, 좌소의(左昭儀)〕였기 때문에 노비의 신분에서 빠져 나올 수 있었다. 454년, 풍씨가 위 문성제의 귀인으로 간택되어 2년 후 황후에 올랐다. 465년 문성제 사후, 12세의 헌문제가 왕위를 이어 풍씨가 태후가 되었다. 466년 자신이 일으킨 궁정정변을 통해 조정을 통제하고 있던 승상 을혼(乙渾)을 죽이고 섭정을 시작하였다. 476년 문명태후의 전정(專政)부터 490년 그녀가 죽기까지 10여 년간, "정사(政事)는 크건 작건 간에 모두 태후에게 아뢰었다. 태후는 지략이 많고 잔인하며 대사(大事)를 능히 처리하여 생사와 상벌을 순식간에 결정하였다"고 한다. 여기에서 그녀가 정치에 재간이 있는 여걸이며, 후래의 무측천과 서로 견줄 만한 인물이었다는 것을 알 수 있다.

그녀의 첫 번째 섭정 당시, 전국 각지에 학교 설립을 명하여, 문치를 중시하였을 뿐만 아니라 학생은 "먼저 고급 가문을 다 선발한 후에, 중급 가문을 선발한다"라고 규정함으로써 정식으로 한인 문제를 승인, 한화의 첫발을 내딛게 되었다. 476년 두 번째 섭정 시기에는, 효문제의 명의로 조서를 반포하여 "이후 여러 관리와 공경 · 사대부 및 아전과 백성이 각기 상소를 올려 직언하고 간언하는 것을 허락하니 숨기는 바가 없도록 하라. 편의가 있거나 정치에 유익하고 백성에게 이로워서 풍속을 바르게 할 수 있는 사안을 해당 관리가 상주하면, 짐이 친히 살펴 삼사대부(三事大夫)와 더불어 그 가부(可否)를 논하고 재결하여 시행하겠다"하여 정치개혁 운동의 의지를 밝혔다.

문명태후의 개혁 정책은 다음과 같은 몇 가지 항목이었다.

(1) **관리 봉록 제도의 정식 반포**— 북위 초기 관리(중앙이건 지방이건)에게는 봉록이 없어 폐단이 아주 컸다. 태화(太和) 8년(484년) 관리 봉록 제도를 반포하여 계절에 따라 봉록을 지급하고, 이 후 뇌물로 비단 한 필 이상을 받는 자는 즉시 사형에 처한다고 규정하였다. 균전령(均田令) 반포 후, 다시 관리들에게 직급 고저에 따라 공전〔公田, 봉전(俸田)〕을 지급하여 봉록을 보충하였다. 이러한 조치들은 부패를 억제하는 데 중요한 역할을 하였다.

(2) **균전령 반포**—태화 9년(485년)의 균전령은 주인이 없는 황무지와 소유권이 불분명한 토지에 대한 분배와 조정을 가리킨다(상세한 내용은 다음 절 참조).

**(3) 삼장제(三長制) 실시**－태화 10년(486년) 문명태후는 한인 관원 이충(李沖)의 건의를 근거로, 지방에 삼장제를 실시하였다. 즉 다섯 가구에 1린장(隣長)을 두고, 5린에 1이장(里長)을 두고, 5리에 1당장(黨長)을 두어 이전 종족 단위인 종주독호제(宗主督戶制)를 대체하였다. 만약 명원제(明元帝) 영흥(永興) 5년(413년)부터 친다면, 태화 연간까지 종주독호제는 이미 70여 년간 실시된 셈이었다. 객관적으로 말해서, 종주독호제의 실행은 선비 탁발부와 중원지구 종주(宗主) 호강(豪强)의 모순을 완화시킴으로써, 북위가 중원을 통치하는 데 유리하였다. 그러나 이것은 한계가 있는 것으로, 이충이 "예전에는 삼장(三長)이 없고 오직 종주(宗主)만을 세워 보호 · 감독함으로써 백성 가운데 은닉자가 많아 30−50가(家)가 한 호(戶)를 이루었다"라고 말한 상황이었다. 종주는 가까운 종족과 비동족 의부자의 비호를 받아, 중앙의 지방 통치를 어렵게 하였다. 북위의 중원에 대한 통치를 더욱 확고히 하기 위해서는 반드시 이런 낙후된 종주독호제를 버리고 완비된 지방 행정 체제를 건립해야만 했다. 이충이 종주독호제를 폐기하고 삼장제를 건립하자고 건의할 당시, 문명태후는 "삼장을 세우면 과세에 기준이 생기고, 조세에 일정한 분담이 생기고, 숨겨진 호(戶)가 드러나고, 요행에 빌붙는 사람이 발생하지 않는데 어찌 불가하겠는가?"라며 적극적으로 지지하였다.

**(4) 조조제(租調制) 실행**－이 또한 이충의 건의를 바탕으로 태화 10년에 반포하였다. 일부일처〔일호(一戶)〕는 매년 정부에 비단(帛) 1필〔마포(麻布)를 생산하는 지방에서는 포 1필〕, 속(粟－*조) 2석을 납부하도록 규정하였다. 이는 균전령에 따라 일부일처가 이미 토지를 받았다는 것을 전제로 한 것이었다. 과거 대호(大戶)에 따라 징수하던 방법이 바뀌어 이전에 비해 비교적 합리적이었으며 부담 또한 경감되었고, 많은 숨어 있던 호구가 종주에서 떨어져 나와 정부의 세입이 증가하였다.

태화 14년(490년), 문명태후 사후, 효문제가 친정을 하면서 개혁을 더욱 강화하였다. 그 중점은 선비 구습의 개혁과 전면적인 한화였다.

먼저, 효문제는 태화 18년(494년) 수도를 평성에서 낙양으로 천도하여 선비인의 일차 대규모 남천을 단행하였다. 천도를 촉진한 이유는 많은데, 평성 지역이 재해가 자주 일어나 식량이 부족한 것이 제일 큰 문제였다. 그러나 선비 탁발부가 이전 성락(盛樂)으로부터 평성으로 천도하는 데에는 상당히 무모한 측면도 있었다. 자연적 요새에 수도를 건립하기 위해서는 반드시 무력을 사용한 대량의 강제 이주를 통해 오래되고 황량한 이 지대를 옥토로 만들어야만 했다. 그러나 당시 평성을 중심으로 한 대도(代都) 지역의 자연 조건은 인구 수용능력에 한계가 있는 것으로 파악되었다. 이런 문제를 해소하기 위해, 한화에 열을 올리고 있던 효문제는 주저 없이 낙양으로 천도하였다. 전문가들의 추산에 의하면, 평성 일대에서 낙양으로 이주한 사람은 약 108만 명 정도로, 그중에는 문무백관과 선비병이 20만 명, 그리고 그 가솔과 많은 한족 백성이 포함되어 있었다. 이런 대규모 남천은 북위가 '이주민'에게 많은 우대조건〔예를 들어 사전(賜田), 면조(免租)〕을 주었기 때문에 상당히 순조롭게 진행되었다. 일부 선비 귀족의 "천도는 어렵다"라는 분위기를 완화하기 위해, 효문제는 특별히 그들이 "겨울에는 남쪽에서 거주하고, 여름에는 북에서 거주"하도록 허락하였다. 이에 매년 철새처럼 남과 북을 오고가는 '기러기 신하〔안신(雁臣)〕'가 출현하였다. 그러나 결국 남천과 한화는 대세가 되었고, 이후 효문제는 낙양으로 온 선비인의 경우, 사후 낙양에 묻히게 하고 북으로 돌아가 장례를 치르지 못하게 하였다. 점차 낙양을 적관(籍貫)으로 삼고 대북과의 관계는 단절되었다. 천도 이후 선비인은 낙양으로 이주한 사람과 평성 일대와 육진(六鎭)에 남은 사람으로 양분되었고, 대부분은 한화되었다. 한 통치민족이 30여 년을 거치며 피통치민족에게 융화된 것, 이것이 효문제 한화 정책의 결과였다.

다음으로, 선비 구습을 개혁하여 전면적인 한화 정책을 추진하였다. 효문제 탁발굉은 선비의 한화를 강화시킨 중요 인물이었다. 그 자신 또한 북위 여러 황제 가운데 한화적 색채가 가장 두드러지는 사람으로서 한족 문화 소양에도 조예가 깊었다. 강남 출신의 고관 왕숙(王肅)를 매우 중히 여겼고, 선비족은 반드시 한화되어야 정권을 공고히 하고 남북을 통일할 수 있다고 생각하였다. 《위서》에서 "(효문제는) 고아(高雅)하여 독서를 좋아하니 손에서 책을 놓지 않았다. 오경(五經)을 읽고 바로 강론을 하였으며 스승에게 배운 바는 없지만 그 심오한 뜻을 탐구하였다. 〔…〕 재능이 풍부하여 문장

짓기를 좋아하니 시(詩)·부(賦)·명(銘)·송(頌)을 흥에 따라 지었다. 문필(文筆) 능력이 뛰어나 말 위에서 구술하여도 문장이 완성되었으며 한 글자도 고칠 것이 없었다" 라고 말하고 있다. 그는 스스로 대유학자라 여기며, 유학으로써 나라를 다스리려고 하였는데 이는 아래 몇 가지 방면에서 집중적으로 표현되었다.

첫째, 공자의 '소왕(素王)' 지위를 회복시킴으로써 존공제공(尊孔祭孔)의 활동이 점차 중시되었고, 중원 사대부의 요구에 영합함으로써 많은 한족 사인들을 구슬렸다.

둘째, 예치를 실행하여 선비족의 구습을 개혁하였다. 태화 19년(495년), 언어개혁을 통해 30세 이하 관원의 선비어 사용을 금지하고, 법을 어긴 자는 관직을 박탈해서 관에서 내쫓았다. 그는 "상고(上古) 이래의 여러 경적(經籍)이 어찌 먼저 이름을 바르게 하지 않고 예(禮)가 행하여 질 수 있겠는가? 지금 여러 북방 언어〔鮮卑語〕를 중단하고 한어를 좇으려 한다"라고 하였다. 여기에서 선비어 금지가 예치를 실행하는 첫걸음이었음을 알 수 있으며 기타 방면도 마찬가지였다. 예를 들어 선비족 복음(復音) 성씨를 음이 가까운 단음의 한성(漢姓)으로 바꾸었다. 즉 황족 탁발을 원(元)으로 바꾸었으며, 그 외 구목릉(丘穆陵)을 목(穆)으로, 보육고(步六孤)는 육(陸)으로, 하뢰(賀賴)는 하(賀)로, 독고(獨孤)는 유(劉)로, 하루(賀樓)는 루(樓)로, 물뉴우(勿忸于)는 우(于)로, 흘해(紇奚)는 혜(嵇)로, 위지(尉遲)는 위(尉)로, 달해(達奚)는 해(奚) 등 모두 118개 복성을 단성으로 바꾸었다. 그는 친히 조례를 정해, 선비의 목, 육, 하, 유, 루, 우, 혜, 위 8성을 한인 사족 중 범양 여씨(盧氏)와 청하 최씨, 형양(滎陽) 정씨(鄭氏), 태원 왕씨 4개 성씨의 가문과 동등하게 취급하여 낮은 관직을 주지 못하게 함으로써 선비 8성 또한 문벌화되었다. 또한 효문제는 한화를 가속화하기 위해, 선비인과 한인의 통혼을 촉진하였고, 자신도 노, 최, 정, 왕 및 농서(隴西) 이씨의 여인을 궁으로 들여 첩으로 삼았으며, 또한 여섯 형제에게 한인 사족의 여인을 들여 정비로 삼도록 강요하였다. 원희(元禧)는 농서 이보(李輔)의 여인과, 원간(元干)은 대군(代君) 목명안(穆明安)의 여인과, 원습(元習)은 형양 정평성(鄭平城)의 여인과 정혼을 하였으며, 원옹(元雍)은 범양 노신보(盧神寶)의 여인과, 원협(元勰)은 농서 이충(李冲)의 여인과, 원상(元詳)은 영양 정의(鄭懿)의 여인과 정혼을 하였다. 황족과 한인 사족과의 통혼은 자연스럽게 선비인에게 영향을 미쳤고, 중원으로 들어온 선비인들은 매우 빠르게 한화, 융합되었다.

셋째, 효로 나라를 다스릴 것을 제창하였다. 효문제는 효제(孝悌)를 장려하고 노인 공경과 양로(養老)의 분위기를 제창하였다. 효문제 이후 효로써 나라를 다스리는 것이 북위의 전통이 되었으며 여러 황제들의 시호로 '효' 자가 자주 사용되었다. 또한 《효경(孝經)》이 종실학으로 자리를 잡음으로써, 황실에서 《효경》을 강의하는 것이 매 왕조의 관례가 되었다.

효문제의 전반적인 한화 정책은 호족 정권을 정치적, 문화적으로 중원문명에 동화시키는 것이었다. 《위서(魏書)》에서는 "예의를 베풂이 다시 흥성하니 황하와 낙수사이 지역에 주(周)나라의 도(道)가 다시 융성하였다"라고 말하고 있다. 그는 조서의 형식으로 사해(四海) 사족을 정하고 법률적으로 사족 제도를 규정하여, 호한의 구별을 사서(士庶)의 구별로 전환하였다. 효문제 후기, 한인 사족의 재상 수가 1/4밖에 되지 않았던 것이 1/3로 상승하였다. 선무(宣武), 효명(孝明) 두 황제를 지나면서 호한의 비율이 거의 대등해져, 화이의 구별이 이미 매우 옅어졌음을 어렵지 않게 볼 수 있다.

북위 시기, 유학의 역할은 경학의 시각에서뿐만 아니라 정치, 문화 쪽에서도 그 역할이 평범치 않았다. 유학은 민족 융합의 속도를 가속화시켰으며, 또한 중원의 전통문화를 발전시키고 널리 퍼뜨렸다. 북방 한족 사대부의 눈에는 강을 경계로 통치하고 있는 남조가 이미 더 이상 전통을 간직한 왕조가 아니었으며, 북위 통치하의 중원이 오히려 전통문화의 중심이 되었다. 양(梁) 무제(武帝)는 진경지(陳慶之)를 파견해서 북해왕(北海王) 원호(元顥)가 낙양으로 돌아가는 것을 호위하게 하였는데, 진경지는 낙양에서 열린 연회석상에서 자신만만하게, "위(魏)가 매우 강성하지만 여전히 오호(五胡)라 불릴 만하다. 대대로 이어받은 정통은 당연히 강남(江南)에 있다"라고 말하였다. 그러나 자신이 친히 낙양의 변화와 번영의 분위기를 보고 양조로 돌아와서는, 이렇게 다른 사람에게 말하였다고 한다. "진(晉) · 송(宋) 이래 낙양은 황무지가 되었으며, 장강 이북에는 모두 오랑캐들뿐이라고 하지만 지난 번 낙양에 갔을 때야 비로소 의관사족(衣冠

士族)이 모두 중원에 있음을 깨달았다. 예의가 발달하고 인물이 많아서 눈으로 다 파악이 안 되고 입으로 다 전달할 수가 없다."

개혁의 결과로, 북위는 민족의 융합을 촉진시킴으로써 통일을 위한 기초를 다지게 되었다. 그러나 상층 귀족들은 개혁에 대해 상당한 적의를 품고 있었다. 그들은 황제가 한인 사족을 편애한다고 반감을 품고 있었으며, 선비 귀족 세력이 약화되는 것에 불만을 갖고 있었다. 때문에 궁정정변과 음모가 30년 동안 끊이지 않았다. 534년, 북위는 동위(東魏)와 서위(西魏)로 분열되었다. 동위는 16년간 지속되었고, 서위는 21년간 지속되었으며, 각각 북제(北齊)와 북주(北周)로 계승되었다. 그 후 북주가 북제를 병합하였고, 수(隨)가 다시 북주를 대신하였으며, 이어 남조의 마지막 왕조 진(陳)이 수에 의해 멸망하여 중국의 통일이 완성되었다. 통일 국면은 수대에 형성되었지만, 기초는 오히려 위 시기에 다져진 것이었다.

재통일의 길은 강력한 힘이 있는 서방이 동방을 합병하는, 그리고 다시 강력한 힘이 있는 북방이 남방을 합병하는, 이전의 진나라 통일과 비슷한 궤적을 보이고 있는데, 이것이 우연이라 말할 수 있겠는가?

## 41. 균전제(均田制)와 부병제(府兵制)

485년 북위가 균전령을 반포하여, 후대 사람들이 균전제라고 부르는 토지 제도를 확립하였다. 이 제도는 중국 역사상 큰 이정표라 할 수 있는 것으로, 이후 북제, 북주로 계승되었고, 계속해서 통일 제국인 수, 당까지 실시되었다. 이 제도는 2세기 반에 걸쳐 지속되었기 때문에 다른 사람들의 주목을 받기에 충분하다.

토지 문제는 전통 농업 사회에서 시종 까다로운 문제였다. 서한(西漢)부터 위진(魏晉)까지, 끊임없이 정치가, 사상가들은 토지겸병을 제한하고 토지 문제를 해결할 방안을 제기하였지만 모두 효과를 거두지는 못하였다.

북위는 어떻게 균전제를 실시할 수 있었는가? 이것은 당시 특정한 역사적 조건과 관련이 있다. 서진 말 이후 북방에는 장기간의 전란으로 백성이 유망하거나 죽었기 때문에 주인 없는 황무지가 많이 존재하였다. 북위 건립 후, 사회가 점차 안정되어, 유망 인구가 고향으로 돌아왔을 때, 한편으로는 대량의 황무지를 경작할 주인이 없었고, 다른 한편으로는 많은 농민들이 토지가 없어 경작할 수가 없는 상황이었다. 균전령은 바로 이런 상황하에서 출현하였다.

이 제도는 선비족이 중원으로 들어온 이후 실시한 계구수전(計口受田)과 밀접한 관계가 있다. 북위는 구도(舊都) 성락(盛樂)과 신도(新都) 평성(平城)을 중심으로 한 광대한 토지의 농업과 목축업의 발달로 인해 대량의 이민이 필요하였다. 이런 배경하에서 노동력에 따른 토지 분배, 즉 계구수전이 아주 자연스럽게 이루어졌다. 천흥(天興) 원년(398년) 후연(後燕)을 멸망시킨 후, 후연의 백성 36만 명과 기술자 10만여 명을 경성으로 이주시키고 "내사한 새로운 백성에게 농사용 소를 지급하고 사람 수를 세어 토지를 내리도록" 조서를 반포하였다. 이후 도민(徒民), 계구수전의 기재는 거의 매년 있었다. 도민의 역할은 농업 노동력을 향상시키는 것에 있었으며, 유목 경제로부터 농업 경제로 전환하는 과정에서 나타난 특수한 분업 형태의 필요에 적응한 것이었다. 선비인들이 중원으로 들어오면서, 자신들의 전쟁으로 도민이 나타난 것이었다. 도민을 경성 근방에 안정시켜 노동력에 따라 토지를 분배하는, 즉 계구수전의 목적은 "남는 인력과 노는 토지가 없게 하기 위해서"였다.

이 제도는 또한 중원 지역 도처에 있는 보오공동체(堡塢共同體) 내부의 농촌공사식 토지분배와 매우 깊은 관련이 있다. 이런 "장원에 모여, 스스로 방어하는" 공동체는 지역이 넓고 산세가 험준한 곳에 존재하였다. 당시 종주가 종족 향당을 이끌고 그곳으로 피난 가서 다시 토지를 분배하는 데에는 적지 않은 조치가 필요하였다. 광활하며 산세가 험준한 곳에는 많은 주인 없는 황무지가 존재하였고, 또한 다른 곳으로부터 옮겨 온 종족 향당은 원적을 떠나와 사유 관념이 희박하였기 때문에, 노동력에 따라 토지를 균등하게 분배하여 공동으로 생산, 공동으로 소비를 할 수 있었다. 이것이 곧 균전제의 모델이 되었다. 《북사(北史)》〈이령전(李靈傳)〉에서 조군 이령의 손자 이현보(李顯甫)는 "이씨 집안 수천 가를 은주(殷州) 서쪽 산에 모아 이어천(李魚川) 근방 50-60리를 개척하여 거주시켰다"라고 하였다. 이것은 선비가 남하하면서 야기된 사회동란에 대응하는 일종의 중원 호족의 변환 수단이었다. 《관동풍속전(關東風俗傳)》은, 당시 중원의 조군 이씨와 같은 상황이 아주 많아, "하나의 종족이 거의 일만 개의 집으로 구성되어 있었고 처마가 서로 이어져 있었다"라고 지적하고 있다. 족장은 종가를 이끌고 이주하여 산세가 험하고 앞이 확 트인 곳에 모여 살면서 보오공동체를 이루었다. 이것이 당시 성행하던 종주독호제(宗主督戶制)의 사회적 기초였다. 이현보는 종주로서, 그의 향당을 보호하고 놀고 있는 새로운 궁벽한 토지에 거주하면서 계구수전적 토지 분배 방식을 실행하였다. 이후 북위 문명태후(文明太后)에게 균전제 방안을 제출한 이안세(李安世)가 조군 이씨 가족 출생이라는 것은 결코 우연이 아니었다. 그는 분명히 당시 보편적으로 존재한 보오공동체, 노동력에 따른 토지의 분배라는 특수한 배경에 영향을 받은 것이다. 이안세가 상소할 때 예전의 정전제를 언급하며 정전의 분배 방식이 "토지는 비워짐이 없고 백성은 노는 힘이 없는" 것으로, 즉 황무지가 없고 또한 노는 손도 없고, 사람들이 모두 1결의 경지가 있어 국가도 조세를 받을 수 있을 것으로 인식하였다.

따라서 태화(太和) 9년(485년)에 반포된 〈균전령〉은 "이제 사자를 보내어 주군(州郡)을 순행(循行)하고 주목(州牧)·태수(太守)와 함께 천하의 농지를 나눠주는데, 주고 돌려받음은 생사(生死)를 가지고 결정하며, 농업과 잠상(蠶桑)을 장려하여 백성을 부유하게 하는 근본을 흥성하게 한다"라는 취지였다. 소위 "모두에게 천하의 토지를 준다"는 것, 즉 균전은 토지 관계의 현실을 고려하여 다시 토지를 새롭게 분배하고, 황무지나 주인이 없는 토지 및 소유가 불분명한 토지에 대해서는 정부가 노동력에 따라 분배하는 것이었다. 균전령의 내용은 매우 복잡한데, 가장 중요한 요점은 15세 이상 남자에게 노전(露田, 나무를 심지 않는 토지) 40무를 주고 부녀에게는 20무를 주며, 그리고 각각의 남자에게는 또한 상전(桑田, 뽕나무, 대추나무, 느릅나무를 심는 토지) 20무를 주어 세업(世業, 세습할 수 있는)으로 삼고, 뽕나무를 심기에 마땅하지 않은 지역은 남자에게 마전(麻

田) 10무, 부녀에게는 5무를 준다는 것이었다.

균전령 규정에서 볼 때, 몇 가지 주목할 만한 것은, 첫째 경지는 노동력(15–70세) 및 대신 수고하는 가축〔정우(丁牛)〕에 따라 분배하며 노비와 양인(良人)에게도 토지를 분배하지만 15세가 안 된 경우에는 수전하지 않고, 70세를 넘기면〔이를 노(老)라 한다〕 토지를 반납해야만 한다는 점이었다. 둘째, 상전(혹은 마전)은 세습할 수 있으며, 또한 매매도 가능하였다. 셋째, 매매는 제한적으로 정액을 초과했을 경우에만 파는 것이 허락되었고 부족할 경우에는 사들일 수도 있었다. 즉 정액 내에서의 상전은 팔 수 없었으며 "사들인 것이 정액을 넘을 수"도 없었다.

땅은 개간되지 않고 사람은 적으며, 따라서 생산력이 떨어지는 특수한 환경 속에서 이런 규정은 노동력을 토지에 고정시킬 수 있었고 농업 생산의 회복, 발전에도 유리할 뿐 아니라 정부의 조세 수입 증가에도 유리하여 북위 왕조는 경제적으로 성공할 수 있었다.

그러나 토지 소유권은 사회관계의 산물로서, 그것은 법령, 제도적 규정에 따라 일시에 변할 수 없는 것이다. 주인이 없는 황무지나 소유권이 불분명한 토지는 분배에 따라 구농가가 장기 점유하고 사용한 후 그 소유 관계가 점차 변화하였다. 첫 번째 이유는 엄격한 환수 제도 때문에 토지를 장기간 유지하기가 어려웠기 때문이었다. 둘째는 농가의 자손이 증가하면 규정에 따라 반드시 정(丁)을 조사하여 토지를 분배하였는데, 문제는 이런 지역의 경지가 제한적이기 때문에, 새로 증가한 인정(人丁)에게 규정에 따른 수량만큼 분배할 수 없었다는 점이다. 셋째, 법령이 비록 상전은 매매할 수 있다고 규정하고 있으나, 이 규정은 노전은 매매할 수 없다는 규정과 충돌할 수밖에 없었고, 때문에 균전령의 조문은 이미 존재하고 있던 토지 관계에 대한 반영일 뿐, 시간의 추이에 따라 그것은 현실 상황과 멀어질 수밖에 없었다. 결국 사람들도 규정을 절대시 하지 않았고, 균전령의 내용 또한 오랫동안 변하지 않은 채 유지될 수 없었다.

런던 대영도서관이 소장한 서위 대통(大統) 13년(547년) 계장(計帳, 원문에는 '장'이라고 씌어져 있지 않다) 문서는 북위에서 서위 시기까지의 균전령 실시에 대한 구체적 상황을 보여 주고 있다. 서위가 규정한 수전 기준과 북위는 약간 다르다. 정남(丁男, 18-64세)은 마전 10무, 정전〔正田, 즉 노전(露田)〕은 20무, 정처(丁妻, 결혼해서 64세까지)는 마전 5무를 받았고, 융(癃—*쇠약한 사람), 노남(老男, 65세 이상), 중남(中男, 10-17세), 소남(小男, 4-9세) 및 노녀(老女, 65세 이상)는 호주인 경우에 정처와 같이 토지를 분배받았다. 정노(丁奴)에게는 정남과 동일하게 수전하였고, 정비(丁婢)는 마전 5무, 정전 10무, 정우는 마전 없이 정전 20무만을 수전하였다. 그러나 계장 문서가 반영하는 실제 상황은 상술한 규정과 큰 차이가 있었다. 예를 들어, (1) 고연천부(叩延天富) 한 호의 수전 상황을 보면, 그 집은 정남 1인, 정처 1인으로 규정에 따라 마전 15무, 정전 30무를 받을 수 있었으나 실제로는 단지 25무만을 받았다. 호주 고연천부는 마전 10무와 정전 10무를 받아, 마전은 족하였지만, 정전은 10무가 부족하였고, 그의 아내 유토귀(劉吐歸)는 마전 5무(족함)는 받았지만 정전은 충족시키지 못하였다. 이 가구는 마땅히 받아야 할 토지인 마전 15무는 충분하였지만 정전 30무 중에 단지 10무만을 받을 수 있었다. 주목할 만한 것은 수전이 부족한 상황에서, 먼저 세습이나 매매할 수 있는 마전을 만족시키고, 부족한 수량은 반드시 환수해야만 하는 정전으로 두었다는 것이다. (2) 왕피난(王皮亂) 가구의 수전 상황은, 고연천부와 기본적으론 비슷하였다. 마땅히 수전 받을 것은 45무였지만, 실제로는 22무만을 받고, 23무를 받지 못하였다. 실제로 받은 22무는 마전 15무와 정전 7무를 포함하고 있었다. 마전은 충분하였지만 정전은 23무가 부족하였다. (3) 후노생(侯老生)의 수전 상황은 수전 대상이 정남 2인, 정처 1인, 그 외 정우 1마리로서, 마땅히 받아야 할 토지는 100무였지만 64무만을 받았다. 호주 및 처의 마전과 정전은 충분하였지만, 아들의 경우 마전은 충분하였으나 정전 12무가 부족하였고, 소 1마리에 대해서는 토지를 받지 못하였다.

남아 있는 서위 대통 13년 계장 문서로 볼 때, 균전제를 실시하는 상황 속에서, 실제 수전 양과 마땅히 수전받아야 할 수량에는 큰 차이가 있었으며, 아울러 완벽하게 법령 조문에 따라 처리된 것도 아니었다는 점과 수전 부족은 당시 보편적 문제였다는 것을 알 수 있다. 일본의 학자 이케다 온〔池田溫〕은 《중국 고대 적장연구(中國古代籍帳研

究)》에서 서위 계장 문서 가운데 33호(戶)의 수전 상황에 대한 통계를 분석하였는데, 33호 가운데 수전액을 만족시킨 대호(大戶)는 모두 융(癃), 노(老), 소(小), 중남(中男)이 호주인 경우로 정남, 정처가 없어 세금을 납부하지 않는 가구였다. 매 호는 평균 49무 3분(分)을 수전하였다. 그 나머지 26호는 모두 정남, 정처가 호주로서 6호는 72.5퍼센트, 13호는 51.1퍼센트, 7호는 33.2퍼센트의 수전액이 부족하여 평균 수전액이 52.2퍼센트에 불과하였다. 따라서 법령 조문으로 따져보면, 균전제가 분명 단편적일 뿐이라는 것을 알 수가 있다.

그러나 균전제와 동시에 실행된 조조제(租調制)는 오히려 매 호 수전이 족하다는 가정을 전제에 둔 것이다. 서위 대통 13년 계장 문서를 보면, 과호(課戶)를 상, 중, 하로 나누어 조(調)의 부담을 일정하게 포(布) 2장〔2장(丈)=1필(匹)〕과 마(麻) 1근으로 하였다. 조(租)의 경우는 상호(上戶)가 2석(石), 중호가 1석 7두(斗) 5승(升), 하호는 1석이었다. 상호 1부 1부(一夫一婦, 즉 정남, 정처)의 조조 부담은 포 1필, 마 2근, 조(租) 4석이었고, 하호의 1부 1부는 포 1필, 마 2근, 조 2석이었다. 호 내 만약 정비(丁婢)나 정노(丁奴)가 있으면 포 1장, 마 8량, 조 4두 5승을 납부해야만 했다. 호 내에 농사짓는 데 쓰이는 소가 있는 경우에는 포 2척(尺), 조 1두 5승을 납부해야만 했다. 이런 조조(租調)의 징세율은 각 호가 실제로 받은 토지의 상황과는 무관하여, 정남 혹은 정처가 받은 토지가 충분하건, 부족하건 조조는 모두 획일적으로 부과되었다. 이는 균전제의 실시가 적극적으로 토지 관계를 조정하는 것이었지만, 근본적인 출발점은 농호에 대해 획일적으로 조세를 징수하고자 하는 정부의 편리함을 염두에 둔 것이었음을 보여 주고 있다.

이런 균전제는 북제, 북주, 수, 당까지 계속 이어졌으나 사회적 배경이 변화함에 따라 점차 실질적인 내용이 없는 빈껍데기가 되어 갔다. 《자치통감》의 편자 중 한 명인 유서(劉恕)는 "위〔(北)魏〕·제〔(北)齊〕·주〔(北)周〕·수(隋) 시기에는 전쟁이 끊이지 않아 농민은 적고, 비어 있는 토지는 많았기 때문에 균전제가 존속하였다. 당(唐)에 이르러 태평 시대가 오래 계속되어 인구는 많아졌으나 관(官)에는 노는 농지가 없어 다시 나눠주지 못했기에 균전제는 공문(空文)이 되었다"라고 말하였다.

부병(府兵)은 병농합일(兵農合一)의 군대였다. 서위 우문태(宇文泰)가 십이군 선비금려(十二軍鮮卑禁旅)를 6군으로 바꾸고, 육주국(六柱國)이 6군을 나누어 인솔하였다. 우문태 본인과 서위 종실 원흔도 명의상 주국이었으므로 실질적으로 통솔하는 육주국은 모두 팔주국이 되었다. 이것은 예전 팔부군장대인(八部君長大人)이 통솔한 선비족의 부락병제에서 연용된 것이다.

중원으로 들어온 후 유목민은 군대를 각지로 보내어 토지를 강제로 점령하였다. 그중 일부는 목축업을, 일부는 종식업(種植業)을 운영해 토지를 군대에 예속시킴으로써 영주식(領主式) 토지 관계가 형성되었다. 병농합일적 부병제는 이런 특수한 토지 관계의 산물이었다. 그 후 많은 한족 농업 인구가 부병에 합세하여 일련의 변화가 발생하였다. 수의 통일 후, 개황(開皇) 10년(590년) "무릇 군인들을 주현(州縣)에 속하도록 하고 토지 개간과 호적은 백성과 같게 하라. 군부(軍府)의 통령(統領)은 마땅히 옛 제도에 의거하라"라는 조서가 내려졌고, 부락병제의 비부락화를 촉진함으로써 병농합일적 징병제(徵兵制), 그리고 균전제와 합쳐져, 수전 방식으로서의 병농합일적 군대를 유지하게 되었다. 이 이전의 부병은 일반적으로 군영에 따라 군호에 속하였다. 이후, 군인은 민호로 편제되어 주현 관할에 속하게 되었고, 정부는 수시로 민호를 징발하여 종군시켰다. 군인 및 가솔은 모두 균전령에 따라 수전하였지만, 조조를 내진 않았다. 균전제와 부병제는 모두 일종의 불완전한 과도기 형태로서, 지속되기는 어려웠다.

부병은 수전으로 보장되었기 때문에, 수전이 부족해지자 부병의 유지가 큰 문제였다. 일반적으로 말해서, 한 명의 부병이 100무를 수전하였다. 비록 조조의 부담은 없었지만, 그러나 부병 스스로 병구(兵具)와 의복, 식량을 준비해야만 했고 그 병역 부담이 수전 100무의 보통 정남보다도 훨씬 컸다. 규정에 따라 조용조(租庸調) 전액은 세역(歲役) 50일과 맞먹었으며, 위사(衛士) 1년은 병(兵) 2개월에 해당했기 때문에 조용조를 초과할 뿐만 아니라, 자신이 직접 장비며 식량을 조달해야만 했다. 이 때문에 당나라 중기부터 고용병(雇用兵)이 부병을 대체하는 것이 일반적 추세가 되었다.

## 42. 문벌 정치(門閥政治)

동진의 장군 유유(劉裕)는 두 차례 북벌로 남연, 후진을 멸망시킴으로써 가장 세력이 큰 인물이 되었다. 420년, 그는 진 공제로 하여금 제위를 내놓게 하고 스스로 황제가 되었다. 그는 국호를 송(宋)으로 바꾸고, 남조의 첫 번째 정권을 세우게 되었다. 동진 왕조는 103년(317-420년) 동안 존속한 후, 송에 의해 대체되었다.

남조의 송, 제(齊), 양(梁), 진(陳)은 동진의 전통을 계승하여 북조와 충돌하면서 420년에서 589년까지 169년간 존속하였다. 중원 왕조의 전통이 된 남조는 동진 이래 문벌 정치의 모든 부패를 계승하였고, 제왕들은 거의 모두 부끄러움도 모르는 채 방탕한 생활을 하는 무리들이었다. 예를 들어 송나라 오대 황제 유자업(劉子業)은 재위한 지 18개월 만에 모든 역사 기록을 파괴시켜 버렸다. 그리고 그의 이복 누나 산음 공주(山陰公主)에게 30명의 남첩을 하사하였다. 왜냐하면 산음 공주가 황제가 된 동생에게 "폐하는 후궁 수백 명을 둘 수 있는데, 왜 나는 한 명의 부마만을 가질 수 있느냐? 매우 불공평하다"라고 말하였기 때문이었다. 또한 제의 6대 황제 소보권(蕭寶卷)은 불교의 상징인 연꽃에 금박을 입혀 제작한 후 침상 위에 붙여 놓고, 작은 발을 가진 총비(寵妃) 반씨(潘氏)에게 춤을 추게 했는데 마치 관세음보살 같았다고 한다. 중국 역사에서 여자들의 전족은 이 소보권의 장려로부터 시작되었다고 한다. 수 양제는 남조 때 얘기를 하면서 대신들에게 "강동의 여러 제왕들은 대부분 화장을 하고 깊숙한 궁전에만 앉아 백성들과 만나지 않았다는데, 이를 어떻게 봐야 하는가?" 하고 물으니, 대신들은 "그것이 그 나라들이 오래가지 못한 이유입니다"라고 답했다고 한다.

이런 무능하고 사악한 군주가 바로 문벌 정치와 무인전정(武人專政)의 산물이었다. 소위 문벌 정치는 문제(門第)와 벌열(閥閱)을 중시하는 귀족 정치로서, 동진 이래 정치적 전통이었다. 일본의 동양사학의 선구자 나이토 고난〔內藤湖南〕은 육조(六朝, 오 · 동진 · 송 · 제 · 양 · 진)는 귀족 정치 시대로서, 육조의 귀족은 유럽 중세의 영주 귀족도, 아닌 상고(上古) 시대의 씨족 귀족도 아닌, 단지 일종의 지방의 명문가 출신의 성격을 갖는 귀족이라 간주하였다. 한나라 관료가 여러 차례 변화하여 성장하기 시작한 육조 귀족은 사대부 집단—유학을 핵심적 한문화로 삼아 지방까지 보급시켜 형성된 신흥 사대부 집단—으로서, 여러 세대 관료를 지내며 형성된 망족(望族)이었고 그 기본은 바로 문제(門第)였다.

전여경(田余慶)은 《동진문벌정치(東晋門閥政治)》에서 동한의 세가 대족(世家大族)이 없었다면 위진의 사족도 출현할 수 없었을 것이라고 지적하였다. 세가 대족은 비록 대대로 계승되는 성질을 갖는 것이었지만, 법률적 보장을 갖고 세습되는 봉군(封君)과는 다른 것이었다. 물론 동한의 세가 대족 혹은 위진의 사족(士族) 성원의 대부분은 이미 변화하였다. 이런 변화를 촉진시킨 정치상의 주요 원인은 첫째, 사회 대동란이었으며, 둘째는 빈번한 왕조 교체와 분쟁이었다. 동진 사족, 즉 정권을 담당한 문벌 사족의 문호(門戶)는 낭야 왕씨, 영천(潁川) 유씨(庾氏), 초국(譙國) 환씨(桓氏), 진도(陳都) 사씨(謝氏), 태원(太原) 왕씨(王氏)였다. 문벌 정치는 황권 정치의 특수한 조건하에서 변형되어 동진 왕조 시기에 출현한 것으로 3가지 조건을 갖고 있었다. 하나는 이미 권력을 갖고 있으면서 영향력도 갖춘 사회 계층, 즉 사족의 존재였다. 둘째, 권위는 상실하였지만 여전히 일정한 호소력을 갖고 있는 황통의 존재, 그리고 셋째는 민족 모순이라는 외부적 조건의 존재였다. 이 때문에 동진은 황권과 사족 공통의 통치하에 비로소 균형과 질서를 유지할 수 있었고, "왕씨(王氏)와 사마씨(司馬氏)가 천하를 공유"하는 일시적 국면을 형성하였으며 아울러 황실과 사족이 공동으로 권력을 장악함으로써 동진 시대 문벌 정치의 모델이 되었다. 이후 집정한 유씨, 환씨, 사씨는 배경은 다르지만, 모두 사마씨와 천하를 공유하였다.

소위 문벌은 문(門)과 벌(閥), 두 층위의 의미를 갖고 있었다. 문은 즉 문제(門第), 문호(門戶)를 뜻하고 벌은 벌열(閥閱)을 뜻하는 것으로써, "그 등급을 밝힌 것을 벌(閥)이라 하고, 그 공적을 쌓은 것을 열(閱)"이라 하여 문벌은 문제의 등급을 의미하였다. 또한 당시에는 '문지(門地)'라고도 불리었는데, 지는 지망(地望)을 가리키는 것이었다. 즉 종족의 적관(籍貫)으로서, 지망에 따라 성씨를 구분하고, 지망에 따라 귀족을 나누는 것이 당시 사회 등급 구조의 외부적 특징이었다. 예를 들면, 서진 사족 고문(高門) 왕씨는 태원 왕씨와 낭야 왕씨로 나뉘어 태원 왕씨가 대대로 고관을 차지하여 굴지의 높은 문벌이 되었다. 그러나 동진 시대 들어와 낭야 왕씨가 개국 공신으로서 재보(宰輔)를 역임하며 일시에 교성(僑姓) 사족의 영수이자 최고의 문벌이 되었다. 이 두 왕씨의 구분은 곧 지망에 따른 것으로써, 남조에 들어와서는 지망의 구분이 더욱 엄격해졌다.

문벌 정치의 특징은, 집안의 높은 지위를 이용하여 사족 고문의 자제가 공경(公卿) 자리에 앉을 수 있었다는 점이었다. 왕하(王瑕)는 태원 왕씨 출신으로 "어렸을 적부터 지체 높은 가문으로 인해 벼슬이 광록훈에 이르렀고", 유빙(庾冰)은 영천 유씨 출신으로 스스로 "가문이 좋아서 재상이 되었다"고 말하였으며, 진도 출신의 사혼(謝混) 또한 "상서복야(尙書僕射) 사혼은 집안 대대로의 권력을 빌려 뛰어난 행운과 특별한 대우를 받았다"고 한다. 낭야 왕씨 가운데 왕도(王導) 일족은 남제 시기 왕검(王儉)으로 끝이 났지만, "6대에 걸쳐 이름난 인물이 나와 벼슬을 하였으며", 재상직이 대대로 이어졌다. 단지 사족(士族) 고문(高門)만이, 심지어 백치일지라도 고관으로 나아갈 수 있었기 때문에 당시 "문지이품(門地二品)"이라는 말이 있었다. 그 뜻은 단지 '문지〔문벌(門閥), 지망(地望)〕'에 따라 구품중정제 가운데 고관, 즉 이품을 얻을 수 있었고, 그 후 문벌과 지망으로써 벼슬길로 들어가 승진할 수 있다는 것이다.

이런 문벌 정치는 심각한 폐단을 수반하였다. 우선, 재능에 상관없이 사족 고문은 문제에만 기대어 고관이 될 수 있었기 때문에, 그들은 유유자적하며 방탕한 생활에 빠져 정치에는 관심도 없었다. 따라서 일이 많고 고생스런 관직, 특히 군직을 꺼려 정치·군사적 기능은 나날이 약해져 갔다. 또 문제라는 것은 소멸되지 않는 것이었기 때문에, 귀족은 손쉽게 관직을 얻을 수 있었고, 상층 사족은 왕조가 변하는 격변 속에서도 뒤로 물러나 자신의 이익만 챙겼으며, 심지어는 기회주의적 태도를 보이며 부화뇌동하였다. 이는 남조 시대에 극에 달하였다.

북방 사족이건 남방 사족이건 모두 마음껏 가무와 여색을 즐기며 방탕한 생활을 영유하였다. 그들은 고관의 지위를 갖고 있었지만, 오히려 청담(清談)을 숭상하였고,

실질적인 사무에 대해서는 아는 것이 하나도 없었다. 어떤 관료는 기마병을 관리하는 책임을 지고 있었는데, 어떤 사람이 그에게 몇 마리의 말을 관리하느냐고 물었더니, "말을 모르는데, 어찌 그 수를 알겠는가"라고 답하였고, 최근에 말이 몇 마리나 죽었느냐는 물음에, "삶을 모르는데, 어찌 죽음을 알겠는가"라고 답하였다는 것이 그 전형적인 사례였다. 동진부터 송, 제, 이렇게 삼대 150여 년간, "강남관대(江南冠帶)"라 불린 사족(士族) 고문(高門)의 나쁜 근성은 점점 극에 달하였다. 그들은 "조정에 있으면서 전쟁의 위급함을 알지 못하였고, 봉록을 받으면서도 농사의 괴로움을 알지 못하였으며, 아전과 백성을 부리면서도 노역의 부지런함을 알지 못하였다"고 한다. 사족의 분위기는 날로 문약해져, 큰 옷을 입고 넓은 허리띠를 두르고, 큰 신발을 신고 유유자적하였다. 그들 대부분이 "나갈 때는 가마를, 들어와서는 다른 사람의 부축을 받아" 한시도 다른 사람의 시중을 떠날 수가 없었다. 양나라의 건강령(建康令) 왕복(王復)은 평생 말을 본 적이 없어 말이 소리를 지르며 날뛰는 것을 보자, 호랑이인 줄 착각하고 어쩔 줄 몰라하며 두려워하였다. 다른 사람들이 이것은 말이지, 호랑이가 아니라고 말하자, 뜻밖에도 그는 "바로 호랑이인데, 어찌 이름이 말이란 말인가?"라고 말하였다고 한다. 사족 자제들은 "옷에 향기를 배게 하고, 수염을 깎고, 화장을 하여" 남자도 여자도 아닌 모습으로, 생각도 기이하였다. 그들은 하루 종일 배불리 먹으면서 아무 일도 하지 않았고, "높은 창이 있는 가마를 몰며, 높은 굽의 신발을 신고 다리를 벌려 의자에 앉아서 악기를 갖고 놀았다". 심지어 한위(漢魏) 이래 사대부가 독점하고 있던 전통문화 지식조차도 제대로 알고 있는 사람이 없었다. 그들은 고급 문맹이 되어, 붓으로 자신의 이름만 겨우 쓰고 연회에서 다른 사람들이 시부(詩賦)를 암송하면, 그들은 단지 "고개를 끄덕이며, 하품만 할 뿐이었다".

사족은 그 사회적 지위와 특권을 유지하기 위해, 서족한문(庶族寒門)이 관직에 끼어들지 못하도록 했을 뿐만 아니라, 혼인에서도 매우 엄격한 제한을 두었다. 사족 고문은 단지 사족 고문과 통혼을 할 수 있었을 뿐만 아니라, 만약 사족 이외의 사람과 통혼을 하는 경우에는 실수로 혼인한 것으로 여겨져 여론의 비난을 받았다. 이 때문에 사족은 족보와 군망을 중시함으로써 족보학이 새롭게 일어났다. 관리 직위의 고저는 사족의 족보에 의거해 신중하게 선발되었다. 송 문제(文帝)때, 유담(劉湛)은 관리를 선발하기 위해, 《백가보(百家譜)》 2권을 편찬하였다. 남제 때, 왕검(王儉)은 이부에 있으면서, 그 책을 《백가집보(百家集譜)》 10권으로 증보하였다. 이때부터 모든 이부 관원들은 족보학에 능통하게 되었고, 그렇지 않으면 직무를 담당하기가 어려웠다. 양(梁)나라 사람 서면(徐勉)은 《백가보》 20권을 편찬하여, 인사 업무를 처리할 때 기준으로 삼았다. 진나라 이부상서 공환(孔奐)도 족보학에 정통하였기 때문에, "성씨에 숙달하여", "선발된 모든 자가 벼슬아치들로 열복(悅伏)하지 않는 것이 없었다"고 하였다. 이런 정치적 분위기 속에서 족보학의 거두 가(賈), 왕(王) 두 성씨가 출현하였다. 동진 무제는 하동(河東) 가필지(賈弼之)에게 《성씨부장(姓氏簿狀)》 712편을 편찬, 18주(州) 116개의 사성(士姓)을 모으게 하였다. 동진부터 송, 제, 양조까지 가씨는 대대로 족보학을 전수하여 6대 인물 중 5대가 모두 족보학의 저작을 갖고 있었다. 왕승유(王僧儒)는 양 무제의 명을 받아 가필지 《성씨부장》을 토대로 《십팔주보(十八州譜)》(후에 《양무제총집경내십팔주보(梁武帝總集境內十八州譜)》로 개칭하였다) 710권을 편찬함으로써 문벌 정치를 집대성하였다.

그러나 남조의 문벌 정치는 이미 쇠퇴 일보 직전에 있었기 때문에 나날이 쇠약해져 갔다. 사족의 부패는 감당할 수 없을 정도였다. 무직을 담당할 사람도 없어 서족(庶族) 출신의 사람들이 군사를 담당하였고, 서족에게는 이것이 승진할 수 있는 유일한 출구였다. 남조 4명의 개국 황제—송의 무제 유유(劉裕), 제 고제(高帝) 소도성(蕭道成), 양 무제 소연(蕭衍), 진 무제 진패선(陳覇先)—는 모두 서족 출신으로서, 먼저 군권을 장악한 후 정권을 획득하였다. 서족 출신의 황제는 당연히 서족 관리를 선발하여 자신을 보좌하게 하였다. 왜냐하면, 사족은 정무 처리 능력이 없어, 고관의 높은 봉록은 받았지만 한직의 직무만을 담당할 수 있었기 때문이었다. 유송 시기, 농가 출신으로 "손은 책을 모르고, 눈은 글자를 알지 못하는" 심경지(沈慶之)가 시중직에 올라 남연(南兗), 서(徐), 연(兗) 3주(州)의 군사를 감독하였다. 소상인 출신의 대법(戴法)은 송 효무제(孝

武帝) 때의 남대시어사(南臺侍御使) 겸 중서통사사인(中書通事舍人)으로 시작하여 조정 내무일을 전적으로 관리하였다. 소제(蕭齊)와 유송(劉宋) 또한 한인(寒人)을 임용하여 요직을 담당하게 하였고, 중서통사사인 직이 요직이 되었다. 한직 출신의 기승(紀僧)이 중서사인을 맡았을 때, 제 무제는 다른 사람에게 "사람이 어찌 문벌만을 따지며 살겠는가? 기승은 의표가 당당하니 귀족이라도 그를 따를 자가 없다"라고 말하였다. 양 무제는 사족에게 매우 관대하여 그들에게 고위직을 주고, 또한 전문적인 보국(譜局)을 설치하여 사족 백가보(百家譜)를 개정하였다. 그러나 사족 문벌은 이미 쇠락의 길을 걷고 있었고 그는 송, 제와 마찬가지로 실제 정무에는 한문서인(寒門庶人)을 기용할 수밖에 없었다.

남조는 한문(寒門)이 요직을 장악하여 문벌 정치에 일대 충격을 가했지만, 그것이 오랫동안 형성되어 온 상황을 바꾸기는 어려웠다. 양 무제는 불교를 숭상, 심취하여 승려들을 대신해서 화려한 사찰을 건립하였다. 그는 수도 건강(지금의 남경)의 종산(鍾山)에 대애경사(大愛敬寺)를 건립하기 위해, 사원에 양전(良田) 80여 경을 시주하였다. 건강 일대에는 불사 500여 곳이 있었으며, 승려는 10만여 명이 있었다. 또한 그는 불교를 전파하기 위해 세 차례나 동태사(同泰寺)에 사신(舍身) 의식을 거행하였고, 그때마다 관료들은 엄청난 비용의 몸값을 지불하고 황제를 석방시켰다. 그러나 불교의 기형적 번영은 심각한 사회문제를 수반하였다. 승려는 '백도(白徒)'를 거둘 수 있었고, 비구니는 '양녀(養女)'를 거둬들일 수 있었으며, 모두 호적에 들어가지 않았기 때문에 많은 농민들이 세금을 피하기 위해, 너도나도 사원에 의탁하였다. 때문에 당시 "천하의 호구수가 거의 반으로 줄어드는 일"이 벌어졌다. 오래지 않아, 부패한 양나라는 후경(侯景)의 난이 일어나자 멸망하였다. 양 무제는 후경에게 연금을 당하여 굶어 죽었다. 동란 가운데 사족들 대부분이 죽었고, 문벌 정치는 이때부터 다시 회복될 수 없었다. 후경의 난은 문벌 정치에 치명적인 타격을 주었고, 이미 폐색이 짙었던 문벌 정치는 더욱 빠르게 쇠퇴하였다. 사서는 이와 같은 정황을 "양의 전성기 때 귀족 자제는 대부분 학식이 없었다", "명경시에서 책(策)을 구할 때는, 사람을 고용하여 책(策)을 내놓았고, 삼공구경(三公九卿)의 연회에서는 남의 손을 빌려 시를 지었다", "후경의 난이 일어나자 피부가 부드럽고 뼈가 약하여 잘 걸을 수가 없었고 체력과 기운이 떨어져 추위와 더위를 감내할 수 없었기에 창졸간에 앉아서 죽은 이가 종종 있었다"고 묘사하였다. 예전부터 붕괴의 기운은 자욱하였다. 육조의 금싸라기 땅으로 불렸던 남조의 도성 건강은 후경의 난으로 폐허가 되었고, 풍요로운 삼오(三吳) 지역은 "천리에 걸쳐 불 때는 연기가 사라지고 인적이 드물게 보이는" 상황이 펼쳐졌다. 양 무제의 자손들은 뿔뿔이 흩어져 서위, 북제에 투신해 서로 싸우게 되었고, 진패선(陳霸先)이 양을 대신하여 남조 최후의 정권 진(陳)을 건립하였다. 그러나 그가 통제할 수 있는 지역은 단지 강릉(江陵) 동쪽과 장강 이남의 협소한 땅으로 한정되었으며, 남조는 이미 쇠락하고 있었다. 정통에 근거한 남조의 전국 통일이 어찌 백일몽이 아니라 하겠는가!

## 43. 예술과 과학

서진 말년, 중원 상층 사회가 불교를 받아들이기 시작하면서 불교 교의가 명문세가에 널리 퍼지게 되었다. 북방 기마 민족의 통치자는 불교를 매우 좋아하였는데, 불교가 세계 대동(大同)을 공언할 뿐만 아니라 그들을 '만족(蠻族—*야만족)'으로 차별하지 않았기 때문이었다. 그리하여 불교는 중화라는 대지위에서 홍성하게 되었고, 불교 예술이 찬란하게 빛나게 되었다.

남북조 시기의 한호(漢胡) 융화, 민족 융합은 예술적 발전을 위해 예술이 활약할 수 있는 공간과 예술이 자생할 수 있는 토양을 제공하였다. 예술은 불교와 밀접한 관련이 있는 석굴 조형과 벽화 속에서 집중적으로 체현되었다. 중국인이 불교에 귀의하는 것은 복잡하면서도 매우 흥미로운 화제였다. 불교는 하나의 환상의 세계로부터 나온 것으로 현실 세계와는 대립되는 것이었다. 또한 사후의 영혼 생활을 꾸며냈는데 이 또한 인간세계의 생활과 대립되는 것이었다. 불교는 33단계의 천국과 18단계의 지옥에 대한 설법으로 내세관을 설명하였다. 때문에 괴로움과 어려움을 겪고 있는 사람들

운강석굴

이 현세보다는 내세에 의존하였고, 통치자들은 힘써 불교를 제창하였으며, 백성들은 불교를 적극적으로 신봉하였다. 북위 말년, 북방 각지에는 3만여 곳의 불사(佛寺)가 있었으며 2백여 만 명의 승려가 있었다. 이 시기에 만들어진 운강석굴(雲岡石窟), 용문석굴(龍門石窟), 돈황석굴(敦煌石窟)은 당시 불교가 중국인의 생활에 얼마나 광범위하게 침투되어 있었는지를 보여 주는 것으로서, 현재의 사람들을 놀라게 하고 있다.

운강석굴은 대동(大同) 서북쪽 무주산(武州山)에 있는 석굴이다. 북위 홍안(興安) 2년(453년)부터 시작하여, 전후 100여 년에 걸쳐 크고 작은 40여 개의 석굴과 10만여 개의 불상이 만들어졌다. 가장 큰 불상은 높이가 7장(약 16미터)에 달하는 반면 가장 작은 불상은 1촌(약 4센티미터)도 되질 않는다. 운강의 석각조형물은 매우 웅장하면서도 소박하여 사실적 분위기를 자아낸다. 제12굴 불뢰동(佛籟洞)은 석가모니 성도(成道) 경축을 주제로 석가모니의 '사상〔四相, 사존좌상(四尊坐像)〕'을 조각해 놓았다. 제1

존(尊) '출가상(出家相)'은 석가모니가 19세 때 왕궁을 나와 산에 들어가 수도하는 모습이다. 제2존 '고행상(苦行相)'은 그가 여위어 뼈가 그대로 드러난 나신으로, 브라만을 수행하는 고행도이다. 제3존 '성도상(成道相)'은 보리수나무 아래 금강석에 앉아 사제진의(四諦眞義)를 깨닫고 마침내 성불하는 모습이며 제4존 '전법륜상(轉法輪相)'은 성도를 한 후 50년 동안, 널리 중생들에게 설법하는 형상이다. 석가성도를 경축하기 위한 음악, 무용의 대전 모습은 예술적 모습과 실물의 소재를 모두 현실 생활에서 따왔기 때문에 1,500년 전 선비족의 문화상을 그대로 재현하고 있다. 즉 사람도 선비족이고, 의상도 선비복이며 춤도 선비 무용이고, 악기 또한 유목 민족이 즐겨 사용하는 '마상악기(馬上樂器)'이다. 이는 북위가 가장 번성한 평성(平城) 시기의 문화상을 반영하고 있기 때문에, 예술적 가치와 역사적 가치가 매우 높다.

용문석굴은 낙양성 남쪽 서산(西山), 즉 용문산에 있는 석굴이다. 북위 태화 18년(494년) 낙양으로 천도한 후 석굴을 짓기 시작하여 400여 년 동안 만들었다. 현존하는 석굴은 1,352개, 불단이 750개, 불상이 10만여 개, 조상제기(彫像題記)와 비석이 3천여 개, 불탑이 40여 개가 있다. 고염무의 《금석문자기(金石文字記)》에는 "후위(後魏) 호태후(胡太后)가 부도(浮圖)를 숭상하여, 바위에 굴을 파서 그 속에 불상을 새기니, 큰 경우는 1장(丈, 약 2.25미터) 남짓하였다. 10여 곳에는 후세 사람들이 들어가, 작게 갈아서 불상을 가지고 나왔다"라고 적혀 있다. 북위가 판 석굴로는 고양동(古陽洞), 빈양동(賓陽洞), 석굴사(石窟寺), 연화동(蓮花洞)이 대표적이다. 고양동에는 다리를 꼬고 앉은 석가세존상

용문석굴

(釋迦世尊像)이 몸이 드러나는 얇은 옷을 걸치고 있다. 그리고 미륵보살상의 감실 입구에 장식되어 있는 하늘을 나는 모습은 선이 아주 자연스럽고 또한 석상에 새겨진 서체는 힘이 넘친다. 현존하는 '용문 20품' 중 19품이 고양동에서 출토되었다. 용문 고양동 초기 작품들은 대부분 봉모(鳳帽)를 쓰고 옷깃이 달린 소매가 좁은 호복에, 긴 장화 모양의 혼통화(渾筒靴)를 신은 선비족 공양인(供養人)의 모습들이다. 이는 운강석굴과 유사하며, 바로 북위가 낙양으로 천도하기 이전의 문화 양식을 반영하고 있다. 그러나 후기 작품 속의 공양인 조각은 이미 한인 전통의상(큰 품과 넓은 띠를 두른)을 입고 있어, 선비의 한화 추세를 반영하고 있다. 빈양삼동 가운데는 빈양중동(賓陽中洞)이 가장 장엄하며 화려하다. 뒷벽의 주상인 석가모니상은 넓은 허리띠를 맨 가사를 입고, 긴 얼굴에 이마에는 초승달 모양이 있으며 높고 긴 코에 입 꼬리가 추켜 올라가 자비로운 미소를 머금고 있다. 옆에는 가섭(迦葉), 아난(阿難) 두 제자가 있으며, 문수(文修), 보현(普賢) 두 보살이 서서 시중을 들고 있다. 가섭의 형상은 신중하며, 아난의 형상은 활발해 보여, 매우 생동감 있고 자연스럽다. 입구 앞 벽의 '제후예불도(帝后禮佛圖)'의 부조는 효문제와 대명황태후를 중심으로 나뉘어, 남북으로 예불 행렬을 만들고 있는데, 그 구도는 치밀하고 조각은 생동감이 있다. 이 두 조각예술 걸작은 1934년 도굴되어 현재 미국 캔자스 주 넬슨미술관과 뉴욕예술박물관에 각각 소장되어 있다.

돈황석굴〔敦煌石窟, 막고굴(莫高窟)〕은 돈황 동남쪽 25킬로미터 밖 명사산(鳴沙山)을 깎아, 1,600미터의 절벽 위에, 4세기부터 14세기에 걸쳐 1천여 년 동안 동굴 700여 개를 파서, 4만 5천 제곱킬로미터 벽면에 2,400여 개의 채색 조소를 만들어 놓은 석굴이다. 규모가 아주 크고, 내용 또한 풍부하여 심오한 예술의 세계를 보여 주는 돈황석굴은 정말 귀중한 역사적, 예술적, 과학적 가치를 갖고 있다. 1987년 유네스코에 의해 세계문화유산으로 확정되었다. 돈황석굴 예술은 전진(前秦) 건안 2년(366년)부터 시작하여, 북조 시기에 가장 찬란하였다. 이곳의 석질이 비교적 약하여 조각하기에는 적합하지 않았기 때문에 석굴 예술은 다른 양식, 즉 벽화와 조소로 표현되었다. 벽화의 소재는 주로 석가모니의 설법도와 전생(前生) 이야기에서 취하였다. 제257굴 서벽의 북위 시

막고굴 외관 풍경

기 '녹왕본생(鹿王本生)'의 벽화는 매우 아름다운 우화를 이야기하고 있다. 아홉 빛깔의 사슴이 항하(恒河)에 빠진 사람을 구해 주는 이야기이다. 그림의 구조는 좌우 끝에서 중앙으로 전개되는데, 이런 특이한 방법은 연극적 클라이맥스의 효과를 갖추고 있으며 권선징악의 주제를 두드러지게 한다. 제254굴 남벽의 '살타태자본생(薩埵太子本生)' 벽화는 초기 불교 예술 중 살타가 호랑이를 키운 이야기를 묘사하고 있는데, 서로 다른 공간에서 발생한 일을 한 화면에 압축시킴으로써, 구도는 치밀하고 모습은 생동감이 있어 강렬한 비극적 분위기를 연출하고 있다. 이런 벽화 가운데 비천(飛天)은 북위 비천의 대표작으로서, 웃옷을 벗은 상태로 건장한 체격과 긴 다리를 쭉 뻗고 있는 모습이 '천화난타만천허공(天花亂墮滿天虛空)'의 시의(詩意)를 내포하고 있다. 비천은 원래 고인도(古印度) 신화 속의 오락과 가무의 신이었는데, 불국 세계(佛國世界)에서는 시종(侍從), 호법(護法)으로서 하늘에 나타난다. 돈황 비천은 날개에 의존하지 않고, 깃털도 없으며, 단지 하늘거리는 옷을 입고, 오색 비단 끈을 두르고 하늘을 훨훨 날고 있다.

제428굴 북벽의 북주(北周) 시기 '강마변(降魔變)'의 벽화는, 석가모니가 요괴와 마녀에게 포위를 당한 모습과 석가모니의 태연자약한 모습을 강렬하게 대비시키는 수법으로 정의와 악의 결투를 표현하고 있으며, 석가모니의 장엄, 평정, 자비를 두드러지게 나타내고 있다. 제259굴의 북위 시기의 채색 조소 '불(佛)'은 소박하면서도 품위가 있으며, 현세에 초탈한 풍모를 갖고 있다. 막고굴이 사람들에 의해 "세계에서 가장 큰 자연미술관"으로 칭송되는 것은 이상할 것이 없다. 세월의 흐름에 따라 실크로드는 이미 황사에 파묻혀 버렸지만, 오히려 막고굴은 건조한 사막 기후 덕에 완벽하게 봉해짐으로써 이런 꿈같은 예술의 전당을 지금 사람들도 볼 수 있게 되었다.

예술과 함께 진기하고도 눈부신 것이 과학적 성과로서, 그 대표자는 조충지(祖冲之)와 가사협(賈思勰)이다. 조충지(429-500년)는 남조 송, 제 시기 사람으로서, 원적은 범양 주현〔遒縣, 지금의 하북 내수현(涞水縣) 북쪽〕, 자는 문원(文遠)이다. 그는 조위 수학자 유휘(劉徽)의 할원술(割圓術)의 기초 위에 원주율을 계산하였다. 유휘는 원 안에 다각형 변을 만들어 그 변을 계속 늘릴 때, 그 변의 총 길이가 결국 원주(圓周)에 근접하게 되고, 결국 그 변 길이의 극한수가 바로 원주라고 생각했다. 이런 논리 속에서, 조충지는 할원술—"아주 잘게 쪼개어, 나누고 또 나누어, 더 이상 나눌 수 없을 때, 이것이 원둘레와 같다"—을 만들어냈다. 그는 이를 근거로 원주율, 즉 $\pi = 3.14$를 계산해 냈으며 후에 이를 '휘율(徽率)'이라 불렀다. 조충지는 이를 기반으로 일곱 자리 수까지 정확한 수치를 구해 내었다. 즉,

$$3.1415926 < \pi < 3.1415927$$

이것은 세계에서 가장 빨리 $\pi$ 수치를 구한 것이다. 1천 년 후, 15세기 아랍의 수학자 알 카시(Al-Kashi)와 16세기 프랑스 수학자 비에트(François Viète)가 비로소 정확한 수치를 구해 냈다. 또한 조충지는 계산을 쉽게 하기 위해 두 원주 수치를 분수로 표시하였다. 그 하나가 밀률(密率)이라고 불리는 355/113이고, 다른 하나가 약률(約率)이라고 불리는 22/7였다. 유럽에서는 수학자 오토(Valentinus Otho)와 안토니스(Ariaen

Anthonis)가 16세기가 되어서야 이 밀률의 수치를 얻을 수 있었다.

조충지는 유흠(劉歆)과 장형(張衡), 유휘, 하승천(何承天)의 부족한 점을 찾아내어 역법(曆法)을 수정하고, 송 대명(大明) 6년(426년) 대명력(大明曆)을 완성하였다. 그는 먼저, 세차(歲差)의 존재를 역법에 응용하였는데, 이는 역법 계산의 정밀도를 높이는 데 중요한 역할을 하였다. 소위 세차라는 것은 태양, 달, 그리고 행성이 지구 적도의 돌출된 부분을 빨아들이기 때문에 지구 자전축이 조금씩 끊임없이 변화하는 것을 가리킨다. 이것은 또한 항성 간의 위치에서 동지점을 매년 서쪽으로 이동시키는데, 매년 그 이동치를 바로 세차라 부른다. 비록 그가 사용한 세차 수치가 매우 조악한 것이긴 했지만, 이때부터 태양년과 항성년 두 개념이 점차 사람들 사이에 받아들여져, 역법 제작 때 반드시 고려할 사항 중의 하나가 되었다. 조충지가 대명력을 완성한 후, 송 효무제에게 신역법 사용을 요구했지만, 총애를 받고 있던 대법흥(戴法興)이 반대하였다. 그는 조충지가 제출한 "동지점의 위치가 매년 약간의 차이가 있다"라는 사실에 대해, 동지점은 "영원히 변치 않는다"라는 진부한 관점으로 조충지를 "하늘을 모함하고 경(經)을 배반한다"고 질책하였다. 송, 제 양조를 거쳐 그의 사후 10년 후에나 그의 아들 조환(祖暅)의 강력한 요구로 양 천감(天監) 9년(510년) 정식으로 대명력이 반포되었다.

가사협은 산동 익도(益都)사람으로 일찍이 북위 시기 고양군〔高陽郡, 지금의 산동 임박시(臨博市) 임치(臨淄) 서북쪽〕 태수를 맡은 적이 있었다. 그가 저술한 《제민요술(齊民要術)》은 대략 6세기 3, 40년대 완성되었는데 이전 사람들의 저작 150여 종을 인용하였다. 이 책은 황하 중하류 농업생산의 경험을 종합한 농학사상의 중요한 저작으로서, 총 10권 92편, 약 11만 자에 달하였다. 이 저서는 현재 소실된 《범승지서(范勝之書)》, 《사민월령(四民月令)》 등을 수록하였을 뿐만 아니라 《범승지서》 이후의 북방 한지(旱地) 농업의 새로운 경험과 새로운 성과를 종합하여, 북방 한지 농경 체제의 완성을 보여주었다. 이후, 1천여 년간 북방 한지 농업 기술을 기반으로 한 《제민요술》보다 뛰어난 저서는 나타나지 않았다. 정경세작(精耕細作—*농사일을 알뜰히 하다)의 경작술, 원예 기술, 임업 방면에서의 휘묻이와 가접(嫁接), 가축 기르기와 관리, 우량종의 선택과 파종 그리고 평가, 농산물의 가공과 미생물 이용 등에 있어, 《제민요술》은 최초의 전면적이고 체계적인 종합편이었다. 가사협은 "사람들이 농사를 지을 때 그 힘을 다해 짓는다면, 어찌 좋은 결과가 적고 나쁜 결과가 많겠는가"라고 하면서 농사일에 힘쓰는 것이 많은 생산량을 얻는 방법임을 주장하며, 민간에 떠도는 '1경〔1경(一頃)=100무(百畝)〕이 1무보다 낫지 않다'는 속담의 의미를 증명해 보였다. 그는 또한 "자연법칙을 따르고, 지리(地利)를 헤아리면 힘을 적게 쓰고도 결과물이 많다"고 강조하면서, 농작물의 성장 규칙을 파악하고 절기와 지세의 이점 등 구체적 특징에 따라 합리적으로 인력을 사용하여, 일은 적게 하고 수확물은 많게 하는 방법을 중시하였다. 그는 윤작 방법을 종합해서, "조의 윤작은 잡초를 방지하기 위한 것이며, 곡물에 박과(瓜科) 식물의 윤작을 이용하는 것은 박과 식물을 심은 땅이 기름지기 때문에 그 여력을 이용하기 위함이다. 두과(豆科) 작물과 벼과(禾科) 작물을, 그리고 심근(深根) 작물과 천근(淺根) 작물을 합리적으로 복종(復種) 윤작을 하면, 토지를 효율적으로 사용할 수 있을 뿐만 아니라 토지의 복종지수(復種指數)도 높일 수 있다"라고 지적하였다. 《제민요술》의 맨 앞에 유성번식(有性繁殖)이 꽃가루를 통해 완성된다는 것을 설명하고 있는데, 유럽에서는 비슷한 논술이 1690년대에 와서야 비로소 출현하였다.

# 8장 수(隋)에서 성당(盛唐)까지—통일 왕조의 재건

## 44. 수나라의 통일과 창제

동한 말부터 할거 세력은 계속 발전하였다. 국가는 치세(治世)에서 난세(難世)로, 난세에서 치세로, 소위 "합(合)이 길어지면, 반드시 분(分)하게 되고, 분이 길어지면 반드시 합이 된다"는 형국이 되었다. 이런 분합(分合)은 역사 발전에서 필연적이었다. 북위 태무제(太武帝)가 16국의 잔여 세력을 쓸어버리고, 북주의 무제(武帝) 또한 북조의 지역을 확대함으로써 수 통일의 기초를 다졌다. 북위는 동위와 서위로 나뉘었고, 장수들도 갈라져 두 꼭두각시 황제를 지원하였다. 이후 동위는 고씨(高氏)가 끼어들어, 최종적으로 북제(北齊)가 동위를 대체하였고, 서위는 우문씨(宇文氏)가 끼어들어, 북주(北周)를 건립하였다. 고씨는 한족과 선비족의 혼혈 집안으로서 호족(胡族) 왕공(王公) 대인(大人)에게도 순종하였으며, 또한 중원 사대부에게도 미움을 받지 않았다. 우문씨는 흉노족과 선비족의 혼혈 집안으로서 원굉(元宏, 효문제)의 지나친 한화를 반대하고, 호족의 지지를 받고자 하였다. 그러나 이미 호인의 한화는 대세가 되었기 때문에, 일단 분위기가 조성되자 군사행동으로 통일을 하려는 것이 자연스러운 흐름이 되었다.

역사는 항상 변증법적으로 발전하므로 통일은 분열의 요소를 갖고 있으며, 분열은 통일의 요소를 잉태하고 있다. 동한 말부터 수(隋)나라 초까지 400여 년간, 통일 세력은 계속 증가하고 있었으며 할거 세력이 어떻게 날뛰건, 유목 민족이 얼마나 활약을 하건 간에, 결국에는 통일로 돌아가게 되어 있었다. 진한 이래 한족이 중심이 된 중화민족이 상당히 안정적인 정치 공동체를 형성하였기 때문에, 수나라에 의한 통일은 대세를 좇는 것이었다.

역사는 사람을 놀라게 한다. 진(秦)과 수(隋) 모두 분열에서 통일까지 나라가 단명하여 2세 때 망했지만, 역사적으로는 오히려 불멸의 공적을 세웠다. 한이 진제를 계승하고 당이 수제를 계승한 것이 그 뚜렷한 증거이다.

577년, 북주 무제 우문옹(宇文邕)이 북제를 멸하고 여러 해 동안 분열되었던 북중국을 한 정권의 통치하에 귀속시켰다. 무제 사후 선제(宣帝) 우문빈(宇文贇)이 제위를 이었으나, 포악하고 주색에 빠져, 일 년 후 그 아들 정제(靜帝) 우문연(宇文衍)에게 제위를 넘겨주었다. 이어 양견(楊堅)이 좌대승상(左大丞相), 도독내외제군사(都督內外諸軍事)로서 정권을 장악하였다. 양견은 북주 군사 귀족으로서 그 부친 양충(楊忠)은 북주 중신이었으며, 그 처 독고씨(獨孤氏)는 북방 비한족 중 세력이 가장 큰 가문 출신으로 그 딸 또한 선제의 황후였다. 이런 특수한 신분 때문에 그는 권력투쟁의 소용돌이 속으로 끌려들어갔다. 그는 수나라 국공(國公, 수나라 작위 이름)에서 일약 수왕(隨王)이 되어 581년 정제를 폐하고 스스로 수나라를 건립하여 북주를 대체하였다. 이는 마치 물이 흐르는 곳에 도랑이 생기는(—*조건이 성숙하면 일은 자연히 이루어진다) 것처럼, 왕조 교체가 조용히 실현되었는데, 중국 역사의 빈번한 왕조 교체 가운데서도 드문 일이었다. 당 태종(太宗)은 일찍이 말하길, 양견은 “고아와 과부를 속여 천하를 얻었다”라 하였다. 청나라 역사학자 조익(趙翼) 또한 “예전부터 천하를 쉽게 얻은 자로서 수 문제(文帝)만한 이가 없다”라고 하였다. 그가 찬위를 하였든 그렇지 않든, 통일을 실현시킨 공로를 없앨 수는 없다. 개황(開皇) 9년(589년) 정월, 진(陳)나라 정벌에 성공하여 남북 통일을 이룸으로써 동한 말 이래 400년의 대분열을 종식시켰다. 수 문제 양견이 한족과 선비족의 혼합 혈통인 데다 그 자신이 호화한 한인, 한화한 호인의 두 색채를 갖고 있는,

이런 한인과 호인의 이중적 신분 덕에 비교적 쉽게 남방의 진나라를 정복해서, 중화제국의 통일을 회복시킬 수 있었다.

수 문제

《케임브리지 중국수당사(劍橋中國隋唐史)》는 수 문제가 통일 시대를 열고 또한 통일의 형세를 강건하게 다질 수 있었던 가장 중요한 이유가 복합적인 이데올로기가 작용했기 때문이라고 보았다. 16국 시기에서 북조 시기까지, 남하한 북방 민족의 한화 과정 속에서, 유가 사상은 매우 중요한 역할을 담당하였다. 수 문제는 유가 사상의 지위를 높이는 데 힘을 기울임으로써, 통일을 유지하고자 했다. 그는 한나라의 사상, 풍습, 예의를 제창하고 제왕의 정통화를 포함하는 예의 절차, 효도를 충실히 지키는 유가 윤리 및 경학 교육을 중시하였다. 이와 함께 유가를 보충해서 채택된 것이 법가 사상이었다. 수 문제는 난세를 다스릴 때는 법을 사용해야 된다고 생각했다. 《통전(通典)》의 저자 두우(杜佑)는 문제를 보좌한 고경(高熲)은 법으로 나라를 다스리는, 제도 개혁을 추진함으로써 놀라운 성과를 거두었으며 《통전》의 저자 두우는 그를 상앙, 관중과 같은 인물이라고 찬양하였다. 그는 문제에게 또 다른 보좌대신 소위(蘇威)를 추천하였는데, 그의 부친 소작(蘇綽)은 서위 건국자 우문태의 주요 문관 고문으로서 신불해, 한비의 법가 이론을 이용, 집권 방식을 구체화시켰고 "시정(時政)을 바꾸어, 강국부민(强國富民)의 길을 넓히는 데 힘쓰고자" 〈육조조서(六條詔書)〉를 제정하였다. 양견과 주요 대신들은 모두 북주에서 관리를 지낸 적이 있었으며, 소작의 개혁과 〈육조조서〉의 영향을 받아 소위는 수나라 초기 법률과 제도를 정비하는 과정에서 그의 부친 소작의 법가 사상을 관철시키게 되었다. 복합적 이데올로기의 다른 하나는 바로 불교 사상이었다. 양견은 사찰에서 태어나 비구니에게 양육되었다. 후에 양견은 그녀를 아도리〔阿闍梨, 범어의 음역으로 뜻은 도사(導師)〕라 칭하였으며 그의 아내 독고씨 일가 또한 독실한 불교신자였다. 수 문제 양견의 숭불은 개인적 신앙

차원이 아니라, 북주 무제가 멸불(滅佛) 때문에 백성의 반감을 산 것에 대한 대응책으로서 채택한 정치적 수단이었다. 그의 많은 불교 관련 활동은 이상적인 군주와 불교의 수호자〔전륜왕(轉輪王)〕의 역할 그리고 신민에게 모범적 선행을 펼치는 시주〔施主, 대단월(大檀越)〕의 역할을 뛰어넘는 것이었다. 남북조 시기 북조는 물론 남조의 불교 신앙이 일세를 풍미한 것에 비춰볼 때, 수 문제의 이런 조치는 오랜 분열 국면의 종결과 통일 국면 형성에 도움이 되었음이 분명하다. 바로 그가 조서에서, "짐은 삼보(三寶)에 귀의하여 성교(聖敎)를 중흥하고 세상 모든 백성과 함께 보리심을 깨우치고 복업(福業) 닦기만을 생각한다"라고 말한 바와 같다.

이러한 복합적 이데올로기의 영향으로 수 문제는 염결 정치(廉潔政治), 온화 정치를 추진하였다. 소위 염결 정치란 정부가 솔선수범하여 절약함으로써 지나친 재정 지출을 하지 않고, 백성의 세수 부담을 줄이는 것이다. 《수서(隋書)》에서도 그는 "친히 절약과 검소를 실천하고, 요역과 부세를 공평하게 하니, 창고는 충실해지고, 법령이 잘 잘행되어, 군자는 모두 그 생(生)을 즐기고 소인은 각기 그 업(業)이 편안하였다"라고 말하고 있다. 그는 관리의 청렴결백과 공무를 중히 여길 것을 제창하고, 공금횡령을 엄벌에 처하여, 횡령을 발견하거나 다른 사람에게 뇌물을 줄 의사가 드러나면 그 즉시 확인조사에 나서 바로 사형에 처하였다. 그 자신이 솔선수범하여 아들 진왕(秦王) 양룽(楊陵)의 생활이 사치스럽다는 것을 알자, 명령을 내려 감금시켜 버렸다. 또한 태자 양용(楊勇)이 사치스럽고 여자를 밝히자, 양광(楊廣)을 태자로 삼아 버렸다. 소위 온화 정치라는 것은 법률이 관대하고 소략해야만 한다는 것이다. 그는 입법이 "가벼운 것으로 무거운 것을 대신하고, 죽일 것을 살리는" 원칙을 체현해야만 한다고 주장하며 엄한 형벌과 법률을 행하지 않고 백성을 고압적인 자세로 다스리지 말도록 하였다. 북주 후기, 형벌을 남발하여 "상하의 근심과 원망"이 "안팎으로 마음을 떠나"게 하자, 양견은 "관대한 법령을 행하고자", 구율(舊律)을 삭제하거나 생략해 《형서요제(形書要制)》를 제정하였다. 수나라를 건립한 후, 그는 다시 신율(新律)을 정하여 편형(鞭刑), 효수(梟首), 거열(車裂)을 폐지하였다. 또한 개황(開皇) 3년(583년), 한위(漢魏) 율법을 종합하고 북제의 법률적 기초를 보충, 조정해서 《개황률(開皇律)》을 제정하였다. 바로 동아시아 각국의 모범이 된 당률(唐律)이 《개황률》을 계승, 발전시킨 것이었다. 《개황률》을 제정할 때 배정〔裵政, 양(梁)과 북주에서 사법 관리를 지낸 사람〕이 중요한 역할을 하였다. 그는 북조와 남조의 법률을 종합해 모두 500조로 이루어진 참신하고 간략한 수율(隨律)을 만들었다. 이는 남양률(南梁律)의 1/4, 북주율의 1/2에 불과한 것이다. 왕부지(王夫之)는 《독통감론(讀通鑒論)》에서 "지금의 법률은 대개 수나라 때 배정이 제정한 것으로 그 정치적 윤택함이 오래 지속되었다. 천여 년간 폭군과 혹리가 없지 않았으나 그들이 음행(淫行)·학정(虐政)을 마음먹은 대로 할 수 없었던 것은 법이 제정되어 있었기 때문이었다"라고 말하였다.

수나라 건립 후, 통일의 기반을 다지고 중앙집권을 강화하기 위해 정치 제도, 경제 제도에 대한 일련의 개혁과 제정을 실시하였다.

**첫째, 삼성육부제(三省六部制) 실시**—개황 원년(581년) 수 문제는 즉위하자마자, 대신 최중방(崔仲方)의 건의를 채택하여, 북주의 관제를 폐지하고 한위(漢魏)의 구제(舊制)를 회복시켰다. 사실, 수나라 대부분의 관서와 직명은 모두 북제를 모방한 것이었지만 북제 제도는 북위의 전면적 한화 정책을 반영한 것이었다. 한위 구제를 회복시키라는 명령은 수나라가 야심차게 자신이 남북조 할거 정권보다 더 위대한 통일정권임을 보여주려는 것이었다. 중앙은 내사성〔內史省, 중서성(中書省)〕, 문하성(門下省), 상서성(尙書省)을 최고 정무기관으로 삼고, 내사성 그중 중서성을 결정기구로, 문하성을 심의기구로, 상서성을 행정기구로 하였다. 상서성 장관은 상서령(尙書令), 부장관은 복야(僕射), 그 아래 이부〔吏部, 전선(銓選)을 담당〕, 예부〔禮部, 예의(禮儀)를 담당〕, 병부(兵部, 군사를 담당), 도관부〔都官部, 형부(刑部), 형법을 담당〕, 탁지부〔度支部, 민부(民部), 호구전곡(戶口錢穀)을 담당〕, 공부(工部, 건축을 담당)를 두었으며, 이런 삼성육부의 중앙정권 체제는 후세에 연용되었다. 지방의 주(州), 군(郡), 현(縣) 삼급은 주, 현의 이급으로 바꾸었다. 그러나 수나라 초기에는 여전히 구제를 연용해 중요한 주 및 그 근처 지역에 총관(總管)을 두어, 병주〔幷州, 태원(太原)〕, 양주(揚州), 형주(荊州), 익주〔益州, 성도(成

都)]에 4대 총관이 있었다. 수 양제 시기에 가서야 총관이 폐지되어 중앙집권이 강화되었다.

**둘째, 과거제 실시**—문벌 정치를 없애기 위해 지방 장관이 본지인(현지인, 관할 지역 해당 지역 인재)을 추천하여 관리로 임명하는 제도를 폐지하고, 구품 이상의 지방관을 일률적으로 상서성 소속의 이부에서 임면(任免)하였으며, 매년 이부가 감사하도록 명확하게 규정하였다. 이후 또한 주현 관리를 3년마다 교체하고 연임할 수 없게 하였으며 본지 사람이 그 지역 관리가 될 수 없도록 규정하였다. 이처럼 관리의 임용권을 중앙에 집중시켜 장기간 사족이 지방 정권을 장악하던 상황을 변화시켰다. 이와 동시에 선거권 또한 중앙에 집중시켰다. 사족 문벌이 쇠락함에 따라, 가문의 고하로 관리를 뽑는 구품관인법이 더 이상 현실 상황에 적용되지 못해 결국 폐지되었고, 이는 과거제로 대체되었다. 과거제의 특징은 시험을 통해 인재를 선발하는 것이었는데, 먼저, 수재(秀才), 명경(明經) 등의 과를 설립하였다. 시험 응시자는 국자학(國子學), 주현학(州縣學)의 생도(生徒)로서 각 주(州) 규정에 따라 선발된 공사(貢士)도 있었다. 일률적으로 재학(才學)을 기준으로 선발하였으며, 선발과 임용권은 완전히 이부 손에 있었다. 수재과는 광범위한 일반적 학식도 요구되어 시책(試策) 이외에 문장시험도 부과하였기 때문에, 선발 기준이 너무 높아 수나라 30여 년 중 단지 10여 명만이 수재로 선발되었다. 수 양제 때 진사과(進士科)가 증설되어 선발 기준이 넓어졌다. 명경과는 주로 유가 경전에 대한 이해 정도를 시험하였으며 진사과는 시책, 즉 주로 문학적 재능만을 물었다. 일반 사인은 명경, 진사 두 과의 시험을 통해 관직으로 나갈 수 있었다. 과거제의 수립은 문과고시 제도의 역사를 열었으며, 당나라 시기 더욱 발전하였고 청(靑)나라까지 연용되었다.

**셋째, 호적제(戶籍制) 실시**—수나라 건국 초기, 호적 상황은 매우 혼란스러워, 한편으론 "노(老)로 속이거나 소(小)로 속여서 조세를 면제받으려는" 현상이 존재하였고, 다른 한편으론 호족 대족이 감춰 둔 호구도 존재한다. 때문에 지방 기층 조직을 정돈하고 보(保), 리(里), 당(黨)으로 나누어 이정(里正)과 당장(黨長)이 호구 조사와 호적 정리를 책임졌다. 개황 2년, 북제·북주의 구제를 기초로 582호의 호적신법을 제정해 인구를 연령에 따라 황(黃, 3세 이하), 소(小, 3-10세), 중(中, 10-17세), 정(丁, 18-60세), 노(老, 60세 이상)로 나누었다. 다음 해, 정이 되는 나이를 18세에서 21세로 고치고 집에 있는 정남(丁男)은 매년 부역(賦役) 20일과 세금으로는 속(粟) 3석(石), 비단 2장(丈), 면 3량(兩)을 납부하도록 하였다. 호구 부실이 첨예한 문제로 떠오르자 개황 3년, 주현 관리에게 은닉된 호구를 조사하게 했는데, 이를 '대색모열(大索貌閱)'이라 하였다. 즉 호적을 편제하기 위해 지방관은 매년 직접 호구, 연령, 질병 상황을 조사하였는데 이를 모열〔貌閱, 혹은 모정(貌定), 단모(團貌)라고도 한다〕이라 하였다. 여기에 호주의 신고와 대조해 다시 검토하였다. 대색모열의 목적은 은닉된 호구를 조사하고, "노(老)나 소(小)로 속이는" 정남을 가려내는 것이었다. 또한 대공(大功) 이하〔당형제(堂兄弟) 이하〕를 호적에서 분리, 대호(大戶)를 소호(小戶)로 나눔으로써 부역의 대상자를 증가시키기 위함이기도 했다. 그러나 대색모열의 성과는 한계가 있었고, 명문세족에게 의부한 많은 은닉호구에 대해서는 힘을 쓸 수가 없었다. 때문에 수 문제는 상서좌복야(尙書佐僕射) 고경의 건의를 받아들여 수적법(輸籍法)을 실행하였다. 중앙정부는 '수적정양(輸籍定樣)'을 제정해 주현에게 호등(戶等)을 나누는 기준을 알려 주고, 매년 정월 5일, 현령은 사람을 향으로 보내 격식에 따라 호적을 정하여 은닉한 호구를 등제하게 하였다. 그 목적은 대호를 철폐하고, 그 가운데 약간의 소호(小戶)를 가려내기 위함이었다. 매년 조사를 통해, 개황 9년(599년) 민호(民戶)는 수나라 초기의 4-5백만 호에서 6-7백만 호로 증가하였다가 대업(大業)2년(606년)에는 890만 호로 증가하였다.

수나라가 만든 일련의 제도는 대부분 당나라가 계승하였으며 그 영향은 아주 컸다.

## 45. 수나라의 '국부(國富)'와 '국명(國命) 단축'

개황 20년(600년) 10월, 수 문제는 태자 양용을 폐하고 11월 양광(楊廣)을 태자로 삼았다. 인수(仁壽) 4년(604년), 양광이 제위를 이어 수 양제가 되었고 연호는 대업(大業)으로 바뀌었다. 대업 전기 수나라는 최대 번성기로 진입하였다.

수 양제 양광은 재능이 많은 통치자였다. 그는 일찍부터 진(陳)의 원정군 사령관이 되어, 진(陳)나라 정복 전쟁에서 두각을 나타냈다. 예전 진이 다스리는 땅에서 반란이 일어났을 때, 그는 동남총관으로서 강도〔江都, 현재의 양주(揚州)〕를 다스렸고, 남조의 북조에 대한 거리감과 편견을 없애는 데 성공하였다. 아울러 동남 지역에 따로 건강(建康)의 정치, 경제, 문화를 대신하는 강도(江都)를 건립하였다. 강도의 급격한 성장은 재통일의 성공을 보여 주는 것이었으며 양광 자신의 문화적 소양이 또한 그러한 성공에 아주 중요한 역할을 하였다. 그는 책 읽고 글쓰기를 좋아하여 항상 문인들과 교류하였으며, 양주(揚州) 총관(總管) 때, 왕부(王府)의 학사 100여 명을 모아 문화 사업에 종사하도록 하였으며 20여 년의 재위 기간 동안 쉼 없이 저술하고 편찬하여 131부, 1만 7천여 권을 제작하였다. 또한 양광은 시문(詩文)에 재간이 있어, 독특한 작품이 있는 산문가로 불리었으며 상당한 자부심도 갖고 있었다. 도서와 글씨와 그림을 좋아하여, 서경(西京) 장안의 가칙전(嘉則殿)의 장서는 37만 권에 달하였으며, 동도(東都) 낙양을 건립한 후 비서감에게 명령하여 3만 7천여 권을 뽑아 낙양의 수문전(修文殿)으로 옮기고, 따로 부본(副本) 50부를 작성해서 서경, 동도의 궁정 관서로 나누어 보내, 문치 분야에서의 아량이 넓은 통일 왕조의 태도를 보여 주었다.

수 양제는 그의 부친 손에서 통일과 번영의 제국을 이어 받아, 제국의 판도를 확고히 하고 그 영향력을 확장하는 데 힘썼다. 이를 위해 다음과 같은 일련의 조치를 취하였다.

**(1) 동도 낙양 건립**—수 문제는 한나라 고도 장안을 수도로 삼아 이 오래되고 낙후된 토지 위에 비교할 수 없이 큰 대흥성(大興城)이라는, 세계에서도 보기 드문 도성을 새로 건립하였다. 그러나 이것은 통일제국을 통제하기에는 역량이 좀 미치지 못하는 감이 있었다. 수 양제는 즉위 후, 낙양 천도를 결정하였다. 낙양 천도의 주된 이유는 낙양을 중심으로 삼아 전국을 통제하기가 가장 편리했기 때문인데, 낙양은 수륙 운수의 자연적 중심지이면서 또한 저장, 물자 중계 운송의 요충지였다. 이후 대운하의 교차점이자 방사점으로서 낙양은 그 탁월성을 보여 주었다. 낙양은 이 때문에 수나라 최대의 상업

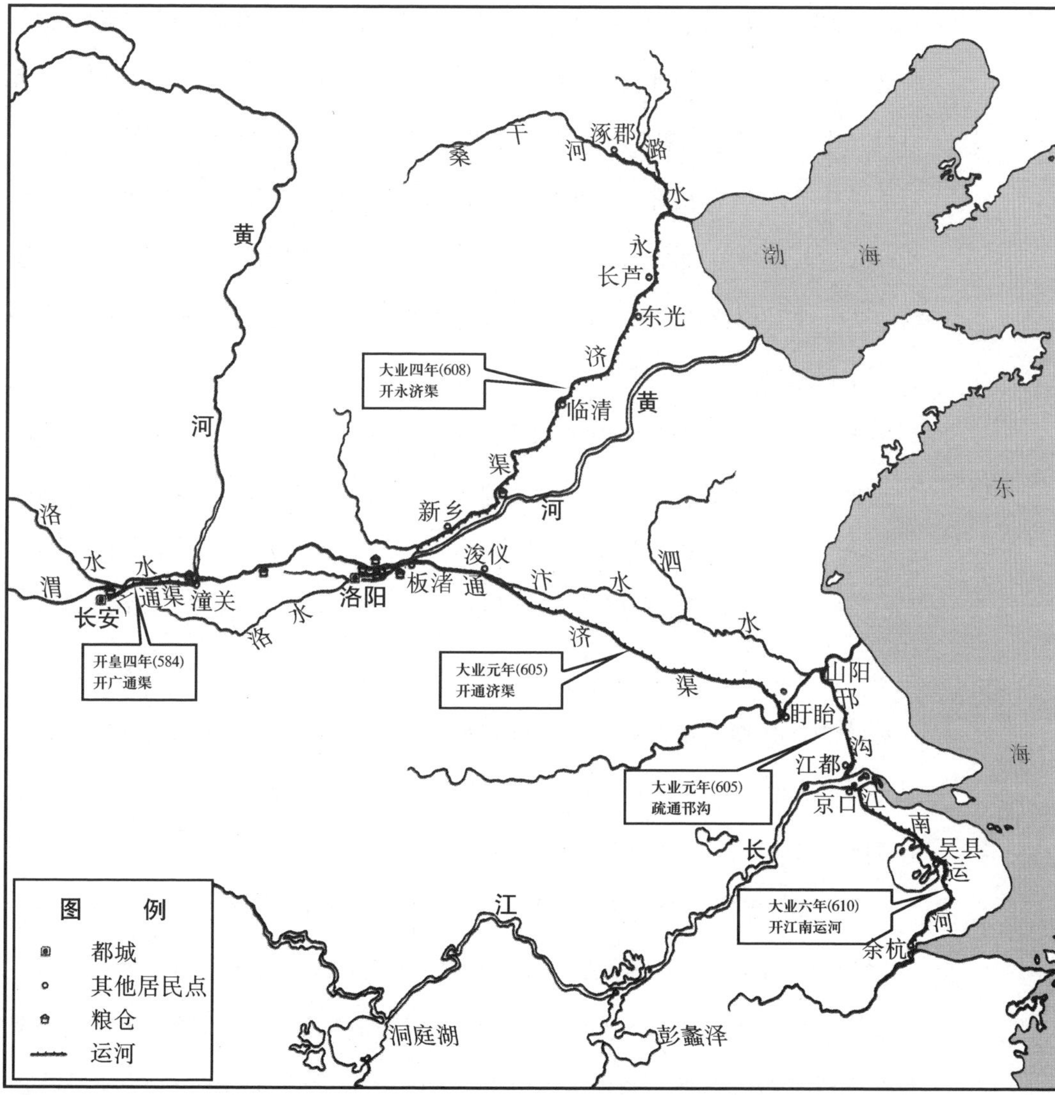


수나라 운하

도시로서, 도시 내에는 동시〔풍도시(豊都市)〕, 남시〔대동시(大同市)〕, 북시〔통운시(通運市)〕 등의 상업구가 있었다. 예를 들어 풍도시에는 120행(行), 3천여 사(肆)가 있었고, "다층의 다락집과 이어진 누각이 서로 비추며, 상인과 여행객을 부르니 진기한 물건이 산처럼 쌓여 있었다". 당나라 또한 300여 년간 낙양을 동도로 삼았는데, 이는 동도 낙양을 건립한 것이 당시 얼마나 탁월한 식견이었는지를 증명하는 것이다.

**(2) 낙양을 중심으로 한 대운하 건설**—운하 개설은 수 문제 시대에 이미 시작되었다. 개황 4년, 동관(潼關)부터 장안까지 위수(渭水)를 끌어들여서 광통거(廣通渠)를 준설하여 조운의 편리를 꾀함으로써 경사의 창고를 충실히 할 수 있었다. 또한 개황 7년, 양주에서 산을 깎고 도랑을 파서, 진을 정벌하기 위한 준비를 하였다. 그러나 이런 소규모 운하는 통일 대제국으로 말하자면, 분명히 어울리지 않았다. 수 양제는 대업 원년부터 대업 6년까지 계속해서 낙양을 중심으로 전국을 관통하는 네 갈래 대운하를 건설하였다.

통제거(通濟渠)—낙양 서원(西苑)으로부터 곡수(谷水), 낙수(洛水)를 끌어들여 황하로 들어간다. 황하〔黃河, 판저(板渚)〕에서 변수(汴水)로 들어가고 변수를 끌어들여 회수〔淮水, 우이(盱眙)〕에 이른다.

한구(邗溝)—산양〔山陽, 회안(淮安)〕에서 강도〔江都, 양주(揚州)〕까지이며, 장강으로 들어간다.

강남하(江南河)—경구〔京口, 진강(鎭江)〕에서 여항〔余杭, 항주(杭州)〕까지이다.

영제거(永濟渠)—심수(沁水)에서 황하까지로, 동으론 위하(衛河)로 들어가고, 북으론 탁군(涿郡, 북경 서남쪽)에 이르렀다.

운하는 서로부터 동까지 5대 수계—고수〔沽水, 해하(海河)〕, 하수(河水, 황하), 회수(淮水, 회하), 강수(江水, 장강), 절강〔浙江, 전당강(錢塘江)〕—를 관통하여 남북 방향의 인조 운하와 동서 방향의 자연 하류가 상호 연결된 수운 체계를 형성하였다. 수백 년의 개발을 거쳐 이미 전국 경제의 중점이 된 강회(江淮), 강남 지역과 연계를 강화하고, 북쪽 변방의 통제를 강화하는 것으로 역사적 의의가 깊다. 이 운하망은 장강 유역과 황하 유역 그리고 현재 북경 근처를 하나로 연결시킴으로써 수나라 시대 남방의 양식과 기타 물자가 거대한 도성 장안, 낙양으로 공급되었고, 아울러 북방 변경에 전략적인 병참 보급을 보장해 줌으로써, 남북 통일을 위한 구체적이면서도 충실한 물적 기반을 제공하였다.

**(3) 서역 경영**—북조 호인의 통치가 중국에게 준 새로운 혈통과 상무 정신은 신왕조의

개척정신을 자극하였다. 대업 3년(607년) 수 양제는 이부시랑(吏部侍郎) 배구(裵矩)를 파견하여 장액(張掖)에 주재하면서 서역 사무를 처리하도록 하였다. 이때 배거는 견문에 근거하여 《서역도기(西域圖記)》 3권을 저술하였다. 여기에서 그는 서역의 정치, 경제, 교통 상황을 소개하며, 서역 문호의 주요 기점으로서 북도(北道)로는 이오〔伊吾, 합밀(哈密)〕, 중도(中道)로는 고창〔高昌, 토노번(吐魯番)〕, 남도(南道)로는 선선〔鄯善, 약강(若羌)〕을 들었다. 또한 40여 지역의 특징과 무역 노선을 묘사 서술하면서 수나라의 재부와 위엄을 이용해서 이들 지역을 종속시키는 데 힘쓰길 희망하였다. 대업 5년, 수 양제가 직접 병사를 이끌고 토욕혼을 패퇴시키고 오늘날의 청해 및 신강 일대에 서해〔西海, 복사성(伏俟城)을 주재하였다. 지금의 현재 청해호(青海湖) 서쪽 지역〕, 하원〔河源, 적수(赤水)를 관리하였다. 현재 청해 흥해현(興海縣) 남부〕, 선선(鄯善, 지금의 신강 약강), 차말(且末, 지금의 신강 차말 남부)에 4군을 설치하였다. 원래 돌궐의 통제를 받던 이오(伊吾)의 토둔설(吐屯設)이 복종해 옴으로써, 기타 지역에 이오군(伊吾郡)을 설치하였다. 고창 국왕 국백아(麴伯雅)가 장액에서 수 양제를 알현하였다. 이렇듯, 서역의 남, 중, 북, 삼도의 문호를 통하는 모든 길이 수나라 수중으로 들어왔다. 그해 6월, 수 양제는 순회용 '관풍행전(觀風行殿, 아래에는 바퀴를 돌리는 큰 방이 있었다)'에 이오의 토둔설과 고창왕 그리고 기타 내조한 각 족의 족장 30여 명을 초대하여 연회를 베풀었다.

문제, 양제 양대의 발전을 거치면서, 수나라는 부유하고 강성한 세력을 보여 주었다. 사람들은 아마도 수가 2대로 망하였기 때문에, 나라의 운이 길지 않아 수나라가 가난하고 허약하였다고 단정하지만, 사실 그렇지 않았다. 수나라의 '국복(國福)'은 대대로 전통사가들이 흥미를 느낄 만한 것이었다. 가장 대표적인 것이 마단임(馬端臨)이 《문헌통고(文獻通考)》에서 말한 것이라 할 수 있다. "예부터 지금까지 국가의 부유함을 헤아려 볼 때 수나라만 한 나라가 없다." 또 "수 양제가 미곡을 비축한 것이 2천6백만여 석에 이르렀다". 마단임은 결코 과장해서 말한 것이 아니었다. 수 문제는 위주〔衛州, 현재 하남 급현(汲縣)〕에 여양창(黎陽倉)을 두고, 낙주(洛州, 낙양)에 하양창(河陽倉)을, 섬주〔陝州, 지금의 하남 섬현(陝縣)〕에 상평창(常平倉)을, 화주〔華州, 지금의 섬서 화음(華

陰)〕에 광통창(廣通倉)을 각각 두고, 각지에서 올라온 양식 물자를 비축해 두었다. 수 양제는 또한 낙양 부근에 낙구〔洛口, 홍락(興洛)〕창과 회낙창(回洛倉)을 두었다. 낙구창은 주위 20여 리 안에 3천 개의 지하창고가 있었고, 각 지하창고마다 8천 석의 양식을 저장할 수 있었다. 회낙창은 주위 10리, 300개의 지하창고가 있었고, 각 지하창고마다 8천 석의 양식을 저장할 수 있었다. 이 두 창고에만 저장한 양식이 3천6백만 석에 달하였으며, 이외에도 태창, 영풍창, 태원창에 저장한 양식 또한 수백만 석 이상이었다. 그리고 각 지역의 흉년을 대비한 의창〔義倉, 사창(社倉)〕에도 적지 않은 양식을 비축해 두었다. 장안, 낙양, 태원 등지의 창고 안에 또한 수천만 필의 포백(布帛)을 비축하였다. 당나라 초기까지, 이런 창고의 양식과 포백(布帛)을 다 사용하지 못해, 예를 들어 병주(幷州, 태원)에는 수나라가 망한 이후 4년 동안 10만 필의 포백과 수만 군대가 10년간 먹을 수 있는 양식이 남아 있었다고 한다. 장안의 비축량은 정관(貞觀) 10년(637년)까지도 그것을 다 사용하지 못하였다.

수나라가 그 단기간 내 부를 축적할 수 있었던 사정은 아마도 간단치 않을 것이다. 그러나 몇 가지 측면은 분명히 중시할 만하다. 첫째, 북위에서 북제, 북주 시기의 균전제 실시는 농업 생산 발전에 상당히 적극적인 역할을 하였다. 그것은 농업 생산자를 토지에 묶어 놓았을 뿐만 아니라, 우경(牛耕) 또한 분명한 발전이 있었다. 우경의 발전은 또한 농구의 혁신을 촉진하여, 우경의 완전한 체제를 형성하였다. 여(犁), 파(耙), 노(耮), 누려(耬犁), 봉(鋒), 강(耩)이 "소를 갖춘〔具牛〕" 경작 형식을 출현시켜, 소를 갖고 있는 경우 "2개월간의 추경은 소무(小畝) 3경(頃)으로 쳤다". 중국 농학사상 중요한 위치를 점하고 있는 《제민요술(齊民要術)》의 출간 자체가 북방 농업생산이 이미 새로운 수준에 도달했음을 의미하는 것이었다. 둘째, 대규모 모열과 수적법의 실행으로 위진 이래 대족의 민호 은닉 현상이 대체적으로 제거되어, 사회의 노동 인구가 국가 호적에 편입됨으로써, 정부가 직접 통제하는 납세 인구와 납세 경지가 급격히 증가하였다. 수가 북주를 대신했을 때, 호적에 오른 민호가 450만 호, 대업 2년(606년)에는 8백만 호로 증가하였다. 개황 9년(589년), 경지는 2억 무 정도였으나, 대업 5년(609년)

에는 5억여 무로 증가하였다. 두우(杜佑)는 《통전(通典)》에서, 수나라의 번성은 수적법을 실시하였기 때문이며, 매년 수백만 필의 견백(絹帛)이 대부분 관동 지역에 제공되었다. 관동 지역의 편호 증가는 견백, 양식 징수를 위해 더 많은 내원을 제공하였는데, 이것이 "창고에 비축물이 모두 가득해진" 중요한 원인이었다고 한다. 셋째, 삼국 시대 이후 수백 년간의 발전을 통해 강회(江淮) 이남 지역이 점차 경제적 중심지가 되었고, 이미 육조 시기 송(宋)나라 때 부유한 지역의 면모를 보여 주었다. 즉, "토지가 넓고 비옥하여 백성이 농업에 힘쓰니 한 해에 풍년이 들면 여러 군이 기아(飢餓)를 잊었다", "비단과 목면 · 베의 풍요로움이 천하 인민의 옷을 해 입힐 정도였다". 대운하의 개발은 정치 중심 장안과 낙양을 강회 이남의 부유한 지역과 연결함으로써, 물자 교류 측면에서 큰 역할을 하였다. 《통전》에서는 "서쪽으로는 황하와 낙수에 도달하고 남쪽으로는 회수에 이르렀다", "교주 · 광주 · 익주 · 양주 · 월주 등을 왕래하는 조운과 상인이 끊이질 않았다"라고 말하였다. 피일휴(皮日休)는 《변하명(汴河銘)》에서 "북으로는 탁군(涿郡)의 어양(漁陽) 땅 상인과 통하고 남으로는 강도군의 물건을 운송하니 그 이익이 크다"라고 말하였다. 운하는 수나라가 가장 부유한 지역의 자원을 획득하는 데 버팀목이었고, 낙양 부근 창고의 비축액이 많았다는 것은 바로 이 점을 설명하였다. 그 후 당나라의 번영은 이 운하 체제의 힘입은 바 컸다.

만약 "국가 경제의 부유함이 수나라만 한 것이 없다"라고 한다면, 왜 수나라는 37년 만에 바로 멸망한 것인가? 옛날부터 지금까지 사가들은 모두 그 숨은 원인을 찾고 있다.

주목할 만한 것은 수나라의 국부가 한편으론 경제적 발전을 반영하고 있지만, 다른 한편으론 통치자가 경제적 발전에 고무되어 지나치게 재부를 모으는 정책에만 치중하였다는 것을 반영하고 있다. 이런 재부 축적 정책은 민의 부를 축적시켜야 한다는 것을 홀시하고 단지 나라에 부를 축적해야만 한다는 것에만 집중되어, "나라는 부유하지만 민은 가난한" 거짓된 부유 현상을 조성하였다. 개황 14년(594년), 관중에 큰 가뭄이 들어 백성은 콩비지나 곡물 겨로 허기를 채우는데, 정부는 "백성을 살피지 않고 창고의 물품을 아까워했다". 이는 재부를 끌어 모으기 위해 백성의 사활은 고려치 않은 전형적인 사례였다.

명 말 청 초 사상가 왕부지(王夫之)는 《독통감론(讀通鑒論)》에서 역사를 종합 정리할 때, 국가의 재부 불리기를 반대하고, "민에게 부를 쌓아야 한다"라고 주장하였다. 그는 "재화가 나눠지면 백성이 모이고", "재화를 모으면 백성이 흩어지니", "국가에 큰 손해를 입히는 것 중", "가장 심한 것은 천자에게 재화가 모이는 것이다", "돈, 포, 금, 은을 위에 쌓아 두면, 그 민은 궁하게 되고 그 나라는 위험하다. 오곡을 위에 쌓아 두면, 그 민이 죽고 그 나라는 속히 망하게 된다"라고 하였다. 이는 아주 예리한 지적으로서 수나라가 비록 부유했지만 단명한 이유를 보여 준다. 즉 나라는 부유했지만 민은 가난해서 기초가 허약했기 때문에 일단 동란이 일어나면 바로 붕괴될 수 있는 상황이었다. 더욱이 수 양제는 국부에 의존해서 민력을 남용, 붕괴의 속도를 가속화시켰다. 《수서(隋書)》에는 "안의 부강함을 믿고 밖으로 영토를 넓힐 것만을 생각하였다. 교만해서 원한을 사고, 노여움 때문에 군대를 일으키니 이러하고도 망하지 않은 경우를 자고이래로 들어본 바가 없다"라고 하였다.

수 양제 자신은 재능이 다른 사람보다 높다고 자부해, 남의 의견이나 비평을 듣질 않고, 다른 의견을 용인하지 않았다. 그는 항상, "나는 천성이 간언을 싫어하니, 만약 고관, 귀인이 진언하여 명성을 구하고자 한다면, 나는 그를 더욱 용서하지 않겠다"라고 말했다고 한다. 공신 고경은 양제가 가무와 여색에 빠져 있다는 말을 했다는 무고를 당해 사형에 처해졌으며, 금군을 장악하고 있던 이혼(李渾) 또한 "모반을 획책한다"는 무고를 당해 일가가 멸족지화를 당하였다. 결국 "신하 중 뜻이 같지 않은 이가 있으면 죄를 엮어 일족을 멸하였다"라는 상황이 조성되었다. 대신들은 목숨을 잃을까 두려워했기 때문에 고위직에 안주하며 아첨을 일삼음으로써, 양제의 독단을 더욱 조장했다.

고집스런 수 양제의 가장 큰 재앙은 공명심이 지나쳐, 국위를 빛내기 위해 민력을 남용하였다. 동도 낙양을 짓는 것 자체는 좋은 일이었다. 그러나 그것은 사치스런 허영심을 만족시키기 위한 것이어서, 매월 정남 2백여 만 명을 노역시키고, 강남으로부터 나무, 돌, 꽃, 풀, 동물을 낙양까지 운반하여 정원을 꾸몄다. 사방 200리에 펼쳐진 호사스런 서원(西苑)에서, 양제는 달밤에 말을 타고 궁녀 수천 명을 거느리며 놀았다고 한다. 대운하 건설 그 자체는 좋은 일이었다. 그러나 그는 강남의 부유한 생활에 대한 동경을 만족시키기 위해, 123만 명을 이끌고 유람을 하였다. 그가 탄 용주(龍舟)는 4층짜리로서, 밧줄을 끄는 장정만 8만여 명이었고 수천 척의 배가 이어져 200여 리에 달했고 도착하는 곳마다 500리 안의 백성이 음식을 바쳐야만 했다. 강도(江都)에 갈 때마다, 매번 같이 나간 의장대가 200여 리에 달했다. 또한 서역 경영 자체는 좋은 일이었으나, 국위를 자랑하기 위해 서역 각국에 요청하여 낙양을 다녀가게 하였는데, 국빈을 후하게 대접하는 데 거금을 아까워하지 않았다. 대업 6년(610년) 정월 15일 밤, 양제가 낙양에서 서역 각국 사절과 상인을 접견할 때, 황성단(皇城端) 문밖 큰길 가 극장에서 잡기를 연출하였는데, 극장 주위의 불을 훤하게 밝혀 마치 대낮 같았다고 범문란(范文瀾)은 전한다. 이런 성대한 국빈 초대의 오락 활동은 보름 동안 지속되었다. 외빈은 시진에서 먹고 마시는 데 반드시 돈을 지불할 필요가 없었다. 허풍 섞인 말로, 중국은 풍요로워 관례에 따라 먹고 마시는 것에 돈을 낼 필요가 없다고 하였다.

국위를 자랑하고 민력을 남용한 사례로 가장 막심한 해독을 끼친 것은 침략전쟁이었다. 그중 가장 두드러진 것이 고구려 공격이었다. 고구려의 통치자 고탕〔高湯—*평원왕(平原王)〕은 북주 무제에 의해 동군공(東郡公), 요동왕(遼東王)으로 봉해졌으며, 수 문제에 의해 고려왕(高麗王)으로 봉해져 수나라에 번속된 것으로 보인다. 7세기 초, 고구려는 요하(遼河) 동부와 한반도 북부를 차지하고 있었으며 수도는 평양이었다. 당시 한반도의 서남부는 백제, 동남부는 신라가 차지하고 있었다. 수나라 건립 후 북아시아 국제 관계에도 변화가 발생하였다. 바로 이 시기는 수나라와 고구려의 관계가 명목상의 군신 관계에서 실질적인 군신 관계로 넘어가는 과도기로서, 수의 고구려 원정은 바로 이런 국제 관계의 대변환 속에서 출현하였다.

수 문제 말년, 문제는 점차 변경 확대의 야망을 드러냈고, 개황 18년(598년) 시작된 고구려 출병은 이런 확장주의의 집중적 체현이었다. 수 양제가 고구려를 침략한 것은 문제의 영토 확장 방침을 계승, 확대한 것이었다. 본래 양제가 고구려로 출병한 것은 문제가 고구려에게 패하면서 손상된 체면을 만회하기 위한 것이었지만 결과는 정반대가 되었다. 대업 8년(612년) 수나라 대군은 양제의 지도하에 수륙 양군으로 나뉘어 고구려로 진공하였다. 그러나 압록강을 건넌 수나라 30만의 주력군은 살수〔薩水, 청천강(淸川江)〕에서 대패하여 요동성〔지금의 요양(遼陽)〕으로 돌아온 병력은 단지 3,700명 정도였으며 평양으로 진공한 4만 수군은 모두 몰살당하였다. 수 양제는 부끄럽고 분한 나머지 다른 조건들을 고려하지 않고 다시 더 큰 규모의 전쟁을 일으켰으나 결국 돌이킬 수 없는 결과를 빚게 되었다. 대업 9년(613년) 양제가 대규모 병사를 이끌고 제2차 고구려 침략 전쟁을 일으켰으나, 농민 기의(農民起義)가 일어나고 귀족 양현감(楊玄感)이 반란을 일으켜 중도에서 그만두었다. 그 다음 해 제3차 고구려 침략전쟁을 발동하였다. 그러나 당시 농민 기의가 더욱 거세져 징발당한 군대가 제때에 도착할 수가 없었기 때문에 어려움은 가중되었다. 그럼에도 양제는 자기 고집대로 일을 밀어붙여, 결국 약간의 체면은 되찾을 수 있었다. 즉 고구려 국왕과 화의를 하려는 도중에 군대를 돌려 조정으로 돌아왔던 것이다. 그러나 전쟁은 백성들에게 거대한 재앙을 가져다주었으며 소위 "천하 인민이 노역에 동원되어 죽고 가문은 재력을 상실하였으며", 막 사회 발전이 절정에 달하고 있었던, 특히 산동, 하북, 하남과 강회 일대의 파괴가 매우 심각하였다. "황하의 이북에는 천 리에 걸쳐 불 때는 연기가 없고, 장강과 회수 사이에는 곤궁함이 무성한 풀처럼 만연하였다."

제군(齊郡) 추평(鄒平, 지금의 산동 추평현) 사람인 왕박(王薄)은 사람들을 모아 장백산〔지금의 산동 장산현(長山縣)〕에서 기거하며, 스스로 지세랑(知世郞)이라 칭하고, "요동에 가서 헛되이 죽지 말자는 노래"를 지어 부르며 백성들의 반전(反戰) 감정을 이용해 의병을 불러 모았다. "(어차피) 요동에서 죽을 거라면 (여기에서 반란죄로) 참수되는 것이 무슨 대수이겠는가." 몇 년간, 각지의 크고 작은 농민 기의군이 130여 개로 증가하였고 의군(義軍)은 3-4백만 명에 달하여, 수 왕조는 결국 붕괴하였다. 당(唐) 무덕(武德) 원년(618년) 3월, 금군 장군 우문화급(宇文化及)이 반란을 일으켜, 강도에서 수 양제를 사로잡았다. 그는 수 양제를 질책하며, 가벼이 전쟁을 일으키고 잘 놀며, 사치가 극에 달했으며, 간신들에게 일을 맡기고 충언을 듣지 않아 만민(萬民)이 실업 사망의 계곡에 빠지게 했다는 죄명으로 살해하였다.

581년에서 618년까지, 단지 37년 동안, 수나라는 역사상 황급히 나타났다가 바로 사라졌다. 어떻게 수나라는 경제도 발전하고 창고도 충실하였는데 국력이 강성한 한 창때에 돌연 멸망한 것인가? 중요한 교훈이 그 속에 내포되어 있다. 바로 수 양제가 "그 부강함을 업고 제멋대로 욕심만 챙긴 것"이 가장 주목할 만한 점이었다.

## 46. 당 태종과 정관의 치세〔貞觀之治〕

당나라를 건립한 이연(李淵)은 북방 산서 지역의 한인과 호인이 혼합된 혈통의 귀족 집안에서 출생하였다. 그는 서위(西魏) 귀족 이호(李虎)의 손자로서, 본인 또한 당국공(唐國公)을 세습, 자신의 정치적 위세에 의지해서, 수나라 말 동란을 이용해 새로운 왕조를 건국하였다. 서위 우문태가 부병제를 창시할 때, 최고 군사장관으로서 팔주국(八柱國), 십이대장군(十二大將軍)이 있었는데, 양견의 아버지 양충이 바로 그 십이대장군 중의 한 명이었으며, 이연의 조부 이호 또한 팔주국 중의 한 명이었다. 또한 이들 세 사람은 돌궐 귀족 독고신(獨孤信)과 혼인 관계로 연결되어 있었다. 즉 독고신의 장녀는 우문태의 아들〔즉 북주 명제(明帝)〕에게 시집갔고, 네 번째 딸은 이호의 아들 이병(李昞)에게, 일곱 번째 딸은 양충의 아들 양견(즉 수 문제)에게 시집을 갔다. 이연은 모친 독고씨를 통해 북주와 수나라, 두 황실과 밀접한 관계에 있었다. 때문에 이연이 수를 대신한 것은 양견이 북주를 대신한 것과 같은, 귀족 정치의 산물이었다.

이연이 당국공(唐國公)을 이어받아, 대업 12년(616년) 태원유수〔太原留守, 지휘부는 진양(晉陽)에 설치〕로 임명되어 군정의 대권을 장악하였다. 다음 해, 그는 수나라가 회복될 수 없음을 보고, 군대를 이끌고 태원에서 기병하여, 장안과 위수(渭水) 일대를 장악하였다. 이것이 역사에서 말하는 태원기병〔太原起兵, 혹은 진양기병(晉陽起兵)〕이다. 옛 역사에서는 이세민(李世民)이 비밀리에 진양에서 손님으로 있으면서 기병을 준비하였다고 한다. 그러나 이연은 이를 알지 못하였고, 이세민이 계획을 알려 주자 크게 놀라, 심지어 이세민을 붙잡아 조정으로 보내 죄를 묻고자 하였다고 하나 믿을 바는 못 된다. 형제를 죽이고 아버지를 협박하여 제위를 찬탈한 것은 윤리에 어긋나는 것이었으므로 이세민이 즉위 후 바로 국사를 고쳐, 자신을 변호하기 위해 어용 문인으로 하여금 태원기병 때 이연은 별로 한 일이 없는 것으로 적고, 자신을 당나라의 창건자로 만들어 버린 것이었다. 사실 이연은 결코 평범한 사람이 아니었으며 정치적 비전과 군사 재능을 가진 개국 군주였다.

이연이 태원기병부터 장안, 관중을 점령하기까지는 단지 120일밖에 걸리지 않았다. 그 주된 원인은 수나라 주력군이 동방에서 기의군에게 유인당해 관중에 주둔 병력이 없는 상태였기 때문이었다. 이연은 귀족을 자신의 깃발 아래 모이게 하기 위해 잠시 수 양제의 손자를 받들어 꼭두각시로 삼았다. 장안으로 들어간 후, 대왕유(代王侑)를 황제로 영접하여 수 양제를 태상황으로 옹립하고, 자신이 실질적인 황제가 되었다. 귀족 정치 시대, 그의 이런 책략은 아주 쉽게 효과가 나타났다. "삼진(三秦) 지역의 사인과 서인, 의관자제, 군현의 장리(長吏), 호족 일가 등이 서로 잇따라 오는 것이 시장처럼 북적였다." 이듬해(618년) 수 양제가 살해되었고 이연이 정식으로 황제 자리에 올라 자신의 봉호(封號) 당국공의 이름을 따 당나라를 건립하였다. 이연은 각 할거 세력을 겸병한 후 수나라와 대립해 출현한 것이 아니라, 그 계승자로서 출현한 것이었다.

신왕조의 첫 임무는 통일의 기반을 닦는 것이었다. 이 과정 속에서 이연의 아들 이세민이 중요한 역할을 담당하였다.

당 고조 이연의 황후 두씨(竇氏)에게는 네 아들이 있었는데, 셋째 이원패(李元霸)는 일찍 죽고, 장자 이건성(李建成)은 항상 장안에 머물며 고조의 군사와 국정 업무를 도왔다. 둘째 진왕(秦王) 이세민(李世民)은 병사를 이끌고 출정하여 전국을 통일하였다. 계속해서 이세민이 군공을 쌓아 명망이 날로 높아지자, 이세민과 이건성 형제 두 사람의 황위 쟁탈도 날로 격화되었다. 그 싸움 속에서, 넷째 제왕(齊王) 이원길(李元吉)은 줄곧 이건성 편에 서 있었다.

이건성과 이원길이 이세민을 제거하려 하자, 고조도 이 사전 모의에 동의하였다. 그러나 군사 행동이 아직 끝나지 않았기 때문에, 일을 도모하기가 쉽지 않았다. 무덕(武德) 9년(626년) 이건성, 이원길은 먼저 이원길을 출정 대장으로 삼아 이세민의 병권을 박탈한 후 이세민을 제거하고자 하였다. 이세민이 이 사실을 미리 알고 그의 가까운 고문이자 내형〔內兄, 처형(妻兄)〕인 장손무기(長孫無忌)를 비롯한 인물들과 상의해서, 그들보다 선수를 쳐 기선을 제압할 대책을 세웠다. 이세민은 '현무문의 변(玄武門之變)'을 일으켜〔장안 궁성 북문 현무문에서 일으켰기 때문에, 현무지변(玄武之變)이라 한다〕 이건성, 이원길을 죽이고 당 고조를 협박하여 자신을 태자로 삼게 하였다. 이 사건은 피비린내로 가득 차 사람들을 몸서리치게 하였다. 이건성은 이세민의 활에 죽었고, 이원길은 매복병의 손에 죽었으며 건성, 원길의 아들 또한 연루되어 피살되었다. 장례식 때, 이세민은 여러 사람들 앞에서는 "매우 애통하게 곡을 하였다". 두 달 후, 당 고조는 협박으로 황위를 버렸고, 이세민은 당나라 제2대 황제—당 태종—가 되었다. 그는 연호를 정관(貞觀)으로 고치고, 당 고조는 태상황으로 높여졌다.

당 태종

당 태종은 즉위 후 폭정으로 망한 수나라의 교훈을 거울삼아 휴식정책(休息政策)을 택하여 민중에게 죄를 짓지 않는 지혜로운 정책을 취하였다. 이것이 사가들이 말하는 정관치세(貞觀治世)의 근본적인 토대이자, 또한 그가 역사상 굴지의 영민한 군주로 불리는 이유이기도 하다. 그는 즉위하자마자, "사치를 버리고 절약하며, 가벼운 세금과 요역을 부과하고, 청렴한 관리를 가려 써서 백성의 의식이 넉넉하도록 하겠다"라는 성명을 발표하였다. 그는 수가 망한 것을 교훈 삼아, "천자란 도(道)가 있어서 백성이 추대하여 주인으로 삼은 것이지, 도가 없으면 백성이 버리고 쓰지 않으니 진실로 두려워해야 한다", "군주가 되는 도는 반드시 먼저 백성이 있어야 하는 것으로, 만약 백성을 괴롭혀 군주를 받들게 하면 허벅지를 베어서 배를 채우는 것과 같으니 배는 부를지라도 몸이 죽는다"라고 말하였다. 그의 모사(謀士) 위징〔魏徵, 간의대부(諫議大夫)〕은 대난(大難) 이후 대치(大治)에 이를 수 있으며, 교화는 민중이 전란의 고통을 당한 후에야 더욱 효력을 볼 수 있다고 생각했다. 당 태종은 위징의 정치적 견해를 근거로 삼아 전쟁을 멈추고 문교(文敎)에 힘을 써, 정치를 안정시키고 백성이 맡은바를 즐거이 행할 수 있도록 하였다. 정관 시기 군신들의 납간(納諫)과 직간(直諫)은 중국 역사상 보기 드문 훌륭한 정치적 풍토로서, 당 태종은 수 양제가 충고를 받아들이지 않은 사실을 거울삼아 겸허하게 널리 의견을 채용하였다. 간언을 따르는 분위기가 아주 자연스러웠기 때문에 대신들 대부분이 직언, 직간을 할 수 있었다. 바로 이러한 정치 분위기 속에서 당 태종과 그의 대신 장손무기는 방현령(房玄齡), 두여회(杜如晦), 위징, 소우(蕭瑀), 저수량, 이정, 이세적과 힘을 합하여 2, 30년 동안 계속해서 태평성세—정관지치(貞觀之治, 627–649년)—를 이루어 낼 수 있었다. 이 치적은 《정관정요》에 기록되어 있다. 《정관정요》는 정관 연간 태종과 대신의 정치토론·논의를 발췌 편찬한 것으로서, 태종의 덕치와 치술을 칭송하고 후세에게 "이전의 전철을 밟지 말고, 좋은 것을 따르도록" 경고하는 내용이다.

당 태종은 태조의 창업 기초 위에 왕조의 제도를 강화하였다.

**첫째, 관료기구를 강화하여 정치적 효능을 제고하였다.** 당은 수나라 제도를 받아들여 중앙에 삼성육부(三省六部)를 두었다. 전국 군사·정치 대권은 삼성에 집중시켰으며 황제가 정령(政令)을 반포해 중서성과 문하성을 통과해야만 합법화되었다. 국가의 국정 방침은 먼저 중서성이 협의하여 결정을 내린다. 그 후 문하성의 심의를 거쳐야 하는데, 만약 이의가 있는 경우에는 문하성에서 기각할 수 있었다. 상서성에는 이(吏), 호(戶), 예(禮), 병(兵), 형(刑), 공(工)의 6부를 두어 중서성과 문하성에서 통과된 정령을 집행하였다. 중앙정부에는 정사당(政事堂)을 두어 재상의 의사 결정 기구로 삼았다. 이곳에서는 5품 이상 관원의 임면(任免)을 포함하는 모든 중대한 사무를 정사당 회의를 통해 토의하고, 황제의 비준을 받아 실행하였다. 삼성의 장관은 중서령〔中書令, 중서성

(中書省)〕, 시중〔侍中, 문하성(門下省)〕, 좌우복야〔左右僕射, 상서성(尙書省)〕로서 모두 재상이었다. 이후 정사당 회의에 참가하는 기타 관원도 재상이 되었다. 그들은 모두 참지기무(參知機務), 참지정사(參知政事) 등의 관직을 갖고 있었으며, 따라서 정사당 회의에 참가하는 재상은 많게는 10-20명에 달하였다. 전목은 《국사신론(國史新論)》에서 이렇게 기록하였다. "한대 재상은 수장제(首長制)이며, 당대 재상은 위원제(委員制)이다. 최고 의사 기구는 정사당이며, 모든 정부 법령은 반드시 황제의 조서 명의로 반포한다. 먼저 정사당에서 회의를 개최하고, 황궁으로 보내 황제가 허락을 하면, 정사당이 중서문하성의 도장을 찍어 명령을 하달한다. 만약 정사당의 날인이 없으면 조서로 인정하지 않으며, 법률적으로도 합법적인 지위를 갖지 못한다. 당대에는, 국가 대사가 있는 경우, 관례대로 먼저 중서성 중서사인(中書舍人, 중서성에 속한 관리)이 초안을 작성하고, 다시 재상(중서성)이 심의, 판결하여 황제에게 보내 허락을 받고, 이는 다시 문하성으로 보내져 급사중(給事中, 문하성에 속한 관료)이 다시 한 번 심사를 한다. 만약 문하성이 동의하지 않으면 돌려보내 다시 의논한다. 이 때문에 중서, 문하 양성이 모두 허가를 해야 그 칙서가 합법화될 수 있었다. 〔…〕 황제는 독재를 할 수 없었으며 재상 또한 독재를 할 수 없었다." 이는 아주 독창적인 견해다. 당대 중앙 관제의 특징은, 재상의 권력이 비교적 강하여 일정 정도 군주 전제를 제한할 수 있었으며, 다수의 의견을 참작하여 황권이 비교적 합리적으로 행사될 수 있었다는 점이다. 또한 정사당은 재상의 집단적 의사기구였고, 또한 삼성이 상호 견제함으로써, 개별 재상이 전권을 행사할 수도 없었다.

감찰 기관은 어사대(御史臺)이며, 장관은 어사대부(御史大夫)이고, 내외 관리와 군민(軍民)을 규찰하였다. 어사대와 형부(刑部, 사법 행정 기구), 대리시(大理寺, 최고 심판 기구)를 총칭하여 삼사(三司)라 했다. 중대한 안건이 있을 때마다, 대리시경(大理寺卿)은 형부상서(刑部尙書), 어사중승(御史中丞)과 함께 심의할 수 있었기 때문에 이를 '삼사추사(三司推事)'라 했으며 후세 '삼법사(三法司)' 회심(會審)의 전신이 되었다.

지방 행정 기구 또한 수나라 제도를 답습, 주(州)와 현(縣), 이렇게 둘로 나누었다.

모두 300여 개의 주와 1,500여 개의 현이 있었다. 당 태종은 지방에 대한 통제를 강화하기 위해, 전국을 10개 감찰구(監察區), 즉 관내(關內), 하남(河南), 하동(河東), 하북(河北), 산남(山南), 용우(龍右), 회남(淮南), 강남(江南), 검남(劍南), 영남(嶺南) 등 10도(道)로 나누었다. 도(道)가 하나의 새로운 행정 단위는 아니었기 때문에 상설 기구와 고정 관리는 없었다. 이것은 황제가 관찰사를 파견하여 부정기적으로 도내의 각 지방 행정 업무를 시찰한 것으로, 한나라의 자사부(刺史部)와 대체로 비슷하였다.

**둘째, 관원의 배양과 선발을 중시하였다.** 당 태종은 '재행겸비(才行兼備)'적 기준에 따른 관리 선발을 중시하고, 사적 관계망이나 자격 요건에 구속되지 않았기 때문에, 과거제도는 점차 전통적 귀족 정치의 틀과 충돌하였다. 정관 원년, 당 태종은 "선거를 적극적으로 실시하였으며" 이후에도 또한 과거 시험을 통해 인재를 선발하였다. 일반적인 과거 과목은 수재(秀才), 진사(進士), 명경(明經), 명법(明法), 명서(明書), 명산(明算) 등 여섯 과목이었다. 명법, 명서, 명산은 법률, 서예, 수학과 관련된 전문 과목으로서 사인(士人)을 뽑기에는 한계가 있었으며, 또한 정계에 진입하기도 어려웠다. 그리고 수재과는 반드시 재능이 많고 박학다식한 인재만이 시험에 응시할 수 있었기 때문에 당 태종 때 이 과목은 거의 폐지 직전에 놓여 있었다. 결국 명실상부한 상설 과목은 명경과 진사 두 과목이었다. 명경과의 시험 과목은 주로 첩경(貼經), 경의(經義) 그리고 시무책(時務策)이었으며, 진사과는 주로 시무책과 경의를 보았는데, 당 고종 때 시잡문〔詩雜文, 시부(詩賦)〕이 첨가되어, 현종 때에는 시부(詩賦)가 주가 되었다. 진사과가 점차 중요해지면서 대관(大官)의 대부분이 진사과 출신이었고, 때문에 대관 대부분이 시부에 정통하였다. 《당척언(唐摭言)》에서, "진사과는 수나라 대업(大業) 연간에 시작되어 정관, 영휘(永徽) 때에 융성하였으니 벼슬아치로 그 지위가 극에 달한 이라도 진사과 출신이 아니면 끝내 아름답다고 여기지 않았다"라고 하였다. 정관 말년, 당 태종은 진사과를 확대하여, 진사의 신분을 제고하였고 진사과는 더욱 중시되었다. 당나라 사람 조하(趙嘏)는 시에서 "태종 황제가 진실로 훌륭한 계책을 세워 영웅들을 속여 모두 벼슬하지 못하게 하였다"라고 말하였는데, 이는 진사과 등제의 어려움을 반영하고 있는 것이었다. 사인이 진사로 선발된 후에도 또한 이부에서 다시 시험을 보고 합격을 해야만 비로소 관직을 부여받을 수 있었다. 그 후 주현 장관의 막료가 되거나, 조정 관료의 추천을 통해 후보관원 자격으로서 정식으로 출사할 수 있었다.

과거시험의 발전과 완비는 역사적 진보라 할 수 있다. 과거시험은 원칙상, 궁호(宮戶), 부곡(部曲), 잡호(雜戶) 등 천민 계층을 제외한, 일반 평민은 모두 참가할 수 있었다. 이로써 위진 시대 이후 주군(州郡)의 중정관(中正官)이 마음대로 사인(士人)을 선발하던 상황에서, 이제 관료 선발권과 임용권이 중앙에 귀속되었으며, 사족문벌이 정권을 유지하던 체제가 무너지고 재능 있는 인사들이 관료가 되는 길이 열리게 되었다. 당 태종은 금전(金殿)의 단문(端門)에서 새로 합격한 진사들이 줄지어 나오는 모습을 보고서는 자신도 모르게 "천하의 영웅이 나의 올가미에 걸려들었구나"라고 말했다고 한다. 비록 당시 과거시험이 여전히 문벌을 무시할 수는 없었지만, 시험 제도 실시가 오래 지속됨에 따라 가난한 자제도 사원에 머물며, 십여 년 동안의 고생스러운 학업 생활을 통해 우수한 성적으로 과거에 합격할 수 있었다. 서방 학자는 중국 과거 제도를 긍정적으로 보고, 서방 문관시험의 기원으로 여겼다. 페어뱅크와 라이샤워는 《동양문화사》에서 "당대 과거 제도는 중국 문명의 위대한 성과 중의 하나인, 재능을 보고 관리를 임용하는 문관 제도의 진정한 시작이었다"라고 말하였다. 또한 토인비는 《역사연구》에서 "중국의 과거 문관 제도는 역사상 가장 오래된 제국 행정의 견본이었다"라고 하였다.

당나라는 사람을 기용할 때, 과거 제도를 중시하였으며, 특히 학교 설립을 더욱 중시하였다. 학교 교육 제도는 당 태종의 고려로 점차 완비되었다. 국자감(國子監)이 전국 최고 학부였으며, 그 아래 여섯 종류의 학교를 두었다. 즉 국자학(國子學), 태학(太學), 사문학(四門學), 율학(律學), 서학(書學), 산학(算學)을 두었고 앞의 세 학교는 각각 3품, 5품, 7품 이상의 관료 자제들만 입학할 수 있었다. 나머지 세 학교는 8품 이하의 관리 자제 및 평민 자제를 받아들였다. 이외에 홍문관(弘文館), 숭문관(崇文館)이 있었는데, 이곳에는 전적으로 황제의 친척과 고급관료 자제를 모아 입학시켰다. 지방에는 주현학(州縣學)이 있었다. 각급 학교는 모두 유가 경전을 필수 교과서로 삼아 학습 성적이 우수한 사람은 이부로 보내져 과거 시험에 참가하였다. 두우는 《통전(通典)》에서 "정관 5년 태종이 국학에 여러 차례 행차하여 학사(學舍) 1,200칸을 증축하였다. 국학, 태학, 사문학의 학생 수를 증원하고 서학과 산학에 각각 박사를 두었으니 3,261명이었다. 둔영비기(屯營飛騎)에도 박사를 두어 경업(經業)을 수업하였고 고구려, 백제, 신라, 고창, 토번 등 여러 나라의 군장이 자제를 보내 국학에 들어온 자가 8천여 명이었으니 국학의 융성이 고금에 없던 일이었다"라고 하였다.

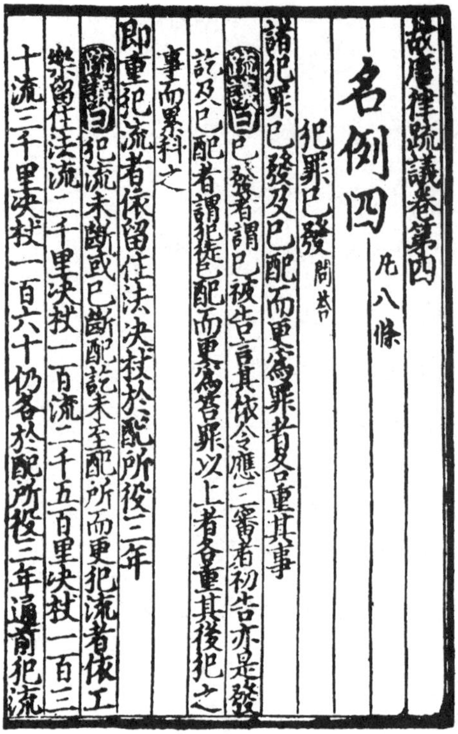
故唐律疏議卷第四

名例四 凡八條

犯罪已發 問荅

諸犯罪已發及已配而更為罪者各重其事

疏議曰已發者謂已被告言其依令應三審者初告亦是發訖及已配者謂犯徒已配而更為笞罪以上者各重其後犯之事而累科之

即重犯流者依留住法決杖於配所役三年

疏議曰犯流未斷或已斷配訖未至配所而更犯流者依工樂留住法流二千里決杖一百流二千五百里決杖一百三十流三千里決杖一百六十仍各於配所役三年通前犯流

《당률소의》

**셋째, 관대하고 간략한 법 제정을 완비하였다.** 무덕(武德) 원년, 당 고조는 수 양제가 반포한 법률이 번잡하고 형이 가혹하여 야기된 심각한 결과를 거울삼아, 〈대업율령(大業律令)〉 폐지를 선포하고, 대신 〈개황률(開皇律)〉에 따라 신법을 수정, 무덕 7년(624년) 관대함와 간략함을 원칙으로 한 〈무덕률〉을 반포하였다. 당 태종 즉위 후, 여러 차례 명신들을 불러모아 입법의 방침을 연구하고, 아울러 위징(魏徵)의 건의를 받아들여, 관인(寬仁), 신형(愼刑)의 법률적 목표를 세웠다. 이 후 장손무기(長孫無忌), 방현령(房玄齡) 등에 명하여 법률을 수정, 10년 뒤인 정관 10년(637년) 정식으로 〈당률(唐律)〉(즉 〈정관율(貞觀律)〉) 500조를 반포하였다. 기본적인 내용은 명례(名例), 위금(衛禁), 직제(職制), 호혼(戶婚), 구고(廐庫), 천흥(擅興), 적도(賊盜), 투송(鬪訟), 사위(詐僞), 잡율(雜律), 포망(捕亡), 단옥(斷獄) 등이었다. 당 고종 때, 장손무기의 주도로 당률 조문에 대해 주소(注疏)를 가하여 《당률소의(唐律疏議)》 12편 30권을 편찬하였다. 이것은 당시 고구려, 일본, 안남(安南—*베트남) 등의 나라에 중요한 영향을 미쳤을 뿐만 아니라 송, 명 각 왕조 법전의 본보기가 되었다. 의심할 바 없이, 당률에서 말하는 양인과 천민은 법률 앞에서 불평등하였으며, 이후 각 왕조의 법률도 이를 계승하였다. 예를 들어, 천민인 부곡, 노비는 법률적 지위가 양인보다 낮아, 《당률소의》의 〈투송률(鬪訟律)〉은 "무릇 부곡이 양인을 구타하여 상처를 입혔다면(관호는 부곡과 마찬가지이다) 일반인이 범한 죄에 1등을 더한다〔더하는 경우는 사죄(死罪)에까지 이를 수 있다〕. 노비는 다시 1등을 더한다", "양인이 타인의 부곡을 구타하여 죽이면 도형 1년에 처한다. 고의로 죽이면 1등을 더한다", "(부곡이) 잘못을 범하여 그를 처벌하다가 죽였거나 과실로 죽였다면 각각 논죄하지 않는다"라고 규정하고 있다.

당률은 당 태종이 몇 차례 강조한 법률적 획일성, 안정성, 간결성을 그대로 보여주고 있다. 사형 조목을 예로 든다면, 이전 왕조 법률에 비해 반을 삭감하고, 또한 호칭이 간략했던 〈개황률〉에 비해서도 더욱 간략화되었고, 참형(斬刑)을 삭감하여 유형(流刑) 92조를 만들고, 유형을 삭감하여 도형(徒刑) 71조를 만들었으며, 또한 채찍으로 등을 때리는 가혹한 형벌과 발을 자르는 신체형은 폐지하였다. 또한 단옥률(斷獄律)에서는 도형 이상의 죄가 판결된 이후 범죄자가 불복하면 재심을 제기할 수 있으며, 사죄(死罪)는 반드시 삼복주(三覆奏)를 거쳐야만, 3일 후 비로소 집행할 수 있다고 규정하였다. 전하는 말에 의하면, 정관 4년 전국에 사형을 언도받은 사람은 겨우 29인에 불과했다고 한다. 법률이 간단하고 형을 가볍게 하는 것은 종종 태평성세의 한 표시였다. 정관 시기, 군신 상하의 준법 분위기 속에서 태평성세가 출현하였으며, 《정관정요》에서 "이에 관리가 청렴 · 근면해졌다. 왕공 · 공주의 집안과 대성(大姓)과 호족의 무리를 제어하니 모두 위세가 자취를 감췄고 소인들을 감히 침범하고 속이지 않았다. 상인과 여객이 들에서 자도 도적이 없었고 감옥은 늘 비어 있고, 말과 소를 들에 풀어놓고 대문을 닫지 않았다"라고 말하고 있다.

부역을 가볍게 하여 민과 함께 휴식함으로써 정치는 청명하고 사회가 안정되어 정관 20-30년간, 천하대치(天下大治)의 상황이 출현하였다. 《신당서(新唐書)》에서 "정관 4년에 이르러 미곡은 한 말에 4-5전(錢)이었고 대문을 닫지 않는 것이 몇 달이었으며 말과 소가 들에 있었으며 사람들이 수천 리를 갈 때도 양식을 가지고 다니지 않았으니 민간의 물자가 풍부하였다", 또한 《통전》은 "정관 연간에 태종이 힘써 다스리자 정관 8, 9년에 이르러 사회가 풍요로워져 미곡은 한 말에 4-5전이고 말과 소가 들에 있었으며 대문을 열면 몇 개월간 닫지 않았다. 정관 15년에 이르러 미곡 한 말이 2전이었다"라고 말하였다.

황인우(黃仁宇)는 《허드슨 강변에서 중국사를 이야기하다(赫遜河畔談中國曆史)》에서, 7세기 당나라 초기는 중국 역사상 사람들을 분발시킨 시기였다고 말했다. 630년 이정(李靖)이 돌궐을 무찌르고, 당 태종 이세민(李世民)은 이민족장들에게 '천가한(天可汗—*유목 민족의 최고 수장을 이르는 칸)'으로 추대되었다. 당시 고조 이연(李淵)은 이미 태상황(太上皇)으로 물러나, 능연각(凌煙閣)에서 축하연을 벌였는데, 태상황 스스로가 비파를 켜고 황제가 대중 앞에서 춤을 추었다. 이런 장면은 중국 역사상 보기 드문 광경이었다. 다만 보충 설명해야만 하는 것은, 이런 분위기 속에서 배양되어 나온 태평성세가 이후 다시 재현되지 않았다는 점이다.

## 47. 무측천(武則天)에서 당 현종(唐玄宗)까지

뛰어난 재능과 원대한 계략을 가진 당 태종은 그의 후계자를 준비하기 위해 매우 고심하였지만, 결국 뜻대로 되지 않았다. 장손황후는 태종의 아들 셋을 낳았다. 장자 승건(承乾)은 족병(足病)이 있었으며, 아홉 번째 진왕(晉王) 치(治)는 유약 무능해서, 태종은 모두 만족하지 못했다. 네 번째 위왕(魏王) 태(泰)가 문학을 좋아하여 태종의 총애를 받았다. 위왕 태는 황통 계승자가 되려고 계략을 꾸미고, 승건은 태자 지위를 유지하기 위해 애썼기 때문에 둘의 갈등이 나날이 심각해져 갔다. 후에 승건이 '모반'으로 폐위당하였기 때문에 태종은 비록 진왕 치가 유약 무능하여 좋아하진 않았지만, 어쩔 수 없이 그를 태자로 삼았다. 왜냐하면 위왕 태가 태자 지위를 찬탈할 모의를 꾸몄기 때문에, 만약 그를 태자로 세운다면 후세 사람들이 이를 모방할까 두려워했기 때문이었다.

정관 23년(649년) 이치가 황위를 계승하여, 당 고종이 되었다. 외삼촌 장손무기와 노신 저수량(褚遂良) 등은 정관의 유지를 받들어 조정을 집정하였다. 당 고종은 우유부단한 보통 사람이었다. 그는 신하가 상주문을 올리면, "두 손으로 받아 들고 아무 말이 없어", 재상이 모든 의견을 내놓았다고 한다. 다행히 앞 시기에는 정관 시기부터 임용된 신하들의 보좌가 있었고, 뒷시기에는 황후 무측천이 조정에 참여하여 정치는 정관의 치가 계속될 수 있었다.

무측천

무측천은 중국 역사상 보기 드문 여정치가였다. 그녀는 정관 11년 14세에 당 태종의 재인〔才人, 빈비(嬪妃)〕이 되었으나, 태종 사후에는, 전례에 따라 궁 밖으로 나가 감업사(感業寺)의 비구니가 되어, 세상과 연을 끊고 일생을 보내야만 했다. 그러나 그 미모에 이끌린 고종이 즉위한 지 얼마 되지 않아, 그녀를 궁으로 불러 들여 소의(昭儀, 빈비)로 삼았다. 이로써 그녀의 운명이 바뀌었을 뿐만 아니라, 부자(父子) 양대에 걸쳐 부인이 됨으로써 끊임없이 비난을 당하였다. 고종보다 4살 위인 무측천은 재능 있는 계략가로서, 왕(王)황후와 소숙비(蕭淑妃)가 총애를 다투는 사이에 점차 우위를 점하여, 고종의 총애를 받고 황후 자리에 오르게 되었다. 그녀를 황후로 세우는 과정에서, 조정 안팎의 싸움이 격렬하였다. 장손무기와 저수량을 수장으로 하는 일파는 무씨가 명문대족 출신이 아니기 때문에 황후 책봉은 적합하지 않다고 여겼다. 이후 낙빈왕(駱賓王)이 서경업(徐敬業)을 대신하여 쓴 《토무씨격(討武氏檄)》은 첫머리에서 "거짓되게 정사에 참여하는 무씨는 성격이 온화하고 유순하지 못하며, 그 바탕은 실로 한미하다"라고 말하고 있다. 분명 비천한 출신이라는 것이 반대파 공격의 주요 논거였다. 무측천의 부친 무사확(武士彠)은 목재상을 한 적이 있었다. 후에 비록 공부상서를 지내기도 하였지만, 귀족들 눈에는 여전히 비천한 출신이었다. 그러나 사실 그녀의 출신은 결코 비천하지 않았다. 그 부친은 태원 지방의 명망가였으며,

모친은 관롱(關隴) 귀족 중 수(隨) 황실 양씨 가족의 후예였다. 근대사가들은 무측천 반대파와 옹호하는 양파를 관롱 집단 대 비관롱 집단으로 나누거나, 혹은 귀족 집단 대 신흥 지주 · 상인 집단으로 나누기도 하지만, 이는 다소 단순한 논리인 것 같다.

자신의 정치적 지위를 확고하게 하기 위해, 무측천은 아주 강하게 반대파를 공격하였다. 현경(顯慶) 5년(660년), 고혈압의 영향으로 시력에 이상이 있던 고종이 무측천에게 조정 처리를 위탁하자, 이때부터 정권이 황후 무측천의 손아귀에 떨어졌다. 결국 "천하의 대권이 모두 중궁에게 귀속되어 승진과 퇴출, 죽이고 살리는 것이 모두 그녀의 입에서 결정되니 천자는 팔짱만 끼고 있을 뿐이어서 내외에서 그들을 두 성인으로 불렀다". 고종은 태자 이홍(李弘, 무측천 소생의 장자)에게 제위를 넘겨 줄 생각이었지만, 무측천은 모자의 정을 생각하지도 않고 독주를 이용하여 이홍을 살해하고, 둘째 아들 이현(李賢)을 태자로 세웠다. 그러나 이현이 재간도 있고, 문채(文采)도 있어 사인 사이에 명망이 높아지자 무측천은 다시 그를 폐위시켜 서인(庶人)으로 삼고, 셋째 아들 이현(李顯)을 태자로 세웠다〔즉 이후 중종(中宗)〕. 고종 사후, 중종이 즉위하자, 무측천은 황태후의 신분으로 조정에 나가 다음 해, 중종을 폐하여 여릉왕(廬陵王)으로 삼고, 넷째 아들 이단(李旦)을 예종(睿宗)으로 세웠다. 무측천은 '혁명', '유신'을 기치로, 불교를 빌려와 그녀가 하늘의 명령을 받았다고 널리 알리며, 몇몇 사람들을 시켜 '(무측천의) 황제 등극'을 상주하게 하였다. 690년, 그녀는 정식으로 예종을 폐하고 당나라를 주(周)나라로 개명하여 스스로 성신황제(聖神皇帝)라 칭하였다. 그녀는 강력한 정치가로서의 본색을 어김없이 발휘하며, 서경업(徐敬業)의 양주(揚州) 반란과 낭야왕 이충(李沖)의 요성(聊城) 반란, 월왕(越王) 이정(李貞)의 여남(汝南) 반란을 진압하였다. 정권을 독점하기 위해, 그녀는 재상의 의정권을 완전히 제거해서, 총신과 딸 태평공주(太平公主), 그리고 '북문학사(北門學士)'라 불리는 고문단에 의존하였고, 삭원례(索元禮), 주흥(周興), 내준신(來俊臣) 등의 혹리(酷吏)를 임용하여 사법 분야를 관장하게 하고, 엄격한 형벌로 반대파에게 대응하였다. 그러나 공정하게 말해서, 죽임을 당한 것이 모두 관료였고 가장 심하게 타격을 받은 것이 대표적 귀족이었기 때문에 '폭정'이라 말하기는 어렵다. 오히려 역사에 적극적인 영향을 미쳐, 서진 이래 중앙정권을 좌지우지하던 관롱 집단은 그 세력을 상실하였다.

무측천은 귀족 정치를 반대하고 과거 제도를 발전시켰다. '호명(糊名—답안지에 쓰여진 자신의 이름을 가리게 한 제도)'의 방식을 채용하여 과거 시험의 객관성을 확보함으로써, 후보자의 신분과 출신 배경이 선발 결과에 영향을 미치지 않아 더 많은 비천한 가문의 출신이 정치에 참여하였다. 그녀는 특히 진사과를 중시했으며, 인재 선발의 중요성을 나타내기 위해, 황제가 직접 거인(擧人)에게 책문(策文)하는 전시(殿試)의 선례를 열었다. 무측천은 인재 선발을 중시했기 때문에, 《자치통감(資治通鑑)》에는 "상벌의 권한을 갖고 천하를 다스리니 정사는 모두 자신을 경유하였고, 잘 살펴 판단을 내리니 당시의 영웅과 현인이 등용되었다"라고 말하고 있다. 현종 시기의 이름난 재상, 예를 들어 요숭(姚崇), 송경(宋璟) 등이 이 시기 발굴, 선발된 인재였다. 정적의 대변인 격인 낙빈왕(駱賓王)은 매우 신랄한 어투로 격문을 작성하여 그녀를 공격하였다. "동궁을 추잡하게 만들었으니 선제의 첩이었음을 숨기고 후궁으로서의 총애를 몰래 도모하였다", "소매로 얼굴을 가리고 참언을 하고 군주를 홀려서 미혹시켰다"라고 하였다. 그러나 무측천은 오히려 이것을 문제 삼지 않고, 낙빈왕의 문재(文才)를 아주 칭찬하며 이런 사람을 기용하지 않은 것은 재상의 과실이라 말하였다. 육지(陸贄)가 그녀는 "사람을 잘 알아서 임용한다"라고 말한 것은 아주 객관적이고 공평한 평가였다. 무측천이 후세 사람들에게 가장 비난을 받는 것은 두 가지였다. 하나는 그녀가 혹리를 임용하여 공포정치를 행하였다는 것이고, 다른 하나는 신중하지 못한 그녀의 사생활이었다. 밖으로 전해진 무측천과 많은 남총〔男寵, 면수(面首)—*예전 귀부인들의 노리개가 되었던 미남자〕의 얘기는 민망해서 듣기 거북할 정도이다. 이것은 당연히 유가 윤리를 기준으로 따진 것이었다. 이런 선입견을 갖지 않은 사람은 오히려 그녀에 대해 좋은 평가를 하였다. 육지가 그녀를 칭찬하고 명나라의 이지(李贄)와 청나라의 조익(趙翼)이 그녀를 찬양한 것은 결코 우연이 아니었다.

무측천이 비록 당나라에서 주나라로 왕조를 바꾸었지만, 정관의 치세는 여전히 지속되어, 사회 경제는 계속 발전하였다. 그녀의 가장 큰 공적은 역사의 조류에 순응하여 귀족이 정치를 마음대로 하는 상황을 타파하고 정권을 일반 서인에게 개방하여, 위진 이래 문제(門第)를 중시한 귀족 정치가 이때부터 무너져 다시 일어나지 못하게 되었다는 점, 이것은 역사 발전 과정 속에서 진보적인 의의를 갖는 것이었다.

705년, 재상 장간지(張柬之) 등은 무측천이 늙어 병든 것을 기회로 삼아, 궁정정변을 일으켜, 무측천을 퇴위시켰다. 곧 그녀의 아들 중종 이현을 도와 복위시키고 국호도 당으로 복귀시켰다. 당 중종은 그녀를 '측천대성제(則天大聖帝)'로 봉하였다. 82세의 무측천은 그해 죽고, 유언으로 남기길 "제호를 버리고 측천대성황후(則天大聖皇后)로 불러라"라고 말하여, 그녀 자신은 여전히 대당의 황후임을, 자신을 정확히 알고 있는 정치가의 풍모를 보여 주었다.

무측천 사후 당 현종 즉위까지, 전후 8년 반에 불과하였으나 정변이 끊이지 않았다. 당 중종은 어리석었으며, 황후 위씨(韋氏)는 포악하고 음탕할 뿐만 아니라 야심이 많아, 그녀와 안락공주(安樂公主), 무씨(武氏) 일가가 한 집단으로 결탁하여 조정을 좌지우지 하였다. 경룡(景龍) 4년(710년) 위후가 중종을 독살시키고 정권을 탈취하여, 무측천을 모방하고자 하는 망상을 꿈꾸었으나 그녀는 무씨의 능력에 훨씬 미치지 못하였다. 조정은 부패로 가득 차 "공과 사가 모두 고갈되었고", "열의 아홉 집은 모두 빈" 상황이었다. 예종의 아들 이융기(李隆基)는 정치적 안목을 가진 사람으로서, 금군(禁軍)의 불만 정서를 이용해서, 군사정변을 일으켜 위후와 안락공주 그리고 무씨 일족을 죽이고, 예종 이단의 제위를 회복시켰다. 그러나 예종은 무능해서 곧 그 누이동생 태평공주가 조정을 장악, 태자 이융기를 제거하고자 하였다. 712년, 이융기가 합법적으로 제위를 계승하여, 당 현종이 되었다. 다음 해 태평공주가 정변을 일으켰지만 실패 후 사약을 받았고 이때 이르러서야 비로소 정국이 안정되었다.

황제에 등극한 28세의 당 현종 이융기는 말타기를 좋아하고 음률(音律)과 역상(曆象)에 능통하였으며, 서예에도 재주가 있는 다재다능한 인물이었다. 개원(開元) 연간(712-741년) 이융기가 국정에 힘썼기 때문에 당은 번영의 정점에 달하였다. 당 현종은 국내

정치의 안정을 도모하였으며, 탁월한 정치적 재간도 보여 주었다. 재상을 기용하는 데도 선후 요숭, 송경, 장가정(張嘉貞), 장열(張說), 이원굉(李元紘), 두라(杜暹), 한휴(韓休), 장구령(張九齡) 등 감히 일대의 명사들이라 칭할 만한 사람들을 선발하였다. 이들은 각기 장점이 있었으며 모두 직언을 하고 개혁 정신을 갖고 있었기 때문에, 개원 시기 정치가 청명하고 경제는 번영하여 후세 사람들에게 성세로 칭송받았다.

개원 전기, 당 현종은 부단히 정치에 힘써 현명한 재상 요숭, 송경을 중용하여 간언을 구하고 폐정을 없애는가 하면 사치를 억제하여, "정관의 분위기가 다시 진작되었다"고 할 만큼의 업적을 남기게 되었다. 요숭은 현종에게 총애를 받는 신하의 권력을 억제하고, 작상(爵賞)을 즐겨하고, 간언을 받아들이고, 공헌을 없애고, 대신을 예로서 대할 것을 건의하였다. 송경은 인재 선택을 잘하여, 사사로이 형벌과 상을 주지 않았고 또한 두려워하지 않고 간언을 하였다. 때문에 요숭 집정 시기의 부역은 여유롭고 공평하였으며 형벌은 줄어들어, 천하는 부유해졌다. 그러나 정치적 측면에서 본다면 개원의 치세는 정관의 치세의 답습에 불과하였다.

먼저, 정관 시기의 "관인(寬仁)을 다스림의 기본으로 삼는" 법치 원칙을 회복시켜, 인의 실천을 천하 통치의 제1의 원칙으로 삼았다. 때문에 무측천 시기의 혹리 정치와 엄격한 형법을 폐지하고, 정직한 관리를 표창하고, 가혹한 형벌과 형벌의 남용을 금지하였다. 기록에 따르면, 개원 25년(737년) 전국에 사형을 언도받은 사람은 59명에 불과했고 대리시(大理寺) 감옥 안은 그 풍경이 썰렁했으며 까마귀와 까치가 나무 위에 새집을 지어, "관인이 치세의 기본"이었던 정관의 치세와 비슷한 효과를 얻었음을 볼 수 있었다. 법제를 만드는 과정에서 가장 주목할 만한 것은 당 현종이 《당육전(唐六典)》—중국에서 현존하는 가장 오래된 행정 법전—을 편찬토록 명하여, 이 35권의 대작이 16년에 걸친 편찬 과정을 거쳐 개원 26년에 완성된 점이다. 이는 개원 정치 체제의 완비를 의미하였다.

둘째, 정관 시기 가벼운 조세의 원칙을 실현시킨 호구(戶口) 조사와 부역의 개혁을 착수하였다. 당나라는 수나라 제도를 계승하여 균전제와 쌍을 이루는 조용조제를 계속해서 실행하였다. 조용조제가 일종의 인정(人丁)을 대상으로 한 부역 제도였기 때문에 정부는 호적과 정구(丁口)를 중시하였다. 사회 조건이 변화함에 따라, 당나라 시기 균전제는 점차 단지 문서상의 조문으로만 그 역할을 다하였다. 《자치통감》의 편자 중 한 명인 유서(劉恕)는 "북위, 북제, 북주, 수는 전쟁이 끊이지 않아, 농민은 적고 토지는 많아, 균전제가 존속할 수 있었지만" "당대 태평성세가 오래 지속되면서, 노동력은 증가하였지만 다시 토지를 지급할 수 없는 상황이 되었기 때문에 토지 제도는 공문(空文)이 되어 버렸다"라고 했다. 균전에 따른 조용조제는 곧 문제를 도출시켰는데 그 첫 번째 충격이 도호(逃戶)의 증가였다. 당 현종은 몇몇 지역 도호에 대한 조사를 실시하는 한편 곡식을 비축하여 흉작을 준비하는 상평창(常平倉), 의창(義倉)을 회복시킴으로써, 이런 사회문제를 완화하였다. 감찰어사 우문융(宇文融)이 도호 검괄(檢括)의 구체적 방법을 입안하였고, 당 현종은 곧 그를 추구사(推勾使)로 임명, 장부와 명부에 의거해서 도호를 검괄하고, 아울러 혜택을 주는 조례—6년간 요역과 조용조를 면제—를 공포하여 도호를 다시 호적에 올리게 되었다. 이러한 조치로써 거의 1백여 만 도호가 국가의 편호제민에 들어가 개원 성세의 기초를 다지게 되었다. 때문에 두우가 《통전》에서 괄호(括戶)의 성공과 개원 성세를 연관 지은 것은 아주 탁월한 견해였다.

셋째, 정치적 측면에서도 일련의 개혁을 추진하였다. 예를 들어, 황실 종실과 공신은 친왕(親王), 군왕 등으로 봉해져 실질적인 봉지는 없었지만, 오히려 '식실봉호(食實封戶)'가 있어 중종 말년에 이러한 봉지가 이미 140만 호 이상에 달하였다. 때문에 "국가 세금의 대부분이 사문(私門)으로 들어가는" 비정상적 현상이 나타났다. 개원 3년 명령을 내려 귀족, 공신이 직접적으로 봉호에 대해 조세를 독촉하여 받아내는 일이 없도록 하였고, 정부가 일괄적으로 징수해 봉주(封主)가 정부에게 받아가는 것으로 바꾸었다. 또한, 현종은 위후와 태평공주의 정치적 간섭 이후, 비대해진 관료기구를 축소하고 관원을 대폭 감원하였다. 가장 주목을 끄는 조치는 개원 11년 정사당을 중서문하(中書門下)로 바꾸고, 그 안에 이방(吏房), 추기방(樞機房), 병방(兵房), 호방(戶房), 형예방(刑禮房)을 설치하고 한림학사를 증설하여 심복 관리를 선발 충원, 전적으로 "내명(內命)"

을 받들어, 중앙정부가 능력 있고 효과가 있음을 보여 주었다.

개원 시기 정치의 청명과 안정은 경제 발전을 이끌었으며, 당나라의 황금 시대를 조성하였다. 두보는 〈과거를 회상하며〔억석(憶昔)〕〉에서 개원의 성세 상황을 다음과 같이 묘사하고 있다.

> 이전 개원 연간 전성기를 생각해 보면, 작은 읍에도 만 가구가 넘게 살고 있었다네.
> 자르르 윤기 흐르는 쌀 새하얀 조, 관아와 개인의 창고를 불문하고 모두 가득 찼네.
> 어느 지역 길가에도 맹수가 없어 먼 길을 가도 길일(吉日)을 고를 필요가 없으며
> 제나라 노나라의 희고 고운 비단들이 무늬도 선명하여
> 남자는 밭 갈고 여자는 뽕을 따도 서로를 잃지 않았네.

이는 결코 과장된 언사가 아닌, 사실이었다. 무덕(武德) 연간 중기, 전국 편호에 올라온 호구는 불과 2백만 호에 불과하였으며 정관 연간 초기에도 3백만 호에도 차지 않아 수나라 시기 가장 많았던 호수의 1/3에도 미치지 못하였다. 그러나 개원 28년(740년) 4,814만 구(口)로 증가하였고 천보(天寶) 13년(754년) 906.9만 호(戶)에 5,288만 구로 증가하였다. 무덕, 정관 시기, "땅은 넓고 인구는 희박하며", "전국의 토지가 황폐하고 부족한" 상황이, 개원 천보 시기에 이르러 "경작에 더욱 힘을 기울여, 전국의 고산과 골짜기가 쟁기로 가득하였고", 경지 면적이 8억 무 정도에 달하였다. 천보 8년(749년) 중앙정부 직속의 북창(北倉), 함가창(含嘉倉)에 양식 1,245만 석을 비축해 두었다. 고고학적 발굴은, 이런 양식이 소주(蘇州), 서주(徐州), 덕주(德州), 형주(邢州), 기주(冀州) 등지에서 왔음을 보여 주고 있다. 개원 연간 사람들이 "비축한 양식이 수만에 달하였다"라고 말한 것으로 보아 민간에서도 비축한 양식이 매우 풍부하였음을 알 수 있다. 이는 계속되는 풍년에 따른 일련의 결과로서, 두우의 《통전》에 의하면, 당시 천하에는 귀한 물건이 없고, 양경(兩京, 장안과 낙양)의 쌀값은 매 두(斗) 20문(文)도 되지 않았으며, 밀가루는 두당 22문, 청주(青州)와 제주(齊州) 등의 곡식은 매 두 5문, 비단은 매 필

210문이었다. 본래 1필의 비단으로 1두 속(粟, 조)을 바꾸는 가격 비교는 식량 가격의 대폭적인 하락 추세를 반영하고 있으며, 이 때문에 "전국이 부유하고 안정되어, 아무리 먼 길을 가더라도 (자위를 위한) 무기를 지니지 않는" 상황이 연출되었다.

장안의 인구는 1백만 명으로서, 전국의 정치적 중심지였을 뿐만 아니라 상업 중심지였다. 동서 양시(兩市)가 있고, 양시는 상점이 밀집한 지역이었다. 양시에는 220개의 항업(行業)이 있었으며, 서시(西市)는 호상〔胡商, 외국 상인〕이 모여 있는 곳이었다. 낙양은 운하의 기점으로서, 삼시(三市, 남시, 북시, 서시)를 두어, 남시에는 120개의 항업과 3천여 개의 상점, 북시는 "천하의 선박이 모여드는 곳으로, 항상 1만여 척이 수로에 가득 차 있었으며, 상인들이 거래를 하며, 거마(車馬)가 길을 메우고 있는", 낙양에서 가장 번화한 곳이었다. 장강 유역의 양주, 성도는 동서 두 곳의 상업 중심지였다. 장강과 운하가 만나는 곳에 위치한 양주는, 동서와 남북 교통의 요충지였으며 또한 외국 무역항으로서, 일본과 남해로부터 온 선박이 양주까지 들어올 수 있었다. 경제 중심이 남쪽으로 이동함에 따라, 상업상의 위치가 더욱 두드러져, "부유함이 천하제일"이라는 호칭이 장안, 낙양을 능가하였다. "양주 야시(夜市)의 홍성은 장안과 낙양도 따라잡지 못하였다. 성도의 상업상의 지위는 양주 다음으로, 민간에서 떠도는 말로는 '양(揚)이 첫째요, 익(益)이 둘째다', 즉 천하의 홍성은 양(주)가 첫째이고 촉(蜀, 성도)이 그 다음이다"라고 하였다. 이 외, 광주는 한대 이래 해외와 통상하는 성시로서, 당나라 때 대외 무역이 더욱 홍성하자 당시 대식(大食—*아랍), 파사(波斯—*페르시아), 천축(天竺—*인도), 곤륜(昆侖—*베트남에서 인도네시아 일부 혹은 동남아시아 전체를 지칭함)의 대부분의 해선이 광주로 와서 광주는 남방의 주요한 해외 무역의 중심지가 되었다. 동남 연해의 천주(泉州), 명주(明州), 북방 연해의 등주(登州)는 신라, 일본과 거래하는 무역 항구였다.

상업이 발전함에 따라 궤방(櫃坊)이 출현하였는데 이를 추거(僦柜), 기부포(寄附鋪), 질고(質庫), 질사(質舍)라고도 불렀다. 이는 후세 당포(當鋪)와 비슷하며, 전장(錢莊)과 같은 기능을 하였다. 경제 교류가 활발해짐에 따라 주전(鑄錢)의 흐름이 원활해지지 못하자 회태표증(匯兌表證), 즉 비전(飛錢)이 출현하였다. 장안에서 물건을 팔고 사는 상인은 물건을 진주원(進奏院), 제군(諸軍), 제사(諸使) 혹은 부자에게 주고 그들이 발급한 교권(交券)으로 해당 지역에서 돈을 인출하였다. 장안과 양주, 성도 간의 이런 비전〔또는 편(便)이라고도 불렀다〕의 성행은 상업 번영의 한 측면을 반영하고 있다.

## 48. 성당기상(盛唐氣象)

당나라 사람은 위진 시대 이전 한인의 단순한 후예도 아니고 또한 이민족이 일방적으로 한족에 융합된 것도 아닌, 한족과 이민족이 상호 융합하여 생성된 민족공동체였다. 이런 민족공동체는 거의 300여 년간 당나라 영역 내 혹은 주변에 거주한 이민족 및 당으로 들어온 외국인이 혼합 융합된 것으로 끊임없이 새로운 피를 받아들여 더욱 더 생기가 넘치고 활력으로 충만하였다.

당나라 전기는 문화적 관용 정신으로 국경을 넘는 무역량이 한(漢)나라 때보다 많아졌으며 주변 및 먼 국가와의 문화적 교류가 새로운 단계로 도약하여, 외래문명을 지나칠 정도로 환영하였다. 당 문화, 특히 성당(盛唐) 문화의 번영은 이민족 문화와 자기 문화를 당 문화로 삼는 문화적 개방 정책과 관련이 있다. 전통문화 계승의 기반 위에 외래문화의 대량 흡수는 당 문화를 더욱 풍부하게 하였고 그중에서도 음악과 무용 그리고 복식에서 그 도입과 변화가 가장 두드러졌다.

당나라 초기의 조효손(祖孝孫)은 남악(南樂)과 북곡(北曲)을 융합하고, '오초(吳楚)의 소리'와 '주제(周齊)의 음악'를 조합해서, 〈대당아악(大唐雅樂)〉을 지었다. 당 태종은 고창(高昌)을 평정한 후, 고창악을 끌어들여 당의 십부악(十部樂)을 만들었다. 십부악 중 연악(燕樂), 청상악(淸商樂)이 전통적 아악, 고악(古樂)이며 그 나머지, 예를 들어 구자악(龜玆樂—*구자는 오늘날의 쿠차), 천축악(天竺樂), 서량악(西涼樂), 고창악(高昌樂—*고창은 오늘날의 투르판), 안국악(安國樂), 소륵악(疏勒樂), 강국악(康國樂—*강국은 오늘날의 사마르칸트), 고려악(高麗樂) 등은 모두 주변 혹은 국경 밖에서 들어 온 것들이었다. 성당 음악의 분위기를 먼저 연 것은 〈진왕파진악(秦王破陣樂)〉으로 연주할 때, "큰 북을 치면 소리가 백 리에 퍼지고, 산악을 뒤흔들었다"고 한다. 현대 학자 여호(黎虎)의 연구에 따르면, 중국 민간에서 사무(獅舞—*사자춤)가 널리 유행하였는데, 이는 중원 본토에서 만들어진 것이 아니라 대략 조위(曹魏) 때 서역에서 들어온 것 같다고 한다. 당 현종 때는 십부기(十部伎)를 좌부기(坐部伎)와 입부기(立部伎)로 나누었으며, 사무는 입부기 중 구자부(龜玆部)에 속하였다. 구자(龜玆)가 비록 사무의 발원지는 아니었지만 서역의 사무가 중원으로 들어오게 된 중요한 중간 지점에 해당하였다.

당 현종은 음악의 황제이다. 원적(元積), 백거이(白居易) 모두 그를 '아호도곡(雅好度曲)'으로 추앙했으며, 그는 평생 곡(曲)을 만들고 악보 제작하는 일을 성당(盛唐) 시기의 제일 중요한 일로 삼았다. 그는 악무대곡(樂舞大曲)과 법곡(法曲)을 좋아하였으며, 더욱이 서역으로부터 호악을 들여와 호부신성(胡部新聲)이라 부르며 화이(華夷) 음악의 상호 침투와 이민족 음악의 당화(唐化)를 가속화시켰다. 당 현종은 불곡(佛曲, 불교 음악) 수정을 완성하였을 뿐만 아니라 무곡(舞曲)으로까지 발전시킴으로써, 당대 이민족 음악을 순수한 당무(唐舞)로 단번에 비약시켰다. 오랫동안 전해 불려진 〈예상우의곡(霓裳羽衣曲)〉이 그 대표작이라 할 수 있다. 그것은 〈파라문곡〔婆羅門曲, 인도불곡(印度佛曲)〕〉에 기원을 둔 것으로, 개원 연간 변경으로부터 들여와, 현종은 전통적 청상악(淸商樂)을 바탕으로 원곡을 고쳐서, 당악무의 걸작으로 만들었다. 〈예상우의곡〉은 선녀가 인간들에게 뛰어 들어와, 천상과 인간세계, 그리고 신화와 현실이 하나로 융합된 모습을 묘사하고 있다. 이것은 아주 격조 높은 신선의 경지를 창조함으로써 사람들로 하여금 직접 천궁에 간 것 같은 예술적 감상을 느끼게 하고 있다. 〈파라문곡〉에서 〈예상우의곡〉까지가 당 현종의 창작이라고 한다면, 악곡에서 무용까지는 양귀비에게 공을 돌려야 할 것이다. 무용사 전문가에 의하면, 양귀비는 〈예상우의곡〉의 편무자이다. 춤사위가 아주 아름다워, 백거이는 〈예상우의곡〉을 다음과 같이 묘사하고 있다.

휘날리며 감기고 돌아가는 모습이 눈처럼 가볍고,
아름답게 세로로 움직이는 모습은 용이 놀란 듯하네.

늘어뜨린 작은 손은 뒤에서 버들처럼 힘없고
옆으로 늘어뜨린 치마는 때로 구름이 솟아나듯 하네.
불길에 나방이 움츠러들어도 그 자태를 이기지 못하니
바람에 소매 깃 펄럭임이 정을 담은 듯하네.

전하는 말에 의하면 양귀비의 시녀 장운용(張雲容)이 "예상무를 잘 춰", 귀비는 그녀를 크게 칭찬하며 시 한 수를 지었다 한다.

비단 소매 움직이니 향내가 끝없고,
붉은 부용꽃처럼 가을 연기에 보일 듯 말 듯 하네.
구름처럼 산 아래에서 홀연히 바람에 날리며,
부드러운 버들이 물을 쓰다듬는 듯하네.

당시 서역에서 들어온 '호무(胡舞)'가 유행하였는데, 그 춤사위가 가볍고 경쾌하며 회전이 빨라, 순식간에 당대를 풍미하였다. 예를 들어, 서역 강국의 호선무(胡旋舞)는 빠른 회전으로 유명하였다. 양귀비와 안녹산은 이 춤을 잘 추었는데, 안녹산의 체중이 300여 근이고, 배가 무릎까지 처져 있었어도, 호선무를 추기 시작하면, 빠르기가 회오리바람 같았다고 한다. 백거이는 〈호선녀(胡旋女)〉에서 이렇게 읊는다. "좌우로 빙글빙글 지칠 줄 모르고 천 번 만 번 맴돌며 그치지 않는다. 세상 만물 가운데 비길 데 없으니 달리는 마차나 회오리바람도 느리리."

천보 말년 당나라의 음악과 무용은 전대의 성과를 집대성했을 뿐만 아니라 서역, 중앙아시아, 인도의 정수를 흡수함으로써 전대미문의 수준에 도달하였다. 돈황(敦煌) 막고굴(莫高窟) 벽화에는 많은 악기와 춤추는 여인들의 모습이 그려져 있는데, 상당 부분이 외국에서 전래된 것이었다. 예를 들어 아미타정토변(阿彌陀淨土變)을 묘사하고 있는 220굴 악무(樂舞)에서, 선녀들이 추고 있는 호등무(胡騰舞)는 중앙아시아에서

호선무(돈황벽화 일부)

온 것이다. 선녀들의 허리에는 술 장식의 허리띠를 하고 구슬 목걸이를 걸고 있으며, 옷에는 띠를 둘둘 감고 반라의 상반신으로 허리를 흔들며 춤추는 자태가 매우 부드럽고 아름답다. 막고굴 벽화에 그려진 악기는 40여 점에 달하며, 타악기, 취주악기, 현악기, 납현(拉弦) 악기류를 모두 갖추고 있다. 비파, 완함(阮咸—*비파와 비슷하며 죽림칠현 중 한 사람인 완함이 비파에 능했던 데서 붙여진 이름), 공후(箜篌, 현악기), 피리, 훈(塤, 취주 악기), 갈고(羯鼓—*장구와 모양이나 크기가 비슷하다. 다만 양쪽 모두 말가죽을 대고 양손에 채를 들고 추는 것이 좀 다르다), 답랍고〔答臘鼓—*해고(楷鼓)라고도 한다. 길이 약 18센티미터의 짧은 통에 지름 36센티미터의 가죽을 조절용 끈으로 연결시켰다. 연주법은 왼손으로 한 피면(皮面)을 수평으로 받치고, 오른손 손가락으로 다른 면을 긁거나 퉁기는 것이다〕 등 예전부터 있었거나 서역으로부터 전래된 것들이었다.

장안, 낙양 등지에서 호풍이 성행하자, 원진(元稹)은 "여자들은 호부(胡婦)가 되려고 호장(胡妝—*서역식 화장법)을 배우고, 기녀는 호음(胡音)을 권하고 호악(胡樂)으로 섬기네"라고 하였다. 성당 시기 들어온 외래문화의 또 다른 중요한 요소는 호복(胡服)과 호장(胡妝)이었다. 이런 호화(胡化) 풍조는 반세기 동안 지속되었다. 천보 9년(740년), 고선지가 중앙아시아를 원정하고 자지무(柘枝舞)를 들여왔는데, 무녀복이 '향삼착수재(香衫窄袖裁—*향기 나는 윗옷에 좁은 소매의 옷 스타일)'로서, 당나라에 들어온 호선무녀들은 폭이 좁은 바지를 입고 "작은 신발"을 신고 있었는데 귀족과 사민(士民)들이 금세 "호복과 호모(서역 모자)를 좋아하게" 되었다. "천보 말년의 유행 스타일"로 순식간에 퍼져, 유행을 따르는 사람들이 중앙아시아의 "작은 신발과 폭이 좁은 옷"을 좋아하게 되었다. 복식에서 호화가 진행되는 과정 속에서 당 현종은 호복의 당화(唐化)를 지지하였다. 양귀비는 "자주색 명주옷 입기"를 좋아하였고 그 언니 괵국부인(虢國夫人) 또한 '나피삼(羅帔衫—*가는 명주로 짠 숄)'을 즐겨 입어, 당나라 초기 궁인들의 전신을 감추던 복식이 어깨와 목을 드러내는 개방적인 복식으로 변해갔다. 양귀비의 "원앙와 연꽃이 핀 모양의 명주 버선", 일명 '우부(藕覆)'는 당시 유행하는 복장으로서, 오늘날의 버선과 비슷하다. 순식간에, 상류층에서 일반민까지 새로운 복식이 크게 유행하였다.

이런 외래문화에 대한 전적인 수용과 그것을 자신의 것으로 만드는 아량과 배포는 다른 왕조와 당나라를 구별하는 뚜렷한 특징이었다. 바로 노신은 "당시 우리의 조상들은 자신의 문화에 대해 아주 강한 자부심을 갖고 있었기 때문에 결코 쉽사리 그들의 자신감이 흔들리지 않았다. 동시에 다른 문화에 대한 넓은 도량과 엄격한 선택으로 결코 가벼이 숭배하거나 경시하지 않았다", "외래 문물을 취할 때, 마치 노예처럼 자유로이 부리며 결코 개의치 않았다"라고 지적하였다.

당나라는 고전 시가의 번성 시대였다. 당대 진사과에서 사인(士人)을 뽑을 때, 시를 짓는 것이 공명(功名)할 수 있는 주요 통로가 되었다. 당시(唐詩)와 시부(詩賦)는 같이 번성하였으며, 고종 때 진사과는 잡문(雜文, 시부) 시험을 추가하여, 시문이 뛰어난 사람들이 정계에 들어오기 시작했다. 중종 때 진사과에는 책론시(策論試), 경의시(經義試), 시부시(詩賦試)가 있었으며, 성당 시기에 이르러서는 시부시가 더욱 중시되었다. 현종 때의 진사 급제자로 지위가 재상에 이른 소정(蘇頲), 장열(張說), 장가정(張嘉貞), 장구령(張九齡) 등이 모두 시부에 능하였다. 당나라의 문인들은 거의 시인이 아닌 경우가 없었으며 사람들이 놀랄 만큼 수적으로도 많아, 청나라 강희제 때 사람인 조인집(曹寅輯)은 48,900여 수의 시와 2,300여 명에 달하는 시인을 《전당시(全唐詩)》에 수록하였다.

시부는 사인들 입신출세의 문이었다. 이백(李白)은 사천에서 경성으로 왔지만 그다지 유명하지도 않았다. 그가 자신의 시를 가지고 예부시랑 겸 집현원학사 하지장(賀知章)을 알현하자, 하지장은 그의 〈촉도난(蜀道難)〉을 보고 "공은 이 세상의 사람이 아니라, 태백성(太白星)의 정령이 아닌가?"라며 매우 칭찬하였다. 이에 그를 현종에게 추천하였고 '공봉한림(供奉翰林)'으로 임명되었다. 이때부터 명성을 떨치기 시작하여 명성을 흠모하는 사람들이 줄을 잇게 되었고, 곧 이백의 논평은 진사에 합격하는 첩경이 되었다. 위만(魏萬)이라는 사람은 하남부터 이백을 추종하여 3천여 리를 걸어와, 결국 이백의 〈환산시(還山詩)〉 한 수를 얻게 되었고, 위만은 이백의 덕으로 진사에 합격하였다.

당나라 전기의 황제는 거의 시부에 능통하였으며, 후세에 전해지는 작품도 있다. 현종의 조모 무측천과 백부 중종은 시부 연회를 중시해서 군신들은 명을 받들어 시문을 지었는데, 어떤 경우에는 한 번에 100편에 이를 때도 있었다. 시를 짓지 못하는 경우에는 조회에 참여하기가 어려웠다. 무측천 자신도 시인이자 서예가였다. 또한 무측천의 비서이자 명령 하달 체계를 장악함으로써 실질적인 재상 권력을 갖고 있었던 상관(上官) 완아(婉兒)도 유명한 시인으로서 《전당시》 중에는 그가 지은 32수의 시가 있다. 무측천의 장려로 오언율시(五言律詩)가 점차 정형화되어 시험 형식을 갖추게 되었다. 책문으로 관직에 들어와 고관이 된 경우는 비록 시부시 관문은 피하였지만, 응제시(應制試—*명을 받들어 시를 지음) 관문은 대충 넘어가기가 힘들었기 때문에 시를 좋아하지 않는 신하들도 시 짓기에 공을 들이지 않으면 안 되었다.

개원 시기 천하가 안정되면서, 어떤 이가 좋은 시를 지으면 곧 사방에서 필사하고 암송되었다. 어떤 경우는 악부(樂府)에 뽑혀 조정에 이름을 올리기도 하였으니 시를 짓는 것은 점차 명성을 얻는 첩경이 되어 대부분의 문인들이 전심전력으로 시를 지었다. 때문에 대시인이 줄을 이었고 시인들은 사회적으로 존중받았고 부유한 생활을 영위할 수 있었다. 개원, 천보 연간은 모든 것이 최절정에 달하여 시도 예외가 아니었다. 이때 당시의 최고봉인 시인을 배출하였는데 이백과 두보(杜甫)가 그들이었다.

이백은 촉(蜀—*사천)에서 장안으로 와 시인으로서 이름은 날렸지만 관직은 없었다. 그러나 사인들은 그의 논평을 통해야만 진사 급제를 할 수 있었다. 그는 4명의 부인을 두었는데 말년에 가기(歌妓) 김릉자(金陵子)와 가노(歌奴) 단사(丹砂)를 반려자로 맞았고, 생활은 유유자적하였다. 그는 도가적 색채를 가진 걸출한 시인으로서, 불로장생을 추구하며 스스로 신선이라 허풍도 떨면서, 천진난만하고 매우 방탕한 생활을 하였다. 도가의 반박귀진(返璞歸眞), 사법자연(師法自然), 자유자재(自由自在), 무구무속(無拘無束)은 이백에게 영감을 가져다주었으며, 그의 예술은 내용이 형식을 초월해서 형식적 구속과 속박을 받지 않았다. 때문에 그의 시는 정형화된 형식이 없는, 어느 누구도 모방할 수 없는 천재의 감정적 토로였다. 이렇게 보면, 성당 시기, 더 나아가 전체 고대 시기를 통틀어 이백은 어느 누구도 흉내낼 수 없는 사람이었다.

두보는 이백과 달리, 배울 만하고 본받을 만한 이로서 당시(唐詩)의 종사(宗師)가 되었고, 칠률(七律)을 더욱 성숙시켜 그 본보기를 보여 주었다. 그는 정통 유교 사상의 신봉자이자 수호자로서, 그의 정치적 포부는 "요순 시대로 가서 다시 풍속을 순박하게 한다"는 것이었다. 그러나 40세 이전 과거에 여러 번 낙방하였고, 40세 이후에도 단지 몇 차례 한직을 지낼 뿐이어서, 일생 궁핍하였다. 당연히 "요순 시대로 갈 수도 없기 때문에", 큰 포부를 펼칠 수 없는 모순이 그의 시가 내용을 풍부하게 만들었다. 치세와 난세라는 시각에서 볼 때, 이백의 걸작은 대부분 개원 치세에 지어진 것이고 두보의 명시는 천보 난세에 지어진 것이었다. 때문에 〈강촌(羌村)〉, 〈북정(北征)〉, 〈삼리(三吏)〉, 〈삼별(三別)〉은 개원의 성세를 찬양한 〈과거를 회상하며〉와는 분명한 대조를 이루었다. 유가 미학 사상의 영향으로 두보는 "반드시 경학을 만족시켜야만 한다"라는 것을 기준으로 삼아 형식이 내용에 따를 것을 요구하였고, 형식과 내용을 엄격하게 통일시켜 규범적이며 엄격한 형식을 가진, 당시(唐詩)의 기초를 다지게 되었다. 성당 시대 시는 창작의 규범화와 엄밀화의 기초를 다지게 되었다.

성당 시대 서법(書法—*서예)도 예술의 절정에 달하였다. 당 초기 서예계는 왕희지(王羲之)의 가늘지만 힘이 있고 부드러운 서체를 추앙하여, 구양순(歐陽詢), 우세남(虞世南), 저수량, 설직(薛稷) 등 4명의 대가가 출현하였다. 이들은 모두 왕희지의 서체를 본받아 입문하여 그의 서체에 정통하게 되었다. 당 태종은 사람들이 왕희지의 진(眞), 행(行), 해서체를 학습하도록 장려하였으며 획수를 줄여 글자 수를 줄임으로써 왕희지의 서체는 예술적 감상품에서 공식 문서 분야까지 그 쓰임새가 확대되었고, 나아가 일반 사회까지 유포되었다. 이로써 당나라 초기 간략화시킨 서체가 한 차례 크게 보급되었다.

성당 시기에 이르러 서법의 일대 변혁이 일어났다. 장욱(張旭), 안진경(顔眞卿)에게서 비롯된 서법은 당나라에 일대 새로운 풍조를 형성하였다. 장욱의 자는 백고(伯高)로서 오(吳)나라(지금의 강소 소주) 사람이다. 그의 초서는 이백의 시가, 배안(裵晏)의 검무(劍舞)와 더불어 당시 삼절(三絶)이라 불렸으며, 자유분방한 것이 그 특징이었다. 장욱은 장지(張芝)의 초서를 본받아 그중 좋은 점만을 취사선택하여, 그 서체는 매우 자유분방하였다. 그의 서법은 한 번에 이어서 쓰는 형태로 매우 역동적이라 마치 천마(天馬)가 하늘을 종횡무진으로 뛰어다니는 것 같아, 초성(草聖)으로 추앙받았다. 한유(韓愈)도 그를 칭찬하며, "기쁨과 분노에 어쩔 줄 모르거나, 근심과 슬픔은 빠르게 사라지며, 원망과 사모, 달아오른 술기운에 무료하고, 평안하지 못해 마음이 움직이면, 반드시 초서로써 그것을 풀어낸다. 사물을 관찰함에, 산수계곡을 보며, 새들과 곤충과 물고기들, 초목의 풀과 꽃, 해와 달과 별들, 바람과 비와 물과 불, 천둥과 번개, 춤과 노래의 전쟁, 천지사물의 변화, 기쁜 일과 놀랄 일, 이 모든 것들이 글 속에 담겨 있네"라는 시를 지었다. 장욱이 이럴 정도로 초서에 빠져 있어 사람들은 그를 '장전(張癲—*미치광이 장)'이라 불렀다. 안진경, 자는 청신(淸臣)이고 경조(京兆) 만년(萬年, 지금의 섬서 서안) 사람으로, 이부상서, 태자태사(太子太師)직에 올라 노군공(魯郡公)에 봉해져 사람들은 그를 안노공(顔魯公)이라 불렀다. 안진경의 서법은 옛것을 파괴한 새로운 것으로서, 전서와 예서체를 조화시켜 행서와 해서체에 응용함으로써 그 서체가 단정하고 힘이 있었다. 때문에 당 전기 우세남과 저수량의 부드러운 서체 습관을 없애고 강하고 투박한, 성당(盛唐)의 새로운 서체를 창조하였다. 안진경의 글자는 법도가 있고 정연해서 왕희지의 서체와 장욱의 초서를 배우는 것보다 "단아하지는 않지만" 쉬워서, 사회의 요구에 적합하였다. 그의 서체는 당대 내내 계속 성행했을 뿐만 아니라 송, 원, 명, 청나라 시대 모두 정통 서체로서 받들어졌다.

당대 화원(畵苑)은 색채가 화려하였고 명인들을 많이 배출하여 이름을 거론할 만한

화가가 400여 인에 달하였지만, 그중에서도 성당 시기 오도자(吳道子)가 가장 특출했다. 오도자, 도현(道玄)이라고도 불리며, 양적〔陽翟, 지금의 하남 우현(禹縣)〕 사람이다. 먼저 장욱, 하지장에게 서체를 배웠으나, 이후 그림을 전공하였다. 개원 연간 궁중으로 들어가 궁중 화사(畵師)가 되어 장안, 낙양에서 벽화를 그렸는데 구경꾼이 벽을 두른 듯 매우 많았으며, 명성 또한 널리 퍼졌다고 한다. 오도자가 생활하던 시기는 문학예술이 공전에 없던 번영을 누린 성당 시기로서, 그의 예술에 아주 좋은 사회적 조건을 제공하였다. 장언원(張彦遠)은 《역대명화기(歷代名畵記)》에서 그를 찬양하며, "고금의 독보적 존재로, 이전의 고개지(顧愷之), 육탐미(陸探微)보다 뛰어나고, 이후에도 더 뛰어난 사람이 없을 것이다", "턱수염과 귀밑머리 수 척(尺)이 날아 움직이는 듯하고, 모근이 살을 비집고 나올 듯 그 힘이 넘쳐나고 있다"라고 하였다. 소동파(蘇東坡)는 오도자의 그림을 추앙하며, "법도 가운데 새로운 뜻이 나오고 호방함 너머 오묘한 이치가 있네"라고 하였다. 아울러 그가 오도자, 두보, 한유, 그리고 안진경을 병립시켜 언급한 것은 성당 시대의 생동적인 예술 풍토를 반영하는 것이었다. 오도자 그림의 진품은 송나라 때에도 이미 보기 드물어졌고 오늘날까지 전해지는 작품 〈송자천왕도권(送子天王圖卷)〉, 〈도자묵보(道子墨寶)〉, 〈보적빈가라불상(寶積賓伽羅佛像)〉 또한 대부분은 모사품이다.

성당 사회의 개방적, 자유방임적인 예술적 사상의 백화제방은 예술적 천재를 배양하였고, 이 시기의 시가, 음악, 무용, 서예, 회화 모두 전무후무한, 절묘한 성당의 기상을 묘사하고 있다.

## 49. 불교의 흥성

불교에서는 인생이란 생(生), 노(老), 병(病), 사(死)의 과정이라 한다. 때문에 인생은 처음부터 끝까지 '괴로움'이라는 글자로 점철되어 있다. 모든 것이 괴로움이며 인간사는 고해(苦海)이자 화택(火宅), 예토(穢土)라 한다. 대부분의 중생은 전생에 행한 업의 고하우열(高下優劣)에 따라 고해의 바다 속에서 끝도 없는 육도(六道)의 윤회를 한다. 불경은 지옥, 아귀(餓鬼), 축생(畜生)의 세 윤회처를 '삼악도(三惡道)'라 부른다. 마치 사람이 진흙탕 속에서 나오지 못하는 것처럼, "삼악도에 있는 것은 흡사 수레바퀴처럼 도는 것이다"라고 한다. 실차난타(實叉難陀)가 번역한 《지장보살본원경(地藏菩薩本願經)》에는 지옥을 다음과 같이 묘사하고 있다. "그곳의 물은 펄펄 끓고 있으며 많은 못된 괴물이 있어, 수많은 남자와 여자들이 바다 속에서 헤어 나오지 못하고 괴물들에게 먹히고 있다. 또한 기이하게 생긴 흉물도 볼 수 있는데, 그 형상이 가지각색이라 손이 많거나 눈이 많거나, 다리가 많거나 머리가 많고, 송곳니가 돌출되어 있는데 그 예리함이 칼과 같다", "지옥의 바다 동쪽에 다른 바다가 있으며 그곳에서의 고통은 두 배가 된다. 그 바다 동쪽에는 또 다른 바다가 있고 그곳에서의 고통은 다시 두 배가 된다. 세 바다의 안쪽은 대지옥으로서 그 수가 엄청 많은데, 큰 것이 18개, 중간이 500개, 작은 것은 수천 개에 이른다". 이것은 마치 듣지도 못하는 귀머거리가 들었다고 하는 허무맹랑한 말이다. 사실 이런 설법은 살아 있는 사람들에게 사후에 대한 엄청난 공포감을 만들어 주어 초탈을 위해서는 반드시 경건하게 불교를 믿고, 보이지 않게 공덕을 쌓으라는 의미를 갖고 있다. 불경은 고해에서 빠져 나오는 고(苦), 집(集), 멸(滅), 도(道)의 '사성제(四聖諦)'를 제시하고 있다. 그중에서 가장 중요한 것은 멸제(滅諦)로 열반이라고도 부르며, 그 뜻은 장기간의 수련을 통해 일체의 고뇌를 "없애", 모든 깨끗한 공덕으로 충만해지는 것을 말한다. 불교 신자의 입장에서 볼 때, 열반은 일종의 상태이다. 즉 땅도 없고 물도 없고 불도 없고 공기도 없고, 아무런 공간적 지역과 의식이 존재하지 않아 오고 가지도 않는 상태이다. 실제, 일종의 파악되지 않는, 뭔가 알 수 없는 상태이다. 이 때문에 서양 학자들은 석가모니 이외 이런 속세를 떠난 경지에 도달한 사람이 있을지 모르겠다, 혹은 적어도 이런 상태를 영원히 지속시켜 본 적이 있는 사람은 없을 것이라고 얘기하고 있다.

신도들이 현세에 안주하며, 내세에 희망을 걸기 때문에 불교는 각 인종의 보편적 신앙으로 받아들여졌다. 개인주의자들은 탈세적 종교를 통해 현실을 피하고자 하였으며, 집단주의자들은 일종의 탈세적 종교로부터 새로운 생의 자극을 받아 힘을 회복하고자 하였다. 남북조 시기, 남방의 불교와 남조의 현학이 서로 조응해서 의리(義理)를 중시하였고, 북방의 불교와 북조의 경학이 서로 조응해서 계행(戒行)과 선정(禪定)을 중시하였으며 수의 통일 후 남북의 융합으로 교리와 실천을 중시하는 풍조가 형성되었다. 불교는 당나라 시기에 전성기를 맞이하였으며, 이는 불경의 번역과 불교 종파의 형성으로 나타났다.

불경 번역은 먼저 현장(玄奘)에 의해 추진되었다. 현장(620-664년), 속세의 성은 진(陳)이며 이름은 의(禕), 낙주 구씨〔緱氏, 지금의 하남 언사현(偃師縣) 남구씨진(南緱氏鎭)〕 사람이었다. 13세 낙양 정토사(淨土寺)에 출가하였으며 법명이 현장이었다. 정관 원년(627년), 그는 장안을 출발하여 양주를 지나 옥문관을 넘어, 고창(高昌—*오늘날의 투르판)에 도달하였다. 언기(焉耆)와 구자의 길을 따라 철문〔鐵門, 지금의 우루무치 남쪽 포자알납산(布玆嘎拉山) 입구〕를 통해 토화라(吐火羅, 지금의 아프가니스탄 북쪽)로 들어가 결국 불교 발원지인 인도에 도착하였다. 이후 6대 불교 성지를 둘러보고 나란타사(那爛陀寺)의 계현(戒賢) 법사를 스승으로 삼아 5년간 공부하였으며, 각지를 둘러보고 불법(佛法)을 강학하였다. 정관 15년 봄, 그는 657부의 불경을 갖고 귀국길에 올라 정관 19년 초 장안에 도착하였다. 당 태종은 재상에게 명하여 신하들을 이끌고 그를 영접하게 하였으며 아울러 낙양에서 그를 직접 만나기도 하였다. 이후 대규모 번역소를 조직하도록 명령하고 고승을 불러 모아 현장의 불경 번역을 돕도록 하였다. 현장은 이후 불경 74부 1,335권을 공동 번역하였다. 번역을 하면서 현장은 원측(圓測, 신라인), 규기(窺基), 혜립(慧立), 현응

현장

돈황 막고굴 148굴 석가모니 열반상

(玄應) 등 일련의 제자들을 배출하였다.

당나라 정부는 불경 번역을 매우 중시하여 번역소를 관이 관리하였으며 당나라 초기부터 원화 연간까지 거의 200여 년간, 불경 번역은 중단된 적이 없었다. 현장 외에 의정(義淨), 실차난타(實叉難陀), 보리유지(菩提流志), 금강지(金剛智), 불공(不空), 반야(般若) 등이 유명한 불경 번역가들이었다.

당나라의 불교는 사도 간 본파(本派) 불학의 전수뿐만 아니라 묘산(廟產)도 적계 제자들에게 계승됨으로써 종법식의 계승 체계를 형성하여 불교 종파를 결성하였다. 그들 각자는 자신들의 종교 이론 체계, 종교적 규범 제도, 사원 소유권, 그리고 종내 계승권을 갖고 있었다. 또한 각 종파는 자신의 세력 범위와 전법(傳法) 체계를 갖고 있었으며, 대사원을 해당 종파의 전교 중심으로 삼았다. 주요 종파로는 정토종(淨土宗), 천태종(天台宗), 유식종(唯識宗), 화엄종(華嚴宗), 선종(禪宗) 등이 있었다.

## 정토종

창시자는 선도(善導, 613-681년)이다. 이 종파는 개인의 힘으로 현실 세계의 고난을 해탈하는 것은 불가능하며, 반드시 불력(佛力)의 인도와 구원에 의지해야만 속세를 떠나 서방정토에서 왕생할 수 있다고 믿었다. 이것이 성불을 고취할 수 있는 가장 손쉬운 법문(法門)이었다. 그들은 일단 아미타불만 암송하면 팔십 억 겁(劫) 생사의 죄를 없애서 팔십 억의 오묘한 공덕을 얻을 수 있다고 선전하였다. 간단하고 쉽기 때문에 민간 하층에서 널리 유행하였다. 그들은 인간 세상은 예토〔穢土, 탁세(濁世)—*정토에 반대되는 개념〕이지만, 아미타불의 세계는 극락세계로서 모든 심신의 고뇌도 없고 오직 끝도 없는 즐거움이 있을 뿐이며 이것이 곧 서방정토라고 믿었다. 또한 인간세계에서 가난하고 고통 받는 사람, 귀머거리, 맹인, 벙어리, 광인으로 태어난 것은 전생에 선행을 하지 않았기 때문에 이에 대한 대가가 없기 때문이며, 돈 있는 사람이 더 나은 생활을 영위하는 것은 모두 전생에 자선과 공덕을 쌓았기 때문이라고 믿었다. 따라서 큰 공덕을 쌓고 절을 지으면 서방정토에서 왕생할 수 있음을 제창하였다. 선도의 스승인 도작(道綽)은 현중사〔玄中寺, 지금의 서교성현(西交城縣)〕에서 정토종 교의를 전파함으로써, 현중사는 이후 정토종의 조정(祖庭)이 되었다. 일본의 원인 화상(圓仁和尙)이 당으로 들어와 구법(求法)을 한 후 정토종을 일본에 전수하였다.

### 천태종

실질적인 창시자는 진(陳)·수(隋)나라 시기의 지의(知顗, 531-597년)이다. 그가 절강성 변경 지대의 천태산에 상주하였기 때문에 천태종이란 이름이 붙었다. 이 종파는 《법화경(法華經)》을 가장 중요한 경전으로 삼았기 때문에 법화종(法華宗)이라고도 불린다. 그 교의는 모든 사물은 법성진여(法性眞如—*법의 본성이 영원한 진리이다)의 체현이라고 주장한다. 그들은 중(中), 가(假), 공(空)의 개념으로 세계를 해석한다. 모든 사물은 객관적 존재의 물질적 기초가 없는, 단지 인연이 모인 가상(假想)이라고 간주한다. 예를 들어, "하나가 공(空)이면 모든 것이 공(空)이고, 가(假)와 중(中)도 모두 공(空)이다. 하나가 가(假)이면 모든 것이 가(假)이고, 공(空)과 중(中)도 모두 가(假)이다. 하나가 중(中)이면 모든 것이 중(中)이고, 공(空)과 가(假)도 모두 중(中)이다"라고 말한다. 마치 문학의 유희(遊戲), 희론(戲論—*아무런 쓸모도 없는 일을 따지고 논함), 궤변과 같다. 천태종은 지〔止, 좌선(坐禪)〕와 관〔觀, 이론(理論)〕을 중시한다. 지(止)는 정(定)이고 관(觀)은 혜(慧)이며 정혜쌍수(定慧雙修)하면 불성(佛性)을 볼 수 있으며 열반에 들어갈 수 있다고 제창한다. 지(止)를 수행하는 방법은 마음을 코끝이나 배꼽 밑〔단전(丹田)〕에 놓고 마음을 평온하게 하는 무념무상의 상태인, 반수면 상태〔입정(入定)〕로 들어가는 것이다. 이때 완전히 수면 상태〔치정(痴定)〕로 들어가면 안 된다. 일본의 사이초 화상〔最澄和尙〕이 당으로 와 구법을 하여 천태종을 일본에 소개하였으며 이후 일본 일련종(日蓮宗)의 전신이 되었다.

### 유식종

창시자는 현장(玄奘)이다. 그는 '만법유식(萬法唯識)', '심외무법(心外無法)'을 종지(宗旨)로 삼는다. 그에 의하면 세속인은 외계(外界) 사물이 실제 존재한다고 믿지만, 사실 그것은 '인식'이 변하여 나타난 것으로, 우주 만물은 단지 마음에서 인식한 동요가 보여지는 현상에 불과하다는 것이다. 내계(內界)와 외계(外界), 물질과 비물질은 '인식'이 변하여 나타난 것일 뿐이며, 인식은 주관과 객관의 관계에서 발생하는 것이 아니고 오직 인간의 마음이 자기를 인식하는 과정일 뿐이라는 것이다. 이 때문에 이 종파가 유식종이라 불렸다. 이 종파는 법상〔法相—*만법의 성상(性相)〕의 입수(入手)를 분석하여 '유식진성(唯識眞性)'이라 표현하였기 때문에 법상종(法相宗)이라고도 불린다. 사람들은 또한 현장의 제자 규기(窺基)가 장안 자은사(慈恩寺)에 상주하였기 때문에 보통 자은종(慈恩宗)이라 부르기도 한다. 이 종파는 유식관(唯識觀, 만법은 오직 인식이 변하여 나타난 것일 뿐이다)을 이용하여 삼상(三相)을 통찰할 수 있다고 여겼다. 즉 심신을 인연으로 하여 나타난 현상계가 '의타기상(依他起相)'이고, 현상계에 대한 분별 집착으로 인해 실재한다고 여기는 것이 '편계소집상(遍計所執相)'이며, 객관이 실재한다는 관념을 없애고 오직 식성(識性)이 있을 뿐이라는 것을 체득하면 '원성실상(圓成實相)', 바로 이 삼상을 통찰하면, 전염〔轉染, 식(識)〕에 도달해서 정〔淨, 지(智)〕이 되고, 불(佛)이 될 수 있다는 것이다. 이런 지나치게 오묘한 현종의 교의는 일반인이 받아들이기 쉽지 않았으며 3대가 지난 후 쇠락하였다. 일본 도쇼 화상〔道昭和尙〕과 겐보 화상〔玄昉和尙〕이 당에 들어와 구법을 한 후, 법상종은 이들에 의해 일본에 전해져 지금까지 이어지고 있다.

## 화엄종

실제 창시자는 법장(法藏, 643-712년)이다. 그는 무측천의 총애를 받아 '현수대사(賢首大師)'라는 칭호를 하사받았다. 이 종파는 《화엄경(華嚴經)》을 최고 경전으로 삼기 때문에 화엄종이라 불리며, 자칭 '일승원교(一乘圓敎)'라 부르면서 당시의 모든 종파를 초월하였다. 화엄종은 종교적 신비함을 강조함으로써 사람들에게 종교적 환상인 극락세계로 들어갈 수 있다고 고취시켰다. 또한 천상은 결코 막연한 환상이 아니며, 현세에서 만약 사람들이 자신들의 시각만 바꾸면 천국에 들어갈 수 있다고 말하였다. 그 교의는 매우 장황하여, 예를 들어 '육상(六相)', '십현(十玄)', '사법계(四法界)' 등을 제기하고, 법계(法界)의 연기(緣起)를 분명하게 설명하였다. 즉 '이체(理體)'와 '사상(事相)' 두 측면에서 우주 만물의 호융(互融)과 호구(互具)를 관찰하고, 아울러 상호 인연이 있으면, 또한 서로 연(緣)이 있기 때문에 170여 년간 전해진 뒤에는 서서히 쇠약해질 것이라고 하였다. 그는 "이(理)가 성(性)이 되고" "사(事)가 상(相)이 되는" 관점을 강조하여 송나라 이학(理學)에 영향을 미쳤다. 화엄종의 2대 지엄(智嚴)의 문하생인 신라인 승려 의상(義湘)이 화엄종을 신라에 전파하여, 그는 해동화엄종(海東華嚴宗)의 시조가 되었다.

보리달마

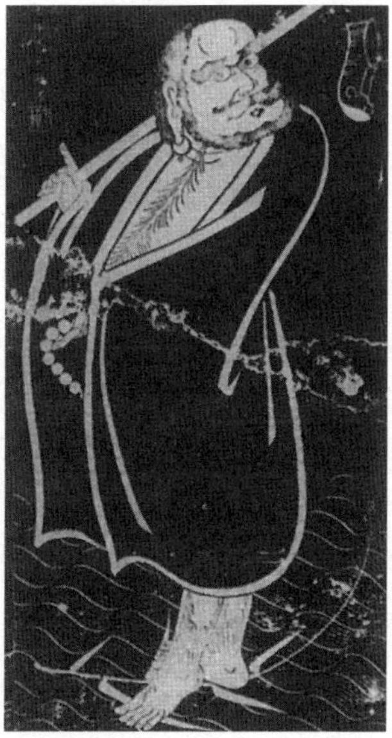

## 선종

북위 때, 중국에 온 천축(天竺-*인도) 승려가 불법에 능숙하여, 효문제가 그를 예우하여 그를 위해 절을 지었는데, 그 절이 소실산(少室山) 숲속 안에 있었기 때문에 소림사라 불렸다. 이후 선종의 시조 보리달마〔菩提達摩磨〕가 소림사에 와서 선종의 불법을 전수함과 동시에 소림권법을 창시하였다. 그러나 영향은 그리 크지 않았다. 선종이 정식으로 성립된 것은 당나라 때이며 실제 창시자는 혜능(慧能, 638-713년)이다. 전하는 말에 따르면 그의 스승 홍인(弘忍)이 전수자를 택하려고 할 때, 신수(神秀)가 먼저 게송(偈頌)을 지어 "몸은 깨달음의 나무요, 마음은 밝은 거울과 같은 것. 때때로 부지런히 털고 닦아서 티끌과 먼지가 끼지 않게 하라"라고 하였다. 혜능은 신수의 불교 진리에 대한 이해가 깊지 않다고 여기고 그의 게송에서 "깨달음은 본래 나무가 아니고, 마음 또한 거울이 아니다. 본래 아무것도 없는데 어디에 티끌이 끼겠는가"라고 하여 홍인의 인정을 받았다고 한다. 혜능은 불성(佛性)이란 오직 마음에 있는 것으로, 마음 밖에는 어떠한 물(物)도 없으므로 반드시 수행, 보시(布施)할 필요도 없고 불교의 참뜻을 문득 깨닫게 되면 성불이 될 수 있다고 공언하였다. 혜능 이후 선종이 정신적, 의지적인 면에서 불교를 개조하였으며 이는 실제 종교적 혁명이라 할 만했다. 선종은 각 종파 가운데 특히 중국적 특색을 갖고 있었으며 사대부의 입맛에도 맞았다. 선종은 전적으로 선(禪)의 수행을 주로 하였기 때문에 선종이라 불렸다. 선정(禪定)은 불교 수행 방법 중의 하나이다. 선(禪)은 범어 'Dhyana' 〔선나(禪那)〕의 약칭으로, 곧 안정해서 잡념을 그친다는 뜻이다. 조용히 앉아 마음을 가다듬고 한곳에 정신을 집중해서, 이런 상태가 오래 지속하면 심신이 가벼워져 정신이 맑은 상태에 도달하여 선정을 이룰 수 있다. 선정은 북파점오설(北派漸悟說)과 남파돈오설(南派頓悟說)로 나뉘었으며, 이후 남파돈오설이 유행하였다. 그들은 불립문자(不立文字—*도는 문자나 말로써 전하는 것이 아니라 마음에서 마음으로 전한다는 뜻)를 주장, 교의를 밖으로 전파하지도 않고, 오로지 사람의 마음만으로 성불할 수 있다고 하였다. 이는 불교의 '공(空)'과 위진 현학의 '무(無)'를 결합한 것으로서, 불교의 유학화를 뜻한다. 범문란은 만약 선종 승려들의 어록을 만든다면, 승려들의 필수적인 상투어를 제외하곤, 그 사상이 유학과 거의 다를 바가 없다고 말하였다. 선종은 철저하게 중국적, 세속적 불교로 변모하여 교문이 날로 흥성하였고, 송나라 이학(理學)에까지 영향을 미쳤다. 소위 "불교는 성중(性中)에서 만들어진 것으로 몸 밖에서 구하지 않는다", "정심(淨心)"과 "자오(自悟)", 이러한 것들은 송나라 이학과 상당히 유사하다. 정심, 즉 심절망념(心絶妄念)은 세속에 물들지 않는 것을 말한다. 자오, 즉 일체개공(一切皆空)은 번뇌가 없는 것을 말한다. 정(淨)할 수 있고, 오(悟)할 수 있으면 갑자기 성불할 수 있는 것이다. 불성(佛性)은 마음 안에 있는 것이라 여겨 마음 밖에는 본래 어떠한 물(物)도 없고, 단지 굳건한 주관적 신앙과 자신 내면의 마음만 믿으면 고난에서 해탈할 수 있고, 이런 각오만 있으면 자연히 당장 성불할 수 있다고 여겼다. 선종은 불(佛)이 각자의 마음 안에 있다는 것을 강조하였고, 경원(經院) 방식의 언어로 전도하는 것이 아닌, 자연과 순수함을 숭상함으로써 도가적 색채를 띠었으며, 따라서 아주 자연스럽게 문학가들이 창작 활동을 할 때 그 정신적 근원이 됨으로써 상층 지식인들 사이에 널리 유행하였다. 신라의 신행 화상(信行和尙)이 당으로 들어와 구법을 할 때 북파선종을 신라에 전수하였다. 이후 신라 도의 화상(道義和尙)이 당에서 구법을 할 때 남파선종을 전하여 한국 선종의 주류가 되었다.

불교가 흥성하면서 석굴 예술도 크게 발전하였다. 운강 석굴과 용문 석굴 중 가장 큰 석굴은 모두 당나라 때 만들어졌다. 돈황 명사산 절벽에 자리 잡은 막고굴 대부분도 이 시기에 만들어졌다. 막고굴의 석굴이 가장 많이 만들어진 시기는 당나라 시대였으며, 현존하는 석굴 중 거의 절반에 해당하는 230여 개의 석굴이 이때 만들어졌다. 막고굴 벽화 속에는 저명한 화가 오도자(吳道子), 염립본(閻立本), 이사훈(李思訓), 주방(周昉) 등 이들 화파(畵派)의 작품이 잘 반영되어 있어 벽화의 색채와 불상은 더욱 사실적이고 아름답다. 당나라의 돈황 석불 예술은 풍성하고 장대하며 웅장한 기상을 보여 주고 있으며, 이는 당나라의 건강한 정신과 넓은 문화적 포용력을 반영하고 있다.

## 50. 장안—동서방 문명의 합류

페어뱅크와 라이샤워는 《동양문화사》에서 "장안성은 고도의 집권적 형태인 당 제국의 중심이자 상징이었다"라고 말했다. 중앙아시아 대륙의 무역로 동쪽 끝점이며 유사 이래 최대 제국의 도성인 장안성은 아시아 각지의 사람들로 붐볐다. 장안의 전체 구획과 구조는 당나라 사회에 대한 엄격한 통제를 반영하고 있으며, 성시의 규모와 수려함은 당 왕조의 힘과 재부를 체현하고 있다. 7세기 중국은 한나라 시절 이상으로 지중해 세계와 어깨를 나란히 하였다. 당시 최대 제국으로서 당나라는 많은 이웃 민족의 부러움을 받았다. 많은 사람들이 중국을 주목하였으며 제일의 군사강국으로 간주하였고 정치와 문화의 본보기로 삼았다. 이런 국가는 당 이전에도 이후에도 없었다.

당나라의 수도 장안은 수나라의 대흥성(大興城)을 기초로 증축한 것으로서, 궁성(宮城)과 황성(皇城) 그리고 곽성(郭城), 이렇게 세 부분으로 구성되어 있었다. 궁성은 북쪽에 위치하며 황궁이 있는 곳이었다. 황성은 궁성 남쪽에 위치하며, 중앙정부 기구 소재지였고 곽성은 궁성과 황성의 동쪽, 남쪽, 서쪽 3면에 위치하며, 관민의 주택과 시장이

당나라 장안성

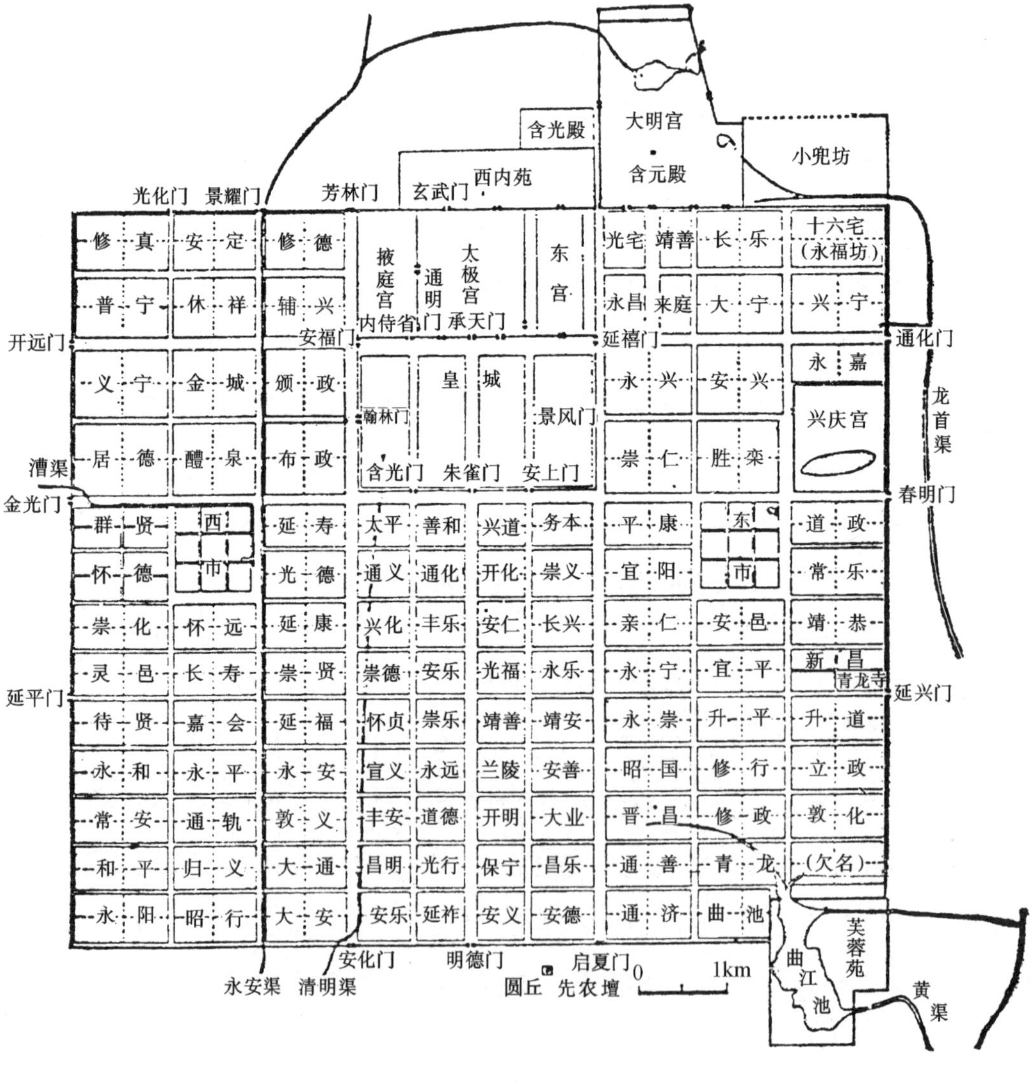

있었다. 전체 성의 규모는 장방형으로써 둘레 36.7킬로미터, 남북 길이 8.6킬로미터, 동서 너비 9.7킬로미터, 면적은 84제곱킬로미터이었다. 그 규모의 방대함은 당시 세계 제일이라고 불릴 만했다.

전체 곽성은 13개 성문을 갖고 있었다. 동, 남, 서 3면에 각각 3개의 성문이 있었으며, 남쪽 정문인 명덕문(明德門)이 가장 커 5개의 문이 있고 기타 성문에는 모두 3개의 문이 있었다. 성에는 남북 방향으로 11개, 동서 방향으로 14개의 도로가 있었으며, 그중 동남서 3면의 성문을 관통하는 6개 길이 주요 대로였다. 남북 방향으로 난 정중앙의 너비 150-155미터 주작대로(朱雀大路)가 가장 넓었다. 주작대로는 전체 성곽의 중추선이었다. 곽성을 동서로 나누어 동반구에는 54개의 방(坊)과 동시(東市)가 있었으며, 서반구에는 55개의 방과 서시(西市)가 있었다.

방(坊) 제도는 한위(漢魏)의 전통을 이어받은 것으로 거주민의 주택지였다. 대부분의 방은 각각 4면에 1개의 문을 갖고 있었으며 방 내에는 십자로가 있어 4개 지역으로 나뉘었으며, 각 구에는 다시 십자형의 작은 골목이 있었다. 3품 이상의 대관이나 특수한 신분의 사람이 아니면 방벽을 뚫어서 대로에 문을 내는 것을 허락하지 않았다. 도로에는 가고(街鼓)를 두어, 일출과 일몰 시간에는 성문이 북소리에 맞추어 방문(坊門)을 개폐하였다. 성내에는 관민의 주택 이외 관아(官衙)와 사관(寺觀)도 있었다. 천보 연간 이전에는 승려 사원이 64곳, 비구니 사원이 27곳, 도관(道觀)이 16곳, 천교〔祆敎, 배화교(拜火敎)〕 사원이 4곳, 이슬람 사원이 2곳이 있었다. 몇몇 큰 사관(寺觀)은 한 방을 독점하였는데, 예를 들면 영방(寧坊)의 호천관(昊天觀)과 정선방(靖善坊)의 대흥선사(大興善寺)가 그러했다.

시(市—*시장)의 제도 또한 한위의 전통을 이어받았다. 장안의 동시(東市)와 서시(西市)는 황성의 동남과 서남으로 나누어 설치되었고, 면적은 각각 2개의 방(坊)을 차지하여 대략 1제곱킬로미터 정도였다. 사면을 벽으로 두르고 각각 두 개의 문을 두었는데 안으로는 동서 방향과 남북 방향의 대로가 교차되는 정자형(井字形) 구도였다. 전체 시는 9개 구(區)로 나누어, 매 구의 거리에 각종 점포를 두었고, 중간에는 시장과 물가를 관리하는 시서(市署)와 평준국(平準局)이 있었다. 동시(東市)에는 220여 개의 항(行)이 있었고, 동시 주위의 방은 대부분 고관 귀인이 거주하였고, 상서성의 선원(選院)과 아주 근접하였기 때문에, 과거(科擧) 응시자들은 매번 여기에 와서 쉬었다. 이 때문에 춘명문(春明門) 일대는 "주야로 큰 소리와 불빛이 끊이지 않았다". 서시(西市) 주위에는 대부분 서역 상인들이 거주하였다. 그 번화함이 이미 동시를 초월하였고 아랍인들의 주점에는 서역 여자가 술을 팔아, 시인 이백은 항상 "웃으며 서역 여자가 술을 파는 시장으로 들어갔다". 이백은 그의 시에서 "서역 여인의 용모는 꽃과 같고, 술을 팔며 미소 지으니 봄바람이 부네. 봄바람 불듯 미소 지으며 비단옷 입고 춤을 추는데 그대는 지금 취하지 않고 어찌 돌아가려고 하는가?"라고 읊었다.

장안은 당나라의 수도였을 뿐만 아니라 정치, 경제, 문화의 중심이었고, 또한 유명한 국제도시로서, 문명이 합류되는 중심이었다. 이는 특수한 지리적 위치와 밀접한 관계가 있었다. 즉 장안은 동서방 교통의 요충지였으며, 서역 각국과 당나라의 왕래는 반드시 장안을 경유해야만 했다. 그리고 동아시아, 동남아시아 각국이 육로를 통해 서역과 교류를 할 때, 역시 장안을 거쳐야만 했다. 장안이 수도였기 때문에 각국 사절은 이곳에서 정치 활동을 하였으며, 이곳에서 외래문화를 전파하였고, 또한 이곳에서 당나라 문화를 가지고 돌아갔다. 장안은 문화의 중심이었기 때문에 사방의 유사(儒士)들이 모여 들었다. 또한 좌우 양쪽에 교방(敎坊)이 있어, 서역으로부터 전래되어 온 새로운 곡을 교방에서 연주하면, 그 곡이 장안에 널리 퍼져 전국에 영향을 미쳤다.

2만 킬로미터 정도의 역도(驛道)와 1,639개의 역참으로 짜인 교통 운수망의 중심이 바로 장안이었다. 동쪽으로 동관(潼關)을 나가면, 낙양(洛陽), 개봉(開封), 제주(齊州)를 거쳐 하북 혹은 바다 너머 요동에 미쳤으며, 동남쪽으로는 상주(商州), 균주(均州), 형주, 악주, 강주(江州), 홍주(洪州)를 거쳐 광주(廣州)에 도달하였다. 북으로는 태원, 낭자관(娘子關), 범양(氾陽)을 거쳐 북방 각지에 도달하였고, 서남쪽으로는 봉상(鳳翔), 한중(漢中)을 나와 성도(成都)에 도달하였다. 서쪽으로는 난주, 돈황을 경유하여 서역에 이르렀다. 각국의 사절, 상인, 승려들은 이런 교통망을 이용하여 장안을 왕래하였고,

이웃 나라에서는 학생을 파견하여 장안에 유학시키는 등, 장안에는 동서방 문명이 합류하는 이상적인 광경이 출현하였다.

실크로드는 당나라 시기 전성기로 진입하였다. 당나라의 서부 국경은 한나라를 뛰어 넘어, 이주(伊州), 서주(西州), 정주(庭州)에 내지와 같은 주현을 설치하였으며 쇄엽(碎葉), 구자(龜玆), 소륵, 우전(于闐)에는 안서(安西) 사진(四鎮)을 설치하여, 병사를 주둔시키고 안서도호부(安西都護府)가 이를 관할하였다. 이후 다시 북정도호부(北庭都護府)를 두고 서역 각지의 기미주(羈縻州), 기미부(羈縻府)를 관할하여, 실크로드의 원활한 통행을 위한 효과적인 보호를 제공하였다. 실크로드는 동으로 장안에서 출발하여 서로는 지중해 유럽 지역까지 뻗어 있었다. 총영(葱嶺, 지금의 파미르)을 기준으로 동쪽 구역은 옥문관(玉門關) 혹은 양관(陽關)에서 총영까지, 그리고 총영부터 그 나머지 서쪽지역이 서쪽 구역에 해당하였다. 고종에서 현종 시기까지, 국제 무역에 종사하는 소무(昭武) 구성(九姓)이 동서방 교류 중개의 사명을 담당하였다.

소무 구성은 중앙아시아 소그드 지역에서 중원으로 온 소그드인 혹은 그 후예를 이르는 말로, 강(康), 안(安), 조(曹), 석(石), 미(米), 사(史), 하(何), 목(穆) 등의 성씨를 말한다. 소그드인은 본래 상업 활동으로 유명하였으며, 장기간 실크로드 무역에 종사

중국을 왕래하는 서역상인 행렬

하였다. 당시 쇄엽(碎葉), 포창해〔蒲昌海, 나포박(羅布泊)〕, 서주, 이주, 돈황, 숙주〔肅州, 주천(酒泉)〕, 양주〔凉州, 무위(武威)〕, 장안, 낙양 등지에는 모두 소무 구성의 집거지가 있었다. 그들은 경제교류뿐만 아니라 천교(祆教), 마니교(摩尼教) 및 중앙아시아의 음악과 무용 그리고 역법을 중원에 전래하였고, 중원의 비단과 제지술을 서방에 전래하는 데 중요한 역할을 하였다. 그들 중 적지 않은 사람이 장안에 거주하였으며 중원 사람들이 좋아하는 음악과 무용을 가지고 와, 수나라의 칠부악(七部樂) 중 안국악(安國樂), 당나라의 십부악 중 안국악, 강국악(康國樂), 그리고 석국(石國)의 호등무(胡騰舞), 자지무(柘枝舞)와 강국, 미국(米國), 사국(史國)의 호선무 모두가 그들의 손을 거쳐 장안에서 성행하였다.

당시 많은 나라들이 당나라의 장안과 빈번한 교류를 하였다. 미국의 학자 셰퍼(Edward H. Schafer)는 《당나라 시대의 외래문명(*The Golden Peaches of Samarkand : A Study of T'ang Exotics*)》에서 "당나라 통치가 가장 왕성했던 3세기 동안, 대부분의 아시아 각국이 당나라 그 신비한 나라를 다녀간 적이 있다. 〔…〕 당나라에 온 외국인은 주로 사신, 승려 그리고 상인 등 세 부류였다"라고 쓰고 있다. 그는 또한, 장안성에는 외래 주민이 상당히 많았는데 주로 북방인과 서방인으로서 돌궐인, 위구르인, 토화라인(吐火羅人—*투카라인)과 소그드인, 그리고 대식인(大食人, 아라비아인)과 페르시아인, 인도인도 많았다고 말하고 있다.

장안에 들어온 많은 외국인들은 그들의 신앙과 종교를 가지고 왔다. 페르시아의 천교는 6세기 이미 중국으로 전래되었고, 이슬람교, 마니교, 경교(景教, 기독교의 네스토리우스파)도 함께 당나라 초기에 널리 전파되었다. 아랍인의 아라비아제국의 건국은 당나라의 건국 시기와 대체로 비슷하여 영휘(永徽) 3년(651년) 아라비아 제국의 제3대 칼리프 오스만이 장안에 사절을 파견해 당 고종을 알현하였는데, 이것이 이슬람 국가와 중국의 첫 번째 정식 외교 왕래였다. 이슬람교는 이와 함께 중국으로 전래되었다. 동로마제국(비잔틴제국)을 당나라는 불름(拂菻)이라 불렀는데, 당나라 장안과 불름 사이, 서돌궐 칸 정(廷)과 불름 사이에 사절과 상인이 왕래하였고, 경교는 이와 함께 중국으로 전래되었다. 정관 9년(635년) 전도사 아라본(阿羅本—*Alopen)이 경교를 당나라에 전래하였다. 당 태종은 조서에서 "페르시아 승려 아라본이 멀리서 경교를 가지고 와 장안에 헌상하였다"라며 아울러 장안성 의영방(義寧坊)에 경교 사원을 짓도록 명하였다.

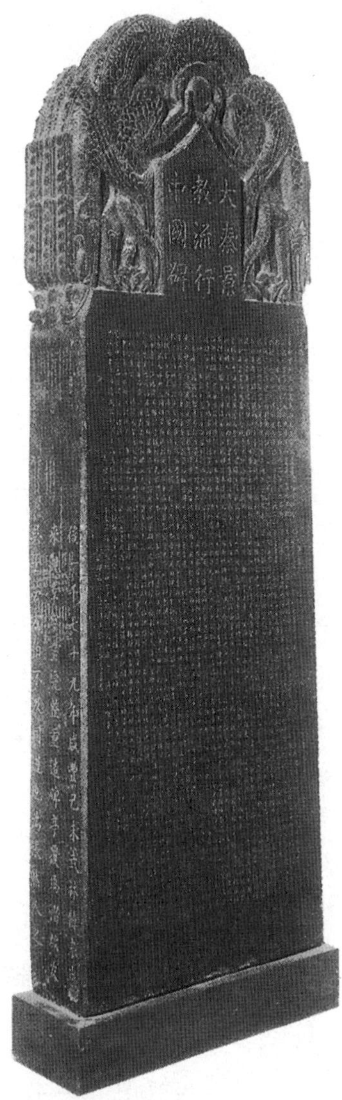
대진경교유행중국비

당시 경교사원을 파사사(波斯寺, 페르시아 사원)라 불렀는데, 당 현종 때 대진사(大秦寺)라 개명하였다. 건중(建中) 2년(781년) 투카라(吐火羅, 지금의 아프가니스탄의 북쪽) 사람 이사(伊斯)가 비용을 내 장안 의영방 대진사에 〈대진경교유행중국비(大秦景教流行中國碑)〉를 세워, 역사에 귀중한 한 페이지를 남기게 되었다. 7세기 중엽, 페르시아가 아라비아에게 점령당해, 사산조 페르시아 왕 이사후(伊嗣侯)가 아라비아인에게 살해당하고 그 아들 비로사(卑路斯)는 투카라에 임시 거주하며 당에게 구원을 요청하였다. 당나라 황제는 그를 파사도독부(波斯都督府) 도독(都督)으로 임명하였다. 670년대, 비로사는 장안으로 와 당 고종에게서 무위장군(武威將軍)을 수여받았다. 장안 예천방(醴泉坊)의 파사호사(波斯胡寺)가 바로 비로사의 요청으로 세워진 것으로, 장안의 페르시아인들이 이곳에서 예배를 드렸다. 비로사는 후에 장안에서 객사하였으며, 중국과 페르시아 교류사에 미담으로 남게 되었다. 페르시아 조로아스터교에서 나온 천교는 화교(火教), 화천교(火祆教), 배화교라고도 불렸으며, 페르시아 사산조 시기 국교로 신봉되어 남북조 시기 중원에 전래되었다. 당나라 전기와 중기, 상업 활동을 하는 서역 상인들이 점차 증가하면서, 서역 상인들은 장안과 낙양 두 경도의 화천사(火祆寺), 즉 천교 사원에서 종교활동을 하였다.

정원(貞元) 10년(794년) 남조(南詔)가 당에 항복해 옴으로써, 표국(驃國, 미얀마) 왕

옹강(雍羌)이 몇 차례 사신을 당나라에 파견하였다. 정원 17년, 표국왕은 남조왕의 추천으로 그 아들을 파견, 악대와 무용단을 이끌고 와 장안에서 공연을 하였다. 《신당서(新唐書)》〈표국전〉에 의하면, 악무는 '불인(佛印)', '찬사라화(贊娑羅花)', '백합(白鴿)', '백학유(白鶴游)', '두미승(斗米勝)', '용수독금(龍首獨琴)', '선정(禪定)', '감자왕(甘蔗王)', '공작왕(孔雀王)', '야아(野鵝)', '연악(宴樂)', '척번〔滌煩, 생무(笙舞)〕' 등 12곡이었다. 백거이는 〈표국악(驃國樂)〉이라는 시에서 이에 대한 모습을 묘사하고 있다.

셰퍼의 《당나라 시대의 외래문명》에 따르면, 당나라 장안 관방의 천문, 역산학은 실질적으로 인도의 전문가들이 독점하였다. 그중 현종 시기 태사감을 지낸 적이 있는 고타마 싯다르타〔구담실달(瞿曇悉達)〕가 가장 유명하였다. 그는 인도의 《구집력(九執曆, Navagrāha)》을 중국어로 번역하였을 뿐만 아니라 더 정확히 예측할 수 있는 일식과 월식 방법, 즉 영(zero) 부호 사용 및 사인함수〔sine funtion, 정현함수(正弦函數)〕를 당나라에 소개하였다. 당나라에서 통행되었던 대부분의 천문역산(天文曆算) 저작은 또한 서방의 분류 체계에 의거한 것이었다. 수력혼천의(水力渾天儀) 제작에도 참여하였던 천문학자 일행 화상(一行和尙)은 그의 천문 저작에서 근동(近東)의 행성 명칭을 사용하였다.

당나라와 한반도, 일본의 교류는 매우 빈번하였다. 한반도는 장기간, 고구려와 백제, 신라 삼국으로 분열되어 있었으며, 7세기 중엽, 신라가 백제와 고구려를 물리치고 통일국가를 건국하였다. 당 문화는 동으로 한반도에 전래되었는데 불교가 그 매개 작용을 하였다. 그중 원광 화상(圓光和尙)의 공헌이 가장 주목할 만하다. 그의 속세의 성은 박씨이다. 남조(南朝) 양(梁) 경제(敬帝) 태평(太平) 원년(556년) 금릉(金陵)에서 계를 받고, 수나라 때 장안으로 들어와 40년간 체류하였다. 그는 본국으로 돌아간 후 오계〔五戒—사군이충(事君以忠), 사친이효(事親以孝), 교우이신(交友以信), 임전무퇴(臨戰無退), 살생유택(殺生有擇)〕를 주장하며, 유교적 정치 윤리를 불교 교의 속으로 융합시켰다. 불교가 본래 존재하였던 화랑에게 깊은 영향을 주게 되었고 몸으로 '세속오계(世俗五戒)'를 힘써 실천함으로써 후세에 영향을 준 '화랑정신'을 형성하였다. 당나라와 신라 사이의 상호 사절 파견은 사적에 기록이 남아 있을 뿐만 아니라 시인들이 주고받은 시나 사(詞) 속에도 그 흔적이 남아 있다. 신라는 끊임없이 당에 유학생을 파견하였는데, 통계에 의하면 신라가 당나라에 파견한 유학생은 2천여 명에 달하여, 동 시기 당의 유학생보다 100-200명이 많았다고 전해진다. 예를 들어 개성(開城) 2년(837년) 당나라에 유학 온 신라 학생은 200여 명에 달하였으며 장경(長慶) 원년(821년)부터 당 말까지 몇 십 년 동안, 장안의 과거 시험에서 진사 급제를 한 신라 학생은 58명이었다. 그들은 귀국 후 신라에 당 문화를 전파하였다. 신라는 적극적으로 당나라의 율령, 과학기술, 불교, 유학, 학교, 과거 등 정치문화의 정수를 받아들였는데 예를 들어 국자감을 모방하여 국학 제도를 만들고 아울러 경학과 전문적 교육〔산학(算學)〕을 실시하였다. 신라인은 당나라 제도를 빌려 간략화시키고, 또한 화랑교육과 연계시켰다. 신라와 당나라의 민간 상업도 매우 활발하였기 때문에 연해 지역에는 상업과 운수를 업으로 삼는 신라 교민의 집거지가 형성되었다. 일본 엔닌 화상〔圓仁和尙〕이 저술한 《입당구법순례행기(入唐求法巡禮行記)》에 의하면, 당나라 후기의 등주(登州), 채주(菜州), 밀주(密州), 청주(青州), 사주(泗州), 해주(海州), 초주(楚州), 양주(揚州), 장안 모두 신라 교민이 거주하였으며 이런 지방에는 신라촌(新羅村), 신라원(新羅院), 신라방(新羅坊), 신라관(新羅館) 등이 존재하였다고 한다. 당나라 정부는 그들에 대해 10년간 면세를 해 주는 등 우대 정책을 취하였다.

신라는 여러 방면에서 당나라의 깊은 영향을 받았기 때문에 서양 중국학자들은 신라를 당나라의 소형 복제판으로 간주하였다. 또한 7세기에서 8세기까지 일본 역시 당나라의 또 다른 소형 복제판으로 여겼다.

일본의 견당사(遣唐使), 유학생, 학승(學僧)의 장안 왕래는 끊이지 않았다. 수나라 때 이미 '견수사(遣隋使)' 왕래가 있었으며, 유명한 오노노 이모코〔小野妹子〕 사절단과 함께 따라간 많은 학자승, 유학생 등이 학문을 마치고 귀국하여, 고토쿠 천왕〔孝德天皇〕 대화(大化) 2년(646년) 개혁의 중추 세력이 되었다. 이들은 수당(隋唐)의 정치 제도를 모방하였고, 그 후 더욱 한화되어 대규모로 견당사를 파견하였다. 일본학자 연구에 따르면, 일본은 모두 열아홉 차례 견당사를 파견했다고는 하였는데, 그중 두 차례는 견당사를, 한 차례는 '송당객사(送唐客使)'로 임명하긴 했으나 이 세 번은 임명만 하고 파견은 이루어지지 않았다. 나머지 열여섯 중 또한 세 차례는 '송당객사'였고, 한 차례는 '영입당대사(迎入唐大使)'였기 때문에 정식 견당사 파견은 열두 차례라고 할 수 있다. 당으로 파견된 정사(正使)와 부사(副使) 등 관원과 함께 선원, 성직자, 의사, 화가, 악사, 통역자, 학승, 유학생이 동행하였다. 조메이 천황〔舒明天皇〕 2년(630년) 첫 번째 견당사에서 덴지 천황〔天知天皇〕 8년(669년) 다섯 번째 견당사까지 그들을 수행한 유학생과 학승 등이 장안에 와서 당나라의 정치 제도와 문화 그리고 불법을 학습하였다. 몬무 천황〔文武天皇〕 대정(大定) 2년(702년)부터 고켄 천황〔孝謙天皇〕 천평승보(天平勝寶) 4년(752년)까지 6번째 견당사부터 9번째 견당사까지 파견했는데, 그 시대는 마침 당나라가 개원의 성세를 맞아, 대당제국은 아시아 및 세계에서 괄목할 만한 대국이 되어 있었다. 일본은 당나라의 삼성육부(三省六部)를 모방하여 이관팔성(二官八省)을 설치하였다. 또한 당률을 근거로 〈대보율령(大寶律令)〉을 제정하고, 당나라의 균전제와 조용조제를 참조해 '반전수수법(班田收授法)'을 실시하였다. 견당사의 수행원들이 당나라의 문화를 배우고, 천문, 역법, 음악, 미술, 건축, 조각 및 생산 기술을 받아들여, 일본의 천평(天平) 시대는 당 문화 수입의 최극성기를 이루었다. 709년, 일본이 나라〔奈良〕로 천도할 때 당나라의 장안성 구조를 모방하여 주작대로와 동시, 서시 등을 만들었다. 이후 에도〔江戶〕로 천도한 후에도, 장안의 시가지 구조를 모방하였다. 인도에 원류를 둔 '가릉빈가(迦陵頻伽)' 악무(樂舞)가 당시 장안에서 유행하였는데, 견당사를 통해 일본으로 따라 들어갔다. 861년, 나라 동대사(東大寺)에서 비로자나불 개광(開光)의식을 거행할 때 바로 가릉빈가 악무가 연출되었

일본 나라 지방의 동대사

다. 당나라로부터 일본으로 전래된 악무 중 가장 신선하고 홍미로운 것은 '발호걸한희(潑胡乞寒戲)'였다. 동지 때 공연된 이 무용은 소란스런 음악소리 속에 기괴한 가면을 쓴 무용수가 서로 찬물을 뿌리는, 다소 원시적인 거칠고 난폭한 분위기를 자아냈다고 한다.

일본 나라 지방의 당초제사

당나라로 들어온 유학생 중 주목할 만한 학생은 20여 명 정도이며, 학승으로는 문헌에서 90여 명을 볼 수가 있다. 기비 마키비〔吉備眞備〕는 당에서 17년간 공부를 하고, 유학생에서 견당사로 임명되어 귀국한 후 우대신(右大臣)의 직에 있으면서 당 문화 전파에 힘을 썼다. 유학생 아베노 나카마로〔阿倍仲麻呂〕,그의 중국 이름은 조형(晁衡)인데 당나라에서 관료를 지낸 적이 있었다. 그는 이백, 왕유와 시를 서로 주고받았으며 당 현종 때 견당사 등원청화(藤原淸和)를 따라 귀국하였다. 학자승 공해(空海)는 장안에서 3년 동안 전심전력을 다해 학습한 다음 귀국하여, 한자 편방(偏旁)을 이용해 일본 문자 히라가나를 창안하였다. 그들의 인생 궤적은 후세 사람들에게 미담으로 전해진다. 일본학자 에노모투 준이치〔榎本淳一〕의 연구에 따르면, 공해가 당으로 건너갔던 정원(貞元) 20년 이전, 당나라 조정은 외교사절의 출입국 규정 제도를 강화해서 사무역(민간 무역)을 전제로 한 새로운 출입국 관리 제도를 완비하였다고 한다.

733년, 일본 승려 에이에이〔榮睿〕와 후쇼〔普照〕가 견당사를 따라 당으로 들어갔을 때 감진(鑑眞)에게 일본으로 건너가 불법을 전수해 줄 것을 요청하였다. 감진은 12년간의 노력으로, 여섯 차례의 시도 끝에 성공적으로 일본으로 건너갔다. 754년, 감진은 나라의 동대사(東大寺)에 계단(戒壇)을 두어서 일본 불교 승도들도 정식으로 계(戒)를 받기 시작하였고, 이 때문에 감진은 일본 율종(律宗)의 시조가 되었다. 그가 만든 당초제사(唐招提寺)는 오늘날까지도 그 광채가 빛나고 있는 사찰이다.

감진 화상

당시, 당나라와 교류를 한 국가는 70여 개국이었다. 당나라는 세계적으로 명성을 얻어, 후세 외국인들은 중국인을 가리켜 '당인(唐人)'이라 부른다. 북송(北宋) 주욱(朱彧)은 《평주가담(萍州可談)》에서 "이민족들이 중국을 당(唐)이라 불렀다"고 하였으며, 《명사(明史)》 〈진랍전(眞臘傳)〉에는 "당인이라는 것은 모든 중국인을 총칭하는 것으로, 해외 여러 나라들이 그렇게 불렀다"고 적고 있다. 이런 전통은 오늘날까지도 이어져, 해외 화인 거주지는 '당인가(唐人街—*당나라 사람들의 거리)'라 불리고 있다.

# 9장 당의 쇠락부터 오대십국(五代十國)의 할거까지

## 51. 흥성이 쇠락으로 전환되는 각 측면

개원의 치세는 "정관 고사에 따른 것"이었지만, 당 현종은 당 태종만 못하여, '수성난(守成難—*이미 이루어 놓은 것은 발전시키기 어렵다)'을 알지 못하고, "시종일관 신중해야 된다"는 것을 깨닫지 못했다. 일단 나라가 평온하고 잘 살게 되자, 곧 그 근원을 잊고 온통 '만세'소리가 울려 퍼지는 가운데, 태산에 올라 봉선(封禪—*예전 제왕이 태산에 가서 천지에게 제사 지내는 전례)하기 바빴고 "예법에 어긋나는" "천추절(千秋節, 당 현종 생일기념일)" 행사를 성대하게 치렀다. 그의 주변 보좌대신들은 그저 아부나 해서 파장은 더욱 커졌고, 이로 인해 그는 오만하고 어리석은 길로 가게 되었다. 바로 《자치통감》에서 말한 개원 말기, 당 현종이 "재위한 지 오래되어, 점차 방만해지고 사치스러워졌으며 정사에는 태만"하여 결국 천보 시기에 이르러 정치가 악화되었다. 당 현종 시기는 '밝음'이 '어두움'으로 가는 전환점으로서, 간신 이임보(李林甫)의 중용이 그 시작이었다.

이당(李唐) 종실 출신 이임보, 어려서는 가노(歌奴)로 불렸고, 젊었을 때는 품행이 좋지 않았다. 그러나 그는 영리하고 권세에 빌붙어 자신의 이익을 잘 챙김으로써, 어사중승(御史中丞), 형부시랑(刑部侍郞)으로 관직이 점점 높아졌다. 당시 사람들은 모두 이임보가 교활하고 음흉하여, "교묘한 말로 충신인 척"하는 것을 알고 있었지만, 당 현종은 정작 그가 충신인지 간신인지를 분간하지 못했다. 개원 22년(734년) 이임보는 재상에 임명되어, 예부상서(禮部尙書), 동중서문하삼품(同中書門下三品)직을 맡았다. 2년 후 그는 장구령(張九齡)을 제거하고 중서령(中書令)이라는 요직에 올라, 천보 11년(752년) 병사할 때까지 16년간 조정을 좌지우지하였다. 당나라가 성세에서 쇠락으로 가는 20여 년간 황제직에 있었던 당 현종은 점점 더 무기력해져, 직접 정사를 맡아 보려 하지 않고 오직 자기 멋대로 놀 생각만 하였다. 이임보는 그저 현종의 뜻에 영합해서 언로를 차단하고 자기와 뜻이 다른 사람을 배제함으로써, 현종이 더 오만하고 우둔한 사람이 되게 하였다. 한마디로 말해서, 당 현종의 오만이 이임보의 간악함을 조장하였으며, 이임보의 간악함이 당 현종의 우둔함을 조장한 것이었다.

이때 당 현종 신변에 절세미인 양옥환(楊玉環)이 나타났다. 양옥환의 고조부는 명문가 홍농(弘農) 양씨의 후예인 수나라 명신 양왕(楊汪)으로서, 산서에서 사천으로 이주한 후 다시 낙양으로 돌아왔다. 당 현종이 동도 낙양을 다섯 번째 순행할 때, 아들 수왕(壽王) 이모(李瑁)의 비(妃)를 간택하기 위하여 방년 16세의 미녀 양옥환을 선발하였는데, 이 사건은 낙양을 뒤흔들었을 뿐만 아니라 양옥환 일생의 중요한 전환점이 되었다. 개원 28년(740년) 22세의 양옥환과 56세의 당 현종이 여산(驪山) 온천궁에서 만나 서로 한눈에 반하였다. 당 현종은 시아버지와 며느리라는 난관을 뛰어 넘기 위해 기발한 방안을 생각해 냈다. 즉 양옥환에게 태진(太眞)이라는 도호(道號)를 주고, 그녀를 도사(道士) 신분으로 출가시켰다. 그녀는 여도사 혹은 여관(女官)의 신분으로 궁에서 나갔지만, 그 후 1년도 못 되어 현종의 총애를 받는 태진비(太眞妃)가 되어 돌아왔다. 천보 4년(745년)이 막 지난 당 현종 61세 생일 때, 그는 27세의 양옥환을 귀비(貴妃)로 책봉하였다. 양귀비의 요염하며 옥 같은 얼굴빛, 온화함과 관대함은 현종의 마음을 얻었다. 또한 그들은 둘 다 음악과 가무에 소양과 취미가 있었기 때문에 취향도 같았다. 바로 백거이가 〈장한가(長恨歌)〉에서 읊은 바와 같다. "눈웃음 한 번에 모든 애교가 나오니, 육궁(六宮)에 단장한 미녀들의 안색을 가렸다오", "짧은 밤을 한탄하며 해 높아서 일어나니, 이를 쫓는 군왕은 이른 조회를 보지 않았고", "총애로 연회에 매이니 한가할 틈 없어, 봄을 좇는 춘정을 즐겨 온밤을 지새우니, 빼어난 후궁에 미녀 삼천 있었지만, 삼천의 총애가 그녀에게 있으니". 비록 양귀비가 조정에 간여를 하진 않았지만 그의 특수한 지위가 형성한 연줄로, 그의 먼 친척 오라버니 양국충(楊國忠)이 두각을 나타내게 되었다. 천보 11년(752년) 이임보가 죽고, 당 현종은 양국충으로 그 빈자리를 메웠다.

양국충, 본명은 양소(楊釗)이다. 그의 조부와 양옥환의 조부가 형제지간이라 그와 양옥환은 재종 형제간이었다. 어려서부터 행동이 방탕하고 품행이 나빴지만, 한편으로 "후비 친정의 친족이었기 때문에" 또 한편으로 그 자신이 재물을 모으는 수단이 있었기 때문에 현종의 총애가 깊었다. 천보 11년, 그는 이임보를 대신해 우상(右相)이 됨으로써 벼락출세의 길에 올랐다. 그는 재상이 된 후 40여 개의 관직을 겸임하였고, 사람들에게 "나는 우연하게 이런 기회를 만났다. 누구도 하루아침에 어떻게 퇴장할지 모르므로, 눈앞의 즐거움을 즐기는 것 만한 것이 없다"고 말하였다. 그는 황제의 뜻에 영합하길 잘하고, 백성의 고혈 착취에 능하여 현종의 신임은 두터웠으나 조정은 날로 망가졌다. 이임보가 "천하를 혼란스럽게 만든" 사람이라고 말할 수 있다면, 양국충은 "마침내 난을 일으켰다"고 할 만한 인물이었다. 그의 사람됨을 말하자면 그는 변론을 잘 하였지만 침착하지 못하였고, 조정을 좌지우지하면서 "공경 이하를 마음대로 부려 두려워 떨지 않는 자가 없었다". 그는 현종의 뜻에 영합하면서 '구교(鉤校)' 수단을 이용하여 백성을 착취함으로써 당대 경제에 잠재적 우환을 심어 놓게 되었다. 송나라 사람 소철(蘇轍)은 역대 왕조의 흥망을 논하며 다음과 같이 지적하였다. "(우문)융이 죽고 나서, 이익을 말하는 자가 다투어 나왔다. 위온(韋溫), 양신긍(楊愼矜), 왕홍(王鉷) 등이 출현하여 상황이 갈수록 악화되더니, 양국충에 이르러 극성기에 달하였다. 때문에 천보의 난이 일어나자, 전국이 분열되어 다시 합해질 수가 없었다." 이임보가 조정을 전횡할 때 재부를 긁어모으는 풍조가 날로 심해져, 위온, 양신긍, 왕홍처럼 재물을 수탈하는 신하가 출현하였고, 양국충이 전권을 행사할 때는 그 극단에 달하여, 결국 천보의 난 이후 "전국이 분열하여, 다시 합해질 수 없는" 결과를 야기하였다.

당나라 초기에는 수나라의 삼성(三省) 제도를 완비해서, 황제와 삼성이 서로 견제, 공동으로 정치를 함으로써 상호 화합하는 정치 체제를 구축하였다. 당시 재상이 많게는 10-20여 명에 이르렀으며, 중대 사무는 모두 정사당회의의 토론을 거쳐 처리되었다. 그런데 어떻게 개원, 천보 때 이임보, 양국충이 정권을 좌지우지하는 사태가 벌어질 수가 있었는가? 제도를 어지럽게 변화시킨 이는 바로 당 현종이었다. 당 현종이 즉위할 당시는 당 전기의 삼성(三省) 장관(長官) 합의제(合議制)가 점차 재상(宰相) 전권(專權) 위임제(委任制)로 변화하는 시기였다. 현종은 요숭과 송경을 등용하여 개원의 치세를 이룰 수 있었으며, 이는 재상의 선발과 전권 위임의 성공적 조화에 힘입은 것이었다. 그러나 이후 당 전기의 삼성 장관 합의제는 재상 전권 위임제로 변화하면서 재상 선발이 중시되지 않았고 결국, 이임보, 양국충이 권력을 좌지우지하는 폐단이 나타났다. 당나라 최군(崔群)의 "개원 20년 어진 재상 장구령을 폐하고, 간신 이임보를 임용하여, 치세와 난세가 이때부터 나누어졌다고 신은 생각합니다"는 지적은 매우 적절한 것이었다. 재상 중의 재상〔당국재상(當國宰相), 혹은 재상의 장(長)이라고 한다〕이 출현하여 재상 제도의 변화가 일어났는데, 바로 두우가 "신하는 많으나, 그 권력을 가진 자는 한두 명에 지나지 않는다"라고 말한 상황이었다. 결국 황권은 땅에 떨어지고 삼성 제도는 변화하여, 황제가 친히 정사를 보지 않는 한편 삼성합의제 원칙을 버리고 신임을 받는 재상이 정사를 관할하였다. 만약 현자를 임용한다면, 물론 아무런 문제가 없지만, 일단 간신을 임용한 경우에는 정국을 파국으로 치달았다.

당 현종은 스스로 당의 군대가 막강하고 국력이 강대하다고 여겨 덮어놓고 변경 확대를 추구함으로써, 끊임없이 변경에서 전쟁을 일으켰다. 또한 이런 목적을 위해 변경 절도사의 군비를 계속 강화하였다. 당나라 초기에는 변경을 통제하기 위해 몇 명의 대도독(大都督)이 정예병을 통솔하며 요충지를 지키도록 하였다. 고종 이후, 대도독이 사지절(使持節)을 겸임하며, 황권의 권위를 대표해서 절도사라 칭해졌고, 그 직권은 병마전수(兵馬戰守)로 제한되었다. 이후 절도사가 점차 증가하였으며 직권은 더욱 확대되었다. 개원 연간에 이르러 변경에는 모두 10명의 절도사를 두었다.

평로절도사(平盧節度使)를 영주〔營州, 지금의 요녕 조양(朝陽)〕에 두고, 범양절도사(范陽節度使)는 유주(幽州), 하동절도사(河東節度使)는 태원, 삭방절도사(朔方節度使)는 영주〔靈州, 지금의 영하자치구 영무(靈武)〕, 하서절도사(河西節度使)는 양주〔涼州, 지금의 감숙 무위(武威)〕, 농우절도사(隴右節度使)는 선주〔鄯州, 지금의 청해 악도(樂都)〕, 북정절도사(北庭節度使)는 정주〔庭州, 지금의 신강 길목살이(吉木薩爾)〕, 안서절도사(安西節度使)는 구자〔龜玆, 지금의 신강 고차(高車)〕, 검남절도사(劍南節度使)는 익주(益州, 지금의 사천 성도), 영남경략사(嶺南經略使)는 광주에 두었다.

그들은 몇 개의 주군(州郡)을 통치하였을 뿐만 아니라 안찰사(按察使), 안무사(安撫使), 탁지사(度支使) 등을 겸하며, "토지도 있고, 백성도 있고, 병사도 있으며, 또한 재부도 있는" 정권·군권·재정권을 한 몸에 거느린 반독립적 지방 할거 세력을 형성하였다. 당시의 국력으로만 한정한다면, 절도사는 중앙정부에서 아주 적은 보조지원금만을 받았기 때문에, 자신이 직접 방어하는 지역 내에서 병사를 모으고, 말을 팔아서 식량과 병기를 제작하는 비용을 마련해야만 했다. 이런 방법의 부작용이 아주 분명해지면서 절도사의 중앙정부에 대한 이탈이 점차 가속화되었다.

하나의 진(鎭)으로서는 범양 병력이 가장 강하였다. 그들은 독자적으로 출병하여 해(奚), 거란을 복속시켰다. 그 다음으로는 용우와 하서 양진의 병력이 강하여 여러 차례 토번(吐蕃)과 전쟁을 일으켰다. 두보가 〈병거행(兵車行)〉에서 "변정(邊庭)에 흐르는 피가 바다를 이루나 무황(武皇, 당 현종의 시호)의 변경 확대 의지는 끝나지 않는다"라고 서술한 것이 바로 이 시대 빈궁한 병사와 무력 남용의 실상이었다.

개원과 천보 시기, 국가가 부유하여 서경 장안과 동도 낙양 및 각 지역의 주현 창고가 모두 양식과 포백(布帛, 면포와 비단)으로 가득 찼다. 당 현종은 이런 기형적인 번영에 제정신을 차리지 못하고, 검약을 강조하던 그가 사치 낭비로 돈을 물 쓰듯 하였다. 《자치통감》에는 그가 "금과 비단 보기를 분뇨 보듯 하며, 귀족에게 상을 내리는 것이 한이 없었다"라고 묘사되어 있다. 또한 전국 각지에서 일 년 동안 바쳐진 물품이 모두 이임보에게 상으로 하사되었다. 양국충의 오만함도 끝이 없어, 사서에는 "개원 시대가 도래하여 귀족들이 막강한 힘을 갖게 되었으나, 양씨만 한 사람이 없었다"라고 적고 있다. 변경이 확대되면서 군비 소모가 점차 증가하였으나, 당 현종은 조금도 아까워하지 않았다. 부병제가 붕괴하였기 때문에 개원 11년, 모병제로 바꾸어 모사숙위(募士宿衛)라는 새로운 제도를 실시하였다. 모집된 직업 병사를 '장종숙위(長從宿衛)'라 불렀는데 얼마 지나지 않아 '확기(彍騎)'로 개명하였다. 이런 용병은 관이 식량을 지급하였기 때문에 군비 부담이 매우 컸다. 개원 초기, 동전 2백만 관(貫)이던 군비가 개원 말에는 1천만 관으로 증가하였고, 천보 말년에는 1,500만 관으로 증가하였다. 아! 어떻게 한 차례 '성세(盛世)'로 여러 차례의 고난을 이겨낼 수 있겠는가?

외환(外患)이 내우(內憂)와 함께 조용히 엄습해 와 천보 연간 변경의 우환이 날로 심각해져 갔다. 천보 10년(751년), 당나라 군대가 탈라스 강변에서 아라비아 군대에 의해 대패를 당해 중앙아시아 각국이 아라비아의 통제를 받게 되자, 서역에서의 당나라 위신이 크게 추락하였다. 중앙 병력이 부족한 상황에서 나날이 심각해지는 변경의 위기에 대응하기 위해서는 절도사의 강력한 군대에 의존할 수밖에 없었기 때문에, 절도사의 조직은 점점 방대해졌고, 절도사들은 오만해져 갔다. 곧 중앙과 변경 사이 힘의 균형에 급격한 변화가 발생하였다. 당나라 초기 방침은 수도 부근을 중시하고 기타 지역은 가벼이 여겨, 수도 인근인 관중이 사방을 통제하는 것이었다. 그러나 고종 이후 변방 진(鎭)의 군대가 계속 증가하였고 개원 천보 연간에는 변방 군대가 전국 총 병력의 85퍼센트 이상을 차지하였다. 동북과 서북은 특히 용맹한 장수와 정예군의 집중지였다.

아랍 문헌 속의 탈라스 전투 그림

당나라 초기에는, 이민족 출신 장군이 군대 지휘의 중임을 맡지 않았지만, 천보 초년, 당나라가 전력을 기울여 토번에 대응하였고, 병력을 구분하지 않고 동북의 해(奚), 거란에 대처하면서 이민족 출신 장군 안녹산을 평로절도사로 기용하였다. 천보 10년, 안녹산은 평로, 범양, 하동 삼진의 절도사를 겸하며 20만의 정예군을 이끄는 번진의 지휘관이 되었다. 본래 일반적으로 절도사는 문관이 담당하였다. 그들은 변경에서의 재임 기간(정식으로 3년)을 채운 후 조정으로 돌아와 고관으로 승진하였다. 소위 "교대로 돌아가며, 현지에 직접 임관해서, 다른 관직을 겸할 수 없다"는 원칙이 적용되었다. 전공(戰功)이 뛰어난 사람은 종종 조정으로 들어와 재상이 되었다. 간사하고 음흉한 이임보는 "장수로 나아갔다 재상으로 돌아온" 대신들을 두려워하며, 자신과 이익을 도모할 수 없다고 여겼다. 그러나 이민족 출신 장군은 한문(漢文)을 알지 못해 재상으로 임명될 수 없어 자신의 권위를 위협할 수 없었기 때문에, 그는 많은 이민족 출신 장군을 절도사로 임명하였다. 예를 들어 가서한(哥舒翰), 고선지(高仙之), 안사순(安思順), 사사명(史思明) 같은 사람들을 절도사로 임명, 번진의 세력이 날로 팽창하였다. 그 와중에 서북 군벌 가서한과 동북 군벌 안녹산 사이에 끊임없이 알력과 마찰이 일어났다. 이임보, 양국충은 각자 자신의 뜻에 맞는 사람들과 결탁하여 도움을 주었기 때문에 군벌 사이의 싸움은 더욱 가열되었다. 결국 번진의 세력이 지나치게 확대되었고, 이런 상황을 이용하여 안녹산과 사사명이 병사 반란을 일으킨 것은 필연적이라 할 수 있다.

## 52. 안사의 난과 전성 시대의 소멸

안녹산(安祿山)은 영주 유성〔柳城, 지금의 요녕 조양(朝陽)〕의 혼혈 호인(胡人)으로서, 생부는 강성(康姓) 소그드족이었고, 생모는 돌궐족 무사(巫師) 아사덕(阿史德)이었다. 그의 모친이 전쟁의 신 알락산(軋犖山)에게 기도를 하여 이 아들을 낳았기 때문에, 이름을 알록산〔아락산(阿犖山)이라고 쓰는 경우도 있다〕이라 하였다. 후에 어머니가 돌궐인 안연언(安延偃)에게 재가하였기 때문에 성을 안으로 바꾸고 이름을 녹산(祿山)이라 하였다. 그는 본래 유주절도사(幽州節度使) 군대의 "착생장(捉生將, 용맹한 군인의 칭호)"으로서, 용맹하고 싸움을 잘하는 것으로 유명하였다. 비록 병졸 출신이었지만, 그는 호인으로서 승진하는 요령인 뇌물과 아첨에 능하였다. 개원 29년(741년) 영주(營州) 도독(都督)으로 승진하였으며, 이임보(李林甫)에게 뇌물을 주고 양귀비에게는 진기한 보물들을 보내 당 현종의 총애와 신임을 얻었다.

안녹산이 당 현종의 신임과 중용을 얻은 데에는 그만한 연유가 있었다. 하나는 그가 아첨을 잘 한다는 점이다. 그는 관운이 트이자 몸에 살이 쪄 배가 무릎 아래에까지 늘어져 있었다. 어느 날 현종이 "자네의 배 속에는 도대체 무엇이 들어 있는가? 어찌 이렇게 크단 말인가?" 하고 물으니, 안녹산이 "다른 것은 없고, 오직 충성심밖에 없나이다"라고 답하였다고 한다. 이렇듯 아첨하며 받들자 당 현종은 당연히 기분이 좋을 수밖에 없었다. 황제의 총애와 신임을 얻기 위해 그는 양귀비에게 공을 들였는데, 가장 눈에 띄는 사건으로는 45세의 그가 결국 29세의 양귀비의 '양자'가 되었다는 것이다. 《자치통감》은 양귀비가 안녹산을 양자로 받아들여, 자수가 수놓인 비단으로 큰 배냇저고리를 만들어 안녹산에게 입히고, 예쁜 색깔의 가마에 태워 궁중을 거닌 후 '녹아(아기 안녹산)'를 씻겨 주고, 현종도 즐겁게 이를 지켜보고는 양귀비에게 '애기를 목욕시킨 값〔세아전(洗兒錢)〕'을 주었다고 전한다. 이것이 "밖으로는 어리석고 강직한 척하며, 안으로는 교활한" 안녹산의 고단수 술책이었다. 두 번째 이유로, 동북 변강의 해(奚), 거란은 복종과 반란을 반복하였지만 당 현종은 속수무책이었다. 이때 안녹산이 출병하여 해, 거란을 정벌하자 당 현종은 기뻐 어쩔 줄 몰라하며 여러 차례 상을 내리고, "특별한 은혜를 보이지 않고서야 어찌 큰 공을 표창할 수 있겠는가?", "만리장성에서 변경을 진압하여 깨끗해졌다"고 그를 칭찬하였다고 한다. 당 현종 스스로 "해마다 할 일이 점점 늘어만 간다"라고 말하면서도 유유자적하며 조정의 정무를 신하들에게 위임하는 한편, 변방의 군무를 "변방 장수에게 위탁"함으로써, 안녹산은 재상 이임보, 양국충과 함께 총애를 받을 뿐만 아니라 동시에 변방 장수 중에서도 가장 총애가 깊은 사람이 되었다. 당 현종의 심중에는 이 호인 변방 장수의 지위와 여타 다른 신하 지위

체계가 달랐기 때문에, 안녹산은 항상 궁성을 마음대로 출입할 수 있었다.

이런 이유로 안녹산은 천보 원년 평로절도사(平盧節度使)에 임명되었고 2년 후에는 범양절도사(范陽節度使)까지 겸임하였으며 7년 후에는 하동절도사(河東節度使)까지 겸임, 전국 절도사직의 1/3을 차지하였다. 게다가 그는 상서좌복야(尙書左僕射)를 겸임하였고 표기대장군(驃騎大將軍)으로 승진하여, 지금의 하북, 산서 및 그 인근의 광대한 지역을 관할함으로써, 그의 군대는 '천하제일의 군대'라 불렸다. 천보 초년의 통계에 의하면, 하동절도사의 병력이 5만 5천 명, 범양절도사의 병력이 9만 1,400명, 평로절도사 병력이 3만 7,500명으로 삼진의 병력이 모두 18만 4,900명이었고 안녹산이 삼진절도사를 겸임할 때는 병력이 이미 20만 명을 넘었다. 당시 10진 병력이 49만 명, 중앙 직할의 군은 불과 10만 명 정도로서, 안녹산은 이미 중요한 지위에 올라 있었다. 사서에서 말하길, "녹산이 이를 믿고 나날이 오만, 방자해졌다", "악의를 품고, 이후 반역을 일으켰다"라 하였다. 그는 적극적으로 무기, 말, 식량을 비축하고 8천 명의 이민족 용사로 구성된 사병 부대를 양성하였는데, 이는 '예락하(曳落河)'라 불리며, 한 개인에게 절대적으로 충성을 다하는 군대였다. 이임보 사후, 안녹산은 모반의 발걸음을 재촉했다. 양국충은 다른 호인 변장 가서한을 끌어들여, 그로 하여금 농우절도사와 하서절도사를 겸임하게 하고, 서평군왕(西平郡王)이라는 작위를 내려 동평군왕(東平郡王) 안녹산과 서로 대항하게 하였다. 양국충은 여러 차례 당 현종에게 안녹산이 반드시 반역할 것이라고 말하였으나, 당 현종은 믿지 않고, 천보 14년 7월 중사(中使, 환관으로 사신의 역할)를 파견하여 새서(璽書—*황제의 명령을 적은 서신)를 가지고 가 안녹산에게 주었다. "짐이 경과 함께 한 당(온천)에서 몸을 닦고자 일부러 경을 부르니, 〔…〕 10월까지 짐이 화청궁(華淸宮)에서 경을 기다리겠다"며 그를 화청궁을 불러들여 온천에서 같이 목욕을 함으로써, 그에 대한 총애와 믿음이 예전 같음을 보여 주려 하였다. 활달하지만 우매한 천자는 큰 화가 바로 머리맡에 닥쳐 있음을 전혀 깨닫지 못하고 있었다.

천보 14년(755년) 11월 9일, 안녹산은 15만 대군을 이끌고 계성(薊城, 지금의 북경 서남쪽) 남쪽 교외에서 서사(誓師—*군대가 출정하기 전 장병들을 모아 놓고 훈계하고 맹세하며 전투의지를 고취시키는 행사)를 행하고, 반기를 들었다. 그는 양국충이 남조에 대해 일으킨 두 차례 전쟁 실패를 이용해서, "국가의 위기를 걱정하고", "양국충을 토벌하라는 밀지를 받들었다"라는 명목으로, 범양에서 병사를 일으켜 "화를 평정"하러 남하하였다. 안녹산을 맞이하기 위해 새로 온천탕을 팠던 곳에서 당 현종은 11월 15일 안녹산의 반란 소식을 듣고, 너무 놀라고 분노하였다. 즉시 안서절도사 봉상청(封常清)을 범양·평로 절도사로 임명하여 방어 준비를 하게 하였다. 이어 그의 6번째 황자와 영왕(榮王) 이완(李琬)을 원수로, 우금오대장군(右金吾大將軍) 고선지를 부원수로 삼아 군대를 이끌고 동정(東征)하게 하였다.

그러나 하북 지역의 주현은 이미 소문을 듣고 와해되어 수령들은 도망치거나 항복하기 바빴으며, 하남의 삼도방어선도 순식간에 붕괴되었다. 결국 안녹산이 범양에서 군대를 일으켜 낙양을 함락하기까지는 단지 34일밖에 걸리지 않았다. 12월 12일, 동도 낙양이 함락되어 백 몇 십 년 동안 없었던 큰 재난을 맞게 되었다. 낙양을 수비하던 봉상청과 섬주(陝州)에 주둔하고 있던 고선지는 모두 동관(潼關)으로 물러났다. 당 현종은 감군에 임명된 환관의 무고로 "기율을 어기고 군대를 모두 잃어버린" 죄를 물어 동관에서 고선지와 봉상청을 참형에 처하였다. 반란을 평정하는 전쟁을 수행하면서 전투에 참가한 장수를 참한 심각한 오류는 불길한 징조였다. 당군 병사가 추풍낙엽처럼 패하는 것은 산이 뒤집히는 것 같았고, 반군은 계속해서 승전보를 울렸다. 바로 백거이가 〈장한가〉에서 말한 상황이었다. "돌연 어양(漁陽)쪽 땅을 울리는 악관의 북소리 들려오니, 예상우의곡(霓裳羽衣曲)에 깜짝 놀라더라."

천보 15년 1월 1일, 안녹산이 낙양에서 황제를 칭하고, 국호를 대연(大燕)으로, 연호를 성무(聖武)로 바꾸었다. 단숨에 반란 모반의 양상이 폭로되었다. 그가 밀지를 받들어 양국충을 정벌한다고 말한 것은, 사기꾼의 명목에 불과하였으며, 이 때문에 낙양이 함락된 이후에는 더 이상의 진전은 없었다. 한편으론 안고경(顔杲卿), 안진경(顔眞卿) 형제가 하북 각지의 충의지사(忠義之士)에게 연락하여 반군을 공격하고, 낙양에서 범양사이의 역로(驛路)를 단절시켜, 안녹산의 후방에 우환을 가져다주었다. 다른 한쪽에서는 조정에서 파견한 삭방절도사 곽자의(郭子儀), 하동절도사 겸 하북절도사 이광필(李光弼)이 반란을 평정하기 위해 출병하였다. 이들은 가산(嘉山) 전투에서 대승을 거두고, 또한 안녹산 대본영 낙양과 근거지 범양 사이의 도로를 차단하여 군심을 동요시켰다.

이로써 당나라는 한숨 돌릴 기회를 얻게 되었다. 당 현종은 고선지, 봉상청을 참한 이후, 가서한을 지휘관으로 임명하여 동관을 수비하게 하였다. 가서한은 튀르기쉬〔突奇施〕 부락 출신으로 이때 하서·농우 절도사를 겸하고 있었으며 명성도 매우 높았다. 또한 그는 안녹산, 안사순(安思順) 형제에게 오랫동안 원한을 갖고 있었기 때문에 동관을 수비하며 안녹산과 대항하기에 충분하였다. 그러나 당 현종의 전략 지도에는 문제가 있었다. 그는 가능한 빨리 반란을 진압하려고 생각하였기 때문에 가서한이 동관으로 갈 때, "사방으로 병사를 보내 낙양을 공격할 수 있도록 하라"고 명령을 내렸으며, 그리고 곽자의와 이광필에게 내린 칙령에도 "병사를 보내 동경(東京)을 탈환하라"라고 하였다. 6월 초, 동관을 온전히 수비한 지 반년이 지나자, 당 현종은 더욱 조급하게 가서한이 동관에서 나와, 낙양을 공격하게 하였다. 이런 형세에서는 동관을 지켜야 했지, 동관을 나와서는 안 되었다. 하북 전쟁에서 곽자의, 이광필은 당 현종에게 아뢰기를 "만약 동관에서 나오면, 전쟁에서 반드시 패할 것입니다. 성을 지키지 않으면 왕실 내에도 문제가 생길 것인데, 천하의 반란을 어찌 평정하시겠습니까?"라고 하였다. 그들은 안녹산의 범양 소굴을 곧장 돌진하는 것이 승리할 수 있는 기발한 묘책이라고 주장하였지만, 당 현종은 한사코 받아들이지 않았다. 양국충은 가서한을 질투하여, 원래 동관을 지키자던 주장을 바꾸어 당 현종에게 가서한을 동정(東征)하도록 극력 종용하였다. 이런 잘못된 결정으로 자신이 스스로 그물에 뛰어든 꼴이 되었으니 20만 대군이 한 번에 붕괴하여 거의 몰살당하였다. 가서한이 허겁지겁 동관(潼關) 서역(西驛)으로 도망칠 때, 부장에게 잡혀 반란군에게 바쳐졌다. 가서한은 고선지와 봉상청의 병사가 패배하여 참형된 선례를 알고 있었기 때문에 낙양에서 직접 '야생 여우' 안녹산에게 투항하는 굴욕을 감수하였다.

동관이 함락되자, 장안은 술렁였다. 당 현종은 완전히 넋이 나가, 6월 13일 새벽 장안을 떠나 도망쳤다. 다음 날 정오 마외역〔馬嵬驛, 지금의 섬서 흥평현(興平縣) 서북 23리 지점〕에서 황제의 호위부대가 반란을 일으켜 간사한 재상 양국충을 살해하고, 당 현종에게 이르길 환관 고력사(高力士)를 시켜 불당(佛堂)에서 양귀비를 목매 죽게 하라고 하였다. 당시 당 현종은 이미 72세였으나 양귀비는 겨우 38세였다. 예전 사가들은 양귀비가 정치 부패의 원흉이라고 과장되게 말했지만, 그 의도는 당 현종에게 면죄부를 주기 위한 것이었을 뿐, 사실 천보 연간의 반란은 전적으로 당 현종에게 책임이 있는 것이었다. 그 지역 부로(父老)는 당 현종이 서행(西行)하지 말고 역모 토벌의 책임을 지길 희망하였지만, 당 현종은 상관하지 않았다. 태자 이형(李亨)은 인심의 향방을 보고 부황과 함께 행동하지 않고, 환관 이보국(李輔國)의 수행을 받으며 삭방절도사 소재의 영무(靈武, 지금의 영하 영무 서남쪽)로 달아났다. 7월 13일, 이형이 황제로 즉위하여 당 숙종(肅宗)이 되었고 지덕(至德)으로 연호를 바꾸고 당 현종은 태상황으로 받들어졌다.

장안 몰락 후, 곽자의와 이광필이 5만의 보병과 기병을 이끌고 영무로 달려가, 조정의 힘이 커지게 되었다. 또한 하서, 북정, 안서절도사도 병사를 파견하여 모두 영무에 모여들었다. 반군은 내분으로 인해 뿔뿔이 흩어졌으며 지덕 2년(757년) 1월, 두 눈이 먼 안녹산은 아들 안경서(安慶緖)가 매수한 환관에게 피살되었다. 범양에서 거병하여 죽음을 맞이하기까지 불과 14개월이 걸렸으니, 안녹산이 이렇게 무대에서 내려간 것은 자업자득인 셈이었다. 안경서가 황제로 등극하였지만, 오직 술로 낙을 삼아, 당군에게 역공의 기회를 주었다. 그해 9월 광평왕(廣平王) 이숙(李俶)과 곽자의가 여러 갈래로 대군 15만 명을 통솔하여 장안을 공격, 1년여 동안 함락되었던 장안의 백성이 모두 그들을 반겼다. 곽자의 지휘로 그의 군대가 동관으로부터 동쪽으로 정벌을 나서 10월에는 동도 낙양을 회복하자, 안경서는 잔여부대를 이끌고 업성(鄴城, 지금의 하남성 안양)으로 도주하였다.

바로 이때, 범양을 지키고 있던 안녹산의 부장 사사명(史思明)이 안경서의 통제를 거부하고, 8만 군사와 함께 당에 투항하였다. 그는 당나라로부터 귀의왕(歸義王)에 봉해지고, 범양절도사로 임명되었다. 반년 정도 흘러 건원 원년(758년) 사사명이 다시 범양에서 반란을 일으켰다. 안경서(安慶緖)가 그를 성원하였고, 전화(戰火)가 다시 불타올랐다. 10월, 당군이 업성을 포위하자, 안경서는 황위를 양보한다는 조건으로 사사명에게 구원을 청하였다. 사사명은 업성의 포위를 해제시킨 후 계략을 꾸며 안경서를 죽이고 아들 사조의(史朝義)를 업성에 남겨 두었다. 그리고 자신은 병사를 이끌고 북으로 돌아가, 건원 2년 4월 범양에서 대연(大燕) 황제로 등극하였다. 사사명이 황제를 표방하고 나서자, 안사의 난은 새로운 단계로 진입하였다. 반년 동안 준비한 후, 사사명은 새로운 공세로 낙양을 공격하였다. 동도 낙양이 다시 함락되고 형세는 점차 심각해져 갔다. 상원(上元) 2년(761년) 3월, 반군의 내분으로 사조의가 그 아버지 사사명을 죽였다. 당군은 반란 집단의 내분을 틈타 보응(寶應) 원년(762년) 10월, 낙양을 수복하였다. 사조의는 범양으로 도주하였지만, 수장(守將)에게 거절당하였다. 광덕(廣德) 원년(763년), 도망칠 곳이 없었던 사조의는 자살을 하였다. 이로써 장장 7년 3개월에 걸친 안사의 난이 결국 끝을 맺게 되었다.

안사의 난은 개원, 천보 시기 정치적 부패의 필연적 산물이다. 그것은 거대한 파괴를 수반하였지만 백성의 인심이 당에게 기울었기 때문에 반란 평정의 승리를 촉진할 수 있었다. 그러나 당이 완벽한 승리를 취한 후 반란이 끝난 것이 아니었기 때문에, 숙종(肅宗)과 대종(代宗)은 모두 적극적으로 반란군 수장이 스스로 투항해 오기를 독려했다. 또한 그들이 계속해서 당나라를 위해 힘쓸 것을 허락하여, 그들을 원 할거지의 관리로 임명하였다. 이 때문에 중앙정부가 반란을 진압한 것을 타협적인 방식으로써, 오히려 반란을 끝낸 것만 못하게 되었다. 이러한 타협의 대가는 비쌌고, 이러한 상황은 결국 전국을 혼란과 분열의 상태로 몰아넣었다. 이미 대규모로 군사화가 실시되었고, 무장(武將)이 지방행정을 지배하였다. 또한 지방행정의 구조도 바뀌었다. 절도사가 중앙정부와 주현 사이의 권력 유대 역할을 하였으며 국가의 재정구조는 붕괴되었다. 안사의 난은 당나라가 성세에서 쇠락으로 가는 결정적인 치명타였다고 볼 수 있다. 비록 전란은 끝났지만 안·사의 부장들은 여전히 건재했으며 이를 계기로 번진 할거의 상황이 형성되어 돌이킬 수 없는 형세가 되었다. 전쟁의 소란과 파괴를 겪은 중원 지역의 경제는 급속히 몰락하였고, 당나라의 국력도 크게 쇠약해져서 전성 시대로 다시는 돌아갈 수 없게 되었다.

## 53. 번진 할거—유안(劉晏), 양염(楊炎)의 재정 개혁

안사의 난이 일어난 후, 반군의 공격을 막아내기 위해 변방의 군진 제도를 내지로 확대하였다. 주요 주(州)에는 절도사를 두어 몇 개 주의 군사를 지휘하도록 하고, 다음으로 중요한 주에는 방어사(防御使) 또는 단련사(團練使)를 설치하여 군사요지를 방어하였다. 때문에 중원 지역에는 절도사, 방어사, 단련사 등 수많은 대소 군진이 출현하였고, 이후 전국 각지로 확대되었다. 이런 군사관직이 지방의 군정장관직을 담당함으로써 주 이상의 최고 지방 통치기구, 즉 소위 번진〔藩鎭, 또는 방진(方鎭)이라 부른다〕이 되었다. 그러나 번진 전체가 할거 세력은 아니었으며, 지금의 섬서, 사천 및 강회(江淮) 이남의 번진 대부분은 조정의 지휘에 복종하여 중앙에 세금을 납부하였다. 다만 현재 하북 지역의 하삭(河朔) 삼진은 조정의 명을 따르지도 않고, 세금도 납부하지 않았다. 그리고 지금의 산동, 하남, 호북, 산서 일대에도 하삭 삼진과 같은 유사한 할거 세력이 있었다. 이것이 소위 번진 할거였다.

번진 할거는 본질적으로 안사의 난의 연속이며 발전이었다. 안사의 난은 변방 번진이 중앙에 반대한 반란으로서 안사의 난 평정 후, 반란 평정에 참가했던 번진 용병 중 일부가 안 · 사의 구부대에 남아 중앙과 협상을 하였다. 중앙은 병권을 회수할 힘이 없었기 때문에 안 · 사 부장들의 명의상 항복만을 접수할 수 있었다. 다른 한편 내란은 인적, 물적인 거대한 손실을 수반함으로써 국력은 더욱 허약해졌고, 변방 지대의 변란으로 방위가 허술한 틈을 타고 일어난 토번이 농우(隴右), 하서 지역을 점령하고 장안을 위협하였다. 중앙은 이미 안 · 사의 잔여 부대를 소멸할 힘도 없었고, 변방 지역 절도사를 내지까지 확대할 수밖에 없었기 때문에 번진과 직접 대면하게 되었다. 번진이 서로 마주보는 형세는 "큰 경우는 10여 주에 달하였고, 적은 경우에도 3, 4주를 겸하고 있었다". 이것은 중앙의 재정 수입에 막대한 영향을 주었고, 중앙은 주로 강회(江淮) 일대에 의존하게 되었다. 때문에 재정을 정돈하고, 세수 제도를 개혁할 급박한 필요를 느끼게 되었고, 유안(劉晏)이 재정개혁에 중요한 역할을 하였다.

유안, 자는 사안(士安), 조주(曹州) 남화〔南華, 지금의 산동 명현(明縣) 동북〕 사람으로 당 숙종(肅宗), 대종(代宗) 시기 재정과 관련된 탁지사(度支使), 염철사(鹽鐵使), 전운사(轉運使)를 역임하였고, 제오기(第五錡), 한황(韓滉)과 함께 전국 재정을 담당하였다. 그는 20여 년 동안 일련의 개혁을 단행하였다.

**첫째, 염법**—숙종 때 염철사 제오기(第五錡)가 식염세(食鹽稅) 징수를 개정하여, 관이 직접 소금을 판매하였다. 그러나 이 개혁은 재정 수입 증가에는 유리하였지만, 오히려 염리(鹽吏)가 민에게 폐를 끼치는 폐단이 발생하였다. 대종 상원(上元) 원년(760년) 유안이 염철사와 전운사를 겸임하면서, 그는 염이 나는 곳에 직접 관을 설치하여 염가를 올려 상인에게 팔고, 다시 그 염을 상인이 각지에 팔도록 하였다. 염산지와 비교적 거리가 먼 지방에는 상평염창(常平鹽倉)을 설치하여 염가를 조절하였다. 또한 각지에 13개의 순원(巡院)을 두어, 사염(私鹽)을 조사해 금지시켰다. 염세가 본래 동전 40여 만 민(緡)이었는데, 개혁 조치 후 6백여 만 민으로 상승하여 국고 수입의 반을 차지하게 되었다.

**둘째, 조운(漕運)**—안사의 난 후, 당나라 재정은 강회 지역에 의존하였다. 운송 문제를 해결하기 위하여 유안은 운하를 시찰해서 물길을 트고 아울러 강(江), 회(淮), 하(河), 위(渭) 각각의 수력(水力) 특징에 따라 적합한 운선을 제작하였다. 또한 운송을 단계별로 나누고 운반선 10척을 1강(綱)으로 삼아 군장(軍將)을 파견해서 감독하도록 했다. 이로써 운송비를 낮추고 효율을 올려, 매년 장안에 운반된 양식이 수십만 석에 달하였고, 한동안 1백만 석을 초과하였다.

**셋째, 물가 안정**—유안은 13곳의 순원(巡院)을 거점으로 노련한 '질족(疾足—*발 빠른 자)'을 모집하고 역을 서로 이어지게 설치하여, 때에 맞추어 각지 물가 동향을 보고하게 했다. "각지 물가의 고저 현상이 길어도 4, 5일을 넘지 않게", 때에 맞추어 조치를 취함으로써 기본적으로 물가가 안정되게 하였다. 그는 또한 각지에 "풍년일 때 비싼 가격으로 사들여, 흉년일 때 싼 값에 주는" 상평창을 두어 풍흉을 조절, 양식 가격을 안정시켰다.

유안의 개혁은 조세 징수 확대에 뜻을 두었기 때문에, 중앙정부의 재정 곤란을 완화하는 데 효과를 얻었다. 이후 전면적인 조세 제도 개혁은 당 덕종 건중(建中) 원년(780년) 양염(楊炎)이 진행하였다.

양염, 자는 공남(公南), 봉상(鳳翔) 천흥〔天興, 지금의 섬서 봉상(鳳翔)〕 사람으로, 대력(大曆) 14년, 당 덕종 즉위 때 낮은 지위로 시작해서, 문하시랑(門下侍郎), 동중서문하평장서(同中書門下平章事, 즉 재상)를 역임하며, 조세 제도의 전면적 개혁을 진행하였다. 당나라 중앙의 재부(財賦)는 본래 태부시(太府寺) 소속의 좌장고(左藏庫)에 보관하였다. 안사의 난 후, 궁정의 대영내고(大盈內庫)로 이동시켜 비축해 놓고 환관이 관장하기 시작하면서 장부 목록이 뒤죽박죽되어 폐단이 속출하였다. 양염이 재상이 된 후, 먼저 국가 재부를 황제 개인 재산으로 바꿀 수 없게 하는 안을 제출, 재정 담당 관청이 대영내고 재부를 관리하도록 건의하자 덕종이 이를 채택하였다. 건중 원년 그는 한걸음 더 나아가 조용조제를 폐지하고 양세법(兩稅法)으로 대체할 것을 주창하였다. 양세법의 주요 내용은 다음과 같다.

(1) 모든 세금은 일전을 걷더라도 그 액수를 먼저 정하고 민에게 부과한다. (2) 호(戶)는 주호(主戶), 객호(客戶)를 불문하고 현재 거주지를 기준으로 한다. 인(人)은 정남(丁男), 중남(中男)을 불문하고 빈부(貧富)에 따라 차별을 둔다. (3) 행상을 하는 자는 소재지 주현에서 운반하는 상품 가격의 1/30을 세금으로 납부한다. (4) 세금은 여름과 가을 이렇게 두 번 징수한다. 하세(夏稅)는 6월을 넘기지 말며 추세(秋稅)는 11월을 넘기지 않는다. (5) 조(租), 용(庸), 잡세(雜稅), 요역(傜役)은 모두 폐지한다. 그러나 정액(丁額)은 폐지하지 않는다. (6) 전세(田稅)는 세율을 대력(大曆) 14년 간전(墾田)을 기준으로 균등하게 징수한다.

양세법은 자산에 따른 징세 원칙이었다. 징세 대상으로 첫째는 호(戶), 둘째는 토지였으며, 호세는 자산에 따라 등급을 정하고 지세는 무(畝)에 따라 징수하였다. 양세법은 호세와 지세를 내용으로 하지만, 그 이름이 지어진 것은 여름과 가을 두 차례 징수하였기 때문이었다(이후 송나라의 양세법은 전적으로 지세를 가리키며 호세는 없어졌지만, 여름과 가을로 나누어 징수하였기 때문에 여전히 양세라 불렸다). 조용조는 실질적으로 이미 호세와 지세로 변환되어 정(丁)에 따라 징수하는 조(租)는 무에 따라 징수하는 지세(地稅) 속으로 포함되었고, 정에 따라 징수하는 용(庸)은 호(戶)에 따라 징수하는 호세 속으로 포함되었기 때문에, 양세법이 실행될 때 정식으로 "조용은 양세로 병합한다"라고 선포하였다. 양세법은 간단하면서도 합리적인 것이 특징이었다. 앞서 조용조가 본질상 인정(人丁)을 기본으로 한 데 비해 양세법은 "인(人)은 정남(丁男)과 중남(中男)을 불문하고, 빈부에 따라 차별을 둔다"고 선포하여 자산(資產)을 기준으로 삼았다. 조세가 인정에서 자산으로 전이된 것은 사회의 큰 진보였다.

사실 양세법은 단순히 부세 제도의 개혁에 한정되는 것이 아니라 재정 회계 제도의 개혁이기도 하였으며, 국가 예산을 다시 짜는 것이기도 했다. 그 내용을 살펴보면 지방의 예산과 수입, 지출의 범위와 규모를 정하고, 예산 관리 체제 등 재정 분배까지 포함하고 있었다. 양세는 징수 후, 유주(留州), 유사(留使), 상공(上供) 세 부분으로 나뉘었다. 이들은 모두 지출량에 따라 수입을 정하였다〔—*당시 지방 재정은 상공, 유사, 유주로 나뉘어, 상공은 중앙으로 보내 중앙 정부의 비용으로 충당하고, 유사는 절도사가 있는 사부(使府)로 보내 그 비용으로 사용하고, 유주는 절도사 관하 속부의 비용으로 충당하였다〕. 중앙은 지출을 갖고 수입을 정하는 방법을 채택, 엄격하게 주(州)와 사(使) 두 등급의 지방예산의 수입 항목과 수량을 정하여, 행정과 군사 비용으로 충당하였다. 이로써 중앙과 지방 재정 수지의 분할 절차를 완성하였고, 또한 안사의 난 이래 중앙과 지방의 매우 혼란했던 재정의 수지 관계를 정리함으로써, 지방 할거 경향을 약화시키는 데 도움이 되었다.

안사의 난 평정 후, 조정은 안·사의 잔여 세력과 그 무리를 제거할 힘이 없었기 때문에 상공(賞功)을 명분으로 절도사라는 직함을 주어, 그들로 하여금 안·사가 차지하고 있었던 지역을 나누어 통치하게 하였다. 이것이 곧 유주절도사(幽州節度使) 이회

선(李懷仙), 성덕절도사(成德節度使) 이보신(李寶臣), 위박절도사(魏博節度使) 전승사(田承嗣)이다. 이들이 소위 하삭삼진(河朔三鎭)을 형성하였고 지금의 하북 지역 및 산동, 하남, 산서 일부 지역을 할거하였다. 당 덕종 시기, 다년간 지속되었던 재정을 개혁함으로써 중앙의 재력과 물력(物力)이 모두 풍족해지자 곧 번(藩)을 없애기로 결정하였다. 건중 2년(781년) 성덕절도사 이보신이 죽자, 그 아들 이유악(李惟岳)이 직위 계승을 요구하였으나 당 덕종이 단호하게 거절하였다. 이유악은 위박, 치청(淄青) 등과 연합하여 4진에서 반란을 일으켰다. 당 덕종은 하동절도사, 소의절도사(昭義節度使) 및 신책군〔神策軍, 중앙금군(中央禁軍)〕을 파견하여 그들을 토벌하였다. 치청절도사 이정기(李正己)가 죽고 그 아들 이납(李納)이 직위 계승을 요구하자 당 덕종이 이번에도 단호하게 거절하고 아울러 선무절도사(宣武節度使) 등을 파견하여 그들을 토벌하였다. 당나라 중앙정부가 번진을 공격하여 하북과 산동에서 승리를 거두자, 이것이 곧 반란 평정 전쟁에 참가한 절도사 사이의 이해 충돌을 야기하였다. 그들은 조정의 처사가 불공평하다는 이유를 들어, 서로 손을 잡고 조정에게 대항하였다. 사진절도사(四鎭節度使)는 공공연히 왕을 칭하며〔유주절도사 주도(朱滔)는 기왕(冀王), 성덕절도사 왕무준(王武俊)은 조왕(趙王), 위박절도사 전열(田悅)은 위왕(魏王), 치청절도사 이납은 제왕(齊王)이라 하였다〕 조정과 맞섰다. 회서절도사(淮西節度使) 이희열(李希烈)은 반란을 평정하는 데 공이 있어 조정과 거래를 하며 스스로 천하도원수(天下都元帥)라 칭하였다. 조정이 이희열(李希烈)을 토벌할 때 경원절도사(涇原節度使)가 반란을 일으켜 장안을 공격해 들어오자, 당 덕종은 봉천〔奉天, 지금의 섬서 간현(幹縣)〕으로 도망갔다. 반란병은 경원절도사 주차(朱泚)를 황제로 옹립하였고 얼마 후 이희열도 황제를 칭하고 나섰다. 일순간 사회가 난장판이 되었다. 이후 비록 주차(朱泚), 이희열의 무리도 평정되고, 하북, 산동의 사진(四鎭) 또한 중앙에게 복종을 표하였지만, 당 덕종은 이런 위기를 겪은 후라, 잠시 삭번 정책을 방치하고 일시적 안정 정책을 취하였다.

당 헌종(憲宗) 즉위 후, 양세법이 효력을 보임으로써 중앙 재정 상황이 호전되었다. 따라서 중앙금군을 확대 강화할 수 있게 되었고, "법도로서 번진을 없앨 결심"을 하고,

중앙집권을 강화하는 '원화중흥(元和中興, 806–820년)'의 국면이 형성되었다. 헌종(憲宗)은 당나라 후기 태평성세를 이룬 황제라 할 수 있으며, 그가 선발한 재상, 예를 들어 무원형(武元衡), 이길보(李吉甫), 배기(裵垍), 이강(李絳), 배도(裵度) 모두 공을 세워 일시에 조정이 흥성하였다. 헌종은 사방으로 군대를 출격시킨 덕종 정책의 실패를 거울삼아, 삭번 정책을 바꾸어, 먼저 약자를 공격하고 후에 강자를 공격하는 방법을 채택하였다. 때문에 가장 공격하기 쉽고 그 기반이 약한 서천절도사(西川節度使)와 절서절도사(浙西節度使)를 선택, 참수시키고 이후 "오십 년 동안 황제의 교화를 받지 않은" 위박진(魏博鎭)으로 하여금 조정의 명에 따르게 하고, 계속해서 중앙의 전력을 집중하여 강력한 회서절도사(淮西節度使)와 대치하였다. 명상 배도와 명장 이소(李愬)가 군대 막사에서 전략을 세워, 중앙과 번진의 대결전에서 결국 승리를 거두었다. 회서를 평정한 것이 매우 큰 파장을 일으켜, 여러 진이 계속해서 자신의 땅을 바치고 공물을 납부하면서 귀순을 표하였다. 《자치통감》에는 "광덕 이래, 거의 60년간, 번진이 하남, 하북 30여 곳에서 발호하여, 스스로 관리를 임명하고 공물을 바치지 않았다. 이때 이르러 그들이 최대한 조정의 뜻에 따른다고 약속을 하였다"라고 기술되어 있다. 헌종은 훌륭하게 그의 목적을 달성함으로써 당나라 후기 유일하게 공적이 있는 황제가 되었다. 이는 주관적, 객관적인 두 가지 측면에 그 요인이 있었다. 객관적으로, 그는 덕종으로부터 튼튼한 국고와 강력한 금군을 계승받았다. 주관적으로 그는 철저하게 전국의 정치, 군사 형세를 이해함으로써 효과적인 책략을 설정할 수 있었다. 이후 사람들이 그를 칭송하며 "예부터 중흥의 군주 중에 그만 한 사람이 없다"라 한 것이 이상할 것이 없다.

헌종이 비록 번진을 중앙에 귀속시켰지만, 결코 그 근원을 제거한 것이 아니었기 때문에, "최대한 조정의 뜻에 따르겠다는 약속"이 오랫동안 유지되기는 어려웠다. 더불어 장기간의 전쟁으로 중앙의 재정 상황 또한 점차 악화되었다. 목종(穆宗) 즉위 후, '소병(銷兵, 병력을 감소시키는 것)' 정책을 실행하여 재정 지출을 절감하고자 했다. 그러나 소병 정책으로 인해 감축당한 병사들의 생계가 막막해지자 새로운 혼란의 근원이 싹트기 시작했다. 하북 삼진이 점차 중앙의 통제로부터 이탈하면서, 감축당한 병사들이 계속해서 그곳에 의탁하였고, 이후 할거 세력은 점차 강력해졌다. 번진은 61개로 증가하였고 심지어 장안 부근에도 봉익절도사(鳳翊節度使)가 설치됨으로써, 조정이 통제할 수 있는 곳은 불과 산남(山南), 검남(劍南), 영남, 하서 4도뿐이었다.

## 54. 환관과 당쟁

당나라 초기 정치는 청명하였으며 환관은 단지 궁의 수위(守衛), 청소 등의 일을 주관할 뿐, 정치 권력은 갖고 있지 않았다. 일찍부터 당 태종은 환관을 3품관 이상의 관직에 임용하지 못하게 규정하였다. 얼마 지나지 않아 환관이 점차 권력 범위를 확대하였다. 당 현종 말기, 황제의 총애를 받던 고력사(高力士)가 대신들 사이에 오가는 주장(奏章)을 검열하였다. 이때부터 모든 주장은 반드시 먼저 고력사의 검열을 거쳐야만 했고, 소소한 일은 그 자신이 판단해서 해결하였다. 현종 또한 흡족해 하며, "고력사가 당직일 때, 나는 편안히 잠잘 수 있었다"라고 말하였다. 이임보, 양국충, 안녹산의 무리도 모두 그와 결탁해서, 고력사는 권세가 대단하였다. 태자 이형(李亨, 이후 숙종)도 그를 '둘째 형'이라고 불렀으며, 제왕(諸王)과 공주들도 그를 '할아버지'라 불렀고 부마들은 그를 '아버님'이라 부르는 등 고력사와 각별한 관계를 유지하였다. 그러나 이때는 환관의 세력이 비록 부각되었다 할지라도, 환관은 황제의 명을 받드는 자로서, 고력사는 현종의 면전에서는 여전히 일개 '늙은 노비'에 불과하였다.

안사의 난 이후, 환관이 군권, 재권을 장악하고 점차 기구도 방대해져, 황제의 대권이 점차 실추되었다. 환관 이보국(李輔國)은 숙종이 영무(靈武)에서 즉위하는 것을 도와 판원수부행군사마사(判元帥府行軍司馬事)에서 병부상서(兵部尙書)로 승진하였고, 환관 어조은(魚朝恩)은 관군용선위처치사(觀軍容宣慰處置使)로 임명되어 명장 곽자의(郭子儀), 이광필(李光弼)조차도 그의 지휘를 받았으며, 또한 그는 신책군 통솔과 전국 총감(總監)을 겸임함으로써, 군권이 환관 손아귀로 넘어갔다. 안사의 난 후, 경사에서 군대를 통솔하는 고관은 좌장고(左藏庫, 조정의 재부를 모아두는 기구)의 돈을 임의대로 사용할 수 있었으며 기구를 주관하는 데 어떠한 제약도 없었다. 이후부터, 환관이 조정의 재정 대권을 통제하였다.

당나라 환관의 권력 독점은 숙종, 대종 시기에 시작되었으며 그 대표적 인물은 이보국과 정원진(程元振)이었다.

이보국, 본명은 정충(靜忠)으로 본래 고력사의 하인으로 충당되었다가, 후에 동궁(東宮)으로 들어가 태자 이형을 보필하였다. 안사의 난 때, 그는 숙종 즉위에 공이 있어, 태자가령(太子家令), 판원수부행군사마(判元帥府行軍司馬)로 승진하였고, 호국(護國)이라는 이름을 하사받아 모든 주사(奏事), 부절(符節), 인수(印綬), 군호(軍號)를 장악하였다. 후에 숙종을 따라 봉상(鳳翔)까지 가서, 태자첨사(太子詹事)를 수여받고, 보국으로 이름도 바꾸었다. 숙종이 장안으로 귀환한 후 이보국을 전중감(殿中監)으로 삼고, 후에 다시 개부의동삼사(開府儀同三司)까지 더해져 성국공(郕國公)에 봉해졌다. 이때 이미 이보국은 금군을 장악했을 뿐만 아니라 조정의 모든 대권을 마음대로 휘둘러, 모든 관료들의 주사를 그가 결재하였다. 이후 숙종은 이보국을 다시 병부상서로 임명함으로써 환관이 정식으로 육부상서에 임명되는 선례를 만들었다. 숙종이 위독해지자, 이보국과 환관 정원진은 음모를 꾸며, 태자 이예(李豫)를 옹립하여 즉위시키고〔즉, 당 대종(代宗)〕, 안하무인 격으로 거만하게 "황제께서는 안에 앉아만 계시고 밖의 일은 이 늙은 노비가 처리하겠습니다"라고 대종에게 말하곤 하였다. 대종은 그의 방자함에 화가 났지만, 그가 병권을 갖고 있기 때문에 어쩔 수 없이 그를 존칭해서 '상부(尙父)'라 불렀으며, 이보국은 크건 작건 모든 사안 결재에 참여를 하였다.

당 대종은 정원진을 이용해서 결국 이보국을 제거하였지만, 그를 이은 정원진 또한 전권을 쥐고 날뛰는 것이 더하면 더했지 못하지 않을 줄은 예상하지 못하였다. 정원진은 이보국을 대신해서 판원수부행군사마, 우감문위대장군(右監門衛大將軍)을 맡았고, 보정현후(保定縣侯)에 봉해져 보응군사(寶應軍使)에 임명되었다. 얼마 지나지 않아 표기대장군(驃騎大將軍)까지 더해 분국공(邠國公)에 봉해져서 권세가 이보국을 초월하였다. 정원진은 훈신(勛臣), 재상, 명장들을 협박하여, 문무백관들의 위기감을 조성하였고 절도사들도 조정에 대해 충심을 다하려 하지 않았다.

당 덕종 시기, 환관은 금군을 통제할 뿐만 아니라 번진의 절도사 대부분이 금군 장군 가운데 발탁되어 임용되었기 때문에, 환관이 조정의 장상(將相)을 임명하였고, 대성(臺省—*어사대와 3성)의 청요직(淸要職)은 반드시 환관과 내통을 해야만 임명될 수 있었다. 덕종 사후, 순종(順宗)이 즉위하면서 왕숙문(王叔文), 왕비(王伾)가 궁중의 큰일을 결정하였다. 그들은 유종원(柳宗元), 유우석(劉禹錫), 한태(韓泰) 등의 사람을 끌어들여 폐정을 없애고 환관의 권력을 빼앗으려 하였다. 그러나 환관 세력은 이미 뿌리가 깊어 제어하기 힘든 상황이었고, 게다가 번진과 환관은 서로 연결되어 개혁은 중도에 좌절되었다. 환관 구문진(俱文珍), 유광기(劉光琦)와 검남서천절도사(劍南西川節度使) 위고(韋皐), 형남절도사(荊南節度使) 배균(裵均), 하동절도사(河東節度使) 엄완(嚴綬)이 내통, 궁정에서 정변을 일으켜 순종을 폐하고 헌종을 옹립하였다. 왕숙문, 왕비는 관직이 강등되었고, 유종원, 유우석, 한태, 진간(陳諫), 한엽(韓曄), 능회(凌淮), 정이(程異), 위집의(韋執誼) 등 8인은 먼 변경 지역으로 강등당하였다. 이를 소위 '이왕팔사마(二王八司馬)' 사건이라 한다.

환관이 대권을 장악했기 때문에, 번진은 내부의 도움을 받고자 환관을 끌어들였고 환관은 자신의 권력을 강화하고, 황제를 통제하기 위해 외부의 도움을 받고자 많은 번진을 끌어들였다. 양 세력이 결탁한 결과, 헌종부터 당 멸망까지 황제는 모두 허수아비와 같았으며, 10명의 황제 중 군벌 주전충(朱全忠)이 마지막 황제를 옹립한 것 외에는 모두 환관에 의해 옹립되었고, 그중 두 명의 황제는 환관에 의해 피살당하였다〔헌종과 경종(敬宗)〕. 황제는 환관의 허수아비가 되었고, 재상과 대신도 환관에게 종속되어 '남아〔南衙, 외조(外朝)〕'는 '북사〔北司, 내조(內朝)〕'의 부속기관이 되었다. 정견과 이해관계에 따라 조정 안에 파벌이 형성되었는데, 이것이 소위 붕당(朋黨)이었다.

《케임브리지 중국 수당사》에서 최서덕(崔瑞德) 등은 소위 붕당의 '당(factions)'은 결코 오늘날 정당의 '당(parties)'과 의미가 같지 않다고 하였다. 그것은 단지 정치적

인물의 느슨한 결합체인, 규정하기 힘든 복잡한 개인적 관계망에서 나온 것으로서 결코 강력한 핵심적 구조를 갖고 있지 않으며, 성원의 결속성 또한 고정적이지 않았다고 지적하고 있다. 중국의 전통적 정치 이론으로 볼 때, 만약 조정이 붕당 결성을 허락한다면 사람들은 오랫동안 실현된 안정된 도덕과 사회적 질서가 해를 입을 것이라고 인식할 것이다. 이 때문에 '당'이라는 글자는 도덕 파괴를 의미하였으며 그것은 고발자나 피고발자에게나 모두 효력이 있어, 아마도 모두 폄하당했을 것이다.

보통 사가들은 당나라 말기의 붕당 경쟁을 '우이당쟁(牛李黨爭)'이라 부른다. 즉 우증유(牛增孺)를 수장으로 하는 '우당(牛黨)'과 이덕유(李德裕)를 수장으로 하는 '이당(李黨)' 간의 정쟁(政爭)으로서, 목종 때부터 시작하여 경종, 문종, 무종 시대를 거쳐 선종 때까지 40여 년간 지속되었다. 정쟁의 양상은 양당의 정권 장악으로 나타났다. 문종 시대는 양당이 들쑥날쑥 병용되었고, 무종 시기는 이당의 전성 시기였으며, 선종 시대는 우당의 전성 시기였다. 어느 한 당이 정권을 장악하면 상대 정당이 인재가 있건 없건 무조건 배척하였다. 또한 상대 정당의 정책이 취할 만한 것인지 아닌지를 불문하고 무조건 정책을 바꾸어 당파적 편견에 따라 감정적으로 일을 처리하였으며, 붕당의 이익을 국가 사회의 이익보다도 우선시하였다. 붕당 경쟁의 결과로 정치는 날로 더 부패해져 갔다.

우이당쟁은 복잡 미묘해서 사가들이 평가를 할 때도 의견이 분분하다.

진인각의 《당대정치사술논고(唐代政治史述論稿)》는 당나라 통치 집단의 사회적 배경 분석을 매우 중시해서 서술하고 있다. 그의 견해에 따르면, 우당의 권력은 과거(科擧)를 통과한 인사를 기반으로 하였고, 이당은 영향력 있는 가문 출신으로 세습에 의해 관직을 얻을 수 있었다. 표면적으로 볼 때, 우이 양당은 마치 진사과를 중시하는 당과 진사과를 반대하는 당 사이의 싸움, 명문세가와 비명문세가의 싸움 같아 보였으나 사실은 그렇지가 않다. 비록 상술한 가설이 매혹적이지만, 우당의 영수 우증유(牛增孺), 이종민(李宗閔)은 모두 진사 출신이었으며, 이당의 영수 이덕유는 진사 출신이 아닐뿐더러 진사 출신자들을 비웃기까지 하였다. 또한 일본 학자 도나미 마모루〔礪波

護〕의 실증적 연구 《우이당쟁으로부터 본 중세 귀족제의 붕괴와 임관》에서는 두 붕당의 과거 출신자 수와 명문세가 출신의 사람 수가 비슷하기 때문에 과거를 옹호하는 편과 과거를 반대하는 편으로 나눌 수 있다는 설명은 맞지 않다고 지적한다.

좀더 일반적인 관점은 "우당이 정권을 잡건 이당이 정권을 잡건, 당시 민의 입장에서 볼 때 어떤 구별도 없었다"라고 보는 것인데, 이는 다소 지나치게 극단적인 측면이 있다. 우이 양당은 분명히 차이가 있었다. 이당의 영수 이덕유는 만당(晚唐) 시기 비전을 가진 정치가로서, 비록 그가 입관 초기에는 우이당쟁에 휘말렸지만 그는 붕당에 반대하였다. 그는 번진을 공격해 중앙집권을 회복하자고 주장하였으며 외족(外族)의 침입을 막아 변방의 안전을 지키자고 주장하였다. 그리고 관직의 남용을 제거하고 관료기구를 간소화하는 한편 불교 세력의 범람을 저지하는 데 찬성하여 국가 수입을 증가시키려 하였다. 이 모든 것은 실질적인 문제의식에서 출발하였기 때문에, 국가나 민에게 유리한 것이었다. 과거제(科擧制)에 대해서는 폐지를 주장한 것이 아니라 시험 가운데의 폐단〔예를 들어 '관절(關節)', '정방(呈榜)', '온권(溫卷)'〕을 지적하고 개혁을 주장하였으며, '고한(孤寒—*가문이 미천한 집)' 출신의 인사를 장려, 발굴하고자 하였다.

회창(會昌) 6년(846년) 무종이 죽고 선종이 즉위하여 우당의 중요 인물인 백민중(白敏中), 마식(馬植), 주지(周墀), 영호도(令狐綯)를 재상으로 삼았다. 이덕유는 재상에서 파직되어 애주(崖州)로 강등되었고, 그와 정견이 같은 대부분의 관원이 모두 조정에서 쫓겨났다. 그러나 우승유, 이종민, 양사복(楊嗣復), 이각(李珏), 최공(崔珙) 등 우당의 요인은 다시 기용되었다. 우이당쟁은 우당의 최종 승리로, 이덕유의 철저한 패배로 끝이 났다.

상술한 원인으로 인해, 후세 사람들은 이덕유에 대해 동정을 하고 있다. 왕사진(王士禛)이 《향조필기(香祖筆記)》에서 "우당은 '모두 소인'이며 이당은 '모두 군자'"라고 말한 것은 아무런 근거가 없는 말이 아니었다. 이덕유는 대화 연간 문종에게 붕당 제거를 건의하였으며, 중립적이고 사적 관계가 없는 인사를 임용하자고 건의하였다. 그는 문종, 무종 시기 두 차례 재상이 되어, 모두 '중립적이며 사적 관계가 없는' 것을 임용의 기준으로 삼았다. 몇몇 학자들이 '붕당 문제가 이덕유에게는 해당되지 않으며 이당과는 상관이 없다고 말하는 것이 이상할 것이 없다'는 것이다. 송나라 사람 이지의(李之儀)는 "무종이 즉위하여 이덕유를 전적으로 신임해서 한때 명상이 되었다. 당의 국운이 거의 중흥에 도달하여 힘써 붕당을 제거하려 하였으나, 결국 백민중(白敏中)에 의해 손상을 입었다"라고 하였다. 이러한 역사적 반추는 탁월한 것이다. 그러나 비록 이덕유 스스로가 붕당이 없다고 생각하였으나 사실상 붕당의 분쟁에 휩쓸려 들어가고 말았다. 정치적 투쟁은 개인의 의지만으로는 바꿀 수 없는 것이기 때문이다.

선종 이후 우, 이 양파의 영수가 연이어 사망하자, 붕당의 분쟁이 잠시 휴식기를 가졌다. 관료 간의 파벌과 알력은 다른 방식으로 전개되었고, 아울러 정치적 부패는 더욱 심각해져 갔다. 본래 붕당의 분쟁은 환관 파벌에 영향을 받았다. 만약 두 파벌의 환관 집단이 동시에 조정에서 활약을 하면, 외조 대신도 양파가 동시에 조정에서 활약하였다. 그러나 만약 환관 집단에서 한 파가 나아가고 한 파가 뒤로 물러나 있으면, 외조 대신 또한 한 파가 나아가고 한 파는 물러났다. 선종 이후 환관은 '감로사변(甘露事變)'으로 인해 자신들 내부가 분열하면 더욱 쉽게 외부의 타격을 받는다고 생각하여, 일치단결해서 외조 대신에게 대응하였다. 따라서 내조가 "하나로 합하게" 되었고, 외조 대신 또한 기회를 보아 적절하게 대응함으로써 붕당의 대립이 내외조 간 다툼으로 변모하였다. 분쟁의 결과 환관 집단이 승리를 하였고, 따라서 "천하의 사무를 북사에서 결정하고, 재상은 문서를 전달할 뿐이었다". 이런 혼란 국면은 당나라 말기까지 지속되었다. 결국 소종(昭宗) 시기 재상 최윤(崔胤)의 건의를 받아들여, 대군벌 변주절도사(汴州節度使) 주전충(朱全忠)의 힘을 빌려 환관 세력을 제거하였다. 그러나 결과적으로 세력은 제거되었지만 중앙 군정의 대권이 오히려 주전충의 손아귀로 떨어져, 최윤 등 외조대신과 소종 본인은 모두 주전충에게 살해되었다. 당나라는 멸망에서 좀 멀어졌으나 단지 한 발짝 멀어진 것뿐이었다.

## 55. 당나라의 분열

당 현종 시기 유괴(劉蕢)는 현량방정과 시험의 답안에서, 당시의 형세가 "관이 문란하고 민은 가난하고, 도적이 들고 일어나 붕괴의 기운이 코앞에 닥쳤다"라고 지적하였다. 당 희종(僖宗) 시대의 한림학사 유윤장(劉允章)은 《직간서(直諫書)》에서 농민의 "팔고(八苦)"를 지적하며, 그들이 "추운데도 옷이 없고 굶는데도 먹을 것이 없다"라고 하였다. 사회 위기는 이런 모습으로서 표출되었고 당나라의 통치 위기가 이미 코앞에 다가왔다는 것을 예시하고 있었다.

장강 하류의 소란과 반항은 나날이 격렬해졌다. 당나라의 지방정부는 이 지역에서의 미래는 생각지 않고 가능한 많은 세금을 수탈함으로써, 본래 가장 안정적인 지역이었으나 점점 폭발성이 강한 곳으로 변하면서 무장 폭동이 일어났다. 그중 가장 심각한 폭동은 선종 대중(大中) 12년(858년) 선주〔宣州, 현재의 안휘 선성(宣城)〕 지역 강전태(康全泰)의 무장 폭동이었다. 당나라 군대가 회남, 절동으로부터 이동한 후에야 폭동을 진압해 선주의 질서가 회복되었다. 강전태의 폭동은 다음 해 절동에서 발생한 더 심각한 폭동에 비하면, 서곡에 불과했다.

강절(江浙) 일대는 당나라 후기 조세가 나오는 주요 지역으로서, 소위 "국가의 용도는 모두 강남만을 바라본다"라는 상황이었다. 그러나 과도한 수탈로 사회모순이 격화되었는데, 절동 지역 구보(裘甫)의 기의가 그 신호탄이었다. 구보는 미천한 출신의 '비적단' 두목이었다. 그가 이끈 기의는 농촌의 대규모 도적단과 통일적인 군사 정치력을 융합한 것으로서 농민을 전투 집단으로 조직화하였다. 선종 대중 13년(859년), 구보는 절동 기의에서 상산(象山)을 공격하였고, 다음 해에는 섬현〔剡縣, 현재의 절동 승현(嵊縣)〕을 공격하였다. 소식이 전해진 후, "각지의 도적들이 사방에서 모여들어", 무리가 3만 인으로 증가하였다. 즉위한 지 얼마 되지 않는 희종에게, 한 간관(諫官)이 기의가 어떻게 그리 빨리 발전하였는가를 설명하면서 "병란〔안사의 난〕이 일어난 이후 세금을 거두어들이는 데 도가 지나쳐, 도적의 반은 도호(逃戶)입니다"라고 지적하고 있는데,

이는 사회 위기가 오래 쌓이다가 폭발한 것임을 설명한 것이었다. 당나라는 당연히 조세가 중요한 이런 지역에 대해 한가하게 관망만 할 수 없었다. 당 의종은 왕식(王式)을 절동관찰사로 삼아 그들을 진압하도록 파견하였다. 구보의 부장(部將)은 먼저 월주(越州)를 공격하고 다시 절서(浙西)를 공격하여 양주로 진공해 들어갔다. 곧 그는 선주, 흡주〔歙州, 현재의 안휘 흡현(歙縣)〕 동쪽의 강남, 소위 "국가 공부(貢賦)의 땅"을 의군(義軍)의 통제하에 두자고 건의하였다. 구보는 머뭇거리며 결정을 못 내리다가 기회를 잃어버리고 말았다. 결국 그는 전쟁에 패배하여 포로가 되었고 9개월간의 기의는 실패로 끝이 났다.

함통(咸通) 9년(868년)에 일어 난 방훈 기의(龐勛起義)는 비록 영남의 먼 곳에서였지만, 기의 원인은 오히려 정치 중심인 장안, 낙양과 강회 재부의 요지 운하—변거(汴渠, 즉 운하의 동쪽을 통과하는)—와 연관되어 있었다. 무령(武寧)에는 이 공급선을 확보하기 위해 대군이 지키고 있었다. 군인들이 끊임없이 반란을 일으켰기 때문에, 이미 무령절도사는 속수무책이었고 조정은 그곳 병사를 감축해서 수천 명의 사병(士兵)을 영남(嶺南) 술변(戍邊)으로 이동시켰다. 때문에 서주(徐州) 사주(泗州) 농민이 조직한 술군(戍軍)은 계주(桂州, 현재의 광서 계림)로 파견되었고, 3년마다 돌아가며 고향으로 돌아올 수 있게 하였다. 그러나 정부가 약속을 어겼다. 사병들은 기간이 되었는데도 고향으로 돌아갈 수 없게 되자 함통 9년 반란을 일으켜 양료판관(糧料判官) 방훈을 두목으로 추대해서 무리를 이루어 북으로 돌아가려 하였다. 방훈 일행은 숙주(宿州), 서주를 공격하였고 부근 농민들이 모여들어 군에 참가함으로써 무리는 만여 인으로 증가하였다. 부근의 소규모 폭동 무장 세력 또한 이들과 결합함으로써 세력은 더욱 커져 갔다. 그들은 사주, 회구(淮口)를 공격, 당나라의 경제 동맥—강회조운(江淮漕運)—을 끊어 버렸다. 당군의 지휘관 강승훈(康承訓)은 사타(沙陀, 돌궐)와 토욕혼〔吐谷渾〕 등의 군대를 이동 결집시켜 진압에 나섰고, 아울러 사타 대장 주사적심(朱邪赤心)으로 하여금 십진절도사(十鎭節度使)가 주는 토벌군을 지휘하게 하였다. 함통 9년 9월, 방훈이 기주(蘄州)로 철수하는 도중에 당군의 추격을 받아 기의는 실패하였다. 이 전쟁에서 사타군이 중요한 역할을 하였다. 주사적심은 황제에게 이국창(李國昌)이라는 이름을 하사받았고 그의 아들 이극용(李克用)은 황소 기의를 진압한 후 산서에 그의 할거 정권을 세웠다. 방훈 기의는 비록 실패하였지만 당나라의 잠재된 위기를 마지막으로 폭로한 셈이었다. 《신당서(新唐書)》는 "당은 황소에서 망하였지만, 화는 계림〔방훈〕에 기반을 두고 있다"라고 잘 말해 주고 있다.

당나라 후기 조세의 주요 원천인 강회, 관동(關東) 지역이 모순의 중심이 되었고, 결국 강회 지역에 이어 관동 지역에서도 대규모 반항이 폭발하였다. 희종 건부(乾符) 2년(875년), 복주〔濮州, 지금의 산동 견성현(鄄城縣)〕 지역의 왕선지(王仙芝)는 복양현(濮陽縣) 기의에서 복주, 조주를 공격하였고 그 무리는 수만에 달하였다. 격문(檄文) 속에서 왕선지는 당나라의 "관리는 탐욕스럽고 세금은 무거우며 상벌이 불공평함"을 지적하였다. 원구〔冤句, 지금의 산동 조현(曹縣) 북쪽〕 사람 황소(黃巢)가 수천 명을 끌어모아 왕선지와 호응하였다.

왕선지, 황소는 모두 소금 밀매업자로서 무장을 하고 사염을 운반 판매하였다. 그들은 장강 유역의 "차, 소금 도적들"과 긴밀한 관계를 갖고 있었다. 황소 집안은 재산도 있었고 황소 자신은 말타기와 활쏘기를 잘하였고 시문에도 능통했다. 황소는 기의 전에 〈영국(咏菊)〉을 지어 자신의 패기를 나타냈다.

가을 9월 8일이 오기를 기다리니,
내가 꽃 피우면 모든 꽃이 숨죽일 것이다.
하늘 가득 향내가 장안까지 퍼질 것이요,
온 성에 황금갑옷뿐이리라.

오래지 않아 왕선지는 당나라의 투항 요청을 받아들여 부장 상군장(尙君長)을 파견하였지만, 상군장은 피살당하고 항복 요청은 이루어지지 않았다. 건부(乾符) 5년 2월 왕선지는 황매(黃梅, 지금의 호북 황매 서북쪽) 전쟁에서 패하고 피살되었다.

상양(尙讓)은 왕선지의 잔여 부대를 이끌고 황소에게 귀부하였다. 황소의 별칭은 '충천대장군(冲天大將軍)'으로서, 적의 주력은 피하고 약한 곳만을 치는 유동적인 작전을 펼침으로써, 세금의 주요 원천 지역에 타격을 주었다. 그가 화주(和州)에서 장강을 건너갈 때는, 장강·민강(閔江)·주강(珠江) 유역을 이리저리 옮겨가며 먼저 항주, 월주, 복주, 천주, 조주를 공격하였다. 건부 6년(879년) 광주를 공격하여 영남동도절도사(嶺南東道節度使) 이초(李迢)를 포로로 잡았다. 그는 이초를 통해 조정과 담판을 하여 절도사 지위를 얻고자 하였으나 이초에게 거절당하였다. 황소는 화가 나 이초를 죽여 버리고 광주를 약탈하여 그 부유한 항구를 폐허로 만들어 버렸다. 당시 많은 남아시아, 인도, 페르시아, 아랍 상인들이 피살당하였다.

얼마 후 황소는 군대를 이끌고 북상하여, 동도 낙양을 공격한 후 동관(潼關)을 파괴하였다. 곧 장안을 공격하였고 당 희종은 성도로 도망쳤다. 황소는 완벽하게 그의 부대를 통제할 능력이 없었기 때문에 제어력을 잃어버린 부대는 며칠 동안 세계에서 가장 부유한 도시를 약탈하였다.

광명(廣明) 원년 12월 13일(881년 1월 16일), 황소는 장안 함원전(含元殿)에서 황제의 제위에 올라 국호를 대제(大齊)로 바꾸고 연호를 금통(金統)이라 하였다. 폭력이 난무하는 과정 속에서 공경(公卿), 고관, 명문 귀족은 죽거나 도망가 거의 소멸되었다. 바로 위장(韋莊)이 그의 시에서 "천하의 거리에 밟히는 것이 모두 공경의 유골"이요, "귀족들의 반이 없어졌다"라고 한 상황이었다. 오대 시기, 후당 정권이 북방에서 당나라 종실과 명문 귀족들을 찾고자 하였으나 결국 어디에서도 찾을 수 없었던 사실로 그 타격의 참상을 가히 짐작할 수가 있다.

장안에는 양식이 부족하여 공황이 일어났으며 게다가 황소의 부장 동주〔同州, 지금의 섬서 대려현(大荔縣)〕 방어사 주온〔(朱溫, 이후 주전충(朱全忠)으로 이름을 바꿈〕이 반란을 일으켜, 형세가 돌변하였다. 당나라는 사타족 이극용을 불러들여 병사를 이끌고 안문〔雁門, 지금의 산서 대현(代縣)〕으로 남하하여, 장안을 공격하게 하였다. 황소는 어쩔 수 없이 장안을 버리고 동쪽으로 철수하였다. 중화(中和) 4년(884년), 황소는 태산

낭호곡〔狼虎谷, 지금의 산동 채무현(萊蕪縣) 서남쪽〕으로 퇴각하다가 사타병의 추격을 당하여 자살하였다.

황소는 장강을 4번, 황하를 2번이나 건넌, 일찍이 역사에 없는 '유구(流寇)'로서, 비록 9년간 지속된 기의가 황소의 사망으로 끝이 났지만, 그 결과는 심각하였다. 즉 통일 왕조의 대분열을 야기한 것이다. 황소는 비록 당나라를 멸망시킨 것은 아니지만, 와해시켜 버렸다. 당나라는 명목상 20여 년간을 부지하였지만, 이미 대부분이 몇 개의 할거 세력으로 분할되어 버렸다.

나소위(羅紹威)는 위박〔魏博, 지금의 하북 대명(大名)의 동북쪽〕 지역에 할거하였고 왕용(王鎔)은 진기〔鎭冀, 지금의 하북 정정(正定)〕, 유인공(劉仁恭)은 노용(盧龍, 지금의 북경), 제갈상(諸葛爽)은 하양〔河陽, 지금의 하남 맹현(孟縣)〕, 맹방립(孟方立)은 형〔邢, 지금의 하북 형태(邢台)〕과 명〔洺, 지금의 하북 영년(永年) 동남쪽〕, 이극용은 태원과 상당〔上黨, 지금의 산서 장치(長治)〕, 주온은 변(汴, 지금의 하남 개봉)과 활〔滑, 지금의 하남 활현(滑縣) 동쪽〕, 진종권(秦宗權)은 허〔許, 지금의 하남 허창(許昌)〕와 채〔蔡, 지금의 하남 여남(汝南)〕, 시부(時溥)는 서〔徐, 지금의 강소 서주(徐州)〕와 사〔泗, 지금의 강소 우치(盱眙) 북쪽〕, 주선(朱瑄)은 운〔鄆, 지금의 산동 동평(東平) 서쪽〕과 조〔曹, 지금의 산동 정도(定陶) 서쪽〕와 제(齊, 지금의 산동 제남 남쪽), 그리고 복(濮, 지금의 산동 견성 북쪽), 왕경무(王敬武)는 치〔淄, 지금의 산동 치박(淄博) 남쪽〕와 청〔青, 지금의 산동 익도(益都)〕, 이무정(李茂貞)은 봉상(鳳翔, 지금의 섬서 봉상), 고병(高駢)과 양행밀(楊行密)은 회남(淮南), 진언(秦彦)은 선〔宣, 지금의 안휘 선성(宣城)〕과 흡(歙, 지금의 안휘 흡현), 유한굉(劉漢宏)과 동창(董昌)은 절동, 전유(錢鏐)는 절서(浙西), 왕건(王建)은 사천, 왕조(王潮)와 왕심지(王審知)는 복건, 마은(馬殷)은 호남, 유은(劉隱)과 유엄(劉龑)은 영남 지역에 할거하였다.

이런 군벌의 상호 분열과 전쟁을 거쳐 마침내 세 개의 가장 강력한 집단이 형성되었다. 즉 변주(汴州)를 중심으로 한 주온, 태원을 중심으로 한 이극용, 봉상을 중심으로 한 이무정이었다.

천우(天祐) 4년(907년), 주온(즉 주전충)은 당 애제를 폐하고, 스스로 황제에 올라 국호를 양(梁)으로, 연호를 개평(開平)으로 바꾸어 역사는 오대십국(五代十國) 시대로 진입하였다. 중앙집권통치는 철저하게 와해되었고, 상황은 동한 말에 비해 더욱 심각해졌으며 중국 대부분의 지역은 이전 절도사들에게 나누어졌고, 그들 자신은 모두 황제 자리를 넘보았다.

## 56. 오대(五代)의 교체와 십국(十國)의 할거

907년 주온이 당나라를 멸하고 양을 세울 때부터 960년 조광윤(趙匡胤)이 주(周)를 멸하고 송을 건국할 때까지, 전후 54년이 오대십국 시대이다.

오대는 황하 유역에서 연이어 일어난 양(梁), 당(唐), 진(晉), 한(漢), 주(周)의 다섯 왕조를 말한다. 이미 존재했었던 이전 왕조의 이름과 구별하기 위해서 사서에서는 후량(後梁), 후당(後唐), 후진(後晋), 후한(後漢), 후주(後周)라 칭한다. 이 오대 정권은 스스로 중원 왕조의 정통임을 자처했으며 후세사가 또한 정통으로 받들었다. 전통사가들이 오대 역사를 썼기 때문에, 오대(五代) 본기(本紀), 십국(十國) 세가(世家)가 존재한다. 이는 오대를 정통으로 삼고 십국을 참위(僭僞)로 인정한 것인데, 사실 '정통' 오대는 무인들이 전권을 행사했기 때문에, 정치는 부패하였고 후주 외에는 이렇다 할 만한 왕조가 거의 없었다. 오히려 십국은 여러 왕조가 활기를 띠며 사람들로 하여금 다시 보게 할 만하였다.

**양(梁)**—907년 주온이 변주(개봉)에서 건립한 나라이다. 지금의 산서 대부분과 하북 북부 이외, 기본적으로 황하 중하류 지역을 통일하였다. 매년 병사들을 혹독하게 부리고 세금이 무거워 민중의 폭동을 야기, 점차 쇠퇴하였다. 하동의 사타족 출신 이극용, 이존욱(李存勗) 부자와 대결하여 결국 그들로 대체되었다.

**당(唐)**—923년, 이존욱(李存勗)이 위주〔魏州, 지금의 하북 대명(大名) 북쪽〕에서 후당 왕조를 건립, 군사를 남하시켜 개봉을 공격하였다. 양(梁)나라 말제(末帝) 주우정(朱友貞)은 자살하였으며 후당은 16년간 존속하였던 후양 왕조를 멸하고 화북 지역을 통일하였다. 얼마 후, 후당은 낙양으로 천도하였다. 이어 내부 위기가 더해져, 당 장종(莊宗) 이존욱이 병란으로 죽자, 이극용의 양자 이사원(李嗣源)이 제위를 계승하였다〔즉 당 명종(明宗)〕. 그는 휴식 정책(休息政策)을 추진함으로써 오대 시기에 보기 드문 다소 진정된 상황이 나타났다. 그러나 이는 단지 일시적인 현상에 지나지 않았으며 곧 내란에 휩싸였다.

**진(晋)**—당 명종의 사위이며, 하동절도사였던 사타인 석경당(石敬瑭)은 후당의 내란을 틈타, 유운(幽云) 16주를 할양해 주는 대가로 거란 군사를 끌어들여, 13년간 존재한 후당 왕조를 붕괴시키고, 936년 후진 왕조를 세웠다. 태원에서 개봉으로 환도한 45세의 석경당은 제위를 탈취하기 위해, 마침내 수단을 가리지 않고 34세의 거란 야율덕광(耶律德光)을 '부황제(父皇帝)'로 삼고, 스스로는 '아황제(兒皇帝)'라 칭하였다. 석경당은 북경을 포함해서 장성 이남의 16주를 거란에게 할양해 주고, 국경지대의 문호를 개방하였다. 이후 400년 이상 중국 운명을 좌우할 유목 집단이 이 지대를 자신들의 농경생활 훈련지로 바꾸고, 유목민의 남진을 유도하였다. 석경당은 '아황제'의 생활을 그리 잘 보내진 못하였다. 왜냐하면 내부가 불안정하였고 외부는 '부황제'를 대우하기 어려웠기 때문에, 툭하면 질책을 받아, 재위 6년 만에 우환으로 병을 얻어 죽었다. 석경당 사후, 그 계승자 석중귀(石重貴)가 방침을 바꾸자, '부황제' 야율덕광이 군대를 일으켜 개봉을 공격, 11년 존재하였던 후진 왕조는 무너졌다. 다음 해, 야율덕광은 개봉에서 황제를 칭하고 국호를 요(遼)로 바꾸고 이후 병사를 이끌고 북으로 돌아갔다.

**한(漢)**—947년, 요 태종 야율덕광이 병사를 이끌고 북으로 돌아간 후, 후진의 하동절도사였던 사타족 출신 유지원(劉知遠)이 태원에서 황제를 칭하고 후한 왕조를 건립하였다. 곧 남하해서 개봉에 도읍을 정하였다.

**주(周)**—거란의 침탈로 중원의 경제는 후퇴하고 후한 왕조 내부 또한 탈권과 내분으로 혼란스러웠다. 후한의 은제(隱帝) 유승우(劉承祐)가 업도〔鄴都, 지금의 하북 대명(大名) 동북쪽〕 유수(留守) 곽위(郭威)의 모살을 꾀하자, 곽위가 병사를 이끌고 남하하여 개봉으로 진입, 은제는 병란 중에 피살당하였고 단지 4년간 존재하였던 후한 왕조는 멸망하였다. 951년 곽위가 황제로 즉위하여 국호를 주로 바꾸었다. 주 태조 곽위는 정치·경제 면의 쇠퇴를 전환시키기 위해, 개혁에 착수하였고 이 때문에 상황은 호전되었다.

이상이 오대 교체의 대체적인 상황이다.

오대의 교체 과정 속에서, 왕조 교체를 뛰어넘어, 즉 후당, 후진, 후한, 후주, 그리고 요나라에서 관리를 역임하였던 인물이 바로 풍도(馮道)였다. 그는 5조(朝) 8성(姓) 11제(帝) 가운데 한 번도 장(將), 상(相), 삼공(三公) 등의 고위직을 떠난 적이 없었으며, 만년에는 스스로 '장낙노(長樂老)'라 칭하였다. 전통 윤리도덕의 '충절'관을 따르는 사람들은 풍도를 비난하며, 자신의 안위만 생각하고 남에게 곱게만 보이길 원하는, 절개라고는 없는 인간으로 취급하였다. 구양수(歐陽修)는 《신오대사(新五代史)》에서 그를 "청렴하지 않아 취하지 않는 바가 없고, 염치가 없어 행하지 않는 바가 없다"라며 "몰염치한 인간"으로 질책하였다. 사실 반드시 도덕적 평가가 역사적 평가를 능가하는 것은 아니다. "임금을 옹립하는 것이 오히려 신하를 바꾸는 것보다 쉽고, 나라가 바뀌는 것이 마치 집을 바꾸는 것 같은" 시대 분위기 속에서 풍도 같은 대신이 출현한 것이 결코 기이한 것은 아니었다. 그가 임무 수행을 맡아 요조(遼朝)로 떠났을 때, 거란 왕이 교외로 나가 그를 맞이하려 하였다. 그러나 대신들은 "천자가 재상을 맞이한 예가 없다"며 그를 저지하였다. 군주들의 풍도에 대한 시각은 단지 그의 아첨으로만 얻어진 것은 아닐 것이다. 그중에는 반드시 재능과 공적으로 인해 다른 사람들에게 칭송받을 만한 것이 있었을 것이다. 간단히 말하자면, 첫째는 혼란스런 오대 정치 상황을 훨씬 더 혼란스런 상황으로 진전시키지 않았다는 점, 둘째는 변량(汴梁)으로 진입한 거란 군대의 대량 학살을 치욕을 참아가며 저지한 점이었다. 당시 그의 역할은 그 누구도 대신할 수 없는 것이었다. 이 때문에 그에 대한 관용적인 평가도 어렵지 않게 나오는 것이다. 왕갱무(王賡武)는 《풍도—유가적 충군사상을 논하며》에서 그의 동시대 사람들의 눈에 풍도는 일을 잘 처리하는 유가(儒家)이며 절제(節制)가 있는 "모범적 승상"이었다고 말한다. 그의 사후 거의 100여 년간, 이런 미명(美名)은 계속해서 전해졌다. 그러나 이후 송대 양대 사가(구양수와 사마광)의 평가가 점차 우세해지면서, 이때부터 풍도는 전형적인 절조 없는 신하(두 임금을 섬기는)가 되었고 충절과 관련한 많은 우스갯소리 속의 주인공이 되었다.

10국은 남방에 건국한 9개 할거 정권을 가리킨다. 즉 오(吳), 남당(南唐), 오월(吳越), 전촉(前蜀), 후촉(後蜀), 민(閩), 남한(南漢), 초(楚), 남평(南平), 그리고 산서의 북한(北漢)이다. 10국 중 남당은 오를, 후촉은 남촉을 계승한 국가이다.

**오(吳)**—892년, 당나라 조정은 장강 하류와 회남(淮南)을 장악하고 있던 양행밀(楊行密)을 회남절도사로 임명하여, 그는 회남 28주를 소유하게 되었다. 902년, 그는 다시 당나라의 오왕(吳王)으로 봉해져, 도성을 광릉〔廣陵, 지금의 강소 양주(楊州)〕에 두고, 세력 범위가 지금의 강소, 안휘, 하남(회남 이남), 호북(동부), 강서(대부분)에 미쳤다.

**남당(南唐)**—921년, 양행밀의 아들 오왕(吳王) 양부(楊溥)가 황제로 등극하였다. 937년, 대장 서지고(徐知誥)가 오제(吳帝) 양부를 폐하고 스스로 황제를 칭하며 국도를 금릉(金陵, 지금의 강소 남경)으로 천도하였다. 당 헌종의 아들 이각(李恪)의 후손임을 자칭하며, 자신도 이승(李昪)으로 성명을 바꾸고, 국호도 당으로 바꾸었다. 사서에서는 이를 남당이라 부른다. 오, 남당은 남방의 각 할거 정권 중 가장 세력이 컸으며 "지대는 넓고 힘은 강하여 인재들이 많았다"고 전해진다. 20여 년간 대민 휴식정책을 펼쳐 세금을 가볍게 함으로써 경제가 발전하였다. 943년 이승이 죽고 그 아들 이경(李璟)이 계승하면서 국력이 더욱 강성해져 그야말로 대국(大國)을 이루었다. 그러나 이후 점차 국력이 쇠퇴하여 958년 후주에게 신하임을 자처하기에 이르렀다. 961년 이경이 죽고 그 아들 이욱(李煜)이 즉위하였으나, 975년 송나라에 의해 멸망당하였다. 남당 원종(元宗) 이경과 이욱 모두 문학의 조예가 높았다. 이욱은 나라가 망하여 포로가 된 후, 시를 통해 망국의 애환을 은연중에 드러냈다. 대표작 〈우미인(虞美人)〉에서 이욱은 이렇게 자신의 심정을 토로하였다.

봄꽃 가을 달은 언제나 끝날까?

잊지 못할 옛일은 많기도 하여라

작은 누대엔 어젯밤 또 봄바람이 불어와

두고 온 고국 산하 차마 달빛 속에서 돌아보기 힘들구나

〔…〕

묻노니 그대 시름 얼마나 되는가

동쪽으로 흘러가는 봄 강물이어라

전유

**오월(吳越)**—당나라 말기, 진해(鎭海), 진동(鎭東) 양진(鎭)의 절도사였던 전유(錢鏐)는 절동, 절서 11주를 관할하였으며, 902년에는 당나라의 월왕(越王)으로 봉해졌다. 904년, 그는 다시 당나라에 의해 오왕(吳王)으로, 907년에는 후량(後梁)에 의해 오월왕(吳越王)으로 봉해져 항주를 도성으로 태호 주변의 13주를 관할하였다. 즉 지금의 절강 및 강소 남부 지역으로서, 그는 소국(小國)의 변경은 늘 불안하다는 것을 알고 있었기 때문에 잠도 편히 자지 못하고 작은 둥근 나무를 베개 삼아 조그마한 미동에도 깨어났기 때문에 '경침(警枕)'이라 불렸다고 한다. 그는 민중을 동원하여 제방을 쌓고, 용산(龍山), 절강에 두 갑문(閘門)을 두어 조수(潮水)를 막아 물을 댔다. 유명한 전당(錢塘), 육화탑(六和塔) 아래의 전당강 돌방파제는 이때 만들어진 것이다. 그는 도성 항주(杭州)의 성곽을 더 개축하여 주위 70리의 나성(羅城)을 쌓았는데, 서로는 지금의 갑구(閘口) 이북 진망산(秦望山)부터 전당강을 따라 지금의 후조문(候潮門) 일대, 그리고 다시 서호(西湖)를 따라 보석산(寶石山)까지 이어졌다. 동북쪽은 지금의 간산문(艮山門) 일대까지이며 성내의 길, 하류, 시장, 주거지 등도 이에 맞추어 확대되고 개축되었다. 항주 성시가 확대됨에 따라, 서호는 성시와 떼려야 뗄 수 없는 부분이 되었고 전유는 곧 1천 명의 '찰호병(擦湖兵)'을 조직하여 서호 준설 작업에 착수하였다. 서호 개발은

이때 어느 정도의 규모를 갖추게 되었다. 동진이 창건한 영은사(靈隱寺)도 이때 확대, 개축되었으며 소경사(昭慶寺), 정자사(淨慈寺), 그리고 구계(九溪)의 이안사(理安寺), 영봉(靈峰)의 영봉사, 운서(雲棲)의 운서사, 적산부(赤山埠)의 육통사(六通寺), 상천축(上天竺)의 법희사(法喜寺), 월륜산(月輪山)의 개화사(開化寺) 등도 신축되었다. 멀리까지 이름이 알려진, 서관(西關) 밖 뇌봉탑(雷峰塔), 월륜산의 대화탑(大和塔), 갑구의 백탑(白塔), 보석산의 보숙탑(保俶塔) 모두 이때 건축된 것이다. 항주는 오월 시기의 몇 십 년 동안 아주 크게 발전하여 100여 년 후 남송 수도의 기초를 다지게 되었다.

**전촉(前蜀)**—황소가 장안을 공격하여 당 희종이 황급히 성도로 도망칠 때, 충무군(忠武軍) 장수 왕건(王建)도 함께 촉(蜀, 사천)으로 들어왔다. 희종이 장안으로 돌아간 후, 왕건은 신책군〔神策軍, 금군(禁軍)〕 장수로 임명되었다. 887년, 왕건이 다시 촉으로 내려가, 서천절도사(西川節度使) 진경환(陳敬環)을 공격하고 사천 지역을 점거하였다. 903년, 당나라는 그를 촉왕(蜀王)으로 봉하였다. 907년, 왕건이 스스로 황제라 칭하며 국호를 촉으로 바꾸고, 성도를 국도로 삼았는데 사서에는 이를 전촉이라 부르고 있다. 사천 지역뿐만 아니라 감숙(甘肅)의 동남부, 섬서(陝西)의 남부 및 호북의 서부 일대를 관할하였다. 당나라 말기 동란 시대, 많은 문인 학자들이 사천으로 도망쳐 오자 왕건은 그들을 중용하였고 사회를 안정시킴으로써 경제가 발전하였다. 925년, 후당에 의해 전촉은 멸망하였다.

**후촉(後蜀)**—전촉 멸망 후, 후당은 맹지상(孟知祥)을 서천절도사로 임명하였다. 맹지상은 관리의 공무집행 체계를 정리하고 과세를 감소하여 사회를 안정시킴으로써 국력이 커졌다. 932년에는 동천절도사를 죽이고, 동천 지역까지 겸하여 관할하였다. 933년, 후당은 맹지상을 촉왕으로 봉하였고 다음 해 맹지상은 황제를 칭하며, 국호를 촉이라 하였다. 사서에서는 이를 후촉이라 부른다. 맹지상, 맹창(孟昶) 부자 통치 시기, 사회경제가 안정적으로 발전하여 오대십국 시기의 남당에 비견할 만한 경제문화 발전 지역이 되었다. 후촉 재상 무소예(毋昭裔)는 자신이 직접 돈을 들여 학관을 운영하였고 '구경(九經, 유가경전)'을 조판 각인(雕版刻印—*판목에 글자를 새겨 인쇄)하였다. 그는 또한 조숭조(趙

崇祚)와 함께 당과 오대(五代) 시기의 사(詞)를 편집한 《화간집(花間集)》을 편찬하여, 사서에서는 "이 때문에 촉의 중문학이 홍성하였다"라고 말하고 있다. 965년, 송에 의해 후촉은 멸망하였다.

**민(閩)**—당나라 말기, 왕조(王潮)가 무리를 이끌고 남안(南安, 지금의 복건 남안 동쪽)에서 반란을 일으켰다. 그가 점차 천주, 복주, 정주(汀州), 건주, 장주(漳州)를 점거하고 무장 할거 세력을 형성하자, 당나라는 왕조를 복건절도사 겸 위무군절도사(威武軍節度使)로 임명하였다. 왕조(王潮) 사후, 그 아들 왕심지(王審知)가 이를 계승하였고 906년, 후량은 왕심지를 민왕(閩王)으로 봉하였다. 왕심지는 민(閩, 복건) 지역 중 다섯 주가 취약 지역이기 때문에 오와 오월 등 이웃 나라와 다투는 것은 어리석다는 것을 알고 있었다. 때문에 국토를 수호하고 백성을 편안하게 하는 입국(立國) 방침을 과감하게 채택하여, 중원 왕조에 대해 신하를 자처하고 나서 그들에게 공물을 바쳤다. 이렇듯 이웃 나라와 우호적으로 더불어 살면서도, 지역 경제 · 문화를 발전시켜 천주, 복주의 해외 무역을 촉진해, 이후 송나라 해외무역 발전의 기초를 다졌다. 사서에는 왕심지의 조카 왕연빈(王延彬)이 천주 자사(刺史)로서 30년을 지냈다고 한다. 945년, 남당에 의해 민은 멸망하였다.

**남한(南漢)**—당나라 말기 청해군〔淸海軍, 영남 동도(東道)〕 절도사 유은(劉隱)은 후량 시기 남평왕(南平王), 남해왕(南海王)으로 봉해졌다. 유은은 남하한 각양각색의 피난민 인사를 이용하여 세력을 발전시킴으로써, 각 할거 집단을 평정하고 영남(嶺南)의 동서 방향을 통제하였다. 유은 사후 917년, 그 동생 유엄(劉龑)은 번우(番禺)에서 황제를 칭하고, 국호를 대월(大越)이라 하였다. 다음 해 한(漢)으로 고쳐 불러, 사서에서는 남한이라 한다. 유엄은 문인 정치를 펼침으로써, 문관이 각 주(州) 자사(刺史)를 담당하였다. 아울러 과거를 실시하여 사(士)를 선발, 진사(進士)와 명경(明經) 출신들이 관직을 맡게 되었다. 때문에 무장이 들고 일어나는 우환을 방지함으로써 남한 정권은 한때 활기를 띠었다. 그러나 통치자의 지나친 세금 수탈로 민변이 자주 일어나 국세는 날로 쇠약해졌다. 971년, 송에 의해 남한은 멸망하였다.

**초(楚)**—호남절도사 마은(馬殷)은 907년, 후량으로부터 초왕으로 봉해졌고, 927년에는 후당에 의해 초국왕(楚國王)으로 봉해져 담주(潭州, 지금의 호남 장사)를 국도로 삼아 20여 주를 관할하였다. 지금의 호남 전역과 광서 동북 지역, 광동 서북 지역 및 귀주 동부 일대에 해당한다. 초는 오(吳, 그 후 남당)의 위협 속에서 생존을 위해, 어쩔 수 없이 중원 왕조에 대해 공납을 하였고 아울러 중원 왕조의 허락을 얻어 양양(襄陽) 등지에 저점(邸店)을 설치하여, 그들의 차와 중원의 비단, 전투 말을 교역하였다. 한편 초나라에서 상세를 부과하지 않자, 각국의 객상이 몰려들어, 많은 이익을 얻었을 뿐만 아니라, 지역 내 경제 발전을 자극하였다. 한편 국력을 키우기 위해, 마은은 호남 중·서부 개발에 힘써, 뽕나무를 심고 양잠을 장려하였다. 또한 농민이 돈 대신 비단으로 세금을 납부할 수 있게 하여 제사업(絲織業) 발전을 촉진하였다. 마은의 아들이 뒤를 이은 후, 정치가 급격히 부패하여 951년, 남당에 의해 멸망하였다.

**남평(南平)**—907년 주온이 황제로 즉위한 후, 그의 부장 고계흥(高季興)을 형남(荊南) 절도사로 임명하였다. 형남진은 원래 10주를 관할하고 있었으나, 당나라 말기 나누어져, 교계흥의 형남절도사는 형주〔강릉(江陵)〕 한 성만을 관할하였다. 924년, 후당은 그를 남평왕으로 봉하여, 이후 계속해서 귀주(歸州), 협주(峽州)를 통치하였고 한때 기주(夔州), 충주(忠州), 만주(萬州)까지 통제하였으나 다시 남당에 의해 흡수되었다. 형주, 귀주, 협주 등을 관할한 남평은 십국 중 가장 작고 약한 나라였다. 때문에, 남평은 중원 왕조를 받들었을 뿐만 아니라 기타 각국에 대해서도 일괄적으로 자신을 신하로서 낮은 자세를 취하며 정치·경제상의 관계를 유지하였다. 한편, 남평은 남북과 동서 각국 사이에 끼인 요충지라, 각국 간의 직접적인 충돌을 피할 수 있는 완충지대였다. 따라서 남평은 끊임없이 사방에서 적을 맞이하였으나 끝까지 병합당하진 않았다. 무역수입만으로도 이 작은 나라의 생존을 유지시키기에는 충분하였으나 963년, 결국 송에 의해 남평은 멸망하였다.

**북한(北漢)**—십국 중 유일하게 북방에 건립된 정권이다. 곽위가 후한을 멸망시키고 후주를 건립하자, 후한 유원(劉遠)의 동생 유숭(劉崇)이 산서 지역을 장악하고 황제로 등극하였다. 그는 태원(太原)을 국도(國都)로 삼고 후주에 대항하였다. 사서에서는 이를 북한이라 부른다.

이상이 십국 할거의 대략적인 상황이다.

위 서술에서 어렵지 않게 볼 수 있듯이, 오대십국은 당나라 말기 할거정국의 지속이자 발전된 형태였다. 중원의 작은 조정이 내전과 왕조 교체로 바쁜 반면, 남방의 여러 나라는 상대적으로 평화로운 상태였다. 그들은 사회적 안정과 경제적 발전을 이룰 수 있었다. 당나라 중기 이후 남방의 경제는 계속 발전하였으며, 아주 작은 지역조차도 충분한 인적, 물적 자원이 있었기 때문에 할거 정권의 생존 조건을 제공해 줄 수 있었다. 또한 각 할거 정권은 생존을 위해 상호 병합하지 않고 경제 발전에 힘썼기 때문에 남방 경제는 전대미문의 발전을 이룰 수 있었다. 이는 몇 차례 전쟁의 참화로 심각하게 경제적으로 퇴보한 북방과 아주 대조적인 모습이었다. 중국 역사상, 북방이 남방보다 낙후되기 시작한 그 전환점은 오대십국, 이 반세기 전으로 거슬러 올라갈 수가 있다.

남방 각국의 경제는 북방의 침탈을 당하지 않았기 때문에 지역 경제 발전에 유리하였으며, 할거 형태가 경제력 향상의 필요성을 자극하여 지역 개발에 유리하게 작용하였다. 소주와 항주가 중심인 강절(江浙) 지역, 성도가 중심인 사천 지역, 양주가 중심인 강회 지역이 새롭게 경제 부흥을 이룬 경제 중심지로 부상하였으며 복건, 호남, 영남 지역 또한 이 시기에 개발되었다.

## 57. 시영개혁에서 조광윤의 통일까지

후량이 당나라의 일부 폐단을 제거는 하였지만, 오대의 통치는 매우 부패하였으며 전란은 끊이지 않았다. 후당 시기 한때 개명정치(開明政治)가 출현하였지만, 후진과 후한 양조의 무인들이 조정을 마음대로 조정함으로써 줄곧 일이 뒤엉키곤 했다. 후주가 후한을 대체한 이후 암흑 정치에서 비로소 한 줄기 광명이 비치며 오대 왕조는 전환기를 맞이하였다. 빈농 출신으로서 민간의 고통을 잘 알고 있던 주 태조 곽위(郭威)는 이전 각 왕조의 혹독한 정치를 개혁함으로써, 민중에게 이득을 가져다주었다. 예를 들면, 각 지역에서 올라오는 진귀한 음식물과 토산품 공납을 정지시키고 정세 이외 추가된 세금과 장기간 존재하였던 '우조(牛租)'를 폐지하였다. 또한 정부의 영전(營田)을 폐지하고 이를 원경작자였던 전호에게 지급하여 영업전(永業田)으로 충당하였다. 그리고 농민들이 스스로 개간한 황무지도 영업전으로 삼게 하였다. 뒤를 이은 주 세종 시영(柴榮)은 더욱 개혁에 박차를 가하여, 한편으론 정치를 개선하고 한편으론 통일을 준비하였다.

시영은 형주 용강(龍岡, 지금의 하북 형태) 사람으로서, 고모 시씨(柴氏, 즉 곽위의 처)를 따라 곽위 집안에서 성장하였다. 그의 신중한 성격 때문에 곽위에게 사랑을 받아 양자가 되었다. 사서에서는 "용모가 강건하고, 말 타기와 활쏘기를 잘하였으며 심성이 깊고 과묵하다"라 하였는데, 이는 오대 전란 속에서는 나오기 힘든 정치가였다. 정치를 개선하기 위해, 주 세종 시영은 먼저 기강을 바로잡고, 탐관오리를 엄격하게 중형으로 다스렸다. 동시에 오대 시대 법률은 당의 법률을 따르면서도 많은 조문이 신설됨으로써 중복되거나 앞뒤 모순되는 것이 많아, 그는 법률 정리를 진행하였다. 그는 명을 내려 《대주형통(大周刑統)》을 편찬, 이 법률을 준수하도록 하였다. 《대주형통》은 송나라 초기 편찬된 법전 《송형통(宋刑統)》의 표본이 되었다. 이 외에도 일련의 경제 개혁조치를 추진하였다.

첫째, 불교 세력 확대를 저지하기 위해 '칙액〔勅額, 조정이 사명(寺名)을 부여해 주는 것〕' 이외의 사원은 폐지하였고, 사적으로 승려가 되는 것도 금지하였다. 또한 조정에서 허락하지 않은 불사 2,336곳을 폐지하여 승려를 편호제민(編戶齊民)으로 삼았다.

둘째, 황무지 개간을 장려하고 개간된 땅은 개간자가 소유하도록 하였다. 만약 3년 이내 원주민이 돌아오면, 경지의 반을 돌려주었으며, 5년 이내 돌아오면 1/3을 돌려주었다. 5년 이후에는 묘지 외에는 일률적으로 돌려주지 않았다. 이런 정책으로 밖으로 나가는 사람들이 많아져, 많은 황무지가 개간되었다.

셋째, 개혁 가운데 가장 성과가 컸던 것은 '균전(均田)'—실제로는 균세(均稅)—이었다.

주 세종

현덕(顯德) 5년(958년) 주 세종은 균세를 위해 밤에 책을 읽다가, 당나라 원진(元稹)의 《균전도(均田圖)》를 보고 감탄하며, "이것이 다스림의 근본이다. 왕의 정치는 여기에서 시작된다"고 말하였다고 한다. 곧 명을 내려 그 도법(圖法)을 반포하게 하고 관리와 민으로 하여금 이 법에 따르도록 하였다. 이후 34명의 관리를 각지에 파견하여, 일정하게 전부(田賦)를 정하고 은닉된 많은 경지를 찾아내 균등하게 전부를 할당하였다.

주 세종의 정치 목표는 통일의 준비였다. 그 스스로 재위하는 30년 동안, 10년은 영토를 개간·확장하고, 10년은 백성을 쉬게 해 10년간 태평을 이루겠다고 말하였다. 그러나 그는 젊은 나이에 요절함으로써 단지 5년 반 동안만 제위에 있었기 때문에 주로 영토를 개간하며 통일을 준비하는 데 주력하였다.

주 세종 즉위 초, 그는 북한(北漢)의 병사 반란 진압을 위해 노주(潞州)로 진공, 직접 군사를 이끌고 나가 북한과 요나라의 연합군을 격퇴하였다. 이후 촉을 공격하여 진〔秦, 지금의 감숙 진안(秦安) 북쪽〕, 봉(鳳, 지금의 섬서 봉현 동쪽), 성(成, 지금의 감숙 성현), 계〔階, 지금의 감숙 무도(武都) 동쪽〕의 네 주를 회수하였다. 또한 3차례 친히 남당을 공격하여 강북, 회남의 14주 땅을 획득하였다. 이후 현덕 6년(959년) 요나라 내부의 분쟁을 틈타 군사를 이끌고 수륙 양쪽에서 북벌을 단행하여, 영〔瀛, 지금의 하북 하간(河間)〕, 막〔莫, 지금의 하북 임구(任丘) 북쪽〕, 역〔易, 지금의 하북 역현〕 3주와 와교(瓦橋), 익진(益津), 어구(淤口) 3관(關)을 수복하였다. 이해 5월, 그가 승리의 기세를 몰아 유주로 진공할 때, 갑자기 중병에 걸려 군대를 철수하였다. 곧 궁정으로 돌아왔으나 6월, 39세의 나이로 죽음을 맞이하였다.

시영은 먼저 북방을 통일하자고 주장하면서 곧바로 유(幽), 연(燕), 요(遼)를 주요 공격 목표로 삼고, 이후 다시 군사를 돌이켜 남방을 통일하고자 하였다. 이것은 아주 현명한 책략으로서 통일을 완성할 수 있는 정확한 전략 방침이었다. 그러나 불행하게도 그는 이런 포부를 실현할 수 없었다.

시영 사후, 겨우 7세의 아들 시종훈(柴宗訓)이 황위를 계승하여, 주 공제(恭帝)가 되었다. 후주의 귀덕군절도사(歸德軍節度使) 겸 금군의 수령인 전전도점검(殿前都點檢)이었던 조광윤(趙匡胤)은 요나라와 북한의 병사가 남하한다는 거짓 정보를 만들어 후주의 재상 범질(范質) 등이 서둘러 금군을 이끌고 가 그들을 막도록 하였다. 행군이 개봉 북쪽 20리의 진교역〔陳橋驛, 지금의 하남 봉구(封丘) 동남쪽 진교진(陳橋鎭)〕에 이르렀을 때, 조광윤이 반란을 일으켰다. 조광윤의 동생 조광의〔趙匡義, 이후 광의(光義)로 개명〕와 귀덕군장서기(歸德軍掌書記) 조진(趙晉)은 장수들을 선동하여 조광윤에게 황포(黃袍)를 씌워 그를 황제로 옹립하였다. 현덕 7년(960년) 정월 4일, 조광윤이 군사를 이끌고 경성인 개봉으로 회군하였다. 곧 그는 주 공제를 협박하여 선양의 형태로 자연스럽게 왕조를 바꾸어 송나라를 건립하였다. 일반적으로 1127년 전의 송나라를 북송, 1127년 이후의 송나라를 남송이라 부른다.

조광윤, 조적(祖籍)은 탁현(涿縣, 지금의 북경 서남쪽) 사람이다. 후당 천성(天成) 2년(927년) 낙양 협마영(夾馬營)에서 태어났으며, 그 용모가 우람하고 도량이 넓었다고 한다. 길들이기 어려운 말을 훈련시켜 안장을 쓰지 않고 고삐를 당겨 비스듬한 길을 타고 올라가다가 말에서 떨어졌으나, 몸을 일으켜 말을 쫓아가 말에 올라앉으니 상처 하나 없었다고 한다. 주 태조 곽위의 군대 모집에 응시하여 점차 승진, 활주부지휘(滑州副指揮)가 되었다. 주 세종 시영 즉위 후 금군지휘관인 전전도점검(殿前都點檢)으로 승진하였다. 《송사(宋史)》에서는 "오대십국의 혼란이 극심할 때, 송(宋) 태조(太祖)가 병사를 일으켜 황제 지위에 올랐다. 〔…〕 그 명령을 각 번 대장들이 따르고 차례로 다른 나라들을 제압하니, 이것은 인력으로 쉽게 할 수 있는 일이 아니었다"라며 그를 칭찬하였는데, 이는 분명 조광윤의 영웅적 모습이었으나 통일의 대업을 이루는 책략에 있어서는 시영에는 못 미쳤다. 송나라 건립 때, 북방에는 강력한 요나라와, 그들과 손을 잡은 북한이 있었으며, 남방에는 남당, 오월, 후촉, 남한, 남평〔형남(荊南)〕 등의 정권이 할거하고 있었다. 송 태조 조광윤은 주 세종 시영의 모략과 담대함이 없었기 때문에 감히 요나라와 대면하지 못하고, 요나라는 결국 유운(幽云) 16주를 탈환하였다. 그는 시영의 선북후남(先北後南), 선난후이(先難後易)를 버리고, 선남후북(先南後北), 선이후난(先易後難)의 통일 방침을 채택함으로써 이미 놀란 새가 되어 버린 요나라로 하여금 재기의 기회를 주게 되었다. 당시 요나라의 힘을 고려해 볼 때 송은 유운 16주 땅을 수복할 기회가 있었고, 또한 마땅히 신속히 수복해야만 하는 일이었다. 그러나 기회를 놓쳐 버려, 결국 유운 16주의 땅을 수복하지 못하고 화북 평원에서 거란 정예기마병이 마구 날뛰는 상황이 연출되었다. 변량(汴梁) 이북 지역을 방어막이 없는 형세로 만들어 버린 이런 정치적 후유증을 낳은 조광윤은 그 허물을 벗어나기 힘들 것이다.

조광윤은 승리의 여세를 몰아 요나라를 정벌하지 않고, 소수의 병사를 파견하여 요나라와 북한을 방어하고, 남방 각국을 통일하기 위해 주요 병력을 남쪽으로 파견하였다.

**형호(荊湖)를 평정하다**—건륭(建隆) 3년(962년), 호남의 주행봉(周行逢)이 죽고 아들 주보권(周保權)이 제위를 이었다. 이때 대장 장문표(張文表)가 병란을 일으켜 독립하자, 주보권이 송나라에 도움을 요청함으로써 송나라에게 출병의 구실을 제공하였다. 건덕(乾德) 원년(963년) 송군은 형남(荊南)을 경유해서 호남을 공격, 일시에 형호를 평정하였다. 첫 전쟁에서 승리한 송나라는 형(荊), 호(湖)의 전략적 요지를 점령함으로써 서쪽으로는 후촉에 압박을 가할 수 있었고, 동쪽으로는 남당을 위협하면서 점차 남하하여 남한을 점령할 수 있었다.

**후촉을 평정하다**—형호를 평정한 후, 송 태조는 후촉을 평정하기 위해 주도면밀한 책략을 세웠다. 후촉이 북한에게 보낸, 손을 잡고 송나라에 대항하자는 비밀 서신을 중도에서 탈취한 후, 건덕 2년(964년) 11월 봉주(鳳州), 귀주(歸州) 양로로 후촉을 공격하여 천연 요새인 기협(夔峽), 검문(劍門)을 파괴하였다. 다음 해 후촉을 평정하였고 군주인 맹창(孟昶)은 송에 투항하였다.

**남한을 평정하다**—개보(開寶) 3년(970년), 송 태조는 병사를 이끌고 영남으로 남하하였다. 남한은 당시 매우 부패해서, "병사는 기(旗)와 북도 모르고, 군주는 존망(存亡)을 알지 못하는" 형세였다. 송군은 연전연승을 거두며, 이듬해 송군이 남한의 국도 광주성에 이르렀을 때, 군주 유창(劉鋹)이 성에서 나와 투항하여 남한은 멸망하였다.

**남당을 평정하다**—송나라 건립 후, 남당 원종(元宗) 이경(李璟)은 후한 선물과 함께 사신을 송 태조에게 보내 축하를 하고, 그 아들 이욱이 계승한 후에는 매년 송나라에 공물을 바쳤다. 송나라가 남한을 평정한 후에는 이욱 스스로 남당의 국호를 버리고 '강남국주(江南國主)'로서 목숨을 부지하고자 하였다. 송 태조는 통일의 대업을 완성하고자, '강남국주'의 존재를 용인할 수 없었기 때문에, 개보 7년(974년) 강남을 정벌하였다. 다음 해 11월 송군이 금릉을 공격하여 이욱을 포로로 잡고, 남당은 멸망하였다.

**오월을 평정하다**—송나라 건립 후, 오월왕 전숙(錢俶)은 사신을 파견하여 축하하고, 이후 매년 조공을 하였으며, 아울러 송을 도와 남당을 공격하였다. 남당 멸망 후, 전숙은 명을 받들어 동경(東京)에 나가 송 태조를 알현함으로써, 실제적으론 자신의 영토를 바치고 종속된 것이었지만, 명의상 오월국왕의 칭호는 갖게 되었다.

**복건을 평정하다**—장주(漳州), 천주(泉州) 등지를 할거하고 있던 유종효(留從效) 사후, 아장(牙將) 진홍진(陳洪進)이 병권을 탈취하였다. 그는 사신을 파견하여 송나라에게 공납을 바치고, 송에 의해 평해군절도사(平海軍節度使)에 임명되었다. 남당, 오월이 차례로 평정된 후, 진홍진은 송에게 자신의 영토를 바치고 귀속하였다.

송 태조는 13년 동안, 남방의 각 할거 정권을 통일하였다. 그의 계승자 송 태종 조광의(趙光義)가 계속해서 통일의 대업을 완성하고자 복건을 평정하고 오월이란 국호를 없애버린 후, 통일의 방향을 북쪽으로 돌렸다. 태평흥국(太平興國) 4년(979년) 송 태종은 군사를 친히 이끌고 산서로 가 태원을 공격함으로써, 마지막 할거 정권인 북한을 평정하였다. 이제, 200여 년간 지속된 할거 분열 상황은 종결되었고 새로운 통일 국면이 이를 대신하였다. 그러나 유운 16주는 여전히 탈환할 수 없었기 때문에 잠재된 우환으로 남게 되었다.

# 10장 북송—시대구분의 새로운 단계

## 58. 북송의 관료 정치

송사 전문가 등광명(鄧廣銘)은 "송대 물질문명과 정신문명의 수준은 중국의 전체 봉건사회 역사에서 전무후무한 것이다"라고 말했다. 이 말은 아마도 역사가들의 공통된 인식일 것이다. 960년 송 왕조가 발흥했을 때에 중국의 물질문명은 이전 시대와 구분되는 새로운 단계에 들어섰다. 전보다 더욱 확대된 화폐 유통(지폐), 화약 및 화구 투척기(火球投擲機)의 발명, 항해 때에 나침반의 사용, 제철 용광로의 발명 등이 모두 송대에 나타났다. 송대는 중국 역사상 찬란하게 빛나는 한 시대였다.

독일의 중국학자 디터 쿤(Dieter Kuhn)은 《송대문화사》에서 중국은 11세기에서 13세기에 근본적인 사회변화가 일어났다고 지적했다. 우선 문관 정치가 당대의 지방 번진으로 대표되는 군인 정치를 대체했으며 유가 교육을 받은 문인이 정부 고급 행정 관리를 맡게 되었고 맹자의 왕도로서 국가를 다스린다는 생각이 처음으로 실행되었다. 다음으로 송대는 농업문명, 도시문명과 물질문명(수공업 같은 것) 방면에서 아주 큰 성취를 이룬 시기였다. 농업 기술의 새로운 발명, 새로운 토지의 개간 및 농업 생산량의 증가는 송대 경제 번영의 기초를 다졌다. 도시의 상업과 수공업의 급격한 발전으로

송 태조

상인과 전상(錢商)을 대표로 하는 새로운 부유층이 출현했으며, 음식 문화, 차 문화, 건축 및 주거 문화의 발전이 촉진됐다. 나아가 쿤은 송대는 중국 중세의 끝이며 근대의 시작이라고 생각했다.

송대는 확실히 중국 역사의 중요한 전환 시기로서 경제가 급속히 발전하고 경제 중심이 강남으로 이동했으며 전통 과학은 전례 없던 최고의 상황을 나타냈다. 정치적으로는 관료 정치가 귀족 정치를 대체하게 되었다. 이는 분명히 커다란 진보였지만 송대에는 새로운 상황과 새로운 문제가 있었다. 관료 정치 체제의 확립은 당 말과 오대의 정치 혼란이라는 역사적 교훈을 받아들여 성립된 것으로서 문신과 무신의 전권 독재를 확실하게 막기 위하여 군권, 재정권, 행정권, 입법과 사법권을 한데 묶어 집중시키는 '조종가법(祖宗家法)'의 제정으로 나타났다. 송대의 필요에 부합하는 엄밀한 중앙 정책 결정 체계 및 그에 상응하는 운영 시스템을 건립한 것이었다. 그러나 그 대가는 심각했는데, 이익과 폐해가 반반이었다고 할 수 있다.

무장 출신의 조광윤은 당나라 말, 오대의 번진 할거가 재연되는 것을 막기 위하여 지방 정권의 권력을 될 수 있는 한 약화시키고 모든 것을 중앙으로 귀속시켰다. 이것이 너무 지나쳐 새로운 폐단을 낳았는데, 중앙에서 융통성 없이 대권을 독점하여 국가가 취약해지는 부수 효과를 낳았다.

당나라 말 이후로 줄곧 "병권이 있으면 흥했고, 병권이 없어지면 망했다". 오대 시대의 군벌들은 군사력이 강해지면 바로 황제라고 공공연하게 선언했다. 조광윤도 마찬가지여서 군교(軍校)에서 진급하여 금군(禁軍)의 대권을 장악한 후에 제위를 찬탈했다. 따라서 그가 즉위 후 첫 번째로 실시한 조치가 바로 금군의 정돈이었는데, 실제로는 그를 도와 정권을 잡은 장군의 병권 박탈이었으며, 유방이 공신을 죽인 방법과는 달리 고관의 높은 봉록을 교환 조건으로 내세워 소위 "한 잔 술로 병권을 해제하는" 우스꽝스러운 일을 계획했다. 역사책의 기록에 따르면 이 일은 대단히 극적이다.

조광윤은 조정이 파할 때가 되어 석수신(石守信) 등의 대장과 술을 마셨다.

주홍이 한창 올랐을 때, 조광윤은 "나는 너희들이 아니었다면 여기에 이르지 못했다. 나는 천자가 되었지만 오히려 절도사일 때의 즐거움만 못하구나. 나는 밤새도록 편안하게 잠을 자지 못한다"고 말했다.

석수신 등은 머리를 조아리고 말하길 "지금 천명은 이미 정해졌는데, 누가 감히 다시 다른 마음을 품겠습니까? 폐하는 어찌하여 그런 말을 하십니까?"

이에 조광윤은 "사람이 어찌 부귀를 바라지 않겠는가? 일단 황포가 너의 몸에 걸쳐진다면 비록 그러지 않으려 했다 하더라도, 받아들이지 않겠는가?"라고 말했다.

석수신 등은 "신이 어리석어 거기까지 미처 생각하지 못했습니다. 다만 폐하께서 가엽게 여기시기 바랍니다"라고 말했다.

조광윤은 "인생은 일순간이니 금백을 많이 쌓아 자손에게 남겨 주고, 기녀 무희와 즐기면서 천수를 끝마치는 것만 한 것이 있겠는가. 군신 사이에 아무런 의심이 없다면 또한 좋지 않겠는가!"라고 말했다.

석수신 등은 "폐하의 생각이 그러하니, 성은이 망극할 따름입니다"라고 아뢰었다.

다음날 석수신 등은 모두 병을 핑계로 휴가를 청하면서 황제에게 병권을 회수할 것을 간구하였다. 조광윤은 흔쾌히 동의하여 개국공신들이 한적한 관직을 맡고 후한 대우를 받을 수 있도록 즉시 명령을 내리는 한편으로 그들을 위하여 저택을 짓고, 후한 선물을 내려 그들이 유유자적하며 복록을 누리도록 하였다. 이로써 그와 함께 천하를 평정하였던 금군 장군 석수신, 왕심기(王審琦) 등의 병권을 말끔히 거두어들이고 지위와 명망이 비교적 낮은 사람이 금군을 통솔하도록 바꾸었다. 이것으로도 충분치 않아 제도적으로 공고히 해 둘 필요성이 있어 몇 가지 측면에서 금군에 대한 정돈 조치를 취하였다.

**금군 통수 지위의 하락**—원래 금군은 전전사(殿前司)와 시위사(侍衛司)로 나뉘고, 전전사 장관인 정·부도점검(正·副都点檢)의 권력은 대단히 컸다. 이에 정·부도점검을 없애고 지위가 비교적 낮은 정·부도지휘사(正·副都指揮使)가 통솔하도록 하였다. 아울러 시위사를 시위마군사(侍衛馬軍司)와 시위보군사(侍衛步軍司)로 나누어 금군 통솔자의 지위를 낮추고 권력을 분산하였다.

**금군 통수 직권의 약화**—금군의 모집, 주둔, 이동의 권한을 추밀원의 추밀사에 귀속시키고 금군 통수는 훈련만 맡도록 하였다.

**금군 장교와 사병 관계의 소원화**—원래 장교와 사병의 관계가 밀접했던 금군의 상태를 바꾸어 경수제(更戍制)를 실행하여 각지의 방어지로 순환시켜 근무하게 하여 임무를 항상 바꾸어 장교가 사병을 독점하지 못하게 하고 사병은 고정적인 장교가 없도록 하였다.

**지방 군사 역량의 삭감**—금군 통수권을 약화시키는 동시에 지방의 정예 병력을 금군으로 충당하여 지방 병력을 될 수 있는 한 약화시켰다. 전국 군대를 금군(중앙군), 상군(廂軍, 지방군), 향군(鄕軍, 민병), 번군(蕃軍, 변경의 소수민족 군대)의 4종류로 나누었다. 금군은 수가 많고 강했으며 대우가 가장 좋았다. 상군은 대우가 좋지 않아 훈련을 하지 않았고, 향군은 정규군이 아니므로 상군보다 더욱 못하였다. 국내 문제를 중시하고 국외 상황을 경시한 결과, 군대의 전투력은 크게 약해져서 끊임없는 외환에 직면하여 끝내 해결할 방도를 찾지 못한 큰 문제—무력 약화를 그대로 드러냈다. 토인비가 《인류와 어머니 되는 대지》에서 지적한 바와 같이 중국을 통일한 송대의 통치자들은 진퇴양난의 처지에 빠졌다. 그들의 최우선 관심은 제국이 지방 군벌의 홍기로 다시 분열되는 것을 막는 것이었는데, 그들은 이런 분열을 성공적으로 피할 수 있었지만 군사력을 희생하는 대가를 치렀다. 이는 송나라가 공격성이 강한 주변 민족과의 관계를 처리할 때에 불리한 입장에 처하게 만들었다.

또한 송나라는 과거의 징병제를 모병제로 고쳤는데 금군과 상군의 병사들은 정부가 모집한 직업 군인이었다. 등광명의 통계에 따르면 북송 건국 이후 90년 동안 병사의 수는 급격하게 많아졌다.

| | |
|---|---|
| 968—976년 | 37만 8천 명 |
| 995—997년 | 66만 6천 명 |
| 1017—1021년 | 91만 2천 명 |
| 1041—1048년 | 125만 9천 명 |

국가는 백만 대군을 양성하면서 재정 수입의 대부분을 소모하여 장기간 재정 곤궁의 상황에 빠지게 되었고, 이것은 국가의 '적자 누적'을 야기하는 중요 원인의 하나였다. 모집 사병 가운데에는 실업자, 건달의 무리가 있어 "관에 빌붙어 먹고 살았고" 사기도 없었다. 다른 한편 사병의 대우에 차이가 커서 상등(上等) 사병 정도의 수입이 있어야 모든 가족의 생계를 유지할 수 있었고 상군(廂軍) 사병의 수입으로는 입에 풀칠하기도 부족하여 다른 생계 수단을 겸할 수밖에 없었다. 이 때문에 군대 기율은 해이해지고 나태함이 몸에 배어 전투력은 거의 없었다고 할 수 있다.

조광윤의 정책 방침은 "화폐와 곡물을 장악하여 정예군을 통제하는 것"으로써 정예병 통제의 기초는 재정권의 집중이었다. 당나라 말 이후로 지방의 정식 세수는 상공(上供), 송사(送使), 유주(留州)의 세 항목으로 나뉘어 있었는데, 번진은 종종 전부 혹은 대부분을 장악하여 자신의 경제력을 키워 군대를 양성하고 중앙에 대항했다. 따라서 중앙의 재정이 점차 감소하여 군대를 양성할 힘을 상실하여 지방이 강하고 중앙이 취약한 상황을 만들었다. 송나라 초에 각지의 세수 기관을 중앙의 통제 아래에 두고, 지방 세수 가운데 일부분을 지방 경비로 남겨 놓고 나머지는 모두 중앙에 보내도록 제도를 개혁했다. 송나라 초에 제도전운사(諸道轉運司)를 설치하여 부세와 조운을 전담토록 했다. 이후 전국을 15로(十五路, 15개 행정구역)로 나누어 전운사는 북송 시기 최고의 일급 행정구가 되었다.

곤혹스럽게도 재정권의 과도한 집중이 "국가를 부유하게" 만든 것이 아니라 그와는 반대로 지방의 적극성을 꺾음으로써 전반적인 '적자 누적'이라는 부대 효과를 초래했다. 북송 중엽부터 지방 주현의 재정은 이미 수입이 지출을 따라가지 못하는 현상이 나타났고, 이는 날로 심해졌다. 그 근원적인 원인은 중앙정부가 지방에서 징발하는 수량은 계속해서 증가했지만, 중앙정부는 부세 제도 및 중앙과 지방의 부세 분배 구조를 조정할 생각을 하지 않았기 때문이며, 단지 주현 정부가 제도적으로 허용된 범위를 넘어서 재원을 개척하도록 묵인함으로써 행정 문란과 재정 곤궁의 악순환을 만들었다.

북송 관료 정치의 특징이 가장 많이 반영된 것은 행정권의 집중이다. 당대(唐代)의 재상은 "관할하지 않는 일이 없을" 정도로 권력이 대단히 컸었지만 조광윤은 그와 정반대로 재상의 권력을 분할하였다. 동중서문하평장사(同中書門下平章事)를 재상으로 삼고, 참지정사(參知政事)를 부재상으로 삼았고 추밀원〔樞密院, 수장은 추밀사(樞密使)〕이 군권을 담당하여 재상과 추밀사로 문무가 분립하도록 하였다. 재상의 정사당(政事堂)과 추밀원은 '이부(二府)'라고 칭해졌다. 또한 재정권을 떼어내어 삼사(三司)에 맡겼는데〔염철(鹽鐵), 탁지(度支), 호부(戶部)를 합쳐 삼사라고 함〕 삼사는 '계상(計相)'이라 불려졌다. 재상은 정부를 주관하고, 추밀원은 군무를 주관하며, 삼사가 재정을 담당하였다. 삼권은 분립되어 서로 알지 못하고 모든 것은 황제를 통해야 했다. 동시에 어사대(御史臺), 간원(諫院) 등 감찰 기구의 권력과 지위를 높여서 각급 관원을 탄핵하게 하여 재상이 황제의 이목인 대간관(臺諫官)에게 굴복하지 않을 수 없게 만들었다.

에브리는 《사진과 그림으로 보는 케임브리지 중국사》에서 중국 황제정부는 항상 중앙과 지방 관리 사이의 권력 평형을 시도했는데, 한 몸에 권력을 집중하고 있는 군주와 군주 명령에 따라 일을 하는 문무관리 사이에 일종의 권력 평형을 유지했다고 서술했다. 송대에 이런 권력 평형은 중앙정부와 문관으로 경사되는 추세에 있었고, 군사적 위기는 조정의 권력 집중에 유리했다. 행정권의 과도한 집중은 관료기구가 전례 없이 거대해지는 관료 정치 체제의 폐단을 낳았다.

한편 송나라 관료 제도에는 '관(官)', '직(職)', '차견(差遣)'의 구분이 있었다. 소위 '관'은 실제는 서열을 정하고 등급을 나누고 봉록을 정하여 등급에 따른 대우를 결정하는 근거로서, 즉 "봉록을 정하고, 품계를 매기는" 데 필요한 것이었다. 관명과 직무는 서로 별개여서 위로는 부사(仆射)·상서(尙書)에서 아래로는 원외랑(員外郞)에 이르기까지 담당한 직무와 관명이 서로 부합하지 않아 관명은 단지 관위와 봉록의 고저를 표시하는 데 사용되었을 뿐으로 기록관(寄祿官)이라 불렸다. 이들 관은 일을 담당하지 않고 단지 품급에 따라서 봉록을 받았을 뿐이다. 소위 '직'은 직무가 아니라 관명을 덧붙인 것인데 일종의 이름뿐인 직함으로 일부 명망 있는 관원에게 부여한 학사(學士), 직학사(直學士), 대제(待制) 등의 고상한 직함과 같은 것이었다. 상술한 두 종류는 "관명은 있으나 권한이 없고", "직책은 있으나 권한이 없는" 관료인 데 반해 실제 책임을 맡고, 진정으로 권력을 쥐고 있었던 것은 '차견'이었다. 소위 '차견'은 직사관(職事官)이라고도 불렸는데, 관원들이 담당하는 실제 직무로서 예컨대 시중, 중서령은 '관'이고 동중문하평장사, 참지정사가 차견으로 재상권을 장악했다. 또 다른 예로 자사(刺史)는 관이고, 지주(知州)가 차견으로서 지방권을 장악했다. 기이한 관료 제도로 말미암아 "그 관직에 있으면서도 그 직무를 알지 못하는 자가 10명 가운데 8, 9명이 되는" 기괴한 현상이 벌어졌다.

한편, 송 태조, 태종의 2대에 걸쳐서 새로운 관제를 만들면서도 예전의 관제를 전부 없애지 않고 당, 오대서부터 전해져 왔던 관위, 직명을 오랫동안 보존했다. 권력 집중의 결과, 많은 관료가 하는 일이 아무것도 없었다. 중앙의 3성 6부 24사는 대부분이 그 관청의 사무를 돌보지 않고 단지 높은 임금과 고상한 정치 지위만을 누릴 뿐이었다. 국가 기구 내에 새로운 관직과 구관직, 실권을 담당하는 관과 권한이 없는 관, 조정에서 파견한 관과 지방의 관이 병존하여 기구가 중첩, 비대화, 거대화되었으며 효율 또한 유달리 낮아 관료 정치의 모든 폐단을 여지없이 드러내었다. 은음〔恩蔭, 임자(任子)〕, 과거, 연납, 군공, 서리의 관리 승진 등의 경로를 통해 관료 대오에 들어서는 사람들이 끊임없이 늘어났다. 송 진종 때에 문무백관은 9,700명, 인종 때에는 1만 7천 명으로 늘어났으며, 영종 때에는 2만 4천 명으로 늘어났다. 이는 정식 관료가 아닌 채로 차견의 자리가 비기를 기다리는 후보 관료를 포함하지 않은 수치이다. 만약 그들까지 통계에

넣는다면 문무백관의 수는 이보다 몇 배는 증가할 것이다. 그러므로 "자리 하나가 비면 열 사람이 다투어 각축했고, 주색(朱色)을 두른 자가 거리를 가득 채우고, 자색(紫色)을 입은 자가 수풀을 이루었다〔―*주(朱)와 자(紫)는 고관이 차는 인수(印綬)의 색깔을 가르킴. 즉 고관을 지칭〕". 당시 소식은 "근 몇 년 이래로 국가에 관리는 많으나 결원은 적어, 관직 하나에 3명이 관계되니, 자리를 맡는 자가 1명이고, 떠나는 자가 1명이며, 그를 보조하는 자가 또 1명 있으니, 관직 하나에 2명이 있는 셈으로 일 없이 먹기만 한다. 또한 그 관직에 있는 기간은 짧고, 자리를 맡지 못하고 한거하는 날은 길어 관직에 있을 때의 소득으로 한거할 때의 자원으로 삼으니, 항상 탐욕스런 관리가 많아 금지할 수 없으니 이것이 사람을 쓰는 데 큰 폐단이다"라고 날카롭게 지적했다.

관리는 일을 담당하지 않으면서도 정봉(正俸), 녹속(祿粟), 직전(職錢), 춘동복(春冬服), 종인의량(從人衣糧) 등의 아주 좋은 봉록을 누렸다. 예를 들면 정일품 재상은 매월 정봉이 전(錢) 300관이고, 매월 녹속이 100석이며, 매년 능(綾) 40필, 견(絹) 60필, 면(綿) 100량을 받았다. '직전', '종인의량'을 제외하고도, 차주(茶酒), 취사 재료〔廚料〕, 신호(薪蒿), 탄염(炭鹽), 말 먹이〔飼馬芻粟〕, 미면(米麵) 등의 각 항목이 있어, 봉급제와 현물 공급제가 혼합되어 있었고, 심지어는 그들의 수행 인원(70명)의 의복과 식량도 국가가 담당하였으며, 이런 액수 외에도 상과 은음(恩蔭)이 있었다. 외관은 정봉, 직전, 녹속과 같은 것 이외에, 공사전(公使錢), 공용전〔公用錢, 사실은 사사전(私使錢), 사용전(私用錢)〕, 직전, 차탕전(茶湯錢) 등이 있었다. 이들 관료는 재직 시에 녹봉이 많았을 뿐만 아니라 퇴직 시에는 사록(祠祿)이 있었고, 또한 각종 특권이 있어 하나의 특권계층을 형성하여 당시에 '형세호(形勢戶)' 혹은 '형세지가(形勢之家)'라고 불렸다.

송나라 법령회편 《경원조법사류(慶元條法事類)》에 따르면 형세호에는 품관의 집안은 물론이고 각로안찰관사(各路按察官司), 즉 사(帥, 안무사), 조(漕, 전운사), 창〔倉, 제거상평(提擧常平)〕, 헌〔憲, 제전형옥(提典刑獄)〕 아문의 하급 관리 및 주(州)의 역인(役人), 현의 역인 등이 포함되었다. 그러나 형세호의 주체는 품관의 집안(즉 관호)으로서 하나 혹은 몇 명의 품관을 중심으로 함께 모여 사는 가족을 가리켰다. 만일 품관

본인이 죽었을 때, 그의 품계, 지위가 자손이 음관이 되기에 충분하다면 이 가족은 여전히 품관의 가문으로 불렸다. 법률상에 품관은 일품에서 구품으로 '의(議)', '청(請)', '감(減)', '속(贖)', '면(免)', '당(當)' 등의 특권을 누릴 수 있다고 명확히 규정하여 법을 어겨도 가볍게 처벌받거나 추궁을 면할 수 있었다. 품관 본인뿐만 아니라 그 가족 구성원도 면역 특권을 누릴 수 있어 적지 않은 지주가 가짜로 토지를 관호에게 팔아넘기고 이를 구실로 요역을 피하였다. 당시 관리가 되는 방법 중의 하나로 은음이 있었는데, 송 태조는 민간에서 자랐기 때문에 은음의 폐단을 잘 알았고 일찍이 "은음 자제는 집에서 비파를 타고 악기나 다룰 줄 알았지 어찌 백성을 다스리겠는가!"라고 말하였다. 따라서 음보(蔭補)를 통해 관리가 된 사람이 지방관이 되는 것을 금지했다. 태종, 진종 시대에 이르러 음보의 범위와 명목이 끊임없이 확대되어 음보로 관리가 된 사람이 대폭 늘어났는데, 고급관료가 그 모두를 독점하여 한 명의 관료가 음보로 5-6인에서 10-20인을 관리로 삼으니 귀족 집안의 자제들이 능력을 불문하고 모두 슬그머니 벼슬자리를 차지했다. 송대 총 호수의 1.2퍼센트를 점했던 관호는 정치 부패의 온상이 되었다.

'쓸모없는 관리〔冗官〕', '쓸데없는 병사〔冗兵〕', '헛된 비용〔冗費〕'이 날마다 증가하고 국가는 날로 '적자 누적', '무력 약화'에 빠져 스스로 빠져나올 수 없었다.

## 59. 경력신정(慶歷新政), 왕안석 변법

방대한 관료와 군대를 부양했기 때문에 오랜 세월이 지나면서 재정 부담을 견디지 못해 '적자 누적'의 모습을 보이기 시작했다. '내치 중시, 외치 경시'의 정책을 일관되게 채용했던 탓에 요(遼), 하(夏)와의 몇 차례 전쟁에서 군사상의 무능이 드러났고, '무력 약화'도 그 실마리를 드러냈다. '적자 누적', '무력 약화'의 잠재적 위기는 통치자의 우려를 자아내어, 제3대 황제 진종 때에 조정에서는 통치 위기의 극복 방안을 둘러싼 논의가 분분했다. 양주 지사 왕우칭(王禹偁)은 요나라와 하주(夏州, 후의 서하)에 대하여 "변경 방어를 신중히 하고 동맹을 맺는" 정책을 채용하여 변경의 우환을 완화하자고 주장했다. 이와 동시에 내정 개혁, 쓸모없는 관리, 쓸데없는 병사의 감소, 세수의 경감, 엄격한 관리 선발로 쓸데없이 너무 많은 관리를 선발하지 않도록 해야 한다고 주장했다.

인종 때에 이르러 이런 논의는 더욱 진전됐다. 경력 신정을 실시하기 4년 전, 송기(宋祁)란 관리는 국가 재정 결손의 근원이 '삼용 삼비(三冗三費)'에 있다고 주장하는 상소를 올렸다. '삼용'이란, 첫째, 관직은 정해져 있지만 정원이 없어 관원이 이전에 비해 다섯 배가 증가했으며, 둘째, 몇 십만 명의 상군이 앉아서 군량을 축내고 있으며, 셋째, 승려와 도사가 한정 없이 늘어났다는 것이다. '삼비'란, 첫째, 도장의 제례로서 백사(百司)가 대는 경비가 수를 헤아릴 수 없으며, 둘째, 경사(京師)에 사관(寺觀)을 많이 건립하고 도졸(徒卒)을 많이 두어 정부의 지출이 늘어난 것이요, 셋째, 대신이 직무를 물러난 후에 여전히 절도사의 직함을 가지고 있어 공용비용을 낭비하는 것이다.

경력 3년(1403년)에 내우외환으로 속수무책이었던 송 인종은 범중엄(范仲淹)을 참지정사〔副相〕, 부필(富弼)·한기(韓琦)를 추밀부사(樞密副使), 구양수(歐陽修)·채양(蔡襄)·왕소(王素)·여정(余靖) 등을 모두 간관으로 기용하여 당면한 급무를 개혁하고 "태평성세"의 형국을 달성할 임무를 맡겼다. 범중엄 등은 경력 신정의 정치 무대에 집단적으로 등장한 셈인데 그들이 보기에 내외의 어려운 국면을 전환하기 위해서는 관료기구의 정돈, 관료제도의 완비를 통해 광범한 정치 개혁을 추진하는 수밖에 없었다.

범중엄

범중엄(989-1052년)은 소주 오현(吳縣) 사람으로 대중상부(大中祥符) 8년(1015년)에 진사가 되어 지방관을 전전하다 송과 서하의 전쟁 때 섬서(陝西) 사신으로 임명되었다. 벼슬길이 평탄하지 않아 8, 9년 사이에 세 차례 강등되기도 했으나 그 정치 포부와 서하와의 전투에서 업적을 쌓은 덕분에 그 명망이 날로 높아져 사대부 가운데에서 영향이 컸다. 경력 3년에 인종으로부터 추밀부사로 임명된 후, 얼마 지나지 않아 참지정사로 임명되었다. '태평성세' 달성을 자신의 임무로 삼은 범중엄은 관직에 부임하자마자 부필과 연명으로 황제에게 〈황제의 친서에 답하여 10가지 사항을 조목별로 진술함(答手詔條陳十事)〉이라는 상소문을 제출하여 당면한 급무 10가지를 지적했다.

(1) **승진과 강등의 명확화**(明黜陟)—단순히 연령 서열을 고려하여 관원을 승진시키던 마감법(磨勘法)을 개혁하여, 실제의 공(功), 선(善), 재(才), 행(行)으로 관원을 선발하는 데 중심을 둔다.

(2) **요행의 억제**—'은음(관료의 자손이 과거시험을 통과하지 않고도 관리가 되는 것)', '임자(관료가 중대 경축일에 자손을 '음'으로 관리로 삼는 것)' 특권을 제한하여 무능력한 권세 자제가 요직을 차지하는 것을 방지한다.

(3) **정밀한 공거**—과거제도의 내용과 형식을 개혁하여 단지 사부(辭賦)·묵의(墨義)로써 관리를 선발하던 옛 제도를 책론(정치 실무)과 경의(정치 이론)를 중시하는 것으로 바꾼다.

(4) **관장(官長)의 선발**—각로·부·주·현 장관의 선발을 강화하여 관례에 따라 파견하고 면직하던 제도를 폐지하고 등급에 따라 추천하는 제도로 바꾼다.

(5) **공전의 균등**—관리의 직전(職田)을 조정하여 하급 관리의 직전 수량을 확실히 확보하여 생활을 돕는다.

(6) **농업의 발전**—수리사업을 일으켜서 농업을 발전시키고 수재와 한재를 없앰으로써 농가를 풍요롭게 하고 국력을 강화한다.

(7) **무력 강화**—수도권 수비병 5만 명을 모집한다.

(8) **요역 경감**—주와 현의 건설 사업을 합병하여 민간의 요역 부담을 경감함으로써 인민이 마음 편히 경작할 수 있도록 한다.

(9) **은혜와 신망을 돈독히 함**—지방관을 감독, 독촉하여 조정의 은택을 확실하게 한다.

(10) **신중한 명령**—정치 명령을 엄숙히 하여 조령모개식의 구습을 바꾼다.

부필은 황제에게 당면 과제 10여 조 및 국경 안정책 13조를 올렸는데, 현명한 자를 등용하고 어리석은 자를 물러나게 하며 요행을 없애고 쌓인 폐단을 제거하는 것을 근본으로 삼자고 주장했다. 한기 또한 황제에게 성행 과제 7개와 제거해야 할 폐단 8개를 올렸는데, 대체로 인재 선발, 변방 정돈, 재정 절약, 장수의 신중한 선발 등이었다.

송 인종은 건의를 받아들여 전국에 조령(詔令)을 반포하고 실행했는데 이는 신정으로 불려졌다. 신정의 첫 번째 조치는 보수 재상 여이간(呂夷簡)을 파직하고 안찰사를 각 대행정구에 파견하여 지방관의 정치 실적을 시찰하고 관리 직무를 감당하지 못하는 자를 해직하는 것이었다. 둘째, 각 현에 탈세를 조사하도록 책임을 지웠다. 셋째, 연공서열에 따라 승진시키는 마감법(문무관원이 만 3년 혹은 만 5년의 임기를 마치면 승진시킴)을 개혁했다. 넷째, 2부〔정부(政府), 추부(樞府)〕, 2성〔상서성(尚書省), 문하성(門下省)〕 이상의 대관 자제 및 친척이 관직(館職, 文學侍從)을 "애걸하는 것"을 금지시켰다. 다섯째, '은음' 제도의 개혁으로써 은음의 수혜를 받은 자는 일률적으로 반년 안에 상서성의 시험에 참가해야 하며, 선발된 후에는 경관(京官) 세 명의 보증 추천이 있어야 지방의 하급 관리로 나갈 수 있게 하였다. 여섯째, 직전(職田)에 제한을 두어 종실 귀족의 직전을 반으로 삭감하여 직전이 없는 하급 관리에게 나누어 주기로 했다. 일곱째, 모든 주현에 학교를 설립하고 사대부의 자제들은 학교에서 일정한 시간을 학습해야 과거시험에 참가할 수 있도록 하였다.

경력신정은 관료 계층의 재산, 권력 재분배 문제에 관계된 기득권 집단을 건드린, 대단히 충격적인 것이었다. 이는 일부 문관 집단이 황제가 부여한 권한 내에서 이상주의에 따라 정치 계획을 실시하여 혁신하려는 노력이었다. 그들은 개혁 과정의 어려움과 저항을 과소평가하고 너무 급하게 서둘렀기 때문에 일련의 반대에 부딪쳤다. "임자의 범위는 경미하고 마감법은 주도면밀하여 요행이 따를 수 없다", "논의가 많아 어수선하다", "많은 사람이 원하지 않는다"면서 보수파가 맹렬하게 반대하니 신정에 대한 비난 여론이 한때 세상을 떠들썩하게 하여 범중엄, 한기, 부필, 구양수 등을 '붕당'으로 비난했다. 신정으로 '태평성세'를 만들기를 희망했던 송 인종이 동요하면서, 경력 5년(1045년) 초에 범중엄, 한기, 부필, 구양수 등을 연이어 파면함으로써 1년여에 걸쳐 실시되었던 경력신정은 급속히 수그러들었다. 결국, 범중엄은 "천하의 근심을 먼저 우려하고, 천하의 즐거움을 나중에 즐거워한다"는 격언을 소리 높여 읊조리고, 고향 소주를 위해 몇 개의 자선사업을 한 것을 제외하면 한 일이 하나도 없었다. 그가 해결하지 못한 채 남겨 놓은 정치 문제는 왕안석이 인계받아야 했다.

중국 역사상 집권자와 기득권을 타도 대상으로 한 개혁운동은 모두 참패하고 말았는데, 이는 기득권자들이 그들 자신의 근본 이익을 건드리지 않는 소규모 개혁과 개량만을 인정했기 때문이었다. 경력신정이 단명한 후, 사회적 위기가 심화되면서 의식 있는 사대부들의 개혁 목소리는 날로 고양되어 갔다. 범중엄 등의 인사가 파면된 지 13년이 되던 가우(嘉祐) 3년(1058년)에 왕안석은 제점강동형옥(提点江東刑獄)의 소개로 황제를 알현하고 송 인종에게 〈만언서〉를 올려 송나라 초 이래의 법도에 대하여 전반적인 개혁을 추진하여 적자 누적과 무력 약화의 형세를 개선할 수 있기를 바랐다. 그는 "역사적으로 볼 때, 천하의 위기를 안정시키고 혼란을 다스리는 데에는 행동이 있어야 하고, 행동을 해야 할 때가 지금보다 급했던 적은 없었으며" 만일 개혁을 하지 않으면 한이 황건(黃巾)에 망하고 당(唐)이 황소(黃巢)에 망한 역사가 다시 재연될 것이라고 날카롭게 지적했다.

왕안석

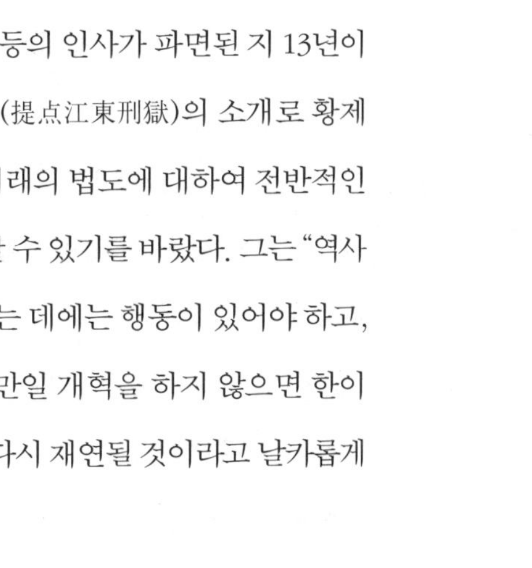

왕안석(1021-1086년)은 자는 개보(介甫), 호는 반산(半山)으로 무주 임천(撫州 臨川, 지금의 강서 무주) 사람이었다. 경력 4년(1044년)에 진사가 되었고, 회남(淮南), 근현(鄞縣), 서주(舒州), 상주(常州) 등의 지방관을 역임했다. 그가 〈만언서〉에서 큰 소리로 격렬하게 외쳤던 개혁은 정체되고 무기력한 조정에 어떠한 반응도 불러일으키지 못했고, 인종과 그 후계자인 영종도 그의 개혁안을 중시하지 않았다. 영종이 죽고, 젊은 신종이 즉위하자, 왕안석은 한림학사 시종의 신분으로 신종과 치국의 도를 의논하면서 군신 사이에 공감대를 형성했다. 희령 2년(1069년)에 신종은 왕안석을 참지정사(參知政事)로 임명하여 왕안석이 마음껏 개혁을 진행하도록 하였다. 왕안석은 정권을 잡은 후, 즉시 변법을 주도할 새로운 기구인 제치삼사조례사(制置三司條例司)를 설치했는데, 이는 황제의 특명으로 설치된 삼사(호부, 탁지, 염철) 조례를 제정하는 전문기구로서 원진주(原眞州) 추관(推官) 여혜경(呂惠卿), 대명(大名) 추관(推官) 소철(蘇轍)을 포함한 일군의 신인을 임용하여 신법 초안을 작성하는 데 참여하도록 했다.

처음 나온 신법은 균수법(均輸法)과 청묘법(青苗法)이다.

**균수법**—한 무제 시에 상홍양(桑弘羊)의 평준균수법과 흡사한데, 기본 정신은 백성에게 부세를 늘리지 않고 국가의 쓰임을 풍요롭게 하는 것이다. 균수법은 민중의 납세는 증가하나 조정의 재정은 여전히 궁핍하고 부상대고(富商大賈)가 중간에서 이익을 가로채는 상황을 겨냥하여 발운사관(發運使官)을 설치하고 동남 6로의 부세 수입을 총괄 관리하여 곡식 수매, 세금 징수, 상공 물품 모두 "비싼 것을 운반하여 값싸게 하고" "가까운 곳의 산물을 먼 곳의 산물과 교환"하여 "국가의 쓰임을 풍족하게 하고, 민간의 재산이 부족하지 않게" 하는 데 목적이 있었다.

**청묘법**—'겸병지가(兼併之家)'가 농민의 춘궁기를 틈타서 고리대를 놓아 중간에서 수탈하는 상황을 겨냥하여 현 정부가 매년 두 차례 돈이나 양식을 농촌의 주호(主戶, 자작농)에게 빌려주는 것으로 호등(戶等)의 고저에 따라서 대출 금액을 규정하고, 반년 후에 20퍼센트의 이익을 붙여서 상환받는 것이다. 정부 대출로써 민간 고리대를 억제하려는 의도에서 출발했지만, 조치가 지나치게 간략화되어 강제성을 띤 '배포', '강제 분배'의 방법을 채택함으로써 대여를 받으려는 생각이 없었던 농민에게는 부지불식간에 일종의 변형된 세금이 늘어나는 꼴이 되었으니 이익과 폐단이 반반이었다고 할 수 있다.

희령 3년(1070년) 12월, 왕안석은 동중서문하평장사(同中書門下平章事, 재상)로 승진했고, 이후 변법은 최고조에 달해 면역법(免役法), 시역법(市易法), 방전균세법(方田均稅法) 등의 신법이 연이어 나왔다.

**면역법**—송대의 직역은 명목이 상당히 많아, 아전(衙前, 관청의 창고 관장 및 관청 물품의 운반), 이정(里正)·호장(戶長)·향서수(鄕書手, 부세의 부과와 독촉), 기노(耆老)·궁수(弓手)·장정(壯丁, 도적의 추적 체포), 승부(承符)·인력(人力)·수력(手力)·산종(散從, 관부의 잡일 처리에 충당)이 있었는데, 주로 주호 가운데 상층의 3등호가 담당했지만 중·하등호 가운데 약간 부유한 자가 직역에 충당되는 경우도 간혹 있었다. 직역을 맡으면 집안이 기울고 재산을 심하게 탕진하는 경우도 종종 있었기 때문에 직역에 응해야 할 집안이 온갖 계략으로 직역을 회피하여 "가난한 자가 부자가 되지 않으려는" 이상한 현상을 낳았다. 면역법은 이런 상황을 개선하여 "백성이 돈을 내서 역을 고용하는" 개혁방안을 제시했다. (1) 직역을 담당하는 호가 호등의 고저에 따라 돈을 내는 것을 면역전이라 한다. (2) 재산이 있지만 직역을 담당하지 않는 호가 돈을 내어 직역을 돕는 것을 조역전이라 한다. (3) 주현이 필요한 역전(役錢)은 고역(雇役)의 다소에 따라 정하고 이 액수 이외에 20퍼센트를 더 징수하는데 이를 면역관잉전(免役寬剩錢)이라 한다.

이런 방법은 하등 주호에게는 유리했지만 방곽호(坊郭戶, 주로 상인)에게는 불리한 것이었는데, 그들은 본래 직역을 담당하지 않았기 때문이었다. 또한 품관의 집안에도 불리한 것이었는데, 이들은 특권에 의지해 역을 면제받았기 때문에 이들의 강렬한 반대에 부딪쳤다. 마단림(馬端臨)은 《문헌통고(文獻通考)》에서 "조역법이 시행되어 방곽, 품관의 집안이 모두 돈을 내도록 하고, 시장·주세(酒稅)의 수입이 모두 조역에 귀속되니 사대부와 호족이 원한을 품지 않는 자가 없었으나 실은 농민에게는 이익이었다"고 지적했다. 이런 평가는 올바르고 공평한 것이었지만 반대파는 이를 고려하지 않고 실시 중에 나타난 폐단〔역전의 과다 징수, 관잉(寬剩)의 지나친 축적, 호등의 초과〕을 빌미로 필사적으로 공격했다.

**시역법**—상업 행위가 이루어지는 시장에 일정한 가격이 없어 부상대고가 중간에서 이익을 취하고 시장을 좌우하는 상황을 고치기 위해 경사 개봉에 시역무(市易務)를 설립하고 시장을 관리했는데, 물가가 쌀 때에는 가격을 높여서 수매하고 물가가 비쌀 때에는 가격을 낮추어 판매하였으며 아울러 상인이 부동산을 담보로 시역무에서 연리 20퍼센트로 돈을 빌릴 수 있게 했다. 이후에 몇 십 개의 대도시 모두에 시역무를 설립하고 개봉의 시역무를 도제거시역사(都提擧市易司)로 승격시켜 시역무의 총괄 기관으로 삼았다. 이 방법으로 부상대고의 상업 이익을 분할하여 정부의 수입을 증가시켰다.

**방전균세법**—경력신정 때에 토지 세수를 조사하라는 명령을 받은 대리시승(大理寺丞) 곽자(郭咨), 비서승(秘書丞) 손림(孫琳) 등이 명주(洺州) 비향현(肥鄉縣)에서 천보방전법(千步方田法)을 실행했는데 경작지를 평가하여 "토지가 없는데도 세금을 내는 것을 없애고 세금이 부과되지 않던 땅을 바로잡아" 막대한 액수의 부세 체납(세수 누락)을 거두었다. 방전균세법은 천보방전법이 계승되어 발전한 것으로 토지 면적을 측량한 후에 토지의 비옥도에 따라 다섯 등급으로 나누어 토지세를 균등하게 정한 것으로 면적을 속이거나 부세를 회피한 토지를 일괄 정리했다. 방전균세법을 일부 지역에서 시행한 후, 납세 토지가 대폭 증가(주로 새로 개간한 토지나 숨겨진 토지가 조사되어 나왔다)하는 등 성과가 뚜렷했다. 토지 조사를 마친 개봉부(開封府), 동경로(京東路), 하북로(河北路), 진봉로(秦鳳路), 영흥군로(永興軍路)의 통계에 따르면 납세 토지가 이전에 비하여 2배 이상 증가했다. 이는 토지세의 합리적 분배(즉 균세), 정부의 토지세 징수에 유리한 것이었지만 토지를 숨기거나 부세를 회피했던 형세호의 반감을 사기에 충분했다.

이 외에 군사 방면에서는 보갑법(保甲法)을 시행하였다. 10호를 1보(保), 50호를 1대보(大保), 10대보를 1도보(都保)로 삼고 주호 상등호가 보장(保長)·대보장(大保長)·도보정(都保正)을 맡아 장정을 훈련시켜 지방의 군사력을 키웠다. 보마법(保馬法)은 경동(京東), 경서(京西), 하북(河北), 하동(河東), 섬서(陝西) 5로의 보갑이 말을 키우고 도적을 물리치도록 하는 것이었다. 장병법(將兵法)은 장군을 두어 병사를 훈련하고 장군이 군대를 통솔하고 스스로 군정을 전담하게 하여 장군이 병사를 몰랐던 옛 제도를 개선한 것이다. 아울러 군대의 축소 및 병영 합병, 군대의 정예화 및 행정기구 간소화, 무기 장비의 개선을 통해 군제를 보완하고 과학자 심괄(沈括)을 군기감(軍器監)으로 추천하였다. 이런 모든 것은 신법과 서로 호응하여 부국강병의 목적을 이루려는 데 그 의도가 있었다. 사서(史書)에는 "희령, 원풍 사이에 중앙과 지방의 창고는 넘쳐 나지 않는 곳이 없었으며 조그마한 읍도 쌓아 둔 돈과 곡식이 20만을 내려가지 않았다"라고 기재했는데, 부국의 목적이 달성되고, 강병의 목적도 부분적으로 달성되어 이전의 수동적인 국면이 단숨에 바뀌었다.

변법의 파급력이 워낙 컸기 때문에 저항 또한 거세지니, 희령 7년에 왕안석은 재상에서 파면당하고, 다음 해에 복직하긴 했지만 희령 9년에 다시 파면되어 강녕으로 물러나서 병사했다. 원풍 8년(1085년) 신종이 죽고 철종이 즉위하여 원우(元祐)로 연호를 바꾸고 신법을 폐지하니 역사에서는 "원우의 변경(元祐更化)"이라 불렀다.

'원우의 변경'의 핵심인물은 재상 사마광(司馬光)이었는데 그는 여공저(呂公著), 문언박(文彦博) 등의 원로 대신과 함께 "조상 법도의 회복을 우선 과제로 삼아," 신법은 "옳은 것을 버리고 나쁜 것을 취하며 해로운 것을 흥성하게 하고 이로움을 없애는 결과를 낳았는데, 명목상으로는 백성을 위한다고 하지만 사실은 백성을 병들게 하고 국가에 도움이 된다고 말하지만 사실은 국가를 상하게 했다"고 공격했다. 원우의 변경과 희령 신법은 다른 것이었지만 유사한 측면도 있어 양자 사이에는 뒤섞이고 계승하는 부분이 있었다. 사마광과 왕안석의 차이는 적자 누적과 무력 약화 상황을 어떤 방법을 사용하여 벗어날 것인가 하는 점에 있었다. 왕안석은 그와 사마광이 "알고 지낸 지는 오래이나 일에 대한 생각이 매번 맞지 않았는데" "사용하는 방법이 많이 달랐기 때문이다"라고 말했다. 사마광 또한 그와 왕안석이 "취향은 서로 다르지만 큰 목적은 같았다"라고 말했다. 《여도기문(呂陶記聞)》은 원우의 정치를 언급하면서 "원풍의 법이 불편하여 가우의 법(즉 변법 이전의 구법)을 부활시켜 고쳤으나 모두 바꿀 수는 없었고 대략 신구의 두 법을 병용하였는데 백성의 편리함을 중시했다. 이에 반씩 균등하게 법을 실행했다"라고 주장했다. 원우 시기에 "대략 신구 두 법이 병용되었다"는 인식은 뛰어난 혜안을 가진 심오한 견해로서 당시의 실제 상황이 바로 그와 같았다. "신법에서 국가를 이롭게 하고 백성에게 도움이 되는 것을 선택하여 남기고, 백성을 해롭게 하고 국가에 손상을 입히는 것은 모두 제거했다."

왕안석은 "군주에 의해 임용되니 군주의 근심을 걱정하고, 백성에 의지하여 살아가니 백성의 우환을 우려한다"고 주장하여 유가의 경술로써 세속사를 처리하여 "손해는 남는 것으로 보충하며" "가혹한 징수를 없애 농민을 풍족하게 한다"고 주장했다. 그는 《주례》를 특별히 중시하여 "《주례》는 재정 관리가 그 반을 차지한다"고 말했는데, 신법은 주례에서 이론적 근거를 찾은 것이 적지 않았다. 하지만 이 때문에 경제관리 수단으로 국사를 처리하고 이를 제도화하려는 왕안석의 시도와 자체 모순되는 점을 피할 수 없었다. 변법 시기에 왕안석은 이전의 뛰어난 주석서에 구애받지 않고 《주례》, 《시》, 《서》를 해석하여 《삼경신의》를 썼는데, 그는 "성인의 가르침은 위기를 없애고 혼란을 다스리는 데 있다"는 점에 관심의 초점을 두었다. 희령 8년에 조정에서 《삼경신의》를 반포하여 학교 교재로 삼은 후, 형공(荊公)의 신학(新學)으로 불리며 일세를 풍미했다. 사마광이 보수적 현실주의자라고 한다면 왕안석은 급진적 이상주의자로서 왕안석은 유가의 도덕 이상을 실현 목표로 삼았기 때문에 후세에 그에 대한 평가는 아주 다양하며 변화가 많았다.

《동양문화사》의 저자 페어뱅크와 라이샤워는 왕안석의 변법을 다음과 같이 보았다. "그의 개혁 가운데 일부, 예컨대 토지세의 등급화, 저리 대부법 및 노역의 완전 폐지와 같은 그의 일부 개혁은 분명히 경제와 행정상에서 진보된 방안이었으나 그 외의 물가 조절, 정부의 상품 통제 및 집단 담보제와 민병 제도는 이전의 제도를 부활시킨 것에 지나지 않았다. 왕안석은 한대의 왕망과 마찬가지로 그의 개혁이 고대 경전의 내용과 부합한다고 선언했다. 다른 측면에서도 왕망과 서로 닮았는데 왕안석이 '사회주의자'로서 비난과 찬양을 받았지만 그의 유명한 선배와 비교할 수 없을 정도로 훨씬 더 많은 사회평등 사상을 담고 있었다." 심지어 《세계문명사》의 저자 번스와 랠프는 농민을 이롭게 하려는 왕안석의 주장은 근대 각국 정부가 추진한 몇몇 정책의 선구로서 그의 전체 강령은 일종의 '국가사회주의'에 근접한다고 말했다.

## 60. '토지 제도의 미확립'과 정전한전론(井田限田論)

송나라는 전국의 편호제민을 주호와 객호 두 부류로 나누었으나 이전 왕조의 주호, 객호 개념과는 자못 달랐다.

위진 이래로 '객호'라는 말은 세가대족(世家大族, 명문세가)의 호적에 호구가 붙어 있는 '사속(私屬)'의 전객(佃客), 부곡(部曲)과 같은 부류를 지칭했다. 당 중엽 이후 객호는 종종 주호〔혹은 토호(土戶)〕와 대비되어 '사속'이 아닌 '객적호(客籍戶)'로서 '토착호(土著戶)'인 주호와 서로 구별했다. 주호는 원적지에 편성된 재산이 있는 호로서, 편호(編戶), 거호(居戶), 실호(實戶), 정호(正戶)라고도 불렸다. 객호는 본관 이외의 지역에 일시 기거하는 호로서 그중에는 재산이 있는 호도 있었지만 재산이 없는 호가 다수로서 부기호(浮寄戶), 부호(浮戶) 등으로도 불렸다. 양세법(兩稅法) 실행 이후에 주호와 객호를 불문하고 일률적으로 "거주지에 따라 장부를 만들어" 소재지에 호적을 편입하여 양세를 징수했다. 그것이 오랜 시간이 지속되면서 객호의 객적호(客籍戶) 성격이 점차 소멸되기에 이르렀다. 송나라에 이르러 객호와 주호는 주로 토지와 재산의 소유 여부에 따라 구별되었는데 이제 주호는 이전의 토착호(土著戶)가 아니라 재산이 있는 호였다. 객호는 더 이상 이전의 객적호가 아니라 재산이 없는 호였다. 객호 가운데 방곽객호는 수가 아주 적었고 대부분은 향촌 객호였다. 향촌 객호는 전객〔佃客, 전호(佃戶)〕이 중심이 된 가난한 농민이었기 때문에 당시의 사람들은 객호를 거의 전객을 가르키는 말로 사용하였다. 물론 세밀하게 보자면 객호는 전객과 완전히 같은 것은 아니었다. 송대의 호구 통계에서 주객호 비율은 지역마다 달랐는데, 대체적으로 말하면 객호가 약 총 호수의 1/3을 점유했다.

총 호수의 2/3를 차지하는 주호의 대부분은 향촌 주호였고, 방곽 주호는 일부에 지나지 않았다. 향촌 주호는 토지 재산을 근거로 다섯 등급으로 나뉘었는데, 대체로 1등호는 토지 수백 무에서 수천 무 이상의 대지주이고, 2등호는 수백 무 이하의 중지주, 3등호는 100무에서 50무의 토지를 가진 소지주나 자작농이고, 4등호는 50무에서 20무의 토지를 가진 자작농, 5등호는 20무 이하의 자작농이었다. 이 때문에 1, 2, 3등호는 향촌 상호(上戶)라고도 불렸고, 4, 5등호는 향촌 하호(下戶)라고 불렸는데, 향촌 하호가 주호의 주체로서 항상 10중에 8, 9를 점하여 그들은 국가 부세와 요역의 주요 담당자였고 사회 안정의 주요 요인이었다. 신종 때에 여대균(呂大鈞)은 "국가를 다스리는 방책으로 백성을 보호하는 것보다 더 중요한 것이 없는데, 백성 보호의 핵심은 주호를 돌보는 것이고 객호가 토지를 구입하도록 유도하여 주호로 만드는 것이다. 주호가 많으면 나라의 근본이 저절로 튼튼해진다. 현재 알아보니 주호로서 토지가 적은 자가 종종 그 토지를 모두 팔아 버리고 힘 있는 집안에 의존하는데 자신의 토지에도 이익이 되며 부담도 경감하니 유력자의 노복이 된다. 이렇게 되면 주호는 점점 없어지고 객호는 날로 늘어난다. 객호가 비록 많다고 하여도 이리저리 옮겨 다니니 관부가 이용할 수 없다"고 말했다. 따라서 통치자는 힘껏 주호를 확대하여 객호가 주호로 전환하도록 하고, 법령을 반포하여 객호가 토지를 구입하기만 하면 바로 주호로 삼았다.

그러나 이는 사람들의 의지만으로 바꿀 수 있는 것이 아니었다. 토지매매와 지주·소작 관계의 발전에 따라 겸병이 성행하고 빈부가 나뉘어 토지 점유의 불균등 현상이 아주 두드러졌다. 의식 있는 인사들은 적지 않은 하등 주호가 객호로 전락하는 것을 걱정하며, 이러한 사회문제의 원인을 '토지 제도의 미비'에서 찾았는데, 송나라가 그 이전의 왕조와 달리 정전제나 균전제와 같은 토지 제도가 없었다고 본 것이다. 그들이 보기에 만일 인위적으로 일종의 토지 제도를 만들고 복고적인 수단을 사용하여 활발하게 발전하고 있는 소농 경제를 예전의 틀 속에 묶어 둔다면 사회문제는 순차적으로 해결될 것이라고 여겼다. 이는 당연히 현실성이 없었다.

그러나 송대 내내 정전론, 한전론은 가라앉았던 찌꺼기가 다시 일어나듯이 계속되어 거의 끊이질 않았다. 일본학자 스도 요시유키〔周藤吉之〕는 이를 세밀하고 깊게 연구했다.

북송이 건립된 지 얼마 지나지 않아 태종 조광의(趙光義)는 현존하는 토지문제를 보고 정전제에 대하여 끝없는 부러움의 뜻을 노골적으로 흘렸다. 그는 재상에게 "정전제는 실로 국가 경영의 핵심인데 후세에 천하를 장악한 자가 정전을 하지 않아 빈부가 균등치 않으니 국왕의 덕치가 어찌 시행되겠는가!"라고 말했다. 태상박사직사관(太常博士直史官) 진정(陳靖)의 방안은 바로 이런 배경하에서 제기되었다. 정(丁—*성인 남자)에게 토지를 분배하는데 상전(上田)은 정마다 100무를 수여하고 중전(中田)은 정마다 150무, 하전(下田)은 정마다 200무를 준다. 한집에 만일 3명의 정이 있으면, 정 3명 모두에게 토지를 주고 5정의 집에는 3정의 토지(300무)를 주고, 7정의 집에는 5정의 토지(500무)를 주고, 10정의 집에는 7정의 토지(700무)를 주는데 10정을 한도로 하여 한집에 최대 700무로 한다. 관향(寬鄉)은 주택지, 상전(桑田), 채전(菜田)도 지급한다. 이는 분명히 정전제와 균전제의 일부 요소를 뒤섞어 만든 이상적인 방안이었다. 태종은 이 방안이 자신의 의도와 딱 들어맞는 것을 보고 진정(陳靖)을 권농사(勸農使)로 명하여 경서로(京西路)에서 그 방안을 실행하도록 했다. 그 결과가 실패였다는 것은 가히 상상만으로도 알 수 있다. 마단림은 《문헌통고》에서 이 법이 실행되지 못한 것을 대단히 애석하게 생각했는데, 이안세(李安世)의 방안이 북위에서 실행된 데 반해 진정의 방안이 북송에서 실행되지 못한 이유를 이해하지 못하고 "비용이 많이 들어 실행하기 어려웠다"고 생각했다. 사실은 전혀 그렇지 않았는데, 둘의 사회배경이 근본적으로 달라서 소농 경제와 지주·소작 관계가 충분히 발전한 시대에서 인위적으로 원래의 토지관계를 바꾸어 다시 정에 따라 분배하려고 시도하는 것은 현실과 맞지 않는 공상에 지나지 않았다.

정전·균전을 실행할 수 없자, 사람들은 큰소리로 한전을 외쳤다. 인종 때의 한 관료는 토지 겸병이 아주 심한 것을 보고 만일 금지하지 않으면 천하 토지의 반을 형세호가 점유하게 되니 퇴직 관료의 토지 구매는 5경(500무)을 넘을 수 없고 가명으로 토지를 구입하는 자는 고발하자고 주장했다. 이는 한대의 '한민명전(限民名田)'과 의도하는 바가 꽤 비슷하다. 그러나 이는 탁상공론에 불과해 토지소유권의 양도가 합법적이고 임의로 진행되는 시대에 토지 겸병을 제한하려는 생각은 헛된 것이었다. 그런데도 사람들은 이를 관심 있게 논의했다. 구양수의 《원폐(原弊)》가 바로 대표적인 논의인데 그는 겸병의 폐단을 언급하면서 "옛 사람은 사람 수에 따라 토지를 받아 집집마다 살림이 넉넉하고 사람마다 의식이 풍족했으나 정전이 무너지면서 겸병이 홍했다. 현재 대체로 한 호의 땅이 100경에 이르고 객호 수십 가를 거느린다. 〔…〕 무릇 100경의 토지에서 세금을 내는 것은 1호에 지나지 않고, 대신에 온 힘을 다하고 한집에 갖다 바치는 자가 수십 호이니, 국가가 징수를 관대히 하고 세금을 조금만 매기는 은혜를 베푼다 하여도 헛되이 한 집안의 행복만을 늘릴 뿐이고 수십 가의 고통은 항상 변화가 없다"고 말했다. 분명히 구양수는 토지 겸병의 원인을 정전제 붕괴에서 찾았고 따라서 그는 "무릇 정전의 1/10 법은 지금 다시 사용할 수는 없으니 사람 수에 따라 토지를 나누어 주기보다는 백성의 토지를 제한하는 것이 낫다"고 주장하여 여전히 정전은 실행할 수 없더라도 한전을 실행해야 한다는 구태의연한 소리만 읊조리고 있었다.

이런 견해를 가진 자가 그만은 아니었다. 저명한 학자 이구(李覯)는 "빈민의 땅은 송곳을 꽂을 곳도 없지만 부자의 토지는 천맥이 이어져 있는" 현상을 말하면서 "가난한 자는 먹는 것도 자급자족이 안 되거나 자신의 땅도 없어 힘을 쓰고 싶어도 할 수가 없다", "지력을 다 쓰지 못하니 미곡이 많지 않고, 토지가 개간되지 않으니 조세가 증가하지 않는다"고 말하였다. 폐단을 없앨 방법은 어디에 있는가? "사람이 점유하는 토지를 제한하여 각자 100무의 토지를 갖도록 하고 그를 초과할 수 없게 하자"고 했다.

토지 제도에 대해 깊게 연구한 소순(蘇洵)도 현실의 토지 문제를 논급하면서 그 원인을 정전의 폐지에서 찾았다. 그는 "정전이 폐지되어 토지는 경작자의 소유가 아니고 토지가 있는 자는 경작을 하지 않는다. 토지 경작은 부민(富民)에게 도움이 되니 부민의 집안은 땅이 넓어 천맥이 연이어 있어 부객(浮客)을 모집하여 그를 나누어 경작한다. 〔…〕 토지가 있는 자는 한 명인데 경작자는 10명으로 지주가 매일 그 반을 저축하여 부유하게 되고, 경작자가 나머지 반을 먹어 가난하고 굶주리게 되는데도 하소연할 곳도 없다"고 말했다. 그의 대책은 정전제 회복이었다. "정전이 회복되면 빈민이 땅을 소유하고 경작함으로써 곡식이 부자에게 나누어지지 않으니 굶지 않게 된다. 부민은 많은 땅을 차지할 수 없어 빈민을 붙들어 맬 수가 없으니 경작을 하지 않으면 먹을 것을 얻을 수 없다." 이미 천 년 전에 옛 제도를 근거로 정전을 회복하려던 왕망의 개혁이 참담한 실패를 맞이했었는데 하물며 당시에 어떻게 될지는 소순 또한 잘 알고 있었다. 그는 당시 사람들이 주장했던 "부자의 땅을 빼앗아 땅이 없는 사람에게 나누어주자"는 말은 실현 불가능하며 유일하게 가능한 것이 한전임을 아주 명확히 알았다. 그의 한전 방안은 온건하고 절충적이어서 충격을 덜 주는 방안이었다. "이미 내가 정한 한계를 넘는 토지는 어쩔 수 없지만, 이후에 사람들이 한도를 초과하여 많은 땅을 차지하지 못하게 함으로써" 점진적이고 자연스러운 방법으로 토지 점유를 평준화시키려 했지만 토지 사유화, 상품화 정도가 날로 심해지는 시대에 이는 희망 사항일 뿐 실행할 수 없는 환상이라는 것은 분명했다.

정전 · 한전론은 남송 때까지 계속해서 성행했다. 그 이유는 토지 겸병이 전보다 더욱 심해졌기 때문인데, 예를 들면 회서선무사(淮西宣撫使) 장준(張俊)은 관직을 그만둔 후 고향에 돌아와 대량의 토지를 구매해 "일 년에 소작료 60만 곡(斛)을 거두었다". 매 무당 소작료를 1곡으로 계산할 때, 그가 점유한 토지는 60만 무에 달했다. 더욱이 순우(淳祐) 6년(1246년) 전중시어사(殿中侍御史) 겸 시강(侍講) 사방숙(謝方叔)이 "지금 백성의 기름은 모두가 권세가의 것이 되니 소작료가 1백만 석에 이르는 자가 있다"라고 할 정도로 상황은 심각했다. 즉 1백만 석에 달하는 토지를 소유한 '권세가'가 있었던 것이다. 이런 배경하에서 나라를 걱정하고 백성을 걱정하는 일부 사대부가 다시 정전 · 한전론을 소리 높여 외치며 대책을 모색했다.

이런 논의를 선도한 자가 광주(廣州) 주학교수(州學教授) 임훈(林勛)이었다. 그는 건염(建炎) 3년(1129년)에 조정에 《본정서(本政書)》 13편을 올려서 사회문제의 치유책으로 "예전 정전 제도의 모방"을 제시했다. 그의 정전 방안은 완전히 서주의 제도를 모방한 것으로 "100보를 1무, 100무를 1경, 9경을 1정(井)으로, 정의 제곱을 1리(里)"로 하는 기본 구도를 바탕으로 토지 분배 방안을 만들었다. 1정 9경에서 1경은 거주지와 정원으로 하고 그 나머지 8경은 한 집이 1경씩 갖는다. 분명히 이는 지나치게 진부한 구상으로서 그 자신 또한 실시할 방법이 없음을 알았다. "빈부가 같지 않으니 균등하게 바꿀 수 없고 남는 것을 빼앗아 부족한 것을 보충하면 백성이 두려워한다." 이에 그는 절충적인 방법을 제시하여 토지 사유제 및 지주-소작관계를 바꾸지 않는다는 전제하에 토지 점유 수량과 토지 매매를 제한함으로써 자연스럽게 평등한 토지 점유를 실현하여 한 성인 남자가 50무의 토지를 소유하는 이상적인 구상을 실현하려고 했다. 이는 그의 정전 방안보다 더욱 실현 가능성이 없어 당연히 실제 문제의 해결에 도움이 안 되었다.

그러나 임훈의 《본정서》가 뜻밖에도 적지 않은 저명인사의 갈채를 받았던 것은 이해하기 힘든 사실이다. 주희(朱熹)는 임훈이 "아주 적절하게 말했다"고 했다. 장식(張栻)은 임훈의 《본정서》는 "그 설이 근본적으로 뛰어나지만", "실행할 수 없는 것이 매우 애석하다"라고 말했다. 설계선(薛季瑄)은 임훈이 "옛 제도를 끌어내어 현재에 적용하니 즉 현재에 옛 제도를 실행했다", "현재 세상에 있으면서 옛 제도를 실행하려 했는데, 그 참된 면목은 실행하기 어렵다는 것을 알았다"라고 말했다. 진량(陳亮)은 임훈이 "옛것을 연구하여 현재에 검증하였는데 사려가 주도면밀하여 세상에 정목(井牧)의 학(學)으로 알려진 것 가운데 그 견해가 훈의 것을 대체할 만한 것이 없다"라고 말했다. 임훈의 처방은 실제와는 거리가 있었음에도 불구하고, 현실 토지 문제의 폐단을 잘 지적했기 때문에 사상계에 커다란 반향을 일으켰다. 사상계가 온 힘을 기울여서 토지 문제를 해결할 수 있는 방안을 찾으려고 시도한 것은 분명했다. 문제는 모두가 약속이나 한 듯이 뒤를 바라보고 정전 회복이란 생각에서 해결책을 모색하니 사태 해결에 하등의 도움이 되지 않는 것은 당연했다. 사실, 역사적인 시각으로 볼 때에 토지 제도가 만들어지지 못하고 토지 겸병이 일어난 것은 바로 소농 경제가 활발하게 발전하면서 나타난 필연적 현상으로써, 전통 농업은 이런 모순 속에서 자랑스러운 업적을 창조해 내고 있었다.

# 61. 전통 농업의 새로운 발전

갈검웅(葛劍雄)이 주편한 《중국인구사》에 따르면, 북송 이전 인구의 성장은 완만했는데 서한(西漢) 원시(元始) 2년(서기 2년)에 전국에 6천여 만 명이 있었고, 이후 분열과 전란으로 총 인구는 몇 차례 흥기와 쇠퇴를 거쳐서 당 천보 14년(755년)에 약 7천만 명에 이르러 최고조에 달했다. 당나라 말 오대의 동란을 거치면서 태평흥국(太平興國) 5년(980년)에는 겨우 3,540만 명이었다. 경제가 발전하면서 백여 년간 인구는 급속하게 성장했고 12세기 초 북송 말년에 최고조에 이르렀는데, 당시 북송, 요, 서하, 대리(大理) 등을 포함한 총 인구는 1억 4천만 명에 달했다. 인구 성장과 갈수록 심해지는 토지겸병의 압력하에서 농민들은 경지를 확대하기 위하여 황무지를 개간할 뿐만 아니라 산을 개간하고 호수를 막아서 농지로 만들었다. 정부는 과세할 수 있는 경지를 확대하기 위하여, 권세 있는 집은 더욱 많은 토지 재산을 점유하기 위하여 여러 가지 방법으로 토지를 개간하는 데 많은 노력을 기울였다.

**어전(淤田)**—주로 황하 유역에 분포했는데 강물에 쓸려 내려와 충적된 진흙을, 물길을 터트려 농토 내로 끌어들여 토지를 비옥하게 했다. 인종(仁宗) 가우(嘉祐) 연간에 하동로(河東路) 제점형옥(提点刑獄) 겸 하거사(河渠事) 정사맹(程師孟)은 강주(絳州) 정평현(正平縣) 남동(南董) 촌민에게 돈을 내어 물길을 트기를 권장하여 마벽곡(馬壁谷)의 물을 끌어들여 메마른 농토 500여 경에 감탕이 쌓이게 하였다. 원래 무당 수확이 5–7두였는데, 어전으로 바꾼 후에 수확량이 무당 2–3석으로 증가했고 땅값은 3배나 급등했다. 따라서 정사맹은 그 외의 9주 26현 내에서도 물길을 트고 제방을 만들어, 척박한 전토에 물속의 감탕을 쌓이게 하여 비옥한 양전(良田) 일만 경을 만들었다. 신종 희령 2년(1069년) 비서승(秘書丞) 후숙헌(侯叔憲)은 변하(卞河) 양안의 넓은 방목장 및 공전과 사전 약 2만여 경이 버려진 채로 경작되지 않는 것을 대단히 애석하게 여겨서 어전으로 바꾸도록 건의했다. 신종은 그 의견을 받아들여, 그를 어전사업에 종사하도록 명령했다. 이후 변하 양안의 중모(中牟), 상부(祥符), 진류(陳留), 옹구(雍丘), 상구(商丘)

등에 어전이 아주 많이 만들어져 척박한 땅이 양전으로 바뀌었다. 여러 곳에서 이를 모방하여 성과가 뚜렷했는데, 정부는 어전사(淤田司)라는 기관을 독립 설치하여 책임을 맡겼다.

**사전(沙田)**—양자강과 회하 사이 및 절강 동부의 연해 일대에 많이 분포하는데, 강물이나 바닷물이 밀물 때 거슬러 올라오면서 진흙이 수면으로 밀려나와 쌓인 것을 부근의 농민이 개간하여 농토로 삼았다. 농지가 비옥하고 생산량이 꽤 높았다. 새로 불어난 사전을 개간하도록 장려하기 위하여 정부는 단기 면세 정책을 실시하여 사전이 날로 늘어나도록 하였다. 남송 때에 이미 사전이 농토에서 차지하는 비중이 높아져서 고전(高田)・산지(山地)・육지(陸地)와 함께 보리 경작을 확대하는 전토로서 도맥 2모작을 성행시켰다. 정부가 장악한 사전은 대단히 중요한 재원이 되었다.

**조전(潮田)**—주로 복건로(福建路)・광서동로(廣南東路)・광남서로(廣南西路) 연해 일대에 분포한다. 기후가 무덥고 강우량이 많아서 조도(早稻)와 만도(晩稻)를 심어 일 년에 이기작을 하여 생산량이 대단히 많았다. 복주(福州) 소속의 민(閩)・후관(侯官)・회안(懷安) 세 현은 조전이 많아 매년 조도와 만도를 두 번 재배했는데, 마익(馬益)은 〈복주시(福州詩)〉에서 "두 번 수확하는 것은 조전이니 세상에 오직 이 하나뿐일세"라고 말했다. 위경(衛涇) 또한 〈복주권농문(福州勸農文)〉에서, "산을 등지고 있는 농지는 일 년에 한 번 수확하나 바닷가에 인접한 벼는 일 년에 두 번 수확한다"라고 말했다. 광남동(광남동)・서로(西路) 또한 이와 비슷해 남해(南海), 번우(番禺), 증성(增城), 동완(東莞), 신회(新會), 향산(香山) 등의 현은 태반이 조전이었는데 "조전은 흉작인 해가 없었고" "곡식은 두 번 거두었다".

**산전(山田)**—복건로(福建路)・강남서로(江南西路)・형호남로(荊湖南路)・광남동서로(廣南東西路) 등지에 많았다. 당대의 농민들은 산지에서 한작(旱作)에 종사하여 화전의 원시경작법을 사용하였는데 사전(畬田)이라고 불렀다. 범성대(范成大)는 "사전은 골짜기의 화전을 하는 땅이다. 봄에 산을 파헤쳐 숲을 모두 베어 버렸다. 씨앗을 뿌릴 때쯤 되면 비 올 기미를 살펴 그 하루 전에 불을 질러 그 재를 거름으로 했다. 다음

날 비가 내리면 토지에 온기가 있는 동안 씨앗을 뿌리니 싹이 나고 수확은 배는 된다"고 했다. 경제 개발이 더욱 진행되면서 농민은 이런 낙후한 경작 방법을 바꾸어 계단식 밭을 만들었는데, 산전이라 불렸으며 물을 끌어들여 관개를 하여 벼를 심을 수 있었다. 한기는 "천 개의 봉우리에 길은 없지나 않을까, 굽은 오솔길엔 수레 하나 겨우 지나가고, 산 까마귀 지나가는 구름에 재잘대며, 농사짓는 사람들은 재 중턱에서 호미질하네"라고 산전의 경작을 구체적으로 묘사한 시를 썼다.

**우전(圩田), 위전(圍田), 호전(湖田)**—우전과 위전, 호전은 같은 유형의 수리전(水利田)에 속하는데, 대체로 지역에 따라 부르는 것이 달라서 강동로(江東路), 회서로(淮西路)는 대부분 우전이라고 불렀고, 절서로(浙西路)는 주로 위전이라 했으며, 절동로(浙東路)는 대부분 호전이라 불렀는데, 거의 대동소이했다. 양만리(楊萬里)는 "강동은 물이 많은 지방인데, 하천의 양끝에 제방을 치고 그 가운데에 농토를 만드니 그를 일컬어 우(圩)라 했다. 우는 둘러싸는 것으로 농부는 안으로는 농토를 둘러싸고 밖으로는 물을 막아낸다"고 말한다.

우전은 오대에 처음 나타나는데 태평주 무호현의 진가우는 토호 진씨가 만든 것으로 남당 정권은 그를 관전으로 바꿨고, 송 인종 때에는 수리 복원하여 만춘우라고 개칭했다. 제방은 넓이가 6장, 높이가 1장 2척, 길이가 84리로 우 내의 농토는 1,270경이었다. 우전은 가뭄과 장마의 영향을 덜 받고 토질이 비옥한 장점이 있었는데, 북방의 인구가 남쪽으로 이전해 오면서 우전이 대량으로 만들어졌다. 예를 들면 태평주(太平州) 당도현(當涂縣)의 이국우(利國圩), 광제우(廣濟圩), 선주(宣州) 선성현(宣城縣)의 혜민우(惠民圩), 태평주(太平州) 무호현(蕪湖縣)의 도신우(陶新圩), 정화우(政和圩) 등이 있었다.

강남 각지는 저지대의 소택지를 둘러싸 개간한 후 위전으로 만들었는데, 사전(私田)과 관전(官田)이 있었다. 평강〔平江, 즉 소주(蘇州)〕성의 북쪽 주민이었던 주씨는 국수를 팔아 생계를 유지하고 돈을 번 후, 진펄의 저습지를 사들여서 위전으로 만들었는데, 이는 바로 개인이 위전을 만든 예이다. 대부분은 정부가 백성에게 위전을 만들도록 강요하여 관장(官庄)을 설치하고 경영했다. 이런 종류의 위전은 토질이 비옥하고 관개가 편리하여 벼를 심어 많은 수확을 거둘 수 있었다.

강남에는 호수와 저수지가 곳곳에 널려 있고 농업 경제는 발달한 반면, 사람은 많고 토지는 적으니 정부와 형세호가 호수를 메워 토지를 만들고 호전(湖田)이라고 불렀다. 예컨대 정부는 월주〔越州, 현 소흥(紹興)〕 감호(鑒湖)를 메우고 토지 20만여 경을 만들었다. 정부는 명주〔明州, 현 영파(寧波)〕 광덕호(廣德湖)를 메워 농토를 만들었는데, 매년 소작료가 1만 9천여 석이었다는 것으로 볼 때, 면적이 2만 무 이상임을 추측할 수 있다. 호전의 대량 개간은 수리 관개 체계와 생태 균형을 파괴했기 때문에 얻는 것보다 잃는 것이 더 많아 정부는 토지를 없애고 호수를 복원하여 호수와 저습지를 수리하지 않을 수 없었다.

각종 개간에 따른 경지 면적의 확대로 일종의 외연적 발전이 이루어진 한편으로 정교한 농사와 집약 경영과 같은 내적 발전이 더욱 중요해졌다.

일본학자 아마노 모토노스케〔天野元之助〕의 연구에 따르면 주요 양식 작물인 벼의 경작 지역이 확대되었을 뿐만 아니라 경작 기술과 경영 방식에도 장족의 발전이 있었다. 이는 주로 다음의 3가지 측면에서 드러났다.

**첫째, 점성도의 도입과 확대**—조도(早稻) 우량 품종인 점성도(占城稻)는 송나라 초에 들어와서 복건로에서 재배되었다. 진종(眞宗) 대중상부(大中祥府) 3년(1011년)에 조정은 사신을 복건에 파견하여 점성도종 3만 곡을 가져다 강남, 회남, 양절(兩浙) 등의 로(路)에 나누어 보내고 천수답으로 가뭄이 쉽게 드는 토지에 씨앗을 뿌리고, 재배법을 게시 공포하여 확대를 도모했다. 점성도는 색이 희고 맛이 달며, 가뭄에 강하고 일찍 성숙하기 때문에 한도(旱稻), 한선(旱秈), 조도(早稻), 조점성(早占城)이라고도 불렸다. 100여 년 동안 확산되어 남송 시기에는 강남 각 지역의 10곳 가운데 8~9곳은 점성도를 심었는데, 회남(淮南), 강남동·서(江南東西), 양절(兩浙), 형호(荊湖) 등의 로(路)에 보편적으로 퍼졌다. 조생종인 점성도가 보급되었기 때문에 남송 시기의 절동로는 이미 조도, 중도, 만도의 구분이 생겨 벼 재배 기술의 명확한 발전을 보여 주었다.

**둘째, 직파법(直播法)에서 이앙법(移秧法)으로의 변화**—벼의 직파법은 조방(粗放)한 재배 방법이었는데, 송대의 농민은 직파법을 이식법으로 바꾸어 큰 발전을 이루었다. 과거에 벼 씨앗을 직접 논에 뿌리던 방식에서 먼저 벼 씨앗을 모판에서 기른 후에 농토에 옮겨 심어(즉 모심기) 재배하는 방식으로 바뀐 것이다. 이앙법은 씨앗을 물에 담기·모판 정리·모심기의 몇 개 과정을 중시했는데, 민간에는 "2월 초에 씨앗을 물에 담그고 4월 중에 모내기를 한다"는 말이 있었다. 강남의 농업생산 경험을 총괄한 진부(陳旉)의 《농서(農書)》는 모를 심어 관리하는 방법을 전문적으로 서술했다. 주희 또한 〈권농문〉에서 "씨앗을 물에 담가 싹을 틔우고 논을 깊게 갈고 모를 심으니 일찍 심은 자는 수확도 역시 빠르며, 많은 힘을 쏟은 사람은 거두는 것도 역시 많다"고 말했다. 양만리(楊萬里)의 시 〈삽앙가(插秧歌)〉는 "농부가 모판을 던지니 그 아낙네 받고, 어린아이 모를 떼어내니 어른이 심네"라고 적었다. 노동 강도를 경감하기 위하여 적지 않은 지방의 농민이 '앙마(秧馬)'와 같은 이앙 도구를 만들었는데, 조훈(曹勛)의 시에는 "오랫동안 농사일에 익숙하니 흥이 절로 더하누나, 모내기가 마치 빠른 말을 탄 듯하네"라고 노래했다.

**셋째, 세밀한 농경**—추수 후에 곧바로 논을 가는데 두세 차례에 걸쳐서 깊게 갈아두면 겨울을 지나면서 서리와 눈으로 얼어붙어 토양은 푸석푸석하고 잘게 부서지며 썩은 풀과 나뭇잎이 쌓여 들어갔다. 다음 해 봄에 다시 두세 차례 논을 갈고 써레질하면, 흙은 진흙처럼 고와지고 온기가 있으며 토질이 좋아졌다. 논을 가는 데에는 소 쟁기를 사용하거나 답려(踏犁)를 사용했다. 답려는 농사에 쓸 소가 부족한 지역에서 사용하는 인력 경작용의 농구로서 북송 시기에 두 차례에 걸쳐 답려를 확대 보급하여 소 전염병이 발생한 지역의 경작 곤란을 완화했다. 답려는 우경의 절반 정도의 성과를 낼 수 있었다고 한다. 모가 많이 자라면 김을 매 주어야 하는데, 노동력을 절감하는 운조(耘爪), 운탕(耘蕩) 등의 도구가 출현했다. 벼의 재배에는 수리 관개가 상당히 많이 필요했기 때문에, 수리 관개가 이 시기에 비교적 많이 발전했다. 사천에서는 통차(筒車), 방아두레박(桔槔), 수사(水梭) 등을 사용하여 관개를 실행했다. 강남, 양절 일대에는 우전·위전·호전이 증가하면서 지형적 이유 때문에 이전의 방아두레박·용두레를 사용하기 어렵게 돼 일반적으로 효율이 더욱 높은 용골차〔翻車, 踏車〕로 바꾸어 12장 높이의 논에 물을 끌어 댈 수 있었다. 범성대(范成大)는 "낮은 곳의 논에는 강에서 용두레로 물을 푸고, 높은 논 두둑엔 강물 흐름을 바꾸어서 물을 대나니, 지세가 일정치 않아 사람이 온 힘을 다 쏟으니, 정남은 용골차 위에서 성장하네"라고 시를 썼다.

세밀한 농경의 결과 벼의 단위 면적당 생산량은 전에 비해 뚜렷하게 증가했다. 고사득(高斯得)은 양절 일대에서 생산량이 높은 지대는 "가장 좋은 땅 일무에서 5, 6석을 거두었다. 때문에 속담에 '소호가 풍년이면 천하가 풍족하다(蘇湖熟, 天下足)'는 말이 있다. 그 땅이 비옥하긴 했지만, 이 역시 사람이 온 힘을 기울였기 때문이다"라고 말했다.

벼농사 외에 기타 농작물의 재배와 가공도 비교적 빨리 발전했다.

**첫째, 강남의 밀 재배 확대와 쌀·밀 이모작제**—밀은 원래 북방이 주요 재배지이나 당에서 북송 사이에 점차로 장강 이남까지 확대되어 북송 중엽에 강남에 쌀과 밀의 이모작이 출현했고, 남송 때에는 강남의 밀 재배가 많이 발전했다. 북송 말 남송 초기에 북방의 인구가 대거 남하하면서 분식 습관을 전파하여 일순간에 소맥에 대한 수요량이 격증하고 가격은 나날이 올라가서 남송 농민의 적극적인 밀 재배 의욕을 자극했다. 또한 소작계약은 예전과 마찬가지로 매년 가을 수확으로 소작료를 내던 원래의 관례를 따랐기 때문에 전호는 가을에 수확한 벼에서 규정액에 따라 소작료를 내고, 밀은 소작료를 내지 않아 모두가 전호의 소유가 된 점도 쌀과 밀의 이모작제가 확대되는 데 주목할 만한 요인이었다. 당시 사람 황진(黃震)은 "밀 재배는 소작료를 내지 않았기 때문에 1석을 수확하면 1석을 갖고, 10석을 수확하면 10석을 가질 수 있었다"라고 말했다. 경제법칙이 강남 맥작의 보급에서 결정적인 역할을 했다. 밀이 보편적으로 재배되면서 과거에 벼 하나만을 심던 경작 제도는 쌀과 밀을 번갈아 심는 선진적인 경작 제도로 바뀌어 농업의 생산 기술 수준이 크게 발전하였다. 이에 상응하여 벼의 재배는 남에서 북으로 확대되었는데, 태종 때에 하북(河北) 연변에 둔전을 설치하고 하승구(何承矩)에게 웅주(雄州), 막주(莫州), 패주(霸州)에 논을 만들어 벼를 가져다 심도록 하였다. 그후 하북로, 하동로, 경서로에 모두 논이 생겨 벼를 재배했다.

**둘째, 상품 작물의 재배와 가공**—양식 생산이 증가하고 상품 경제가 농촌으로 스며들어 가면서 상품 작물의 재배와 가공이 상당히 크게 발전했다. 농촌에 양잠, 차, 채소, 옻, 꽃, 과실, 사탕수수 등을 전문적으로 경영하는 전문 농가가 출현하여 개인 소상품 생산에 종사하면서 전통농업의 자급자족식 경제 형식을 넘어섰다. 가장 주목할 만한 것은 양잠업이었다. 송대는 양잠업의 중심이 남쪽으로 이동한 시대로서 새로 형성된 남쪽 양잠 구역은 양잠, 제사, 직조의 여러 방면에서 모두 북방을 훨씬 앞섰다. 이는 양잠 견직업이 전통적으로 가정 부업이었던 것에서 분리되어 새로운 농업 분과를 형성했기 때문이었다. 누숙(樓璹)의 〈경직도(耕織圖)〉는 남방 농촌의 양잠 경영을 생동감 있게 묘사했다. 그림에 따르면 양잠, 제사에 종사하는 사람이 74명으로 그중에 성년 남자가 24명, 소년이 3인으로 양잠 견직업은 이미 농촌 가정의 부업에서 독립되어 전문 생산에 들어섰고, 남자도 비로소 이 업에 참여하게 되면서 전통적인 '남경여직(男耕女織)'과는 확연히 달라졌다. 태호(太湖) 유역의 호주(湖州)는 이 방면에서 월등히 앞서나가서 가태(嘉泰)의 《오흥지(吳興誌)》에는 "산향(山鄉)은 양잠으로 일 년 수입을 마련하는데 부잣집은 수백 개의 누에 채반을 보유했고 아울러서 직조를 같이 했다"고 기록했다. 진부의 《농서》는 호주 농가가 "오직 양잠

〈경직도〉(남송)

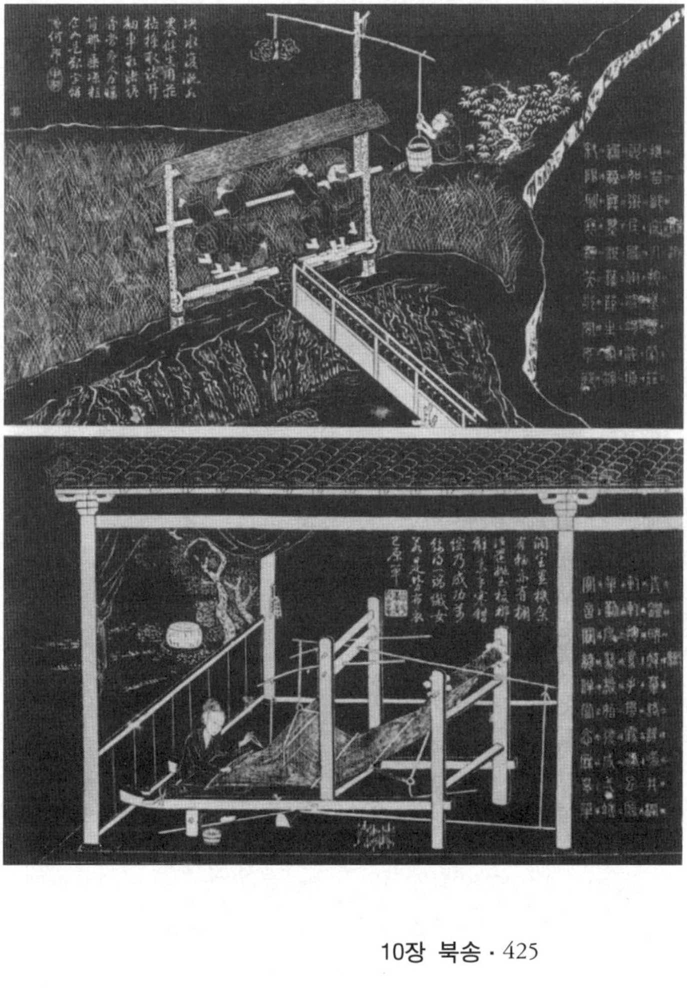

으로 생계를 유지했다"라고 기록하여 양잠 경영이 농가 경제에서 이미 중요한 위치를 차지했음을 지적했다. 한편으로 농가가 누에를 키운 이후에 제사 제견을 하여 상품으로 시장에 내다 팔아 돈을 벌어 생계를 유지한 점도 분명하게 지적했다. 진부는 "식구 10명의 가정이 누에 채반 10개를 관리하여 채반 하나에서 누에고치 12근을 얻는다. 한 근마다 실 1량 3분을 얻고, 5량의 실로 조그만 비단(小絹) 한 필을 짜고, 한 필의 명주로 쌀 1석 4두와 바꾸니 명주와 쌀값이 비슷했다. 이 일 년 수입을 의식 비용으로 사용했는데 아주 딱 들어맞았다. 한 달의 노동이 일 년 내내 일하는 것보다 나으며 가뭄과 홍수가 일어날 일이 없으니 어찌 넉넉하지 않겠는가!"라고 지적했다. 진부의 기록에 따르면 식구 10명의 가정이 누에 채반 10개를 관리하여 누에고치 120근을 얻을 수 있고, 156량의 실을 뽑을 수 있으며 명주 31필을 짤 수 있었는데 한 필의 명주에 쌀 1석 4두의 교환 비율로 계산하면 31필의 명주는 43석 4두의 쌀에 상당했다. 이를 당시 최고 생산량인 무당 3석으로 계산하면 좋은 논 14무 4분 7리의 일 년 수확에 상당했다. 진부의 《농서》가 이처럼 양잠 경영을 중시하고 "단지 양잠으로 생계를 유지했다"고 말한다 해도 이상할 것이 없었다.

## 62. 최상의 과학 성취

조셉 니덤(Joseph Needham)의 《중국의 과학과 문명》은 중국 과학 기술은 송대에 이미 최고조에 이르렀고 사실 많은 분야에서 18세기 중엽 산업혁명 이전의 영국과 유럽의 수준을 이미 넘어섰다고 지적했다. 이는 확실히 사람들의 주목을 끌기에 충분했다.

인쇄술, 나침반, 화약, 제지술의 4대 발명은 중국이 세계 문명사에서 이룬 거대한 공헌인데, 그중의 세 항목인 인쇄술, 나침반, 화약은 송대에 획기적으로 발전했다.

당, 오대 시기에 목판 인쇄술을 사용하여 책을 인쇄하기 시작했는데, 북송 때에 더욱 발전하여 국자감에서 인쇄한 책은 감본(監本)이라 불렀고 각지의 민영 서방(書坊)에서 인쇄한 책은 방본(坊本)이라 불렀다. 북송 초에 성도(成都)에서 《대장경》 13만 판을 새기고, 국자감에서 경서와 역사책 10여 만 판을 새겼는데, 규모가 크고 일이 많고 번잡하여 큰 편폭의 저작을 인쇄하는 데 상당히 불편했다. 심괄(沈括)은 《몽계필담(夢溪筆談)》에서 송 인종 경력 연간(1041-1048년)에 평민 필승(畢昇)이 활자 인쇄술을 발명했다고 기록했다. 점토를 이용하여 글자를 새겼는데 글자 모양이 튀어 나오게 하여 글자 하나하나를 하나의 도장처럼 만들어서, 불에 구워 딱딱하게 만들어 글자 도장〔字印〕을 만들었다. 그리고 철판 위에 송진, 밀랍, 지회(紙灰)를 바르고 인쇄할 하나하나의 글자를 배열하여 철판에 끼워 넣은 후에, 다시 불로 판을 구워 송진과 밀랍이 녹게 한 후 다른 평평한 판을 사용하여 위에서 눌러 평평하게 만들면 먹을 발라 인쇄할 수 있었다. 필승의 이 발명은 활자, 조판, 인쇄의 3공정을 포함했는데, 근대 활자 인쇄의 선구로서 후세의 목활자, 동활자 및 연활자 인쇄술은 바로 이를 기초로 발전한 것이다. 1991년 영하성(寧夏省)의 하란현(賀蘭縣)에 있는 배사(拜寺)의 구방탑(溝方塔)에서 발견된 서하(西夏)의 활자 인쇄본 《길상편지□화본 속권 제삼(吉祥遍至□和本續卷第三)》은 세계에서 가장 빠른 목판 인쇄본이다.

활자 인쇄술은 편리할 뿐만 아니라 시간을 절약하였기 때문에 문화의 전파를 촉진하고 보편적으로 중요하게 받아들여졌다. 후에 조선, 일본, 이집트 및 유럽으로 계속 전파되었다. 브로델은 《물질문명과 자본주의》에서 "필승이 1040년에서 1050년에 활자 인쇄술을 발명하여 인쇄술의 면모를 일신시켰으나 〔…〕 이 활자는 거의 확대되지 않았다. 〔…〕 그러나 14세기 초에 나무 활자는 이미 널리 사용되고 있었고 심지어 투르키스탄까지 전파되었다. 15세기 전반기에 중국과 조선에서 금속활자로 개선되었는데, 마인츠 출신의 구텐베르크가 활자 인쇄술(15세기 중엽)을 발명하기 50여 년 전에 광범위하게 전파되었다"고 지적했다.

일찍이 전국 시대에 누군가가 자석이 남쪽을 가리키는 특성을 이용하여 '사남(司南)'을 발명했는데, 즉 "남쪽을 가리키는 수저(司南之勺)"로서 "그 자루가 남쪽을 가리켰다". 후에 사람들이 쇠바늘을 자석에 비벼서 자성을 띠게 하여 지남침(指南針)을 만들었

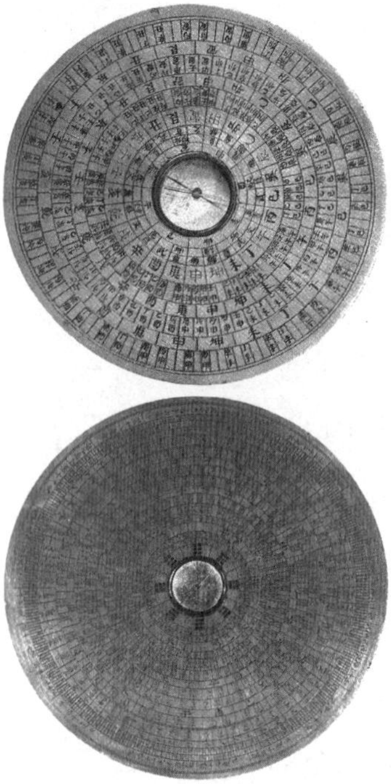

지남침

다. 이는 아마도 병가 혹은 음양가〔方術之士〕의 발명일 것이다. 북송 경력(慶歷) 연간에 만들어진 《무경총요(武經總要)》에 "지남차(指南車) 및 지남어(指南魚)를 꺼내어 방위를 판별하는" 야간 행군 방법이 이미 기록되어 있었다. 심괄은 《몽계필담》에 지자기(地磁氣)가 편각이므로 천연 자석에 강철 바늘을 마찰하여 자성을 띤 자침을 만들어 남쪽을 가리키게 할 수 있다고 서술했다. 아울러 자침을 매다는 4가지 방법을 소개했다. 송대의 군대는 '지남어(指南魚, 자성을 띤 얇은 철판으로 만듦)'를 사용하여 흐린 날과 늦은 저녁에 행군 방향을 판단했다. 후에 자침과 방위판이 하나로 된 장치인 나경반(羅經盤, 즉 나침반)으로 발전했다. 증삼이(曾三異)가 《인화록(因話錄)》에 기록한 '지라(地螺—*물그릇에 바늘을 띄워 방위를 판별함)'는 수라반(水羅盤)의 일종이었다. 북송 선화 원년(1119년)에 주욱(朱彧)이 쓴 《평주가담(萍洲可談)》은 당시 항해에서 지남침을 사용한 상황을 기록했다. "사공이 지리를 알아 밤에는 별을 관찰하고 낮에는 태양을 보았으며, 날이 흐리고 어두우면 지남침을 보았다." 서긍(徐兢)의 《선화봉사고려도경(宣和奉使高麗圖經)》 또한 "만일 어두우면 지남침을 사용하여 남북을 헤아렸다"고 말했다. 이런 지남침은 또한 수라반이기도 했다. 이로써 늦어도 북송 후기에 지남침이 이미 항해에 사용되었음을 추측할 수 있다. 남송 때에 아라비아 상인이 자주 중국 해선에 탑승하여 지남침의 사용법을 배워 유럽에 전파시켰다.

화약은 아주 오래된 발명품의 하나로 고대 연단술을 연구하던 사람들은 유황, 초석과 목탄의 혼합물이 폭발 능력이 있다는 것을 발견했다. 당 말에 화약을 전쟁에 사용하기 시작하여 '화약전(火藥箭, 화약머리에 화약과 도화선을 묶은 화살)', '발기비화(發機飛火, 즉 화약 포대를 던지는 투석기)'가 출현했다. 화약은 북송 초에 전쟁에 널리 사용되었고, 남송이 멸망당할 때에 화포, 화전(火箭)이 사용되었으며, 이후에 화구(火球), 화질리(火

蒺藜, 가시 철 조각을 내장한 화약 포대)가 나타났다.

진공량(曾公亮)이 주편한 《무경총요(武經總要)》에 상세히 기록되어 있는 세 가지 화약 제조 방법을 통해서 볼 때, 당시에 군사 부문의 화약 생산이 이미 상당한 규모에 달했음을 알 수 있다. 이 책의 기록에 의하면 화전(火箭)은 "화살 머리에 화약을 설치하는 것"이고 화구(火球), 화요(火鷂), 연구(烟球)는 점화 후에 대포로 쏘는 것이다. 당시에 근대 포탄과 유사한 철화포(鐵火砲)가 출현했지만, 여전히 투석기를 사용하여 투척했다. 이후에 또한 돌화창〔突火槍, 굵은 죽순대를 이용해 만든 것으로 화약과 '자과(子窠—*탄환)을 내장하여 화약 점화 후에 충격에 의하여 '자과'를 쏘아냈다〕'을 발명했는데, 이는 세계에서 가장 빠른 관형(管形) 화기로서 원, 명 시대에 출현한 금속 관형화기인 통화포(統和砲)의 기초가 되었다. 화약 제조 기술은 1230년에 이란을 거쳐 아라비아에 전파되었는데 아라비아 인은 화약을 '중국 소금〔中國鹽〕', '중국 눈〔中國雪〕', '파로덕(巴魯德)'이라고 불렀다. 이후 화약은 무슬림 통치하의 스페인을 거쳐서 유럽에 전파되었다. 화약과 화약 무기의 광범위한 사용은 유럽 역사에 아주 큰 영향을 끼쳤다. 브로델은 과학기술사 전문가들이 서방의 민족주의 때문에 유럽이 중국을 보고 배운 것을 부정하거나 중요성을 축소했다고 역사가 특유의 엄밀하고 객관적인 태도로 지적했다. 뛰어난 과학기술사 전문가 미엘리(Aldo Mieli)가 어떠한 억지를 쓰든지 간에 중국인이 화약을 발명한 것이 일종의 '신화'는 아니었다. 중국인은 9세기부터 초석, 유황과 숯 검댕을 사용하여 화약을 만들었으며, 최초의 화기도 중국인이 11세기에 만들었다.

17세기 초, 근대 '과학 방법론의 아버지' 프랜시스 베이컨은 인쇄술, 지남침, 화약의 발명과 유럽 전파를 아주 높게 평가했다. "우리는 각종 발명의 위력, 효능과 결과에 대하여 살펴보아야 하는데 가장 뚜렷한 예는 바로 인쇄술, 화약과 나침반이다. 〔…〕 이 3종의 발명은 모두 세계 전체의 모습과 상태를 바꾸어 놓았다. 첫 번째는 지식을 전파하는 문헌 방면에서, 두 번째는 전쟁상에서, 세 번째는 항해상에서 변화를 일으켰으며 아울러 이런 발명품을 이용하면서 또다시 무수한 변화가 일어났다. 이로 볼 때 세계상 어느 제국, 어느 종파, 어떤 별자리도 이 세 가지 발명에 비하여 인류에 더 큰 힘과 영향을 끼친 것은 없었다!" 베이컨의 말에서 알 수 있듯이 인쇄술의 이용은 지식을 중세기 수도원 수도사의 통제에서 벗어나 널리 전파시켜 교육과 지식 생활의 면모를 변화시켰다. 화약의 이용은 전쟁에 화기를 제공함으로써 중세기의 전쟁 방식을 송두리째 바꿔 놓았고 중세 통치 계급의 붕괴를 야기하여 사회 구조에 근본적인 변화를 일으켰다. 지남침의 사용은 항해 기술에 혁명을 야기함으로써 15, 16세기 지리상의 대발견을 촉진했다. 간략히 말하자면 3대 발명은 유럽이 중세를 끝내고 근대 문명 시대로 진입하도록 만들었다.

3대 발명 이외에 다른 과학 기술도 송대에 뛰어난 성과를 얻었다.

천문학 방면을 살펴보면 인종 때에 만들어진 숭천력(崇天曆)이 얻은 수치는 실제 천체관측 결과와 비교적 비슷했는데 지화(至和) 원년(1054년) 4월 초하루에 일어났던 개기 일식을 숭천력을 사용하여 추산하면 개기일식의 절정은 오후 4시 15분경이었고, 일식 시간은 9분 30초가 채 안 되었는데, 당시 변경(汴京)의 관측소에서 관찰한 기록("개기 일식은 신시에 나타났는데, 9분여 동안 진행되었다")과 거의 차이가 없었다. 당시에 여러 차례에 걸쳐서 비교적 대대적인 항성 관측을 실행하고, 원풍 연간에 관측한 결과를 근거로 원우 3년(1088년)에 항성도를 그렸다. 남송 순우(淳祐) 7년(1247년)에 황상(黃裳)의 천문도를 평강부〔平江府, 지금의 소주(蘇州)〕에서 돌에 새겨 '천문도(天文圖)'라고 이름 붙였다. 현재까지 전해 오는 이 천문도는 천문학사의 연구에 극히 귀중한 가치가 있다.

수운의 상대

원우 연간(1086-1094년)에 소송(蘇頌)과 한공렴(韓公廉) 등은 세계 최초의 천문 시계,

수운의상대(水運儀象臺)를 개발했는데 이는 측량 기구, 표현 기구와 시간 측정 기구를 하나로 융합한 획기적인 것이었다. 이 천문 시계는 3층으로 높이는 약 12미터로서, 맨 위층에는 혼의(渾儀, 혼천의)를 두고, 중간층에는 혼상(渾象, 천구의)을, 그리고 맨 아래층에는 전동 기계 장치를 설치했다. 가장 창조적인 것은 5층 목각으로 된 시간을 알리는 장치였는데, 당시에 하루를 12시진(時辰), 100각(刻)으로 나누고, 밤은 5경(更)으로, 1경(更)은 5주(籌)로 나누어 때에 맞추어 시간을 알려 주었다. 장치 중에 당겼다 놓았다가 하는 원리의 발견과 사용은 근대 시계 구조와 극히 유사했다. 이는 수력으로 작동되었는데, 나종기(擒縱器―*현재 시계의 탈진기와 유사한 장치)를 통하여 의상대가 규칙적으로 시간에 맞춰 돌아가게 하여 시간과 천체의 모습을 동시에 알려 주었다. 높이 약 12미터의 이 거대한 물건은 상당히 정밀하여 시(時)·각(刻)·진(辰)·경(更)에 따라 자동으로 북을 치고, 딸랑이를 흔들고, 종을 치고, 징을 울렸으며 아울러서 목패를 들어 시간을 알렸다. 혼상의(渾象儀)는 톱니바퀴와 중심 바퀴축이 서로 연결되어 돌아가게 하여 천체 운동과 일치시켰다. 11세기 말에 개봉에 설치된 이 천문 시계는 당시 세계 최고의 걸작이었는데, 하루 24시간의 오차가 100초를 넘지 않으며 천체 현상을 추적 관찰하는 기능이 있었다. 500년 이후인 1598년 예수회 선교사 마테오 리치(Matteo Ricci)가 만력 황제에게 헌납한 서양의 자명종이 새로운 발명으로 간주되었으나 중국의 선조가 일찍이 그보다 더 복잡한 천문시계를 발명했던 것은 전혀 모른다! 소송(蘇頌)은 '수운의상대'를 완공한 후에 《신의상법요(新儀象法要)》를 썼는데, 책에 수많은 그림을 첨가했음에도 불구하고 후세 사람들은 여전히 그 핵심을 완전히 파악하지 못하고 있다. 조셉 니덤이 일치감치 수운의상대 핵심 부분의 중심 바퀴를 복원하려고 시도했으나 성공하지 못했고, 일본 쓰쿠바 박람회〔筑波博覽會〕는 중심 바퀴와 시보 부분만을 복원해 냈다. 대만의 과학박물관 전문가가 수운의상대를 복원하였을 뿐만 아니라 물의 추진력으로 거대한 혼의, 혼상 및 시보 체계를 돌아가게 했다.

수학 방면에서 북송 중엽의 가헌(賈憲)은 '제곱근 산출 방법 근원'도를 제시했는데, 즉 이항정리 계수표는 1제곱, 2제곱, 3제곱, 4제곱 그리고 6제곱의 계수를 하나의 그림으로 나열함으로써 통상 가헌 삼각형으로 불렸는데 파스칼의 삼각형보다 600년이나 앞섰다. 그의 '거듭제곱근법'은 일원다차방정식을 풀어 정수근을 구하는 간편한 방법으로 서양 수학자 호너(W. G. Horner)의 방법과 대체로 비슷했지만 700여 년이나 앞섰다. 남송 진구소(秦九韶)는 《수서구장(數書九章)》에서 가헌의 거듭제곱근법을 발전시켜서 1원10차 방정식 하나를 풀고 그 풀이 과정을 덧붙였다. 풀이 과정에 계산식이 정연하게 잘 나열되어 있어 후세 사람들이 '진구소 절차'라고 불렀다. 그는 또한 정수론(定數論)에서 일차 합동식의 보통 해법, '대연구일술(大衍求一術)'을 발명했는데 중국의 잉여 정리로서 세상에 이름을 날렸다. 방호(方豪)는 《송대의 과학》에서 송대 수학자 가운데 진구소가 가장 두드러진다고 지적했다. 하버드 대학의 과학사학자 사턴(G. Sarton)은 "중국 수학자 중에서 당시뿐만 아니라 역사적으로 볼 때도 〔진구소는〕 가장 걸출한 사람이라고 할 수 있다"고 말했다.

송대 과학자 집단 중에서 심괄(沈括)은 가장 눈부신 별이었다. 심괄(1031-1095년)의 자는 존중(存中)이고 절강 전당(錢塘, 지금 항주) 사람이다. 가우(嘉佑) 8년(1063년) 진사가 되어 일찍이 왕안석의 변법에 참여했고, 후에 연주(延州, 지금의 섬서 연안) 지주(知州)로 임명되었다. 만년에 윤주〔潤州, 지금의 강소 진강(鎭江)〕 몽계원(夢溪園)으로 옮겨서 《몽계필담(夢溪筆談)》을 저술했는데 천문, 지리, 물리, 화학, 생물, 수학, 의학 등을 섭렵했다. 그는 12절기 역법 편성 방법(입춘을 원단으로 하여 절기에 따라 달을 정하고, 큰 달은 31일, 작은 달은 30일로 하고, 큰 달과 작은 달이 번갈아 들도록 했다)을 제시했는데, 비록 실행되지는 못했지만 역법사에서 탁월한 성과임에 틀림없으며 농사 안배에 상당한 도움이 되었는데 영국의 유사한 역법에 비하여 800여 년은 앞섰다. 그는 1064년 관측한 유성에 대하여 상세하고 확실

심괄

한 기록을 남겼으며 역사상 첫 번째로 유성이 운철이라는 해석을 내놓았다. 그는 최초로 '석유'라는 명칭을 사용했으며 아울러 석유의 용도와 가치를 인식한 과학자였다. 그는 섬북(陝北)에서 오래전부터 '석유'의 유출이 있었고 당지의 사람들이 '기름 물'이라고 부르고 태워서 먹을 만드는 데 사용하는 것을 보았다. 그는 "이 물건은 후에 세상에서 많이 사용될 것이 분명한데" "소나무가 한계가 있어 고갈되는 것과는 달리 석유는 지극히 많고 땅속에서 끊임없이 생성되기 때문이다"라고 예언했다. 북송 시기 수많은 과학 발명, 예를 들면 활자 인쇄, 지남침 응용 등은 모두가 그의 저작을 근거로 알려졌으며, 역사책에서 찬란하게 빛나게 되었다. 세계적으로 유명한 이 과학자를 기념하기 위하여 1979년 7월 1일 중국과학원 자금산 천문대는 1964년에 발견한 소행성(편호 2027)을 '심괄'이라고 명명했다.

기술과학과 공예 제조도 상당히 높은 수준에 도달했는데 조선업의 발달 하나만을 분석해 보아도 그 발달 정도를 충분히 알 수 있다. 북송이 개봉을 수도로 정하고 대운하의 조운 체제를 통하여 각지의 토지세〔田賦〕와 물자를 수도로 운반해 왔기 때문에, 내하 항운은 경제 동맥이 되고 조선업은 중심 산업이 되었다. 관영작방은 조선(漕船)을 제조하고, 민영작방은 상선(商船)을 제조했는데, 절강의 명주(明州, 지금의 영파), 온주(溫州), 태주〔台州, 지금의 임해(臨海)〕, 무주〔婺州, 지금의 금화(金華)〕, 강서의 건주〔虔州, 지금의 감주(贛州)〕, 길주〔吉州, 지금의 길안(吉安)〕, 호남의 담주〔潭州, 지금의 장주(長沙)〕, 정주〔鼎州, 지금의 상덕(常德)〕 등은 모두가 유명한 조선업의 중심지였다. 당시 이미 '만석선(萬石船)', 즉 중량 1만 석(약 750톤)을 실을 수 있는 거선이 있었다. 남송 초에 동정호의 양마의군(楊麽義軍)이 제조한 '차선(車船)'은 사람을 놀라게 했다. 이 '차선'은 사실 '윤선(輪船)'으로서 배의 양측에 9륜, 13륜, 22륜을 장치하여 사람이 배 앞과 배 뒤에서 발판을 밟아 바퀴가 돌아가게 하여 배의 동력으로 삼았는데, 진퇴가 모두 가능했다. 한 배에 천여 명이 탈 수 있었고, "바퀴로 물결을 일으켜서 갔는데 마치 날아가는 것 같았다". 후에 관부에서 대량으로 모방 제조하고 개선하여 길이 36장, 넓이 4장 1척, 높이 7장 2척의 거대 차선을 만들었다. 후에 지주(池州)에서 제조한 철벽화선(鐵壁

鏵船), 평면해골전선(平面海鶻戰船)은 아주 빠르고 민첩했는데, 차선에서 모종의 기능을 차용했을 것이다. 해외 무역의 발전에하였기 때문에 명주, 천주, 광주는 해외 무역 항구였으며 해선(海船) 제조의 중심이었다. 해선은 4개에서 6개의 돛대, 12장의 돛, 4층 갑판이 있어 아주 컸다. 특히 배의 일부가 파손되었을 때, 전체에 영향을 주는 것을 막기 위한 수밀격벽이 이미 발명되어 해선에 설치되어 있었다는 것은 아주 중요하다. 1974년 복건 천주만 후저항(後渚港) 서남의 해변가에서 한 척의 남송 해선이 출토되었는데, 밑바닥에 12개의 선실이 있어 선창을 나누어 밀실을 둔 흔적을 명료하게 볼 수 있었다. 이는 세계 조선사에서 최초의 것이었다.

## 63. '상업혁명'의 이모저모

송나라의 경제 발전 수준은 세계 최고였으며 전례 없는 높은 수준에 달하였다. 서양의 중국연구자가 송나라라는 전환점을 일차 '부흥' 혹은 일차 '상업혁명'이라 부르는 것이 지나친 과장은 아니었는데, 특히 동시대의 유럽과 비교하여 새로운 시대의 모습을 개척해 가는 독특한 모습이 한층 명확했다. 페어뱅크와 라이샤워의 《동양문화사》 제6장 제4절의 제목은 바로 '상업혁명' 네 자였다. 그들은 송대 경제의 큰 발전, 특히 상업 방면의 발전을 중국의 '상업혁명'이라고 부르는 것이 합당할 것이라고 지적했다. 신속한 상업 발전은 중국의 경제 발전 수준을 이전보다 훨씬 향상시켰으며, 19세기까지 변하지 않고 지속되는 경제와 사회 형태를 탄생시켰다. 스타브리아노스의 《세계통사(*A Glabal History*)》는 '송나라의 황금시대'라는 제목으로 문화상의 성취 이외에 송나라 시대에 주목할 만한 것은 명실상부한 상업혁명이 발생한 것으로 유럽과 아시아 대륙 전체에 중요한 의의가 있다고 서술했다.

북송의 수도 동경〔東京, 현 개봉(開封)〕은 도시 구조에서 당의 수도 장안과 현격한 차이가 있었는데, 근본적인 차이점 중의 하나는 이전처럼 방(坊)과 시(市) 사이의 엄격한 구분이 더 이상 존재하지 않았다는 점이다. 몇 십 년 전에 일본의 중국 경제사학자

카토 시게시〔加藤繁)〕는 《송대 도시의 발전》에서 "방(坊) 제도—담으로 방을 둘러싸고 특정한 고관을 제외하고는 거리 쪽으로 문을 낼 수 없었던 제도—는 북송 말년이 되면 이미 완전히 붕괴되고 서민들도 임의로 거리 쪽으로 집을 짓고 문을 낼 수 있었다"고 그 변화를 지적했다. 양관(楊寬)은 《중국 고대 도성제도사 연구(中國古代都城制度史硏究)》에서 "이미 오대 말에 후주(後周)가 동경 외성을 확충하려는 새로운 계획은 대로변에 있는 주민이 마음대로 대로 쪽으로 문을 낼 수 있도록 허락했는데, 이는 방(坊)

북송 동경 약도

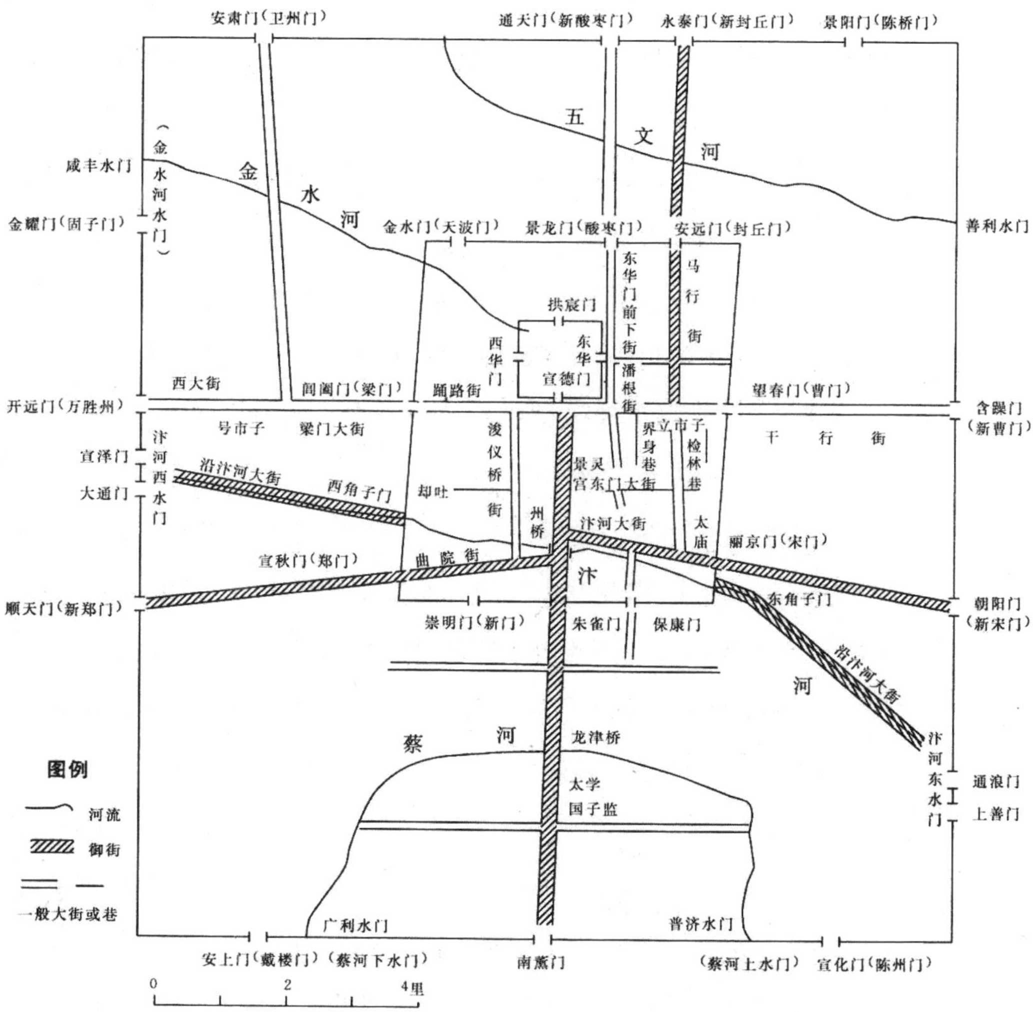

안에 있던 거리 연변의 주민이 마음대로 거리 쪽으로 문을 내도록 한 것과 마찬가지라고 생각한다"라고 보충했다. 따라서 5대에서 송에 이르는 동안 동경이 점진적으로 번성해 가면서 방과 시 사이의 엄격한 구분은 더 이상 존재하지 않았다고 단정할 수 있다. 이런 변화는 사회와 경제 발전에서 큰 의미가 있었는데, 상품 경제의 추세에 적응하여 상업 활동을 폐쇄적인 방에서 해방시켜 큰길과 골목길 연변으로 확산시켜 근대 도시 상업 거리의 원형을 형성함으로써 도시 상업을 위한 새로운 공간을 개척했다. 이로써 전례 없던 새로운 상업 경관이 나타났다. 건덕(乾德) 3년(965년) 야시를 금지하지 않는다고 선언하여 상업 활동은 더 이상 시간제한을 받지 않아 개봉 성내의 큰 사거리에는 소위 '귀시(鬼市)'가 형성되어 밤새 불을 밝혀 날이 밝을 때까지 영업했다. 마행가(馬行街)에서 북쪽으로 신구문(新丘門) 대가(大街)에 이르는 구간은 3경까지 야시가 열렸으며 5경이 되었을 때 일부가 또 다시 영업을 시작하니 "놀러가는 곳(오락장소)"이 되었으며, 영업은 "밤새 끝나질 않았다".

동경 개봉의 거리 구조는 후주에서 시작되어 송나라 초에 더욱 정비되었는데 4개의 큰길은 어가로서 남쪽의 남훈문(南薰門), 서쪽의 신정문〔新鄭門, 즉 순천문(順天門)〕 동쪽의 신송문〔新宋門, 즉 조양문(朝陽門)〕, 북쪽의 신봉구문〔新封丘門, 즉 영태문(永泰門)〕과 서로 연결되었다. 이 외에 반루가(潘樓街), 우행가(牛行街), 용노가(踊路街), 양문대가(梁門大街)와 같은 동서 방향의 가로길 및 준의교가(浚儀橋街), 상국사 동문대가(相國寺東門大街) 등의 남북 방향의 종횡길이 있었다. 이들 큰 길은 작은 길과 서로 통하여 정연한 도로망을 구성하여 상업 구역과 거주지를 하나로 연결시켰다. 교통이 편리한 수많은 거리마다 번화한 '상점가〔街市〕'가 있었으며, 그중 동, 서, 남, 북 4개의 어가(御街)가 가장 번화하여 신흥의 행시(行市), 주루(酒樓), 다방(茶坊), 음식점(食店), 와자(瓦子) 및 일용품 상점 등이 발 디딜 틈도 없을 정도로 붐비고 주야로 왁자지껄한 상업 중심지를 이루었다. 가장 번화한 곳은 북쪽 어가의 상가로서 궁성 남문〔宣德門〕의 동쪽 편에는 동서 방향으로 뻗은 반루가(潘樓街)가 있었고 궁성 동남 모퉁이의 동각루(東角樓)에서 동쪽 편으로 십자로 입구와 연결되는 곳까지는 토시자(土市子)라 불렸다. 그

남쪽에는 계신항(界身巷)이 있었는데 금은채백(金銀綵帛)의 교역소로서 "가옥은 웅장하고 상점 앞면은 넓어서 위엄 있게 보인다. 교역마다 천만금이 움직이니 사람을 깜짝 놀라게 했는데", 상업의 새로운 발전에 적응하여 발전한 화폐 금융 교역의 중심지였다. 반루가(潘樓街)에는 정기 시장 성격의 반루주점(潘樓酒店)이 있었을 뿐만 아니라 금은행(金銀行)이 있었던 계신항이 있었고, 와자 중 가장 큰 상가와자(桑家瓦子)가 있었다. 마행가(馬行家)는 마시(馬市)와 장루(庄樓), 양루(楊樓), 임점(任店) 등의 주점이 있었을 뿐만 아니라 크고 작은 물건을 취급하는 행이 있었던 동서항(東西巷) 및 의행(醫行), 약행(葯行)이 있었다. 신봉구문(新封丘門) 큰길에는 주북와자(州北瓦子)와 차방(茶房)·주루(酒肆)·음식점이 있었다.

장택단(張擇端)이 1126년에 그린 〈청명상하도(清明上河圖)〉는 한창 흥성한 동경 시가의 번화한 경관을 구체적으로 재현했다. 이 그림은 길이 5.25미터, 넓이 0.255미터의 긴 두루마리로서 청명 시절에 변하(卞河) 일대로 가서 구경하는 장면을 묘사했다. 〔소위 '상하(上河)'는 동경의 습속으로 변하(卞河)로 가서 유람한다는 의미이다.〕 이 그림은 동수문(東水門) 밖의 구름다리 동쪽의 농촌에서 시작하여 변하(卞河)의 상거래가 이루어

〈청명상하도〉 일부(북송, 장택단 그림)

지는 다리〔市橋〕 및 주위의 거리를 연이어 묘사하고, 다시 성문 입구의 거리, 십자로 입구의 거리를 묘사했다. 각종 인물 770여 인, 가옥과 누각 100여 칸, 대소 선박 20여 척이 이루는 성대한 장관을 그려내 사람이 눈을 뗄 여유를 주지 않았다. 그림 가운데에는 화물을 가득 실은 낙타가 화려하고 높은 성문을 통과하여 동쪽으로 나가는 장면이 있다. 성문 안의 서쪽 멀지 않은 곳에는 3층 건축물, 손가정점(孫家正店)이 있는데 문 앞은 단청을 하고 여러 색깔의 비단으로 장식하여 상당히 장엄하고 화려했다. 거리 곳곳마다 내걸린 상점의 간판을 볼 수 있는데 '왕가라금필백포(王家羅錦匹帛鋪)', '유가상색침단동향(劉家上色沈檀楝香)', '유삼숙정장자화(劉三叔精裝字畵)', '손양점(孫羊店)'과 같은 비단 가게, 향 판매점, 표구점, 음식점 및 화려한 여관 '구주왕원외가(久住王員外家)'와 같은 것이 있었다. 주목할 만한 것은 정점(正店)이라 불렸던 동경의 대주루(大酒樓)로서 많게는 72개가 있었다. 그곳은 상품 교역의 기능을 겸하고 있었으며, 일부는 동업 상인들이 조직하여 개설한 것으로, 예컨대 마행(馬行)이 개설한 장루(庄樓), 우행(牛行)이 개설한 우루(牛樓), 소화행(小貨行)이 개설한 시루(時樓), 반행(礬行)이 개설한 백반루(白礬樓)는 동업 상인이 상품 질량을 검사하고 가격을 의논 결정하고 계약을 맺는 장소로서 후세의 동업공소 및 교역소의 성질을 갖고 있었다. 동경의 주루(酒樓), 차방은 상업이 흥성하면서 오락장소인 와자와 더불어 모두 밤새 영업을 했는데 '호객 여성'—"짙은 화장을 한 기녀 수백이 주랑 처마 밑에 모여서 술손님을 기다리며 손짓 하네"—이 있었고 '술 따르는 여성'—"술손님을 위하여 술을 바꾸고 술을 따르는" 사람으로 '준조(焌糟)'라고 불렀다—과 '노래를 부르는 여성'—'찰객(扎客)' 혹은 '타주객(打酒坐)'이라고 불렀다—이 있었다. 동경 개봉은 이와 같이 여러 가지 점에서 예전 장안과 확연히 다른 새로운 흐름을 보여 주었다.

당시 동경에서 상업 경영을 업으로 삼은 가구가 2만여 호였고, 그중에 자본이 풍부한 640가의 상점이 160업종에 분산되어 쌀, 차, 소금 등의 상품 무역을 경영했다. 각종 상업 중에 금·은·주단(綵帛)의 교역액이 가장 많았고, 수적인 면에서는 주루가 가장 많았는데 상술한 '정점'이라 불리는 72개의 대주루 이외에도 3천 개 정도의 '각점(脚店)'

이라 불리는 소주루(小酒樓)가 있었고 더 작은 규모의 각점은 "헤아릴 수 없었다". 동경에는 수많은 상점, 노점상이 있었을 뿐만 아니라 집중된 무역 시장이 있었고, 그중 상국사묘(相國寺廟) 시장이 가장 유명했다. 《연익이모록(燕翼詒謀錄)》에 따르면 "동경 상국사는 바로 와시이다. 승방(僧房)이 곳곳에 있고 정원 양편의 행랑채는 만 명은 수용할 수 있다. 상인〔상려(商旅)〕은 모두 그 안으로 모여들어 교역을 했다. 사방에서 경사로 몰려와서 화물을 팔거나 다른 사람의 물건을 전매(轉賣)하려는 자는 반드시 여기를 거쳐야 했다"고 설명했다. 이 시장은 매월 1, 8, 15, 18, 28일에 5차례 열렸는데, 대체로 묘회(廟會)에서 형성된 것이었다. 대산문(大山門) 내에서는 날짐승, 들짐승을 팔고 제2산문(山門) 안에서는 "동물용의 잡다한 물건"을 팔았다. 광장에는 채색 천으로 장막을 치거나, 지붕이 없는 집, 의포(義鋪)를 설치하고 가정용 기물, 예컨대 부들로 만든 그릇, 멍석, 병풍, 세면기, 안장과 고삐, 활과 칼, 계절 과일, 절여 말린 고기 등을 팔았다. 대전〔彌勒殿〕 가까운 곳에서는 대대로 내려온 명품인 왕도인 밀전(王道人蜜餞), 조문수 붓〔趙文秀筆〕, 반곡 묵(潘谷墨) 등을 팔았다. 양편의 회랑에서는 수예품, 영말(領抹), 꽃, 보석 장식품, 두건과 모자 등을 팔았다. 대전 뒤 자성각(資聖閣) 앞에서는 서적, 골동품, 그림, 토산품, 향과 같은 종류를 팔았다. 묘시(廟市)가 열리는 날마다 수많은 상인이 몰려들었는데, 점치는 사람, 잡기, 여자 가수들도 여기에 와서 기예를 선보이니 상국사는 하나의 대형 백화 상점과 오락장이 되었다. 이 외에 주루, 다방집시(茶房集市, 夜市), 성문 앞의 거리 어귀와 다리 입구의 집시(早市), 와자 집시 등이 성 전체에 두루 퍼져 있었다.

동경은 변수를 배경으로 성을 세운 것으로 변수는 북으로 황하와 통하고 남으로는 회하, 장강과 통하니 동경 시장에는 장강과 회하의 양식, 연해 각지의 수산물, 요나라와 서하의 소와 양 및 전국 각지에서 온 술, 과일류, 차, 비단, 종이, 서적이 있었으며 일본의 부채, 고려의 먹 재료, 대식(大食)의 향료와 진주도 있었다. 동경의 농후한 상업 기운은 북송의 상업이 이미 새로운 역사 단계에 들어섰음을 드러내고 있다. 황인우(黃仁宇)의 《거시중국사》에 따르면 당시 전국의 상품 거래액은 황금 1,500만-1,800만 온스에 상당하여 현재의 가치로 환산하면 약 60억-70억 달러에 해당한다고 한다. 이러한 방대한 재화 유통은 당시 세계에서 거의 없는 일이었다.

이런 배경 아래 화폐에도 변화가 발생하여 세계 최초의 지폐가 출현하는 새로운 발전이 있었다.

북송 화폐는 동전이 주이고 철전이 보조이며 화폐로서 금은의 유통량은 많지 않았다. 당시 매년 주조하는 동전은 이미 당대의 10-20배가 되어 대략 1만 5천여 톤이었지만 날로 늘어나는 상품 유통 수요를 예전처럼 만족시킬 수가 없어 '동전 기근'이 발생했다. 더군다나 동전, 철전의 부피가 크고, 무게가 무거워 장거리 무역 혹은 거액의 도매 교역에 대단히 불편했다. 이에 지폐가 나타나니 송 진종 초년에 익주〔益州, 지금의 사천 성도(四川成都)〕의 16개 상점의 부상이 연합하여 일종의 전권(錢券)을 발행하고 '교자(交子)'라 불렀다. 이 교자는 상업 중의 신용 관계(속칭 외상)에서 탄생된 일종의 휴대가 간편한 화폐였다. 송 인종 천성(天聖) 원년(1023년)에 정부는 지폐 발행의 권리를 회수하여 익주에 '교자무(交子務)'를 설립하여 교자의 인쇄, 발행을 책임지도록 했다. 또한 민간에서 발행할 때에 고정된 액면가 및 유통기간이 없고, 자금 준비 및 현금 태환 보장이 없었던 이전의 결점을 고쳐서 매 2년을 기한으로 삼아 매 기한마다 125만여 관을 발행하고 원금 36만 철전을 준비하여 교자를 소지한 자가 현금으로 교환하려 할 때에 태환이 편리하게 했다. 이런 정부 발행 지폐의 특징은 액면이 고정되어 있고, 관인이 찍혀 있으며 사용자가 현금을 납입하고 교자로 바꿀 때에 상업 점포 이름을 장부에 기록하고, 현금 태환 시에 그 점포명을 장부에서 지워버려 위조를 방지했다. 사용자가 현금을 납입하고 교자로 바꿀 때에 30문(文)을 떼어 관청에 넣어 종이와 먹의 비용으로 사용하여 민간에서 교자를 현금으로 태환할 때에 이자를 받던 것과 달랐다. 또한 일정한 유통기한이 있었으며 인쇄, 발행과 회수를 담당하는 고정 기관이 있었다. 처음 교자는 천섬로(川陝路)에서만 유통되었지만 후에 섬서로(陝西路), 하동로(河東路)로 확대되었고, 정부는 곧바로 개봉에 교자무(交子務)를 설치하여 전국을 대상으로 한 교자 발행 사무를 담당했다. 남송 때에 동전이 대량으로 외부로 흘러나가 동전 부족이 더욱 심해지면서 지폐는 점차 주요 화폐가 되었는데, 사천 전인(錢引), 호광(湖廣) 회자(會子), 양회(兩淮) 교자(交子, 철전을 본위로 함), 동남(東南) 회자(會子, 동전을 단위로 함)가 있었다. 소위 '회자'는 원래 '편전회자(便錢會子)'라 불렸는데 시장의 금융 거래 과정에서 자연적으로 발생했다. '편전(便錢)'은 환으로 보내진 돈을 수취인에게 지급하는 것으로, '편전회자'는 당시 환어음, 수표와 같은 유가증권으로서 대략 1140-50년대에 유통 수단을 겸한 동전 태환권으로 발전했다.

교자, 회자는 메커니즘이 완비되지 않았기 때문에 폐단이 많았지만, 상업과 금융의 발전 과정에서 나타난 최초의 지폐로서, 그 역사적 의의를 낮게 평가해서는 안 된다. 유럽에서 가장 빨랐던 스웨덴의 지폐는 중국 지폐보다 600여 년이 늦은 1661년에 출현했다.

회자동판(남송)

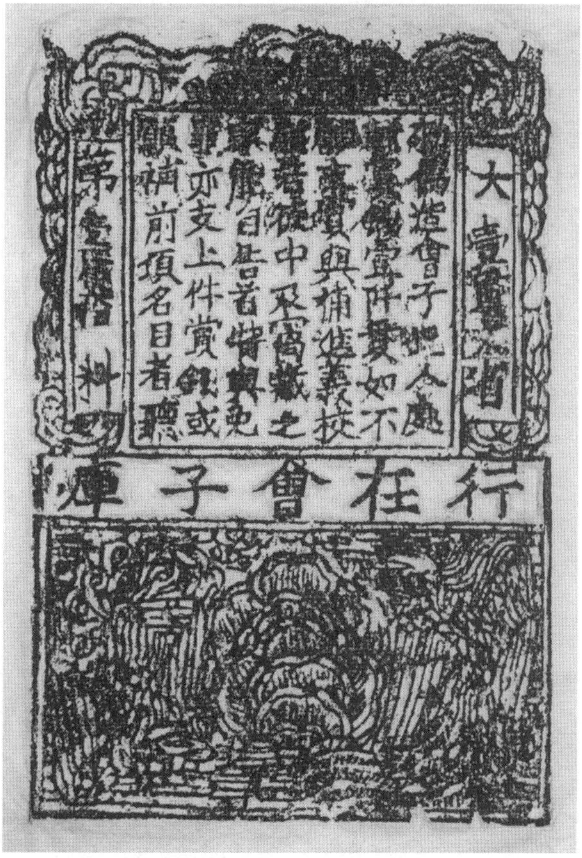

남송 상업은 '네트워크 형태'의 분포 구조, 즉 대도시를 중심으로 성, 진, 시장이 둘러싸고, 향촌의 집시(集市), 허시(虛市)가 바깥을 둘러싼 분포 형태를 드러냈다. 성과 진이 도시를 둘러싸고, 집시가 성과 진을 둘러싸서 구역 상권을 형성했다. 칠협(漆俠)의 《송대 경제사》는 송대 상품 유통에 2종류의 운동 형식이 있다고 서술했다. 하나는 농·부산품의 '구심' 운동으로, 양식, 면포와 비단 등 농촌에서 나온 상품이 진시(鎭市)를 통하여 성시(城市)로 집중되는 것이다. 다른 하나는 수공업 상품의 '복사(輻射)' 운동으로 수공업 산품이 특정 산지에서 대량으로 생산된 후 상인이 각지로 운반하여 판매하는 것이다.

상업과 서비스업의 발전은 인구의 도시 집중을 촉진하였는데 당시에 방곽호(坊郭戶)를 따로 떼서 호적을 구성한 것은 도시 경제의 발달과 비농업 인구의 증가를 보여준다. 한 학자는 송대는 중국 역사상 도시 인구 비율이 가장 높았던 시대로서 북송의 도시 인구는 총 인구의 20.1퍼센트를 차지했고, 남송은 22.4퍼센트에 달했다고 지적했는데, 상당히 고려할 만한 여지가 많은 학설이다. 인구의 도시 집중은 농산품을 위한 시장을 창조하여 농촌의 상품 생산을 자극했다. 상업의 급속한 발전에 따라 송대 상인 수가 많이 증가했고 자금이 풍부하여 개봉성(開封城) 안에서 방곽호(坊郭戶)의 자산이 "백만인 사람은 많고 십만 이상은 곳곳에 널려 있다". 이에 상인의 사회 지위는 명확히 높아져서 상인도 벼슬을 할 수 있었고 관인과 상인이 하나가 되게 만들었다. 사람들의 관념에도 변화가 생겨서 범중엄(范仲淹)은 〈사민시(四民詩)〉에서 "우리 상인이 무슨 죄가 있길래, 군자는 이웃이 되는 걸 부끄러워하나"고 읊었다. 이구(李覯)는 〈부민책(富民策)〉에서 "상인이 많으면 세금 수입이 많다"는 관점을 논술하여 순자가 제창한 "공상이 많으면 나라가 가난하다"는 전통 관점과는 확연히 달랐다.

이상 상업혁명에 관한 간단한 서술로도 송대 경제 발전 수준이 세계의 선두 자리에 있었음은 분명한데, 거란, 여진, 몽골의 계속되는 남하와 매년 끊이지 않는 전쟁은 이런 발전 추세를 저해하고 단절시켰다.

## 64. 거란의 흥기와 요의 이원화 체제

거란족은 진·한 시기 동호(東胡), 위진남북조의 오환(烏桓), 선비(鮮卑)에서 유래했는데, 요하(遼河) 유역에서 유목을 했다. 안사의 난 이후에 당나라의 북방 통치가 쇠락한 틈을 타서 거란이 발전하여 9세기 후기에 날로 강대해졌다.

당시 거란 사회는 지역 관계를 기초로 한 민족연합체였는데 점차로 부락연맹을 형성했다. 연맹 수장은 부락장 회의에서 선출됐다. 이후 연맹수령 이외에 군사 수령

'이르킨〔夷离菫, irkin〕'을 두었다. 9세기 말에 연맹수령은 요련씨(遙輦氏)가 세습하고 군사수령은 야율씨(耶律氏)가 세습했다.

군사수령을 세습한 야율씨는 대외 정복 과정에서 권력을 확대하고 재부를 축적했는데, 대량의 인구, 가축을 갖고 있던 야율아보기(耶律阿保機)는 907년에 요련씨(遙輦氏)를 몰아내고 거란 부족의 연맹수령을 맡았다. 916년에 야율아보기는 거란국을 수립하여 황제를 칭하고 연호를 정했는데, 후세 사람이 말하는 요나라의 태조로서 연호는 신책(神册)으로 하고, 도읍은 임황부〔臨潢府, 지금의 내몽골 파림좌기(巴林左旗)〕에 두었다. 이는 중원 최대의 위협이자 오대의 흥망을 좌우했던 외부 요인이었다. 오대와 거란의 대치 시기에 석경당(石敬瑭)은 유(幽, 지금 북경), 운(雲, 지금 대동) 16주를 거란에 할양하여 거란의 토지에 대한 탐욕을 더욱 조장했다. 944년 거란이 유주, 운주 두 곳에 남하하고 946년에 다시 남하하여 후진(後晋)의 도성인 개봉을 점령한 후, 947년에 야율덕광(耶律德光)이 개봉에서 즉위식을 거행하고 국호를 대요(大遼)로 고쳤다. 북방 민족 황제의 즉위 의식이 중원의 개봉에서 거행된 것은 매우 의미심장한 일이었다. 야율덕광은 얼마 지나지 않아 북쪽으로 철수했지만, 이후 요나라와 중원 왕조의 대치 국면은 오랫동안 계속되었다. 유·운(幽雲) 16주(州)의 할양은 간접적으로 5대 이후의 120년 역사에 심각한 결과를 가져왔는데, 이 지역은 북방 방위의 군사적 요지로서 연산(燕山) 산맥, 옛 장성으로 이어지며 지세가 험준한 요새로서 지키기는 쉽고 공격하기 어려웠다. 그 남쪽은 모든 것이 낱낱이 드러나는 평원으로서 기병이 신속히 진격하여 들어올 수 있으니 석경당이 남긴 해독은 몇 백년간 영향을 미쳤다.

요의 판도는 대략 지금의 동북, 몽골, 하북 및 산서 북부 일대에 해당한다. 거란이라는 이름은 그 세력이 서쪽으로 뻗어 나가면서 널리 알려졌는데, 중세 러시아 사람이 중국을 키타이(Kitai)라고 한 것은 이와 밀접한 관계가 있다.

요의 영역 안에는 생산과 생활 방식이 다른 두 종류의 민족이 있었는데 하나는 "농경으로 생계를 잇고 성곽을 집으로 삼는" 한족과 옛 발해국 사람이다. 한 부류는 "수렵과 어로로 생계를 잇고 수레와 말을 집으로 삼는" 거란족과 기타 북방 민족이다. 이런 상황에 적응하기 위하여 요나라는 번・한분치(蕃・漢分治)라는 이원화 정치 체제를 제정했다. 요나라의 중앙 관제는 남면(南面)과 북면(北面)의 구분을 두어 "요의 제도〔國制〕로서 거란을 다스리고, 한인의 제도〔漢制〕로서 한인을 다스렸다". 이민족의 일〔蕃事〕을 주관하는 북면관(北面官)은 거란 궁장(宮帳), 부족, 속국의 정치를 다스렸는데, 사무관청은 황제 아장(牙帳)의 북쪽에 설치되었다. 한족의 일을 주관하는 남면관은 한인 주현의 군마(軍馬), 세금 징수의 일을 담당했는데 행정관서는 황제 아장의 남쪽에 설치되었다. 이것이 바로 《요사(遼史)》〈백관지(百官誌)〉에서 "번(蕃)은 한(漢)을 다스리지 않고, 한은 번을 다스리지 않으니, 번・한을 같이 다스리지 않는다"라고 말한 것이다. 이런 이원화 정치 체제는 요나라의 국호에도 아주 많은 영향을 남겼다. 요 왕조는 건국 초기에 '대거란'이라 칭해졌다. 요 태종 때에는 두 종류의 국호가 사용되었는데, 농업 지역에서는 '대요(大遼)'라고 불렸고 초원 지역에서는 '대거란'이라 불렸다. 거란문자와 여진문자에서 요는 줄곧 '합라(哈喇) 거란' 혹은 '거란'이라 칭해졌다.

요나라의 통치 지역은 경제 형태에 따라 대체로 유목 지역, 유목 농경 혼합 지역, 농경 지역의 3개 지역으로 나뉜다. 요의 통치자는 유목 민족을 중심으로 하고 농경 민족을 보조로 삼는 이원화 체계를 채택했는데, 위에서 말한 정치제도의 이원화는 바로 이를 기초로 삼은 것이다. 요나라의 황제와 통치의 핵심은 거란이 흥기한 상경(上京) 임황부(臨潢府) 일대 및 중경 대정부(大定府) 일대에 계속 남아 있었다. 거란 민족은 장기간 유목 민족의 습속을 보존하고 있었는데, 오르도〔斡魯朶〕・날발〔捺鉢〕의 존재는 이런 상황의 반영이었다.

요 군주의 거주지는 오르도〔斡魯朶, ordo〕라고 불렸다. 오르도라는 말은 투르크 어, 몽골 어, 퉁구스 어에 거의 공통적으로 있었는데 뜻은 천막이다. 《금사(金史)》의 알리타(斡里朶), 《원사(元史)》의 알이타(斡耳朶), 《원조비사(元朝秘史)》의 알이타(斡爾朶), 《장춘진인서유기(長春眞人西游記)》의 올리타(兀里朶), 와리타(窩里朶), 《흑달사략(黑韃事略)》의 와리타(窩里陀)는 모두 동일한 말을 서로 다르게 음역한 것이다. 북방 유목 민족은 천막에 거주하고, 군주는 항상 중앙에 거주하기 때문에 군주의 천막은 오르도라고 불렸는데, 즉 궁장(宮帳), 궁위(宮衛)였다. 《요사(遼史)》〈영위지(營衛誌)〉는 "요 때에 그 규모가 커지기 시작하고 제도가 더욱 엄밀해졌는데 궁위에 거주하는 것을 오르도라고 불렀다"라고 기록했다. 오르도는 요 군주의 상주지였으며 군주가 죽은 후에 묻히는 곳이기도 했는데, 종종 부락 집단 주둔지의 중심지가 되었다. 통치자의 기병, 궁수가 오르도 안에서 조직되어 영장 위사(衛士)가 되었는데, 이런 종류의 근위군은 2천 명에서 5-7천 명으로 늘어났으며 최정예의 기병이었다.

군주의 행영〔혹은 행재(行在), 행궁(行宮)〕을 날발(捺鉢)이라 불렀는데, 이는 이주를 하는 유목의 필요에 따라 만들어진 것으로 천막과 차량으로 구성되었다. 춘·하·추·동 4계절에 황제는 대신, 군대를 거느리고 각 곳으로 이동하였는데, "계절마다 이동하여 머무는 곳"으로서 봄 날발, 여름 날발, 가을 날발, 겨울 날발이 있었다.

오르도와 날발이 있는 곳은 토지를 차지하고 포로〔俘虜戶〕는 물론이고 군대에게도 토지를 분여했는데, 비교적 이동이 많았기 때문에 토지 관계는 고정된 것이 아니었다. 오르도가 영유하고 있는 대량의 토지는 황제 및 그 후비의 개인 영지로서 '어장(御莊)'이라 불렸다. 이 영토에서 노역에 종사하는 생산자는 궁호(宮戶)로서 궁호는 거란인과 한인, 발해인 및 기타 포로, 헌납 포로 혹은 범죄로 몰수된 호를 포함했으며 자원하여 관적에 들어가는 사람도 있었다. 궁호는 오르도의 모든 경제를 책임졌을 뿐만 아니라 전시에 궁위 기병으로 편성되는 사람들이었다.

남쪽으로 세력을 넓히고 유목 경제에서 농경 경제로 넘어가는 과정에서 거란 귀족은 대량으로 포로를 잡아 강제적으로 토지와 결합시켜서 자신에 소속된 사성(私城)을 건립했는데, 바로 두하주군(頭下州郡)이 그것이다. 소위 '두하(頭下)'는 '투하(投下)'라고도 칭해졌는데, 두 가지는 음이 같고 뜻이 같다. 《요사》〈지리지〉에 따르면 거란 귀족은 "정벌하여 포로를 잡고 중요한 땅에 주를 건립했는데, 대부분이 옛 거주지의 명칭을 붙이고 개인 노비를 투입하여 투하주를 설치하여" 그들의 세습영지로 삼았는데, 대소에 차이가 있었기 때문에 투하주·군·성이라 부르고 주와 군이 될 수 없는 것은 현이라 부르고 현이 될 수 없는 것을 성이라 불렀다. 이런 투하는 제왕, 후기, 공주,

부마, 외척, 공신 및 여러 부족 추장의 영지, 영민이었다. 투하주군을 구성한 주체는 포로로 잡혀와 노예화 · 부곡(部曲)화된 농민으로, 즉 투하주의 사호(私戶)이며 거란 영주의 종속민인 농노였는데 이들이 제공하는 노역으로 영주가 통솔하는 각종 군대를 부양했다. 영주에 소속된 백성은 소속 주의 세금 부담을 담당할 뿐만 아니라 조정의 과세도 내야 했기 때문에, 투하호는 점차로 이세호(二稅戶)로 변해갔다

성종, 홍종, 도종 통치 시기(10세기 말에서 11세기 초)에 경제의 발전과 민족의 융합에 따라서 농경 경제는 날로 흥성하고 유목 경제는 날로 쇠락하니 요 왕조의 통치자는 이런 추세에 적응하기 위하여 유목과 농경의 이원화 체제를 농경 위주의 일원화 체제로 바꾸었고, 거란의 부족제는 점차로 소멸되었다.

요 성종 이후에 한족의 수준 높은 문명이 거란 귀족에 받아들여져 요나라의 문화 속으로 융합되어 들어갔다. 요 성종 때에 운거사〔雲居寺, 현재 북경 방산현(房山縣)에 위치〕를 개수하면서 수 · 당 시대에 만든 석실(石室), 석경(石經)을 발견했는데, 요 성종은 승려에게 계속 경판을 판각하여 누락된 것을 보충하고, 새로운 것을 속간하도록 하여 《대반야경(大般若經)》, 《대보적경(大寶積經)》을 완각했다. 여기에 원존했던 《열반경》, 《화엄경》을 합하여 4대 경전이라 불렸으며 불교 경전에 대한 일차 교감 정리였다. 홍종 때에 교정 인쇄하기 시작한 불교 경전의 전집인 《대장경》은 모두 597질로서 목판에 각인되었다. 요나라의 인쇄판은 송 태종 때에 성도에서 새긴 대장경〔宋藏〕과 구별하여 통상 '단장(丹藏, 거란 장경)'이라 불렀다. 현존하는 계현 독락사 관음각(薊縣 獨樂寺 觀音閣)은 요 성종 통화(通和) 2년(984

계현 독락사 관음각(요)

년)에 건립된 3층 목조 건축물로서 당의 광가법(框架法) 건축 전통을 계승했다. 현존하는 북경 천령사(天寧寺) 전탑(磚塔), 영성〔寧城, 즉 요 중경(遼中京)〕 전탑(磚塔), 산서(山西) 응현(應縣) 목탑은 모두 당시 건축물로서 팔각층첨(八角層檐)은 새로운 창조였다.

한화(漢化)는 더욱 심해졌는데, 현존하는 요 왕조 문학작품의 대부분은 한자를 사용하여 글을 쓴 것이었다. 그러나 요 왕조는 거란 문자를 창조하고 거란 대자(大字), 거란 소자(小字)라 불렀지만 이미 오래전에 상실되었다. 거란 대자와 소자는 한자 글자체에 근거하여 개작한 표음문자였다. 대자는 몇 개의 음표로서 거란어의 한 음절을 만드는 것으로 형태상으로 여전히 한자를 모방하여 네모 형태의 글자로 만들었다. 소자는 필획이 비교적 간단하여 '소간자'라고도 불렀다. 1932년 요 황릉〔지금의 요녕(遼寧) 백탑자(白塔子)〕에서 도종(道宗)과 선의(宣懿) 황후의 애도(哀册) 각석이 출토되었는데 내용이 거란어로 쓰여져 있었기 때문에 학자들의 관심을 끌었다. 근년 이래 또 다시 거란 문자로 쓰여진 약간의 묘비, 청동 거울이 계속해서 발견되었는데, 그중에는 아직까지도 그 뜻을 이해할 수 없는 것도 있다.

거란인은 한화에 저항하기 위하여 자신들의 제도, 의례 내지 생활방식을 유지하려고 애를 썼다. 그들은 의식적으로 한어를 말하지 않아 한족의 망망대해에 매몰되는 것을 피하려 했다. 그러나 그들은 한족의 손에 망한 것이 아니라 결국에는 자기 뒤의 또 다른 후진 민족에게 패배당하는 예상치 못한 최후를 맞이하고 말았다.

## 65. 당항족과 서하

당항(黨項)은 강족(羌族)의 한 부류였지만 순수한 강족 공동체는 결코 아니었고, 최소한 선비와 강이란 두 민족이 합쳐졌기 때문에 문헌에 '잡로(雜虜)'라고 칭해졌다. 원래 지금의 청해성(青海省) 동남부의 황하곡(黃河曲) 일대에 거주하였으나 수·당 시기에 점차 외부로 뻗어 나갔다. 8-9세기 사이에 당항은 토번의 침략과 핍박을 받아 점차로 감숙(甘肅) 동부, 영하(寧夏) 및 섬서(陝西) 북부로 이동하였는데, 그중에 하주〔夏州,

지금의 섬서 횡산현(横山縣)〕으로 이주한 일부는 탁발부(拓跋部)라고 불렸고 당 왕조에서 이성(李性)을 하사받은 이후로 하주 탁발씨는 이씨라고 불려졌다. 송나라는 건립 후에 하주 정권의 권력자 이이은(李彝殷)을 태위(太尉)에 봉하고 죽은 후에 다시 하왕에 봉했다. 은주(銀州) 방어사 이광엄(李光儼)의 아들 이계천(李繼遷)은 세력이 점차로 커진 이후에 요나라의 성종에게 신하를 칭하면서 혼인을 청했고, 요 왕조가 그를 하국왕으로 책봉하니 이계천과 요나라는 두 군데서 세력을 형성하여 상호 의지하면서 송 왕조를 괴롭혔다. 이계천의 아들 이덕명(李德明)이 자리를 물려받은 후, 송 왕조에 공납을 요구하며 화평을 주장하는 한편 요 왕조에 책봉을 요청하였다. 경덕(景德) 3년(1006년) 송 진종은 이덕명을 정난군절도사(定難軍節度使)로 임명하고 서평왕에 봉하였으며 아울러 은 1만 냥, 비단 1만 필, 전 3만 관, 차 2만 근을 사여했다. 요 왕조 또한 이덕명을 대하국왕(大夏國王)으로 책봉했다. 이덕명의 아들 이원호(李元昊)가 왕위를 이은 후에 끊임없이 영역을 확장하여 1038년에 정식으로 황제라 칭하고 국호를 대하라 했다. 이때 하국의 영토는 동으로는 황하에 달하고 서쪽으로 옥문관(玉門關, 지금의 감숙 돈황 서쪽의 자그마한 네모형의 성)에 이르며, 남쪽으로 소관〔蕭關, 지금의 감숙(甘肅) 환현(環縣) 서북(西北)〕에 미치고 북으로는 사막〔大漠〕에 달했다. 경종(景宗) 원호(元昊)가 황하 서쪽 지구의 통일을 완성하여 영토가 20개 주로 확대되었다. 이후 서하 영토가 최종적인 형태를 갖추었을 때에는 당 말에 설치된 22개의 주에다 예전부터 실제로 점거하고 있던 약간의 주를 합하여 모두 32주의 땅이 되었다.

원호는 송나라의 제도를 모방하여 정권 기구를 건립하여 행정기관은 중서, 군사기관은 추밀, 재정기관은 삼사, 감찰기관은 어사대라 불렀다. 이 외에 수도의 사무를 관리하는 개봉부, 궁궐 호위(宿衛)를 관리하는 익위사(翊衛司), 관리 임면을 맡았던 관계사(官計司), 창고 수지를 관리했던 수납사(受納司), 농토의 수리〔農田水理〕를 관리하는 농전사(農田司) 등을 두었다. 하의 관제는 요나라와 마찬가지로 하의 제도와 한족의 제도를 병행했으며, 하와 한족을 따로 다스리는 것이었다.

당항족의 남자는 15세에 정이 되어 평시에는 농목업 생산에 종사했고, 전시에는 징발에 응하여 입대하니 전민개병(全民皆兵)이라 할 수 있는데, 징발할 수 있는 병사의 총 수는 약 50여 만 명이었다. 병정은 활, 화살, 갑옷과 방패를 스스로 준비하고, 군량과 마초를 자신이 휴대하며, 관부는 말과 낙타를 각각 하나씩 지급했다. 병정을 징발할 때에 국군(國君)은 은패(銀牌)로 부락 수령을 불러서 면전에서 맹약을 받고, 부락 수령은 각자 자기 부락의 병사를 통솔하여 소환에 호응했다. 출정 전에 각 부락 수령은 피로써 맹세하고, 국군은 그들을 거느리고 사냥 의식을 진행하여 전략 전술에 대한 의견을 발표하도록 했다. 원호는 또한 10만의 '금행군(擒行軍)'을 만들었는데 포로〔俘虜戶〕로 구성된 하국의 정예 무장세력으로 장비가 아주 우수하였는데 선풍포(旋風砲)를 낙타 안장 위에 설치하고 돌 탄환을 발사하여 적을 공격했다. 이런 군대의 전투력은 상당히 뛰어나서 송나라와 하나라 간에 전쟁이 발생했을 때, 매번 하나라 측이 승리를 쟁취하는 데 중요한 한 원인이었다.

당항인은 이전에 유목업에 종사했으나 이계천이 농경과 수리사업을 일으킨 이후로 농업생산이 발전하여 황하 이서 지방과 농우(隴右) 지구에는 농업과 목축 두 가지가 성행했다. 하의 중앙정부는 목축업을 주관하는 군목사(群牧師)를 두었는데, 관영 목축업은 정부 수입의 중요 원천이었다. 하의 수공업은 큰 특색이 있었는데, 특히 야철업과 병기제조업이 상당히 발달하였기 때문에 송으로 수출한 품목에서 우선적으로 추천된 것이 병기였다. 예컨대 신종 희령 연간에 송 경내로 유입된 '신비궁(神臂弓)'은 아주 잘 만들어져 양질의 목재로 활 본체, 활고자를 만들고 "쇠로 창당(槍鏜)을 만들고 동으로 대를 만들고 삼으로 짠 실로 현을 삼았는데" "능히 백 묶음을 뚫을 수 있었다". 이후 한세충(韓世忠)이 '신비궁'을 모방하여 '극적궁(克敵弓)'을 만들어서 그 명성이 온 세상에 자자했다. 또한 하국이 제조한 패검(佩劍)은 송나라 사람들이 '천하제일'이라 칭송하였는데, 송 흠종이 일찍이 "패(佩)는 하국의 보검"이라 한 것에서 이를 짐작할 수 있다. 보검의 외면은 아름답고, 날카롭기가 비할 데가 없어 "한 번 휘둘러 보이니 넋이 나가고, 세 번 휘둘러 보이니 으스스하여 숙연해졌다".

서하가 황제를 칭하고 국가를 세워 서북을 통치한 기간은 190년이었는데, "비록 국가를 칭하지는 못했지만 그 땅에 왕으로 군림한" 기간까지 계산하면 347년으로 통치 영역 안에서 연호와 관제를 제정하고 수도를 정하고 예악을 바꾸어 만드니, 서쪽 국경 지방의 엄연한 대국이었다. 서하는 일군의 뛰어난 재능과 원대한 계략을 지닌 통치자가 있었기 때문에 서쪽 변경 지방의 땅을 놓고, 요, 금, 송과 서로 항쟁을 벌일 수 있었으며 송나라는 전력을 기울여도 그 예봉을 꺾을 수 없었다. 서하가 짧은 시간 안에 창조해 낸 문화는 독특한 함의를 갖고 있었으며 현재까지도 여전히 사람들의 주목을 받고 있다.

서하 문화는 한족 문화의 영향을 깊게 받았고, 그 통치자는 한족 문화를 아주 좋아하여 대량으로 한문 전적을 번역하거나, 한적에 의거하여 새로운 저서를 편역하고 한족 문화에 자못 조예가 깊은 문인 학사를 배출하였다. 예컨대 유가 알도형(斡道衝), 시인 복왕인충(濮王仁忠), 하국 실록을 찬수한 초경안(焦景顏) · 왕검(王劍), 《번한합시장중주(番漢合時掌中珠)》(하, 한 단어 대조 해설집)을 편찬한 골륵무재(骨勒茂才), 《하국보(夏國譜)》를 쓴 나세창(羅世昌) 등이다. 서하는 송에서 '구경(九經, 즉 《易》, 《書》, 《詩》, 《春秋》, 《左傳》, 《禮記》, 《孝經》, 《論語》, 《孟子》)'을 수입하고 줄곧 송나라의 역법을 사용했는데, 한화가 심화되면서 하인은 "중국 서적을 읽고 중국 의복을 사용"했고 송나라는 "하국이 한족의 의관을 사용하도록 허락하고 매년 10월에 사람을 파견하여 의복을 가져다 하국에 주었다".

서하 문화 중에서 가장 독특한 것은 문자 창조였다. 하 경종 원호와 야리인영(野利仁榮) 등이 만든 서하 문자는 '국서(國書)'라고 칭해졌는데, 한자를 모방하여 글자체는 네모형이었다. 글자체의 창조는 한자 육서의 회의법(會意法)을 많이 사용했다. 서하는 글자를 만든 이후에 공사 문서에 모두 서하의 글씨를 사용했지만 한자는 여전히 통용되었으며, 하가 송에 보내는 공문은 서하문과 한문을 병용하여 글을 적었다. 서하 문자가 널리 사용되면서 서하 문자의 음운, 글자 뜻, 구조를 설명하는 저작 및 서하 문자로 번역한 유가 경전, 예컨대 《효경》, 《논어》, 《맹자》 등이 적지 않게 출현했다. 몽골이 서하를 멸망시킨 후, 한때 찬란했던 서하 문화는 소리 없이 사라져 버렸다가 600년 후에야 다시 햇빛을 보게 되었고, 세계의 경탄을 자아냈다.

1908년과 1909년에 러시아 탐험가 코즐로프 일행은 왕립 지리학회의 위탁 파견을 받아 황량한 광야에 매몰된 옛 서하 왕조의 중요 도시, 흑수성(黑水城) 터를 발굴하여 대량의 문물을 찾아냈다. 특히 서성(西城) 바깥에 있는 높이 약 10미터, 기반 면적 약 12제곱미터의 불탑 안에서 여러 겹으로 쌓여 있는 서적, 장부 책, 두루마리로 된 불경, 불화(佛畵), 소상(塑像) 등을 발견했는데, 그야말로 중세기의 도서관, 박물관을 발견한 것이었다. 1909년 가을에 이들 보물은 상트페테르부르크로 운반되어 러시아 과학원 동방연구소 상트페테르부르크 분소에 안치되었다. 서하 왕조가 몽골에 멸망되었기 때문에 서하 문자는 읽기 어려운 죽은 문자가 되었지만, 상당히 다행인 것은 흑수성 문헌 중에서 서하 왕조 후기 학자 골륵무재가 편찬한 《번한합시장중주》와 또 하나의 서하 저작 《문해보운(文海寶韻)》이 발견되어 서하 문자의 해독이 가능하게 되었다.

흑수성 문헌에서 서하문 전적은 주로 아래와 같은 것이 있었다.

(1) 언어 문자류는 《번한합시장중주》, 《문해보운》 이외에 6천 개의 서하 문자(全部)를 수록한 자전 《음동(音同)》, 서하어 음성 체계를 표시한 《오음절운(五音切韻)》, 동의어 사전 《의동(義同)》 등이 있었다. 그리고 식자 독본 《신집쇄금치장문(新集碎金置掌文)》·《삼재잡자(三才雜字)》, 《예문유취(藝文類聚)》 체계를 모방한 유서(類書) 《성립의해(聖立義海)》 등이 있었다.

(2) 정치 법률 종류로는 《천성개구신정율령(天盛改舊新定律令)》(간칭 《천성율령(天盛律令)》)이 있었는데, 당률, 송률을 계승했으며 새로 만든 것도 있었다. 《해년신법(亥年新法)》은 《천성율령》 가운데 불교 사원에 관한 규정을 일부 증보 수정한 것이다.

(3) 고적 번역서 종류로서, 예를 들면 송나라 사람 여혜경(呂惠卿)이 주를 단 《효경(孝經)》은 오래전에 상실되었으나 서하문 번역본에서 그 원래의 모습을 엿볼 수 있다. 또한 당나라 사람 우립정(于立政)이 편찬한 《유림(類林)》 또한 이미 상실되었으나 서하문 번역본으로 그 본래의 모습을 회복할 수 있었다.

(4) 불교 전적류로서 서하문 불전은 흑수성 문헌 중에서 수량이 아주 많은 분야 중의

서하 불경 각본

하나로서 한문의 불경에서 번역한 것뿐 아니라 티베트 문자 불경에서 번역한 것도 있었으며 분량이 대단히 많은 서하문 대장경도 있었다.

주목할 만한 것은 흑수성에서 출토된 잔존하는 한문 역서는 활자 인쇄본이었는데 이는 필승이 활자 인쇄본을 발명한 이후, 세상에 남아 있는 최초의 활자 인쇄 서적이었다. 사금파(史金波)는 《흑수성에서 출토된 활자판 한문 역서고(黑水城出土活字版漢文曆書考)》에서 이 문제를 깊이 있게 분석했다.

서하 멸망 후에 많은 문물이 훼손되고 유실되어 해외학자가 경탄했던 비단길상의 한 보배가 사라졌다. 시간이 지나면서 서하 왕국의 수수께끼는 갈수록 많아졌다. 최근 수년 이래로 《러시아 소장 흑수성 문헌(俄藏黑水城文獻)》이 계속 출판되어 이제 드디어 흑수성 문헌을 근거로 오래전에 멸망한 서하 왕국의 수수께끼를 해독할 수 있게 되었다.

## 66. 요와 서하에 대한 송의 타협

송 태조는 일찍이 북한(北漢)을 두 차례에 걸쳐 공격하였으나 승리를 거두지 못했다. 태평흥국(太平興國) 4년(979년) 송 태종이 군사를 거느리고 북한을 공격하여 태원(太原)을 포위하고 구원하러 온 요군을 격파하자 북한은 투항하지 않을 수 없었다. 승기를 탄 송 태종은 통일 대업을 완성하고 석경당이 거란에게 할양한 유운 16주의 땅을 회복하기 위하여 요국을 정벌하기로 결정했다. 처음 전투는 승리하여 이주〔易州, 지금의 하북(河北) 이현(易縣)〕, 탁주〔涿州, 지금의 하북(河北) 탁현(涿縣)〕를 연이어 점령했지만 고량하〔高粱河, 지금의 북경(北京)〕 서직문 밖 전투에서 참패를 당하고 송 태종은 화살에 맞아 나귀 수레를 타고 철수했고, 요군은 패배를 승리로 전환시켰다.

옹희(雍熙) 3년(986년) 송나라 군대는 재차 북벌에 나섰다. 동로군은 조빈(曹彬)이 통솔하여 웅주〔雄州, 지금의 하북(河北) 웅현(雄縣)〕에서 북으로 탁주를 공격했다. 중로군은 전중진(田重進)이 지휘하여 비호〔飛狐, 지금의 하북 내원(淶源)〕에서 북으로 울주〔蔚州, 지금의 하북 울현(蔚縣)〕로 북진했다. 서로군은 반미(潘美), 양업(楊業)이 통솔하여 회문〔雁門, 지금의 산서(山西) 대현(代縣)〕을 나서 산 뒤의 여러 주를 공격했다. 송나라는 동로군이 요나라의 주력을 견제하고 서로군, 중로군이 산 뒤의 여러 주를 공격하여 함락시킨 후에 힘을 합쳐 유주를 공격하려는 작전 방침을 세웠으나, 이는 일방적으로 자기 쪽 입장만 생각한 것이었다.

요나라 쪽에서는 오히려 줄곧 유주를 전략 거점으로 삼아, 중점 방어하고 기회를 틈타서 반격하는 작전 방침을 세웠다. 이 때문에 송나라의 서로군은 환주〔寰州, 지금의 산서 삭현(朔縣) 동쪽〕, 삭주(朔州, 지금의 서산 삭현), 응주(應州, 지금의 서산 응주), 운주〔雲州, 지금의 서산 대동(大同)〕를 공격 함락했고, 중로군은 울주를 공격하여 함락시켰으나 동로군은 큰 피해를 입고 기구관〔岐沟關, 지금의 하북 내산(淶水)의 동쪽〕에서 참패하니 서로군, 중로군은 철수하지 않을 수 없었다. 반미, 양업은 운, 응, 환, 삭 네 주의 백성이 내부로 이주할 수 있도록 엄호하라는 명령을 받았고, 양업은 만전을 기할 수 있는 철군

방안을 제출했다. 《양가장사실고(楊家將史實考)》를 근거로 삼아 설명하면 양업이 제출한 방안대로 시행한다면 송군은 대주(代州)에서 번치(繁峙)를 거쳐 직접 응주(應州)로 나아간 다음 요군의 퇴로인 환주를 절단 공격함으로써 요군이 철군하여 환주를 빼앗지 않을 수 없게 만들어서 운, 삭, 응 세 주의 백성이 기회를 틈타 철수하기 편했을 것이다. 그러나 감군(監軍) 왕신(王侁) 등이 이 방안에 반대하며 양업이 '다른 뜻'이 있다고 비방하여 양업이 무모하게 적과 대적하도록 만들었다. 양업은 이 싸움은 결국 질 것이라는 것을 알고, 출발 전에 반미 등에게 진가곡구(陳家谷口, 지금의 산서 삭현의 남쪽)에 지원병을 배치하여 지원할 것을 눈물로 고함으로써 전군이 궤멸되는 것을 막으려 했다. 반미 등은 요군이 패주한다고 오인하여 약속을 어기고 멋대로 진가곡구를 벗어났다. 양업은 요군의 매복 공격을 받아 진가곡구로 후퇴하였으나 지원군을 볼 수 없었고, 죽을힘을 다하여 싸웠으나 병졸이 죽거나 부상당하여 거의 전멸하고 자신도 중상을 입고 말에서 떨어져 포로가 되었다. 그는 뜻을 굽히지 않고 3일을 먹지 않고 버티다가 죽었다.

양업(?-986년), 원명은 중귀(重貴), 인주 신태〔麟州 新秦, 지금의 섬서(陝西) 신목(神木)〕 사람이다. 청년 시절에 후한하동절도사(後漢河東節度使) 유숭(劉崇)의 부장으로 유숭이 북한 정권을 세웠을 때에 계업(繼業)으로 이름을 바꾸고 유성을 하사받았으며 웅군(雄軍, 지금의 산서 대현)절도사로 선발되어 요군과 싸워 여러 차례 전공을 세워 무적이라 불렸다. 송 태종이 북한을 공격할 때에 북한의 주군을 따라 송에 항복하여 성을 양, 이름을 업으로 바꾸고, 좌령군위 대장군(左領軍衛 大將軍)이 되었다. 한 시대의 명장 양업의 죽음은 조야를 놀라게 했고, 송 태종은 명령을 내려 그를 태위·대동군절도사(太尉·大同軍節度使)로 추증하고, 반미를 3급 낮추고, 왕신은 군관직에서 제외시켰다. 양업의 아들 양연소(楊延昭)는 육랑(六郎)이라 불렸으며 그 손자 양문광(楊文廣, 연소의 아들)은 유지를 계승하여 요·서하에 대한 대항 전쟁에서 공적이 혁혁했다. 연소의 아들 종보(宗保), 종보의 아들 문광(文廣)에 이르는 양씨 4대의 영웅적인 업적은 당시에 민간 전설로 전하여 칭송되고 후에 평화(評話), 희곡, 소설의 과장을 거쳐서

양가장(楊家將) 이야기가 되었다.

송 태종은 두 차례의 북벌에 실패한 후 유운 16주 회복 계획을 포기하고 요나라에 대한 방침을 공세에서 수세로 전환했다. 유운 이남에는 방어에 적당한 험준한 곳이 없었기 때문에 평원 위로 변경의 물길을 끌어대어 제방을 쌓아 물을 저장하고, 느릅나무와 버드나무를 심고 목책을 설치하여 요군 남하를 막을 수밖에 없었다. 그러나 요 측이 수세에서 공세로 전환하면서 거란 기병은 끊임없이 남하하여 멋대로 질주했고 송군은 변변한 저항도 못하고 참패를 당하였다.

송 진종(眞宗) 경덕(景德) 원년(1004년)에 요군은 와교관〔瓦橋關, 지금의 하북 웅현의 구남관(舊南關)〕 이남의 10개 현을 수복한다는 구실로 승천황태후(承天皇太后)와 요 성종의 지휘 아래 송 국경을 침범했다. 요군은 야전에 뛰어났지만 성의 공격에 익숙지 않아 송군이 지키고 있는 성과 진을 우회하여 직접 황하 연변의 전주〔澶州, 지금의 하남 청풍(淸豊)의 서쪽, 예전에 전연(澶淵)이라 칭함〕성 북쪽에 도달하여 동경 개봉을 위협했다. 조정의 모든 사람들이 놀라고 당황하여 어떤 이는 승주(昇州, 지금의 강소 남경)로 수도를 옮길 것을 주장하고 어떤 이는 익주(益州, 지금의 사천 성도)로 천도할 것을 주장했는데 신임 재상 구준(寇准)은 중의(衆議)를 물리치고 송 진종이 직접 전주(澶州)의 전선으로 가서 군대를 통솔할 것을 재촉했다. 구준은 요나라와의 전쟁 과정에서 여러 차례 전공을 세운 양사(楊嗣)와 양연랑(楊延朗, 즉 양업의 아들 양연소)을 기용했고, 송군이 전주 전선에서 복노(伏弩)를 쏘아 요의 남경통군사(南京統軍使) 소달름(蕭撻凜)을 죽이자 요군의 오만방자한 기세가 급격히 꺾여 쌍방은 서로 대치 국면에 빠졌다.

요군의 이번 남하는 재물 약탈, 정치적 위협에 본뜻이 있었고, 성을 공격하여 땅을 빼앗을 의도는 없었기 때문에 일단 좌절되자 바로 송나라와 화의하겠다는 의사를 표시했다. 송 진종은 본래 이번의 출병 항쟁에 자신감이 없었던 터라 요 측이 강화를 원한다는 소식을 알게 되자 마음에 들어 하며 즉시 관리를 전주에 있는 요나라의 부대에 파견하여 화평을 추구했는데 요군을 신속히 북쪽으로 철수만 할 수 있게 한다면 어떠한 대가도 아쉬워하지 않았다. 송나라와 요나라의 이 회맹은 역사적으로 '전연(澶淵)의 맹약'으로 불리는데 쌍방은 (1) 송나라는 매년 요나라에 은 10만 냥, 비단 20만 필을 보낸다. (2) 국경에 주둔하는 군사는 각자 경계를 지키고 쌍방은 서로 침략하지 않으며 상대방의 도망자를 수용할 수 없다. (3) 쌍방은 산성을 새로 쌓거나 하천의 물길을 변경할 수 없다. (4) 요제(遼帝)는 송제(宋帝)를 형으로 칭하고 송제는 요제를 동생으로 부른다.

송나라는 이러한 무거운 대가와 요나라의 철병을 맞바꾼 뒤 "자연의 이점으로써 군비를 절약했다"고 미화했다. 송 진종은 기대 이상의 성과에 매우 기뻐하며 승리를 경축했다. 원래 승주로 천도를 주장했던 왕흠약은 이때에 태도를 일변하여 송 진종의 면전에서 구준이 황제를 "마지막 판돈"으로 삼아 "성하지맹(城下之盟)"을 맺었다고 공격하여 구준을 파면시켰다. 진종의 계승자 인종은 굴욕적인 화평 추구 방침을 계속 이어받아 국경 방어를 정비하지 않았기 때문에 요나라의 군대가 남하하겠다고 큰소리를 치자 즉시 관리를 파견하여 화평을 요구하고 매년 은 10만 냥, 비단 10만 필을 늘리겠다고 답변하여 국경의 일시적인 안정을 추구했다. 황인우(黃仁宇)는 전연의 맹약은 일종의 지연 정치의 산물로서 경쟁적인 두 체제가 지역상에서 역량의 균형을 유지한 것을 의미한다고 생각했다. 사실은 그렇지 않은데, 이는 타협으로 바꾼 거짓 균형이었기 때문이다.

송나라가 요나라에게 이렇게 굴욕적인 양보를 한 것은 조정 관리들이 적에 대항하려는 굳센 마음이 없었기 때문이며 요군에 대한 심한 두려움의 반영이었다. 인종 때에 두 차례에 걸쳐 요나라에 가서 교섭하고, 영토의 할양을 굳게 거절했던 부필(富弼) 또한 "거란은 확실히 강하며 병마를 대충 모아도 백만은 족히 되니 쳐들어오면 항거할 수 없다"라고 인정하지 않을 수 없었다. 부국강병을 주장한 왕안석 또한 "지금 하북에서 아직 거란에 대응할 수 없으니 가벼이 화평을 끊어서는 안 된다"고 신종을 일깨웠다.

전연의 맹약은 송나라의 요나라에 대한 굴욕 외교의 시작으로서 비록 하북에 20여 년의 평화를 가져왔지만 후환은 끝이 없었다. 처음에는 요나라가 맹약을 장기간 지킬 것인지에 대해 의심이 가라앉지 않았으나 몇 차례 국경 지방에서의 소동을 거친 후에는 아무런 일도 발생하지 않자 송나라의 요나라에 대한 의심은 점점 옅어지고 군신과 국경을 지키던 장군의 경계심도 날로 이완되어 방어 임무에 소홀해졌다. 북송 말년이 되자 하북 관병의 사기는 완전히 떨어져서 줄곧 천하 근본으로 간주되었던 하북의 방어 업무는 이름만 남게 되어 후에 '정강의 변〔靖康之變〕'이 일어날 화근을 잉태시켰다.

요나라와 협조하며 세력을 형성했던 서하 또한 송나라의 큰 위협이었는데, 송나라는 요나라와 타협했던 방법을 서하에도 그대로 사용했다.

이계천(李繼遷)은 요나라의 책봉을 받아 하국 왕을 칭한 이후에 송 태종이 이성을 보길(保吉)로 바꾸어 하사하고 은주 관찰사직을 주었으나 이를 받아들이지 않고 끊임없이 국경 부근의 각 주현에서 소란을 피우고 송군이 영주〔靈州, 지금의 영하(寧夏) 영무(靈武) 서남(西南)〕로 호송해 가는 양식과 사료를 탈취하고 아울러서 병사를 일으켜 영주를 공격했다. 송군은 다섯 갈래로 나누어 영주의 포위를 풀려고 했으나 끝내 승리를 쟁취할 수 없었다. 이계천의 아들 이덕명이 왕위를 이은 후에 전력을 다하여 서쪽으로 진출하여 하서 일대를 쟁취하고 송나라와 관계 개선을 결정했다. 경덕 3년(1006년) 송 진종은 이덕명을 정난군 절도사 · 서평왕(靖難軍節度使 · 西平王)으로 책봉하고 매년 '상사(賞賜)'의 명목으로 이덕명에게 은 1만 냥, 비단 1만 필, 전 3만 관, 차 2만 근을 주어 서북 국경 30년의 안정과 맞바꾸었다. 보원(寶元) 원년(1038년)에 이원호는 황제를 칭하고 대하국을 건립한 후, 평화조약을 파기하고 송을 공격하니 조정 대신은 얼굴만 바라본 채 어찌할 줄을 모르고 태도를 명확히 밝히려는 사람이 없었다. 송나라 서북 변경의 30만–40만 주둔군은 수적으로 적은 하군의 전면 공격으로 모두 붕괴되었다. 1040년 연주(延州) 전투, 1041년 호수천(好水川) 전투, 1042년 정주(定州)의 전투에서 계속 패배했다.

송 인종은 연주 지사 방적(龐籍)에게 서하와 협상하도록 지시하여 경력 4년(1044년) 쌍방은 화의에 도달했다. 송나라는 원호를 하국 왕으로 책봉하고 송과 하는 임금과 신하의 관계를 맺었으나 송나라는 매년 '상사'의 명목으로 하에 은 5만 냥, 비단 13만 필, 차 2만 근을 주는 이외에 경축일에 은 2만 2천 냥, 비단 2만 3천 필, 차 1만 근을 주어야 했다. 타협으로써 서북 국경의 일시적 안전을 꾀한 것이었다.

요와 서하에 대한 송의 타협은 송나라의 무력 약화가 이미 상당히 심각한 수준에 달했음을 의미한다. 《세계통사》는 송 왕조의 황제가 매년 유목민에게 "예물을 보내야" 했던 것은 송의 치명적 약점이었는데, 유목민은 아주 쉽게 침략을 할 수 있었기 때문에 "예물을 보내는" 정책은 한 세기 반 동안 실행되었다고 희화적으로 서술했다.

강대한 경제와 과학 기술력을 지닌 송나라가 요, 서하와 전쟁에서 줄곧 열세였던 것은 아무리 생각해도 이해하기 힘든 측면이 있다. 서양학자는 유목 민족의 놀랄 만한 전투력은 많은 요인이 하나로 합쳐져서 나온 것이라 설명한다. 예컨대 전투에 참여한 기병은 3필의 말(2필은 교대용이다)을 끌고 몸에는 투구와 갑옷을 입고, 2개의 활, 도끼 하나, 검 한 자루, 밧줄과 약간의 건제품을 지녀 지속적인 전투력을 갖추고 있었다. 거란 무사는 광활한 평원지대에서의 연쇄진을 발명하였는데 10명, 100명, 1,000명을 조합하여 선봉, 양익, 중심과 황제 호위대를 구성했다. 그들은 일반적으로 우수한 병력으로 근접전을 치르기보다는 적군의 공급 차단과 매복 공격, 유인 전술을 사용했다. 기술상의 요소는 쇠로 된 등자를 사용한 것이었는데 등자는 기병에 견고한 발판을 제공하여 말을 타고 활을 쏘아도 헛되이 발사되는 것이 없었다. 이런 기병은 군사 전술상에서 중원의 보병을 압도했다. 근대 화기가 전파되기 이전에 아시아의 군사 기술 수준은 기병이 우위를 점하고 있었다.

## 67. 여진의 흥기와 요의 멸망

여진은 수 · 당 시기의 말갈(靺鞨)이다. 속말(粟末) 말갈이 발해국을 건립했으나 오대 시기에 거란에 멸망했다. 흑수말갈(黑水靺鞨) 또한 거란에 복속했다. 후에 여진이라 칭해진 것은 바로 흑수말갈이다.

거란은 여진에 대한 통치를 강화하기 위하여 요양(遼陽) 일대에서 생활하며 점차로 요 문화를 받아들인 여진 부락을 요나라의 호적에 편입하여 숙여진(熟女眞)이라 부르고, '갈소관 여진(曷蘇館女眞, 울타리 속의 여진이란 뜻)'이라고도 불렀다. 송화강(松花江)

이북, 영강주(寧江州, 지금의 길림 부여) 이동에서 생활했던 여진 부락은 본래의 습속을 유지하고, 요나라의 호적에 편입되지 않아 생여진(生女眞)이라 불렸다. 그들은 요나라에 공물을 바치고 말과 모피를 갖고 요나라의 사람들과 상품을 교환했다. 생여진은 문자와 역법이 없었고 초목의 성장을 보고 계절의 변화를 계산했다. 집이 없이 단지 벼랑의 구덩이 위에 나무를 얹고 흙으로 지붕을 덮어 "여름이면 밖으로 나와 물과 풀을 따라 다니며 살고, 겨울이면 그 속에 들어갔는데 이동이 일정치 않았다". 그들은 주로 수렵과 유목으로 생활을 유지했다.

11세기 초에 흑룡강 지류 아십하〔阿什河, 옛 명칭은 안출호수(按出虎水)〕 유역에 거주하던 생여진 완안부(完顔部)는 오곡을 심기 시작하고 수목을 베어 수레와 배를 만들고 집을 만들며 석탄을 태워 쇠를 주조하는 기술을 터득했다. 완안부는 사금, 동주(東珠—* 중국 동북 지방의 혼동강, 오랍하, 영고탑강 등지에서 산출되는 주옥), 말, 담비 가죽, 인삼 등을 이출하여 무기로 바꾸고 군비를 확충하여 세력을 키워서 여진의 각 부족—백산부(白山部), 야회부(耶悔部), 통문부(統門部), 야뢰부(耶懶部), 토골론부(土骨論部)—및 '오국부(五國部)'를 병합하여 부족 연맹을 만들었고, 기타 각 부족도 계속해서 연맹에 가입했다. 완안부의 수령 오고내(烏古乃)가 사망한 이후에 각 부락 사이에 서로 약탈하고 싸움이 끊이질 않았는데, 도단부(徒單部)가 따로 14부 연맹을 만들고 오고론부(烏古論部)가 14부 연맹, 포찰부(蒲察部)가 7부 연맹을 만들어서 이 세 부락 연맹이 완안부의 12부 연맹을 연합 공격했다. 완안부의 연맹장 영가(盈歌)·국상 살개(國相 撒改)·영가의 조카 아구타〔阿骨打〕는 병사를 일으켜 맞서 싸워서 3연맹을 격퇴하고 통일된 부락 연맹을 만들었다. 영가는 아구타를 시켜 각 부족이 '도부장〔都部長, 즉 연맹장(聯盟長)〕'을 자칭하는 것을 더 이상 허락하지 않는다고 통고했다. 완안부 영가를 수령으로 한 연맹이 여진 각부를 통일한 후, 영가는 아구타의 건의에 따라 각 부족이 자신의 깃발을 사용하는 것을 금지하고 연맹으로 통일했다. 그리고 완안부의 법령을 연맹 각 부락의 통일 법령으로 삼아 이후에 건립되는 금조(金朝)의 기초를 놓았다.

완안부 아구타〔중국식 이름은 완안민(完顔旻)〕는 금나라의 개국 황제로서 조부는 오고내(烏古迺), 아버지 핵리발(劾里鉢)은 완안부 수령이었고, 숙부 파자숙(頗剌淑)·영가는 부락 연맹의 연맹장이었다. 영가가 죽고 아구타의 큰형 오아속(烏雅束)이 연맹장을 맡았다. 오아속이 죽고 아구타가 연맹장을 계승하여 도보길레〔都勃極烈〕라고 칭했다. 아구타는 요나라의 내부가 허약하다는 정보를 입수하고 요나라에 반기를 들어 통제를 벗어나기로 결정하고 1114년에 요 통치하의 영강주〔寧江州, 지금의 길림 부여(夫餘) 동남쪽의 조그만 성〕를 향해 진격하고, 또 오래지 않아 출하점〔出河店, 지금의 흑룡강 조원(肇源) 서남〕에서 요군을 대파하고 승기를 타 빈주〔賓州, 지금의 길림 농안(農安) 동북의 홍석루(紅石壘)〕, 함주〔咸州, 지금의 요녕(遼寧) 개원(開原)의 옛 성진〕 등의 땅을 공격 점령하여 명성을 크게 날렸다.

요 천경(天慶) 5년(1115년) 정월 초하루, 완안부 아구타는 황제를 칭하고 나라를 세워 대금이라 부르며 연호를 만들고 회령부〔會寧府, 지금의 흑룡강 아성(阿城) 남쪽의 백성자(白城子)〕에 도읍을 정하여 금나라를 정식으로 건립하고 요와 대치했다. 이후 아구타는 군대를 거느리고 요나라 북쪽의 요지인 황룡부〔黃龍府, 지금의 길림 농안(農安)〕를 공격 점령하고, 아울러 호보답강〔護步答岡, 지금의 흑룡강 오상(五常)의 서쪽〕에서 요나라의 천조(天祚) 황제의 친정 대군을 대파했다. 다음 해에 요동반도의 동쪽 지구를 탈취하고 연말에 대성황제(大聖皇帝, 太祖)라고 덧붙였다.

금나라 건립 후에 아구타는 원래의 부족연맹장 제도를 폐지하여 황제 제도로 대체하고, 부족 연맹 때의 '국상(國相)' 제도를 폐지하여 보길레〔勃極烈〕 제도로 대체했다〔勃極烈의 여진어 뜻은 대신(大臣)이다〕. 중앙은 보길레 4인으로 보정기구를 구성하고 아구타의 아우 완안성(完顔晟, 吳乞買)을 대보길레로 임명하고, 원래의 국상 살개를 제부통수보길레(諸部統帥勃極烈)로 임명하여 의미상 최고의 보길레를 유지하게 하고 아구타의 아우 완안고(完顔杲)를 제이 보길레로 삼았다.

맹안모극(猛安謀克)은 주목할 만한 여진 사회 조직 형식의 하나인데, 초기에 맹안모극과 부락 씨족의 관계는 극히 밀접했다. 여진인은 평시에 '보긴〔孛堇, Bogin〕'이라 불리는 부락장의 영도 아래에 생산에 종사하였고 전쟁 때에는 이들 '보긴'이 맹안 혹은 모극의 칭호를 띠고 그 부락을 이끌고 출정했다. 맹안은 여진어의 음역으로서 뜻이 '천'이었기 때문에《금사(金史)》는 천부장(千夫長)으로 번역했다. 모극은 여진어의 음역으로 '백'을 뜻하였으므로 백부장(百夫長)으로 번역되었다. 여진인은 "강건한 자는 모두가 병사가 되"었는데 병사와 민이 하나였고, 생산과 보위가 하나였다. 아구타가 즉위한 다음 해(1116년)에 처음으로 300호를 모극으로 삼고 10모극을 맹안으로 삼도록 명했다. 거란인도 맹안모극으로 편성하고 이후 한인, 발해인 역시 맹안모극으로 편성했는데, 이는 남방 경략을 위한 군사상 임시방편이었다. 이런 부락병의 전투력은 아주 강력했는데, "요나라 사람은 예전에 '여진병이 만 명이 되면 적이 없다'고 말했다".

〈여진기사도〉

금나라는 건립 이후에 부패할 대로 부패한 요나라를 끊임없이 공격하여 연전연승했다.

금나라가 요나라를 싸워서 이기는 것을 본 송나라는 형세를 잘못 판단하여 '이이제이(以夷制夷)'를 통해 어부지리를 얻을 헛꿈을 꾸었다. 송 휘종(徽宗)은 대신 채경(蔡京), 동관(童貫)과 은밀히 상의하여 금나라와 연합하여 요나라를 멸망시키고 기회를 틈타 유운 16주를 수복하기로 결정했다. 1118년에 무의대부(武義大夫) 마정(馬政)은 이 사명을 띠고 말 구입을 명목으로 바닷길로 금나라에 가서 허실을 깊이 탐문하였다. 이후 송과 금의 사신이 빈번히 접촉하여 마침내 1120년에 송과 금이 해상 맹약을 체결하였다. 송과 금 쌍방이 남북에서 협공하여 금은 장성 이북의 중경 대정부〔大定府, 지금의 내몽골 소오달(昭烏達) 맹녕성현(盟寧城縣)의 경계〕를 차지하고 송나라는 장성 이남의 남경〔南京, 연경(燕京)〕 석진부(析津府)를 차지하며, 요나라가 멸망한 이후에 송나라는 요나라에게 주었던 '세폐'와 같은 액수를 금에게 줄 것을 약정했다.

얼마 지나지 않아 금나라의 군대는 요나라를 전면적으로 공격하여, 중경 대정부, 서경 대동부(大同府)와 남경(燕京) 석진부를 연이어 공격하여 점령했다. 송나라는 줄곧 '이이제이'라는 생각에 빠져 근본적으로 진지하게 전쟁을 준비하지 않았다. 이 당시의 요나라는 이미 멸망의 길에 접어들었음에도 불구하고 우매한 동관, 채경이 정・부통수를 맡았던 송군은 여전히 요군의 적수가 되지 못하여 시종 일격도 견디지 못하고 연전연패하고 희녕・원풍 변법 이래로 적립해 왔던 군수를 전부 낭비했다. 금 태조 아구타는 연경을 함락시킨 후, 송나라가 출병하지 않았다고 책망하는 동시에 연경을 넘겨주는 조건으로 연경 대조전(代租錢) 1백만 관을 줄 것을 요구했다. 송 휘종은 받아들이지 않을 수 없었으니 매년 금에게 '세폐' 40만을 내는 것 이외에도 1백만 관의 '연경 대조전'을 더 내야했다. 금나라는 철군하면서 연경 성내의 재물과 사람을 하나도 남김없이 약탈하고 포로로 잡아가니, 송나라가 엄청난 대가를 치르고 찾아온 곳은 "폐허로 변하고, 여우가 숨어 사는" 빈 도시 및 부근의 황폐화된 6주의 땅이었다.

실소를 금할 수 없는 것은 휘종과 왕보(王黼), 동관의 무리들이 위와 같은 행위를 "불세의 공"이며 실지 회복의 대"개선"으로 과장하여 자신과 남을 속여 안개와 구름 속에 갇혀 도취경에 빠져 있었다는 사실이다. 그러나 이때에 이미 위기는 코앞에 닥쳐 있었는데, 송나라와 금나라가 요나라를 협공하는 과정에서 송나라의 허약함이 남김없이 드러났다. 금 태조 아구타가 사망한 후, 그 동생 금 태종이 왕위를 계승하고, 계속해서 요나라를 공격하여 1125년에 요의 천조 황제를 포로로 잡았고 요나라는 멸망했다. 요나라의 멸망으로 송나라와 금나라 사이의 완충지대는 더 이상 존재하지 않았고, 송나라는 바로 금나라의 다음 침략 목표가 되었다. 송나라와 금나라의 해상 맹약은 적의 적을 친구로 간주하는 것은 위험한 외교 책략으로 종종 불장난이 되어 자신을 태울 수도 있다는 큰 교훈 하나를 남겼다. 뜻밖에도 이후의 남송은 이러한 전철을 또다시 밟았다.

# 11장 남송과 금의 대치 시기

## 68. '정강의 치욕'과 악비의 대금 항전

'원우의 변경' 이후에 변법과 반변법의 논쟁은 통치 집단 상층의 파벌 싸움으로 발전하여 감정적으로 일을 처리하고 국가 · 사회의 이익은 돌보지 않았다. 이런 투쟁은 북송 멸망 때까지 줄곧 지속되었다.

원부(元符) 3년(1100년) 7월, 송 휘종 조길(趙佶)이 친정을 실시하면서 희령 신법 회복의 기치를 내걸고 연호를 숭령(崇寧)으로 고쳐서 희령의 법을 숭상함을 보였다. 채경은 조정에 복귀하여 휘종에게 중용되어 우상에 임명되고 동관, 왕보, 양사성(梁師成), 양전(楊戩), 주면(朱勔), 이언(李彦), 고구(高俅) 등과 서로 결탁하여 전권을 장악하고 날뛰어 조정을 엉망으로 만들었다. 송 휘종은 채경의 무리를 총애하여 그들에게 조정의 정치를 맡기고 자신은 도교와 서화에 깊게 빠져들어 자칭 '교주도군황제(教主道君皇帝)'로서, '신소옥청부 장생제군(神霄玉淸府 長生帝君, 상제의 장자)'이 강림한 것이라고 하며, 개봉 및 각지에 도관을 널리 건립하도록 명령을 내리고, 26등급의 도관(道官)을 설치하였는데 그 수는 거의 2만 명에 이르렀고 관리와 똑같은 녹봉을 받았다. 휘종은 '수금서(瘦金書)' 및 광초(狂草)에 뛰어났고, 화조(花鳥) 세밀화에도 자못 뛰어났다. 그러나 그는 황제로서의 직책 수행에는 아주 뒤떨어져서 부패 무능한 탓에 국가와 백성에게 재앙을 불러왔을 뿐만 아니라 자신의 서화 재능마저도 빛을 바래게 했다.

채경은 신법 추진을 구실로 대대적인 파벌 투쟁을 전개하여 다른 세력을 공격했다. 채경은 젊었을 때 변법파를 추종했으나 사마광이 '원우의 변경'을 시행할 때에 태도를 바꾸어 신법에 반대했고, 소성(紹聖) 때에 장돈(章惇)이 신법을 회복하자 다시 태도를 바꾸어 장돈에 붙었다. 일단 대권을 장악하자 채경은 다시 변법파로 변신해 문언박(文彦博), 여공저(呂公著), 사마광(司馬光), 소철(蘇轍), 정이(程頤) 등 120인을 '원우 간당'으로 정하고, 원부(元符) 3년에 향태후(向太后, 신종 황후) 집정 때에 구법 회복을 주장한 관원을 그들과 한통속으로 몰았는데, 모두 309명에 이르렀다. 송 휘종은 "원우당적비(元祐黨籍碑)"란 비석을 만들고, 정치 탄압을 진행하여 유배를 보내거나 관직을 박탈 혹은 강등시켰는데, 그중에는 채경과 의견이 맞지 않는 변법파의 장돈 등이 포함되었다.

채경 무리는 "재산이 없는 것을 근심하지 않고, 재정을 관리하지 못하는 것을 근심한다"는 구실을 내세워 신법 추진이라는 명목으로 재부 수탈을 실행했다. 면역법 회복은 다액의 역전 징수에 그 의도가 있었다. 방전균세법 회복은 초과 증세에 그 목적이 있었다. 차법(茶法)과 염법(鹽法)의 대대적인 수정은 차세와 염세 수입을 늘리기 위함이었다. 그러므로 송 휘종은 자못 득의양양하게 "태사(太師, 채경)는 짐에게 수입과 지출을 늘려주었다"고 말했다. 항주에 조작국(造作局)을 설치하고 대환관 동관이 주관했는데, 동남 지방의 수공 장인 수천 명을 모아서 사치품을 제작하여 조정에 올려 보냈다. 소주에 응봉국(應奉局)을 설치하고 동남 지방의 꽃과 돌, 초목을 수집하여 휘종의 취미를 만족시켰는데, 주면(朱勔)이 관장했다. 이후 규모를 확대하여 각지에서 선박을 소집하여 매 10척을 일강(一綱)으로 편성하여 '화석강(花石綱)'이라 불렀는데, 백성을 혹사시키고 물자를 낭비하여 동남 지방에 12년간 해독을 끼쳤다. 환관 양전(楊戩)은 경서로 공전소(京西路 公田所)를, 환관 이언은 서역괄전소(西域括田所)를 설치했는데, 명목상으로는 주인 없는 황무지를 공전으로 바꾸고 정부가 사람을 모집하여 경작한다는 것이었지만 실제로는 비옥한 양전을 골라서 강제로 약탈하고 원래의 주인을 전호로 삼았다. 10년간 양전 3만 4천여 경을 약탈 점유했다.

채경 무리는 직권을 이용하여 공개적으로 관직을 팔고 뇌물을 받았는데, 관위마다 각기 정해진 가격이 있어 당시 항간에는 "삼천 관이면 비각(秘閣)에 이르고, 오천 관이면 통판(通判)에 오른다"는 말이 떠돌았다. '화석강'으로 세력을 얻은 주면 부자는 "뇌물을 공개적으로 받다시피 해 그 문 앞은 시장과 같았으며" 중앙과 지방의 관리 중에는 "그 부자 때문에 등용된 자가 상당히 많았다".

정치의 부패는 민중의 원성을 들끓게 했으니 "통〔童〕을 깨뜨리고 채소〔蔡〕에 물을 뿌리니 인간살이 얼마나 좋은 세상인가"라는 이중적인 의미를 지닌 노래가 민간에 떠돌았다. 이런 배경 아래에서 송강 기의(宋江起義)와 방랍 기의(方腊起義)가 발생했다.

송강 기의는 산동 운주(鄆州) 수장현(壽張縣) 양산(梁山)에서 발생했는데, 양산박 가운데에 있는 양산은 둘레가 수십 리에 달했다. 당시 대대적으로 공전으로 묶어서 양산박을 정부 소유로 귀속시켰고, 농민이 물고기를 잡거나 창포나 갈대를 딸 때에도 선박에 따라서 정부에 세금을 납부해야 했으니, "양산박 주변의 사람들은 입고 먹을 것이 없어 힘센 사람은 도적으로 결집하고, 약한 사람들은 계곡 안쪽으로 멀리 이사 갔다". 선화 원년(1119년) 송강 등 36인은 무리를 거느리고 양산박에서 기의를 일으키고 하북, 산동 일대를 돌면서 싸웠다.

방랍 기의는 절강서로의 목주〔睦州, 현 건덕(建德)〕 청계현〔靑溪縣, 현 순안(淳安)〕에서 발생했다. 이곳은 휘주와 가까워 상인들이 몰려들고 나무, 대나무, 칠이 많이 나서 조작국, 응봉국의 가혹한 징수가 매년 끊이질 않는 곳이었다. 선화 2년(1120년) 방랍은 주면 토벌을 명목으로 기의를 일으키니 송 휘종은 조작국 철폐, 화석강 운행 중지를 명령하고 주면 부자를 파면하는 한편 동관에게 50만의 정예부대를 이끌고 토벌에 나서도록 명령했다.

송나라는 안팎으로 곤경에 빠졌다. 송나라와 금나라의 해상 맹약과 그 이후 송나라와 금나라의 교섭은 송나라의 정치 부패와 군사적 무능을 여지없이 폭로했다. 금나라는 요나라를 멸망시킨 후에 즉시 칼끝을 돌려서 송나라를 바로 압박했다. 선화 3년(1125년) 11월 금군은 두 방면으로 나뉘어 남하했다. 서로군은 완안종한〔完顏宗翰, 또는 점한(粘罕)이라 함〕이 지휘하여 대동부〔大同府, 지금의 산서 대동(大同)〕에서 태원부(太原府)로 직접 뛰어들었다. 동로군은 완안종망〔完顏宗望, 또는 알리부(斡离不)라고 함〕이 거느리고 평주〔平州, 지금의 하북(河北) 노룡(盧龍)〕에서 태원부로 직접 접근하고, 이후 합류하여 동경 개봉부를 포위 공격했다. 서로군은 태원성에서 저지되었으나 동로군은 연산부를 공격 함락하고 신속하게 남하 진군하여 황하를 건너서 동경 개봉부를 향해 직접 칼끝을 겨누었다. 송나라는 전연의 맹약이 지켜질 것이라고 여겨 하북에 어떠한 방비도 하지 않았으니, 금의 군사는 남하하여 이르는 곳마다 적을 무너뜨렸다. 알리부는 11월 19일에 군대를 일으켜서 12월 10일에 연경을 공격하기까지 20여 일밖에 걸리지 않았으며, 다음 해 정월 초 3일에 황하를 건어서 동경성 아래에 이르렀으니 연경 방어도 20여 일을 넘지 못했던 것이다.

송 휘종은 금군이 남하한다는 소식을 듣고서는 자신이 저항의 책임을 맡을 생각은 하지도 않고 황급하게 그의 태자 조환〔趙桓, 즉 송 흠종(欽宗)〕에게 황위를 넘겨주었다. 송 흠종이 즉위한 후 연호를 정강(靖康)으로 하고 휘종을 태상황으로 삼았다. 태학생 진동 등은 상서를 올려서 채경, 왕보, 동관, 양사성, 이언, 주면 “6적은 이름만 다를 뿐 같은 죄를 저질렀으니” 당연히 “머리를 베어 사방에 돌려서 천하에 사죄해야 한다”고 지적했다. 조야의 여론도 ‘육적’의 크나큰 죄악을 연이어 폭로하니 송 흠종은 어쩔 수 없이 왕보, 동관, 주면을 참수하고 이언과 양사성에게 사약을 내리고 채경은 영남(嶺南)으로 유배 보내 내치도록 명령을 내리지 않을 수 없었다. 흠종은 급작스럽게 즉위하여 정치 경험이 거의 없어 조정의 의견에 좌우되었다. 당시 조정의 신하는 두 파로 갈려 있었다. 하나는 재상 백시중(白時中), 이방언(李邦彥)을 지도자로 한 파벌로서 경성은 지키기 어려우니 흠종은 양양(襄陽), 정주(鄧州) 일대로 피난하여 천천히 회복을 도모해야 한다라고 이유를 대며 적의 공격을 피하여 피난할 것을 주장했다. 다른 파벌은 태상소경 이강(太常少卿 李綱)을 지도자로 했는데, 천하의 성과 해자 가운데 경성만큼 견고한 것이 없으며, 종묘, 사직, 백관, 만민의 소재지이니 이를 버리고 어디로 가느냐며 적과 대적할 것을 주장했다. 그는 전연의 맹약을 맺었던 역사 경험을 인용하여 "예전에 거란이 1백만의 군대를 거느리고 전연에 이르렀을 때에, 만약 피난을 가서 굳게 수비하자는 말을 따랐다면 어찌 천하가 100여 년 넘게 태평스러울 수 있었겠는가!"라고 피력했다.

정강 원년(1126년) 정월에 송 흠종은 직접 출정의 조서를 내리고 이강(李綱)을 병부시랑, 친정행영사(親征行營使)로 임명하고 경성 방어에 나섰다. 완안종망(完顏宗望)의 군대가 동경성 아래에 이르러 송나라에 친왕·재상을 파견하여 화의할 것을 요구했다. 이강은 명령에 따라 경성 방어를 주도하였으나 배치할 만한 군대가 없어 임시로 방을 내걸고 결사대를 모집했지만 여전히 병력이 충분하지 않자 금의 군대가 성을 공격할 때에 백성들이 성에 올라가 수비에 협조하도록 했다. 이런 상황이다 보니 성을 방비하고 적과 대항해야 할 이강으로서도 별다른 방도가 없어 "우리의 군대가 많이 모이지 못했으니 화해를 하지 않을 수가 없구나"라고 탄식을 내쉬었다. 억지로 경성에 남아 있었던 흠종은 정망(鄭望) 등을 금의 진영으로 파견하여 화평을 모색했다. 흠종이 화평 사신에게 허락한 조건은 세폐 3-5백만 냥 증액, 군대 위로비 3-5백만 냥을 보낸다는 것이었는데, 완안종망은 송나라 사신에게 금 5백만 냥, 은 5천만 냥, 소와 말 각 1만 필, 주단 1백만 필과 태원, 중산(中山), 하간(河間) 삼진을 할양하고 친왕, 재상을 인질로 삼는 것을 화의 조건으로 내세웠다. 송 흠종은 돈을 지불하고 땅을 내달라는 요구를 받아들였다. 금군은 동경의 전쟁 준비와 의지가 드높고, 각 로의 근왕군이 계속 오는 것을 보고 바로 군대를 거두어 북쪽으로 돌아갔다. 이때에 각 로에서 왕실 구원을 위한 군대가 이미 도착하였으니 깊숙이 들어와 고립되어 있던 금군을 대면하여 결사항전을 벌인다면 여유 있게 금군을 북쪽으로 철수시킬 수 있었을 것이다. 하지만 나약한 대응은 금군의 오만방자한 기세를 조장했다. 정강 원년 8월, 금군이 다시 남하했다. 이때 주화파는 정부에서 주도권을 쥐고 영토의 할양을 주장했을 뿐만 아니라 각지의 근왕군을 돌려보내고 동경 바깥을 둘러싸는 방어공사를 철거할 것을 주장했다. 금의 욕망은 더욱 커져서 송과 금이 황하를 경계로 삼자고 제안했고 송의 흠종은 모조리 받아들여 친히 하북, 하동의 양로 신민에게 그들은 "대금(大金)에 귀속되어야 한다"라고 친히 조서를 내리고, 이를 통해 동경을 보존하려고 했다. 그러나 현실은 희망과는 달랐으니 송의 허점을 틈타서 남하하여 일거에 수도를 공격하니 송 흠종은 친히 금의 진영으로 가서 화평을 요구하고 항복서에 "미약한 신하〔흠종의 자칭〕는 목숨을 바쳐서 명령을 받들겠습니다"라고 썼다. 금군은 경성에서 제멋대로 약탈하고 정강 2년(1127년) 4월 1일에 휘, 흠 두 황제와 후비, 황태자, 종실 친척을 포로로 잡고 조정의 옥새, 수레와 의복, 예기 등을 가지고 북으로 돌아갔다. 북송은 멸망했다. 이것이 소위 '정강의 치욕'이다. 휘종, 흠종 두 황제는 오국성(五國城)에서 사망했다〔지금의 흑룡강(黑龍江) 의란현(依蘭縣)〕.

금군이 북으로 철수할 때에 송 황실 가족은 모두 포로로 잡혀 갔지만, 휘종의 아홉째 아들 강왕(康王) 조구(趙構)만이 병마대원수(兵馬大元帥)의 신분으로 하북에서 군대를 담당하고 있어서 요행히도 그물을 벗어날 수 있었다. 조구는 송 조정 유신들의 옹립을 받아 1127년 5월에 남경 응천부〔應天府, 지금의 하남(河南) 상구(商丘)〕에서 즉위하여(송 고종) 연호를 건염(建炎)으로 고치니 이해 이후의 송나라를 남송이라 부른다.

송 고종은 금을 극도로 두려워하여 비록 이강을 수상으로 기용하고 이강이 추천한 종택(宗澤)을 동경유수(東京留守), 장소(張所)를 하북서로초무사(河北西路招撫使), 왕섭을 하동경제사(河東經制使)로 임명했지만, 하북 · 하동의 잃어버린 땅을 회복하려는 생각이 없어 종택의 북벌 출병과 개봉에 계속 머물자는 건의를 거절하고 투항파 황잠선(黃潛善), 왕백언(汪伯彦) 무리를 신임하여 금의 군대가 남하의 기미가 없을 때에 남경응천부를 버리고 남쪽의 양주로 옮겼다. 이 후퇴가 오히려 금군의 추격을 야기하여 곧바로 양주를 압박했다. 고종은 황급히 강을 건너 항주로 도망가니 금군은 다시 항주로 진격하여 압박했다. 고종은 다시 월주(소흥), 명주(영파)로 달아나서 정해, 온주로 도망갔다. 건염 4년(1130년) 봄에 금군은 재물을 약탈한 후에 북으로 철병했다. 장강 하구 일대로 물러나 진을 치고 있던 어영좌군통제(御營左軍統制) 한세충(韓世忠)은 금군이 북으로 철수할 때에 수군 8천 명을 거느리고 진강의 하천으로 되돌아와 금군을 황천탕〔黃天蕩, 지금의 남경(南京) 동북 강변〕으로 몰아넣어 금의 장군 완안종필과 격전을 벌였고, 그의 처 양씨는 북을 치며 전쟁을 도와 한동안 아름다운 이야기로 회자되었다. 금군은 40여 일간 막혀 있다가 간신히 건강(建康, 지금의 강소 남경)으로 철수할 수 있었다. 악비(岳飛)가 부대를 이끌고 건강을 수복하여 금군이 장강 이북으로 물러나니 고종을 수반으로 한 남송 조정이 항주(임안)에서 겨우 일시적인 안정을 취할 수 있었다.

송 고종은 동남 반쪽의 강산에 안주하기 위하여 항주로 되돌아온 처음 1년 사이에 몇 차례에 걸쳐서 금나라에게 편지를 올려 애걸하는데, "일전에 연이어 문서를 바쳐서 옛 칭호를 없애길 원했는데, 천지지간이 모두 대금의 땅이고 두 황제가 없으니 무엇 때문에 멀리 군대를 원정 보낸 이후에야 만족할 필요가 있는가!"라는 따위의 말을 하였다. 금은 신경도 쓰지 않고 신속히 군사를 몰아 남하했다. 금은 군사가 강남에서 패배하여 북쪽으로 돌아온 이후에 "화의를 전쟁의 보조수단으로 이용하는" 방법으로 바꾸었다. 건염 4년(1130년) 금나라는 진회(秦檜)를 돌려보내어 그를 이용하여 내분을 일으키려고 했다.

진회(1090-1155년), 자는 회지(會之), 강녕(江寧, 지금의 강소 남경) 사람으로, 휘종 정화(政和) 5년(1115년)에 진사에 급제하고 관직은 어사중승(御史中丞)에 이르렀는데, 정강의 변란 때에 휘종과 흠종 두 황제를 따라 포로가 되어 북으로 갔다가 항복하여 투항하고 화의를 크게 제창했기 때문에 남송으로 돌려보내졌다. 진회가 항주에 도착한 지 몇 개월 후에 고종의 신임을 얻어 관직이 재상에 이르렀다. 그는 남송 정부와 군대를 와해시키기 위하여 "남인은 남쪽에 귀속되고 북인은 북쪽에 속한다"는 주장을 제시하여 조야에 충격을 주고 군중의 감정을 격분시켜 "그 고기를 먹고 그 가죽을 덮고 자고" 싶게끔 만들었다. 고종 또한 아주 불쾌해하며 "회(檜)가 '남인은 남쪽에 속하고 북인은 북쪽에 속한다'라고 말하면 짐은 북인인데 어찌 속할 수 있겠는가?"라고 말했다. 나아가 진회를 정부에서 쫓아냈다.

소흥(紹興) 원년(1131년)에 송의 장군 오개(吳玠)는 대산관(大散關) 부근의 화상원

(和尙原)에서 금군을 크게 격파하고 금군의 장군 완안종필의 몸에 화살 두 발을 맞혔다. 소흥 4년에 오개는 선인관〔仙人關, 지금의 감숙(甘肅) 위현(徽縣) 남쪽〕에서 다시 한 번 완안종필을 대파했다. 이와 동시에 악비는 부대를 이끌고 영주〔郢州, 지금의 호북(湖北) 종상(鍾祥)〕, 수주〔隨州, 지금의 호북 수현(隨縣)〕과 양양부〔襄陽府, 지금의 호북 양번(襄樊)〕을 연이어 격파하고 또다시 등주〔鄧州, 지금의 호북 무창(武昌)〕에 군대를 주둔시키니 남송 건립 이래 처음으로 잃었던 대규모로 땅을 회복했다. 이후 악비는 또다시 부대를 거느리고 하남의 수많은 주현을 연파하고 채주〔蔡州, 지금의 하남 여남(汝南)〕에 이르렀다. 소흥 7년(1137년) 고종은 진회를 재기용하여 추밀사에 임명했는데, 진회와 재상 장준(張浚)은 고종을 설득하여 악비가 회서군(淮西軍)을 함께 통솔하라고 내렸던 명령을 철회시킴으로써 회서군이 군사 정변을 일으켜 적에게 투항하는 결과를 낳았다. 조야는 몹시 놀랐고 형세는 급변하여 금나라가 송 고조에게 투항을 권고하기에 이르렀다. 다음 해에 고종은 진회를 재상으로 임명하고 화의를 힘써 주장했는데 휘종의 시신 송환을 명목으로 금에 항복할 뜻이 있음을 나타냈다. 금의 사신은 항주에 도착하여 송에 국호, 황제의 호칭을 취소하고 번속(藩屬)을 칭해야지 휘종의 시신을 돌려보낼 수 있다고 주장했다. 진회는 "자신을 굽혀 타협할 것"을 강력히 주장하여 황제를 대표하여 금의 사신 면전에서 무릎을 꿇고 엎드려 절하며 각 항목의 조건을 전반적으로 받아들였다.

이때 금나라 내부에서는 정변이 발생하여 강경파 완안종필〔完顔宗弼, 즉 올술(兀術), 혹은 오주(烏珠)라고 함〕이 득세하여 조약을 폐기하고 소흥 10년(1140년) 여름에 대거 남침했다. 악비는 진회의 방해에도 불구하고 하남 중부에 진입하여 영창부〔穎昌府, 지금의 하남 허창(許昌)〕, 회령부〔淮寧府, 지금의 하남 회양(淮陽)〕, 정주(鄭州), 서경 하남부(西京 河南府, 지금의 하남 낙양)를 수복하고 아울러 양흥(梁興) 등을 황하 이북 깊숙이 파견하여 금군의 후방을 습격했다. 금나라 도원수 완안종필은 악비의 군대 병력이 분산된 틈을 타서 정예 기병을 거느리고 악비의 주둔지 언성(郾城)을 직접 공격했다. 악비는 그의 아들 악운(岳雲)에게 경기병(輕騎兵)을 거느리고 적진에 뛰어들어 이리저리 공격하도록 하는 한편 배외(背嵬) 근위병과 유혁군(游奕軍)의 기병을 파견하여 정면의 중갑 기병 '철부도(鐵浮圖)'와 좌우 양익의 기병 '괴자마(拐子馬)'를 맞아 싸우게 하고, 보병은 손에 마찰도(麻扎刀)와 큰 도끼를 갖고서 위로는 적병을 베고, 아래로는 말 다리를 베도록 하여 '철부도', '괴자마'에게 참패를 안겼다. 악비의 부장 양재흥(楊再興)은 홀로 말을 타고 적진에 돌진하여 완안종필을 생포하려고 했다. 완안종필은 놀라고 겁이 나서 벌벌 떨며 "내가 북방에서 군대를 일으킨 이후로 오늘처럼 패배를 당한 적은 없었다"라고 말하여 도망쳤다. "산을 뒤흔들기는 쉬우나 악비의 군대를 흔들기는 어렵다." 금군은 이러한 소문을 듣고 간담이 서늘해졌다.

완안종필이 하남에서 철군하려고 계획하고 있을 때에 송 고종은 악비에게 군대를 거두어 조정으로 돌아오고 아울러서 양익(兩翼)의 군대를 철수하도록 명령을 내림으로써 악비의 군대가 양면에서 대적해야 하는 곤경에 빠지게 했는데, 악비는 "십 년의 공이 하루아침에 무너지는 것"을 눈뜬 채로 보면서 군대를 거두어 철수했다. 뒤이어 송 고종은 다시 악비, 한세충, 장준 세 장군의 병권을 빼앗고, 병권을 철저하게 해제하여 금에 아첨했다. 금은 기회를 틈타서 회수 이북의 대규모 토지를 할양하고 악비를 죽여야만 회담할 수 있다고 협박했다. 소흥 11년(1141년) 11월, 송과 금 쌍방은 화의에 이르렀다. (1) 송은 금에 신하를 칭하며 "대대손손 신하의 절개를 지킨다". (2) 국경을 나누어 동쪽으로 회수를 경계로 하고, 서쪽으로는 대산관〔大散關, 지금의 섬서 보계(寶鷄) 서남〕을 경계로 하며 송은 당(唐)·등(鄧) 2주 전체 및 상(商)·진(秦) 2주의 반 이상을 떼어 금에 준다. (3) 송은 매년 금에 은 25만 냥, 비단 25만 필을 바친다.

이것이 바로 이른바 '소흥화의(紹興和議)'이다. 강화 과정에서 악비를 모함하는 음모가 은밀하게 전개되고 있었다. 일찍이 이해 7월에 진회는 우간의대부(右諫議大夫) 만사설(萬俟卨)을 시켜 고종에게 악비가 싸우지 않고 영토를 포기했다고 모함하는 상소를 올려 우선 악비를 파직시켰다. 진회는 또한 악비의 부하 왕준(王俊)을 교사하여 악비의 부장 장헌, 아들 악운이 모반했다고 무고하여 장헌, 악운을 감옥에 가둔 후, 악비를 속여서 여산에서 항주로 오게 하여 모반죄로 감옥에 가두었다. 소흥 11년 12월 29일

(1142년 1월 27일)에 아무런 증거도 없는 상황에서 악비, 악운 부자 및 장헌은 모반죄로 사형에 처해졌다. 송나라 사람 두대규의 《명신완담집》 제13권에 실린 "충무왕 한세충 중흥좌명정국원훈비(忠武王 韓世忠 中興佐命定國元勳之碑)"의 기록에 따르면, 좀 더 일찍 파직당했던 한세충이 사형이 집행되기 전에 진회에게 질문하자, 진회가 "악비의 아들 운과 장헌 서류는 불분명하긴 하지만 그 사건은 있었을지도 모른다"라고 회답했다. 한세충은 불끈 화를 내며 안색을 바꾸어 말하길 "상공, 있었을지도 모른다는 말로써 어찌 천하를 설복시키겠는가!"라고 했다.

악비에 대한 모함 음모는 진회가 앞장서서 꾸몄고, 막후에서 조종한 자는 바로 송 고종이다. 왕증유(王曾瑜)는 《황음무도 송고종(荒淫無道宋高宗)》에서 역사의 진상을 폭로했는데, 악비가 누명을 쓰고 감옥에 갇힌 후에 주심관(主審官) 어사중승 하주(御使中丞 何鑄)는 악비의 해명을 듣고 양심에 따라서 진회에게 악비의 무고를 강력히 변명했다. 진회는 그에게 지극히 중요한 말을 했는데 "이는 황제의 뜻이다!"라고 했다. 이후 만사설(萬俟卨)이 하주를 대신하여 악비를 고문하고 자백을 강요하며 온갖 극단의 방법을 다 사용했다. 악비는 죽을지언정 굴복하지 않고 거짓 자백을 거절하니 만사설은 진회를 통하여 고종에게 지시를 청하였다. 이에 고종은 즉시 "악비에게 사약을 내려라!"라고 지시했다. 악비는 그가 '충성을 다한' 황제의 손에 죽은 것이다. 송 고종은 악비의 북벌이 성공하는 것을 가장 두려워했는데 흠종이 남쪽으로 돌아오면, 그 자신의 제위를 보존하지 못하니 진회가 하는 모든 행위가 고종의 속마음에 딱 들어맞았다. 따라서 사람들이 항주 서호 옆의 악비의 묘에서 악비를 회고할 때에 우

하남 당양 악비묘

선적으로 성토해야 할 대상은 송 고종이다.

악비는 결국 이러한 "있었을지도 모른다"는 죄명으로 사형에 처해졌는데, 당시 나이는 겨우 39세였다. 악비(1103-1142년)의 자는 붕거(鵬擧)이고, 하북서로(河北西路) 상주(相州) 탕음(湯陰, 지금은 하남에 속함) 사람으로 선화(宣和) 4년(1122년)에 군대에 들어갔다. 송 고종이 남경 응천부에서 즉위할 때에 만언서를 올려 남쪽으로의 천도를 반대하여 군직을 박탈당한 후에 종택을 따라 개봉을 지켰다. 이후 강회선무사우군통제(江淮宣撫使司右軍統制), 통태진무사(通泰鎭撫使), 승선사(承宣使), 절도사(節度使), 선무사(宣撫使), 추밀부사(樞密副使)를 역임했는데, 금과의 항전에서 공적이 탁월했다. 양양(襄陽) 등 6군을 점령하고 악주(鄂州)에 병사를 주둔시킬 때에 〈황학루(黃鶴樓)〉 사(詞)를 지었는데 그 말미의 몇 구절에 "그 언제나 전쟁에 나서 강병을 이끌려나, 한달음에 황하와 낙하를 평정할 수 있으련만, 돌아온들 여전히 한양이나 거닐면서 황학에 오를 뿐이네"라고 적었다. 그의 〈만강홍(滿江紅)〉 사 가운데 "삼십공명 흙먼지로 돌리고, 팔천 리 변경까지 비바람 맞으며 행군하리" "병거를 휘몰아 하란산(賀蘭山)을 격파하고" "다시 옛 산하를 수습하여 황제를 알현하리"라는 명구절은 끊임없이 사람들에게 불려졌다. 그가 온 마음을 다하여 나라에 봉사하는 충심은 역사책에 영원히 빛나서 민족 위기의 시기에 민중을 고무하는 숭고한 정신적 힘이 되었다.

악비의 친필

## 69. 금 통치하의 중국 북부

1127년 금나라는 북송을 멸망시킨 후, 송의 재상 장방창(張邦昌)을 괴뢰로 내세워 초국(楚國)을 건립하여 상황을 수습하려 했으나 이 괴뢰 정권은 급격히 자멸했다. 1130년 금나라는 다시 송나라의 투항 장군 유예(劉豫)를 내세워 제국(齊國)을 건립하고 금나라의 속국으로 삼았는데 대명부〔大名府, 지금의 하북(河北) 대명(大名) 동북〕를 수도로 삼았다가 이후 개봉으로 천도했다.

금나라의 통치 영역이 끊임없이 넓어지면서 금나라의 통치를 받는 거주민에 여진인, 거란인, 발해인과 한인이 포함됨으로써 중앙의 보길레 제도, 지방의 맹안모극 제도는 이미 현실 수요에 적응할 수 없었다. 금 희종(熙宗)은 조정에 상서, 중서, 문하 삼성을 설립하고 정무를 총람하게 했다. 1137년에 그는 괴뢰 정권인 제국을 없애고, 변경 개봉에 행대상서성(行臺尙書省)을 설립하고 다음 해에 다시 연경 추밀원을 행대상서성으로 바꾸어 행대상서성이 북중국의 통치를 담당하도록 했다. 이러한 행대 제도는 구영토와 신영토를 구별하여 두 부분으로 나누어 통치하는 방식으로서 별달리 새로운 것은 없었다. 소위 행대 제도는 중앙의 상서성과 동등한 행대상서성을 설치하여 새로운 영토를 다스리게 한 것이다. 금 희종은 또한 회령부〔會寧府, 지금의 흑룡강 아성(阿城) 남쪽의 백성자(白城子)〕를 도성으로 삼아 궁전을 짓고 상경이라 부르고 아울러 조의제도(朝儀制度)를 제정하고 새로운 문자, 여진 소자(小字)를 반포했다.

해릉왕(海陵王) 즉위 후에 정치 제도를 개혁하여 변경의 행대상서성을 폐지하여 행정을 중앙으로 통일하고 거의 명목뿐이었던 중서성, 문하성을 폐지하고 상서성이 정무를 총괄토록 했다. 군사기구인 도원수부(都元帥府)를 폐지하고 추밀원으로 바꾸어서 상서성과 추밀원이 중앙의 최고 정치 · 군사 기구가 되었다. 이와 동시에 해릉왕은 연경에 사람을 파견하여 도성을 건립하고, 1153년에 수도를 상경 회령부에서 연경으로 옮기고 중도라 불렀다. 1161년에 해릉왕은 수도를 연경에서 남경 개봉부로 옮겨 남송을 조속히 멸망시키려 했다. 해릉왕이 병사를 거느리고 대거 남하할 때에 금나라 내부에서 정변이 발생하여 완안옹(完顔雍)이 황제(금 세종)로 옹립되었다. 금 세종은 중도 연경을 계속 수도로 삼고 해릉왕이 제정한 각종 제도를 실행하고 황실 사람이 아닌 여진인과 거란인, 발해인, 한인을 대거 임용하여 정치에 참여시켜 비교적 개명된 정치를 실행했기 때문에 금 세종은 '작은 요순'이라 불렸다.

여진인의 한화가 점차 심화되면서 금나라는 점점 전성기에서 쇠퇴기로 접어들어갔다.

금 태종 이래로 여진인이 끊임없이 남쪽으로 이동하여 맹안모극이 중원 지구에 들어온 이후로 토지관계에 변화가 발생했다. 금 희종 황통 5년(1145년)에 둔전군(屯田軍) 제도를 실시했는데 맹안모극에 대한 토지분배의 원칙은 "사람 수에 따라 토지를 나누어 주는 것"으로서 "백성과 함께 뒤섞여 살며 그 호구 수를 헤아려서 관전을 지급하고 스스로 파종하여 양식을 충당하게 했다". 해릉왕이 연경으로 천도한 이후 상경 일대의 여진인이 대거 남하하여 연산 이남, 회수 이북의 넓은 지구에 분포하며 한인 촌락 사이에 분산 거주했다. 이런 현상과 함께 맹안모극의 토지에 조전 관계가 나타나기 시작했다. 대정 21년(1181년)에 세종이 말한 바와 같이 "산동, 대명 등 로에 사는 맹안모극의 백성은 종종 교만방자하게 직접 농사를 짓지 않고 집안사람도 농사를 짓지 못하게 하고 한인에게 소작을 주어 소작료를 받고 있을 뿐이다". 맹안모극호는 대부분이 스스로 파종하지 않고 "모두 백성에게 소작을 주는" 현상이 출현하였으며, 심지어는 "한 집에 백 명이 있어도 밭두둑에는 모종 한 뿌리도 없었다".

경제 관계와 계급 지위의 변화로 말미암아 여진 통치 집단은 점차로 원래의 생기발랄한 정복자에서 부패하고 쇠퇴하여 무너져가는 기생자의 길로 접어들고 있었다. 장기간 농사를 짓지 않고 싸우지 않으며, 농사짓는 기술 또한 습득하지 않고 작전 능력도 상실함으로써 원래의 모든 백성이 병사가 되고, 병과 민이 하나로 되어 있던 사회 기초를 상실했고 용맹하고 전투에 뛰어난 여진 군대 또한 그의 생존 토양을 상실했다. 이전의 무를 숭상하고 질박했던 여진 조야의 습속은 이미 해릉왕 시대에 날로 쇠퇴하고 있었다. 세종은 즉위 후에 이러한 추세를 바꾸어 보고자 일련의 조치를 취했는데, "여진, 한인은 그 실질이 다르다"라고 강조하고 한인의 풍습을 배우는 것을 배격하고 "국가의 옛 풍습에 따를 것"을 주장했다. 대정 24년(1184년) 5월, 세종은 황실 자제와 문무백관을 거느리고 그들의 발상지인 상경 회령부로 돌아가서 여진족 노인을 소집하여 여진 가무를 연습하고, 아울러 여진어로 조상의 창업 고난을 몸소 노래했다. 금 장종(章宗)은 즉위 후에 세종이 했던 일과는 반대로 한화를 대대적으로 제창했는데, 그 자신은 한자 서법, 회화, 도서를 몹시 사랑하여 금나라에서 한족 문화에 대한 소양이 가장 높은 황제가 되었다. 그의 제창으로 여진 귀족은 한족 문화를 깊이 연구하는 데 심취하였으며 맹안모극호는 향락에 빠지고 상무의 풍속은 소멸되고, 작전 능력은 약화되었다.

맹안모극의 전투력이 약해졌기 때문에 정복 전쟁 때에는 어쩔 수 없이 풍부한 상을 내림으로써 사기를 고취했다. 정부는 "많은 관전이 백성에게 무모하게 점거당했다"는 핑계로 각지에 관리를 파견하여 "재산을 기록하여 몰수하고" 이렇게 몰수한 30여 만 경의 민전을 맹안모극의 군인에게 상으로 하사했다. 몰수 조치는 아주 큰 사회문제를 야기했는데, 대량의 민전이 약탈되었을 뿐만 아니라 "세금을 쓸데없이 쓰고, 물력을 헛되이 낭비하며" "병사는 날로 교만 방자해지고, 백성은 날로 곤궁해져서 악성 종기를 키워 날로 썩어 문드러지는" 사회 위기를 낳았다. 그리고 선종 때에 소위 '정우(貞祐)의 난'이 발생했는데, 당시에 "도적이 온 천하에 가득한데, 예전에 국가의 위세에 의지하여 권세를 부리던 자들로서 사람들은 그들을 뼈에 사무친 원수처럼 여겨 반드시 보복을 해야만 끝난다고 여기니, 순식간에 그들 모두가 칼날 아래에 놓이는 낭패에 빠졌다". 금나라의 패망 원인 가운데 하나는 바로 토지문제를 제대로 처리하지 못하여 북방에 살던 한인과 여진 통치자 사이의 모순이 격화된 데에 있었다.

금나라의 경제 기초는 아주 취약했다. 많은 맹안모극호가 황하 하류로 이주해 한인의 수중에서 토지를 빼앗아 목초지와 기타 관전으로 삼았기 때문에 납세민전이 대량으로 감소하여 금나라의 재정 수입에 영향을 미쳤다. 전국 경지의 겨우 반 정도에 불과했던 민전은 군비의 격증에 따라 과도한 세금을 내야 했기 때문에 아주 첨예한 모순에 부딪혔다. 금 선종 때에 요녕롱주방어사(遙領隴州防御使) 왕확(王擴)은 "오래도록 개선을 안 하니 그저 농민을 더욱 어렵게 하고, 군호 역시 제대로 자리를 잡지 못하고" "그들 모두 곤궁해지고 흥을 잃고 하는 일 없이 오직 입만 벌리고 먹여주기만을 기다릴 뿐이다"라고 말했다. 이런 취약한 정권은 장기간 지속되기 힘들었다.

북송에서 나타났던 경제 문화의 발전 추세는 끊임없는 동란의 영향을 받았지만, 일부 방면의 발전 추세는 변함없이 꾸준히 지속되었다. 하북동로, 하북서로는 북송 시기에 "의복과 이불에 관한 한 천하제일의 땅"으로 칭해졌는데, 금나라 통치 아래에서도 이 지방의 유명 상품, 품질이 우수한 방직품은 여전히 이름을 날렸다. 예를 들어 상주(相州)의 '상힐(相纈)', 하간의 '무봉면(無縫綿)', 대명의 지지미 명주(皺縠)와 비단, 평양(平陽)의 권자포(卷子布)가 있었으며, 이 외에 동평(東平)의 능금(綾錦)과 비단, 요양(遼陽)의 사고포(師姑布), 평주(平州)의 능(綾), 탁주(涿州)의 나(羅)가 있었다. 북송에서 발달한 인쇄업은 이때에도 각지에서 계속 이어져서 중도, 남경, 평양은 책 간행의 중심지였고, 관영 혹은 민영의 책 편찬 작업장이 각지에 널려 있었다. 저명한 조성(趙城)의 《대장경》 7,100여 권은 민간에서 20여 년간 자료를 수집하여 조판 인쇄했으니 가히 거대한 문화 사업이라고 부를 만했다. 전쟁이 빈발했기 때문에 화약 응용과 화기 제조는 북송의 기술을 기반으로 발전했다. 생철을 사용하여 주조한 소위 '철화포(鐵火砲)'는 발사 시에 소리가 벽력과 같았는데, 후에 '진천뢰(震天雷)'로 개량되어 철 용기에 화약을 장전하여 "포를 발사하면 불이 일어나고 그 소리는 천둥과 같았다". 또한 '비화창(飛火槍)'이란 것은 16겹의 종이를 사용하여 총통을 만들고, 통 내에 화약, 철 조각을 장전하여 싸울 때에 화염을 분출했는데 멀리 10여 보에 이르렀다. 문화 방면에서는 북송에서 유행한 '설화(說話)'와 '제궁조(諸宮調)'가 이때에 더욱 유행했다. 그 대표작은 동해원(董解元)의 《서상기제궁조(西廂記諸宮調)》로서 비파 반주를 곁들여 설창(說唱)했는데, '제궁조'의 성숙을 상징적으로 보여 주었다. 이 외에 '원본(院本)'이 출현했는데, 일종의 희곡 양식으로 제궁조와 함께 북곡잡극(北曲雜劇)을 배태했으니 금나라 문화의 일대 창조였다.

## 70. 평화와 전쟁 사이의 방황

'소흥화의'의 성공으로 진회는 좌상에다 추가로 태사로 봉해졌고, 또한 추밀원 대권을 장악한 장준을 배제하고 군정 대권을 독차지하고 더 나아가 항전파 장군을 내몰았다. 장준은 절도사 직책에서 해임되어 집안에서 한가롭게 지냈다. 한세충은 관직에서 해임당한 후에 스스로 청량거사라 칭하고 불교 경전을 외었다. 악비의 부장 우고(牛皐)가 화의에 불만을 품자, 진회는 자신의 패거리를 교사하여 그를 독살했다. 순창대첩(順昌大捷)의 전공에 빛나는 유기(劉錡)는 진회에게 병권을 박탈당한 후 다시 해임 처분을 받았다. 진회는 국가를 팔아 영예를 구하는 동시에 사리 추구를 잊지 않아, 시험관에게 명령하여 그의 아들 진희(秦熺)를 장원으로 뽑아 예비시랑으로 임명하고 지추밀원사(知樞密院事)로 승진시켰다. 또 시험관에게 명령하여 그의 손자 진훈(秦壎)을 장원으로 뽑아 예비시랑에 임명하여 자신의 일가가 지배하는 천하를 만들기 위한 세력 배치도 서슴지 않았다. 그는 횡령, 뇌물수수 등 하지 않는 것이 없었고 매년 뇌물을 받는 것이 몇 십만 관의 거액에 달했는데 그 집안의 재산이 조정의 국고보다도 더 많았다고 한다.

소흥 25년(1155년) 진회는 병으로 사망했다. 당시 송 고종의 태도는 납득하기 어려운 점이 있다. 그는 진회의 병이 위급할 때에 진회의 조손 3대가 퇴직하도록 명령을 내려 진회가 그의 아들 진희에게 재상직을 계승시키려던 야심을 물거품으로 만들었다. 그러나 진회가 임종 때에 상주를 올려 "인접 국가와의 맹약을 공고히 하고" "간사한 무리의 기회를 틈탄 행동을 막아야 한다"는 주장을 받아들였음은 물론, 죽은 진회를 위하여 "충헌(忠獻)"이란 휘호를 사여하고 아울러서 진회의 패거리 만사설(萬俟卨)을 재상으로 임명하고 탕사퇴(湯思退)를 지추밀원사(知樞密院事)로 삼아 진회가 없는 진회주의를 실행했다. 고종은 진상을 감추려고 조서를 내려서 금과의 강화는 "단연코 짐의 뜻이다", "따라서 재상 진회는 짐에게 찬성했을 뿐이다", "근래 알지도 못하는 자들이 모두 진회에게서 나왔다고 생각하고 모두가 짐의 속마음이었음을 알지 못한다"라고 하였다. 이후 "만일 헛된 논의를 한다면 엄격하게 처리할 것이다"라고 발표했다.

그러나 강화는 믿을 만한 것이 못 되었는데, 송 고종과 신하가 한마음으로 소흥화의를 믿고 있을 때에 금나라의 해릉왕은 40만 대군을 징집하여 소흥 31년(1161년)에 군사를 넷으로 나누어 남하했다. 하나는 해상에서 임안을 공격하고, 다른 하나는 숙(宿)·박(亳)에서 회사(淮泗)를 공격하고, 또 다른 하나는 당(唐)·등(鄧)에서 형양(荊襄)을 공격하고, 나머지 하나는 진(秦)·봉(鳳)에서 사천을 공격하여 일거에 송을 멸망시키려 했다. 해상에서 임안을 공격한 금군의 함대는 산동 연해에서 송나라 수군의 저항을 받았는데, 송군은 해전에 불화살을 최초로 사용하여 금나라 함대를 전멸시켰다. 해릉왕이 직접 거느린 주력 부대는 장강을 건널 때에 채석〔采石, 지금의 안휘(安徽) 마안산(馬鞍山) 지역 안〕에서 송나라 수군의 공격을 받았는데, 송군이 배 위에서 연기와 석회가 수면을 가득 채울 정도로 벽력포(霹靂砲)를 쏘아대니 금군은 저항할 방법이 없었으며, 또한 송군의 쾌속 차선〔車船, 윤선(輪船)〕의 추격을 받아서 강북으로 물러나지 않을 수 없었다. 금군의 실패는 금나라에 한 차례의 정변을 야기했는데, 동경유수 완안옹(完顔雍)은 남하하여 정권을 빼앗고 스스로 황제(금 세종)가 되었고 해릉왕은 양주(揚州)에서 부장에서 살해당했다.

이런 유리한 형세에서도 송 고종은 승리를 이용하여 화평을 하자고 줄곧 주장하며 금의 신하라 칭하는 것을 부끄러워하지 않으니 하남의 황실 무덤을 되찾아오는 것 또한 실현할 방도가 없었다. 소흥 32년(1162년) 송 고종은 퇴위를 선언하고 태자 조신(趙昚, 송 효종)에게 제위를 물려주지 않을 수 없었다.

송 효종은 즉위 후에 송·금 대치의 새로운 형세에 직면했는데, 금나라의 국력이 전성기에서 쇠퇴기로 접어들어 다시는 대규모의 남침 전쟁을 할 수 없었다. 남송의 군신은 전쟁과 화평이라는 두 가지의 어려운 선택 중에서 해야 할 바를 정하지 못하고, 한 파는 북벌과 실지 회복을 주장하고, 다른 한 파는 현상을 유지하여 강남을 안정시켜야 한다고 주장했다. 효종은 항전을 결정하고, 항전파 장군 장준(張浚)을 불러 만나본 뒤 그를 강회동서양로선무사(江淮東西兩路宣撫使)로 임명하여 군사를 거느리게 하고, 이후에 다시 추밀사(樞密使)로 승진시켰다. 이와 동시에 효종은 악비를 억울한 누명에서 확실히 벗겨 주고 악비, 악운의 관직을 회복시켜 예에 따라서 다시 장례를 치렀다. 아울러 조정에서 진회의 잔당을 쫓아내고 진회의 모함을 받았던 관원을 다시 불러들였다. 일순간에 조정 내외의 정기를 진작하여 모든 것을 새롭게 했다.

추밀사 장준은 강회로 출병하여 북상 항전을 준비하였는데 재상 장호가 출격에 반대하자 효종은 그를 해직하였다. 융흥(隆興) 원년(1163년) 장준은 호주(濠州) 이현충(李顯忠), 사주(泗州) 소굉연(邵宏淵)을 각기 출격시켰는데 이현충이 영벽(靈璧), 숙주(宿州)를 회복했다. 초기 전투의 승리로 기대 이상의 성과에 매우 고무된 효종은 "최근에 국경에서의 보고는 중앙과 지방을 고무시켰는데, 십년 이래로 이러한 승전은 없었다"고 장준에게 편지를 썼다. 효종은 공에 따라 상을 내려서 이현충을 회남경동하북초토사(淮南京東河北招討使)로 임명하고 소굉연을 부사(副使)로 임명했다. 소굉연은 전공이 없었기 때문에 이현충에 대하여 시기심을 느꼈다. 금군이 숙주를 향하여 반격할 때에 이현충은 소굉연에게 재차 공격해 오는 금군을 협공하자고 요구했으나 소굉연은 병사를 멈추고 움직이지 않았다. 금군이 숙주성 아래에 이르렀고 이현충은 전력을 다하여 저항하였으나 소굉연이 제멋대로 철수하였기 때문에 이현충은 군대를 거느리고 철수할 수밖에 없었다. 송군은 부리〔符离, 지금의 숙현(宿縣) 부리집(符离集)〕에서 추격을 받아서 전군이 궤멸했다.

부리 전투의 패배는 아주 좋았던 이전의 형세를 급변시켜 효종은 동요하다가 결국 진회의 잔당 탕사퇴를 우상으로 기용하여 금과 강화했다. 탕사퇴는 진회의 잔당 왕지망(王之望)을 금나라에 사신으로 파견하여 땅을 떼어 주고 화평을 추구하여 항전파 관리의 강렬한 반대에 부딪혔다. 효종은 장준을 우상 겸 추밀사로 임명하고 탕사퇴를 좌상으로 임명했는데, 장준은 강회로 돌아가 군대를 정비하고 전쟁을 준비하여 금군이 철수하도록 만들었다. 탕사퇴는 자신의 무리를 시켜서 장준을 공격하니 효종은 다시 동요하여 장준을 파면했다. 탕사퇴는 만노영(萬弩營) 해산, 전선(戰船)의 제조 정지를 명령하고 장준이 건축한 방어 공사를 철거하고 해주〔海州, 지금의 강소 연운항(連雲港)〕, 사주〔泗州, 지금의 강소 우이(盱眙)〕의 송군을 철수하고 아울러 남몰래 금군과 소식을 주고받으며 금군이 남하하여 화평을 맺도록 협박하라고 했다. 금군이 재차 남하하여 연이어 초주(楚州), 호주(濠州), 저주(滁州) 등지를 함락하니 조야의 여론이 들끓고, 효종은 탕사퇴를 면직시켰다. 태학생 70여 인은 연명으로 상서를 올려 탕사퇴와 강화 사신 왕지망, 윤색(尹穡) 3인의 참수를 요구했다. 탕사퇴는 영주(永州)로 가는 도중에 신주(信州)에서 이 소식을 접하고 매우 두려워 전전긍긍하니 목숨이 경각에 달려 있었다. 그러나 효종은 항전할 뜻이 전혀 없어 사신을 금의 진영에 파견하여 금나라의 상주(商州), 진주(秦州) 점령을 승인하고, 이후에 사신을 파견하여 회하를 건너 금나라에 화평을 요구했다. 융홍 2년(1164년)에 송나라와 금나라는 다음과 같이 협정을 체결했다. 송나라는 금나라에 대해 더 이상 신하라 칭하지 않으며 어리석은 황제라고 바꿔 부른다. 송나라와 금나라는 소흥화의에서 확정한 국경을 계속 유지하며, 송나라가 매년 금나라에 주는 '세공(歲貢)'은 '세폐(歲幣)'라고 개칭하며 은 25만 냥, 비단 25만 필을 은 20만 냥, 비단 20만 필로 감액한다. 송나라 상주〔商州, 지금의 섬서(陝西) 상현(商縣)〕, 진주〔秦州, 지금의 감숙 천수(天水)〕가 금나라의 영토임을 승인한다. 이것이 소위 '융홍화의(隆興和議)'이다. 이후 송나라와 금나라는 30년간 휴전했다.

융홍화의 이후에 송 효종은 현상에 안주하지 않고 항전을 주장하는 우윤문(虞允文)을 우상 겸 추밀사로 기용했다. 우윤문은 효종에게 범성대(范城大)를 추천하여 금나라에 사신으로 보내 북송 황제의 능이 있는 땅을 요구하였는데 금 측은 한마디로 거절했다. 송 효종은 우윤문에게 북벌을 적극적으로 준비하도록 명하였으나 후에 우윤문이 병으로 죽자 북벌 계획은 중도에 중단되었다. 이후 송 효종은 군사정비와 재정 관리에 공적을 쌓긴 했지만 적폐를 고치기가 어려웠고 성과를 내기가 어려워서 27년간 황제를 지낸 후에 황위를 아들 송 광종(光宗) 조돈(趙惇)에게 물려주었다. 효종이 죽고 난 후에 종실 조여우(趙汝愚)와 외척 한탁주(韓侂冑)는 공동으로 계획을 세워 태황태후(효종의 어머니)에게 조서를 내려 줄 것을 청하여 정신병을 앓고 있는 광종을 퇴위시키고 그의 둘째 아들 조확(趙擴)을 황제〔즉 송 영종(宋寧宗)〕로 세웠다.

한탁주(1152-1207년), 자는 절부(節夫), 상주 안양(相州 安陽)사람으로 북송 명신 한 기증(韓琦曾)의 손자이고 아버지는 송 고종 황후의 동생을 처로 맞이하였다. 그는 은음(恩蔭)으로 관직에 올라 송 효종 말년에 관직이 여주방어사(汝州防御使)에 이르렀다. 영종 즉위 후에 그는 조여우를 조정에서 내쫓고 조정 군정 대권을 13년간 장악하였으며, 추밀도승지(樞密都承旨)에서 차츰차츰 승진하여 태사, 평장군국사(平章軍國事)가 되어 승상의 반열에 섰다. 한탁주는 효종이 악비에게 무목(武穆)의 휘호를 내린 것을 계승하여 영종의 지지하에 악비를 악왕으로 추가 봉했다. 아울러 진회의 왕작을 빼앗고 그의 휘호를 무축(繆丑)으로 고치고 진회를 성토하는 사(詞)를 지었는데 "적을 하루 방임하니 마침내 수세대의 근심을 남겼구나, 백년이 폐허가 되니 책임질 자 그 누구인가"라고 지적하여 사람의 마음을 크게 기쁘게 했다.

한탁주는 "온 세상에 날릴 공명을 세워 자신을 강화하기" 위하여 유명한 '개희 북벌(開禧北伐)'을 일으켰다. 개희 2년(1206년) 한탁주는 준비도 충분하지 않은 상태에서 회수를 건너 북벌하도록 군대에 명령을 내렸다. 이때에 사천을 지키던 오희(吳曦)가 송을 배반하고 금에 투항하니 금군은 동쪽으로 내려오면서 서쪽을 경계해야 할 근심이 없어져 주력 병력을 양회(兩淮)에 집중했고 송군은 연전연패하고 금군은 오히려 수비에서 공격으로 전환하여 회서(淮西)가 전부 금군에 점령되었다. 강회(江淮) 군대를 통솔했던 구숭(丘崇)은 금군과 비밀리에 평화 교섭을 하였는데 금나라는 송나라가 신하를 칭하고 땅을 할양하며 한탁주 등을 죽일 것을 조건으로 내세우며 잠시 정전했다. 한탁주가 다시 출병을 계획할 때에 예부시랑 사미원〔史彌遠, 사호(史浩)의 아들〕이 영종 황후 양씨(楊氏), 황후의 오빠 양차산(楊次山)과 모의하여 갑자기 한탁주를 습격하여 살해하고 그의 머리를 금나라에 보내어 화약을 체결했다. 세폐를 30만 냥으로 증액하고 군사 위로금(배상금) 3백만 냥을 요구하는 금나라의 조건을 전부 받아들였다. 이런 후안무치한 행위는 거센 반대 여론을 일으켰고 태학생은 시를 지어 조정을 풍자했다.

예부터 전쟁으로 대권이 있었거늘, 편지 한 통으로 변경이 안정되었음을 듣지 못했네
백성의 목숨이 헛되이 땅을 물들이고, 조상의 원수와 같은 하늘에 살아야 하네

조조를 베었어도 결국 한에 반기를 들었으며, 번어기(樊於期)를 죽이지 않았어도 여전히 연은 존재할 수 있었거늘

조정은 만전의 대책이라 스스로 일컫지만, 오랑캐를 막는 것이 꼭 그렇게 될 것 같지는 않네.

이후 형세는 급전하여 송에 더욱 불리해졌다.

미국의 학자 리처드 데이비스(Richard L. Davis)는 송대 명주(明州)의 사씨〔史浩, 史彌遠, 史嵩之〕 가족을 심층 분석한 일련의 논문을 썼다. 그는 사씨는 처음에는 하나의 '단체'로서 발전하기 시작한 것이지 느슨한 혈연 연합체는 아니었다고 지적했다. 그는 남송 권신 사미원 및 1224년 영종 사후의 태자 폐위를 전형적 사례로서 분석하여 자신의 독특한 견해를 피력했는데 "《송사》를 근거로 사미원이 진정한 원흉이라고 단정할 수 없다. 주자학의 전통 관념 및 절대 군권 사상이 사미원의 간신 운명을 결정했다". 이런 시간을 뛰어넘은 초월적 시각은 분명히 지금 역사를 읽는 독자가 《송사》에 내재된 모종의 선입견을 벗어나서 남송 궁정 정치의 진상을 엿보는 데 도움이 된다.

## 71. 경제 중심지의 남쪽 이동의 최종 완성

강남 경제의 발전은 아주 긴 과정이었다. 동한(東漢) 이래로 장강 유역의 사회 경제는 이미 발전의 추세를 드러내고 있었다. 예전의 땅은 넓고 사람은 드물던 모습은 점차로 변하고 있었다. 영가(永嘉)의 난, 16국에서 남조 시기까지 장강 중하류의 사회 경제는 기존의 기반 위에서 신속히 발전했다. 북방에서 남쪽으로의 이민은 강남의 경지 면적 확대에 유리한 조건을 제공했고, 호수가 여기저기 산재한 강남의 자연 조건은 경지 확대를 가능하게 하는 원천을 제공했다. 파(陂), 당(塘), 거(渠), 언(堰)의 건설, 생산 기술의 개량은 화전의 조방 경작을 집약 농업으로 빠르게 변모시켰다. 남조 이래의 발전 추세를 계승한 강남 경제는 수당 시기에 비교적 빨리 발전하여 중요 농업 생산

구역이 되었다. 당나라 후기에 "군대와 국가의 큰 계획은 강회(江淮)에 의지한다"고 동시대인이 지적했는데, 이 일대가 이미 식량 생산 기지가 되었음을 알 수 있다. 5대 10국의 할거 국면은 구역 경제의 개발과 발전을 자극했는데, 강남의 오월(吳越)이 특히 그러하여 태호(太湖) 유역의 농업 생산은 눈에 띄게 발전했다. "국가 근본을 동남 지방의 공급에 의지하는" 형세는 북송 때에 이미 굳어진 형상이었다. 남송 때에 강남 농업 경제는 아주 신속하게 발전했다. 그 가장 명확한 상징은 바로 "소호가 풍년이 들면, 천하가 풍족한(蘇湖熟, 天下足)" 구조의 형성이다.

"소호숙 천하족"은 남송 사람들의 거의 보편적인 생각이었는데, 사람들은 이구동성으로 이런 경제 현상을 지적했다. 범성대(范城大)의 《오군지(吳郡誌)》는 민간에서 속칭 "소호숙 천하족"이라고 말한다고 기록했다. 육유(陸游)는 《위남문집(渭南文集)》에 "오중은 또한 동남의 핵심이니 속담에 '소호숙 천하족'이라 한다"고 썼다. 고사득(高斯得)의 《치당존고(恥堂存稿)》는 더욱 명확하게 핵심을 찔러서 양절 일대는 생산량이 높은 구역으로 "좋은 땅〔上田〕 1무에서 5-6석을 거두니 속칭 '소호가 풍년이 들면 천하가 풍족하다'고 한다. 비록 그 땅이 비옥하기는 하나 역시 사람이 힘을 다했기 때문이다"고 말했다. 분명히 이는 인구 증가, 집약화 경영과 밀접한 관계가 있었다. 미국의 경제학자 퍼킨스(Dwight H. Perkins)는 《중국경제사(1368-1968)》의 결론에서 인류 농업사는 조방에서 집약으로 나아가는 과정인데 여러 해에 한 번 수확하는 화전 농업에서 1년에 3번 수확하는 벼농사 경제로의 발전은 바로 인구 요인 때문에 집약화된 하나의 예라고 지적했다.

송과 금의 대치 시기에 북방민이 대거 남으로 내려오면서, 이들 이주민과 남방의 주민이 경제 중심의 남방 이동을 함께 촉진했다. 정강의 난 이후 나타난 북방 인구의 남쪽 이동은 영가의 난과 안사의 난 때 나타난 두 차례의 남쪽 이주 이후 제3차 절정기였다. 정강의 난은 황하 중·하류 지역을 크게 파괴했는데, 동시대인은 이후 6-7년간 "산동, 경서, 회남 등 지방에 가시넝쿨이 천 리이고 양식을 다투는 자는 수만에 다다르니 손에 넣을 수도 없었다"고 말했는데, 이런 배경 아래에서 북방 주민은 자발적으로 진령

(秦嶺)-회수(淮水) 이남의 남방 지구로 이주했다. 남송 정부도 여러 차례 북방 주민의 남하를 호소하고, 배치했다. 갈검웅(葛劍雄) 등이 쓴 《간명중국이민사(簡明中國移民史)》의 연구에 따르면 정강의 난 이후 인구의 남쪽 이동이 세 번째 절정에 달하여, 소흥 32년(1162년)에 이민한 자와 그 후예가 양절로, 강서로, 강동로에만 이미 약 581만 2천 명이 있었고, 소흥화의 체결 전(즉 서기 1141년 전)에 대략 5백만 명의 북방 인구가 남방으로 이주하여 정착한 것으로 평가했다. 이런 대대적인 북방 인구의 남방 유입은 남방의 경제 발전에 큰 역할을 했다. 남방 개발은 새로운 단계에 들어가 경제 발전은 전에 비해 더욱 빨라졌고, 북방의 전쟁으로 인한 파괴, 인구 감소, 경제 발전의 지체와 뚜렷한 대조를 이루었다. 남송 초년에 양절로, 강남동로, 복건 등은 북방 인구의 대량 이입에 따라 전쟁으로 야기된 인구 손실을 아주 빠르게 보충하고, 경제도 회복과 발전을 이루었다. 동시대인은 "민절 지방은 토지가 협소하고 인구는 조밀하여 경작하지 않는 땅이 없다" "강동 · 서는 빈 땅이 없다"고 말했다. 전에 비교적 낙후했던 호남 중부와 동정호 서안의 농업이 흥성하여, 간척 정도와 집약화 경영 정도가 아주 높았다.

동남에 안거한 남송이 북방의 금나라와 대치하는 국면을 유지할 수 있으려면 반드시 농업 자원의 개발 및 농업 기술의 제고에 힘을 쏟아야 했으며 이 때문에 권농 정책은국가의 당면한 급무로 논의되었다. 이런 형세에서 조정과 지방정부 모두 농업 기술의 총괄, 확산과 지도를 중시하여 역사상 전례 없던 농서와 권농문 간행의 열기를 형성했다. 북위(北魏) 가사협(賈思勰)의 《제민요술(齊民要術)》과 당한악(唐韓鄂)의 《사시찬요(四時纂要)》를 인쇄 출판하고, 당시의 새로운 농업 생산 수준을 반영한 농서를 편찬했는데, 그중에 진부(陳旉)의 《농서》와 누숙(樓璹)의 〈경직도시(耕織圖詩)〉는 지금까지도 전해지고 있으며, 증안지(曾安止)의 《화보(禾譜)》, 증지근(曾之謹)의 《농기보(農器譜)》 등은 모두 유실되고 왕정(王楨)의 《농서》에 약간 남아 있다. 농서의 대량 간행과 서로 짝을 이루었던 것이 지방관이 농업 기술을 선전하려는 취지로 반포한 권농문이다. 예를 들어 주희(朱熹)가 돈희(淳熙) 6년(1179년)에 남강군(南康軍)을 위해 쓴 권농문은 추수 후에 쟁기질하여 땅을 뒤집고, 월동 후에 다시 쟁기와 써레질을 하여 평평하게 잘게 부수고, 모가 큰 후에 김매기와 고전(靠田, 물을 빼어 논을 말리는 것)의 중요성을 선전했다. 또한 황진(黃震)은 함순(咸淳) 9년(1273년)에 무주(撫州)를 대상으로 쓴 권농문에서 벼농사 생산량이 높은 지역의 경험을 소개하여 논은 가을에 갈고 봄에 써레질을 꼭 해야 하며 아울러 관개 배수에 힘을 쓸 것을 강조하고 무주 농민이 "써레질을 가벼이 하여 힘쓰지 않고" "모두 하늘에 의존하는" 옛날 풍습을 바꿀 것을 요구했다. 분명히 농서와 권농문은 농경에 세밀히 정성을 들이고 집약화 경영을 제창하는 데 뜻이 있었는데 남송 농업 생산이 장족의 진보를 이룬 것은 이와 관계가 있었다.

수공업도 동일한 발전 추세를 드러냈다. 남송은 소주, 항주, 성도에 직금원〔織錦院, 관영 사직기구(絲織機構)〕을 설치하여 각자 직기 수백 대, 공인 수천 명을 두고 있었으며, 이곳에서 생산하는 견직물도 상당히 우수했다. 사영 작업장은 더욱 많아 오흥〔吳興, 현 호주(湖州)〕의 저포릉(樗蒲綾), 무강(武康)과 안길(安吉)의 비단, 안길의 화사(和紗), 무강의 아지금(鵝脂錦)은 모두 좋은 제품에 속했으며, 그림을 그리는 데 사용하는 비단은 가선(嘉善)의 위당밀가(魏塘宓家)가 만든 것이 전국적으로 유명했다. 견직업의 중심은 이미 북방에서 남방으로 이동했으며 절강의 용천(龍泉), 강서의 경덕진(景德鎭)은 이미 전국에서 유명한 도자기업의 중심지가 되었는데, 생산품은 멀리 각 곳으로 팔려 나갔다.

북방 함락으로 대외 왕래는 반드시 해로를 통해야 했는데, 이 때문에 천주(泉州), 광주(廣州), 명주(明州)가 신속히 발전하여 3대 대외 무역항구가 되었다. 남송 정부는 이들 지방에 시박사(市舶司)를 설립했는데, 송 고종 통치 말년에 시박사의 수입은 2백만 관에 달하여 북송 때의 최고액보다 2배나 많았으며 남송 정부 일 년 재정 총 수입의 약 1/20을 차지했다. 이에서 알 수 있듯이 남송 대외 무역은 이미 북송의 수준을 넘어섰으며 일본, 고려, 동남아, 인도, 페르시아, 아라비아로 통하는 해상 비단길을 형성했다.

중국 비단은 외국 상인이 앞 다투어 구입하려는 상품이었으며 남송 정부가 동전의 유출을 막기 위하여 비단, 금기(錦綺), 도자기 등의 물건으로 외국 수입품과 교환하도록 명령을 내렸기 때문에 비단은 실제로 외국 상품을 구입하는 화폐(일반 등가물)와 같아 해상 비단길을 형성하며 광범위하게 유통되었다. 《제번지(諸蕃誌)》에 따르면 해상으로 점성(占城, 월남 중부), 진랍(眞臘, 캄보디아), 삼불제(三佛齊, 수마트라 동남부), 세란국(細蘭國, 스리랑카), 고림국(故臨國), 층발국(層撥國, 잰지바르) 등으로 전래된 비단으로는 비단 부채, 비단 우산, 생사, 금릉(錦綾), 조릉(皀綾), 백견(白絹), 오색견(五色絹), 사백(絲帛) 등이 있었다.

《영외대답(嶺外代答)》, 《제번지(諸蕃誌)》의 기록에 따르면 당시 남송에 와서 통상한 국가는 50여 국이었다. 이들 국가의 상인은 매년 하지 이후에 해선을 타고 와서 남송의 무역 항구에 도달하고 10월 이후에 연이어 돌아갔다. 남송 상인은 20여 국가와 해외 무역을 하였는데 대개 매년 11월에서 12월에 광주, 천주에서 출발하여 수마트라에서 무역을 하고 겨울을 난 이후에 다시 인도양을 건너서 페르시아 만 연안의 아라비아 국가에 도달했다. 아라비아 상인은 페르시아 만에서 중국으로 항해할 때에 두 곳의 중개 중심지를 통과해야만 했는데, 하나는 인도의 항구 고림(故臨, 인도 규융)이고 다른 하나는 인도네시아 삼불제(수마트라)였다. 해상 비단길의 융성한 발달로 강남 반쪽에 안거한 남송은 전과 다름없이 세계 각국과 밀접한 경제 문화 교류를 유지할 수 있었으며, 이런 교류에서 아주 중요한 지위를 유지했다.

남송 임안(항주) 성곽 약도

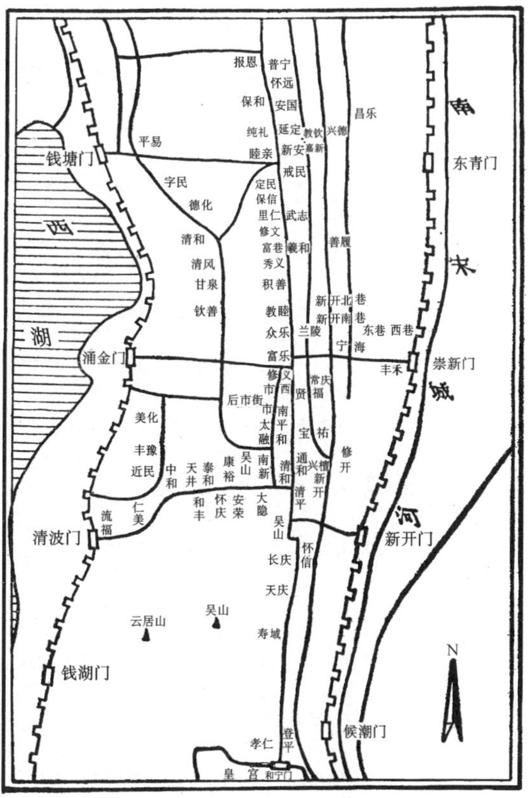


남송의 수도 임안(항주)은 당시 세계에서 으뜸가는 대도시로서 서양의 학자들은 임안을 9세기에서 13세기 사이에 중국에서 발생한 상업혁명, 도시혁명의 지표로 간주했다. 일반적으로 거의 모든 서적은 항주가 북송 때에 인구 39만 명의 중등 도시에 지나지 않았으나 남송 초년에 황실과 중앙정부가 이곳

으로 옮겨 온 이후 인구가 일거에 124만 명으로 폭증하였고, 규모는 북송의 동경 개봉을 초과했다고 지적했다. 설명이 필요한 것은 (1) 상술한 통계 수치는 남송 함순연간(咸淳年間) 임안(항주)부 소속 9개 현의 호적 인구로서 주객호(主客戶)를 합쳐 모두 39.1만여 호, 구(口)는 124만여 명이었다. 임안(항주)성, 즉 전당(錢塘), 인화(仁和) 두 현의 주객호는 모두 18.6만여 호, 구(口)는 43.2만여 명으로서 전체 부 인구의 1/3을 차지했다. (2) 양관(楊寬)의 《중국고대도성제도사연구(中國古代都城制度史研究)》는 송나라의 '구(口)'는 성인 남자(丁)의 수로서 매호 평균 5인으로 계산하면 성벽으로 둘러싼 전당, 인화 두 현, 즉 항주성의 인구는 약 90여 만 명이 되며, 만일 주둔하고 있는 군대 및 그 가족 20여 만 명을 통계에 집어넣으면 항주성의 총 인구는 120만 명 전후가 된다고 하였다. 일본학자 시바 요시노부〔斯波義信〕는 《송대강남경제사연구(宋代江南經濟史研究)》에서 남송의 항주(성)에 150만 명의 인구가 있는 것으로 추정했는데, 그중 성내에 90여 만 명, 성외에 60여 만 명이 있다고 추정했다. 구체적으로 성내에 황족, 관호, 이호(吏戶), 승도호(僧道戶), 군호(軍戶), 신금(紳衿), 공상 경영자 등 74만 명, 공상업 및 잡업 노동자 16만 명이 있고, 성 바깥에는 군호(軍戶), 농호(農戶), 관호(官戶), 이호(吏戶), 승도호(僧道戶) 48만 명과 직업 인구(수공업자, 상업, 운수업 노동자, 채소만 재배하는 농호를 포함하여) 12만 명이 있었다. 여기에서 알 수 있듯이 항주성 전체의 인구가 이미 1백만 명을 초과했다는 것은 의문의 여지가 없다. 항주는 남송의 정치 중심이었을 뿐만 아니라 경제, 문화 중심이었다.

황성(즉 황궁)은 봉황산 동쪽 산기슭의 안산〔案山, 즉 오산(吳山)〕에 건립되었는데 둘레는 9리 정도로 북쪽 봉산문(鳳山門)에서 시작하여 서쪽으로 만송령(萬松嶺)에 이르고 동쪽으로는 후조문(候朝門)을 지나 남쪽의 강변에 이르렀다. 황궁 화령문(和寧門)에서 북쪽으로 석판을 깔아 만든 어가(御街)가 있었다. 어가는 동서 방향을 달리는 천교가(荐橋街), 삼교가(三橋街)와 서로 교차하고 후시가(後市街)와는 평행을 이루었고, 동쪽에는 성 전체를 관통하는 하천〔小河〕, 염교운하(鹽橋運河, 大河)가 있었는데, 이 때문에 어가는 성 전체에서 가장 번화한 상업 거리가 되었다. 어가 양측에는 상점과

‘행’, ‘시’라 불리는 상업 기구가 모두 들어차 있었는데, 《몽양록(夢梁錄)》에 “큰길에서 여러 방(坊)의 골목길에 이르기까지 크고 작은 상점이 연이어 있어 빈 집이 없었다” “대개 항주성은 상업도시인데, 만물이 모이고 갖가지 업종과 시장이 있으니, 화령문에서 관교(觀橋) 아래에 이르기까지 물건을 사고팔지 않는 집이 한 곳도 없었다”라고 기록되어 있다.

어가 남단의 상점가는 황궁 궁정과 중앙 관서에 물건을 댔다. 어가 중단〔조천문(朝天門)에서 수안방(壽安坊), 속칭 관항(官巷)〕은 상업이 가장 번화한 장소였는데, 《도성기승(都城紀勝)》의 기록에 의하면 “조천문(朝天門), 청하방(清河坊), 중와전(中瓦前), 파두(灞頭), 관항구(官巷口), 붕심(棚心), 중안교(衆安橋)에 먹을거리를 파는 점포와 사람이 그득했다. 야시도 황성문 앞을 제외한 여러 곳에서 번화한 모습을 이루었다. 물건을 사고파는 소리와 주점, 가관(歌館)은 네 번째 북이 울려야 비로소 조용해졌다. 그러나 다섯 번째 북이 울리고 아침에 말들이 막 움직이려고 할 때에 새벽시장에서 장사를 하려는 자들이 다시 상점을 열기 시작했다”. 어가 중단은 주점과 차방이 운집했고, ‘시’, ‘행’, ‘단(團)’ 등의 상업 조직이 많았는데, 주자시(珠子市), 화시(花市), 방소행(方梳行), 소금행(銷金行), 관자행(冠子行) 등이 있었고, 가장 주목을 끄는 것은 오간루(五間樓)에서 관항구(官巷口)에 이르는 금은염초인교역포(金銀鹽鈔引交易鋪)였다. 이것은 남송이 신설한 교역소인데, 북송 때 동경의 금은채백교역소(金銀綵帛交易所)와 다른 점이 있었다. 소위 염초인(鹽鈔引)은 관청이 상인에게 소금, 차와 같은 종류의 통제 상품을 수령, 운반하도록 발급한 증서로서, 증서를 소지한 상인은 이곳에 개설된 100여 개의 금은염초인교역포에 와서 거래를 진행했다. 이들 교역 상점은 입구에 금은명기(金銀皿器)와 현전〔現錢, 간타전(看垜錢)이라 칭함〕을 진열해 놓았는데, 교역 후에 관청의 각화무(榷貨務)에 가서 초인(鈔引)을 계산했다. 어가 북단〔수문방(修文坊), 의화방(義和坊)에서 관교(觀橋)〕의 상가는 중단과 남단에 약간 뒤떨어졌지만, 중안교 아래의 와자(속칭 북와자)는 성 전체에서 가장 큰 와자였고, 주위의 상업은 상당히 번성했다.

1999년 7월 8일 항주 용금로(涌金路) · 정안로(定安路)의 교차로 입구 건설현장에서 남송 금정(金鋌) 32건, 금패(金牌) 3건이 출토되었는데, 고고학 연구자의 고증에 따라 남송 시기의 황금 화폐로 확인되었다. 남송 화폐박물관 관장은 이번 발견을 통해 수많은 국내외 학자들이 오랫동안 끊임없이 논쟁해 왔던 문제에 마침내 명확한 답안을 내릴 수 있게 되었으며 남송 시대에 황금은 이미 화폐로 세상에 유통되었다고 말했다. 이 금정, 금패의 제작 규격은 금정은 일 냥(대략 지금의 4그램)이고, 금패는 일 전(대략 지금의 0.4그램)으로 둘은 10 : 1의 교환 비율을 유지했다. 이런 금정, 금패의 양면에는 문자를 새겨 각각 주조 노동자, 금은포, 순도 및 신용보장을 표시하는 글을 새겨 넣었다. 이들 금정, 금패는 궁전 안에서 "상으로 내린 돈(賞賜錢)"이 아니고 민간이 자유로이 유통, 태환한 화폐였다. 이 발견을 통해 《몽양록》, 《무림구사(武林舊事)》, 《서호노인번승록(西湖老人繁勝錄)》에 기록된 남송의 황금 화폐를 실물로 증명하게 되었다.

성내의 하천과 염교운하(鹽橋運河)는 청하방(淸河坊) 이남에서 서로 통하여 남쪽으로 곧바로 전당강 강변에 달했고, 북쪽으로는 강남 운하와 서로 연이어져 해상 교통로와 상품 집산지가 되었기 때문에 강가와 다리 부근의 상가 또한 대단한 특색이 있었다. 당시 민간의 속담에 "항주의 일용품"은 "동쪽 채소, 서쪽 물, 남쪽 땔감, 북쪽 쌀"이라는 말로(혹은 서문 물, 동문 채소, 북문 쌀, 남문 땔감이라 말했다) 개괄했는데, 모두 이 하천 연변과 다리 근처의 상가가 집산지였다.

도성 항주의 거주 인구가 이미 1백만 명을 넘어서고 유동 인구는 더욱 많아 서비스업의 규모는 전례 없을 정도로 커져 술집, 찻집, 와자가 줄줄이 늘어서 있어 물고기 비늘처럼, 빽빽한 나무처럼 총총하게 들어서 있었다. 주루(酒樓) 가운데 풍악주(豊樂酒), 화락주(和樂樓), 춘풍루(春風樓), 태화루(太和樓)는 관주고(官酒庫)가 개설했지만, 대부분은 사영 술집〔시루(市樓)라고 부름〕으로서 무림원(武林園), 가경루(嘉慶樓), 취경루(聚京樓), 화월루(花月樓), 쌍봉루(雙鳳樓), 상심루(賞心樓), 월신루(月新樓) 등과 같은 것이 있었다. 대주점의 문은 채색한 그림으로 장식하고 홍록색의 간판을 내걸고 출입구에는 빨강 초록의 발을 드리우고 금홍색 등을 내걸었다. 야시는 더욱 번화하여 등불이 휘황찬란하고 사람 소리로 떠들썩했다. 찻집은 네 벽에 서화를 내걸고 화분대를 설치하고 고급 차를 제공했는데, 겨울에는 칠포뢰차(七泡擂茶), 총차(葱茶), 염고탕(鹽豉湯)을, 여름에는 시원한 음료, 즉 설포매화주(雪泡梅花酒), 축비음(縮脾飮), 서약빙수(暑藥氷水)가 있었다. 이곳은 차를 마시며 즐기고 사회 교제를 진행하는 공공장소였다. 이외에 가관(歌館, 기생집) 성격을 띠고 있는 소위 '화차방(花茶坊)'이 있었는데 《무림구사(武林舊事)》는 "청악차방(淸樂茶坊), 팔선차방(八仙茶坊), 주자차방(珠子茶坊), 반가차방(潘家茶坊), 연삼차방(連三茶坊)은 〔…〕 곱게 치장하고 문 앞에서 맞이하며, 아름다움을 다투고 웃음을 파니 아침에는 노랫소리, 저녁에는 악기 소리가 끊이질 않네"라고 기록했다.

와자는 와사(瓦肆, 瓦舍)라고도 불렀는데 오락 장소였다. 《무림구사》의 기록에 따르면 항주성 내외에 와자는 모두 23곳으로 성내에 다섯 곳이 있었는데, 그 가운데 북와(北瓦)가 가장 컸다. 구란(勾欄, 여러 가지 희극이 연출되는 장소였다) 13좌가 있어 각기 역사책, 소설, 희극, 상박(相撲), 인형극(나무막대로 조정하는 인형, 실로 조정하는 인형, 물귀신 인형 등), 설창(說唱), 설원화(說諢話)와 학향담〔學鄕談, 상성(相聲)·골계(滑稽)와 유사〕, 가죽 인형 그림자극, 곤봉, 조류 훈련 등을 연출했는데, 주야로 쉬지 않고 공연이 있었고, 관중이 많을 때에는 천여 명에 달했다.

항주성 서남의 서호 관광구는 항주를 인간 세상의 천당이라는 미칭을 얻도록 했는데, 동경 개봉보다 훨씬 번화했다. 당시 사람 임승(林升)은 《제임안저(題臨安邸)》에서 다음과 같이 읊었다.

산 바깥에 청산이 겹치고 건물 바깥을 건물이 둘러치네
서호의 춤과 노래는 언제나 그치려나
따뜻한 바람 훈훈하게 풍겨대니 유람객은 넋이 나가 버리고
언제부터 항주가 변주가 되었는고!

# 72. 주희 신유학과 절동학파

주희(1130–1200년), 자는 원회(元晦), 또는 중회(仲晦)이고 호는 회암(晦庵)으로 휘주 무원(婺源) 사람이다. 효종에서 영종 시대에 살았는데, 소흥 18년에 진사에 급제하여 천주(泉州) 동안주부(同安主簿)에 임명되었고, 임기를 마친 후에 정이(程頤)의 2대 제자 이동(李侗)에게서 정학(程學)을 배웠다. 이후에 또 지방관을 담당했으나 주로 저술과 강학에 힘을 쏟았다. 그는 유학의 부흥을 완성하여 학술상 유학의 혁신 운동에 결론을 내렸으며 선학(특히 정이 계통)의 유학 연구 성과를 집약하여 한과 당의 경학과는 다른 신유학 체계를 형성했는데, 후세 사람이 이학(理學), 도학(道學) 혹은 신유학이라 불렀다. 국제학술계는 주희는 공자와 맹자 이래 중국 최대의 사상가이며, 공자와 맹자 이후의 신유학 사상을 종합했고, 철학 체계를 새롭게 정립한 가장 중요한 인물이라고 생각한다. 그의 사상은 14세기부터 광범한 영향을 끼치기 시작하여, 15세기에 조선에 영향을 끼치고 16세기에 일본에 영향을 주었고, 17세기에는 서방의 주목을 받아 1714년 유럽에서 《주자전서(朱子全書)》로 번역 출판되었다. 서방의 중국학자는 주희의 방법론은 기본적으로 경험주의적 합리론으로 그의 유교 세계에 대한 영향은 토마스 아퀴나스의 기독교 세계에 대한 영향과 서로 비교할 만하다고 생각했다.

주희가 거울을 보고 그렸다고 전해지는 자화상

주희는 송나라 이학의 집대성자였다. 주희 이전에 주돈이(周敦頤)는 도가 사상을 인용하여 유학을 설명하고 이학의 우주론을 정립하

였는데, 그 대표작 《태극도설(太極圖說)》은 바로 《역경》과 도가 관념의 혼합체였다. 장재(張載)는 《역경》에서 출발하여 우주 만사만물은 모두 '기(氣)'가 합쳐져서 형성된 것이고 만사만물의 형성 규칙이 바로 '이(理, 즉 도)'라고 해석했다. 정호(程顥), 정이(程頤) 형제는 더 나아가 우주에는 일정하게 변하지 않는 '이'가 있고 이는 확대되어 온 세상에 존재하며 모든 것의 기준이라고 지적했다. 주희는 '이'를 자신의 철학 체계의 기본 범주로 삼고, '이'와 '기'의 관계에서 천지만물에 관한 철학을 탐구했다. 그는 '이'는 '기'보다 앞서며, '기'는 '이'에 의거하여 존재한다고 생각했다. 사물의 '이'는 바로 그 사물의 가장 완전한 형식과 표준이다. 만물에는 만 가지 이가 있고, 만 가지 이의 총화가 바로 '태극'이다. '태극'을 이해하려면 반드시 격물치지에서 시작해야 하는데, 한 사물의 이치를 깊이 탐구하면 사물의 이치 전체를 더 많이 이해할 수 있다. 만물의 형성은 '기'에 의존하고, '기'는 '이'의 표현이다. 기의 유동(流動)이 양기를 형성하고, 응집이 음기를 형성하는데, "음양은 기이고 오행은 물질(質)인데, 이 물질이 있기 때문에 사물이 생겨나올 수 있다". 《주자어류(朱子語類)》에서 그는 이 문제를 학생과의 문답을 통해 추상적이면서도 흥미를 잃지 않게 기록했다.

그 하나, 문 : "태극은 천지가 생기기 이전에 존재하는 혼성(渾成)의 사물이 아니라 천지의 이에 대한 총칭이 아닙니까?" 답 : "태극은 천지만물의 이일 뿐이다. 천지에 관해서 말하자면 천지 가운데 태극이 있다. 만물에 관해서 말하자면 만물 중에 각자 태극이 있다. 천지가 생성되기 이전에 필경 먼저 이가 있는 것이다 〔…〕".

그 둘, 문 : "어제 말하길 천지가 있기 이전에 반드시 이가 먼저 있다고 했는데, 왜 그렇습니까?" 답 : "천지가 있기 이전에 반드시 이가 있어야만 한다. 이가 있어야 천지가 있다. 만약 이가 없다면 역시 천지도 없다. 〔…〕".

학생이 요컨대 이가 먼저 있고, 기가 나중에 있는 것이냐고 그에게 물었을 때, 그는 또한 그렇게 간략하게 이해해서는 안 된다고 생각했다.

그 셋, 또 묻기를 : "이가 있고 난 연후에 기가 존재하는 것입니까?" 답 : "이 문제는 본래 선후를 이야기할 수 없는데, 그러나 만약 그 기원을 추구하려고 한다면 먼저 이가 있다고 해야 한다. 그러나 이 또한 따로 존재하는 별개의 하나가 아니라 바로 기 안에 존재하니 기가 없다면 이 역시 기댈 곳이 없다".

그 넷, 또 묻기를 : "이가 먼저 있고, 기가 나중에 있는 것입니까?" 답 : "이와 기는 본래 선후를 말할 수 있는 것이 아니다. 그러나 근원을 파고 들어간다면 이가 먼저 있고, 기가 나중에 있는 것과 유사할 것이다".

그 다섯, 또 묻기를 : "이가 있는 것이 바로 기가 있는 것이라면 선후를 나눌 수 없지 않습니까?" 답 : "결론을 말하자면 먼저 이가 있다. 오늘 이가 있다면, 내일 기가 있다고는 말할 수 없지만 반드시 선후는 있다. 만일 산하대지가 모두 무너진다면 필경 이는 그곳에 있을 뿐이다".

주희의 이와 기에 관한 학문은 오묘하기 그지없는데 이전의 중국철학사 연구자는 지나치게 단순화시켜 그를 의식이 사물에 앞선다고 생각하는 객관유심주의자라고 단정했다. 일본학자 야마다 게이지〔山田慶兒〕는 우주학, 천문학, 기상학 방면을 고찰한 후, 주자학 체계의 주요 구성은 고대 희랍 철학 중의 자연학 성질을 명확히 갖추고 있음을 발견했다. 분명히 그러한 측면이 있었는데, 주희는 해박한 학식과 정밀한 분석 방법으로 자연과학 분야에서도 독창적인 견해를 제시했다. 예를 들어 그는 높은 산 위에 남아 있는 소라와 대합조개 껍데기에서 그곳이 원래는 해양이었으나 지질 변천으로 말미암아 융기하여 육지가 되었다고 논증했다. 《주자어류》에 "높은 산에 소라와 대합 껍데기가 있거나 혹은 돌 속에서 나오는 것을 보았는데, 이 돌이 즉 옛날의 흙이고, 소라와 대합은 물속에서 사는 것으로 낮았던 것이 변하여 높게 되었고 부드러운 것이 변하여 딱딱하게 되었다"고 썼다. 이러한 학문 수양이 있었던 주희는 결코 사상이 진부하고 고루한 사람이 아니었고, 기와 이의 관계는 반드시 다른 측면에서 합리적인 해석이 이루어져야 한다.

진영첩(陳榮捷)은 《주학논집(朱學論集)》에서 이(理)는 사물의 본질과 보편성을 설명하는 데 사용된 것으로, 형이상으로 유일하며, 영원하고 불변하며 하나로 합치된 것으로 사물의 본질을 구성하고 없어지지 않는다고 지적했다. 기는 형이하를 설명하는 데 사용된 것으로 개별적이며 사물의 변화인 것으로, 기는 용기이고, 다양하여 일시적이면서 다변하며 남들과 다르고 사물의 구조를 구성하는 것으로서 없어질 수 있다. 진래(陳來) 《주자철학연구(朱子哲學硏究)》는 주자의 이기학설은 우주 본체와 만물지성(萬物之性)의 동일성을 논증하고, 본원과 파생의 관계를 논증하고, 보편 규율과 구체 규율의 관계를 논증하고, 이와 사물의 관계를 논증한 것이라고 주장했다.

주희는 유학의 윤리강상을 새롭게 해석하며 새로운 내용을 부여했다. 동중서에게 나타난 바와 같이 거의 신학에 가까웠던 삼강오륜설은 주희의 해명을 거쳐서 비로소 이론화, 구체화, 대중화되었다. 그는 《대학》에서 말하는 "사물의 이치를 투철히 밝혀 앎에 이르고, 마음을 바로 하고 그 뜻을 성의 있게 하며, 몸을 바로 하여 집안을 다스리고, 나아가 국가를 다스리고 천하를 편안케 한다(格物致知 正心誠意 修身齊家 治國平天下)"를 이론 근거로 삼아서 위로는 황제에서 아래로는 개별 가정에 이르는 하나의 치밀한 사회질서를 세웠다.

주희는 이학의 보급, 대중화를 중시하였으며 그의 편저 《사서집주》는 이학 사상을 이용하여 《대학》, 《중용》, 《논어》, 《맹자》를 다시 해석함으로써 이학이 사서를 통하여 사람의 마음속에 더욱 깊이 들어가게 했다. 그가 편찬한 《소학집주(小學集注)》는 청소년이 삼강오륜의 도덕규범을 따르도록 교육했고, 그가 편찬한 《논어훈몽구의(論語訓蒙口義)》, 《동몽수지(童蒙須知)》는 아동의 의복, 언어, 행위, 독서, 글씨 쓰기, 음식에 대한 도덕적인 규정을 만들었다. 예를 들면, 옷을 입을 때에 목과 허리, 다리를 단정하게 졸라매야 한다. 말할 때에는 모든 자제(子弟)들은 목소리는 낮고 차분하게, 말은 상세하고 천천히 해야 한다. 독서를 할 때는 신체를 바로 하고 책을 대해야 하며 자세하고 천천히 글자를 보아야 한다. 마시고 먹는 것은 연장자 면전에서 해야 하는데 반드시 씹고 난 후에 목으로 천천히 넘기고 음식을 먹는 소리가 나서는 안 된다와 같은 것들이었다. 이것이 바로 정심, 성의, 수신으로 이를 제대로 행하지 못하면 집안을 다스렸다고 말할 수 없으며, 치국과 평천하는 말할 필요도 없다.

그러나 뜻밖에도 주희 학파는 당시 '거짓 학문'으로 무고되어 금지 처분을 당했으니 남송 문화사상계에서 가장 이목을 끄는 사건이었다. 행정 명령 수단을 사용하여 한 학파, 한 사상을 금지하는 것은 본래 다른 사람을 배척하는 정치 수단으로 이전의 역사에서 흔히 있었고 남송이 내외에서 곤란을 당하던 시대에는 더욱 민감했다. 그 이전 소흥 연간에 정학을 금지한 적이 있었는데, 그때 한 관료가 정이의 제자에 대해 불만을 품고 정학이 "미친 괴상한 말이며, 간사하고 천박한 말이다"라고 상소를 올려 성토하며 금지를 청하니 고종이 받아들였다. 후에 또한 진회에 아부하는 관료가 화의를 반대하는 정학, 낙학(洛學)을 공격하여 "일부러 학문을 왜곡하니" "강력히 금하고 근절해야 한다"라고 말했다. 학파의 금지는 의식형태상의 견해 차이가 아니었으며, 일반적인 학파 간의 싸움이나 학술상의 싸움도 아니었다.

주희 학파에 대한 탄압 또한 이와 같았다. 주희는 "정치를 정비하고, 이적을 물리친다"는 관점에서 출발하여 돈희 연간(敦喜年間)에 효종 즉위 이래의 부패 정치를 비판하여 변화를 일으키고 "중원을 회복하고 이적을 멸하기" 위한 기초를 놓기를 희망했다. 지방관으로 재임할 때에 자신이 할 수 있는 범위에서 여러 가지 노력을 하였는데, 그는 여섯 차례에 걸쳐 상소문을 올려 뇌물을 받고 법을 어기는 태주지사(台州知事) 당중우(唐仲友)를 탄핵한 것은 두드러진 예이다. 당중우는 재상 왕회(王淮)의 인척으로 주희의 이런 행동은 왕회의 미움을 사기에 충분했으니 왕회는 이부상서 정병(鄭丙)의 의견을 받아들여 주희를 공격했다. 주희의 정치가 흠잡을 곳이 전혀 없자 정병은 그의 도학(즉 이학)을 끄집어들여 주희를 공격하며 "근세에 사대부로서 도학을 말하는 자는 세상을 속이고 명예를 도적질하는 것으로 당연히 믿을 수 없다"고 말했다. 효종이 이 말을 가벼이 믿어 버림으로써 '도학'이란 이름은 이때부터 하나의 정치 죄목이 되어 세상에 재앙을 남겼다.

영종이 즉위한 후에 재상 조여우는 주희를 시강(侍講)으로 추천했는데, 주희는 영종에게 좌우대신의 권력 남용을 방지하도록 환기시켰다. 한탁주는 이에 불만을 품고, 우선 주희를 궁궐에서 내쫓고 도학이란 명칭을 구실로 공격한 후, 다시 도학이라는 두 글자만으로는 죄를 뒤집어씌우기가 부족하다고 느껴 아예 도학을 거짓 학문이라고 칭했다. 조정 대신들이 청의를 두려워하여 감히 주희를 노골적으로 배척하지 못하니 한탁주는 불만을 품고 심복 심계조(沈繼祖)를 감찰어사로 임명하여 주희의 '죄상(친구가 죽은 후에 재산을 강점한 것, 두 명의 여승을 유혹하여 첩으로 삼은 것 등)'을 물색해 주희를 파면시켜 물러나게 하였다. 이후 조정에서 주희에 대한 공격이 날로 심해졌고 심지어는 공공연히 상서를 올려 주희를 사형에 처할 것을 요구하는 경우도 있었다. 아주 강한 정치적 압력을 받은 주희는 죄를 인정하는 상소를 올렸는데, 본의와 달리 "친구의 재산을 자기 소유로 삼고" "여승을 받아들였음"을 인정하고, "예전의 잘못을 깊이 반성하고, 오늘 바로 잡으려고 아주 많이 노력"한다고 말했다. 그의 제자와 친구들 가운데 적지 않은 사람들이 매우 두렵고 불안해서 하루도 견뎌내기 힘든 지경이었지만, 이런 압력에 개의치 않는 사람들은 그 뜻을 버리기를 거절했다. 순종적이고 나약한 자는 그의 스승을 바꾸고 문 앞을 지나면서도 들어오질 않았다. 더욱 심한 자는 의관을 바꾸어 입고 시내를 가벼이 떠돌면서 그 당파와 스스로 구분을 지었다. 그 결과 59명이 소위 '위학역당(僞學逆黨)'으로 연루되었다. 경원(慶元) 6년(1200년) 주희는 근심 걱정이 쌓여서 세상을 떠났다. 정부는 안절부절못하며 여전히 주희를 큰 적으로 간주하면서 문하생들이 조문하기 위해 모이는 것을 미리 막았는데, 그들이 "세상 사람의 장단점을 엉터리로 이야기하고, 현실 정치의 득실을 거짓으로 이야기 하는 것"을 두려워했기 때문이었다. 한 시대의 큰 스승이 결국 이렇게 결말을 맞으니 선량한 사람들이 상상하기 어려운 것이었다.

주희와 같은 시대에 활동했던 절동학파도 눈부신 활약을 보여 주었다. 학술상에서 섭적(葉適), 여조겸(呂祖謙), 설계선(薛季瑄), 진전량(陳傅良), 진량(陳亮) 등이 절동학파로 불렸다. 그들의 학문 연구 경향은 대체로 비슷하여 경사백가(經史百家), 예악병형(禮樂兵刑), 전장제도(典章制度)에서 여지변강(輿地邊疆), 농전수리(農田水利) 등에 이르기까지 "그 내막을 상세히 파악하여 실제 사용이 가능한 것을 추구하고" 헛되이 도덕, 성명(性命), 이기와 같은 추상적인 문제를 논의하는 것을 반대했다.

섭적(1150-1223년)은 《습학기언(習學紀言)》에서 동중서가 창도한 "올바른 도리를 바로 세우며, 이익을 도모하지 않고, 도를 밝히며 성과를 따지지 않는다"는 견해와 확실하게 다른 의견을 표시했다. 섭적은 이 말이 "처음에 보면 아주 좋지만 자세히 보면 모든 것이 엉성하다" "후세의 유학자가 동중서의 논의를 실행했지만 이익은 하나도 없었으니, 즉 이익이 없으니 도의는 쓸모없는 헛된 말일 뿐이다"라고 말했다. 그는 전통 유학을 완전히 새롭게 재해석하여 "이익을 의와 부합시키고" "이익과 의가 하나로 되는" 사상으로 전체를 일관했는데, "국가를 이롭게 하는 것은 실제에 힘쓰는 것이지 헛된 것에 힘쓰는 것이 아니다"라고 분명하게 주장했다.

진량(1143-1194년)은 건도(乾道) 5년(1169년)에 효종에게 《중흥오년찰자(中興午年札子)》를 올렸는데, 남쪽으로 옮겨온 후 조상의 옛 법도만을 지키며 어떠한 개혁도 하지 않는 상황에 대하여 아주 깊은 불만을 표시하고 건강〔建康, 남경(南京)〕으로 천도하여 형양(荊襄)에 주력군을 주둔시켜 영토 회복에 힘쓸 것을 건의했다. 그는 "강남이 항상 안전한 것이 아니고, 화의는 계속 지켜지는 것이 아니며, 오랑캐는 항상 무서운 것이 아니고, 서생의 주장은 믿을 수 없다"라고 생각하여 국내 정치를 정비하지 않으면 국가의 근본을 튼튼히 할 수 없으며, 국토 회복을 바랄 수 없다는 주희의 생각에 비해, 훨씬 더 낙관적이고 적극적이었다. 돈희 9년(1182년)에 그는 무주, 형양으로 가서 주희를 방문했다. 이후 몇 년간 그는 주희와 서로 편지를 주고받으며 '왕도, 패도, 의리와 이익'에 대해서 논쟁을 전개했다. 그는 일부 유학자가 '의'와 '왕도'를 찬양하고 한과 당 시대의 성공을 '이익'과 '패도'로 귀착시키는 것을 "이익과 의의 병행이었고, 왕도와 패도의 겸용이었다"라고 비판했다. 진량은 "상벌로써 천하를 다스리는" "패자의 정책"을 대단히 좋아하였고, 단순한 유가의 왕도주의에 찬성하지 않았다. 이런 "왕도와 패도, 의리와 이익 논쟁"은 문화계에 강렬한 반향을 일으켰다.

# 12장 원—몽골이 건립한 왕조

## 73. 몽골의 흥기와 칭기즈칸

당나라 때에 대흥안령 북단에 분포한 실위(室韋) 여러 부족 가운데 한 지류인 몽올실위부(蒙兀室韋部)가 있었는데 몽올(蒙兀)은 몽골의 또 다른 한자 번역어이다. 당나라 말에 몽골 일부가 오논 강〔斡難河, 지금의 몽골 눈하(嫩河)〕 상류로 이주하여 초원으로 들어온 이후, 몽골은 원래의 산림 수렵에서 방목으로 발전하였고, 중원지구와의 연계가 날로 밀접해지면서 사회 경제는 뚜렷하게 발전했다.

11세기에서 12세기 때에 고비 사막〔大漠, Gobi Desert〕 남북 초원에 수많은 유목 부락이 분포했다. 몽골부, 타타르부, 케레이트〔克烈部〕, 나이만부, 메르키트〔蔑里乞部〕, 홍기라트〔弘吉剌部〕, 옹기라트〔汪古部〕 등이었다. 여러 부족이 인구와 가축을 약탈하고 지역을 확대하기 위해 싸우는 과정에서 몽골 키얀〔乞安〕씨 귀족 테무진의 세력이 점차로 강대해졌다.

테무친(1162–1227년)의 성은 보르지긴〔孛兒只斤, Borjigin〕이고 그 아버지 이쉬게이는 '용사(勇士, 몽골어로 바가투르)'라 불렸는데, 타타르부와의 전쟁 중에 아이를 얻자 포로로 잡은 타타르부 수령 테무친의 이름을 아들의 이름으로 삼았다. 성년이 된 테무친은 자무카의 힘을 빌려 몽골 부락을 모아 자기의 오르도〔즉 《요사》에서 말하는 알노타(斡魯朶), 뜻은 행장(行帳), 행궁(行宮)〕를 만들었고, 1180년대 무렵에 스스로 한(汗)으로 칭했다. 12세기 말에서 13세기 초에 테무친은 케레이트의 지지를 받아 메르키트를 격퇴하고, 몽골 부족 내부의 경쟁자를 소멸시킨 후에 계속하여 타타르, 홍기라트, 케레이트, 옹기라트, 나이만을 복속시켜, 고비 사막 북부〔漠北〕 초원의 통일을 완성하니 이때부터 초원 각부를 통칭하여 몽골이라고 했다.

1206년 테무친은 오논강 수원에서 최고 부족 회의인 쿠릴타이를 개최하고 아홉 갈래의 비단 띠를 매단 백기를 내세우며 몽골 대한의 왕좌에 올랐고, 칭기즈칸이라 존칭되었다. 칭기즈칸은 십여 년의 정벌을 거쳐서 마침내 초원제국을 건립했는데, 그의 국호는 몽골어로 '에케 몽올 울루스〔也客忙豁彌兀魯思〕', 즉 "대몽제국"이었다.

칭기즈칸 흉상

칭기즈칸은 용감하고 전술에 뛰어난 군사 천재였다. 그는 모든 몽골사회를 전반적으로 군사화시키고 아울러 세계사상 아주 놀랄 만한 일련의 정복 전쟁을 개시했다. 그가 첫 번째로 주목한 것은 남쪽의 중원 왕조로서 서하가 우선 공격 대상이 되었다. 초기 전투의 승리 이후 1209년에 대거 침략하여 황하 제방을 터뜨려 서하의 수도인 중흥부〔中興府, 지금의 영하(寧夏) 은천(銀川)〕를 수몰시켜서 서하가 화평을 요구하지 않을 수 없게 만들었다. 두 번째 목표는 금나라였다. 몽골은 이전에 금에 신하를 칭하였고 칭기즈칸이 즉위한 후에도 여전히 금의 신하로서 공납을 바쳤다. 하지만 연약한 위소왕(衛紹王)이 금의 왕위를 계승한 것을 본 칭기즈칸은 이전의 신하로서의 복속 관계를 거절하고 1211년에 군사를 거느리고 대거 금을 공격하여 50여 주를 탈취하고 중도(中都) 연경(燕京, 지금의 북경)에 바싹 접근했다. 금군은 '진천뢰(震天雷)', '비화창(飛火槍)' 등의 신식 무기가 있었지만 당시의 정치는 부패하고, 경제는 쇠퇴하였으며 장군들은 어떠한 투쟁 의지도 없었다. 비록 40만 명의 금군이 야호령(野狐嶺)을 지켰지만, 몽골의 공격에 맥없이 무너져서 회하보(澮河堡) 전투, 진산(縉傘) 전투에서 금군의 정예 주력군은 모두 전멸되었다. 금나라는 어쩔 수 없이 공주와 어린 소년, 소녀를 보내고, 그 외에 말, 금은, 주단을 보내어 화평을 구걸했다. 1214년 여전히 두려움이 남아 있던 금 선종은 후환을 피하기 위하여 중도(지금의 북경)에서 남경(지금의 하남 개봉)으로 천도했다. 칭기즈칸은 금의 선종이 그를 의심했다는 이유를 들어 1215년에 병사를 일으켜 중도를 점령했다. 이후 금의 영토는 크게 축소되고 황하 이북의 땅은 거의 몽골의 소유가 되어 금의 멸망은 이미 기정사실화되었다.

금이 멸망되기 전에 칭기즈칸이 돌연 공격 방향을 서방으로 바꾸니 형세는 아주 급변했다. 칭기즈칸은 대장 무할리에게 예비부대를 거느리고 금나라에 맞서도록 명령하고 자신은 주력을 모아서 서정을 준비했고, 서요를 멸망시킨 후에 공격의 예봉을 직접 중앙아시아의 호라즘〔花剌子模, Khorazm〕으로 향했다. 무함마드〔摩訶末〕 국왕 통치하의 호라즘은 불안정한 군사 정치 연합체로서 내부 모순이 쌓여 있었다. 무함마드는 전쟁이 시작되자마자 도망가 버리니 강대한 몽골 군대의 맹렬한 공세 아래에서 통일적인 지휘가 없이 고립된 성은 각개 격파되어 호라즘의 새로운 수도 사마르칸트(지금의 우즈베키스탄 사마르칸트)와 옛 수도 옥룡걸적(玉龍杰赤, 현재 우즈베키스탄 우르겐치) 모두 몽골 군대에 점령되었다. 칭기즈칸 지휘하의 몽골 군대는 중앙아시아에서 페르시아, 인도에 이르는 광대한 영역을 횡으로 휩쓸고 1224년에 동으로 귀환 길에 올랐다.

1225년 칭기즈칸이 고비 사막 북부로 돌아와서 서하가 그에게 복종하지 않는 것을 보고 일거에 서하를 멸망시키기로 결정했다. 이때의 서하는 이미 성세에서 쇠퇴기로 접어든 데다 몽골의 가혹한 위협에 직면했으며 황실 내부에서는 또 한 차례 황위 쟁탈 사건이 발생했다. 이런 위태위태한 상태라도 유지하고자 서하는 때로는 금에 붙어서 몽골에 대항하고 때로는 몽골에 붙어서 금을 침입했는데 마침내 금나라와 함께 몽골에 멸망되었다.

그러나 칭기즈칸의 서하 정복전쟁은 예전과 달리 대단히 어렵게 진행되었다. 1226년에 칭기즈칸이 직접 대군을 거느리고 북쪽에서 서하를 침입하여 흑수성(黑水城), 올로하이〔兀剌海城〕를 함락한 후, 사주(沙州)를 공격할 때에 완강한 저항에 부딪쳤는데, 몽골 대장 우다치〔阿答赤〕는 하마터면 생포될 뻔했으며 막심한 사상자를 낸 1개월간의 공성전(攻城戰)을 거친 후에야 가까스로 사주를 장악했다. 숙주(肅州), 감주(甘州)의 전쟁 또한 상당히 고통스러웠는데, 특히 칭기즈칸이 대군을 직접 거느리고 포위 공격한 영주(靈州) 전투는 몽골군 작전사에서 거의 볼 수 없을 정도로 잔혹했다. 서하의 마지막 통치자 제현(帝晛)은 중흥부에서 반년이란 긴 시간 동안 몽골군에 포위되어 고통을 당하다가 1227년 6월에 몽골군에게 투항하여 1개월 후에 성을 바쳤는데, 제현이 피살되었음은 물론이고 성 전체의 군인과 백성이 모두 잔혹하게 도살되었다. 서하 왕조는 역사상 190년간 존재한 후, 이때에 멸망하였다.

칭기즈칸은 서하가 성을 헌납하기 전날 밤, 고비 사막 북부의 군영에서 병든 채로 사망하여 66세의 찬란한 일생을 마무리했다. 그는 죽기 전 송과 연합하여 금을 멸망시킬 전략 방침을 제시했다.

그의 계승자 오고타이는 유지(遺志)를 계승하여 금을 공격, 멸망시켰다. 오고타이는 칭기즈칸의 세 번째 아들로서 쿠릴타이에서 몽골 제2대 대칸으로 승인받은 후, 거란인 야율초재(耶律楚材)의 보좌를 받아서 장엄하고 화려한 중국식 조의제도(朝儀制度)를 제정하고 카라코름〔哈剌和林, 지금의 몽골국 후항애성(後杭愛省) 카라코름〕에 수도를 정했다. 이후에 남북 양로에서 금을 공격했는데, 북로는 맹진(孟津)에서 황하를 건너 낙양을 공격하고, 남로는 남송 영토를 경유하여 등주(鄧州)를 지나서 개봉을 우회 공격했다. 금은 개봉을 버리고 귀덕(歸德), 채주(蔡州)로 도망했다.

남송 통치자는 해상 맹약으로 '이이제이(以夷制夷)'를 달성하려 했던 북송의 잘못된 방침을 또다시 저질러서 몽골과 함께 금나라를 연합 공격하여 금나라를 멸망시킨 후에 하남의 영토는 송에 귀속시키고, 하북의 영토는 몽골에 귀속시킨다는 협약을 맺었다.

이런 행동은 몽골의 책략과 아주 잘 맞아떨어졌다. 송군은 양양(襄陽)에서 당주(唐州)를 공격하고 식주(息州)를 향하여 진군할 때에 뜻밖에도 소규모 금군에게 격퇴당했다. 금 애종(哀宗)은 사절을 보내어 송나라와 화평을 의논하였는데, "몽골은 40개 국가와 서하를 멸망시켰는데, 하가 망하니 우리에게 다가왔고, 우리가 망하면 반드시 송에 이를 것이다. 입술이 없어지면 이가 시린 것은 자연의 이치이다. 만약 우리와 화약을 맺는다면, 우리를 위하는 것이 곧 송을 위하는 것이다"라고 정곡을 찔러 지적했으나 송나라 측은 이를 거절했다. 송 이종(理宗) 단평(端平) 원년이자 금 말제(末帝) 천흥(天興) 3년(1234년) 정월에 채주성은 몽골군에게 격파되고 금나라는 멸망했다. 사실 금나라를 남겨서 몽골과 송나라의 완충 지대로 삼을 수 있었다면 남송에게 유리했을 것이다. 금나라가 멸망하니 몽골과 남송은 직접 국경을 맞대게 되어 남송의 멸망은 시간문제일 뿐이었다.

칭기즈칸은 몽골을 통일하고 서쪽 정벌을 단행하여 당시 몽골의 명성을 널리 알렸으며, 몽골지구에서는 분봉 제도를 건립하고 《대법령집(大札撒)》을 반포하고 몽골문자를 창조하게 했다. 그는 "활시위를 당겨 독수리를 쏘는 것만을 알았던" "한 시기의 징검다리"만은 결코 아니었다. 칭기즈칸은 책을 읽는 멍청한 사람이 마침내는 총명한 성품을 타고난 사람을 능가할 것이라고 말했다. 그는 위구르〔畏兀兒〕 사람 타타통가〔塔塔統兒〕를 임용하여 위구르 자모로서 몽골어를 적고, 태자 및 제왕을 가르치는 위구르체 몽골 글자를 창조했다. 쿠빌라이 즉위 후에 파스파에게 명하여 새로운 몽골 문자로 티베트 문자를 변형한 병음 문자를 창조했다. 원이 몰락한 후에 파스파 몽골 문자는 통용되지 않고 위구르체 몽골 문자가 계속 진화하여 현재까지 사용된다.

블라디미르초프(Boris Ia Vladimirtov)의 《몽골 사회제도사*Obščestvennyi Stori Mongomv, Kochevoi Feadalizm*》(1934년)는 칭기즈칸 시대에 전쟁과 습격의 결과 수많은 피정복 씨족이 출현했는데, 이들은 보올〔孛斡勒〕이라고 불렸으며 이후에 외테귀스 보올로 개칭되었고 귀족 개인의 예속인이 되었다고 지적했다. 외테귀스 보올은 중국어로 노비로 번역될 수 있지만 이 말의 정확한 의미로 본다면 결코 노비는 아니었다.

그들은 자신의 재산을 가지고 부분적인 신체의 자유를 누렸기 때문에 그들의 노동 성과가 모두 주인의 소유로 귀속되는 것은 아니었다. 그들은 종속 지위에 있긴 했지만 여전히 영주와 마찬가지로 씨족 생활을 하고 있었다. 외테귀스 보올은 실제로는 유목 영주의 농노였고, 그들의 의무는 영주를 위해 일하고 영주와 함께 유목하는 것으로 영주의 뜻에 따라서 퀴리엔〔古列延〕과 아일〔阿寅勒〕을 만들어서 대규모의 목축 경제를 경영했다. 그들과 영주의 관계는 예속 부족과 종주의 관계로서 마음대로 바꿀 수 있는 것이 아니었다.

13세기 몽골 초원의 유목민과 목초지는 모두 각급 영주에 속했다. 칭기즈칸은 그에 소속된 친위 부대〔那可兒, 뇌쾨르〕와 그에게 귀순한 각부 수령을 만호 노얀〔那顏〕, 천호 노얀, 백호 노얀으로 분봉했다. 노얀은 관인으로 번역될 수도 있고 영주로도 번역될 수 있는데, 그들은 등급에 따라서 각기 다른 규모의 목초지와 유목민을 거느렸다. 칭기즈칸은 분여지를 자신의 아들 및 근친들에게 나누어 주었는데, 《원조비사(元朝秘史)》의 기록에 따르면 분지를 획득한 것은 조강지처인 뵈르테〔孛爾台〕가 낳은 네 아들과 동생들이었다. 그 네 아들의 분지는 알타이 산맥 서쪽에 있었기 때문에 총칭하여 서도제왕(西道諸王)이라 불렀는데, 후에 점차로 발전하여 장자 주치의 아들 바투가 건설한 킵차크한국, 둘째 차카타이의 계승자가 건설한 차카타이 한국, 넷째 톨루이의 아들 훌라구〔旭烈兀〕가 건설한 일 한국이 되었다. 칭기즈칸 동생들의 분여지는 몇몇 학자의 고증에 따르면 흥안령(興安嶺) 서쪽이나 흥안령 동쪽, 혹은 여진과 경계 지역 일대(즉 지금의 烏珠穆沁左旗)에 있었기 때문에 동도제왕(東道諸王)이라고 총칭되었다.

칭기즈칸은 몽골국의 대칸이었기에 국가와 인민 모두가 자기 씨족의 영토와 거주민이었는데, 달리 말하면 몽골국 범위 안의 모든 인민은 칭기즈칸과 그 씨족의 외테귀스 보올이었다. 칭기즈칸 씨족의 남성 자손은 세습 영지와 영주민을 보유하는 쾨운〔可卜溫〕, 즉 제왕(諸王)이었다. 쾨운의 몽골어 원뜻은 아들이었는데, 제왕은 거기서 파생된 뜻이다. 모든 쾨운은 땅을 나누어 받고 백성을 나누어 받을 권리가 있었는데, 분여지의 영주이면서 또한 몽골 대칸의 신하였다. 제왕의 분여지는 유목 민족의 눈독흑〔嫩禿黑,

禹兒惕〕 즉 유목구와 정주 민족의 농업구, 두 종류가 있었다. 유목 구역 안의 왕들은 통치자였다. 농업 구역 안의 대칸은 다루가치를 통하여 통치했는데, 다루가치〔斷事官〕가 민호 분배와 안건의 심사 판결 즉, "형정(刑政)을 담당"했기 때문에, 제왕은 다루가치를 통하여 분여지 세금의 일부만을 사용할 수 있었다.

칭기즈칸은 좌수만호(左手萬戶), 우수만호(右手萬戶), 중군만호(中軍萬戶)를 최고 사령관으로 임명하는 동시에 원래의 호위군을 1만 명으로 확충하여 1천 케브테위드〔宿衛〕, 1천 호르친〔箭筒士〕, 8천의 산반(散班)으로 구성했다. 이들은 대칸을 호위하고 대칸을 따라서 출정하며 평시에는 4반으로 나누어 돌아가며 당직 근무를 섰기 때문에 이들을 되르벤 케식〔四怯薛〕이라 불렀다. 대칸은 케식〔怯薛〕이라 불리는 호위군을 직접 장악하여 대칸 권력의 기초로 삼아 외부의 여러 왕과 노얀에 대한 통제를 강화했다. 케식은 유목주의 '반당(伴當)'에서 변화된 것이다. 소위 반당은 씨족 사회가 쇠퇴하면서 나타난 이탈 분자로서 하나의 유목 주인에 귀속되었다. 블라디미르초프는 반당과 주군의 지위는 평등하다고 생각했던 반면, 일본의 북아시아 전문가 모리 마사오〔護雅夫〕는 주군과 반당 사이에는 일종의 주종관계가 있었으며 이런 주종관계는 가산제도에서 유래했다고 생각했고, 미국의 사회학자 크레이더(Lawrence Krader) 또한 이와 유사하게 생각했다. 케식은 칭기즈칸이 그의 '황금 가족'을 핵심으로 몽골국을 수립하는 과정에서 공헌이 대단히 컸고, 대칸이 그 직권을 행사하는 중요 수단이 되었다. 몽골은 원래 문자가 없었으나 칭기즈칸이 몽골 초원 서부의 나이만을 정복한 후, 나이만부에 머물러 있던 위구르인 타타통가〔塔塔統兒〕에게 명하여 위구르문자를 사용하여 몽골어를 음에 따라 표기하는 몽골 문자를 만든 후, 명령 발포, 호구 등기, 안건 판결 기록, 법률 문서 편집에 사용했다. 칭기즈칸은 케레이트〔克烈部〕를 멸망시킨 후에 일련의 '법령(札撒)'을 반포하고, 1219년에 대회를 열어 이전의 법령을 몽골 문자로 기록하여 책으로 만들었다. 이 《대법령집(大札撒)》이 몽골국의 법전이 되었다.

칭기즈칸은 일찍이 "형제들과 매번 상의하여 결정하고 천하를 얻었으니, 각기 토지를 나누어 함께 부귀를 향유하자"고 말했었다. 그의 계승자는 금나라를 정복한 후에 전통 제도를 모방하여 농업 지역의 인구와 토지를 칭기즈칸 씨족의 제왕, 공신에게 분급했다. 이런 영지는 거란의 용어에 따라 투하(投下, 혹은 頭下)라고 불렸는데, 소위 10투하, 5투하와 같은 것이 있었다. 태종 오고타이는 야율초재의 건의에 따라서 이들 분급된 토지 위에 다루가치를 설치하고 그 부세는 조정에서 파견한 관리가 징수하고, 연말에 영주에게 나누어 주었다.

오르도〔斡耳朶〕, 즉 《요사(遼史)》에서 말하는 알로타〔斡魯朶〕는 뜻은 행장, 행궁으로 몽골 군장의 주둔지이다. 칭기즈칸은 오르도가 네 개 있었는데, 가장 큰 오르도는 여구하(廬朐河) 행궁, 두 번째 오르도는 살리천 합노도(薩里川 哈老徒) 행궁, 세 번째 오르도는 토올자하(土兀剌河) 위의 흑림(黑林), 네 번째 오르도는 오논 강〔斡難河〕 행궁이었다. 태종 오고타이, 정종 귀육, 헌종 멍케는 모두 각자의 오르도가 있었다. 세종 쿠빌라이 이전에는 궁전이 곧 오르도로서 다른 오르도는 없었다. 세종 이후에 오르도와 궁전이 분리되어 궁전 바깥에 따로 오르도를 두었는데 몽골에서 이는 일대 진보였다.

토인비는 《인류와 어머니 되는 대지》에서 칭기즈칸의 재산은 바로 그의 책략가들의 재능, 말 위의 생활과정에서 유목 민족 전사 마음속에 반복하여 주입한 상무 정신과 군사 기율, 칭기즈칸 개인의 위세당당한 담력과 지모였다고 지적했다. 칭기즈칸의 개성과 조직 능력, 몽골인의 호전적 성격 그리고 그들이 인근에서 흡수한 문명 정신이 지도자 칭기즈칸의 격려하에 몽골인이 놀랄 만한 군사 · 정치적 성과를 획득하게 한 동력이었다.

## 74. 아시아와 유럽을 하나로 합친 대몽골국

몽골은 금을 멸망시킨 이후 계속 대외 정복에 나섰는데, 목표는 남송을 멸하고 서역을 원정하는 두 가지였다. 태종 오고타이는 칭기즈칸과 마찬가지로 서정(西征)에 심취하여 잠시 남송 정벌의 순서를 뒤로 미루었다.

오고타이는 칭기즈칸의 본부인 뵈르테가 낳은 셋째 아들로서 줄곧 칭기즈칸을 따라 남북으로 원정을 다녔고, 전공이 찬란하여 1219년에 칭기즈칸이 서정을 떠나기 전에 대칸의 계승인으로 확정되었다. 칭기즈칸이 군사를 거느리고 서정에 나섰을 때에 오고타이는 형 주치, 차카타이와 오트라르(訛答剌城)를 포위하고, 그 성을 함락한 후에 칭기즈칸과 사마르칸트에서 회합하고, 아울러 주치와 차키타이 양군의 옥룡걸적(玉龍杰赤, 즉 우르겐치) 공격에 협조하라는 명령을 받았다. 1227년에 그는 칭기즈칸을 따라서 서하를 정복했다. 1229년 쿠릴타이 대회의 선거를 거쳐서 그는 몽골국의 제2대 대칸이 되었다. 금을 멸망시킨 후 2년이 지난 1235년에 그는 대회를 소집하여 멀리 킵차크, 러시아, 폴란드, 헝가리 및 이 일대의 모든 미정복 국가를 정복하기로 결정을 내렸다. 각 종족 수령의 장자가 군대를 통솔하고, 만호 이하의 각급 노얀의 큰 아들이 원정에 참여하도록 하여 바투(칭기즈칸의 장자 주치의 둘째 아들)를 서정군 원수로 삼고 대장 쉬베데이〔速不台, 칭기즈칸 심복 뇌쾨르〕를 선봉으로 삼았다. 병사를 거느리고 참전한 제왕에는 오고타이의 장자 귀육, 톨루이의 장자 뭥케 등도 있었다.

1236년 가을에 바투는 쉬베데이를 시켜 불가르족〔不里阿耳國〕을 공격 함락하여 그 도성을 없애고, 아울러 뭥케에게 킵차크, 아란〔阿速國—*카스피 해 서안에 쿠라 강과 아라스 강이 합류하는 지점 부근의 평야 지대〕을 공격하라고 지시하고 다음 해 초에 볼가 강 하류의 킵차크 수령을 사로잡아 죽이고, 이후 블라디미르를 정복했다. 1238년 초에 러시아의 모스크바 성을 공격했다. 다음 해 겨울 아란의 수도 멸겁사성(蔑怯思城)을 공격했다. 1240년 가을 키예프를 공격하여 함락시켰다. 1241년 바투는 병사를 두 길로 나누어 서진했는데, 하나는 폴란드로 공격하여 들어갔고, 다른 한쪽은 헝가리로 공격하여 들어갔다. 몽골 원정군이 리그니츠〔里格尼茨, Liegnitz, 지금의 폴란드 남부〕에서 폴란드·독일 연합군을 대파하자, 유럽은 흔들렸다. 1242년에 바투는 오고타이가 죽었다는 소식을 접하고 군사를 거느리고 동쪽으로 돌아와 볼가 강 하류의 군영에 머물면서 정복한 킵차크, 러시아 제국을 통치했는데 동에서는 코사크 초원에서 시작하여 서쪽으로 러시아〔斡羅思〕에 이르고 남쪽으로는 바이칼 호, 카스피 해(里海), 흑해에서 북쪽으로 북극권 부근에 이르는 킵차크 한국〔혹은 금장한국(金帳汗國)〕을 건립했다. 이곳은 원래 칭기즈칸이 장자 주치에게 나누어 준 분봉지였는데, 당시 확정된 범위는 예니세이 강〔也兒的石河, 額爾齊斯河〕의 서쪽, 호라즘〔花剌子模〕 이북에서 몽골 기병 소재지까지였다. 주치의 둘째 아들 바투는 우랄 강〔烏拉爾河〕 서쪽의 볼가 강 유역을 정복하고 러시아 각 공국을 신하로 복속시킨 후에 방대한 한국을 건립하고 볼가 강 상류의 발도살래성(撥都薩萊城, 지금의 아스트라한 부근)을 국도로 삼았다. 바투가 세상을 떠난 후에 그 동생이 자리를 계승하니 킵차크 한국은 명의상 몽골 대칸에게 여전히 속국을 칭하였으나 실제로는 이미 독립국이 되었다.

1246년 오고타이의 큰아들 귀육이 대칸(몽골국 제3대 대칸)으로 옹립되었다. 1248년 귀육은 바투를 토벌하기 위하여 서쪽으로 가던 도중에 사망했다. 1251년 칭기즈칸 막내아들 톨루이의 장자 뭉케가 칸의 자리를 차지하여 몽골국 제4대 대칸이 되었다. 뭉케는 이전 여러 해 동안 칸의 자리 쟁탈이 격렬했던 것을 거울삼아 즉위 후에 대칸의 권위를 강화하는 데 힘을 기울여서 그 동생 쿠빌라이에게 막남 한지의 군정에 관한 일을 총람하도록 임명하고, 동생 훌라구에게는 페르시아 땅을 감독하도록 임명하고 나서, 서정에 나서니 제3차 서정의 시작이었다.

1253년 훌라구가 서정 대군을 이끌고 출발하여 2년여의 전쟁을 거쳐서 카스피 해(里海) 이남의 이슬람교 이스마일파의 목자이국(木剌夷國)을 멸망시켰다. 1257년 훌라구는 군사를 거느리고 서쪽으로 진격하여 곧바로 흑의대식(黑衣大食)의 수도 보달(報達, 지금의 이라크 바그다드)로 공격 방향을 잡았다. 아라비아제국 압바스 왕조는 검은색을 숭상하여 당나라 역사책에는 흑의대식이라 불렀다. 바그다드〔報達〕는 흑의대식의 수도였을 뿐만 아니라 모든 이슬람교 아라비아세계의 수도였다. 1258년 몽골군은 포화를 사용하여 이 성을 공격하니, 이슬람교 최고 교주 칼리프는 투항했다. 1259년 훌라구는 군대를 셋으로 나누어 시리아를 공격했다. 다음 해 봄, 훌라구는 뭉케의 사망 소식을 듣고 군대를 페르시아로 돌렸으나, 쿠빌라이가 이미 대칸의 자리를 차지했다는 소식을 듣고, 동쪽의 몽골로 돌아가지 않기로 결정하고 쿠빌라이가 칸이 되는 것을 옹호한다는 의사를 표시했다. 쿠빌라이는 사신을 파견하여 아무다리아 강〔阿母河〕 이서의 페르시아 국토 및 그 인민을 훌라구의 통치에 귀속시킨다는 뜻을 전했다. 이에 훌라구는 한국(汗國)을 건립하였는데, 동으로는 아무다리아 강과 인더스 강에서 시작하여 서쪽으로는 소아시아 대부분 지역을 포함하고, 남으로는 페르시아 만에 이르고 북으로는 카프카스〔高加索〕에 달하였다. 훌라구가 일칸〔伊利汗〕이라 자칭했기 때문에 이 한국은 일 한국으로 칭해졌으며, 타브리즈〔蔑剌合, 지금의 이란 馬臘格〕를 수도로 삼았다.

킵차크 한국, 일 한국, 차카타이 한국, 오고타이 한국을 합쳐서 4대 한국이라 불렀다. 차카타이 한국은 칭기즈칸의 둘째 아들 차가타이의 봉지로서 위구르 경계에서 곧바로 하중(河中)의 초원지대까지 뻗어 나갔는데, 가장 전성 시기였을 때의 영토는 동으로는 투르판, 라포백(羅布泊)에 이르고 서로는 아무다리아 강까지, 북으로는 탑이파합태(塔爾巴合台), 남으로는 힌두쿠시 산맥에 이르렀다. 오고타이 한국은 오고타이 다음 왕 하이두가 건립한 한국으로 서쪽으로 실합이(失哈耳, 지금의 신강 카쉬가르)와 탑자속강(塔剌速河, 지금의 탈라스 강)까지, 남으로는 천산산록의 여러 도시에 이르고 동쪽으로는 합자화주(哈剌火州, 지금의 신강 투르판), 북으로는 야아적석강(也兒的石河, 지금의 예니세이 강) 상류에 이르렀는데, 일리 강〔伊犁河〕과 탈라스 강 유역을 중심으로 삼았다. 그의 존재는 원과 서쪽 한국과의 관계, 동서 왕래에 거대한 영향을 끼쳤다.

몽골의 군사 원정 결과 아시아와 유럽에 걸친 대몽골국이 출현했다. 몽골어는 이 광대한 영토에서 가장 권위 있는 공식 언어가 되었다. 몽골은 불안정한 정치 · 군사연합의 공동체로서 통일적인 사회 경제 기초를 결여하고 있었고, 오래지 않아 어느 정도 상대적으로 독립된 국가로 변화되었지만 원나라 전체의 대외 관계와 경제 문화 교류에서 뚜렷한 역할을 하였다.

우선 이들 한국은 여전히 원의 황제를 대칸으로 받들어서 "모든 몽골 군주의 군주" "사해 만민의 군주와 칭기즈칸 가족의 수장"으로 불렀는데, 그들은 원의 황제가 그들의 종주(宗主)이며, 원나라가 "분봉한 제후 국가"임을 인정하여 조공 사신의 왕래가 끊이질 않았다. 이들 한국의 칸 자리는 세습되었지만 대칸, 즉 원나라 황제의 인가를 받아야만 했다. 예를 들면 일 한국의 훌라구가 사망하면서 그 아들 아바카〔阿八哈〕에게 왕위를 계승하라는 유언을 남겼지만, 아바카는 사양하며 말하기를 숙부 쿠빌라이의 명령이 없다면 즉위할 수 없다고 하여 1270년에 원나라 사절이 도착한 후에야 즉위 의식을 거행했다. 1279년에 아바카가 칙령에다 찍은 한자로 된 '보국안민지보(輔國安民之寶)'의 도장은 쿠빌라이가 그에게 사여한 것으로 현존하고 있다. 원나라와 이들 한국은 일종의 종주국과 속국 사이의 관계를 유지했고, 하사와 조공을 통하여 왕래를 계속했다. 사신 일행은 사실은 거대한 상인 무리로서 관방의 역참 교통을 이용할 수 있었다. 일찍이 오고타이 때에 바투 군대와 연락하려고 설치한 역로는 이후 날로 완비되어 서방 사절, 상인이 동쪽으로 오는 통로가 되었다. 볼가 강 하류의 킵차크 한국의 수도 사라이, 아무다리아 강 하류의 우르겐치, 아무다리아 강과 시르다리아 강 사이의 부하라, 사마르칸트를 통하여 알말리크〔阿力麻里〕에 도착하고, 다시 여기에서 영북(嶺北) 행성의 수도 카라코룸으로 갔다. 따라서 사라이 등의 도시는 동서양의 교통 중심지가 되었으며, 이곳과 원나라의 인재와 물자 교류가 상당히 빈번했다.

또한 칭기즈칸의 서정 이래로 수많은 군정 관리와 포로가 된 장인이 동쪽으로 왔고, 이후에도 수많은 중앙아시아의 상인, 여행객이 끊임없이 원나라에 도달했는데, 그들 중에는 아라비아인〔回回人〕, 중앙아시아인〔西域人〕, 이란인〔大息人〕이 있었는데, 통칭하여 '색목(色目)'인이라고 불렀다. 그들은 원나라에서 정치와 상업에 종사했으며, 아울러 아라비아의 과학과 문화를 전달했다. 예를 들면 쿠빌라이가 명령을 내려 반포한 《만년력(萬年曆)》을 만든 사람은 아라비아의 천문학자 자말 웃 딘〔札馬魯丁, Jamal ad-Din〕이었다. 원나라가 태의원(太醫院) 아래에 설치한 광혜사(廣惠司)는 아라비아 약품을 만들었는데, 창건자는 시리아인 이사〔愛薛〕였다. 대도성(大都城)의 건설에 공헌을 세운 다질아국(茶迭兒局—*다질아는 몽골식 천막집 파오를 말하는데, 다질아국을 신설하여 정통 몽골식 천막집을 아랍식 천막집으로 개조하는 데 종사했음) 제색장인총관부의 다루가치였던 야하디르〔也黑迭兒〕는 대식인(大息人)이었다. 원나라 통치 기간에 페르시아 · 아라비아 천문역법, 수학, 의학, 역사, 지리류의 서적이 대량으로 중국에 들어왔다.

동서 교통의 발달로 많은 몽골인, 한인이 중앙아시아, 서아시아 각지로 이주해 갔다. 훌라구의 서정 때에 1천 명 이상의 중국인 장인이 따라갔다. 그중에는 화약을 사용하는 포수가 있었는데, 화약은 이 길을 통해 아라비아를 거쳐서 유럽에 전파되었다. 훌라구의 서정을 따라갔던 천문학자와 의사는 후에 페르시아에 남았다. 이리 한국 승상 라시드가 유명한 역사서 《집사(集史)》를 쓸 때에 몽골과 원나라의 역사에 관해서는 1283년에 이리 한국에 사신으로 파견되었던 원나라의 승상 발라(孛羅)의 도움을 얻었다.

단순히 무력에만 의존해서 아시아와 유럽 대륙에 걸친 대몽골국을 건립하기는 힘들고 고도의 문화가 뒷받침되어야 했는데, 몽골의 초원 문화는 위구르〔回鶻〕문명의 침투로 번성했다. 위구르문명의 몽골 전파는 타타통가에서 시작했다. 타타통가는 원래 나이만 태양칸의 실권자였지만 나이만이 몰락한 후에 몽골에 투항하여 칭기즈칸을 위해 재정을 관리했음은 물론이고 몽골문자의 출현도 타타통가와 관련이 있었다. 《원사》의 한 대목이다. "타타통가는 위구르인으로, 본성이 총명하고 언론에 뛰어나며 본국 문자에 깊이 통달해 있었다. 나이만이 대패하고 칸이 그를 초빙하여 그 옥쇄와 재정을 담당하도록 했는데, 황제가 말하기를 '너는 우리 문자에 대해 잘 아느냐?' 타타통가가 알고 있는 모든 것을 모두 답하니 황제의 뜻에 맞았다. 명령에 따라 태자, 여러 왕에게 위구르 글자로써 몽골어를 표기하도록 가르쳤다". 이후에 위구르인은 칭기즈칸의 창업 및 쿠빌라이의 건국에 참여했다.

## 75. 몽골의 중국 통치—원나라

송과 몽골의 여진 협공은 송나라와 금나라가 요나라를 협공했던 전철을 되밟는 것이었다. 송나라는 기회를 틈타서 황하 이남의 땅을 회복하려고 개봉, 낙양을 앞 다투어 점령했지만 몽골의 반격으로 송군은 낙양에서 후퇴하지 않을 수 없었다. 또한 몽골군이 황하를 터뜨려 개봉성을 물에 잠기게 하니 송군은 개봉을 버리고 남쪽으로 도망갔다. 남송은 몽골을 도와 금나라를 멸망시켰지만 그 결과는 더욱 강한 적과의 대면이었다. 이후 몽골군은 사천, 양번(襄樊), 기황(蘄黃) 및 장강과 회하 사이에서 남송에 대한 전면적인 공세를 전개했다.

뭉케 대칸은 그 동생 쿠빌라이토번에서 사천으로 진공하여 대리(大理)를 병탄하고 남송을 포위하도록 했다. 이후 쿠빌라이는 막남(漠南, 고비 사막 남부)으로 돌아와서 막남의 한지(漢地) 민호를 통치했다. 1257년 뭉케는 대군을 거느리고 남송을 정벌하여 다음 해에 사천에 들어갔다. 1259년 초에 뭉케는 합주(合州)의 조어산〔釣魚山, 지금의 사천 합천시(合川市) 동쪽〕을 포위하고 5개월간 계속 공격하여 물러서지 않았다. 쿠빌라이는 명령에 따라 군대를 이끌고 남하하여 악주〔鄂州, 지금의 무한(武漢)〕를 포위 공격하니, 남송의 권신 가사도(賈似道)는 악주에서 쿠빌라이에게 화평을 구하여 몽골에 신하를 칭하고 세폐를 바칠 의도가 있음을 표시했다. 이때에 쿠빌라이는 조어산에서 뭉케가 사망했다는 소식을 듣고 급히 북으로 돌아가 대칸의 지위를 쟁취하고자 비밀리에 가사도와 화약을 맺고 북으로 철병했다.

중통(中統) 원년(1260년) 3월, 쿠빌라이는 개평(開平)에서 쿠릴타이 대회를 개최하고 대칸에 즉위해 연호를 중통으로 하였다. 중서성 및 한지(漢地)의 정무를 책임지는 연경행중서성(燕京行中書省)을 설치하고, 얼마 지나지 않아 개평을 상도(上都)로 하고 연경을 중도(中都)로 명명하여 중원지구에서의 통치를 공고히 했다. 이후에 학경(郝京)을 남송에 파견하여 화약이행을 요구했다. 가사도는 비밀화의를 맺은 후에 거짓으로 몽골에 대승을 거두었다고 말했는데, 이때에 진상이 모두 드러나는 것을 두려워하여 학경을 진주에 잡아 두었다. 몽골은 이를 구실로 대거 남침했는데, 우선 상류의 양양(襄陽), 번성(樊城)을 탈취하고 이후에 강을 따라 내려와서 항주를 쟁취하여 남송 왕조를 멸망시킨다는 전략 방침을 세우고 침략했다.

지원(至元) 8년(1271년) 11월 쿠빌라이는 천하에 조서를 내려서 국호를 대원(大元)으로 정하고 원의 성립을 정식으로 선언했다. 두 번째 해에 중도를 대도(大都)로 승격시켜 원나라의 수도로 삼았다. 몽골국 시기에 카라코룸이 도성이었으나, 쿠빌라이 즉위

후에 대도(大興, 곧 大興)를 도성으로 하고, 상도(上都, 곧 開平)를 병립하는 도성으로 삼으니 카라코룸은 영북행성(嶺北行省)의 통치 중심지가 되었다. 몽골인은 대도를 '칸-발릭〔汗八里〕'으로 불렀는데, 이는 칸의 도성이란 의미였다.

지원 12년(1275년) 원나라의 명장 백안(伯顔)은 건강(建康), 진강(鎭江)에서 세 길로 나누어 송의 수도 임안으로 직접 진격하였는데, 다음 해 정월, 남송의 나이 어린 공제(恭帝)가 투항했다. 일찍이 임안에서 도망한 재상 진의중(陳宜中)과 장세걸(張世杰), 육수부(陸秀夫)는 복주(福州)에서 익왕(益王) 조시(趙昰)를 단종(端宗)으로 옹립하고 최후의 항쟁을 했다. 후에 원나라 군대의 압박을 받아서 바다로 도망하여 강주〔硇州, 지금의 광동(廣東) 오천현(吳川縣) 남해(南海)〕에서 죽었다. 남송 대신 문천상(文天祥), 육수부는 위왕(衛王) 조병(趙昺)을 황제로 계승시켜 남해중(南海中)의 애산〔崖山, 지금의 광동 신회현(新會縣) 애문산(崖門山)〕에서 유랑했다. 지원 16년(1279년) 원나라는 대장 장홍범(張弘范)을 파견하여 수군을 이끌고 추격하니 문천상은 조양(潮陽)에서 저항하였으나 패배하여 포로가 되었다. 장홍범은 사람을 보내어 문천상에게 투항할 것을 권하였으나 문천상은 "사람의 목숨이 예전부터 죽지 않은 사람이 누구인고, 충성심을 보존하여 청사(靑史)를 비추리"라고 자신의 시를 인용하여 결연히 거절 의사를 표시했다. 애산에 마실 물이 끊기자 육수부는 조병을 엎고 바다에 뛰어들어 죽었고, 장세걸도 물에 빠져 자살하니 남송 왕조는 이로써 멸망했다. 포로가 된 문천상은 지원 19년 12월 9일(1283년 1월 9일) 대도에서 대의를 위해 죽었는데, 사형 직전에 원 세조 쿠빌라이의 투항 권고를 거절하고 "천상은 대송의 장원 재상으로 송나라가 멸망하니 죽는 것 외에 할 말이 없다"고 태연스럽게 대답했다. 사형을 당할 때에도 시를 지어 뜻을 분명히 했는데, "천지가 쇠락하니 인재는 흩어지고, 국가는 깨지고 집안은 무너져 활동이 없어졌네. 남은 것은 충렬의 기개뿐, 푸른 하늘을 오래도록 함께 했는데, 해가 저무는 게 서러울 뿐이네"라고 시로써 자신의 뜻을 명확하게 밝혔다. 이 시는 그가 구금을 당했을 때에 쓴 〈정기가(正氣歌)〉—"하늘과 땅 사이에 정기가 있어, 만물에게 제각기 형체를 부여하니, 아래로는 하천과 산악이 되고, 위로는 태양과 별이 되었네. 사람에게 있어서는 호연지기라 하는데, 천지간에 가득하게 쌓여 있다네"-와 함께 사람을 숙연하게 하고 존경심이 일게 만들었다.

송나라가 멸망한 후에 중화의 대지 위에 다시 하나의 왕조가 통치하는 구조가 출현했다. 원나라는 몽골이 건립한 왕조여서 불가피하게 민족 차별의 색채를 띠었지만 원은 역대 중원 왕조의 전통을 계승하고 발전시켰다. 따라서 원은 다른 왕조와 앞뒤를 연결하는 일관성이 있었으며 중국 통치에 탁월한 성과를 내기도 했다. 원나라의 창건자 세조 쿠빌라이는 번왕(藩王) 시절에 아주 열심히 한족의 문화를 배웠고, 유병충(劉秉忠), 원호문(元好問), 장덕휘(張德輝) 등의 문사에게서 나라를 다스리는 유학의 도를 배웠다. 그리고 막남(漠南) 한지(漢地)를 총람하는 직책을 맡았을 때에 한족의 법도(漢法) 실행에 대한 인식이 더욱 깊어졌다. 따라서 쿠빌라이가 창건한 원은 전체적으로 중원 왕조의 전통 정치 체제에서 법도를 선택했으며, 당연히 몽골의 일부 옛 제도 또한 간직했다. 소계경(蕭啓慶)이 《몽고국호고(蒙古國號考)》에서 지적한 바와 같이 '대원(大元)' 국호를 내세운 후에도 몽골인은 '대몽골국'의 몽골어 국호를 포기하지 않았으며, 때로는 '대원대몽고국(大元大蒙古國)'이라 칭하기도 했다. 원나라의 황제는 한족 신민에 대해서는 황제이고, 몽골 민중에 대해서는 여전히 대칸이었다. 이하 가장 특색 있고, 가장 영향이 큰 몇 개 분야에 대해서 간략하게 소개한다.

(1) **중서성과 행중서성**-원나라 중앙정부는 중서성, 추밀원과 어사대가 핵심을 구성했다. 중서성은 금나라의 상서성에 상당하여 육부를 거느리고 전국의 정무를 총괄하고, 추밀원은 전국의 군사를 관장했으며, 어사대는 전국의 감찰을 담당했다. 중서성 장관 중서령은 황태자가 겸임하였는데, 황태자가 정해지지 않았을 때에는 공석으로 놔두었기 때문에 실제 장관은 우승상, 좌승상(각 한 명)이 집정관이 되었다. 중서성은 도성(都省)으로도 불렸는데, '복리(腹里)'라 칭해지는 지구(지금의 하북, 산서 및 하남, 산동, 내몽골 일부분에 상당)를 직접 관장했고, 토번 지구는 선정원(宣政院)이 관리했으며, 이 외의 나머지 전국의 일급 행정구는 모두 중서성의 파견 기구인 행중서성이 관할했다. 행중서성은 간략히 행성 혹은 성이라 불렀는데, 원나라가 만든 제도로서 현재까

지도 사용되고 있다. 쿠빌라이 즉위 초기에는 지방에 십로선위사(十路宣慰司)가 있었지만, 중신을 지방에 위임 파견하여 중서성 관리가 "어느 성의 일을 처리한다"는 명목으로 각 지방에서 중서성의 직권을 행사했다. 후에 행성은 임시적인 중앙의 파견 기구에서 점차로 상설 지방 일급 행정기구로 형태를 갖추어 갔다. 이치안(李治安)의 연구에 따르면 세조 말, 성종 초에 대규모 정복 전쟁이 끝남에 따라서 행성은 임시로 파견되어 군정사무를 처리하던 기구에서 점차로 지방 최고 정부로 변화되어 갔지만 여전히 오랫동안 파견 기구의 성격을 유지하였다. 복리와 토번을  제외하고, 전국에 모두 11개 행성을 설치했는데, 섬서행성, 감숙행성, 요양행성, 하남강북행성, 사천행성, 운남행성, 호광행성, 강절행성, 강서행성, 영북행성, 정동행성을 설치했다. 앞의 9개 행성은 대체로 그 명칭에서 관할 범위를 판별할 수 있으나 뒤의 2개 행성은 약간 해석을 덧붙일 필요가 있다. 영북행성(嶺北行省)은 지금의 내몽골, 신강 일부분과 현재 몽골국 전체, 러시아 시베리아 지구를 관할 구역으로 했다. 정동행성은 고려에 설치되었는데, 행성 승상은 고려국왕이 겸임했고 그 원래의 정권기구와 제도를 유지하고 부세도 중서성에 납부하지 않아 기타 행성과 다른 점이 있었다.

(2) **토번에 대한 관할과 변경의 통일**—몽골이 금을 멸망시키기 전부터 토번의 일부 지구는 이미 몽골에게 신하로서 복속을 표시했다. 금을 멸망시킨 후에 오고타이의 둘째 아들 쿠텐〔闊端〕은 하서주랑(河西走廊)에 진주하여 토번과 긴밀한 접촉을 유지했다. 쿠텐은 군대를 파견하여 토번지구에 깊이 들어가는 한편으로 토번의 종교 지도자를 불러들여 지방 세력을 구슬렸다. 1247년 라마교 사캬파〔薩斯迦派〕 지도자 사판쿤가겐첸은 각 부족의 종교와 세속 관리를 대표하여 양주(涼州)에서 쿠텐을 만나고 몽골에 귀순 의사를 표시했다. 이후에 사판쿤가겐첸은 토번 각지에 통고하여 토번이 몽골 대한 관할하의 영토임을 확인하고 호구를 낱낱이 조사하고 역참을 건립할 것을 주장했다. 1251년에 사판쿤카겐첸이 세상을 떠나고 파스파〔八思巴, 본명 로데겐첸(羅古羅思監藏)〕가 사캬파 교주를 계승했다. 중통(中統) 원년(1260년) 쿠빌라이가 제위에 오르고 파스파를 제사(帝師)로 임명하여 천하의 석교(釋敎, 佛敎)를 총괄 관리하도록 했다.

지원 원년(1264년) 쿠빌라이는 파스파에게 총제원(總制院)을 관리하도록 명령하여 전국 불교와 토번 정무를 관할하도록 했는데, 이 기구는 후에 선정원(宣政院)으로 개칭되었다. 《원사(元史)》〈백관지(百官誌)〉는 "선정원은 관위는 종일품으로 불교 승도를 관장하며 토번 지역을 예하에 두고 다스린다. 토번이 유사시에는 분원을 두어 진압에 나서며 관인을 따로 둔다. 만일 정벌에 나서지 않는다면, 추부(樞府)에서 의논하도록 한다"고 기록했다. 황제의 첫 번째 스승 파스파 라마가 세상을 떠난 후에 쿠빌라이는 그의 이름에 "우국여의(佑國如意), 대보법왕(大寶法王), 서천불자(西天佛子), 대원제사(大元帝師)" 등의 글자를 추가로 덧붙여서 그가 불법을 널리 보급한 서천불자이고, 또한 나라를 돕고 백성을 도운 법왕(法王)임을 표시했다. 《원사(元史)》〈석노전(釋老傳)〉에서 "서역을 장악한 세조는 그 땅은 넓고 백성은 사나우며 호전적이어서 그 습속으로 그곳의 사람들을 다스리려고 생각하여 토번 지역에 군, 현을 설치하고 관청을 두어 제사(帝師)의 통치를 받도록 했다"고 기록했다. 원나라 중앙정부는 토번지구를 선정원의 관할지로 삼고, 그곳에 3개의 선위사사도원수부(宣慰使司都元帥府)를 설치했다. 선위사사도원수는 당시 토번 지구의 최고 관리로서 조정에서 직접 명령을 받았으며, 원나라는 그들을 통하여 중원에서 실시하는 각종 제도를 실시하였는데, 호구 조사, 부세 제정, 역참 설치를 실시했다. 서장(西藏) 지구는 원나라 때에 정식으로

**파스파가 쿠빌라이를 만나는 벽화**

중국 행정구역의 일부분이 되었다.

원나라는 기타 변방 지구의 통일에 탁월한 성과를 내었다. 몽골이 대리(大理)를 멸망시킨 후에 그곳에 19개의 만호부를 설치하여 통치를 진행했다. 쿠빌라이 즉위 후에 그곳에 운남행성을 설치하고 행성 아래에 따로 선위사(宣慰司), 선무사(宣撫司)와 로와 부, 주, 현을 설립했다. 남북조 이래 오랫동안 지속되었던 운남 지구의 분열 국면은 이로써 종결되었다. 북방 몽골초원에는 화림선위사(和林宣慰司)를 설립하고, 후에 영북행성(嶺北行省)으로 개정했다. 서북의 알말리크 지역에는 쿠빌라이가 자신의 아들을 파견하여 지키게 하였다. 투르판〔哈剌和州〕, 비쉬발리크〔別失八里, 吉木薩爾〕와 호탄〔斡端, 즉 화전(和田)〕 등지에 각기 중앙에서 파견하는 원수부(元帥府), 선위사(宣慰司) 등의 기구를 설립했다. 원나라는 팽호순검사(澎湖巡檢司)를 설립했는데, 중원 왕조가 팽호열도(澎湖列島)에 처음으로 정권을 건립한 것이었다. 총괄하면 원나라의 통일은 중국의 광대한 영토를 하나의 중앙 정권이 직접 통치하는 초석을 마련했다.

**(3) 민족 등급제의 수립**— 2-3백만 명의 몽골인은 7천만 명의 전후의 한족을 다스리기 위하여 전국 인구를 등급으로 나누었는데, 이는 원나라의 통치가 강한 민족 차별 색채를 띠게 만들었다. 원나라는 전국 인민을 민족과 정복된 선후에 따라서 몽골인, 색목인, 한인, 남인이란 4등급으로 나누었다. 제1등급 몽골인은 통치 민족으로 당시에 '국족(國族)'이라 칭해져서 모든 특권과 자유를 누렸다. 제2등급은 색목인으로 '각양각색'의 "여러 국가의 사람들"로서 몽골 이외의 서북 각 민족과 중앙아시아, 서아시아, 유럽 각 민족을 지칭했는데, 토번, 나이만, 옹기라트, 회족, 위구르, 킵차크, 아란〔阿速〕이 포함되어 있었다. 그들의 지위, 대우는 몽골인 다음이었으며, 그중에 적지 않은 사람이 군대 장군, 정부 관원, 대상인이었다. 제3등급은 한인〔혹은 한아(漢兒)라 불림〕으로 이전에 금나라 통치를 받던 회하 이북의 한인, 거란인, 여진인과 고려인을 가리켰다. 제4등급 남인(혹은 야만인, 새로 부속된 사람이라 부름)은 남송 통치하의 유민을 가리켰다.

이런 민족 등급 제도는 또한 일종의 신분 제도로서 《지정직기(至正直記)》는 "색목과 북인은 명문귀족으로 자임하면서 남인을 노예와 같이 보았다"라고 서술했다. 중서성의 승상에는 반드시 몽골인을 임용했고, 평장정사(平章政事)에 기용된 사람 가운데 다수가 몽골인, 색목인이었다. 각 행성의 승상, 평장 또한 대체로 이와 같았다. 원나라는 한인이 군권을 장악하는 것을 기피하여 추밀원 장관은 소수 색목인을 제외하면 모두가 몽골인으로 채워졌다. 각 등급은 법률상으로도 불평등했는데, 법률에는 "몽골, 색목인이 한인, 남인을 때리더라도 대가를 치르지 않으며" 몽골인이 한인을 때려 죽였을 경우, 속죄금을 징수하고 전쟁 참여로 벌을 내릴 뿐, 목숨으로 보상할 필요는 없다고 기록되어 있다. 지원 17년(1280년)의 호구조사에 따르면, 몽골인, 색목인은 총 호수의 3퍼센트 정도에 지나지 않았으며, 한인이 15퍼센트, 남인이 82퍼센트를 차지하여 특권을 누렸던 몽골, 색목인이 아주 적었음을 알 수 있다.

그러나 총 호수의 97퍼센트를 점하는 한인과 남인의 상층 인물은 여전히 통치 계급의 한 성원으로서 자리를 잡고 있었다. 《원전장(元典章)》에 기록된 대덕(大德) 연간(1297-1307년)의 내외관원 상황은 다음과 같았다. "조정 관리 가운데 몽골인 · 색목인이 938명, 한인 · 남인이 1,151명으로 한인과 남인이 55.23퍼센트를 점했다. 경관 중에 몽골인 · 색목인이 155명, 한인 · 남인이 351명으로 한인과 남인이 70.15퍼센트를 차지했다. 외임관(外任官) 가운데 몽골인 · 색목인이 5,689명, 한인 · 남인이 14,216명으로 한인과 남인이 71.42퍼센트를 차지했다." 한인 사천택(史天澤)은 1261년에서 1266년까지 중서성의 최고장관인 중서성 우승상을 지냈다(중서령은 실권이 없는 명목상의 직책). 각로의 다루가치를 역임한 한인 수는 더욱 많았다. 당시 사람들은 한인 가운데 상층 인물은 "작읍은 없으나 봉군(封君)만큼 귀했으며, 관인(官印)은 없으나 관부의 권력이 있었다"고 말했다. 이는 민족 문제가 결국 계급 문제로서, 민족차별이 본질적으로는 계급 차별이었음을 나타낸다.

**(4) 관용적 종교 정책**—원나라는 영토는 광활하고, 통치하는 민족은 상당히 많아 종교 신앙이 같지 않았는데, 원의 통치자는 겸용과 포용 정책을 채택하여 전파와 신앙의 자유를 허락했고, 이 때문에 에르케운〔也里可溫〕, 답실만(答失蠻), 불교, 도교 모두가 상당히 유행했다.

에르케운은 당나라 초에 중국에 전파된 기독교 일파(네스토리우스파)인 경교로서 후에 금지되었다가 요, 금 시기에는 서북 유목 민족 지구에서만 성행했을 뿐이었다. 몽골의 서정에 따라서 서방의 기독교를 믿는 여러 종류의 사람이 중국에 많이 들어왔는데, 원나라 초에는 대도 한 곳에서만 3만여 명에 달했다. 대도부근 방산(房山)의 기독교 교회 '십자사(十字寺)'는 지금까지도 남아 있다. 이후에 천주교도 또한 동쪽으로 몰려오니, 대도에는 두 곳의 교회당이 있었다. 원나라 중앙정부는 '숭복사(崇福司)'를 설치하여 에르케운을 관리하도록 했다.

답실만은 이슬람의 성직자로서, 이슬람교는 당시에 회교라고도 불렸다. 원나라 때 동서 교류가 빈번하고, 중앙아시아, 서아시아의 이슬람교도가 대거 동쪽으로 오면서 각 대도시마다 모두 그들의 거주지가 있었다. 당시 아라비아의 무슬림은 목속만(木速蠻)으로 번역되었는데, 통상 회회(回回)라고 불렸다. 육상 비단길을 통하여 중국에 들어온 이슬람교는 페르시아 문화의 흔적이 뚜렷했지만, 해상 비단길로 동남연해지구로 들어온 이슬람교는 아라비아 문화 색채가 아주 강했다. 답실만, 무슬림과 에르케온, 화상, 선생〔道士〕은 부역 면제의 특권을 누릴 수 있었다. 원나라 중앙정부는 '회회합적사(回回哈的司)'를 설립하여 이슬람교 사무를 담당시켰다.

몽골인은 원래 원시적인 샤먼을 믿었다가 후에 라마교(티베트 불교)를 신봉했는데, 라마교의 화려한 의식과 신비한 기도에 설복되었다. 티베트 불교는 대도에 뚜렷한 흔적을 수 없이 남겼는데, 예컨대 거용관(居庸關) 남쪽 홍문(紅門)의 과가탑(過街塔)에는 산스크리트 어, 티베트 어, 몽골어, 위구르 어, 서하 글자, 한문으로 쓴 다라니경 주문이 새겨져 있었다. 대도 성내의 석가사리영통탑(釋迦舍利靈通塔, 속칭 라마탑)은 거용관 과가탑과 제작 형태가 서로 같은데, 모두 토번의 라마가 설계했다. 몽골인은 종교에 대단히 관용적인 태도를 보여서 자신이 라마교를 믿는다는 이유로 다른 종교를 억압하지는 않았다.

## 76. 농업과 양잠의 장려와 '면화혁명'

몽골 군대가 남하하여 금, 송을 멸망시킨 전쟁은 농업생산을 크게 파괴하였는데 중원의 비옥한 땅은 버려져서 경작되지 않는 것이 열에 서너 곳 정도였다. 다른 한편으론 몽골인이 중원에 들어온 후에 민전에 대한 침탈이 상당히 극심하였다. "왕공, 대인의 집안은 거의 1천 경에 가까운 민전을 점하고도 경작하지도 않고 씨앗을 뿌리지도 않으면서 그를 초지라고 부르며 오로지 가축을 방목했다." 농토를 목장으로 만든 것은 두 가지 생산방식과 사회형태 사이의 차이를 드러냈다.

원 세조 쿠빌라이가 즉위한 후 몽골 귀족의 유목 중시, 농업 경시의 정책이 변화하여 점차로 유목 중시 정책을 버리고 농업과 양잠을 중시하는 정책을 채택했다. 대신 허형(許衡)은 "북방에서 한여름을 나려면 한족의 방식을 실시해야 오랫동안 머물 수 있다"고 상소를 올렸다. 이에 따라 쿠빌라이는 "새로 정복한 성루를 지키려면 백성이 편안하게 업에 종사하며 농사에 힘쓸 수 있게 해야 한다"고 생각하고, 천하에 조서를 내려서 "국가는 백성이 근본이고 백성은 생업(食)이 가장 중요하고, 생업은 농업이 근본이다"라고 말했다.

농업과 양잠을 장려하기 위하여 금나라의 촌사 제도(村社制度)를 개혁하여 지원 7년(1270년) 사농사(司農司)를 만드는 동시에 사(社)를 만들도록 법령을 반포했다. 《원전장(元典章)》의 농업 장려와 사 건립에 관한 기술에서 당시 사 건립의 일반적 상황을 볼 수 있는데, 50가를 1사로 하고 나이가 많고 농사일에 밝으며 집안에 노동력이 있는 자를 추천하여 사장(社長)으로 삼아 그 사의 사람들이 농업과 양잠에 힘쓰도록 가르치고 권장하여 1사 안에서 서로 도와 경작하고 곡식을 비축하여 재난에 대비하는 의창을 건립한다고 하였다. 농업과 양잠 장려를 종지로 한 사는 사를 구성하는 각호 사이에, 그리고 사와 사 사이에 농업 생산 과정의 상호 협력을 강조하고 재난을 당한 농호에 무상으로 상호 원조하며 "사의 성원들은 각자 양식과 기구(器具)를 비축해야 한다"고 강조했다. 북방에서 처음 시작된 사는 송이 멸망된 후 점차로 남방으로 확대되었는데,

이는 농업을 장려하려는 원나라 정부의 노력을 명확하게 보여 주었다.

원 세조는 몽골 귀족의 생각을 통제하기 위해서 일련의 조치를 취했다. 예를 들면 첫 번째, 몽골 귀족 군대가 농토를 침범 점령하여 목장으로 삼는 것을 금하고 일부 목장은 농토로 회복하도록 명령을 내렸다. 중통 원년(1260년) 정월 제도(諸道)의 방위군 및 세도가가 멋대로 각종 농토를 침범하는 것을 금했다. 4월에 정벌에 나선 군사와 유력 관리가 멋대로 가축을 풀어놓아 농작물을 망치는 일이 없도록 다시 한번 금령을 내렸다. 다음 해 7월에 몽골군이 민전을 목지로 삼는 것을 금지한다고 다시 말했다. 지원 13년(1276년) 동평포의(東平布衣) 조천린(趙天麟)은 《태평금경책(太平金鏡策)》을 올려서 몽골 왕공(王公)과 대인(大人)이 민전을 점유하여 목장으로 만드는 사례를 언급하자, 원 세조는 특별 조서를 내려서 "무릇 군교(軍校)와 지방관리가 힘으로 민전을 빼앗은 자는 모두 본래의 주인에게 돌려주라"고 명령하여 이 일을 처리했다.

두 번째, 농관(農官)을 설립하여 농업을 장려했다. 중통 2년(1261년)에 권농사를 설립하였고, 후에 다시 순행권농사(巡行勸農司)를 설치하여 "농업 장려를 전문 업무로 삼았다". 각 지방 관리는 모두 '농업 장려'에 깊게 관여되었다. 주현 아문의 양쪽 벽에는 직경도(織耕圖)를 그려 넣었고, 농업 장려가 적절히 성공했는가의 여부가 관리 심사의 중요 표준이 되었다. 농업 장려에 실패한 지방관은 어사대가 조사하여 처벌했다.

세 번째, 농업 생산 기술을 총괄하고 확대했다. 지원 7년 농상지제(農桑之制) 14조를 반포하고 지원 10년 이후 각종 관찬, 사찬 농서가 연이어 세상에 출간되었는데, 중요한 것으로는 사농사(司農司)가 편찬한 《농상집요(農桑輯要)》, 왕정의 《농서(農書)》, 노명선(魯明善)의 《농상의식촬요(農桑衣食撮要)》, 나문진(羅文振)의 《농상촬요(農桑撮要)》 등이 있었다.

사농사가 편찬한 《농상집요》 7권은 지원 10년(1273년)에 책으로 편찬되었는데, 내용은 전훈(典訓), 경간(耕墾), 파종, 재상(栽桑), 과실, 죽목(竹木), 약초(藥草), 자축(孳畜), 세용전잡사(歲用典雜事) 등이었다. 역대 농서 예컨대 《제민요술(齊民要術)》, 《무본신서(務本新書)》, 《세시광기(歲時廣記)》를 모아서 편찬하는 이외에 북방 농업 생산의 실제 경험에 의거하여 이들을 증보, 수정했다. 사농사(司農司)가 각지에 관리를 파견하여 순찰하고 농업을 독촉하고 기술을 확대 보급할 때에 주로 이 책들을 근거로 삼았다. 원나라 정부는 농업 생산을 회복, 발전시키는 조치의 하나로서 농서를 출간했는데 지방정부의 관리는 이를 대단히 중시했다.

노명선(魯明善)이 편찬한 《농상의식촬요(農桑衣食撮要)》 2권은 연우(延祐) 원년(1314년)에 간행되었는데, 《사민월령(四民月令)》의 체제를 모방하여 월령을 근간으로 조별로 나누어 달마다 해야 할 농사를 열거했는데, 농작물의 재배, 가축, 가금(家禽), 양잠, 벌의 사육 및 농산품의 가공 저축 등을 포괄했으며 글은 쉽고, 간명하게 요점을 정리하여 상당히 실용적이었다.

왕정이 편찬한 《농서》 22권은 원나라 농업 생산이 도달한 새로운 수준을 집약적으로 반영해서 당시와 후세 모두에 아주 큰 영향을 끼쳤다. 왕정은 자는 백선(伯善)이며 산동 동평(東平) 사람으로 원정(元貞) 원년(1295년)에 안휘 선덕현윤(旋德縣尹)에 임명되어 6년 동안 재임하고 대덕(大德) 4년(1300년) 강서 영풍현윤(永豊縣尹)으로 전근했다. 그는 선덕현윤 임기 기간에 《농서》를 만들어서 황경(皇慶) 2년(1313년)에 간행했다. 당시에 농서는 친민관(親民官—*현윤을 일컬음)이 반드시 발행해야 했던 책으로 송대 지방관이 반포했던 권농문에 상당했다. 왕정의 《농서》는 남송의 농서, 권농문을 기초로 다시 《농상집요》의 정수를 흡수하고, 남북방의 경험을 종합하여 체계화했다. 책은 크게 세 부분으로 나뉘는데 1권에서 6권까지는 농상통결(農桑通訣), 섭급수시(涉及授時), 지리(地利), 경간(耕墾), 파노(耙耮), 파종, 서치(鋤治), 분양(糞壤), 관개, 수확 등을 다루었다. 7권에서 10권까지는 백곡보(百谷譜)로서 각종 농작물, 야채, 과일, 죽목(竹木) 등의 재배법을 다루었는데, 그중에 당시 농업의 최신 성과를 반영한 면화의 재배와 보급이 가장 가치가 있었다. 11권에서 22권은 농기도보(農器圖譜)로서 이는 《농서》 중에서 가장 특색 있고 가장 중시할 만한 부분으로 필자는 306개의 농구, 농기, 관개 공구, 운수공구, 방직 기계도를 그려 넣고 모든 그림의 뒤에 글로 설명을 덧붙여서 그 구조, 성능, 사용 방법을 소개했다. 그중에는 당시에 새로 만들어진 신식 농구와 기계가 적지 않았고, 특히 신흥 면방직업의 방추, 솜 타기, 방적, 방직 기계는 가장 참신하고 독특했다. 특히 일종의 수력 방사기(紡紗機)인 '수전대방차(水轉大紡車)'가 큰 주목을 끌었는데, 《농서》는 구조와 성능을 소개하고 그림과 짝을 이루어 생동감 있게 기예의 우수함을 설명해 보였다. 수전대방차는 영국의 수력방사기보다 400년 일찍 출현했다. 이외에 주목할 만한 것은 책 말미에 덧붙인 〈활자인서법(活字印書法)〉으로 목판 활자 인쇄의 새로운 성과를 체계적으로 서술했다.

중국계 미국학자 조강(趙岡)은 《중국토지제도사(中國土地制度史)》에서 왕정의 《농서》는 중국의 전통 농업 생산 도구를 집약한 큰 성과로서 중화민국 초까지 중국 농촌에서 사용되는 농구 가운데 왕정의 《농서》에 기재되지 않은 것은 거의 없다고 말했다. 이를 봐도 중국 농학사(農學史)에서 차지하는 이 책의 비중을 알 수 있다.

원나라 농업발전사에서 가장 주목할 만한 것은 면화 재배의 확대이다.

《베다경전〔吠陀經〕》의 기록에 따르면 면화는 인도에서 제일 먼저 재배됐다. 대략 기원전 2세기에 중국에 전래되었지만 줄곧 변경의 소수 민족 지구에 국한되었고, 송대까지 중원 지구로 확대되지 않았다. 송대 이후에야 면화는 인도에서 두 갈래 길을 거쳐서 중국에 들어왔다. 육로의 경우 중앙아시아에서 섬서 일대로 이식되었고, 해로의 경우 해남도에서 복건, 광동 일대로 이식되었다. 청 건륭 연간에 송강부(松江府) 상해현(上海縣)의 면화 전문가 저화(褚華)는 《목면보(木棉譜)》에서 면화의 유입을 언급하며 명나라 구준(丘濬)의 의견에 적극 찬성하여 "한과 당 시대에 목면이 들어오긴 했지만 중국에는 그 종자가 없어서 백성은 옷으로 만들 생각을 못했으며, 관청은 보급할 생각을 하지 못했다. 송 · 원 때에 그 종자가 들어와 섬서와 그 부근(關陝), 복건(閩), 광동(廣)이 그 이익을 먼저 누렸는데, 복건과 광동은 해상 통상을 하고, 섬서 지역은 서역과 경계가 붙어 있기 때문이다"고 지적했다. 송나라 문헌 가운데 면화에 관한 기록이 드물게나마 보이는데, 예를 들면 송 인종 때에 균주(筠州) 고안인(高安人) 팽승(彭乘)은 《속묵객휘서(續墨客揮犀)》에서 복건, 영남(嶺南)이 면화를 재배하고 방직하고 면포를 만들었던 사실을 언급했다. 송 효종 때에 광남서로(廣南西路) 계림통판(桂林通判)

에 임명된 주거비(周去非)는 《영외대답(嶺外代答)》에서 양광 지방 및 해남도에서 생산하는 면포 질은 "아주 가늘고 가볍고 부드러우며 새하얀데, 그 면포로 옷을 만들어 입으며 오래 간다"고 언급했다.

송 말 원 초는 면화 재배가 확대된 중요한 시기이다. 사농사(司農司)의 《농상집요(農桑輯要)》는 "목면은 서역에서 생산되는 것인데 최근 몇 년 이래로 저마(苧麻)가 하남에서 재배되고, 섬우(陝右)에서는 목면을 심었는데 아주 무성하게 번성하여 본래의 곳과 다를 바가 없었다"고 말했다. 왕정 《농서》는 "(목면) 종자는 남해제국(南海諸國)의 산물인데, 후에 복건 여러 현에 모두 퍼졌고, 근래에 강동, 섬우 역시 많이 재배한다. 그 파종, 재배의 방법은 아주 빠르게 북으로 전파되어 강회(江淮), 천촉(川蜀)이 그 이치를 터득했고, 남북에 모두 퍼진 이후에 상인들이 판매를 하니 옷은 점차로 확대되었는데, 길패(吉貝) 혹은 면포(棉布)라고 불렀다"라고 기록했다. 송·원 때에 면화는 신속히 확대되어 이미 강동, 강회, 섬우, 천촉 모두가 대량으로 파종했고, 상품으로서 면포의 유통 또한 점차 확대되었음을 알 수 있다. 원 세조 지원 26년(1289년) 절동, 강동, 강서, 호광, 복건에 목면제거사(木棉提擧司)를 설치하고 매년 면포 10만 필의 세금 징수 사업을 담당하도록 했는데, 당시 면화 재배가 이미 상당히 보편화되었음을 알 수 있다.

황도파

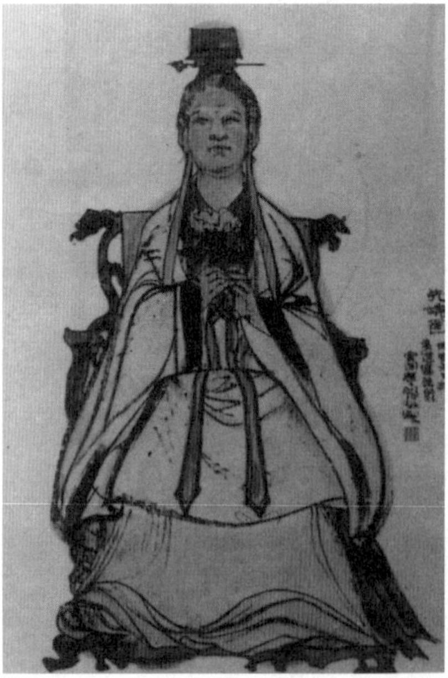

이 방면에서 공적이 꽤 컸던 사람은 일 세대 방직 명장 황도파(黃道婆)이다. 황도파는 송강부 상해현 오니경진(烏泥涇鎭) 사람으로 젊었을 때에 떠돌다가 해남도 애주〔崖州, 지금의 애현(崖縣)〕에 도착했다. 해남 여족(黎族)의 면방직 기술을 배우고, 원 성종 원정(元貞) 연간(1295-1297년)에 고향 오니경으로 돌아와서 선진적인 여족의 면방직 기술을 친척에게 전수하고 아울러 일련의 기술을 혁신하여 오니경이란 빈곤한 향촌을 아주 빠른 속도로 부유하게 만들고 선진 방직 기술의 전파 중심이 되게 만들었다. 이로써 그가 있던 송강부 및 인근 지구에 면방직업의 번영을 가져왔고, 마침내 해외학자가 칭찬한 바 있는, 수백 년 동안 지속된 '면화혁명'을 일으켰다.

오니경 일대는 송 말 원 초에 복건, 광동에서 면화 종자를 들여온 이후 널리 재배했기 때문에 오니경은 송강부 각 향촌 중에서 면화를 가장 일찍 재배한 지구가 되었다. 도종의(陶宗儀)는 《철경록(輟耕錄)》에서 "복건과 광동은 목면을 많이 심고, 그를 짜서 포로 만드는데, 길패라고 말한다. 송강부 동쪽으로 50여 리를 가면 오니경인데, 그 토지는 메말라서 사람이 먹고 살기에 적당치 않아 적절한 원예 재배를 모색하여 생계에 도움을 주려 했는데, 마침내 면화를 찾아냈다"고 지적했다. 저화(褚華)의 《목면보》는 "읍(상해현을 가리킴)이 생산하는 면화는 해교(海嶠)에서 들어왔는데 처음에 읍의 오니경에서 그것을 심었으나 지금은 모든 곳에서 재배한다"라고 보충했다. 정덕(正德)의 《송강부지(松江府誌)》 또한 "목면은 송 때에 이 지방 사람이 오니경에 그 종자를 전파한 이후로 지금 연해의 높은 지역 대부분이 그것을 재배한다"라고 말했다. 따라서 오니경진을 '면화혁명'의 발원지로 간주해도 이상할 것이 없다.

지원 25년(1288년)에 간행된 《지원가화지(至元嘉禾誌)》는 당시 송강부 특산은 비단 이외에 목면과 포가 있다고 기록했는데, 특별히 '포(송강의 것이 좋다)'에 상세한 주를 달았다. 송 말 원 초에 절강 천태(天台) 사람 호삼성(胡三省)은 《자치통감》에 주를 달면서 강남의 목면 재배와 방적, 방직 상황을 서술하고 강남의 포는 복건 · 광동만 못하여서 "복건 · 광동에서 온 것이 특히 예쁘고 조밀하다"라고도 기록했다. 오니경의 상황은 이런 상황에 대한 유력한 한 가지 증거였는데 황도파가 고향으로 돌아오기 전에 오니경의 방직 기술은 상당히 원시적이었다. 도종의가 직접 본 바에 따르면 당시 오니경의 면방직업은 "처음에는 답차, 추궁(椎弓)이 없어 대체로 손으로 갈라서 씨를 빼고 선현(線弦), 죽호(竹弧)를 네모난 나무 위에 놓고 흔들어서 만들었는데, 그 일이 대단히 힘들었다". 조면하는 답차가 없었고, 솜을 타는 추궁이 없어서 손으로 씨앗을 빼내고 대나무 활의 양편에 끼워서 활시위처럼 팽팽하게 당겨서 책상 위에서 솜을 탄 이후에 비벼서 소면(梳綿)을 만든 후, 다시 실을 찌고, 포를 짜니 시간과 노력이 많이 들고 상당히 힘들었다. 황도포가 선진 기술을 확대하여 농가에 가르쳐서 "간(杆), 솜 타기, 방적, 방직의 도구를 제작하였고, 실 꼬기, 배색, 실 모으기, 설화(挈花)에 모두 각기 방법이 있었다".

구체적인 성과는 바로 당지 사람 왕봉의 《오계집(梧溪集)》에서 말한 '애주(崖州) 이불' 혹은 '오니경 이불'의 생산이었다. 소위 '애주 이불'은 해남도 애주의 특색 화포의 하나로서 방작(方勺)이 쓴 《박택편(泊宅編)》의 설명에 따르면 해남도 여족이 짠 면포는 "위에 잔글씨와 갖가지 꽃과 풀이 새겨 있어 특히 섬세하다". 따라서 왕봉은 시를 지어 "애주의 이불은 오색의 실로 짰는데, 안개 낀 하천, 구름, 화초를 짜 넣었다"고 칭찬했다. 황도파가 오니경 농민이 '애주 이불'을 생산할 수 있도록 가르치니 천여 농가가 이에 의존하여 생계를 유지했으며, 생산품의 품질이 우수하고 색깔이 곱고 아름다워 세상에 이름을 날리면서 이름도 '오니경 이불'로 바뀌었다. 이 외에 오니경 번포(番布), 상안포(象眼布), 삼사포(三紗布 혹은 三梭布), 비화포(飛花布) 등 우수한 품질의 면포가 있었다.

황도파의 기술 혁신은 오니경진 경제의 비약을 가져왔고, 인근 지구의 면화 재배와 방적 · 직포에 대한 욕구를 자극했다. 원 말 명 초에 이르자 송강부는 이미 전국에서 유명한 면포 산지가 되었고, 생산한 정선릉(精線綾), 삼사포, 칠사방건(漆紗方巾), 전융담(剪絨毯) 등은 "모두 천하제일이 되어" 전국 방방곡곡으로 팔려 나갔으며, 이로써 "능(綾), 포(布) 두 가지 물건이 천하의 의복과 이불을 장악하니, 소주와 항주라 할지라도 따라오지 못하는" 번영을 누렸다.

면화의 광범위한 재배와 면방직업의 흥기는 송강부 및 그 주변 지구의 농업 경제와 농가 경영에 혁명적인 변화를 일으켰는데, 면작이 도작을 압도하여 이 지구의 농작물 재배에 있어 "면화 재배가 7이고 벼 재배가 3" 내지는 "면화 재배가 9, 벼 재배가 1"이라는 새로운 상황을 출현시켰다. 다른 한편 면화의 재배 및 면화의 세밀한 가공(방적, 직포)은 농가에 거대한 경제 효과를 초래했는데, 그 경제 수익이 점차 양식 작물의 수입을 초과하여 농가의 주요 경제 수입원이 되었다.

## 77. 특색이 풍부한 공상업

칭기즈칸과 그의 계승자들은 수공업 장인을 특히 중시했다. 서정을 하는 동안 한 성을 함락할 때마다 관례에 따라서 장인을 포로로 잡았는데, 호라즘〔花剌子模〕의 수도 사마르칸트 및 지방의 수부(首府) 우르켄치에서 장인 수만 명을 포로로 잡아서 몽골 군대를 따라서 동쪽으로 이주시켰다. 장인은 두 종류로 나뉘어, 군장(軍匠)은 무기 제조를 전문으로 했고 민장(民匠)은 민용 공업품을 제조했는데, 호적이 따로 되어 있어 장호(匠戶)라고 불렀다. 임시로 공장(工匠)으로 억류된 일부가 잠정적으로 병적(匠籍)에 기록되는 것을(일이 끝나면 송환됨) 제외하면 장호는 모두 세습되었다. 원 세조 쿠빌라이가 남송으로 진격할 때에 일 한국의 하라파에게서 장인을 징집하니 회회포수(回回砲手) 알라 웃 딘〔阿老瓦丁, Alā ad-Din, 아스마일〔亦思馬因〕이 명령을 받고 동쪽으로 왔다. 원나라 정부는 전국 각지에서 장인을 붙잡아서 회회포수 군장 만호부(萬戶府)를 만들고 알라 웃 딘, 이스마일의 지도하에 회회포를 만들었다.

남송을 멸망시킨 후 강남 민호를 대거 끌어 모아 수공 장인으로 만들고 그중에서 기예가 있는 십여 만 호를 선발하여 장호로 만들었다. 이후에 또 다시 40만 호를 모아서 국원(局遠) 70여 소를 만들고 수도, 지방에 각기 제색장인총관부(諸色人匠總管府) 및 제거사(提擧司)를 설치하여 제작을 관리했다. 이런 공인들은 계관장호(系官匠戶)라고 불렀다. 장호는 그 업을 세습하였고, 신분 지위는 보통 민호와 달랐다. 계관장호는 토지가 일 경 이하일 경우 부세를 면제받을 수 있었고, 잡다하게 많은 차역(差役)을 담당하지 않았으며 사람마다 매월 식량 4두에서 2두 5승, 돈 1냥 5전, 소금 반근 및 동복과 하복을 지급받았다. 그러나 장호는 인신 예속 관계가 비교적 심해서 강제적으로 전문 담당 업무를 할당 받았으며 생산 기술은 세습 전승되었는데, 법률에는 "제 장호 자녀 중 남자는 기술을 익혀야 하고 여자는 바느질과 자수를 배워야 한다"고 규정했다. 장호와 유사한 것이 염호(鹽戶, 製鹽), 야호(冶戶, 제련)였는데, 관리의 감독을 받으며 관영 수공업 생산에 종사했다.

수공업 가운데 병기업이 특히 발달했다. 상술한 회회포는 이전의 투석기에 비해 성능이 훨씬 뛰어나서 150근이나 나가는 큰 돌을 발사할 수 있었는데, 《원사(元史)》〈알라웃 딘전〔阿老瓦丁傳〕〉은 발사할 때에 "소리는 천지를 진동하고, 부딪혀 함몰되지 않는 것이 없었으며 땅은 7척이 꺼졌다"라고 기록했다. 금나라 때에 이미 종이로 총신을 만든 화포가 있었는데, 원나라 때에는 총신을 동으로 만든 화포를 제조하여, 화약이 금속관 안에서 폭발할 때 생기는 충격을 이용하여 탄알을 발사했다. 중국 역사박물관에 보관되어 있는 원 지순 3년(1332년)에 제조한 동포(銅砲)는 길이가 35.3미터, 구경이 10.5밀리미터, 무게는 6.94킬로그램으로 근대 관형 화기의 선구자적 역할을 했다. 서역 특색이 농후한 양탄자업도 상당한 주목을 끌었다. 북방 유목 민족은 담요를 사용하여 장막을 제작했는데, 중원에 들어온 후에 담요 공업은 새로운 단계에 들어섰다. 기록에 따르면 제색인장총관부가 제작한 양탄자는 품질은 정교하고 우수하며, 종류가 아주 많아 전융화전(剪絨花氈), 탈라전(脫羅氈), 작백전(雀白氈), 반청홍아전(半青紅芽氈), 염청전(染青氈), 회회전선전(回回剪線氈) 등이 있었다고 한다.

몽골인은 상업을 중시했다. 1218년 칭기즈칸은 제왕, 대신에게 각기 휘하의 2-3인을 파견하도록 지시하여 450인의 대상단을 만들고 호라즘으로 가서 무역을 했는데, 상단 구성원은 전부 무슬림이었다. 서정의 승리에 따른 킵차크 한국과 이리 한국의 건립, 역로의 통달, 몽골의 서역 상인에 대한 여러 혜택으로 상업은 날로 번영했다. 원나라 중기에 상세 수입은 전국 화폐 수입의 1/10에 상당하여 이전의 어떤 시대보다도 높았다. 진고화(陳高華)의 연구에 따르면 원나라의 상세는 일종의 교역세로 정착되어 영업세만 있었고 통과세는 없었으며, 세율은 1/13로 주로 전국 30-40개 대 · 중 도시에서 거두었다.

원나라 상업의 가장 큰 특징 중의 하나는 정부가 전매 방식을 통해 상품 가운데 많은 품목을 독점 경영한 것이다. 금, 은, 동, 철, 염 등의 일부 품목의 경우, 정부가 직접 경영하는 형식을 취했다. 다른 방식은 차, 려(鋁), 주석과 소금 일부에 대해서 정부가 상인에게 전매권을 팔아넘긴 것이다. 또 다른 방식은 술, 식초, 농구, 나무(竹木) 및 광업 가운데 일부를 상인이 경영하고 정부와 이윤을 나누어 가지는 것이다. 이는 상인 입장에 선 관영 상업, 이른바 관상이었는데 역대 재정 장관, 예컨대 아흐무드〔阿合馬〕, 상가(桑哥), 노세영(盧世榮) 같은 사람 모두가 상인 출신이거나 상업에 정통했던 것과 밀접한 관계가 있었다.

원나라 상업의 또 다른 특징은 오르타크 상인의 활약이다. 알탈(斡脫)은 오르타크(ortoq, 뜻은 동업)의 몽골어 음역으로 후에 일반적으로 고리대 상업을 경영하는 관상을 지칭했는데, 당시 사람들이 말하는 바와 같이 그들은 "황제와 황후의 명령에 따라서 곳곳에서 상업을 하는 사람들"이었다. 중앙아시아의 무슬림은 본래 상업 경영을 잘하여 이름을 날렸는데, 일찍이 몽골 흥기 이전에 몽골, 서역과 중원의 사이를 오가며 무역을 했다. 칭기즈칸 시대에 수많은 무슬림 상인이 몽골 귀족의 '오르타크'가 되어 몽골 귀족을 위해 상업을 경영하고 돈을 빌려주었다. 당시의 고리대 연 이율은 100퍼센트로서 다음 해에 이자는 원금으로 전환되어 이자 위에 다시 이자가 붙으니 1정(錠)을 빌렸을 경우, 10년 후엔 원금과 이자는 1,024정이 되었다. 이를 양고아식(洋羔兒息), 혹은 알탈전(斡脫錢)이라고 불렀으며, 정부 기관에서 관리했기 때문에 알탈관전(斡脫官錢)이라 부르기도 했다. 오르타크 상인은 정부에서 많은 특권을 받았는데 임금과 황태후의 명령에 따라 관방의 역참 교통을 사용할 수 있었으며 관군의 호위를 받았고 세수를 감면받을 수 있었다. 분명히 오르타크 관상의 횡행은 민영 상업의 정상적인 발달에 불리했다.

화폐도 상업 발달에 걸맞은 적절한 형태로 바뀌어야 했다. 몽골이 처음 중원에 자리를 잡았을 때 화폐는 은과 비단이었다. 1236년 오고타이는 지폐-교초 발행을 명령했고, 쿠빌라이 즉위 초에 또다시 교초를 발행했는데, 이는 비단을 본위로 한 일종의 화폐였다. 중통 원년(1260년)에 정식으로 중통 원보교초(元寶交鈔)를 발행했는데, 은을 본위로 삼으니 초 2관은 은 1냥과 같았다. 지원 24년(1287년)에 지원통행보초(至元通行寶鈔)로 바꾸어 발행하여 초 10관을 은 1냥으로 삼았다. 무종 지대 2년(1309년)에 지대은초(至大銀鈔)를 발행하여 초 표면에 은으로 환산한 가치를 표시했지만 오래지 않아 폐지되었고, 여전히 중통초(中統鈔), 지원초(至元鈔)가 유통되었다. 초법(鈔法) 실행은 원나라가 송, 금 시대의 지폐를 바탕으로 달성한 큰 업적으로서 상품 유통을 원활하게 하고, 대량의 동전 주조 비용을 절약하여 정부에 이득을 안겨 주었다. 백성이 낡은 초를 새로운 초로 교환할 때에 30퍼센트의 수속비를 거두었으며 초를 은으로 바꿀 때에는 법정 비율에 따라서 2관을 은 1냥으로 교환하고 이외에 5분을 더 받았다. 그러나 화폐 가치의 하락 문제는 해결하지 못했다. 지원보초, 지대은초의 발행은 표면 가치를 올리는 방법으로 통화팽창의 문제를 해결하려 한 것이었으나 문제의 핵심인 발행 수량을 제한할 방법이 없었기 때문에 오히려 화폐 가치의 하락을 초래하여 아무런 효과도 거두지 못했다. 교초가 처음 발행되었을 때에 매년 10만 정(50관은 1정)을 초과하지 않았으나 이후 매년 1백만 정에서 2백만 정까지 확대 발행했다. 지폐를 남발한 결과, 민간에서 초는 은으로 태환할 수 없었고, 실제 원금이 없는 명목상의 화폐가 되었다. 초의 발행 총액이 지원 24년에 이미 포화상태에 달하였고, 이후에 계속 증가하여 마침내 초법은 붕괴했다. 매일 찍어내는 초의 수는 헤아릴 수 없었고, 그것을 운반하는 배와 수레가 끊이질 않아 통화가 팽창했다. 원나라 말에 경사에서는 초 10정(500관)으로도 쌀 한 말을 바꿀 수 없었다. 민간 교역에서 초의 사용을 거절하여 물물교역이 행해지니 "사람이 사람을 먹고, 초가 초를 사는 것을 언제 본 적이 있었는가?"라는 노래가 퍼지기도 했다.

원나라는 대도(북경)에 수도를 정했는데, 관리의 봉급, 군비 및 궁정 수요를 해결하기 위하여 지원 19년(1282년)에 처음으로 해로로 조량을 운반했다. 주청(朱清), 장선(張瑄)이 처음으로 해운을 시작했다. 주청은 숭명(崇明) 사람이고, 장선은 가정(嘉定) 사람으로 장강 하구에서 성장하였는데, 소금의 비밀 교역, 해적질을 한 적이 있었고, 남송 말에 일부 사람을 모아서 연해 지구에서 항행했다. 원 초에 승상 백안(伯顔)은 주청, 장선 등을 불러들여 송나라의 창고에 보관된 지적도와 호적을 해로로 숭명에서 대도로 운반하도록 명령했다. 지원 19년에 주청, 장선 등은 평저선 16척을 만들어서 식량 4만 6천여 석을 운반했는데, 두 달이 걸려서 비로소 직고〔直沽, 지금의 천진(天津)〕에 도달했다. 당시 정부는 해운의 장점을 발견하지 못하여 조량의 북쪽 운반은 주로 하천을 이용하고 있었다. 이후 새로 만든 운하가 경사의 수요에 적절히 대응하지 못하자 해운에 온 힘을 기울여 해운이 조운의 주요 방식이 되었다.

해운 노선은 유가항〔劉家港, 현재 태창 유하(太倉瀏河)〕에서 바다로 들어가 숭명에서 동쪽으로 항해하여 흑수해〔黑水海, 즉 황해(黃海)〕로 들어가고, 성산각〔成山角, 현재 영성(榮成)〕에서 서쪽으로 방향을 틀어, 유가도〔劉家島, 현재 위해(威海)〕, 등주〔登州, 현재 봉래(蓬萊)〕, 사문도〔沙門島, 현재 장도(長島)〕에 이르고 내주대양〔萊州大洋, 현재 내주만(萊州灣)〕에서 황하로 들어가서 직고(현재 천진)에 이르렀다. 바람이 부는 시기와 방향이 일치했을 때에는 15일도 안 걸려서 도달했다. 해운을 시작할 당시에 선박은 많이 실어 봐야 1천 석, 적은 것은 300석밖에 싣지 못했으나, 이후에 8–9천 석을 싣는 대해선이 나타났다. 양식 운반 수량은 매년 증가해서 4만여 석에서 3백만 석 이상으로 늘어났다. 원나라 때의 해운 발달은 명나라 초의 해운과 원양 항해의 기초가 되었다.

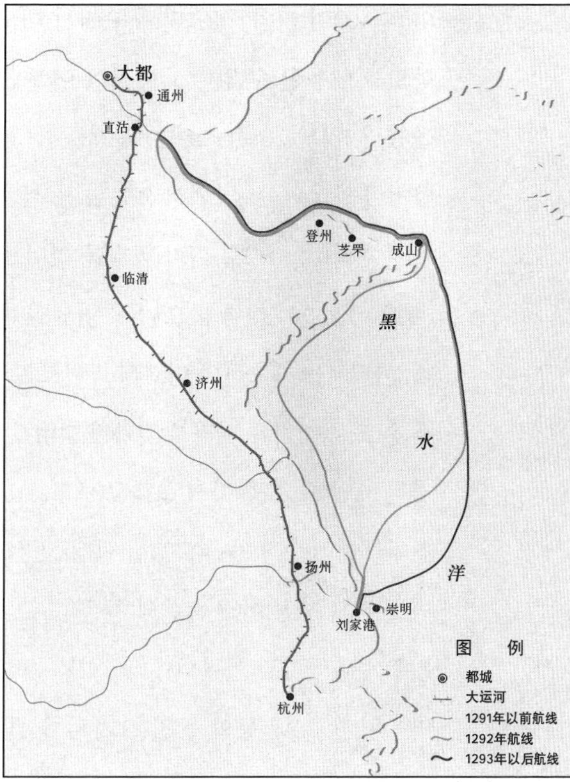

원대의 운하와 해운

해운과 상호보완적으로 실행되었던 것이 하운이다. 원나라 초에는 강남에서 대도까지 수나라 이래로 뚫어 놓은 운하를 경유하여 북상했다. 회하 이남은 한구(邗溝)와 강남의 강을 여러 차례 정비한 결과, 계속해서 통행할 수 있었다. 회하 이북은 사수(泗水)에서 산동 지역에 도달하고, 다시 어하(御河, 衛河)에서 직고(直沽, 天津)와 백하(白河)를 거쳐서 통주(通州)에 도달했다. 전 노선 가운데 산동 지역 내의 사수와 어하 사이의 약 400여 리의 구간 및 통주에서 대도에 이르는 50리의 짧은 구간은 물길이 끊겨 하도를 이용할 수 없어서 이곳에 이르면 조운은 육로로 운반해야 했는데, 힘이 많이 들었다. 지원 20년(1283년)에 제주하〔濟州河, 지금의 제령(濟寧)〕 150리를 뚫었는데, 하천이 완성된 후, 남에서 오는 조운 선박은 회수에서 사수로 거슬러 올라가서 이곳에서 대청하(大淸河)로 나가 바다를 건너 직고에 도달했다. 지원 26년(1289년)에 회통하(會通河) 250여 리를 뚫으니 산동 양산현(梁山縣)에서 북으로 임청(臨淸)에 도달했는데, 아래로는 제주하와 연결되고 위로는 어하(위하)를 거쳐서 천진으로 들어갔다. 남에서 온 조운 선박은 멀리 발해까지 건너갈 필요가 없이 곧바로 통주에 도달할 수 있었다. 지원 28년(1291년) 다시 통혜하(通惠河)를 뚫었는데, 이는 수리 기사 곽수경(郭守敬)이 건의하고 곽수경 자신이 직접 설계 시공한 것으로, 통주에서 대도에 이르는 전장 160여 리에 경서 창평 여러 하천의 물을 대도성으로 끌어들여 호수를 만드니 동북쪽으로는 통주에서 백하로 연결되었다. 이렇게 하여 남북 대운하의 새로운 모습이 형성되었고, 명·청 두 시대 동안 발전을 거쳐서 현재까지 줄곧 사용되고 있다.

## 78. 대외 왕래의 확대

몽골은 세 차례의 서정으로 아시아와 유럽 대륙을 통합함으로써, 동에서는 태평양에서 시작하여 서쪽으로 발트 해에 이르고, 남으로는 페르시아 만에 다다르니, 몽골 대칸의 금패로 각지에 직행할 수 있게 되고 예전에 막히어 통하지 않던 도로가 소통되어 동서 교류가 아주 성행하게 되었다.

1245년 로마 교황 이노센트 4세는 성 프란체스코 수도회 창건자인 피안 델 카르피니(Giovanni da Pian del Carpini) 대주교를 몽골에 파견했다. 대주교는 교황이 몽골 대칸에게 보내는 편지를 휴대하고 몽골로 떠나 다음 해 7월에 카라코룸에 도착하였고 11월에 몽골 대칸 귀육의 회답 서신을 휴대하고 서쪽으로 돌아갔다. 그가 사신으로 갔다 온 내용을 라틴어로 보고한 《우리들이 타타르인이라 부르는 몽골인의 역사

(*Historia Mongalorum quos nos Tartaros appellamus*)》는 초기 몽골사와 동서 교류사에 관한 중요한 문건이 되었다. 1920년 바티칸에 보관된 문서에서 귀육이 이노센트 4세에게 보낸 편지 원문이 발견되었는데, 편지는 페르시아 문자로 씌어졌고 그 위에 몽골 대칸의 도장이 찍혀 있었다.

1253년 프랑스 국왕 루이 9세는 선교 사업을 위해 성 프란체스코 수도회의 선교사 루브루크(W. Rubruk)를 몽골 지역으로 파견했다. 루브루크는 먼저 볼가 강 하반에서 바투를 알현하고, 이후 카라코룸 남쪽의 겨울철 행궁에서 뭥케를 알현했다. 다음 해 7월에 루브루크는 뭥케가 루이 9세에게 보내는 국서를 지니고 서쪽으로 돌아갔다. 오래지 않아 그는 라틴어로 《루브루크 여행기》라는 사신 보고서를 썼는데, 이 보고서는 13세기 몽골과 관련된 중요 문건이 되었다. 토인비가 말한 바와 같이 몽골 제국은 수많은 지역 문명이 아주 빠르게 상호 접촉하도록 만들었다. 질서가 안정된 대평원을 왕래했던 유럽, 아시아의 사절단은 정치적 영향보다 문화적으로 훨씬 더 큰 역할을 했다.

마르코 폴로 형제 3명의 쿠빌라이 알현도

가장 영향이 컸던 서방 사신은 이탈리아인 마르코 폴로였다. 1260년 전후로 베네치아인 니콜로 · 폴로 형제는 킵차크 한국의 수도 사라이(지금의 아스트라한 부근), 불합자〔不花剌, 지금의 우즈베키스탄 부하라〕에 이르러 장사를 하고, 후에 훌라구 사신을 따라서 대도에 도착하여 쿠빌라이를 만나서 대화를 나누고, 로마 교황청에 사신으로 파견되었다. 1271년 마르코 폴로는 니콜로 형제를 따라 명령 수행 결과를 보고하기 위해 몽골로 갔는데, 비단길을 따라서 동쪽으로 향하여 1275년에 대도에 도달하고, 이후 중국에 17년간 머물렀다. 그는 원 세조 쿠빌라이의 총애를 아주 많이 받아 원나라 관리로 임명되어 사신으로 각지에 파견되었으며, 대도, 경조〔京兆, 지금의 서안(西安)〕, 성도, 곤명, 대리, 제남, 양주, 항주, 복주, 천주를 두루 돌아다니고, 자신이 보고 들은 것을 생동감 있는 기록으로 남겼다. 예컨대 13세기 말 예전의 남송 수도였던 항주에 도착했을 때에 그는 "세계에서 가장 부유하고 화려한 도시"라며 경탄을 금지 못했다. 남송 멸망 후에도 항주는 여전히 예전처럼 인구가 많고 산업이 발달했으며 시가지는 번화하였는데, 마르코 폴로는 "성에는 큰길이 160개가 있으며, 매 거리마다 만 채의 집이 있다", "성 안에 큰 시장이 10여 곳이 있으며, 조그만 시장은 수를 헤아릴 수 없다", "위에서 말한 열 곳의 큰 시장 주위에는 고층건물이 건립되어 있으며 건물 아래층은 상점으로 각종 물건을 판매하였는데 상품 가운데 향료, 장식, 보석이 있었다"라고 기록하였다. 그의 기록은 유럽으로 전파되어 화원 도시인 항주는 당시에 이미 세계적으로 이름을 날렸다.

1289년 일 한국의 칸 아르곤은 부인이 죽자 사신을 대도에 파견하여 다음 왕비를 요청하니, 원 세조 쿠빌라이는 마르코 폴로에게 일 한국의 사신과 함께 코카친(闊闊眞, Cocacin) 공주를 호송하여 일 한국으로 갈 것을 명령했다. 그들 일행은 1291년 초에 천주에서 여정에 올라 1293년에 일 한국의 아브하르〔阿八哈耳〕에 도달했고, 마르코 폴로 등은 귀국하여 1295년에 베네치아에 도착했다.

마르코 폴로는 베네치아와 제노바의 전쟁 중에 포로가 되었는데 옥중에서 동방을 두루 돌아다닌 견문을 이야기하고, 같이 감옥에 갇혔던 소설가 루스티켈로(Rustichello da Pisa, 魯思梯兼)가 이를 기록하여 《세계의 서술》(혹은 《세계인상》)이라는 책으로 펴냈다. 마르코 폴로의 《동방견문록》은 동방 각지에 대한 견문을 기록한 것으로 그 가운데 중국 부분이 가장 상세하여 쿠빌라이 시대에 일련의 중대 정치 사건, 풍속 습관, 종교 신앙, 물산 상업 등에 대하여 상세하게 기록했다. 마르코 폴로는 북중국을 '거란'이라 부르고, 남중국의 거주민을 '야만인'이라고 불렀으며, 북경을 '대칸〔可汗〕의 수도'라 부르는 한편 항주를 남방 한인의 '행재(行在—*킨사이)'라 불렀다. 그는 지폐(교초, 보초)를 보고 크게 놀랐고, 더욱이 중국인이 석탄을 캐서 연료로 쓰는 것에 경탄했다.

1981년 영국 대영 도서관 중문부 주임 우드(Frances Wood)는 《타임》지에 글을 발표하여 마르코 폴로가 중국에 있었던 적이 있는지 의문을 제시했다. 1995년 11월 13일 그녀의 저서 《마르코 폴로는 중국에 간 적이 있는가(*Did Marco Polo Go to China?*)》가 영국에서 출판되었는데, 그 주요 논점은 베네치아 상인 마르코 폴로는 중국의 인접한 어떤 지역도 가 본 적이 없으며 역사상 불후의 《동방견문록》은 완전히 허구라는 것이다. 마르코 폴로가 중국에 가 본 적이 한 번도 없다는 그녀의 깜짝 놀랄 만한 설은 중세를 연구하는 몇몇 전문가의 지지를 받았다.

중국의 원대사 전문가 양지구(楊志玖)는 《타임》지의 글에 대하여 《지구》라는 잡지의 1982년 10기에 〈마르코 폴로와 중국—"마크로 폴로는 중국에 간 적이 있는가?"라는 글에 대한 생각〉을 발표하여 중국의 사서(史書)에서 현재까지 마르코 폴로의 이름을 발견하지 못한 것은 분명하지만, 고증할 만한 자료가 없는 것은 아니라고 지적했다. 일 한국 아르곤(Argon)은 왕비가 사망한 후, 세 명의 사신을 원나라로 파견하여 쿠빌라이 대칸(원 세조)에게 죽은 비와 같은 종족의 여자를 왕비로 내려 줄 것을 청하였다. 원 세조는 코카친이라 불리는 공주를 그들에게 보내 주었고, 세 명의 사신은 마르코 폴로 일가에게 해로를 통해 일 한국으로 돌아갈 수 있도록 호송해 줄 것을 요청하였다. 양지구는 《경세대전(經世大典)》〈잠치(站赤)〉에서 아르곤이 파견한 세 명의 사신(울라타이, 아프스카, 코자)이 귀국한 기록을 찾아냈는데, 인명, 시간 모두 마르코 폴로의 설명과 서로 부합했다. 일 한국의 역사학자 라시드 앗 딘의 《집사(史集)》에도 마르코 폴로 책의 내용과 기본적으로 일치하는 기록이 있다. 중국어, 페르시아어와 유럽어의 기록이 완전히 같으니 우연히 일치한 것이 아니고, 마르코 폴로는 확실히 중국에 간 적이 있었다.

이 외에 또 다른 증거도 찾을 수 있다. 마르코 폴로의 《동방견문록》에서 언급한 진강부(鎭江府)의 두 개의 기독교 교회는 당시 진강부 장관이며 기독교인이었던 마르사르키스(Marsarchis)가 건립한 것이며 그가 과주(瓜州)에서 보았던 강 가운데의 사원은 바로 유명한 금산사로서 이들 기록은 모두 《지순진강지(至順鎭江誌)》 기록과 서로 부합한다. 《동방견문록》은 원이 나무껍질을 사용하여 종이를 만드는 것과 초표를 인쇄하여 전국에 통용시켰는데 신용 정도가 아주 높아서 "순금과 다를 바가 없으며" "위조한 자는 극형에 처했다"라고 한 장에 걸쳐서 설명했다. 이는 1963년 하북에서 출토한 "지원통행보초"의 동판 정중앙에 "위조자는 사형에 처한다(僞造者處死)"는 다섯 개 글자가 새겨져 있는 것에서 실증을 찾을 수 있다. 마르코 폴로가 중국에 도착한 적이 없다는 경솔한 부정은 받아들이기 어렵다.

1997년 양지구는 또다시 《역사연구》에 논문 〈마르코 폴로는 중국에 도착했었다— "마르코 폴로는 중국에 간 적이 있는가?"에 대한 회답〉을 발표하여 다시 한 번 우드 박사의 주장을 반박했다. 그는 우드가 여러 방면에서 논증을 했지만 설득력이 약하고, 《동방견문록》에는 확실히 일부분의 착오, 과장, 심지어는 허구가 있지만 확실하게 믿을 수 있는 것 또한 적지 않아, 직접 보지 않았으면 설명하기 어렵다고 지적했다.

몽골이 색목인을 중용한 정책은 대식(大息, 아라비아) 상인의 동쪽 방문을 촉진하여 동서 무역이 날로 번영했다. 당시 천주는 대외 무역이 특히 발달하여 "외국 선박이 많고, 잡화가 산처럼 쌓여 있다"는 소리가 있었다. 천주에서 무역하는 아라비아인 포수경(蒲壽庚)은 가장 유명한 인물로서 대대로 해상 무역을 경영했으며 남송 말에 천주 제거시박사(提擧市舶使)에 임명되었고, 원에 항복한 후에는 강서행성참지정사(江西行省參知政事), 복건행성좌승(福建行省左丞)을 역임했고, 해외 각국과의 통상 업무를 책임졌다. 이후에 포수경 부자는 시박의 이익을 30년간 좌지우지하여 동남에서 제일가는 부자가 되었고, 한 시대의 전기적인

천주 청진사(원)

인물이 되었으며, 그 장남 포사문(蒲師文)은 선위사좌부원수(宣慰使左副元帥) 겸 복건도시박제거해외 제도선위사(福建道市舶提擧海外諸道宣慰使)에 임명되었다. 당시 세계에서 가장 큰 상업 항구였던 천주는 바그다드와 명성을 견주는 국제도시로서 두 곳을 오가는 아라비아 상인이 상당히 많았다. 남송 때에 천주의 해외 무역은 이미 광주를 능가하였는데 원나라는 이곳에 시박사를 설치하고 성 남쪽에 번방(番坊)을 설치하여 각국 상인과 선교사가 거주하도록 하였다. 당시 천주에 거주했던 아라비아 인은 그 수가 만 명 정도에 달했으며 현지 사람과 결혼하기도 하고 사망 후에는 그곳에 안치되었다. 현재 천주 일대의 포(蒲), 정(丁), 곽(郭) 등의 성씨를 가진 사람들은 바로 당시 아라비아 인의 후예이다.

1997년 9월 네덜란드 라이든대학 아시아연구센터에서 개최한 "송원 시기 천주 해외 무역 토론회"에서 영국의 한 학자는 13세기 이탈리아 상인이 천주에 도착한 후 쓴 한 권의 여행기를 새로 발표했다. 이 책은 도로에 마차의 흐름이 끊기지 않고, 유태인, 회교도, 아프리카인, 유럽인이 모여들었고, 활자 인쇄업이 발달하였으며, 화약, 화포, 지폐가 사용되었고, 차를 마시는 풍습이 성행했던 개방적인 사회로 천주의 사회 모습을 묘사했다. 중국의 학자들은 이 책이 위작이라고 생각하고 있다.

유명한 아라비아의 여행가 이븐 바투타는 일찍이 천주, 광주, 항주 등지를 방문하고, 귀국한 후에 모로코〔摩洛哥〕 국왕의 명을 받아 그 여행 견문을 구술하고 국왕이 파견한 서기관 이븐 주자이〔伊本 術扎伊〕가 아라비아 문자로 기록하여 《이븐 바투타 여행기》라는 유명한 책이 되었다. 천주, 광주, 항주 등 이들 도시의 경치, 민정, 해운, 중국과 아라비아 해상 교통, 무역 왕래 및 중국의 도자기 제작 기술 등에 대하여 상세하게 묘사했는데, 이 책은 지금까지도 중국과 아리비아 교역사에서 중요한 역사 문헌으로 평가되고 있다.

몽골과 연해 인접국의 관계는 정복 전쟁으로 시작됐다.

1218년 칭기즈칸은 고려에 매년 양식 일천 석과 대량의 방물(方物)—金銀, 綢布, 獺皮 등—을 바칠 것을 요구했다. 칭기즈칸이 서정을 할 때에 고려는 몽골과 왕래가 중지된 상태였다. 1231년 몽골이 고려를 쳐들어가 그곳에 약간의 다루가치를 잠시 설치했다. 1254년 헌종 뭥케는 고려를 침략하여 강화도로 천도한 국왕이 원래의 도성으로 돌아올 것과 태자를 몽골 조정에 인질로 파견할 것을 요구했다. 쿠빌라이 즉위 후에 고려와 관계 개선에 힘을 써서 고려 국왕이 사망한 후에 태자 왕전(王倎)을 호송 귀국시켜 왕위를 잇게 했는데, 이 사람이 고려의 원종(元宗)이다. 지원 11년(1274년) 원종이 죽고, 아들 심(愖)이 왕위를 이어 쿠빌라이의 딸을 처로 맞이하니 고려 국왕은 쿠빌라이의 부마가 되고 의존관계는 더욱 심화되었다. 이후 원나라는 고려에 역참을 설치하고, 고려 국왕은 정동행성(征東行省)의 승상이 되었다.

지원 2년(1265년) 고려인 조이(趙彝) 등은 쿠빌라이에 "일본에 도달할 수 있다"고 건의했다. 다음 해에 쿠빌라이는 병부시랑 흑적(黑的, 혹은 赫德), 예부시랑 은홍(殷弘)에게 대몽골국 황제가 일본 국왕에 보내는 조서를 주어 일본에 사신으로 파견했다. 조서는 "성인사해(聖人四海)가 모두 가족이다"라고 강조했지만, 사신이 6개월간 체류하면서도 성과 없이 돌아오자 쿠빌라이는 격노하여 고려에게 군대를 동원하고 거선 1천 척을 만들도록 요구했다. 이 기간에 쿠빌라이는 일본을 여러 차례에 걸쳐 '회유'했다. 여섯 번째로 일본을 '회유'하기 위해 떠났던 조양필(趙良弼)은 지원 10년에 귀국하여 해군이 바다를 건널 때에 바다 바람이 일정치 않아 피해를 예상하기 어렵기 때문에 일본을 공격하기 힘들다고 쿠빌라이에게 건의했다. 쿠빌라이는 듣지 않고, 정벌 준비를 재촉하여 고려의 제주도를 일본 원정의 기지로 삼았다. 지원 11년(1274년) 원나라 군대의 제1차 일본 원정은 하카다(博多), 하코자키(箱崎)에서 일본 무사의 완강한 저항을 받았을 뿐만 아니라 태풍의 습격을 받아서 전함이 파손, 침몰되고 병사가 익사하니, 제1차 일본 원정은 이렇게 실패했다. 다음 해에 원은 다시 예부시랑 두세충(杜世忠), 병부랑중(兵部郎中) 하문저(何文著)를 일본에 사절로 파견하였으나, 일본은 국서가 예를 갖추지 않았다는 이유로 사신을 참수했다. 지원 18년(1281년) 원은 제2차 원정을 발동하여 고려 방면에서 동로군 4만을 출동시키고, 경원(慶元, 절강 영파) 방면에서 강남군 10만을 출동시켰다. 전쟁 초기에 원군은 우수한 병력으로 상륙을 강행했다.

7월 말과 8월 초에 기타쿠슈〔北九州〕가 태풍권 내에 들어가서 강한 태풍이 원군을 때려 부수니, 일본 측에서는 이를 '신풍(神風—*가미카제)'이라고 불렀다.

몽골 기병은 육지에서 종횡무진으로 달리고 이르는 곳마다 적을 무너뜨렸지만 해전에서는 철저히 격파당했다. 쿠빌라이는 병사를 파견하여 안남, 점성, 자바, 버마를 연이어 침입했으나, 모두 실패로 끝났다. 이후 원나라 통치자는 현실을 직시하지 않을 수 없었고, 연해의 인접국과 우호 관계를 유지하여 정상적인 경제·문화 교류를 전개했다.

원나라 경원(지금의 영파) 시박사의 해외 무역은 특히 번성하여 절강 등지의 비단, 자기, 차 잎 등의 상품은 동으로는 일본, 고려로 팔려 나갔고, 남으로는 동남아시아, 남아시아와 아라비아 각국으로 팔려 나갔다. 이들 국가의 사금(沙金), 황동(黃銅), 인삼, 약재, 향료, 보석, 상아, 무소 뿔〔犀角〕 등의 진귀품 또한 경원항(慶元港)에 운반되어 다시 각지로 팔려 나갔는데, 당시 문인이 "이곳은 섬나라 이민족이 모여들고, 교통의 요충지로 상선이 모여드니 보석, 향료, 잡화, 무소 뿔, 상아 등이 그득하여 그 세입이 얼마인지 헤아릴 수 없을 정도이다"라고 묘사할 정도로 번영했다. 원나라의 상선은 고려를 빈번히 왕래했는데, 면화와 화약 무기가 이 시기에 고려로 전파되었다. 많은 일본 상선이 경원에 정박했는데, 시박사는 관례에 따라 상업세를 뗀 후에 자유매매를 허락했다.

원 사람 왕대연(汪大淵)이 쓴 《도이지략(島夷誌略)》은 무역으로 중국의 비단, 자기 등의 상품이 남해 항로를 거쳐 전파된 것을 상세하게 기록했는데, 이처럼 비단과 자기가 전파된 항로를 '해상 비단길'이라고 불렀다.

## 79. 곽수경과 관한경

그리스와 인도 학문을 흡수한 이슬람 과학은 한때 세계 "최고였다". 유럽인은 광명은 동방에서 왔다고 말할 정도로 전성기의 아라비아 문화를 아주 높게 평가했다. 아라비아 문화는 유럽에 영향을 주었을 뿐만 아니라 중국에도 영향을 주었다. 원 세조 쿠빌라이가 무슬림 점성술사를 초빙하자 페르시아의 유명한 천문학자 자말 웃 딘은 대도(북경)에 도착하여 원나라의 관련 기관에 일곱 개의 천문 계측기—혼천의(渾天儀), 방위의(方位儀), 사랍의(斜拉儀), 평진의(平律儀), 천구의(天球儀), 지구의(地球儀), 관상의(觀象儀)—를 바쳤다. 과학사가 하르트너(Willy. Hartner)는 〈자말 웃 딘의 천문 계측기와 마라가 천문대의 계측기 간의 동일성 비교와 관계〉〔《이시스(Isis)》, 1950년 7월〕에서 일 한국의 대칸이 이들 계측기를 페르시아 아제르바이잔의 마라가(Marāgha) 천문대에서 중국으로 보냈다고 지적했다. 자말 웃 딘은 새로운 기년법의 《만년력(萬年曆)》도 바쳤다. 이것이 바로 《원사》〈천문지〉에서 지원 4년(1267년) 서역인 자말 웃 딘이 "《만력보》를 지어 바쳤다" "서역 의상(儀象)을 만들었다"고 말한 것이다. 지원 8년 원나라는 회회사천대(回回司天臺)를 설립하고, 자말 웃 딘을 제점(提点)으로 임명하고 그곳에 적지 않은 서역 천문학자를 받아들여 일을 하도록 했다. 자말 웃 딘은 대도에서 원나라의 천문학자 곽수경과 업무 교류를 하였기 때문에 곽수경은 아라비아 천문역법의 성과에 상당히 조예가 깊었다. 구소련 풀코보 천문대는 두 권의 필사본을 소장하고 있는데, 하나는 아라비아 어와 페르시아 어로 된 것이고 하나는 중국어로 된 것인데 모두 1024년부터 계산한 일, 월, 오대행성의 운행표로서 전문가의 연구에 따르면 자말 웃 딘과 곽수경이 합작으로 완성했을 가능성이 높다고 한다.

곽수경(1231-1316년), 자는 약사(若思)이고, 형주(邢州, 지금의 하북 형주) 사람으로 조부 곽영(郭榮)은 유명한 수학자·수리학자였다. 곽수경은 집안의 학문을 이어받았고 후에 유병충(劉秉忠)에게도 배웠다. 원나라 초에 요나라와 금나라의 《대명력(大明曆)》을 사용했는데, 오차가 대단히 커서 유병충은 역법을 고치자고 건의했다. 천문학, 지리학의 태두 유병충은 곽영의 친구였고, 곽수경은 유병충의 역법 개선 사업에 참여할 기회가 있었다. 지원 13년(1276년) 원 세조는 유병충이 살아 있을 때 올린 건의에 따라서 장문겸(張文謙)을 비롯한 몇 사람이 새로운 역법의 수정 · 간행을 담당하도록 지시했다. 곽수경이 실측을 실시하였는데, 그는 "역(易)의 근본은 실측에 있고, 실측의 도구는 계기보다 나은 것이 없다"고 주장하여 간의(簡儀), 고표(高表), 앙의(仰儀), 정방안(正方案) 등 거의 20여 건의 천문 계측기를 제조하여 관측의 정확도를 크게 높였다. 간의는 혼의(渾儀)를 간략화한 것으로 단지 두 개의 관측용 고리만을 남겨 두어 하나는 적도 좌표를 측량하고, 하나는 지평 좌표를 측량했다. 해시계는 예전의 표(表—*지시침)에 비하여 5배(높이 40척)를 높여서 해 그림자의 길이를 측정할 때 상대 오차를 1/5로 감소시켰다. 그리고 그 고표(高表)에는 경부(景符)를 설치하여 태양 원형면 중심의 정확한 위치를 측량할 수 있었다.

곽수경이 건립한 등봉 관측소

지원 16년 태사국(太史局, 천문대)을 태사원(太史院)으로 확대하고, 곽수경이 동지태사원사(同知太史院事)를 맡아 북위 15도에서 65도의 범위에 퍼져 있는 27개의 관측소를 설치하고 전국 범위의 천문 측량을 지도했다. 가장 북쪽의 관측소는 시베리아 북부에 세워지고 가장 남쪽의 관측소는 서사군도〔西沙群島, 일설에는 점성(占城)이라 함〕에 세워졌다. 다음 해(1280년), 곽수경은 전통 역법을 계승하고, 아울러서 아라비아 역법을 참고하여 새로운 역을 만들어서 《수시력(授時曆)》이라고 이름 붙였다. 곽수경은 원 세조에게 올린 보고문에서 《수시력》은 7개 항목의 천문 통계를 다시 측정했고, 5개 항목의 천문 계산을 개혁한 것이라고 말했다. 《수시력》은 한 회귀 연도의 길이를 365.2425일로 추산했는데, 이 데이터와 지구가 실제로 태양을 일주하는 주기와의 차이는 겨우 26초로서 남송의 통천력(統天曆)과 서로 같으며, 또한 현대에 통용되는 그레고리력과 서로 같았다. 그레고리력은 1582년 로마 교황 그레고리 13세 때에 제정한 것으로 《수시력》에 비하여 300년은 늦었다. 곽수경의 업적은 300년 후의 덴마크의 천문학자 브라헤(Tycho Brahe, 1564–1601년)와 시기적으로 앞뒤로 맞물려서 찬란한 빛났는데, 명나라 말 중국에 온 예수회 선교사 아담 샬(P. J. Adam Schall von Bell)은 곽수경이 "중국의 티코"라고 칭찬했다. 사실 곽수경은 브라헤에 비하여 300년은 앞섰기 때문에 브라헤가 유럽의 곽수경이라고 해야 정확하다. 일본의 과학사학자 야마다 케이지〔山田慶兒〕는 원대의 수시력은 "중국 천문학의 최고 수준을 대표한다"고 말하였다.

곽수경은 처음에 수리학자로서 쿠빌라이에 중용되었다. 중통 3년(1262년) 유병충의 동학인 좌승(左丞) 장문겸(張文謙)의 추천으로 쿠빌라이에게 수리에 관한 6조를 건의하였고 제거제로하거(提擧諸路河渠)의 직책에 임명되었으며, 다음 해에 부하거사(副河渠使)로 승진했다. 지원 원년(1264년) 곽수경은 명령에 따라 옛 서하 지역 내에 있던 당래(唐來), 한연(漢延) 등의 옛 도랑을 준설하여 그곳 농지에 관개를 가능하게 했으며, 일을 마무리한 후에 도수소감(都水少監)으로 승진했다. 이후 그는 원 대도(북경)의 도시 건설을 위한 기초를 놓았다.

외인(侯仁)의 연구에 따르면 원 대도의 건설은 역대로 답습해온 연화지(蓮花池) 수계(水系) 위의 옛 터를 버리고 그 동북 교외에 새로운 터를 선택하여 성을 중건했다고 한다. 새로운 성은 금나라 이궁(离宮)-태종궁(太宗宮) 부근의 호수〔즉 지금의 중해(中海)와 북해(北海)〕를 중심으로 하여 설계하였다. 이 호수는 고량하(高梁河) 수계에 속하는 것으로, 이곳에 터를 정한 것은 장기적인 안목을 갖고 도성 건설을 염두에 둔 것이다. 새로운 터를 정한 첫 번째 이유는 금의 중도는 전란 와중에 이미 파괴되었고, 두 번째, 연화지 수원은 수요를 맞출 수가 없었고, 세 번째로 조운 문제를 해결하기 위해서였다. 현재 북경의 급수 공정은 경밀인수거를 사용하는데 창평(昌平)에서 곤명호(昆明湖)를 거쳐서 자죽원(紫竹院) 서북 일단에 이르는 것으로 기본적으로 곽수경이 처음에 만든 노선을 따르고 있다. 원나라의 조운은 금나라에 비하여 훨씬 늘어나서 매년 강남에서 백만 석을 헤아리는 양식을 대도로 운반했다. 쿠빌라이가 대도(즉 금의 중도)에 온 지 3년째에 곽수경은 예전의 수문이 설치된 하천을 개조하여 옥천산(玉泉山)의 물을 끌어들임으로써 조운을 가능케 하는 계획을 제시하여, 쿠빌라이의 비준을 얻어 실시했다. 백부천(白浮泉)을 끌어들여 서산 산록을 돌아 옹산박(甕山泊)으로 들어가게 하고, 그

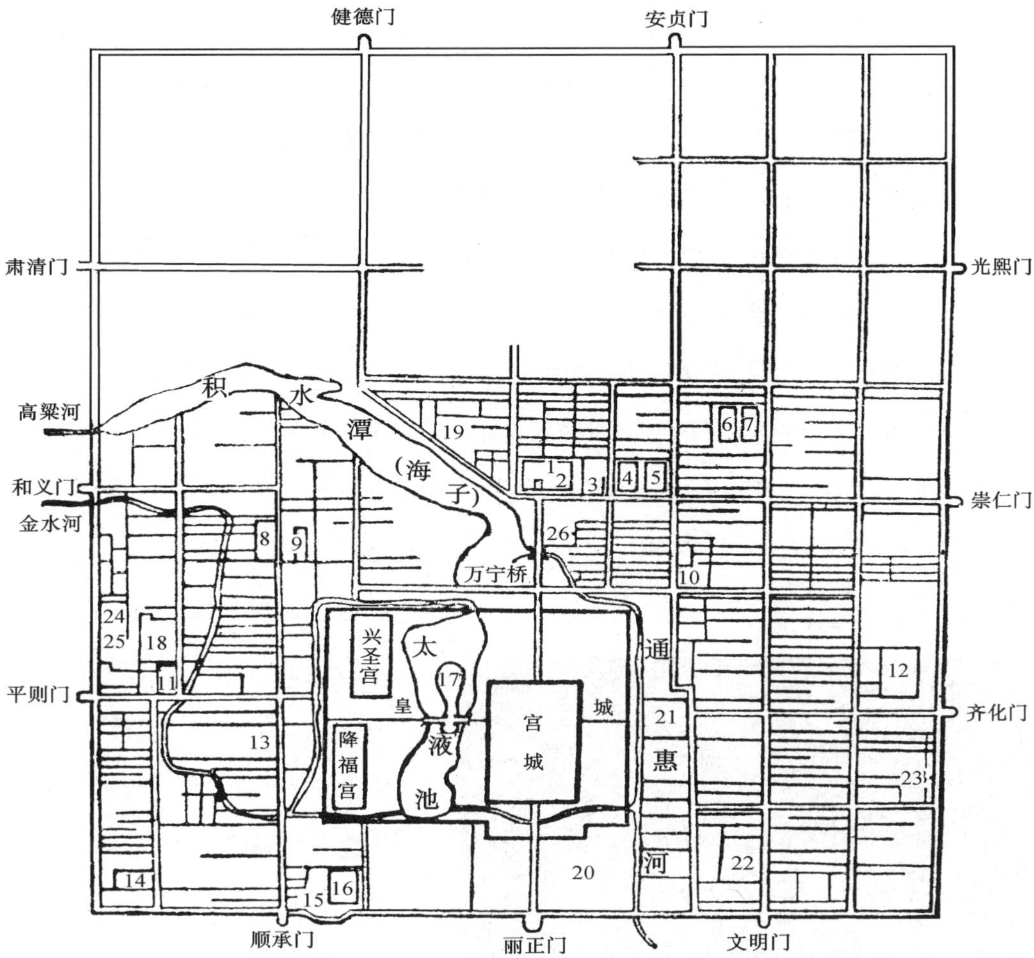


원 대도 구성 약도( = 큰길, -골목길, —성벽, ≈ 하류)

1.대천수만령사(大天壽萬寧寺) 2.중심각(中心閣) 3.도초고(倒鈔庫) 4.순경이원(巡警二院) 5.대도로총관부(大都路總管府)
6.국자감(國子監) 7.공묘(孔廟) 8.대승화보경사(大承華普慶寺) 9.숭국사(崇國寺)
10.태화궁(太和宮) 11.대성수만안사〔大聖壽萬安寺, 백탑사(白塔寺)〕 12.태묘(太廟) 13.만송노인탑(萬松老人塔)
14.성황묘(城隍廟) 15.해운·가암(海雲·可庵, 쌍탑) 16.대경수사(大慶壽寺) 17.경화도(瓊華島) 18.사직단(社稷壇)
19.북중서성(北中書省) 20.내중서성(內中書省) 21.추밀원(樞密院) 22.어사대(御史臺) 23.예부(禮部)
24.대천원연성사〔大天源延聖寺, 흑탑사(黑塔寺)〕 25.대영복사〔大永福寺, 청탑사(靑塔寺)〕 26.에르케운 십자사〔也里可溫十字寺〕

후에 적수담(積水潭, 지금의 什刹海)으로 모여들게 한 후 수문이 설치된 하천으로 연결시켰는데, 그 수로가 통과하는 곳이 태녕궁(太寧宮) 부근이었다. 이것이 바로 통혜하의 신운하라 불리는 것이다. 대도의 지형지세를 근거로 하여 통혜하의 수원을 해결했을 뿐만 아니라 지형지세의 변화 및 수위 낙차에 따라서 운하 내에 댐과 수문을 설치하여 수량과 수위의 문제를 해결했다.

중국 문학사에서 한의 부(賦), 당의 시(詩), 송의 사(詞), 원의 곡(曲)은 각 시대 문학을 대표하는 특별한 성과라 할 수 있다. 원곡은 민간에서 유래한 잡극(雜劇, 北曲)이 중심이었는데, 잡극은 금 말 원 초에 원본(院本), 제궁조(諸宮調)를 기초로 점차로 형성되었다. 잡극의 흥기는 송, 금 시대 도시 경제와 문화의 번영과 밀접한 관계가 있는데, 도시 안 와자의 대중 공연장(勾欄)은 고정된 공연 장소로서 잡극 연예인이 무대에 올라 기예를 보일 수 있었다. 수많은 잡극 연예인이 곳곳에 무대를 설치하고 공연했는데, 노천무대에서 실내무대로, 사방에서 보는 것에서 한쪽 면에서만 보는 것으로 발전했다. 원나라 공상업이 기형적일 정도로 번영하고 왕공, 귀족, 관료, 상인이 도시에 몰려 살면서 이들의 문화 수요를 만족시키기 위한 극장이 도시에 광범위하게 설치되었는데, 이는 잡극의 발전에 비옥한 토양을 제공했다.

충도수 무대 그림

한편, 송나라는 과거를 최고의 가치로 여기는 시대여서 독서인이라면 과거시험 참가, 진사 급제를 꿈에서도 그리는 인생 목표로 삼았다. 몽골 귀족은 고비 사막 북부에서 기원하여 과거를 중시하지 않았고, 금을 멸망시킨 후에 과거 시험을 한 번 실시한 적이 있지만 이후 근 80년간 과거시험을 폐지했다. 한족 지식인은 인생의 목표를 상실한 것에 심각한 타격을 받았다. 송, 원 시대의 사회변화를 경험한 학자는 "송의 과거가 폐지된 이후로 유사(游士) 가 많아졌다. 〔…〕 대개 선비〔士人〕는 그 재능이 있으면 세상에서 사용하고 싶어 한다.

과거 시험을 보는 데에 쓸 수가 없으니 노는 데에 쓰게 되고, 사람의 정서가 모두 그러한 것이다"라고 말했다. 또한 몽골인, 색목인, 한인, 남인의 네 등급제는 한족 지식인의 지위를 전례 없이 떨어뜨렸다. 당시 기록에 의하면 한족 백성은 다시 10등급으로 나뉘어졌는데 그 서열은 첫째 상급 관리, 둘째 하급 관리, 셋째 중(僧), 넷째 도사(道), 다섯째 의사(醫), 여섯째 공인(工), 일곱째 장인(匠), 여덟째 기녀(娼), 아홉째 유생(儒), 열째 거지의 순서였다. 역대로 천하 경영을 자신의 임무로 삼아온 유생의 지위는 창기의 아래, 거지의 위에 있어 아홉 번째에 열거되었다. "아홉째로 냄새나는 놈(臭老九)"이라는 중국 지식인에 대한 딱지는 이 시기에 이미 지식인의 머리 위에 씌워졌다. 과거의 폐지, 지식인 지위의 하락으로 본래 전통문학 영역에서 활동했던 일류 문인이 어쩔 수 없이 희극의 행렬에 발을 들여놓았으며 문인들은 공연 각본을 창작하기 시작했다. 이로써 잡극 작가가 배출되었는데, 관한경은 그중에서도 뛰어난 사람이었다.

관한경(關漢卿, 약 1220-1300년), 호는 이재(已齋)이고 대도(지금의 북경) 출신으로, 《녹귀부(錄鬼簿)》에는 그가 태의원(太醫院)에 예속된 호라고 기록되어 있는데, 아마도 예속의호(隸屬醫戶) 출신이었을 것이다. 오랫동안 대도에서 잡극 대본 창작에 종사하여 교방(敎坊—*당대 이후 궁중에서 음악, 무용, 배우, 잡희 따위를 관장하던 곳), 대중 공연장(勾欄)의 가수와 연기자, 예컨대 주렴수(珠簾秀)을 비롯한 이들과 왕래가 긴밀하여 '잡극의 우두머리(班頭)', '이원영수(梨園領袖)'라고 불렸다. 그는 평생 동안 60여 종의 잡극을 썼는데, 전래되어 오는 것으로는 《두아원(竇娥冤)》, 《단도회(單刀會)》, 《곡존효(哭存孝)》, 《호접몽(蝴蝶夢)》, 《조풍월(調風月)》, 《구풍진(救風塵)》, 《금선지(金線池)》, 《망강정(望江亭)》, 《비의몽(緋衣夢)》, 《배월정(拜月亭)》, 《노재랑(魯齋郎)》 등 18종이다. 그중에 《두아원》은 특히 성공적이어서 몇 백 년 동안 오래토록 사라지지 않고 상연되며 사람의 심금을 울리는 한 편의 비극이었다. 고아 두아는 고리대를 상환할 능력이 부족한 그의 부친에 의해 채씨 집 민며느리(童養媳)로 팔려 간다. 그 지방의 건달 장려아(張驢兒) 부자의 협박과 모함에 빠지고, 어리석고 우둔하며 사람 목숨을 들풀처럼 여기는 지방관의 잘못된 판단으로 억울하게 죽는다. 이 비극은 당시 사회생활에 대한 관한

경의 깊이 있는 이해와 탁월한 예술 표현 능력이 반영된 것이었다. 그는 극본 중에서 당시의 부패하고 어두운 정치에 대하여 "관리 모두가 올바른 법을 실행할 마음이 없기 때문으로 백성들 모두가 입이 있어도 말을 하기 어려웠다"고 비평을 가했다. 그는 두아가 사형에 처해지기 전에 분노에 차서 성토하는 대사를 통해 왕조 통치자를 정당화시켜 주고 있던 '천지', '귀신'을 극단적으로 부정했다.

해와 달이 아침과 저녁을 드리우고
귀신이 생사권을 갖고 있네
천지야
맑고 흐린 것을 구분해야 할 터인데
어찌하여 도척, 안연(顔淵)을 낳았느냐?
착한 자는 가난하며 목숨도 짧고
악한 자는 부귀를 누리며 수명도 기네
천지야
강한 자를 두려워하고 약한 자를 업신여기니
알고 보니 이처럼 시세에 맞추어 행동하는 것이었구나
땅이여, 잘잘못을 가리지 못하니 어찌 땅일 수 있는가?
하늘이여, 제대로 구별도 못하니 삐뚤어진 하늘이여!

관한경의 잡극은 시대의 폐단을 언급하고 강압을 두려워하지 않았는데, 스스로 "나는 쪄도 물러지지 않고, 삶아도 익지 않고, 두드려도 납작해지지 않고 튀겨도 튀겨지지 않는 쩌렁 쩌렁 울리는 청동 완두콩(銅豌豆)이다. [⋯] 네가 내 이를 뽑고, 내 입을 비틀고, 내 다리를 절게 하고, 내 손을 꺾어도 하늘이 내게 준 이런 나쁜 증상은 여전히 멈추게 할 수 없다!"라고 자칭하며 남다른 면모를 보였다. 곽말약은 관한경에 대해 "인류 예술사에서 뛰어 넘기 어려운 큰 봉우리이다. 그가 뛰어난 것은 자신이 처한 시대는 한번 지나가 버리면 다시는 돌아오지 않기 때문에 온 힘을 다하여 그 시대를 반영하여 그 시대의 기념비를 만들었기 때문이다"라고 말했다. 1958년에 관한경은 세계 문화 명인에 그 이름을 올렸다.

관한경과 함께 백박(白朴), 마치원(馬致遠), 정광조(鄭光祖)가 원곡 4대가라 불렸다. 백박의 대표작은 《장두마상(墻頭馬上)》, 《오동추우(梧桐秋雨)》가 있었고, 마치원의 대표작은 《한궁추(漢宮秋)》, 《천복비(薦福碑)》이며, 정광조의 대표작은 《천녀이혼(倩女離魂)》, 《추매향(㑳梅香)》이었다. 왕실보는 4명의 대가에는 들지 못했지만 그가 쓴 《서상기(西廂記)》 5권 21절은 보기 드문 장극(長劇)으로 원대 잡극 가운데 영향력이 가장 큰 명작인데, 동해원(董海元)의 《서상기제궁조(西廂記諸宮調)》를 저본으로 하여 정교한 모범적인 작품으로 발전했다. 극중의 장생(張生), 최조조(崔蔦蔦), 홍낭(紅娘)은 모두 독특하고 뚜렷한 개성을 지녀 살아 있는 것처럼 생동감이 넘쳤으며, 아름다운 언어로서 애정을 노래하는 천고에 빛나는 애정 노래도 들어 있다.

파르스름한 하늘빛에, 누런 국화 꽃 온 땅을 뒤덮었네
서풍이 몰아치니 북쪽의 기러기 남쪽으로 길 떠나고
누가 서리로 물들이며 나무를 취하게 만들었노
헤어지는 사람의 눈물인저

일본의 학자 요시카와 코우지로우〔吉川幸次郎〕는 《원잡극연구(元雜劇硏究)》에서 "원 잡극은 각본이 가장 오래된, 중국의 현존하는 희극(戱劇)"이며 "현존하는 중국 구어문학 자료 가운데 원 잡극이 아마도 가장 오래된 것"이라고 지적했다. 그는 "잡극의 용어는 길거리에서 사용되는 언어이며, 기록된 일 대부분이 거리의 잡스러운 일이지만, 그 언어 특히 노래 가사는 여러 차례의 수정과 연마를 거친 것이다. 잡극이 얻은 불후의 명성은 바로 이러한 기반 위에서 세워진 것이다"라고 지적했다.

# 13장 명—중화문명의 남은 광채

## 80. 주원장—떠돌이 중에서 개국 황제로

원나라 후기의 정치는 부패하여 1308년에서 1333년의 25년 사이에 여덟 명의 황제가 바뀌었고 통치 집단의 권력투쟁은 사태를 엉망으로 만들었다. 원 말의 《취태평소령(醉太平小令)》은 이를 분명하게 폭로했다.

> 당당한 대원, 간신이 권력을 독점하고
> 하천 개착, 교초 남발이 화의 근원, 홍건 수만을 만들었네
> 법규를 남발하고 형벌은 무거우니, 백성은 원망하네
> 사람이 사람을 먹고, 교초가 교초를 사니, 이를 언제 본 적이 있는가?
> 도적이 관리이고, 관리가 도적이고
> 현자와 어리석은 자가 뒤섞이니, 슬프구나, 가련하구나

백성은 예전처럼 생활하기가 힘들어서 민요에서는 "하늘은 높고 황제는 멀고, 민은 적은데 상공(相公)은 많고, 하루에 세 번은 얻어터지니, 반대하지 않으면 어찌하리?"라

고 노래했다.

지정 11년(1351년) 원 순제는 공부상서 가노(賈魯)에게 변량(汴梁), 대명(大名) 등 13로의 백성을 징발하여 황하의 새로운 길을 내도록 명령하니, 무거운 부역, 횡령, 감시와 독촉으로 "하천 공사 인부의 원성은 높아졌다". 명교(明教) 수령 한산동(韓山童), 유복통(劉福通)은 "외눈박이 석상이 황하를 움직이니 천하가 돌아선다"라는 민요를 사람들 사이에 널리 유포시키는 한편 비밀리에 "말 못하는 외눈박이 석상, 이 물건이 나오면 천하가 반란한다"는 글을 석상의 등에 새겨 개착이 예정되어 있는 하도에 미리 묻어 놓았다. 공사에 동원된 백성이 석상을 파내고 크게 놀라고 의아하게 여겨 군중을 모아 반란을 계획했다. 유복통은 한산동을 수령으로 추천하며, 한산동은 송 휘종 8대손으로 중국의 임금이 되어야 한다고 말했다. 한산동은 기의를 일으키려다 불행하게도 체포되고 유복통은 영주〔潁州, 지금의 안휘 부양(阜陽)〕로 달아나서 기의군을 조직했는데, 모두가 홍색 두건으로 머리를 감쌌기 때문에 홍건군 혹은 홍군이라 불렸다. 소현(蕭縣)의 지마이(芝麻李), 점수(蘄水)의 서수휘(徐壽輝), 남양(南陽)의 포왕삼(布王三), 양양(襄陽)의 맹해마(孟海馬), 호주(濠州)의 곽자홍(郭子興) 등이 연이어 반란을 일으키니, 몇 년 사이에 중국의 절반이 기의군 수중에 들어갔다. 민요 한 수는 "온 성이 불난 듯이 붉은 빛 가득 차니, 관청 관리는 사방으로 흩어지고, 성 안에선 한 명도 찾아볼 수 없으니, 홍군이 권좌를 차지했네"라고 노래했다.

주원장도 이때에 기의군으로 들고 일어났다. 주원장(1328-1398년) 조상의 고향은 금릉(金陵) 구용(句容, 지금의 남경 구용) 주가항(朱家港)인데, 조부 주초일(朱初一)은 아들 주오일(朱五一), 주오사(朱五四)를 데리고 강북 사주(泗州) 우이현(盱眙縣)으로 기근을 피해 이사했다. 그 후 부친 주오사는 호주(濠州) 종리현〔鍾離縣, 지금의 안휘 봉양(鳳陽)〕 고장촌(孤庄村)에 거처를 잡았다. 그의 본명은 중팔(重八, 부인 두 명의 자식 가운데 여덟 번째)이고, 후에 홍종(興宗)이라 불렸다. 17세가 되던 해에 회북(淮北)에 큰 가뭄이 들고 연이어 전염병이 돌아, 아버지, 어머니, 큰형이 잇달아 병사하였는데, "관도 없이 묻고, 시신에는 초라한 옷을 입혔다". 주원장은 생활이 곤란하여 황각사(皇覺寺)

에 가서 행동〔行童, 즉 소화상(小和尙)〕이 되었다. 현지인들은 황각사를 어각사〔於(烏)覺寺〕라고 불렀는데, 후에 용흥사(龍興寺)라고 개칭되었고 위치는 봉양성(鳳陽城) 북쪽에 있었다. 황각사 장로(長老)는 화상을 절에서 내보내 떠돌면서 기근을 넘기도록 했는데 주원장은 부서진 삿갓 모자, 목어(木魚) 하나, 질그릇 나발 하나를 들고 절을 떠나 떠돌이 중이 되었다. 떠돌이 중이 탁발하며 돌아다니는 것을 당시 사회에서는 규화(叫化)라고 불렀다. 몇 년 사이에 주원장은 회서를 두루 다니어 시야를 넓히고, 재능을 키웠다.

20세 때에 그는 황각사로 다시 돌아왔다. 이때에 호주는 이미 홍건군에 점령되어 있었는데, 수령은 곽자흥이었다. 주원장은 의탁하러 갈 생각도 있었으나 한편으론 두렵기도 했다. 어렸을 때 같이 소를 키우던 동료 탕화(湯和)가 홍건군 군대 안에서 편지를 보내 그에게 합류할 것을 권하였다. 그는 주저하며 결정을 내리지 못하고 머뭇거리는 한편 소문이 새어 나갈 것을 두려워하여 어쩔 수 없이 점을 쳐서 도움을 구했다. 20년 후에 황제가 된 그는 〈황릉비(黃陵碑)〉(현재 봉양 황릉 주변에 있음)를 직접 썼는데, 그때의 일을 이렇게 회고하였다.

> 친구가 편지를 보내어 투항하라고 말했는데, 걱정도 되고 두렵기도 하여 확실하게 계획을 세울 수 없었다. 주변에 아는 자가 있어 소문을 내려고 했다. 이리 되니 끊임없이 걱정에 시달렸다. 지자(知者)와 서로 상의하여 그에게 손을 묶인 채로 죄를 받아야 하는가, 아니면 손을 치켜들고 싸워야 하는가를 물었다. 지자는 나를 위해 계책을 내기를 음상(陰相)으로써 묵도하도록 하였다. 그의 말대로 떠나기와 남기 가운데 어느 것이 상서로운가를 점을 쳤다. 신은 음음(陰陰)으로써 경고하였는데, 그 기운이 넘쳐흘렀다. 도망을 놓고 점을 쳐도, 남아 있는 것을 놓고 점을 쳐도 모두 불길(不吉)로 나왔으니, 아쉽지만 불길하다고 하더라도 어쩔 수가 없었다.

지정 12년(1352년) 윤3월, 25세의 주원장은 곽자흥 부하로 들어가 병사가 되었다.

그는 조심스럽고 신중했으며, 또한 과감하고 용감하게 행동하여 곽자흥의 깊은 총애를 받았다. 곽자흥이 자신이 기른 고아 마씨를 처로 삼도록 허락하니 이로써 지위를 얻었고 원장이라는 정식 이름을 짓고 자는 국단(國端)으로 했다. 소군관(小軍官)이 된 주원장은 고향 호주 종리로 돌아와 병사를 모집했는데 어린 시절의 친구와 동향 서달(徐達), 주덕흥(周德興), 비취(費聚), 당택(唐鐸), 육중형(陸仲亨) 등이 군에 참여했다. 이들 회서(淮西) 지방 사람들은 주원장을 따라서 생사고락을 같이하는 주력 군대가 되었다. 심복 책략가 이선장(李善長) 또한 회서 사람이다. 곽자흥이 죽은 후에 주원장은 좌부원수(左副元帥)로 임명되어 사실상의 통솔자〔주장 곽천서(郭天敍)는 연령이 어리고 권력이 없었다〕가 되었다. 이후 몇 년 사이에 그는 순조롭게 환남(皖南)과 절동(浙東) 대부분 지방을 점령했다. 오함(吳晗)의 연구에 따르면 이는 다음과 같은 이유 때문이었다.

(1) **전략과 전술**—군사상 다른 기의군에 비하여 한 수가 높아서 매번 성 하나를 함락시키면 심복(양아들)과 군장을 보내 지키게 했는데, 예를 들면 양아들 이문충(李文忠)과 호대해(胡大海)가 엄주(嚴州)를 지켰다. 또한 유명한 유생을 파견하여 주현을 다스리게 함으로써 사회질서를 안정시켰다.

(2) **삼엄한 군기**—맹장 호대해(胡大海)는 "나는 책은 모르지만 오직 한 가지 일만은 안다. 사람을 죽이지 않고 부녀를 겁탈하지 않으며 초막을 불태우지 않는다"라고 말했다. 호대해의 아들이 술을 빚지 못하도록 한 명령을 어겼을 때, 주원장은 "설사 대해가 나를 배반한다고 하여도, 나의 법이 통용되지 않아서는 안 된다"라고 말하고 단호하게 사형을 명령했다.

(3) **현명한 선비를 예의와 겸손으로 대함**—주원장은 사회 명류를 끌어 모아, 그들에게 천하대계에 대한 가르침을 청하고 대체로 그들의 계획과 말을 따랐다. 예컨대 이선장은 한 고조 유방이 기량이 크고 멀리 보며, 사람을 부리는 데 뛰어난 됨됨이를 지녔다며 그를 본받을 것을 권했다. 주승(朱升)은 그에게 "성벽을 높게 쌓고 양식을 많이 쌓아두고 왕이라 칭하는 것을 늦추십시오"라고 권했다. 절동에 도착한 후, 다시 명사 유기(劉基), 송렴(宋濂), 장익(章溢), 섭침(葉琛)을 네 명의 선생으로 초빙하여 극진히 모셨다.

이런 요인 때문에 그는 다른 곳에서 할거하고 있던 진우량(陳友諒), 장사성(張士誠)을 이길 수 있었고 천하의 반인 동남의 강산을 장악한 후, 이를 기초로 북상하여 원을 토벌했다. "오랑캐를 몰아내고 중화를 회복하자"는 구호 아래 서달, 상우춘(常遇春)은 군대를 지휘하며 북벌을 감행해 지정 28년(1368년) 8월에 대도를 점령하고 원나라를 무너뜨렸다.

이 이전에 중서성 좌승상 이선장은 문무백관을 거느리고 응천(남경)에서 표(表)를 올려서 주원장이 황제에 오를 것을 청하였다. 십 일 후에 주원장은 새로 지은 궁전에 들어와 상제에게 제사를 지내어 고하였다. "여러 신하가 모두 말하기를, 백성의 주인이 없으니 반드시 황제를 추존해야 한다고 하여 신은 감히 사양하지 못하고, 또한 상제와 황기(皇祇)에게 고하지 않을 수도 없습니다. 〔…〕 만일 신이 백성의 주인이 될 수 있다면 제삿날에 제(帝)와 기(祇)가 왕림하시어 하늘은 맑고 공기는 상쾌할 것입니다. 만일 신이 불가하다면, 당일 날 강풍과 이상한 날씨로 신이 알게 하십시오". 천문지리에 정통한 유기가 지정 28년 정월 초 4일은 날씨가 좋을 것이라고 이미 기상을 보아 두었는데, 과연 "하늘은 맑고 공기는 상쾌했다". 주원장은 상제의 비준을 획득하여 "백성의 임금이 될 수 있어" 황제에 올라 국호를 대명(大明)으로 선포하고 연호를 홍무로 고쳤다. 대명이란 국호는 유기의 생각이라고 하는데, 유기는 명나라 창립에 공헌한 양대 세력의 바람을 절충했다. 홍건군은 명교를 신봉했는데, 한산동은 일찍이 "미륵불이 세상에 내려오면, 명왕이 세상에 나타난다"고 떠들었고, 그 아들 한림아(韓林兒) 또한 소명왕(小明王)이라고 칭했다. 사대부들은 명은 광명이자 해와 달로서, 명나라가 원나라를 교체한 것은 밝음이 어둠을 이긴 것이라고 생각했다.

명 태조

41세의 주원장은 명나라의 개국 황제 명 태조가 되었고, 그의 첫 부인이 되었던 마씨는 37세의 나이로 황후가 되었다. 마씨는 군대에서 글자를 배웠으며, 황후가 된 후에도 매일같이 책을 읽어, 주원장의 현명한 내조자가 되었다. 홍무 15년(1382년) 마 황후는 병이 들었지만 의사에게 피해가 갈 것을 우려하여 약을 먹지 않고 죽었는데 그때의 나이가 51세였다. 주원장은 매우 상심하여 이후에 황후를 다시 세우지 않았다.

주원장은 중국 역사상 출신이 가장 비천한 황제로서 '서민황제' 유방만이 그나마 그의 비교 대상이지만, 유방은 정장(亭長) 출신이었고, 주원장은 극도로 가난한 사회의 최하층 출신이었다. 그는 글자는 많이 몰랐지만 부지런하고 배우기를 좋아했는데, 역사를 특히 좋아하여 《한서》와 《송사》를 항상 읽었다. 그는 독학으로 재능을 개발했는데, 그가 쓴 시에는 상당한 특색이 있었다. 그가 반란을 일으킬 때에 쓴 시 〈영국화(詠菊花)〉에서 "백화가 꽃 피울 때, 나는 꽃을 피우지 않았으나, 내가 꽃을 피울 때에는 모두 놀라 자빠지리. 서풍과 한바탕 싸움을 하려니, 온몸에 황금 갑옷을 걸치누나"라는 구절은 황소(黃巢)의 시 〈영국(咏菊)〉과 그 곡조는 다르나 비슷한 뉘앙스를 지니고 있는데, 다른 사람에게 화답하려고 했던 것인지는 알 도리가 없다.

그의 산문도 참신하고 명쾌했다. 전흥(田興)이라 불리는 모사가 주원장의 승리가 임박한 것을 보고, 유유히 작별인사를 하고 세상을 떠돌았다. 주원장이 황제가 된 후에 편지를 써서 그가 산에서 나오도록 초청했는데, "황제는 황제이고, 원장은 원장인데, 원장이 우연히 황제가 된 것에 지나지 않고, 황제가 되어서 안면을 바꾼다면 주원장이 아니다. 본래 나는 형님이 있을 뿐이며, 황제가 되었다고 형님을 결코 신민처럼 보는 일은 없을 것이다. 형제의 도의로 형을 그리워할 뿐이지 군신의 예를 따지지 않을 것이다. 명나라 사업에 형이 도울 일이 있으면 돕고, 그렇지 않다면 하고 싶은 대로 해라. 단지 형제의 정을 말하는 것이지 결단코 국가의 일을 말하지 않겠다"라고 정감 있고 조리 있게 썼으며 조금도 거드름을 피우지 않았다.

그는 남달리 항상 구어체를 사용하여 공문을 썼다. 예컨대 대장군 서달에게 "대장군에게 알린다. 〔…〕 이는 내가 집안에 앉아서 말하는 것으로 군대의 형편이 좋은지 나쁜

지 알 수 없으니 당신이 군대에서 그곳에 맞는 것을 선택하여 시행하라"고 친필 명령을 내렸다. 또한 수양아들 이문충에게는 "양아들, 형들에게 알린다. 〔…〕 내가 이렇게 말은 했지만 너희가 군대에 있으면서 자세히 많이 알 것이고 때에 맞춰 바꾸어 일하는 것만큼 자세히 이해하지 못하고 너희들도 산전수전 다 겪어 알 만큼 아니니 적당히 알아서 처리하라, 그것이 바로 내가 하려고 하는 것이다"라는 친필 명령을 내려 보냈다. 글은 바로 그 사람됨을 나타내니, 그 글을 보면 그 사람을 보는 것과 같다. 홍무 3년에 호첩 제도를 만들기 위하여 명령을 내리면서 다음과 같은 문체를 사용했다. "호부관에게 알린다. 이제 천하는 태평하게 되었는데, 단지 호구는 명백하지 않구나! 중서성이 천하 호구의 대조 장부 호첩을 만들어 두도록 하라. 너희들 모든 호부들은 고시를 하여 관리들이 그 관할하에 있는 모든 백성들 이름을 관에 기재하고, 그들 인구의 다소를 기재하는데, 사실대로 기재하여 그 백성에게 하나의 호첩을 만들어 주어라." 그의 선도 아래 구어체 공문은 자연스럽게 습관이 되었고 명나라의 큰 특색이었다.

미국의 역사학자 파머(Edward L. Farmer)는 《주원장과 중국문화의 부흥》에서 "명 왕조의 건립은 중국의 정치사나 문화사 모두에서 아주 깊은 영향을 미쳤다. 몽골인이 거의 100년을 통치한 후에 명나라의 개국황제 주원장은 중국 전통 문화가치의 부흥에 착수하기 시작했다. 중국 문화 정수의 부흥과 범주를 새롭게 확립하는 과정에서 주원장은 정치 활동을 지도하고 사회생활을 규제하려는 취지를 지닌 일련의 법률을 제정했다. 그의 입법은 명나라의 군주 전제 체제를 강화하고 안정시켰을 뿐만 아니라 중국의 정치 문화에 아주 깊은 흔적을 남겼다"라고 말했다. 특히 주목할 만한 두 가지 일이 있었는데, 하나는 285조율과 145조령으로 구성된 《대명율령(大明律令)》을 반포한 이후에 《율령직해(律令直解)》를 다시 편찬하여 대중화시킨 것인데 내용상에서 볼 때, 명률은 당률을 기초로 하여 발전한 것이 분명하다. 다른 하나는 전통 과거시험의 부흥으로 홍무 3년에 주원장은 조서를 내려 즉시 과거를 실행할 것을 선포하고 경의와 《사서(四書)》, 논(論)과 책(策) 각 하나씩을 시험 치며, 시험 합격자는 전술(箭術), 마술(馬術), 서법(書法), 산술(算術), 법률 지식에 대한 시험을 통과해야 했다.

성과가 가장 컸던 것은 경제 회복에 관한 조치와 제도 건설이었다. 원 말의 동란을 경과하면서 많은 토지가 황폐해졌는데, "전쟁이 몇 해 계속되니, 도로는 모두 끊어지고 막히고, 인적도 끊기고" "사람은 모두가 방랑하고, 땅은 대부분이 거칠어졌다"고 한다. 주원장은 황무지를 개간하면 개간한 자가 영원히 소유하는 정책을 채택했는데, 현명하고 성과가 있는 정책이었다. 또한 지방관의 건의를 바탕으로 인구 조밀 지구의 농민을 이주시켜 황무지를 개간하는 정책을 수립하고, 성인 남성을 선발하여 토지를 나누어 주고 관이 소와 종자를 주며 토지세를 감면하는 우대조건을 제공하며 오랜 전란을 거쳐 땅은 넓으나 인구는 적은 지역으로 끊임없이 이주시켰다. 이와 동시에 주원장은 호부에 명령을 내려 절강 등 9개의 포정사(대부분 남방에 있음)의 부호를 통계 낸 후, 빈민 · 약자를 원조하고 힘 있고 부유한 자를 억제하는 정책을 실시했는데, 부유하고 권세 있는 사람을 북방으로 옮김으로써 강절 일대의 부호는 아주 심한 타격을 입었고, 토지관계는 재조정되었다.

이런 배경하에서 주원장은 전통 농업 경제 시대의 가장 핵심적인 호적과 지적 정리를 명령하고 경지 측량, 호구 조사에 큰 힘을 기울여서 호적인 《황책(黃册)》, 토지대장인 《어린도책(魚鱗圖册)》을 편성했다.

명나라 초의 호첩

명 초의 《황책》은 호첩을 기초로 발전된 것이다. 주원장은 영국지부(寧國知府) 진관(陳灌)이 만든 호첩이 아주 잘 되어 있는 것을 보고, 홍무 3년에 천하에 반포 시행하도록 명령을 내렸다. 홍무 13년(1380년) 주원장은 부역이 균등하지 않아 호첩보다 더욱 규범화된 《황책》을 편성하도록 명령을 내렸다. 110호를 리로 하고, 정이 많은 10호를 이장으로 하여 매년 돌아가면서 한 호가 이장이 되어 한 리의 일을 관장하도록 하고 나머지 100호는 10갑으로 나누어 매 갑은 10호로 편성했다. 한 리마다 호적 하나를 만들어 윗면에 각 호의 정(丁)의 숫자, 전지산당(田地山塘), 축산, 세량을 기재하고, 10년마다 한 차례 개정하여 인구, 토지, 세량의 변화를 명확하게 했다. 이런 호적부책(戶籍簿册)의 겉표지가 황색이었기 때문에 '황책(黃册)'이라고 불렀다.

호적《황책》과 동시에 만든 것이 토지 대장인《어린도책(魚鱗圖册)》인데, 두 가지는 상호 보완적인 것으로 전자가 호(戶)를 중심으로 되어 있다면 후자는 토지가 중심이었다.《황책》의 생산 항목 아래에 경작지와 산지, 늪지〔田地山塘〕의 항목을 두었는데 그 면적의 대소는 각 호가 직접 채워 넣었다.《어린도책》은 정부에서 파견한 사람이 경작지와 산지, 늪지를 실지 조사하고 토지를 측량하여 총도〔田地段丘, 형상, 면적, 토지의 사방의 위치, 주인〕와 분도(총도의 토지에 각기 번호를 매겨서, 번호에 따라서 상세한 내용, 토지명, 주인, 사방의 위치를 채워 넣었다)를 그려 넣었다.《명사》〈식화지〉에 기록된 바에 따르면 "홍무 20년 국자생(國子生) 무순(武淳) 등에게 각기 주현으로 가서 부세에 의거하여 구역을 정하고, 구(區)에 양장 4인을 두고, 토지의 사방을 측정하고, 차례대로 번호를 매겨 하나하나 주인의 명칭과 토지의 넓이를 기록하고 편집하여 책으로 만들었는데, 형상이 물고기 비늘과 같아《어린도책》이라 불렀다".《어린도책》은 토지 측량 후의 분류 기록으로 사방의 위치, 형상, 토질, 등급, 면적 등을 기록하여 두었는데, 세분된 전토의 자연형상이 극히 불규칙하여 그림을 그려 넣었을 때 물고기 비늘 형상을 띠었기 때문에 그렇게 불렀다. 주, 현, 혹은 향, 도 모두에《어린총도책(魚鱗總圖册)》이 있었고, 관할구역 내의 경지를 단락마다 그림으로 그려 배열했다. 총도 이외에 단락에 따른 토지 분도를 그리고 토질, 세칙등급(稅則等級)을 명확히 기록하고, 토지 번호를 달았는데 관부가 일번부터 차례로 번호를 매기고, 업주 성명, 소재한 도(都), 도(圖, 里), 갑(甲)과 토지 매매, 분할 상황을 기록했다. 민간 토지 계약은 모두《어린도책》을 기준으로 삼았는데, 토지 물건의 지칭은 모두 도책에 기록된 편호, 세칙, 세액을 옮겨 적고, 토지 소유권 양도의 근거로 삼았다.《어린도책》의 편성 절차는 상당히 복잡하고 다시 만들기가 쉽지 않았기 때문에 일반적으로 지방정부가 보존하고 중앙정부에 올려 보내지 않아, 남경 후호의 황책고에서 수장하고 있는 《황책》과는 상황이 달랐다.

## 81. '호·람의 옥'과 황권의 강화

명 태조 주원장은 대권 상실을 우려하여 전국의 대소 정무를 모두 자신이 직접 처리했고 조그마한 권력조차도 놓치지 않으려 했으며, 황권이 재상권, 장군의 권한과 충돌했을 때에는 독특한 방식으로 처리했다.

주원장의 즉위 후에 이선장은 좌승상이 되고 서달이 우승상이 되었는데, 서달은 병사를 거느리고 외부에서 전쟁을 하였기 때문에 실권은 이선장의 손에 있었다. 회서 집단의 권력이 지나치게 비대해지면서 황권과 재상권의 모순이 점차로 뚜렷해졌다. 주원장은 어사중승 유기와 승상의 선임 문제를 토론하며 양헌(楊憲), 왕광양(汪廣洋), 호유용(胡惟庸)을 언급했는데, 유기는 모두 불가하다고 말했다. 이에 주원장이 유기를 승상으로 삼으려 했으나, 유기는 단호히 사절하면서 "신은 미워하는 것이 너무 심하고, 번잡한 사무를 감당하지 못 합니다"라고 말했는데, 사실 그는 회서 집단이 권력을 장악한 상황에서 조정에서 뿌리를 내리기가 대단히 어렵다는 것을 잘 알고 있었다. 후에 이선장이 재상직에서 물러나고 왕광양이 재상 자리에 올랐으나 실권이 없었는데 이선장이 여전히 원격 조종하고 있었고 아울러 자신의 부하 호유용을 주원장에게 추천했다. 홍무 10년 주원장은 호유용을 좌상으로 승진시키고 왕광양을 우상으로 삼아 호유용에 의존하여 일을 처리하는 한편 왕광양을 호유용을 감시하는 눈과 귀로 삼으려 했다.

주원장은 호유용이 인재라고 생각하여 그를 대단히 총애했다. 호유용은 대단히 잘 적응하여 "신중히 황제의 뜻에 영합하여" 재상권을 독점하는 상황을 만들어서 조정을 전담하고, 관리의 생사와 임면이라는 큰일을 종종 보고도 하지 않고 독단적으로 처리했다. 관원이 황제에게 올리는 상주문은 먼저 그의 검토를 거쳐야 했으며, 자신에게 불리한 편지는 압류하여 보내지 않았다. 그의 권력이 한 시대를 풍미하여 승진을 기다리고 있던 사방의 무리들이 거액의 뇌물을 가지고 그의 집을 드나들었다. 대장군 서달은 그 간사함을 대단히 싫어하여 주원장에게 호유용의 나쁜 행적을 보고했다. 호유용이 이를 알아차리고, 서부(徐府)의 문지기 복수(福壽)를 유혹하여 서달을 해치려고 시도했다. 유기는 일찌감치 이런 권력 투쟁을 예상한 듯, 홍무 4년에 갑작스럽게 용퇴하여 고향으로 돌아가 산중에 은거하여 정치에 간여하지 않았다. 호유용은 유기가 황제 앞에서 그가 무능하다고 말했던 사실을 알고는 마음에 한을 품고, 언관을 시켜서 유기를 모함하고 이후에 그를 독살했다. 호유용이 대권을 독점하여 제멋대로 행동하면서 재상권과 황권의 모순은 첨예화되었다.

홍무 13년(1380년) 주원장은 "권력을 멋대로 휘두르고 파당을 만들었다"는 죄명으로 호유용을 사형에 처했다. 냉정하게 말하자면 호유용의 죽음은 자업자득이었지만 "호당"이란 죄명으로 연루된 공신들은 억울한 일이었다. 호유용의 죄상은 점차로 확대되어 권력을 멋대로 휘두르고, 법을 어겼다는 내용에서 나중에는 "일본과 내통했다"는 내용으로, 그리고 다시 "몽골과 내통했다"라는 데까지 죄상이 확대되었다. 홍무 23년, 즉 호유용이 죽은 지 10년 후에 주원장은 호유용이 이선장과 연락하여 모반을 모의했다고 하며, "선장은 건국공신이고 외척인데 역모를 알고도 알리지 않았으며" "의심하고 관망하며 망설였으니 대역무도하다"라고 말하고 이를 핑계로 회서 집단을 일망타진했다. 이선장은 그때에 이미 77세를 넘어섰고, 그 일가 70여 명이 피살되었다. 일 년 후에 해진이 〈논한국공원사장(論韓國公冤事狀)〉을 기초하고 낭중(郎中) 왕국(王國)이 죽음을 무릅쓰고 황제에게 상소를 올려 이선장의 억울함을 풀려고 했다. 대의는 이선장은 폐하를 도와서 천하를 제패한 건국 제1공신으로 설사 호유용을 도와 일을 도모했다고 해도 별 대단한 것은 아니었을 것이고 하물며 선장의 나이가 연로하여 근본적으로 그러한 힘이 없으며, 또한 무엇이 안타까워 그러했겠는가라는 내용이었다. 주원장은 이에 반박할 말이 없었는데, 이로써 이선장이 억울하게 죽었음을 알 수 있다. 섭승(葉昇), 송렴(宋濂)이 연루된 것은 더욱 그러했다. 주원장은 반역당을 숙청하라는 명령을 내려서 3만여 명을 죽이고 《소시간당록(昭示奸黨錄)》을 만들어 천하에 포고했는데, 한 죄목으로 연루된 것이 수년을 질질 끌고도 끝나지 않았다. 후세 사가는 호유용 사건에 대하여 의혹을 제기했는데, 왕세정(王世貞)은 "유용은 반란을 일으키지 않았는데" "의심이 쌓여서 옥사가 된 것이다"라는 한마디로 함축적이면서도 명확하게 설명했다.

오함은 1934년에 쓴 〈호유용당안고(胡惟庸黨案考)〉〔《연경학보(燕京學報)》 제15기〕에서

> 호유용 자신의 성품은 명대 여러 사람의 책에 따르면 사납고 교활하며 음험하고 전권을 독차지하여 사당(私黨)을 만드는 사람이다. 명 태조로서는 이런 상당히 이기적이고 잔혹한 괴걸(怪杰)과 자연히 함께 있을 수 없었다. 한편으론 자신의 나약한 자손들이 자신과 어깨를 나란히 하며 천하를 도모했던 일반 공신, 노장을 제어하지 못할 것을 깊이 우려했기 때문에 조정의 신하에게 뜻을 나타내어 일련의 대도살을 결정했는데, 호안(胡案)이 먼저 일어나고, 이어서 이안(李案)이 있었고 만년에 태자가 죽고 다시 남안(藍案)이 있었다. 호유용의 주살은 대도살의 시작에 지나지 않았다

라고 했다. 남옥당안(藍玉黨案)도 이와 비슷했다. 남옥은 개평왕(開平王) 상우춘(常遇春)의 처남으로서, 처음에는 우춘의 부대에 예속되어 있었는데, 전투에 능하여 가는 곳마다 승리하여 여러 차례 공을 세워 대장군으로 승진하고 양국공(涼國公)에 봉해졌다. 그러나 그는 자신의 공적을 믿고 방자하게 굴고, 제멋대로 행동하여 집안에 많은 노복과 양 아들을 두고, 민전을 힘으로 빼앗았으며 조사하러 나온 어사를 멋대로 내쫓았다. 아울러 군대에서 자신의 뜻대로 장교를 임면하여 주원장의 반감을 아주 크게 샀다. 홍무 26년(1393년) 금의위지휘(錦衣衛指揮)가 나서서 남옥이 경천후(景川侯) 조진(曹震)을 비롯한 공후(公侯)와 함께 주원장이 적전(籍田—*임금이 직접 예속 농민을 두고 농사를 지어, 그 곡식으로 신에게 제사를 지내는 제사) 의례에 참가하러 가는 것을 틈타서 모반을 일으키려 했다고 무고했는데, 이는 당연히 근거가 없는 허망한 말이었다. 취조

결과 연좌되어 주살된 자가 1만 5천여 명이었다. 주원장은 조서를 내려 그 결과를 《역신록(逆臣錄)》으로 공포했는데, 그 가운데에는 공(公) 1명, 후(候) 13명, 백(伯) 2명의 이름이 거론되어 있었다.

호유용과 남옥 두 사람의 사건은 확실히 자업자득이었지만 연좌의 범위가 아주 넓은 것에 놀라지 않을 수 없는데, 호유용과 남옥의 옥사로 인해 개국공신이 거의 일망타진돼 버렸다. 이는 신왕조 건립 후에 황권과 재상권 · 장군의 권력과의 모순을 반영한 것으로 주원장의 개국공신에 대한 의심을 반영했다. 주원장에게 "성벽을 높게 쌓고 양식을 많이 쌓아 두고 왕이라 칭하는 것을 늦추십시오"라고 건의한 주승은 주원장이 공신을 의심하는 것을 일찌감치 감지했다. 홍무 2년에 주승은 나이가 들었으니 고향으로 돌아가려 한다고 주원장에게 청원하고, 아울러 이후 부자가 은퇴지에서 자연스럽게 늙어 죽지 못하는 사건이 발생할 것을 우려하여 "면사권"을 내려 줄 것을 청하였다. 주승은 72세에 편안하게 죽었으나 그 아들 주동은 역시 주원장의 부하에게 죽임을 당했는데, 스스로 목을 매는 것이 허락되었다. 홍무 18년 개국 제일 공신 서달은 등에 종기가 생겼는데 이 병에는 찐 거위를 먹으면 안 되었다. 병이 위중했을 때에 주원장이 특별히 찐 거위를 내리자 서달은 눈물을 흘리며 사신의 면전에서 먹지 않을 수 없었고 얼마 지나지 않아 사망했다. 홍무 19년 탕화는 주원장이 "여러 장군이 오래도록 병권을 장악하는 것을 원하지 않는 것"을 알고서 스스로 병권을 반환하고 장기간의 휴가를 청하였다. "신은 나이가 들었으니 고향으로 돌아가 그곳에서 죽음을 맞이하고 싶습니다." 주원장은 크게 기뻐하며 그에게 돈을 주고 탕화가 고향으로 돌아갈 수 있게 했다. 일개 떠돌이 중 출신이 황제가 되고, 권력욕이 이처럼 강렬하여 대대적으로 공신을 살육하니, 실로 역사상에서 드문 일로서, 주원장의 심리 상태는 자세히 연구할 만하다.

공신을 죽인 근본 원인은 잠재 위협을 제거하여 황권을 강화하는 것이었다. 홍무 13년 호유용을 죽인 뒤, 주원장은 조서를 내려서 "옛날부터 삼공은 도를 논하고, 육경이 직을 나누어 맡았지만 승상을 두었다는 말은 듣지 못했다. 진이 처음으로 승상을 설치하고 얼마 지나지 않아 멸망했다. 한, 당, 송은 비록 현명한 재상이 많았으나 그중의 몇몇은 권력을 독점하여 정치를 문란케 했다. 지금 승상을 없애고, 오부, 육부, 도찰원, 통정사, 대리사 등의 아문을 설치하고, 천하의 사무를 나누어 담당하고, 일은 모두 조정에서 총괄한다. 이후 후세 왕들은 승상 설치를 의논하지 말고, 신하로서 감히 이런 청을 하는 자는 중형으로서 처리하라"라고 말해 그의 의도를 유감없이 드러냈다. 사실 문제의 핵심은 승상을 설치하여 "얼마 지나지 않아 멸망한" 것이나 "권력을 독점하여 정치를 문란케 하는 데"에 있었던 것이 아니라, 중서성, 좌우승상을 폐지하기 위한 핑계를 찾기 위한 것으로 중서성과 승상 권력이 너무나 커서 황제의 권력을 분할하고 약화시키는 데에 있었다. 이는 원나라의 제도를 바꾼 것이고 진이 창시하여 당송을 거치면서 완비된 승상 제도를 바꾼 것으로 전례 없는 전제 군주 체제를 형성했다. 황제권이 고도로 집중된 결과, 주원장은 역사상 가장 바쁜 황제가 되었는데, 홍무 17년 9월을 예로 들면, 14일부터 21일까지 제사(諸司)의 상주문 1,660건을 열람, 비준하기 위하여 매일 평균 200여 건을 처리해야 했다. 그는 시신(侍臣)에게 "짐이 즉위한 이래로 스스로 힘써서 해가 뜨기 전에 조정에 나오고, 해가 진 이후에나 궁으로 되돌아갔는데, 밤에 잠자리도 편하게 있을 수 없었다"라고 말했다.

황제의 승상 직권 겸행은 오래도록 지속하기 힘들었다. 그의 계승자 명 성조 주체(朱棣)는 조상의 유훈(승상 설치를 의논해서는 안 된다)을 감히 어길 수가 없어서 약간의 변화를 주어서 주원장 시기에 자문을 받기 위해 마련한 전각대학사를 문연각에 입직시켜 황제의 의사에 따라서 국무, 상주문에 대한 비답에 참여시켰는데, 이로써 향후 명나라에서 300여 년간 시행되는 내각 제도가 확립되었다. 당연히 이 시기의 내각은 "하급 관리를 둘 수 없었고, 여러 관청(諸司)을 마음대로 부릴 수 없었고, 여러 관청이 상주문을 올리는 것을 막을 수도 없었다". 그 후 내각 제도는 끊임없이 완비되어 각신(閣臣)들이 방침을 결정하고 조의에 표의를 달아 흡사 한과 당의 재상과 같았는데 단지 재상이라는 명칭이 없을 뿐이었다.

특무 정치는 주원장이 황권을 강화하기 위한 일대 시도였다. 감찰기관 도찰원 이외에 검교, 금의위를 설립하여 관리 감시라는 특수 임무를 맡겼다.

검교는 "수도 소재지의 크고 작은 관청 관리의 공정치 못하고 불법적인 일과 풍문에 관한 것을 조사 탐문하는 것을 전담하고, 황제에게 보고하지 않는 것이 없었는데" 사람들의 비리 고발을 전담했다. 주원장은 이들이 있는 것은 마치 집에 사나운 개를 기르면 사람들이 무서워하는 것과 같다고 말했다. 개국 원훈조차도 그들을 무서워하여 밤낮으로 마음을 졸였다. 검교가 뚫고 들어가지 못하는 구멍은 없었으며, 곳곳에서 정탐하여 일거일동을 모두 황제에게 보고했다. 오함은 《주원장전》에서 다음과 같은 하나의 일화를 소개했다. 《맹자절문》을 편찬한 전재는 "네 번째 북이 둥둥 울리면 일어나 옷을 입고, 궁궐에 들어가 황제를 배알하는데 아직도 늦을까 봐 꺼려지네, 언제쯤 전원의 즐거움을 얻어서, 밥이 다 될 때까지 잘 수 있으려나"라는 해학시를 써서 불만을 토로했다. 다음 날 주원장은 이 일을 알고서 그에게 어제 좋은 시를 지었는데, 나는 "꺼리게" 하지 않았는데, "근심하다"로 바꾸는 것은 어떠한가라고 말하자 이에 놀란 전재는 온몸에 식은땀을 흘리면서 머리를 연신 조아리며 용서를 빌었다.

호유용 사건이 발생한 후, 권력 투쟁은 더욱 심해져서 주원장은 홍무 15년에 새로운 특무기구 금의위를 설치하여 경비, 체포, 형옥의 일을 맡겼다. 금의위는 형부, 대리사(大理司)를 능가하는 권력을 지닌 군사특무기구로서 황제의 직접 지휘를 받았다. 금의위에 설치된 감옥은 "조옥(詔獄)"이라 불렸는데, 황제가 체포, 투옥을 비준했다는 뜻이다. 《명사(明史)》〈형법지(刑法誌)〉는 "명 금의위의 옥은 〔…〕 아주 잔혹하고 가혹하여, 해가 이보다 심한 것이 없다. 태조 때에 천하의 중죄로 수도로 체포되어 온 자는 모두 이 감옥에 감금되었는데, 수차례의 대옥사가 있어서 판결 조서가 많았고, 사형을 당한 자도 많았다"라고 했다. 금의위는 호·람 사건의 처리에 아주 큰 역할을 했다.

주원장은 공포 정치를 실행하여 혹독한 형벌과 준엄한 법으로써 나라를 다스렸는데, 말하자면 "엄격한 법률로써 신하를 제어했다". 명률은 당률보다 단순하고 송률보다 엄격했다. 또한 명률 이외에 세세한 항목을 지정하여 극형에 처했다. 그리고 사건의 본보기를 《대고(大誥)》로 편성하여 각급 학교에 나누어 주고 필독 교재로 삼았고, 이후에 다시 《대고속편(大誥續編)》, 《대고삼편(大誥三編)》을 편성했다. 그 서언에는

"여러 관청이 감히 공무에 힘쓰지 않고 사적인 이익에 힘쓰는 자는 반드시 그 근원을 철저히 조사하여 중형으로 다스린다"라고 기록했다. 원 말에 관리가 뇌물을 수수하고, 사익을 위해 불법을 자행하여 공익이 손상되었던 사실을 염두에 두어, 책에 실었던 내용은 모두 탐관오리, 지방 호족을 처벌하여 다스린 중대 형사 사건이었는데 그중에 능지처참, 참수, 일족 징벌이 몇 천 건이고, 기시(棄市) 이하가 만여 건이었는데 대부분 주원장이 직접 판결한 것이었다. 주원장식으로 표현하자면 "난세를 다스리려면 형벌을 엄하게 해야 하"는 것으로 특히 대신의 권력 남용, 무장의 횡포를 가장 심하게 다루었다. 그는 탐관오리를 엄격히 징벌하기로 결심하여 "이런 폐단을 혁파하지 않으면 좋은 정치를 하려고 해도 끝내 이룰 수 없다"고 말하고 홍무 25년에 《성탐간요록(醒貪簡要錄)》을 편찬하여 천하에 반포했다. 그 내용에 따르면 관리가 60냥 이상의 뇌물을 받으면 효수하여 군중에게 보이고 다시 가죽을 벗기는 형벌에 처해졌다.

홍무 15년의 공인안(空印案), 18년의 곽환안(郭桓案)은 모두 탐관오리를 처벌한 중대사건인데, 두 사건에 연루되어 피살된 사람이 만 명을 헤아렸다.

**공인안**—명 초에 각 포정사사〔즉 성(省)〕와 부, 주, 현 아문은 매년 계리(計吏)를 호부로 파견하여 전량, 군수 등의 경비를 정산했다. 파견된 계리는 도장이 찍힌 빈 문서를 준비하여 호부의 지적을 당하면 수시로 고쳐서 채워 넣는 것이 관례였다. 홍무 15년에 주원장은 이런 폐단을 발견하여 주관 장관을 사형에 처하고 부장관을 충군(充軍)시키는 엄령을 내렸다.

**곽환안**—홍무18년 호부시랑 곽환이 북평(北平) 이사(二司)의 관리와 내통하여 부정행위를 한 것이 적발되었다. 사건에 연루되어 사형에 처해진 호부시랑과 그 예하의 관리는 수를 헤아릴 수 없었고, 추징한 곡식이 7백만 석이었으며, 각 포정사사에서 연루자로 언급되어 죽은 자가 수만 명에  이르렀고 추징으로 파산한 양절 지방의 부호는 그 수를 헤아릴 수 없었다.

몇 개의 큰 사건을 처리하면서 능지처참(陵遲處斬), 효수(梟首), 일족 주살 외에 끓는 물을 끼얹고 철 솔로 살가죽 벗기기(刷洗), 장대 한쪽 끝에 매달고 반대편에서 무게를 맞춰가며 죽이기(秤竿), 내장 꺼내기, 살가죽 벗기기 등의 가혹한 형벌이 실시되었는데, 비록 뇌물수수, 법률 위반의 누습을 겨냥하긴 했지만 조정 내외에 극히 무서운 분위기를 조성했다. 조정 관리는 매일 새벽 문을 나서기 전에 먼저 집안의 처자와 결별하고 뒷일을 분부했는데, 편안히 집으로 돌아올 수 있을지 예상하기 어려웠기 때문이었다.

홍무 31년(1398년) 주원장이 세상을 떠난 후, 남경 성 바깥의 종산(鍾山)에 매장되었는데, 이것이 유명한 명 효릉(孝陵)이다. 그는 유조에서 "짐이 천명을 받은 지 31년인데 근심과 조급함이 마음에 쌓여서 날마다 게으름 피우지 않고 열심히 일하여 백성의 이익이 되도록 힘썼다. 미천한 집안 출신으로서 옛 사람의 넓은 지식은 없으나 착한 것을 좋아하고, 나쁜 것을 미워했으나 멀리 미치지 못했구나"라고 말했다. 상당히 자신을 분명하게 알고 있었는데, 그는 확실히 "근심과 조급함이 마음에 쌓이어 날마다 열심히 하여 게으르지 않았지만" "착한 것을 좋아하고, 나쁜 것을 미워했다"라고 말하기에는 지나치게 가혹하고 엄했다.

## 82. 항해사에서의 장거—정화의 서양 원정

명 태조 주원장은 26명의 아들을 두었는데, 이 가운데 장자를 태자로 책봉하였고 아홉 번째와 스물여섯 번째 아들은 일찍 세상을 떠났으며, 그 나머지 23명의 아들을 모두 번의 왕으로 봉하였다. 연왕(燕王) 주체(朱棣), 진왕 주풍(晋王朱棡), 영왕 주권(寧王朱權) 등이 병사를 거느리고 북방에 주둔하여 몽골의 침입을 저지하였으며, 주왕 주숙(周王朱橚), 제왕 주부(齊王朱榑) 등은 내지 각 성에 주둔하여 지방의 관리들을 감독하였다. 이와 함께 만일 간신이 중앙 권력을 농단할 경우 번왕들은 중앙정부에 간신을 단속하도록 공문을 보낼 수 있을 뿐 아니라 군주의 측근에 있는 간신을 몰아내기 위해 군사를 움직일 수 있도록 규정을 만들어 두었다. 이러한 목적은 번왕을 둠으로써 황권을 강화하기 위한 것이었지만, 사태는 전혀 뜻하지 않은 방향으로 전개되었다. 홍무 31년(1398

년) 명 태조가 세상을 뜨자 장손 주윤문(朱允炆)은 즉위하자마자(즉 명 혜제 혹은 건문제) 자신의 숙부가 되는 제왕들의 세력이 황권의 안정에 위협이 된다고 여겨 서둘러 대신 제태(齊太), 황자징(黃子澄), 방효유(方孝儒) 등과 번의 세력을 삭감하는 방안에 관하여 논의하였다. 그러자 연왕 주체는 간신이 권력을 농단할 경우 번왕이 이를 규탄할 수 있다는 유훈, 즉 "군주의 측근에 있는 간신을 몰아낸다"는 명분에 따라 제태와 황자징의 목을 벤다는 명목으로 건문 원년(1399년) 7월에 병사를 움직여 '정난의 역'을 일으켰다. 그리하여 건문 4년에 남경을 치니 건문제는 행방불명이 되고 말았다(일설에는 불에 타 죽었다고 하며, 일설에는 도망갔다고도 한다). 주체는 황위를 탈취하여 다음 해를 영락 원년으로 선포하였다.

명 성조

명 성조 주체는 주원장의 네 번째 아들로서, 《명사(明史)》에 따르면 "지략과 용맹이 뛰어나 비할 데가 없었으며, 잔혹하기는 주원장을 닮았다"라고 하였다. 선제인 주원장도 그에게 큰 기대를 걸었으며, 그리하여 "너 아니면 누가 외적을 몰아내고 내정을 안정시키겠는가"라고 하였다. 그는 자신의 아비인 주원장의 근면성과 검소함, 백성의 구휼 등의 장점을 계승한 반면, 주원장의 시기, 편견, 독단 등의 단점은 닮지 않았다. 이와 함께 그는 "관용을 가지고 법을 시행해야 하며, 정성을 다하여 사람을 대해야 한다"고 주장하였다. 그리하여 힘을 다하여 나라를 다스렸으며, 수성에 주의를 기울여 계속해서 번의 세력을 삭감하면서 이를 통해 중앙집권 체제를 강화하였다. 또한 변강 지방의 건설을 적극적으로 진행하여 선린 외교를 전개하였다. 그는 22년간 재위하면서 원의 잔여 세력을 토벌하는 데 많은 노력을 기울였다. 이를 위해 정치, 군사의 중심을 점차 남방으로부터 북방으로 이전하였으며, 수도를 남경으로부터 북경으로 이전하였다.

〈북경 시가도〉(명)

그는 일곱 차례에 걸쳐 군대를 거느리고 외이(外夷)의 정벌에 나섰으며, 영락 22년(1424년) 마지막으로 친히 출정한 이후 개선하던 도중에 65세의 나이로 병사하였다. 그의 노력에 힘입어 '영락의 치세'가 출현하였는데, 이는 15세기 초 명나라의 경제와 문화가 번영의 길로 접어들고 중화문명이 멀리 해외로까지 떨쳤던 찬란한 시기였다. 정화의 서양 원정도 바로 이러한 배경하에서 이루어진 것이다.

영락 원년(1403년)부터 명 성조는 적극적인 외교 활동을 전개하기 시작하였는데, 이 해 6월에 사신을 파견하여 안남, 시암(Siam—*태국의 옛 이름) 등을 방문하도록 하였다. 8월에 이르러서는 사신을 파견하여 고려, 참파〔占城, 현재의 베트남 남부〕, 유구, 진랍(眞臘, 캄보디아), 조와(瓜哇, 자바), 삼도라파세(수마트라) 등을 방문하도록 하였다. 9월에 이르러서는 사신을 파견하여 말라카, 조와, 삼도라파세, 촐라〔瑣里, 남인도〕, 코친〔柯枝, 인도반도 서남단〕 등을 방문하도록 하였다. 그는 외국과의 업무를 관장하던 예부 대신들에게 다음과 같이 말하였다. "태조 때에는 여러 번국으로부터 조정에 사신을 보내어 왔는데, 그때마다 이들을 극진히 대접하여 토산물을 가지고 와서 바꾸어 가는 것도 그들이 원하는 바대로 하도록 하였다. 〔…〕 오늘날에는 사해가 일가로서 마땅히 그 은택이 미치지 못하던 곳까지 널리 살펴야 하며, 이를 통해 여러 나라들로 하여금 온 정성을 다해 내조하여 조공을 할 수 있도록 허락해 주어야 한다." 이는 태조가 정한 외교 방침을 준수해 나갈 뜻을 밝힌 것이다. 태조는 고려, 일본, 유구, 캄보디아, 안남, 참파, 시암, 삼불제(三佛齊—*인도양, 남중국해, 벵골 만, 자바 해의 네 해역을 연결하는 십자로에 위치했으며, 말라카 해협을 중심으로 하는 해양제국으로서, 팔렘방이 중심이었다), 조와(자바), 백화(百花), 파한〔彭亨〕, 삼도라파세, 발리 등 15개 국가를 '정벌하지 말아야 할 국가'로 지정하고 다음과 같은 유훈을 남겼다. "우리 후대의 자손들이 중국의 부강함을 믿고 한때의 전공을 세우고자 아무 이유도 없이 군사를 일으켜 인명을 해칠까 우려되니 이를 단단히 기억하지 않으면 안 될 것이다." 성조는 이와 같은 선대의 유훈에 따라 대신들에게 다음과 같이 강조하여 지시하였다. "짐은 이제 천하를 편안히 쉬게 하려 하니, 태평성대를 구가하며 백성들이 풍년가를 부를 수 있기를 바랄 뿐이다. 외적에 대한 방침은 다만 마음속으로 항상 대비책을 가지고 있어야지 이를 정벌하고자 먼저 병사를 일으켜 백성을 도탄에 빠뜨려서는 안 된다."

정화가 서양으로 원정을 단행한 주요한 목적은 명 성조의 말을 빌려 말하자면 바로 "해외의 여러 번국을 교화하기 위한" 것이었으며, 《명사(明史)》〈정화전(鄭和傳)〉의 기록에 따르면 바로 "중국의 부강함을 과시하기 위한" 것이었다. 이러한 정치적 목적은 무엇보다도 해외 각국에 대한 정치적 영향력을 확대함으로써 천조 대국이 인구가 많고 물자가 풍부하며 국력이 강성하다는 사실을 대외적으로 떨치기 위한 것이었다. 이는 이미 단순한 상업 무역 활동에 그치는 것이 아니었으며, 정복성의 식민 활동이라고 할 수도 없다(야사의 기록에 의하면, 명 성조가 정화를 서양에 보낸 이유는 행방불명된 건문제를 찾기 위한 것이었다고 한다. 그러나 이러한 이야기는 지나치게 기괴하여 믿기 어렵다). 정화 일행은 방문하는 곳마다 성대한 환영을 받았다. 참파에서는 국왕이 거대한 코끼리를 타고, 여타 추장들은 말을 타고 몸소 교외까지 나와서 정화 일행을 성대히 환영하였다. 이들은 500여 명에 이르는 엄청난 대오를 거느리고 왔는데, 어떤 이는 칼과 창을 들고 있었으며, 어떤 이는 가죽 방패를 흔들며 춤추었으며, 어떤 이는 북을 치고, 어떤 이는 야자수 껍질로 만든 통을 불며 환영의식을 거행하였다. 벵골에서는 국왕이 대신 등 수천 명을 항구로 나아가게 하여 이들을 영접한 이후 왕궁에까지 모셔 갔다. 왕궁의 정문 입구에는 의장대가 도열해 있었으며, 투구와 갑옷을 입고 손에는 무기를 들고 있는 병사, 그리고 천 여 명에 이르는 기마부대가 있었으며, 맨 앞줄에는 수백 마리의 코끼리로 구성된 코끼리부대가 도열해 있었다. 국왕은 높은 의전대 위에 앉아 있었으며, 은지팡이와 금지팡이를 든 대신들이 정화 일행을 인도하여 서서히 의전장으로 입장하였다. 쌍방이 서로 선물을 교환한 이후 국왕이 연회를 베풀어 정화 일행을 위로하였다.

정화의 원래 성은 마(馬)이며, 운남성 곤양 사람으로서 회족이었다. 근래 《정씨가보》, 《새전적가보(賽典赤家寶)》의 고증에 따라 전문가들은 정화가 원나라의 정치가였던 중앙아시아 부하라 출신의 귀족 사이드 이젤(Sayyid Ajjal Shams al-Din Omar, 賽典赤贍思丁, 본명 자무스 앗 딘)의 6대손이라고 본다. 《원사》〈새전적섬사정전(賽典赤贍思丁傳)〉의 기록에 따르면 "새전적섬사정전(賽典赤贍思丁)은 일명 조마이(烏馬爾)이라고도 하며, 회회인으로 별암백이(別庵伯爾)의 후예로서 그 나라를 새전적(賽典赤)이라 하는데 이는 귀족이라는 뜻이다". 아라비아 언어에 정통한 전문가의 해석에 따르면 새전적은 존귀한 후예라는 뜻이며, 섬사정은 종교적 태양이라는 의미이다. 조마이는 장수(長壽)라는 뜻이며, 별암백이는 영수라는 의미로서, 선지자인 무하마드의 후예를 가리키는 말이다. 미국의 《백과사전》〈정화편〉에 따르면, "정화 집안은 몽골이 일찍이 운남을 통할했을 당시에 여기에 참여했던 사람의 후예이며, 부하라의 국왕 무하마드의 후예와 관련이 있다고 스스로 말하였다"라고 한다. 마씨 성의 내원은 중국어에서 무하마드의 음역으로부터 나온 것이기 때문에 이 말은 일리가 있다고 생각된다. 새전적의 후예 가운데 마씨는 그리 눈에 띄지 않는다. 명나라 군대가 운남을 공격한 이후 정화는 포로로 잡혀 연왕부로 보내져 태감이 되었다. 정난의 역에 참가하여 공을 세운 탓에 명 성조에 의해 내관감태감(內官監太監)으로 발탁되었으며 이와 함께 성을 마씨에서 정씨로 바꾸었다. 그의 별명이 삼보(三寶, 三保)였기 때문에 삼보태감이라고도

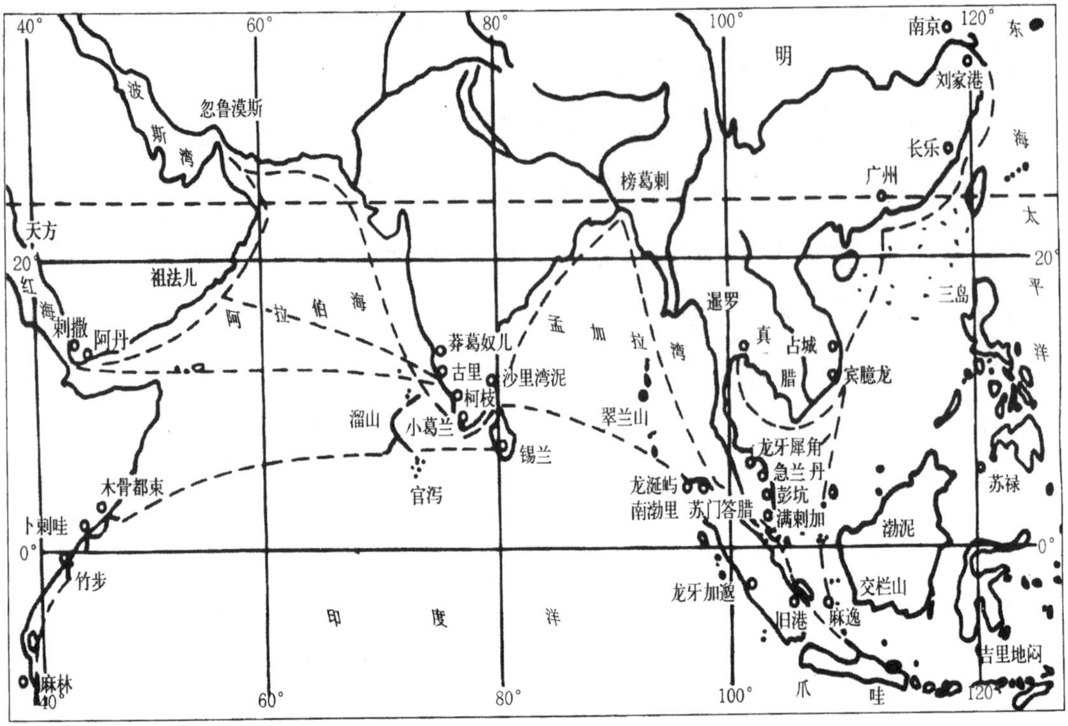


정화의 서양 원정로

불리었다.

정화의 서양 원정은 도합 일곱 차례에 걸쳐서 이루어졌으며, 무려 28년이나 지속되었다. 영락 3년(1405년) 6월 15일 처음으로 서양 원정에 나섰는데, 무려 27,800명이 208척의 선박에 나누어 타고 태창(太倉)의 유가항(劉家港, 오늘날의 유하진)을 출발하였다. 선덕 5년(1431년) 윤12월 초 엿새, 27,550명이 61척의 배에 나누어 타고 남경을 출항하여 유가항과 복건 장락(長樂)을 거쳐 일곱 번째 서양 원정을 단행하였으며, 선덕 8년(1433년)에 다시 유가항으로 돌아왔다. 그러나 정화는 과로로 말미암아 동아프리카로부터 인도 캘리컷〔古里, 인도반도 서안〕으로 회항하던 도중에 향년 62세의 나이로 세상을 등지고 말았다.

여기서 말한 서양이란 칼리만탄(보르네오) 서쪽의 해역을 가리킨다. 이는 《명사》〈보르네오전〉에서 "보르네오는 문래(文萊, Brunei)라 부르는데, 여기가 동양의 막다른 곳이며, 여기서부터 서양이 시작된다"라고 말한 바와 같다. 서양의 범위는 남중국해 서부에서 인도양의 광대한 구역을 포괄한다.

정화의 원정에 관해 기록한 마환(馬歡)의 《영애승람(瀛涯勝覽)》, 비신(費信)의 《성사승람(星槎勝覽)》, 공진(鞏珍)의 《서양번국지(西洋番國志)》의 기록에 의하면 정화가 거느린 선대는 28년에 걸쳐 30여 개의 국가와 지역에 도달하였다. 이 가운데에는 참파(베트남 남부), 캄보디아, 시암(태국), 보르네오, 조와, 팔렘방〔舊港, 수마트라 남동쪽〕, 수마트라, 알〔阿魯, 수마트라 중부의 서쪽〕, 람부리〔南渤利, 수마트라 서북부〕(이상 다섯 곳은 모두 지금의 인도네시아에 속함), 술루(필리핀 술루군도), 말라카(말레이시아 말라카), 실론(스리랑카), 몰디브 제도(溜山), 벵골, 촐라〔瑣里, 남인도〕, 가이륵(加異勒), 코친〔柯枝, 인도반도 서남단〕, 캘리컷〔古里, 인도반도 서안〕(이상 네 곳은 모두 오늘날의 인도에 속함), 호르무즈(Hormuz), 날철(剌撒, 홍해연안, 동아프리카), 아덴〔阿丹, Aden〕, 도파르〔祖法〕, 메카〔天方〕, 브라와〔卜剌哇, 소말리아의 작은 항구〕, 주바〔竹步, 소말리아 주바 강 유역〕, 모가디시오〔木骨都束, 소말리아의 모가디슈〕, 마린디〔麻林, 탄자니아의 섬〕 등의 지역이 있었다.

정화는 매번 항해할 때마다 말라카를 거쳤는데, 말라카 해협은 태평양과 인도양의 교통 요충지로서 정화의 선대가 물자를 비축해 두고, 선박을 수리하며, 태풍이 지나가기를 기다리는 정박기지이기도 하였다. 《말레이기년》에 따르면, 명나라는 일찍이 공주를 말레이시아로 시집보낸 적이 있는데, 오늘날의 이 지역에는 바로 삼보산(三保山), 삼보정(三保井), 삼보사(三保祠), 삼보정(三保亭) 등의 오래된 유적이 있다. 삼도라파세(수마트라)는 정화 선대가 물자를 중계 운송하는 중심지가 되었으며, 동남아시아로부터 남아시아로 향하는 전진기지이기도 하였다. 인도네시아의 이슬람 학자인 하마다는 자신이 저술한 《정화》 속에서 "인도네시아와 말레이시아에서 이슬람교가 발전한 것은 중국의 이슬람교도와 밀접한 관계를 가지고 있는데, 이 자가 바로 정화 장군이다"라고 지적하였다. 캘리컷 역시 정화의 선대가 매번 거치는 중요한 중계 기착지였으며, 당시 인도양 연안에서 상당한 번영을 구가하던 통상 항구였다. 정화는 이곳에 돌을 깎아 비석을 세운 이후 여기에 "이 나라는 중국으로부터 10만여 리나 떨어져 있는데, 사람들과 풍물이 모두 훌륭하고 풍속이 매우 흡사하다. 여기에 비석을 세워 돌에 새겨 넣어 길이 만세에 전하고자 한다"라고 기록하였다. 비신(費信)의 《성사승람(星槎勝覽)》에는 다음과 같은 시가 있다. "캘리컷은 서역으로 통하는 지역으로서, 산이 깊고 경치가 진기하다. 길에 물건이 떨어져도 사람들이 줍지 않고, 집집마다 부유하여 남을 속이는 일이 없을 정도로 태평성대를 구가하고 있다. 추장은 덕을 베풀고 백성들은 예의를 중시한다." 정화가 호르무즈로 항해를 떠나기 전에 특별히 아랍어에 능통한 서안 대청진사(大淸眞寺, 모스크)의 장교(掌敎)인 하산〔哈三, Hassan〕에게 동행을 요청하였다. 마환(馬歡)은 《영애승람(瀛涯勝覽)》에서 이들 국제 상업 중심 지역을 높게 평가하면서 다음과 같이 시를 읊었다. "호르무즈 근해에 위치한 대원(大宛), 미식(米息—*이집트) 등의 나라에까지 와서 상업 교역을 확대하니, 예전에 한대의 장건(張騫) 역시 아주 먼 곳에까지 도달하였다고 하지만 어찌 오늘날만 하겠는가?"

문헌 기록에 따르면 정화의 보선〔寶船—*보선이란 보물을 가지러 가는 배라는 뜻이며, 서양보선(西洋寶船), 혹은 서양취보선(西洋取寶船)이라고도 불렀다〕 가운데 큰 것은 길이가 44장 4척(138미터), 넓이가 18장(56미터)에 달하였으며, 중간 크기는 길이가 37장, 넓이가 15장이었다. 기계동력이 없었던 범선 시대에 이와 같이 어마어마한 크기의 배는 사람들로 하여금 놀라 입을 다물지 못하게 한다. 선박 전문가의 말에 따르면 길이 44장 4척, 넓이 18장에 이르는 대형 보선은 배수량이 약 1만 4천 톤, 적재 중량이 약 7천 톤 이상에 달한다고 한다. 이와 같이 거대한 원양 함선의 제조지

정화의 보선(모형)

는 남경 용만(龍灣)의 용강선창(龍江船廠)이었다. 용강선창은 명나라 초에 처음 건립되었으며, 영락 시기에 이르러 여기서 만든 보선이 서양으로 출항하였기 때문에 보선창이라고도 불렀다. 전문가가 보선창의 유지를 살펴본 바에 의하면 이곳에는 보선을 건조하던 도크가 있었다고 한다. 근래 정화 보선의 수수께끼에 대해 각 분야의 학자들이 협력하여 연구한 결과, 당시 정화 보선의 원형에 가까운 모형을 제작하는 데 성공하였다. 모형은 길이 44장 4척, 넓이 18장에 이르는 대형 보선을 1/100로 축소하여 제작하였다. 뱃머리에는 호랑이 머리의 그림이 그려져 있으며, 양쪽에는 흰 눈썹을 가진 금빛 용과 용의 눈이 조각되어 있다. 배의 후미에는 위에서 아래까지 태극문양과 익조〔鷁鳥—*풍파에 잘 견딘다는 새로서, 전통 시대 뱃머리에 종종 익조의 모양을 그려 풍파에 대비하였으며, 이러한 배를 익수(鷁首)라 하였다〕, 동쪽에서 떠오르는 태양과 파도를 그려 넣었으며, 길상여의(吉祥如意—*모든 것이 순조롭다)라는 글자도 써 넣었다.

배에는 9개의 돛대와 12개의 돛이 있었으며, 대포가 18문 장착되어 있었다. 갑판 위에는 5층으로 만들어진 선실이 있었으며, 제일 윗부분에는 천비궁(天妃宮—*항해의 해신인 천비를 모셔둔 용궁)을 만들어 두었다. 천비궁 앞에는 불을 밝히기 위한 등대가 있었으며, 그 양쪽으로 깃대를 하나씩 세워 두어 낮에는 기를 내걸고 밤이 되면 등을 걸어 천체의 운행을 관측하고 해도와 나침반을 읽으며 항로를 결정하였다. 배에는 네 개의 조타실이 있었으며, 네 척의 소함정, 한 척의 대함정, 17대의 권양기(券揚機—*도르래와 밧줄을 이용하여 방향타를 수면 위로 들어 올리는 장비, 배가 정지해 있거나 얕은 물을 지날 때 방향타가 파손되는 것을 막기 위한 것), 40대의 도르래가 있었다.

정화의 서양 원정에 관해서는 문자 기록뿐만 아니라 항해 노선에 관해 상세히 묘사하고 있는 항해도가 남아 있다. 이른바 〈정화항해도〉의 원래 이름은 〈보선창에서 진수하여 용강관(龍江關)으로 나아가 외국 제번에 도달하기까지의 지도〉인데, 모원의(茅元儀)가 저술한 《무비지(武備志)》 속에 20폭의 지도가 수록되어 있다. 전체 그림은 횡렬식으로 전개되어 있으며, 오른쪽으로부터 왼쪽으로 이어져 내려갔다. 먼저 남경 용강선창에서 장강을 통해 바다로 나아가 강소, 절강, 복건, 광동 연해를 따라 남쪽으로 내려갔으며, 가장 멀게는 아프리카 동안의 케냐 몸바사(Mombasa), 서아시아의 아덴(Aden), 호르무즈 등에까지 도달하였다. 전문가의 연구에 따르면 항해도는 정화의 제6차 서양 원정 이후에 그려진 것으로서, 명나라 초기의 실제 항해 노선과 역대의 해도 기록에 근거하여 만들어졌으며, 이 밖에 역외(주로 아라비아) 해도의 일부를 흡수해 종합하여 완성한 것이다. 이와 같은 해도는 항해 방향, 항해 일정, 정박 항구, 암초와 물살이 센 곳 등에 대해 모두 신빙성 있는 자료들을 기록하고 있으며, 중국에서 만들어진 첫 번째의 항해지도라 할 수 있다.

정화의 서양 원정은 세계 항해사에서의 장거로서 그가 처음 원정길에 오른 것은 콜럼버스(Christopher Columbus)가 처음 아메리카로 항해한 때보다 87년이나 앞섰으며, 바스코 다 가마(Vasco da Gama)가 동방의 신항로를 연 시기보다 무려 93년이나 앞섰고, 마젤란(Fernâo de Magalhães)이 필리핀을 항해한 것보다도 무려 116년이나 앞선 것이다. 정화의 선대는 그 거대한 규모로 보나 선박의 크기로 보나 당시 세계에서 매우 드문 일이었다. 콜럼버스의 선대는 겨우 88명의 승무원이 세 척의 범선에 나누어 탔으며, 가장 큰 선박인 '산타마리아호'의 적재 중량은 250톤에 불과하였다. 바스코 다 가마의 선대도 세 개의 돛을 가진 네 척의 배에 불과했으며, 가장 큰 '산가브리엘호'의 적재 중량도 120톤에 불과하였다. 이러한 사실에 비추어 토인비는 《인류와 어머니 되는 대지》라는 책 속에서 감개무량해 하며 이 문제와 관련하여 다음과 같이 서술하였다. "15세기 후기에 이들 중국 선박과 비견할 수 있는 것은 세계 어느 곳에도 없었다. 이들 선박이 이르는 곳마다 통치자들은 경건한 마음으로 옷깃을 여미지 않을 수 없었다. 만일 이러한 상황이 계속해서 후대에까지 이어져 내려왔다고 한다면, 중국인의 역량은 중국을 그야말로 명실상부하게 전 세계에서 말 그대로 '중심 국가'로 성장시킬 수 있었을 것이다. 그들은 마땅히 포르투갈 사람들보다 먼저 호르무즈 해협을 점거하여 희망봉을 돌았어야 했다. 그들은 마땅히 스페인 사람들보다 먼저 아메리카를 정복했어야 했다."

## 83. 해상 밀무역과 왜구

명나라는 성립 이후 엄격하게 해금(海禁) 정책을 시행하여, 정부와 다른 나라와의 사이에 이루어지고 있던 조공 무역을 제외하고 기타 사적인 민간의 해상 무역을 일체 금지하였다. 홍무 시기가 되면 재차 다음과 같이 명을 내렸다. "해안에 거주하는 백성들이 사사로이 바다로 나아가서는 안 된다", "해안에 거주하는 백성들이 사사로이 해외 제국과 접촉해서는 안 된다", "백성들이 마음대로 바다로 나아가 외국과 교역해서는 안 된다." 명 성조 시기가 되면서 이와 같은 금령이 조금 느슨해지기는 하였으나 여전히 해금을 금과옥조로 삼고 있었다. 영락 시기부터 가정 연간에 이르기까지 해금 조치가 어느 시기에는 조금 느슨해지기도 하고 조금 엄격해지기도 하였으나 대체적인 추세는 역시 금지가 대세였다고 할 수 있다. 상품 경제의 발전에 따라 해외 무역의 수요가 날로 증가하면서 해금 정책과의 사이에 심각한 모순이 발생하게 되었다. 가정 2년(1523년) '쟁공(爭貢)' 사건이 발생하면서 이와 같은 모순은 첨예화되었다. 이른바 쟁공사건이란 가정 2년 일본 오오우치〔大內〕의 조공사절과 호소가와〔細川〕의 조공사절이 조공 무역의 특권을 서로 차지하기 위해 영파항에서 벌인 쟁탈전을 말하는 것이다. 그러자 명나라 정부는 이를 빌미로 시박사(市舶司—*송, 원, 명나라 시기에 광주, 천주 등에 설치되어 무역 사무를 맡아본 관아)를 폐쇄하고, 일본과의 조공 무역을 중단하였다. 정상적인 관방 무역이 단절되자 민간의 밀무역이 이를 대신하게 되었다. 당시 밀무역은 일본이 주요한 대상이었으며, 일본인에게 면포, 생사, 사직물, 도자기, 철솥, 수은, 약재, 서적 등과 같은 상품을 제공하였다. 그런데 해금이 엄격해질수록 가격은 그만큼 상승하여 자연히 이로부터 얻을 수 있는 이익도 상승할 수밖에 없었다. 그리하여 자연히 위험을 무릅쓰고 여기에 달려드는 사람도 그만큼 많아지게 되었다. 가정 이전에 금령을 어기고 바다로 나아가 밀무역에 종사한 사람들은 대부분 연해의 소민과 상인들로서, 이들은 호구지책으로 몰래 해상에서 외국 상인들과의 교역에 종사하였다. 가정 이후에는 이와 같은 상황에 큰 변화가 발생하였다. 즉 밀무역의 규모가 커졌을 뿐만 아니라 복건이나 절강의 문벌가문이 이들 무역에 개입하여 좌지우지하였다. 밀무역 선주와 토호가 결탁하여 관아를 협박하고 이러한 사실을 감싸고 은폐하도록 하였으며, 드러내놓고 대대적으로 밀무역에 종사하였다. 다른 한편, 해적과 연해 빈민과의 사이에 선박을 통해 이루어진 밀무역은 상층 밀무역 집단과 서로 이해가 맞아떨어졌다. 명문세가는 비단 밀수품을 은닉했을 뿐만 아니라 밀수 상인들을 위협하여 뇌물을 상납하도록 요구하였다. 그러나 밀수 선주들은 이와 같은 협박에 참고만 있지 않고 떨쳐 일어나 보복을 감행하면서 해상 밀무역은 점차 연해의 왜란과 뒤섞여 뭐가 뭔지 모르는 혼란스러운 상황이 전개되고 말았다.

동남 연해 지방에서 해상 무장 밀무역과 해적의 노략질이 크게 늘어나자, 절강, 복건, 광동 연해의 무직 유민이나 어민들은 경제적 이익에 혹하여 너나 할 것 없이 밀무역에 뛰어들어 이것이 사회 치안에 심각한 문제로 등장하게 되었다. 가정 26년(1547년) 절강순무 겸 복건군무제독 주환(朱紈)은 이 지역에서 해금의 준수 상황을 조사하고, 나룻배를 제거하였으며, 보갑 제도를 엄격히 실시하고 간상들을 잡아넣었다. 그는 외국에 가서 불법 교역을 하고, 중국에 가서 도적질을 하며, 중국 연해에 가서 불법으로 교역하며, 중국의 의관을 훔치는 것과 같은 분란은 복건과 절강의 대성이 왜와 통하는 데 근본적인 원인이 있다고 생각하였다. 이른바 의관을 훔치는 도적이란 바로 연해의 명망가로서, 이들은 한편으로는 밀수 상인에게 배를 만들고 상업 활동을 하기 위한 자본을 대여해 주고, 또 한편으로는 자신의 깃발을 밀수 상인에게 주어 이들이 그 기를 배에 내걸도록 하여 관아의 조사를 피할 수 있게 해 주었다. 주환은 왜와 교역하는 부호간상을 체포하여 민절 지방의 대성을 건드렸다는 이유로 조정에 있던 민절 출신 관료들의 미움을 사 이들의 공격을 받게 되었다. 이러한 이유에서 주환은 머지않아 관위를 박탈당하고 귀향하게 되자 이를 분하게 여겨 스스로 목숨을 끊고 말았다. 주환은 청렴하고 공정하게 관료 생활을 지냈으며, 따라서 그의 죽음은 다소 억울한 점이 있었지만, 그는 시대의 추세를 알지 못하고 오로지 금지하는 것만을 능사로 여겼다. 서광계(徐光啓)가 《해방우설(海防迂說)》에서 지적한 바와 같이 주환은 "억울하기는 하지만, 해상의 실정에 대해 실제 돌아가는 사정을 파악하지 못하였으며, 당시 상황에 대한 그의 처리가 반드시 적절했다고 할 수는 없다". 주환이 실패한 이후 동남 해상의 밀무역은 더욱 창궐하였다. 가정 28년 명나라 정부는 왕직(王直) 집단이 연해 지방에서 소요를 일으키자 이를 "왜인이 침입하였다"라고 하였는데, 이러한 이유는 갑자기 사태가 발생하자 그 진상을 잘 파악할 수 없었던 지방관이 다급하게 그와 같이 조정에 보고하였기 때문이다. 가정 31년 명나라 정부는 재차 이 지역에 순시대신(巡視大臣)을 임명하여 해금 정책을 엄격히 시행하였는데, 이에 밀무역 집단이 무장하여 대항할 채비를 갖추자 마침내 이른바 '왜환'이 등장하게 된 것이다.

기존의 일부 역사서는 왜구(倭寇)라는 말에 대해 글자만 보고 대강 짐작하여, 이를 일본의 해적과 동의어로 간주하였다. 그러나 이는 사실상 오해이거나 적어도 지나치게 표피적인 해석이라고 할 수 있다. 1994년판 《일본사대사전》에 따르면, 한반도와 중국 대륙 연안과 내륙 지방, 남양 방면의 해역에서 활동한 일본인도 포함된 해적 집단을 중국 사람이나 한국 사람이 이들을 일러 '왜구'라 하였는데, 이 말은 본래 '일본의 침략', 혹은 '일본 해적'이라는 의미를 가지고 있다. 그러나 시대와 지역에 따라 다양하기 때문에 왜구가 가지고 있는 의미 역시 다양할 수밖에 없으며, 연속적인 역사적 실체를 가지고 있는 왜구란 존재하지 않는다고 하였다. 이 책에 의하면, 감합선〔勘合船—*감합이란 입국을 확인하는 일을 뜻하며 그 문서를 감합부(勘合符)라 하였다. 감합 무역이란 바로 감합부에 근거하여 전근대 동아시아에서 중국을 중심으로 주변국과의 사이에 이루어진 일종의 조공 무역을 지칭하며, 감합선에 의해 교역품이 옮겨졌다〕에 의지하여 이루어졌던 일본과 중국 사이의 교통이 중도에 두절되었기 때문에 중국 대륙 연안에서는 엄청난 왜란이 발생하였는데, 이 가운데에서 가장 격렬했던 것이 이른바 '가정대왜구'였다. 이 시기의 왜구는 실상 일본인으로서 여기에 참가한 수는 매우 적었으며, 대부분은 중국의 밀무역자와 이들을 추종하는 각양각색의 사람들이었다고 할 수 있다.

왜구가 중국 연해 지방에서 소요를 일으킨 것은 원나라 중엽 이후였다. 이후 명나라 영락 17년(1419년) 총병 유강이 망해과(望海堝, 요녕성 개현 서남쪽)에서 왜구에 큰 타격을 가한 후, 가정 시기에 동남 연해지방에서 출몰한 왜구는 그 구성에서 큰 변화가 나타났다. 왜구를 평정하는 데 참가했던 병부시랑 호종헌(胡宗憲)은 자신이 저술한 《주해도편(籌海圖編)》에서 "오늘날의 해구는 모두 수만 명에 이르며 이를 모두 왜노라는 명칭으로 부르지만, 실은 일본에서 온 자는 수천 명도 되지 않으며, 그 나머지는 모두 중국의 일반 백성이나 무뢰배들이 들어가 이들을 추종한 것에 불과하다"라고 지적하였다. 남경 호광도어사 도중율(屠仲律)은 당시의 이른바 '왜이'에 대해서 언급하면서 일본인은 1/10에 불과하며, 대부분은 명나라의 백성들이라 지적하였다. 청나라 초의 역사가인 담천(談遷)은 《국권(國榷)》에서 "흔히 왜구라는 명칭으로 부르지만, 실은 이 가운데 진정한 왜인은 얼마 되지 않는다"라고 지적하였다. 이렇게 볼 때, 명나라는 왜구라는 단어의 사용에 대해 그리 엄밀하지 않았으며, 왕직 집단과 같이 일본과 통상하던 밀무역 상인 역시 왜구라고 지칭했음을 알 수 있다. 실제 일본 해적은 도리어 '진왜(眞倭)'라는 단어를 사용하여 이들과 구별하였다.

가정 시기의 왜환(倭患)을 살펴보면 왜구의 수령은 대부분 중국인으로서, 가정 초기에 복건인인 이광두(李光頭), 흡현(歙縣—*안휘성 흡현)인 허동(許棟) 등이 있었으며, 그 도당으로는 왕직, 서유학(徐惟學), 엽종만(燁宗滿) 등이 있었다. 가정 중기의 왜구로는 왕직이 우두머리를 차지하였으며, 서해(徐海)가 그 뒤를 이었다. 가정 후기의 왜구로는 복건, 광동인인 장련(張璉)을 손꼽을 수 있다. 왜구왕 노릇을 하였던 왕직은 휘주 해상 출신으로서 해상 밀무역을 경영하였으며, 가정 31년(1552년)에 또 다른 무리의 해적을 병탄한 이후 해상을 장악하여 해상 밀무역 집단의 우두머리가 되었다. 이후 통상의 요구가 거절당하자 절동 연안을 약탈하기 시작하였다. 가정 32년 관군이 이들을 포위하자 몸을 기탁할 곳을 찾지 못하여 일본 사쓰마〔薩摩〕 지방의 송포진(松浦津)으로 도망가서 오도 열도를 근거지로 삼았다. 히라도에 저택을 짓고 방대한 선단을 거느리면서 스스로 오봉선주(五峰船主), 정해왕(淨海王)이라 불렀다. 그는 종종 일본으로부터 배를 이끌고 절강 복건 연해로 진출하여, 영파, 천주항 밖의 쌍서(雙嶼), 오서(浯嶼)를 거점으로 대규모의 밀무역과 해적질을 일삼았다. 왕직의 무리들 가운데 확실히 일군의 일본인(진왜)이 있었던 것은 사실이다. 그들은 왕직 집단에 의해 고용되어 있었다. 예를 들면 《왜지(倭志)》에는 "왕직이 재물을 주고 용맹한 왜노를 고용하여 자신을 호위하도록 하였다"라는 기록이 있다. 《명사》〈일본지〉에도 "왕직 등이 내지에서 자신의 뜻을 이루지 못하자 섬으로 도망가 일을 도모하였다. 왜인들은 이들의 지휘를 받았으며, 이들의 권유로 왜구에 합류하게 되었다"라는 기록이 남아 있다. 이러한 까닭에 왕수가(王守稼)는 《가정 시기의 왜환(倭患)》이라는 저서에서 "수많은 사료가 증명하듯이, 실제 역사 상황은 이전의 전통적인 해석과는 정 반대임을 알 수 있다. 가정 시기의 '진왜'는 거꾸로 중국 해적의 지휘를 받아 종속적 · 보조적 위치에 있었다"라고 지적하였던 것이다.

그렇다면 왜 그렇게도 오랜 기간 동안 왜환의 이유를 일본 해적의 침입으로 돌렸던 것일까? 여기에는 매우 복잡한 원인이 있다. 첫째, 왜구 가운데에는 분명히 실제로 일부 일본인이 포함되어 있었으며, 이들을 '진왜(眞倭)'라 불렀던 것도 바로 이러한 이유 때문이었다. 《명사》〈일본지〉의 기술에 따르면 "대체로 진왜(일본인)는 열에 셋 정도였고, 왜를 추종하는 중국인이 열에 일곱이었다"라고 하였다. 둘째, 왕직 등이 의도적으로 혼란을 부추기기 위해 거짓말을 유포하여 스스로를 보호하고자 했던 의도도 있었다. 일찍이 호종헌(胡宗憲)이 왜구의 소란을 평정할 때 여기에 참여한 모곤(茅坤)은 다음과 같이 지적한 바 있다. "왜구는 배 한 척마다 약 200명이 타고 있으며, 수령은 대부분 복건과 절강의 온주, 대주, 영파인이며, 휘주인도 있었다. 이른바 왜인이라고 해서 상투를 틀어 올린 자도 있기는 했지만 불과 십수 명에 불과하였다. 이렇게 볼 때 해적들 가운데 왜인이 몇몇 있다는 것은 단지 명목상에 불과했을 뿐 실제로는 거의 모두 하남성 사람들이었다". 왕직 등은 매번 어느 지역을 약탈할 때마다 반드시 풍문을 퍼뜨려 '섬나라 오랑캐(일본인)'의 소행으로 사칭하였다. 그리하여 명나라 관방에서 진상을 파악하기 어렵게 만들어 일본 해적의 침입으로 착각하도록 만들었던 것이다. 셋째, 명나라 시기에 왜구를 평정한 장군들은 전공을 세우기 위해 실상을 부풀리는 경우가 매우 많았다. 특히 전투에서 패할 경우 왜구의 침입이라고 거짓으로 보고를 올렸으며, 적의 상황에 대해 과장하여 보고하였다. 반대로 적의 수급을 베거나 조금 전과를 올리면 보통 도적을 '진왜'라고 거짓 보고하였다. 왜냐하면 당시 관방에서는 '진왜'를 사로잡으면 한 명당 3급을 승진시켜 주거나 혹은 은 150냥을 상으로 하사하였으며, '진왜'의 목을 베어 올 경우 한 명당 1급을 승진시켜 주거나 혹은 상으로 은 50냥을 하사하였기 때문이다. 이와 같은 상황에서 당시 사람들이 "들리는 말에 의하면 우리 군사가 100여 명에 달하는 적군의 목을 베어 오면, 이 가운데 진짜 일본인(진왜)은 겨우 한, 둘에 불과하다고 한다"라거나, "관병들이 왜인의 목을 베어 오면 후한 상을 내린다는 사실에 눈이 어두워 명명백백하게 중국인이라는 사실을 알면서도 왜인이라고 한다. 소문이 꼬리를 물고 번져 가면 모두 왜인이라 여겼지, 실제 중국인이라는 사실을 알지 못했다라고 한다"는 말이 이상할 것도 없다.

왜환이 가중되자 명나라 정부도 이를 평정하기 위해 전력을 기울이지 않을 수 없었다. 그리하여 가정 33년(1554년)에 남경병부상서 장경(張經)을 총독으로 임명하여 강남, 강북, 절강, 산동, 복건, 호광의 제군을 이끌고 나아가 이들을 토벌하도록 하였다. 그리하여 그는 가흥(嘉興), 대진, 왕강경(王江涇) 등지에서 큰 승리를 거두었으나 독찰군무 엄숭(嚴嵩)의 심복인 조문화(趙文華)와 절강순무 호종헌(胡宗憲)의 모함으로 말미암아 체포되어 투옥되었다. 그의 뒤를 이어 호종헌이 총독의 자리에 올라 갖은 수단을 동원하여 왕직, 서해, 진동 등을 유인하여 처형하였으나 복건, 절강 연해에서 왜구의 소요는 끊이지 않았다. 왜구의 소요를 평정하는 가운데 결정적인 승리는 바로 유대유(兪大猷), 척계광(戚繼光) 등에 의해서 이루어졌다. 척계광(1528-1587년)은 자가 원경(元敬), 호가 남당(南塘)이며, 산동 등주(登州, 현재의 蓬萊) 사람으로 명망 있는 장군 집안으로서 등주위지휘첨사(登州衛指揮僉事)를 세습하였다. 가정 34년에 절강도사로 전속되어 참장이 되어 영(寧), 소(紹), 대(臺) 3부를 관장하였으며, 후에 다시 대(臺), 금(金), 엄(嚴) 3부를 관장하였다. 금화(金華)와 의오(義烏) 지방에서 용감하고 민첩한 장정을 모집하여 군대를 편성하고 이들에게 격자법(擊刺法—*도검으로 깊이 찌르는 법)을 훈련시켰으며, 화기와 병기를 개량하여 척가군이 세상에 널리 명성을 떨치게 되었다. 그리하여 왜구와의 전투에서 연전연승을 거두어 절동에서의 왜환을 평정하였으며, 다시 복건으로 가서 총병 유대유와 더불어 복건의 왜환을 평정하였으며, 또 다시 유대유와 함께 광동의 왜환을 평정하였다. 왜구의 소요를 평정하는 전쟁은 마침내 가정 43년(1564년)에 막을 내렸다.

그러나 진정으로 왜환을 해결할 수 있었던 근본적인 원인은 바로 명나라 정부가 점차 해금 정책을 포기하였다는 데 있었다. 어떤 의미에서 보면, 가정 시기의 왜환은 일정 정도 해금과 반해금의 투쟁이라고도 할 수 있다. 당시 가장 영향력이 컸던 왕직 집단은 "시장을 열어 교역하기를 요청하였으나 관방에서 이를 허가하지 않았기 때문에" 어쩔 수 없이 해상 밀무역에 종사하였으며, 연해에서 노략질하여 왜구의 상징적인 존재가 되었다. 이후 그는 또다시 정부에 만일 통상을 허가해 준다면 모든 노력을 다해 해적을 제거하겠다는 뜻을 전하였다. 왜구의 소요를 진압하던 호종헌과 조문화도 "해금이 지나치게 엄격해지면서 살아갈 방도가 날로 어려워지자, 이로 말미암아 도적의 길로 빠지고 만 것이다", "해안 지방의 백성들은 본래 어로로 살아가는 사람들인데, 해금이 지나치게 엄격해지자 생활의 방편을 잃고 어쩔 수 없이 도적을 따라 나선 것"이라고 간주하였다. 왜구의 소요를 진압하는 전쟁에서 승리를 거둠에 따라 해금의 개방은 최고 당국이 선택할 수 있는 유일한 방안이 되었다. 가정 45년(1566년) 명 세종이 세상을 떠난 것을 계기로 뒤 이어 황제로 등극한 명 목종과 신종, 그리고 그의 보정대신들은 모두 개방적이고 융통성 있는 정책을 실행해야 한다고 주장하였다. 해금의 개방은 해상 무역의 발전을 자극하였으며, 이에 따라 사인의 해상 무역도 새로운 단계에 접어들었다. 이러한 결과 번영의 국면이 출현하자 이른바 '왜환'도 자연히 연기처럼 사라지고 말았다.

이와 같은 배경에 비추어 볼 때, 우리는 만력 시기 복건 장락(長樂) 사람 사걸(謝傑)이 《건대왜찬(虔臺倭纂)》에서 왜구에 관해 가지고 있던 높은 식견에 대해 감탄해 마지않을 수 없다. 왜냐하면 첫째, 중국의 큰 근심거리가 된 왜구는 실상 대다수가 중국인임을 잘 알고 있었다는 것이다. "왜놈의 소요를 예로부터 노(奴)라고 경멸하여 말하였는데, 사실은 중국 안의 문제로서, 이들은 조주인이나 장주인, 혹은 영파인이나 소홍인이 대부분을 차지하였다." 둘째, 정부가 지나치게 엄격하게 해금 정책을 실행하였기 때문에 해상 무역에 종사하던 사람들이 왜구로 전환되었다는 것이다. 즉 그에 의하면 "구(寇)와 상(商)은 같은 사람으로서, 교역이 개통되게 된다면 다시 구에서 상으로 전환될 수 있는 사람들이며, 교역이 금지되면 상에서 구로 전환된다"는 것이다. 셋째, 정부가 추진하는 행정 정책의 편파성이 왜환이 날이 갈수록 더욱 극성을 부리는 주요한 원인이 되었다는 것이다. 즉 그는 "해상 무역의 관점에서 이를 보면, 해금이라는 지나치게 엄중한 병에 걸린 것과 같다"라고 설파하였다.

가장 뚜렷한 예가 바로 복건 장주부의 월항(月港)이라고 할 수 있다. 해상 교통에 매우 편리하다는 이유로 월항은 일찍이 해금 시기에 이미 밀무역의 중심이 되었으며, 그리하여 수많은 사람들이 모두 이 지역으로부터 배를 띄워 몰래 여송(呂松, 현재의 필리핀)의 여러 섬으로 가서 무역 활동에 종사하였다. 이러한 이유로 월항에서 밀무역이 매우 번성하자, 사람들이 이 지역을 소소항(小蘇杭—*작은 소주와 항주)이라고 불렀다. 가정 45년(1566년) 정부도 마침내 이와 같은 현실을 기정사실로 받아들이지 않을 수 없었으며, 이에 따라 월항을 해등현의 현정부 소재지로 격상시켜 주었다. 그리하여 다음 해(즉 융경 원년)에 정식으로 해금을 개방하고 백성들이 배를 타고 동양 및 서양으로 나아가 무역을 할 수 있도록 허가해 주었다. 관방은 이들 상선에 인세(引稅)와 관세를 부과하여 징수함으로써 사인 해상 무역을 합법화시켜 주었다. 전한승(全漢昇)이 저술한 《신항로 발견 이후의 해상 실크로드 약론》의 설명을 들어보자. 이른바 동양은 필리핀 군도를 중심으로 하는 해양으로서 동양을 왕래하는 사람들은 대부분 필리핀의 여송도나 혹은 마닐라 항에 도달하였다. 이들이 마닐라로 가지고 간 화물은 주로 생사와 비단이었다. 당시 중국에서 1담(擔)의 가격이 은 100냥인 호사(湖絲, 절강 호주의 생사)를 마닐라로 가지고 가면 적어도 은 200냥에 팔 수 있었다. 스페인 상인뿐만 아니라 일본 상인도 마닐라로 와서 호사를 구입하기도 하였으니, 이러한 이유로 호사의 가격은 천정부지로 뛰어 올라 1담에 최고 은 500냥까지 거래되었다. 중국 국내와 여송 사이의 가격에 차이가 많았기 때문에 생사와 비단을 가지고 이들 지역에 가서 판매하는 중국 상인은 늘 거액의 이윤을 챙길 수 있었다. 중국 상인이 마닐라에 도착한 이후 시의 동북부 지역에 집중적으로 거주하여 무역시장을 형성하였으니, 스페인 상인은 이를 생사시장이라고 불렀다. 마닐라의 생사시장은 일부만이 당지에서 소비되거나 혹은 일본으로 수출되었으며, 대부분은 모두 대범선, 즉 '사선(絲船)'에 가득 실려 아메리카로 운반되었다. 그리하여 예전과는 다른 해상 실크로드가 형성되게 된 것이다.

당시 중국 정부는 자국의 배가 해상을 통해 다른 나라로 갈 경우 출항 전에 먼저 '청인(請引)'하도록 규정을 두어, 인세(引稅)라는 이름의 특허금을 납부하도록 하였다. 이 밖에도 세 종류의 관세 성격을 가진 세금을 징수하였는데, 여기에는 수향(水餉), 육향(陸餉), 가증향(加增餉)이 있었다. 수향은 오늘날의 톤세(噸稅)에 상당하는 것으로 배의 크기에 따라 세금을 부과하여 징수하였다. 육향은 화물수입세이며, 가증향은 일종의 특가세로서 전적으로 필리핀으로부터 회항하는 선박에만 징수하였다. 전한승의 《명계 중국과 필리핀 사이의 무역》에 따르면, 장주부 해등현이 매년 징수하는 외국 무역세의 수입은 급속히 증가하였다. 융경 연간(1567-1572년)에는 은 3천 냥이던 것이, 만력 초기(1573년)가 되면 은 6천 냥으로 증가하였으며, 만력 4년(1576년) 은 1만 냥, 만력 11년(1583년)은 2만 냥, 만력 22년 은 2만 9천 냥으로 증가하였다. 만력 22년의 세수는 거의 20년 전의 열 배에 달하였다. 이는 해외 무역을 성공적으로 처리한 한 예로서 해금 시기와 서로 비교하여 그 득실이 어떠했는지는 말할 필요도 없다. 중국과 필리핀 사이의 무역이 발전하면서 양국은 모두 그 혜택을 입을 수 있었다. 중국의 수공업 제품과 농산품이 필리핀에서 판로를 확대한 결과 이는 중국 국내의 공업과 농업을 '외향형(수출형)'으로 변화하도록 계기를 마련해 주었다. 즉 국외시장의 수요를 염두에 두고 생산하였으며, 상인들도 대외 무역을 위해 상행위를 하게 되었다. 이러한 가운데 어느덧 적지 않은 일자리가 새로 생겨났으며, 이는 결과적으로 중국 국내의 상대적 과잉인구의 생계문제를 해결하는 데 큰 도움이 되었다.

## 84. 높은 수준의 상품 경제 발전

소주부, 송강부, 가흥부, 호주부를 중심으로 하는 장강 삼각주 지역은 15세기 말, 16세기 초 이래 농업 경제에서 상품화의 경향이 두드러지게 발전하였다. 그리하여 면화의 재배, 방적, 직포나 혹은 뽕나무의 재배, 양잠, 제사(製絲, 繅絲—*고치를 켜 실을 뽑는 것) 등과 같이 원래 농가에서 부업으로 이루어졌던 일들이 농가의 본업이라고 할 수 있는 식량 작물의 재배를 점차 대체해 나가게 되었다. 이렇게 되자, 면화나 뽕나무의 재배가 벼의 재배를 압도하는 새로운 경향이 출현하였다. 이와 같은 경제적 측면에서의 변화는 소주부, 송강부, 가흥부, 호주부 등의 지역에서 시진(市鎭)이 발전할 수 있었던 강력한 원동력이 되었으며, 시진의 발전은 또다시 농업 경제에서 상품화 정도를 더욱 심화시키는 역할을 수행하였다. 경제 발전의 연구에 따르면, 역사상 경제는 수없이 오랜 역정을 거치면서 발전되어 왔다. 그 첫 번째 단계가 바로 확장식의 농업 발전으로서, 비록 각 생산자의 평균 생산 능력에 변화가 발생하는 것은 아니지만, 인구와 경지가 부단히 증대됨에 따라서 자연적으로 생산이 확대된다는 것이다. 다음 단계로 농업의 상업화와 기술의 진보, 그리고 농산품 가공업의 확립 등을 들 수 있다. 이 단계에서 조금 더 진전되면, 공업화의 단계로 진입하게 된다는 것이다. 명 중기 이후 장강 삼각주의 경제 발전은 바로 여기에서 말한 두 번째 단계에 해당된다고 할 수 있겠다.

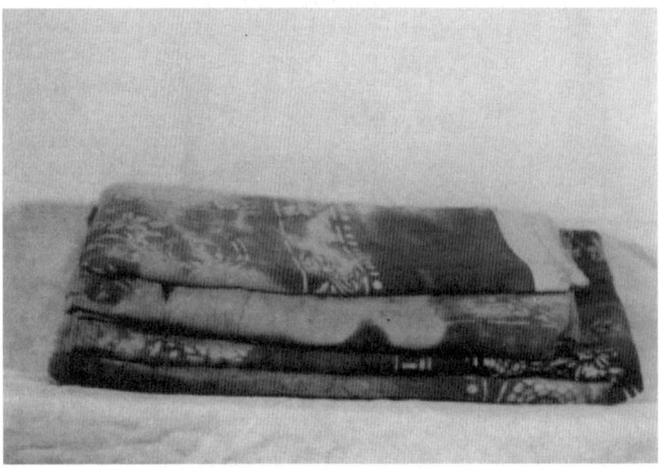

상해 마교에서 출토된 명대의 남화포

명대 초기, 송강 강신(岡身) 이동 지역에서는 이미 면화의 재배가 보편적으로 이루어졌으며, 상해현 사람인 고욱(顧彧)은 《죽기사(竹枝詞)》에서 "평천(平川) 지역에서는 면화의 재배가 매우 번성하여, 천을 짜는 사람들도 이제는 마를 가지고 바느질하는 일을 그만두었다. 어제는 관에 세금을 바치는 날이 가까워서인지, 거리에서 면사를 많이 팔았다"라고 기록하여 이와 같은 상황을 생생하게 묘사하고 있다. 이후 면화의 재배는 점차 강신 서쪽으로 범위가 확대되었다. 송강부에 속한 각 현 및 소주부에 속한 가정(嘉定), 태창(太倉), 곤산(昆山), 상숙(常熟) 등의 현은 모두 유명한 면화 생산지로 성장하였으며, 이 지역의 농가에서는 "면화를 많이 재배하고", "방직을 전업으로 하여", 면화 생산의 수입이 농가의 주요한 수입원이 되었다. 이와 같은 변화는 전통 농업 경제에 커다란 충격을 주었으며, 농가의 경제 수익은 주로 면화나 면화를 사용하여 생산한 면제품을 스스로 소비하지 않고 내다 파는 것으로부터 기인하였다. 따라서 이들이 생산한 상품은 시장에서 판매된 이후에 비로소 그 수익을 얻을 수 있는 것이었다. 당시 지방지에는 "농가의 수확은 관에 세금을 내고 고리대를 상환하고 나면, 한 해가 지나기도 전에 집에 아무것도 남아나질 않아, 먹고 입는 것을 모두 여기에 의지하지 않을 수 없었다", "읍에 거주하는 사람들은 무엇보다도 면포를 생산하여 살아간다. 〔…〕 집집마다 조용(租庸), 복식, 용구, 교제, 부양, 장례 등의 비용을 모두 여기에 의존한다"라고 기록하고 있어, 이와 같은 변화를 잘 반영하고 있다.

확실히 면화를 재배하여 실을 뽑아내고, 이를 가지고 다시 면포를 생산하여 얻어진 수입은 순수하게 농업 경영을 통해 얻을 수 있는 수입을 초과하였다. 가정 연간에 송강 사람 서헌충(徐獻忠)은 "읍인들이 방직과 방적을 주요한 생업으로 여기며, 농업의 부족함을 여기에 의지하여 다소 해결할 수 있다"라고 말하였다. 이와 같은 기록은 바로 농가 경영의 상품화와 밀접한 관계를 가지고 있다. 농가에서는 면화를 원면으로 사용하여 면사를 생산한 이후 이를 시진에 가지고 나가서 팔았다. 이와 같이 면사를 생산하여 내다 파는 소농은 스스로 심어 수확한 면화를 가지고 면사를 제조할 뿐 아니라 더욱이 시진에서 면화를 구입해 와서 다시 면사를 생산한 후 이를 내다 팔았는데, 이와 같은 일이 송강에서는 매우 보편적이었던 것으로 보인다. 즉 "마을의 부인들은 새벽에 면사를 싸들고 시장에 가서 면화로 바꾸어 온다. 다음 날 아침이 되면 다시 면사를 가지고 나가 조금도 쉴 틈이 없다". 적지 않은 농가에서는 면사를 제조한 이후 다시 이 면사를 가지고 면포를 짜냈다. 그리고 이것을 들고 시진에 나가서 판매하였는데, 밤을 새워 새벽까지 일하여 "하루 종일 한 필을 짰다". "여기서 생산된 옷이 천하를 뒤덮는다"라고 할 정도로 명성이 자자했던 송강부에서 생산된 우돈포(尤墩布), 삼사포(三梭布), 표포(標布), 비화포(飛花布), 자화포(紫花布) 등 양질의 면포와 "소포(蘇布)라고 사방에 평판이 자자했던" 가정, 상숙 일대에서 생산된 약반포(藥斑布), 기화포(棋花布), 사문포(斜紋布), 겸사포(縑絲布) 등도 모두 농가에서 생산된 것이었다.

명나라 말 청나라 초의 상해현 사람인 엽몽주(葉夢珠)는 송강을 중심으로 수출되는 면포에 대해 설명하였는데, 여기에 따르면 생산된 면포 가운데에는 표포(標布), 중기(中機), 소포(小布)의 세 종류가 있었다. 위가 넓고 끝이 좁은 것을 표포(標布)라고 하는데, 삼림(三林) 당진(塘鎭)에서 생산된 것이 가장 뛰어났으며, 주포진(周浦鎭)에서 생산된 것이 그 다음으로 평가되었으며, 현성(縣城)에서 생산된 것이 그 뒤를 이었다. 이 면포들은 섬서, 산서 상인 및 휘주 상인〔신안(新安) 상인〕에 의해 섬서, 산서, 북경과 변경 지방의 여러 로(路)로 운반되어 소비되었다. 표포에 비해 조금 더 넓고 긴 것이 바로 중기포였는데, 휘주 상인에 의해 호광, 강서, 양광의 각 로로 운송되어 소비되었다. 그는 명대 표포가 번성한 상황에 대해 "부상, 거상들이 엄청난 돈을 손에 쥐고 시장에 왔는데, 여기서 유통된 백은이 도합 수만 냥에 달하였으며, 많게는 수십만 냥 적게도 만 냥은 족히 되었다. 따라서 아행(牙行)들은 면포 상인들을 왕후처럼 떠받들었으며, 면포 상인에게 잘 보이기 위해 온갖 방법을 동원하였다"라고 기록하였다. 소주의 가정과 상숙 지방에서 생산된 면포도 불티나듯 팔려 "상인들은 상품을 가깝게는 항주, 안휘성 흡현(歙縣), 청도, 제남으로, 멀리는 하북, 요동, 산동, 섬서에까지 판매하였다"고 기록하였다. 오승명은 《중국자본주의 맹아》라는 책 가운데에서 청 중기 소주, 송강 지역에서 생산된 면포는 연간 약 4천5백만 필에 달하였으며, 이 가운데에서 장거리로 운송되어 소비된 것이 약 4천만 필에 달하였다고 추정하였다. 명나라 시기의 상황도 이것과 큰 차이가 없었을 것이라 생각된다.

이와 같은 배경 아래서, 소주, 송강 일대에서 경제의 번영, 규모의 방대함, 상인들이 구름처럼 모여든 시진 등은 모두 면포의 소비를 골간으로 이루어진 것이다.

**주경진(朱涇鎭)**—근교에서 면화의 수확이 많았으며, 방직업도 숙련되어 있었다. 생산된 표포(標布)의 품질도 매우 뛰어나, 사방에 품질이 뛰어나다고 명성이 자자했던 우돈포(尤墩布) 보다도 오히려 나았다. 당시 사람들은 시구 속에서 이 지역에서 면포의 교역이 매우 번창하였음을 다음과 같이 묘사하였다. "집집마다 굴뚝에서 연기가 피어오르는 것이 마치 도성과 같이 번성하고, 객상〔估客〕들이 짐을 가득 싣고 왕래하니 지금에 이르러 사람들이 이 지역을 소임청이라 부르게 되었다." 지은이는 스스로 주를 달아 설명하기를 "명대에 소임청이라는 지역에 상인들의 왕래가 매우 빈번하였다"라고 지적하였다. 이른바 표행이란 표포의 무역에 종사하는 아행〔牙行—*경기(經紀)라고도 불리며, 거래 중개인으로서 상품의 가격을 평정하고, 그 보수로 일정한 수수료 즉 용전을 받았다〕을 가리킨다. 이른바 고객(估客)이란 각지로부터 몰려와서 면포를 매매하는 객상을 가리킨다. 이들이 거금을 들고 이곳으로 와서 면포를 구매함으로써 주경진의 거래가 번성하게 되니, 산동 운하 연선의 유명한 상업도시인 임청과 필적할 만하다 하여 소임청이라 부르게 된 것이다. 이 지역 사람인 고공섭(顧公燮)이 저술한 《소하한기적초(消夏閑記摘抄)》에서는 "명대 전기에는 수백 개의 포호가 모두 송강, 풍경, 주경 등의 지역에서 이 일에 종사하였으며, 염방(染坊—*염색), 단방(踹坊—*광택), 상인이 모두 여기에 속해 있었다"라고 기록하였다.

**주가각진(朱家角鎭)**—만력 연간에 이미 "상인이 모여들어 면화와 면포의 교역 활동에 종사하여 오늘날 거대한 진(鎭)을 형성하게 되었다"라고 하는 기록으로부터 볼 때, 이 지역은 이미 표포 무역의 중심지로 성장해 있었으며, "수도(京省)의 표객이 끊임없이 오고 갔다"라고 기록하였다. 면포의 거래가 왕성한 때가 되면 으레 진에는 "면포의 매매를 위해 밤에도 시장에는 불이 환하게 밝았다"라고 하여 홍성한 모습을 묘사하고 있다. 전국 각지에서 표포를 구매하려는 객상(즉 소위 표객)이 여기에 모여들어 "주가각진 동쪽의 시장인 명기장(明紀場)에 있는 찻집과 술집에 수도와 낙양 등으로부터 모여든 표객들이 거주하여 매우 번화하였다". 당시 사람이 지은 《구가(衢歌)》에서는 이와 같은 상황을 다음과 같이 묘사하였다. "동시(東市) 명기장(明紀場)에는 생선점과 싸전 등 온갖 시장으로 북적였으며, 남교(南橋)인들은 순사(巡司)를 피해 다녔다. 양경(兩涇)도 주가각만큼 번성하지는 못하였으니, 도경〔圖經—*지도와 지방지의 중간 성격을 가진 일종의 도적(圖籍)을 말한다. 보통 그림 하나와 이에 대한 설명으로 이루어져 있다〕만을 들여다보아서는 이와 같이 번화한 상황을 결코 이해할 수 없다." 여기서 이른바 '양경(兩涇)'이란 바로 주경진(朱涇鎭)과 풍경진(楓涇鎭)을 가리키는 것이며, 주가각(珠家閣)이란 바로 주가각(朱家角)을 고상하게 부른 것으로, "양경이 주가각에 미치지 못한다"라는 표현이 결코 과장된 말이 아니었다. 《송강부지(松江府誌)》에는 이것을 "상인들의 무역이 다른 진보다 훨씬 홍성하다"라고 기록하고 있는데, 이는 사실과 서로 부합된다고 할 수 있다.

**나점진(羅店鎭)**—이 지역은 명 중엽에 이미 면포 집산의 중심지로 부상하였으며, "휘상(徽商)이 모여들어 무역의 번성함이 거의 남상(南翔)과 비견된다"라고 할 정도였다. 만력 이래 나점진은 면포 무역의 중심지가 되어 수많은 휘주 상인을 불러들였는데, 그 번성함의 정도가 부근에 위치한 남상진에 필적하였다. 따라서 당시 사람들은 늘 "나점은 본래부터 매우 풍요한 지역이었으며, 사람들이 흔히 금나점, 은남상이라고 부를 정도였다"고 하였다. 진 전체에서 면화와 면포가 교역의 대종 상품이었으며, 면화 및 면포 교역에 종사하는 아행(화행, 포행)이 도처에 산재하여 이것이 경제발전을 좌우하는 관건이 되었다. 이 밖에 칠보진(七寶鎭), 안정진(安亭鎭), 외봉진(外鳳鎭), 타당진(妥唐鎭), 전문당시(錢門塘市), 금택진(金澤鎭), 황도진(黃渡鎭) 등이 모두 면포 교역을 위주로 하는 상업의 중심지였다.

호주부(湖州府), 가흥부(嘉興府) 및 소주부(蘇州府), 항주부(杭州府) 일대는 전통적으로 뽕나무를 심고 양잠을 치는 지역이었다. 명나라 이래 잠사업, 사직업은 생산량과 품종이 증가했을 뿐 아니라 산지와 여기에 종사하는 사람들의 범위도 날로 확대되었다. 그리하여 농가에서 뽕나무를 재배하고 양잠을 치는 일이 양식을 재배하는 일을 압도하게 되니, 그해에 양잠이 잘되고 못되는 것이 한 해 작황의 좋고 나쁨을 결정하는 관건이 될 정도로 양식의 재배를 압도하였다. 말하자면 잠사업이 잘되고 못되고의 여부가 풍년, 흉년을 결정하는 기준이 될 정도로 주업이 된 것이다. 이러한 상황은 홍희(洪熙), 선덕(宣德), 성화(成化), 홍치(弘治) 연간에 사직업이 성진으로부터 향촌으로까지 확대되어 퍼져 나간 사실과 밀접한 관계를 가지고 있다. 예를 들면 건륭 시기에 출판된 《오강현지(吳江縣誌)》에서 지적하고 있듯이 "능라와 비단의 생산은 송, 원 이전에는 오로지 군(郡, 소주부를 가리킴)에 거주하던 사람들만 여기에 종사했는데, 명(明)의 홍희, 선덕 연간에 이르러서는 읍(邑, 오강현을 가리킴)에 거주하는 읍민들도 점점 비단을 생산하는 일에 종사하기 시작하였으며, 더욱이 군민(郡民)들을 고용하여 비단을 생산하였다. 성화, 홍치 이후가 되면 향촌민들도 이러한 업종에 숙련되어 대대로 업을 전해 내려갔다. 그리하여 진택진(震澤鎭)과 인근 진의 각 촌에 거주하던 주민들도 비단을 생산하여 이로부터 경제적 이익을 얻을 수 있었고, 권세 있는 사람들은 직호를 고용하고 비단을 생산하였으며, 가난한 사람들은 모두 스스로 비단을 짰다". 이러한 기록은 당시의 상황을 잘 대변하고 있다고 생각된다. 사직업이 향촌으로 널리 퍼지자 농가에서는 뽕나무를 심고 양잠에 종사하여 비단실을 생산할 뿐 아니라, 비단을 생산하는 사직업을 겸영하는 단계로까지 발전하였다. 바로 이것이 사직업의 발전을 촉진하는 주요한 요인이 되었을 뿐 아니라, 동시에 필연적으로 농업 경제의 상품화를 촉진시키는 원동력이 되었다. 호주부의 각지에서는 이와 같은 상황이 수없이 출현하였다. "융경, 만력 이래 베틀을 가진 집들은 서로 서로 배우고 모방하여, 솜씨도 각양각색으로서 각종 모양과 재질의 비단을 짜냈으며, 무게는 무거운 것이 15, 6량에 이르고 가벼운 것은 2, 3량에 불과하였다. 길이는 수척으로 이어지는 것도 있고, 옷감의 폭이 10방(方)이나 될 정도로 넓은 것도 있었다. 〔…〕 각 성의 객상들이 이를 구매하기 위해 구름처럼 모여들었으며, 마을 사람들도 다른 지방으로 직접 가지고 가서 매매하여 일 년 내내 사람들의 왕래가 끊이지 않았다."

뽕나무를 재배하는 것으로부터 시작하여 농가경영은 바로 시장과 밀접한 관계를 갖게 되었으며, 이러한 이유에서 곧 상품 경제 속으로 편입되었다. 왕도륭(王道隆)이 저술한 《고성문헌(菰城文獻)》에서는 "입하가 되면 3일 동안 남녀노소를 막론하고 뽕잎을 따서 이를 내다 파니, 이를 가리켜 엽시(葉市)라 한다"고 기록하였다. 엽시에서 거래되는 뽕나무의 가격은 변동의 폭이 매우 커서, 수요과 공급 사이의 변동이나 계절적 요인의 영향을 많이 받았다. 주국정(朱國禎)의 《용당소품(涌幢小品》에서는 "뽕잎의 가격은 수시로 높아졌다 낮아졌다 한다. 이러한 이유에서 '신선도 예측하기 어렵다'라는 말이 있을 정도였다"라고 하였다. 뽕잎의 매매에 종사하는 상인(아행), 즉 청상엽행(青桑葉行)은 뽕잎의 기화 무역(期貨貿易—*뽕잎이 출하되기 이전에 이미 거래 계약을 체결하여 구입해 두는 무역)에 종사하였는데, 여기에는 현물거래와 외상거래가 있다. 즉 미리 가격을 정하여 계약을 체결하며, 잠사 무역이 완료된 이후에 이에 상당하는 가격을 지불하는 것을 외상거래라 한다. 미리 선불을 지불하고 잎이 성장한 후 교역하는 것을 현물거래라 한다. 일반적으로 외상거래가 현금거래보다 1/4 정도 가격이 높았다. 뽕잎과 비교하여 비단의 경우 시장과의 관계가 더욱 밀접하였음은 말할 필요도 없다. 매년 소만(小滿—*24절기의 하나로 양력 5월 21일 전후에 해당)이 되면 당해 연도에 새로 생산된 비단이 시장에서 첫선을 보이게 된다. 그러면 상인들이 시진에 구름처럼 모여들어 천하의 명품인 호사(湖絲)를 다투어 구입하였다. 당시 사람들은 이를 두고 "호사가 만천하에 퍼져 나가지만, 정작 호민(湖民)의 몸에는 비단실 한 오라기도 걸치지 못했다"라고 말하였다.

태호 주변에는 비단 무역이 번성하면서 이를 골간 산업으로 하여 수많은 시진이 출현하였다. 예를 들면 다음과 같은 시진이 대표적이라 할 수 있다.

**남심진(南潯鎮)**—이 지역에서 생산된 호사(湖絲)는 그 명성이 자자하여 각지의 객상들을 불러 모았다. 즉 "매번 새로 생산된 잠사가 출시될 때면, 거리마다 몰려든 상인들로 매우 혼잡하였다". "양 옆으로 늘어선 상점이 왁자지껄해지면, 대로는 곧 인파로 미어터진다." 진남책(鎭南栅)의 사행태(絲行埭, 왕래하는 선박에서 통행세를 받기 위해 쌓은

보)의 사행은 "늘어선 상점에서 비단을 구입한다", "상인이 양쪽으로 줄을 짓고, 비단을 거래하는 사람들이 무리를 짓는다"라고 하였으며, 한편으로는 "향촌의 농가에서 비단을 팔러 다투어 시장으로 몰려간다", 또 한편으로 "외래의 대상인이 배를 타고 와 거래한다"는 기록으로부터 볼 때, 남심진이 이미 호사의 주요한 집산 중심지로 성장해 있었음을 잘 알 수 있다.

**오청진(烏青鎭)**—부근에서 생산되는 잠사 가운데 서쪽 지방에서 생산되는 잠사의 품질이 가장 뛰어나 이를 집리사〔輯里絲—*집리는 7리(里)〕라고 불렀다. 소만이 되어 새로 생산된 잠사가 시장에 출시되면 온 진 안에 잠사 상인(사행)이 눈코 뜰 새 없을 정도로 바빠진다. "각 지역의 큰 군으로부터 달려온 상인들이 다투어 사들인다." 평상시에도 진택(震澤), 성택(盛澤), 쌍림(雙林) 등의 진에서는 "곳곳에서 기호(機戶)가 경사와 위사(經絲·緯絲—*직물의 날실과 씨실)를 구입하여 스스로 비단을 짰다". 또한 행상인들이 "명주실을 판매하기 위해 각 진에 찾아가서 이를 기호에게 팔았다".

**능호진(菱湖鎭)**—부근에서 잠사의 생산이 매우 활발하였는데, 만력 연간에 출간된 《호주부지(湖州府誌)》에 따르면, 호사(湖絲)는 "호주부의 속현마다 모두 호사를 생산하기는 하지만, 그중에서도 능호(菱湖) 낙사(洛舍)에서 생산된 것이 으뜸이다"라고 하였다. 소만이 되어 새로 생산된 잠사가 출시되면 양 옆의 상점들이

〈소주 부근 시진도〉

떠들썩하며, 거리는 사람들로 미어터졌다. 능호 지역의 전후 좌우 30리 이내에서 생산된 잠사는 농가로부터 배편으로 진으로 수송되어, 아행이 부두에서 기다렸다 배가 도착하면 잠사를 건네받았다. "4, 5월이 되면 비단을 싣기 위해 선박들이 줄을 지어 정박하였는데" 그 열기가 대단하였다. 아행이 이들 물건을 구입한 이후 다시 상품을 외지에서 온 객상에게 팔아넘겼다. "진에 거주하는 사람들 가운데 태반이 이것으로 업을 삼아 먹고 살았다"고 할 정도였다.

**복원진(濮院鎭)**—명대 초기에 이미 인구가 만가에 달하였으며, 비단을 짜서 파는 일을 업으로 삼았다. 이 지방에서 생산된 비단은 복주(濮綢)라 불리었으며, 그 명성이 자자하였다. 만력 연간에 비단을 생산하기 위해 재래의 베틀을 개량하여 뛰어난 제품을 생산해 내면서 복주의 명성이 멀리까지 전해졌으며, 이렇게 되자 비단을 생산하는 사람들이 더욱 늘어났다. "진의 거리에는 집집마다 비단을 생산하는 베틀 소리가 울려 퍼졌다." 기호는 비단을 짜는 사직업에 종사하였으며, 공정에서도 세세하게 분업이 이루어졌다. 예를 들면 낙사(絡絲—*실 감기), 실 당기기(실 놓기), 실 이동(경사), 쇄변(刷邊—*가장자리 다듬기), 직조, 잡아 다니기 등 여러 공정이 있었다. 비단을 다 짠 이후에는 이를 주행(綢行—*비단 상인)에게 판매하였는데, 이때 반드시 중간 상인인 거간(居間)의 소개가 필요하였다. 비단상인(주행)은 복건, 광동, 호남, 호북 및 북경 등지로부터 달려온 객상인데, 이러한 지역적 다양성으로 말미암아 비단상인도 경행, 건행, 제령행, 호광행 등으로 분류되었다. 이 중에서도 수도로부터 온 경행(京行)의 재력이 가장 든든하여 "경행이 유통시킨 상품은 유구, 몽골, 관동 등의 각지로 유통되었다".

**쌍림진(雙林鎭)**—쌍림진은 유명한 포두사(包斗絲)의 생산지이다. 포두사는 각지 부녀들의 사랑을 받았으며, 따라서 "하늘 아래 이 상품이 안 퍼져 나간 곳이 없을 정도였다". 성화 연간에 쌍림진 부근의 농가들은 모두 비단을 짜는 일에 매우 숙련되어, 사방의 상인들이 분분히 모여들어 여기서 생산된 비단 제품을 사들였다. 융경, 만력 이래 "집집마다 베틀을 갖추어 놓고 갖가지 종류의 비단을 생산하였다". "각 성의 객상이 이를 사들이기 위해 구름처럼 모여들고, 마을 사람들도 비단을 들고 다른 지방에 가서 판매하니, 일 년 내내 사람들의 내왕이 끊이지 않았다."

원래 일찍부터 전국에서 곡창지대로 알려진 소주, 호주의 두 주(州) 및 태호(太湖) 유역에서는 이미 상품 경제가 상당히 발전되어 있었으며, 수공업과 상업이 비약적으로 발전하였기 때문에 농가 경영의 상품화 경향도 이로 말미암아 하루가 다르게 가속화되었다. 수많은 경작지가 기존의 식량 생산으로부터 뽕잎이나 면화와 같은 경제작물의 생산으로 옮겨감으로써 부단히 증대되는 시장의 수요에 적응하였다. 이에 따라 농업 생산의 구조가 경제작물 위주로 변화하게 되자, 그 결과 식량이 넉넉했던 지역으로부터 점차 식량이 부족한 지역으로 변화되고 말았다. 더욱이 이 지방에서는 인구의 증가 속도가 매우 급속하여, 땅은 좁고 인구는 조밀하여 인구밀도가 높아지게 되면서 식량을 점점 외지로부터의 수입에 의존하지 않을 수 없게 되었다. 그리하여 대체로 15세기 중엽이 되면, 호광 지역이 새롭게 천하의 곡창지대가 되어 여기서 생산된 양식이 강을 따라 남하하여 강절 각지로 공급되었다. 그리하여 "호광에 풍년이 들면 천하가 넉넉하다"라는 국면이 전대의 "소주, 호주에 풍년이 들면 천하가 넉넉하다"라는 상황을 대신하게 되었다. 이것은 바로 사회 경제의 발전 가운데 획기적인 시대적 변화였다고 할 수 있다.

상품 경제가 고도로 발전함에 따라 명 중기 이후 백은이 화폐로 주조되어 시장에서 광범위하게 유통되었는데, 이는 매우 주목할 만한 현상이다. 정부의 재정수입은 대부분 은량으로 환산하여 납부하고 계산하는 것으로 변화되었다. 원래 쌀과 지폐로 관리의 녹봉을 지급하던 것이 점차 은량으로 바뀌었으며, 정미하지 않은 봉미(俸米—*봉급으로 지급하던 쌀) 1석 대신에 은 2전 5분을 지급하였다. 부세에서도 이와 상응한 변화가 나타났는데, 상당 부분을 은량으로 환산하여 거두어들였으며, 이렇게 되자 금화은(金花銀—*명대 영종 시기에 강소, 절강 지방의 조세인 미곡의 일부를 은으로 대납하도록 하여 매년 은 1백만 냥을 제실 은창고에 납입하도록 하였는데, 이를 금화은이라 칭하였다)이 출현하였다. 더욱이 시간이 좀더 지나자 요역마저 은량으로 환산하여 납부하였는데, 이를 역은(役銀)이라 불렀다. 이 밖에 상업세, 수공업세, 관세 등도 모두 은량으로 환산하여 납부하도록 하였다. 장강 삼각주, 주강 삼각주 등 경제가 발전된 지역에서는 농업, 수공업과 상업에서 고공(고용 공인)의 임금도 이미 은량으로 지불되는 형편이었다. 예를 들면 만력 연간에 호주 지역에서 일하던 농업 고공의 임금으로 일 년에 은 2냥 2전이 지불되었다. 또한 융경, 만력 이후 해금이 개방되면서 해외 무역이 급속히 발전함에 따라 자연히 백은이 대량으로 중국에 유입되었다. 이러한 결과 명대 중기 이래 은을 화폐로 사용하는 현상이 보편화되면서 은에 대한 수요가 급속히 증가하였다.

## 85. 전 세계화 무역과 백은자본

15세기 말, 16세기 초에 걸친 지리상의 대발견은 전통적인 조공 무역 체제를 타파하고 명 말의 중국을 전 세계화 무역이라는 새로운 조류 속으로 편입시켰다. 15세기 말, 포르투갈인이 아프리카 남단의 희망봉을 돌아 인도양으로 진입하여 인도 서해안의 무역 중심지인 고아(Goa—*인도 서해안의 봄베이 남쪽에 위치하며, 이후 포르투갈령으로 편입된다)를 점령하고, 곧이어 동서양의 교통 요충인 말라카(Malacca)와 향료 군도〔Spice Islands, 오늘날의 말루쿠 군도(Maluku Islands)〕를 점령하였다. 1524년부터 포르투갈인들은 중국의 동남 연해 지역에서 밀무역을 시 작하였다. 이들은 1557년에 마카오에 거주 지역을 조성하고 촌락을 건설하였으며 이후에 조차라는 수단을 통해 마카오를 든든한 배후기지로 만들었다. 이때부터 마카오는 동서 간의 경제를

포르투갈 상선(모형)

소통시키는 중요한 항구가 되었으며, 동시에 중국과 신항로 발견 이후의 전 세계적 경제와의 사이에 관계를 형성하는 중계지가 되었다. 이에 따라 마카오를 중심으로 몇 개의 국제 무역 항해로가 처음으로 등장하였다. 제일 항해선은 마카오-시암(태국)-말라카(말레이시아)-고아(인도)-리스본(포르투갈) 노선이었다. 제이 항해선은 마카오-나가사키(일본) 노선이었으며, 제삼 항해선은 마카오-마닐라(필리핀)-아카풀코(멕시코) 노선, 제사 항해선은 마카오-동남아시아 노선이었다. 마카오는 이와 같이 중국으로 하여금 세계 각국과 교통할 수 있게 해주는 요충지가 되었다. 그리하여 마카오를 중심으로 하는 중계 무역을 통해 중국시장을 전 지구화 무역의 네트워크 속으로 편입시키고, 중국 경제를 처음으로 진정한 의미에서의 전 세계화(동반구와 서반구) 경제의 새로운 구조와 조우하도록 하였다.

예를 들어 마카오-고아-리스본 노선으로 이어지는 무역을 살펴보면, 포르투갈인들은 중국의 생사(비단실), 비단(사직품), 황금, 동, 수은, 사향, 주사(朱砂), 복령(茯苓—*한약재), 자기 등의 상품을 마카오로부터 고아로 운송하였는데, 이 가운데 수량이 가장 많은 것이 바로 생사였다. 1580-90년 사이에 마카오로부터 고아로 운송된 생사는 모두 3천 담(擔)인데, 액수로는 백은이 24만 냥에 상당하며, 이윤은 총 36만 냥에 달하였다. 1636년에 마카오로부터 고아로 운송된 생사는 6천 담이며, 가격으로 치면 백은이 48만 냥에 상당하였으며, 이윤은 총 72만 냥에 달하였다. 한편 고아로부터 마카오로 운송되어 오는 상품 가운데에는 백은, 후추, 다목(蘇木), 상아, 단향(檀香—*단향목. 자단, 백단 등 향나무의 총칭으로 향료나 약용으로 사용된다) 등이 있으며 이 가운데에서도 백은이 대종을 이루었다. 여기서 백은은 멕시코와 페루산으로, 포르투갈 상인과 스페인 상인이 리스본(Lisbon)과 세비야(Sevilla)로 가지고 가서 다시 고아로 운송해 간 것이다. 그리하여 당시 유럽 상인들은 포르투갈인들이 리스본으로부터 고아로 가지고 간 백은이 거의 전부 마카오를 거쳐 중국으로 들어간다고 말할 정도였다.

이러한 종류의 무역은 다시 일본의 나가사키〔長崎〕에까지 연장되었다. 포르투갈인들은 마카오를 중심으로 원동 무역에 종사하였으며, 매년 5, 6월 고아에서 기항한 상선은 인도 등지에서 생산된 향료 및 멕시코, 페루산 백은을 가득 싣고 마카오에 도착하였다. 이듬해 마카오에서 사들인 중국산 생사, 비단제품, 면포 등의 상품을 다시 싣고 그 다음 해 다시 일본으로 가서 먼저 히라도〔平戶〕, 요코세〔橫瀨〕 포, 후쿠다〔福田〕 항에 정박한 다음 다시 나가사키 항으로 모여들었다. 그곳에서 중국 상품을 판매하여 일본의 백은과 기타 상품으로 교환한 이후 다시 마카오로 돌아왔다. 그리하여 일본의 백은을 지불하여 중국의 생사, 비단제품, 자기 등을 사들여 삼 년째 가을이 되면 고아로 뱃머리를 돌렸다. 그들은 고아–마카오–나가사키–마카오–고아의 장거리 무역을 통해 막대한 이윤을 거두어 들였다. 따라서 영국의 학자 박서(C. R. Boxer)는 1557–1640년간의 시기를 마카오와 일본 사이의 무역 시대라고 명명하였다.

포르투갈인에 이어서 등장한 사람이 바로 스페인 상인이었다. 콜럼버스가 신대륙을 발견한 이후, 마젤란이 아메리카 대륙 남단을 돌아서 태평양에 진입한 이후 필리핀 군도에까지 도달하였다. 비록 그 자신은 필리핀에서 사망하였지만 그가 탑승했던 선박이 스페인으로 회항해 옴으로써 비단 지구가 둥글다는 사실을 증명했을 뿐 아니라, 아메리카가 아시아와는 또 다른 대륙이라는 사실을 증명하였다. 그리하여 아메리카와 아시아를 연계시키는 무역이 스페인 사람들에게 초미의 관심사로 등장하였다. 1580년 이후 스페인 식민지 당국은 마닐라로 싣고 온 생사, 비단 등의 중국 상품을 실어 나르기 위해 멕시코로 통하는 항로를 발견하였다. 이후 200여 년 동안 '마닐라 대범선'은 태평양을 횡단하여 멕시코로 나아갔다. 이것이 바로 당시 멀리까지 명성이 자자했던 마닐라와 아카풀코(Acapulco) 사이를 연결하는 대범선 무역이었다. '마닐라 대범선'은 매번 2년이 채 못 되어 아카풀코와 마닐라를 한 차례 왕복하였다. 스페인 상인들은 필리핀에서 현지 무역뿐만 아니라 중국과의 광범위한 무역에 더욱 주력하였다. 따라서 멕시코로 돌아오는 배에는 항상 중국의 생사와 비단제품 등이 가득 실려 있었다. 선단이 아카풀코에 도착하면 바로 당지에서 성대한 시장이 열렸다. 생사와 비단제품은 멕시코의 현지시장뿐만 아니라 멀리 페루, 파나마, 칠레 일대까지 팔려 나갔다. 대체로 1530년 이전에 스페인의 아메리카 식민지에도 이미 사직업이 존재하였으나,

마닐라 대범선이 품질이 뛰어나고 가격도 저렴한 중국의 생사와 비단을 실어 오면서부터 당지의 사직업은 쇠락하기 시작하였다. 1600년 스페인 당국은 현지 양잠호의 수를 제한하여 이전에 현지 양잠업을 통한 공급을 단절시키고, 끊임없이 수입되는 중국 생사를 멕시코의 공장에 원료로서 공급하였다. 1637년 멕시코 한 곳에서만 하더라도 중국 생사를 원료로 사용하는 직포공장의 노동자 숫자가 무려 1만4천 명에 달하였다. 이러한 수치로부터 당시 얼마나 많은 중국의 생사가 멕시코로 운반되어 갔는지 짐작할 수 있다.

한편, 중국의 토포(수공방직업에서 생산된 면포)는 순식간에 필리핀 군도에 거주하던 토착민들의 생활필수품으로 자리 잡았다. 1592년 스페인의 필리핀 총독은 스페인 국왕에게 중국 상인이 수매한 필리핀 면화는 눈 깜짝할 사이에 중국에서 면포로 생산되어 다시 필리핀으로 운반되어 오며, 필리핀에서 가장 매출이 많은 상품이 된다고 보고하였다. 더욱이 중국의 면포는 '마닐라 대범선'을 통해 서쪽의 아메리카 식민지로 팔려 나가 스페인 상품을 밀어내 버렸다.

이와 같은 상황은 한, 당 시대의 비단길과는 성격이 다른 것으로서, '마닐라 대범선'으로 운수되는 양은 낙타를 타고 사막지대를 넘나들던 상단과는 비교할 수 없을 정도로 어마어마하였다. 프랑스 역사가 브로델은 《15-18세기의 물질문명, 경제와 자본주의》라는 저서 가운데, '마닐라 대범선'이 근대적 의의를 지니고 대륙을 초월하여 넘나드는 원거리 무역을 수행하였다고 의미를 부여하면서, 전 세계적 경제라는 거대한 시야를 통해 이를 고찰하였다. 그는 "16세기 각종 요소가 함께 조성한 운동이 스페인으로부터 아메리카로 나아가게 했으며, 무역의 각도에서 보면 마닐라 대범선은 특수한 유통노선을 대표하였다. 이것은 거대자본의 원거리 무역이며, 태평양을 넘나드는 비단과 은의 대류이기도 하였다"라고 설명하였다.

마닐라 대범선과 태평양 비단길의 왕성한 발전에 따라, 동남연해의 중국 상인이 분분히 마닐라로 이주해 갔으며, 이에 따라 마닐라 동북부에 집중적으로 거주하면서 무역에 종사하였기 때문에, 현지 사람들은 이 지역을 생사시장이라고 명명하였다.

생사시장에서 가격은 시세에 밝은 스페인 상인과 중국 상인이 함께 상의하여 결정하였으며, 사들이는 측에서는 백은을 지불 수단으로 사용하였다. 중국 상선은 다시 본국으로 회항해야 했으며, 스페인 상인들도 대범선에 화물을 가득 싣고 6월 말 이전에 아메리카로 출발하지 않으면 안 되었기 때문에, 모든 교역은 반드시 매년 5월 말 이전에 모두 종결되지 않으면 안 되었다. 이러한 이유에서 역사가들은 "마닐라는 중국과 아메리카 사이의 원거리 무역을 위한 중계지에 불과하였으며, '마닐라 대범선'은 엄격히 말해서 중국 상품을 실어 나르는 대범선에 불과하였다"고 평가할 정도였다. 이 문제에 대한 전론적인 연구서인 《마닐라 대범선(*The Manila Galleon*)》에서 저자인 슈르츠(W. L. Schurz)는 다음과 같이 설명하였다. 중국은 대범선 무역을 위한 화물의 주요한 내원이었으며, 누에바에스파냐(Nueva España, 신스페인, 멕시코 및 그 부근의 광대한 지역)에 거주하던 사람들의 입장에서 보면 대범선은 바로 중국배였으며, 마닐라는 바로 중국과 멕시코 사이를 중계하는 거점이었다. 이들은 중국의 비단제품을 대범선 무역의 가장 중요한 상품으로 여겼으며, 여기에 상품을 집산한 이후 태평양을 횡단하는 것으로 간주하였다. 멕시코와 스페인 사람들은 필리핀에 거주하던 시절에 대해 마치 중국의 일개 성과 같았다고 거리낌 없이 말하곤 하였다.

이후 네덜란드 사람들도 중국 무역에 뛰어들었다. 네덜란드의 한 학자에 따르면 16세기 유럽에서는 중국 상품을 보통 '인도 상품'이라고 불렀으며, 이러한 상품에 상당히 큰 관심을 가지고 있었다고 한다. 그러나 당시 아시아와 유럽 사이에서 무역의 주도권을 장악하고 있던 포르투갈인들은 아시아 지역 내에서의 무역에 더욱 큰 관심을 가지고 있었으며, 그중에서도 중국과 일본 사이의 중계 무역에 큰 관심을 가지고 있었다고 한다. 1595–97년, 그들은 희망봉을 성공적으로 우회함으로써, 이를 계기로 네덜란드 무역회사가 급속히 발전하여 동방 무역에 뛰어들었다. 1602년 각 회사는 '연합동인도회사'를 조직하여, 아시아의 바타비아(Batavia, 현재의 자카르타)를 네덜란드 동인도회사가 화물을 집산하는 중심지로 조성하였다. 네덜란드 동인도회사는 중국 무역에 많은 관심을 가지고 있었으며, 따라서 《동인도회사지》의 제1장 〈중국을 논함〉의 첫

머리에서 "동인도회사는 성립되자마자 바로 중국 무역에 눈을 돌렸는데, 그 이유는 중국 상품을 유럽으로 가지고 갈 경우 막대한 이윤을 얻을 수 있었기 때문"이라고 밝혔다. 이와 같이 어마어마한 이익이 걸려 있었기 때문에, 네덜란드인들은 포르투갈인들이 중국 무역을 독점하는 상황을 종식시키려 하였던 것이다. 그러나 포르투갈인들이 마카오를 거점으로 중국과 직접 무역 관계를 수립할 수 있었던 것에 비해 이들은 거점을 확보하지 못하였다. 이러한 이유에서 이후 1609년이 되면 하나의 전기가 마련되는데, 즉 네덜란드 동인도회사가 일본 히라도에 상관을 개설하고, 이를 계기로 이전까지 줄곧 포르투갈인들이 장악해 왔던 일본 시장에서의 중국 상품 교류의 독점을 타파할 수 있게 되었다. 그리하여 스스로의 필요에 근거하여 중국 상품을 수입할 수 있었으며, 포르투갈인들이 장악해 왔던 화물의 공급을 단절하였다. 1500년대 말부터 1640년까지 동방에서 상업상의 주도권은 거의 네덜란드인들에 의해 독점되었다. 이 시기 동안 네덜란드인들은 팽호 열도를 점거하려고 시도하였으나 성과를 거두지 못하자 대만을 근거지로 정하였다. 1624년 네덜란드인이 안평(安平)에 상관을 설치한 이후 다시 담수(淡水)와 계룡(鷄籠, 基隆)에 창고를 설립함으로써 이 지역은 네덜란드가 중국 상품을 수입하기 위한 고정적인 무역기지가 되었으며, 또한 일본과 중국 연해 사이의 중계 무역항으로서의 면모도 갖추게 되었다. 1639년 일본이 쇄국 정책을 시행한 이후 날이 갈수록 이 지역은 중계항으로서의 지위가 더욱 중요해졌다.

포르투갈은 물론 스페인과 네덜란드 역시 중국과의 무역에서 모두 구조적인 무역 역조를 떠안고 있었으며, 이와 같은 무역 역조를 보충하기 위해 어쩔 수 없이 경화, 즉 백은을 지불하지 않을 수 없었다. 이에 따라 거의 2세기 반 동안, 아메리카와 일본의 백은이 끊임없이 중국으로 유입되었으며, 당시 전 세계 경제 가운데 매우 독특한 광경을 연출하였다. 서양의 학자 프랑크(Andre Gunder Frank)는 그의 저서 《리오리엔트—아시아 시대의 세계 경제(*ReOrient : Global Economy in the Asian Age*)》 가운데에서 이와 같은 구조적인 무역 역조를 '상업상의 납공'이라고 명명하였다. 그는 "중국 무역을 통해 경제와 금융상에서 나타난 결과는 비단과 자기 등의 생산에서 중국과 필적할 만한 생산국이 없었다는 사실에 비추어 볼 때, 어떠한 국가라도 중국과의 무역에서는 역조를 기록할 수밖에 없었다", "유럽인들을 포함하여 외국인들이 중국인과 거래하기 위해서는 부득불 중국인에게 백은을 지불해야 했으며, 이는 틀림없이 상업상의 납공으로 표현되었을 것이다"라고 서술하였다.

이와 같은 역사 현상은 당연히 학자들의 주의를 집중시켰다. 일본의 학자 모모세 히로시〔百瀨弘〕는 《명청사회경제사연구(明淸社會經濟史硏究)》에서 한 편의 절반 정도에 걸쳐 아메리카의 백은이 중국으로 유입된 문제에 관해 서술하였다. 이 책에 의하면, 중국에 유입된 백은의 수량은 매년 크게 증가하였다. 처음에는 매년 30만 페소(스페인 은원)였는데, 1586년에는 50만 페소로 증가하였으며, 이후 1백만 페소에서 2백만 페소를 초과할 정도로 급속히 증가하였다. 1604년에는 3백만 페소에 이르렀으며, 1622–1644년 사이에도 대부분 2백만 페소에서 3백만 페소 사이를 기록하였다. 미국의 학자 애트웰(William S. Atwell)은 장기간에 걸쳐 명·청 시기에 백은이 중국으로 유입된 문제를 탐구하였다. 그는 1530년에서 1570년까지 중국에서 가장 중요한 백은의 내원은 일본이었으며, 1570년 이후에는 미주 백은이 가장 주요한 내원이 되었다고 기술하였다. 16세기 말부터 17세기 초까지, 필리핀을 거쳐 중국에 유입된 미주 백은은 57,500–86,250킬로그램 정도였다. 뿐만 아니라 마닐라는 결코 미주의 백은이 중국으로 유입되는 유일한 관문이 아니었으며, 일부는 마카오와 동남아시아를 통해 중국으로 유입되었다.

중국의 학자들도 이 문제에 많은 주의를 기울였다. 전한승(全漢昇)은 1969년 홍콩의 《중국문화연구소학보(中國文化硏究所學報)》에 게재한 〈명청 시기 미주 백은의 중국 수입〉이라는 논문에서 세밀하고 계통적으로 이 문제를 분석하였다. 1565년부터 1815년에 이르기까지 2세기 반에 걸쳐, 스페인 정부는 매년 한 척에서 네 척의 대범선을 파견하여 아카풀코와 마닐라 사이를 왕래하도록 하였으며, 매년 마닐라로 실어간 백은이 1백만 페소에서 4백만 페소에 달하였다. 전한승의 논문은 1765년 마닐라 검찰총장이 스페인 국왕에게 보낸 보고서 가운데 필리핀 군도가 1565년에 정복된 이래 이곳으로 운반되어 온 은이 이미 2억 페소를 초과한다고 지적한 대목을 인용하였다. 이 밖에 또 다른 관리의 보고에 의하면 1571-1821년 사이에 아메리카로부터 마닐라로 실어 나른 은이 모두 4억 페소에 이르며, 이 가운데 1/4에서 1/2이 중국으로 유입되었다는 것이다. 전한승은 여기서 1/4이라는 통계가 지나치게 낮은 것으로 보이며, 1/2이라고 하는 것이 비교적 사실에 가깝다고 주장하였다. 전한승의 이와 같은 연구는 서방학자들의 광범위한 주목을 이끌어, 브로델은 《15-18세기의 물질문명, 경제와 자본주의》 가운데 "한 중국인 역사가의 최근 연구에 따르면 아메리카에서 1571-1821년 사이에 생산된 백은 가운데 적어도 반수 이상이 중국으로 운반되어져 갔으며, 한번 가서는 다시 돌아오지 않았다"라고 지적하였다.

의심할 여지없이 독일 출신의 미국 학자 프랑크는 중국에 유입된 백은 문제에 관한 연구의 집대성자라고 할 수 있다. 그는 《리오리엔트》의 제3장 〈자본의 세계적 이동이 세계를 소용돌이로 몰아넣다〉의 제1절 '세계화폐의 생산과 교환' 속에서 이 문제에 대한 연구사를 전반적으로 회고하였으며, 이와 함께 이들 성과를 이용하여 17세기에서 18세기에 걸쳐 세계 백은 생산량의 1/3에서 1/2이 중국으로 유입되었다고 추산하였다. 그의 입장에서 볼 때, 이들 백은은 결코 일반적인 상품이 아니라 화폐 형태의 자본이었다. 이로부터 그는 이 시기 동안에 "전 세계의 경제질서는 명실상부하게 중국을 중심으로 돌아가고 있었다"라고 결론지었다.

이와 같이 거액의 자본이 중국으로 물밀듯이 쏟아져 들어오자, 이는 당연히 중국의 사회 경제에 상당히 큰 영향을 미쳤다. 수출의 대종 상품인 생사와 비단제품 및 면포는 주로 태호(太湖) 주변의 장강 삼각주에서 생산된 것이다. 이러한 외향형 경제는 필연적으로 이 지역의 농업, 수공업과 상업의 발전을 수반하였다. 전한승은 《신항로 발견 이후의 해상 실크로드》 속에서 다음과 같이 설명하였다. 중국의 잠사업은 장기간에 걸쳐 발전해 온 역사를 가지고 있어 생산 기술이 매우 앞서 있었으며, 생산 비용도 저렴하였고 생산량도 비교적 풍부하였다. 따라서 중국에서 생산된 제품이 멀리 태평양을 건너 아메리카 시장으로 건너가 막대한 수량이 저렴한 가격에 판매되자, 그 이전에 이 시장을 독점하고 있던 스페인의 사직품은 커다란 위협에 봉착하지 않을 수 없었다. 이로부터 근대 서구의 공업화가 성공하기 이전에 선진적인 중국 공업의 발전으로 말미암아 중국에서 생산된 상품이 국제시장에서 상당한 경쟁력을 가지고 있었음을 잘 알 수 있다. 이렇게 볼 때, 확실히 한때 중국에도 찬란히 빛나던 시대가 있었다고 할 수 있다. 중국 잠사는 도처에서 널리 생산되었으며, 이 가운데에서도 강소성과 절강성 사이의 태호 지역이 가장 주요한 생산 지역이었다. 중국의 잠사와 비단에 대한 해외시장의 수요는 매우 컸으며, 따라서 이것이 다시 이 지역에서 잠사생산 사업의 발전을 자극함으로써 주민들로 하여금 취업의 기회를 부여하였으며, 이를 통해 이들은 대량으로 화폐 소득을 증대시킬 수 있었다. 명 · 청 시기에 이 지역의 사회 경제가 비약적으로 발전할 수 있었던 이유는 바로 이로부터 그 해답을 얻을 수 있을 것이다.

## 86. 예수회 선교사와 조기 '서학동점'

예수회 선교사는 16세기 이래 서양으로부터 중국으로 들어왔다. 이전에 중국의 역사가들은 의분에 격한 나머지 이들에 대한 평가가 상대적으로 공정하지 못했다고 할 수 있다. 사실상 이들이 중국에 들어옴으로써 단순히 종교를 전도하고 예배당을 세웠을 뿐만 아니라 그 밖에 문예부흥 이후 서양의 과학과 문화를 함께 전래하였다고 볼 수 있다. 따라서 이와 같은 조기의 서학동점은 동서교통사에서 매우 중요한 의미를 가지고 있다고 평가할 수 있다. 통계에 의하면 명 · 청 시기 중국에 들어온 예수회 선교사가 거의 500명에 이른다고 하며, 중국인들은 이들을 통해 서양의 물질문명과 정신문명을 알 수 있게 된 것이다.

번스와 랠프가 저술한 《세계문명사》는 유럽의 문예부흥 후기에 마찬가지로 또 다른 운동, 즉 종교개혁이 발생하였으며, 이것은 두 단계를 포괄한다고 지적하였다. 즉 하나는 1517년에 발생한 종교혁명인데, 그 결과 북유럽의 대다수 국가들이 로마교회로부터 이탈하고 말았다. 또 하나는 1560년에 이르러 최고봉에 다다른 천주교개혁인데, 이것이 중세 후기 천주교의 주요한 특징에서 변화를 낳게 하는 원동력이 되었다. 문예부흥과 종교개혁은 어떤 의미에서 상호 밀접한 관계를 가지고 있다. 양자는 모두 14, 15세기의 현존질서인 개인주의를 타파한 강력한 조류의 산물이다. 양자는 자본주의의 발전과 자산 계급 사회의 탄생이라는 유사한 경제적 배경을 공유하고 있다. 만일 예수회 선교사의 활동이 없었다면 천주교개혁이 철저하게 성공을 거둘 수 없었을 것이다. 예수회의 창시자는 바스코 지방의 스페인 귀족인 로욜라(Ignadio de Loyola, 1491-1556년)로서, 이 사람이 바로 파리에서 일군의 경건한 신도들의 지지하에 1534년에 예수회를 창립하였다. 예수회는 16세기 열광적인 종교의 홍성 속에서 탄생한 전투성이 농후한 수행단이라 할 수 있다. 그들은 설교와 정확한 교의에 입각하여 사람들을 교화시켰으며, 심지어 더욱 세속적인 방법까지도 가능한 한 모두 동원하여 영향력을 확산시켰다. 예수회 선교사들은 단지 신교도와 이교도들의 공격에 대항하여 싸우는 것만으로 만족하지 못하고, 서둘러 신앙을 아프리카, 아메리카, 인도, 일본 및 중국 등과 같이 지구 반대편 구석구석까지 전파하였다.

예수회 선교사는 1540년에 정식으로 로마교황청의 인가를 받았다. 다음 해 예수회를 창시한 사람 가운데 한 명인 프란시스코 하비에르〔Francisco Javier(Xavier)〕가 포르투갈 국왕의 요청으로 인도로 전도에 나서게 되었다. 1549년 프란시스코 하비에르는 여기에서 다시 일본으로 건너가 전도하였다. 일본에서 머문 두 해 동안 그는 중국이 천주교를 원동으로 전파하는 데 얼마나 중요한 위치를 차지하고 있는지를 깨닫게 되었다. 연해에서 왜구의 소요로 말미암아 명나라가 해금 정책을 엄격하게 시행하고 있었기 때문에, 로마교황 바오로2세 및 예수회 회장 로욜라의 명을 받아 파견된 하비에르는 대략 광동 연해의 도서 지방에까지 도달하였으나 광주로 들어갈 방법이 없었다. 이러한 상황 속에서 1552년 12월에 상천도(上川島)에서 숨을 거두고 말았다. 1578년 인도 및 일본의 예수회 교무순열사인 발리냐노(Alessandro Valignano)가 포르투갈과 인도로부터 루지에리(Michele Ruggieri)와 마테오 리치(Matteo Ricci) 등 40여 명의 선교사를 마카오로 파견하여 중국어와 중국의 전통문화를 학습하도록 하였다. 기록에 의하

마테오 리치와 서광계

면, 루지에리는 한자를 1만 2천 자나 익혔으며 중국의 예의전장에 매우 밝아 매년 봄과 가을 두 계절의 교역이 왕성한 시기에 광주로 가서 상인들을 따라다니며 전도하였다고 한다.

마테오 리치(1552–1610년)는 이탈리아 마체라타(Macerata)에서 출생하여 로마에서 법률을 공부하였으며, 예수회에 가입한 이후에도 계속하여 천문역산, 철학, 신학 등을 공부하고, 이후 인도 고아로 갔다. 만력 10년(1582년)에 그는 루지에리 등과 함께 마카오로 파견되었다가, 이후 다시 루지에리를 따라 광동 조경(肇慶)으로 가서 전도 활동에 종사하였다. 1583년 마테오 리치는 루지에리와 함께 광동 조경에서 중국 첫 번째의 천주교성당을 건립함으로써, 중서문명이 바야흐로 접촉하게 되는 새로운 장을 열었다. 마테오 리치는 19세에 예수회에 가입하였으며, 일찍이 동방으로 가서 포교하기 위한 훈련을 쌓은 바 있다. 따라서 중국의 유학에 대해 상당한 정도의 이해력을 가지고 있었기 때문에 전도를 유학과 상호 결합시켰다. 이를 '합유(合儒—*유학과 합치)', '보유(補儒—*유학을 보충)', '초유(超儒—*합유와 보유의 과정을 통해 종국적으로 유학을 초월함)'라고 하였으며, 한마디로 표현하자면 최대한 중국화한다는 의미이다. 한때 그는 삭발하고 승복을 입은 적이 있었으나, 이후 승복을 벗고 다시 유교의 복식을 착용하였다. 그는 기꺼이 교리를 수정하여 조상에 대한 숭배를 묵인하였으며, 성경을 사서오경에 갖다 붙여 해석함으로써 사대부의 열렬한 지지를 이끌어냈다. 마테오 리치는 사대부가 중국 사회에 미치는 영향력을 이미 잘 알고 있었기 때문에 이들의 신임을 얻기 위해서는 반드시 유학에 정통하지 않으면 안 된다는 사실도 일찌감치 알고 있었다. 이러한 이유에서 광동의 단주(端州)와 소주(韶州)에서 장장 15년 동안이나 체류하면서 유교 경전의 연구에 몰두하였는데, 한 번 보면 잊어버리지 않을 정도로 기억력이 대단하여 유학자들의 탄성을 자아냈다. 따라서 당시 중국의 유학자들은 마테오 리치를 '서방의 유학자 마테오씨'라고 불러 마지않았다. 마테오 리치가 광동의 소주 지방에 체류할 때, 구태소(瞿太素)가 그로부터 서양의 수학을 학습하였다. 마테오 리치는 한편으로 수학을 강의하면서 다른 한편으로는 예수교를 선교하였다. 따라서 두 해가 지난 이후 구태소는 세례를 받고 천주교인이 되었다. 여러 차례에 걸친 사대부들의 종용에 따라 마테오 리치는 광동으로부터 강서를 거쳐 남경에 도착하였으며, 마침내 만력 28년 12월 21일(1601년 1월 24일)에 북경에 도착하여 태감(太監)을 통해 성경, 예수상, 십자가, 자명종(시계), 《곤여만국전도》(坤輿萬國全圖—*명나라 말 마테오 리치가 제작한 세계 지도로 1602년에 간행되었다. 《곤여만국전도》에는 중국이 지도의 중앙에 위치해 있으며, 지명은 모두 한자로 표기되었다. 우리나라에는 1603년(선조 36년) 부경사로 북경에 갔던 이광정과 권희가 이 지도를 가지고 돌아와 전래되었다) 등을 명의 신종(神宗)에게 헌상하였다.

그러자 당시 예부상서를 지낸 여계등(余繼登)은 황제에게 다음과 같은 상소를 올렸다. "회전(會典)에 보면 서양에 대해서는 문을 걸어 잠그라고만 기술되어 있을 뿐, 대서양이란 말은 나와 있지도 않기 때문에 그것이 실제로 존재하는지 진위조차 알 수 없습니다. 뿐만 아니라 거류한 지 20년이 지나서야 겨우 배알을 드리는 것으로 미루어 멀리서 덕을 흠모하여 달려와 배알하고 진상하는 것과는 근본적으로 다른 것으로 사료됩니다. 또한 진상품 가운데 성모상은 불경한 물건으로 보이며, 더욱이 그가 가져온 것 중에는 신선의 뼈(—*십자가에 못 박힌 예수상)가 있는데, 이미 신선이 되었다고 한다면 하늘로 날아 올라갔을 터인데, 어찌 뼈가 남아

마테오 리치와 십자가

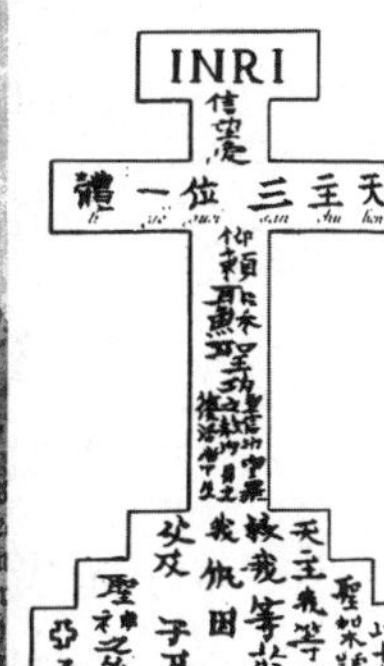

있을 수 있겠습니까. 〔…〕 바라옵건대 속히 귀국을 명하시고, 남경이나 북경에 은거하여 내감들과 교왕함으로써 어려운 사태를 조성하거나 어리석은 백성들을 현혹시키도록 허용해서는 안 됩니다." 이 상소문을 보면 당시 일반 관료들이 예수회에 대해 어떠한 생각을 가지고 있었는지 잘 알 수 있다. 그럼에도 불구하고, 조정의 태도는 비교적 관대했다고 할 수 있다. 마테오 리치 등 일행이 비록 중국 황제를 친히 알현할 기회를 얻지는 못했지만, 북경에 거주하면서 선교할 수 있는 암묵적인 허락을 얻어 내게 된 것이다. 이후 신도들이 매우 빠른 속도로 증가하여 1603년에는 500명, 1608년에는 무려 2천 명에 이르렀는데, 이들 가운데에 당시 유명한 개명인사로는 서광계, 이지조, 양정균, 구태소 등이 포함되어 있었다.

마테오 리치는 천주교와 유학의 모순을 조화시켜 나갔는데, 솔직히 말하자면 유교의 창시자인 공자가 남긴 몇몇 뜻이 애매한 자구들을 자신에게 적합하도록 해석하여 마음대로 갖다 붙인 측면도 없지 않았다. 예수회 선교사인 루지에리는 먼저 천주교의 하느님(Deus)이라는 말을 천주(天主)라고 번역하였다. 마테오 리치는 한걸음 더 나아가 중국 선진문헌 가운데 기록되어 있는 천(天)과 상제(上帝)가 바로 서양에서 말하는 천주와 같은 것이라고 주장하였다. 그는 중국에서 예로부터 숭배해 온 천신인 상제(上帝)를 성경 속의 천주(GOD)와 동등한 것으로 해석하였다. 또한 천주교에서 말하는 "현세의 물질적인 이익을 버리고 영원한 삶인 천국에 다가간다"라는 개념을 유학에서의 '중의경리(重義輕利—*의를 중시하고, 사사로운 이익을 가벼이 여긴다)', "천리를 따르고 욕심을 버린다" 등과 같은 의미로 해석하였다. 그 밖에 중국 고유의 하늘에 대한 제사, 조상에 대한 제사, 공자에 대한 제사 등의 전통에 대해 관용적인 태도를 취하였을 뿐 아니라, 천주교인들이 집안에 조상의 위패를 모시는 일도 허락하였다. 이러한 이유에서 적지 않은 사대부들이 천주교에 호감을 갖게 되었으며, 추종자들이 끊이지 않았다. 마테오 리치가 중문으로 저술한 《천주실의(天主實義)》는 천주교 교리를 유가의 학설에 맞추어 설명함으로써 구동존이(求同存異—*일치하는 점은 취하고, 의견이 다른 점은 잠시 보류하다)한 것이다. 이러한 목적에 대해 그는 스스로 "팔 만 리 밖으로부터 찾아와

서로 왕래하면서 이로움을 구하는데, 그 구하는 것이 다른 사람과 내가 같은데 어찌 원하는 바가 서로 다르겠는가?"라고 설명하였다. 풍응경(馮應京)은 《천주실의》의 서문에서 "이 책은 6경의 말씀을 많이 인용하여 그 실재를 입증함으로써 허황되고 기만하는 오류를 방지하였다"라고 말하였다. 서광계는 《천주실의》를 읽은 뒤 "어디에서도 천주교와 유학이 서로 저촉되는 부분을 찾지 못하였다"라고 말하였다. 즉 "백만, 천만 마디의 말 가운데, 한마디라도 충효의 대의와 어긋나는 부분이나 인심과 세상의 도리에 어긋나는 무익한 말이 있는지 찾으려 했으나 결국 찾지 못하고 말았다". 이로부터 알 수 있듯이, 마테오 리치는 천주교를 유가의 학설에 매우 성공적으로 갖다 맞추었다고 할 수 있다.

방호재(方豪在)는 《명 말 청 초 천주교와 유가 학설의 부합에 관한 연구》의 첫머리에 내용의 개요를 다음과 같이 밝히고 있다. "하나의 종교가 발원지로부터 다른 새로운 땅으로 전파되려고 할 때, 만일 이러한 신세계에서 평범한 일반 사람들에게뿐만 아니라 그 지역에 거주하는 지식인들의 믿음을 이끌어내고 이를 통해 다시 그 지역에서 새롭게 뿌리를 내리고 번성하게 꽃을 피우고자 한다면, 반드시 먼저 그 지역의 문화를 흡수함으로써 그곳 사람들의 사상, 풍습, 습관에 영합하지 않으면 안 된다. 그 첫 걸음이 가장 중요한 걸음이기도 한데, 바로 당지에서 가장 존경받는 선현 한 사람, 혹은 몇 사람의 학설을 빌려 새로 선교해 들어가는 교의와 다른 선배의 유훈, 고유의 문화를 실증함으로써 융합될 수 있으며, 받아들여질 수 있게 되는 것이다."

1610년 마테오 리치가 세상을 떠나자, 명의 신종은 조서를 내려 예를 갖추어 장례를 치룬 후 북경 성문 밖 삼탑사(三塔寺)에 안장하도록 하였다. 이후 예수회 선교사 롱고바르디(Nicolas Longobardi, 1559-1654년)가 마테오 리치에 이어 주교의 직무를 수행하여 중국 교구의 교무행정을 담당하였다. 그런데 그는 마테오 리치가 종래 중국 전통에 대해 관용적인 태도를 견지했던 것과는 상당히 다른 태도를 취하였다. 그는 자신의 저서 속에서 여러 차례 다음과 같이 언급하였다. "중국의 고전 속에서 나오는 상제(天)는 결코 성경 속의 천주(上帝)와 대응될 수 있는 용어가 아니며, 양자가 서로 혼용된다면 모순이 격화될 것이다." 만력 44년(1616년) 예부시랑서 남경예부상서 심확(沈㴶)이 천주교의 배척을 상소하면서 정학을 숭상할 것과 이단을 제거하고 중화와 오랑캐의 명칭을 서로 엄격히 구분할 것 등을 주장하며 천주교를 금지해야 하는 이유를 네 항목에 걸쳐 조목조목 따져 다음과 같이 제출하였다. 즉 호시탐탐 정탐하려는 의도를 가지고 있으며, 효도와 같은 아름다운 전통에 손상을 입히고, 사사로이 역법을 익히며, 풍속을 문란하게 한다는 것이다. 이에 서광계는 용감히 전면에 나서 천주교를 위해 변호하였다. 그는 《변학장소(辨學章疏)》를 올려 천주교를 옹호하였는데, 상소에서 그는 "저들 나라의 교인들은 모두 힘써 스스로 수양함으로써 하느님을 섬긴다. 듣건대, 중국 성현의 가르침도 역시 모두 수신하고 하늘을 섬기는 것으로서, 뜻이 서로 합치되는 것이다. 이러한 까닭에 온갖 어려움과 위험을 무릅쓰고 중국으로 건너와 모든 사람들로 하여금 선하게 살아가도록 가르치고, 이렇게 함으로써 하늘을 공경하고 다른 사람들을 사랑하도록 설파하였다"라고 하였다. 심확은 마침내 구체적인 행동을 취해 '남경교안'이 발생하게 되었다. 바로 이듬해 황제가 칙령을 내려 천주교 성당을 폐쇄하고 선교사들을 추방하였다.

두 해가 지난 후, 정세에 변화가 발생하였다. 명나라의 군대가 요동에서 후금과의 전쟁에서 참패하자, 서광계는 힘써 군사력을 강화해야 한다는 상소를 올렸으며, 이것이 황제에 의해 받아들여졌다. 이에 따라 사람을 파견하여 마카오에서 서양의 대포를 구입하였으며, 이와 함께 선교사와 포르투갈 군대를 북경으로 입성하도록 하여 명군의 작전에 협조하도록 함으로써 이를 계기로 마침내 천주교는 합법적인 지위를 승인받을 수 있게 되었다. 이 밖에 명나라가 선교사에게 요청한 일이 바로 역법을 수정하는 일이었다. 숭정 2년(1629년) 서광계는 황제의 명을 받들어 롱고바르디와 테렌스(Joannes Terrens), 아담 샬(Jean Adam Schall von Bell) 등 예수회 선교사들로 하여금 《숭정역서(崇禎曆書)》를 수정하도록 하였다. 이와 같은 일련의 일들을 통해 이후 천주교는 중국에서 선교하는 데 강력한 지주를 얻게 되었다.

양계초(梁啓超)는 《중국근삼백년학술사》 속에서 "중국의 지식계와 외국의 지식계가 상호 접촉한 것은 진, 당 시기의 불교가 처음이었고, 명 말의 역산학이 바로 두 번째였다"라고 설명하였다. 여기서 두 번째라고 지적한 것이 바로 천주교 예수회의 '서학동점'인 것이다. 예수회 선교사는 서양의 과학과 문화를 동시에 중국으로 가지고 들어왔으며, 이는 명나라 말 지식계에 상당한 반향을 불러 일으켰다. 서광계는 만력 16년(1588년) 광동에 가서 수학하였는데, 이때 소주(韶州)에서 예수회 선교사 카타네오(Lazare Cattanneo)를 만나 처음으로 성당에 들어갔다. 만력 25년에 향시에서 장원으로 합격하였으며, 28년(1600년)에 남경에서 마테오 리치를 만났다. 천주교에 대한 연구를 통해 그는 이 종교가 유교의 부족한 점을 채워 줄 수 있으며, 불교를 대체할 수 있는 종교라고 인식하게 되었다. 3년 뒤, 그가 다시 남경으로 갔을 때 마테오 리치는 이미 북경에 입성해 있었기 때문에 로카(Joan de Rocha)로부터 교리를 배운 이후 영세를 받고 세례명을 바오로라고 정하였다. 다음 해 서광계는 진사에 합격하게 된다. 만력 32년부터 39년까지 서광계는 북경에서 마테오 리치와 늘 교왕하면서 교리를 학습하였으며, 동시에 틈틈이 서학을 공부하였다. 마테오 리치는 일찍이 독일의 수학자인 클라리우스(C. Clarius, 1537–1612년)에게 수학하였기 때문에, 수학과 천문, 지리에 정통하였다. 만력 35년(1607년) 서광계와 마테오 리치는 에우클레이데스(Eucleides)의 《기하원본(幾何原本, *Stoicheia, The Thirteen Books of Euclid's Elements*)》의 전반부를 함께 번역하였다. 에우클레이데스는 고대 그리스의 수학자로서, 그가 저술한 《기하원본》은 그리스 고전 시기에 수학 방면의 성과를 집대성한 저작이라 할 수 있다. 마테오 리치는 중국에 도착한 이후 그의 스승인 클라리우스가 라틴어로 번역하고 주를 단 《기하원본》을 교재로 하여 수학을 강론하였으며, 이와 함께 이 책을 중문으로 번역할 뜻을 품었다. 만력 34년 가을, 마테오 리치는 서광계에게 이와 같은 뜻을 전하였으며, 그리하여 마테오 리치가 구술하고 서광계가 기록하는 방법을 통해 이 책의 전반부를 번역해 내게 된 것이다. 이때 번역된 《기하원본》 제6권에서는 삼각형, 선, 원, 원주, 비율 등에 대해 설명하고 있으며, 매 권마다 정의, 공리, 가정을 두었다. 이 책은 중문으로 번역된 최초의 서양 과학과 관련된 저작이었다. 《기하원본》은 기하학 자체를 초월하여 인류

역사상 진정으로 과학 이론을 대표할 수 있는 교과서라는 데 가치가 있으며, 서광계도 당시 이 점을 충분히 인식하고 있었다. 서광계는 이 책이 이론 연구자로 하여금 "적당히 해결하려는 방법론을 떨쳐 버리고, 치밀하게 연구하여 해결해 나가도록" 하였으며, 또한 이론을 현실적으로 적용할 경우에도 "그 원리를 준수하여 충분한 효과를 거둘 수 있도록" 함으로써, "백 년이 흐른 뒤라도 사람들이 이를 배우려고 할 것"이라고 지적하였다.

《기하원본》 출판 후 얼마 지나지 않아 마테오 리치는 이지조(李之藻)와 함께 《동문산지(同文算指)》를 편역함으로써 처음으로 서양의 수학을 체계적으로 소개한 저작을 펴냈다. 《동문산지》는 주로 클라리우스의 《실용산술개론》과 중국의 수학자 정대위(程大位)가 저술한 《산법통종(算法統宗)》을 편역하여 만든 것으로서, 책의 전체 내용은 전편, 통편, 별편의 3편으로 이루어져 있으며, 체계적으로 서구의 수학을 소개하여 중국 사회와 학문에 공헌과 영향이 매우 컸다. 따라서 저명한 수학역사가인 전보종(錢寶琮)은 "《동문산지(同文算指)》는 서학 동점의 역사 속에서 서광계가 번역한 《기하원본》 제6권과 함께 매우 중요한 저술이었으며, 이 책이 중국 사회에서 일으킨 효과와 반향은 《기하원본》보다도 더 컸다고 할 수 있다"라고 지적하였다.

서양의 지리학도 예수회 선교사를 따라 중국으로 전래되어, 중국인으로 하여금 공간에 대한 새로운 개념을 자각할 수 있도록 해 주었다. 마테오 리치는 중국에서 28년 동안 체류하면서 수많은 세계지도를 펴냈는데, 이 가운데에서 가장 영향력이 컸으며, 가장 광범위하게 퍼진 것이 만력 30년(1602년) 이지조에 의해 간행된 《곤여만국전도(坤輿萬國全圖)》였다. 이 지도는 마테오 리치가 세 방면으로부터 수집한 자료에 근거하여 만들어졌는데, 즉 1570년 유럽에서 출판된 지도〔오르텔리우스(Abraham Ortelius)의 《세계의 무대(*Theatrum Orbis Terrarum*)》〕, 중국여도(中國輿圖) 및 통지자료(通誌資料)가 그것이다. 이를 바탕으로 스스로 실측에 참가하고 또한 견문록 등을 바탕으로 지도를 제작해 낸 것이다. 지도에는 네 종류의 정통 판본이 있으며 열 종류 이상의 모사본이 있어 중국 각지로 광범위하게 퍼져 나갈 수 있었다. 마테오 리치가 그린 지도는 중국의 전통적인 '천원지방(天圓地方—*하늘은 둥글고 땅은 네모지다)'의 관념을 타파함으로써 사람들로 하여금 중국이 지구의 작은 일부분에 불과하다는 사실을 인식시켜 주었으며, 지식인들의 안목을 크게 열어 주었다. 그러나 마테오 리치 역시 어떤 부분에서는 어느 정도 타협적으로 기술한 부분도 보인다. 그는 《마테오 리치 중국 시찰기》에서 다음과 같이 서술하였다. "중국인은 하늘이 둥글고 땅은 평평하고 네모지다고 여기며, 중국이 세계의 중앙에 위치한다고 굳게 믿어 의심치 않는다. 그들은 우리가 중국을 동방의 한 구석으로 몰아넣는 지리개념을 달가워할 리 없을 것이다. 중국인들은 대지가 둥글다는 사실을 이해하지 못하며, 지구가 육지와 바다로 구성되어 있다는 견해도 알지 못하며, 또한 지구의 본성이 시작도 끝도 없다는 사실을 이해하지 못한다." 중국이 세계의 중앙이라는 관념에 영합하기 위해서, 마테오 리치는 자오선을 세계전도 중앙으로부터 좌측으로 170도 이동시킴으로써, 중국을 마침 출판된 《곤여만국전도》의 중앙에 위치시켰다. 우리가 현재 볼 수 있는 것은 중국역사박물관에 소장되어 있는 복사본 《곤여만국전도》와 남경박물관에 소장되어 있는 채색복사본 《곤여만국전도》인데, 이들 소장품을 보면 이와 같은 의도와 변통의 모습이 잘 드러나 있음을 알 수 있다.

명나라 흠천감(欽天監—*명 · 청 시대의 천문대)은 일식과 월식을 예측하는 데 여러 차례 정확히 맞아 떨어지지 않자 역법을 수정해야 한다고 주장하였다. 마테오 리치는 본래부터 역법에 상당한 식견과 소양을 갖추고 있었기 때문에, 유관 기관에 역법의 수정 작업에 참가하게 해 줄 것을 건의하였으나 시종 허가를 받아 내지 못하고 있던 참이었다. 이러한 가운데 만력 38년(1610년)에 예부에서 서광계, 이지조로 하여금 서양의 역법을 번역하여 역법을 개정하는 데 협조하도록 추천하였으나 역시 실현되지 못하였다. 이러던 차에 숭정 2년(1629년) 7월에 이르러서야 조정은 비로소 서광계를 예부시랑으로 임명하여 역법을 수정하도록 하였다. 이 일을 담당한 서광계와 이지조는 서방의 천문학에 이미 깊은 지식과 이해를 가지고 있었기 때문에, 서양의 역법을 기초로 중국 역법을 개정하기로 결정하였다. 이와 함께 예수회 선교사 롱고바르드, 테렌스,

로, 아담 샬 등을 이 작업에 함께 참가하도록 하여 중외 천문학자가 함께 힘을 모아 대량으로 유럽의 천문학 관계 저작을 번역해 냈으며, 서방의 선진적인 천문학설을 통해 곽수경(郭守敬)의 수시력(授時曆)을 수정하였다. 장장 5년의 시간이 경과한 이후, 마침내 방대한 《숭정역서(崇禎曆書)》를 완성해 냈는데, 이 책은 모두 46종, 137권에 달하였다. 엄격하게 말해서 이 책은 사실상 수시력을 개혁하기 위한 목적에서 출발하여 편찬된 총서라고 할 수 있다. 이 책에서는 브라헤(Brahe)의 《우주의 새 현상에 관하여》, 《신천문학입문》, 프톨레마이오스(Ptolemaeus)의 《알마게스트》, 코페르니쿠스(Copernicus)의 《천구의 회전에 관하여》, 케플러(Kepler)의 《화성의 운동》 등을 상세히 소개하였다. 대규모의 측량 계산을 수행하기 위해 유럽 수학자들의 저작을 근거로 《대측(大測)》, 《할원팔선표》, 《측량전의(測量全義)》 등을 출판하였다. 《숭정역서》는 편제된 이후 간행에 이르지 못하고 명나라가 멸망하고 말았는데, 청대에 접어들어 예수회 선교사 아담 샬이 여기에 다시 첨삭을 가한 이후에 《서양신역법(西洋新曆法)》이라는 이름으로 마침내 세상에 내 놓았다. 《숭정역서》의 의의는 이미 역법의 수정 자체를 넘어서서 중국 천문학이 획기적인 단계로 진입하게 되었음을 상징한다고 할 수 있다.

이 밖에 주목할 만한 저작으로는 서광계와 예수회 선교사 우르시스(Sabbathin de Ursis)가 함께 편역한 서양의 농업 수리 기술 방면의 저작인 《태서수법(泰西水法)》과 진사 출신인 왕정(王征)과 예수회 선교사인 테렌스가 함께 편역한 서양의 기계공정학 방면의 저작인 《원서기기도설(遠西奇器圖說)》 등이 있다. 서양 철학 방면의 저서들도 이 시기에 번역되어 중국 독자들에게 소개되었다. 예를 들면 이지조와 예수회 선교사 프랑수아(P. François Furtado)가 공역한 《환유전(寰有詮)》(아리스토텔레스의 《대화》)과 예수회 선교사 가브리엘(Gabriel de Magalhaens)이 번역한 《초성학요》(토마스 아퀴나스의 《신학대전》) 등이 있다. 이 가운데 특히 프랑수아가 번역하고 이지조가 감수한 《명리탐(名理探)》의 영향이 가장 컸다고 할 수 있다. 이 책은 아리스토텔레스의 《논리학》을 소개한 것으로 장장 3년의 세월에 걸쳐 방대한 저작을 모두 번역해

냄으로써, 후세를 위해 수많은 논리학 방면의 학술용어를 남겼다. 예를 들면 개념, 판단, 추론 등과 같은 용어를 직통(直通), 단통(斷通) 등으로 번역해 냈으며, 연역, 귀납 등을 명변(明辯), 추변(推辯) 등으로 번역하였다.

이 밖에 특히 귀중한 성과로는 예수회 선교사들이 여러 차례 귀국길에 도서를 수집해 가지고 돌아왔다는 사실이다. 1614년 예수회 선교사 트리고(Nicolas Trigault)는 로마 교황청에 돌아가 보고하면서, 교황 바오로 5세가 기증한 500여 권의 도서를 수집하였다. 이와 함께 그는 테렌스와 함께 유럽 각국에서 도서를 수집하였는데 모두 약 7천여 권에 달하였다. 1618년 니콜라스가 22명의 예수회 선교사와 함께 이 책들을 가지고 중국으로 돌아왔다. 이들 도서들은 이후에 각종 경로를 통해 중국 각지로 유포되어 나갔으며, 이 가운데 적지 않은 저술이 중문으로 번역되어 중국인들에게 서양의 과학과 문화, 그리고 종교 등을 소개하였다. 이들 서적 가운데 일부는 북경북당도서관에 소장되어 있으며, 지금도 여전히 국가도서관에서 이 서적들을 찾아볼 수 있다. 이들 서양의 고적(권내 인사들은 이를 '요람본'이라 칭함)을 바라보면, 한 시기 중서문화교류의 미담을 회고하면서, 마음속으로 각별한 향취를 자아내게 한다.

조기 서학의 동점은 중국인들로 하여금 서방을 엿볼 수 있는 창문을 열어 주었으며, 안목을 크게 넓혀 주었다. 당시(1632년) 어떤 사람은 한 글에서 중국과 서양을 서로 비교하면서 감격하여 다음과 같이 말하였다. "천문의 뜻, 격물(格物—*사물의 이치를 따져 밝힘)의 서적, 숫자의 쓰임, 율력의 이해 등등 만물의 자초지종을 규명할 수 없는 것이 없으니, 우리 중국의 학문으로서는 감히 이와 비교할 바 못된다." "자명종, 망원경, 기중기, 대서양금(大西洋琴—*피아노의 전신) 등을 살펴보면 정교하기가 이를 데 없어 우리 중국의 기술이 감히 따라갈 수 없다." "토지가 비옥하고, 만물이 번성하며, 상인들이 온 세상을 돌아다니며 물건을 판매하고 온갖 귀금속이 쌓일 정도로 부유하니 우리 중국의 부유함이 어찌 이를 따를 수 있으리오." 사람들은 경악한 나머지 스스로를 깊이 돌아보지 않을 수 없었다. 말하자면, 선진의 서양과 서로 비교해 볼 때, 노쇠한 중국이 과학 기술 방면에서 이미 낙오되고 있다는 사실을 깨닫기 시작한 것이다.

# 87. 정통사상과 이단사상

명나라 전기, 중기의 사상계는 지나치게 고답적인 분위기에 짓눌려 새로운 창의성이 결여되어 있었으며, 과거를 통해 벼슬길에 나아가려는 자는 모두 송유 주희의 주석을 시험의 표준으로 삼아, 주자학이 일세를 풍미하게 되었다. 학자들은 모두 복성(復性—*본성의 회복)과 궁행(躬行—*몸소 행함)에 의탁함으로써, 자각이나 자유사상을 결여하고 있었다. 물이 극에 달하면 다시 돌아오게 되듯이, 진헌장(陳獻章), 왕수인(王守仁) 등의 이학 혁명이 나타나면서 개인의 사상이 성현들의 천편일률적인 경서로부터 해방되어 나올 수 있는 분위기가 무르익었다. 진헌장의 "조금 의심하면 조금의 진보가 있고, 크게 의심하면 큰 진보가 있을 것"이라는 주장은 자유사상의 개벽을 알렸다. 왕수인은 자신의 마음을 가지고 옳고 그름의 기준으로 삼을 것을 주장하며, 성현의 말이라면 절대적으로 복종해야 한다는 사실에 이의를 제기함으로써, 새롭게 사상계에 일대 혁명을 몰고 왔다. 이후 이러한 분위기 속에서 인재들이 배출되면서 모두 사상의 자유를 추구하는 것을 주지로 하니, 노도와 같은 개인주의와 박애주의 사조가 형성되기 시작하였다. 미국의 학자 배리(Wm. Theodore de Bary)는 자신의 저서인 《명대사상논집(*Self and Society in Ming Thought*)》 속에서 이 문제에 대해 심혈을 기울여 분석하고 있다.

왕수인

왕수인은 주희와 달리 육구연의 학설을 따라 "마음 밖에 이(理)가 없다", "만사 만물의 이는 바로 우리 마음 안에 존재한다", "마음 밖에 물(物)이 없다" 등을 주장하며 마음이 천지만물의 근원이라고 주장하였다. 주희가 말한 절대지상의 이(理)는 왕수인에 의해 사람마다의 마음속으로 이식되었으며, 따라서 이러한 학설을 '심학(心學)'이라 일컫는다.

왕수인(1472–1529년)은 자가 백안(伯安)이며 절강성 여요(余姚) 사람으로서, 축양(築陽) 명동(明洞)에서 강학한 이유로 호를 양명자(陽明子)라 명명하였기 때문에 사람들이 그를 양명선생이라 불렀다. 28세에 진사로 합격한 이후, 병부주사, 남공(南贛) 순무, 남경병부상서 등의 관직을 역임하였으며, 임기 동안 매우 유능한 관료로 명성이 자자하였다. 강서, 복건, 광동 3성 변계의 도적을 평정하였으며, 영왕(寧王) 주진호(朱宸濠)의 반란을 진압하여 일생 중 가장 화려한 공적을 쌓기도 하였다. 이것은 바로 그도 말했듯이, 그의 일생은 '산중의 적'과 '마음속의 적'을 무찌르는 과정이었다. 전자가 일개 관료로서의 직책을 수행한 것이었다면, 후자는 한 학자로서의 직무를 수행한 것이라 할 수 있다.

왕수인은 육구연(陸九淵), 진헌장(陳獻章)으로부터 깊은 영향을 받았다. 육구연은 "우주는 바로 내 마음이며, 내 마음이 바로 우주"라는 명제를 제기하였으며, 이것이 바로 자신의 철학의 출발점이 되었다. 진헌장은 정주이학이 인간의 사상을 속박한다고 하여 이를 타파하려 하였으며, 성현과 경서 안에서만 뱅뱅 맴도는 방식에 반대하고 정좌를 통해 실마리를 찾아내려고 하였으니, 이를 "정좌하여 스스로 깨달아 본심을 밝힌다"라 이른다. 물론 육구연과 진헌장은 모두 선종의 영향을 받았다. 선종에서 말하는 "본성 안에 모든 법칙이 존재하며, 일체의 법칙은 스스로 본성 안에 내재한다"라는 것은 바로 성은 심이고, 만법은 바로 우주임을 말한 것이다. 왕수인의 사상도 '선오(禪悟—*참선에 의한 깨달음)'에 상당히 가깝다.

왕수인은 "마음 밖에 물이 없다", "마음 밖에 이(理)가 없다"라고 주장함으로써 일체가 모두 '마음'으로부터 파생되어 나온 것으로 설명하였다. 한번은 왕수인이 친구와 함께 밖에서 노닐다가, 그 벗이 다음과 같이 물었다. 그대는 천하의 어떠한 것일지라도 마음 밖에 있는 것은 없다고 여기는데, 그러면 여기 있는 꽃과 나무들이 깊은 산속에서도 스스로 피어나고 스스로 떨어지는데 어찌 내 마음과 상관이 있다는 말인가? 그러자 왕수인은 다음과 같이 답하였다. "당신이 이 꽃을 아직 보지 못하였을 때, 이 꽃과 당신의 마음은 모두 적막한 가운데 처해 있었다. 그대가 와서 이 꽃을 보았을 때 비로소 이 꽃의 색깔을 알 수 있게 되는 것이다. 이렇게 본다면 이 꽃이 그대의 마음 밖에 있는 것이 아니라는 사실을 잘 알 수 있다." 이와 같이 그는 궤변적인 방법으로 "천하 가운데 마음 밖에 있는 물은 없다"라는 사실을 논증하였다.

왕수인이 "사물의 이치란 내 마음 밖에 있는 것이 아니다"라고 여긴 이상, '양지(良知—*개인의 마음속에 있는 이치)'는 바로 '사람의 마음'이며, 또한 '모든 사람이 저마다 가지고 있는 것'이다. 따라서 "양지에 이르기 위해서"는 돈오식으로 "밖에서 구해서는 안 되며" "안에서 열심히 정진함으로써" 정좌하여 노력하지 않으면 안 된다는 것이다. 그는 "마음이 바로 도이며, 도는 바로 하늘이니, 마음을 아는 것이 도를 아는 것이고, 하늘을 아는 것이다. 제군이 만일 이 도를 진실로 알고자 한다면 반드시 마음으로부터 체득해야지 밖에서 구할 수 있는 것이 아니니, 이렇게 해야만 비로소 가능한 일이다", "한 사람이 학문에 정진하는 목적은 바로 마음을 다하는 것이며, 배우는 자는 이러한 마음을 배우는 것이요, 구하는 자는 바로 이 마음을 구하는 것이다"라고 하였다.

이 문제와 관련하여, 그는 '지행합일'을 강조하였는데, 아는 것과 행동하는 것이 모두 마음으로 귀결된다는 것이다. 그는 마음 밖에서 이를 구하려 하는 것에 반대하였기 때문에 당연히 지와 행의 분리에 반대하였다. 왜냐하면 "사물의 이치란 내 마음 밖에 있는 것이 아니기 때문에", 반드시 "마음속에서 이를 찾아야 하는 것이며", 이러한 이유에서 지행합일은 마땅히 모두 마음속에서 통일될 수밖에 없는 것이다. 그는 "아는 것이 지극하고 독실함이 바로 행이며, 행의 밝고 정교함이 바로 지이니, 지행은 처음부터 분리할 수 없는 것"이라고 주장하였다. 그에게서 지와 행은 명확한 경계선이 없으니, 지가 일정 정도에 도달하게 되면 바로 행으로 전환되게 되며, 행이 일정 정도에 도달하게 되면 다시 지로 전환되게 된다. 왕수인이 '지행합일'과 '양지를 끝까지 탐구해야 한다'라는 주장을 제기한 것은 모두 그가 좌천되고 비방받았을 때였다. 사회 정치의 기풍이 부패함을 절감하고 환경의 도전에 대한 일종의 반응으로서 이와 같은 학설에 의지하여 무엇보다도 먼저 개인의 도덕을 완정하게 한 이후, 비로소 사회도덕을 완정한 것으로 만들 수 있으니, 근본정신은 바로 사회성이며, 국가, 사회의 구제에 착목한 것이다. 명 말 청 초의 학자 왕부지(王夫之)는 바로 순수한 학술적인 각도에서 왕수인의 학설을 비판하였다. 즉 왕수인이 말한 지는 진정한 지가 아니며 그가 말한 행도 역시 진정한 행이 아니다. "그가 말한 지가 진정한 지가 될 수는 없다 하더라도 그가 나름대로 생각하는 바의 지가 있기는 한 것이니 역시 무엇인가 깨달음은 있는 듯하다." "그가 말한 행 역시 진정한 행은 아니니 확실히 이는 행이 아니며, 스스로 규정한 지를 행이라 여긴 것이다." "지를 행이라 여긴즉 불행을 바로 행이라 여기게 된 것이다." 이는 한마디로 그의 이론에 결정적인 타격을 가한 것으로서, 즉 지를 가지고 행을 대신함으로써 진정한 행을 없애 버린 것이니 행의 가치가 더욱 큰 문제가 되는 것이다.

왕수인의 심학 가운데 가장 중요한 것은 바로 "내 마음의 시비를 시비라고 여긴다"라고 강조하는 것이며, 반드시 공자의 시비만을 시비라고 여길 필요가 없다는 사실이다. 그는 《답라정암소재서(答羅整庵少宰書)》 속에서 "학문의 진리를 체득하는 마음은 마음에서 구하지 않으면 올바른 것이 아니다. 비록 그 말이 공자로부터 나왔더라도 감히 이를 옳다고 여기지 않을 것이다"라고 말하였다. 그는 또 말하기를, "이른바 도란 천하의 공도를 가리키는 것이며, 학은 천하의 공학을 이르는 말이다. 주자가 아니더라도 내가 구할 수 있는 것이며, 공자가 아니라도 구할 수 있는 것이다"라고 하였다. 이는 적막하고, 경직된 사상계에 한줄기 신선한 공기가 불어 나온 것이며, 사람들의 이목을 새롭게 하였다. 그러자 이에 반대하는 사람들이 이를 이단이라 헐뜯었지만, 찬성하는 사람들은 새로운 이론이라고 받드니, 이로부터 심학이 천하를 풍미하게 되었다. 《명사》〈유림전〉에서는 "가정, 융경 이후 정주학을 독실하게 숭상하고, 이설에 귀 기울이지 않는 자가 몇 사람 되지 않았다"라고 적고 있다. 전목(錢穆)의 《중국학술사상사논총》(七)에서는 "양명, 양지의 학문은 간단명료하며, 만물의 이치를 잘 설명하고 있어, 이를 통해 해결하지 못하는 일이 없었다. 더욱이 양명은 불세출의 자태를 갖추고 일반 범인이라 할지라도 깨달을 수 있는 진리를 막힘없이 전하였다. 그의 도덕, 학문, 문장은 모두 이미 당대의 최고봉이었을 뿐 아니라 역대를 통틀어 탁월하였다. 그리하여 양명학이 빠르게 퍼져 나가 사람들을 모아 강학하는 것을 사명으로 여기니, 마치 먹지 않고, 마시지 않으면 한 시도 살 수 없는 것과 같았다. 따라서 그 학풍이 널리, 그리고 깊이 퍼져 나가면서, 송 · 명의 학자 가운데 아무도 이에 필적할 사람이 없었다"고 하였다.

왕수인 학단의 제자인 왕간(王艮)은 태주학파를 창립하여, 왕학의 이와 같은 경향을 더욱 확장시키고 발전시켰다. 왕간의 자는 여지(汝止)이며, 태주(泰州) 안풍장(安豊場) 사람으로서, 사람들은 그를 심재(心齋) 선생이라 불렀다. 그는 '오성(悟性)'을 강조하면서, 보지 말고 듣지 말며, 사려(思慮)하지 말아야 함을 주창하였다. 그에 따르면, "마음이 기우는 바가 바로 욕망이며, 보고 싶어 하는 바가 바로 망령됨이다. 기우는 바가 없으면 마찬가지로 보고 싶어 하는 바도 없게 되니, 이렇게 된다면 이것이 바로 무극(無極)이요 태극〔太極 즉 양지(良知)〕이 되는 것이다. 따라서 순간적인 깨달음을 통해 비로소 즉각적으로 천기를 깨달을 수 있는 것이다. 태주학파는 왕학에서 "옛것을 섬기지 않으며", "스승을 칭하지 않으며", "청담에 치우쳐", "스스로의 방식을 추구하는" 경향으로부터 한걸음 더 나아가 "방자하여 거리낌이 없는 지경"으로까지 학풍을 발전시켰다. 왕간은 염상의 자제로서, 일반인들에 대한 깊은 이해와 체험을 가지고 있었다. 따라서 "공자 역시 범인에 불과하다"는 관점을 가지게 되었다. 그는 학생과 함께 지식을 사회 대중 속으로 가지고 들어갔으며, 사회 대중들로 하여금 유학의 참뜻과 대면하도록 해 주었다. 그는 왕양명의 양지학설을 계승하였을 뿐 아니라, 나아가 실천을 더욱 중시하여 왕학을 원래의 기초 위에서 더욱 확대 발전시켰다. 왕수인이 세상을 떠난 이후 왕학이 널리 천하에 퍼져 나갔는데, 왕간의 공이 없었다면 이는 불가능한 일이었을 것이다. 태주학파는 전통적인 예교에 커다란 충격을 미쳤는데, 하심은(何心隱)에 이르게 되면 사상이 이미 명교가 통제할 수 있는 범위를 벗어났다. 그 언행도 이미 영웅, 협객과 같은 사람들이 용과 뱀을 마음대로 부리듯이 마음이 가는 바대로 따르더라도 스스로 억제된 가운데 해방되어 나오게 되었다. 따라서 태주학파는 마침내 세상 사람들에게 세상을 뒤집는 학설이며, 명교가 통제할 수 없는 반역으로서 낙인찍히게 되었다.

만일 태주학파가 왕학의 좌파라고 한다면, 이지(李贄)는 왕학 좌파 가운데에서도 가장 급진적인 사람이라고 할 수 있으며, 사람들은 그를 '이단아'라고 불렀다. 이지(李贄, 1527-1602년)는 원명이 재지(載贄)이며, 호는 탁오(卓吾), 독오(篤吾)였으며, 천주

(泉州) 진강(晉江) 사람이었다. 26세에 향시에서 거인으로 선발되었으며, 30세가 되어 하남성 휘현(輝縣)의 교유(敎諭)로 부임하였다. 이후 국자감박사, 예부사무 등의 소관을 역임하고, 51세에 운남성 요안(姚安)지부로 부임하였다. 3년 후, 임기를 마치고 나서는 관직을 그만두고, 호광 마성의 용호지불원(龍湖芝佛院)에 은거하며 책을 저술하였는데, 20년 가까이 당시 사상계를 뒤흔들 정도의 《분서(焚書)》, 《속분서(續焚書)》, 《장서(藏書)》 등을 펴냈다.

만력 18년(1590년) 《분서(焚書)》가 마성에서 출판되었다. 책 가운데에는 서신, 논문 등 수십 편이 실려 있는데, 이지 특유의 염세적인 풍자와 욕설이 문장 서술의 주요한 방식으로 만연하였다. 이학가들을 조소하면서 "입으로는 도덕을 말하면서도 마음속으로는 고관을 꿈꾸고, 벼락부자를 꿈꾼다"라고 하여 이중적이며, 위선자라고 조롱하였다. 이러한 이유에서 그는 "오늘날 주, 정, 장, 주를 논하는 자는 그 목을 베어야 한다"라고까지 말하였다. 《분서》 중에는 그가 자신의 친우이며, 일찍이 복건순무를 지낸 경정향(耿定向)과 변론한 7통의 서신이 포함되어 있다. 여기서 그는 경정향을 가리켜 "말한 바가 반드시 그대의 실제 행동과 일치하지 않으며, 행동하는 것을 보면 일찍이 말한 바와 같지 않다", "이렇게 본다면 그대는 시정잡배만도 못하다고 할 수 있다. 왜냐하면 그들은 몸소 옳은 일을 실천했을 때만 비로소 입으로 이를 말하기 때문이다. 즉 장사를 하는 사람은 장사하는 일만 이야기하고, 밭을 가는 사람은 오로지 밭가는 일만을 이야기하기 때문이다"라고 신랄히 비판하였다.

더욱이 이지는 이론상 당시 유행하던 "공자의 시비만을 시비라 여기고 말할 때는 반드시 공자를 들먹여 이 범주를 한 발짝도 넘지 않으려 하는" 전통적인 관점을 이론적으로 반박하였다. 그에 따르면 이와 같은 방식의 전통 관습으로는 아무런 희망도 없으며, 따라서 그는 공자의 옳고 그름에 대한 판단을 표준으로 삼는 것에 반대하였다. 그는 "공자는 한 사람의 자연인에 불과하며, 따라서 한 사람의 방식만이 있을 뿐이니, 반드시 공자에게만 의탁할 필요가 없다. 만약 반드시 공자에 의탁하여 만사를 결정해야만 한다면, 천고 이전에는 공자가 없었는데, 그때는 무슨 일을 할 수 있었겠는가?"라고 하면서, "오로지 공자만이 공자가 사람들에게 가르친 학문으로부터 자유로울 수 있었기 때문에 뜻을 이룰 수 있었던 것이니, 반드시 자신만이 천하의 가르침의 준거가 된다고 여기지는 않았을 것이다"라고 하였다.

이와 같이 날카로운 변론은 당시에 권력을 쥐고 있던 사람들의 간담을 서늘하게 만들었다. 권력자들은 그를 '음승이도(淫僧異道—*이단의 도를 말하는 음란한 승려)', 즉 "사인들과 부녀를 유인하여 암자에 들어가 법을 논한다", "미치광이의 경지에 이르렀다"라고 비난하며 그를 국외로 추방하려 하였다. 그러나 그는 꿋꿋하게 "나를 죽일 수는 있을지언정 떠나게 할 수는 없으며, 내 머리를 자를 수는 있을지언정 내 몸을 욕되게 할 수는 없다"라고 회답하였다.

만력 27년(1599년) 《장서(藏書)》가 남경에서 출판되었다. 이 책은 역사서로서, 여기서 이지는 사론의 형식을 빌려 자신의 정치적 견해를 설파하였다. 그는 전통적인 정론을 뒤엎고 진시황을 '천고의 제왕'이라고 칭송하고, 상앙(商鞅)을 대영웅, 이사(李斯)를 '시대와 주군을 아는 재력명신'으로, 탁문군(卓文君)을 '훌륭한 배우자를 찾기 위해' 사랑의 도피를 불사한 것으로 묘사하였다. 이와 같이 기존의 전통적인 학설을 뒤엎는 논조는 당시의 권력자들에 의해 '혹세무민' 하는 것으로 배척되었다. 바로 다음 해 권력자들이 용호지불원을 철거하자 당시 74세의 이지는 어쩔 수 없이 통주(通州)로 가 친우에게 몸을 의탁할 수밖에 없었다. 이 한 해 동안 예과 급사중 장문달(張問達)이 상소를 통해 이지의 저작이 "온 나라에 널리 퍼져, 민심을 문란하게 한다", "공자가 말한 시비에 의탁하지 말라고 비난한다", "저작이 대부분 혹세무민하여 불경하기 그지없으니, 모두 없애버리지 않으면 안 된다"라고 탄원하였다. 명의 신종은 비답을 내어 "이지가 감히 사악한 말로 도를 어지럽히고 백성을 미혹되게 하니, 창위(廠衛—*명대 동창, 서창, 금의위를 함께 부르는 명칭)에 명하여 당장 잡아다 엄하게 죄를 묻도록 하고, 그 서적 가운데 이미 간행된 것이든 아직 간행되지 않은 것이든 불문하고 현지 관원으로 하여금 모두 남김없이 태워 버리도록 하라"고 지시하였다. 만력 30년, 76세의 이지는 옥중에서 스스로 목을 매어 자살하였다.

비록 이지가 참된 마음과 성의를 다하여 진리를 탐구하고 거짓된 도학에 반대하였지만, 그는《초담집(初譚集)》자서(自序)에서 "유가의 서적을 찬찬히 읽고 선행과 진실한 말을 하기만 한다면, 진실로 이탁오를 초월하지 않을 자가 없을 것이다"라고 말하였다. 그러나 공자의 기준만을 가지고 모든 옳고 그름의 준거로 삼으려는 것에 반대하는 그의 수많은 이단적 주장이 마침내 당시 권력자들에게 용인될 수 없었으며, 그의 빛나는 사상과 위력도 마찬가지로 받아들여질 수 없었던 것이다. 그는 "천백여 년 동안 한 사람도 시비를 논하는 자가 없었으니, 어찌 사람이 시비를 논하지 않을 수 있겠는가? 모두가 공자의 옳고 그름만을 시비의 기준으로 여겼기 때문에 시비가 있었던 적이 없었을 뿐이다"라고 설파하였다. 암울한 사상계의 갑갑한 분위기를 타파한 것은 왕수인과 비교하여 그 깊이가 더욱 깊었으며, 훨씬 날카로웠다.

이지는 전통설에 반기를 들고 얽매이지 않는 자태로 사상계에 출현하였다. 그는 삼강오륜의 명교 및 이것이 체현된 예(禮)에 반대하였다. 그는 예라는 것은 외부에서 만들어지거나 인위적인 것이라 여겨 사실상 비례라고 여겼다. 따라서 진정한 예란 당연히 자연스러움으로부터 표출되어야 하며, 일체의 규범을 버리고 일체의 속박을 제거해야만 비로소 완전한 자유로움에 이르게 되어, "특정한 방식에 속박되지 않으며, 반드시 특정한 노선에만 얽매이지도 않고, 꼭 지켜야 할 속박도 없으며, 제한된 경계에 얽매이지도 않으며, 빗장을 열 수 있는 열쇠가 정해져 있지도 않은" 상태에 이를 수 있게 되는 것이다. 이러한 상태에 이르러서야 비로소 마음이 가는 바대로 하더라도 모두가 예와 합치될 수 있는 것이다. 그리하여 그는 절 안에서 업무를 처리하였으며, 삭발하고 승려가 되었으나 수염을 길렀으며, 출가하였으나 술과 고기를 즐기면서 성현과 그들의 사상을 조롱하였다. 이러한 이유에서 그는 '동심(童心)'을 제창하였는데, 이는 "완전한 순진이며, 최초 일념의 본심"이다. 이와 함께 그는 '솔성(率性—*하늘이 정한 본성을 따른다)'을 주장하였는데, 즉 "솔성의 참됨을 가지고 넓혀 나가 천하의 공으로 삼는 것을 바로 도라 이른다"라고 할 수 있다. 이것이 바로 그가 추구했던 진정한 도학이었던 것이다. 이와 같은 사상은 말 그대로 그의 진보성이 체현된 한 측면이라고 볼 수 있다. 그러나 선종의 허정출세라는 사상이 섞여 들어가 있기 때문에 소극적인 면도 없지 않다고 생각된다. 이러한 면이 바로 왕부지가 말한 '완물상지(玩物喪志—*쓸데없는 놀음에 빠져들어 자기의 지조를 잃어버린다)'와 "천하를 음사로 이끌어 간다"라는 뜻이다.

왕학의 후예들에게서는 심학의 선학화 경향이 한층 심하게 나타난다. 즉 사람들은 참선의 방식으로 깨달음을 구할 수 있고, 돈오(깨달음) 이후 체득한 초연한 즐거움은 단지 자신에 국한되지 않고, 사회에 대한 도덕 윤리에 대해서도 연연하지 않는다는 말이다. 사람마다 직관을 주재로 여겨, 유가의 경전을 팽개치고 공담을 숭상하는 심성을 양성하고 실속 없는 허담만을 숭상하는 학풍이 조성되었다. 그리하여 한때는 사대부가 책을 읽지 않고 현실 학문을 논하지 않는 것이 유행하였으며, 어록을 암송하고 화두를 헤아리며, 공안(公案)을 외우는 등 내실 없는 학풍이 널리 퍼졌다.

'현성양지(現成良知)'가 만병통치의 화두가 되었으며, 정심 정좌가 불변의 형식으로 자리 잡았다. 왕학 문인이 정치에 참여하였기 때문에 정계와 학계에서도 마찬가지의 현상이 나타나 모두 청담을 말하였다. 고염무(顧炎武)는 《일지록(日知錄)》에서 "오늘날의 청담은 전대보다 훨씬 심하다. 예전의 청담은 노장을 논하는 것이었는데, 오늘날의 청담은 공맹을 논한다", "공자를 들어 학문을 논하고, 정치에 관해서는 일체 관여하지 않는다", "마음을 닦아 본성을 깨닫는다는 공허한 말이 스스로 수양하여 다른 사람을 다스린다는 실학을 대신하였다"라고 평하였다. 하루 내내 청담이 관방의 유행이 되었고, 국계민생을 논하지 않으며, 조세와 세금을 돌보지 않고, 병력의 증강에도 신경을 쓰지 않게 되었다. 이러한 유풍이 계속 명 말까지 지속되어 훗날 사람들이 이러한 상황에 대해 "왕학은 공담으로 나라를 그르쳤다"라고 한마디로 평가하였다.

## 88. 장거정(張居正)과 만력중흥

명 중엽에 영종(英宗) 주기진(朱祁鎭)이 즉위〔정통(正統) 원년, 1436년〕하고 나서 무종

주후조(朱厚照)의 사망〔정덕(政德) 16년, 1521년〕까지 정치가 날로 부패하였다. 황제는 내관으로 깊이 파묻혀 지내 정사를 논하지 않았으며, 간혹 몇몇 대신들과 국사를 논하는 정도였다. 간혹 담화가 있기는 했지만 소수에 불과하였고 형식에 그치는 경우가 많았다. 황제가 조정을 논하지 않고, 비답을 돌보지 않으며 모든 것이 환관에 의해 조정되면서, 환관이 멋대로 권력을 휘두르고 창위(東廠, 錦衣偉)가 횡행할 수 있는 조건을 제공하였다. 그리하여 왕진, 왕직, 유근(劉瑾) 등의 환관 거물이 출현하여 정치를 농락하는 현상이 나타나서 천하의 사람들이 "왕직이라는 환관을 두려워할 뿐 황제는 두려워하지 않"는 기이한 현상이 출현하였으며, "한 분은 주(朱)황제이고, 한 분은 유(劉, 瑾)황제이다"라는 괴이한 말까지 등장하였다. 세종 주후총(朱厚熜)이 등극하고 난 이후 상황에 변화가 일어나서, 다시는 환관이 발호하여 권력을 휘두르는 상황이 나타나지 않았으나, 오히려 한간 엄숭(嚴嵩)이 조정을 20여 년이나 농단하는 일이 발생하였다. 그는 황제가 도학에 빠져 신선이 되는 일에 심취하여 정사를 돌보지 않는 틈을 타 조정을 장악하고 정치를 농단하였다.

목종이 세상을 떠난 이후, 신종 주익균(朱翊鈞)이 겨우 열 살의 나이로 등극하였다. 때마침 내각의 수반인 장거정이 타락의 물줄기를 돌려놓기 위해 개혁을 단행하였다. 장거정(張居正, 1525-1582년)은 자가 숙대(叔大) 호가 태악(太岳)으로서 호광 강릉(江陵) 사람이었으며, 가정 26년(1547년)에 진사가 되었다. 마침 가정 시기에 정치 형세가 매우 엄준하여, 그는 "수많은 훌륭한 선비들이 고답적인 관습을 타파하여 분위기를 일소하지 않으면 천하의 큰 근심을 종식시킬 수 없다"라고 생각하였다. 융경 2년(1568년) 이춘방(李春芳), 진이근(陳以勤) 등과 내각에서 함께 근무할 때, 장거정은 목종에게 《진육사소(陳六事疏)》라는 상소를 올려 그 자신의 치국에 대한 주장과 개혁 사상을 전면적으로 찬술하였다. 이 유명한 상소의 머리말은 진솔하면서도 심각하게 다음과 같이 지적하고 있다. "근래 풍속과 인정이 오래된 인습과 적폐로 말미암아 사회의 기풍이 위축되고 점점 부진하게 되니 오래된 적폐는 고치기 어렵다. 만일 이를 개혁하지 않으면 천하에 참신한 식견과 견문이 존재하기 어려우며, 세상을 일신하고자 하는 단합된 의지마저 꺾여버리지 않을까 매우 염려됩니다.” 이러한 이유에서 그는 성의론(省議論), 진기강(振紀綱), 중소령(重沼令), 핵명실(核名實), 고방본(固邦本), 칙무비(飭武備)의 6항 조치를 제출하였다. 그러나 내각 수보 이춘방은 황제의 뜻을 참칭하면서 사태의 수습과 평정에만 급급하여 아무런 조치도 취하고자 하지 않았으며, 이러한 이유에서 장거정의 상소는 결국 아무것도 이루지 못한 채 끝나고 말았다.

내각의 분쟁 속에서 장거정은 발군의 재능을 발휘하여 두각을 나타내면서 마침내 대권을 장악한 수보가 되었으며, 이후 마침내 개혁의 시기가 무르익게 되었다. 신종의 각별한 지지 속에서 장거정은 만력 원년(1573년)에 전면적인 혁신에 착수하니 이것이 바로 만력신정(萬曆新政)이었다.

장거정은 무엇보다도 우선적으로 정치를 정돈하고 퇴폐한 기풍을 바로잡는 데 온 힘을 집중시켰다. 만력 원년 6월, 장거정은 관리의 공무집행을 정돈하기 위한 유력한 조치인 고성법(考成法—*관리의 성적을 평정하기 위한 법령)을 정식으로 제출하였다. 이는 바로 당시 만연했던 관료주의, 탁상공론적 타성, 형식주의를 바로잡기 위해 마련한 조치였다. 고성법은 6부, 도찰원이 각종 장진과 성지를 각 유관 기관으로 전달하도록 규정하였으며, 이러한 과정에서 무엇보다도 거리의 원근과 일의 완급을 참작하여 처리 기간을 규정하였으며, 이와 함께 문서로 보존하여 증거로 삼고 월말이 되면 이를 취소하였다. 만일 시간이 지연되면 명단에 하나하나 적어 상부에 보고하고, 각 하부 기관에도 이를 추궁하여 사건의 자초지종을 명백히 밝히도록 책임을 부여하였다. 순무(巡撫)와 순안(巡按)이 일을 지연시키면 6부에서 상부에 보고하도록 하였다. 6부, 도찰원에서 취소 시 기만함이 있으면 6과에서 이를 보고하고, 6과에서 거짓이 있으면 내각이 이를 보고하도록 하였다. 이렇게 함으로써 고성의 계통이 형성되게 되었다. 즉 내각이 6부를 조사하고, 6과는 6부와 도찰원을 조사하고, 6부와 도찰원은 순무, 순안을 조사하도록 하였다. 이렇게 함으로써 건전한 행정

장거정

과 공문 운용의 계통이 확립되었다. 이른바 6과는 명나라 초에 설립된 이, 호, 예, 병, 형, 공의 6과이며, 각각 급사중을 두어 황제를 보좌하여 상주문을 처리하고, 6부의 잘못을 조사하고 따져 바로잡았다. 장거정은 바로 6과의 이와 같은 직능을 확대하고, 이를 직접 내각으로 하여금 책임지도록 함으로써 내각이 정부를 통제할 수 있도록 하는 중요한 수단이 되었다.

만력 6년(1578년) 호과(戶科) 급사중(給事中)인 석응악(石應岳)이 "고성법이 성립된 이래 수십 년 동안 이완되고 폐단이 누적되어 왔던 정치가 점차 정돈되어 갔다"라고 보고한 것으로부터 고성법이 실시된 이후 여러 방면에서 효과가 뚜렷하게 나타났음을 잘 알 수 있다. 거시적 관점에서 보면, 고성법은 장거정이 관리의 공무집행을 정돈한 하나의 방면에 불과하였다. 그는 명과 실(名과 實―*관직과 그에 합당한 업무 수행)을 종합적으로 관찰하고, 신상필벌의 원칙에 입각하여 관료의 선발과 전형을 공정하게 하고, 맡은바의 업무에 대해서는 전적으로 책임을 지우며, 한 직책에 오랫동안 근무하도록 하였다. 업무의 평가를 엄격하게 실시함으로써 관료 사회 속에서 일종의 엄격하고 민활한 기풍을 만들어 나갔다. 이러한 결과 대소 신료들이 힘써 봉직하고, 안팎으로 진력하여 감히 어긋나는 일이 없었다.

그 다음으로 정치의 혁신과 인재의 배양을 위해 장거정은 만력 3년(1575년) 학정을 정돈하여 인재를 진흥하는 조치를 제출하였다. 이는 공허하게 심성을 논하고 실사에는 힘쓰지 않는 왕학 무리들의 악습에 타격을 주었으며, 각급 학교의 학관과 유생들에게도 반드시 글을 쓸 때도 내실을 추구하며, 몸소 실천하도록 하였으며, 허황되게 공담을 늘어놓지 말도록 규정을 두었다. 이와 함께 명을 내려 천하의 서원을 없애고 서원을 정부의 업무기구로 바꾸었으며, 실학을 제창하고 헛되이 공담을 늘어놓아 국정을 그르치는 것을 방지하였다. 그러나 이러한 과정에서 잘못된 것을 바로잡으려다 너무 지나쳐 오히려 나쁘게 된 측면도 있었다. 즉 이러한 조치는 수많은 유생과 선비들의 반감을 샀는데, 그 대표적인 예가 바로 유명한 하은심(何隱心) 사건이었다.

만력신정이 분명하게 효과를 거두기는 하였지만, 그러나 지나치게 엄격하고 조급하

명 신종

게 일을 추진함으로써 수많은 원성을 샀으며, 한때 반대의 소리가 분분하였다. 그러자 장거정은 신종의 전폭적인 지지 아래 신정을 수호하기 위한 일련의 비상조치를 취하여 겨우 신정이 순조롭게 진행될 수 있었다.

다음으로 경제개혁을 살펴보도록 하자. 만력신정은 정치개혁으로부터 시작되었는데, 정치개혁이 일정한 효과를 거둔 이후 다시 경제개혁으로 옮겨 갔다. 당면한 난제는 바로 오랜 기간에 걸쳐 누적되어 내려온 나라와 백성의 곤궁함이었으며, 경제개혁의 주요한 과제는 바로 이와 같은 난제와 일전을 불사하는 것이다. 재정 곤란은 아주 오래전부터 있어 왔던 병폐로서, 가정, 융경 시기 국고에 해마다 적자가 발생하였다. 따라서 이와 같은 어려움을 타개하기 위해 장거정은 재원을 개척하고 지출을 줄이는 두 가지 방법을 병행하였다. 그는 상홍양(桑弘羊)의 "백성이 부역을 더 내지 않고서도 천하가 풍족해진다"라는 원칙에서 출발하여 "부역을 증가시키지 않는 한에서 풍족하게 사용한다"는 방침을 제출하였다. 이를 구체화한 것이 바로 "탐관오리를 징벌하여 백성을 편하게 한다", 즉 탐오와 탈세의 양대 구멍을 정리함으로써 재정수입을 증가시키는 것이다. 이와 함께 경제개혁도 다음과 같은 몇 가지 방면에서 추진하였다.

첫째, 국가재정과 궁정재정의 지출을 억제하기 위해 궁정직조의 항목을 삭감하는 것을 포함하여, 궁정의 경축이나 연회의 지출을 절약하여 대규모의 공정을 억제하고, 남경의 관편제 등을 삭감하였다.

둘째, 변진의 전량 및 둔전에 대한 관리를 강화함으로써 변진의 군향이 날로 증대되어 재정을 압박하는 현상을 경감시켰다.

셋째, 호부의 재정사무 관리 능력을 강화하여 부세를 징수하는 부책에 대해 대규모로 정리를 단행하며, 변방 군량의 실태를 조사하여 변방 군향 정책을 제정하였다. 이와 함께 지방정부로 하여금 호부에 재정 상황을 보고하도록 하는 제도를 강화함으로써 호부로 하여금 전국의 재정 상황을 기초로 하여 위에서 재정을 운용할 수 있도록 하였다.

경제 방면에서 가장 중대한 개혁이 바로 청장전량(淸丈田粮—*전량을 자세히 측량함)과 일조편법(一條鞭法)의 확대였다. 장거정은 전부를 착복하여 체납하는 것에 가장 큰 불만을 토로하였다. 그는 응천(應天) 순무 송의망(宋儀望)에게 "서신이 와서 읽어보니 소송(蘇松)의 전부(田賦) 부과가 일정하지 않고 착복되어 체납된다고 하는데, 이를 읽으며 나도 모르게 주먹을 불끈 쥐게 되었다", "지금 우리가 오래된 병폐를 씻어내고, 국가의 천년대계를 굳건히 세우지 못한다면, 누가 다시 이를 해낼 수 있겠는가?"라고 토로하였다. 이러한 취지에서 충분한 준비를 거쳐, 마침내 만력 6년(1578년) 11월 정식으로 신종의 명의로 복건성에서부터 먼저 전량을 세밀히 측량하도록 명을 내렸다. 두 해가 지난 후 복건성의 측량이 모두 완료되자, 기존에 세금을 회피하기 위해 숨겨 두었던 전지 2,350경이 새로 햇빛을 보게 되는 성과를 거두는 등 그 효과가 매우 컸다. 이러한 성과에 따라서 복건성으로부터 전국으로 전지 측량의 범위를 확대하였는데, 조정의 강력한 의지 아래 만력 8년부터 11년에 걸쳐 전국 각지에서 속속 측량이 시행되었다. 이것은 명나라 초의 측량에 이어 두 번째로 실시된 전국 규모의 전지와 세량의 정리 작업이었으며, 그 성과가 매우 컸다.

(1) 측량 이후, 농토의 수량이 정해지고 전부가 정액으로 정해졌으며, 기존에 세량의 부담이 불평등했던 상황도 개정되었다.

(2) 토지 측량 이후 기존에 은닉되어 왔던 많은 전토가 그 모습을 드러내게 되었으며, 이는 다시 정부가 통제하여 세량을 부담하는 경작지의 면적을 대폭적으로 증가시켰다. 예를 들면 절강성 구주부(衢州府) 서안현(西安縣)의 경우, 측량 이후 원래 전토의 부족과 세량의 미정 상황을 개정하였을 뿐 아니라, 은닉한 토지를 찾아내어 원액을 보충하는 외에 더욱이 잉여의 토지 113경 28무를 찾아냈다. 이와 같은 상황은 전국에

걸쳐 보편적으로 출현하였다. 예를 들면 산동성에서 토지 측량 이후 납세 경지는 이전과 비교하여 40퍼센트 증가하였으며, 강서성에서는 측량 이후 납세 경지가 이전과 비교하여 13퍼센트 증가하였다.

(3) 북방 지역에서는 토지를 측량하는 가운데 자연스럽게 무제(畝制—*토지의 단위)를 통일하였다. 이전에는 대무와 소무 사이의 차이가 현격하였는데, 이와 같은 불합리한 현상을 개선하여 일률적으로 240보를 1무(畝)로 통일하였다. 남방 지역에서는 측량을 통해 세량의 과칙(科則—*부과 기준)을 일원화하였다.

비록 전량의 측량에 아직 적지 않은 폐단이 여전히 남아 있기는 했지만, 효과가 매우 컸던 것은 부인할 수 없다. 그리하여 기존의 은닉되고 누락된 토지가 대량으로 드러나게 되어 정부가 장악할 수 있는 납세 대상의 토지 면적도 대폭적으로 증가하였다. 즉 측량 이후 1,828,542.73경이 증가하여 측량 이전의 원액(만력 6년의 통계)인 5,182,155.01경과 비교하여 35.28퍼센트 증가하였다. 이것은 매우 놀라운 성적으로서, 비록 이 가운데 약간의 허수가 포함되어 있다고 하더라도 부세를 부담하는 경작지의 면적이 대폭 증가했다는 사실은 의심할 바 없는 사실이다. 이것이 정부의 재정 수입을 증가시키는 데 매우 중요한 의의를 가지고 있었다고 생각된다.

전지의 측량과 비교하여, 일조편법의 확대는 더욱 큰 의의를 가지고 있었다. 일조편법은 부역 제도상의 일대 개혁이라고 할 수 있으며, 일찍이 가정 시기에 이미 일부 지역에서 출현한 바 있다. 그 요점은 "정량을 근거로 그 성의 요역을 부과한다"라는 것으로서, 말하자면 요역을 은량으로 환산하여 역은(役銀)을 인정과 세량 모두에 부과하고, 부세와 요역을 한 번의 편심으로 간략화하는 것으로, 일조로 간편하게 심사한다고 하여 일조편법이라 하였다. 장거정은 이와 같은 방법이 부역을 정돈할 수 있고, 재정을 개선할 수 있는 유력한 조치라고 여겨, 각 지방관으로 하여금 널리 시행하도록 촉구하였다. 그는 호광순무에게 "이 법은 남쪽 지방에서 매우 순조롭게 진행되어 사람들이 모두 적당한 방법이라고 하니 널리 시행하는 것이 좋다고 생각된다"고 하였으며, 산동순무에게 "일조편법은 실행의 목적이 도리에 합당하기 때문에 불편하다고 말하는 사람이 열에 한, 둘도 안 된다. 법은 마땅히 백성을 위해서 제정해야 하며, 정치는 백성을 위해 힘써야 하는 것이다. 백성들이 이렇게 하는 것이 모두 편리하고 적합하다고 하는데 어찌 남과 북이 다르겠는가?"라고 말하였다. 만력 9년(1581년)에 이르러 전국 각지로 확대하여 시행하기로 결정함으로써 일조편법은 전국에 걸친 통일적인 부역 제도가 되었다. 이것이 바로 《명사》 〈식화지〉에서 말하는 "한 주, 현의 부역을 총괄하자면, 토지를 측량하여 인정을 계산한 이후 정량을 모두 관방으로 운송하고 나면, 정부는 일 년의 부역을 모두 거두어들이게 된다"라는 것이다. 과거에 호, 정에 따라 요역을 부과하던 방식으로부터 정과 양(粮, 지)에 따라 요역을 부과하는 방식으로 변경된 것으로서, 말하자면 요역의 일부분이 세량(전지)으로 옮겨 간 것이다. 이와 함께, 세량으로 조량(漕粮—*조세로 징수하여 물길로 운반하던 쌀, 콩 등의 곡류) 가운데의 백량(白粮—*명·청대 강소, 절강의 두 성에서 수도로 보낸 양미)을 반드시 쌀로 징수하는 것을 제외하고 기타 실물은 모두 은량으로 환산하도록 개정하였다. 또한 관부에 의해 일괄적으로 징수되어 운반되었다. 이를 통해 한편으로는 과거 부역 부담이 불평등하였던 상황을 개선할 수 있었을 뿐만 아니라, 이와 함께 일조편법에 의해 징수함으로써 정부로서도 이전보다 조세 수취에서 상당히 편리하게 되었다고 할 수 있다.

일조편법을 실시한 이후 강남에서는 상당한 성과를 거두었으며, 당시 사람들이 이를 평하여 말하기를 "일조편법이 시행된 이후에는 불공평함이 없어졌으며, 사람들은 비로소 밭을 갈아 이익을 거둘 수 있게 되었다. 또한 성 안의 부유한 자들이 비로소 전지를 구입하려 하니 향리의 빈민들도 가벼이 그 땅을 포기하는 일이 없게 되었다. 지금에야 비로소 전답이 황폐하지 않고, 사람들이 달아나 숨는 일이 없으니, 자연히 전량이 체납될 리가 없다"라고 하였다. 남북 사이의 경제 상황에 차이가 있었기 때문에 일조편법을 북방으로 확대하여 실시한 이후 단기간 내에는 당연히 약간의 불편이 있기는 하였지만, 그러나 이는 전체적으로 볼 때 경제 발전의 추세와 부합되는 것이었다. 설사 이전에 일조편법이 불편하다고 느끼던 사람들도 이 법을 실행한 이후에 "경작을 하는 사람들마다 모두 편리하다고 한다"는 사실을 인정하지 않을 수 없었다. 역사의 안목에서 볼 때, 일조편법은 부역 제도상의 일대 진보라고 할 수 있다. 즉 이는 각종 요역을 은량으로 환산함으로써, 비단 부세의 화폐화와 보조를 같이하였을 뿐 아니라, 나아가 화폐(은량) 징수 역시 부역의 간단화, 일원화를 촉진함으로써 전체 사회가 상품 경제로 발전하는 추세와 부합하였다고 할 수 있다.

결론적으로 말하여, 만력신정에서 그 경제개혁의 효과가 매우 뚜렷하였다고 할 수 있으며, 이를 통해 재정적자 현상을 종식시킬 수 있었다. 역사에서는 이를 일러 "태창(太倉—*명대 중앙정부의 국고로서, 정통 연간 조세의 은납화를 시행한 이후 은의 저장고가 되었다)의 곡식으로 몇 년을 먹여 살릴 수 있으며, 태부사(太仆寺)에 모여진 돈이 4백여 만 냥을 넘었다"라고 하였는데, 이는 근거 있는 사실이었다. 호부에서 관할하는 태창의 수입은 가정, 융경 연간에 매년 백은 2백만 냥 정도였는데, 만력 초기에 이르러서는 3-4백만 냥으로 급증하였다. 경사 창고에 쌓아 둔 양식이 7백만 석이나 되어 경영 각위의 관군을 두 해나 먹여 살릴 수 있었다. 만력 5년 경사 창고에 쌓여진 양식은 족히 6년 동안 소비할 수 있는 수량에 이르렀으니, 다시 말해 세 배나 증가한 셈이다.

이것은 만력신정이 가져온 주목할 만한 변화였다. 만력 시기가 명 왕조 사상 가장 인구가 많고 물자가 풍요로웠던 수십 년이었음은 결코 우연히 만들어진 일이 아니었다. 만력 20년(1592년) 전후에 "만력3대정(萬歷三大征)"이 출현하였다. 즉 영하(寧夏) 지역에서 발생한 보바이〔哱拜〕의 난을 평정하였으며, 파주(播州) 양응룡(楊應龍)의 난을 평정하였으며, 동으로는 조선을 원조하여 왜를 막아 냈으니, 이렇게 본다면 또 다른 측면으로부터도 이와 같은 점을 인정할 수 있다고 할 수 있겠다.

## 89. 동림에서 복사로

만력 20년 이후, 신종이 정사를 이전만큼 잘 돌보지 않게 되면서, 앞서 말한 중흥의 국면이 점차 소실되었다. 조정에서는 당파가 난립하고, 문벌이 날로 발호하여 서로 배척하며 알력이 끊이지 않았다. 당시 이과급사중 장연등(張延登)이 신종에게 상소를 올려 당쟁을 분석하여 다음과 같이 지적하였다. "(관원들이) 분분히 공격에 나서면서 외형적으로는 문서로 상소를 올리는 형식을 취하는데, 이들이 말하는 것은 강소파나 절강파 아니면 진당이나 회당으로서, 그 종류가 각양각색으로 이루 말로 형언할 수 없습니다. 또한 현재 가장 충돌하여 상극인 것은 바로 동림을 의심하거나 혹은 동림을 비호하는 두 가지 말뿐입니다." 그럼에도 불구하고 신종은 결코 문제의 심각성을 충분히 인식하지 못하였다. 제, 초, 절 3당과 동림당 사이의 분쟁이 날로 첨예화되자 비로소 이와 같은 형세를 반전시키려 하였으나, 이미 불거질 대로 불거져 되돌리기 어려운 지경에 이르고 말았다.

만력 38년(1610년), 국자감제주 탕빈윤(湯賓尹)과 한림원시강 고천준(顧天埈)은 도당 일파를 불러 모아 오로지 동림당과 대항하는 일에만 몰두하였다. 탕빈윤이 선성(宣城) 사람이고, 고천준이 곤산(昆山) 사람이었기 때문에, 당시 사람들이 이들을 일러 선당, 곤당이라 불렀다. 만력 40년에 이르러 당쟁이 더욱 점입가경에 이르게 되자 제, 초, 절 3당과 동림당이 서로 대치하는 국면이 전개되었다. 제당은 급사중 원시교(元詩教), 주영춘(周永春)과 어사 한준(韓浚)을 우두머리로 하였으며, 초당은 급사중 관응진(官應震), 오양사(吳亮嗣)를 수장으로 하였으며, 절당은 급사중 요종문(姚宗文), 어사 유정원(劉廷元)을 우두머리로 하였다. 그리하여 탕빈윤 일파가 암암리에 주모가 되어 도당을 선동하여 서로 호응하여 전력을 다해 동림당을 공격하였으며, 자신과 다른 이색분자들은 모두 배척하였다. 이러한 결과 신진의 언관들도 반드시 문하에 연결망을 갖지 않을 수 없었으며, 당사자인 대신들조차 감히 이 싸움에 정면으로 맞서려 하는 자가 없었다.

제, 초, 절 3당의 대립 상대로 보이는 동림당은 본래 당이 아니었으나, 당이라는 명칭은 제, 초, 절 3당이 붙인 것이다. 동림당은 원래 관직을 박탈당한 관원인 고헌성(顧獻成)과 그 친우인 고반룡(高攀龍)이 창립한 일종의 강학 장소였으며 이를 동림서원이라 불렀다.

고헌성(1550–1612년)은 자가 숙시(叔時)이며 호가 경양(涇陽)으로서, 상주부 무석현 사람이었다. 고헌성은 만력 22년(1594년)에 삼왕병봉〔三王幷封—*황장자(皇長子) 상락(常洛)대신 신종의 총애를 받는 정귀비의 소생 황삼자 상순(常洵)을 태자로 책봉하려는 의도에서 세 황자를 동시에 왕에 봉함으로써 태자 책봉을 연기하려는 미봉책〕과 내각대신 왕가병(王家屛)을 추천하여 입각시키는 문제를 논의하는 과정에서 정부와 의견이 맞지 않아 결국 파직당하고 고향인 무석으로 귀향하였다. 이 시기를 전후하여 그의 동생인 고윤성, 친우인 고반룡도 관복을 벗고 무석으로 귀향하였다. 이후 고헌성의 성망을 흠모한 자제들이 그의 강학을 듣기 위해 분분히 몰려들었으며, 고헌성 형제는 동인당(同人堂)을 설립하여 학생들에게 학문을 가르쳤다. 고헌성은 줄곧 훌륭한 강학 장소가 있으면 좋겠다는 희망을 품어 왔으며, 송나라 무석인 양시(楊時)의 서원을 복원시키고자 하는 뜻을 가지고 있었다. 이러던 중 마침내 때가 도래하여 만력 30년 상주지부 구양동봉(歐陽東鳳)이 상주의 용성서원을 성공적으로 부흥시키자 고헌성도 만력 32년에 양시의 서원을 부흥하였는데, 이것이 바로 이후 한 시대를 풍미했던 동림서원이었다. 동림서원이 세워진 이후, 고헌성은 동림회약을 기초하여 우괄, 고원의 학문에 반대하였으며, 같은 파끼리는 한패가 되고, 다른 파는 배척하는 기풍과 근거 없는 풍문에 반대를 제기하였다. 반면 상호 힘써 학문을 익혀 스승과 벗이 함께 진리를 깨우쳐 가며, 학문을 연구하면서 반드시 몸소 깨우친 바를 실천하도록 하였다. 이때부터 고헌성 형제와 고반룡, 안희범, 유원진, 사맹린, 진유학, 엽무재, 장대수, 전일본, 왕영도 등이 동림서원에서 강학하였다. 이들은 비단 동림서원 안에서 활동했을 뿐 아니라 인근의 서원들과도 일종의 연대를 구축함으로써 상호 자유롭게 학문을 교류하였다.

동림서원 유지

만력 32년(1064년) 10월 9일에서 11일까지 고헌성 등은 동림서원에서 대회를 열었는데, 강소성과 절강성의 사인들이 모여들어 공전의 성황을 이루었다. 즉 "위로는 수도에서 아래로는 절강 이서의 동지들이 모두 모였다"라고 할 정도였다. 이후 매월 한 차례 소회를 개최하고, 매년 한 차례 대회를 개최하였다. 다음 해에 개최된 동림 제2차 대회에서 고헌성은 다음과 같은 입장을 피력하였다. "예로부터 문을 꼭꼭 걸어 잠그고 혼자 성현이 된 일은 일찍이 없었다. 자고로 성현은 사람들을 멀리하고 군중으로부터 떠나서 고립되어 학문을 닦는 일이 없었다." "무릇 천하의 뛰어난 선비들을 불러 모아 강학하게 함으로써, 천하의 올바름을 모두 취하여 나 자신의 올바름으로 만들어 나가야 한다. 이렇게 한다면 이와 같은 정신이 온 세상에 어찌 충만하지 않겠는가?"

동림서원을 운영하는 주지는 왕문 후학의 '6경주석', '공리공론' 등의 폐단을 바로잡음으로써 유가의 정통 학맥을 잇는 데 있었다. 동림 강회는 정치에 역점을 두지 않고, 유가경전과 동림회약의 규정에 두었다. "매번 모임마다 한 사람을 강주로 추대하여 사서(四書)의 한 장을 설독한 다음, 이와 관련하여 의문이 있으면 질문하고 토론할 일이 있으면 토론한다"라고 하여, 학문의 연마에 온 힘을 집중하였다. 동림서원은 시정을 논하는 일을 극력 경계하였으며, 서원의 규정에도 "지금부터 경서를 읽고 도를 논하는 외에, 조정이나 군읍에서의 시비 득실에 관해서는 일체 들어도 말하지 않으며, 물어도 대답하지 않으며, 일념으로 강학에 정진한다"라고 명확하게 규정하였다. 이 밖에 동림 인사들은 도덕 재정립의 중요성을 강조하였다. 그들은 "나라에서 옳다고 하는 것은 모든 사람이 옳다고 여겨야 비로소 타당성을 부여받을 수 있는 것이지, 만일 사람들이 그것이 반드시 옳은 것은 아니라고 여길 경우 사람들의 동의 없이 성립될 수 있는 것은 아니다"라고 여겼다. 동림서원은 바로 이와 같은 관념을 체현하는 청의(清議)의 중심지였다. 이로 보건대 미국의 학자(Charles O. Hucker)가 말한 바와 같이 명나라 말 동림운동은 전통적인 유가의 가치관과 현실의 열악한 정치 세력 간의 투쟁을 대표하는 하나의 전형으로서, 그들은 도덕의 재정돈을 위한 십자군이었지, 결코 정치를 개혁하려는 사대부 단체가 아니었던 데서 그 실패의 원인을 찾을 수 있다.

고헌성은 영향력을 확대하기 위해 연합회무(聯合淮撫, 봉양순무) 이삼재(李三才)와 연합하였다. 이삼재는 순무를 지낼 때 웅대한 재능과 원대한 책략이 있어 광세태감을 파면시켜 민심을 얻었으며, 이후 관직이 호부상서에까지 올랐다. 당시 때마침 내각에 결원이 생겼는데, 이때 어떤 이가 외부의 관료를 기용하자고 제의하면서 결국 이삼재로 낙점되었다. 이로 말미암아 그를 시기하는 자가 날로 늘어나서 사방에서 비방하는 여론이 줄을 이었다. 그러자 고헌성은 내각보신 섭향고(葉向高)와 이부상서 손비양(孫丕揚)에게 편지를 써서 누명을 깨끗이 씻어 주었다. 그러자 언관들이 이를 빌미로 동림당을 공격함으로써 동림당으로 하여금 붕당의 싸움으로 휘말려 들게 하였다. 고헌성은 이미 관직에서 물러나 초야에 몸담고 있었기 때문에, 동림서원의 지도자라는 신분으로 조정의 정무에 종종 관여하였다. 비록 이러한 행위가 반대파로 하여금 동림서원이 조정을 흔든다는 꼬투리를 제공하기도 하였지만, 한편으로는 이삼재와 동림 인사와의 관계를 더욱 분명하게 해 주기도 하였다. 고헌성의 이와 같은 행동은 사전에 충분한 계산이 서 있었다. 그는 친우에게 보낸 서찰 가운데 다음과 같이 진솔하게 토로하였다. "이삼재가 일찍이 나에게 서신을 보내어 '우리들은 일이 터지고 나서야 비로소 전면에 나서지 그렇지 않으면 관여치 않는다'라고 말한 바 있다. 오호 통재라! 불세출의 영웅들조차 참지 못하고 분개하는 마당에 어찌 나라고 입을 봉하고 있을 수 있겠는가?" "이러한 까닭에 회무(이삼재)가 부당한 누명을 쓰고 있다고 두둔할지라도 그를 비방하는 수많은 사람들과 대적하기는 어려울 것이며, 오히려 이것을 꼬투리 삼아 비방하는 사람이 더욱 많아질 것이라는 사실도 잘 알고 있다. 그러나 그렇다 할지라도 나는 굽히지 않고 묵묵히 내가 해야 할 바를 할 따름이다."

이삼재는 여러 번 상소를 올려 사직을 청하였으나 번번이 이루어지지 못하다가 열다섯 번째 상소를 올려 겨우 신종의 허락을 얻을 수 있었다. 그러나 그가 다시 복귀할 것을 두려워한 사람들이, 그가 황제의 수목을 도용하였으며 황창의 토지를 무단 점용하여 사택을 지었다는 사실을 추궁하여 마침내 만력 44년(1616년)에 신종은 그의 관직을 파하고 일반 백성으로 강등하는 처분을 내렸다. 이삼재는 이와 같이 완전히 몰락한 상황 속에서도 동림당을 위해 변명하는 것을 잊지 않았다. 그는 신종에게 상소를 올려 당쟁으로 인한 재난을 일소하여 천하를 편안히 해 줄 것을 다음과 같이 간청하였다. "현재 간사한 당파들이 서로 보복하고 있는데, 바로 동림 아니면 회무 두 당파 중 하나입니다. 동림은 바로 광록소경 고헌성이 강학하던 동남 지역에 위치하고 있습니다. 고헌성은 절세의 충신으로서 행동에 어긋남이 없으며, 지난날을 이어받아 앞날을 창조하는 보기 드문 성인입니다. 더욱이 그를 따르는 고반룡, 강사창, 전일본, 유원진, 안희범, 우옥립, 황정빈, 낙원성, 설부교 등은 모두 성명(性名)을 연구하여 몸과 마음을 삼가고 반듯하게 하며, 걸출한 인물입니다. 동림당은 정말 특별합니다, 이들이 도대체 국가에 어떤 해악을 끼쳤단 말입니까! 지금은 품행도 보지 않고 재주도 묻지 않으며, 어리석은 사람들은 동림이라 하면 곧 배척하고 맙니다. 그를 따르는 사람들은 이것을 빌미로 간사하다고 멋대로 말하고, 헐뜯으려 하는 사람들은 이를 가지고 그 입을 마음대로 놀립니다."

천계 초년에 이르러 형세에 전기가 마련되었다. 적지 않은 동림 인사가 높은 관직에 올랐는데, 이때가 바로 동림당의 극성기라고 할 수 있다. 즉 재야에서 일전하여 조정으로 입관하니, 원래의 개명 색채를 오히려 점차 상실하고 이것저것 세세히 따지면서 붕당을 이루는 모습만 보였다. 또한 소속이나 한계를 뚜렷이 하여 자신과 뜻이 맞지 않는 자는 다른 당파라 하여 배척하였다. 그 결과 제, 초, 절의 3당이 모두 위충현(魏忠賢)의 문하로 투항하여 소위 엄당(閹黨)을 형성하여 동림과 대적하였다.

위충현은 원래 숙녕현(肅寧縣)의 무뢰배 출신으로서, 먹고 마시고 계집질하고 도박을 일삼아 가산을 탕진한 이후 수도로 들어와 태감에까지 오른 자였다. 궁에 들어 온 이후 희종(熹宗)의 유모인 객(客)씨와 결탁하여 사찰감병필태감 겸 총독동창(특무기관)의 태감으로 승진하였다. 그는 매번 희종이 문장의 자구나 수정하는 등 보잘것없는 일에 몰두해 있을 때를 틈타 황제의 옆에서 상주문과 긴급 공문을 전달하였다. 희종은 한편으로는 하찮은 개인적인 일에 몰두해 있으면서, 한편으로는 관여치 않는다는 듯이 말하기를 "너희들이 열심히 가서 하라, 나는 이미 알았다"라고 하였다. 대권이 남의 손으로 넘어가는 것을 듣고도 관여치 않았다. 위충현은 마침내 마음대로 위세를 부려 흡사 황제의 대변인이 된 듯하였다. 심지어는 마음대로 9천 세를 자처하였다. 희종은 위충현의 온갖 행위를 눈감아 주었으며, 갖가지 방법으로 용인하였다. 심지어 조칙 속에서 위충현을 동등한 자격으로 대해 주기까지 하여, 번번히 '짐과 창신(廠臣)'이 어떠어떠하다라고 하였는데, 여기서 창신이란 바로 총독 동창의 위충현을 가리키는 말이다.

사태가 이 지경에 이르자 동림인사인 부도어사 양련(楊漣)은 위충현 등 24명을 대죄로 탄핵을 상소하고, 위충현의 권력 남용으로 말미암아 "내정이 이를 두려워하여 감히 입 밖으로 내지 못하며, 외정도 말문을 닫고 감히 진언하지 않는다", "궁중 액정(掖庭—*궁녀들이 거처하던 정전 옆에 있는 궁전)에서는 위충현만을 알 뿐 폐하도 알지 못한다. 도성 안에서도 위충현만을 알 뿐 폐하를 알지 못한다"고 비난하였다. 동림인사 좌광두(左光頭), 위대중(魏大中) 등도 모두 용감히 나아가 위충현을 탄핵하였다. 천계 5년(1625년) 부도어사 양련, 검도어사 좌광두, 급사중 위대중, 어사 원화중(袁化中), 태부사소경 주조서(周朝瑞), 섬서부사 고대장(顧大章) 등은 금의위 진무사의 감옥에 투옥되었다. 다음 해 응천순무 주기원(周起元), 좌도어사 고반룡, 이부원외랑 주순창(周順昌) 및 무창기(繆昌期), 이응승(李應升), 주종건(周宗建), 황존소(黃尊素) 등도 제독 소항직조 태감의 무고로 말미암아 체포되어 투옥되었다. 양련은 감옥에서 흙을 넣은 자루로 몸을 눌리고 철못으로 귀를 뚫렸으며, 좌광두, 위대중은 모진 고문으로 몸도 부지할 수 없을 정도였다. 위충현은 옥졸에게 명하여 사체를 개에게 주어 먹이도록 하였다. 이와 같은 수많은 참상이 황대욱(黃大煜)이 저술한 《벽혈록(壁血錄)》, 주장조(朱長祚)가 저술한 《옥경신담(玉鏡新譚)》 가운데 상세히 기록되어 있는데, 그 참혹함에 끝까지 읽을 수도 없다.

위충현의 하수인들은 《진신편람(縉紳便覽)》이라는 책을 편찬해 냈는데, 여기서 엄당과 대적했던 군자들을 모두 동림당이라고 칭하였다. 왕소휘(王紹徽)는 《점장록(粘章錄)》을 펴냈는데, 여기서 108명의 동림당 사람들을 《수호전》의 인물에 비유하여 이름을 배열하였다. 가장 먼저 이삼재를 탁탑천왕(托塔天王)에 비유하였으며, 급시우

(及時雨)에 섭향고, 그리고 옥기린에 조남성, 지다성(智多星)에 무창기(繆昌期), 입운룡(入雲龍)에 고반룡, 신기군사에 고대장, 흑선풍에 위대중, 대도에 양련, 표자두에 좌광두, 급선봉에 황존소 등을 배열하였다. 천계 6년(1626년) 위충현의 뜻을 받들어 24권에 이르는 《삼조요전(三朝要典)》이 편찬되었다. 이 책은 만력, 태창, 천계 3조 시기에 발생한 정격(梃擊), 홍환, 이궁의 3안을 다시 평가하였는데, 여기서 온갖 사실과 다른 허무맹랑한 일들을 날조하여 동림당 사람들을 공격하였다. 위충현은 정권을 독차지하여 마치 태상황 노릇을 하였으며, 하수인으로 오호(五虎), 오표(五彪), 십구(十狗), 십해아(十孩兒), 사십손(四十孫) 등의 하수인들이 있었다. 또한 내각의 6부에서 각지의 총독, 순무에 이르기까지 모두가 그 일당들로 채워졌다.

천계 7년 8월, 희종이 건천궁 석덕전에서 임종하였는데, 당시 나이가 약관 23세에 불과하였다. 그리하여 그의 다섯째 동생인 신왕(信王) 주유검(朱由檢)이 황위를 계승하고, 명 사종(明思宗)이라 칭했다. 명 사종은 반정을 일으켜 침착하게 원흉들을 몰아냈으며, 간당을 처치하고, 9천 세를 자처하던 위충현과 자칭 천 세라는 객씨를 과감히 처리하였다. 위충현은 풍양으로 강등되어 가던 중 부성현에서 스스로 목숨을 끊었다. 위충현이 죽자마자 정국은 곧 천지풍파의 변화가 일어났다. 엄당의 붕괴는 머지않아 실현될 것이지만, 그러나 구세력은 그 뿌리가 매우 깊어 제거하기 어려웠기 때문에, 화근을 철저히 청산하지 못한다면 그 세력이 머지않아 다시 발호할 가능성이 있었다. 그리하여 사종의 지휘 아래 《삼조요전(三朝要典)》을 불태운 후 엄당반역안을 척결하기로 결정하고 이를 대대적으로 전개하였다. 숭정 2년(1629년) 사종이 유지의 형식으로 흠정역안을 공포하여 그 수괴인 위충현과 객씨를 법에 따라 극형에 처하는 한편, 나머지 일당을 모두 일곱 부류로 분류하였다. 즉 수괴와 공모한 자 6명, 이들과 결탁한 측근 19명, 측근보다 한 등급 아래로 분류되는 11명, 반역군범 35명, 군범에 부역한 15명, 가까이서 교왕하였으나 이보다 정도가 약한 차등자 128명, 그를 찬양한 44명 등 모두 258명이었다. 사종은 적지 않은 만류에도 불구하고 엄당에 대해 철저한 청산을 진행하였다. 이는 명나라의 종묘사직을 위해서든, 아니면 중국의 역사를 위해서든 언급할 만한 가치가 있는 생생한 사건이었다.

그럼에도 불구하고 숭정 연간에 당파 싸움은 여전히 그칠 줄 몰랐다. 이는 복사(復社)와 엄당의 잔당이 상호 투쟁하는 형식으로 출현하였는데, 복사는 이로 말미암아 소동림(小東林)이라고 불렸다.

복사의 창시자는 태창 사람 장부(張溥)로서, 그는 장채(張采)와 함께 학풍을 진흥하는데 뜻을 두었으며, 따라서 사람들은 이들을 일러 누동양장(婁東兩張)이라 하였다. 위충현이 제거되고 나서, 그에게 아첨하던 내각보신 고병겸(顧秉謙)이 파관되어 귀향하게 되었다. 마침 그가 귀향 도중 태창을 지나게 되었는데, 장단, 장채가 사인들을 이끌고 그를 내쫓으며 격문을 써서 성토하였는데, 이것이 사람들의 입에 회자되면서 두 사람의 명성이 크게 떨치게 되었다. 복사는 문장을 가지고서 교왕하는 일종의 문인사단이라고 할 수 있다. 복사는 생원들의 결사로서, 이들은 팔고문을 짓는 데 많은 힘을 쏟았다. 따라서 복사의 구성원들은 대부분 글을 짓고, 과거 시험에 합격하기 위해 입사한 것이라고도 할 수 있다. 그러나 장부는 "고학을 부흥시켜 유용함을 위해 힘쓴다"라는 뜻을 주지로 신학(新學)을 표방하였다. 이른바 신학이란 덕과 학의 분리를 주장하고 일재(一材) 일예(一藝)의 학문을 추구하는 것으로서, 경세의 학이며 또한 사회를 구제하기 위한 경세술이라고도 할 수 있다. 이러한 이유에서 동림의 잔여 세력들을 추모하게 되면 학문으로써 시정을 언급하게 될 수밖에 없으며, 결국 정치의 소용돌이 속으로 휩쓸려 들어가게 되는 것이다. 어떤 학자는 장부를 일러 '재야 정당의 수령'이라고 평가하였으나, 이것은 사실보다 과장된 것이다. 왜냐하면 복사는 몇몇 문인 사단이 서로 연합하여 이루어진 것에 지나지 않았기 때문이다. 처음에 불수문사, 광사, 응사 등이 있었기 때문에 비로소 복사로 발전할 수 있었으니, 복사란 바로 문인 사단의 연합체라고 할 수 있으며, 강남북의 수많은 사단을 포괄하고 있었다. 《복사기략(復社紀略)》에서는 다음과 같이 기록하고 있다. "(장부가) 여러 사단을 하나로 합쳐, 이를 위해 규약을 만들고 교과 과정을 만들었다. 세상에서 명교가 쇠퇴하고부터 선비들은 경서에 통하지 않고, 공소한 학문으로서 관리가 되려 할 뿐이다. 조정에 출사하여 황제를 위해 이바지하지도 못하며, 지방관이 되어서도 인민을 윤택하게 해 주지도 못한다. 사람의 재능은 날로 저하되고 이치(吏治)는 날로 악화된다. 장부는 스스로의 덕과 힘을 돌볼 틈도 없이 사방의 학자들과 함께 고학을 부흥하여 훗날 힘써 유용함을 기약하니 따라서 이를 복사라 명명한다."

이것은 바로 수많은 지방의 문사들이 연합하여 전국적인 조직인 복사를 창립할 때 반포한 강령성의 선언문이다. 장부는 "조정에 출사하여 황제에 이바지하지도 못하며, 지방관이 되어서도 인민에 혜택을 주지 못하는" 상황에 대해 큰 불만을 가지고 있었다. 이는 고헌성이 "경사의 관리들이 전심으로 임금과 부모를 위해 보필하지 못하고, 지방의 관리들 역시 백성들을 위해 전심전력하지 않는다"라고 불만을 토로한 것과 궤를 같이 하는 것으로서, 사람들이 복사를 '소동림'이라 부른 것도 당연한 일이었다.

숭정 2년의 윤산대회(尹山大會), 숭정 3년의 금릉대회(金陵大會), 숭정 6년의 호구대회(虎丘大會)를 거치면서 복사의 소식이 천하에 널리 퍼졌으며, 그 구성원인 장부, 오위업, 양정추, 오창시, 진자룡 등이 모두 진사로 나아갔다. 조정에 임용된 다른 일반 관료들도 다투어 몰려와 복사와 줄을 대려 하였으며, 선비들도 복사의 양장(부, 채)의 추천을 통해 공명을 얻을 수 있었다. 복사의 영수도 보호자로서의 세력을 이용하여 정계에 전면적으로 관여하기 시작하면서 조정에 영향력을 행사하였다. 이렇게 하여 복사는 독서인들의 독서 회문 조직으로부터 정치 단체로 발전된 것이다. 내각수보 주연유(周延儒)의 재입각은 바로 복사의 지지와 밀접한 관계를 가지고 있었다. 장부는 비단 그의 재입각을 지지했을 뿐만 아니라, 그에게 비밀리에 서신을 보내 10여 건에 이르는 계획을 전달하고, 이를 실행에 옮기기 위해 반드시 그가 연임하지 않으면 안 된다는 뜻을 전하였다.

명 말의 유명한 4공자인 동성(桐城) 방이지(方以智, 密之), 양선(陽羨) 진정혜(陳貞慧, 定生), 귀덕(歸德) 후방역(侯方域, 朝宗), 여고(如皐) 모양(冒襄, 辟疆)은 모두 명문가의 자제로서 복사의 중견인물이 된 자들이었다. 후조종은 풍류를 즐기고 호탕하였으며, 모벽강은 기개가 넘치는 선비였다. 이들은 도엽도대회에서 동림의 고아들을 대신하여 정의를 널리 퍼뜨렸다. 동림의 피난고아인 주순창(周順昌)의 아들 주무생(周茂生), 황존소(黃尊素)의 아들 황종희(黃宗羲) 등은 모두 복사의 명사로 성장하였다.

엄당의 여얼(余孽)과 각종 모반안과 관련 있던 완대성(阮大鋮)은 회녕(懷寧)에서 중강사(中江社)를 건립하여 복사와 맞섰으며, 머지않아 남경으로 들어가 군사(群社)를 만들었다. 이들은 명사들을 끌어들이기 위해 천금도 아끼지 않았으며, 후조종과 명기 이향군(李香君)의 관계를 맺어 주기도 하였다. 그런데 복사는 이들의 이와 같은 동기를 매우 명확히 인식하고 있었다. 숭정 11년(1638년) 복사의 명사 오응기(吳應箕)와 고고(顧杲, 고헌성의 손자)는 지난날 완대성이 저지른 온갖 못된 행적을 들추어냈다. 고고는 "중형을 두려워하지 않고, 남도를 위해 이와 같은 어리석음을 제거하지 않으면 안 된다"라는 뜻을 표명하였다. 오응기와 진정생(陳定生)도 이 문제에 대해 언급하였는데, 진은 "반드시 인심에 무익한 것은 아니다"라는 뜻을 표명하였다. 그리하여 오응기는 진정생 집에서 성토의 격문을 기초하여, 각지의 복사 명사에게 이를 발송하고 지지를 호소하였다. 다음 해 복사 인사들은 금릉향시가 열리는 기회를 틈타 모벽강의 거처에서 금릉대회를 개최하고 《유도방란공게(留都防亂公揭)》를 공포하고, 완대성을 성토하였다. 여기에 서명한 사람이 142인에 달하였으며, 고고는 동림자제의 대표로서 첫 번째로 서명하였으며, 황종희가 천계 시기 피난을 당한 사람들의 대표로서 그 뒤를 이었다. 여기에서 이들은 완대성을 역모안의 원흉으로 규정하고 그가 과거에 자행한 온갖 악행을 들추어냈다. 문장은 의기가 충만하여 정기가 넘쳐흘렀으며, 그 기세가 사람들을 압도할 정도였다. "(완대성은) 역안(逆案)이 발표된 후에도 점점 흉포해지고 앞잡이를 고용하여 '저런 재판은 뒤엎어 버리겠다, 자네를 등용하겠다'라고 말하였다. 그러자 관료들 중에는 이를 사실로 여겨 과거 완대성과 연계를 가지고 있던 사람들은 너나없이 그가 하라는 대로 하며 그 요구에 응하지 않는 자가 없어 한 달 만에 많게는 수만, 적게는 수천의 뇌물을 받았다고 한다. 이후 각 지방에서는 백성들이 격분하여 변란을 일으켰으며, 완대성을 처형해야만 비로소 나라가 평안해진다는 풍문이 널리 퍼졌다. 사태가 이와 같이 전개되자 완대성도 조금 겁을 먹은 듯하였다. 그는 곧 남경으로 도주하였으나, 그의 악행은 날로 심해졌다. […] 시간이 흐를수록 전국 각지에 있던 역안의 관련자들이 끊임없이 교통하면서 공갈과 협박이 난무하니, 유도(留都)의 문무 관리들 가운데 절반이 여기에 미혹된 형편이다. […] 고(고고) 등 성인의 책을 읽는 독서인들은 역적을 토벌해야 한다는 뜻에 따라 의분강개하여 자신이 자칫 화를 입지는 않을까를 염두에 두지 않고 한간(漢奸)을 없애야 한다는 일념만을 가지고 있다." 이와 같은 청의의 위력에 완대성도 겁먹지 않을 수 없었으며, 어쩔 수 없이 잠시 봉망(鋒芒)을 피할 수밖에 없었다.

## 90. 숭정—양외안내(攘外安內)의 진퇴양난

청나라를 건립한 민족은 만주족으로서 여진족의 일파이며, 만력 44년(1616년)에 정식으로 명나라와의 관계 단절을 선언하였다. 허투알라(Hetu Ala, 즉 홍경. 현재의 요녕성 신빈)에서 대금(大金)을 건립하였으니, 이것이 바로 역사에서 말하는 후금이며, 성을 아이신 지로〔愛新覺羅, Aisin Gioro〕라 정하였다. 만주어 가운데 아이신(愛新)이란 금을 말하며, 지로(覺羅)는 일족을 의미하는 것으로서, 금(金)을 계승하여 흥기하여 여진 여러 부족의 민심을 수습한다는 의미를 내포하고 있다.

누르하치

이로부터 명나라는 엄중한 요동문제에 맞닥뜨리게 된다. 조정은 부패하였으며, 당쟁이 극성을 부려 전쟁에서 연전연패하였다. 요동의 대소 70여 개의 성은 모두 후금에 의해 점령당하였다. 숭정 9년(1636년)에 누르하치의 아들인 황태자가 황위에 올라 국호를 청(淸)이라 고치고, 명나라와 대립하는 청나라를 건립하였다. 그리하여 명나라는 내외의 어려운 나락 속으로 점차 빠져 들어갔다. 천계 말 숭정 초에 섬북에서는 농민 기의가 폭발하였는데, 이때 이미 이자성, 장헌충을 우두머리로 하는 양대 반명의 무장 집단이 형성되어 중원을 장악하고 있었다. 당시 산해관

밖에 있던 청나라는 호시탐탐 중원으로의 발전 기회를 엿보고 있던 차에, 순식간에 장성을 넘어 바로 북경으로 압박해 들어왔다. 숭정제가 통치하던 10여 년의 시기는 시종 양외(攘外)와 안내(安內)의 진퇴양난 시기였다.

숭정 2년(1629년) 10월 하순, 황태극은 후금과 몽골병사 10만 명을 이끌고 희봉구 서쪽의 장성 변경을 돌파하여 허점을 틈타 밀고 들어와 장성 남쪽의 군사 요충인 준화성(遵化城) 아래에 군대를 주둔시켰다. 이에 명나라는 수도에 계엄을 선포하였으며, 전화는 빠른 속도로 수도 인근으로 확대되었다. 이것이 이른바 '기사의 변'이다. 이후 동북 변방은 빠른 속도로 평정되었는데, 이에 따라 명의 사종(즉 숭정제)은 나라 안의 우환을 종식시키는 데 전력을 기울였다. 특히 숭정 8년 10월 봉양의 선조릉이 농민군에 의해 불태워지고 훼손된 사건이 일어난 이후 그 역량을 한층 더 내란의 진압에 집중시켰다. 마침 숭정제가 홍승주에게 서북을 토벌하도록 하고 노상승으로 하여금 동남 지역을 토벌하도록 명령하였을 때에, 중정 9년 6월 말 북방의 만주철기가 장성의 요새인 희봉구(喜峰口)를 돌파하자 7월 3일 경사에는 계엄이 선포되고, 병부는 긴급히 각로에서 근왕병을 징발하여 북경을 지원하도록 명령하였다. 마침 호북성의 운서(鄖西)에서 농민군과 전투 중이던 노상승은 명령을 받고 병부좌시랑 겸 도찰원 우첨보어사의 신분으로 선대(宣大) 총독으로 부임하여 안내로부터 양외로 전환하였다.

한바탕 소동 이후 병부상서 장봉익은 처벌을 두려워하여 스스로 목숨을 끊었다. 명 사종이 사방을 둘러봐도 조정의 대신 가운데 한 사람도 군사 방면에 정통하여 중추적인 임무를 맡길 사람이 없자, 마침 부모상을 당해 집에 있던 전임 의대총독 양사창(楊嗣昌)을 다시 기용하여 병부상서의 자리에 앉혔다. 양사창은 병부상서로 부임한 이후 황제에게 치군의 방략을 다음과 같이 제출하였다. 첫째, 반드시 먼저 국내를 다스린 이후에 비로소 국외를 평정할 수 있다. 둘째, 반드시 먹고 사는 일이 해결된 이후에 비로소 병사를 움직일 수 있다. 셋째, 반드시 백성을 편안히 한 이후에 비로소 적을 정벌할 수 있다. 이것은 전통적인 화법으로서 이미 장거정이 치국의 대계를 찬술했을 때 "나라의 근본을 튼튼히 한다"라는 문제에 대해 명확히 "밖을 평정하기 위해서는 반드시 먼저 안을 다스려야 한다"라는 방침을 제출한 바 있다. 양사창이 새삼 이 방침을 제기한 것은 현실적인 의미를 가지고 있다고 볼 수 있다. 숭정 2년과 숭정 9년에 만주의 무장 병력이 두 차례 남하하여 조성된 외환은 마침 당시 만연하고 있던 유구〔流寇, 또는 유적(流賊)—*일정한 근거지가 없는 떠돌이 비적〕가 중원을 장악하고 있던 내란 상황과 함께 양자 사이에는 무엇이 먼저 해결해야 할 일이고, 어느 것이 나중에 해결해도 될 문제인지, 어느 것이 가볍고 어느 것이 더욱 엄중한 문제인지 전략을 결정할 경우 피할 수 없는 선택의 기로에 놓이게 된 것이다. 양사창의 결론은 다음과 같다. 변경에서의 전쟁은 몸 밖에서 발생한 일로서 역시 시급한 일이기는 하겠지만, 유구의 소란은 뱃속에서 일어난 일로서 더욱 심각한 일이 아닐 수 없다. 시급한 것도 늦출 수는 없겠지만 심각한 일은 더욱 지나칠 수 없는 것이다. 이러한 이유에서 반드시 먼저 안을 편안히 한 이후에 밖을 평정할 수 있다는 것이지 양외를 천천히 하자는 것이 아니다. 왜냐하면 양외는 매우 시급한 일이기 때문에 반드시 먼저 안을 편안히 한 다음에 하지 않으면 안 된다는 이야기이다. 만일 사람들이 편견이나 선입견을 가지지 않고 입장을 바꾸어 명 왕조의 입장에서 시국을 관찰해 보면, 양사창이 제기한 양외는 반드시 먼저 내실을 기한 이후에 가능하다는 논리로서 사실상 당시 채택할 수 있는 유일한 전략 방침이라는 사실을 알 수 있을 것이다.

명 사종의 적극적인 지지 아래에서 양사창의 양외필선안내(攘外必先安內)의 방침은 분명한 성과를 거두었다. 웅문찬이 호광에서 대대적으로 적들을 복속시키고, 홍승주, 손전정이 섬서에서 도재, 장헌충 등을 포위 압박하여 속속 투항하도록 하였으며, 이자성 등도 큰 타격을 받아 10년 동안 해결되지 못했던 형국이 이제 종결을 향해 치닫는 것처럼 보였다.

이와 동시에 양사창은 내란의 종식에 전력을 집중하기 위하여 청나라 방면에 화의를 모색하는 풍선을 띄우는 쪽으로 기울어져, 이를 통해 변경의 압력을 완화하고자 하였다. 이러한 가운데 요동순무 방일조(方一藻)가 장님으로서 점치는 것을 업으로 삼고 있던 주원충(周元忠)이라는 자를 청나라 방면으로 보내어 이러한 뜻을 비쳤다. 주원충은 사절로서의 대우를 받았으며, 청나라 방면에서는 만일 명확히 화의의 뜻이 있다면 즉시 철병하여 동쪽으로 돌아가겠다는 의사를 표시하였다.

주원충은 황태극이 요동총감태감 고기잠(高起潛)에게 보내는 편지를 가지고 돌아왔는데, 편지 속에는 "누차 화의를 말하였는데, 만일 받아들이지 않으면 여름이나 가을경에 반드시 군대를 움직일 것"이라고 씌어 있었다. 양사창은 방일조의 보고를 접한 이후에 황제에게 화의를 통해 우환을 제거하는 일에 대하여 "화의를 통해 변경을 3년간 평정시킬 수 있으며, 이를 통해 국력을 신장함으로써 비로소 일거에 내란을 평정할 수 있다"라는 뜻을 상주하였다. 명 사종이 이에 대해 명확한 태도를 표명하지 않자 조정 대신들이 다시 벌떼같이 들고 일어나 이를 공격하니 결국 화의는 성사되지 못하고 말았다. 황태극이 이미 "만일 받아들여지지 않을 경우 여름이나 가을에 반드시 군사를 움직일 것"이라는 뜻을 표명한 바대로 과연 9월 중에 만주의 군대가 장성장자령, 청산구로부터 남하하였다. 머지않아 수도에는 계엄이 선포되었으며, 명 사종은 홍승주, 손전정으로 하여금 이를 방어하도록 명함으로써 중원에서 안내를 위한 전쟁에 몰두하고 있던 병력이 공백 상태에 빠지고 말았다.

명 사종은 양외와 안내의 두 가지 선택의 기로에 서서 어느 것으로도 정하지 못하고 이리저리 흔들리고 주저하며 결정하지 못하였다. 숭정 9년에 노상승을 중원5성 총리로부터 선대총독으로 전임시킨 조치가 이미 실책이었다. 이때부터 두 해 이후에 다시 섬서와 직예에서 위세가 자자한 섬서삼변총독 홍승주와 섬서순무 손전정을 북방의 변방선으로 이동시킴으로써, 양사창이 온 힘을 기울여 이자성과 장헌충에 대응하기 위해 작성한 '십면장망(十面張網—*겹겹이 포위함)'의 전략이 성공을 눈앞에 두고 막판의 실수로 말미암아 그르치게 만드는 우를 범하였다. 이렇게 큰 잘못을 저지른 핵심적인 원인은 안내의 형세에 대한 그릇된 판단에 있었다. 즉 이자성이 상락(商雒)에서 군마의 피로를 풀게 하기 위해 한숨을 돌리고, 장헌충이 곡성에서 거짓으로 항복하였는데, 이를 내란이 이미 평정된 것으로 판단한 것이다. 명 사종은 경사에 계엄을 선포하고 홍승주와 손전정으로 하여금 방어하도록 하였는데, 청나라 병사들이 변경 밖으로 물러난 이후에도 여전히 두 사람이 병사를 이끌고 원적지로 돌아가는 것을 허락하지 않았는데, 이러한 사실은 바로 이와 같은 정서를 반영한 것이라 할 수 있다. 중원이 텅 빈 틈을 타, 이자성이 상락으로부터 하남으로 병사를 움직였으며 장헌충이 곡성에서 병사를 일으켜 호광, 사천으로 싸움의 방향을 돌리자, 명나라는 이때부터 안내 방면에서의 주도권을 상실하였다. 사태가 이렇게 걷잡을 수 없게 전개되자 명 사종은 형세가 매우 심각하다는 사실을 비로소 깨닫고 숭종 12년(1639년) 8월에 양사창으로 하여금 총독 웅문찬을 대신하여 호광독사로 나아가도록 했을 때, 이미 형세는 돌이킬 수 없는 지경에까지 이르렀다. 홍승주가 산해관의 최전선에 주둔하고 있을 때, 손전정은 정견이 일치하지 않는다는 이유로 투옥되었고, 양사창만이 홀로 고군분투하였다. 그러나 그는 정신적으로나 육체적으로나 모두 지쳐, 마침내 전쟁 도중 병사하여 일생을 마쳤다. 명 사종은 양사창이 공을 세우지는 못하였으나 그 노력한 뜻은 본받을 만하다고 한탄하는 것 외에는 속수무책이었다.

양외의 방면에서는 계요(薊遼) 총독 홍승주가 황제의 뜻을 받들어 13만 정병을 이끌고 숭정 12년 5월에 산해관, 해금주 부근에까지 도달하였다. 홍승주는 본래 지구전을 준비하였으나 병부가 속전속결을 요구하는 바람에 마침내 전선이 붕괴되고 말았다. 이와 같이 절박한 상황하에서 내각보신 사승(謝升)과 기타 각료들이 머리를 맞대고 논의한 끝에 청나라에 금은, 패물 등을 지불함으로써 화의를 도모하기로 결정하였다. 숭정 15년(1742년) 정월 초, 조정의 원단 하례가 끝나고 나서 병부상서 진신갑(陳新甲)이 황제에게 공금을 지불하도록 건의하였다. 이에 명 사종은 산해관 밖 송산(松山), 금주(錦州) 양 성의 곤경으로 말미암아 다른 방도를 찾을 수 없어 어쩔 수 없이 "금은, 패물을 지불하여 해결할 수 있다면 그렇게 하고, 이를 성사시킬 수 있도록 힘써 도우라"라고 응낙하였다. 이렇게 하여 다시 청나라와 평화회담을 개최하기로 결정하였다. 진신갑은 황제의 응낙을 얻어 낸 이후에, 즉시 마소유(馬紹愉)를 병부랑중이품이라는 직함으로 영원(寧遠)으로 보내 청나라 측과 교섭하도록 하였다. 이것이 바로 명과 청, 양 측 사이에 개최되었던 수차례의 회담 가운데 가장 격식이 갖추어진 회담이라고 할 수 있다.

명 사종은 원래 중원에서 "유구의 무리들이 세력을 확장하고 있었기 때문에", "금은과 화폐를 지급하여 청나라 군대에 대한 대응을 잠시 늦춤으로써, 국내 유구의 무리들을 소탕하는 데 전력을 다하려는" 의도를 가지고 있었다. 따라서 조정 대신들의 반대를 우려하여 청나라와의 사이에 담판을 비밀리에 진행하였다. 그러나 뜻밖에 기밀이 새나가면서 여론이 들끓기 시작하자, 내각수보 주연유(周延儒)는 자신이 이번 일에 아무런 책임이 없다고 발뺌하였다. 그러자 명 사종은 어쩔 수 없이 여론에 굴복하여 처음의 생각을 바꾸고, 이번 회담의 책임을 모두 진신갑 한 사람에게 떠넘겨 그를 체포하여 법에 따라 심판하도록 하였다. 냉정하게 말해서 명 사종이 진신갑에게 권한을 부여하여 비밀리에 청나라와 화의를 논의하도록 한 것은 당시 내외의 어려운 형세 아래서 임시적인 계책이라고 볼 수 있으며, 국내외적으로 해보다는 이로운 점이 많았다고 할 수 있다. 그러나 이번 파동을 겪으면서 명 사종은 다시는 감히 청나라와의 화의를 거론할 수 없게 되었다. 이러한 결과 같은 해 11월 청의 군대가 남하할 무렵에 명나라는 이전보다도 더욱 심각한 상황으로 악화되어 있었다.

숭정 17년(1644년) 초 서안에서 이자성은 황제를 참칭하고 국호를 대순(大順), 연호를 영창(永昌)이라 하여 명나라를 대신하여 새로운 왕조를 건립할 뜻을 정식으로 선포하였다. 그리하여 병사를 두 갈래로 나누어 북경으로 진격하도록 하였다. 이와 같이 기세등등한 형세 아래서 명 사종은 어쩔 수 없이 전력을 집중하여 이들과 나아가 싸우고, 수도를 남쪽으로 이전하며, 병력으로 왕실을 구원하게 하는 등의 대책을 마련하지 않을 수 없었다.

이른바 병력을 동원하여 나아가 싸우는 문제에 대해서는 입각한지 불과 얼마 지나지 않은 이건태(李建泰)로 하여금 황제를 대신하여 군대를 이끌고 산서로 출정하도록 결정하였다. 명 사종은 그에게 큰 기대를 걸었다. 왜냐하면 그는 산서인으로서 자신의 고향을 보위하기 위해 죽을 각오로 분투할 수 있을 뿐 아니라, 더욱이 그는 스스로 엄청난 재산을 보유하고 있어 군향도 걱정할 필요가 없을 것이라 생각했기 때문이다. 그러나 뜻밖에 그가 막 북경을 떠나자마자 바로 자신의 고향(산서성 곡옥현)이 함락되었다는 사실을 듣고 이때부터 진퇴의 근거를 잃게 되었다. 그리하여 기남(畿南)에서 배회하면서 관망하던 중, 산서에 들어가 보지도 못하고 농민군의 포로로 잡히고 말았다〔이건태가 중군 곽중걸(郭中傑)을 성 밖으로 보내 투항하였다〕.

이른바 남천(南遷)이란 수도를 북경에서 남경으로 이전하는 것으로, 농민군의 예봉을 피함으로써 잠시 시간을 벌어 전력을 정비하기 위한 응급 조치였다고 할 수 있다. 이 같은 정책이 만일 즉시 집행되기만 했더라도 아마도 이후 명나라가 멸망하게 되는 운명으로부터 벗어날 수 있는 효과적인 방안이 될 수 있었을지도 모른다. 왜냐하면 장강 중류 지역에는 좌양옥(左良玉)이 버티고 있었을 뿐 아니라, 더욱이 장강 하류 지역에는 유택청, 유양좌, 황득공, 고걸 등 총병의 군대가 버티고 있었기 때문에 남경이 북경에 비해 훨씬 안전했기 때문이다. 게다가 청나라는 멀리 산해관 밖에 있었으며, 이자성은 섬서, 산서에, 장헌충은 사천에 멀리 떨어져 있었던 것이다. 그럼에도 불구하고 내각, 부원대신 가운데에는 이와 같이 담력과 식견을 가지고 수도의 남천을 지지한 신료가 한 사람도 없었다. 그리하여 논의를 거듭하였으나 마침내 아무런 결정도 내리지 못하니, 천도 문제는 결국 물거품이 되고 말았다.

이른바 출병하여 황제를 구원하는 문제에 대해서는 산해관 밖 영원(寧遠) 전선에 주둔하고 있던 오삼계 부관인 영경려(寧勁旅)로 하여금 난을 평정하기 위해 관내로 이동하도록 한다는 구상을 가지고 있었다. 숭정 17년 정월 19일, 명 사종이 처음으로 이와 같은 뜻을 제기하자, 각부 대신들은 이와 같은 조치가 영원 및 산해관 밖의 방대한 국토를 포기함을 의미한다는 사실을 너무나도 잘 알고 있었기 때문에 겉으로만 따르는 체하면서 책임을 회피하여 결국 부결되고 말았다. 그들은 한 치의 산하가 한 치의 금쪽과 같다는 이유로 오삼계의 입관을 반대하였다. 2월 8일에 태원이 함락되었으며, 이러한 사실은 수도 북경에 엄청난 충격을 주었다. 계요(薊遼) 총독 왕영길(王永吉)과 순천순무 양악(楊鶚)은 즉시 대책을 논의한 이후 "관외 4성으로부터 철군하여 산해관을 지키는 것이 상책이며, 오삼계의 군대를 즉시 불러들여 수도를 지켜야 한다"라는 데 의견을 같이 하였다. 아울러 연명으로 이 건의를 상소로 올렸으나, 내각의 신료인 진연(陳演)과 위조덕(魏藻德)은 여전히 책임을 회피하면서 결정을 내리지 못하였다. 이와 같이 논의가 끊임없이 반복되면서 결론을 내리지 못하는 가운데 이미 시기를 놓치고 말았다. 2월 27일 명 사종이 천하의 병마를 징발하여 왕실을 구원하고 북경을 보위하도록 결연히 결정하였다. 3월 4일 다시 요동총병 오삼계를 평서백으로 봉하는 명령을 내렸으며, 3월 6일에는 다시 영원을 포기하고 오삼계와 왕영길로 하여금 군사를 이끌고 들어와 수도를 지키도록 명령하였으나 시간이 이미 너무 늦고 말았다. 3월 상순, 오삼계는 영원을 버리고 오십만 대군을 이끌고 출발하였으며, 하루에 수십 리씩 길을 재촉하였다. 그리하여 16일에 산해관으로 진입하였는데, 이때 농민군은 이미 창평(昌平)을 지난 상태였다. 20일 오삼계가 풍륜(豊潤)에 도달하였을 때, 북경은 이미 바로 전날 함락된 상태였다.

명 사종은 궁지에 빠지게 되자 18일 오밤중, 즉 19일 새벽에 사례감태감 왕승은(王承恩)을 대동하고 자금성 북면의 매산(煤山, 景山)에 도달한 후, 수성정(壽星亭) 부근의 큰 나무에 목을 매어 자살하여 순절하였다. 들리는 바에 의하면, 명 사종은 임종 직전에 다음과 같은 유서를 의복에 남겼다고 한다. "강산을 잃었으니 하늘에 계신 조상들을 뵐 면목이 없어 감히 천수를 다하고 죽을 수 없다."

이로부터 우리는 명의 멸망이 외적의 침입에서 기인한 것이 아니라 내란으로 말미암은 결과였음을 잘 알 수 있다. 멸망의 원인은 매우 많지만, 가장 뚜렷한 직접적인 원인은 바로 양외와 안내의 두 가지 어려운 선택 가운데 주저하며 결정하지 못한 것이거나, 혹은 양사창이 제기한 "반드시 먼저 국내를 안정시킨 이후 외적을 방어할 수 있다"는 사실에 대해 충분히 인식하지 못한 결과였다고 할 수 있다.

강희 초년에 장대(張岱)는 《석궤서후집(石匱書后集)》에서 명 사종에 대해 다음과 같이 상당히 감정어린 평가를 내리고 있다. "예로부터 망국의 군주 가운데에는 술로 인해 망한 자, 여색으로 인하여 망한 자, 폭정으로 인해 망한 자, 사치가 지나쳐 망한 자, 무력을 남용하여 전쟁을 일삼아 망한 자 등 여러 질이 있다. 오호라 우리 선제는 나라를 다스리기 위해 애태웠으며, 침식을 잊고 나랏일에 열중하였으며, 식음을 잊고 열심히 일하였으며, 천하의 모든 정무를 하나도 소홀히 함이 없었으니, 고대의 뛰어난 군주도 이보다 더 할 수는 없을 정도였다." 그러나 그 역시 명 사종의 두 가지 실책을 다음과 같이 지적하였다. 즉 지나치게 인색하였다는 사실과 또 하나는 조령이 일관성 없이 수시로 바뀌었다는 사실이며, "이것이 17년간 쌓아 왔던 공적을 헛되게 만들고 말았다"고 지적하였다. 건륭 시기의 역사가 전조망(全祖望)은 자신의 저서인 《장렬제론(莊烈帝論)》 속에서 사종에 대해 객관적인 평가를 다음과 같이 내렸다. "장렬(명 사종)은 당시의 상황에 대해 매우 정확한 판단을 가지고 있었을 뿐만 아니라, 국정의 수행에 모든 열과 성을 기울였다고 할 수 있다. 이러한 의미에서 확실히 그를 망국의 군주라고 한마디로 평가절하하기는 힘들 것이다. 그러나 성격이 완고하여 남의 의견을 수용하지 않고 이전의 방식만을 줄곧 고집하였으니, 역시 망국의 책임을 피할 수는 없을 것이다." 그에 따르면, 장렬의 실책 가운데 하나는 바로 청나라와의 화의를 거부했다는 사실이다. 맹삼(孟森)은 《명청사강의》에서 다음과 같이 지적하였다. "희종은 망국의 군주이나 망하는 것을 두려워하지 않았다. 조상의 은덕이 아직 다 끝나지 않았던 것 같다." "사종은 만력 이전에는 망국의 군주가 아니었다. 그러나 천계 이후가 되면 반드시 망하지 않을 수 없었다." 명 사종은 결코 망국의 군주가 망국의 비극을 연출한 것은 아니었다.

# 14장 청—마지막 왕조의 흥기와 쇠락

## 91. 청군의 입관과 남명의 항청 운동

숭정 17년(1644년) 3월 19일 여명을 틈타 말발굽 소리가 사방에 울려 퍼지고, 진격의 고함소리가 드높은 가운데 이자성이 영도하는 농민군 군대가 물밀듯이 북경으로 들이닥쳤다. 불과 몇 시간 후인 정오 무렵에 이자성은 전립(氈笠—*밑이 원형이면서 위가 좁아지는 모양에 정수리 부분에 꼭지가 있는 형태의 모자)을 머리에 쓰고, 몸에는 옥색 옷을 두르고, 말을 질풍같이 몰아 기병 100여 명의 호위 아래 덕승문(德勝門)으로 들어섰다. 태감왕 덕화(德化)는 궁내에 잔존한 300여 명을 거느리고 덕승문에서 이자성을 맞았다. 태감 조화순(曹化淳)이 이자성과 그를 수행했던 우금성(牛金星), 송헌책(宋獻策), 송기교(宋企郊) 등을 인도하여 서쪽 장안문으로부터 황궁 안으로 들어오니, 자금성은 이미 명나라로부터 천자가 바뀐 사실을 대세로 인정하지 않을 수 없었다.

이자성은 북방에 있던 명나라의 잔여 세력을 소멸시키기 위해 항복한 명의 장수인 당통(唐通)을 파견하였는데, 적 병사를 위무하기 위해 은 4만 냥을 가지고 갔을 뿐만 아니라 오삼계의 아버지인 오양〔吳襄—*명 말의 금주총병(錦州總兵)〕의 편지를 가지고 산해관에 웅거하고 있던 오삼계에게 가서 투항을 권유하도록 하였다. 그런데 투항을 권유하는 편지는 사실상 우금성이 기초하여 오양으로 하여금 청을 찬양하도록 사주한 것으로서, 문장 전체의 어투가 다분히 서정적이다. "정세가 이미 변하였으니 천명이 돌아오기 어렵다. 우리 임금은 이미 세상을 떠났으며 너의 아비도 곧 그 길을 따르게 될지도 모르니. 오호라! 시대의 흐름에 부응하기 위해서는 마땅히 계략을 바꿔야 함을 알아야 한다." 들리는 말에 의하면 오삼계가 병사를 거느리고 입관하여 이자성의 투항 요구를 받아들일 준비를 하고 있던 바로 그때, 그의 애첩인 진원원(陳圓圓)이 이미 농민군 수령에게 잡혀갔다는 사실을 알고 노여움을 억제하지 못하고 칼을 빼들어 탁자를 내리치면서, 대노하여 "역적들이 이와 같이 무례한데 나 오삼계가 당당한 대장부로서 어떻게 이들 호래자식들에게 항복하여 만세의 치욕을 감수할 수 있겠는가. 충과 효는 양립할 수 없다!"라고 말했다고 한다. 그리하여 사하역(沙河驛)으로부터 군대를 동쪽으로 진격시켜 산해성(山海城)에 주둔시켰다. 이것이 바로 "화가 머리끝까지 치밀어 올라 얼굴이 붉어졌다〔衝冠一怒爲紅顔〕"라는 고사의 유래이다.

그런데 이 이야기를 자세히 살펴보면, 문인들에 의해 의도적으로 만들어진 과장된 내용들이 적지 않게 포함되어 있음을 알 수 있다. 예를 들면, 오삼계가 머리끝까지 화가 치밀어 올랐다는 것은 단순히 자신의 여인을 위한 일이었을 뿐만이 아니라 무엇보다도 임금과 부모의 원수를 갚는다는 일종의 윤리도덕에 착안한 것이다. 이와 같이 뿌리 깊은 충효관념은 그가 아버지에게 보낸 다음과 같은 답신 가운데에도 여지없이 드러나고 있다. "아버지가 이미 충신이 될 수 없는데 아들이 어찌 효자가 될 수 있겠는가? 아들과 아버지의 인연을 오늘부터 단절하지 않을 수 없다. 아버지도 도리에 맞게 조속히 결연한 행동을 취하지 않는다면, 적이 비록 아버지를 도마 위에 올려놓고 오삼계를 유인하려 하더라도 이를 돌아보지 않을 것이다." 오삼계는 이후 즉시 이자성이 산해관으로 파견한 당통의 8천 병마와 당통을 구원하러 달려온 백광은(白廣恩)마저 일거에 완전히 섬멸하였다. 이는 오삼계가 격문을 띄워 적을 토벌한 최초의 전투였다. 그는 수많은 토적의 격문을 발포하였는데, 여기에 나타나 있는 직함은 모두 이미 사망한 명나라 사종(思宗)이 책봉한 '흠차진수요동등처지방단련총병관평서백'으로 되어 있었다. 그가 전국 각지에 이와 같이 격문을 발포한 이유는 "병사를 일으켜 적을 섬멸하고, 수도를 수복하여 종사를 안정시키기 위한 목적"으로서 명백히 "지금의 강토는 모두 명 왕조의 천하"라는 복벽의 기치를 높이 쳐든 것이다. 의심할 바 없이 오삼계는 전대의 흠차관원이라는 신분으로 명나라의 유민들로 하여금 들고 일어나 원수를 갚도록 호소한 것이며, 명나라의 복벽을 위해 싸워줄 것을 호소한 것이다. 이와 같은 정치 태도는 결코 "화가 머리끝까지 치밀어 올라 얼굴이 붉어졌다"는 남아의 의기도 여자의 사랑을 이겨내지 못한다는 말로 덮어 버릴 수 있는 것이 결코 아니었다.

오삼계 자신이 비록 막강한 군대를 장악하고 있기는 하였으나, 수십만에 이르는 이자성의 대군과 대항하기에는 역부족임을 스스로 너무나도 잘 알고 있었다. 그리하여 피눈물을 머금고 청나라 방면에 원조를 요청하기로 결정하였다. 그는 먼저 청나라 섭정왕 도르곤〔多爾袞, Dorgon〕에게 편지를 보내 이와 같은 뜻을 전한 이후, 다시 일찍이 청나라에 투항한 외숙 대수, 직속상관 홍승주에게 청나라의 구원을 주선해 주도록 부탁하였으며, 마침내 이러한 요청이 청나라에 의해 받아들여졌다. 농민군 측에서는 오삼계가 투항 권고를 받아들이지 않을 뿐 아니라 격문을 발포하여 토벌을 외치고 있다는 사실을 전해 듣고 일시적으로 당황하여 갈팡질팡하였다. 이러는 사이에 관내의 움직임을 예의 주시하고 있던 청나라가 이에 신속히 대응하였다. 4월 4일 대학사 범문정(范文程)은 섭정왕인 예친왕 도르곤에게 대군을 동원하여 관내로 진격하도록 건의하였다. 4월 8일, 소황제 청 세조 복림(福臨)은 결단을 내려 도르곤으로 하여금 대군을 이끌고 출동하도록 명령하였으며, 이와 함께 다음과 같은 특별 성명을 발표하였다. "우리가 군사를 움직인 것은 반란의 무리를 일소하여 적을 소멸시키고자 하는 목적에서 비롯된 것이다." 오삼계의 결정은 마침 이와 완전히 부합되는 일이었다. 4월 15일, 오삼계는 부장 양곤(楊坤)과 유격 곽운룡을 보내 산해관으로부터 북상하도록 하여 피눈물 나는 구원 요청의 서신을 전하였는데, 내용 속에는 "난신적자는 북조에서도 마땅히 받아들일 수 없는 일"이라고 씌어 있었다. 이것이야말로 도르곤이 추구해 왔으나 얻지 못한 것이었으므로 즉각 다음 날 회신을 보내 오삼계를 "주인의 은혜에 보답하여 유적과는 같이 하려 하지 않는 충신열사"라고 극구 찬양해 마지않는 동시에, 명명백백한 말로써 오삼계로 하여금 투항하도록 권고하였다. 이와 동시에 21일 청군은 산해관 밖의 환희령까지 도달하였다. 오삼계는 머리를 풀어 헤치고 소복을 입고 청의 병영으로 나아가 도르곤을 알현한 후 통곡하며 간절히 구걸하니, 이에 도르곤이 그의 요청을 받아들여 10만 명의 병사를 보내 원조하기로 약조하였다.

이자성은 오삼계에게 투항을 권유하였으나 이루어지지 못하자, 4월 7일 부장 유종민(劉宗敏), 이과(李過)로 하여금 군대를 이끌고 출정하도록 명령하였다. 그러나 유종민과 이과는 유흥에 빠진 지 이미 오래되어 왕성한 전투 의지를 가지고 있지 못하였다. 이틀 후인 4월 9일에, 이자성은 친히 동정하기로 결정하였다. 4월 13일, 이자성은 유종민, 이과와 함께 보병과 기병 5만 명을 거느리고 북경을 출발하였는데, 이때 명나라 태자와 이왕(모두 명 사종의 아들)이 그를 수행하였다. 4월 21일 이자성의 군대가 산해관에 도달하였는데, 오삼계의 군대는 전투에서 패한 것처럼 위장하여 이자성 군대를 유인하는 계략을 폈다. 다음 날, 영왕 아지거〔阿濟格, Ajige〕의 2만 명의 기병이 왼쪽 날개를 형성하고 예왕 도도〔多鐸, Dodo〕가 마찬가지로 2만 명의 기병으로 오른쪽 날개를 형성한 청군이 농민군을 급습하여 농민군의 전선이 붕괴되고 말았다. 이자성의 군대가 패하여 영평(永平)까지 퇴각하자, 오삼계는 사람을 보내어 화의의 뜻을 전하고 정전의 조건으로 태자를 보내 주도록 요구하였다. 그러자 이자성은 어쩔 수 없이 산해관방어사로 하여금 태자를 오삼계의 군영으로 데리고 가도록 하였다. 오삼계는 일단 태자를 안전하게 확보한 이후 전군을 동원하여 북경으로 압박해 들어갔는데, 진군하는 길에 명나라의 명의로 포고문을 반포하였다. "의병이 수일 안에 입성할 것이니 모든 우리 신민들은 전 황제를 위해 상복을 입어야 하며, 동궁(태자)을 맞아들일 준비를 하라." "적에게 항복한 여러 신료들이 다시 원래대로 돌아오는 것을 허락하며, 공을 세워 죄를 씻도록 하라." 수도 안의 관신들은 오삼계가 곧 입경하여 선제의 제사를 지낼 것이라는 소식을 서로 입에서 입으로 전하여, 서둘러 흰색 두건을 만들어 표어를 써 붙이고, "당장 오늘부터 새로운 천자를 받들어 전 왕조를 회복하겠다"라고 의기양양하게 큰소리쳤다.

이자성은 북경으로 퇴각한 이후 오삼계의 부친인 오양과 그의 식솔 30여 명을 처형하였으며, 4월 29일 무영전에서 황제로 등극하였음을 선포하고, 다음 날 비로소 북경을 떠났다. 그런데 오삼계가 북경으로 진격하려고 준비하고 있을 때, 도르곤은 오히려 오삼계로 하여금 북경성을 거치지 말고 둘러 지나가 서쪽으로 가서 이자성을 추격하도록 명령함으로써 그가 태자를 호송하여 북경으로 들어가는 것을 허락하지 않았다. 왜냐하면 도르곤이 오삼계를 이용한 목적은 이 기회를 틈타 산해관으로 들어가 북경으로 진입하여 청나라가 명나라를 계승하겠다는 속셈이 있었던 것이지 명나라를 회복시키고자 한 것은 아니었기 때문이다. 북경성 안의 관신들은 그것도 모르고 여전히 한껏 고무되어 가슴 가득히 희망을 품고 임금과 아비의 원수를 갚은 오삼계를 영접할 준비에 눈코 뜰 새 없었다. 그들은 바로 그 자리에서 태자가 도착하기를 목이 빠지게 기다리고 있었던 것이다. 5월 3일, 사람들이 웅성거리며 서로 전하면서 "태자가 행차하셨다"라고 소리쳐 말하였다. 갑자기 한 사람이 멀리서 먼지가 피어오른다는 사실을 전하자 사람들이 모두 땅에 엎드렸다. 그러나 뜻밖에도 북경으로 진입해 들어온 사람은 태자가 아니라 온몸에 특이한 복장을 한 청나라 섭정왕 도르곤과 만주철기였다. 도르곤 일행은 보무도 당당하게 천자의 수레를 타고 기병의 호위를 받으면서 조양문으로 들어와서는 곧바로 자금성으로 향하였다. 자금성은 이리하여 천자가 바뀌어 대청 왕조를 열게 된 것이다.

5월 5일, 도르곤은 명나라의 관민들에게 다음과 같은 정책 성명을 반포하였다. "천하가 특정인만을 위한 천하는 될 수 없으며, 군과 백성도 특정인만을 위한 군민이 될 수는 없으니, 오로지 덕을 갖춘 자만이 이를 가지고 운용할 수 있다. 지금 우리가 여기에 온 이유는 당신들의 명나라 임금과 부모의 원한을 씻어 주기 위한 것이며, 불퇴전의 각오로 적이 완전히 섬멸될 때까지 결코 돌아가지 않을 것임을 맹세한다." 민심을 구슬리기 위해 그는 또 다시 포고문을 반포하여 신민들로 하여금 사종(思宗)을 위하여 상복을 입고 사흘 동안 곡하도록 하였으며, 이와 함께 사종을 위하여 제왕묘에 영당(靈堂—*영구나 영정을 모신 방)을 설치하여 개장(改葬)을 준비하도록 하였다.

이제 처음으로 다시 돌아가 사종의 죽음이 강남지방에 일으킨 반향을 자세히 살펴보도록 하자. 명 성조가 북경으로 천도하여 돌아간 이후 남경에는 여전히 형식상 중앙정부의 부〔副王〕가 남아 있었다. 북경이 함락된 이후 남경의 동향은 명 왕조가 제위를 계속 이어 나갈 것인가에 집중되었으며, 이 문제는 유민으로 전락한 사람들에게도 마찬가지로 초미의 관심사가 아닐 수 없었다.

남경 측의 반응은 매우 완만하고 더뎠는데, 이러한 원인 가운데 하나는 남북이 무려 천 리나 서로 떨어져 있는데다가, 원래 있었던 정보 전달 계통이 전쟁 동란의 시기에 이미 원활하게 운용될 수 없었기 때문이다. 이러한 이유에서 북경사변의 소식은 운하 교통선을 따라 가장 원시적인 방법으로 점차적으로 전해졌기 때문에 자연히 많은 시일이 소요될 수밖에 없었다. 일본의 학자인 기시모토 미오〔岸本美緒〕의 연구에 따르면, 북경이 함락되어 저보(邸報—*당시 관방의 신문)의 발행이 중단되었기 때문에 북경사변과 관련된 소식이 처음으로 강남지방에 전해진 과정에 관한 가장 상세하고도 중요한 정보는 무엇보다도 북경으로부터 남쪽으로 피란 온 자의 보도에 의존하지 않으면 안 되었다. 또 다른 전달 매체는 군대에서 직접 사람을 파견하여 염탐한 후 보고한 당보(塘報)였다.

현재 남아 있는 문헌에 기재된 것으로 보아, 북경사변의 소식이 남경과 북경 사이에 위치한 군사 중진인 회안(淮安)에 전달된 시기는 대략 3월 29일경이었던 것으로 보인다. 4월 9일이 되면 반신반의하던 소식이 확실한 증거를 가지게 되는데, 즉 경영장교가 회안에 도달하여 순무 노진비(路振飛)에게 북경이 함락되었다는 사실과 황제가 서거하였다는 소식을 보고하였던 것이다. 북경사변의 소식이 남경에 전해진 것은 대략 4월 12일에서 14일 사이인 것으로 보인다. 그러나 남경에서 무위도식하던 고관들은 여전히 근거가 없는 말이라고 여겨서 아무런 행동도 취하지 않고 있다가, 4월 25일에 이르러서야 비로소 북방으로부터 전해진 풍문이 확실한 진실임을 알게 되었다. 그리하여 남경 병부상서 사가법(史可法)은 비로소 각 대신과 대책을 논의하기로 하고,

27일 남경 문무제신이 비로소 봉선전에서 새로운 임금을 세우는 일에 관해 논의에 착수하였다.

새로운 군주를 옹립하기 위해서 두 사람이 거론되었는데 하나는 노왕(潞王) 주상방(朱常淓)과 복왕(福王) 주유숭(朱由崧)이었다. 전자는 상대적으로 현능하였고 성망을 가지고 있었으며, 후자는 황실세손의 친소관계에서 우세하였다. 사가법은 노왕에 기울어 있었으나, 봉양총독 마사영(馬士英)은 복왕을 옹립해야 한다고 주장하였다. 고걸, 유택청 등 군사 방면의 장수들은 노진비(路振飛)에게 의견을 구하였는데, 이에 대해 노진비가 명확하게 "현능함을 논하게 되면 분란될 것이고, 친소를 따지게 되면 하나로 통합될 것"이라고 하여 복왕을 옹립해야 한다는 마사영을 지지하였다.

마침내 5월 15일, 복왕이 남경에서 황제의 자리에 등극하였으며, 그 다음 해를 홍광(弘光) 원년이라 하고 남명 정권의 첫 번째 통치자가 되었다. 복왕은 자신을 추대한 마사영을 표창하여 그로 하여금 병부를 통솔하도록 임명하고, 입각하여 정치에 참여하도록 하였다. 이후 마사영이 대권을 독점하고 제멋대로 행동하였기 때문에 복왕은 사가법을 남경으로부터 추방하니, 사가법은 할 수 없이 상소를 올려 강상의 군대를 통솔하게 해 달라고 자청하였다. 5월 18일, 사가법은 조정에 사직서를 내고 양주로 가서 즉시 독사대학사의 신분으로 격문을 반포하였는데, 여기서 그는 한편으로 황제를 추모하는 동시에, 다른 한편으로는 이자성을 비난하였다. 이와 함께 비록 그와 마사영 집단과의 사이에 모순이 있지만, 커다란 시비의 문제에서는 견해가 일치한다는 뜻을 표명하였다.

마사영은 5월 말 복왕에게 조서를 내도록 건의하였는데, 즉 오삼계를 오랑캐의 힘을 빌려 적을 물리쳤다는 공로로 표창하여 그를 계국공(薊國公)으로 봉하고 이와 함께 은과 쌀을 주어 위로하여 포상하도록 건의하였다. 7월에 이르러 마사영과 복왕은 오랑캐의 힘을 빌려 적을 물리친 공을 마땅히 칭찬할 만하다고 더욱 깊이 믿게 되었다. 그리하여 "하북을 경영하기 위해 관동 군무와 연계한다"라는 명목을 내걸고, 좌무제(左懋第)를 정사로, 진홍범(陳洪范), 마소유(馬紹愉)를 부사로 파견하여 청나라와 화의하기로 결정하였다. 화의를 촉진하기 위하여 유택청, 진홍범, 마소유는 각각 오삼계에게 편지를 써서 그가 중간에서 중재해 주기를 희망하고, 남명의 조정과 오삼계가 완전히 같은 입장임을 밝히면서 오삼계로 하여금 양국이 시급히 힘을 합하여 틈왕(闖王), 즉 이자성을 무찌르자고 제안하였다. 이 밖에 남명이 청나라와 동맹을 맺어 화해하고 통상하며, 양가(남명과 청나라)는 일가로서 한 마음으로 역적을 멸망시켜 태평성대를 함께 누리기를 희망하였다. 남명의 입장에서는 진심으로 그렇게 되기를 희망했겠지만, 청나라 측에서는 근본적으로 남명과 합작하기를 원치 않았다. 이러한 속내는 도르곤이 사가법에게 보낸 다음의 편지 가운데 명확히 드러난다. "국가가 북경을 수도로 정한 것은 이자성으로부터 빼앗은 것이지 명나라로부터 취한 것이 아니다"라고 하며, 진실로 합작을 원한다면 남명이 국호를 삭제하고 속국으로 강등하도록 요구하였다. 사가법은 회신에서 남명을 위해 한 차례 변명을 한 이후 청나라에 감사를 표시하였다. "전하께서 수도에 입성하여 우리 전 황제를 위하여 예를 갖추어 상을 치러 주셨으며, 궁궐에서 반란의 무리들을 소탕하여 평정하셨으며, 만백성을 어루만져 화목하게 하셨습니다." "이는 예로부터 찬란히 빛나는 행위로서, 명나라의 신하된 자들은 모두 오랫동안 북쪽을 향해 무릎 꿇고 땅에 머리를 조아리며 경배 드리지 않을 수 없었습니다." 그는 더욱이 다음과 같이 청원하였다. "바라옵건대 공동의 적을 앞에 두고 양국 간의 우의를 굳게 유지하여, 한결같은 은덕으로 양국이 함께 병사를 움직여 역적의 머리를 매달아 천추의 한을 씻어 내기 바랍니다."

그러나 남명의 사절은 북경에서 담판을 통해 아무런 소득도 거두지 못하였다. 10월 13일, 청나라 예부관원이 좌무제(左懋第) 일행을 접견하였는데, 여기서 세 명의 사절은 찾아온 목적을 다음과 같이 밝혔다. "우리 조정의 새로운 천자는 귀국이 병사를 내어 적을 물리쳤으며, 또한 선제를 위해 상복을 입게 한 사실에 대해 경하하며, 따라서 우리들은 우리 황제가 하사한 은폐를 가지고 와서 이에 대한 감사를 표시하고자 한다." 그런데 다음 날 담판 시에 청나라 대표는 남명이 왜 서둘러 황제를 옹립하였는가라며 이를 질책하였다. 이와 함께 이 일로 말미암아 어떠한 논의의 여지도 사라지고 말았으며, 곧 군대를 동원하여 남하할 것이라는 뜻을 표명하였다. 이렇게 되자 평화를 모색하기 위한 남명 측의 활동은 마침내 파산을 선고하지 않을 수 없었다. 사가법은 이 소식을 전해 듣고 나서 복왕에게 상소를 올려, 남명의 조정이 일치단결하여 한편으로는 적을 막아내고 다른 한편으로는 청에 대항해야 한다고 주장하였으나 역사는 이것이 사실상 환상에 지나지 않았음을 증명해 주고 있다. 청군이 황하를 건너 대거 남하할 때까지도 남명의 조정은 여전히 파벌 싸움에 여념이 없었다. 강북 4진은 흡사 물과 불의 관계처럼 서로 용납하지 않아, 각각 세력 범위를 명확히 나누어 자기 것만 고집하고 있었다. 이때 좌양옥(左良玉)이 돌연 "군주의 측근에 있는 간신을 몰아낸다"는 명분으로 병사를 일으켜 강을 따라 동쪽으로 내려왔다. 그러자 마사영은 크게 놀라 각로에서 군사와 말을 징발하여 이를 저지하도록 명령을 내렸다. 머지않아 좌양옥이 구강에서 폭사하자, 그 아들인 좌몽경(左夢庚)이 흩어져 있던 병사와 말을 다시 추스려 남경으로 진격해 들어왔다. 이때 청군은 이미 사주(泗州)를 점령하고 회하를 건넌 상태였다. 그러자 사가법은 어쩔 수 없이 후퇴하여 양주를 사수하면서, 끊임없이 급전으로 보고하면서 급히 군대를 징발하여 좌몽경의 군대와 대적하기 위해 양주를 지켜야 한다고 주장하였다. 마사영은 다음과 같은 대체적인 계산을 가지고 있었다. "북쪽에서 군대가 들이닥치면, 관향을 가지고 해결할 수 있는 여지가 있을 것 같다. 그러나 만일 이 기회를 틈타 좌몽경의 군대가 들이닥친다면 〔…〕 우리 임금과 신하들은 죽을 수밖에 없다. 차라리 북쪽의 청군에 의해 죽임을 당하는 게 낫지 좌몽경 군대에게 죽을 수는 없다"라고 하여 군대의 행동을 잠시 중지하고 기회를 엿보며 기다렸던 것이다. 이러한 이유에서 청군이 오랜 동안 남하하여 회안에 도달하였을 때에도 마치 무주공산과 같이 입성할 수 있었던 것이다.

5월 8일 청군이 강을 건너 9일에 진강(鎭江)을 공략하여 함락시키자, 10일 밤에 복왕은 남경을 탈출하여 태평(太平)으로 가서 황득공(黃得功)에게 의탁하였으며, 다음 날에는 마사영과 완대성이 도주하여 남경성은 일대 혼란에 휩싸이게 되었다. 5월 15일, 예왕 도도〔多鐸〕가 남경에 진입하자, 남명의 예부상서 겸 문연각대학사 채혁(蔡奕),

예부상서 전겸익(錢謙益)이 관료를 이끌고 투항하였다. 유양좌(劉良佐)는 포로가 되었으나 공을 세워 죄를 속죄하기 위해 황득공의 군영으로 달려가 복왕 주유숭을 체포하자, 황득공은 자결하고 말았다. 주유숭은 "작은 가마를 타고, 남색 포의를 입고, 머리에는 두건을 쓰고, 부채로 얼굴을 가리고", 남경에 도착하여 항복을 청하니, 남명의 홍광(弘光)정권은 마침내 천명을 다하고 말았다.

6월, 청군이 항주를 점령하자 노왕(潞王) 주상방(朱常淓)과 순무 장병정(張秉貞)이 투항하였다. 윤 6월, 황도주(黃道周), 정지룡(鄭之龍) 등이 복건에서 당왕(唐王) 주율건(朱聿鍵)을 감국으로 세운 이후 머지않아 다시 황제로 옹립하였다. 노왕(魯王) 주이해(朱以海) 역시 소홍에서 감국으로 등극하였다. 10월에 계왕(桂王)의 아들 주유즐(朱由榔)이 광동 조경(肇慶)에서 양광총독 정괴초(丁魁楚), 광서순무 구식사(瞿式耜) 등에 의해 감국으로 옹립된 이후 곧이어 다시 황제로 옹립되어, 다음 해를 영력(永歷) 원년으로 개정하였다. 당왕, 노왕은 모두 단명정권이었으며, 오직 계왕정권이 상대적으로 조금 더 지탱했을 뿐이다. 이들의 존재는 명나라 황실 세손이 이어지고 있음을 보여주었으며, 이러한 사실은 다시 백성들로 하여금 청나라에 저항할 수 있는 정신적 지주가 되었다. 그러나 진정한 반청의 에너지는 남명 정권에 투항한 농민군의 잔여부대였으며, 이 밖에 동남 연해에 있던 정씨 집단을 꼽을 수 있다. 순치 18년(1661년) 오삼계는 병사를 이끌고 미안마로 들어가 계왕을 사로잡았다. 남명이 멸망한 이후에도 농민군이 주체가 된 항청투쟁은 여전히 지속되었다. 이것이 바로 이래형(李來亨), 학요기(郝搖旗) 등이 거느린 노동(夔東) 13가였으며, 강희 3년(1644년)까지 지속되었다. 동남 연해의 정성공은 사대부 장황언(張煌言) 등의 지지 아래 순치 16년 해로로부터 장강을 거슬러 올라와 남경을 압박하였다. 그러나 군대가 너무 깊이 들어가 고립되는 바람에 실패하였으며, 장황언은 포로로 잡히고 말았다. 두 해 뒤에 정성공은 군대를 이끌고 대만으로 옮겨 와 청나라와의 항쟁을 계속하였다.

## 92. 강희의 치세

청나라의 통치자는 명나라의 멸망으로부터 교훈을 얻어 한 가지 일에 정심 집중하였다. 명 왕조 말년에 사사로이 징발을 남발하여 민생을 돌보지 않았으며, 이러한 이유로 마침내 국운이 쇠한 전 왕조를 귀감으로 삼아 청 왕조는 이를 경계하였다. 따라서 중원의 통치를 안정시키기 위해서는 반드시 그 길과 반대로 가지 않으면 안 되었다. 이러한 이유에서 마땅히 바꿀 것은 바꾸고 요역과 부세를 가볍게 하고 민과 함께 휴식하였다. 요역과 부역을 가볍게 하여 민과 함께 휴식한다라는 말이 청 초의 국책으로 확정되면서 더욱 철저히 지켜져 나갔다. 섭정왕 도르곤이 말했듯이, 전 왕조 정치의 폐해가 가장 극심했던 것은 바로 3향(요향, 소향, 연향)을 지나치게 부과한 것이며, 따라서 이를 귀감으로 삼아 가능한 한 세금을 가볍게 하지 않으면 안 되었다. 북경으로 진입한 이후 청나라 대신 가운데에는 두 가지 의견이 있었다. 즉 하나의 주장은 명 말의 부책에 근거하여 세금을 계속 징수해 나가자는 것이고, 또 하나는 만력 원액에 근거하여 징세하자는 주장이 그것이었다. 범문정(范文程)은 후자의 의견을 지지하였는데, 그는 "이것을 기준으로 삼아 징수하더라도 백성들의 부담을 가중시키지 않을까 걱정인데, 어찌 이보다 더 부담을 가중시킬 수 있겠는가?"라고 주장하였다. 도르곤도 이와 같은 견해를 지지하여, 순치 원년(1644년) 10월에 이르러 전국에 다음과 같이 선포하였다. "지무와 전량은 모두 전 명나라의 회계기록에 따른다. 순치 원년 5월부터 소급하여 적용한다. 소기의 징수액이 모두 거두어 진 이후에는 요향, 신향, 연향, 소매 등의 세량을 모두 면제한다." 이후 청 세조 복림도 재차 명령을 내려 3향을 경감하고, 만력 연간의 원액에 따라 징수하도록 하였다. 대군대가 한번 휩쓸고 지나간 지방에는 그 반만을 징수하며 순치 원년 5월 이전에 체납된 세액을 일괄적으로 면제해 주었다. 일정한 표준에 따라 징수할 때, 그들은 숭정 연간에 몇 배로 증액된 표준을 근거로 하지 않았다. 이들이 채택한 것은 이보다 훨씬 적은 만력 연간의 구액(舊額)에 따라 징수하였기 때문에, 이로부터 수십 년에 걸쳐 지속된 요역과 부역의 경감 방침을 확정하게 되었다.

강희 시기에 이르러 오랜 전란으로 지친 백성들을 쉬게 하고 다독거리기 위해 요역과 부세의 경감 방침을 계속 시행하였다. 청 성조 현엽(玄燁)은 여러 차례 명 왕조가 멸망한 원인을 분석한 이후, 만력 이후 "부세의 징수가 날로 늘어나 민심이 정권을 떠난 것"이 왕조 멸망의 주요한 원인이었다고 분석하였다. 그리하여 그는 다음과 같이 주장하였다. "종래 민과 함께 휴식한다고 하였는데, 이를 실현하기 위해 정책들을 많이 만들어 나가기보다는 차라리 정책을 하나하나 줄여 나가는 편이 낫다." 그가 보기에 "집집마다 사람들이 풍요해지고 나면, 자연히 세상이 구제된다"라고 생각하였으며, "백성들로 하여금 즐겁고 이롭게 해 주며 집집마다 풍요롭게 해 주려면, 부역과 조세를 자주 감면해 주는 길밖에 없다"라고 여겨, 거의 매년 특정 지역의 전량을 일 년 혹은 수년간 면제해 주거나 일부를 감면해 주는 조칙을 내렸다.

청나라 초에 요역과 부세의 경감이 수차례 반복해서 시행되었음에도 불구하고 왜 국가 예산이 고갈되지 않았을까? 그 원인은 바로 청나라 초의 통치자가 명대 통치자에 비해 훨씬 청렴하였으며, 그들이 마침 창업의 시기에 있었기 때문에 진취성이 넘쳐흘러 부패하지 않았기 때문이다. 그리하여 조정 각 방면에서의 지출도 대폭 줄였는데, 예를 들면 궁궐을 수축할 경우, 명 말에는 일 년의 소비가 거의 은 백만 냥에 달하였으나 청나라 초에 이르러서는 3만 냥에 불과하였다. 광록사(황실의 식사)의 경우 명 말에 일 년 지출이 은 1백만 냥이었는데, 청나라 초에는 10만 냥에 불과하였다. 공부의 지출은 명나라 말, 일 년에 2백만 냥에 달하였는데, 청나라 초에는 겨우 20만–30만 냥에 불과하였다. 궁녀 태감은 명나라 말 10만 명에 달하였는데, 청나라 초에는 500명으로 감소되었다. 이러한 이유에서 순치, 강희 시기에 요역과 부세가 경감되었다 하더라도 전량을 부단히 감면할 수 있었으며, 호부의 재정 보유고는 매년 넘쳐났으며 오히려 점점 많아졌다.

| | |
|---|---|
| 강희 10년(1671년) | 2,488,492냥 |
| 강희 11년(1672년) | 18,096,850냥 |

| | |
|---|---|
| 강희 12년(1673년) | 21,358,006냥 |
| 강희 26년(1687년) | 28,964,499냥 |
| 강희 30년(1691년) | 31,849,719냥 |
| 강희 33년(1694년) | 41,007,790냥 |

이와 함께, 토지 관계의 조정도 눈에 띄게 효과를 거두었다. 장기간에 걸친 전쟁과 동란으로 말미암아 도처에 대규모의 주인 없는 황무지가 출현하였기 때문에 농민들로 하여금 신속히 토지로 복귀하도록 해야만 비로소 사회적 불안 요소를 제거할 수 있었다. 따라서 주인 없는 황무지를 개간하도록 장려하기 위해서 정부는 이미 점유하고 있거나, 개간하여 경작하고 있는 토지는 이미 기정사실로 그 소유권을 인정해 주었다. 이로 인해 "도망갔던 농민들이 다시 토지로 돌아가 전토가 경작되는" 효과를 거둘 수 있었다. 순치 6년(1649년) 청 세조는 다음과 같은 조서를 내렸다. "지방에 주인 없는 황무지를 조사하여 주현관이 관인을 찍은 허가서를 발급하여 개간하고 경작할 수 있도록 하며 그 소유권을 인정해 주도록 하라. 경작한 지 6년 후에 사관(司官)이 곡식이 다 익은 후 경작지에 직접 가서 무수를 조사하고 실측하여 상부의 명령을 기다려 비로소 전량을 징수하도록 하고, 6년 이전에는 징수하지 않도록 하라."

청 성조의 친정 이후 다시 다음과 같은 몇 가지 조치가 시행되었는데, 그 첫 번째 조치가 바로 '권전령(圈田令)'을 폐지하는 일이었다. 청나라 초의 권전령은 만주귀족에게 수도 부근에 위치한 주현의 전지를 하사하는 특권을 말하는 것으로, 순치 원년(1644년)에서 강희 8년(1669년)까지 이들은 민전 17만여 경을 점유하였다. 강희 8년에 권전령이 폐지되었는데, 이 조치는 농업 생산력의 회복과 발전을 위해 매우 바람직한 조치였다. 두 번째 조치가 바로 황무지 개간 시에 세금 면제 기간을 연장해 주는 조치였다. 청나라 초에 일찍이 황무지를 개간할 경우 3년간 세금을 면제해 주도록 규정을 두었는데, 이후 다시 이를 고쳐 6년 동안 세금을 면제해 주도록 하였다. 강희 11년에 거듭 명령을 내려 새롭게 개간한 황무지는 6년 후부터 비로소 세금을 부과하도록 하였는데,

다음 해에는 이를 다시 고쳐 10년 후부터 세금을 부과하도록 하였다. 이와 같은 정책은 농민으로 하여금 황무지를 적극적으로 개척하도록 자극하였으며, 이는 결국 경지 면적을 급속히 증가시키는 효과를 가져왔다. 세 번째 조치가 토지의 명의를 변경하는 조치였다. 명나라 말 종실의 권신 인척 가운데 농민군의 공격으로 사망한 사람이 많았는데, 이들이 원래 점유하고 있던 막대한 전산이 점차 농민들에 의해 점유되고 경작되어 소유관계에 많은 변화가 발생하였다. 강희 8년 청 성조는 다음과 같이 선포하였다. "폐번의 전산은 부원을 파견하여 독무(督撫)와 회동한 이후 각 전토를 조사하여 이를 적당한 가격에 매각하도록 하라. 이미 판매한 토지의 경우 다시 부세를 부과할 경우 백성들의 부담이 과중할 것이기 때문에 해당 가격을 지불하는 것을 면제해 주도록 하고 파견한 부원에게 이를 알리도록 하라. 아직 매각되지 않은 전지는 해당 독무에게 주어 원래 경작자에게 이를 지급하여 경작하도록 하고 평상대로 세금을 부과하도록 하라." 이와 같은 조치는 원래 번왕 장전에 속한 전농으로 하여금 현재 전토의 가격을 지불하지 않고 평상대로 경작하게 함으로써 이들을 자경농으로 만들어 주는 조치였다. 강희 9년에는 명확히 다음과 같이 규정하였다. "갱명지 안에 있는 전토는 민전과 똑같이 전량(토지세)을 바치도록 하고, 납조(지조)는 면제해 주도록 하라." 갱명지 정책은 직예, 산서, 산동, 하남, 호광, 섬서, 감숙 등지의 폐번 전지를 민지로 전환시킴으로써 명나라 말 토지겸병의 상황에 변화를 가져오고 이로부터 자경농이 대량으로 출현하게 되었다.

순치, 강희 시기에 요역과 부세의 경감 및 백성과 함께 휴식한다는 정책은 간과할 수 없는 매우 중요하고도 적극적인 효과를 거두었다. 당시 사람들이 지적하기를 "성조가 천하를 평정한 이후 명나라 때에 시행된 백성을 힘들게 하는 일체의 정치가 이미 모두 사라지고, 세금의 징수는 모두 법률에 따라 이루어졌으며, 원칙이 바로 서 있었다", "10년 동안 인구를 늘리고 물자를 축적한 결과, 백성들이 비로소 편안하게 되었다"는 노래 가사는 모두 사실에 근거한 것이었다. 각 지방지에도 모두 "들판에는 곡식이 익어 가고, 마을 집집마다 굴뚝에서 연기가 피어오르며, 개와 닭 울음소리가 온 마을에 울려 퍼진다", "황하와 낙하(洛河—*황하의 지류) 유역에는 농사를 짓지 않고 방치된 공터가 없으며, 유민도 존재하지 않는다"라고 기록되어 있다. 관방 통계에 따르면 개간된 황무지의 면적이 분명히 증가하고 있음을 잘 알 수 있다.

| | |
|---|---|
| 순치 8년 (1651년) | 2.90억 무 |
| 순치 18년(1661년) | 5.20억 무 |
| 강희 10년(1671년) | 5.40억 무 |
| 강희 30년(1691년) | 5.90억 무 |
| 강희 60년(1721년) | 7.30억 무 |

이와 서로 호응하여 나타난 것이 바로 양식 가격의 급격한 하락이었다. 숭정 시기에 미 1두의 가격이 2냥 3전(은)이었던 것이 순치 시기에는 2전까지 하락하였으며, 강희 시기에 내려와서는 0.5-0.6전(은)까지 더욱 하락하였다. 양식 가격의 하락은 "농작물이 번성하고 호구가 늘어난" 필연적인 결과였으며, 태평성대의 주요한 지표이기도 하였다.

청 세조

정치 방면에서도 청나라 초 통치자가 정책을 전환함에 따라서 모순이 점차 완화되었다. 청나라 군대가 입관하여 북경으로 진입하여 "유구과 천하를 두고 싸웠으며", 명나라를 위해 "임금과 어버이의 원수를 갚는다"는 기치를 내걸었기 때문에 아무런 저항 없이 순조롭게 왕조의 전환을 실현할 수 있었다. 청나라는 명대의 제도를 답습하여 《홍무보훈(洪武寶訓)》을 번역하였으며, 청 세조가 친히 그 서문을 작성한 다음 이를 천하에 반포하였다. 이렇게 함으로써 스스로 명나라의 통치를 계승하였음을 보여 주었으며, 천하와 함께 명나라의 법통(유훈)을 준수하였음을 스스로 인정한 것인데, 이는 역사상 왕조 전환의 과정에서 매우 보기 드문 일이었다.

그럼에도 불구하고 청나라는 어차피 만주족이 세운 정권이었으며, 따라서 당연히 한족의 반감을 살 수밖에 없었다. 이와 같은 모순은 강남지방에서 더욱 뚜렷하게 나타났다. 청군은 강남을 석권한 이후 곧 민족적 기개가 넘쳐흐르는 애국지사들의 저항에 직면하였다. 오역(吳易), 오조규(吳兆奎)는 오강(吳江)에서 병사를 일으켰으며, 육세월(陸世鑰)은 소주에서, 후동증(侯峒曾), 황순요(黃淳耀)는 가정에서 기병하였고, 심우용(沈犹龍)은 송강(松江)에서 병사를 일으켰으며, 왕영조(王永祚)는 곤산(昆山)에서, 노상관(盧象觀)은 의흥(宜興)에서, 엄식(嚴栻)은 상숙에서, 전전(錢旃), 전병(錢棅)은 가선(嘉善)에서 병사를 일으켰다. 비록 병사의 수도 적고 힘도 미약했으며 저항한 시간도 비교적 짧았으나 그럼에도 불구하고 이들의 정치적 영향은 적지 않았다. 이 밖에 일부 급진적인 사람들은 비밀리에 계획을 수립하여 명 왕조의 복벽을 기도하였다. 순치 4년(1647년) 그들은 오승조(吳勝兆) 반정사건을 꾸몄는데, 이에 청 정부는 매우 놀라 이 기회를 틈타 완고하게 청나라에 협조하지 않는 태도를 견지한 일부 저명한 인사들, 예를 들면 진자룡(陳子龍), 하완순(夏完淳) 등을 일망타진하였다. 그러나 강남 신사들 가운데에서는 여전히 청나라에 협조하지 않으려는 기풍이 존재하였다. 그리하여 고염무(顧炎武)를 대표로 하는 일파가 비협조적인 태도를 견지했을 뿐 아니라, 그밖에 전겸익(錢謙益), 오위업(吳偉業)을 대표로 하는 일파는 비록 청에 항복하기는 하였지만 벼슬길에 오르려 하지 않았다. 이후 원치 않았음에도 불구하고 강제로 벼슬길에 오르도록 했을 때에도 마지못해 수락하면서 한편으로는 불만이 가득하였다. 강남의 호족 열신들은 명나라 때에 특권을 이용하여 수많은 토지를 은닉하여 부세를 회피하였다. 더욱이 명·청 전환기에 다시 전토와 주택을 대대적으로 사들여 전 왕조 시기의 특권을 그대로 계승하여 부역을 회피하였으므로, 청나라 정부와의 사이에 모순이 날로 첨예화되었다.

이와 같은 이유에서 청나라 정부는 모든 수단을 동원하여 강남지방에 제재와 타격을 가하지 않으면 안 되었다. 이러한 상황 속에서 '주소안(奏銷案)'이 바로 하나의 돌파구가 되었으며, 실제로 이와 같은 제 모순이 총체적으로 폭발한 사건이기도 하였다.

순치 15년(1658년) 청 세조는 호부에 내린 유지 가운데서 강남 호신들이 전토를 사실대로 밝히지 않고 감추면서 전량을 회피하고 있는 사실에 대해 큰 불만을 토로하면서 명확히 다음과 같이 선포하였다. "문무향신, 진사, 거인, 감공, 생원 및 지방관리 가운데 전량을 체납한 자는 체납 수량의 많고 적음에 따라 각기 분류하여 죄를 물으라." 그리하여 순치 17년부터 시작하여 관리를 파견하여 이들로 하여금 전량을 체납한 일만을 전문적으로 감독 관리하도록 하였으며, 이들은 주현관의 전량 주소(奏銷—*일 년간의 수입지출 결산을 관청이 중앙정부에 보고한 것) 상황에 대하여 엄격한 감사를 실시하였다. 다음 해 소, 송, 상, 진의 4부 및 강녕부의 율양(溧陽)현에서 조사를 실시하여, 호신 가운데 전량을 내지 않고 있는 자가 13,500여 명이나 된다는 사실을 밝혀내고, 지방 관료 가운데 전량을 체납한 240명을 적발하여 이들의 공명이나 관직을 면직시켰다. 이와 함께 이들에게는 가책(枷責—*칼을 씌우는 형벌)의 형벌이 가해졌으며, "곤장 치는 소리가 끊이지 않았고, 입고 있던 의복과 모자가 우수수 땅에 떨어졌다". 더욱이 이들로 하여금 내지 않은 전량을 소급해서 내도록 하였으며, 자신이 소유한 전토를 매각하도록 하였다. 4부 1현에서 관직을 박탈당한 향신만 모두 2,171명에 달하였으며 생원이 11,346명으로서 합계 13,517명에 이르렀다. 그리하여 강남의 상서(庠序—*지방학교)가 텅 비게 되었으며, 거인, 감공, 생원의 직함을 유지한 사람이 드물 정도였다. 이들은 다시 북경으로 불려가 거듭 죄의 대가를 치렀다. 이러한 조치는 "사람들의 간담을 서늘하게 만들었다". 분명한 사실은 청나라 정부가 이와 같은 조치를 취한 목적은 단순히 체납한 전량을 소급하여 내도록 하기 위한 것이었을 뿐만이 아니라, 강남의 호신, 자제들로 하여금 청나라의 지배에 복종하도록 하기 위한 것이었다.

주소안과 함께 등장한 것이 바로 향시 부정행위건이었는데, 이른바 '과장안(科場案)'이라고도 한다. 과거시험장에서의 부정행위는 본래 과거 시험에서 흔히 있어 왔던 현상이었다. 청나라 초의 통치자가 이를 죄로 물은 이유는 사실상 본심이 다른 곳에 있었기 때문이다. 즉 진정한 의도는 주소안과 함께 강남의 문인에게 타격을 가하기 위한 것이었다. 이번에 적발해 낸 순천, 강남, 하남, 산동, 산서 등지에서 일어난 과거장

시험 부정행위 가운데 순천, 강남이 가장 엄중하였으며, 따라서 수많은 강남 문인들이 이 사건에 연루되었다. 두등춘(杜登春)이 저술한 《사사시말(社事始末)》에서 그는 스스로 회고하여 말하기를 "강절 문인 가운데에서 정유(순치 14년)의 안에 연루된 자가 100명을 넘었다. 일 년 동안 문인들 가운데 이 안에 연루되어 감옥에 갇히거나 이러지도 저러지도 못하고 의식주의 해결에 급급한 자가 하루도 그칠 날이 없었다"라고 하였다.

순천 향시의 시험관 이진업(李振鄴), 중시의 거인 전사(田耜)를 비롯한 여러 사람이 사형에 처해졌다. 남위(南闈)의 정, 부 감독관과 16방의 시험관들도 모두 사형에 처해졌으며, 가산마저 몰수되어 국고로 환수되었음을 볼 때, 그 처분이 북위보다도 더욱 엄중하였음을 알 수 있다. 이후 다시 북경에서 복시가 있었는데 고사장에는 사병들이 보초를 섰으며, 수험생들은 놀라서 벌벌 떨어 답안지도 다 채우지 못할 정도였다. 여기에서도 북위 거인 8명을 해직하였으며 남위 거인 오조건(吳兆騫) 등 8인을 곤장 40대에 처했으며, 가산을 몰수하고 부모, 처자, 형제들을 모두 영고탑〔寧古塔, 현재의 영안(寧安)〕으로 추방하였다. 이렇게 볼 때, 과장안이 강남 호신의 서생들에게 정치적으로는 처음으로 몰아닥친 심각한 타격이었음을 잘 알 수 있으며, 이를 통해 그들이 벼슬길에 오르는 경로를 차단하였음을 잘 알 수 있다.

순치 18년(1661년) 소주 오현(吳縣)에서 발생한 '곡묘안(哭廟案)'도 양상이 이와 비슷하였다. 오현의 신임 지현 임유초(任維初)는 기존에 체납된 세액을 징수하기 위해 가혹한 조치를 제정하였는데, 이것이 문인 학사들의 불만을 야기하였다. 2월 5일, 이들은 공묘에 모여 얼마 전에 세상을 떠난 청의 세조를 추모하였다. 마침 이 기회를 틈타 이들은 기존에 누적된 불만을 쏟아 놓았다. 그런데 이 자리에는 강소순무와 많은 관료들이 모두 참석한 상태였으며, 시끌벅적한 상태에서 누구라도 거리낌 없이 입장을 표명하였다. 그 결과 문인 학사 가운데 가장 적극적이었던 11명의 지도 인물들이 구금되었는데, 이 가운데에는 유명한 문학평론가 김인서(金人瑞)도 포함되어 있었다. 5월 초 남경에서 첫 재판이 있었는데, 곧 이어 8월 7일에 형을 집행하여 재산을 몰수하여 국고로 환수하였으며, 가족들을 모두 만주로 이주시켰다. 재능이 출중했던 김인서도 이번 정치 투쟁의 희생물이 되고 말았다. '주소안'은 단지 무석, 가정의 두 현에서 일어난 사건이었지만, 곡묘안이 발생한 이후 당국은 이를 4부 1현으로 확대하기로 결정하였다. 이러한 과정에서 수많은 거물들, 예를 들면 오위업(吳偉業), 서건학(徐乾學), 서원문(徐元文), 엽방애(葉方藹) 등이 거의 모두 이 사건에 연루되었다.

그러나 형세가 변화하면서 이와 같은 모순도 점차 완화되었다. 1664년에 강희제는 정식으로 조칙을 내려 순치 원년에서 15년 사이에 체납된 전량을 모두 면제해 주도록 하였다. 그러자 주소 문제도 어느덧 세인의 관심으로부터 멀어졌으며, 이후에도 여러 차례 강남의 전량을 감면해 주는 조치가 시행되었다. 강희 29년(1690년) 청 성조가 남순하여 소주에 이르렀을 때, 호부상서 서원문이 강남의 세금 체납에 대하여 보고하자, 청 성조는 완전히 관용하는 태도를 취하였다. 이와 함께 정치적으로 민심을 구슬리는 것이 더욱 명확하게 되었는데, 예를 들어 곤산의 서가 일문에서 세 명의 급제자가 나왔으며, 이는 강남의 자제들에게 흥미진진한 이야깃거리로 회자되었다. 서건학은 강희 9년의 탐화(探花—*명 · 청 시대에 과거의 최고 시험이었던 전시에 제3위의 성적으로 합격하여 진사가 된 사람)였는데, 관직이 형부상서에까지 올랐다. 서원문은 순치 16년의 장원으로서, 강희 9년에 경정강관(經筵講官—*황제의 교사)이 되었으며, 관직이 호부상서에 이르렀다. 서병의는 강희 12년의 탐화였다. 이러한 이유로 청나라 초에는 과거 시험에 인재들이 몰려들었는데, 왕사정(王士禎)의 《지북우담(池北偶談)》에서는 다음과 같이 기록하고 있다. "같은 문중에서 급제한 사람이 세 명이나 나온 것은 명 왕조 300년 동안 일찍이 없었던 일이다." 서씨 3걸을 제외하고 청나라 조정에서 중시한 강남의 자제들 중에는 이 밖에 엽방애, 장정서 등이 있었으며, 강희 17년의 박학홍사(博學鴻詞)와 강희 18년의 수명사(修明史)는 모두 이들의 작품이다. 고염무의 학생 번뢰(潘耒), 명나라 말 4공자의 하나인 진정생(陳定生)의 아들 진유숭(陳維

청 성조

崧) 및 우동(尤侗), 주이존(朱彝尊) 등은 박학홍사과를 통과하여 관문에 진입한 자들이다. 황종희의 아들 황백가(黃百家), 학생 만사동(萬斯同) 등은 명사관(明史館)에 들어가서 황제의 명을 받들어 역사를 편찬하였다. 이와 같은 일련의 조치는 청이 강남 문인 학사와의 관계를 개선하려는 시도였음을 잘 알 수 있다.

청 성조(강희제)는 청나라에서 가장 칭송을 받는 현명한 군주로서, 무공과 문치 모두 누구도 따를 자가 없었다. 그는 삼번의 난(오삼계, 경정충, 상가희의 반란)을 평정하였으며 또한 차르 러시아의 확장을 저지하고 중·러 간에 네르친스크 조약을 체결하였다. 무력을 동원하여 대만에 할거하고 있던 정씨 집단을 평정하였고, 대만을 중국으로 회귀시켰다. 이 밖에 준갈이부를 친히 원정하여 갈이단을 격파하였는데, 이러한 사건들이 그의 무공에 의해 달성된 탁월한 업적이라고 할 수 있다.

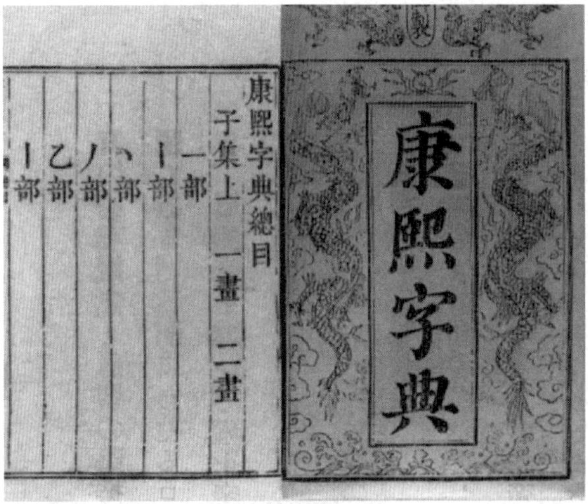

《강희자전》

그의 문치도 사람들의 이목을 집중시키기에 충분하였다. 그의 주창 아래에서 4만 9천여 자에 달하는 《강희자전(康熙字典)》 및 180권에 달하는 《대청회전(大淸會典)》, 106권에 이르는(빠진 글을 보충한 것이 106권) 《패문운부(佩文韻府)》, 120권에 이르는 《역대제화시류(歷代題畵時類)》, 900권에 이르는 《전당시(全唐詩)》, 이와 함께 1만 권에 이르는 《고금도서집성(古今圖書集成)》을 기획하였다. 이 밖에 그는 예수회 선교사를 각지에 파견하여 해당 지역을 측량하도록 하여 중국 최초의 지도인 《황여전람도(皇輿全覽圖)》를 제작하였다. 어떤 역사학자는 청나라 성조(강희제)와 러시아의 표트르 대제를 비교하였는데, 다소 억지로 가져다 붙인 측면이 없지는 않겠지만 일리가 없는 것도 아닌 듯하다.

## 93. 옹정—정치의 도리는 실리를 추구하는 데 있다

강희 후기에 여러 왕자들은 황태자의 자리를 놓고 서로 치열한 싸움을 전개하였는데, 도저히 끝을 알 수 없을 정도로 극심하였다. 이들은 각자 붕당을 결성하여 원수처럼 서로 용납하지 않았다. 강희제는 만년에 정치에 관용을 베풀고 일을 간결하게 처리하여 무위지치를 실행하였지만, 이와 같은 분란은 실상 강희제와 같은 명군에게도 어쩔 수 없는 고충이었다. 강희제 말년에 이르러, 각 왕자의 붕당들은 점차 세분화되고 개조되어 몇 개의 작은 집단들을 형성하였다. 이 가운데 여덟 번째 왕자인 윤사(胤禩)가 가장 강력하였으며, 아홉 번째 왕자 윤당(胤禟)과 열 번째 왕자 윤아(胤䄉), 열네 번째 왕자 윤복(胤禵)이 일파를 형성하였다. 윤사가 강희제로부터 미움을 받아 후계자로서 가능성이 없어지자, 이들 일파의 영수들은 다시 윤복(胤禵)을 옹립하는 쪽으로 방향을 선회하였다. 네 번째 왕자인 윤진(胤禛)도 일파를 형성하였으며, 열세 번째 왕자 윤상(胤祥)이 그 도당이 되었다.

강희 61년(1722년) 11월 13일, 강희제가 이궁 창춘원에서 세상을 떠났는데, 유명으로 네 번째 왕자인 윤진이 황위를 계승하도록 하였으니 이 사람이 바로 청의 세종(옹정제)이었다. 즉위 초에, 궁정 내외에서는 세종이 황위를 잇는 것은 옳지 않다는 전언이 있었으니, 즉 조서를 사칭하여 황위에 올랐다는 내용이었다. 이른바 조서를 사칭하여 황위에 올랐다는 풍설에 의하면 강희제는 원래 열네 번째 왕자(즉 윤복)로 하여금 황위를 계승하도록 하려 하였으나 세종에 의해 네 번째 왕자(윤진)로 하여금 계승하도록 한다는 내용으로 바뀌었다는 것이다. 맹삼(孟森), 광종한(王鍾翰), 진첩선(陳捷先), 김승예(金承藝), 양계초(楊啓樵) 등 역사학자들은 모두 이 문제에 대해 분석하고 고증한 바 있다. 풍이(馮爾)는 《옹정전(雍正傳)》에서 "윤진이 이름을 도용하여 조서를 바꾸어 황위를 찬탈하였다는 사실은 이치에 맞지 않는다"라고 주장하며, 윤복에게 양위하려 했다는 설은 "근거가 없는 것으로 논리적으로 성립되기 어렵다"라고 주장하였다. 그는 강희제가 임종할 때에 윤진(즉 청의 세종)에게 양위하기로 결정하였으며, 아울러 자신의 방에서 그를 불러 창춘원으로 와서 황위를 계승하도록 했다는 사실은 완전히 가능한 일이었다는 쪽의 의견에 찬성하였다.

사실상, 이른바 찬위의 설은 여러 왕자가 적자의 지위를 두고 벌였던 극심한 투쟁 속에서 나온 산물이며, 이 설은 윤사, 윤당 측으로부터 나온 것으로 보인다. 오랫동안 제위가 공석이었으므로 여러 왕자의 각축이 극심하여 설사 세종의 즉위가 이치에 합당하다고 하더라도 그러한 설이 정적인 윤사 일파에서 나온 것으로 추측되며, 이와 같은 중상모략은 충분히 예견할 수 있는 일이었다. 한발 물러나서 말하더라도, 왕자들이 제위를 두고 투쟁하는 가운데 설령 네 번째 왕자가 민첩하게 행동하여 먼저 목적을 달성한 것을 과연 찬위라고 할 수 있겠는가 하는 것도 하나의 문제이다. 따라서 현대 역사가들도 지나치게 이 문제에 집착할 필요는 없을 것으로 보인다.

청 세종 윤진이 제위에 올라 집정한 기간은 겨우 13년(1723-1735년)에 불과하여, 그 아버지인 강희제가 무려 61년에 걸쳐 집정한 것과 그 아들 청 고종 홍력(弘曆)의 재위 기간이 60년에 이른 것과 비교하면 시간이 매우 짧았다. 그럼에도 불구하고 그의 치적은 매우 주목할 만하다. 그는 붕당을 엄격히 금지하였으며, 행정 관리를 정돈하고 인재의 등용을 중시하였으며, 실제 생활과 밀접한 관련이 있는 업무에 힘쓰도록 강조하였다. 이러한 이유에서 옹정조 시기에 이루어진 치적이 상당히 많으며, 그의 부친인 강희제가 따라올 수 없는 부분도 적지 않았다.

청 세종

그는 즉위하자마자 바로 붕당을 엄격히 금지하는 명령을 반포하여 붕당에 타격을 가해 그 세력을 약화시키는 일을 시정 강령 가운데 가장 중요한 임무로 간주하였다. 그는 다음과 같이 말하였다. "붕당은 가장 나쁜 습속으로서, 명나라 때에 각 문벌들이 상호 모함하여 이와 같은 풍조가 지금까지도 그치지 않고 있다. [⋯] 여러 대신들이 전대의 잘못을 뼈아프게 느끼고 이와 같은 붕당의 악습을 고치지 않으면 안 될 것이며, 설령 없다고 하더라도 영원히 경계로 삼아야 할 것이다." 그는 황권에 가장 위협이 되는 세력인 윤사, 윤당, 윤복에게 타격을 가했으며, 이와 함께 그 당파를 철저히 색출하였다. 설사 사람들로부터 가혹하고 지나치게 엄격하다는 소리를 듣더라도 조금도 관여하지 아니할 정도였다. 섬감천 3성의 군정 대권을 독차지하고 있었던 연갱요(年羹堯)와 스스로 제독구문보군 순포삼영통령 겸 이번원 상서를 맡은 융과다(隆科多)는 세종을 옹립한 특수 관계에 의지하여 방약무인하고 공공연히 사사로운 도당을 결성한 죄로 모두 엄한 벌에 처해졌다. 이와 함께 전문경, 악이태 등은 봉강대리로서 모범을 보임으로써 통치제도(관료제도)를 정돈하였다. 시간이 흐르면서 전량 수입의 부족과 체납이 고질적인 문제가 되자, 과감하게 개혁에 착수하여 엄격한 조사를 계속적으로 실시하였다. 그리하여 강희 51년(1712년)부터 옹정 4년(1726년) 사이에 체납된 세수 1천여 만 냥(은)을 낱낱이 밝혀내고, 시한을 정하여 이를 추징하였다. 재정 방면에서 시의 적절한 정책을 강구한 결과, 옹정 시기에는 청나라 시기 가운데 인구가 많고 물자가 가장 풍요한 단계에 이르렀다. 그리하여 국고에서 보유하고 있던 은이 총 6천여 만 냥에 달하였으며, 건륭 초기 국고의 보유가 6, 7천만 냥에서 8천만 냥에 이르는 번영기를 구가할 수 있는 기초를 마련하였다.

### 1) 정(丁)을 토지에 포함시켜 할당하다

청나라 초의 부역 제도는 기본적으로 명대의 일조편법에 근거하여, 지은(地銀)과 정은(丁銀)의 두 항목을 징수하였다. 정은의 할당은 등급을 나누지 않고 일률적으로 인정수에 따라 할당하였는데, 그 폐단이 적지 않았다. 이러한 이유에서 순치 이래 많은 지방에서 "토지를 가지고 인정까지 포함시키거나, 토지를 가지고 인정을 계산하는 방법이 광범위하게 채용되었다. 강희 51년(1712년)에 "성세자생인정을 선포하여 이후 새로 증가한 인정에 대해서는 전부를 부과하지 않는" 정책을 시행하였다. 이로부터 정은의 총수가 고정화됨으로써 정세를 지세에 포함시키기 위한 공전의 조건을 제공해 주었다. 강희 55년 광동성은 솔선하여 인두세를 지세에 할당하고, 전 성의 정은을 각 주현의 전무에 근거하여 나누어 할당하여, 매 전토 은 1냥마다 평균 인정 1전 6리 4호(0.1064냥)를 할당하였다. 전국적인 범위에서 볼 때, 정세를 지세에 포함시키는 방식이 가장 광범위하게 실시되었던 지역은 광동이 아니라 직예성이었다. 옹정 원년(1723년) 직예순무 이유균(李維鈞)은 인두세를 지세에 포함시키기 위한 구체적인 방안을 제출하였다. 직예성에서 지은은 203만여 냥이었고 정은은 42만여 냥으로, 통합적으로 계산하여 정세를 지세 안에 포함시켜 할당할 경우 지세 1냥마다 정세로 2전 7리를 할당하였다. 직예에서의 선례가 도화선이 되어 이후 각 성에서 속속 정세를 지세와 합일시키는 방식이 진전되었다. 옹정 2년부터 옹정 7년까지 각 성에서 대체로 완성되었으며, 산서, 대만, 귀주성에서도 건륭 연간이 되면 뒤늦게 비로소 정세를 지세에 통합시키는 방식이 실행되기 시작하였다. 정은을 지은과 합일시키는 방식을 지정합일 혹은 지정병징이라고 불렀으며, 일조편법이 한층 발전한 형태라고 할 수 있다. 그런데 이와 같은 부과 방식은 총괄적인 방침에서는 일치하였으나, 구체적인 방법에서는 지역에 따라 차이가 있었다. 비교적 보편적인 방법은 정은의 평균을 지은에 통합시켜 징수하는 것이었다. 그 밖에도 몇몇 지방에서는 정은을 전지의 면적에 근거하여 평균하여 부과하였으며, 어떤 지역에서는 한 성 전체 범위에서 일률적으로 부과하기도 하였으며, 어떤 지역에서는 각 주현에 따라 달리 할당하였다. 전지를 많이 소유한 사람에게 정은도 많이 부과되었기 때문에 정은을 부담하는 자는 반드시 전지를 소유하고 있지 않으면 안 되었다. 토지가 없거나 적은 농민들은 정은을 부담하지 않거나 조금만 부담하였다. 이와 함께 법률상 관료 호신에게 이를 면제해 주던 특권을 폐지한다고 선포함으로써, 부역 부담을 일원화, 합리화시켰다. 이렇게 볼 때, 일조편법으로부터 시작된 정세의 부담을 토지로 전이시키는 발전 추세가 마침내 종결을 보게 되었음을 알 수 있다.

### 2) 부적의 개방

옹정 5년 청 세종은 내각에 내린 유지 가운데서 다음과 같이 말하였다. "짐이 낡은 습속을 고치기로 마음먹었으나, 무릇 습속은 면면히 이어져 내려오는 것이라 떨쳐 버리기 쉽지 않다. 그리하여 이들 모두에게 새로운 길을 열어 주고자 하니, 예를 들면 산서의 낙호(樂戶), 절강의 타민(惰民) 등의 천적(賤籍)을 모두 없애 버리고 양민으로 전환시킴으로써 이들로 하여금 예의와 염치를 알게 하고 나아가 이와 같은 훌륭한 기풍을 널리 확산시키고자 한다. 근래 듣자 하니 강남 휘주부에는 반당(伴當)이 있고, 영국부(寧國府)에는 세부(世仆)가 있으며, 본지에는 세민(細民)이라 불리는 자들이 있는데 이들은 낙호나 타민과 신분상 차이가 거의 없다. 〔…〕 만일 그렇게 있다면 마땅히 개방하여 양민으로 전환시켜야 한다. 이렇게 해야만 비천한 자들도 스스로의 신분을 상승시킬 수 있도록 노력 분투할 것이며, 평생 천민이라는 오점을 가지고 살아 후대에 누를 끼치는 일을 면하게 해 주어야 한다."

여기서 말하는 천민이란 원래 특정한 인신예속 관계의 산물인데, 이들은 완전한 인신의 자유를 가지고 있지 못하여 주인의 지배에 복종해야 했으며, 법률상 지위도 양인보다 한 등급 낮았다. 세부, 반당은 일종의 노예화된 전농으로서 이른바 전부(佃仆)라고도 불리었다. 휘주부, 영국부의 반당, 세부는 전형적인 전부로서 주인과 분명한 주종의 관계를 형성하고 있었다. 이들은 주인의 전지를 소작하거나, 주인으로부터 집을 빌려 거주하거나 혹은 주인의 선산에 묘를 썼거나 혹은 주인의 집에 전당을 잡혔다거나, 혹은 주인에게 부채가 있어 반당이나 세부가 된 것이다. 이들은 비단 주인을 위해 밭을 경작했을 뿐 아니라 지조를 납부해야 했고 그 밖에 종신토록 복역해야 했으며, 그 신분이 후대에까지 승계되었다. 몇몇 장부문서를 보면 쉽게 알 수 있듯이, 그들은 주인을 위해 선조의 묘를 지켜야 했으며, 산지를 관리해야 했으며, 주인집에서 관혼상제가 있거나 과거시험을 보기 위해 집을 떠날 때 각종 요구에 맞추어 그 일을 해 주지 않으면 안 되었다. 확실히 그들은 법률상 천민의 반열에 속했다.

낙호, 타민은 세부, 반당과 동일 유형이거나 혹은 약간의 차이만이 존재했던 천민이었다. 낙호는 낙적이라고도 불렸는데, 유정섭(兪正燮)이 저술한 《계이유고(癸巳類稿)》의 고증에 따르면, 낙호는 옛날부터 이미 있어 온 것으로 낙적에 오르면 창우(倡优)

라 하였는데, 그 자손에까지 대대로 업이 세습되었다. 청나라 초에 이른바 낙호는 산서, 섬서 등지에서 낙적에 편입된 천민을 가리키는 것으로 가무와 악기연주 등의 직업에 종사하던 사람들을 가리킨다. 이들은 "신사들이나 토착 유지가 부르면 바로 와서 술을 따르곤 하였다". 이들은 일반 양인과 같은 종류의 옷을 입을 수 없었으며, 신분에 걸맞지 않은 물건을 소유할 수 없었다.

타민은 타민(墮民)이라고도 불렸는데, 역시 천적에 올라 있었다. 명 · 청 시기의 타민은 소흥부에 속한 각 현에 분산되어 거주하던 일종의 천민으로서 그 수가 만 명 정도로 추산되었다. 이들은 직업이 비천하여 남자는 혼인과 상례가 진행될 때 조수로서 행사를 거들어 주거나, 아회〔牙儈—*매매의 중매인으로서 가격을 결정하는 일이 주요한 업무였으며, 이러한 과정에서 수수료를 챙겼다. 아인(牙人)이라고도 한다〕로서 수수료를 챙겼으며, 여자인 경우는 발결(發結—*혼인 시에 머리를 땋아 주는 등의 보조 일에 종사하는 사람), 희파(喜婆—*일종의 매파), 송낭자(送娘子—*혼인 시에 신부를 시가까지 대동하고 여러 보조 일에 종사하는 사람) 등에 종사하였다. 이들에게는 독서와 전족이 금지되었으며 양인과 통혼하는 것도 금지되었으며 과거시험에도 응시할 수 없었다.

청 세종의 유지가 선포되어 위에서 말한 바와 같은 천민들을 천적으로부터 해방시켜 주었으니, 즉 천적에서 이들의 이름을 삭제하여 양인으로 새롭게 탄생할 수 있도록 법률상 양인과 동등한 지위를 승인해 준 것이라 할 수 있다. 옹정 연간을 전후하여 양인으로 신분이 상승된 천민들은 이 밖에도 소주부의 상숙(常熟), 소문 양현의 개호(丐戶), 절강성 전당강 유역의 구성어호(九姓漁戶), 광동의 단호(蛋戶) 등이 있었다.

천민이 천적으로부터 삭제되어 양인으로 지위가 상승된 이후 비록 법률상으로는 양인과 동등한 지위를 얻게 되었지만, 실제 생활 속에서 이들의 신분과 지위는 여전히 원래 천민 호적의 영향을 받아 연관(捐官—*청대에 돈으로 관직이나 공명첩을 사는 것)이나 관위에 오르기 위해 시험에 응시하기 위해서는 반드시 3대가 청렴해야 한다는 조건이 붙었다. 이렇게 볼 때, 인신예속의 관계가 비록 없어지기는 하였으나 한두 개의 법령을 가지고 즉시 소기의 효과가 나타나는 것은 아니었음을 잘 알 수 있다. 그러나 어쨌든 옹정 연간에 천적을 없애고 양민으로 지위를 격상시켜 준 일은 중요한 출발점이 되었으며, 이것이 초래한 적극적인 작용은 아무도 부정할 수 없을 것이다.

### 3) 개토귀류

원, 명 이래 변강지구(주로 서남지구)에서는 토사 제도(土司制度)를 실행하여, 원민족의 수령에게 작위와 봉록과 이름과 호를 내렸으며, 그 지역의 세습관리로 봉하여 그 지역에 대한 통치를 위임하였다. 명나라 중기 이후 비로소 점차 개토귀류(改土歸流), 즉 토사(현지 세습관리)를 중앙정부에서 임명하여 파견한 유관(流官)으로 충원하기 시작하였다. 개토귀류는 토사 제도의 낙후성을 개선하는 데 일조하였다. 종래 토착관료들은 종종 조정에 조공을 보낸다는 구실로 그 부담을 두 배로 고스란히 현지 백성들에게 지웠다. "이렇게 거둬들인 세금 가운데 많은 부분이 사사로이 개인의 재산을 불리는데 빼돌려졌으며, 정상적으로 창고에 옮겨지는 것은 열에 한둘, 백에 둘 셋에 불과하였다." 세금뿐 아니라 토착관리의 가혹한 요구는 헤아릴 수도 없이 많았다. 예를 들면, 토착관리 집안의 혼인과 상사, 생일잔치, 출생, 건물의 건축, 명절 등 때때마다 징세를 요구하였으며, 당지의 백성들은 이와 같은 토착관리를 저주하여 이들을 '생보', '궁보', '가보', '취보'에서부터 '사보(死補)'에 이르기까지 여러 명칭으로 불렀다. 제멋대로 악행을 일삼고 권세로 남을 억누르던 토착관리의 존재로 말미암아 중앙정부는 이들 지역을 단지 간접적으로 통치할 수밖에 없었다. 그리하여 이른바 "비록 통치 지역 안에서 통제하고 있기는 하지만, 사실상 기미에 속할 뿐으로 법령이 미치지 못하였다". 변경과 같이 중앙으로부터 멀리 떨어져 있는 지역의 토착관료는 "평시에는 뱃속에 있는 환부와 다름없었으며, 유사시에는 멀리 외국과 연계함으로써" 서남 변경의 통치는 매우 불안정하였다.

청 세종은 서남 지역에 대한 통치를 강화하기 위하여 옹정 4년에 악이태(鄂爾泰)를 운남, 귀주, 광서 3성의 총독으로 임명하여 개토귀류를 진행하였다. 그 이유는 바로 세종이 옹정 5년에 내린 유지 가운데 잘 나타나 있다. "지금까지 운남, 귀주, 사천, 광동,

그리고 호북의 토착관료들은 오지에 위치하여 제멋대로 불법을 자행하고 지방을 소란하게 하였으며, 여행자들을 약탈하였으며, 서로 간에 원수로 여겨 싸움이 그치지 않았다. 특히 묘족 변강을 관할하는 토착관료는 인명을 함부로 빼앗았으며, 이들이 자행한 죄악은 이루 헤아리기 어려울 정도이다. 이러한 이유에서 짐은 각성 독무들로 하여금 개토귀류를 시행하여 국왕의 정치를 따를 수 있도록 전심전력하여 모든 방안을 강구하도록 명하였다."

개토귀류의 과정 속에서 일부 지역은 오랜 기간에 걸친 역사 발전으로 말미암아 민족 간의 경제 문화 교류가 진행되었기 때문에, 당지 토착인들도 이와 같은 토착관료 제도의 불합리성을 충분히 인식하고, 가능한 한 조속히 개토귀류를 시행해 주도록 청나라 조정에 호소하였다. 이와 같이 밖으로는 청군의 압박, 그리고 안으로는 백성들의 거센 요구 속에서 토착관료들도 어쩔 수 없이 자신들의 지위를 포기하고 개토귀류를 받아들이지 않을 수 없었다. 한편 일부 지역에서는 험준한 지형에 의지하여 완강히 저항하였으며, 개류를 원치 않았다. 이러한 지역에는 악이태가 대군을 이끌고 쳐들어가 이를 강제로 시행하였다. 따라서 이러한 지역에서 개토귀류는 폭력적인 강제성을 수반하였으며, 따라서 자연히 정치적 후유증도 없지 않았다.

옹정 4년부터 9년까지 개토귀류는 대체로 일단락되었다. 호남 지역에서는 전 성에 걸쳐 개토귀류가 완료되었지만, 그 밖의 지역에서는 아직 일정한 수의 토착관료가 그대로 남아 있었다. 개류가 완료된 지역에는 중원지구와 같이 부, 주, 현 및 진, 협, 영, 신을 설치하였으며, 관병을 파견하여 주둔하게 하고, 중앙에서 파견된 관료가 기존의 세습 토착 관료를 대신하여 통치하였다. 중앙에서 파견된 관료는 부임 즉시 기존의 백성들에 대한 케케묵은 착취방식과 수많은 폐단과 악습을 개혁하는 데 착수하였다. 호남성을 예로 들어 보면, 개토귀류가 완수된 이후 영순부에서는 이전에 토착관리들이 징수하던 화강전, 조두전, 연화전 등의 잡다한 사적인 징수가 엄격히 금지되었으며, 대신에 중원의 획일적인 제도로 대체되어 전지의 비옥하고 척박한 정도에 따라 각각 서로 다른 부세가 징수되었다. 개토귀류 이후에 서남지방에서는 교통 요충로가 뚫리고, 이것이 각 민족 간의 교류를 날이 갈수록 밀접하게 만들어, 앞선 경제와 문화가 부단히 소수민족 지구로 흘러 들어갔으며, "오랫동안 황무지인 채로 방치되었던 토지가 개간되면서 경지 면적이 수배로 증가하였다". 이와 같이 개토귀류가 통일된 다민족 국가의 발전과 서남 변경 지역의 안정에 기여한 바는 과소평가할 수 없을 것이다.

청 세종이 즉위한 이후, 밀접(密摺—*상소문이 황제에게 전달되기 전에 여러 단계를 거침으로써 정책 결정의 시기를 놓치게 될 수 있는 폐해를 고려하여, 신속성과 기밀성을 담보하기 위해 관료가 직접 황제에게 상주하는 제도) 제도를 적극 추진하였으며, 이와 함께 격피〔繳批—*황제 자신만이 밀접을 개봉한 이후 때로는 읽고 난 뒤 붉은 글씨로 답하거나 비평하여 주비유지(硃批諭旨)라고도 불렀으며, 후대 황제들의 정치학습의 교과서가 되기도 하였다〕 규칙을 마련해 두었다. 현존하는 옹정제의 주비유지는 이렇게 보존되어 내려온 것이다. 신하의 밀접은 정치, 경제, 문화, 사회에서부터 작게는 천체의 변화, 농업수확, 쌀, 비단의 가격까지 언급하였다. 언변이 수려하고, 필치가 날카롭고 서법에 정통하였던 청 세종은 친히 열람한 이후 홍색 붓으로 의견을 달고(즉 주비), 상소를 올린 사람에게 다시 돌려보내어 읽어 볼 수 있도록 한 이후에, 비로소 이를 다시 조정으로 보냈다. 옹정 10년에 청 세종은 신료들에게 명하여 이 가운데 34퍼센트 정도를 골라 펴내어 인쇄본으로 찍어 내었으니 이것이 바로 《옹정주비유지(雍正朱批諭旨)》이며, 이후 옹정조 역사를 연구하는 기본 사료가 되었다. 1949년 일본 교토 대학의 마야자키 이치사다〔宮崎市定)〕는 《옹정주비유지(雍正朱批諭旨)》 연독회를 발기하였는데, 이후 주관인이 사에키 토미〔佐伯富〕 및 오노가와 히데미〔小野川秀美〕로 바뀌었다. 일부 책은 20년 가까이 연구가 지속되었는데도 아직도 끊임없이 성과가 나올 정도로 그 사료적 가치가 매우 높다.

## 94. 팔기, 의정왕대신회의, 군기처

만주 군대가 입관한 이후 정규 군대는 팔기병과 녹영병의 두 종류로 편성되어 이를 액설제병(額設制兵)이라 불렀다. 팔기병은 만주족이 관외에서 원래 보유하고 있던 군대이며, 그 유래는 팔기(八旗) 제도에서 찾을 수 있다. 팔기 제도는 만주 조기의 병민합일의 사회조직 형식으로서, 누르하치 시기에 만들어진 것이다. 그 호구 편제는 대체로 다음과 같다. 300명마다 1니루〔牛綠, 만주어로 대전(大箭), 중국어로 좌령(佐領)으로 번역〕, 5니루를 1잘란〔甲喇, Jalan, 만주어로 대(隊), 중국어로 참령(參領)으로 번역〕, 5잘란을 1구사〔固山, Gusa〕로 편성하며, 매 구사는 각기 황, 백, 홍, 남색으로 깃발을 만들었는데, 이로 인해 중국어로는 구사를 기라고 번역하였다. 원래 있던 사람들은 매우 적어, 단지 4구사(기)로 나눌 수 있었을 뿐인데, 이후 인구가 증가하여 다시 4구사를 더 만들었다. 원래 깃발 주위의 가장자리에 테를 둘렀는데, 즉 황색테, 백색테, 홍색테, 남색테가 있었으며 이것을 합쳐서 8구사, 즉 8기라 하며 약 6만 명에 달하였다. 이들은 "전쟁이 나면 병사가 되고 비전시에는 백성이었다". "평화 시에는 논밭을 경작하고 목축을 하며, 유사시에는 징발되었다." 매기는 만주 귀족에 의해 관리되었으며, 그를 일러 구사어전〔固山額眞, Gusa-i-ejen〕이라 불렀는데, 이를 중국어로 번역하면 기주(旗主, 깃발의 주인)라는 뜻이다. 이후 구사앙방(固山昂邦)으로 그 명칭이 변하였는데, 이는 바로 도통(都統)이라는 뜻이다. 만주족이 입관할 때 만주, 몽골, 한인 군대가 각각 8기를 가지고 있어 실제로는 이미 24기에 이르렀지만 습관상 이를 8기라 부른 것이다. 8기에 편입된 사람을 일러 기인(旗人), 혹은 기하인(旗下人)이라 불렀다. 순치 이후 8기 가운데 양황(鑲黃), 정황(正黃), 정백(正白)의 3기를 상삼기(上三旗)라 하였다. 원래 황제가 바로 이 3기의 기주였기 때문에, 후대에 이르러 이를 '천자자장(天子自將)'이라고 불렀으며, 황제의 호위도 이 삼기의 자제들이 담당하였다. 나머지 5기를 하오기(下五旗)라 하였는데, 이들은 황제의 경호를 담당하지 않고 단지 귀족 왕공과 관련된 일에만 관여하였다.

팔기병이 입관하였을 때, 그 숫자는 10만 명에도 미치지 못하였으나 전투력이 매우 강하여 전국을 통일하였으며, 그 용맹함이 바라만 보아도 적으로 하여금 전의를 상실하고 달아나게 할 정도였다. 입관 이후 팔기는 경영〔금려(禁旅)〕과 주방(駐防)으로 나뉘었는데, 경영은 경사를 경비하는 임무를 가지고 있었으며, 만몽팔기로만 구성되었다. 주방은 지방의 치안과 방위를 책임지고 있었으며, 한인과 만몽군이 각 성에 따라 각각 나누어 주둔하여 건국 초기에는 동북, 직예, 산동, 산서에만 주둔하였으나, 이후 각 성으로 그 범위가 확대되었다. 군사 요충지에는 장군, 도통 등을 두었다. 특히 장군은 그 지위가 높고 권한이 막중하여 총독과 순무를 감시할 수 있는 권한을 가지고 있었으며, 강령, 항주, 광주, 형주, 성도, 서안, 영하, 수원 등지에 각각 주둔하였다. 팔기병은 대부분 북경성 부근에 주둔하였으며, 약 12만 명에 달하였으며, 각 성에 주둔하는 병사는 약 10만 명으로서, 양자를 합치면 약 22만 명이었다. 그런데 태평성대가 오래 지속되면서 향락과 부패가 만연하여, 팔기의 자제들은 오락과 여가에만 여념이 없고 무예를 등한시 하였다. 순치 7년(1650년) 이후, 팔기 만주병, 몽골병의 전투력이 저하되면서 신구 한족 군대가 주력군으로 성장하였다. 순치 14년(1657년) 청의 세조는 공개적으로 "오늘날 팔기의 병사들이 무예를 게을리 하면서 마침내 군대의 기율이 완전히 무너져 예전과 같지 못하다"라고 한탄하며 팔기 군대의 결함을 인정하지 않을 수 없었다. 강희 12년(1673년) 삼번의 난이 발생했을 때에 팔기 병사는 이미 완전히 전투력을 상실한 상태였기 때문에, 어쩔 수 없이 녹영병(綠營兵)만 바라보고 있을 뿐이었다.

녹영병은 입관 후 개편되거나 혹은 새로 징발된 한족 군대로서, 군기가 녹색이어서 녹기병이라고도 불렀다. 녹영 가운데 북경에 있는 순포영(巡捕營)이라 불리는 군대는 보군통령(步軍統領)에 예속되어 그 지휘를 받았는데 각각 신(汛)과 영(營)으로 나뉘어 있었으며, 약 1만 명 정도였다. 각 성에는 모두 60여 만 명의 녹영병이 있었는데, 한 성에서 많은 경우에는 6만–7만 명에 이르렀으며 적은 경우 1만여 명에 이르렀다. 각 성의 총독이 직접 통솔하는 녹영병을 독표(督標)라 칭하였으며, 순무가 통할하는 무표(撫標), 제독이 통할하는 제표(提標), 총통이 통할하는 진표(鎭標), 장군이 통할하는 군표(軍標) 등이 있었다. 표(標) 아래에는 협(協)을 두었고, 협 아래에는 다시 영(營)을 두었으며, 영 아래에는 신(汛)을 두었다. 삼번의 난이 일어나자 청나라의 통치자는 서둘러 40만 명에 달하는 녹영병을 동원하였는데, 매번 전투를 치를 때마다 항상 녹영의 병사가 앞에서 진을 치고 팔기의 병사가 뒤에서 포진하였다. 청 중엽 이후, 녹영병으로도 전쟁을 감당할 수 없게 되자, 급기야는 어쩔 수 없이 각지의 향용(鄕勇)과 단련(團練)에 의지하지 않을 수 없게 되었다.

청나라 초, 중앙정부기구는 명나라의 제도를 모방하여 내각과 6부, 도찰원을 설치하였다. 내각은 중화전, 보화전, 문화전, 무영전, 문연각, 동각의 전각대학사로 구성되었으며, 전각대학사는 만족과 한족이 각각 두 명씩 있었으며, 협판대학사에는 만족과 한족 각각 한 명씩을 두었다. 이는 최고 행정기구로서, 그 직능은 주로 각급 행정기관에서 올린 상주에 대해 처리 의견을 헤아려 이를 황제에 보고하여 재가를 받는 일이었는데, 이를 표의(票擬)라 불렀다. 옹정 초년 군기처가 성립된 이후 내각은 명목상의 기구로 변질되어 유명무실하게 되었다. 이 · 호 · 예 · 병 · 형 · 공의 6부는 각각 상서를 두었는데 만족과 한족을 각각 한 명씩 두었으며, 좌우시랑에도 만족과 한족을 각각 한 명씩 임명하였다. 이러한 취지는 바로 만족과 한족 관료가 서로 견제하도록 하는 데 있었다. 따라서 그 직권이 명나라에 비해 크게 감소하였으며, 이러한 까닭에 국정 방침을 결정할 수 있는 전권을 가지지 못하고 단지 구체적인 사무를 처리하는 데 국한되었을 뿐이다. 도찰원에는 좌도어사를 두었는데 마찬가지로 만족과 한족 각기 한 명씩을 임명하였으며, 좌부도어사에는 만족과 한족을 각각 두 명, 우도어사, 우부도어사는 외성의 총독과 순무로 하여금 겸임하도록 하였다. 이들의 직권도 명나라에 비해 많이 약화되어 이미 조령을 봉박하거나 각 성을 순시하여 감찰할 수 있는 권한도 없었으며, 단지 관부를 감사하고 관리를 규찰하는 것으로 그 권한이 한정되었다. 대리사에는 경을 두고 만족과 한족 각기 한 명씩 두었으며, 소경에도 만족과 한족 각각 한 명씩을 두어 형부의 중대한 의안을 다시 심사하도록 하여 형부, 도찰원과 함께 삼법사(三法司)라고 불렀다. 이 밖에 이번원(理藩院, 몽골, 서장, 신강 등지의 민족 업무를 관장), 통정사사

(通政使司, 내외상주문의 발송을 담당), 국자감(國子監, 태학), 흠천감(欽天監, 천문역법을 관장) 및 황실사무를 관리하는 태상사, 광록사, 홍로사, 담사무, 종인부 등을 설치하였다. 이상의 기구들은 대체로 명나라와 같으나, 서로 다른 점은 명나라 환관의 24아문을 폐지하고 내무부(內務府)를 설립하고 왕공귀족을 총관대신으로 임명하여 궁정의 사무를 관리하도록 하였으며, 상삼기(上三旗)의 보이〔包衣, Booi, 가노—*이들은 내무부 소속으로, 1644년 청나라가 입관하기 이전에 요하에서 포로로 잡혔던 상삼기 소속의 한인들이었다. 이들은 황제의 주거, 의복, 음식 등 자금성 내의 모든 살림은 물론 황실의 수입과 재산을 관리하였다〕로 하여금 궁내의 각종 살림을 맡아서 처리하도록 하였다.

그러나 군사 등 국가의 대사는 내각의 위에 있는 의정왕대신회의의 조종을 받았다. 의정왕대신회의는 국의(國議)라고도 불렸는데, 모두 팔기를 통솔하는 만주족 왕공귀족으로 구성되었다. 이들은 모두 병권을 장악하고 있었으며, 이들이 논의하여 결정한 것을 의정왕대신결의라 칭하였으며 황제에 대해서도 구속력을 가지고 있었다. 내각은 단지 의정왕대신결의를 집행하는 처리 기구에 불과하였다. 이와 같은 체제는 의정왕대신이 권력을 참칭하고 발호할 수 있는 토양을 가지고 있었다.

청 세조 복림이 입관하였을 때 나이가 불과 6세에 지나지 않았는데, 이러한 이유에서 정친왕(鄭親王) 지르갈랑〔濟爾哈朗, Jirgalang〕과 예친왕(睿親王) 도르곤의 섭정을 받게 되었다. 도르곤은 계략을 세워 전국을 통일함으로써 그 공과 권한이 드높아져 '황부섭정왕'의 극존칭을 부여받게 되어 국정 방침을 결정하였으며, 의정왕대신회의도 그에 의해 좌지우지되었다. 정천정(鄭天挺)은 《도르곤이 황부라 불린 유래》에서 황부란 오륜의 통칭에 어긋나는 것으로서, 만주의 오랜 습속에서 임금의 인척에게 작위를 내리는 일은 그 말고는 없었기 때문에 이를 다른 사람에게 알리지 못하고 숨긴 원인이 되었다라고 하였다. 순치 7년(1650년) 도르곤이 병으로 세상을 떠나고, 세조가 친정하게 되면서부터 황권은 비로소 상당히 강화되었으며, 이와 함께 의정왕대신회의의 권한도 확대되었다. 순치 18년(1661년) 24세의 청 세조가 세상을 떠나자 민간에는 세조가 그가 아끼던 동귀비의 죽음을 애석히 여겨 오대산 청량사로 출가하였으며, 그 아들

청 성조가 다섯 차례나 오대산을 방문하였다는 얘기가 떠돌았다. 이것은 필경 전설에 불과할 뿐 믿을 수 없는 사실로 여겨진다. 청 세조는 도르곤의 독재 섭정에 매우 분노하여 임종 직전에 유언을 남겨 4명의 원로 중신으로 하여금 청 성조 현엽을 보좌하도록 하였는데, 그 결과 국가의 대권은 정치를 보좌하게 된 소니〔索尼, Soni〕, 숙사하〔蘇克薩哈, Suksaha〕, 어빌룬〔遏必隆, Ebilun〕, 오보이〔鰲拜, Oboi〕 등 네 명의 의정왕대신의 손바닥에서 놀아나게 되었다. 오보이와 어빌룬은 연대하여 숙사하에 대항하였으며, 소니는 중립적 태도를 취하였다. 강희 6년에 소니가 병사하자 오보이와 숙사하가 극단적으로 대립하게 되었으며, 이러한 사태가 점점 확대되어 오보이가 숙사하를 무고하면서, 24조의 대죄로써 황제로 하여금 숙사하를 사형에 처하도록 하였다. 오보이는 마침내 대권을 독점하여 제멋대로 권세를 떨쳐 당파를 사사로이 만들고 황제의 존재를 거들떠보지도 않았다.

강희 8년(1669년), 18세의 청 성조는 뛰어난 계략을 발휘하여 과감히 오보이를 체포하고 30조목에 이르는 죄상에 의거하여 그를 사형에 처했는데, 그의 무공을 감안하여 종신금고형으로 감형하고 오보이 일파를 일망타진하였다. 청 성조가 오보이를 제거할 때 내대신 송고투〔索額圖, Songgotu〕의 힘을 빌려 비로소 가능하였기 때문에, 송고투 및 그 일당들이 이를 계기로 득세하면서 또다시 송고투가 권력을 참칭하는 국면이 출현하였으며, 이후 다시 명주가 권력을 참칭하는 국면이 도래하였다. 이러한 일련의 사건들은 청 성조로 하여금 의정왕대신의 권력을 약화시킬 조치를 취하여 왕권을 강화하지 않으면 안 된다는 생각을 절실하게 가지도록 해 주었다. 그리하여 그는 강희 16년(1677년) 남서방(南書房)을 설립하여 재능과 인품을 겸비한 한인 관료들을 선발하여 이들을 사신으로 임명하고 황제를 대신하여 유지를 기초하도록 하였으며, 상주문에 비답하도록 하니 의정왕대신회의의 권력은 이를 계기로 큰 제약을 받게 되었다. 주금보(朱金甫)의 연구에 따르면 남서방의 직책은 주로 황제가 퇴조한 이후 황제를 보필하여 경사를 강독하고 고담을 논하고 혹은 문자 한묵 방면의 연구에 종사하였는데, 강희제 시기에 남서방의 정치 작용 및 그 역사적 지위는 그렇게 높았다고 볼 수 없다.

청 세종은 즉위 이후 계속해서 의정왕대신회의의 권한을 축소해 나갔다. 우선, "하늘에는 두 개의 태양이 없고 백성들에게 군주는 단 하나뿐"이라는 사실을 확고히 하기 위하여, 기인(旗人)들로 하여금 황제만을 알 뿐 기주(旗主)를 알지 못하도록 함으로써 팔기 기주의 권력을 약화시켰으며 이들에 대한 감독을 지속적으로 시행하였다. 강희 말년에 청 성조는 자신의 왕자들을 파견하여 팔기의 사무를 관리하도록 하였는데, 청 세종은 이와 같은 방법을 계승하여 기무를 관리하는 친왕과 군왕을 도통(都統)으로 임명하여 팔기의 군정대권을 황제의 손 안에서 통제하고자 하였다. 다음으로 청 세종은 의정왕대신이 권력을 믿고 횡포 부리는 기세를 꺾기 위해 궁정 안에 군기방(軍機房)을 설치하였다. 군기방은 남서방이 한층 발전한 것인데, 황제가 신임하는 만주족과 한족 대신을 선발하여 기무에 참여하도록 하여 군기의 대사를 처리하도록 하였다. 이후 다시 군기방을 군기처(軍機處)로 확대하여 직접 황제의 지휘를 받도록 하였으며, 군기처는 전국의 군정대권을 총괄하여 최고의 정책결정기관이 되었다. 군기처는 군기대신과 군기장경 몇 명으로 구성되었다. 군기대신은 황제가 만주족과 한족의 대학사, 상서, 시랑 가운데에서 선발하였으며, 군기장경은 내각과 각 아문으로부터 시험을 치러 선발하였다. 처음에 군기대신은 조령을 기초하는 일을 담당하였으나, 이후에는 군기장경이 이 업무를 전담하도록 바꾸었다. 군기처가 입안한 조령은 내각을 거치지 않고 직접 각지로 발송되었기 때문에 이를 '정기(廷寄)'라 불렀으며, 중앙의 각 부원으로 직접 전달되는 것을 일러 '교편(交片)'이라 하였다. 지방의 상주문도 내각을 거치지 않고 직접 군기처로 보내졌으며, 군기처가 이를 논의한 이후에 회답하였다. 군기처의 설립은 황권이 한층 강화되었음을 보여 주는 지표이다. 청 세종이 세상을 떠난 이후 그 아들 홍력(弘曆)이 황위를 계승하였으니, 이가 곧 청의 고종(건륭제)이었다. 고종 이후 다시는 국정을 보좌하는 대신이 권력을 참칭하여 신권을 넘어 황권을 위협하는 현상이 발생하지 않았다. 건륭 56년(1791년) 청 고종은 8기 기주가 국정에 관여하는 권한을 철저히 배제하고, 황명으로 의정왕대신회의를 폐지하였다.

지방 행정기구는 기본적으로 명나라의 제도를 따랐는데, 성, 도, 부(주), 현의 4급으로 구성되었다. 전국을 18개 성과 5개의 특별행정구로 나누었는데, 18성은 직예, 하남, 산동, 산서, 섬서, 감숙, 사천, 귀주, 운남, 광서, 광동, 복건, 강서, 절강, 강소, 안휘, 호남, 호북이었으며, 5개 특별행정구역은 심부(瀋部)라 불렀는데 내몽골, 청해몽골, 칼카〔喀爾喀, Khalkha〕몽골, 서장, 신강이 여기에 속하였다. 성의 최고 행정 장관은 총독(總督)과 순무(巡撫)였는데, 총독, 순무는 명나라 시기에는 중앙에서 임시로 지방에 보낸 일종의 파견 관료였는데, 청나라에 들어와 각 성에 상주하는 최고 군정장관이 되었다. 총독은 일반적으로 두 개 이상 성의 군정과 민정을 통솔하였으며, 직예와 사천과 같은 경우 한 성만을 통솔하기도 하였다. 총독, 순무는 위 아래로 종속된 기관이 없이 직접 황제에게만 책임을 지며, 권력의 상호 제어 작용을 가지고 있었다. 총독, 순무는 모두 한 사람 만을 임명하였으며, 이를 보좌하는 인원으로 기요(기밀)에 참여하는 막우가 있었으며, 구체적인 업무를 담당하는 6방과 서리가 있었다. 각 성에는 모두 승의포정사사〔藩司〕를 두어 성의 전량(錢粮)을 담당하도록 하였으며, 제형안찰사사〔臬司〕 재판과 감찰을 담당하였다.

도의 장관은 도원이었으며, 부의 장관은 지부, 현의 장관은 지현이었다. 도 아래에는 직예청, 주를 두었는데, 이는 부와 동급이었다. 부 아래에는 청과 주를 두었는데 이는 현과 동급이었다. 경사의 소재지인 순천부와 성경의 소재지인 봉천부는 성과 동급이었다.

성경(盛京)은 청나라의 발상지로서 북경에 도읍을 새로 정한 이후에 성경은 유도(留都)로 변하였으며, 여기에 내대신 한 명을 부고, 부도총 2인을 두어 동북 지역을 관할하도록 하였다. 순치 3년(1646년) 성경총관은 성경앙방장경으로 바꾸고, 강희 원년(1662년)에는 다시 진수요동등처장군으로 변경하였다. 동 시기에 다시 영고탑앙방장경을 증설하여 길림과 흑룡강 지역을 관할하도록 하였으며, 이후 다시 영고탑장군으로 변경하였다.

## 95. 다민족 국가의 공고화와 발전

### 1) 대만의 회귀

만력 18년(1590년) 포르투갈 상선이 대만해협을 지나면서 대만을 바라보니 산천이 수려하여 이를 포모사(Formosa)라고 불렀는데, 이것이 서양인이 대만을 알게 된 최초의 일이었다. 천계 4년(1624년) 네덜란드 식민주의자들이 대만을 침입하여 머지않아 이곳에 적감성(赤嵌城)이라는 근거지를 건립하였다. 한편, 명나라 말 민변이 줄을 이어 발생하였기 때문에 난을 피해 대만으로 이주하는 사람들이 날로 증가하였다.

명나라 말 일본에 거류하면서 밀무역에 종사하던 상인 영수 이단(李旦)이 세상을 떠난 이후, 사람들은 정지룡(鄭芝龍)을 영수로 추대하였다. 정지룡은 100여 척의 상선을 이끌고 나가사키, 마닐라, 마카오 등을 오가면서 장거리 무역에 종사하였으며, 이와 함께 스스로 무장 역량을 거느리면서 당시 중국과 동남 연해에서 해상의 패주로 성장하였다. 그런데 그는 포르투갈어를 구사할 수 있었기 때문에 서방 상인의 대리인으로 임명되었는데, 서양의 역사서에서는 그를 니콜라스 이콴(Nicolas Iquan)이라는 이름으로 기록하고 있다. 숭정 원년 정지룡은 복건순무 웅문찬(熊文燦)의 투항 권유를 받아들였는데, 이와 같은 투항은 당연히 웅문찬이 조정에 투항이라는 미명 아래 남의 공을 가로챈 것으로 유명무실한 것이었다. 정지룡은 복건성에 큰 한발이 몰아치자 굶주린 사람들을 대만으로 이주시켜 황무지를 개간하도록 웅문찬에게 건의하였다. 그 결과 대만에는 점차 이주민들이 개척한 성진들이 형성되기 시작하였다.

정성공(1624-1662년)은 복건성 남안(南安) 사람으로서 정지룡이 일본의 히라도〔平戶〕에 있을 때 일본 여자와의 사이에서 태어났다. 어릴 때 이름은 복송(複松)이었으며, 일곱 살 때 아버지를 따라 고향인 복건으로 돌아왔다. 남명의 당왕이 주(朱)라는 성을 하사하여 이름을 성공이라 새로 짓고, 충통사, 초토대장군이라는 관직을 내렸는데, 당시 사람들은 그를 높이 불러 '국성야(國姓爺—*1649년 남명정권으로부터 황실의 성인 주(朱) 성을 하사받자 사람들이 그를 '국성야'라고 불렀으며, 복건 방언 발음으로 'Kok-seng-ja'

라 하였는데 이로 말미암아 서양인들에게는 '코싱가(Koxinga)'로 알려졌다)'라 불렀다. 순치 3년(1646년) 부친 정지룡이 청에 투항하는 것을 저지하여 무효화시키기 위해 12월에 병사를 일으켜 청에 대항하였다. 순치 16년(1659년) 청나라 군사들이 운남으로 가서 계왕 정권을 치려고 하는 것을 견제하기 위해 주산의 장황언과 연합하여 병사를 일으켜 북벌에 나서 남경성 아래까지 도달하였다. 전쟁에서 패한 이후 정성공은 복건 연해로 돌아갔으며, 청에 지구전으로 항쟁하기 위해 순치 18년 그 아들 정경(鄭經)을 파견하여 하문을 지키도록 하였다. 그리고 자신은 수만의 병사를 이끌고 팽호도를 거쳐 대만의 화항료로 상륙하여 네덜란드 총독의 소재지인 적감성을 포위하고, 바타비아(Batavia—* 현재의 자카르타)로부터 이를 원조하기 위해 파견된 네덜란드 구원군을 공격하여 궤멸시켰다. 정성공은 거듭 다음과 같이 선포하였다. "이 땅은 우리나라의 영토이므로 마땅히 우리에게 돌려 줘야 한다." 이와 함께 다음 해(강희 원년) 2월 1일 네덜란드 총독을 압박하여 투항하도록 하였다. 정성공은 대만을 수복한 이후 승천부를 설치하고 그 아래로 천흥, 만년의 두 현을 관할하였으며, 정부를 조직하고 법률을 제정하여 이민자들을 불러 모으고 항청 인사들을 수용하였으며, 다시 병사를 파견하여 금문(金門)과 아모이〔厦門〕를 수비하여 강고한 수비 형세를 구축하였다. 정성공이 세상을 떠난 이후 그 아들 정경이 계속하여 항청투쟁을 견지하였다.

청나라는 천계(遷界)와 해금(海禁)을 실시하도록 명령을 내려, 산동으로부터 광동에 이르는 연해 주민을 일괄적으로 30-50리 밖으로 철수하도록 하였으며, 경계 밖의 건물, 성보는 모두 해체하여 연해지방은 무인지대로 변하고 말았다. 그리하여 사람들이 마음대로 금구에 들어갈 수 없도록 엄격히 금지하였고, 상민들도 배를 타고 바다로 나아가지 못하도록 하였으며 위반자는 사형에 처하였다. 이후 정부는 다시 정남왕 경계무(耿繼茂), 총독 이솔태(李率泰)를 대만으로 파견하여 투항을 권고하였으나, 정경은 류큐〔琉球〕나 조선과 같은 형식을 요구하였다. 이와 함께 청나라 정부가 군대를 상륙시키지 말 것, 그리고 머리를 변발하지 않으며, 의관을 만주족의 습속대로 바꾸게 하지 말도록 하며, 청나라의 통제를 받지 않는 상대적 독립을 요구하였기 때문에 결국 투항이 이루어지지 못하고 말았다. 남명 계왕 정권이 소멸된 이후 정경은 여전히 영력(永歷)이라는 연호를 사용하였으나, 이미 남명을 지지하던 것으로부터 독자적인 지방 할거 정권으로 전환하였다.

강희 13년(1674년) 삼번의 난이 폭발하자 오삼계에 호응하여 반란을 일으킨 경정충도 복건에 할거하며 정경에게 구원을 요청하면서, 그 대가로 장, 천 양부를 건네주겠다고 약속하였다. 이에 정경은 군대를 파견하여 바다를 건너와서 경씨 집단과 함께 연합전선을 형성하여 광동 지역을 공격하였다. 이후 경정충이 약속을 이행하지 않자 재차 군사를 일으켜 경을 공격하였다. 여기서 경정충이 패한 이후 경씨 집단이 청군과 연합하여 정씨 집단을 공격하자 정경은 대만으로 돌아갔다. 강희 20년(1681년) 정경이 세상을 떠나자 정씨 집단에 내분이 발생하였다. 청나라는 이 기회를 놓치지 않고 병사를 일으켜 대만 정벌에 나서니, 마침내 강희 22년에 정경의 둘째 아들 정극상(鄭克塽)이 투항하고 말았다. 청나라가 대만을 통일한 이후 여기에 대만부를 설치하고 복건으로 하여금 이를 관할하도록 하였으며, 대만부 아래 대만(臺灣), 봉산(鳳山), 제라(諸羅)의 3현을 두고 총병(總兵)을 한 사람, 수사부장(水師副將)을 한 사람, 육사참장(陸師參將)을 두 사람 두어 통치하도록 하였다.

### 2) 제정러시아의 확장을 막아낸 네르친스크 조약

16세기 후반, 차르 러시아는 우랄산맥을 넘어 서시베리아로 확장하기 시작하여 17세기 중엽이 되면 흑룡강 유역으로 진입하게 되었다. 1632년 러시아인은 처음으로 아무르강(흑룡강)의 존재를 듣게 되었다. 흑룡강은 만주어로 사하렌우라(Sahaliyan Ula—*검은 강)이며, 다우르족〔達斡爾族, Daur People—*중국 흑룡강, 내몽골, 신강 지역에 분포하는 소수민족의 하나임〕의 말로는 카라무르이며 바로 흑하라는 뜻이다. 러시아인이 흑룡강 양안에서 처음으로 마주친 사람이 바로 다우르족이었기 때문에 그들로부터 이 강의 이름을 비로소 처음 듣게 되었다. 이러한 연유에서 흑룡강을 아무르(Amur)라고 부르게 된 것이다.

가장 먼저 흑룡강 유역으로 침입해 들어온 사람은 러시아 야쿠츠크 행정장관이 파견한 포이아르코프(V. Poiarkov) 일행이었는데, 이들은 외홍안령을 넘어 흑룡강 입구에 도달하였다. 포이아르코프는 본국으로 돌아간 이후 이 사실을 모스크바에 보고하였는데, 이때 단지 300명의 무장 병사만 있으면 이 지역을 정복할 수 있다고 장담하였다.

두 번째 침입해 들어온 사람이 하바로프인데, 그는 시베리아의 부상(富商)으로서 야쿠츠크 행정장관에게 스스로 150명의 무장 카자크인들을 모집하여 흑룡강을 정탐할 사명을 자원하였으며, 아울러 당지의 주민들로 하여금 차르에게 세금을 바치도록 하겠다고 제의하였다.

청나라 군대는 당지 백성들과 힘을 합쳐 수차례에 걸쳐 러시아 침략자들과 맞서 항쟁하였다. 순치 9년(1652년) 우자라촌의 전투, 순치 12년에는 마이의 전투, 순치 15년 송화강 전투가 그 대표적인 예인데, 이 가운데 강희 24년(1685년), 25년의 두 차례에 걸친 알바진 전투의 규모가 가장 컸다. 알바진은 러시아인 침입자들이 흑룡강 방변에 보루를 쌓아 둔 곳으로서, 두 차례에 걸친 청군의 공격을 겪고 나서 러시아는 담판에 동의하지 않을 수 없었다.

청나라는 러시아와 담판하기 위한 자국의 대표로서 영시위내대신 송고투〔索額圖〕와 도통(都統) 일등공 동국망(佟國綱)을 파견하였다. 청 성조는 협상 전에 미리 이들에게 다음과 같이 지시해 두었다. "네르친스크, 알바진, 흑룡강 상하 유역 및 이 강으로 통하는 일체의 하구와 계곡은 모두 우리 국토로서 한 치라도 러시아에 넘겨주는 일이 있어서는 안 된다. 다만 그들과 국경을 획정할 때 그들이 사신을 보내 무역에 종사하는 것을 허용해 주도록 하라. 만일 그들이 이와 같은 조건에 동의하지 않는다면 그대들은 즉시 귀국하도록 하고, 그렇게 된다면 그들과 화의하기 더욱 어렵게 될 것이다." 청나라 대표와 러시아 대표는 네르친스크와 흑룡강이 합쳐지는 지역인 네르친스크 성에서 만나 협상을 진행하였다. 강희 28년 7월 24일(1689년 9월 7일) 네르친스크조약에 서명하고, 중・러 양국의 동쪽 방면의 경계를 확정하였다. 서남쪽으로는 아르군 강〔額爾古納河, Argun〕, 실카 강〔石勒喀河〕, 케베치 강〔爾必齊河, Kerbechi〕을 경계로 하였으며,

북쪽으로는 외흥안령(Stanovoi)을 경계로 하였다. 이 밖에 동쪽의 오제하(烏第河) 이남과 외흥안령 이북에 위치한 지역은 이후 다시 협의하기로 결정하였다.

차르정부는 조약에 매우 만족하였다. 왜냐하면 그들은 이 조약을 통해 러시아 동시베리아를 새로운 영토로 편입할 수 있었을 뿐 아니라 동시에 중국과 통상할 수 있는 권리를 획득하였기 때문이다. 러시아 수석대표 카라한은 본국에 돌아간 이후 대귀족으로 봉해졌으며, 차르는 친히 그를 알현하고 상을 하사였다. 이후 그는 총리외교사무대신과 해군대장으로까지 승진하였다. 청나라 정부의 입장에서 보자면, 조약의 서명으로 인해 북방 동쪽 국경에서 100여 년에 걸친 평화를 획득할 수 있었으며, 변방의 국경에 경계비를 세우고 매년 5월과 6월에 치치하얼〔齊齊哈爾〕, 묵리륵극(墨里勒克), 원혼(瑷琿) 등의 지역으로부터 변방군을 파견하여 3로로 나누어 케베치 강, 아르군 강, 묵리륵극(墨里勒克), 초이해도(楚爾海圖) 등의 지역을 순찰하였다. 청나라의 원혼장군(瑷琿將軍, 즉 흑룡강장군), 영고탑장군(寧古塔將軍, 즉 길림장군)이 흑룡강 양안과 사할린〔庫頁島〕에 이르는 광대한 지구를 관할하도록 책임을 부여받았다.

### 3) 준갈이부의 평정과 회교 지역의 통일

명나라 말, 몽골은 막남몽골과 막북칼카몽골, 막서어로드몽골의 3부분으로 나뉘어져 있었다. 청나라 초에 이르자 막남몽골, 막북칼카몽골이 모두 청나라에 귀순하였다.

막서어로드몽골은 원나라 때에 오리라트〔衛拉特〕몽골이라 불렸으며, 명나라에 이르러 와자(瓦剌)몽골이라 불렸는데, 아이태산 서쪽과 천산 북쪽에 위치하여 발칸호 동안에까지 이어져 있었다. 막서어로드몽골은 호쇼특부〔우루무치(烏魯木齊) 부근〕, 준갈이부〔이리(伊犁) 부근〕, 두이백특부(예니세이강 유역), 토이호특부(塔爾巴哈臺 부근)의 4부로 나뉘어져 있다. 청나라 초 준갈이부(准噶爾部)가 점차 강성해져 준갈이칸 갈단(噶爾丹, Galdan, 일찍이 서장에서 라마승을 지냄)이 강희 16년(1677년) 4부를 통일하였으며, 이후 다시 천산 산맥을 넘어 회교 지역을 통일함으로써 천산 남북이 모두 갈단의 통제하에 들어가게 되었다. 그들은 나아가 막북칼카몽골을 장악하기 위한 전쟁을 발동하여 이를 점령한 이후 다시 병사를 동원하여 막남으로 진격하였다. 강희 29년(1690년) 갈단이 러시아의 지지 아래에 병사 2만여 명을 이끌고 칼카를 추격한다는 명목으로 막남몽골의 우쥬무치〔烏珠穆沁〕 일대로 침입해 들어갔다. 또한 다시 기세를 몰아 서랍목륜하(西拉木倫河)를 건너 병력의 선봉이 우란푸통〔烏蘭布通, Wulanput'ung, 적봉 부근〕에 도달하였다.

이와 같은 움직임은 곧 청 성조의 심기를 건드렸다. 그는 국가의 통일을 수호하기 위해서 강희 29년, 35년, 36년 3차에 걸쳐 친히 군대를 이끌고 정벌에 나서 우란푸통과 샤오무두어〔昭莫多, Chaomoto〕 전투에서 대승을 거두었다. 러시아는 형세가 변하는 것을 목도하고서는 갈단이 제안한 군사동맹을 거절하였다. 결국 진퇴양난에 빠진 갈단은 사면초가에 빠져 청국 군대의 포위 속에서 강희 36년(1697년) 3월에 음독자살하고 말았다.

갈단이 세상을 떠난 이후, 그의 조카인 처안아라부탄〔策妄阿拉布坦, Ts'eanalapu'an〕이 준갈이칸을 계승하여 청나라에 대항하였으며, 한때는 서장, 청해, 칼카 등을 장악하기까지 하였다. 그러나 옹정 시기의 수차례에 걸친 군사원정과, 이를 이어 건륭 초기의 군사원정으로 말미암아 서장, 청해, 칼카 등지에서 준갈이의 세력은 이미 속속 쇠퇴하고 있었다. 건륭 20년(1755년) 청나라 군대는 마침내 준갈이부의 근거지인 이리를 공격하여 점령하였으며, 이후 두 해가 지난 시점에서 준갈이부의 반란은 완전히 평정되고 말았다. 청나라는 곧 이어 신강 천산북로에 이리 장군, 우루무치 도통, 타르바가타이〔塔爾巴哈臺, Tarbagatai〕 참찬대신을 파견하여 주둔하게 하였으며, 외몽골과 당노우량해에 울리아수타이〔烏里雅蘇台, Uliasutai〕 부장군과 코부도〔科布多, Khobudo〕 참찬대신을 두었다.

신강 천산남로는 회교를 신앙으로 가지고 있는 위구르족이 거주하던 지역으로서 당시 회부라고 불리었다. 청나라는 준갈이부를 평정한 이후 원래 준부에 의해 포로로 잡혀 있던 대소(大小) 호자〔—*호자는 중앙아시아 이슬람의 수장을 가리키는 명칭이다. 여기서 대호자와 소호자는 18세기 중엽 청의 지배에 반대하여 군사적 저항을 일으킨 부르한 웃 딘

(Burhan ad-Din)과 호자 자한(Khwaja-i Jaha) 형제를 가리킨다〕가 회부로 돌아가서 병사를 일으켜 청에 항거하였다. 이에 따라 건륭 23년(1758년) 청나라 군대가 회부에 진입하였으며, 건륭 25년 마침내 천산남로의 회부를 통일하였고 곧 이어 카쉬카르〔喀什噶爾, Kashgar〕에 참찬대신을 두고, 이리 장군으로 하여금 이를 관할하도록 하였다.

### 4) 서장에 대한 통치의 강화

순치 9년(1652년) 달라이라마 5세는 북경으로 와서 조정에서 세조를 알현한 이후 서천대선자재불・소령천하석교보통와적(西天大善自在佛所領天下釋教普通瓦赤) 라단달라이라마로 봉해졌다. 강희 21년(1682년) 달라이라마 5세가 세상을 떠나자 영주인 제파(第巴—*행정관) 상결(桑結)이 대권을 독차지하고 준갈이칸 갈단이 칼카로 진공해 들어가는 것을 지지하였으며, 청군이 갈단을 진압하기 위해 진공하는 것을 저지하였다.

준갈이부를 평정한 이후 상결은 러시아를 패퇴시킬 계략을 꾸몄으나 청정으로부터 크게 질책을 받게 되었다. 상결은 어쩔 수 없이 달라이라마 6세를 옹립할 수밖에 없었다. 서장왕 납장한(拉藏汗)은 상결이 권력을 농단하는 데 반대하자, 상결은 납장한을 죽이려 했으나 뜻을 이루지 못하자, 다시 납장한을 좇아낼 계략을 꾸몄다. 이러한 가운데 강희 44년(1705년) 납장한은 마침내 상결을 살해하고 말았다. 강희 56년 준갈이칸이 처안아라부탄으로 하여금 군대를 파견하여 서장을 공격하도록 부추기자, 납장한은 청정에 이를 긴급히 보고하였다. 이에 청나라는 안서장군으로 하여금 군대를 이끌고 가서 구원하도록 하였으나, 전군이 전멸되고 말았다. 강희 59년(1720년)에 청군이 준갈이 군대를 격퇴하고 나서, 청나라는 조칙을 내려 달라이라마 7세를 봉하는 동시에 그를 서장으로 입성시켰으며, 이와 함께 강제내(康濟鼐)를 서장왕으로 임명하여 이들이 함께 서장을 다스리도록 하였다.

건륭 4년(1726년) 청정은 서장에 주찰대신(駐札大臣)을 임명하여 직접 서장의 정무를 감독하도록 결정하였다. 다음에 대학사 승격(僧格), 부도총 마랍(馬拉)을 주장대신으로 임명하여 서장에 부임하도록 하니, 이로써 서장에 대한 중앙정부의 통치가 강화되었다.

건륭 15년(1750년) 주서장대신부통 부청(傅淸), 좌도어사 랍포돈(拉布敦, rab-bstan)이 피살되자 청정은 사천총독 책릉(策楞), 제독 악종기(岳鍾琪)로 하여금 병사를 이끌고 반란을 진압하도록 명령하였다. 이후 서장의 정치와 종교 제도의 개혁에 착수하여 주장대신의 지위를 높이고 달라이라마를 종교의 수령 겸 정치 수령으로 위치시키는 동시에, 그로 하여금 중앙의 명을 받들어 장왕 제도를 폐지하고 주장대신, 달라이, 판첸〔班禪〕의 호참제(互參制)를 실시하였다. 달라이라마는 강(喀木), 위(前藏)의 두 지역을 관할하였으며, 판첸으로 하여금 장(后藏), 아리(阿里)의 두 지역을 관할하도록 하였다. 건륭 57년(1792년) 청군은 영국이 교사한 네팔의 침략군을 격퇴하고, 주장대신의 권력을 한층 강화시켰다. 이후 금병체첨제(金瓶掣簽制―*생불의 환생을 확인하기 위한 방법으로서 라마들을 모이게 한 후 그중에서 쪽지를 뽑아 선발하는 것)를 실행하여 대농노주가 달라이라마, 판첸의 전세(轉世―*몸을 바꾸어 세상에 태어나는 것) 문제를 조종하는 것을 방지하고, 주장대신의 감독하에서 대중 앞에서 제비를 뽑아 인정하는 것으로 결정하였다.

청나라는 통일된 다민족국가를 새로운 단계로 발전시켰으며, 한대와 당대의 성세에도 이루지 못했던 국경을 획정하였으니, 그 공이 상당히 크다고 할 수 있다.

## 96. 석양이 한없이 좋다―강희, 옹정, 건륭의 성세

강희, 옹정, 건륭 시대는 중국의 국내가 상대적으로 평화로웠던 시기였으며, 이와 같은 안정을 기초로 중국은 사회 경제적으로 큰 발전을 이룩할 수 있었다. 명과 청의 왕조 교체라는 어지러운 시기 동안 정체의 늪에서 헤어나지 못했던 농업, 수공업, 상업 등은 새롭게 조성된 사회적 안정이라는 환경 아래에서 급속하고 거대한 발전을 구가할 수 있게 된 것이다.

농업생산의 내부 구조에서도 사람들의 주의를 끌 정도로 뚜렷한 변화가 발생하였다. 남방의 각 성에서는 벼의 이모작과 1년 3경(벼, 벼, 보리)을 실행할 수 있게 되어, 자연히 토지 이용률 및 단위 면적당의 생산량이 크게 증가하였다. 다른 일반적인 지역에서도 무당 2-3석의 쌀을 생산하는 것은 이미 놀라운 일이 아니었으며, 남방의 몇몇 고산지대에서는 무당 5-6석, 혹은 6-7석을 생산하기도 하였다. 명 중엽 이래 "호광에 풍년이 들면, 천하가 풍족하다"라는 국면이 형성되었는데, 이 시기에 이르면 이와 같은 경향이 더욱 명확하게 되었다. 수확량이 많은 식량 작물인 고구마, 옥수수의 수입과 재배가 이 시기에 특히 눈에 띄게 확대되었다. 고구마는 1576년에 중국으로 전해진 이후, 가장 먼저 운남에서 재배되기 시작한 이후 조금 후에 다시 복건으로 전해져서 양식이 부족했던 동남 지역의 농민들에게 주식의 하나로 자리 잡았다. 1742년 이전에는 주로 남방에서 전파되었으며, 이후에 비로소 북방으로 전래되었다. 건륭 시기에는 고구마의 재배가 급속히 확대되었으며, 가경 이후에도 계속 확대되어 주요한 식량 작물의 하나가 되었다. 옥수수는 1531년에 중국의 서남 및 동남 지방으로 전해진 이후 18세기 말과 19세기 초가 되면 서남 산간 지역의 주요한 작물이 되었다. 동남 지방의 이민자들이 사천성과 섬서성, 하남성, 호북성의 산간 지방으로 들어가면서 고구마를 광범위하게 심었는데, 이러한 지역에서 특히 옥수수는 예상보다 높은 수확량을 기록하였다. 가경 연간에 엄여욱(嚴如熤)은 《삼성변방비람(三省邊防備覽)》에서 다음과 같이 말하였다. "근래 산이나 골짜기마다 모두 옥수수를 심는데, 옥수수가 다 자라면 키가 1장(丈—*척의 10배로 3.33미터) 여에 달한다. 한 줄기에서 통상 2-3자루를 수확할 수 있는데, 수확이 좋은 해에는 옥수수 한 자루당 낱알이 천 개나 달려 있으며, 평작의 해에도 매 자루당 500-600알이 달려 있어, 한 알을 심으면 천 알을 얻으니 그 이익이 매우 컸다." 그리하여 이전에 개발되지 못했던 산지가 급속히 개발될 수 있었을 뿐 아니라 끊임없이 몰려들어 온 이민자들에게 양식을 제공해 주었다.

다른 한편, 농업 경제작물의 재배 면적도 눈에 띄게 증가하였는데, 뽕나무, 차, 면화, 사탕수수, 염료, 연초 등이 모두 당시 매우 중요한 상품작물이었다. 원래 상품작물은 그 재배가 극히 일부 지방에만 한정되었는데, 상품화 추세가 진전되면서 이와 같은 경제작물을 재배하는 일은 매우 보편적이 되었다. 예를 들면 하북의 기주, 조주, 심주, 정주에서는 "면화를 재배하는 가구가 열 가운데 여덟, 아홉에 달하였다". 또한 담배(연초)와 같은 작물은 필리핀으로부터 전래되어 들어온 이후 처음에는 복건에서 재배되었는데, 강희 시절에 이미 호광, 광동, 직예, 하남, 섬서 등의 지역으로 재배가 널리 확대되었다. 상품 작물의 재배가 날로 전업화됨에 따라 주요 식량 작물에 대한 수요도 부단히 증가하여 방대한 식량 소비망이 다음과 같이 형성되었다. 즉 호남, 호북, 사천, 강서, 안휘로부터 강소, 절강으로 운반되어 판매되었으며, 대만, 절강으로부터는 복건으로, 호남, 호북, 강서에서는 광동으로 운반되어 판매되었다. 전체적으로 볼 때, 여전히 "호광에 풍년이 들면 천하가 넉넉하다"라는 말로 이와 같은 상황을 개괄할 수 있을 것이다. 그리하여 호남의 상담, 호북의 한구에서는 상당히 번화한 쌀시장이 형성되어 식량 상품의 집산지가 되었다. 상담은 호남에서 식량의 최대 집산 지역으로서, 건륭 시기의 《상담현지(湘潭縣志)》는 "호남의 미곡은 형주로부터 남하하여 대부분 상담에 집산된다. 대체로 호북과 강남의 시가를 살펴 가격을 올리고 내렸다"라고 기록하고 있다. 호남에서 생산된 미량은 상담에 집산된 이후 다시 상담으로부터 한구로 옮겨가서 다시 강을 따라 남하하였다. 한구는 호남, 호북, 사천 미량의 최대 교역 시장이 되었으며, 조신교(趙申喬)의 《자치관서(自治官書)》에 기록되어 있는 강희 48년(1709년) 9월의 상주문에는 다음과 같은 내용이 있다. "호남은 강절과 거리가 매우 떨어져 있는데, 여기에서 생산된 미량을 강절로 싣고 내려가는 경우가 많으며, 혹은 한구지방에서 판매되기도 하고 혹은 강절 출신 무역 상인들에게 다시 판매되기도 한다. 〔…〕 또한 강절의 쌀 상인들은 대부분 한구에서 미량을 구매하며, 직접 호남에 가서 구입하는 자는 거의 없다. 호북에서 강절로 운반되는 미량은 바로 호남에서 한구로 싣고 내려간 미량이다." 《옹정주비유지(擁正朱批諭旨)》 가운데에는 봉강대리의 비밀상주뿐 아니라 그 밖에 청 세종의 주비(朱批)도 실려 있는데, 모두 약속이나 한 듯이 "강절이 호광에 의지하고 있는" 문제를 거론하고 있다. 절강순무 정원장(程元章)은 "항(杭), 가(嘉), 호(湖) 3부(府)에 속한 지역은 땅이 좁고 인구밀도가 높아 민간에서 양잠 치는 일을 주업으로 하기 때문에, 밭에는 대부분 뽕나무를 심는다. 따라서 매년 생산된 미곡을 조세로 일정량 납부하고 나면 풍년이 든 해에도 백성을 배불리 먹일 수 없을 정도였으며, 따라서 외래 상인들로부터 구입할 수밖에 없는 형편이다"라고 하였다. 건륭 13년(1748년) 청 고종은 상유에서 다음과 같이 지적하였다. "강절 서쪽 일대 지역에서 생산되는 미량은 이 지역에서 소비되는 미량의 절반을 채우기도 모자라며, 모두 강서, 호광의 상인들이 배에 싣고 오는 식량에 의존하여, 소주로부터 보충하지 않으면 안 된다."

청 중기 소주의 번영

호광, 사천, 강서로부터 양식을 가득 싣고 오는 배가 장강을 따라 동쪽으로 내려가 운하를 타고 남하하였는데, 장강 삼각주에서 가장 이상적인 집산지는 당시 전국에서 경제 중심지로서 첫 손가락으로 꼽히던 소주였다. 그리하여 소주를 중심으로 하는 양식 시장이 형성되었는데, 이 가운데 가장 중요한 것이 바로 소주 창문(閶門) 서쪽으로 7리 떨어져 있는 풍교(楓橋) 양식시장이었다. 풍교 양식시장으로부터 다시 장안진 양식시장으로 옮겨진 이후, 절강 각지로 넘겨져 판매되거나 혹은 상해현과 사포진(乍浦鎭)을 거쳐 복건으로 운반되었다. 전한승(全漢昇)의 저서인 《청나라 중엽 소주의 미량 무역》의 추산에 따르면, 옹정 12년(1734년) 한 해 동안만도 호광으로부터 강절로 운반되어 간 미량이 1천만 석 정도에 달하였는데, 이것만 보더라도 당시의 상황을 잘 이해할 수 있을 것이다. 오승명(吳承明)의 저서인 《중국 자본주의의 맹아》에 수록된 통계에 의하면, 아편

전쟁 이전에 전국의 상품 양식은 총 245억 근에 달하였는데, 매석을 150근으로 계산할 경우 도합 16,333만 3천 석에 달하며, 가격은 은 16,333만 3천 냥에 달하였다. 이로부터 당시 양식의 상품화 진전의 정도 및 양식의 무역이 얼마나 번성했는가를 잘 알 수 있으며, 이와 같은 발전은 역사상 전대미문이었다.

강희, 옹정, 건륭 시기에 농촌 부업으로 이루어진 방사, 직포와 양잠, 잠사, 직조는 모두 명나라에 비해 널리 확산되었다. 그리하여 유명한 장강 삼각주 지역 이외에 사천, 복건, 산동, 호남, 광동 등 각 지역에서도 상품 생산이 급속히 발전하였다. 남경, 불산, 광주 등과 같은 지역에서는 사직업이 이미 소주, 항주와 서로 견줄 정도로 크게 발전하였으며, 건륭 시기에 남경 성내에는 이미 직기가 3만 대에 이르러 생산량도 상당히 많았다. 옹정 시기에 사직업은 항주로부터 광주 북쪽 교외로 그 중심을 옮겨 갔는데, 여기서 생산된 비단을 "천하의 으뜸"으로 쳤으며, "금릉, 소주, 항주의 생산품이 여기에 미치지 못하였다"라고 할 정도로 그 품질이 뛰어났다.

주의할 것은 송강, 소주 일대에서 생산된 뛰어난 품질의 면포는 "천하를 덮는다"고 할 정도로 전대에 비해 더욱 번창하였다는 점이다. 송강 사람 흠씨(欽氏)가 저술한 《송문(松問)》에서는 "하북의 거상이 어마어마한 자금을 가지고 태산과 농산(隴山—*섬서성과 감숙성의 경계에 있는 산)의 동과 서, 관내와 관외를 오가며 천 리를 멀다 않고 밤낮으로 말을 달려, 동하를 건너고 장강을 건너 소상에 도달하였다. 많은 상점들이 송강에서 생산된 면포가 아니면 거래하려 하지 않는다"라고 하였다. 흠씨의 통계에 따르면 "송강에서는 가을에 면포를 판매하는데 거래량이 하루에 15만 마에 이른다"고 할 정도였다. 송강 면포의 매일 판매량이 15만 필에 달한다면, 가을(3개월) 동안의 판매량은 1,350만 필에 달하게 된다. 무석은 면포 무역의 중심지로서 명성이 자자했는데, 여기에서 강북 회양 고보 일대로 팔려 나가는 면포의 수량이 상당히 많았다. 《석금식소록(錫金識小錄)》에서는 "한 해 동안의 교역이 수십만, 수백만을 넘는다"라고 하였다. 오승명(吳承明)의 《중국 자본주의의 맹아》에 수록된 통계에 의하면, 아편전쟁 이전 중국산 면포의 상품 생산량은 31,517만 7천 필이었으며, 가격으로는 은 9,455만 3천 냥에 상당하였다.

뿐만 아니라 이와 같이 농가에서 생산된 토포가 외국과의 무역에서도 중요한 상품이 되었다. 일찍이 1830년대, 동인도회사는 이미 남경면포를 운반해 판매하기 시작하였다. 이른바 남경면포란 당시 서양인들이 상해 및 인근 지역에서 생산된 면포를 부르는 통칭이었는데, 마침 상해 부근을 조사하던 영국의 식물학자가 말하기를 "상해 부근에서 재배된 면화를 남경면화라고 부르는데, 이를 원료로 사용하여 직조한 면포를 남경면포라고 부른다"라고 하였다. 이들 면포는 대체로 상해항을 거쳐 배편으로 광주로 수출되는 것이기 때문에, 이를 남경면포라고 부르기보다는 상해면포나 송강면포라고 하는 것이 더욱 적합할 것이다. 1830년대, 중국에서 수공으로 직조된 면포(즉 이른바 토포)가 처음으로 동인도회사를 통해 영국으로 팔려 나갔다. 1850년대 이후, 스페인, 네덜란드, 프랑스, 덴마크, 스웨덴 등도 중국의 면포를 가득 싣고 가 판매하기 시작하였다. 북미대륙에서는 일찍이 미국 독립 이전에 중국 면포를 수입한 적이 있다. 19세기 중엽에 이르러 미국은 이미 중국 면포의 주요한 고객이 되었다. 저명한 학자 모스(H. B. Morse)는 동인도회사의 당안자료를 근거로 18, 19세기에 구미의 상선이 광주로부터 싣고 간 중국 면포의 상세한 정황에 대해 연구한 바가 있다. 그에 따르면, 1786년에는 372,020필, 1790년 509,900필, 1792년 402,200필, 1793년 426,000필, 1794년 598,000필, 1795년 1,005,000필, 1795년 820,200필, 1797년 573,000필, 1798년 2,125,000필, 1799년 1,160,000필이었다. 1798년부터 1833년까지 광주로부터 수출된 면포는 총 44,622,739필에 달하였다.

잠사는 계속해서 중국이 세계에 이름을 떨친 대외 무역 상품으로서, 청대 이후 판매가 더욱 왕성하였다. 건륭 시기의 《오강현지(吳江縣志)》에 따르면, 명의 가정 연간으로부터 청의 건륭 연간에 이르기까지, 잠사의 가격은 매량 2분으로부터 은 6-8분으로 상승하여 대체로 3-4배 제고되었음을 알 수 있다. 이와 같은 상황은 중국 국내시장 및 국제시장에서 잠사에 대한 수요가 날로 증대되고 있었던 사실과 밀접한 관계를 가지고 있다.

중국의 대외 수출 상품을 그 가격에 근거하여 말하자면, 1720년까지는 잠사와 비단이 모두 1위였으나, 1720년 이후에는 차의 수출 총액이 1위로 올라섰다. 건륭 시기에 잠사가 비록 차 다음의 수출 상품으로 기록되었지만, 수출 수량은 오히려 날로 증가하였다. 건륭 24년(1759년) 이시요(李侍堯)는 상주문에서 다음과 같이 주청하였다. "서양 각국의 선박이 광동에 도착하여 수출 화물을 구입하여 싣고 가는데, 모두 비단 제품을 중요시하여 매년 판매되는 호사와 주단 등의 상품이 20만여 근에서 32만 근에 이릅니다. 통계에 따르면 이들이 한 해 동안 구입해 간 잠사 제품은 그 가격이 총 70만–80만 냥에서 1백여 만 냥에 이르렀다. 가장 적은 해에도 구입한 가격이 총 30여 만 냥에 이르렀습니다. 강절 등의 상인들이 이 상품을 광동으로 가져가서 각 행상에게 판매하였는데, 이들이 다시 서양인들에게 되팔아 이를 싣고 본국으로 귀국한 것입니다."

광주로부터 수출되는 호사(湖絲)는 매년 가격이 백은 수십만 냥에서 백여 만 냥 정도에 달하였다. 이익이 상당히 많아 태호 주변의 사주업 시진에서 생산된 호사는 상인의 손을 거쳐 끊임없이 외국으로 판매되었다. 이는 다시 국내시장의 잠사 가격을 날로 높여 놓았으며, 결과적으로 농민을 자극하여 적극적으로 호사 생산에 뛰어들게 함으로써 마침내 호사의 황금 시대가 도래하게 되었다. 건륭 24년 이조붕(李兆鵬)은 상주문 속에서 다음과 같이 지적하였다. "수년 이래 남북 비단 제품의 가격이 상승하여 지난해에 비해 가격이 수 배나 뛰었습니다." "민간의 상인들이 이러한 제품을 판매하여 큰 이익을 올리고 있는데, 서양의 배들이 이를 다시 구입하여 운반해 가니 그 이익이 수천, 수만에 이르며, 그 결과 잠사 가격이 날로 상승하고 있습니다." 국내시장에서 잠사의 가격이 날로 상승하자 정부는 수출을 제한하는 명령을 발동하였다. 건륭 27년(1762년) 청 고종은 다음과 같은 유지를 반포하였다. "이전에 서양으로 수출되는 잠사의 수량이 지나치게 많아 내지의 시가가 급등하였다. 이러한 이유에서 수출을 제한하도록 명령함으로써 백성들로 하여금 저렴한 가격에 잠사를 충분히 확보할 수 있도록 하였다." 이른바 제한이라는 것도 사실은 판에 박힌 형식적인 것에 불과하였다. 즉 "배 한 척마다 구매할 수 있는 토사를 5천 근으로 한정하였으며, 이잠호사는 3천 근으로 제한하였다". 그러나 두 해가 지나자 저렴한 면포의 제한을 느슨하게 풀었다. 이것은 전임 절강

순무 장유공의 청원을 반영한 결과였다. 그는 항, 가, 호 3부의 민정을 상세히 조사한 이후에 잠사의 제한을 푸는 편이 낫겠다고 상주하였다. 이와 같은 조치가 장유공의 청원을 반영한 것이라 하지만, 사실은 막대한 호사를 수출하고 있던 경제적 추세가 관방의 의지에 의해 하루아침에 바뀔 수는 없었음을 반영하는 것이기도 하다. 이후 수출 수량과 가격이 모두 부단히 증가하였다. 모스(H. B. Morse)는 강희, 건륭 시기에 동인도회사가 구매한 호사의 가격에 관해 상세한 기록을 남겨 두었는데, 이로부터 수출 무역의 발전에 따라 잠사 가격도 함께 상승한다는 일반적인 추세를 잘 살펴볼 수 있다. 1699년 잠사 매 담의 가격은 은 137냥이었는데, 1720년에는 150냥으로 가격이 상승하였으며, 1750년에는 175냥으로, 1755년에는 190냥으로, 1759년에는 198냥으로, 1763년에는 250냥으로, 1768년에는 294냥으로, 1784년에는 310냥으로 가격이 상승하였다.

호사의 집산 중심지인 남심진(南潯鎭)은 이러한 이유에서 상업이 번창하여 매우 번화하였다. 남심진의 사행(絲行)은 그 판매 대상 및 경영 방식의 차이에 따라 경행(京行), 광행, 경행(經行), 획행, 향행 등이 있었는데, 이러한 상황에 대해 당시 사람은 시를 지어 다음과 같은 묘사하였다. "온 거리에는 상인들과 사람들로 북새통을 이루며, 벽에는 사경행(絲經行)이라고 크게 쓴 글자가 붙어 있다. 그중에서도 특히 경장(京庄)과 광장(廣庄)에는 광동, 강소, 남경 등으로부터 모여든 상인들로 발 디딜 틈조차 없다." 온풍(溫豊)의 《남심사시행(南潯絲市行)》에서는 "하루의 무역량이 수만 냥에 이르렀다"고 기록하였다. 잠사 무역이 왕성한 계절은 소만(小滿)에서 중추절까지로 약 4개월 반에 걸친 기간이었다. 이 시기에는 매일 무역 액수가 백은 수만 냥에 이르렀으며, 4개월 반 동안의 무역 총액은 약 백은 5백만 냥에서 1천만 냥 사이였다. 이와 같은 계산은 또 다른 자료로부터도 입증이 되는데, 서유가(徐有珂)는 남심진에서 "호사의 거래가 가장 왕성할 때에 수출되는 수량이 10만 포에 이른다"라고 하였는데, 10만 포에 해당되는 잠사의 판매 가격은 백은 1천만 냥 정도였다. 말하자면 호사가 가장 왕성하게 거래될 때에 남심진의 수출액이 백은 1천만 냥 정도에 이르렀으며, 이로부터 "하루의 무역

액수가 수만 냥"이라는 말이 결코 과장이 아니었음을 알 수 있다.

이상의 몇 가지 측면으로부터 강희, 건륭, 옹정 시대의 성세를 간단히 묘사해 보면, 사회 경제의 발전 수준이 이전에 전혀 볼 수 없을 정도의 높은 수준에 도달해 있었음을 알 수 있다. 그러나 "석양이 한없이 좋다는 것은 이미 황혼이 가까웠다는 의미이기도 하다". 건륭 만기에 청나라는 전성기로부터 쇠퇴기로 전환되는 시기로 접어들게 되는데, 그 주요한 원인은 바로 막대한 재정의 소비에 있었다. 청 고종(건륭제)은 성조(강희제)를 흉내 내어 여러 차례 남방을 순행하였는데, 매번 순행마다 은 20-30만 냥이 소요되었으며, 이는 강희제에 비해 20-30배나 많은 액수였다. 뿐만 아니라 고종은 궁전을 화려하게 짓고 정원을 만들었는데, 청나라를 통틀어 정원과 수풀을 가장 많이 만든 황제가 바로 그였다. 예를 들면 원명원을 증축하였으며, 장춘원, 만춘원을 역시 증축하였고, 기타 피서 산장도 72개소(열하, 승덕 등의 지역에 분포)에 달하였다. 그러자 그가 신임하는 대신들조차 이를 풍자하여 말하기를 "황제는 열하에 있는 별장에서 더위를 피할 수 있겠지만, 백성들은 여전히 뜨거운 강(熱河)에서 고통에 시달리고 있다"라고 비꼬았다. 건륭제는 재위 60년 동안 전쟁을 일삼았으며, 고종도 스스로 득의양양하게 '십전무공(十全武功), 십전노인(十全老人—*청 건륭 시기에 이루어진 준갈이부, 미얀마, 안남 평정 등 열 차례에 걸친 군사행동을 통해 대공을 세웠다 하여 건륭제 스스로가 이를 과시하여 자신에게 붙인 이름)'이라고 하면서 막대한 군비를 쏟아 부었다. 단지 금천(사천 서북부)에서 두 차례에 걸친 전쟁을 치르는 데만도 은 7천만 냥을 소모하였으니, 완전한 무공의 대가(代價)가 어떠했는지 상상하고 남음이 있을 것이다.

청 고종의 총신인 대학사 화신(和珅)은 장장 24년 동안이나 군기대신의 자리에 있으면서 권력을 믿고 발호하여 매관매직을 서슴지 않았으며 뇌물까지 받아 챙겼다. 독무들도 모두 그의 위세를 두려워하여 아부하지 않는 자가 없어 관가에서는 위에서 아래까지 더할 나위 없이 부패하였다. 저명한 산동순무 국태(國泰)의 탐오집단안으로 산동 일개 성의 재정 적자가 무려 백은 수십만 냥에 달하였다. 감숙의 침량모진안에는 연루된 관리가 무려 70여 명에 달하였다. 이 가운데 탐오하여 은 2만 냥 이상을 착복한 관리들은 사형에 처해졌으며, 모두 22명을 사형시켰다. 황제 스스로도 이러한 상황을 '일찍이 없었던 해괴한 사건'이라고 인정하지 않을 수 없었다. 그러나 이러한 사람들이 저지른 탐오도 화신과 비교하면 새 발의 피였다. 화신은 소주에서 능묘를 쌓고 향당(享堂—*조상이나 신불을 모시는 집)을 세우고, 터널을 뚫어 황릉과 서로 견주어 이를 화릉이라고 불렀다. 화신의 성은 축고 녹(綠)씨이며 정홍기적의 문생원으로서 건륭 37년 처음으로 3등시위(侍衛)를 수여받고, 41년 호부시랑겸 군기대신, 총관내무부대신의 자리에 올랐다. 그는 전국에 걸쳐 자신이 통제할 수 있는 친신 집단을 구축하였으며, 탐오하고 부패하였으며 남의 재물을 공갈쳐서 빼앗고, 온갖 나쁜 짓이라곤 하지 않은 것이 없었다. 가경 4년(1799년) 정월 초4일에 태상황(고종 홍력)이 세상을 떠나자 인종 영염(永琰)이 즉시 화신의 직위를 박탈하고 24조목의 대죄를 정하여 18일 화신으로 하여금 자진하도록 명하였다. 그가 죽고 나서 가산을 수색하여 모두 109종에 이르는 재산을 찾아냈는데, 이 가운데 대표적인 것만 꼽아도 순금 580만 냥과 생사금 2백만 냥, 원보은 940만 냥, 전당포 75가, 은호(銀號—*규모가 비교적 큰 전장) 42가, 골동품점 13가, 토지 8천여 경에 달하였다. 들리는 말에 의하면 화신의 가산은 총 백은 2억 3천만 냥이나 되었는데, 이는 당시 국고 수년간의 총 수입에 상당하였다고 한다. 학자들은 가볍게 믿을 수 없다고 여기지만 오늘날까지 여전히 의심스러운 사건이 아닐 수 없다.

성세는 반드시 부국과 강병의 두 축으로 구성되는데, 부국이 이미 다시 올 수 없다면, 강병 역시 온존하기 힘들 것이며 필연적으로 쇠퇴하기 마련이다. 이러한 이유에서 가경 이후 군사력이 점점 쇠퇴하였다. 한번은 청 인종(즉 가경제)이 남순하여 항주에 가서 열병하였는데, 이때 사병들이 쏜 화살이 번번이 헛발이고, 기마술을 하는데 말을 탄 사람이 땅으로 곤두박질치고 말았다. 이와 같은 불길한 조짐은 쇠퇴기가 이미 도래하였음을 예시해 주고 있었음에 틀림없다.

## 97. 문화전제와 문자옥

명나라 말기, 동림 복사로 대표되는 지식인들이 투신한 정치운동은 당시의 정치에 타격을 가하여 새로운 학문의 길을 개척하였다. 고염무, 황종희, 왕부지 등은 모두 현실에 대해 비판적인 정신을 소유한 사상가들이었다. 청나라 초의 통치자들은 문화전제(文化專制)의 정책을 추진함으로써 지식인들로 하여금 정치로부터 멀어지게 하였다.

순치 9년(1652년) 정부는 학자들이 서원을 창설하거나 군중을 규합하여 사단을 조직하는 일을 금지한다고 다음과 같이 선포하였다. "각 제학관은 교관, 제생들로 하여금 평소 연구해 오던 경서의 뜻과 이치를 중시하고, 익힌 바를 몸소 실천해 나가도록 지도해야 하며, 별도로 서원을 세운다거나 사람들을 모아 당파를 결성한다거나 지방 유식의 무리를 불러 모아 쓸데없이 탁상공론을 편다든가 하는 일을 금지한다." 청나라 정부는 서원이 또 다시 재야 지식인들의 정치 집회 장소가 되는 것을 우려하여 극도로 이를 경계하였으며, 이러한 이유에서 언론과 출판의 자유를 다시 금지한다고 선포한 것이다. "사서를 논함에 송대 유가의 전주를 모범으로 해야 하며, 문장을 지을 때는 서경을 모범으로 한다. 앞으로 독학(督學)은 《사서오경(四書五經)》, 《성리대전(性理大全)》, 《몽인존의(蒙引存義)》, 《자치통감강목(資治通鑑綱目)》, 《대학연의(大學衍義)》, 《역대명신주의(歷代名臣奏議)》, 《문장정종(文章正宗)》 등의 책을 가지고 책임지고 교관을 지도해야 하며, 학생들이 유학을 공부할 때 이 책을 가지고 설명해 주어야 한다. 〔…〕 책방 거리의 서적 상인들은 사서를 잘 이해할 수 있는 유익한 서적만을 간행하도록 허가하며, 쓸데없는 내용이나 음란한 내용, 그리고 불온한 내용을 담고 있는 간행물을 멋대로 찍어 내는 행위를 일체 엄격하게 금지하며, 이를 위반할 경우 무겁게 처벌한다." 강희 시기는 순치 시기의 정책을 계승하여, 강희 2년(1663년)에는 순치 9년에 서점에 내려졌던 금령을 또 다시 반포하였으며, 강희 9년에는 서점을 단속하기 위한 처벌 규정을 공포하였다. 옹정 시기에도 재차 집회 결사의 단속을 천명하였다. "문인들이 대중을 규합하여 사단을 조직하는 일은 민심과 풍속에 큰 악영향을 미치게 된다. 〔…〕 만일 생원, 감생 등이 문회를 이유로 사단을 조직하여 대중을 불러 모을 경우 〔…〕 해당 지방관은 이를 즉시 체포하여 문책해야 한다. 각 부주현의 사람들이 사단의 동맹(사맹)을 표방하면 〔…〕 간도결맹률에 의거하여 주범과 공범을 구별하고 그에 따라 각각 죄를 물을 것이다." 그 결과 명 말과 확연히 다른 사회 기풍이 형성되었으며, 생원 계층의 정치운동도 완전히 위축되어 침체되고 말았다.

사상 통제의 또 다른 측면은 바로 이학을 제창하고 과거 시험을 팔고문으로 치러 인재의 선발이 전 왕조에 비해 더욱 엄격해졌다는 사실이다. 이는 부귀공명으로 한족을 매수함으로써 결국 이들이 순종하지 않을 수 없도록 만드는 데 그 목적이 있었다. 과거 시험의 첫 번째 등급은 인시(夤試)로서 3년에 두 차례 시행되었다. 현시험과 성시험(院考)을 통과하게 되면 바로 생원〔수재(秀才)〕이 되는데 전국에서 매번 2만 5천 명 정도가 선발되었다. 두 번째 등급이 향시(鄕試)인데, 각 성에서 3년마다 한 번 치러졌다. 여기에서 일등으로 합격한 자를 해원(解元)이라 불렀으며, 그 나머지는 모두 거인(擧人)이라 하였는데, 전국에서 매년 1,400명 정도가 선발되었다. 세 번째 등급이 회시(會試)로서, 3년에 한 번 수도에서 거행되었다. 예부 시험을 통과하고 일등으로 합격한 자를 회원(會元)이라 하였으며, 그 나머지는 모두 공생(貢生)이라 하였다. 이후에는 계속해서 전시(殿試, 혹은 廷試)가 진행되었는데, 시험에 합격한 사람은 1갑이 3명(장원, 방안, 탐화), 2갑이 약간 명으로, 이들은 진사의 신분으로 벼슬을 시작하였다. 3갑으로는 마찬가지로 약간 명을 선발하였는데, 진사와 동등한 신분으로 벼슬길에 올랐으며, 모두 약 200명 정도 되었다. 과거 시험에서 중요시 되었던 것은 바로 고매한 유교경전과 그 주석들을 줄줄 암송하거나 국계민생과는 전혀 상관없는 팔고문이었다. 이렇게 하여 선발된 장원과 진사들은 대부분 결코 진정으로 재능이 있고 학문에 능통한 자라고 할 수 없었으며, 더욱이 경세치용을 알지 못하는 자들이었다. 이들 가운데에는 둔재와 용재도 없지 않았다. 이와 같은 방법은 본래 일종의 문화전제라고 할 수 있다.

그 밖에 이름도 생소한 문자옥(文字獄)이 계속해서 발생했는데, 강희 2년(1663년)의

'명사옥(明史獄)'과 강희 50년(1711년)의 '남산집옥(南山集獄)'이 가장 엄중하였다. 명사옥의 주범 장정롱(莊廷鑨)은 이미 죽었으나 부관참시형을 받았으며, 연루되어 사형에 처해진 자가 70여 명에 달하였다. 장정롱을 위해 문장을 써 준 사람, 문장을 다듬고 교정해 주거나 인쇄한 사람, 심지어 단순히 그 책을 팔거나 책을 보관한 사람마저 한 사람도 화를 면할 수 없었다. 남산집옥은 더욱 처참하여 연루된 사람만도 무려 수백 명에 달하였고, 주범 대명세(戴名世)는 참수형에 처해졌고 방효표(方孝標)는 이미 죽었으나 부관참시형에 처해졌다. 이들 두 사람의 조손 3대 직계 및 방계 친속은 나이가 16세 이상인 경우에는 모두 참수형에 처해졌고, 외가 친척들은 공신가의 노예로 팔려가는 형벌에 처해졌다.

옹정 시기의 왕경기(汪景祺), 사사정(查嗣庭), 전명세(錢名世), 증정(曾靜) 등도 필화사건으로 말미암아 화를 당하였다. 왕경기는 연갱요의 막료로서 《서정수필(西征隨筆)》을 저술하였는데, 여기서 시정을 풍자하였을 뿐 아니라 연갱요(年羹堯)를 크게 표양하였다. 여기서 그는 "수십 년의 적폐를 씻고, 수천 리에 달하는 국경을 정돈하였다"라고 하여 연갱요를 보기 드문 공신으로 표양하였는데, 이것이 연갱요에게 적용된 92조목에 달하는 죄상 가운데 하나가 되었다. 청 세종은 이를 간당의 증거로서 여겨 연갱요를 처벌하는 동시에 왕경기를 '대불경율(大不敬律)'에 의거해 참형에 처하였다. 예부시랑 사사정은 강서의 주고관(主考官)으로 봉직하게 되었는데, 다른 사람이 그가 시험에 출제한 제목('維民所止')에 황제를 비방하는 의도가 있다고 고발하였다(—*즉 '維'는 옹정제의 '雍'에서 '亠'을 삭제하고 '止'는 '正'에서 '一'을 없앤 글로써 옹정제를 저주하는 의미라고 고발하였다). 또한 그의 일기 속에서 "방자하고 오만하게도 반역하는 글"이 있음을 밝혀내었다. 시강 전명세는 필화사건과 관련이 있다는 이유로 죄를 얻었는데, 청나라 정부는 "마음속으로 조정을 비난하고 황제를 헐뜯었다"는 죄명으로 그를 투옥하였으며, 사후에는 다시 부관참시형에 처하였으며, 그의 가족과 학생들에게까지 연좌죄가 적용되었다. 시강 전명세는 연갱요의 공덕을 칭송하는 시를 저술하였다는 죄명으로 파면 처분을 받았으며, 청 세조의 친서인 '명교죄인'이라는 현판을 자신의 집에 내걸도록 하여 능욕을 받게 하였다. 유명한 증정(曾靜) 필화사건은 당시 가장 민감한 정치적 현안이었던 세종의 후사 문제로 여러 왕자가 분쟁 속으로 휩쓸려 들어간 사건이었다. 《대의각미록(大義覺迷錄)》에 의하면, 증정의 주요한 죄상은 "그와 한패인 장희(張熙)를 충독 악종기(岳鍾琪)에게 보내 편지를 건네주며 청나라에 모반할 것을 종용하였으며, 황제를 비방하였다"는 내용이었다. 구체적으로 세종이 "아버지에게 반역하고", "어머니를 핍박하고", "형을 죽이고", "동생을 학살하였다"며 황제를 비방했다는 것이다. 증정 필화사건으로 말미암아 발생한 여유양(呂留良) 안은 이보다 영향이 더욱 컸다. 여유양은 자신의 저술 가운데에서 중화민족과 오랑캐 사이의 구별을 역설하여 반청복명을 위한 여론을 조성하였다는 것이다. 증정은 악종기에게 모반하도록 종용하였을 뿐 아니라 여유양을 표양하는 언론을 조성하였다는 것이다. 청 세종은 명을 내려 이미 죽은 여유양의 시신을 군중들이 보는 앞에서 난자하도록 하였으며, 그 일족을 참수하고 손자 항렬은 영고탑〔寧古塔—*현재의 영안(寧安)〕으로 유배시켰다. 그러나 증정은 자신의 죄를 깊이 뉘우치고 인정하였으며 이와 함께 공개적으로 여유양을 역적으로 비난하는 문장을 써서 겨우 죄를 면하고 석방될 수 있었다. 그러나 청 고종이 즉위한 직후에, 다시 명령을 내려 증정 등을 사형에 처하고 말았다. 건륭 32년(1767년) 절강 천태(天台) 사람 제주화(齊周華)가 여유양을 위해 불평을 늘어놓은 원고 및 기타 반역의 뜻을 담은 저작들을 간행한 이후 능지처참에 처해졌다. 이 사건을 볼 때, 증정 필화사건의 여파가 이때까지 계속해서 수십 년 동안이나 이어져 내려갔다는 사실과 더불어 건륭 시기에 법규가 더욱 혹독해졌음을 잘 알 수 있다.

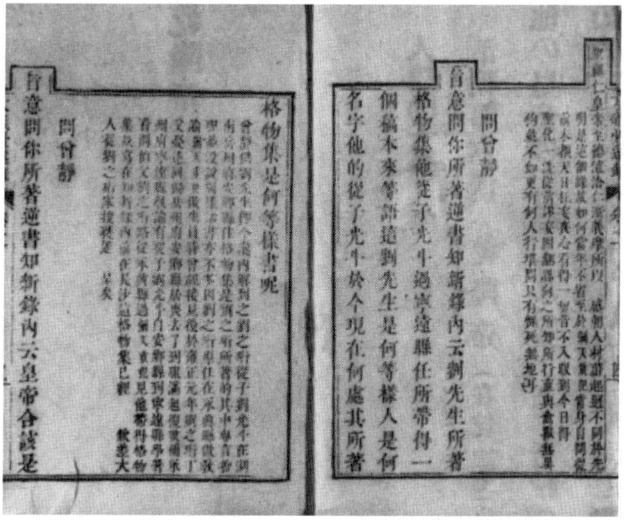
《대의각미록》

대명세가 참수된 이후 50여 년이 지나 청 고종은 남산집안을 이유로 다시 71세의 거인 채현(蔡顯)을 사형에 처했으며, 여기에 연좌된 사람만도 24명에 이르렀다. 채현이 자신의 저작인《한한록(閑閑錄)》을 출판한 이후 이 가운데 청나라를 원망하고 비방하는 구절이 있다는 이유로 고발당했다. 여기서 원망하고 비난한다는 말은, 채현이 옛 사람의 저작인《영자목단(咏紫牧丹)》의 시구인 "붉은색을 탈취한 것은 정색이라 말할 수 없는데도 이종(異種)을 모두 왕이라 칭한다"라는 대목을 인용한 것이다. 이 시구의 본래 의미는 홍목단이 상품(上品)인데, 자목단을 상품이라고 말하는 것은 목단의 정색을 탈취한 것이기 때문에 "다른 종을 왕이라 칭한다"라는 뜻이다. 그리하여 정부 당국은 결국 문장을 일일이 조사한 이후 만주족이 명나라를 탈취하여 다른 종류가 왕을 참칭한다라는 뜻을 여기에 비유한 것이라고 채현을 힐난하였다. 결국 채현은 어쩔 수 없이 죄를 인정할 수밖에 없었으며, 양강총독 고진(高晋), 강소순무 명덕(明德) 등이 황제에게 그를 대역죄로 능지처참하도록 상주하였다. 청 고종은 처음에 채현에게 관용을 베풀려 하였으나 주접과《한한록(閑閑錄)》을 살펴본 이후에 마음을 바꾸어 그를 참수하도록 명령하였다. 이와 함께 고진 등에 대해서도 크게 질책하였다. 왜냐하면 그들이《한한록》속에 "대명세는 남산집으로 말미암아 거리에서 사형을 당했고, 전명세는 연갱요의 필화사건으로 죄를 얻었다"라는 등의 대역무도한 내용이 있음에도 불구하고, "내심 이 말을 감추려고 하는 의도가 있어, 자진해서 반역의 무리들과 한패가 되었다"는 것이다.

건륭 42년(1777년)의 자관안(字貫案)은 더욱 황당한 사건이었을 뿐 아니라 야만적이고 이치에도 맞지 않는 사건이었다. 강서 거인 왕석후(王錫侯)가 사전을 편찬한 이후 그 이름을《자관》이라 명명하였다. 왕석후는 흠정의《강희자전》가운데 불필요한 부분을 삭제하고 수정하여 이 책을 편찬한 것인데, 여기서 청대 황제의 이름과 관련된 글자를 삼가고 조심하는 배려가 없었다는 이유였다. 이러한 결과 왕석후는 엄한 처벌을 받았을 뿐 아니라 인쇄판과 서적도 모두 소각되었으며, 강서순무 해성(海成)과 양강총독 고진(高晋) 등의 관리까지도 감독 소홀로 문책을 받았다. 이 사건의 심문 기록을 살펴보면 매우 우스꽝스러워 마치 한 편의 희극과도 같았다. 관원이 다음과 같이 심문하였다. "당신은 거인의 신분으로 마땅히 웃어른과 대의를 알아야 하거늘 황제의 《강희자전》을 함부로 반박하여 불손하게도 《자관(字貫)》이라는 서적을 펴냈으며, 심지어 내용 가운데 임금의 시호와 이름을 똑같이 배열해 써 놓았다. 이것이 바로 대역무도의 증거임에 틀림없으니 도대체 당신은 무슨 마음으로 이렇게 하였는지 사실대로 불렸다!" 이에 왕석후는 다음과 같이 대답하였다. "본인은 예전부터 《강희자전》의 분량이 너무 많아 후학을 위해 이를 《자관》으로 축약하였던 것입니다. 이 책 가운데 황제의 시호와 이름을 병기한 것은 마찬가지로 후학들로 하여금 이 글자를 알도록 하여 삼가고 조심하도록 하기 위함이었습니다. 이후 저 스스로 잘못을 깨닫게 되어 서적의 내용 가운데 마땅히 조심해야 할 부분들을 고쳐 다시 인쇄하였습니다. 이는 현재의 서판을 보면 알 수 있으니 조사하고 살펴봐 주시기 바랍니다."

청 고종은 문자와 관련된 사건을 매우 엄격하게 다스려 철저히 방지하려 하였으나 소기의 성과를 거두기는 힘들었다. 이러한 결과 아첨하기 좋아하는 대신들은 노골적으로 수단과 방법을 가리지 않고 총애를 사기 위해 문자옥과 관련된 사건을 부풀려 전하곤 하였다. 대리사경(大理寺卿) 윤가전(尹嘉銓)은 관직에서 이미 퇴직한 상태였는데, 건륭 46년(1781년) 고종이 오대산을 순행하고 귀경길에 보정(保定)을 지나게 되자 그의 아들을 보내 두 권의 주접(상소)을 올렸다. 그 하나는 일찍이 황제가 그의 부친인 윤회일(尹會一)을 표창한 바 있으므로 황제에게 시호를 내려 주도록 부탁한 것이며, 다른 하나는 청나라의 명신 범문정(范文程) 등과 그의 부친 윤회일을 공자묘에서 제사를 지낼 수 있도록 해 달라는 내용이었다. 이에 고종은 크게 노하여 윤가전의 관품을 삭제하도록 명령하는 동시에 그를 형부로 보내 심문하도록 하였으며, 대학사 영렴(英廉)과 직예총독 원수동(袁守侗)으로 하여금 윤가전의 사건을 책임지고 철저히 조사하도록 하였다. 이때 특별히 책이나 서신 등을 검열하여 불온한 문구가 없는지 철저히 조사하도록 당부하였다. 그리하여 문장의 일부를 끊어서 저자의 본의와는 달리 제멋대로 해석한 결과, 어떤 문장 가운데 "爲帝者師(황제의 스승이 된다)"라는 자구를 들추어

냈다. 이렇게 되자 고종은 글자 하나하나를 곱씹어 제멋대로 해석하여 다음과 같이 반박하였다. "윤가전은 흡사 스스로 스승이라고 자처하는 듯하여, 군신 간의 대의를 망각하고 망언을 서슴지 않는다. 학문을 가지고 말하자면 각 대신들이 모두 공론을 가지고 있는데 윤가전이 짐의 스승이 될 수 있는가?" 온갖 고문과 문초 끝에 70여 세의 윤가전은 머리를 조아리고 다음과 같이 죄를 인정하지 않을 수 없었다. "황제께서 저를 중죄로 다스려 천하와 후세에 경계가 되도록 해 주시기만을 바라며, 이것이 바로 황제의 은덕으로 사료됩니다." 고종은 스스로 판결을 내려 그를 교수형에 처하도록 하고, 윤가전의 저술 및 관련 서적 93종을 모두 소각하도록 명령하였다. 노신은 《매소학대전기(買小學大全記)》 속에서 윤가전의 문자옥 사건을 언급하면서 다음과 같이 비평하였다. "건륭 시대에는 으레 다음과 같이 정형화된 법칙이 있었는데, 즉 문자옥과 관련된 죄인들에 대해 한편으로는 즉시 체포하여 처벌하는 동시에 다른 한편으로는 철저한 조사를 병행하였다. 그런데 여기서 조사라는 것은 그의 가산을 조사하는 데 중점을 둔 것이 아니라 그가 소장한 서적이나 다른 문서, 문자 등을 조사하는 데 역점을 두었다. 이러한 과정에서 특히 정권에 불리한 불온한 문장이나 대목이 발견되면 가중 처벌하였다. 건륭제가 스스로 이러한 대목을 불온하다고 규정한 이상 미봉책으로 그칠 수는 없었으며, 발본색원하지 않으면 안 되었던 것이다."

《청대문자옥당(清代文字獄檔)》에 수록된 문자옥 당안 자료에 의하면, 건륭 6년(1741년)으로부터 건륭 53년(1788년)에 이르는 40여 년 동안 문자옥이 모두 53차례 발생하였으며, 이러한 사건이 일어나면 으레 전국에 걸쳐 문자로 인해 재앙이 초래되는 공포 분위기가 조성되었다. 청 고종은 대대적으로 문자옥을 일으켜 이를 전면적인 금서와 분서로 발전시켰는데, 《사고전서(四庫全書)》를 편찬하는 과정이 바로 금서, 분서의 과정이기도 하였다. 《사고전서》의 편찬은 당연히 국가적인 대사업이었다. 경(經)·사(史)·자(子)·집(集)의 4부로 분류하여 3,457종, 79,070권을 수집하여 3만 6천여 권으로 묶어 냈다. 《사고전서》는 중국 역사상 최대의 총서라 할 수 있으며 이 가운데에는 내부장본과 각지의 장서가가 진상한 책, 《영락대전(永樂大典)》의 총서 등 진귀한 자료들이 모두 포함되어 있다. 그러나 사고전서관은 책을 편찬하는 임무와 함께 금서와 분서를 수행하는 또 하나의 중요한 사명을 담당하였다. 사고전서관은 각 성으로부터 수집된 서적을 일일이 조사하여 금서를 정하고 이를 다시 군기처에 보내어 재차 한림원에서 조사하도록 하였다. 그리하여 불온한 문장이나 문자를 책 표지 상변 여백에 황색으로 조목조목 써 붙이거나 혹은 삭제해야 할 이유를 요약하여 적은 후, 청 고종의 재가를 받아 한꺼번에 무영전 앞에 설치되어 있던 소각로(字紙爐)로 보내 태워 버렸다.

서적을 판별하여 금서로 정하기 위해서는 먼저 책을 광범위하게 수집하지 않으면 안 되었다. 이러한 이유에서 청 고종은 자신의 측근들을 통해 강남 지역에서 광범위하게 정보를 수집하였으며, 강절 지방의 유명한 장서가 등을 통해 손금 보듯이 훤하게 알 수 있었다. 건륭 38년(1773년) 양강총독 고진, 강소순무 살재(薩載), 절강순무 삼보(三寶) 등에게 명령을 내려 동남 지역에서 장서가 가장 풍부한 집안의 서고, 예를 들면 곤산 서씨의 전시루(傳是樓), 상숙 전씨의 술고당(述古堂), 가홍 항씨의 천뢰각(天籟閣), 주씨의 폭서정(曝書亭), 항주 조씨의 소산당(小山堂), 영파 범씨의 천일각(天一閣) 등에서 서적을 수집하도록 하였으며, 이와 함께 다음과 같은 성명을 발표하였다. "설령 장래 책을 수집한 이후, 이 가운데 불온한 대목이 발견되었다 하더라도 후학들에게 이러한 내용을 전해서는 안 되기 때문에 단지 책을 소각한 다음 책 주인에게 이 책을 소장할 필요가 없다는 뜻만을 통보할 뿐 책 주인에게는 결코 아무런 책임도 묻지 않겠다." 서적의 수집이 전면적으로 이루어지면서 서적을 파기하는 의도 역시 숨길 이유가 없어졌다. 청 고종은 건륭 39년에 각지의 순무에게 조칙을 내려 수집한 서적 가운데 불온한 내용을 발견할 경우에는 철저히 조사하여 이를 조정에 보고하거나 혹은 책을 봉인한 다음 폐기 여부를 문의하도록 하였다. 외부에서 소각할 경우에는 서적의 이름을 보고하도록 하였다. 특히 명나라의 야사, 전겸익, 여유량, 굴대균, 금도 등의 저작이나 민간에서 유행하던 희곡의 극본, 예를 들면 곤강(昆腔), 석비강(石碑腔), 진강(秦腔), 익양강(弋陽腔), 초강(楚腔) 등을 중점적으로 조사하였는데, 이들은 모두 예외 없이 철저하게 금서로 지정되었다.

해령 진내건의 《금서총록(禁書總錄)》의 통계에 따르면, 조사를 통해 금서로 정해져 소각된 서적은 전체 소각 2,453종, 일부 소각 402종, 서판 소각 50종, 석각 소각 24종에 달하였다. 현재 전해지고 있는 《사고전서》는 이와 같이 엄청난 대가를 치르고서 비로소 남아 전해질 수 있었던 것이다. 특히 유감스러운 것은 사고전서관의 관리들이 명을 받아 아무런 합리적 이유도 없이 늘 문자를 삭제하고 수정하였기 때문에 남아 있는 《사고전서》 가운데 일부 저작은 이미 본래의 면목을 상실하여 문헌 가치에 큰 손상을 입게 되었다는 사실이다. 이른바 건륭성세라는 것도 결국 외모는 화려한 듯하지만 안으로는 이와 같이 바람직하지 못한 일들이 비일비재하였으니, 청나라의 운세가 전성기에서 쇠퇴기로 전락하게 된 것도 그리 이상한 일은 아니었다.

## 98. 건가학파

국학대사 왕국유(王國維)는 그의 저작인 《관당집림(觀堂集林)》 속에서 청나라의 학술에 대해 철저하게 분석한 이후 다음과 같이 한 마디로 이를 개괄하였다. "건국 초기의 학문은 방대했으며(大), 건가 시기의 학문은 깊고 치밀하였으며(精), 도광, 함풍 이후의 학문은 새로웠다(新)." 이와 같이 넓고 크며 깊고 치밀하며 새로운 현상과 특징은 각 시기의 사회배경과 밀접한 관계를 가지고 있었다.

명 말 청 초의 사회에는 커다란 변동이 일어나 위인을 낳았으며, 포부가 크고 시야가 넓은 사상가들이 배출되었으니, 휘황찬란한 시기라고 할 수 있다. 고염무(顧炎武)는 그릇된 경향을 힘써 바로잡아 공허한 담론에 반대하고 실학을 제창하였다. 고염무는 급변하는 사회 속에서 지리 연혁, 문자 음소 등 각종 현실 사회에 유용한 학문에 관심을 가지는 한편, 유가 경전을 해석할 경우에서 이를 적극 활용하였다. 학문을 하는 방법에서도 그는 실사구시를 제창하여 증거 없이는 쉽게 믿지 않는 기풍을 견지하여 후세 보학(補學)의 시조가 되었다. 그는 건가학파(乾嘉學派)에 비해 학문이 뛰어나고 종합적인 학문을 추구하여 학문의 기풍이 넓고 큰 것을 특징으로 하였으나, 결코 연구할 가치가 없거나 해결할 수 없는 문제에 애써 끝까지 매달리지 않았다. 건가학파는 감히 정치에 관여하지 않았으나 그는 대담하게 현실정치에서 출발하여 학문을 연구하였으며, 경세치용을 위한 목적에서 학문을 탐구하였다.

황종희(黃宗羲)는 현실 정치에 투신하여, 전제정치에 타격을 가하고 민주사상을 창도하였다. 그의 부친은 엄당의 박해로 말미암아 옥사하였는데, 바로 그 부친의 영향 아래에서 학문을 연구하는 동시에 현실 정치에 주의를 기울여 명 말 《유도방란공게(留都防亂公揭)》에 가장 먼저 서명하였다. 명나라가 멸망한 이후 명사가 편찬되었는데, 이는 역사적 경험의 총괄이었다. 황종희의 최대 공헌은 민주사상이며, 정치적으로 군신관계와 군민관계를 처리할 경우에 천하를 위주로 하고 백성을 위주로 해야 한다는 것이다. 이와 함께 학술의 자유를 주창하여 "시비는 학교에서 결정된다"라고 하였으며, 백가쟁명을 주창하여 "길이 다르면 생각도 다르다"라고 하면서, 아무런 창의성 없이 단순히 모방만 반복하는 것에 반대를 제기하였다. 그는 《유서(留書)》, 《명이대방록(明夷待訪錄)》 등을 저술하였는데, 이는 당시 사회의 혼란을 어떻게 수습할 것인가를 논한 것이다. 여기서 그는 전통적인 정치 경제 체제를 언급하면서 상당한 정도의 부정적 평가를 서슴없이 내렸다.

왕부지(王夫之)는 항청운동이 실패한 이후 은거하여 저술 활동에 몰두하여 전통문화와 사상을 청산하고 고대 철학을 집대성하였다. 그는 여러 각도에서 왕수인과 주희를 비판하였으며, 이(理)와 기(氣)의 관계에서 기(氣, 器)를 강조하여, "천하(天下)는 오직 기(器)일 뿐이다"라고 강조하였다. 그는 지(知)와 행(行)의 관계에서 행을 강조하여 지행합일과 지로써 행을 대신한다는 관점에 반대하였다.

이것이 바로 왕국유가 말한 "건국 초기의 학문은 넓고 크다"라는 것이다. 왕부지가 건가학파와 구별되는 이유를 한마디로 말하자면 하나는 경세의 학문이고 다른 하나는 바로 은둔의 학문이라고 할 수 있다. 이와 같은 차이는 시대와 사회적 차이로 말미암아 생겨난 것이다. 강희, 옹정, 건륭 시기에는 문화전제와 문자옥이 횡행하던 때로서,

시사를 논하거나 역사인물을 강평할 경우 자칫 통치에 위험하다고 판단내리면 죽임을 당하지 않으면 추방당하곤 하였다. 이들의 저술이 불온하다고 판단되어지면 일률적으로 금서로 규정하여 소각해 버리곤 하였다. 이렇게 함으로써 일반 독서인이나 학자로 하여금 감히 시정을 논하지 못하도록 하고, 의식적으로 현실정치를 멀리하여 시정으로부터 초탈하도록 하였으며, 케케묵은 기록을 살피고 연구하는 데 몰두하도록 하거나 학문을 위한 학문에 몰두하도록 조장하였던 것이다. 다른 한편, 이 시기의 통치자들은 힘써 한학을 제창하였는데, 이러한 사실 역시 건가학파가 형성된 주요한 원인이 되었다. 청 성조는 일찍이 강관 장옥서(張玉書)에게 다음과 같이 말하였다. "하루 종일 이학을 강론하면서도 행하는 일은 모두 그것과 어긋나니 어찌 이를 이학이라 할 수 있겠는가? 설령 입으로 이학을 말하지 않더라도 행하는 바가 모두 도리와 합치된다면 이것이야말로 진정한 이학이 아닐 수 없을 것이다." 그는 또 다음과 같이 말하였다. "무릇 도학자라고 한다면 반드시 몸소 실천해야 하며 실사구시를 추구해야지 허황된 말만을 일삼아서는 안 된다." 청 고종이 윤가전과 같이 오로지 의리와 명분을 강조하는 이학의 명신에게 벌을 내릴 때, 황제의 뜻을 잘 알고 있던 대학사 삼보(三寶)는 명을 받들어 윤가전을 심문하면서 특별히 그의 추행을 들추어 성리학자의 가면을 백일하에 폭로하였다(예를 들면 양가의 여인을 협박하여 첩으로 삼는 등의 추행). 이와 같은 행위는 명백히 수단과 방법을 가리지 않고 명예만을 추구하는 성리학자들에게 경고한 뜻이 아닐 수 없었다. 이학가들은 강희제 시기만 하더라도 아직 그나마 어느 정도 환영을 받는 분위기였으나, 건륭 시기에 이르게 되면 깃발을 내리고 북을 멈출 수밖에 없는 지경에 이르렀다. 이를 대신하여 홍기한 것이 바로 한학이었는데, 즉 유교 경전에 주석을 달거나 혹은 보학이나 고증학 등이 발전하게 된 것이다. 학술 원류에서 건가학파는 보학의 창시자인 고염무 및 선구자인

고염무

염약거(閻若璩), 호위(胡渭) 등의 영향을 많이 받았으며, 이를 역사적으로 전승하였다.

건가 시기의 학문은 치밀하였는데, 치밀하였다는 뜻은 경서에 깊이 몰두했다는 점에서 깊고 정밀하였다는 의미이다. 양계초(梁啓超)는 《청대학술개론》에서 건가학파의 연구 범위를 이렇게 설명하였다. "경학을 중심으로 하여, 소학, 음소, 사학, 천문, 수리지리, 전장 제도, 금석, 교감(校勘—*서적을 서로 다른 판본 또는 관련 자료와 비교 연구하여 내용이나 문자의 같고 다름을 밝혀내는 것), 자료의 수집〔輯佚—*흩어져 있는 자료를 모음〕 등의 분야로까지 연구가 확대 발전되었다. 전한, 후한 시대의 기록까지 동원하여 인용하고 입증하였으며", "증거가 없으면 믿지 않는다"는 것을 학문을 궁구하는 기본적인 원칙으로 삼았다. 이와 함께 "경전에 정통하면 학술 이론과 연구 방법이 생긴다"라고 하였으며, "한대의 이론과 연구 방법을 견지하며, 같은 스승 아래에 있으면서 다른 무리를 추종하지 않으며", 경전을 인용하여 경전을 논박하는 일을 하지 않았다고 하였다.

건가학파는 오파(吳派)와 환파(皖派)로 분류할 수 있다. 오파의 창시인은 혜동(惠棟, 1705-1758년)인데, 그는 소주 오현 사람으로서 자는 정우(定宇)이며 호는 송애(松崖)였으며 사람들은 그를 소홍두(小紅豆, 팥) 선생이라고 불렀다. 조부 혜주척(惠周惕)과 부친 혜사기(惠士奇)의 학문을 이어받았으며, 한유 경설과 각 야사를 수집하여 고증을 통해 수정하고 편집하여 세상에 널리 알려졌는데, 그가 바로 오파 경학의 창시자가 되었다. 그는 주위의 학자들과 더불어 경학을 연구하였는데, 고문자의 연구로부터 시작하여 성운훈고를 중시하였다. 말하자면 글자의 성음을 살펴 훈고를 알 수 있고, 다시 훈고를 통해 의리를 추구할 수 있게 된다는 것이다. 이들의 또 다른 특징 가운데 하나는 오로지 한대(漢代)만이 진리의 준거가 된다는 사실이다. 이러한 이유는 본래 송대 유가가 경전을 해석하는 데 견강부회(牽强附會—*억지로 끌어다 붙임)한 부분이 많았다는 사실로부터 출발한 것이다. 그러나 잘못된 것을 바로 잡으려다 오히려 정도가 지나쳐 극단으로 흐르게 되었다. 그리하여 "옛것은 모두 진리요, 한대의 것은 모두 좋고 옳다"라는 맹목적 신봉자를 양산하게 된 것이다. 혜동의 대표적인 저술인 《구경

고의(九經古義)》, 《고문상서고(古文尙書考)》, 《주역술(周易述)》, 《명당대도록(明堂大道錄)》 등은 고증을 위한 고증과 경학을 위한 경학이라는 기이한 울타리 속으로 빠져버렸다. 그러나 이러한 것이 오히려 청 고종의 호감을 얻어 고종 자신이 이를 크게 제창하여 대신들로 하여금 유학을 공부하는 선비들에게 추천하도록 하여, 마침내 《십삼경주소(十三經注疏)》를 간행하니, 이로부터 한학이 크게 발전하게 되었다.

오파 학자 가운데 뛰어난 사람은 이 밖에도 심동(沈彤), 강성(江聲), 왕명성(王鳴盛), 전대흔(錢大昕) 등이 있다. 심동(1688-1752년)은 소주 오강 사람으로 경학에 정통하였으며, 특히 삼례에 깊은 연구가 있어 《주관록전고(周官祿田考)》, 《의례십소(儀禮十疎)》, 《춘추좌전소소(春秋左傳小疎)》 등을 저술하였다. 강성(1721-1799년)은 소주 원화(元和, 현재의 오현) 사람으로서, 한대의 유가를 정통이라고 주장하고, 《설문해자(說文解字)》의 연구에 많은 업적을 남겼으며, 《상서집주음소(尙書集注音疎)》, 《육서천설(六書淺說)》 등의 저작을 남겼다. 왕명성(1722-1797년)은 소주 가정 사람으로서 "훈고는 반드시 한대 유가를 정통으로 삼아야 한다"라고 주장하였으며, "경학을 연구하는 데 결코 경전의 시시비비를 논박해서는 안 되며", "한대의 학술 이론과 연구 방법을 지켜 나가야 한다"라고 주장하였다. 그는 《상서합안(尙書合案)》, 《십칠사상각(十七史商榷)》, 《아술편(蛾術編)》 등을 저술하였다. 전대흔(1728-1804년)은 소주 가정인으로서 왕명성의 매부이며, 훈고와 문장, 금석, 천문, 역법, 역사에 정통하였다. 일찍이 《속문헌통고(續文獻通考)》, 《속통지(續通志)》 등의 저서 편찬 작업에 참여하였으며, 《이십이사고이(二十二史考異)》, 《십가재양신록(十駕齋養新錄)》 등을 저술하였다.

환파의 창시인인 대진(戴震, 1723-1777년)은 항주 휴녕(休寧) 사람으로서 자는 동원(東原)이고 청년 시절에 강영(江永)에서 수학하였다. 건륭 20년(1755년)에 북경으로 가서 기윤(紀昀), 황명성, 전대근 등의 명사와 교류하면서 사고전서관에 들어가 편찬 작업에 참여하게 되었으며, 《대대예기(大戴禮記)》, 《수경주(水經注)》 등을 교정하였다. 그는 의리의 학문을 강조하였으며, 훈고 및 고증을 의리와 결합시켰다. 이러한 이유에서 경전의 고증과 주석이 같은 시기의 여타 학자에 비해 그 넓이와 깊이가 탁월하였다. 왕중(汪中)은 "대씨가 출현하고 나서 비로소 집대성되었다"라고 하였다. 그는 경학과 훈고, 음운, 천문, 역법, 지리 등에 모두 깊은 연구가 있었으며, 한대 유가를 정통으로 위치시키는 것에 반대하고 원본 경전을 정통으로 삼아야 한다고 주장하였다. 그는 《맹자자의소증(孟子字義疏證)》, 《모정시고증(毛鄭詩考證)》, 《성운고(聲韻考)》, 《방언소증(方言疏證)》 등을 저술하였다. 그가 저술한 《맹자자의소증》은 의리 사상에 고증 연구가 미친 충격을 잘 반영하고 있다. 그 이론적 충격은 《맹자(孟子)》를 비평의 무기로 삼았던 것에서 잘 표현되고 있으며, 당시 정통학설에 대한 일종의 도전이었다. "존귀한 자는 이(理)를 가지고 비속한 자를 나무라고 어른은 이를 가지고 어린 자를 나무라며, 귀한 자는 이를 가지고 비천한 자를 나무라니, 비록 이러한 과정에서 잘못이 있더라도 이것은 도리에 합당한 것이라 한다. 비속한 자, 어린 자, 천한 자가 이(理)를 가지고 이들과 다투면 비록 합당한 면이 있다고 하더라도 이것은 도리에 부합되지 않는다고 한다. 〔…〕 법을 어겨 죽음에 이르게 될 경우 사람들이 그를 가엾다고 여길 경우도 있겠지만, 이(理)를 그르쳐 죽음에 이르게 된다면 아무도 그를 가엾다고 여기지 않는다."

대진과 《맹자자의소증》

이와 같은 관계로 말미암아 미국의 학자 엘먼(Benjamin A. Elman)은 《성리학에서 고증학으로(*From Philosophy to Philosophy*)》(1984년) 〔양휘웅 옮김, 예문서원(2004년) 참조〕라는 저서에서 대진의 사회 비판을 "고증으로부터 의리로의 회귀"로 위치시키고, "대진의 사회비판 학설이 사람들에게 얼마나 큰 영향을 미쳤는가에 대해 서양의 한학계가 오랫동안 간과해 왔다"라고 감탄해 마지않았다.

환파학자 가운데에는 이 밖에도 단옥재(段玉裁), 왕염손(王念孫), 왕인지(王引之)

등이 많은 업적을 남겼다. 단옥재(1735-1815년)는 진강 금단(金壇) 사람으로서 대진에게서 수학하였으며, 특히 소학, 고증, 경학, 음운 등에 정통하였으며, 10년의 노력을 기울여 《설문해자(說文解字)》에 주석을 달았다. 왕염손은 《설문해자주(說文解字注)》의 서언을 쓰면서 단옥재의 주를 "일천칠백 년 동안 이렇게 훌륭한 주가 일찍이 없었다"라고 극찬하였다. 단옥재는 이 밖에도 《경시소학(經詩小學)》, 《고문상서찬이(古文尙書撰異)》, 《육서음운표(六書音韻表)》 등을 저술하였다. 왕염손(王念孫, 1744-1832년)은 양주 고우(高郵) 사람으로서, 대진에게서 수학하였으며, 문자와 음운, 고증에 능하여 《광아소증(廣雅疎證)》, 《독서잡지(讀書雜誌)》, 《고운보(古韻譜)》 등을 저술하였다. 왕인지(王引之, 1766-1834년)도 마찬가지로 양주 고우 사람으로서, 부친인 왕염손을 계승하여 음운, 훈고학을 연구하여 세간에서는 고우 왕씨 부자의 학이라고 성망이 대단하였으며, 저서로는 《경전석사(經傳釋詞)》, 《경의술문(經義述聞)》, 《주진고자해고(周秦古字解詁)》, 《자전고증(字典考證)》 등이 있다. 장태염(章太炎)은 "고우 왕씨는 자신들의 뛰어난 학문을 가지고 주대와 한대의 고서를 해석해 내었으니, 얼음과 흙이 서로 나누어지듯이 한 군데도 막혀 통하지 않는 곳이 없었다"라고 평하였다.

건가 시대는 저명한 학자가 무려 60여 명에 달할 정도로 명가를 배출해 냈으며, 그들의 학문도 역시 매우 뛰어났다. 위에서 말한 각각의 학술 영역 이외에도, 교감(校勘)과 고적의 수집 및 편집 방면에서도 주목을 끄는 저작으로 《염철론(鹽鐵論)》, 《백호통의(白虎通義)》, 《화양국지(華陽國志)》, 《수경주(水經注)》 등을 정리한 것이 있으며, 《영락대전(永樂大典)》, 《예문유취(藝文類聚)》, 《태평어람(太平御覽)》, 《초학기(初學記)》 등의 내용으로부터 발췌하여 《세본(世本)》, 《죽서기년(竹書紀年)》, 《팔가후한서(八家後漢書)》, 《십가진서(十家晋書)》 등을 편찬했는데, 모두 뛰어난 역작이라고 할 수 있다.

건가 시대에 한학이 흥성하고 고증이 유행하면서 문장이 지나치게 장황하고 자질구레하게 되고, 근본을 버리고 지엽적인 것을 추구하는 기풍이 조성되었다. 그러나 "실사구시와 증거 없이 믿지 않는" 학풍은 찬양할 만한 것이라 할 수 있다. 이를 통해 명나라 말 이래 학문을 하는 데 공허한 말만을 늘어놓는 기풍이 일소되었으며, 견강부회한 학자들의 주관적이고 억측에 가득 찬 과장된 학풍이 점차 실증적이고 엄밀한 학풍으로 변하기 시작한 것은 바로 건가학파의 최대 공헌이라고 할 수 있다.

가경 이후 사상에 대한 통제가 다소 느슨해졌으며, 이러한 변화에 힘입어 신진 학자들의 거리낌도 다소 완화되면서 조익(趙翼)의 《황조무공기성(皇朝武功紀盛)》, 엄여욱(嚴如煜)의 《삼성변방비람(三省邊防備覽)》, 《묘방비람(苗防備覽)》 등의 저서가 출판되었는데, 이 책들은 모두 당대의 정치에 관해 언급한 내용을 포함하고 있다. 이로부터 우리는 학자들이 학문을 위한 학문으로부터 경세치용의 학문으로 전환하기 시작하였음을 알 수 있다. 도광제 시기에 이르면 전성기로부터 쇠퇴기로 전환되었음이 이미 명약관화하게 되어, 정치문제가 잇따라 등장하여 회피할 수 없는 지경에 이르게 되었으며, 특히 소금, 조운, 황하의 치수 등이 관심의 초점으로 등장하였다. 하장령(賀長齡)의 《황조경세문편(皇朝經世文編)》은 《명경세문편(明經世文編)》의 격식을 모방한 것으로서, 학문을 힘써 경세치용의 방향으로 바꾸어 나가야 한다는 뜻을 표명하였다. 외국으로부터 유입된 사람들이 세력을 확대하면서 중국의 대문을 두드리자, 지식인들은 두 눈을 번쩍 뜨고 세계를 바라보고자 하였으며, 외국을 이해하려 하였다. 하추도(何秋濤)의 《삭방비승(朔方備乘)》, 임칙서의 《해국도지(海國圖志)》, 서계여(徐繼畬)가 번역한 《영환지략(瀛寰志略)》 등은 건가학자들이 옛 서적만 파고드는 기풍에 변화를 가져왔다.

이러한 원인을 살펴보면, 가경, 도광 시기에는 이미 사회적 위기가 심화되어 사람들마다 "날이 곧 저물어 쓸쓸함이 당도할 것 같은" 쇠퇴기에 이미 접어들었음을 깊이 인식하고 있었기 때문이다. 일부 민감한 지식인들은 무엇보다도 먼저 실제 생활의 울타리를 벗어나 있는 한학과 장황한 고증의 족쇄를 타파하여 현실을 향해 나아가며, 이를 통해 기울어진 대세를 되돌리고자 힘을 쏟았다. 장학성, 공자진, 위원 등은 바로 이러한 지식인들 가운데에서도 걸출한 인물이었다. 장학성(章學誠, 1738-1801년)은 소흥 회계(會稽) 사람으로서, 일찍이 호광총독 필원(畢沅)의 막료를 지냈으며, 《속자치통감(續資治通鑑)》을 편찬하는 데 일조하였다. 일생을 학술 연구에 종사하여 수많은 지방지를 편찬하는 데 많은 노력을 기울였다. 그는 "육경(六經)이 모두 역사"이며, 공자는 결코 집대성자가 아니라고 주장하였다. 그는 한학이 성행하던 시대에 시대의 조류와는 반대되는 목소리를 내어 현실로부터 이탈하여 과거로 후퇴하는 것에 반대하였다. 그는 학술은 마땅히 "세상을 지탱하고 치우친 것을 바로잡아야 한다"라고 생각하여, 시대의 흐름에 편승하여 명분만을 좇거나, 지엽적인 것만을 따르다 근본을 알지 못하는" 한학자들의 경향에 반대를 제기하면서, 학문은 마땅히 실용적인 면을 추구해야 한다고 주장하였다.

공자진(龔自珍, 1792-1841년)은 항주 인화(仁和) 사람으로서, 일찍이 외조부인 단옥재로부터 고문자학을 수학하였으며, 다시 유봉록(劉逢祿)으로부터 《춘추공양전(春秋公羊傳)》을 배웠다. 그는 가경, 도광 연간에 금문 경학 방면에서 대표적인 인물로 손꼽히는데, 경세치용을 주장하면서 실제 생활로부터 유리된 장황한 고증과 공허한 심학만을 이야기하는 송명 유학을 반대하였다. 그는 한학이 사회 현실로부터 유리되어 고증에만 매달리는 학풍에 반대하면서, 간단하지만 심오한 말로써 큰 뜻을 이야기하는 한대 금문경학을 계승할 것을 주장하였다. 이와 함께 일체의 시정을 비방하는 학풍을 조성할 것을 주창하면서 경세치용을 제창하였다. 그는 조정에서 법을 바꾸고, 국계를 수정하며, 지식계에서 분연히 기개 있게 천하의 일을 논하는 새로운 기풍이 조성되기를 희망하였다.

위원(魏源, 1794-1857년)은 호남 소양(邵陽) 사람으로서 유봉록에게서 수학하였으며, 공자진과 더불어 유명한 금문경학가이다. 일찍이 강소 포정사 하장령(賀長齡)의 초빙으로 《황조경세문편(皇朝經世文編)》을 편찬하였으며, 이와 함께 강소순무 도주(陶澍)를 도와 조운과 수리 방면을 개혁하는 일에 종사한 바 있다. 그는 "한학은 단지 훈고, 음운만을 알 뿐, 조정의 법도와 국가의 대사를 알지 못하며, 조운, 소금, 치수(하천), 군사의 득실이 어디 있는지도 알지 못하며, 지나치게 세상 물정에 어둡고 진부하여 천하의 총기와 지혜를 모두 쓸데없는 곳에 붙잡아 둔다"라고 주장하였다. 그는《성무기(聖武記)》를 저술하여, 성세의 무공으로 인심을 격려하였다. 그는 임칙서의 부탁을 받아《해국도지(海國圖志)》를 편찬하여, 당시 중국인들에게 세계를 소개하여 이들의 안목을 크게 신장시켜 주었다. 이것이 바로 왕국유가 말한 "도광, 함풍 이후의 학문이 새롭다"라고 한 뜻이다.

## 99. 해금(海禁)에서 폐관(閉關)까지

해외 무역에 대한 청나라의 정책은 대체로 삼 단계로 나누어 살펴볼 수 있다. 일 단계는 해금 시기(1644–1683년)였으며, 이 단계는 수 개의 통상 항구 시기(1684–1756년)였으며, 삼 단계는 광주 무역 시기(1757–1842년)였다.

순치 원년(1644년)부터 강희 22년(1683년)까지 청나라는 명나라에 비해 더욱 엄격한 해금 정책을 시행하였는데, 이는 당시 정치·군사적 형세에 비추어 비상조치를 취한 것으로 해석할 수 있다. 순치 13년(1656년), 순치 18년(1661년), 강희 4년(1665년)에 청나라는 재차 중국 상인이 해외 무역에 종사하는 것을 금지하는 명령을 내렸는데, 그 주요한 목적은 동남 연해의 도서에 남아 있던 반청 세력을 봉쇄하기 위한 것이었다. 강희 22년 형세에 아주 큰 변화가 발생하였다. 즉 삼번의 난이 평정된 이후 대만 정씨 집단이 투항하였으며, 앞서 직면했던 반청복명의 문제도 이미 소멸되었다. 따라서 청나라 중앙정부로서도 해금 정책을 재검토할 필요가 있었던 것이다.

당시 조정에서는 해금 정책을 계속 실시할 것인가의 문제를 둘러싸고 한바탕 격렬한 논쟁이 전개되었다. 해금을 해제해야 한다고 주장하는 관료는 해금의 개방이 이미 대세로서 국가와 국민 모두에게 유리하다고 주장하였다. 복건순무 오흥조(吳興祚)는 "마땅히 서양, 동양, 일본 등의 여러 나라와 국제 무역을 통해 군향을 충족시켜야 한다"라고 주장하였다. 좌도어사 모천안(慕天顏)은 "해금에 착수한 이후 이들 은전(외화 수입)이 한 푼도 보이지 않게 되었다. 이렇게 볼 때 해금은 재원을 절폐하는 결과만을 초래하였음이 명백하다"라고 언급하였다. 당시 복건, 광동, 절강 등 연해 각 성의 지방관들도 모두 경제의 번영과 민생에 유리하다는 사실에 착안하여 해금을 해제하도록 주장하였다.

그러나 이와 대립하는 수구파 관료들, 예를 들면 명주, 이광지 등의 일파는 해금을 해제하는 것에 반대하였다. 이들은 정치적인 안목에서 불안정한 요소들을 완전히 제거할 것을 주장하여 외국과 무역하는 일에 반대하였다. 청의 성조는 필경 재략이 높고 대범한 군주였음에 틀림없었다. 그는 탁월한 식견으로 즉시 해금을 해제하기로 결정하면서 "이전에는 바다에 도적이 있어 해금을 시행하는 것이 마땅한 일이었으나, 이제 바다의 정세가 평정되었는데 더 이상 무엇을 기다릴 것인가?"라고 말하였다. 그는 국가경제와 민심을 염두에 두고 의연히 강희 23년(1684년) 해금의 취소를 선포하고 해외무역을 재개하였다.

강희 시기의 개방 범위는 비교적 넓어서 정식으로 광주, 장주, 영파, 운태산(남경)을 지정하여 여기에 해관을 설치하였으며, 외국 상선이 여기에 와서 무역에 종사하도록 허락하였다. 이와 함께 정식으로 해관감독을 두었는데, 광동해관의 경우에는 내무부에서 파견하여 임명하도록 규정하였으며, 복건해관은 복주장군이 겸임하도록 하였고, 절해관(浙海關—*절강성 영파의 해관) 및 강해관(江海關—*상해의 해관)은 모두 양성의 순무가 겸임하도록 하였다. 이들 항구의 연선 및 인근 지역도 모두 대외 무역에 종사할 수 있도록 허가하였다. 예를 들면 광동의 조주, 고주, 뇌주, 염주, 경주 등 43곳, 복건의 아모이, 정주, 대북 등 30여 곳, 그리고 절강, 강소 연해의 수많은 항구가 모두 개방되었다. 이들 항구가 개방되자 곧 외상(外商)들이 몰려와서 무역에 종사할 수 있게 되었을 뿐만 아니라 더욱이 중국 상선이 상품을 가득 싣고 해외로 나아가 무역에 종사할 수 있게 되었다. 대체적으로 보아 강절 일대의 상선들은 대부분 일본의 나가사키와 영파, 상해 사이를 왕래 하였으며, 복건과 광동 일대의 상선들은 대부분 남양(南洋) 각지를 왕래하였다. 당시에 "상인 가운데 동양으로 가는 자는 열에 하나이고 남양으로 가는 사람이 열에 아홉"이라는 말이 있을 정도로 남양 무역이 당시 무역의 주류를 형성하였다. 복건, 광동 연해의 사람들 가운데에는 적지 않은 수가 원거리 대외 무역에 종사하였으며, 이는 결과적으로 지역 경제를 활성화시켰다. 이와 함께 정부의 입장에서도 세수가 급속히 증가하였는데, 통계에 따르면 강희 시기에 해관의 세은은 적어도 매년 40만-50만 냥 정도에 달하였다.

그럼에도 불구하고, 이와 같은 개방은 필연적으로 제한적일 수밖에 없었다. 사실상 강희 23년부터 강희 55년까지의 34년 동안, 외국 선박과의 무역은 절강의 영파(주산), 복건의 아모이, 광동의 광주, 마카오에서 진행되었을 뿐이다. 강희 55년부터 건륭 24년까지 무역은 대부분 광주에서 진행되었으며, 아모이 무역은 겨우 두 해에 걸쳐 이루어졌을 뿐이며, 영파 무역도 단지 3년에 불과하였다. 그 원인은 영파, 아모이 무역이 무질서하였으며, 관리의 탐오가 극심하여 상거래가 불편하였기 때문이다. 또 한편으로 정부는 바다로 나아갈 수 있는 선박의 크기를 엄격하게 제한하였는데, 이러한 이유는 선박이 해적에게 탈취되거나 혹은 쌀을 해외로 몰래 유출시키거나 선박을 건조하기 위한 재료를 몰래 유출시키는 일을 방지하기 위한 것이었다. 그러나 연해 거주민들은 청나라 정부의 금령에도 아랑곳하지 않고 부단히 남양으로 이주하였으며, 대량으로 선박을 해외 각국에 판매하는 일이 끊임없이 발생하여 청나라 당국의 우려를 불러일으켰다. 강희 55년(1716년) 청 성조는 대학사, 구경 등의 관료와 이 문제를 논의하면서 다음과 같이 명확한 의지를 표명하였다. "지금도 해방(海防)은 가장 중요한 책무이다." "짐이 소주를 시찰하여 선박을 건조하는 공장에 이르러 물어보니 모두 대답하기를 매년 건조된 이후 바다로 나아가 원거리 무역에 종사하는 선박이 무려 천여 척이나 되지만 이 가운데 돌아오는 것은 열에 대여섯에 불과하며, 그 나머지는 모두 해외에서 판매되어 상인들이 은을 가지고 귀국한다고 한다." 이러한 사실에 비추어 그는 다음과 같이 하명하였다. "동양 방면의 무역은 허락하나 남양의 경우 상선이 가서 무역에 종사할 수 없다." 다음 해 청나라 정부는 마침내 남양과의 통항을 금지하는 정책을 제정하였다. 즉 이른바 "동양에서는 선박의 왕래를 허락하나 남양으로 배가 가는 것을 허락하지 않으며, 홍모(紅毛, 서양인)가 스스로 와서 무역에 종사하는 것은 허가한다"는 정책이었다. 〈강희56년병부금지남양원안〉은 여기에 엄격한 제한을 두었다. "모든 객상의 선박이 연해 5성 및 동양 무역 이외에 남양의 루손(Luzon), 칼라파(Kalapa) 등으로 가서 무역하는 것을 불허하며, 특히 남오(南澳), 해단(海壇) 등 지방과의 교역은 엄격히 금지한다. 이와 함께 연해 수출 지역 및 절강성의 정, 황, 온 3진과 남오, 팽호, 대만 및 광동 연해 일대의 수사(水師) 각영은 엄격한 조사를 실시한 이후 위반 사항이 있을 경우 엄하게 죄를 물을 것이다. 외국의 범선이 중국으로 와서 무역하는 것은 예전대로 허가하지만, 동시에 지방의 문무 관료들은 이들을 철저히 감시하여 조금이라도 말썽을 일으키게 해서는 안 된다."

이와 같은 상황은 옹정 5년(1727년)까지 계속되었다. 지방관들은 남양으로 항해를 금지한 사실이 사회적으로 적지 않은 문제를 야기했음에 비추어 대부분 이를 해제해 주도록 희망하였다. 민절총독 고기탁(高其倬)은 청 세종에게 상소를 올려 다음과 같이 청원하였다. "이를 통해 백성들의 생계 수단을 확대할 수 있을 뿐 아니라, 지방에도 이익이 될 수 있도록 하기 위해서는 바다를 여는 길밖에 없으니, 남양으로의 항해 금지를 완화해 주시기 바랍니다." 광동 방면의 지방관들도 마찬가지로 대외 무역의 개방을 청원하는 내용의 상소를 조정에 올렸다. 결국 청 세종은 옹정 5년에 조칙을 내려 남양 무역의 개방을 윤허하였다.

이상과 같은 여러 정황들이 말해 주듯이, 성조와 같은 명군을 포함하여 청나라의 최고통치자들은 당시 세계사의 흐름에 대해, 그리고 대외 무역의 발전과 때마침 서방 각국 사이에서 전개되던 상업상의 경쟁 등 일련의 문제에 대하여 충분한 인식을 결여하고 있었으며, 전통적인 내륙문명과 소농사상이 지배하는 대외정책을 견지하고 있었다. 반면 진취적인 기상이 부족하고 보수적 색채가 지나치게 농후하여 만사에 위험의 방지를 최우선으로 고려하여, 이른바 "우리와 동류가 아니면 그 마음도 반드시 우리와 다를 수밖에 없다"고 간주하였다. 그리하여 천조 대국인 중국이 여전히 세계의 중심에 위치해 있어 외국을 야만스러운 오랑캐로 간주하고 높은 곳에서 아래를 바라보듯이 방비를 더욱 강화하였던 것이다. 이와 같은 방이 정책(防夷政策, 오랑캐를 억제하는 정책)

의 여파가 구석구석까지 안 미친 곳이 없었다. 첫째, 초석(硝石)과 유황, 화약과 철기를 외국에 판매하는 일이 엄격히 금지되었으며, 둘째, 외국 상인이 중국의 해안에 도달하면 반드시 먼저 무장을 해제해야 했으며, 셋째, 외국 상인으로 하여금 중국의 진상을 자세히 알지 못하도록 하기 위한 목적에서 다음과 같은 규정을 두었다. 즉 서양 상인이 광동에서 겨울을 보내는 것을 허가하지 않으며, 중국의 서적을 구입해서는 안 되며, 중국의 언어와 문자도 학습할 수 없다. 청 고종이 즉위한 이후 이러한 경향은 더욱 철저해졌으며, 이에 따라 통상항구도 점차 축소되었다. 그리하여 통상항구가 광동, 복건, 강소, 절강의 4성으로부터 광동성 한 지역으로 대폭 축소되었으며, 크고 작은 100여 개의 통상항구도 광주 1항으로 축소되었는데, 여기에는 그렇게 해야 할 필연적인 이유가 있었다.

건륭 22년(1757년) 청 고종은 명령을 내려 강해관, 절해관, 민해관을 폐쇄하고 외국 상선이 월해관, 즉 광주 한 지역에서만 통상 활동에 종사할 수 있도록 지정하였으며, 비단, 찻잎 등 전통 상품의 수출량을 엄격히 제한하였다. 중국 상선이 먼 바다로 나아가 무역 활동에 종사할 경우에도 수많은 금령과 규정으로 만들어 두었다. 이것이 바로 사람들이 통상적으로 말하는 폐관 정책(閉關政策)이었다. 이러한 가운데 건륭 24년에 영국 상인 플린트(James Flint)가 자유 통상을 요구하는 사건이 발생하였으나, 오히려 이를 계기로 청나라 정부는 더욱 엄격히 방범(防范)을 실시하는 방향으로 나아가게 되었다. 유일하게 개방된 월해관에서조차 외국 상인들을 감시하고 통제하는 다음과 같은 규정들이 반포되었다. (1) 서양 상선이 물건을 모두 판매하고 난 이후에는 기한 내에 귀국해야 하며, 겨울 동안 머무는 것을 금지한다. (2) 서양 상선이 한간(漢奸)과 사사로이 교역하는 행위를 불허한다. (3) 내지의 중국 상인이 서양 상인으로부터 자본을 차입하는 행위를 불허한다. (4) 서양 상인은 중국인을 하인으로 고용할 수 없다. (5) 서양 선박이 정박되어 있는 지역에는 병사를 동원하여 이들의 동태를 철저히 감시하도록 한다.

외국 상인은 반드시 광주성 밖의 특별거주구역 내에 있는 상관에 거주해야 하며,

이와 함께 반드시 광동 13행이라 불리는 공행을 통해서만 교역을 해야 했다. 공행은 양행이 공동으로 조직한 것으로서, 양행과 공행이 모든 외국 수입 화물을 도맡아 판매하였다. 또한 외국 상인이 필요로 하는 중국의 수출 화물을 대신 구입하는 일을 맡아서 처리하였으며, 보증과 수입세의 납부 등을 대신 처리해 주었다. 이른바 13행은 통속 명칭으로서, 실제로는 13가가 아니었다. 13행은 관방에서 특별히 외국과의 무역에 종사할 수 있도록 허가해 준 상인을 가리키며, 이들의 행회조직이 바로 공행이었던 것이다.

공행을 설립한 목적은 관청 방면의 업무 비용을 공동으로 부담하며, 내부 경쟁을 막고 상품 가격의 통일화를 기하며, 중외교섭에 관한 업무를 공동으로 처리하기 위함에 있었다. 행상은 관부와 외국 상인 사이에서 중개 역할을 수행하였으며, 외상을 보살피면서 동시에 관리해야 하는 책임을 지고 있었다. 외상이 황포강에 상륙한 이후에는 반드시 광주성 외성 하천 가에 위치한 상관에만 머물러야 했으며, 평시에도 마음대로 상관구 밖으로 돌아다닐 수 없었으며, 더욱이 성 안으로 들어가는 행위는 더욱 엄격하게 금지되었다. 그들은 상행위와 일상생활에 필요한 매판, 통역, 고용인 등 일체를 반드시 행상을 통해서 고용하지 않으면 안 되었다. 외국 상인이 일이 있을 때는 반드시 관부로 교섭을 상신해야 했으며, 관부에서 일이 있어 외상에 통보해야 할 경우에도 모두 행상을 통해 전달하였다. 무역 시즌이 지나면 행상은 책임지고 외상이 중국 국경을 떠나도록 하거나 혹은 마카오로 돌아가 거주하도록 해야 했으며, 광주에서 겨울을 지내는 것은 허락되지 않았다. 이와 같은 방법은 말 그대로 외상에 대한 통제에 매우 효과

광동13행

적이면서, 외국과의 교왕을 최저한도로 통제할 수 있는 효과적인 방법이었음에 틀림없다. 그러나 이러한 방법은 서구 자본주의의 자유 무역 제도와 전혀 맞지 않는 것이었다.

건륭 후기까지도 중국은 여전히 수출 초과의 국가였다. 거의 모든 해에 걸쳐 무역에서 흑자를 기록하였으며, 수많은 외상이 모두 자국의 은을 가지고 와서 무역의 차액을 지불하였다. 광주로 와서 무역에 종사하던 외상 가운데에는 산업혁명을 거쳐 경제가 왕성하게 발전한 영국 출신이 절반 이상을 차지하였으며, 이들도 이미 장기간에 걸쳐 무역 역조의 처지에 놓여 있었다. 건륭 46년(1781년)부터 55년(1790년) 사이의 10년간 중국으로부터 영국으로 수출된 상품 가운데 차 한 품목만도 96,267,832은원에 달하였다. 영국으로부터 중국으로 수출된 상품(모직품, 면포, 면사, 금속 등을 포함)은 모두 합쳐도 겨우 16,871,592은원에 불과하였다. 통계 수치에 따르면, 18세기의 100년 내내 영국이 구매한 상품의 대가로 중국에 지불한 은원은 2억여 원에 달한다고 한다.

영국 정부는 이와 같은 상황을 변화시키기 위해 순조로운 무역의 발전을 제약하는 여러 규정들을 일소하고 근대조약에 기초한 국제관계의 체결을 희망하였다. 그리하여 매카트니(George Lord Macartney) 백작을 대표사신으로 하고, 동인도회사의 지배인인 스톤턴(G. L. Staunton)을 차석사신으로 하는 사절단을 특파하였는데, 이들은 건륭 58년(1793년) 가을에 발해만의 대고(大沽) 해구에 도달하였다. 영국이 사신을 파견한 목적은 통상을 확대하고 국교를 수립하는 데 있었다. 이를 위해 첫째, 영국은 중국 연안에서 마카오와 같은 지역을 얻게 되기를 희망하였다. 둘째, 만일 중국이 조차를 원치 않는다면 통상 항구를 확대하여 광주 통상의 제한을 해결해 나가고자 하였다. 셋째, 영국은 중국의 아편 금령을 준수할 용의가 있다는 뜻을 전달하려 하였다. 넷째, 영국은 공사를 파견하여 북경에 주재시키며, 아울러 청의 공사가 런던에 주재하는 것을 환영한다는 뜻을 표명하였다.

매카트니 사절단 일행에 대해 청나라 정부는 이를 매우 중시하여 특별히 관리를 파견하여 영접을 담당하도록 하였으며, 예의로 환대함으로써 이번 조빙을 외이가 중화의 높은 문화를 숭상하여 찾아오는 성전으로 승화시키기를 희망하였다. 그러나 쌍방은 접촉하자마자 곧 황제를 알현하는 의식을 두고 마찰이 발생하였다. 매카트니는 비록 북경으로 가는 도중에 청국이 그의 배 위에 꽂아 둔 '영국조공사절'이라는 깃발을 모른 체하였지만, 열하의 이궁에 도달해서는 청나라 황제에 대해 삼궤구고〔三跪九叩—*궤(跪)는 무릎을 꿇는 것이고, 고(叩)는 머리를 땅에 닿게 한다는 뜻으로, 무릎을 꿇고 두 손을 땅에 댄 다음 머리가 땅에 닿을 때까지 숙이기를 세 번, 이것을 한 단위로 세 번 되풀이하였다〕의 배례를 거절하고 영국에서 황제를 알현하는 의식, 즉 한 다리를 땅에 꿇고 한 손으로 군주의 손을 잡고 여기에 입 맞추는 것으로 치러 주도록 요구하였다. 이에 대해 청나라 관원 사이에서는 한바탕 득실을 따져 보는 난리를 피운 후에 비로소 절반에만 동의하였다. 즉 한쪽 다리로 무릎 꿇는 것에만 동의하고 다른 절반, 즉 황제의 손에 입 맞추는 행위에는 동의하지 않았다. 황제 알현이 끝난 이후, 청 고종은 매카트니가 건네 준 국서를 받은 이후 곧바로 매카트니에게 백색 여의봉을 하사하고, 이를 영국 황제에게 전해 주도록 명하였다. 이에 매카트니는 곧 다음과 같은 요구를 제출하였다. 즉 영국에서 사람을 파견하여 북경에 상주하게 하여 상업 업무를 관장할 수 있도록 하며, 영국 상인이 영파, 주산, 천진 등지로 가서 무역에 종사할 수 있도록 허가하며, 북경에 상관을

매카트니가 청 고종을 알현하는 모습

건립하여 상품을 저장해 두었다가 판매할 수 있도록 할 것을 요구하였다. 이와 함께 중국 정부는 주산 부근에 위치한 작은 섬을 영국 상인이 거주하고 상품을 저장할 수 있도록 할양하며, 광주 부근에 있는 한 지역을 선정하여 영국 상인이 거주할 수 있도록 하며 이와 함께 자유롭게 출입할 수 있도록 허가할 것을 요구하였다. 이와 같은 요구와 더불어 영국 상인이 광주, 마카오에 납부해야 하는 내하운수세를 감면하며, 영국인의 종교 전도를 허락하며, 영국인의 거주세를 면제해 주고 허가증을 발급해 줄 것을 요구하였다. 청나라 정부는 매카트니 일행을 열정적으로 환대하면서도 오히려 실질적인 교섭은 회피하였다. 청 고종은 한편으로는 "천조〔중국〕의 토지는 한 조각이라도 모두 호구책에 기록되어 경계가 명확하기 때문에, 섬이나 사막이라도 반드시 경계가 명확하여 모두 그 소유주가 있다"라고 명확히 뜻을 표명하였다. 이렇게 함으로써 영국 선박이 절강이나 천진 등지에 상륙하여 교역할 수 없다는 사실을 미리 말해 둔 것이다. 이와 함께 임금이 말하는(上諭) 형식으로 영국에 다음과 같이 통고하였다. "중국은 물자의 생산이 풍족하여 없는 것이 없어 본디 외이의 상품을 필요로 하지 않아 그것이 있으나 없으나 마찬가지이다. 그럼에도 불구하고 상대방의 곤경을 헤아려 은덕을 베푸는 취지에서 조공 무역을 허락해 준 것이다." 결과적으로 매카트니는 소기의 목적을 달성하지 못하고 다음 해 3월 마카오를 출발하여 귀국길에 오를 수밖에 없었다.

가경 21년(1816년) 영국은 다시 애머스트(William Pitt Lord Amherst)를 단장으로 하는 사절단을 중국으로 파견하였다. 청나라의 입장에서 보면, 지난번 매카트니 사절단에게 많은 편의를 제공하였음에도 불구하고 황제 알현을 두고 벌어진 한바탕 해프닝은 청나라에게 "영국은 사납고 고집스러워 쉽게 복속하려 하지 않는다"라는 인상을 더욱 강렬히 심어 주었다. 애머스트 사절단이 중국에 도착하자, 청나라 조정은 매카트니 사절단에게 베푼 것과 같은 편의를 다시는 고려하지 않았다. 사절단이 대고에 도달하자 청나라 관원은 즉시 황제 알현 시의 배례 문제를 가지고 이들과 담판을 벌였다. 그 결과 쌍방이 교착상태에 빠지게 되었으며, 이러한 이유로 사절단은 통주(通州)에서 발이 묶이고 말았다.

이러한 와중에 결국 청 인종(仁宗)이 더 이상 참지 못하고 영국 사신을 알현하겠다고 명령을 내리는 바람에, 관원들이 수레와 말을 동원하여 밤새 그를 북경으로 실어 왔다. 그럼에도 불구하고 영국 사절단은 원명원에 도착하자마자 피곤하다는 이유로 다음 날에 황제를 알현하게 해 줄 것을 요청하였다. 중국 관원들은 모든 수단을 동원하여 당일 알현할 것을 요구하였으나, 영국 측은 막무가내로 이에 개의치 않고 가 버렸다. 영국 사신의 이와 같은 무례함을 전해 들은 인종은 대노하여 당장 영국 사신을 쫓아 버리도록 하명함과 동시에, 영국 왕에게 다음과 같은 조칙을 내렸다. 영국이 중국에 사신을 파견하였으나, "예의는 암기하여 익힐 수 있는 것이 아니며, 피곤하고 지친 입에서 나온 말이 틀림없이 듣기 좋은 말은 아닐 듯하다". "이후 다시는 멀리까지 사신을 파견하여 헛고생을 시킬 필요가 없다." 이러한 결과 애머스트가 중국 측에 제출하려고 준비해 온 요구들, 예를 들면 영파, 천진, 주산 등을 개방하여 영국 상인과 무역할 수 있도록 해 줄 것, 북경에 상관을 설립할 수 있도록 허가할 것, 영국 상인이 일 년 내내 광주성 안에서 자유 무역에 종사할 수 있도록 허가해 줄 것 등등의 요구들은 쌍방 간 황제 배례를 두고 벌어진 분쟁으로 말미암아 말조차 꺼내 보지 못하였으며, 담판이 시작되기도 전에 이미 결렬되고 만 것이다.

이후 청나라의 폐관 정책은 더욱 엄격하게 시행되었는데, 도광 11년(1831년) 〈8조 장정〉을 제정하여 외상의 부녀들이 상관에 거주하는 것을 허가하지 않는다, 외상이 가마 타는 것을 불허한다, 외상이 마음대로 총을 가지고 성 안으로 들어오지 못한다 등 원래 관례적으로 이루어지고 있던 일련의 조치들이 새롭게 엄격한 규정으로 명문화 되었다. 이후 다시 서양 상인에 대한 〈방범조례 8조〉를 새로 만들어 외상이 중국 노무자를 고용하는 일, 외상이 내하에 진입하는 일 등을 금지하였으며, 외상이 관청과 교섭할 때에는 반드시 행상(공행상인)을 통해 상신(稟, Petition)하도록 하였다. 한편, 영국은 무역 역조를 개선하기 위해 비열한 아편 밀무역에 손을 대기 시작하였다. 동인도회사의 보고에 따르면 가경 25년(1820년)에 중국으로 밀수출된 아편의 수량은 총 4,570상자에 달하였는데, 도광 10년(1830년)에는 19,956상자로 증가하였으며, 15년(1835년),

18년(1838년)에는 각각 30,202상자, 40,200상자로 증가하였다. 중국과 영국 사이의 모순은 날이 갈수록 첨예화되었으며, 불법적인 아편 무역이 바로 모순의 초점이 되었다.

서양은 이미 자본주의 시대에 진입하여 서둘러 중국의 대문을 열려고 하였으니, 이것이 바로 폐관정책과 첨예한 충돌을 일으킨 것이다. 문제는 어떠한 방식으로 중국의 대문을 열 것인가였지, 중국의 개방은 시간문제에 불과하였다. 마르크스는 당시 영국에서 발표한 시평 가운데, 해관을 폐쇄하고 자기 것만을 고집하는 중국을 미라와 같다고 비유하였다. 말하자면 내내 관 속에서만 밀폐되어 있으면서 외부 세계와는 접촉하지 않고 있다는 것이다. 그러나 일단 신선한 공기와 접촉하기만 하면 바로 썩어 문드러지고 만다는 말이다. 이후 전개된 사태의 진전을 생각해 보면 마르크스의 이와 같은 주장은 충분히 설득력을 가지고 있다고 생각된다.

## 100. 인구 압력과 사회 위기

중국 역대 정부는 모두 인구의 통제에 많은 주의를 기울였다. 왜냐하면 인구는 부세 및 요역과 서로 밀접한 관계를 가지고 있었기 때문이다. 그러나 때때로 인구 가운데 일정한 부분, 즉 소위 정(丁, 성년 노동력)이 가지고 있는 이와 같은 이유로 말미암아 역대 인구 통계는 일반적으로 실제 숫자보다 지나치게 낮기 마련이었다. 한대에서 명대까지 정부의 통계에서 인구는 약 6천만 명 정도를 오르내렸다. 이와 같은 숫자는 한편으로 농업사회에서 인구의 증가 속도가 매우 완만하였다는 사실을 보여 주는 것이며, 다른 한편으로는 통계 가운데 오차가 있었음을 보여 주는 것이다. 하병체(何炳棣)는 《1368-1953년간 중국 인구의 연구》에서 처음으로 다음과 같이 지적하였다. 북송의 총 인구는 이미 1억 명에 이르렀으며, 남송과 금의 총 인구는 1억 1천만 명이었다. 퍼킨스(Dwight H. Perkins)는 《중국 농업의 발전 1368-1968(*Agricultural Development in China 1368—1968*)》에서 다음과 같이 지적하였다. 동한 왕조에서 명나라의 건립까지 아주 짧은 시기에 불과한 몇 세기 동안만 인구가 지속적으로 증가했을 뿐이다.

더욱이 이와 같이 어렵게 나타난 인구 증가도 몽골족의 침입이라는 폭력에 의해 거의 소멸되었다. 이와 반대로, 14세기 이후, 인구는 평균 매년 0.4퍼센트의 속도로 완만하게 성장하였다. 그는 하병체의 연구 기초 위에서, 명 청 양대 정부의 인구 통계 숫자에 수정을 가하여 다음과 같은 수치를 제시하였다.

| | |
|---|---|
| 1393년(홍무 26년) | 6천5백만—8천만 명 |
| 1600년(만력 28년) | 1억 2천만—2억 명 |
| 1650년(순치 7년) | 1억—1억 5천만 명 |
| 1750년(건륭 15년) | 2억—2억 5천만 명 |
| 1850년(도광 30년) | 4억 1천(±2,500)만 명 |

갈검웅(葛劍雄)의 《중국인구사》에서는 한걸음 더 나아가 다음과 같이 지적하였다. 명나라 홍무 26년(1393년)에 전국의 총 인구는 7,270만 명, 명나라 말 전국의 총 인구는 1억 5,250만 명에 달하였으며, 청 건륭 시기에 전국의 총 인구는 3억 명을 돌파하였다. 1644-1851년간의 두 세기 남짓한 기간 동안 중국 인구는 평균 0.49퍼센트 증가하였다.

전통 농업 시대에 주요한 생산 도구와 생활 도구는 매우 완만하게 증가하였기 때문에, 한 세기마다 두 배씩 증가하는 것은 불가능한 일이었다. 이러한 결과 인구의 상대적 과잉, 즉 인구 압력이 초래된 것이다.

청나라 전기의 두 세기 동안 인구가 급속히 증가한 이유는 매우 복잡한 원인을 가지고 있다. 이 문제를 생산력의 발전으로 설명하기는 매우 어렵다. 왜냐하면 이 두 세기 동안 생산력이 결코 비약적으로 발전하지 못하였기 때문에, 생산력의 증가가 인구의 폭발을 가져오는 일은 불가능하였다고 할 수 있다. 또한 사회의 상대적 평화와 안정이 이러한 결과를 초래하였다고 해석하기도 쉽지 않다. 왜냐하면, 중국 역사상 이와 유사한 상대적 평화와 안정의 시기가 이미 여러 차례 출현하였기 때문에, 왜 그때는 인구가 폭발적으로 증가하지 않았는가 하는 점이다. 이 문제는 또한 국경의 확대를 주요한 요인으로 해석하기도 매우 어렵다. 왜냐하면 청나라가 명나라에 비해 강역이 확대되기는 했지만, 확대된 지역들은 모두 인구가 희박한 변방 지역이었으며, 전국 인구 총수에서 단지 미미한 비율을 차지했을 뿐이기 때문이다. 이러한 사실로 미루어 볼 때, 인구가 급속히 증가한 원인은 마땅히 다른 쪽에서 찾지 않으면 안 될 것이다.

우선, 강희 51년(1712년) "성세자생인정(盛世滋生人丁—*1711년 이후의 인정)에는 영구히 부세를 부과하지 않는다"는 정책과, 옹정 원년(1723년) "정세를 지세에 통합시키는" 정책이 계속해서 반포되고 시행됨으로써 이것이 인구의 증가를 자극하였다. 이전에 인정이 증가한다는 사실은 자연히 부세와 요역도 동시에 증가하게 됨을 의미하였다. 구체적으로 말하자면 정은의 부담이 인두로부터 나왔기 때문이다. 이러한 이유에서 실제 사람 수와 연령을 속이는 일이 세역 부담을 회피하는 상투적인 수단이 되었으며, 이러한 이유에서 인구의 통계는 필연적으로 실제 수치를 크게 밑돌았음에 틀림없다. 5년에 한 번 시행된 편심(編審—*호적의 편성을 말하는 것으로, 단순히 호적부를 작성하는 것이 아니라 전부를 징수하고 요역을 부과하기 위한 근거를 만드는 것)만으로는 실제로 증가된 인정을 모두 정은을 징수하기 위한 목록에 기입하여 등기하기는 불가능하였다. 성세자생인정에 영구히 전부를 부과하지 않고, 인정을 지세에 포괄하도록 한 이후, 인정의 부담(정은)은 모두 평균을 내어 토지의 부담(지은)에 부과되었다. 이와 같이 인정의 부담이 법률 형식상 취소되었기 때문에, 이 정책이 사회에 미친 영향은 매우 컸다고 할 수 있다. 이러한 결과 오랜 기간 동안 숨겨져 왔던 인구는 이제 다시는 숨길 필요가 없게 되었으며, 정부의 인구 통계도 자연히 실제 상황에 매우 근접하게 되었다. 다른 한편, 인구가 다시는 인두세를 수반하지 않았기 때문에 자연히 급속한 증가를 초래하였다.

다음으로, 농업생산 기술의 발전이 거의 정체에 가까운 상태였으며, 토지관계 역시 그다지 큰 변화가 없었던 사회 속에서 토지의 생산량을 제고시키기 위한 주요한 방법은 바로 토지의 단위 면적에 투입되는 노동을 부단히 증가시키는 길밖에 없었던 것이다. 이러한 이유에서 인구의 증가는 바로 노동력의 증가를 의미하였으며, 이것이 바로 농업생산의 발전을 가져온 가장 간단하며 또한 가장 중요한 수단이 되었다. 퍼킨스가 명 청 이래의 중국농업사를 연구한 이후 내린 결론 가운데 하나는 바로 인구의 증가가 농업 생산력을 제고시킨 주요한 동력이었음을 논증한 것이다. 그는 인류 역사상 농업은 조방한 형태(—*노동이나 자본의 인공적 투입이 적음)로부터 집약화 경영의 과정으로 나아갔다고 주장하였다. 이러한 과정에서, 그는 인구의 증가에 비례하여 집약화의 정도도 부단히 제고되었음을 논증하면서, 농업 경제 속에서 사람(노동력)이 가장 주요한 생산력이었음을 논증하였다. 이 점은 인구가 신속히 증가한 이유를 해명하기 위한 매우 연구할 만한 가치가 있는 측면이라고 할 수 있다.

다음으로, 인구의 증가가 주로 농촌에서 이루어졌기 때문에, 이 시기에 농업생산의 발전 중에는 몇 가지 주목할 만한 사실이 있었다. 이 가운데 청나라 정부가 황무지의 개척을 장려하는 정책을 지속적으로 추진함으로써 뚜렷한 성과를 거두었으며, 이는 다시 경지 면적의 부단한 확대로 이어졌다는 사실이 주목할 만하다. 순치 연간에서 옹정 연간에 걸쳐 인구의 증가와 경지의 증가는 대체로 서로 정비례의 관계에 있었다.

(1) 진(산서), 기(하북), 노(산동), 예(하남), 섬(섬서), 감(감숙)에서는 인구가 59.44퍼센트 증가하였으며, 경지는 64.24퍼센트 증가하였다.

(2) 소(강소), 환(안휘), 천(사천), 월(광동)에서는 인구가 30.30퍼센트 증가하였으며, 경지가 22.49퍼센트 증가하였다.

(3) 절(절강), 공(강서), 상(호남), 악(호북), 민(복건)에서는 인구 증가가 6.4퍼센트, 경지 면적 증가가 9.64퍼센트에 달하였다.

(4) 봉(봉천), 길(길림), 신(신강), 계(광서), 운(운남), 귀(귀주)는 인구 증가가 3.77퍼센트, 경지 증가가 3.63퍼센트에 달하였다.

이것이 바로 건륭 시기에 인구가 3억 명을 돌파하는 데 물질적 기초를 제공하게 된 것이다.

농업 생산력 자체의 발전은 경지 면적의 부족을 보충해 주었는데, 이는 주로 건륭, 가경, 도광 3대에 수도작의 이모작화 및 고산작물인 고구마, 옥수수 재배 면적의 확대

(앞에서 이미 서술하였기 때문에 자세한 내용은 중복을 피하기 위해 생략) 등은 새로 불어난 인구에게 새로운 식량 공급원이 되었다. 브로델은 《15-18세기의 물질문명, 경제와 자본주의》에서 다음과 같이 지적하였다. 마(참마), 토란, 고구마, 카사바, 감자, 옥수수 등 아메리카 원산지의 농작물들이 신대륙의 발견 이후 비로소 바다를 건너 중국으로 들어온 이후 18세기에 이르러서야 그 재배가 확대될 수 있었다. 이 시기는 때마침 인구가 급속히 증가하여 평원 지대 이외에 황무지와 야산을 개간하지 않으면 안 되었다. 이러한 결과 남과 북의 인구가 상대적으로 신속히 균형을 맞출 수 있게 되었다.

그러나 인구의 급속한 증가는 필연적으로 사회에 거대한 압력을 수반하기 마련이었다. 특히 건륭 55년(1790년) 인구가 이미 3억 148만 명에 도달하였을 때, 이와 같은 압력은 점차 뚜렷하게 나타났다. 건륭 58년 청 고종은 인구 압력이 매우 크다는 사실을 절감하여, 다음과 같이 말하였다. "태평성대가 오랜 기간 지속되면서, 인구는 날로 증가하는데 창고에 물건은 그만큼 쌓이지 못하고 〔…〕 먹을 것은 적은데 먹을 사람은 많으니 짐은 이를 심히 염려하지 않을 수 없다. 〔…〕 그러나 이를 해결할 수 있는 방책은 멀기만 하며, 야산이 아니면 경작할 수 있는 토지를 찾기도 힘들다. 집에 약간의 식량이 남아 있을 정도가 된다고 하더라도 태평성대의 복을 누릴 수 있는 사람은 매우 드물다."

홍량길

청 고종뿐만 아니라 이와 같은 사회문제에 대해 같은 해에 저명한 학자인 홍량길(洪亮吉)도 인구론을 제출하였는데, 그 내용은 다음의 세 가지 문제로 개괄할 수 있다. (1) 경지의 증가가 인구 증가의 속도에 미치지 못한다. (2) 자연적인 조절법과 정책적인 조절법을 혼용함으로써 인구의 과잉 문제를 해결할 수 있다. 즉 수재나 가뭄, 전염병 등의 재해를 통해 인구는 자연히 도태될 것이며, 이와 함께 정부는 인위적으로 이민이나 황무지 개간 등을 통해 인구의 증가를 조절하고 구제에 나서야 한다. (3) 인구의 격증이

**청대 경지 면적의 변화**

| 연대 | 인구(억) | 경지(억 무) | 일 인당 경지면적(무/인) |
|---|---|---|---|
| 1650 | 1.00−1.50 | 6.00 | 6.00−4.00 |
| 1750 | 2.00−2.50 | 9.00 | 4.50−3.60 |
| 1850 | 4.10 | 12.10 | 2.95 |

사회 동란을 일으킬 가능성이 있다.

홍량길의 인구론은 영국의 경제학자 맬서스(T. R. Malthus)가 1798년에 발표한 《인구론》보다 5년이나 앞섰다. 맬서스는 인구의 증가가 식량의 증가보다 빠르다고 인정하면서, 만일 이를 저지하지 않는다면 인구는 기하급수적으로 증가하는데 식량은 가장 유리한 생산 조건하에서라도 산술급수적으로 증가할 수밖에 없으므로 당연히 인구의 증가 속도가 식량의 증가 속도를 초과하게 될 것이라고 지적하였다. 이러한 의미에서 인구를 감소시켜 생활재료와 상호 대응할 수 있도록 해 주는 결정적인 요소가 바로 빈곤, 기아, 전염병, 과중한 노동과 전쟁이라고 지적하면서, 각종 조치를 취해 인구의 증가를 제한하지 않으면 안 된다고 주장하였다. 홍량길의 인구론이 비록 맬서스와 같은 체계성을 갖추지 못하였으며, 논리적으로 엄밀하지도 못했지만 그럼에도 불구하고 이미 인구문제의 심각성을 충분히 인식하였기 때문에 누가 뭐래도 정말 대단한 성과라 아니할 수 없다.

청나라가 전성기에서 쇠퇴기로 접어들면서 경제가 쇠퇴하고, 정부의 재정수입과 비축이 모두 감소하면서 인구 압력의 부정적 측면이 더욱 돌출되었다. 첫 번째로, 일 인당 평균 경지 면적이 날로 감소하여, 17세기 중엽에서 19세기 중엽까지의 200여 년 동안 일 인당 경지 면적이 절반으로 감소하였다.

홍량길은 "일 인당 4무를 경작해야 생계가 가능하다"라고 하였다. 여기서 우리는 일인 평균 4무라면 따뜻하게 입고 먹을 수 있는 최소한도의 생활이 가능하다고 볼 수 있으며, 이 수치보다 낮아지면 변란의 발생이 불가피하다고 간주해도 무방할 것이다.

두 번째, 일 인당 평균 경작 면적이 감소하였기 때문에 이로부터 개인이 얻을 수 있는 양식의 수량도 자연히 날로 감소하여, 결과적으로 식량 가격의 상승을 초래하였다. 만일 17세기 후반기에 식량 가격의 지수를 100으로 둔다면, 그 후의 식량 가격 지수는 다음과 같다. 즉 18세기 전반기는 132.00, 18세기 후반기는 264.82, 19세기 전반기는 532.08, 19세기 후반기는 513.35였다. 19세기 양식 가격은 17세기에 비해 5배 이상 상승하였으며, 양식의 결핍과 흉작이 날로 엄중해지면서 일단 자연 재해가 발생하면 대규모의 기근과 수많은 인구의 사망이 초래되어, 불가피하게 각종 항량(抗粮), 항조(抗租) 폭동과 창미풍조(搶米風潮)를 불러일으켰다. 부단히 발생한 재난과 전란으로 말미암아 함풍 이후 청나라 말 민초까지 인구가 다시는 증가하지 않았다. 함풍 초년의 4억여 명에 달했던 인구가 계속 감소하여 동치 초년에는 인구가 3억여 명으로 감소하였으며, 광서 초년의 3억여 명에서 청나라 말 민초에는 4억여 명으로 다시 증가하였다. 인구의 상대적 과잉은 이미 사회 동란의 주요한 요인이 되었으며, 사회 동란도 반대로 인구의 무한한 증가를 제약하여 사회 위기의 악성 순환을 반영하였다.

건륭 말, 가경 초, 천초(川楚) 백련교(白蓮敎) 기의는 인구 압력과 사회 위기의 주요한 지표로서 간주할 수 있다. 백련교 기의의 배경은 명 중엽 형량 지역의 유민 문제로까지 소급해 올라갈 수 있다. 대량의 유민이 형량 지역으로 진입하였으며, 이러한 결과 이 지역이 크게 개발되면서 그 덕분에 농업 인구의 상대적 과잉은 잠시나마 완화될 수 있었다. 농업 인구는 이미 개발된 지역으로부터 미개발 지역이나 개발 중인 지역으로 유동하는 것이 바로 당시 사회에서 보편적인 현상이었고, 형량 지역의 유민 문제는 이러한 전형적인 예로서 이를 분석하는 작업은 매우 의미 있는 일이라고 할 수 있다. 청 중엽에 이르러 이 지역의 인구도 이 지역에서 수용할 수 있는 최대한도에 도달하여, 건륭 말, 가경 초에 천초 백련교 기의가 여기에서 폭발한 것은 결코 우연한 일이 아니었다. 유민의 생활은 매우 불안정하였는데, 일단 재황에 직면하거나 혹은 생계 수단을 상실하게 되면 부랑자, 무산자로 전락하여 사회의 파괴 세력으로 전환되었다. 이러한 현상은 특히 형량의 산간 지역에서 현저하였는데, 관가에서도 "한번 모인 군중을 다시 흩어지게 할 수 없으며, 이런저런 말썽을 일으켜도 규제하기 매우 어렵다"라고 하여 이 문제를 큰 두통거리로 여겼다. 이와 같은 특수한 사회 환경은 종교, 미신, 신비주의가 성장할 수 있는 토양을 제공하였으며, 따라서 유민들 사이에 백련교가 전파된 것은 매우 자연스러운 일이었다고 할 수 있다. 그들은 자발적으로 일종의 느슨한 형식을 갖춘 상부상조의 조직을 결성하고 있었는데, 마침 전파된 백련교가 이들에게 딱 맞아떨어졌다. 그리하여 이른바 "백련교도들이 산간 지역의 주민들을 현혹시켜 계속해서 주문을 외우고 경을 읽으면 재난을 피할 수 있으며 신선이나 부처가 될 수 있다고 하니, 어리석은 백성들이 무지하여 이를 모두 사실로 믿고 종교를 받아들였으며, 이러한 이유에서 입교한 자가 매우 많았다". 백련교는 조직 내부에서 평균주의를 제창하고 실현하였으며, 이들은 "탐욕과 음란함을 멀리하면 부처나 신선이 될 수 있다고 하며, 모아진 쌀이 많지 않아도 신도들은 무리를 이루어 함께 식사하며, 옷을 입고 밥을 먹는 데 나와 너를 구별하지 않았다". 일단 재황에 직면하여 생계가 막막해지면 그들은 사람들을 선동하여 지주나 부잣집을 습격하여 식량을 약탈하거나, 군중을 모아 모반을 획책하였다. 당지 관리들은 "한발이 들면 양식의 가격이 급등하여 구전으로 살아가는 고용인들은 먹고 살 돈이 없게 된다. 그러면 으레 한두 간민이 부자들을 습격하여 식량을 약탈하자라는 구호를 제창한다. 그러면 사람들이 떼 지어 들고 일어나 조금도 두려움이 없다"라고 보고하였다.

일단 떼를 지어 봉기한 이후에는 형세가 거의 통제하기 어렵게 발전하였다. "붙잡혀 가는 사람이 날마다 증가하면서 대오를 정비하지도 않고, 싸움에 나서지도 않으며, 평원으로 나아가지도 않고, 오로지 수백 명씩 집단을 형성하여 나뉘기도 하고 합치기도 하며, 남쪽으로 갔다가 또 갑자기 북쪽으로 가기도 하였다." 이와 같이 산발적인 무장투쟁은 마침내 건륭 60년(1795년) 겨울에 형주, 의창 지역에서 백련교 조직의 대규모 무장 기의를 배태시켰다. 이들은 흰 수건을 머리에 두르고 흰 깃발을 날리며 형양, 악양 일대의 교도들과 상호 연대하여 각각 반란을 일으켰다. 가경 원년(1796년) 2월, 기의군은 방현, 극보강, 죽산을 포위하였다. 그러자 죽계, 악현, 등서 일대에 거주하던 유민들이 이에 호응하여 기세등등하게도 대중의 무장 반항운동을 일으켰다. 이번 투쟁의 폭발은 실제적으로는 상대적으로 과잉의 인구가 사회에 주는 압력을 잘 보여 주는 사례였다. 이 기의는 대체로 9년 4개월 동안이나 지속되었으며, 가경 10년 5월에 이르러 실패할 때까지 참가한 사람의 숫자가 무려 수십만 명에 달하였으며, 호북, 사천, 섬서, 하남, 감숙 5성을 석권하였다. 정부는 16개 성의 군대를 징발하여 약 2억 은량에 달하는 군비를 쏟아 부은 끝에 이를 겨우 평정할 수 있었다. 이번 동란은 청나라가 전성기로부터 쇠퇴기로 전환하는 추세를 더욱 가속화시켰으며, 이로부터 전성기가 다시는 출현할 수 없었다.

가경 원년(1796년)부터 도광 20년(1840년)에 이르기까지의 44년 동안, 《동화록(東華錄)》에 기록된 무장폭동과 민중기의는 총 93차례에 달하였다. 그런데 도광 21년에서 29년까지의 9년 동안, 이와 유사한 폭동, 기의가 무려 110여 차례나 발생하였으며, 그 이후에도 이와 같은 기의가 폭풍처럼 한층 거세게 일어났다. 지방관으로서는 이를 수습할 방도가 없자 어쩔 수 없이 상부에 보고하지 않고 은닉할 수밖에 없었지만, 사실상 태평천국(太平天國) 기의가 발생하기 이전에 전국 각지에서 일어난 기의는 크고 작은 것을 합쳐 약 140-150건 정도가 되었다. 1850-60년대의 태평천국운동이 비록 전적으로 인구 압력이나 식량 부족으로부터 기인한 사건이라고 볼 수는 없으나, 다분히 인구 압력 아래에서 사회 위기의 한 측면을 반영하였다고 할 수 있다. 이때 10여 년이나 지속된 전국적인 동란은 수천만 명이 사망하고 나서야 종식되었다. 인구 압력은 이와 같은 형식을 통해 비로소 완화될 수 있었으며, 이러한 결과로 나타난 소위 동광중흥(同光中興)이 비록 찬란한 꽃을 피우기는 하였지만, 결코 매년 계속되는 사회의 혼란 상황을 바꾸어 놓을 수는 없었다.

사회가 날로 빈곤화되어 가는 현상은 사회적인 위기가 표출되어 나온 단편이라고 할 수 있다. 일찍이 후설(喉舌)은 《신보(申報)》에서 만청 사회에 대해 다음과 같이 엄중한 평가를 내린 바 있다. "건륭 연간에는 비단 국고가 가득 찼을 뿐만 아니라, 각 성의 염상과 광동의 양상들이 소유하고 있는 재산은 어마어마하여 다른 나라의 상인들이 감히 비교의 상대가 되지 못할 정도였다." "가경 시기를 비록 건륭 이전과 같은 성세라

할 수는 없지만, 그러나 아직 그때까지도 가난을 걱정하는 소리는 들리지 않았다." 도광 초년에 "천하의 부유함이 비록 예전 같지는 않았지만, 그래도 오늘날과 같은 정도는 아니었다". 함풍 이후가 되면 "민간에서 빈곤한 자들이 많이 나타났다". 광서 초년이 되자 "중국에는 가난한 자들이 많고 부자들이 적어, 따라서 금과 은이 한번 부자의 집에 들어가기만 하면, 다시 나오기 힘들었으며, 이러한 이유에서 천하가 날이 갈수록 궁핍해진다고 모두 실감하게 되었다". 이와 같이 날이 갈수록 국가가 빈곤해지는 추세는 한편으로는 일 인당 향유할 수 있는 사회적 재부가 날로 감소해 가는 것을 의미하며, 다른 한편으로는 사회적 재부의 분배가 불균등해진다는 사실, 즉 부자는 더욱 부유해지고, 가난한 자는 더욱 가난하게 된다는 것을 의미하였다. 부자 중에서는 수십만 냥이나 되는 재산을 소유한 자도 있었던 반면, 가난한 사람들은 집에 한 석(石—*100근)의 여유 식량도 비축해 둘 수 없는 어려운 상황에 처해 있었다. 이와 같은 배경 아래에서 사회적 동란은 피할 수 없는 일이었다.

## 제3판 후기

복단대학교 출판사의 호의에 힘입어 본인은 이 책을 수정하여 제3판을 출판할 수 있는 기회를 가질 수 있게 되었다. 이번 수정을 통해 본인은 비교적 대폭적으로 삭제할 것은 삭제하고 추가할 것은 추가하였다. 그 이유는 매우 간단하다. 즉 날이 갈수록 발전의 속도가 빠르고 날마다 새로워지는 이 시대에 발맞추어 학술 연구 역시 끊임없이 발전하는 마당에 본인 역시 이로부터 자유로울 수는 없을 것이다.

'들어가는 글'과 '원시 인류의 기원' 부분은 다시 고쳐 서술하였으며, '주희의 신유학 및 그 학파의 금고(禁錮)'와 '민족 위난 시기의 문화계'는 하나로 합쳐, '주희 신유학과 절동학파'로 고쳐 서술하였다. 이렇게 한 절을 비워서, '전 세계화 무역과 백은자본'을 새롭게 첨가하였다. 이 책의 2/3에 이르는 제목은 모두 문자를 늘리거나 삭제, 혹은 수정하였다. 독자들의 요구에 부응하여 30여 개의 삽화를 넣었으며, 이렇게 함으로써 이 책의 삽화는 거의 100개 정도가 되었다. 증가된 삽화는 대일(戴逸), 공서탁(龔書鐸)의 《중국통사(中國通史)》(彩圖版, 海燕出版社, 2000년)과 유위(劉煒) 주편의 《중화문명전진(中華文明傳眞)》(上海辭書出版社, 香港商務印書館, 2001년)으로부터 일부를 인용하였음을 여기서 특별히 밝히며, 감사의 뜻을 표하는 바이다.

근년 이래, 본인은 이 분야의 전공자들이나 혹은 비전공자들로부터 끊임없이 수많은 서신을 받아 왔는데, 이들은 본인을 크게 격려해 주었을 뿐만 아니라, 제3판의 수정본을 내는 데도 강한 동기와 믿음을 부여해 주었다. 여기서 본인은 진심으로부터 우러나오는 말을 한마디 하지 않을 수 없다. 여러분들의 관심과 사랑에 진심으로 감사드립니다!

2003년 12월 凉城寓所

樊樹志

## 제2판 후기

이 책을 출판한 이후 많은 독자가 찾은 결과 제1판을 이미 1만 2천 부나 인쇄하였다. 1998년 11월 9일, 홍콩의 공개대학(公開大學) 장위국(張偉國) 교수는 편지를 보내왔는데, 자신이 홍콩의 서점에서 《국사개요》를 보고 나서, 이 책의 서술이 상세하고 논지가 명확할 뿐 아니라 독창성 있는 견해를 가지고 있어, 자신의 학교에 개설되어 있는 '중국인문학과 기초과정'에서 필요로 하는 교재로 적합하다고 생각하여 학교 측에 교과서로 지정해 줄 것을 추천하였다고 한다. 근래 상해대학 대학원 이복장 박사 역시 자신의 대학원에서 이 책을 교양과목의 교재로 채택하기로 결정하였다고 알려 왔다.

얼마 전에는 상해시교육위원회가 이 책의 수정본을 상해시 중점교재건설 항목의 하나로 편입시켰다. 복단대학교 출판사 역시 이와 같은 각계의 성원에 부응하여 특별히 이 책의 제2판을 출판하였다. 이 점을 고려하여 본인은 이 책을 전면적으로 재차 수정하였다.

수정의 원칙은 잘못된 부분을 삭제하고, 새로운 논점을 추가하였으며, 이와 함께 이해를 돕기 위해 삽화를 책 속에 삽입하였다. 특히 이 책을 수정하는 동안 1998년 10월 복단대학교 교무처가 주최한 '학술살롱'에서 문학, 역사, 철학, 정치, 법학 등 여러 학과의 교수 제위께서 이 책에 대해 많은 의견을 제시해 주셨으며, 이와 함께 올해 11월 우리 학과의 '원고심사회' 역시 귀한 의견들을 제시해 주셨다. 이러한 고견들은 이 책의 완성도를 높이는 데 큰 도움이 되었으며, 여기서 특별히 감사의 뜻을 표하고자 한다.

책을 수정하는 동안에 본인은 끊임없이 친구들로부터 기쁜 소식을 접할 수 있었다. 즉 《국사개요》가 상해서성에 진열되었을 뿐만 아니라 추천도서의 특별 코너에 올려진 사실은 매우 영광스러운 일이 아닐 수 없을 것이다. 또한 홍콩의 《아주주간(亞洲週

刊)》, 《명보월간(明報月刊)》 등 유명 정기간행물들도 다투어 이 책을 추천도서의 반열에 올렸다.

이와 같은 성원은 본인도 미처 예상하지 못한 것으로서, 우연히 그렇게 되었을 뿐이지 결코 이러한 성과를 반드시 내고자 했던 것은 아니다. 역사 교과서 한 권이 이와 같은 사회적 반향을 불러일으킨 것은 근래 드문 현상이다. 본인의 입장에서 본다면 이러한 현상은 칭찬임과 동시에 압력이기도 하다고 생각된다. 따라서 본인은 제2판의 수정 작업을 하면서, 이 책에 대해 베풀어 주신 독자들의 깊은 사랑을 저버리지 않기 위해서 지극히 엄격한 기준에 따라 최상의 내용을 담을 수 있도록 최선을 다하고자 진력하였다.

1999년 12월 凉城寓所
樊樹志

# 초판 후기

최근 몇 년 이래, 나는 복단대학교 역사, 철학, 문학 3과 및 문과 기초반 1학년 학생을 대상으로 개설된 '중국역사(상)'라는 교과목(전통적인 방식으로 말하자면 중국고대사)에서 1960년대에 처음 편찬하여 1980년대 초에 수정된 바 있는 교재를 줄곧 사용해 왔다. 그 책을 현재 교재로 채택되고 있는 기타 동류의 교재와 비교해 볼 때, 확실히 한층 우수하다는 것은 분명한 사실이다. 그럼에도 불구하고 강의를 하는 가운데, 매 번 이 수업을 들었던 학생들은 이 교재에 대해 반응이 냉담한 편이었다. 한 학기 동안 수업을 진행하는 동안, 교재를 전혀 들여다보지 않는 학생도 적지 않은 형편이었다. 이러한 상황에 대해 깊이 생각해 볼 여지가 있다는 생각이 들었다.

이러한 실정에 비추어, 교무처는 나에게 학기 중 수업시간에 사용할 수 있는 새로운 교재를 편찬하여 현재 대학이 지향하고 있는 전인교육이라는 개혁의 추세에 적응할 수 있도록 해 줄 것을 요청하였다. 교재를 편찬한다는 사실에 대해 나는 예전부터 경원하는 마음을 품어 왔으며, 이러한 이유에서 감히 이 일에 착수하지 못하였다. 30여 년에 걸친 교편생활을 통해 나는 교재를 편찬하는 일이 좋은 소리도 들을 수 없는 고난한 일임을 잘 알고 있다. 더욱이 보기에는 쉬워 보이지만 기실 매우 어려운 작업일 뿐만 아니라, 학생들로부터 환영받을 수 있는 교재를 편찬한다는 것은 더더욱 쉽지 않은 일이다. 교사로서 강단에 서는 일은 모두 동일하겠지만, 학생들로부터 박수를 받을 만한 강의를 하고 흥미를 이끌어 내고자 한다면, 이는 그야말로 쉽게 도달할 수 있는 단계가 아니라 생각된다.

교재를 편찬하기 위해서는 저자 스스로 해당 학문 분야에서의 깊이 있는 연구나 독창적인 견해를 가지고 있어야 할 뿐만 아니라, 강의의 내용을 능숙하고 간결하게 전개할 수 있도록 기여해야 하며, 심오한 내용을 알기 쉽게 표현할 수 있어야 한다. 이것은 그리 지나친 요구가 아니라 최소한도의 필요조건이라고 생각된다.

교재는 전반적이면서도 체계적으로 본 학문의 기본적인 이론과 지식을 소개해야 하며, 그러면서도 각 방면을 두루 섭렵해야 하고, 매사를 형평성 있고 온당하게 서술해야 하며, 수식을 가하지 말고 진솔하게 써 내려가야 한다. 더욱이 서술의 대상이 중국 역사라고 한다면 더더욱 이러한 원칙을 지켜 나가도록 노력해야 할 것이다.

위 아래로 수천 년에 걸친 문명사란 본디 그 내용이 상당히 풍부할 뿐 아니라 각 내용의 속사정도 간단치 않아 한 학기 동안에 모두 마스터하기란 결코 쉬운 일이 아니다. 따라서 번잡한 곳을 삭제하여 간단하게 하고 군더더기를 없애고 핵심적인 내용만을 남겨 두는 작업을 거치지 않는다면, 이와 같은 효과를 달성하기란 더더욱 쉽지 않을 것이다. 그렇다고 해서 여러 권의 중국 통사를 압축하여 목차만을 남긴 듯 마치 피와 살은 붙어 있지 않고 뼈대만 남아 있는 방식의 서술은 비단 무미건조할 뿐만 아니라 읽은 사람으로 하여금 도대체 무슨 말인지 이해할 수 없게 만들 우려가 있다. 이러한 이유에서 편자는 반드시 '直通(통사)'와 '橫通(단대사)' 양 방면에 모두 깊은 학식과 소양을 갖추어야 하며, 이를 통해 가장 이상적인 배열과 조화가 함께 어우러진 저술을 만들어 내지 않으면 안 되는 것이다.

이와 같은 인식에 기초하여, 필자는 전통적인 교재의 사회발전사적 양식이나 고답적인 설명 방식의 무미건조한 서술 방식을 버리고, 구성과 체제, 내용과 형식 각 방면에서 모두 창의성을 추구할 것이다. 이렇게 함으로써 독자가 이 책을 읽고 신선한 느낌을 받아 책의 진수에 빠져 들 수 있으며, 그리하여 모두에게 환영받을 수 있는 저작을 만들어 내고 싶은 심정이다. 거시적으로 중화문명사의 대강을 펼쳐 100개의 소제목으로 정한 이후, 다시 시대에 따라 14개의 장으로 구분하여 이를 상호 연관시켜 점, 선, 면이 서로의 장점을 더욱 돋보이게 함으로써 간단명료한 역사의 맥락을 묘사하려 한다. 구석구석까지 모두 다 언급하려고 하다가 결과는 도리어 그렇게 되지 못하는 것과 비교할 때, 오히려 버릴 것은 버리고 핵심적인 부분만을 강조함으로써 사람들에게 깊은 인상을 남기는 편이 오히려 성공적이라고 생각된다.

가장 이상적인 교재는 반드시 그 학문에 관한 최신의 연구 성과와 가장 진전된 수준을 반영하지 않으면 안 된다. 솔직히 이전의 교재들은 이러한 방면에서 노력을 기울이지 않았으며, 이러한 이유로 재탕 삼탕의 진부한 느낌을 지울 수 없었다. 중국 역사는 일찍이 국제 중국학계에서 가장 환영받는 연구 영역으로서, 수많은 대가들을 배출하였으며 그 연구 성과도 상당히 축적되어 있음에 비추어 이를 결코 도외시해서는 안 될 것이다. 현재와 같이 국제적인 연대를 강조하고 있는 개혁 개방의 시대에, 비단 경제에서뿐만 아니라 학술상에서도 이와 같은 성과를 반영하는 것은 마땅한 일이라 생각된다. 새로운 수준을 반영하기 위해 이 책은 최근 일이십 년 이래 국내외 학술계의 최신 연구 성과를 흡수하였을 뿐만 아니라, 이 방면에서 영향력이 있는 저작들을 가능한 한 본문 가운데에서 인용하여 주로써 명시하고자 하였다. 그러나 이를 매번 주로 명시한다면 문장의 서술이 매끄럽지 못할 것이며, 간명하게 서술한다는 교재의 대원칙에서 볼 때도 지나치게 많은 주석을 달기는 어렵다. 독자들은 이러한 고충을 헤아려, 저자가 결코 다른 연구자의 성과를 가로채고도 고의로 말하지 않고 숨기려 한 것은 아니라는 사실을 이해해 주기 바란다.

이 교재를 저술하던 후반기에, 저자는 한국 고려대학교의 객원교수로 초빙되어 학부생과 대학원생을 대상으로 '동양사특강', '중국사회경제사', '강남시진연구'의 세 과목을 개설하였다. 그리하여 본인은 1997년 8월 중순에 본 교재를 《신편국사대강(新編國史大綱)》이라는 제목으로 인쇄하여 먼저 고려대학교 '동양사특강'의 수업 교재로 사용하였다. 그러나 이것은 정말 우연의 일치로서, 복단대학교를 위해 저술한 교재를 먼저 고려대학교에서 사용하게 된 것이다. 나는 이 기회를 이용하여 고려대학교 도서관을 드나들며 이전에 볼 수 없었던 수많은 해외의 연구 성과들을 충분히 흡수할 수 있었다. 이를 통해 책의 내용을 대폭 수정하여 독창성과 정밀성을 심화시킬 수 있었다.

이 책이 비록 대학 교재이기는 하지만, 서술 시에 보편적인 적응성을 고려하였기 때문에 일반 독자(해외의 독자도 포괄하여)로 하여금 중국의 역사를 이해하고 문화적 소양을 높일 수 있는 기회가 되기를 희망한다. 늘 책상 위에 두거나 손에 항상 가지고 다니면서 시간이 날 때마다 들여다보게 되는 책들이 있는데, 이 책을 펼치면 이로움이 있다고 본인 스스로 자화자찬할 수는 없지만, 어쨌든 역사에 대한 1990년대 역사가의 새로운 해석을 발견할 수 있을 것이며, 깨우치는 바가 없지 않을 것이다.

이 책의 내용 가운데 수많은 장점들은 내가 복단대학교 동료 학자들의 연구 성과를 흡수하였기 때문에 비로소 가능한 일이었다고 생각된다. 이렇게 본다면 이 책은 결코 본인 개인의 수준만을 반영한 것이 아니라 복단대학교의 수준을 반영한 책이라 아니할 수 없다.

이 책의 저술, 출판은 복단대학교 교무처, 복단대학교 출판사의 적극적인 지지를 통해 가능하였으며, 이 자리를 빌려 특별히 사의를 표한다.

1997년 성탄 전야

한국 고려대학교 외국인 기숙사에서
樊樹志

## 역자 후기

이 책은 중국 복단대학교(復旦大學校) 역사계(歷史係)의 판슈즈 교수가 평생의 강의경력과 연구성과를 집대성하고 필생의 역작으로 심혈을 기울여 완성한 《국사개요》를 우리말로 번역한 것이다. 중국통사에 관한 기존의 개설서가 주로 신중국 성립 이후 정형화된 틀과 내용을 답습하거나 약간의 수정과 보충을 거쳐 편찬된 것이 적지 않았음에 비해, 이 책은 개혁개방 이후 자유로운 발상과 실증적인 학풍의 집적을 통해 마침내 새로운 통사의 전형을 보여 주는 중국사 개설사라고 감히 말할 수 있을 것이다. 판슈즈 교수는 특히 명청사와 중국토지관계사, 강남시진 분야에 많은 연구업적을 가지고 있으며, 중국 전근대사의 탁월한 연구자로 손꼽히고 있다.

역자는 중국 복단대학교에서 유학생활을 하였는데, 당시 상해의 대표적인 서점인 상해서성(上海書城)을 비롯하여 수많은 대형서점에서 이 책을 추천도서로 선정하여 특별코너를 마련하고 있는 것을 직접 목도한 바 있다. 이 책은 이미 중국에서 우수교재로 선정되었으며, 대학교재로서뿐만 아니라 일반 대중을 위한 교양서로서도 적지 않은 반향을 일으킨 도서이다. 이 책은 초판으로 1만 2천 부를 발행했을 정도로 인문학 분야의 도서로서는 드물게 많은 독자들의 환영을 받았으며, 현재도 재판에 재판을 거듭하여 출판되고 있다. 홍콩과 대만, 일본, 구미에서도 적지 않은 독자를 확보하고 있는 이 책을 번역하여 한국에 소개하는 것은 국내의 중국역사학계에도 의미 있는 일이 될 것이다.

이전에 중국에서 발행된 중국사 개설서가 적지 않으나, 대개는 지나치게 정형화되어 시대순, 왕조순의 서술방식을 탈피하지 못한 것이 사실이다. 이 책은 시대순이라는 통사의 기본적인 형식을 벗어나지 않으면서도 중국사의 핵심적인 내용을 100개의 소주제로 분류하고, 다시 이를 14개의 장으로 구분하여 상호 종횡으로 연결시킴으로써 각 주제를 그 시대와 긴밀히 연계시키면서 명료하고 심도 있게 설명하고 있다. 따라서 중국사 개설서로서 핵심적인 내용과 흐름을 모두 포함하고 있다는 강점을 가지고 있다.

책의 구성과 서술이 이와 같은 특징을 가지고 있기 때문에 역자는 번역서의 제호를 원제인 《국사개요》보다는 《100가지 주제로 본 중국의 역사》로 바꾸는 것이 적절하다고 생각하게 되었다. 다만, 중국사 개설서라고 한다면 마땅히 중국현대사 영역까지 다루어야 하겠으나 판슈즈 교수의 전공이 전근대사인 관계로 이 책에서는 청 말까지로 시대가 한정되어 있다. 이러한 점에 대해서는 독자들의 양해를 구할 수밖에 없다. 중국에서는 근대 이전의 역사를 고대사로 구분하고 있기 때문에 그 기준에 따라 제호를 정한다면 이 책은 《100가지 주제로 본 중국 고대사》 혹은 《100가지 주제로 본 중국 전근대사》 정도가 정확한 명칭이라 할 수 있겠다. 그러나 비록 현대사 부분을 포함하고 있지 않다고 하더라도 중국사의 내용 대부분을 포함하고 있다는 점과 이 책이 가지고 있는 참신성을 반영하여 《100가지 주제로 본 중국의 역사》로 하기로 결정하였다.

이와 같은 장점에도 불구하고 이 책은 중국학자들의 관점을 그대로 보여 주고 있다는 점에서 독자들의 이차적인 해석이 필요하다고 생각된다. 근래 한·중 간에는 고구려 문제를 중심으로 한 역사 논쟁이 전개되고 있으며, 이는 통일 이후 북한의 영토 및 주권의 귀속을 둘러싼 현실적인 정치 외교적 문제와도 밀접한 관련을 가진 듯 보인다. 여기서 강조하고 싶은 것은, 중국을 중심으로 하는 조공과 책봉이라는 형식은 과거 고대 동아시아의 보편적인 국제질서 속에서 전개되었다는 사실이다. 즉, 이는 고구려뿐만 아니라 신라, 백제, 일본, 베트남 등 수많은 동아시아 고대국가에 보편적으로 주어진 일종의 형식적 행위였을 뿐, 근대 이후 나타난 식민지와 피식민지, 혹은 지배와 피지배의 관계를 의미하는 것은 아니라는 사실이다. 따라서 이 책을 읽는 독자들은 이와 같은 인식을 배경으로 중국학자의 견해를 해석하기 바란다.

여기서 특히 강조하고 싶은 것은, 이 책의 번역이 고려대학교 사학과 차원에서도 큰 의미를 가진다는 사실이다. 주지하다시피 고려대학교는 2005년 100주년을 맞이하여 전통 명문대학으로서의 위상을 내외에 과시하였을 뿐만 아니라 현재 발전에 발전을 거듭하여 인문과학 분야와 사회과학 분야는 《타임》지 선정 세계 100대 명문대학에 진입하였으며, 학교 전체로서는 세계 200대 대학으로 진입하는 데 성공하였다. 고려대학교는 중국의 복단대학교와 긴밀한 교류관계를 유지하고 있으며, 21세기 발전 전략으로서 교류를 더욱 확대해 나가기로 결정한 바 있다. 필자는 마침 2006년 6월에 복단대학교 역사계와 스탠포드대학 후버연구소(Hoover Institution)가 공동주최한 '송자문(宋子文)과 전시중국(戰時中國)'이라는 국제학술회의에 참가하기 위해 상해를 방문하였는데, 회의 후 만찬 자리에서 복단대학교의 왕생홍(王生洪) 총장과 대화할 기회가 있었다. 이때 왕 총장은 복단대학교 또한 고려대학교와의 교류 확대에 더 많은 노력을 기울일 것이라는 의지를 표명한 바 있다. 왕 총장과의 대화는 양교의 협력과 교류가 이후 공동의 발전을 위해 매우 중요한 일임을 양교 공히 인식하고 있음을 잘 알 수 있는 기회가 되었다.

복단대학교는 중국의 북경대학교(北京大學校), 청화대학교(清華大學校)와 더불어 이미 세계 100대 대학에 진입한 중국의 대표적인 명문대학이며, 고려대학교 사학과는 북경대학교 및 복단대학교와 자매관계를 체결하여 매 학기 학자 간 교류를 실시하고 있다. 특히 복단대학교는 고려대학교와 마찬가지로 1905년에 설립되어 2005년에 100주년을 함께 맞았으며, 이렇듯 특별한 양교 100주년 기념행사의 일환으로 고려대학교 사학과는 복단대학교 역사계 판슈즈 교수의 역작인 《국사개요》를 번역함으로써 양교 및 양교 사학과의 친선과 공동 발전에 기여하고자 하는 심정으로 이 책의 번역에 착수하게 된 것이다.

고려대학교 사학과의 신승하 선생님께서는 이와 같은 인식에 근거하여 복단대학교 역사계 판슈즈 교수의 저서를 번역하기로 기획하셨으며, 그 결과 마침내 이 책이 번역되어 고려대학교출판부에서 간행되기에 이른 것이다. 역자는 고려대학교와 복단대학교에서 모두 수학한 경험을 가지고 있어 양교 사이의 협력 발전에 일조할 수 있는 기회를 찾고 있었는데, 마침 신승하 선생님께서 이 책의 번역을 부탁해 주셔서 이러한 바람을 조금이나마 실현할 수 있는 기회를 갖게 되었다. 역자는 신승하 선생님의 의견과 취지에 근거하여 이전에 복단대학교에서 유학한 경험을 가지고 있거나 혹은 단기적이나마 연수나 수학의 경험을 가지고 있는 연구자들과 공동으로 이 책을 번역하기로 하였다. 그리하여 번역에는 필자를 비롯하여 모두 네 명이 참여하게 되었다. 최초 선사시대부터 한대까지는 이영옥 박사가 번역하였으며, 삼국시대부터 수당 오대까지는 이호현 박사가, 송대부터 명대 초기('호람의 옥')까지는 이병인 박사가, 명대 정화의 원정부터 마지막까지는 필자(김지환)가 각각 번역을 담당하였다.

이 밖에, 이 책은 고려대학교 사학과와 뗄 수 없는 인연을 가지고 있다. 판슈즈 교수는 객원교수의 신분으로 1997년 고려대학교에 체류하면서 사학과에서 수업을 진행한 바 있다. 당시 판슈즈 교수는 학부생과 대학원생들을 대상으로 '동양사특강', '중국사회경제사', '강남시진연구' 등의 과목을 강의하였는데, 자신의 저작 초고가 아직 출판되기 이전에 《신편국사대강(新編國史大綱)》이라는 제목을 붙여 '동양사특강(東洋史特講)' 강의의 교재로 사용한 바 있다. 말하자면 이 책의 초고를 수업의 교재로 활용하여 가장 먼저 수업을 진행한 곳이 복단대학교가 아닌 바로 고려대학교 사학과였던 것이다. 그 교재를 토대로 보완하여 완성한 책이 바로 이 책이다. 이러한 의미에서 이 책은 고려대학교 사학과와 복단대학교 역사계의 공동 발전과 친선을 위해서도 상징적인 의미를 가지는 듯하다.

이 책은 풍부한 사진과 삽화를 포함하고 있어 독자들의 이해를 돕는 데 많은 도움을 줄 것이다. 서양의 인명과 지명, 그리고 동남아시아와 북방 유목민족, 심지어 아랍계통의 인명, 지명 또한 수없이 등장하는데, 가능한 한 원명을 찾아 밝히고자 노력하였으나 원명을 알 수 없는 경우에 한문으로 표기하였다. 이 외에도 꼭 필요하다고 생각되는 것은 괄호 속에 * 표시를 달아 간단히 역주로써 설명하였다.

이 책의 번역을 흔쾌히 허락해 주신 저자 판슈즈 교수와 복단대학교 역사계 주임인 오경평(吳景平) 교수에게 사의를 표하는 바이다. 이와 같은 성과의 집적을 통해 앞으로도 고려대학교 사학과와 복단대학교 역사계 사이의 교류가 지속되고 더욱 발전하기 바라는 마음이다. 역자는 양교 모두에 깊은 인연을 가지고 있으며, 따라서 이와 같은 발전에 미력이나마 기여할 수 있다면 더 바랄 것이 없을 것이다.

고려대학교 사학과의 초석을 쌓으신 김준엽 선생님께 고개 숙여 감사드리며, 사학과의 발전을 위해 애쓰시는 박원호 선생님과 조명철 선생님, 그리고 김현구 선생님과 김택민 선생님의 노고에 감사드린다. 그리고 이 책은 중국학총서의 일환으로 출판된 것으로서, 책의 출판을 허락해 주신 중국학연구소 소장 최용철 선생님과 늘 따뜻한 격려를 아끼지 않으시는 백영길 선생님께 감사드린다. 번역 과정에서 복단대학교와의 연락 등에 많은 도움을 준 복단대학교 역사계 조난량(趙蘭亮) 교수와 우팽(于彭) 박사에게도 감사의 마음을 전하고 싶다. 이 책에 포함되어 있는 수많은 사진과 삽화는 복단대학교출판사 사립려(史立麗) 선생의 도움으로 전송받을 수 있었다.

끝으로, 편찮으신 중에도 이 책의 번역을 결정하고 저자인 판슈즈 교수와의 합의 속에서 모든 일정을 기획하신 신승하 선생님께서, 간행을 얼마 앞두고 결국 유명을 달리하셨다. 선생님의 명복을 빌며, 영전에 이 책을 바친다.

2007년 2월 안암골

역자들을 대표하여 金志煥

# 주요 참고문헌

1. 北京大學中國傳統文化硏究中心,《北京大學百年國學文粹(史學卷)》, 北京大學出版社, 1998.

2. 〔法〕布羅代爾(Fernand Braudel),《15世紀至18世紀的物質文明, 經濟和資本主義(*Civilization matérielle, économie et capitalism, XV$^{e}$-XVIII$^{e}$ siècle*)》, 顧良等譯, 三聯書店, 1992.

3. 〔美〕伯恩斯(Edward McNall Burns), 拉爾夫(Philip Lee Ralph),《世界文明史(*World Civilization*)》, 羅經國等譯, 商務印書館, 1987.

4. 蔡美彪 等,《中國通史》, 第五册, 人民出版社, 1979.

5. 蔡美彪 等,《中國通史》, 第六册, 人民出版社, 1979.

6. 蔡美彪 等,《中國通史》, 第七册, 人民出版社, 1983.

7. 陳寅恪,《隋唐制度淵源略論稿》, 三聯書店, 2001.

8. 陳橋驛,《中國七大古都》, 中國青年出版社, 1991.

9. 陳啓能,《手寫歷史》, 史學前沿 第一輯, 上海書店, 2003.

10. 陳來,《朱子哲學硏究》, 華東師大出版社, 2000.

11. 〔美〕崔瑞德(Denis Twitchett) 等,《劍橋中國秦漢史(*The Cambridge History of China : The Chin and Han Empires, 221BC-AD 220*)》, 楊品泉等譯, 中國社會科學出版社, 1992.

12. 〔美〕崔瑞德(Denis Twitchett) 等,《劍橋中國隋唐史(*The Cambridge History of China : Sui and T'ang China, 589-906 AD, Part 1*)》, 楊品泉等譯, 中國社會科學出版社, 1992.

13. 〔日〕池田溫,《中國古代籍帳硏究》, 東京大學出版會, 1983.

14. 戴逸等,《中國通史(彩圖版)》, 海燕出版社, 2000.

15. 〔美〕Wm. Theodore de Bary(狄百瑞), *Self and Society in Ming Thought*, New York and London : Columbia University Press, 1970.

16. 范文瀾,《中國通史》, 第二册, 人民出版社, 1978.

17. 范文瀾,《中國通史》, 第三册, 人民出版社, 1978.

18. 范文瀾,《中國通史》, 第四册, 人民出版社, 1978.

19. 〔美〕費正清(John K. Fairbank) 等, 《中國:傳統與變革(*East Asia : Tradition and Transformation*)》, 陳仲丹等譯, 江蘇人民出版社, 1996.

20. 復旦大學歷史系上海校友會, 《篤志集一復旦大學歷史系七十五周年論文選》, 上海古籍出版社, 2000.

21. 葛劍雄, 《中國人口史》, 第一卷, 復旦大學出版社, 2002.

22. 何炳棣, 《1368－1953年中國人口研究》, 葛劍雄譯, 上海古籍出版社, 1989.

23. 黃仁宇, 《中國:マクロハストリ》, 山本英史譯, 株式會社東方書店, 1994.

24. 黃仁宇, 《中國大歷史》, 三聯書店, 1997.

25. 黃仁宇, 《赫遜河畔談中國歷史》, 三聯書店, 1992.

26. 林甘泉 等, 《從文明起源到現代化－中國歷史二十五講》, 人民出版社, 2002.

27. 劉煒, 《中華文明傳眞》, 上海辭書出版社・香港商務印書館, 2001.

28. 孟森, 《明清史論著集刊正續編》, 河北教育出版社, 2000.

29. 〔美〕牟復禮(Frederick W. Mote) 等, 《劍橋中國明代史(*The Cambridge History of Ming Dynasty, 1368-1644*)》, 張書生等譯, 中國社會科學出版社, 1992.

30. 〔美〕珀金斯(Dwight H. Perkins), 《中國農業的發展,1368－1968(*Agricultural Development in China 1368-1968*)》, 宋海文等譯, 上海譯文出版社, 1984.

31. 錢穆, 《國史新論》, 臺北東大圖書公司, 1984.

32. 錢穆, 《中國學術思想史論叢》, 臺北東大圖書公司, 1979.

33. 瞿同祖, 《中國法律與中國社會》, 中華書局, 1981.

34. 全漢昇, 《中國經濟史論叢》, 香港新亞研究所, 1972.

35. 〔日〕山根幸夫, 《明帝國と日本》, 圖說中國史 第7卷, 東京：講談社, 1977.

36. 〔日〕斯波義信, 《宋代江南經濟史の研究》, 東京大學東洋文化研究所, 1988.

37. 〔日〕天野元之助, 《中國農業史研究》, 東京大學東洋文化研究所, 1962.

38. 〔英〕湯因比(Arnold Toynbee), 《歷史研究(*A Study of History*)》, 劉北成等譯, 上海人民出版社, 2000.

39. 〔英〕湯因比(Arnold Toynbee), 《人類與大地母親(*Mankind and Mother Earth : A Narrative History of the World*)》, 徐波等譯, 上海人民出版社, 2001.

40. 許虹 等, 《最新中國考古大發現－中國最近20年32次考古新發現》, 山東畵報出版社, 2002.

41. 許倬雲,《西周史》, 臺灣聯經出版事業公司, 1984.

42. 〔美〕伊佩霞(Patricia Buckley Ebrey),《劍橋插圖中國史(*The Cambridge Illustrated History of History*)》, 趙世瑜等譯, 山東畫報出版社, 2001.

43. 楊寬,《中國古代冶鐵技術發展史》, 上海人民出版社, 1982.

44. 楊寬,《中國古代都城制度史》, 上海古籍出版社, 1993.

45. 楊寬,《戰國史》, 上海人民出版社, 1998.

46. 楊向奎,《宗周社會與禮樂文明》, 人民出版社, 1997.

47. 張光直,《中國青銅時代》, 三聯書店, 1983.

48. 張光直,《中國青銅時代二集》, 三聯書店, 1990.

49. 張蔭麟,《中國史綱》, 遼寧教育出版社, 1998.

50. 趙岡 等,《中國土地制度史》, 臺北聯經出版事業公司, 1982.

51. 〔日〕周藤吉之,《唐宋社會經濟史研究》, 東京大學出版會, 1975.

# 부록—역대제왕건원간표(歷代帝王建元簡表)

| 왕조 | 묘호(廟號) | 원명(原名) | 연호(年號) | 연도 |
|---|---|---|---|---|
| 秦 | 秦始皇 | 嬴 政 | | B.C. 221—B.C. 210 |
| | 二 世 | 嬴胡亥 | | B.C. 209—B.C. 207 |
| | | 嬴子嬰 | | B.C. 207 |
| 漢 | 高 祖 | 劉 邦 | | B.C. 206—B.C. 195 |
| | 惠 帝 | 劉 盈 | | B.C. 194—B.C. 188 |
| | 高 后 | 呂 雉 | | B.C. 187—B.C. 180 |
| | 文 帝 | 劉 恒 | 前 元 | B.C. 179—B.C. 164 |
| | | | 後 元 | B.C. 163—B.C. 157 |
| | 景 帝 | 劉 啓 | 前 元 | B.C. 156—B.C. 150 |
| | | | 中 元 | B.C. 149—B.C. 144 |
| | | | 後 元 | B.C. 143—B.C. 141 |
| | 武 帝 | 劉 徹 | 建 元 | B.C. 140—B.C. 135 |
| | | | 元 光 | B.C. 134—B.C. 129 |
| | | | 元 朔 | B.C. 128—B.C. 123 |
| | | | 元 狩 | B.C. 122—B.C. 117 |
| | | | 元 鼎 | B.C. 116—B.C. 110 |
| | | | 元 封 | B.C. 110—B.C. 105 |
| | | | 太 初 | B.C. 104—B.C. 101 |
| | | | 天 漢 | B.C. 100—B.C. 97 |
| | | | 太 始 | B.C. 96—B.C. 93 |
| | | | 征 和 | B.C. 92—B.C. 89 |
| | | | 後 元 | B.C. 88—B.C. 87 |
| | 昭 帝 | 劉弗陵 | 始 元 | B.C. 86—B.C. 80 |
| | | | 元 鳳 | B.C. 80—B.C. 75 |

| 왕조 | 묘호(廟號) | 원명(原名) | 연호(年號) | 연도 |
|---|---|---|---|---|
| 漢 | | | 元平 | B.C. 74 |
| | 宣帝 | 劉詢 | 本始 | B.C. 73—B.C. 70 |
| | | | 地節 | B.C. 69—B.C. 66 |
| | | | 元康 | B.C. 65—B.C. 62 |
| | | | 神爵 | B.C. 61—B.C. 58 |
| | | | 五鳳 | B.C. 57—B.C. 54 |
| | | | 甘露 | B.C. 53—B.C. 50 |
| | | | 黃龍 | B.C. 49 |
| | 元帝 | 劉奭 | 初元 | B.C. 48—B.C. 44 |
| | | | 永光 | B.C. 43—B.C. 39 |
| | | | 建昭 | B.C. 38—B.C. 34 |
| | | | 竟寧 | B.C. 33 |
| | 成帝 | 劉驁 | 建始 | B.C. 32—B.C. 29 |
| | | | 河平 | B.C. 28—B.C. 25 |
| | | | 陽朔 | B.C. 24—B.C. 21 |
| | | | 鴻嘉 | B.C. 20—B.C. 17 |
| | | | 永始 | B.C. 16—B.C. 13 |
| | | | 元延 | B.C. 12—B.C. 9 |
| | | | 綏和 | B.C. 8—B.C. 7 |
| | 哀帝 | 劉欣 | 建平 | B.C. 6—B.C. 3 |
| | | | 太初元將 | B.C. 5 |
| | | | 元壽 | B.C. 2—B.C. 1 |
| | 平帝 | 劉衎 | 元始 | 1—5 |
| | 孺子嬰 | | 居攝 | 6—8 |
| | | | 初始 | 8 |
| 新 | | 王莽 | 始建國 | 9—13 |
| | | | 天鳳 | 14—19 |
| | | | 地皇 | 20—23 |
| 東漢 | 光武帝 | 劉秀 | 建武 | 25—56 |

| 왕조 | 묘호(廟號) | 원명(原名) | 연호(年號) | 연도 |
|---|---|---|---|---|
| | | | 中元 | 56—57 |
| | 明帝 | 劉莊 | 永平 | 58—75 |
| | 章帝 | 劉炟 | 建初 | 76—84 |
| | | | 元和 | 84—87 |
| | | | 章和 | 87—88 |
| | 和帝 | 劉肇 | 永元 | 89—105 |
| | | | 元興 | 105 |
| | 殤帝 | 劉隆 | 延平 | 106 |
| | 安帝 | 劉祜 | 永初 | 107—113 |
| | | | 元初 | 114—120 |
| | | | 永寧 | 120—121 |
| | | | 建光 | 121—122 |
| | | | 延光 | 122—125 |
| | 順帝 | 劉保 | 永建 | 126—132 |
| | | | 陽嘉 | 132—135 |
| | | | 永和 | 136—141 |
| | | | 漢安 | 142—144 |
| | | | 建康 | 144 |
| | 冲帝 | 劉炳 | 永嘉 | 145 |
| | 質帝 | 劉纘 | 本初 | 146 |
| | 桓帝 | 劉志 | 建和 | 147—149 |
| | | | 和平 | 150 |
| | | | 元嘉 | 151—153 |
| | | | 永興 | 153—154 |
| | | | 永壽 | 155—158 |
| | | | 延熹 | 158—167 |
| | | | 永康 | 167 |
| | 靈帝 | 劉宏 | 建寧 | 168—172 |
| | | | 嘉平 | 172—178 |

| 왕조 | 묘호(廟號) | 원명(原名) | 연호(年號) | 연도 |
|---|---|---|---|---|
| | | | 光 和 | 178—184 |
| | | | 中 平 | 184—189 |
| | 少 帝 | 劉 辯 | 光 熹 | 189 |
| | | | 昭 寧 | 189 |
| | 獻 帝 | 劉 協 | 永 漢 | 189 |
| | | | 中 平 | 189 |
| | | | 初 平 | 190—193 |
| | | | 興 平 | 194—195 |
| | | | 建 安 | 196—220 |
| | | | 延 康 | 220 |
| **三國** | | | | |
| 魏 | 文 帝 | 曹 丕 | 黃 初 | 220—226 |
| | 明 帝 | 曹 叡 | 太 和 | 227—233 |
| | | | 青 龍 | 233—237 |
| | | | 景 初 | 237—239 |
| | 齊 王 | 曹 芳 | 正 始 | 240—249 |
| | | | 嘉 平 | 249—254 |
| | 高貴鄕公 | 曹 髦 | 正 元 | 254—256 |
| | | | 甘 露 | 256—260 |
| | 元 帝 | 曹 奐 | 景 元 | 260—264 |
| | | | 咸 熙 | 264—265 |
| 蜀 | 昭烈帝 | 劉 備 | 章 武 | 221—223 |
| | 後 主 | 劉 禪 | 建 興 | 223—237 |
| | | | 延 熙 | 238—257 |
| | | | 景 耀 | 258—263 |
| | | | 炎 興 | 263 |
| 吳 | 大 帝 | 孫 權 | 黃 武 | 222—229 |
| | | | 黃 龍 | 229—231 |
| | | | 嘉 禾 | 232—238 |

| 왕조 | 묘호(廟號) | 원명(原名) | 연호(年號) | 연도 |
|---|---|---|---|---|
| | | | 赤烏 | 238—251 |
| | | | 太元 | 251—252 |
| | | | 神鳳 | 252 |
| | 會稽王 | 孫亮 | 建興 | 252—253 |
| | | | 五鳳 | 254—256 |
| | | | 太平 | 256—258 |
| | 景帝 | 孫休 | 永安 | 258—264 |
| | 末帝 | 孫皓 | 元興 | 264—265 |
| | | | 甘露 | 265—266 |
| | | | 寶鼎 | 266—269 |
| | | | 建衡 | 269—271 |
| | | | 风凰 | 272—274 |
| | | | 天册 | 275 |
| | | | 天璽 | 276 |
| | | | 天紀 | 277—280 |
| 晋 | 武帝 | 司馬炎 | 泰始 | 265—274 |
| | | | 咸寧 | 275—280 |
| | | | 太康 | 280—289 |
| | | | 太熙 | 290 |
| | 惠帝 | 司馬衷 | 永熙 | 290—291 |
| | | | 永平 | 291 |
| | | | 元康 | 291—299 |
| | | | 永康 | 300—301 |
| | | | 永寧 | 301—302 |
| | | | 太安 | 302—304 |
| | | | 永安 | 304 |
| | | | 建武 | 304 |
| | | | 永興 | 304—306 |
| | | | 光熙 | 306 |

| 왕조 | 묘호(廟號) | 원명(原名) | 연호(年號) | 연도 |
|---|---|---|---|---|
| | 懷 帝 | 司馬熾 | 永 嘉 | 307—313 |
| | 愍 帝 | 司馬鄴 | 建 興 | 313—317 |
| **東晋** | 元 帝 | 司馬睿 | 建 武 | 317—318 |
| | | | 大 興 | 318—321 |
| | | | 永 昌 | 322—323 |
| | 明 帝 | 司馬昭 | 太 寧 | 323—326 |
| | 成 帝 | 司馬衍 | 咸 和 | 326—334 |
| | | | 咸 康 | 335—342 |
| | 康 帝 | 司馬岳 | 建 元 | 343—344 |
| | 穆 帝 | 司馬聃 | 永 和 | 345—356 |
| | | | 升 平 | 357—361 |
| | 哀 帝 | 司馬丕 | 隆 和 | 362—363 |
| | | | 興 寧 | 363—365 |
| | 廢 帝 | 司馬奕 | 太 和 | 366—371 |
| | 簡文帝 | 司馬昱 | 咸 安 | 371—372 |
| | 孝武帝 | 司馬曜 | 寧 康 | 373—375 |
| | | | 太 元 | 376—396 |
| | 安 帝 | 司馬德宗 | 隆 安 | 397—401 |
| | | | 元 興 | 402 |
| | | | 太 亨 | 402 |
| | | | 元 興 | 403—404 |
| | | | 義 熙 | 405—418 |
| | 恭 帝 | 司馬德文 | 元 熙 | 419—420 |
| **南朝** | | | | |
| 宋 | 武 帝 | 劉 裕 | 永 初 | 420—422 |
| | 少 帝 | 劉義符 | 景 平 | 423—424 |
| | 文 帝 | 劉義隆 | 元 嘉 | 424—453 |
| | 孝武帝 | 劉 駿 | 孝 建 | 454—456 |
| | | | 大 明 | 457—464 |

| 왕조 | 묘호(廟號) | 원명(原名) | 연호(年號) | 연도 |
|---|---|---|---|---|
| | 前廢帝 | 劉子業 | 永 光 | 465 |
| | | | 景 和 | 465 |
| | 明 帝 | 劉 彧 | 泰 始 | 465—471 |
| | | | 泰 豫 | 472 |
| | 後廢帝 | 劉 昱 | 元 徽 | 473—477 |
| | 順 帝 | 劉 準 | 昇 明 | 477—479 |
| 齊 | 高 帝 | 蕭道成 | 建 元 | 479—482 |
| | 武 帝 | 蕭 賾 | 永 明 | 483—493 |
| | 郁林王 | 蕭昭業 | 隆 昌 | 494 |
| | 海陵王 | 蕭昭文 | 延 興 | 494 |
| | 明 帝 | 蕭 鸞 | 建 武 | 494—498 |
| | | | 永 泰 | 498 |
| | 東昏侯 | 蕭寶卷 | 永 元 | 499—501 |
| | 和 帝 | 蕭寶融 | 中 興 | 501—502 |
| 梁 | 武 帝 | 蕭 衍 | 天 監 | 502—519 |
| | | | 普 通 | 520—527 |
| | | | 大 通 | 527—529 |
| | | | 中大通 | 529—534 |
| | | | 大 同 | 535—546 |
| | | | 中大同 | 546—547 |
| | | | 太 淸 | 547—549 |
| | 簡文帝 | 蕭 綱 | 大 寶 | 550—551 |
| | 豫章王 | 蕭 棟 | 天 正 | 551 |
| | 武陵王 | 蕭 紀 | 天 正 | 552 |
| | 元 帝 | 蕭 繹 | 承 聖 | 552—555 |
| | 貞陽侯 | 蕭淵明 | 天 成 | 555 |
| | 敬 帝 | 蕭方智 | 紹 泰 | 555—556 |
| | | | 太 平 | 556—557 |
| 陳 | 武 帝 | 陳霸先 | 永 定 | 557—559 |

| 왕조 | 묘호(廟號) | 원명(原名) | 연호(年號) | 연도 |
|---|---|---|---|---|
| | 文 帝 | 陳 蒨 | 天 嘉 | 560—566 |
| | | | 天 康 | 566 |
| | 廢 帝 | 陳伯宗 | 光 大 | 567—568 |
| | 宣 帝 | 陳 頊 | 太 建 | 569—582 |
| | 後 主 | 陳叔寶 | 至 德 | 583—586 |
| | | | 禎 明 | 587—589 |
| **北朝** | | | | |
| 魏 | 道武帝 | 拓跋珪 | 登 國 | 386—396 |
| | | | 皇 始 | 396—398 |
| | | | 天 興 | 398—404 |
| | | | 天 賜 | 404—409 |
| | 明元帝 | 拓跋嗣 | 永 興 | 409—413 |
| | | | 神 瑞 | 414—416 |
| | | | 泰 常 | 416—423 |
| | 太武帝 | 拓跋燾 | 始 光 | 424—428 |
| | | | 神 䴥 | 428—431 |
| | | | 延 和 | 432—434 |
| | | | 太 延 | 435—440 |
| | | | 太平眞君 | 440—451 |
| | | | 正 平 | 451—452 |
| | 文成帝 | 拓跋浚 | 興 安 | 452—454 |
| | | | 興 光 | 454—455 |
| | | | 太 安 | 455—459 |
| | | | 和 平 | 460—465 |
| | 獻文帝 | 拓跋弘 | 天 安 | 466—467 |
| | | | 皇 興 | 467—471 |
| | 孝文帝 | 拓跋宏(元宏) | 延 興 | 471—476 |
| | | | 承 明 | 476 |
| | | | 太 和 | 477—499 |

| 왕조 | 묘호(廟號) | 원명(原名) | 연호(年號) | 연도 |
|---|---|---|---|---|
| | 宣武帝 | 元 恪 | 景 明 | 500—503 |
| | | | 正 始 | 504—508 |
| | | | 永 平 | 508—512 |
| | | | 延 昌 | 512—515 |
| | 孝明帝 | 元 詡 | 熙 平 | 516—518 |
| | | | 神 龜 | 518—520 |
| | | | 正 光 | 520—525 |
| | | | 孝 昌 | 525—527 |
| | | | 武 泰 | 528 |
| | 孝莊帝 | 元子攸 | 建 義 | 528 |
| | | | 永 安 | 528—530 |
| | 長廣王 | 元 曄 | 建 明 | 530—531 |
| | 節閔帝 | 元 恭 | 普 泰 | 531—532 |
| | 安定王 | 元 朗 | 中 興 | 531—532 |
| | 孝武帝 | 元 修 | 太 昌 | 532 |
| | | | 永 興 | 532 |
| | | | 永 熙 | 532—534 |
| 東魏 | 孝靜帝 | 元善見 | 天 平 | 534—537 |
| | | | 元 象 | 538—539 |
| | | | 興 和 | 539—542 |
| | | | 武 定 | 543—550 |
| 西魏 | 文 帝 | 元寶炬 | 大 統 | 535—551 |
| | 廢 帝 | 元 欽 | | 552—554 |
| | 恭 帝 | 元 廓 | | 554—556 |
| 齊 | 文宣齊 | 高 洋 | 天 保 | 550—559 |
| | 廢 帝 | 高 殷 | 乾 明 | 560 |
| | 孝昭帝 | 高 演 | 皇 建 | 560—561 |
| | 武成帝 | 高 湛 | 太 寧 | 561—562 |
| | | | 河 淸 | 562—565 |

| 왕조 | 묘호(廟號) | 원명(原名) | 연호(年號) | 연도 |
|---|---|---|---|---|
| | 後 主 | 高 緯 | 天 統 | 565—569 |
| | | | 武 平 | 570—576 |
| | | | 隆 化 | 576—577 |
| | 幼 主 | 高 恒 | 承 光 | 577 |
| 周 | 孝閔帝 | 宇文覺 | | 557 |
| | 明 帝 | 宇文毓 | | 557—558 |
| | | | 武 成 | 559—560 |
| | 武 帝 | 宇文邕 | 保 定 | 561—565 |
| | | | 天 和 | 566—572 |
| | | | 建 德 | 572—578 |
| | | | 宣 政 | 578 |
| | 宣 帝 | 宇文贇 | 大 成 | 579 |
| | 靜 帝 | 宇文衍 | 大 象 | 579—580 |
| | | | 大 定 | 581 |
| 隋 | 文 帝 | 楊 堅 | 開 皇 | 581—600 |
| | | | 仁 壽 | 601—604 |
| | 煬 帝 | 楊 廣 | 大 業 | 605—617 |
| | 恭 帝 | 楊 侑 | 義 寧 | 617—618 |
| 唐 | 高 祖 | 李 淵 | 武 德 | 618—626 |
| | 太 宗 | 李世民 | 貞 觀 | 627—649 |
| | 高 宗 | 李 治 | 永 徽 | 650—655 |
| | | | 顯 慶 | 656—661 |
| | | | 龍 朔 | 661—663 |
| | | | 麟 德 | 664—665 |
| | | | 乾 封 | 666—668 |
| | | | 總 章 | 668—670 |
| | | | 咸 亨 | 670—674 |
| | | | 上 元 | 674—676 |
| | | | 儀 鳳 | 676—679 |

| 왕조 | 묘호(廟號) | 원명(原名) | 연호(年號) | 연도 |
|---|---|---|---|---|
| | | | 調露 | 679—680 |
| | | | 永隆 | 680—681 |
| | | | 開耀 | 681—682 |
| | | | 永淳 | 682—683 |
| | | | 弘道 | 683 |
| | 中宗 | 李顯 | 嗣聖 | 684 |
| | 睿宗 | 李旦 | 文明 | 684 |
| | 則天后 | 武曌 | 光宅 | 684 |
| | | | 垂拱 | 685—688 |
| | | | 永昌 | 689 |
| | | | 載初 | 689—690 |
| 周 | 聖神皇帝 | 武曌 | 天授 | 690—692 |
| | | | 如意 | 692 |
| | | | 長壽 | 692—694 |
| | | | 延載 | 694 |
| | | | 證聖 | 695 |
| | | | 天册萬歲 | 695—696 |
| | | | 萬歲登豊 | 696 |
| | | | 萬歲通天 | 696—697 |
| | | | 神功 | 697 |
| | | | 聖歷 | 698—700 |
| | | | 久視 | 700 |
| | | | 大足 | 701 |
| | | | 長安 | 701—704 |
| | | | 神龍 | 705 |
| 唐 | 中宗 | 李顯 | 神龍 | 705—707 |
| | | | 景龍 | 707—710 |
| | 睿宗 | 李旦 | 景雲 | 710—711 |
| | | | 太極 | 712 |

| 왕조 | 묘호(廟號) | 원명(原名) | 연호(年號) | 연도 |
|---|---|---|---|---|
| | | | 延和 | 712 |
| | 玄宗 | 李隆基 | 先天 | 712—713 |
| | | | 開元 | 713—741 |
| | | | 天寶 | 742—756 |
| | 肅宗 | 李亨 | 至德 | 756—758 |
| | | | 乾元 | 758—760 |
| | | | 上元 | 760—762 |
| | | | 寶應 | 762—763 |
| | 代宗 | 李豫 | 廣德 | 763—764 |
| | | | 永泰 | 765—766 |
| | | | 大歷 | 766—769 |
| | 德宗 | 李適 | 建中 | 780—783 |
| | | | 興元 | 784 |
| | | | 貞元 | 785—805 |
| | 順宗 | 李誦 | 永貞 | 805 |
| | 憲宗 | 李純 | 元和 | 806—820 |
| | 穆宗 | 李恒 | 長慶 | 821—824 |
| | 敬宗 | 李湛 | 寶歷 | 825—827 |
| | 文宗 | 李昂 | 大和 | 827—835 |
| | | | 開成 | 836—840 |
| | 武宗 | 李炎 | 會昌 | 841—846 |
| | 宣宗 | 李忱 | 大中 | 847—860 |
| | 懿宗 | 李漼 | 咸通 | 860—874 |
| | 僖宗 | 李儇 | 乾符 | 874—879 |
| | | | 廣明 | 880—881 |
| | | | 中和 | 881—885 |
| | | | 光啓 | 885—888 |
| | | | 文德 | 888 |
| | 昭宗 | 李曄 | 龍紀 | 889 |

| 왕조 | 묘호(廟號) | 원명(原名) | 연호(年號) | 연도 |
|---|---|---|---|---|
| | | | 大 順 | 890—891 |
| | | | 景 福 | 892—893 |
| | | | 乾 寧 | 894—898 |
| | | | 光 化 | 898—901 |
| | | | 天 復 | 901—904 |
| | | | 天 祐 | 904 |
| | 哀 帝 | 李 柷 | 天 祐 | 905—907 |
| **五代** | | | | |
| 梁 | 太 祖 | 朱 溫 | 開 平 | 907—911 |
| | | | 乾 化 | 911—912 |
| | 庶 人 | 朱友珪 | 鳳 曆 | 913 |
| | 末 帝 | 朱友貞 | 乾 化 | 913—915 |
| | | | 貞 明 | 915—921 |
| | | | 龍 德 | 921—923 |
| 唐 | 莊 宗 | 李存勗 | 東 光 | 923—926 |
| | 明 宗 | 李嗣源 | 天 成 | 926—930 |
| | | | 長 興 | 930—933 |
| | 閔 帝 | 李從厚 | 應 順 | 934 |
| | 末 帝 | 李從珂 | 淸 泰 | 934—936 |
| 晋 | 高 祖 | 石敬瑭 | 天 福 | 936—941 |
| | 出 帝 | 石重貴 | 天 福 | 942—944 |
| | | | 開 運 | 944—946 |
| 漢 | 高祖 | 劉知遠 | 天 福 | 947 |
| | | | 乾 祐 | 948 |
| | 隱 帝 | 劉承祐 | 乾 祐 | 948—950 |
| 周 | 太 祖 | 郭 威 | 廣 順 | 951—953 |
| | | | 顯 德 | 954 |
| | 世 宗 | 柴 榮 | 顯 德 | 954—959 |
| | 恭 帝 | 郭宗訓 | 顯 德 | 959—960 |

| 왕조 | 묘호(廟號) | 원명(原名) | 연호(年號) | 연도 |
|---|---|---|---|---|
| 宋 | 太祖 | 趙匡胤 | 建隆 | 960—963 |
| | | | 乾德 | 963—968 |
| | | | 開寶 | 968—976 |
| | 太宗 | 趙光義 | 太平興國 | 976—984 |
| | | | 雍熙 | 984—987 |
| | | | 端拱 | 988—989 |
| | | | 淳化 | 990—994 |
| | | | 至道 | 995—997 |
| | 眞宗 | 趙恒 | 咸平 | 998—1003 |
| | | | 景德 | 1004—1007 |
| | | | 大中祥符 | 1008—1016 |
| | | | 天禧 | 1017—1021 |
| | | | 乾興 | 1022 |
| | 仁宗 | 趙禎 | 天聖 | 1023—1032 |
| | | | 明道 | 1032—1033 |
| | | | 景祐 | 1034—1038 |
| | | | 寶元 | 1038—1040 |
| | | | 康定 | 1040—1041 |
| | | | 慶曆 | 1041—1048 |
| | | | 皇祐 | 1049—1054 |
| | | | 至和 | 1054—1056 |
| | | | 嘉祐 | 1056—1063 |
| | 英宗 | 趙曙 | 治平 | 1064—1067 |
| | 神宗 | 趙頊 | 熙寧 | 1068—1077 |
| | | | 元豊 | 1078—1085 |
| | 哲宗 | 趙煦 | 元祐 | 1086—1094 |
| | | | 紹聖 | 1094—1098 |
| | | | 元符 | 1098—1100 |
| | 徽宗 | 趙佶 | 建中靖國 | 1101 |

| 왕조 | 묘호(廟號) | 원명(原名) | 연호(年號) | 연도 |
|---|---|---|---|---|
| | | | 崇寧 | 1102—1106 |
| | | | 大觀 | 1107—1110 |
| | | | 政和 | 1111—1118 |
| | | | 重和 | 1118—1119 |
| | | | 宣和 | 1119—1125 |
| | 欽宗 | 趙桓 | 靖康 | 1126—1127 |
| 南宋 | 高宗 | 趙構 | 建炎 | 1127—1130 |
| | | | 紹興 | 1131—1162 |
| | 孝宗 | 趙昚 | 隆興 | 1163—1164 |
| | | | 乾道 | 1165—1173 |
| | | | 淳熙 | 1174—1189 |
| | 光宗 | 趙惇 | 紹熙 | 1190—1194 |
| | 寧宗 | 趙擴 | 慶元 | 1195—1200 |
| | | | 嘉泰 | 1201—1204 |
| | | | 開禧 | 1205—1207 |
| | | | 嘉定 | 1208—1224 |
| | 理宗 | 趙昀 | 寶慶 | 1225—1227 |
| | | | 紹定 | 1228—1233 |
| | | | 端平 | 1234—1236 |
| | | | 嘉熙 | 1237—1240 |
| | | | 淳祐 | 1241—1252 |
| | | | 寶祐 | 1253—1258 |
| | | | 開慶 | 1259 |
| | | | 景定 | 1260—1264 |
| | 度宗 | 趙禥 | 咸淳 | 1265—1274 |
| | 恭帝 | 趙顯 | 德祐 | 1275—1276 |
| | 端宗 | 趙昰 | 景炎 | 1276—1278 |
| | 帝昺 | 趙昺 | 祥興 | 1278—1279 |
| 遼 | 太祖 | 耶律阿保機 | | 907—916 |

| 왕조 | 묘호(廟號) | 원명(原名) | 연호(年號) | 연도 |
|---|---|---|---|---|
| | | | 神 册 | 916—921 |
| | | | 天 贊 | 922—926 |
| | | | 天 顯 | 926 |
| | 太 宗 | 耶律德光 | 天 顯 | 927—938 |
| | | | 會 同 | 938—947 |
| | | | 大 同 | 947 |
| | | | (이 해 국호를 大遼라 함) | |
| | 世 宗 | 耶律阮 | 天 祿 | 947—951 |
| | 穆 宗 | 耶律璟 | 應 曆 | 951—969 |
| | 景 宗 | 耶律賢 | 寶 寧 | 969—979 |
| | | | 乾 亨 | 979—983 |
| | 聖 宗 | 耶律隆緖 | 統 和 | 983—1012 |
| | | | 開 泰 | 1012—1021 |
| | | | 太 平 | 1021—1031 |
| | 興 宗 | 耶律宗眞 | 景 福 | 1031—1032 |
| | | | 重 熙 | 1032—1055 |
| | 道 宗 | 耶律洪基 | 淸 寧 | 1055—1064 |
| | | | 咸 雍 | 1065—1074 |
| | | | 大 康 | 1075—1084 |
| | | | 大 安 | 1085—1094 |
| | | | 壽 昌 | 1095—1101 |
| | 天祚帝 | 耶律延禧 | 乾 統 | 1101—1110 |
| | | | 天 慶 | 1111—1120 |
| | | | 保 大 | 1121—1125 |
| 金 | 太 祖 | 完顔旻(完顔阿骨打) | 收 國 | 1115—1116 |
| | | | 天 輔 | 1117—1123 |
| | 太 宗 | 完顔晟 | 天 會 | 1123—1135 |
| | 熙 宗 | 完顔亶 | 天 會 | 1135—1137 |
| | | | 天 眷 | 1138—1140 |

| 왕조 | 묘호(廟號) | 원명(原名) | 연호(年號) | 연도 |
|---|---|---|---|---|
| | | | 皇 統 | 1141—1149 |
| | 海陵王 | 完顔亮 | 天 德 | 1149—1153 |
| | | | 貞 元 | 1153—1156 |
| | | | 正 隆 | 1156—1161 |
| | 世 宗 | 完顔雍 | 大 定 | 1161—1189 |
| | 章 宗 | 完顔璟 | 明 昌 | 1190—1196 |
| | | | 承 安 | 1196—1200 |
| | | | 泰 和 | 1201—1208 |
| | 衛紹王 | 完顔永濟 | 大 安 | 1209—1211 |
| | | | 崇 慶 | 1212—1213 |
| | | | 至 寧 | 1213 |
| | 宣 宗 | 完顔珣 | 貞 祐 | 1213—1217 |
| | | | 興 政 | 1217—1222 |
| | | | 元 光 | 1222—1223 |
| | 哀 宗 | 完顔守緒 | 正 大 | 1224—1232 |
| | | | 開 興 | 1232 |
| | | | 天 興 | 1232—1234 |
| | 末 帝 | 完顔承麟 | 盛 昌 | 1234 |
| | | | 天 興 | 1234 |
| 元 | 太 祖 | 鐵木眞 | | 1206—1227 |
| | 睿 宗 | 拖 雷 | | 1228 |
| | 太 宗 | 窩闊台 | | 1229—1241 |
| | 太宗后 | 乃馬眞氏 | | 1242—1245 |
| | 定 宗 | 貴 由 | | 1246—1248 |
| | 定宗后 | 海迷失氏 | | 1249—1250 |
| | 憲 宗 | 蒙 哥 | | 1251—1260 |
| | 世 祖 | 忽必烈 | 中 統 | 1260—1264 |
| | | | 至 元 | 1264—1294 |

(至元 8년, 국호를 大元이라 함)

| 왕조 | 묘호(廟號) | 원명(原名) | 연호(年號) | 연도 |
|---|---|---|---|---|
| | 成 宗 | 鐵穆耳 | 元 貞 | 1295—1297 |
| | | | 大 德 | 1297—1307 |
| | 武 宗 | 海 山 | 至 大 | 1308—1311 |
| | 仁 宗 | 愛育黎拔力八達 | 皇 慶 | 1312—1313 |
| | | | 延 祐 | 1314—1320 |
| | 英 宗 | 碩德八剌 | 至 治 | 1321—1323 |
| | 泰定帝 | 也孫鐵木耳 | 泰 定 | 1324—1328 |
| | | | 致 和 | 1328 |
| | 天順帝 | 阿速吉八 | 天 順 | 1328 |
| | 明 宗 | 和世㻋 | 天 歷 | 1329 |
| | 文 宗 | 圖帖睦耳 | 天 歷 | 1328—1330 |
| | | | 至 順 | 1330—1332 |
| | 寧 宗 | 懿璘質班 | 至 順 | 1332 |
| | 順 帝 | 妥懽帖睦爾 | 至 順 | 1333 |
| | | | 元 統 | 1333—1335 |
| | | | 至 元 | 1335—1340 |
| | | | 至 正 | 1341—1368 |
| 明 | 太 祖 | 朱元璋 | 洪 武 | 1368—1398 |
| | 惠 帝 | 朱允炆 | 建 文 | 1399—1402 |
| | 成 祖 | 朱 棣 | 洪 武 | 1402 |
| | | | 永 樂 | 1403—1424 |
| | 仁 宗 | 朱高熾 | 洪 熙 | 1425 |
| | 宣 宗 | 朱瞻基 | 宣 德 | 1426—1435 |
| | 英 宗 | 朱祁鎭 | 正 統 | 1436—1449 |
| | 代 宗 | 朱祁鈺 | 景 泰 | 1450—1456 |
| | 英 宗 | 朱祁鎭 | 天 順 | 1457—1464 |
| | 憲 宗 | 朱見深 | 成 化 | 1465—1487 |
| | 孝 宗 | 朱祐樘 | 弘 治 | 1488—1505 |

| 왕조 | 묘호(廟號) | 원명(原名) | 연호(年號) | 연도 |
|---|---|---|---|---|
| | 武 宗 | 朱厚照 | 正 德 | 1506—1521 |
| | 世 宗 | 朱厚熜 | 嘉 靖 | 1522—1566 |
| | 穆 宗 | 朱載垕 | 隆 慶 | 1567—1572 |
| | 神 宗 | 朱翊鈞 | 萬 歷 | 1573—1620 |
| | 光 宗 | 朱常洛 | 泰 昌 | 1620 |
| | 熹 宗 | 朱由校 | 天 啓 | 1621—1627 |
| | 思 宗 | 朱由檢 | 崇 禎 | 1628—1644 |
| 南明 | 福 王 | 朱由崧 | 弘 光 | 1645 |
| | 唐 王 | 朱聿鍵 | 隆 武 | 1645—1646 |
| | | 朱聿鐭 | 紹 武 | 1646 |
| | 魯 王 | 朱以海 | 庚 寅 | 1646—1655 |
| | 桂 王 | 朱由榔 | 永 歷 | 1647—1661 |
| 清 | 太 祖 | 努爾哈赤 | | 1583—1615 |
| | | | 天 命 | 1616—1626 |
| | | | (天命 元年에 국호를 金이라 정함) | |
| | 太 宗 | 皇太極 | 天 聰 | 1627—1636 |
| | | | 崇 德 | 1636—1643 |
| | | | (崇德 元年에 국호를 大淸으로 정함) | |
| | 世 祖 | 福 臨 | 順 治 | 1644—1661 |
| | 聖 祖 | 玄 燁 | 康 熙 | 1662—1722 |
| | 世 宗 | 胤 禛 | 雍 正 | 1723—1735 |
| | 高 宗 | 弘 歷 | 乾 隆 | 1736—1795 |
| | 仁 宗 | 顒 琰 | 嘉 慶 | 1796—1820 |
| | 宣 宗 | 旻 寧 | 道 光 | 1821—1850 |
| | 文 宗 | 奕 詝 | 咸 豊 | 1851—1861 |
| | 穆 宗 | 載 淳 | 同 治 | 1862—1874 |
| | 德 宗 | 載 湉 | 光 緖 | 1875—1908 |
| | | 溥 儀 | 宣 統 | 1909—1911 |

# 주요 인명 찾아보기

중국학총서 · 29

100가지 주제로 본
# 중국의 역사

초판 발행 2007년 2월 27일
초판 4쇄 2016년 8월 29일
지은이 樊樹志
옮긴이 김지환 외
펴낸곳 고려대학교출판문화원
www.kupress.com
kupress@korea.ac.kr
02841 서울특별시 성북구 안암로 145
02-3290-4230, 4232
Fax 923-6311
찍은곳 네오프린텍(주)

ISBN 978-89-7641-586-8 04910
ISBN 978-89-7641-456-4 (세트)

값 32,000원